新訂 四書補註備旨

晦菴 朱熹 集註
退菴 鄧林 備旨
耀生 鄧煜 編次
珊洲 祁文友 重校
起元 杜定基 增訂
天寶書局藏版本 臺本
文園 李權宰 編

新訂 四書補註備旨

解題

『四書補註備旨』는 여러 사람의 손을 거쳐 완성되었다。 송(宋) 주자(朱子)의 『사서집주(四書集註)』에 명(明)의 등림(鄧林)이 장절(章節)마다의 요지를 제시하여 찬술하고 등욱(鄧煜)이 편차(編次)하여 『사서비지(四書備旨)』라 하였다。 그 이후 청(淸) 기문우(祁文友)의 중교(重校)와 두정기(杜定基)의 보주(補註)를 달아 증정(增訂)하여 『사서보주비지(四書補註備旨)』라 명명하고 1779년에 출간하였다。

이 책은 전체 10권으로 편성하였고、『대학(大學)』 1권、『중용(中庸)』 1권、『논어(論語)』 4권、『맹자(孟子)』 4권의 순으로 구성되어 있다。 체재는 각 페이지마다 삼단으로 구성되어 있다。 상단은 인물(人物)、전고(典故) 등에 대해 필요한 주석을 달고 있다。 중간 단은 「전지(全旨)」 혹은 「장지(章旨)」와 「절지(節旨)」로 구성되는데 장과 절의 대의를 밝히고 비판적인 분석을 행하고 있다。 하단은 「경(經)」과 「주(註)」와 「강(講)」과 「보(補)」로 구성되어 있고 구(句)사이에는 자구 해석을 위주로 한 짤막한 행간(行間)의 주들이 자리한다。

중간 단의 「전지(全旨)」는 단장으로 된 문장의 요지이고、「장지(章旨)」는 여러 절로 나뉜 장 전체의 요지이다。 여러 절로 나뉜 장에 대하여 절마다의 요지를 「절지(節旨)」라 하였다。 이 세 가지 명칭을 통털어 「비지(備旨)」라 한 것이다。 비지라 한 것은 성현(聖賢)의 말에는 매 한 장(章)마다 한 장(章)의 종지(宗旨)가 있기 마련이고、매 절(節)마다 그 절의 종지가 있을 것이기 때문에 그 숨겨진 요지를 갖추어 발명한 것이라는 뜻이다。 비지는 이 책 편성의 중심 내용으로 책명을 『사서비지(四書備旨)』라고 통칭하는 것은 이 때문이다。

하단의 구성은 해당 경서(經書)의 원문(原文)、「주(註)」、「강(講)」、「보(補)」로 이루어져 있다。 주(註)는 『사서집주(四書集註)』의 주를 그대로 실은 것이고、「강(講)」은 『사서대전(四書大全)』·『사서어류(四書語類)』·『사서혹문(四書或問)』에서 주자의 해석을 발췌한 것이다。 「보(補)」는 두정기(杜定基)가 여러 각본(刻本)에서 일치하지 않는 부분에 대해서 흑백을 가리고、미비한 곳에 대해서 명가(名家)들의 강의(講義) 중에서 간행되지 못한 것을 실은 것이다。 주로 청대(淸代) 학자들의 설을 소개하였으며、일부 구절에는 자신의 해설을 덧붙인 경우도 있다。

또한 하단 원문의 매 구(句) 사이에는 해당 구절에 대한 짧은 행간(行間) 주(註)들이 있다。 이 행간의 주(註)들은 주로 해당 자구(字句)에 대한 풀이이며、주로 의리(義理)와 훈고(訓詁)를 동시에 밝히는데 주안점이 있다。 또한 특징은 행간의 주

서(註釋)이 대부분 어록체(語錄體)로 구사되어 청대의 경서 주석이 주소체(註疎體)의 전형에서 벗어나 백화(白話)가 정착된 과정임을 짐작할 수 있다。 또한 이 책은 송(宋)·원(元)·명(明)·청(淸)으로 이어지는 정통 주자학파(朱子學派)의 사상을 온전히 계승한 저서라고 평가된다。

등림(鄧林)은 신회(新會) 사람으로 초명은 이(彝)이다。 다른 이름으로 관선(觀善)으로 불리기도 했으며, 자(字)는 사재(士齋), 호(號)는 퇴암(退菴)이다。 홍무(洪武) 29년(1396)의 과거에 합격해 귀현(貴縣)의 교유(敎諭)가 되었다。 그 뒤 임기를 다 채우고 서울로 들어와 『영락대전((永樂大全)』의 편수에도 참여하였다。 선덕(宣德) 연간(1426-1435)에 항주(杭州)로 유배되었다가 그곳에서 죽었으며 저서로 『퇴암유고(退菴遺稿)』와 『호산유영록(湖山游詠錄)』이 전한다고 한다。 이 사실은 『중국역대인명사전』(상해고적출판사, 1999)에 따른 것이다。

이 책이 1779년 최초로 간행된 이후 19세기 말 20세기 초에 목판본과 석인판으로 간행이 활발하게 이루어지고 있다。 국내 소장본으로는 다음 11종의 판본이 확인되고 있다。

『光緒丙戌歲(1886)夏四月上海點石齋』本 『精校四書補註備旨』
『光緒念二年(1876)春刊掃葉山房藏板』本 『附考新增補註四書備旨』
『光緒壬辰(1892)新鐫成文信記藏板』本 『增廣新訂四書補註附考備旨』
『光緒丙午(1906년)聚和堂』本 『四書補註附考備旨』
『宣統己酉年(1909)上海久敬齊石印』本 『新訂四書補註備旨』
『中華民國元年(1912)東昌書業德藏版』本 『四書補註備旨附攷』
『民國三年(1914)上海鴻寶書局石印』本 『精校四書補註備旨』
『民國五年(1916)仲夏天寶書局藏版』本 『新訂四書補註備旨』
『中華民國六年(1917)仲春上海錦章圖書局刊印』本 『新訂四書補註備旨』
『民國九年(1920)上海昌文書局印行』本 『四書補註備旨』
『民國十二年(1923)冬月印』本 『新出精校新訂四書補註備旨』

이 책들이 내용과 체제에 있어서 판면의 자수의 많고 적음에 따라 크기가 다르고 면수가 다르다는 점 외에는 별다른

차이가 없다. 『상해금장도서국간인본(上海錦章圖書局刊印本)』은 목판본인 점도 한 특징이라 하겠다. 조선에 전래된 것에 대해선 밝혀진 바가 전혀 없다. 그러나 한말(韓末)의 학자 유인석(柳麟錫)이 쓴 <서사서비지후(書四書備旨後)>가 전해지는 것으로 보아, 19~20세기에는 이미 많은 사람들에게 읽혔던 것으로 추정된다. 근대를 여는 시기에 이처럼 여러 곳에서 지속적으로 책을 간행한 것은 이유가 있을 것으로 생각된다. 교육의 대상 층이 확대되었으며 그 수요에 충당하기 위해서는 계속적인 도서의 간행이 요구되었을 것이다. 특히 전통교육의 위기상황에서 이를 극복하기 위한 식자층의 노력도 한 영향을 주었을 것으로 여겨진다.

본 책은 1916년에 간행된 『민국오년중하천보서국장판본(民國五年仲夏天寶書局藏版本)』『신정사서보주비지(新訂四書補註備旨』)』를 영인한 것이다. 『상해금장도서국간인본(上海錦章圖書局刊印本)』을 영인한 책이 이미 유행하고 있으나 너무 조밀하고 거칠게 느껴져서 쉽게 피로함을 줌으로 미려한 석인본의 영인이 요구되었기 때문이다. 이 책은 한국한문교사중앙연수원 훈장1급과정과 대학원 협동과정 동양교육학과 강독교재로 사용하게 될 것이다.

따라서 『대학』에 <영조대왕어제서(英祖大王御製序)>, <독대학법(讀大學法)>, <대학장구서(大學章句序)>를 보완하였고, 『중용』에 <독중용법(讀中庸法)>과 <중용장구서(中庸章句序)>를 보완하였다. 그리고 『논어』와 『맹자』에도 <집주서설(集註序說)>을 보충하고 책의 말미에 유인석(柳麟錫)의 <서사서비지후(書四書備旨後)>를 실어 학습에 참고하도록 하였다. 아울러 목차를 설정하여 독서의 편의를 꾀하려 하였다. 그러나 이러한 작업이 원전(原典)을 크게 훼손하는 것은 아닌가 하는 송구함을 금할 수가 없다. 독자의 양해를 구하는 바이다.

壬辰年 梅夏節 弘文館에서

文園 李權宰 謹書

解題 …… 3

增訂四書備旨序 …… 11

大學

中庸

論語

孟子

增訂四書備旨杜起元先生原序

四書講義名家總惟朱註是遵參以大全或問語類有明鄧退庵先生備旨一書後學傳習如布帛菽粟之無可厭斁緣是書逐章逐節逐句逐字悉各發明旨趣無不與朱子相脗合誠初學之津梁而亦成材之範圍也但行世日久翻本既多訛舛不少又具甚者增刪弗當幾失本來面目予方欲重校而釐正之適友人王子若攀江右名宿素與予有同志鑒此書之沿誤遂以校訂之責委予予因欣然就事焉竊思書名備旨謂聖賢立言每一章則有一章宗旨是不可不潛心研究以提明者也推之一節一句一字與義自具亦須研明予閱坊閒備旨諸刻本有不盡一者推詳玩味

不惜晝夜辛勤而黑白以顯於補入全註外其重複酌芟之具缺略量添之即其叙講字句外訛亦折衷竄改之後又闕載名家講義之不刊者以補所未備總期不背於大全朱子亦即不背於退庵先生上截發明章旨節旨尤聖賢意旨所關即後學步趨攸係舊本精確者仍之若稍未慊心必嚴加參酌融會諸講家妙義竊附其內要以朱子之說為歸夫如是備旨之疏句詮字綱舉目張本來面目庶以不失即質之退庵先生有不默引為此書之知己哉凡六閱寒暑編始告竣因舊本上附人物典故並加檢核以便初學覽觀是亦於備旨中求無不備之意云爾

中華民國五年仲夏

鄧山黃兆麒書 棻

大學

新訂 四書補註備旨

英宗大王御製

夫三代盛時設庠序學校而教人此正禮記所云家有塾黨有庠州有序國有學者也故人生八歲皆入小學於大學則天子之元子衆子以至公卿大夫元士之適子與凡民之俊秀者及其成童皆入焉可不

重歟大學之書有三綱焉曰明明德曰新民曰止於至善也有八條焉曰格物曰致知曰誠意曰正心曰修身曰齊家曰治國曰平天下也次序井井條理方方其學問之道紫陽朱夫子序文詳備以予蔑學何敢加一辭然是書與中庸相爲表裏次序

條理若是瞭然而學者其猶書自書我自我可勝歎哉噫明德在何卽在我一心明明德之工在何亦在我一心若能實下工夫正若顔子所云舜何人余何人者也而三代以後師道在下學校不興莫能行灑掃之敎故筋骸已强利欲交中在我之明

德不能自明旣不能格致又何以誠意旣不能正心又何以修身不能格致不能誠正家齊國治其何望哉其何望哉予於十九歲始讀大學二十九歲入學也又講此書而自顧其行其亦書自我自心常恧焉六十三視學明倫堂也先讀序文仍令侍

講官及儒生次第以講其日卽甲子也與
朱夫子作序文之日偶然相符日雖相符
功效愈邈尤切靦然望七之年因追慕行
三講而欲取反約以中庸循環以講因經
筵官之請繼講此書自此以後庸學將輪
回以講少時講此未見其效暮年重講其

何望效尤爲慨然者紫陽序文豈不云乎
一有能盡其性者天必命之以爲億兆之
君師以予晚學涼德旣無誠正之工亦無
修齊之效而白首衰耗三講此書豈不自
恧乎然孔聖云溫故而知新若能因此而
知新於予豈不大有益也哉仍作序文自

勉靈臺歲戊寅十月甲寅序 以洪武正韻體命書

讀大學法

朱子曰語孟隨事問答難見要領惟大學是曾子述孔子說古人爲學之大方而門人又傳述以明其旨前後相因體統都具翫味此書知得古人爲學所向却讀語孟便易(去聲)入後面工夫雖多而大體已立矣○看這一書又自與看語孟不同語孟中只一項事是一箇道理如孟子說仁義處只就仁義上說道理孔子答顏淵以克己復禮只就克己復禮上說道理若大學却只統說論其功用之極至

於平天下然天下所以平却先須治國國之所以治却先須齊家家之所以齊却先須修身身之所以修却先須正心心之所以正却先須誠意意之所以誠却先須致知知之所以至却先須格物○大學是爲學綱目先讀大學立定綱領他書皆雜說在裏許通得大學了去看他經方見得此是格物致知事此是誠意正心事此是修身事此是齊家治國平天下事○今且熟讀大學作間架却以他書填補去○大學是通言學之初終中庸是

指本原極致處○問欲專看一書以何爲先曰先讀大學可見古人爲學首末次第不比他書他書非一時所言非一人所記

又曰看大學固是着逐句看去也須先統讀傳文教熟方好從頭仔細看若專不識傳文大意便看前頭亦難

又曰嘗欲作一說教人只將大學一日去讀一遍看他如何是大人之學如何是小學如何是明明德如何是新民如何是止於至善日日如是讀月來日去自見所謂温故而知新

須是知新日日看得新方得却不是道理解新但自家這箇意思長長地新○讀大學初間也只如此讀後來也只如此讀只是初間讀得似不與自家相關後來看熟見許多說話須着如此做不如此做自不得○讀書不可貪多當且以大學爲先逐段熟讀精思須令了了分明方可改讀後段看第二段却思量前段令文意連屬(音燭)却不妨○問大學稍通方要讀論語曰且未可大學稍通正好着(陟略反下同)心精讀前日讀時見得前未見得後

面見得後来見得前面今識得大綱體統正好熟看讀此書功深則用博昔尹和靖見伊川半年方得大學西銘看今人半年要讀多少書某且要人讀此是如何緣此書却不多而規模周備凡讀書初一項須着十分工夫了第二項只費得八九分工夫第三項便只費得六七分工夫少間讀漸多自通貫他書自著不得多工夫○看大學俟見大指乃及他書但看時須是更將大段分作小段字字句句不可容易放過常時暗誦默思反覆研

究未上口時須教上口未通透時須教通透已通透後便要純熟直待不思索時此意常在心胷之間驅遣不去方是此一段了又換一段看令如此數段之後心安理熟覺工夫省力時便漸得力也

又曰大學是一箇腔子而今却要塡教平聲他實如他說格物自家須是去格物後塡教他實著誠意亦然若只讀得空殼子亦無益也

讀大學豈在看他言語正欲驗之於心如何如好好色惡惡臭試驗之吾心果能好善惡惡如此乎閒居爲不善是果有此乎一有不至則勇猛奮躍不已必有長上聲進今不知如此則書自書我自我何益之有

又曰某一生只看得這文字透見得前賢所未到處温公作通鑑言平生精力盡在此書某於大學亦然先須通此方可讀他書

又曰伊川舊日敎人先看大學那時未解說而今有註解覺大段分曉了只在仔細看

又曰看大學且逐章理會先將本文念得次將章句来解本文又將或問来參章句須逐一

令平聲下同記得反覆尋究待他浹洽旣逐段曉得却統看温尋過

又曰大學一書有正經有章句有或問看来看去不用或問只看章句便了久之又只看正經便了又久之自有一部大學在我胷中而正經亦不用矣然不用某許多工夫亦看某底不出不用聖賢許多工夫亦看聖賢底不出

又曰大學解本文未詳者於或問中詳之且從頭逐句理會到不通處却看或問乃註脚之

註脚○某解書不合太多又先準備學者為(去聲)他設疑說了所以致得學者看得容易(去聲)了○人只說某說大學等不略說使人自致思此事大不然人之為學只爭箇肯與不肯耳他若不肯向這裏略亦不解致思他若肯向此一邊自然有味愈詳愈有味

大學章句序

大學之書古之大學所以教人之法也蓋自天降生民則既莫不與之以仁義禮智之性矣

朱子曰天之生民各與以性非有物只是一箇道理之在我者耳仁則是箇溫和慈愛底道理義則是箇斷制裁割底道理禮則是箇恭敬撙節底道理智則是箇分別是非底道理凡此四者具於人心乃是性之本體○雲峯胡氏曰朱子四書釋仁曰心之德愛之理義曰心之制事之宜禮曰天理之節文人事之儀則皆兼體用獨智字未有明釋嘗欲竊取朱子之意以補之曰智則心之神明所以妙衆理而宰萬物者也番易沈氏云智者涵天理動靜之機具人事是非之鑑○新安陳氏曰書云惟皇上帝降衷于下民若有恒性六經言性自此始謂天降生民而與之以性亦本書之意而言

然其氣質之稟或不能齊是以不能皆有以知其性之所有而全之也

新安陳氏曰性之所有即仁義禮智是也性無智愚賢不肖之殊惟氣有清濁清者能知而濁者不能知故不能皆知質有粹駁粹者能全而駁者不能全故不能皆全知性之所有屬知全性之所有屬行知行二者該盡一部大學意已寓於此矣

一有聰明睿智能盡其性者出於其間則天必命之以為億兆之君師使之治

治平聲下治人同

而教之以復其性

問何處見得天命處朱子曰此也如何知得只是才生得一箇恁地底人定是為億兆之君師便是天命之也他既有許多氣魄才德決不但已必統御億兆之衆人亦自是歸他如三代已前聖人都是如此至孔子方不是然雖不為帝王然也閑他不得也做出許多事來以教天下後世是亦天命也○新安陳氏曰聰明睿智能盡其性者是就清濁粹駁不齊中指出極清極粹者言之聰明睿智生知之聖也與知其性相應能盡其性安行之聖也與全之相應常人必先知其性方可望以全其性故於中下一而字聖人合下生知安行不待知而方全故只平說天必命之以為億兆君師君以治之師以教之變化其氣質而復還其本性以上四箇性字須融貫看透三代以前聖賢之君君師之責兼盡三代以後君道有畧得之者而師道則絶無矣

此伏羲神農黃帝堯舜所以繼天立極而司徒之職典樂之官所由設也

書舜典帝曰契汝作司徒敬敷五教在寬又曰夔命汝典樂教胄子○朱子曰天只生得許多人物與你許多道理然天却自做不得所以必得聖人為之脩道立教以教化百姓所謂裁成天地之道輔相天地之宜是也○古者教法禮樂射御書數不可闕一就中樂之教尤親切夔教胄子只用樂大司徒之職也是用樂蓋是教人朝夕從事於此拘束得心長在這上面蓋為樂有節奏學他底急也不得慢也不得久之都換了他情性○雲峯胡氏曰司徒之職統教百姓典樂之官專教胄子○新安陳氏曰上文說其理此實之以其事天生民而賦與之不能教之聖君代天立標準以主教於上而設司徒及典樂之官以掌教於下此時教已立而教之法未備學之名未聞也

三代之隆其法寖備然後王宮國都以及閭巷莫不有學人生八歲則自王公以下至於庶人之子弟皆入小學而教之以灑

上聲又去聲

掃

去聲

應對進退之節禮樂射御書數之文

朱子曰古者小學已自是聖賢坯樸了但未有聖賢許多知見及其長也令入大學使之格物致知長許多知見○番易齊氏曰灑掃內則所謂雞初鳴灑掃室堂及庭曲禮所謂為長者糞加帚箕上以袂拘而退以箕自向而扱之之類是也應對內則所謂在父母之所有命之應唯敬對曲禮所謂長者負劍辟咡詔之負置之於背劍挾之於旁口耳之間曰咡

辟咡詔之傾頭與語則揜口而對之類是也進
退內則所謂在父母之所進退周旋愼齊曲禮
所謂凡與客入者每門讓於客之類是也禮之習
於度數之節文所以敎之中也樂之明於聲音之
高下所以敎之和也射法一弓挾四矢驗其中
否以觀德行御法一車乘四馬御者執轡立於
車上欲調習不失驅馳之正也書字之體可
以見心畫數筭數之法可以盡物變周禮大司
徒所以敎萬民而賓興之者始以六德繼以六
行後及於六藝非八歲以上者所能盡究其事
不過使曉其名物而已故上三者言節有品
存焉下六者言文文者名物之謂也非其事也節
○勿軒熊氏曰按大戴記保傅篇古者年八歲
出就外舍學小藝焉履小節焉束髮就大學學
大藝焉履大節焉註曰小學爲庠門一作虎闈
大學在王宮之東束髮謂成童尙書大傳曰公
卿之太子元士之嫡子年十三入小學二十入
大學白虎通曰八歲入小學十五入大學此太
子之禮也按年數互有不同
而朱子獨以白虎通爲斷
及其十有五年則

自天子之元子衆子以至公卿大夫元士之適
音的
子與凡民之俊秀皆入大學
新安陳氏曰凡民惟賢者得入
大學不比小學則無貴賤賢愚皆得入也
而敎之以窮理正心脩己
治人之道此又學校之敎大小之節所以分也
新安陳氏曰三代有小學大學之敎法未有書
也天子元子繼世有天下衆子建爲諸侯公卿
大夫元士適子將有國家之責皆在所敎民之
俊秀他日亦將用之以佐理天下國家者也窮
理知之事正心以下行之事
夫
音扶
以學校之設其廣如此敎
之之術
術即法也
其次第節目之詳又如此而其所
以爲敎則又皆本之人君躬行心得之餘不待
求之民生日用彝倫之外
新安陳氏曰上言學校施敎之法此言君
身爲立敎之本即所謂爲億兆君師繼天立極
者也躬行心得謂躬行仁義禮智之道而心得仁
義禮智之德即行道而有
得於心也彝倫常理也
是以當世之人無不
學其學焉者無不有以知其性分
去聲下同
之所固
有職分之所當爲而各俛
音免
焉以盡其力
雲峯胡氏
曰前說上之所以爲敎此說下之所以爲學○
新安陳氏曰性分固有即仁義禮智是理是體
職分當爲如子職當孝臣職當忠之類是
事是用知性分是知之事俛焉盡力是行
之事與前知性之所有而全之相照應
此古昔盛時所以治
去聲下同
隆於上俗美於下而非後世之所能及也及周
之衰賢聖之君不作學校之政不脩敎化陵夷
風俗頹
徒回反
敗時則有若孔子之聖而不得君

師之位以行其政敎於是獨取先王之法誦而
傳之以詔後世
新安陳氏曰皇帝生當天地氣運盛時所以達而在上以身爲
敎而道行於當世孔子當天地氣運衰時不免
窮而在下以言爲敎傳諸其徒而道明於後世
而已
若曲禮少
去聲
儀內則弟子職諸篇固小學之
支流餘裔
餘制反○番易齊氏曰曲禮少儀內則見禮記弟子職見管子此四篇作
於春秋時三代小學之全法僅存其一二故曰
支流餘裔支流水之旁出而非正流者餘裔衣
裾之末也
而此篇者則因小學之成功以著大學之
明法外有以極其規模之大而內有以盡其節
目之詳者也
問外有以極其規模之大內有以盡其節目之詳朱子曰這箇須先
識得外面一箇規模如此大了而內做工夫以
實之凡人爲學便當以明德新民止於至善及

(明明德於天下為事不成只要獨善其身便了須是志於天下所謂志伊尹之所志學顏子之所學也所以大學第二句便說在新民○新安陳氏曰規模之大指三綱領節目之詳指八條目孔子時方有大學一章之經○東陽許氏曰規模節目以三綱八條對言則三綱為規模八條為節目謂八條即三綱中事也獨以八條言之則平天下為規模上七條為節目平天下是大學之極功然須是有上七條節節做工夫行至于極然後可以天下平)三千之徒蓋莫不聞其說而曾氏之傳獨得其宗於是作為傳(去聲)義以發其意(曾子方有今大學之傳以發明孔子之意)及孟子沒而其傳泯(音閔)焉則其書雖存而知者鮮(上聲)矣自是以來俗儒記誦詞章之習其功倍於小學而無用(朱子曰自聖學不傳為士者不知學之有本而所以求於書不越乎記誦)

(訓詁文詞之間是以天下之書愈多而理愈昧學者之事愈勤而心愈放詞章愈麗議論愈高而其德業事功之實愈無以逮乎古人○新安陳氏曰記誦口耳之學詞章枝葉之文)異端虛無寂滅之教其高過於大學而無實(問異端何以高而無實朱子曰吾儒便著讀書逐一就事物上理會道理異端便都掃了只恁地空空寂寂便道事都了若將些子事付之便都沒奈何○雲峯胡氏曰此之虛虛而有彼之虛虛而無此之寂寂而感彼之寂寂而滅所以高而無實○新安陳氏曰老氏虛無佛氏寂滅)其他權謀術數一切以就功名之說與夫(音扶)百家衆技之流所以惑世誣民充塞(先則反下同)仁義者又紛然雜出乎其間(朱子曰秦漢以來隨世以就功名者未必自其本而推之是以天理不明而人欲熾道學不傳而異端起人挾其私智以馳鶩於一世○新安陳氏曰權

(謀術數謂管仲商鞅等百家衆技如九流等是也)使其君子不幸而不得聞大道之要其小人不幸而不得蒙至治之澤晦盲(眉庚反)否塞(東陽許氏曰如月之晦如目之盲如氣之否如川之塞晦盲言不明否塞言不行)反覆沈(俗作沉非)痼(音固○東陽許氏曰反覆是展轉愈深而不可去底意沈如物沒於水而不可浮痼如病著於身而不可愈)以及五季(謂梁唐晉漢周五代季世)之衰而壞亂極矣(雲峯胡氏曰惑世誣民使斯民昏而不能知充塞仁義使斯道壅而不能行晦盲全無能知者否塞全無能行者所以為壞亂之極也大道之要是大學書中所載者至治之澤是自大學中流出者上之人無能知此大學故君子不得聞大道之要上之人無能行此大學故小人不得蒙至治之澤)天運循環無往不復宋德隆盛治教休明於是河南程

氏兩夫子出(伯子諱顥字伯淳號明道先生叔子諱頤字正叔號伊川先生)而有以接乎孟氏之傳實始尊信此篇而表章之既又為(去聲)之次其簡編發其歸趣(音娶○新安陳氏曰孟子沒而其傳泯焉至二程夫子出而絕學復傳於是始發大學篇於戴記之中而尊信之又整頓其錯亂之簡而發揮之但未成書耳)然後古者大學教人之法(此八字收拾序文起句文)聖經賢傳(去聲)之指粲然復(扶又反)明於世雖以熹之不敏亦幸私淑而與(去聲)有聞焉(新安陳氏曰孟子云予未得為孔子徒也予私淑諸人也此用其語謂聞程子之教於延平李先生諸公○東陽許氏曰私淑者私善於人孟子不得為孔子之徒而私善於再傳之子思朱子不得為程子之徒而私善於三傳之李氏此私淑字最切)顧其為書猶頗放

失是以忘其固陋采而輯(音集)之間亦竊附己意補其闕略(謂補傳之第五章)以俟後之君子極知僭踰無所逃罪然於國家化民成俗之意學者脩己治人之方則未必無小補云(脩己治人四字包盡大學體用綱目)

淳熙己酉二月甲子新安朱熹序(新安陳氏曰此序分六節精義尤在第二節曰知其性之所有而全之曰教之以復其初是也朱子論學必以復性初為綱領要歸論語首註學字曰人性皆善曰明善而復其初小學題辭曰仁義禮智人性之綱曰德崇業廣乃復其初此書首釋明明德亦曰遂明之以復其初與此序凡四致意焉聖人盡其本全者也學者復其性復而後能全也欲知性之所有在格物致知欲復全其性之所有在誠意正心脩身以力於行而已讀此序此書者其以知性之所有與復其性初為要領以知行為工夫而融貫其旨云)

大學章句序

新訂四書補註備旨大學卷之一

粵東鄧　林退菴先生手著　　裔孫　煜耀生編次

寶安祁文友珊洲先生重校　　江甯後學杜定基起元增訂

曾子

曾參魯武城人鄫國之後夏少康封其次子曲烈於鄫當魯襄公時鄫爲莒滅鄫世子巫奔魯去邑而爲曾氏巫數傳生點點生參年十六孔子在楚命參之楚受學焉性至孝家貧食力敝衣躬耕日不舉火而歌聲若出金石魯君聞而致邑焉固辭不受○孔子閒居曾子侍凡王朝家國之禮經常權變之宜靡不反覆窮詰焉○曾子志存孝道齊嘗聘以爲卿

大學章旨

此章孔子明先王立學教人之法以詔後世大學二字是主腦分兩段看前一段三節是統言綱領而推其先後以結之示人以知序也後一段四節是詳言條目而要其本以結之示人以知要也通章不出三綱領然三綱領又不出明德從段歸到修身爲本正見明德爲本處講聖經要影傳語但不可顯侵

大學節旨

此節言大學之綱領明明德是下文格致誠正修之綱領新民是齊治平之綱領止至善總明德新民又八者逐條之綱領註大人之學對小子言道是進爲之方即理之當然也明德要充廣其明是橫說繼續其明是豎說新民雖兼養在內却重教不重養至善是無過不及所在與安小成狃近功對看

知止節旨

此推至善之所由止兼明新在內重知字至善最難知剛知止時是物格知至也知止即得止中間定靜安慮

大學此書名大學者以其載皆大人之學也原在禮記中以記其博學可以爲政也

子程子曰大學孔氏之遺書而初學入德之門也於今可見古人爲學次第者獨賴此篇之存而論孟次之學者必由是而學焉則庶乎其不差矣

○**大學之道**大學對小學言不對異端曲學道是學的方法**在明明德**三在字俱作當字看明是用功以明之也明德指所受於天之仁義禮智說**在親民**親當作新是革其舊染意民是家國天下之人不可槩作百姓看**在止於至善**止字照註兼必至不遷二意至善即明新恰好處

【註】大學者大人之學也明明之也明德者人之所得乎天而虛靈不昧以具衆理而應萬事者也但爲氣稟所拘人欲所蔽則有時而昏然其本體之明則有未嘗息者故學者當因其所發而遂明之以復其初也新者革其舊之謂也言既自明其明德又當推以及人使之亦有以去其舊染之汚也止者必至於是而不遷之意至善則事理當然之極也言明明德新民皆當止於至善之地而不遷蓋必其有以盡夫天理之極而無一毫人欲之私也此三者大學之綱領也

【講】曾子述聖經以垂訓曰天下有統古今上下而精其業合人己內外而究其功者大學也然其教人之道果安在哉一在明己之明德蓋德者人所得於天之理原自虛明但氣稟拘於生初物欲蔽於生後則有時而昏然其本體之明有未嘗息者故學者當因其發而充廣之使全體皆明因已明而繼續之使無時不明以復其初焉此大人有體之學也一在新民蓋德者人所同得而非我之私得也又當推以新民使彼有是德而不能自明者亦皆有以新之而去其舊染之汚焉此大人有用之學也一在止於至善蓋吾之所以明而新之者非可私意苟且而爲之也其所以得於天而見於日用之間者莫不各有當然之則所謂至善也又必當使己德無不明民德無不新恰好至當不復遷動而之他以止於至善焉此大人體用會極之學也大學之道如此

【補】註人之所得乎天解德字虛靈不昧解明字蓋虛則有以具衆理靈則有以應萬事明之功照下知以啟明之端行以致明之實 ○

天寶書局精校藏板

而不就曰吾父母老食人之祿則憂人之事故吾不忍遠親而為人役○曾子耕泰山下雨雪不得歸思父母作梁山吟○曾子毋讀喪禮泣下沾襟曰往而不可還者親也子欲養而親不待是故椎牛而祭不如雞豚之逮親存也初吾為吏祿不及釜尚欣欣而喜者非以為多樂其逮親也及親沒吾南遊於楚得尊官焉猶北面涕泣者非以為賤悲不逮吾親也孔子以其能通乎道故授之一貫之傳○曾子居曲阜鴟梟不入城郭又曾子行孝枯井湧泉○曾參唐高

之驗是知止后自然相因妙處一有字領四能字靜安慮得又皆定中之能事也定靜安在事未至之前慮在事方至之際慮為知得緊要關頭蓋知是平素工夫慮又臨時研審一番得止非偶合非襲取是與至善為一

物有節旨

上兩節只渾說此節指出次序來明新兩物而內外相對故曰本末知得一事而首尾相因故曰終始二句亦不平事即物中之事也此知字又在知止前淺看近道是有下手處

古之節旨

此舉古之為學次第以著綱領之條目所謂其序不可紊而功不可缺也於天下本屬新民而乃曰明明德正見新民不出明明德之外故治齊亦是明明德於國與家耳天下與國均此井田學校而遠近分國與家均此老老幼幼而親疎異欲修先正是先立其大而小者不能奪也欲正先誠是實其所發以養其所存也朱子謂誠意是人鬼關致知是夢覺關致知是全體說格物是零碎說物在外而理具於心心在內而理周乎物知與物無先後故曰在

物格節旨

此節覆解以明上意與上節俱說工

知止（止即指至善與上節言工夫者不同）而后有定（定是向乎至善以志言）定而后能靜（靜是凝乎至善以心言）靜而后能安（安是依乎至善以身言）安而后能慮（慮是研乎至善以事言）慮而后能得（得是得至善而止之兼明新言）

註 止者所當止之地即至善之所在也知之則志有定向靜謂心不妄動安謂所處而安慮謂處事精詳得謂得其所止

講 然明德新民何由得至善而止之惟先知所止則識無所蔽者理自無所昧而后吾之志有定矣志既有定則內念不興外物不搖無以動其心而后能靜矣心既能靜則擾擾不形隨身所處無所擇於地而后能安矣能安則日用之間從容閒暇事至物來有以揆之而后能慮矣能慮則隨事觀理極深研幾皆合乎當然之則而后明德新民之至善所在皆得而止之矣

○物有本末（物以形體言指明德新民本是根本末是梢末）事有終始（事以作為言指知止能得終是究竟始是發端）知所先後（知以用功不紊言先指本始後指末終）則近道矣（近是庶幾不甚相遠道即大學之道）

註 明德為本新民為末知止為始能得為終本始所先末終所後此結上文兩節之意

講 合而觀之明德新民皆性中物也然明德為本新民為末非物有本末乎知止能得皆分內事也然知止為始能得為終非事有終始乎誠知本始所當先而先之末終所當後而後之則進為有序德可明而民可新善可知而止可得庶近乎大學之道矣

○古之欲明明德於天下者（古是古人）古之二字直貫一節欲心中願欲明明德於天下見得新民是明德中事又見得新民不過使人各明其明德也 先治其國（治我去治之也有立標準胥教誨意）欲治其國者先齊其家（齊我去齊之也有篤恩義正倫理意）欲齊其家者先修其身（修是檢制有慎舉動公好惡意）欲修其身者先正其心（心該動靜正者敬以直內虛以應物也）欲正其心者先誠其意（意者一念善惡分路之始誠者去妄存真也）欲誠其意者先致其知（知即明德發竅處所以辨別善惡者致是推極其知之量也）致知在格物（物有物之理格物即窮理之謂）

註 明明德於天下者使天下之人皆有以明其明德也心者身之所主也誠實也意者心之所發也實其心之所發欲其必自慊而無自欺也致推極也知猶識也推極吾之知識欲其所知無不盡也格至也物猶事也窮至事物之理欲其極處無不到也此八者大學之條目也

講 不觀之古人乎古之欲明明德於天下以新民者不遽求之天下也必先治其國以為天下觀感之地焉欲治其國者不遽求之國也必先齊其家以為國人興化之自焉欲齊其家者不遽求之家也必先修其身以為家人倡率之原焉欲修其身者豈徒求之身哉先正其心以端一身之主而已欲正其心者

宗贈少保加太保配享封郕伯宋改武城侯加郕國公元加宗聖明改宗聖曾子

夫數而后字正形出必當先意前知止就事上說此知止就心上說至與致不同致是推致方為也至則已至知與意相關是逐節推去其實知是一大截直貫至平天下住意誠指一時一事言心正指全體渾然言齊治平俱兼化之處之說

自天節旨

此見得上面許多格致誠正總完得修身而齊治平皆起於此信乎明德為本而修身正其本也蓋精言之為明明德約言之為修身天子有平治之責者庶人無國與天下然有家亦可言本此正言以結之也

其本節旨

此反結本之當重以足上節上下須串說不可以修身齊家平對所厚者薄很不能修身以齊家來是末不治的起頭猶云即所厚如家已先薄了何況國與天下則本之不可亂也明甚

豈徒求之心哉先誠其意以實吾心之發而已欲誠其意者豈徒求之意哉先致其知以析真妄之幾而已至於致知則何在哉在即事窮理而格天下之物焉此古人為學之次第也

○**物格而后知至**物格是逐事理會過了到知至則一原貫通此而后字較急之說亦勿泥**知至而后意誠**逐個而后各有工夫須看註可得字意誠是一念不欺真實好善惡惡**意誠而后心正**心正是心體正直不偏邪**心正而后身修**身修是身有檢制而不妄為**身修而后家齊**家齊是家人肅然齊一**家齊而后國治**國治即百姓昭明意**國治而后天下平**天下平即萬邦協和意

【註】物格者物理之極處無不到也知至者吾心之所知無不盡也知既盡則意可得而實矣意既實則心可得而正矣修身以上明明德之事也齊家以下新民之事也物格知至則知所止矣意誠以下則皆得所止之序也

【講】夫古人之為學皆有所先者亦以其功之相因也誠能於理之在物者有以格之盡而無餘而后吾心之知即有以至之而致其極矣知至而后道理明白坦然行之意可得而誠矣意誠而后存主皆實物不能動心可得而正矣心正而后中有所主物不能累身可得而修矣身修而后有以儀型於一家家不由是齊乎家齊而后有以感化於一國國不由是治乎國治而后舉此以加彼皆有以明其明德天下不由是平乎古人之知所先後如此

○**自天子以至於庶人**自由也天子是至尊貴者至字中間包諸侯卿大夫及士在內庶人是凡民之俊秀**壹是皆以修身為本**為本是為天下國家之本格致誠正已該在修身內

【註】壹是一切也正心以上皆所以修身也齊家以下則舉此而錯之耳

【講】然就八條目而約之格致誠正為修身而設齊治均平自修身而推信乎物有本末而修身正其本也故上自天子之貴下以至於庶人之賤凡有天下國家之責者壹是皆以慎修其身而為天下國家之本焉耳

○**其本亂**指身不修**而末治者否矣**末指家國天下治即齊治平意否是無是理**其所厚者薄**是家不齊**而其所薄者厚**所薄指國與天下厚即治平意**未之有也**未之有決言其無意

【註】本謂身也所厚謂家也此兩節結上文兩節之意

【講】夫合天下之人固當以修身為本然以身對家國天下而言則身為本而家國天下為末使不能格致誠正以修其身則其本亂矣而末猶然治者否矣以家對國與天下而言雖其理未嘗不一然其厚薄之分亦不容無差等苟身之不修是在家不能親其親長其長則所厚者且薄而於國與天下所薄者反厚決未之有也有志於大學者可不明德以修身哉

【補】前結本末而帶始終後結本末而帶厚薄正是血脈流貫處

右經一章蓋孔子之言而曾子述之凡二百五字**其傳十章**

康誥

康叔名封文王子武王弟武王誥名為衛侯王若曰孟侯朕其弟小子封惟乃丕顯考文王克明德慎罰又曰應保殷民亦惟助王宅天命作新民又曰若保赤子惟民其康乂

太甲

太甲太丁子湯嫡孫也太甲既立不明伊尹放諸桐三年復歸于亳思庸伊尹作太甲三篇上篇云惟嗣王不惠於阿衡伊尹作書曰先王顧諟天之明命以承上下神祇

康誥章旨

此章釋明明德之義引書以見夫子之言有所自也三聖俱就現成說不分淺深只平叙過注重末句

康誥節旨

克是真個會的意德則人所同克明則文王所獨

太甲節旨

引康誥意已盡恐人不知德出於天故引太甲命本明顧之只是此心常存而目若有見也

帝典節旨

恐人不知德極其大又引帝典明德以本體言峻德以全體言講克明只在欽明恭讓上勿侵新民界

皆自節旨

此句明字重自字尤重蓋聖人不專靠天姿然有學問在結出自明是三書歸宿學者當法意在言外

湯之章旨

此章釋新民之義首節原新民之本次節著新民之功三節究新民之驗末節責成君子意重末節

湯之節旨

盤者常用之器銘則欲其接於目而

則曾子之意而門人記之也舊本頗有錯簡今因程子所定而更考經文別為次序如左 凡千五百四十六字○凡傳文雜引經傳若無統紀然文理接續血脈貫通深淺始終至為精密熟讀詳味久當見之今不盡釋也

○康誥曰 康誥武王告康叔之語也 克明德 克明二字相連謂能明也德即明德也 【註】康誥周書克能也 【講】經文所謂在明明德者稽諸古訓而有徵矣觀周書康誥有曰人皆有此明德但為氣拘物蔽以致昏昧不明惟文王緝熙敬止克明其本明之德矣

○太甲曰 太甲伊尹告太甲之辭也 顧諟天之明命 顧是常常顧視惟恐失之也兼靜存動察說天之明命即明德根源處 【註】太甲商書顧謂常目在之也諟猶此也或曰審也天之明命即天之所以與我而我之所以為德者也常目在之則無時不明矣 【講】由康誥溯而上之則有湯觀商書太甲有曰天之明命是天之昭然予我而我之所以為德者但忽玩者多惟成湯聖敬日躋顧諟上天所付之明命焉

○帝典曰克明峻德 峻訓高大是無限量意只就堯一身上說 【註】帝典堯典虞書峻大也 【講】由太甲溯而上之則有堯觀虞書帝典有曰德之在人全體本極高大但人皆被私欲狹小惟帝欽明文思克明其峻大之德焉

○皆自明也 皆指三書說自明謂三書所言是自明己德之事 【註】結所引書皆言自明己德之意 【講】夫三書之言雖異而要其旨皆所以自明己德也有志大學者可不以三聖為法哉 【補】顧麟士曰三引書大約於上兩字一頓是釋明之意也下德字及天之明命字峻德字是釋明德義也明命雖說源頭峻德雖說高大然不甚重若過作較量則便妨下自明一結皆字總承三書見千聖相傳只是一脈自字甚重雖贊嘆三聖人言外亦稍得勉勵後人意

右傳之首章釋明明德 此通下三章至止於信舊本誤在沒世不忘之下

○湯之盤銘曰 銘是刻銘於盤上以自儆 苟日新 苟是果能意日是一日新是去得私欲淨盡 日日新 日日主繼續意 又日新 又日主提振意又非終之謂 【註】盤沐浴之盤也銘名其器以自警之辭也苟誠也湯以人之洗濯其心以去惡如沐浴其身以去垢故銘其盤言誠能一日有以滌其舊染之汚而自新則當因其已新者而日日新之又日新之不可略有間斷也 【講】經文所謂在新民者稽之古聖人可見矣觀成湯之盤銘有曰人之洗心如洗身苟能一日去其舊染之汚奮然自新即當因其日新者而日日接續以新之又日

帝典
曰若稽古帝堯曰放勳欽明文思安安允恭克讓光被四表格于上下克明峻德以親九族九族既睦平章百姓百姓昭明協和萬邦黎民於變時雍

湯銘
湯名履一名天乙主癸子契之後也契姓子氏為唐虞司徒封於商湯為夏方伯得專征伐夏桀無道湯放桀于南巢是時三千諸侯大會湯三讓諸侯皆推湯然後即天子位○古之帝王盤盂皆銘几杖有戒蓋起居必觀而夙夜不忘也湯沐浴之盤而刻銘為戒蓋取澡身浴德之意

警於心也苟字一頓下二句緊連看雖講自新須關合新民之旨

作新節旨
工夫全在作字此作字即經文新字也註自新之民兼良心之發武王之化說

周雖節旨
新命者新民之應此氣數之命與顧諟明命命字不同其字指文王註能新其德以及於民是受命緣由

君子節旨
此總上三節結之是刻責君子非贊頌君子極即至善之謂新民本於自新而歸於用極可見明新至善三綱領上下關通

邦畿章旨
此章引詩釋止至善而明新及知止能得意皆在其中首節借邦畿出止字次節借黃鳥出知字三節正言至善當止舉文王敬止為法四節五節分言明德新民止至善之實要含咏嘆淫泆意

邦畿節旨
曰邦畿則中正而非僻陋之所曰千里則廣大而非狹隘之所喻言至善之所在也玩惟民所止口氣隱然有至善亦人心之邦畿聽人自止意但此重在邦畿不重民止須味一所字章句物字指明新言

緡蠻節旨

提振以新之使私欲淨盡有如沐浴一般湯之自新如此 ○**康誥曰作新民** 作者使其覺而不迷勤而不惰也新民二字相連 註 鼓之舞之之謂作言振起其自新之民也 講 觀周書康誥有曰商民雖染舊俗宣無自新之機為人上者當迎其機而作之井田學校修其作之之具勞來匡直詳其作之之術使之舍舊而遷善焉武王之作新如此 ○**詩曰周雖舊邦** 言周自后稷以來舊為諸侯之國 **其命惟新** 國勢運會有個煥發景象便是文王新命 註 詩大雅文王之篇言周國雖舊至於文王能新其德以及於民而始受天命也 講 觀大雅之詩有曰我周自后稷以來雖是舊邦至於文王而聖德日新民風丕變故天命之以有天下而命維新也文王之新命如此 ○**是故君子無所不用其極** 承上文來君子泛言有新民之責者 註 自新新民皆欲止於至善也 講 由湯文武觀之是皆所以用其極者也故後之君子凡有新民之責者自新必如湯之日新又新新民必如周之作新新命皆求止於至善之地而已矣 補 此章釋新民而章內五新字皆非新民之新盤銘以自新言康誥以民之自新言詩以天命之新言然新民之意却於此可見

右傳之二章釋新民

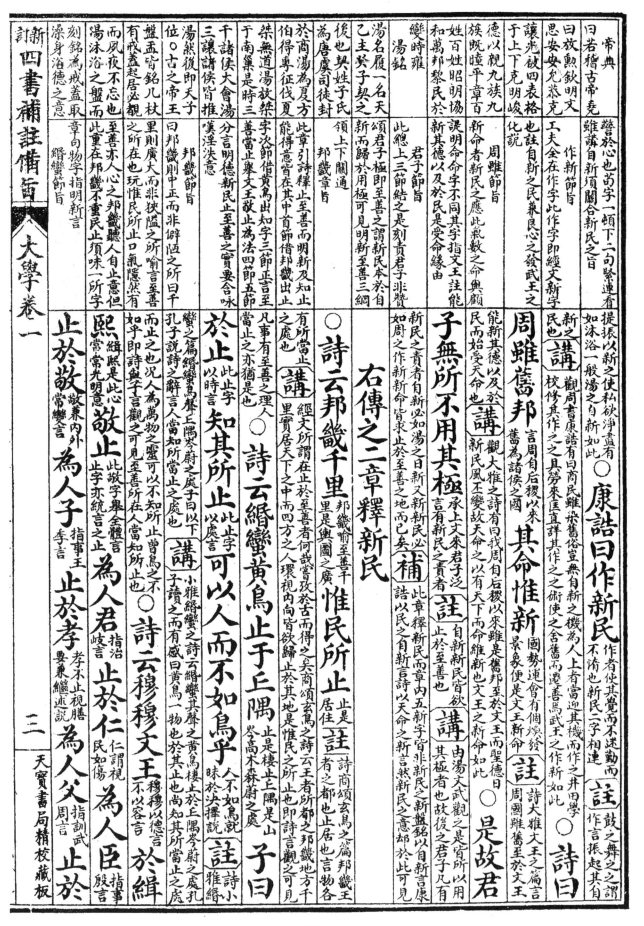

○**詩云邦畿千里** 邦畿喻至善千里是輿圖之廣 **惟民所止** 止是居住 註 詩商頌玄鳥之篇邦畿王者之都也止居也言物各有所當止之處也 講 經文所謂在止於至善者何哉嘗攷於古而得之矣商頌玄鳥之詩云王者所都之邦畿地方千里實居天下之中而四方之人環視內向皆欲歸止於其地是惟民之所止也即詩言觀之可見凡事有至善之理人當止之亦猶是也 ○**詩云緡蠻黃鳥止于丘隅** 止是棲止丘隅是山岑高木森蔚之處 **子曰於止** 此止字以時言 **知其所止** 此止字以處言 **可以人而不如鳥乎** 人不如鳥就昧於決擇說 註 詩小雅緡蠻之篇緡蠻鳥聲丘隅岑蔚之處子曰以下孔子說詩之辭言人當知所當止之處也 講 小雅緡蠻之詩云緡蠻其聲之黃鳥棲止於丘隅岑蔚之處孔子讀之而有感曰黃鳥一物也於其止也尚知其所當止之處而止之也況人為萬物之靈可以不知所止曾鳥之不如乎即詩與子言觀之可見至善所在人當知所止也 ○**詩云穆穆文王** 穆穆以德言不以容言 **於緝熙** 緝熙是此心常常光明意 **敬止** 此敬字舉全體言止字亦統言之止 **為人君** 指治岐言 **止於仁** 仁謂視民如傷 **為人臣** 指事殷言 **止於敬** 敬兼內外常變言 **為人子** 指事王季言 **止於孝** 孝不止視膳要兼繼述說 **為人父** 指訓武周言 **止於**

故云日新又新

邦畿　世紀云天子畿方千里曰甸服甸服之內曰京師

丘隅　土高曰丘丘隅山之一角峻處岑高蘇蔚乃羅網弓矢所不到者

文王　周季歷古公少子娶太任生子昌有聖瑞古公因欲傳位季歷以及昌長子泰伯知之與弟仲雍亡之荊蠻季歷受傳至昌為西伯六州向化及子發立克商而有天下追謚文王○文王懷保惠鮮大怙冒之恩於西土小心服事廑明聖之戴於天王朝寢門而修世子

此承上節從止字出知字緡如咏嘆長言笙簧迭奏蠻如南冠之操鴃舌之音於止之止以時言所止之止以地言孔子說詩意是警醒世人非贊黃鳥也

穆穆節旨

此節舉文王之止至善以立則也合明新說最重引詩以穆穆發端而終以敬止即周子主靜立人極之義註解緝熙雖對說而或問云連續光明無少間斷則意主串遞可知按語類緝熙是工夫敬止是功效收煞處或問小註卻云緝熙是已能如此不是方用工夫兩說不同細推之就文王本身說則緝熙是已能如此就學者法文王說則緝熙是要緊工夫詩辭自合就文王說敬在心止在事二字領下是綱五者有在明明德邊者即明明德之至善有在新民邊者即新民之至善

瞻彼節旨

此節咏嘆明明德止至善之實詩辭只輕敘過重釋詩上有斐是說做成君子之人所以斐然有文者其初自切磋琢磨者來也骨角脈理可尋切磋主於剖析故屬窮理玉石渾堅難治琢磨主於攻錯故屬去私學修是求止之功恂慄威儀是得止之驗恂慄兼動靜言威者儼然人望而畏之非徒事嚴猛而已儀者動容周旋中

慈慈是創至顯之謨不但鞠育教誨**與國人交**國人如內而師傅外而友邦冢君在西伯部中者皆是交是相接**止於信**信是誠實不欺

【註】詩文王之篇穆穆深遠之意於歎美辭緝繼續也熙光明也敬止言其無不敬而安所止也引此而言聖人之止無非至善五者乃其目之大者也學者於此究其精微之蘊而又推類以盡其餘則於天下之事皆有以知其所止而無疑矣

【講】求其能止至善者其惟文王乎大雅文王之詩云穆穆然深遠之文王於戲其德之緝續熙明無不敬而安所止也夫詩所謂敬止如何如仁者君之至善也文王為人君則以心行政而止於仁敬者臣之至善也文王為人臣則以下服上而止於敬孝者子之至善也文王為人子則愛慕繼承而止於孝慈者父之至善也文王為人父則積德留後而止於慈至於統御國人其至善在信文王與國人交則內外始終不欺不二而止於信所謂緝熙敬止者如此此文王之自然而得所止也學者即此五者日用人倫之大而推之天下之事無不有以得其至善之所在矣

○**詩云瞻彼淇澳**瞻是視淇澳是水邊彎曲**菉竹猗猗**菉是青色淇上多竹**有斐君子**君子指武公言**如切如磋如琢如磨**四如字君子知行之功如之也**瑟兮僩兮**瑟是不粗疏橫說僩是不怠弛豎說此德之存於心者**赫兮喧兮**註宣著盛大是總解赫喧詩註則以宣著屬喧當從之此德之形於身者**有斐君子終不可諠兮**終是終身詩辭止此**如切如磋者道學也**以知言下各句俱當有道字省文耳**如琢如磨者自修也**以行言自字要玩即由己之義**瑟兮僩兮者恂慄也**恂慄是嚴敬存於中要跟學修來**赫兮喧兮者威儀也**威儀是光輝形於外要跟學修恂慄來**有斐君子終不可諠兮者道盛德至善民之不能忘也**盛德至善謂盛德底於至善民指當時之民不能忘就其德之感人處言未說到澤之及人處

【註】詩衛風淇澳之篇淇水名澳隈也猗猗美盛貌興也斐文貌切以刀鋸琢以椎鑿皆裁物使成形質也磋以鑢鐋磨以沙石皆治物使其滑澤也治骨角者既切而復磋之治玉石者既琢而復磨之皆言其治之有緒而益致其精也瑟嚴密之貌僩武毅之貌赫喧宣著盛大之貌諠忘也道言也學謂講習討論之事自修者省察克治之功恂慄戰懼也威可畏也儀可象也引詩而釋之以明明明德者之止於至善道學自修言其所以得之之由恂慄威儀言其德容表裏之盛卒乃指其實而嘆美之也

【講】吾於衛風之詩見明明德之止至善焉詩云瞻彼淇水之澳菉竹猗猗而美盛況我有斐之君子其用功之精如治骨角者既切而又磋之其用功之密如治玉石者既琢而復磨之由是內焉瑟兮而嚴密僩兮而武毅外焉赫兮而盛大喧兮而宣著此有斐之君子終不可得而諠忘兮詩之所言如此由今繹之所謂如切如磋者言君子之窮理講習以究之討論以辨之學而知之以至

之禮篤恭其而創丕顯之謨至於虞芮質成反爭為讓其信字與國可知也

淇澳

此詩衛人美武公之德而作國語云武公九十有五猶箴儆於國曰自卿以下至於師長士苟在朝者無謂我老耄而舍我必恪恭於朝以交戒我遂作懿戒之詩以自警而賓之初筵亦武公悔過之作其其有文章而能聽規諫以禮自防也可知矣。衛有淇園出竹在淇水之上竹譜云淇園殷紂竹箭園也

聽訟

小司寇之職以五聲聽獄訟求民情一口辭聽

禮非徒事容飾而已明德是得於稟賦之初盛德是得於踐履之後盛德而不可復加即至善也通節歸重在此不能忘在秉彝上說未說到德澤及人道學以下是借詩釋經不必呆贊武公

於戲節旨

此節咏嘆新民止至善之實前王不忘重前王能使人不忘上四其字指前王下賢親樂利四字是前王新民止至善處要重發上賢親樂利四字是後人沐其餘澤處須唱嘆傳神舊章成憲該得嘉言懿行創業垂統該得建國分封樂在太平之化是教上事利在衣食之資是養上事上節不忘是佩服其德此不忘是感戴其恩

聽訟全旨

此章引聖言以釋本末獨言訟者舉一以例其餘也論語以聽訟無訟分本末此以無訟使無訟分本末須把聽訟句置了只就使無訟句推出知本來全在使字上見無情的申無訟大畏句申使字不曰民心而曰民志從辭所由起處說也民志之畏畏夫理畏良心耳蓋無訟者民德之新是末即大畏民志亦屬新民上所以大畏者由明明德而然方是本必已德

精也如琢如磨者言君子之過欲省察以防之克治以去之修而行之以至密也瑟兮僩兮者言君子理念精明不假矜持自無放情惆謹而悚慄也赫兮喧兮者言君子純一積中無事表暴光輝自形有威可畏有儀可象也至謂有斐君子終不可諠兮者言君子由學問自修之功造恂慄威儀之地其盛德已底於至善所以民同然之心自然仰慕而不能忘也明明德之止至善如此不有以端新民之本哉

○**詩云於戲前王不忘**不忘是思念不已意**君子賢其賢**君子指成康以後之賢者與王者說賢有憲章意其賢指文武之謨烈言**而親其親**親有繼述意其親指文武之基業言**小人樂其樂**小人是後世之百姓樂有安享意其樂指太平之福言**而利其利**利有便益意其利指田里之制言**此以沒世不忘也**此指上賢親樂利以是所以意沒世指文武身沒言不忘是愈久愈思意

【註】詩周頌烈文之篇於戲歎辭前王謂文武也君子謂其後賢後王小人謂後民也此言前王所以新民者止於至善能使天下後世無一物不得其所所以既沒世而人思慕之愈久而不忘也此兩節咏嘆淫泆其味深長當熟玩之

【講】又於烈文之詩見新民之止至善焉詩云於戲惟我前王人不能忘夫前王何以不忘哉蓋由後賢後王觀之舊章成憲是其賢也使後之君子得以賢其賢而率由不違創業垂統是其親也使後之君子得以親其親而纘承不替由後民觀之風淳俗美是其樂也使後之小人得以樂其樂而長享太平分井授廛是其利也使後之小人得以利其利而永沐膏澤此所以前王既已沒世而後之人蒙其澤者猶思慕之而不忍忘也新民之止至善如此不有以為明明德之驗哉

【補】集解云後賢亦兼後王在內蓋聞而知之仰其德業不但下位賢者即後王之賢者當賢其賢也惟親其親就統緒說則後王所獨耳

右傳之三章釋止於至善此章內自引淇澳詩以下舊本誤在誠意章下

○**子曰**是引孔子之言**聽訟吾猶人也**聽訟是聽斷民訟之是非曲直猶人言雖不能過人而尚可以及人**必也使無訟乎**必也是斷然意使有潛孚默化意含明德在內無訟是無是非曲直之可聽**無情者**是無情實之人**不得盡其辭**盡作達字看**大畏民志**大畏是深服意**此謂知本**此字指孔子所言知本謂必己德明然後可以使無訟是知明德為新民之本矣

【註】猶人不異於人也情實也引夫子之言而言聖人能使無實之人不敢盡其虛誕之辭蓋我之明德既明自然有以畏服民之心志故訟不待聽而自無也觀於此言可以知本末之先後矣

【講】經文所謂物有本末者何哉嘗得之夫子之言矣夫子嘗曰聽民之訟而判其曲直者吾尚可以猶夫人也必也使民曲直兩忘自然無訟乃為貴乎夫子之言如此夫爭訟之人本無情實也今曰無訟是聖人能使無情實之人不得盡其虛誕之辭蓋由我之明德既明自然有以大畏服民之

二曰色聽三曰氣聽四曰耳聽五曰目聽

明然後民德新其本末較然則用功之先後從可知矣下章知本二句原屬衍文但出此題不妨即以知本二字統得格物致知全功立說

補傳全旨

此章朱子補釋格物致知之義分四段看言欲二句釋致知在格物之義人心之靈六句推格物致知之由是以五句詳格物致知之功至於用力四句言格物致知之效末二句乃結言之莫不有知知字指人心本然全體之知說已知之理知字指一端發見之知說格物自表而裏自粗而精然裏之中又有裏精之中又有至精透得一重又有一重須無所不到方是格物朱子補此章書但欲理明不規規於文體意似簡括程子九條之義源流功效無不具舉字字精細步步著實雖聖人復起不能易也此章專屬知明善之要下章始屬行誠身之本

心志故訟不待聽而自無也觀於此言可謂知明德爲新民之本而在所當先矣本焉既知則末之所在當後者不可推乎經文所謂物有本末者知此

右傳之四章釋本末（此章舊本誤在止於信下）

此謂知本（程子曰衍文也）此謂知之至也（此句之上別有闕文此特其結語耳）

右傳之五章蓋釋格物致知之義而今亡矣（今指朱子之時亡是簡編亡失）

【註】（此章舊本通下章誤在經文之下）閒嘗竊取程子之意以補之（閒指近日言竊取是謙辭程子是程明道先生補之是補致知格物之言）曰所謂致知在格物者（此句述經文）言欲致吾之知（致是推致知是吾心良知）在即物而窮其理也（即就也物字泛說窮是研究理即物中之理也）蓋人心之靈（靈指虛靈言）莫不有知（知即本然之良知）而天下之物（物是事物）莫不有理（理是事物之理）惟於理有未窮（未窮是未考究到盡處）故其知有不盡也（不盡是不能滿本然之量）是以大學始教（始教是起初教人）必使學者（學者指入大學之人）即凡天下之物莫不因其已知之理（已知指心固有者言）而益窮之（益是更加意）以求至乎其極（極是理之盡處）至於用力之久而一旦豁然貫通焉（一旦就覺悟之時言對久字看豁然是心中開豁貫通是貫徹通達）則衆物之表裏精粗無不到（表是理之大綱裏是理之節目精是理之細微粗是理之淺近無不到是格得詳盡）而吾心之全體大用無不明矣（全體以具衆理言大用以應萬事言）此謂物格（此指衆物表裏精粗無不到言）此謂知之至也（此指吾心全體大用無不明言）

【講】朱子補格致之傳曰大學傳之五章蓋釋經文格物致知之義而今簡篇

天寶書局精校藏板

已亡失矣然格物致知乃學者最初用功處是誠不可闕者間嘗竊取程子之意以補之曰經文所謂致知在格物者其義謂何言欲致極吾心之知使無一不明在即天下之物而窮盡其理使無一不到也蓋人心之虛靈莫不有本然之知而天下之事物莫不各有當然之理惟於理之在物者未加窮究之功故其知之在心者有未能盡其本然之量也是以大學始教於誠正修齊治平未暇及也必使入大學者即凡天下之物莫不因吾心已知之理而益加窮究之功以求至乎其知之極也至於用力之久而一旦豁然開悟貫通焉則衆物之理或表而大綱裏而節目或精而細微粗而淺近見無不到而吾心具衆理之全體應萬事之大用亦通其故而無不明矣夫物之表裏精粗無不到即經文物格之謂也吾心之全體大用無不明即經文知至之謂也入大學者可忽於斯乎

肺肝　丹溪心法云五臟者心肝腎肺脾也○五臟肝仁肺義仁者好生肝木之精也萬物始生於東

誠意章旨

此章釋誠意為單傳是大學要緊關頭跟定致知來首節正釋誠意在戒欺求慊而用功則歸慎獨二節言不能慎獨之弊三節明獨之當慎末節指能慎獨之驗而結其當誠意也

誠意節旨

毋自欺四句言用功當如此末句言用功正在此誠意者只一毋自欺盡之如惡二句申毋自欺自慊本好惡不自欺說以用功言不以成功言玩此之謂三字只承上可見獨處時接人時初發念時正應事時俱有獨知獨與幾有別幾是念頭善惡初分途處獨即初發時烱然不昧者也慎豚去欺邊正毋字之實功

小人節旨

此特舉自欺之甚者以為戒為不善即不慎獨註云消沮者愧怍則神消氣沮閉藏即下揜惡著善消沮自去閉藏不平如見句不必專指君子所謂司馬昭之心路人皆見之誠中形外之理本兼善惡但此只主惡言上

○所謂誠其意者毋自欺也[自字與意字相應欺字與誠字相反毋字是誠意者自家禁止]如惡惡臭[如是譬如惡惡臭是真心嫌汚穢則務決去]如好好色[好好色是真心喜美色則求必得]此之謂自謙[此指上二句說慊訓快足快者快其有善無惡之初心足者是其好善惡惡之分量]故君子必慎其獨也[故字承自欺自慊來獨指心所獨知言慎是審其實不實之幾而謹之]

註　誠其意者自修之首也毋者禁止之辭自欺云者知為善以去惡而心之所發有未實也慊快也足也獨者人所不知而已所獨知之地也言欲自修者知為善以去其惡則當實用其力而禁止其自欺使其惡惡則如惡惡臭好善則如好好色皆務決去而求必得之以自快足於已不可徒苟且以徇外而為人也然其實與不實蓋有他人所不及知而已獨知之者故必謹之於此以審其幾焉

講　經文所謂誠其意者何也蓋君子於格致之後既知為善以去惡矣苟不能實用其力是自欺也欲誠其意者毋自欺其本心之明也使其惡惡則如惡惡臭之誠而務決去之其好善則如好好色之誠而求必得之此之謂自慊其好善惡惡之心殆快足於已無餘憾矣然其欺與不欺蓋有他人所不及知而已獨知之者故君子必慎其獨以審其誠意之幾焉

○小人閒居[小人是不慎獨之人閒居對見君子說]為不善[為字只就意說]無所不至[亦只形容無忌憚意]見君子[是見誠意慎獨之人]而后厭然[註訓消沮閉藏盡之]揜其不善[是遮蓋其實惡]而著其善[是粧飾其虛善詐善正所以揜惡也此即厭然之事]人之視己[人即上君子己即小人]如見其肺肝然[是見透他心裏之事]則何益矣[何益是無補於揜著之勞意]此謂誠於中形於外[用此謂是引成語此字總承上文無所不至正小人誠中處如見肺肝正小人形外處此誠字當實字看]故君子必慎其獨也[故字作所以字承誠中形外來君子即上節君子獨字亦與上節同]

註　閒居獨處也厭然消沮閉藏之

方也義者斷決肺金之精也西方金成萬物也

節慎獨周直下承當此節慎獨尤痛加警省

曾子節旨

上文兩言慎獨此節正提撕獨字又通章緊要處曾子曰三字煞有義味十目十手以視指之衆言有意則分善惡有善惡即可指視緊要在一所字一念偶動即其所也其嚴乎三字極危悚善惡無中立才出於善便入於惡可畏之甚繳君子小人言之

富潤節旨

此言慎獨之效潤屋不作喻說只借以引起潤身潤與著對表暴於外謂著浸灌於內謂潤德即明德潤身且虛說體胖方是潤身先言心廣者身本於心也心廣體胖尚未是心正身修然卻是正修之漸通節皆是結語不專指故君子一句也

釋正章旨

此章釋正修之義首節言心之所以不正次節言心既不正不但心受其病身亦不能修末節正結註察字敬字補出正心工夫

修身節旨

經言正心原兼體用傳則就用上釋之忿懥四者須從無處發出乃可為心之累全在數有字不得其正貼心之用然用失而體亦失仍屬體上看故下接心不在恐懼以臨事時言憂患以未事時言此只論心不論外邊

貌此言小人陰為不善而陽欲揜之則是非不知善之當為與惡之當去也但不能實用其力以至此耳然欲揜其惡而卒不可揜欲詐為善而卒不可詐則亦何益之有哉此君子所以重以為戒而必謹其獨也【講】小人不能慎獨而自欺故當閒居獨處之地以為人莫予覿肆為不善之事無所不至自欺甚矣及見誠意之君子而后厭然消沮閉藏揜其所為之不善而著其虛偽之善殊不知君子之人視己如洞見其肺肝然是惡不可揜而善不可詐則何益之有矣此正所謂誠有是惡於中則必形是惡於外故君子重以為戒所以必慎其獨而毋自欺也

○**曾子曰**是引曾子之言**十目所視**十非實數只形容其多意**十手所指**所視所指非真有視指也總見善惡不可揜便覺有許多指視耳**其嚴乎**嚴是凜凜森森意【註】引此以明上文之意言雖幽獨之中而其善惡之不可揜如此可畏之甚也【講】然小人之忽於獨者亦未知獨之可畏耳曾子平日有曰人以為幽獨之中深僻隱奧人不之知也不知善惡纔有其意便有其象毋謂瞻視不及乃十目之所共視也毋曰指摘不及乃十手之所共指也幽獨之不可揜一至於此豈不嚴而可畏之甚乎

○**富潤屋**潤屋華美**德潤身**意誠於內謂之德潤身是光輝發越於一身**心廣體胖**心廣跟意誠體胖正潤身處跟心廣**故君子必誠其意**故字承德潤二句來君子與上二君子同誠必戒欺求慊慎獨以誠其意則德全而心廣體胖斯身潤矣【註】胖安舒也言富則能潤屋矣德則能潤身矣故心無愧怍則廣大寬平而體常舒泰德之潤身者然也蓋善之實於中而形於外者如此故又言此以結之【講】合而觀之誠意之功固在於慎獨矣苟知獨之當慎又豈無其驗哉彼聚財而富者裕於用自能潤屋矣況誠意而有德者根於心生於色有不能潤其身乎蓋身之所主者心也心之運於外者四體也意誠而有德則此心不愧不怍自然廣大寬平而發於四體不拘不拍自然從容舒泰德之潤身如此故君子必戒欺求慊而慎獨以誠其意也有志大學者可不以意誠為急務哉

右傳之六章釋誠意經曰欲誠其意先致其知又曰知至而后意誠蓋心體之明有所未盡則其所發必有不能實用其力而苟焉以自欺者然或已明而不謹乎此則其所明又非己有而無以為進德之基故此章之指必承上章而通考之然後有以見其用力之始終其序不可亂而功不可闕如此云

○**所謂修身在正其心者**在字作先字看**身有所忿懥**身當作心有所即有心之謂未至而預期之方至而偏主之既往而凝滯之皆謂之有所忿是怒之著懥是怒之留**則不得其正**是偏於怒**有所恐懼**恐是心之畏懼是畏之甚**則不得其正**是偏於畏**有所好樂**好是心之喜樂是喜之甚**則不得其正**是偏於喜**有所憂患**憂是心之慮患是慮

形迹不可涉修身上去

心不節旨

此節只要見身心相關意心不在句承上節說下在即所謂心在腔子裏不在是不在虛靈之舍用失而體亦失也視而不見三句蓋舉粗以見精耳

此謂節旨

上二節皆反說故此用正結此正字指工夫說上節注察字敬字可用

釋修章旨

此章釋修齊之義首節詳言身之不修次節證身之不修而家之不齊在言外末節反結朱子謂此與上章大槩差錯處不在人欲上皆人合有底事

齊其節旨

此指大槩人情好惡之偏說親愛五者由身而施於家也親愛就骨肉言賤惡是不肖者畏敬以德與分言哀矜是失所者敖惰以卑庸言辟字內便有不知意末三句即捲上意咏嘆之知字只當察字看與致知知字不同誠意章好惡欲其實此章好惡欲

之甚 **則不得其正** 是偏於憂

【註】忿懥怒也蓋是四者皆心之用而人所不能無者然一有之而不能察則欲動情勝而其用之所行或不能不失其正矣

【講】經文所謂修身在正其心者何也蓋心者身之主本體原自虛靈一物不著若有所偏主於忿懥而不能察夫理則心即為忿懥所累而不得其正矣有所偏主於恐懼而不能察夫理則心即為恐懼所累而不得其正矣有所偏主於好樂而不能察夫理則心即為好樂所累而不得其正矣有所偏主於憂患而不能察夫理則心即為憂患所累而不得其正矣心之用失其正則心之本體安能得其正乎

○**心不在焉** 不在是心馳於忿懥四者而不在虛靈之舍也 **視而不見聽而不聞食而不知其味** 三句當實作不見不聞不知說非主理言

【註】心有不存則無以檢其身是以君子必察乎此而敬以直之然後此心常存而身無不修也

【講】夫心既不正則身在於此而心馳於彼心若外馳而冥然不在則無以檢其身目雖視而不見其色耳雖聽而不聞其聲口雖食而不知其味夫聲色臭味事物之粗而易見者耳心不在此則雖粗而易見者已不能見況義理之精者乎心不正而身不修有如此

○**此謂修身在正其心** 此正心與經文畧異經文正心兼動靜此正心就用上說是因用以著其體也

【講】夫心不正則身不修可見身之修必由於心之正經文所謂欲修身先正心此之謂也

【補】陸稼書曰朱子章句下個察字又下個敬字察是省察敬是存養這工夫用在誠意後似不甚著力然卻極難蓋誠意工夫用得太猛最易偏非是刻刻提撕刻刻謹凛不能不走作故特提此二字以補傳文未言之意

右傳之七章釋正心修身 此亦承上章以起下章蓋意誠則真無惡而實有善矣所以能存是心以檢其身然或但知誠意而不能密察此心之存否則又無以直內而修身也自此以下並以舊文為正

○**所謂齊其家在修其身者** 在字作先字看 **人之其所親愛而辟焉** 人字貫至敖惰句親愛是親而愛之也辟是施之過其則意 **之其所賤惡而辟焉** 賤惡是賤而惡之也 **之其所畏敬而辟焉** 畏敬是畏而敬之也 **之其所哀矜而辟焉** 哀矜是哀而矜之也 **之其所敖惰而辟焉** 敖是簡於為禮惰是懶於為禮 **故好而知其惡** 故字承上五句來好指親愛畏敬哀矜言知其惡是不偏於好 **惡而知其美者** 惡指賤惡敖惰言知其美是不偏於惡 **天下鮮矣** 天下指世之衆人說鮮少也

【註】人謂衆人之猶於也辟猶偏也五者在人本有當然之則然常人之情惟其所向而不加察焉則必陷於一偏

苗 公羊註曰苗者禾也生曰苗秀曰禾

碩 詩經播厥百穀既庭且碩

其公

故諺節旨

此緊承上節引諺語以證好惡之偏也仍是說身不修要玩註所以字兩莫知非真不知也只是明因情掩耳穀之始生曰苗碩大也言苗之大也

此謂節旨

身不修不可以齊其家上已說透此特結明之耳不可二字屬齊家者身上說

齊治章旨

此章釋齊治之義重在不出家而成教於國一句孝者二節推言不出家而成教之原見教國不外教家仁讓二節正言不出家而成教之實見教家方可教國故治國節結住上文下三引詩咏嘆而又結之從未有舍齊家而能治國者其曰孝弟慈曰仁讓曰帥教之機決於身曰誠曰好曰恕教之機操於心也

治國節旨

修身以上皆學之事下俱是教之事須提不出家成教句為主下面都發明此意凡說家處俱要本修身來孝者三句則論家國有相通之理耳

康誥節旨

此獨舉慈言以例孝弟也保赤子是慈如保赤子是使衆心誠求之求赤子所欲所惡也不遠正見必中重一誠字未有句只在誠求內看出而保

而身不修矣 【講】經文所謂齊其家在修其身者何也蓋身與人接情之所向各有當然之則但常人各有偏徇於其骨肉之間為所親愛或不制以義理而辟焉於其卑污之人為所賤惡或不復加之寛厚而辟焉於其尊長之倫為所畏敬或過於屈抑而辟焉於其窮困之人為所哀矜或流於姑息而辟焉至於非可愛非可敬之人令人接之簡於為禮是所敖惰也或遂至驕肆而辟焉夫親愛畏敬哀矜好之屬也豈其中盡無惡乎賤惡敖惰惡之屬也豈其中盡無美乎而皆一於偏辟如此故於所好而能知其惡所惡而能知其美者雖正心以後猶難言之求之天下蓋亦鮮矣

○ **故諺有之曰** 故字承上節來 **人莫知其子之惡** 人是衆人兼為父為農者言莫知是情偏於溺愛而其心不明惡以不肖言此句好而不知惡 **莫知其苗之碩** 莫知是情偏於貪得而其欲無厭碩以盛大言此句惡而不知美 【註】諺俗語也溺愛者不明貪得者無厭是則偏之為害而家之所以不齊也 【講】故諺有之曰人情溺愛則不明有其子不肖而莫知其惡者貪得則無厭有其苗已盛而莫知其碩者諺之所言如此正謂常人之情好惡易偏也

○ **此謂身不修不可以齊其家** 此字承上二節來 【講】即人情好惡之辟及諺語觀之此謂身不修也則凡偏好惡之所及必不能使之各得其分矣可以齊其家也哉經文所謂欲齊家先修身也 【補】上章忿懥等是心與物接時事此章親愛等是身與物接時事

右傳之八章釋修身齊家

○ **所謂治國必先齊其家者** 此是提起經文語 **其家不可教** 不可教作不能教看 **而能教人者無之** 教之即治國人無之是無此理 **故君子** 故字承上二句來君子指有國之君子 **不出家而成教於國** 謂不外修身以教家而教國之規模已立 **孝者** 是君子事親之理 **所以事君也** 即國所以事君之理 **弟者** 是君子事兄之理 **所以事長也** 即國所以事長之理 **慈者** 是君子恤幼之理 **所以使衆也** 即國所以使衆之理 【註】身修則家可教矣孝弟慈所以修身而教於家者也然而國之所以事君事長使衆之道不外乎此此所以家齊於上而教成於下也 【講】經文所謂治國必先其其家者何也蓋身修則家可教而後國可治也苟身不修則其家已不可教而能教一國之人者必無是理矣故治國君子不出修身教家之道而標準已立自成其教化於國所以然者以家國之理同耳如家有親而在家事親之孝即國之所以事君之理也家有兄而在家事兄之弟即國之所以事官長之理也家有幼而在家撫幼之慈即國之所以使衆之理也此君子所以不出家而成教於國也

○ **康誥曰如保赤子** 保者愛護之意赤子是小兒童 **心誠求之**

民如之 一家節旨

此節言家齊而國自化仁讓不平讓即在誠中故下節單舉仁字一家仁讓須補身為倡率意上六句形容觀感之速已藏一機字下句方可直接玩註所由二字見其機不發於彼而發於我也此主教成說貪戾作亂邊輕僨事句證作亂定國句證興仁讓

堯舜節旨

此節言推修齊去治國引堯舜作樣子帥是以身作倡從不但興有與之為一意桀紂句伴說上一家四句是化之此有諸二句是推之蓋治國亦須條教號令求人非人原不可無但要恕以先之耳有諸己無諸己含齊家意藏猶存也不可深看恕字乃成教之要領即下章絜矩相通血脈也

故治節旨

此要得通結意將上四節融會該括入講方合

桃夭節旨

三引詩咏嘆亦有序桃夭美女子之賢以既被文王后妃之化也蓋天下之未易化者婦人齊家而能宜其家人則無不齊矣三而后俱難其辭以明必先之旨按桃木先華華落見實葉乃漸長此三章咏葉也

宜兄節旨

蓼蕭天子之歌以燕諸侯者也蓋人

堯 堯祁姓帝嚳子摯之弟也摯以荒淫而廢諸侯尊堯為天子都於平陽以火德王堯之為君也其仁如天其智如神就之如日望之如雲仁昭而義立德薄而化廣華封上富

心是母之心誠是真實懇至意求之是揣度赤子之欲 **雖不中** 不中是不盡合其欲 **不遠矣** 不遠是差不多意 **未有學養子** 學是先學於母 **而後嫁者也** 嫁是歸於夫家 〔註〕此引書而釋之又明立教之本不假強為在識其端而推廣之耳 〔講〕然此孝弟慈之理豈假於強為哉即慈幼一端言之家康誥曰人君保民如保赤子蓋以赤子有欲不能自言為之母者本吾心之誠以求之雖或不能悉中其欲亦不致大相遠矣此豈待學而能世未有先學養子之法而后嫁者也誥之言如保者以此夫使衆之道不出慈幼而慈幼之心又非待於強為則事君之孝事長之弟亦何以異於此哉

○**一家仁** 仁是孝弟慈之藹然處 **一國興仁** 興是感動興起 **一家讓一國興讓** 讓是孝弟慈之秩然處 **一人貪戾** 貪是貪欲戾是背理皆仁讓之反也 **一國作亂** 是一國之人皆倣效貪戾而作亂至於不仁不讓之極也 **其機如此** 其指仁讓貪戾說機是弩牙指發動處言如此兼神速不爽二意 **此謂一言僨事** 此承上其機句來一言是一句言此合下句俱成語 **一人定國** 定國即仁讓成教於國意 〔註〕一人謂君也機發動所由也僨覆敗也此言教成於國之效 〔講〕誠使君子能盡孝弟慈之道以教於家使一家之中靄然有恩而肫肫乎其仁則一國之人莫不興起而為仁矣能以讓教於家使一家之中秩然有禮而怡怡以相讓則一國之人莫不興起而為讓矣此正所謂不出家而成教於國者也向使一人貪戾無仁讓之德則一國作亂無仁讓之風矣是則一國之仁讓由於一家一國之作亂由於一人可見上以此感則下以此應其機關發動處自然感應至速毫不僭差如此此所謂一言之失足以敗事一人之正足以定國者也君子安得不戒貪戾以絕禍亂之端而行孝弟慈以為定國之本哉

○**堯舜帥天下以仁** 堯舜是唐虞之一人帥是躬行以倡率仁是孝弟慈懇至處 **而民從之** 是民化而為仁 **桀紂帥天下以暴** 桀紂是夏商之一人暴是暴虐與仁相反即不孝不弟不慈也 **而民從之** 是民化而為暴 **其所令** 令是號令謂令民以仁也 **反其所好** 所好指身行不仁說 **而民不從** 不從是不從所令之仁 **是故** 承上說來 **君子** 亦指有國君子 **有諸己** 是有孝弟慈之善於己 **而后求諸人** 求諸人是出令以責人為善 **無諸己** 是無不孝不弟不慈之惡於己 **而后非諸人** 非諸人是出令以正人之惡 **所藏乎身** 藏乎身是存諸己也 **不恕** 是不推己之心以治人即所令反所好也 **而能喻諸人者** 喻者默曉之謂使民曉然為善去惡也以上三人字俱指國人 **未之有也** 是決言其無意 〔註〕此又承上文一人定國而言有善於己然後可以責人之善無惡於己然

壽多男之祝康衢傳老人擊壤之歌壽白一十七歲 堯殿庭土階三級茅茨不剪有草生庭十五日以前日生一葉以後日落一葉月小盡則一葉厭而不落名曰蓂莢 舜 舜堯姓瞽瞍子母握登早喪父娶後妻生象御舜以不道舜克諧以孝玄德升聞堯命舜攝位二十八年堯崩舜乃為天子以土德王都蒲坂壽百一十歲 舜恭己無為彈五弦之琴歌南風之詩曰南風之薰兮可以解吾民之慍兮南風之時兮可以阜吾民之財兮 桀

情之最易失者兄弟齊家而能宜其兄弟則又無不齊矣按詩註諸侯繼世而立多疑忌其兄弟故以宜兄宜弟美之亦以警戒之也

其儀節旨　鳲鳩美君子也合上二詩有刑寡妻至兄弟以御家邦意儀者吾身實為民之表也四國猶言四境但言儀不忒說修身以齊家義未實故又補父子兄弟足法句宜者情誼浹洽無少攜貳法者截然整齊無少參錯

此謂節旨　此謂指三引詩多再粘孝弟慈等蓋即詩以釋經也

治平章旨　此章釋治平之義平天下在治國只首節數語見之下皆釋天下所以平也以君子有挈矩之道句作主首二節言平天下在絜矩樂只二節言絜矩之道在公好惡殷之節一言得失結之重得眾主人心說先慎五節在財貨上言公好惡康誥節再言得失結之重善學主君身說楚書二節帶下秦誓四節在用人上言公好惡大道節三言得失結之重忠信主君心說生財以下方言理財之目而深戒用聚斂之臣總是推廣絜矩之意在與民同好惡而不專其利上

平天節旨　上老老三句是說上行下效家齊而

後可以正人之惡皆推己以及人所謂恕也不如是則所令反其所好而民不從矣喻曉也 講 夫以一人之身足以定一國之大者亦以一國之德化自一人而出一國之政令自一人而推耳彼堯舜躬行孝弟慈之德而帥天下以仁民亦觀感而從其仁桀紂不孝不弟不慈而帥天下以暴民亦效尤而從其暴機甚捷也夫桀紂之時何嘗不令民以仁但所好者暴而所令者仁是所令反其所好矣民豈有舍好而從令者乎民從好而不從令如是是故君子必有孝弟慈之善於己而后可出令以責人之善無不孝不弟不慈之惡於己而后可出令以禁人之惡此乃推己及人所謂恕也若吾身未能有善而無惡而欲令人為善以去惡則是藏乎身者不恕而能使人改過遷善以從其令者未之有也 ○ **故治國在齊其家** 故字總承上文結之齊家上須補修身意 註 通結上文 講 合而觀之可見一身之舉動一家之趨向關焉一家之習尚一國之觀瞻係焉故治國者在乎修身以齊其家也 ○ **詩云桃之夭夭其葉蓁蓁之子于歸** 言女子當此時而于歸夫家也 **宜其家人** 此句就女子言 **宜其家人** 此句言齊治君子能修身以教家而宜其家人 **而后可以教國人** 教國人是教一國之家人此二句釋詩之義 註 詩周南桃夭之篇夭夭少好貌蓁蓁美盛貌興也之子猶言是子此指女子之嫁者而言也婦人謂嫁曰歸宜猶善也 講 齊治之理詩嘗咏之矣周南桃夭之詩有云桃之為木夭夭而少好其葉蓁蓁而美盛之子乘此時而于歸有以宜其一家之人夫治國之君子必能修身以宜其家人而后可以教國人使亦宜其家人有如此矣 ○ **詩云宜兄** 是為弟者善處其兄 **宜弟** 是為兄者善處其弟 **宜兄宜弟** 此句言齊治君子能修身以教家而宜其兄弟 **而后可以教國人** 教國人是教一國之兄弟此二句釋詩之義 註 詩小雅蓼蕭篇 講 小雅蓼蕭之詩美諸侯云君子在國弟善其兄兄善其弟夫治國之君子必能修身以宜兄宜弟而后可以教國人使亦宜其兄弟有如此矣 ○ **詩云其儀不忒** 儀是威儀不忒是動容中禮無差忒 **正是四國** 正是表正四國是四方人民 **其為父子兄弟足法** 此句言齊治君子能修身以盡父子兄弟之道足為一家之法 **而后民法之也** 民法之是國人之為父子兄弟者取法也此二句亦釋詩之義 註 詩曹風鳲鳩篇忒差也 講 曹風鳲鳩之篇美君子云人君之儀有常而不差忒便能正彼四國之人夫治國之君子必其所以為父為子為兄弟者足為人之法則而后民之為父為子為兄弟者皆觀感而法之也有如此矣 ○ **此謂治國在齊其家** 此結三詩意不是結通章 註 此三引詩皆以咏嘆上文之事而又結之如此其味深長最宜潛玩 講 此三詩所言或言家不言國或言國不言家辭雖不同而皆本於修身以齊其家家齊而國治矣詩與經文不益相發明乎

桀名履癸暴戾貪虐滅德作威桀有力能申鐵鉤索伐有施氏有施氏進女妹喜桀嬖之所言皆從爲瓊宮瑤臺殫百姓之財肉山酒池日興妹喜爲樂關龍逢以諫殺伊尹佐湯伐桀放於南巢三年死於亭山

紂

紂名辛又名受資性捷疾材力過人智足以拒諫言足以飾非謂天下皆出己下伐有蘇獲妲己嬖之惟妲己之言是從淫亂無度厚斂以實鹿臺鉅橋淫刑至剖孕婦斮朝涉武王引兵伐之紂衣珠玉自焚死

矩

國治意觀此則國治而天下平猶是也絜矩之道却是說政事蓋天下大矣能使人興起者敎化也能遂其興起者政事也若非政事使各得其所雖興起亦徒然耳是以字承上文言君子爲是之故所以當有絜矩之道矩者心之理因矩爲道重絜字

所惡節旨

此是形容絜矩模樣人情順則相忘逆則易覺故就所惡上說上下以分之相懸者言前後以平等中微有長幼之序者言左右則同儕之人耳所惡是矩毋以是絜矩上言人心本無簡於己故曰是以有此言己心能不閒於人故曰此之謂註後段找出正意

樂只節旨

上言勿施所惡則所好可知故此並舉好惡好惡二字含下虛講好之惡之便有度字在內能以己之好惡如民之好惡又能以民之好惡爲己之好惡皆從能度來此之謂乃傳者唱醒人語言如此方當得父母之稱是規不是頌

右傳之九章釋齊家治國

○所謂平天下在治其國者（指經文說）上老老（治平君子莫非上也上老字是盡事父母之道下老字指父母言上老老謂上之盡孝以齊家）而民興孝（三民字俱指國人言興孝如上之老老也）上長長（上長字是盡事兄之道下長字指兄長言上長長謂上之盡弟以教家）而民興弟（興弟是如上之長長）上恤孤（恤孤是憐愛孤幼之人謂上之盡慈以教家）而民不倍（不倍是如上之恤孤）是以君子有絜矩之道也（是以承上三句來君子有平天下之責者絜矩是借用字眼矩當心看以己心度人之心便是絜矩如下文公好惡理財用人皆在其內）

【註】老老所謂老吾老也興謂有所感發而興起也孤者幼而無父之稱絜度也矩所以爲方也言此三者上行下效捷於影響所謂家齊而國治也亦可以見人心之所同而不可使有一夫之不獲矣是以君子必當因其所同推以度物使彼我之間各得分願則上下四旁均齊方正而天下平矣

【講】經文所謂平天下在治其國者何也試觀國人之化在於家則知天下之本在國矣彼家國天下之人不一老長幼盡之矣上能老吾老以孝敎家而國之民亦觀感興孝有不愛親者誰也上能長吾長以弟敎家而國之民亦觀感興弟有不敬長者誰也上能恤吾幼以慈敎家而國之民亦不倍而興慈有不恤幼者誰也夫國人之心旣不異於家而天下人之心獨異於國乎是以平天下君子有絜矩之道度其必同之心處以各當之理使天下有是孝弟慈之願者皆得隨分自盡也天下有不平者乎

【補】絜矩之道非外至而強爲也物格知至有以通天下之志而知千萬人之心即一人之心意誠心正有以勝一己之私而能以一人之心爲千萬人之心

○所惡於上（惡是不欲意上是位尊於我者）毋以使下（毋是禁止不爲意使是自上施於下者下是位卑於我者）所惡於下毋以事上（事是自下施於上者）所惡於前毋以先後（前乃先於我者先是先加於人後乃從於我者）所惡於後毋以從前（從是從其後而施之）所惡於右毋以交於左（交是相交接意）所惡於左毋以交於右此之謂絜矩之道（此字承上所惡十二句來）

【註】此覆解上文絜矩二字之義如不欲上之無禮於我則必以此度下之心而亦不敢以此無禮使之不欲下之不忠於我則必以此度上之心而亦不敢以此不忠事之至於前後左右無不皆然則身之所處上下四旁長短廣狹彼此如一而無不方矣彼同有是心而興起焉者又豈有一夫之不獲哉所操者約而所及者廣此平天下之要道也故章內之意皆自此而推之

【講】絜矩之義何如彼人一身所處有上下前後左右之不同而其心則同也如我居人下所惡於在上

周髀算經曰數之法出於圓方圓出於方方出於矩平矩以正繩偃矩以望高覆矩以測深卧矩以知遠環矩以為圓合矩以為方夫矩之於數其裁制萬物唯所為耳

南山　鎬京面對終南山

師尹　太師三公之位尹氏蓋吉甫之後

節彼節旨

上節好惡能絜矩之得此節好惡不能絜矩之失具瞻要見甚可畏意詩本刺臣引詩則意在責君故著有國者三字為釋不可不慎有望益重則責益深意慎字所該甚廣凡澄好惡之源廣好學之用皆是僇殺也辱也

殷之節旨

此總上二節而結其意克配上帝兼成湯創太甲守言詩言帝命而以得衆失衆釋之者民之所在即天也道得衆二句正見峻命不易玩道字還是釋本節文王之詩而因以結上二節也

先慎節旨

絜矩是與民同好惡然民之好惡莫急於財用故言好惡之後即繼以此先字對上慎好惡不對下人土財用德者好惡之源絜矩所由出也有德

之使我者則必以此度下之心而毋以所惡者使下如我居人上所惡於在下之事我者則必以此度上之心而毋以所惡者事上如我居人後所惡於前人之先我者則必以此度後者之心而毋以所惡者先後如我居人前所惡於後人之後我者則必以此度前者之心而毋以所惡者從前如我居人左所惡於右者之交於我則必以此度左者之心而毋以所惡者交於左如我居人右所惡於左者之交於我則必以此度右者之心而毋以所惡者交於右夫在我既不施其所惡則在人自各得其所願上下四旁均齊方正而無有餘不足之處絜矩之道此之謂也

○**詩云樂只君子**樂是可嘉樂意君子是在上有位之人**民之父母**父母是親愛之意**民之所好好之**所好如飽煖安逸之類好之即所欲與聚**民之所惡惡之**所惡如飢寒勞苦之類惡之即所惡勿施**此之謂民之父母**此字承上二句來

【註】詩小雅南山有臺之篇只語助辭言能絜矩而以民心為己心則是愛民如子而民愛之如父母矣

【講】是道也得之則為父母失之則為天下僇小雅南山有臺之詩云樂只之君子為民之父母詩美諸侯如此夫君子何以為民之父母也蓋父母於子好惡無不與同今君子於民之所好則為之好之以順其欲於民之所惡則為之惡之以去其害此之謂愛民如子而民愛之如父母矣此好惡能絜矩之效也

○**詩云節彼南山**南山終南山也**維石巖巖**巖巖是積石外見**赫赫師尹**赫赫是顯盛貌**民具爾瞻**爾指師尹瞻是仰望意**有國者**作有天下者說**不可以不慎**謂好惡不可偏也**辟則為天下僇矣**辟與好民好惡民惡反僇與為民父母反

【註】詩小雅節南山之篇節截然高大貌師尹周太師尹氏也具俱也辟偏也言在上者人所瞻仰不可不謹若不能絜矩而好惡徇於一己之偏則身弒國亡為天下之大僇矣

【講】小雅節南山之詩云節彼南山維石巖巖而高峻況今赫赫之師尹民豈不俱於爾是瞻仰乎詩刺尹氏不平如此即此可見凡有國者好惡不可以不慎若徇於一己之偏則身與國俱亡為天下之大僇矣可不慎哉此不能絜矩之禍也

○**詩云殷之未喪師**殷即商也喪是失**克配上帝**上帝指天**儀監于殷**儀當作宜監有監戒意**峻命不易**命天命也**道得衆則得國**得衆是能絜矩與民同好惡而得衆民之心得國是即為民父母而得天下**失衆則失國**失衆是不能絜矩好惡徇一己之偏而失衆民之心失國是即為天下僇而失天下

【註】詩文王篇師衆也配對也配上帝言其為天下君而對乎上帝也監視也峻大也不易言難保也道言也引詩而言此以結上文兩節之意有天下者能存此心而不失則所以絜矩而與民同欲者自不能已矣

【講】夫好惡同民如彼好惡辟如此得失之機何遠也大雅文王之詩有云殷之未失衆心之時能對上帝而為君及紂殷師已喪而失天命故後人宜監于殷而知峻命之不易

已包絜矩在内有人兼臣民言有土兼歸之保之言財指府庫用指經費四此字兼即此便有不待外求惟此方有不容強致二意蓋四者原平天下所有必有德乃算真有耳

德者節旨

此承上文以起下節呂氏本末以德財對言但説似為財用而慎德則不可耳

外本節旨

慎德節言財貨能絜矩之得此節言財貨不能絜矩之失與上有得反爭奪有淺深爭而不已必奪

財聚節旨

此與上有人有土反民散民心散也重上句下只帶説

言悖節旨

此與上有財有用反言悖二句特引起下二句耳上爭奪但以民自奪言此悖出方以民奪君言

康誥節旨

此承上五節作束貫串文王詩得失二字在内善不善俱兼德與政説不常全在兩則字有倏忽轉移之意兩之字指天命説據道字亦是釋書義而因以申結上慎德與内末耳

楚書節旨

此與下節又引書以明不外本而内末意蓋楚王孫圉晉舅犯非能有平天下之略者而其言則可採輕玉重

保詩戒成王如此蓋言殷先王有道而得衆則克配上帝而得國所謂好惡能慎而為民父母者此也及殷後王無道而失衆則峻命難保而失國所謂好惡不慎而為天下僇者此也絜矩之得失豈細故哉

○是故承上文言君子先慎乎德慎之者格物致知以啟其端誠意正心以致其實有德此有人有德本慎德來此有云者即此便有不待他求也有人此有土有土此有財有財此有用〔註〕先慎乎德承上文不可不謹而言德即所謂明德有人謂得衆有土謂得國有國則不患無財用矣〔講〕觀國之得失由於衆之得失則絜矩誠要矣而絜矩莫先於慎德是故君子先慎乎德而謹于好惡之源慎德則有德而天下歸心斯有人矣有人則莫非王土斯有土矣有土則任土作貢斯有財矣有財則經費有賴斯有用矣夫以慎德為先而聽財用之自致此貨財能絜矩之得也

○德者本也德即上所慎之德本是平天下之本財者末也財包上土財用言末是平天下之末〔註〕本上文而言〔講〕夫慎德自然有財用可見德者平天下之本也財用必由於慎德可見財者平天下之末也夫曰本則當内曰末則當外明矣

○外本内末外是輕本指德内是重末指財爭民施奪是民自相爭奪但係上教如此〔註〕人君以德為外以財為内則是爭鬭其民而施之以劫奪之教也蓋財者人之所同欲不能絜矩而欲專之則民亦起而爭奪矣〔講〕茍人君外其德之本而不加慎内其財之末而欲奪之是爭鬭之風導其民而施之以劫奪之教也民既爭奪尚得有其民乎

○是故承上節來財聚則民散財聚是藏之於國民散謂離心解體此句重財散則民聚財散是不專之於上民聚只是歸心此句特反言耳〔註〕外本内末故財聚爭民施奪故民散反是則有德而有人矣〔講〕是故外本内末而財聚於上則民必相爭奪而離散於下矣豈若慎德而財散於下則民皆歸於德而常聚耶

○是故亦緊承上節來言悖而出者言指號令告示説悖是不順理出是施於下亦悖而入入是反於上貨悖而入者悖入是暴征橫歛亦悖而出悖出是民奪君〔註〕悖逆也此以言之出入明貨之出入也自先慎乎德以下至此又因財貨以明能絜矩與不能者之得失也〔講〕夫財聚固民散矣然民散而財亦豈終聚乎是故人君言以悖理而出者則民亦以悖理應之而入況貨財乎貨財以悖理而入者則民亦以悖理奪之而出矣此貨財不能絜矩之失也

○康誥曰惟命不于常命謂天命不常是得失靡定也此句是書辭道善則得之善是能慎德絜矩而散財也得之是得天命不善則失之矣不善即不能慎德絜矩而專利意失之是失天命〔註〕道言也因上文引文王詩之意而申言之其丁寧反復之意益深切矣〔講〕夫慎德者如彼内末者如此得失之幾何遠也康誥

楚書

楚昭王時書也言以善人為寶時謂觀射父昭奚恤也註云楚語未嘗鑒定某事觀射父左史倚相見國語大全主之妒劉向新序云秦欲伐楚使使觀楚之寶器楚王召昭奚恤而問焉對曰寶器在賢臣乃為壇於西門之外東面者一南面者四西面者一秦使者至昭奚恤曰君客也請坐上位東面令尹子西南面大宗子敖次之葉公子高次之司馬子期次之昭奚恤自居西面之壇稱曰客欲觀楚之寶器乎楚之所寶者即賢人也

善不外本內末也

舅犯節旨

此舅犯教公子對秦使之辭輕國重親亦不外本內末也

秦誓節旨

此引言大臣之可好可惡者為下三節人君好惡張本又絜矩之大者一個臣是懸空想像此一人緊接斷斷分說下不曾包兩種人蓋媢疾一段只上文反面原非秦穆公意中之人斷斷就外面說無炫飾曰誠無枝葉曰一無他技是不露才揚己正形容其斷斷其心休休淡然無欲而天下之物無不包粹然至善而天下之美無不納故以如有容形之有技屬才矣彥聖屬德聖字專言則為眾善之極乎對眾善言則為明通一端實能容與如有容相應以能者以此故能也是著力字子孫國統所係黎民國本所賴保子孫黎民總歸大臣能利國上不啻口出重於若己有之違之俾不通重於媢疾以惡蓋皆以賢大小而異其待之者耳仇滄柱云秦誓所言意指蹇叔傳者為平天下慎擇相引之分明以伊周品地垂訓後人不止取霸佐規模也

曰惟天之命不于汝乎為常武王告康叔之言如此蓋言為君者所行誠善則天命歸而得之若一不善即天命去而失之矣然則慎德而能絜矩者善也有人有土則天命之得可知內末而不能絜矩者不善也民散悖出則天命之失可知信乎其不常也所謂峻命不易者不益信哉

○**楚書曰楚國無以為寶**實指白珩言**惟善以為寶**善指觀射父左史倚相說

〔註〕楚書楚語言不寶金玉而寶善人也

〔講〕夫不外本內末觀之楚書可見矣昔王孫圉對趙簡子曰楚國無以白珩為寶惟以觀射父及左史倚相之善人為寶夫金玉末也善人本也楚書其不外本而內末矣乎

〔附考〕楚使王孫圉聘於晉定公饗之趙簡子鳴玉以相問曰楚之白珩猶在乎其為寶也幾何矣曰未嘗為寶楚之所寶者曰觀射父能作訓辭以行事於諸侯使無以寡君為口實又有左史倚相能道訓典以敘百物以朝夕獻善敗於寡君使寡君無忘先王之業此楚國之寶也若夫白珩先王之玩也何寶焉

○**舅犯曰亡人無以為寶**亡人指公子重耳時被驪姬之譖逃出在狄也無以為寶言無以得國為寶**仁親以為寶**親指父之喪說

〔註〕舅犯晉文公舅狐偃字子犯亡人文公時為公子出亡在外也仁愛也事見檀弓此兩節又明不外本而內末之意

〔講〕不外本而內末不惟楚書為然也昔舅犯教晉文公對秦使曰亡人無以得國為寶惟以親喪自盡而仁愛乎親以為寶夫得國末也仁親本也舅犯其不外本而內末

〔附考〕晉獻公之喪秦穆公使人弔公子重耳且曰寡人聞之亡國恒於斯得國恒於斯孺子其圖之舅犯曰孺子其辭焉喪人無寶仁親以為寶父死之謂何又因以為利而天下其孰能說之

○**秦誓曰若有一个臣**若有是願望意一個是挺然一人臣指相臣**斷斷兮**就外貌上言其樸實**無他技**技能也無他技是不自有其能正見其斷斷也**其心休休焉**休休二字有淡然無欲粹然至善意**其如有容焉**如有容正形容其休休處**人之有技**技是才能**若己有之**視之若己有必欲盡顯其才**人之彥聖**彥聖是美士而有通明之德者**其心好之**是好出於心非徒虛慕也**不啻若自其口出**不但如其口所稱揚是極言好之甚**實能容之**實是真誠容字總承上二項說與休休如有容意相應**以能保我子孫黎民**以能以此故能也保子孫者見為子孫計深遠保黎民者見為黎民圖化理**尚亦有利哉**利指國之利言**人之有技媢疾以惡之**媢是妒忌病是病仇總是忌其所長惡則併其人而憎之矣**人之彥聖而違之**違是拂逆沮抑之意是使不得上達於君併沮其事而敗之也較之媢疾以惡尤甚矣**俾不通**亦兼上才德說**實不能容以不能保我子**

惟大國之所觀秦使無以對反而言於秦君曰楚多賢臣未可謀也

舅犯

驪姬之譖子犯奉重耳奔狄對秦使處狄時也其屢奔也乞五鹿而怒野人之與塊則解以天賜而稽首受載安齊女而忘四方之遠志則謀以醉遣而戈逐是攖其反晉國也則曰求諸侯莫如勤王而信禮以示民其戰城濮也則曰師直為壯曲為老而退舍以報楚

秦誓

蔡註本左傳立說按公羊傳秦伯將襲鄭百里奚與蹇叔諫曰千里而襲人未有不亡者也不

唯仁節旨

仁人主平天下者說天下有可直之小枉故舉直以化之有不可容之大奸故放流以絕之放者安置一方流者遣去不返此謂句承上惡以成愛說下去小人固所以進君子絕小人乃所以安君子能愛能惡二句平中寓側方妙

見賢節旨

四不能正與上節二能字對照懈怠忽略曰命優柔寬縱曰過慢有四或以名器慎重故為遲回或以迂闊難行不宜近世或拘於資格之升或儲為後人之用過有四或天性仁慈不免優容或憐其忠信不即付法或已成朋黨而難動或稍加削奪為伏辜

好人節旨

好惡情也而曰拂性誰本言之耳拂處便是菑身字對子孫黎民以見禍之尤酷此上四節就用人申言好惡公私之極上文卻提出仁人而朱子於此又以君子未仁不仁之甚釋之蓋絜矩是恕之事恕所以行仁故舉

孫黎民亦曰殆哉 【註】秦誓周書斷斷誠一之貌彥美士也聖通明也尚庶幾也媢忌也違拂戾也殆危也 【講】絜矩之道豈獨財利為然哉至於用人尤有不可苟者周書秦誓曰我若有一個臣自其外貌觀之則斷斷兮誠一若無他技能者其心則休休焉淡然無欲亦粹然至善其量之大如有容焉見人之有才技則若己有之必欲盡其長見人彥聖之德則其心誠好之不但如其口之所言是實能容此有技彥聖之人矣有臣若此必能汲引善類保我之子孫長享富貴與我之黎民常享太平尚亦有利於人國哉若不良之臣全無斷斷之誠休休之量見人之有技也則媢疾以惡之見人之彥聖也則拂戾以抑之使不得通是實不能容天下之才德矣將見傷殘善類進用匪人必不能保我子孫與黎民國豈不危殆哉秦誓之言如此此人主在擇一相也 【附考】左傳杞子自鄭使告於秦曰鄭人使我掌其北門之管若潛師以來國可得也穆公訪諸蹇叔蹇叔曰不可公辭焉使孟明西乞白乙伐鄭晉襄公帥師敗秦師於殽囚其三帥穆公悔過誓告羣臣史錄為篇

○唯仁人唯獨也仁人是能絜矩之仁人放流之放是置流是徙此是退媢疾之臣迸諸四夷迸是驅逐諸語辭四夷是四方夷裔之地不與同中國此是遠媢疾之臣此謂唯仁人此謂是引成語為能愛人能惡人能惡而冠曰能愛是能惡以成其能愛也 【註】迸猶逐也言有此媢疾之人妨賢而病國則仁人必深惡而痛絕之以其至公無私故能得好惡之正如此也 【講】夫容賢利國所當好也妨賢病國所當惡也唯仁人深惡此媢疾之人有害於善人使民不得被其澤而禍及於後世於是放流之且迸逐之於四夷不與同中國惟恐所放或近其地復為害焉此其威在媢疾之人即恩在天下後世矣此所謂唯仁人為能愛人能惡人是大能絜矩者也

○見賢而不能舉舉而不能先先是早用意命也命是輕慢意見不善而不能退退是不善是妨賢病國之人退即放流意退而不能遠遠即迸四夷不與同中國意過也過是寬縱意 【註】若此者知所愛惡矣而未能盡愛惡之道蓋君子而未仁者也 【講】若夫未仁而不能好惡之君亦見賢人之可好而不能舉或舉之而不能早用是以輕忽之心待賢也命也亦見不善之可惡而不能退或退之而不能遠逐是以優柔之量待不賢也過也若此者皆好惡出於公私之間而未能盡絜矩者也

○好人之所惡好即舉用意人之所惡是好賢病國之人惡人之所好惡即放棄意人之所好是容賢利國之人是謂拂人之性是指上二句性指人好惡之本性言菑必逮夫身菑是禍害逮是及身兼國說 【註】拂逆也好善而惡惡人之性也至於拂人之性則不仁之甚者也自秦誓至此又皆以申言好惡公私之極以明上文所引南山有臺節南山之意 【講】夫不先不遠猶知所好惡也至若妨賢之人為人所當惡者

天寶書局精校藏板

聽遣百里奚子孟明蹇叔子西乞術及白乙丙將兵行留人與姜戎要之殽而擊之匹馬隻輪無反者穆公悔不用二子之言作誓其畧曰番番良士旅力既愆我尚有之仡仡勇夫射御不違我尚不欲惟截截善諞言俾君子易辭我皇多有之昧昧我思之如有一個臣云云

四夷　王制東方曰夷南方曰蠻西方曰戎北方曰狄後漢東夷傳凡蠻夷戎狄總名四夷

府庫　鄭云府爲寶藏貨賄之處庫謂車馬兵甲之處此言府庫財則

仁言之

大道節旨　是故二字總承樂只以下所言得失來大道註訓修己治人要之即絜矩之大道蓋治人離不得修己也忠信驕泰俱屬心說故云語益加切忠信者不欺其真好真惡之心克符乎當好當惡之理是一串事驕泰者蔽其公好公惡之心違其宜好宜惡之理亦一串事得失之分以此

生財節旨　首句是冒中四句正貼大道末句指其效此大道對聚斂小術言即上節大道中之一事也生財生字領下生食為用生衆為疾是務本開其源也固所以生食寡用舒是節用防其流也亦所以生恒足兼常變豊凶說

仁者節旨　仁者即慎德忠信之人以大道生財而不聚斂便是散財發身全在得民上見天下愛戴似此身尊顯御從散財上起故曰以財發身下句只帶言

未有節旨　此節申上以財發身意見仁者雖散財而究未嘗無財也上好仁提起有絜矩在內好義就民心說終事泛指在公之務然不重只為引起守府庫財耳連下三未有字可玩

反從而好之容賢之人為人所當好所同好者反從而惡之是謂拂逆人好善惡惡之常性則人心離天命去菑患有不逮夫身乎此不能絜矩者之所為也 ○ **是故**承上起下之辭**君子有大道**君子即平天下之人大道即好惡能絜矩之道**必忠信以得之**必是決然之辭忠信即誠意乃絜矩之本得之謂得此大道也**驕泰以失之**驕泰正與忠信相反失之謂失此大道也

【註】君子以位言之道謂居其位而修己治人之術發己自盡為忠循物無違謂信驕者矜高泰者侈肆此因上所引文王康誥之意而言章內三言得失而語益加切蓋至此而天理存亡之幾決矣

【講】觀於仁人如彼不仁之人如此得失之幾何遠也是故君子有修己治人之大道以平天下也非自外至而強為之本乎一心而已必忠焉信焉能知千萬人即一己之心以一己為千萬人之心由是好惡則與民同欲而大道以之得矣否則驕焉泰焉一心之中莫非私意之充塞一膜之外便有人己之畏觀由是好惡則不能與民同欲大道以之失矣然則平天下者可不務致誠正勉於忠信以求盡其所以絜矩者哉

○ **生財有大道**生是發生此大道是生財正大之道**生之者眾**四之字俱指財四者字俱指人眾是多**食之者寡**食是官吏之俸祿寡是無冗食**為之者疾**為是耕種疾是無怠惰**用之者舒**用是國家之用舒是寬裕意**則財恒足矣**恒是常足是充足有餘

【註】呂氏曰國無游民則生者眾矣朝無幸位則食者寡矣不奪農時則為之疾矣量入為出則用之舒矣愚按此因有土有財而言以明足國之道在乎務本而節用非必外本內末而後財可聚也自此以至終篇皆一意也

【講】夫德為本財為末而財亦國家所急需者不可一日無也蓋自有正大之道可以生財焉不必以私意小智巧為聚斂之術也財以生而裕使國無游民則生之者眾矣財以食而匱使朝無幸位則食之者寡矣又必不違農時則為之者疾也量入為出則用之者舒也夫如是則其來無窮其去有節自然下常給而上常餘百姓足而君亦足國家之財恒足矣大道之生財如此豈必外本內末而後財可聚乎

○ **仁者以財發身**仁者是內本外末能絜矩之人以字作散字看發是興發**不仁者以身發財**不仁者是外本內末不能絜矩之人以字作亡字看發亦是興發

【註】發猶起也仁者散財以得民不仁者亡身以殖貨

【講】惟仁者之人知生財大道不私其有人自歸之而身自尊是以財而發身也若彼不仁者不知大道所在專務聚財不顧身之危亡是以身而發財也

○ **未有上好仁**未有是反言以決其必然意下做此上指君好仁是散財以愛下**而下不好義者也**好義就民心忠君言下終事守財是好義之實**未有好義其事不終者也**其事是君之事如竭力輸貢等事終是成就意**未有府庫財**府庫財是民財既輸於上者**非其財者也**其指君言見無悖出之患

【註】上好仁以愛其下則下好義以忠其上所以事必有

庫亦藏貨財非獨車馬兵甲也

孟獻子

獻子為卿不驕禮賢下能處己若虛士以是多歸之歷相魯五十年國人稱為社稷之臣

伐冰

左傳古者日在北陸而藏冰西陸朝覿而出之其藏冰也深山窮谷固陰沍寒於是乎取之其出之也朝之祿位賓食喪祭於是乎用之其藏之也黑牡秬黍以享司寒其出之也桃弧棘矢以除其災祭寒而藏之獻羔而啟之自命夫命婦至於老疾無不受冰山人取之縣人傳之輿人納之隸人藏之夫冰以風壯

孟獻節旨

上二節分明以義為利了恐人主為聚斂小人所誤故引證之士飾車駢馬大夫以上乃得乘四馬伐冰斬冰也周禮淩人掌冰正歲十有二月令斬冰三其淩春始治鑑淩冰室也鑑盛冰之器也祭祀供冰鑑賓客供冰大喪供夷槃冰王氏云伐冰伐字當玩食祿之家室於老疾冰皆得與然與之非伐之伐則喪祭俎豆得自以其命命之淩人也獻子百乘之家也百乘卿大夫采地之大者采官也因官食地故曰采地三段雖似平列而語勢卻趨重不畜聚斂之臣觀與其二句再致丁寧可見此此謂只就道理上論獻子言有家而傳者說到國上見家國一理也上節義字自民言此義字自君言

長國節旨

此反承上節言畜聚斂之臣之禍提出長國家使見父母具瞻之責務財用不務絜矩也曰自者咎小人倡導侈心曰使者咎人主假借大柄以君為彼外之之辭之字指小人善之嘉其能也惟善之所以使之菑至則天心已去害至則人心已離善者亨屯傾否之君子也然值小人敗壞之甚著手不得故無如之何此此謂全在利害上講義包忠信得大道說崇義黜利天下之平其庶幾乎

終而府庫之財無悖出之患也【講】夫以身發財身亡則財亦失矣若以財發身身榮而財亦富兩得之道也此上下感應必然之理未有上之人崇本節用不妄取民財而所好在仁而為下者不輸悃效忠好義以報其上者也下既好義則視君事如己事必為之竭力圖成未有好義而從王之事不終者也且既好義則視君財如己財必為之防護保守未有府庫之財仍有悖入悖出之患而不為我有者也然則上安可不好仁而專利哉 ○

孟獻子曰畜馬乘 畜是養乘是車用四馬以駕之者士初試為大夫君命畜之 不察於雞豚 察是料理意雞豚是小民利息 伐冰之家 喪得用冰以防尸之變祭得用冰以防味之變 不畜牛羊 牛羊亦民間之利 百乘之家 采地可出兵車百乘其祿食之豐又過於畜馬乘伐冰之家矣 不畜聚斂之臣 畜用也聚斂謂於采地所出之外多方以取民財也 與其有聚斂之臣寧有盜臣 盜臣是盜府庫之財者與其寧有其言聚斂之臣不可有 此謂國 推開在乎天下者說 不以利為利 上利字是財利下利字是利益 以義為利也 只是義之所安即利

【註】孟獻子魯之賢大夫仲孫蔑也畜馬乘士初試為大夫者也伐冰之家卿大夫以上喪祭用冰者也百乘之家有采地者也君子寧忘己之財而不忍傷民之力故寧有盜臣而不畜聚斂之臣此謂以下釋獻子之言也

【講】夫不可專利之旨孟獻子亦嘗言之矣曰問大夫之富數馬以對畜馬乘則身為大夫矣而復察於雞豚以較小利而失大體鄙而不可為也大夫以上喪祭用冰謂之伐冰之家家有厚祿矣而乃畜牛羊以謀孳息之利貪鄙甚焉不可為也至於百乘卿家也又非畜馬乘伐冰者比苟一畜聚斂之臣則剝下以奉上靡所不至矣奚可乎若與其有聚斂之臣寧可有盜臣蓋盜臣雖竊主之財以自私而不至殘民剝下其為害猶輕也獻子之言如此豈獨為有家者訓哉此謂有國者不當專其利於己以利為利只當公其利於民以義為利也 ○

長國家而務財用者 長言人君為國家之長務有專力於此意務財用是外本內末不知生財之道而專聚斂者也 必自小人矣 小人指聚斂之臣言 彼為善之 彼指長國家者言善之是反以小人為良臣如賞其納忠嘉其任怨是也 小人之使為國家 使是君使為字有操權專政意此句承善字來惟善之故使之也 菑害並至 菑是天菑如天變飢饉之類害是人害如賊盜兵亂之類 雖有善者 善者是理財能絜矩之人 亦無如之何矣 言上不能回天命下不能挽人心蓋小人壞之於前君子不能救其後也 此謂國不以利為利以義為利也 此承菑害以下說來二句與上不同上是釋言就理義上看見不當求利此是結言承求利之害言見不可求利也

【註】自由也言由小人導之也此一節深明以利為利之害而重言以結之其丁寧之意切矣

【講】夫以利為利果真利

而以風出其藏之也周其用之也徧則冬無愆陽夏無伏陰春無淒風秋無苦雨七月之卒章藏冰之道也

百乘

稅以足食賦以足兵一同百里提封萬井出戎馬四百匹兵車百乘此卿大夫采地之大者也

乎哉夫凡人君長國家而務財用者未必皆君之過必有小人導之矣彼人君不察而反以為善之任以國家重任不知財者天所生民所欲若小人之使為國家專事聚斂則下失人心而上干天怒勢必至天菑人害一時並至此時雖用君子亦已晚矣無救於禍矣善者亦將如之何哉求利未得而害已隨之如此此正謂長國家者不可以小人聚斂之利為利而必以義之所安為利也夫不專其利而與民同好惡則絜矩之道得而孝弟慈之分願各遂矣此所謂平天下者在治其國也

右傳之十章釋治國平天下（此章之義務在與民同好惡而不專其利皆推廣絜矩之意也能如是則親賢樂利各得其所而天下平矣）

凡傳十章前四章統論綱領指趣後六章細論條目工夫其第五章乃明善之要第六章乃誠身之本在初學尤為當務之急讀者不可以其近而忽之也

大學卷一終

新訂 四書補註備旨

新訂 四書補註備旨

中庸

新訂 四書補註備旨

讀中庸法

朱子曰中庸一篇某妄以己意分其章句是書
豈可以章句求哉然學者之於經未有不得
於辭而能通其意者
南軒張氏曰中庸一書聖學之淵源也體用隱
顯成己成物備矣雖然學者欲從事乎此必知所從入而後可以馴致焉其所從入奈何
子思以不睹不聞之訓著於篇首又於篇終發明尙絅之義且曰君子之所不可及者其
惟人之所不見乎而推極夫篤恭之效其示來世可謂深切著明矣○勉齋黃氏曰中庸
之書章句或問言之悉矣學者未有不曉其文而能通其義者也然此書之作脉絡相通
首尾相應子思子之所述非若語孟問答之言章殊而指異也爲得章分句析而不得一
篇之大旨則亦無以得子思著書之意矣程子以爲始言一理中散爲萬事末復合爲一

讀中庸法

理朱子以誠之一字爲此篇之樞紐示人切矣○西山眞氏曰中庸始言天命之性終言
無聲無臭宜若高妙矣然曰戒愼曰恐懼曰謹獨曰篤恭則皆示人以用力之方蓋必戒
懼謹獨而後能全天性之善必篤恭而後能造無聲無臭之境未嘗使人馳心窈冥而不
踐其實也

又曰中庸初學者未當理會○中庸之書難看
中間說鬼說神都無理會學者須是見得箇
道理了方可看此書將來印證○讀書之序
須是且著力去看大學又著力去看論語又
著力去看孟子看得三書了這中庸半截都
了不用問人只略略恁看過不可掉了易底

却先去攻那難底中庸多說無形影說下學
處少說上達處多若且理會文義則可矣○
讀書先須看大綱又看幾多間架如天命之
謂性率性之謂道脩道之謂敎此是大綱夫
婦所知所能與聖人不知不能處此類是間
架譬人看屋先看他大綱次看幾多間間內
又有小間然後方得貫通
勉齋黃氏曰中庸自是難看石氏所
集諸家說尤亂雜未易曉須是胸中有權衡尺度方始看得分明今驟而讀之精神己
先爲所亂却不若子細將章句硏究令十分通曉俟首尾該貫後却取而觀之可也○中
庸與他書不同如論語是一章說一事大學亦然中庸則大片段須是衮讀方知首尾然

讀中庸法

後逐段解釋則理通矣今莫若且以中庸衮讀以章句子細一一玩味然後首尾貫通

又曰中庸自首章以下多對說將來直是整齊
某舊讀中庸以爲子思做又時復有箇子曰
字讀得熟後方見得是子思參夫子之說著
爲此書自是沈潛反覆遂漸得其旨趣定得
全章句擺布得來直恁麽細密○近看中庸
於章句文義間窺見聖賢述作傳授之意極
有條理如繩貫棊局之不可亂○中庸當作
六大節看首章是一節說中和自君子中庸
以下十章是一節說中庸君子之道費而隱

七六三

以下八章是一節說費隱哀公問政以下七章是一節說誠大哉聖人之道以下六章是一節說大德小德末章是一節復申首章之義三山陳氏曰中庸三十三章其血脈貫通之處朱子既爲之章句又提其宏綱如言某章是援引先聖之言某章是子思發明之說具有次序○王氏曰是篇分爲四大支第一支首章子思立言下十一章引夫子之言以終此章之義第二支十二章子思之言下八章引夫子之言以明之第三支二十一章子思承上章夫子天道人道以立言下十二章子思推明此章之義第四支三十三章子思引前章極致之言反求其本復自下學立心之始推言戒懼愼獨之事以馴致其極

讀中庸法

問中庸大學之別曰如讀中庸求義理只是致知功夫如謹獨脩省亦只是誠意問只是中庸直說到聖而不可知處曰如大學裏也有如前王不忘便是篤恭而天下平底事雙峯饒氏曰大學是說學中庸是說道理會得大學透徹則學不差理會得中庸透徹則道不差○東陽許氏曰中庸大學二書規模不同大學綱目相維經傳明整猶可尋求中庸贊道之極有就天言者有就聖人言者有就學者言者廣大精微開闔變化高下兼包巨細畢舉故尤不易窮究

中庸章句序

中庸何爲
去聲
而作也子思子憂道學之失其傳而作也
朱子曰曾子學於孔子而得其傳子思又學於曾子而得其所傳於孔子者既而懼夫傳之久遠而或失其真也於是作爲此書○雲峯胡氏曰唐虞三代之隆斯道如日中天中庸可無作也至孔子時始曰攻乎異端然其說猶未敢盛行至子思時則有可憂者矣憂異端之得肆其說所以憂道學之不得其傳也
蓋自上古聖神繼天立極而道統之傳有自來矣
道統二字爲此序綱領後面屢提掇照應
其見
形甸反
於經則允執厥中者堯之所以授舜也人心惟危道心惟微惟精惟一允執厥中者舜之所以授禹也堯之一言至矣盡矣而舜復
扶又反又也後凡遇此字當釋爲又字之義者並同
益之以三言者則所以明夫
音扶序中除夫子之夫如字外並同
堯之一言必如是而後可庶幾
平聲
也
朱子曰中只是箇恰好底道理允是真箇執得堯告舜只一句舜已曉得所以不復更說舜告禹又添三句這三句是允執厥中以前事是舜教禹做工夫處便是怕禹尚未曉得故恁地說○舜禹相傳只就這心上理會也只在日用動靜之間求之不是去虛空中討一箇物事來○只是一箇心有道理底人心即是道心○勿齋程氏曰人生而靜氣未用事未有人與道之分但謂之心而已感物而動始有人心道心之分焉精一執中皆是動時工夫○雲峯胡氏曰六經言道統之傳自虞書始不有論語表出堯曰允執其中則後世孰知舜之三言所以明堯之一言哉朱子說論語執中無明釋至孟子湯執中始曰守而不失意可見矣堯之執中不可以賢者之固執例論自堯之心推之則聖不自聖愈見堯之所以爲聖爾況中無定體儻不言執人將視之如風如影不可捕詰矣然執之工夫只在精一上堯授舜曰允執厥中如夫子語曾子以一貫舜授禹必由精一而後執中是猶曾子告門人必由忠恕而達於一貫也
蓋嘗論之心之虛靈知覺一而已矣
勿齋程氏曰虛靈心之體知覺心之用○格菴趙氏曰知是識其所當然覺是悟其所以然
而以爲有人心道心之異者則以其或生於形氣之私或原於性命之正
問形氣是耳目鼻口四肢之屬未可便謂之私欲朱子曰但此數件事屬自家體段上便是私有底物不比道便公共故上面便有箇私底根本如飢飽寒煖之類皆生於吾之血氣形體而他人無與焉所謂私也亦未便是不好但不可一向徇之耳○形氣非皆不善只是靠不得蔡季通曰形氣之有善皆自道心出由道心則形氣善不由道心一付於形氣則爲惡形氣猶船也道心猶拖也船無拖縱之行有時入於波濤有時入於安流不可一定惟有一柂以運之則雖入波濤無害故曰天生烝民有物有則物乃形氣則乃理也○西山真氏曰私猶言我之所獨耳今人言私親私恩之類非惡也如六經中遂及我私言私其縱此類以惡言之可乎○雲峯胡氏曰生是氣已用事時方生原是從大本上說來發氣之中指出不雜乎氣者言之○新安陳氏曰有形氣之私方有人心故曰生自賦命受性之初便有道心故曰原○東陽許氏曰人心發於氣如耳目口鼻四肢之欲是也然此亦是人身之所必有但有發之正不正爾非全不善故但云危謂易流入於不善而從其善也道心發於理如惻隱羞惡辭遜是非之端是也亦存乎氣之中爲人心之危者晦之故微而難見心只是一箇心上加人字道字看便見不同若只順讀人心道心字却似有二心矣謂之道則是天理之公謂之人則是我身之私雖我身之私亦非全是不善因身之所欲者發而正即合乎道而爲道心之用矣大抵人心可善可惡道心全善而無惡
而所以

為知覺者不同 朱子曰只是這一箇心知覺從耳目上去便是人心知覺從義理上去便是道心○新安陳氏曰前言虛靈知覺總心之體用而言此單言所以為知覺者事以心之用言也體無不同用始有不同知覺從形氣之私而發者曰人心知覺從性命之正而發者曰道心所以此只言知覺而不及虛靈 **是以或危殆而不安或微妙而難見耳** 朱子曰危未便是不好只是危險在欲墮未墮之間易流於不好耳微者難明有時發見些子使自家見得有時又不見了○雲峯胡氏曰朱子以前多便指人心為人欲殊不知氣以成形是之謂人理亦賦焉是之謂道非人無以載此道故言道心必先言人心非道則其為人不過血氣之軀爾故言人心必言道心如飲食男女人心也飲食男女之得其正道心也人心之發危而不安而發之正者又微而難見實非有兩心也 **然人莫不有是形故雖上智不能無人心亦莫不有是性故雖下愚不能無道心** 朱子曰道心是義理上發出來底人心是人身上發出來底雖聖人不能無人心如飢食渴飲之類雖小人不能無道心如惻隱之心是 **二者雜於方寸之間而不知所以治之** 陳氏曰人心道心二者無日無時不發見呈露非是判然不相交涉只在人別識之○新安陳氏曰不知所以治之者不知以精一之理治之也 **則危者愈危微者愈微** 危愈危流於惡微愈微幾於無 **而天理之公卒無以勝夫人欲之私矣** 朱子曰人心之危者人欲之萌也道心之微者天理之奧也○雲峯胡氏曰人心未便是人欲到不知所以治之方說得人欲上文形氣之私與性命之正對言私字未為不好此云人欲之私與天理之公對言私字方是不好耳 **精則察夫二者之間而不雜也一則守其本心之正而不離**去聲**也** 朱子

曰精是精察分明一是要守得不離○陳氏曰要分別二者界分分明不相混雜專守道心之正而無以人心二之○雲峯胡氏曰孟子曰利與善之間所謂間者猶易剖析此所謂二者之間方雜於方寸非精以察之不可也本心之正即上文所謂原於性命之正者蓋其本也真而靜其未發也五性具焉此所謂性命之正即吾心之正也形既生矣外物觸其形而動於中於其發也始有人心道心之異必能專一於道心是即守其本心之正而不離也 **從事於斯**斯指精一**無少間**去聲**斷**徒玩反 **必使道心常為一身之主而人心每聽命焉** 問人心可以無否朱子曰如何無得但以道心為主而人心每聽道心之區處方可○有道心而人心為所節制人心皆道心也○人心是此身有知覺嗜欲者豈能無但為物誘而至於陷溺則為害爾故聖人以為此人心有知覺嗜欲然無所主宰則流而忘反不可據以為安故曰危道心則是義理之心可以為人心之主宰而人心據以為準者也然道心卻雜出於人心之間微而難見故必須精之一之而後中可執然此又非有兩心也只是義理與人欲之辨爾 **則危者安微者著而動靜云為自無過不及之差矣** 朱子曰不待擇於無過不及之間自然無不中矣○陳氏曰如此則日用之間無往非中凡聲之所發便合律身之所行便合度凡由人心而出者莫非道心之流行○雲峯胡氏曰人心本危能收斂入來則危者安道心本微能充拓出去則微者著中如何執只精一便是執之之工夫所以朱子於此不復釋執守然上文曰守其本心之正而不離下一守字便見得執中之功先在惟精而重在惟一○新安陳氏曰朱子引禹謨四句以見中庸之宗祖以標道統之淵源可謂考諸三王而不謬百世以俟聖人而不惑者矣 **夫堯舜禹天下之大聖也以天下相傳天下之大事也以天下之大聖行天下之大事**

而其授受之際丁寧告戒不過如此則天下之
理豈有以加於此哉雲峯胡氏曰天下之理豈有以加於此者中之一字
聖聖相傳之道莫加於此也精一二字聖聖相傳之學莫加於此也自是以來聖
聖相承若成湯文武之為君皐陶伊傅周召音邵
之為臣既皆以此而接夫道統之傳新安陳氏曰若孟子
末章所標列聖之君聖賢之臣見而知之聞而知之者不過只是舉此耳以此之此指三聖相
授受之說道統二字弄提出與前相照應若吾夫子則雖不得其位
而所以繼往聖開來學其功反有賢於堯舜者
雲峯胡氏曰未論六經之功有賢於堯舜只如此執中一語夫子不於論語之終載之孰知其
為堯之言不於堯曰執中之後而總之湯武誓師之意與其施於數事者又孰知夫堯舜之授
受者此中而湯武之征伐者亦此中也哉姑即此一節言之其功賢於堯舜可知矣然當
是時見而知之者惟顏氏曾氏之傳得其宗雲峯
胡氏曰夫子以前傳道統者皆得君師之位而斯道以行夫子以後傳道統者不得君師之位而
而斯道以明故明堯舜禹湯文武之道者夫子六經之功而明夫子之道者曾子大學子思中
庸之功也○新安陳氏曰顏子博文精也約禮一也曾子格致精也誠正一也及曾氏
之再傳而復得夫子之孫子思則去聖遠而異
端起矣子思懼夫愈久而愈失其真也發首二句意
於是推本堯舜以來相傳之意質以平日所聞
父師之言更平聲互演以淺反繹音亦作為此書以詔
後之學者蓋其憂之也深故其言之也切其慮

之也遠故其說之也詳其曰天命率性則道心
之謂也雲峯胡氏曰性是心未發時此理具於心道心是心已發時此心合乎理○新
安陳氏曰上文云道心原於性命之正可見天命謂性率性謂道即是道心之謂○東陽許氏
曰切言深要詳言周備憂深為道之不明也故言之深而要慮遠恐久而後失也故說之周而
備其曰擇善固執則精一之謂也朱子曰擇善即惟精固執
即惟一其曰君子時中則執中之謂也朱子曰時中是無過
不及底中執中亦謂○雲峯胡氏曰執中二字堯言之時中二字夫子始言之道不合乎中異
端之道非堯舜之道中不合乎時子莫之執中非堯舜之執中世之相後千有
餘年而其言之不異如合符節歷選前聖之書
所以提挈苦結反綱維開示蘊委粉問二反奧未有若
是之明且盡者也自是而又再傳以得孟氏為
能推明是書以承先聖之統此統字又指道統言之○格庵趙氏
曰中庸深處多見於孟子如道性善原於天命之性也存心收放心致中也擴充其仁義之心
致和也誠者天之道思誠者人之道一章其義悉本於中庸尤足以見淵源之所自及其
沒而遂失其傳焉新安陳氏曰惟精以審擇惟一以固守此自堯舜以來所
傳未有他議論時先有此言聖人心法無以易此後來孔門教人先後次第皆宗之中庸博學
至明辨皆惟精也篤行惟一也明善精也誠身一也顏子擇中庸便是精得一善服膺便是一
大學格物致知非惟精不可能誠意則惟一矣學只是學此孟子以後失其傳亦只是失此
則吾道之所寄不越乎言語文字之間而異端
之說日新月盛以至於老佛之徒出則彌近理

而大亂真矣 朱子曰便是他那道理也有相似處只是說得來別須是看得他那彌近理而大亂真處始得○陳氏曰彌近理而大亂真甚相似而絕不同也然非物格知至理明義精者不足以識破 然而尚幸此書之不泯 音閔 故程夫子兄弟者出得有所考以續夫千載 上聲 不傳之緒 音序緒即斯道之統緒 得有所據以斥夫二家似是之非 老佛二家彌近理故似是大亂真本全非也 蓋子思之功於是為大而微程夫子則亦莫能因其語而得其心也惜乎其所以為說者不傳 朱子曰明道不及為書伊川雖言中庸已成書自以不滿其意而火之矣 而凡石氏之所輯 音集 錄 即石子重集解 僅出於其門人之所記是以大義雖明而微言未析至其門人所自為說則雖頗詳盡而多所發明然倍 音佩 其師說而淫於老佛者亦有之矣熹自蚤 與早通 歲即嘗受讀而竊疑之沈 俗作沉非 潛反復 芳服反亦作覆 蓋亦有年一旦恍然似有得其要領者 東陽許氏曰衆之要領之領皆是總會處 然後乃敢會衆說而折其衷既為 去聲 定著章句一篇以俟後之君子而一二同志復取石氏書刪其繁亂名以輯略且記所嘗論辨取舍 上聲 之意別為或問以附其後然後此書之旨支分節解脈絡貫通詳略相因巨細畢舉而凡諸說之同異得失亦得以曲暢旁通而各極其趣 東陽許氏曰章句輯略或問三書既備然後中庸之書如支體之分骨節之解而脈絡却相貫穿通透 雖於道統之傳不敢妄議 雖謙言不敢與道統之傳實有不容辭其責者 然初學之士或有取焉則亦庶乎行遠升高之一助云爾 行遠自邇升高自卑引中庸語以結中庸序尤切○雲峯胡氏曰大學中不出性字故朱子茲序言性詳焉中庸中不出心字故此序言心詳焉 淳熙己酉 公時年六十 春三月戊申新安朱熹序

新訂四書補註備旨中庸卷之一

粵東鄧　林退菴先生手著　裔孫　煜耀生編次
寶安祁文友珊洲先生重校　江寧後學杜定基起元增訂

中庸

中者不偏不倚無過不及之名庸平常也

中庸一書首章總冒末章總結中間分三大支自次章至索隱章為第一支從君子小人辨起隨以舜淵子路三達德為入道之門而以孔子弗為弗已折衷之自費隱章至問政章為第二支本道不可離言道之費隱敘羣聖而以孔子論政繼之自誠明章至經綸章為第三支本誠身以言誠反覆天道人道而歸其統於仲尼因以至聖至誠極贊之末章復申首章之旨首章從天說到人末章從人說到天互相發明要之以性為宗以誠為要以知行合一為工夫以天人同歸為究竟而總全一天命之性程子所謂始言一理末復合為一理是也

子程子曰不偏之謂中不易之謂庸中者天下之正道庸者天下之定理此篇乃孔門傳授心法子思恐其久而差也故筆之於書以授孟子其書始言一理中散為萬事末復合為一理放之則彌六合卷之則退藏於密其味無窮皆實學也善讀者玩索而有得焉則終身用之有不能盡者矣

子思　孔伋字子思伯魚之子孔子孫也受業於曾子年十六適宋宋大夫樂朔與之言學曰尚書虞夏數篇善也下此殊不如矣子思曰事變有極正自當耳假令周公堯舜更時處其書同矣朔曰凡書之作簡易為上乃故作難知之辭不亦

天命章旨　此章子思述夫子所傳之意以立言首節著斯道之本原下是詳體道之功效細分之首節言性道教是原道

○天命之謂性命即錫予意性即仁義禮智所受於天之理率性之謂道率不是用力字只循其性之自然便是道修道之謂教修訓品節品等級也節限制也教是示人法則意

註　命猶令也性即理也天以陰陽五行化生萬物氣以成形而理亦賦焉猶命令也於是人物之生因各得其所賦之理以為健順五

繁乎子思曰書之意兼復探奧訓詁成義古人所以為典雅也昔魯委巷亦有似君之言者伋曰道為知者傳苟非其人道不貴矣今君何似之甚也朔不悅退曰孺子辱吾遂圍子思宋君聞而救之子思既免曰文王囚羑里作周易尼父屈陳蔡作春秋吾困於宋可無作乎於是述父師之意作中庸○穆公問子思曰吾國可興乎對曰可苟公與大夫慕周公伯禽之治行其政化開公家之惠杜私門之利結恩百姓修睦鄰國其興也勃矣

須臾

之所以為道中二節言存養省察是體道之功末二節推道所以當體之故而及其效也通章以道字為主言道必言性而道始有原言道必言教而道始可法此性道教所由並提也

天命節旨

三句是釋性道教之名義欲人知其出於天而切於人也重道字上性者道之所自出教者道之所由成故下文只說道命如誥勅有責成意性就人身上指出不離乎氣亦不雜乎氣者故註以理言性中渾渾穆穆率而由之條分脈絡有如路然註循其性之自然謂道最妙率性謂道是理之同修道謂教是氣之異註聖人兼作君作師禮樂是化民之教刑政是防民之教三句皆兼人物言而以人為主

道也節旨

道也者三句是決言道不可離於須臾總冒下二段戒慎二句是君子盡存養之功以不離道於靜也不睹聞貼靜乃已所不睹不聞此際一念不生故須戒懼註存天理之本然句須味蓋睹聞時戒懼自不待言至雖不睹聞之須臾早已無不戒懼是無時無處而不存養也視自內出故曰戒慎聽是外來故曰恐懼

莫見節旨

此是君子盡省察之功以不離道於

常之德所謂性也率循也道猶路也人物各循其性之自然則其日用事物之間莫不各有當行之路是則所謂道也修品節之也性道雖同而氣稟或異故不能無過不及之差聖人因人物之所當行者而品節之以為法於天下則謂之教若禮樂刑政之屬是也蓋人知己之有性而不知其出於天知事之有道而不知其由於性知聖人之有教而不知其因吾之所固有者裁之也故子思於此首發明之而董子所謂道之大原出於天亦此意也【講】子思子憂道學之失傳故述所傳之意以立言曰天下之人莫不知己之有性事之有道聖人之有教矣亦知性道教所由名乎自天以陰陽五行之理錫予於人而人得之為健順五常之德是之謂性自人各率其性之自然以為日用當行之路是之謂道自聖人因人所當行之道而品節之使過者俯而就不及者仰而企是之謂教夫天命謂性則外鑠者非性矣率性謂道則強為者非道矣修道謂教則過不及乎道者非教矣【補】修道是聖人因人不能備道故品節其道以設教註禮樂刑政專指治人說而修之始必有自治之功如下文戒懼慎獨致中和是也故註末節補云修道之教亦在其中可見

○**道也者**道字上包性字下包教字**不可須臾離也**須臾暫時也言暫自該得久不可離是人不可離道**可離非道也**是反言以決其不可離意**是故君子戒慎乎其所不睹**承上一句來君子是體道之人戒慎是敬不睹是未及見時**恐懼乎其所不聞**恐懼是畏不聞是未及聽時【註】道者日用事物當行之理皆性之德而具於心無物不有無時不然所以不可須臾離也若其可離則豈率性之謂哉是以君子之心常存敬畏雖不見聞亦不敢忽所以存天理之本然而不使離於須臾之頃也【講】道既原於天而率於性則是道也者散見於日用事物而具於方寸之間無物不有無時不然不可少有須臾離也若其可離則是身外之物而非道矣是故由教入道之君子知道之不可離而戒慎之心常存乎其所不睹之時則有睹者可知矣恐懼之心常存乎其所不聞之時則有聞者可知矣此平時存養之功也

○**莫見乎隱**見是著見隱指心曲中言**莫顯乎微**顯是明顯微指一念之動言**故君子慎其獨也**承上二句來獨即隱微獨知處【註】隱暗處也微細事也獨者人所不知而己所獨知之地也言幽暗之中細微之事迹雖未形而幾則已動人雖不知而己獨知之則是天下之事無有著見明顯而過於此者是以君子既常戒懼而於此尤加謹焉所以遏人欲於將萌而不使其潛滋暗長於隱微之中以至離道之遠也【講】夫功既密於存養而幾尤貴於省察一心之萌地雖至隱然至隱之中吾心所覺是天下之至見莫有見於隱者一念之動事雖至微然至微之內吾心自呈是天下之至顯莫有顯於微者夫曰隱曰微即所謂獨也故君子既常戒懼而於此獨知之地尤加謹焉以為之防也此發念時省察之功也

○**喜怒哀樂之未發**喜是歡喜怒是忿怒哀是悲哀樂是喜之甚未發是未發見時**謂之中**中是無所向意**發而皆中節**發是喜怒哀樂發見中節是合於當然之節度**謂之和**由中出故和也**中也者天**

二十念為一瞬二十瞬名一彈指二十彈指名一羅預二十羅預名一須臾一日一夜有三十須臾

喜怒哀樂

白虎通曰喜怒哀樂之發與清煖寒暑其實一類也喜氣為煖而當春怒氣為清而當秋樂氣為太陽而當夏哀氣為太陰而當冬四氣者天與人所同有可節而不可止也明王法此以取天之道春氣愛秋氣嚴夏氣樂冬氣哀故愛氣以生物嚴氣以成功樂氣以養生哀氣以喪終也

天地

天坦也坦然而高遠也春為蒼

動也亦頃不可離來主由靜而之動說兩節宜相承隱微貼動乃一念初起人所不睹不聞而己所獨知者故謂之獨然其是非善惡不能逃此心之靈莫見莫顯何可不慎註遏人欲於將萌句須味蓋是天理便擴充去是人欲便遏絕了最為緊要工夫此與上節因論率性之道以明由教而入者其始用功當如此

喜怒節旨

上言君子主敬之功見人心之於道不可離此言人心性情之德又見道之本不可離也不以惻隱羞惡等言情而曰喜怒哀樂者蓋欲透出中和二字以起下位育耳中和大本達道是說性情之德其本然道理如此方留住致字謂之與之謂不同首節三之謂有是名稱而實之也此兩謂之據其地位而目之也無為乃有為之原故曰大本一人之情即千萬人之情故曰達道上天下以理言下天下以人言

致中節旨

此究言體道之極功以結上四節之意致中則戒懼益純而天命之性全致和則慎獨益至而率性之道盡天地位致中之效也萬物育致和之效也然中和一理位育一機但效所由著不得不如此分屬耳位育以事言而理在其中如堯舜在上地平天成

下之大本也（大是無所不統本是根源）和也者天下之達道也（達是無所不通道是人所共由之路）

【註】喜怒哀樂情也其未發則性也無所偏倚故謂之中發皆中節情之正也無所乖戾故謂之和大本者天命之性天下之理皆由此出道之體也達道者循性之謂天下古今之所共有道之用也此言性情之德以明道不可離之意

【講】夫道之所以不可離者匪獨君子於道有不可離之功而道之在人性情間者亦自有不可離之實也彼喜怒哀樂人之情也方其未發渾然在中何有偏倚斯謂之中及其已發而無過不及皆中節焉粹然至正不相乖戾斯謂之和是中也者即天命之性萬理備具千變萬化皆由此出乃天下之大本而為道之體也是和也者即率性之謂四達不悖天下古今共由乎此乃天下之達道而為道之用也夫道之體用不外吾心之性情如此而謂道其可須臾離哉

○致中和（致是克盡此本然之中和非中和之外又加推致也）天地位焉（位如三光明五氣順川岳咸寧之類）萬物育焉（育如百姓盛兆民殖品彙咸亨之類）

【註】致推而極之也位者安其所也育者遂其生也自戒懼而約之以至於至靜之中無少偏倚而其守不失則極其中而天地位矣自謹獨而精之以至於應物之處無少差謬而無適不然則極其和而萬物育矣蓋天地萬物本吾一體吾之心正則天地之心亦正矣吾之氣順則天地之氣亦順矣故其效驗至於如此此學問之極功聖人之能事初非有待於外而修道之教亦在其中矣是其一體一用雖有動靜之殊然必其體立而後用有以行則其實亦非有兩事也故於此合而言之以結上文之意

【講】然使靜而不知所以存則天理昧而大本不立動而不知所以節則人欲肆而達道不行惟君子約其戒懼之功自睹聞以至於不睹不聞無一毫偏倚而守之不失則極其中而大本之立日以固矣精其謹幾之學自隱微以至於應事接物無一毫差謬而無適不然則極其和而達道之行日以廣矣夫吾心之中和即天地萬物同有之中和也中和既致吾之心正則天地之心亦正而天地位焉吾之氣順則天地之氣亦順而萬物育焉此則道無須臾之離而性自我盡道自我全教亦自我立矣體道之功孰有加於此哉

【補】蒙引云性道教皆出於天本然之義理也戒懼以致中謹獨以致和當然之工夫也天地位萬物育自然之效驗也有是義理必有是工夫有是工夫必有是效驗

右第一章子思述所傳之意以立言首明道之本原出於天而不可易其實體備於己而不可離次言存養省察之要終言聖神功化之極蓋欲學者於此反求諸身而自得之以去夫外誘之私而充其本然之

天寶書局精校藏板

天夏為昊天秋為旻天冬為上天九天東方曰皞天東南方曰陽天南方曰炎天西南方曰朱天西方曰成天西北方曰幽天北方曰玄天東北方曰變天中央曰鈞天○地者積氣所生萬物之祖也大而名之曰黃地祇小而名之曰神州亦名后土

是位育實事孔孟在下明道設教是位育實理

仲尼章旨

此章原中庸名書歸本仲尼也上節言體道離道之人下節言體道離道之實

仲尼節旨

仲尼曰三字鄭重見道統有真傳也君子中庸句包全部註不偏不倚以心言無過不及以事言體之亦據現成說下時中方著工夫體者依其本然反者不依其本然

君子節旨

此申言所以中庸反中庸之故重時中與無忌憚上按語類君子只是說箇好人但註特下箇德字即是其德已成具時中本領了戒懼慎獨工夫自徹前後而字上下都有時中兼兩意一事有一中不可偏向同一事今日如此為中明日如彼為中不可固執無忌憚正與時中反

中庸全旨

此章贊中庸之道而嘆人之鮮能也至是一毫增減不得真個盡善盡美民字對修道立教之聖人看鮮能解在下章此只虛說論語為德二字已在人身上講故能字可省此只贊中庸道理故加一能字且與後面許多能字相照

道之章旨

善楊氏所謂一篇之體要是也其下十章蓋子思引夫子之言以終此章之義

○**仲尼曰**[首稱仲尼蓋為天下標明宗旨也]**君子中庸**[君子成德之人堯舜授受只有一中孔子恐人疑為高遠故加一庸字]**小人反中庸**[小人即隱怪一流人]【註】中庸者不偏不倚無過不及而平常之理乃天命所當然精微之極致也唯君子為能體之小人反是【講】此子思引夫子之言以釋首章之義也仲尼有曰中庸之道命於天率於性本人所同得者也然惟君子為能體此中庸所存所發一依乎中庸之理若小人則反此中庸而所存所發皆違其本然之理焉

○**君子之中庸也**[此君子以人言]**君子而時中**[此君子以德言時中在事上講只是做得恰好]**小人之中庸也**[此小人以人言]**小人而無忌憚也**[此小人以心言無忌憚便與時中相反]【註】王肅本作小人之反中庸也程子亦以為然今從之　君子之所以為中庸者以其有君子之德而又能隨時以處中也小人之所以反中庸者以其有小人之心而又無所忌憚也蓋中無定體隨時而在是乃平常之理也君子知其在我故能戒謹不睹恐懼不聞而無時不中小人不知有此則肆欲妄行而無所忌憚矣【講】夫中庸之獨歸君子而反於小人者何也蓋君子之所以為中庸者以其靜而存養動而省察既有君子為善之德而凡應事接物之間又能隨時以處中此其所以中庸也小人之所以反中庸者以其靜不能存動不能察既有小人為惡之心而凡應事接物之間罔顧其時之所安而無所忌憚也此其所以反中庸也君子小人只在敬肆之分而已【補】朱子云以中對和言中者體和者用以中對庸言則庸是體中是用以中和對中庸言則中和又是體中庸又是用

右第二章[此下十章皆論中庸以釋首章之義文雖不屬而意實相承也變和言庸者游氏曰以性情言之則曰中和以德行言之則曰中庸是也然中庸之中實兼中和之義]

○**子曰中庸其至矣乎**[其至矣乎作贊辭至者至易至簡也]**民鮮能久矣**[民指在下之人說鮮少也能指知行言久則非一日有惕然醒人意]【註】過則失中不及則未至故惟中庸之德為至然亦人所同得初無難事但世教衰民不興行故鮮能之今已久矣論語無能字【講】此承上章言中庸之道不特小人反之而民亦鮮能之也夫子有曰天下之理可增可損者皆非其至也惟中庸道理無過不及其至極而無以復加矣乎然此理人所同得但修道之教既衰民不興行鮮能知行中庸之道亦已久矣不亦深可慨哉【補】上章中庸兼體用言此主用說故註只云過不及

此章正言所以鮮能之故上節推不行不明之由下節嘆人之不察於道也

道之節旨

此言知行相因必知之明而後行之至必行之至而後知之明賢知之過有惜之之意愚不肖之不及有憫之之意

人莫節旨

此節譬人之不察正啟以加學問之功也賢知不察是道在日用之間愚不肖不察是道有當然之準乃所以過不及之由飲食不作譬喻亦不徑作道只舉一件易曉者以醒人兩也字指點親切

道其全旨

此章承知愚邊以起下舜之事本嘆人不行道卻說道其不行其字有無限寓意分明看了不明說則不行正有不得辭其責者在

舜其全旨

此章以明道為主重大知上首句虛冒因舜想見其為大知也問察隱揚

右第三章

○子曰道之不行也道即中庸之道不行是道不流行於天下我知之矣知是知其不行之故知者過之知者是聰明之人過是所知過乎中愚者不及也愚者是蒙昧之人不及是所知不及乎中道之不明也不明是道不著明於天下我知之矣知是知其不明之故賢者過之賢者是高強之人過是所行過乎中不肖者不及也不肖是柔懦之人不及是所行不及乎中【註】道者天理之當然中而已矣知愚賢不肖之過不及則生稟之異而失其中也知者知之過既以道為不足行愚者不及知又不知所以行此道之所以常不行也賢者行之過既以道為不足知不肖者不及行又不求所以知此道之所以常不明也【講】此承上章言民之所以鮮能中庸者由於氣稟之偏而不察也夫子有曰中庸之道之不行也我知其故矣蓋行由於明今則知者探深索微而知過乎中既以道為不足行矣愚者昏昧淺陋而知不及乎中又不知所以行也此道之所以常不行歟中庸之道之不明也我知其故矣蓋明由於行今則賢者矜奇炫異而行過乎中既以道為不足知矣不肖者卑污苟賤而行不及乎中又不求所以知也此道之所以常不明歟

○人莫不飲食也人包知愚賢不肖在內飲食只當日用字鮮能知味也以味譬理知字即註察字【註】道不可離人自不察是以有過不及之弊【講】然道之所謂中者當然不易之理固不外人生日用之間特以習而不察而失之耳今夫人莫不飲食也鮮有能知其飲食之味也知味之正則必嗜之而不厭矣知道之中則必守之而不失矣其知此知愚賢不肖何哉【補】仇滄柱云味在飲食之間初不難知但飢渴者甘飲甘食而不知正味醉飽者貪飲貪食而不知正味其中亦有過不及焉

右第四章

○子曰道其不行矣夫道即中庸之道不行根上章不行來矣夫字有慨歎意【註】由不明故不行【講】道之不行由於智者過愚者不及夫子有曰道者固人之當行亦人之所能行但人之體道者不失之過則失之不及道其不行於天下矣夫然則夫子所謂道之不行者豈非由於不明之故哉

右第五章此章承上章而舉其不行之端以起下章之意

○子曰舜其大知也與此句虛下正見其大知也舜好問而好察邇言好是惓惓求益出於

罟擭陷阱

罟擭以罟為擭而掛之也陷阱為陷如阱以陷也罟擭以網羅禽獸如今之扣網也陷阱以陷墜禽獸如今之賺坑也

能翕受敷施有定衡用中無留滯正是大知處求的總結因大知益想見其為舜也好問則問之途廣邇言非淺近人言禹臯陳謨有深遠者亦有淺近者至理寓於邇言非洞見道無精粗之別者不能察也聖心有善無惡故惡投之即化善投之即契并非有意隱揚兩端皆善須執而擇之如極厚者是則以極厚為中極薄者是則以極薄為中非去兩頭只取中間知子莫執中也用其中於民是用其所得之中加於民其斯句匆云其斯以為舜之大知乎只云人徒知睿哲文明舜也明目達聰舜也孰知斯不自用而取諸人者舜之所以為舜乎蓋問察隱揚則非知者之過執兩用中則非愚者之不及

人皆全旨

此章承賢不肖邊以起下回之事兩予知俱自負之辭與舜之不自用相反以上段引起下段如詩之興體上予知就處事說下予知就燭理說利之所在禍之所伏即罟擭陷阱也此擇字不過形迹之見偶合之識守即是行不能守失之於過不及也

至誠也問是問於人察是察於己察即在問中察之**隱惡而揚善**隱惡見其廣大能容揚善見其光明不蔽**執其兩端**彼亦一善言此亦一善言便是兩端執持而擇也有參酌以求其中意**用其中於民**用字便有施行意**其斯以為舜乎**斯指好問以下言舜字內有大知意言此數者正舜知之大也

【註】舜之所以為大知者以其不自用而取諸人也邇言者淺近之言猶必察焉其無遺善可知然於其言之未善者則隱而不宣其善者則播而不匿其廣大光明又如此則人孰不樂告以善哉兩端謂衆論不同之極致蓋凡物皆有兩端如小大厚薄之類於善之中又執其兩端而量度以取中然後用之則其擇之審而行之至矣然非在我之權度精切不差何以與此此知之所以無過不及而道之所以行也

【講】承上章言道既不行必知如大舜而後可望斯道之行也夫子有曰人非知無以見道然知有大小稽古帝舜其為大知也與何以見之天下之理無窮一人之識有盡自用非大知也舜則凡事必孜孜然訪問於人而於問所得之言即極淺近者亦必孜孜然審察其言中之理其言之不當於理而惡者則隱之而其言之當於理而善者則揚之然言皆為善而或過或不及不同之極致有兩端焉則執其兩端而寬弘博大兼總衆善而無遺至於一致之歸確不可易有其中焉則用之於民而精密詳審極於至當而無偏所謂合天下之知以為知而舜之所以為舜者其真不可及乎吁天下有大知如舜而道其行矣

【補】朱子謂舜本自知是前一層又能合天下之知以為一人之知知之所以愈大是正意

右第六章

○**子曰人皆曰予知**此予知指能料事於未然**驅而納諸罟擭陷阱之中**罟擭陷阱是借言以喻禍機之所伏**而莫之知辟也**不知避仍是不知禍**人皆曰予知**此予知指能析理於微茫**擇乎中庸**擇字須淺看**而不能期月守也**期月只言其近能擇正在能守上見不能守仍是不能擇

【註】罟網也擭機檻也陷阱坑坎也皆所以掩取禽獸者也擇乎中庸辨別衆理以求所謂中庸即上章好問用中之事也期月帀一月也言知禍而不知避以況能擇而不能守皆不得為知也

【講】道固由智而行而道之不明又由於賢者過不肖者不及夫子有曰今人皆曰予知蓋自以為能知禍機之伏也乃爭驅逐而納諸罟擭陷阱中而莫知所避行險取敗是其心有所蔽也安得為知乎亦猶今人皆曰予知蓋自以為能擇中庸之所在也然擇乎中庸而不能期月守擇非已有是其知有未至也又安得為知乎此道之所以不明也

【補】驅而納者即以予知之心驅之也

顏回

回字子淵魯人郕國之後孔子曰自吾有回門人日親蓋回以德行著名在四科之首○孔子謂回曰家貧居卑胡不仕乎對曰回有郭外之田五十畝足以給饘粥郭內之田四十畝足以為絲麻鼓琴足以自娛所學於夫子者足以自樂回不願仕也回顧貧如富賤如貴無勇而威與士交通終身無患難亦且可乎孔子曰善哉回也夫貧而如富其知足而無欲也賤而如貴其讓而好禮也無勇而威其恭敬而不失於人也終身無患難其擇言而出之

回之全旨

此章以行道為主重服膺弗失上為人含有明健意下正言為人之實也擇乎中庸非至明不能審其幾得一善則服膺弗失非至健不能致其決隨擇隨得隨得隨守精神在一則字一有所得即拳拳服膺是急受之辭每得一善必拳拳服膺是檃括之辭能擇則非賢者之過能守則非不肖者之不及

天下全旨

此章舉中庸之難能正見當以勇輔智仁也上三句輕言至難之事俱不難以引起中庸之尤難耳可均似智不論當理不當理但要處置得去可辭似仁不論當辭不當辭但以不就為潔可蹈似勇不論當死不當死但以輕生為勇不可能非言道之不可能乃是嘆人之不能此道註非義精三句即包下章勇字

子路章旨

此章言勇之事見中庸不可能者在學者之自強也南北以勝人為強皆由風氣之偏君子以自勝為強乃純乎義理之正重末節

子路節旨

問强則行氣象猶在或亦有擔當斯道意也

南方節旨

此先以三種强開出名目三與字是

右第七章（承上章大知而言又舉不明之端以起下章也）

○子曰回之為人也（為人二字是言其生平一大概如此正為此道不遠人之人）擇乎中庸（擇字須說得細）得一善（善即中庸之理一善者隨擇隨得非止於一也）則拳拳服膺而弗失之矣（服膺弗失是能身體力行非空守在心上）

註 回孔子弟子顏淵名拳拳奉持之貌服猶著也膺胸也奉持而著之心胸之間言能守也顏子蓋真知之故能擇能守如此此行之所以無過不及而道之所以明也

講 承上章言道既不明必仁如顏子而後可望斯道之明也夫子有曰天下當然之理具在人心若回之為人也凡遇事物之來必於天理同源異派處分別精詳以求其所謂中庸者及隨所擇而得一中庸之善則躬行實踐拳拳然服膺而不復失之矣回之擇而能守如此吁天下有能行如回而道其明矣

右第八章

○子曰天下國家可均也（可均如管仲蕭何）爵祿可辭也（可辭如晨門丈人）白刃可蹈也（可蹈如召忽子路）中庸不可能也（不可能正與上民鮮能下唯聖能聯絡照應）

註 均平治也三者亦知仁勇之事天下之至難也然皆倚於一偏故資之近而力能勉者皆足以能之至於中庸雖若易能然非義精仁熟而無一毫人欲之私者不能及也三者難而易中庸易而難此民之所以鮮能也

講 承上章言知必如舜而後道可行仁必如回而後道可明可見中庸之難能矣夫子有曰至難均者天下國家然資之近乎知者可勉力而均也至難辭者爵祿然資之近乎仁者可勉力而辭也至難蹈者白刃然資之近乎勇者可勉力而蹈也至於中庸之理無或過無或不及苟一毫之私意有所未盡則雖欲擇而守之而擬議之間忽已失於過與不及而不自知矣此其所以不可勉力而能也然則欲能中庸者信不可無自強之學矣

補 三者恰好處亦使是中庸若堯之協和萬邦文王之修和有夏均天下國家之中庸也孔子之不脫冕而行孟子之不受萬鍾辭爵祿之中庸也比干諫而死蹈白刃之中庸也

右第九章（亦承上章以起下章）

○子路問強（強是強勇）

註 子路孔子弟子仲由也子路好勇故問強

講 承上章言中庸不可能必如夫子告子路之勇而後可能也昔子路好勇故問強於夫子蓋徒

也若回者其至乎。回嬰宋戴氏生子歆

刃

刃五刃也刀劍矛戟矢也

子路

由字子路魯之卞人也初見孔子冠雄雞冠佩豭豚陵暴孔子孔子設禮以誘之後儒服委質因門人請為弟子孔子嘗曰自吾得由惡言不聞於耳。孔子曰以子所能而加之學豈可及乎子路曰南山有竹不揉自直斬而用之達於犀革以此言之何學之有子曰括而羽之鏃而礪之其入之不亦深乎。子路來治蒲三年孔子過之入其境曰善哉由也恭敬

欲其自審之意非詰問也一抑字略反上文跌重而強上而強只還他而自有之強為妙

寬柔節旨

此申南方之強句寬柔不報俱是有意含容與誨人不倦犯而不校不同

此君子稍輕

衽金節旨

此申北方之強句南方豈無果敢者北方豈無含忍者亦不過舉風氣大槩言

和而節旨

此申而強句四段就現成者說在學者當以此自勉故曰而所當強分人己窮達四平看強字全在四不字上矯是矯然勁直即贊其強也和是不立異以為高不矯情以絕物然其中有分曉有界限有把持方能不流和柔德也中立剛德也和便易流若中立便是不倚如何又說不倚蓋柔弱的中立把捉不定久之畢竟欹倒一邊兩而字是轉語和與中立猶未是強必不流不倚乃為強不變塞是富貴不淫至死不變是貧賤不移身已出仕故言未達身未出仕故但言平生此皆是成德後擇守本勇足勝私

索隱章旨

此章承上合言知仁勇以結之首節知行太過次節知行不及末節中庸

知有血氣之剛而未知德義之勇也 ○ **子曰南方之強與北方之強與** 曰南曰北便是囿於風氣 **抑而強與** 而強是性中自有之強非風氣所能囿者 【註】 抑語辭而汝也 【講】 夫子答之曰強有不同不可不先致審也汝有志於強猶是風氣所囿為南方之強與為北方之強與抑不囿於南不囿於北為而自有之強與

○ **寬柔以教** 便有不當教亦教意 **不報無道** 便有當報亦不報意 **南方之強也** 強就以含忍勝人說 **君子居之** 君子是個好人淺看居是居其道非居其地也 【註】 寬柔以教謂含容巽順以誨人之不及也不報無道謂橫逆之來直受之而不報也南方風氣柔弱故以含忍之力勝人為強君子之道也 【講】 以南方之強言之如人有不及處亦不過於刻責只寬容柔順以誨人之不及甚至人有橫逆之加我直受之而不報復其無道此南方風氣柔弱以含忍之力勝人為強也猶近乎忠厚之道故君子居之此強之不及乎中非汝所當強者也

○ **衽金革** 卧席曰衽此借作安之之意 **死而不厭** 即死於金革也不厭是不怨悔 **北方之強也** 強就以果取勝人說 **而強者居之** 強者是武夫之徒 【註】 衽席也金戈兵之屬革甲冑之屬北方風氣剛勁故以果敢之力勝人為強強者之事也 【講】 以北方之強言之金革凶器也彼則恬然安之衽席乎金革焉雖戰鬬以死於金革而不厭悔此北方風氣剛勁以果敢之力勝人為強也是純任乎血氣之勇而惟強者居之此強之過乎中非汝所當強者也

○ **故君子和而不流** 故字承上來君子成德之人和是處衆平易 **強哉矯** 於不流上見君子處衆之強四強哉矯俱是贊嘆之辭 **中立而不倚** 中立是孑然特立 **強哉矯** 於不倚上見君子處己之強 **國有道** 以處達言 **不變塞焉強哉矯** 於達不離道上見君子處達之強 **國無道** 以處窮言 **至死不變強哉矯** 於窮不失義上見君子處窮之強 【註】 此四者汝之所當強也矯強貌詩曰矯矯虎臣是也倚偏著也塞未達也國有道不變未達之所守國無道不變平生之所守也此則所謂中庸之不可能者非有以自勝其人欲之私不能擇而守也君子之強孰大於是夫子以是告子路者所以抑其血氣之剛而進之以德義之勇也 【講】 故君子自有義理之強焉如處衆貴和然和者易至於流君子和以處衆卻能自守以正必不違理以徇人而至於流是能擇乎處衆之理而守以自勝也不亦強哉其矯乎處己貴乎中立然中立易至於倚君子中立以自處卻能貞以有恒必不易方以隨俗而至於倚是能擇乎處己之理而守以自勝也不亦強哉其矯乎達而得志每易喪其所守君子當國有道必行道濟時而不至驕盈以變其未達時之所守是能擇乎處達之理而守以自勝也不亦強哉其矯乎窮而處困每不終其所守君子當國無道必守義安命雖艱苦至死而不變其平生之所守是能擇乎處窮之理而守以自勝也不亦強哉其矯乎此四者皆君子之強女之所當強也夫子之告子路者如此學者體之以

以信矣入其室曰善哉由也忠信以寬矣至其庭曰善哉由也明察以斷矣○子路為季氏宰季氏祭子路與室事交乎戶堂事交乎階質明而始行事宴朝而退孔子聞之曰誰謂由也而不知禮乎○子路為孔悝邑宰太子蒯聵自戚謀入孔悝家作亂迫孔悝強盟之遂劫以登臺子路聞亂馳往遇子羔出曰門已閉矣子路曰食焉不避其難及門有使者出乃入曰太子焉用孔悝雖殺之必或繼之且曰太子無勇若燔臺半必舍孔叔蕢聵懼下石乞盂黶敵子路以戈

成德歸重末節與君子中庸章相應兩吾字只借己發明非自敘語

素隱節旨

此言道本不可有過有述句是究隱怪者好名意獨言後世者以世遠年湮易惑於新奇耳不必依饒氏包當世說也吾弗為之使隱然有依乎中庸意在

遵道節旨

此言道本不可不及遵道句行由知有始半塗句知又因行鮮終吾弗能已只是見到了自住手不得

依乎節旨

依與遵不同遵字著力依字自然依方是須臾不離戒懼慎獨都有不悔與不慍有別慍者自是而非人不慍自反之至悔者徇人而忘己不悔自信之至唯聖句是贊辭唯字有不可幾及意能字要說得自然註不賴勇而裕如以知盡仁至中使有勇字意也

費隱章旨

此章言道無不在以申明道不可離之意為下八章綱領重費字言費則隱在其中首節總冒次節形容其費三節指點其費末節總結體道意在言外

費隱節旨

以道歸君子者為能不離道也本章只說道言後數章方言君子體道費

自強又何中庸之不可能哉 補 致主匡時君子塞時之素志其用也必堯舜君民如伊尹之於湯方是不變

右第十章

○**子曰素隱行怪** 隱對顯言如後漢讖諱之書是也 怪對常言如齊陳仲子之廉是也 **後世有述焉** 後世以將來言有述是間或有稱述 **吾弗為之矣** 弗為是斷絕口氣便有當為者在 註 素按漢書當作索蓋字之誤也索隱行怪言深求隱僻之理而過為詭異之行也然以其足以欺世而盜名故後世或有稱述之者此知之過而不擇乎善行之過而不用其中不當強而強者也聖人豈為之哉 講 子思引夫子之言以結上數章曰天下之理易知而易能也今有人焉知必素求隱僻而知人之所不能知行必過為詭異而行人之所不能行蓋欲以其術欺世盜名也人情厭常喜新故後世或有稱述之者焉此失之太過而為所不當為者也吾蓋無述於後世而弗為素隱行怪之事矣○**君子遵道而行** 此亦學問中人故謂君子 遵循也道是中庸之道 **半塗而廢** 半塗是借言不久意廢是棄 **吾弗能已矣** 已是止即廢意 註 遵道而行則能擇乎善矣半塗而廢則力之不足也此其知雖足以及之而行有不逮當強而不強者也已止也聖人於此非勉焉而不敢廢蓋至誠無息自有所不能止也 講 中庸之道恒久而不息也若勉然之君子能擇乎中庸之道而遵行之但其力有不足行至半塗而廢焉此又失之不及而已所不當已者也吾則行必有終而弗能已於半塗矣○**君子依乎中庸** 君子是成德之人依中庸者與中庸為一也 **遯世不見知而不悔** 遯世即終身意不是隱遯於世不見知不是無人舉用只是不甚彰顯意不悔是常依無轉悔也 **唯聖者能之** 聖以生知安行言能之指上二句 註 不為索隱行怪則依乎中庸而已不能半塗而廢是以遯世不見知而不悔也此中庸之成德知之盡仁之至不賴勇而裕如者正吾夫子之事而猶不自居也故曰唯聖者能之而已 講 夫太過不及皆非中庸也至若體道不息之君子不為素隱行怪其所知所行一依乎中庸之理又不能半塗而廢雖至遯世不見知於人而其依乎中庸者自如初無悔於心焉此蓋無過不及純乎天而盡乎人君子也與哉唯德造其極之聖者能之耳吾亦弗為弗已而勉以幾之焉矣然則夫子所謂民鮮能不可能者必歸諸是人也此中庸之極則也

右第十一章

子思所引夫子之言以明首章之義者止此蓋此篇大旨以知仁勇三達德為入道之門故於篇首即以大舜顏淵子路之事明之舜知也顏淵仁也子路勇也三者廢其一則無以造道而成德矣餘見第二十章

擊之斷纓子路曰君子死冠不免結纓而死

鳶 曲禮云前有塵埃則載鳴鳶○楊譽鳶賦云初指冲天之鶴遠言拂日之烏望有塵埃謂翱形而載旆聽無音

隱不相離而字有即費即隱意

夫婦節旨

費字說不盡下面摘箇愚不肖上面摘箇聖人天地來說末四句即承上贊之夫婦知能是萬分中有一分聖人不知能是萬分中欠一分不知不能乃沒要緊的事若大本大原原無虧缺聖人與愚不肖對不與夫婦對聖人亦夫婦也天地之大包資始資生一切言有憾是不滿足意須著眼猶字不得說壞天地凡載須出乎其外道則無外故莫載凡破須入乎其內道則無內故莫破按或問作君子之語道說存參

鳶飛節旨

上節說費字充塞意已盡此引詩指出流行活潑之機以示人飛躍是氣所以飛躍是理氣載得許多理來察是道體自然昭著不是人察之也兼大小言即一鳶魚而道之小可知推開鳶魚而道之大亦可知

造端節旨

道無始特以造於夫婦者言之道無終特以至於天地者言之中間事事物物之理無不包舉造字察字俱非用力字此係總結鳶魚節亦在內責重體道工夫後須補出

道不章旨

此章爲遠人以爲道者發也因上章說得闊故此便說入身來以首節爲

○君子之道道即中庸之道惟君子爲能體之故屬君子費而隱費即率性之道隱是天命之性【註】費用之廣也隱體之微也【講】子思自立言曰道原於天而盡於君子故爲君子之道是道也其當然之用則充周不窮固若是其費矣而就其費之所以原於天命者則又隱焉○夫婦之愚愚是昏愚之人可以與知焉與字作能字看與知就良知上說及其至也至非道之精處是道之盡處雖聖人亦有所不知焉不知是限於地與時者夫婦之不肖不肖是庸懦之人可以能行焉能行就良能上說及其至也雖聖人亦有所不能焉不能是拘於數與勢者天地之大也大就化育上見人猶有所憾憾是怨恨意故君子語大故字承上來君子指道言大照天地聖人邊說天下莫能載焉載是包括意語小小照夫婦邊說天下莫能破焉破是剖判意【註】君子之道近自夫婦居室之間遠而至於聖人天地之所不能盡其大無外其小無內可謂費矣然其理之所以然則隱而莫之見也蓋可知可能者道中之一事及其至而聖人不知不能則舉全體而言聖人固有所不能盡也侯氏曰聖人所不知如孔子問禮問官之類所不能如孔子不得位堯舜病博施之類愚謂人所憾於天地如覆載生成之偏及寒暑災祥之不得其正者【講】何以見其費也彼夫婦中之愚者於道宜若無所知矣然良知不以其愚而遺之也即日用居室之一端可以與知焉及其道之全體而至也則雖生知之聖人宜無所不知而或時與地隔耳目有限亦有所不盡知焉夫婦中之不肖者於道宜若無所能矣然良能不以不肖而遺之也即日用居室之一端可以能行焉及其道之全體而至也則雖安行之聖人宜無所不能而或數與勢阻心力不逮亦有所不盡能焉豈惟聖人即以天地如此其大也然或覆載不相兼運化不能齊人猶有所憾夫道無可憾而天地有可憾與天地亦未足以盡道矣故君子之道語其大至聖人天地所不能盡而道無不包天下莫能有出其外而載之者焉語其小至愚不肖夫婦與知與能而道無不體天下莫能有入其內而破之者焉道之極於小大如此可謂費矣而隱不即在其中哉○詩云鳶飛戾天飛有飄然活潑意天是極高處魚躍于淵躍有跳躍活潑意淵是深水處言其上下察也其字指道上下當推廣說【註】詩大雅旱麓之篇鳶鴟類戾至也察著也子思引此詩以明化育流行上下昭著莫非此理之用所謂費也然其所以然者則非見聞所及所謂隱也故程子曰此一節子思喫緊爲人處活潑潑地讀者宜致思焉【講】道固無不在矣其流行活潑之機則何如大雅旱麓之詩有云鳶飛則戾於天魚躍則在於淵詩非徒爲鳶魚咏也蓋言天地間何物非道鳶率飛之性而戾天是其道之上察也而凡親乎上者可知矣魚率躍之性而于淵是其道之下察也而凡親乎下者可知矣道誠大莫載小莫破也不亦費而

響疑避影以御蘆始回風於元氣終出入於高衢所以羽翮既成雲霄自致

魚

魚鱗物之總名其種族尤繁大者為鯨鯢小者為鯈鰽鰋鯉鱒魴鱣鮪詩人所述豈容一二數哉

淵

水通之斯為川塞之為斯為淵○荀子云積水成淵而蛟龍生焉

柯

周禮云柯長二尺博三寸○汲冢周書曰欲伐而不得斧柯

主緊要在道不遠人句次節言以人治人不遠人以為道三節言己之施於人者不遠人以為道末節言聖人所以責之己者不遠人以為道

道不節旨

此言道切於人而學道者不可求之遠也一章綱領在此下不過歷言治人愛人責己之事以明之耳人即子臣弟友之人道即為子為臣為弟為友之道

伐柯節旨

此即人而得治人之道見道之不遠人也睨邪視視所執之柯也視正視視所伐之柯也玩而字之字可見治人主教人說兼作君作師君子不是將別人的道理治他又不是分我的道理與他故曰以人治人改而止非將就非姑息只是至善恰好無可增損若提撕警覺則固無止時也天下無道外之人未改安得不治天下無人外之道既改安得不止

忠恕節旨

此即己之身而得待人之道尤見道之不遠人也忠恕句且虛下正言忠恕之事忠恕是學者下工夫處主去私說施諸己二句是恕註總言忠恕者無忠做恕不出也

道四節旨

此即己之身而得自治之道愈見道之不遠人也未能非以不能自謗聖

隱乎 ○君子之道[應首句看]造端乎夫婦[造端是託始意此句結與知與能及語小的]及其至也[至對端字看及是推其全體之極至]察乎天地[察亦昭著意此句結聖人天地及語大句]【註】[結上文]【講】[合而言之君子之道語其一節則託始乎夫婦居室之間而愚不肖可以與知與能及其全體至極也則昭著乎天地之大而天地聖人有所不能盡道之費而隱如此此道之所以不可須臾離也是以君子貴存養省察而無須臾之間焉]

右第十二章子思之言蓋以申明首章道不可離之意也其下八章雜引孔子之言以明之

○子曰道不遠人[道以率性言人指衆人不遠是不遠於人之身]人之為道而遠人[此人字是賢智之人為字兼知行遠人即素隱行怪]不可以為道[此為字作謂字]【註】[道者率性而已固衆人之所能知能行者也故常不遠於人若為道者厭其卑近以為不足為而反務為高遠難行之事則非所以為道矣]【講】[子思引夫子之言以明費之小也夫子有曰道昭著於人倫日用之間初無難知難行之事何嘗遠人若人之為道者厭其卑近而求諸高遠則知行皆失於過豈所謂道哉]

○詩云伐柯伐柯[伐是砍伐重言伐柯有深幸意有自信意]其則不遠[則是為柯之法此二句是詩辭]執柯以伐柯睨而視之猶以為遠[見已成未成到底是兩物]故君子以人治人[故字承不遠來君子即修道立教者以是用此人字指道言治兼抑其太過引其不及意此人字指人身言]改而止[改是變其失而還其初止是不過責意]【註】[詩豳風伐柯之篇柯斧柄則法也睨邪視也言人執柯伐木以為柯者彼柯長短之法在此柯耳然猶有彼此之別故伐者視之猶以為遠也若以人治人則所以為人之道各在當人之身初無彼此之別故君子之治人也即以其人之道還治其人之身其人能改即止不治蓋責之以其所能知能行非欲其遠人以為道也張子所謂以衆人望人則易從是也]【講】[何以見道之不遠人也以治人言之豳風伐柯之詩有云人之伐柯也人之伐柯也其尺度長短之則取之當前固不遠矣然即詩言思之執已成之柯以伐未成之柯自伐柯者邪目而視之不免有彼此之別猶以為遠若道則各在當人之身取之已而自足與伐柯之則在彼不在此者不同矣故君子之立教以治人也即以其人良知良能之道還治其人之身而責其知且能焉其人能率吾教而改圖則君子必止而不治不復以難知難能責之矣是道不遠於人身而不欲遠人以為道也]

○忠恕違道不遠[忠以立其體恕以達其用道是當然之理不遠即近意]施諸

人實見道之無窮無可自足之時有未能而願學之意庸德以下正貼君子作一氣讀慥慥句特倒裝文法耳自修意我在言外道雖可言使不能行而徒言即不可謹者戒其不可者不言也行然後知不足謹然後知有餘足字甚細萬分中有一分未盡亦是不足兩不敢即戒謹恐懼意不敢盡即可言者亦不盡言俱照註深一步講言顧行兩句是以用功言乃承上文意衍之正所謂慥慥也慥慥篤切實無一毫馳騖精神無一毫虛浮意氣胡不口氣贊美中寓願望意不可只誇君子

素位章旨

此章言素位之學歸重在反身上首節是綱二三節分應四節一束末節結證之上章在人身上說然曰人則已過未來皆人所當盡也故此就身所處之位言則益切矣

素位節旨

位字兼有定無定二意素位而行者即其位而道行於其中也外指過去未來不願是不留戀不將迎正素位而行是專一處

素富節旨

四者特舉其概行有因位盡道意無入句承上放開說自得從憂勤盡道來道盡而心乃無愧怍

在上節旨

己而不願（施是加不願是不欲）亦勿施於人（勿禁止意）【註】盡己之心爲忠推己及人爲恕違去也如春秋傳齊師違穀七里之違言自此至彼相去不遠非背而去之之謂也道即其不遠人者是也施諸己而不願亦勿施於人忠恕之事也以己之心度人之心未嘗不同則道之不遠於人者可見故己之所不欲則勿以施之於人亦不遠人以爲道之事張子所謂以愛己之心愛人則盡仁是也【講】以施人言之道本根於人心但人爲私意所間惟知有己不知有人故施之於人者多不得其當而去道日遠若本乎忠而行之以恕雖曰出於勉強未能與道爲一然由此而行心公理得其去道也不遠矣忠恕之事何如不過推己之心以及人耳如人以無道施諸己此己所不願也則以己之心度人之心亦勿以施於人焉可見忠恕之事亦我之所能知能行道豈遠於人哉○君子之道四（君子即慥慥之人道即下子臣弟友之道）丘未能一焉（是自責意）所求乎子以事父未能也（事父指盡孝言）所求乎臣以事君未能也（事君指盡忠言）所求乎弟以事兄未能也（事兄指盡悌言）所求乎朋友先施之未能也（先施是先交之以信意）庸德之行（子臣弟友之道即是庸德）庸言之謹（以此道形於言即庸言）有所不足（是行未及處）不敢不勉（不敢是惕然恐懼意勉是奮力強爲意）有餘（是言多意）不敢盡（盡是盡說出來）言顧行（顧是相照顧意顧行須不敢盡來）行顧言（顧言須不敢不勉來）君子胡不慥慥爾（君子即言行相顧之人胡何也）【註】子臣弟友四字絶句○求猶責也道不遠人凡己之所以責人者皆道之所當然也故反之以自責而自修焉庸平常也行者踐其實謹者擇其可德不足而勉則行益力言有餘而訒則謹益至謹之至則言顧行矣行之力則行顧言矣慥慥篤實貌言君子之言行如此豈不慥慥乎贊美之也凡此皆不遠人以爲道之事張子所謂以責人之心責己則盡道是也【講】且以責己言之丘固學爲君子者也君子盡倫之道有四丘尚未能一焉四者維何如吾所責乎子者孝然反求我所以事父者未能盡孝也吾所責乎臣者忠然反求吾所以事君者未能盡忠也吾所責乎弟者恭然反求吾所以事兄者未能盡恭也吾所責乎朋友者信然反求吾所以先施於友者未能盡信也君子之道吾所未能如此然丘所未能者皆君子所已能也君子以子臣弟友之道體於身庸德也則行之而踐其實以子臣弟友之道宣於口庸言也則謹之而擇其可行易至於不足則不敢不勉以自力謹猶恐其有餘則不敢盡以自嚴如是則所言皆必其所行而顧行所行必逮其所言而顧言君子胡不德皆實踐言皆篤論而慥慥矣乎吾當以是爲則而自勉矣夫此子臣弟友之道吾與人之所共知共能者道不遠人不益明哉【補】庸德六句疊疊說下逐步趲緊寫出慥慥神理如見大凡遠人爲道者類由不篤實所致慥慥篤實是做聖賢本領

射正鵠

射有三大射賓射燕射天子諸侯卿大夫皆有之士無大射而有賓射燕射射

陵是求人順我援是求人庇我即願外處正己又要不求人乃見正己之盡

末二句更深一層非贊辭

居易節旨

此合言以束上意俟命不在居易外順理便是平地逆理便是險道小人句輕

射有節旨

主君子說不可說君子有似於射失是偶然之失方切君子知射之似君子者在反求諸身則君子之反身可知矣反身正見其正己處若不能反身是逐遇非素位是誘命非俟命也

辟如章旨

此章言進道有序在首節兩辟如托出下乃舉一事以明之上章在身所處之位上說然曰位則遠邇高卑皆位有所事也故此就推行之序言則愈切矣

辟如節旨

高遠卑邇是說兩頭兩必自字最重有步步從此而進之意舍此便不能進之意境界不易到為遠地位不易及為高

妻子節旨

引詩妻子兄弟平列不拘詩旨鼓是彈耽是樂之久按室謂夫婦所居家謂一門之內似不當以宜室家分貼兄弟不若總承為穩

父母節旨

右第十三章 道不遠人者夫婦所能丘未能一者聖人所不能皆費也而其所以然者則至隱存焉下章放此

○君子素其位而行 君子體中庸者位在即道在行只是盡位中之道 不願乎其外 願不但營求稍有動念即是非位便為外

註 素猶見在也言君子但因見在所居之位而為其所當為無慕乎其外之心也

講 子思自立言以明費之小也曰凡人所處之位不同莫不各有當盡之道君子但因見在所居之位而行未嘗於位之外別有所願慕蓋本分內其道不可不盡而本分外皆非道之當然也

○素富貴行乎富貴 兼善天下是也 素貧賤行乎貧賤 獨善其身是也 素夷狄行乎夷狄 言忠信行篤敬是也 素患難行乎患難 內文明外柔順是也 君子無入而不自得焉 無入以地言自得以心言

註 此言素其位而行也

講 素位而行何以見之如見在富貴之位則行乎富貴所當行之道見在貧賤之位則行乎貧賤所當行之道見在夷狄之位則行乎夷狄所當行之道見在患難之位則行乎患難所當行之道道隨往而在心隨往而樂君子蓋無入而不自得焉所謂素位而行如此

○在上位不陵下 陵是欺虐 在下位不援上 援是攀援 正己 是正在上在下之己 而不求於人 不求即不陵不援意 則無怨 怨是怨恨 上不怨天下不尤人 二句只足上無怨意

註 此言不願乎其外也

講 一不願乎外何以見之吾居上位則下為其外而不作威以陵下吾居下位則上為其外而不附勢以援上夫陵下不得申己之勢必怨其下援上不得遂己之欲必怨其上今惟正其在上在下之己而初無求乎人則自然無怨其中心泰然上無責望於天之意雖不得於天而不怨天下無求取於人之意雖不合夫人而不尤人所謂不願乎外如此

○故君子居易以俟命 故字承上二節俟是等待 小人行險以徼幸 小人離道之人險是不平之地

註 易平地也居易素位而行也俟命不願乎外也徼求也幸謂所不當得而得者

講 惟素其位而不願外故君子心中平易所處而安至於窮通得喪唯聽天之所命也若小人則騁私智行乎傾險之塗以徼求苟得之幸而已

○子曰射有似乎君子 有似全在心上言 失諸正鵠 失是不中諸語助辭正與鵠皆鳥之黠捷者賓射張布侯而設正大射張布侯而設鵠 反求諸其身 反求是自責意

註 畫布曰正棲皮曰鵠皆侯之中射之的也子思引此孔子之言以結上文之意

講 孔子有言曰凡人之射有似乎君子之道何則射而失諸正與鵠則反求於吾身以為內志未正外體未直而初無尤人之心也觀於此言而君子之素位而行不願乎外何以異哉

義曰射者進退周旋必中禮內志正外體直然後持弓矢審固此可以觀德行矣其節天子以騶虞為節諸侯以貍首為節卿大夫以采蘋為節士以采蘩為節天子試士於射宮其容體比於禮其節比於樂而中多者得與於祭○正者正也明射者內志須正也鵠者直也明射者外體須直也

瑟琴 伏羲作二十五絃之瑟以制婚姻之禮白虎通曰瑟者閑也所以懲忿窒慾正人之德也樂記曰清廟之瑟朱絃而疏越一唱而三嘆有遺音者矣○伏羲作

妻子兄弟喻卑邇父母喻高遠順即註安樂意此情此理究不越人人意中其孚矣乎字猶聞唱歎之音

鬼神章旨 此章即鬼神以明道不可離之意首節嘆鬼神之德之盛且虛說次節正見其盛三節驗其盛四節證其盛末節推其所以盛也

鬼神節旨 鬼神二氣之分實一氣之合二氣以陰陽對待言一氣以陰陽流行言註云性情是良能功效是功用盛字在下體物不遺上見其所以盛則誠也

視之節旨 此三句一連說歸重在體物句鬼神無形而能形天下之形無聲而能聲天下之聲不是先有物而後體之鬼神即在物中作箇骨子一般鬼神是主物是賓

使天節旨 此就上鬼神中提出最易見者言使字最好正見得他靈處如在二句言其無處不是鬼神

神之節旨 上節雖已足驗體物不遺猶恐人僅於承祭時知有鬼神故更即屋漏而鬼神亦無不在者言之

夫微節旨 上文皆微之顯不可揜處此只指出誠字來咏嘆之玩夫字如此夫字語

右第十四章 子思之言也凡章首無子曰字倣此

○君子之道 道作道理字看若進為有序則補在道字之下下二句乃借喻形容之也 辟如行遠必自邇 自是由邇是近 辟如登高必自卑 登是升卑是下 【註】辟譬同 【講】子思自立言以明費之小也曰君子之道雖無所不在而其進為則有序盡性至命必本於人倫日用之常精義入神必基於灑掃應對之末辟如行遠者不自遠始而必自邇辟如登高者不自高始而必自卑求道者可不知所從事哉

○詩云妻子好合如鼓瑟琴 是處妻子能盡道也 兄弟既翕和樂且耽 是處兄弟能盡道也 宜爾室家樂爾妻帑 此二句總承上四句為是 【註】耽詩作湛亦音耽○詩小雅常棣之篇鼓瑟琴和也翕亦合也耽亦樂也帑子孫也 【講】且舉倫常中一事言之詩小雅棠棣之篇曰妻子情好契合如鼓瑟琴和之至也兄弟友愛既翕和樂且耽樂之極也如是則有以宜爾之室家而胥浹洽矣如是則有以樂爾之妻帑而卜悠長矣詩之所言如此

○子曰父母其順矣乎 【註】夫子誦此詩而贊之曰人能和於妻子宜於兄弟如此則父母其安樂之矣子思引詩及此語以明行遠自邇登高自卑之意 【講】孔子讀此詩而慨然曰妻子不和兄弟不宜皆貽父母之憂人能和妻子宜兄弟如此則父母其安樂而無不順矣乎由詩及聖言觀之必能和妻子宜兄弟而後父母順是亦行遠自邇登高自卑之一事也然則學者之於道忽意卑邇而馳心高遠其能至乎哉 【補】呂氏曰詩只言妻子兄弟但在下面推說夫子忽然移到上面正於不講順父母而下面工夫足自然到了上面此自邇自卑之意也章句意字最妙

右第十五章

○子曰鬼神之為德 鬼神是陰陽之靈以屈伸往來言為德即作為鬼神看不分兩層 其盛矣乎 盛是充周無間意矣乎二字是贊辭 【註】程子曰鬼神天地之功用而造化之迹也張子曰鬼神者二氣之良能也愚謂以二氣言則鬼者陰之靈也神者陽之靈也以一氣言則至而伸者為神反而歸者為鬼其實一物而已為德猶言性情功效 【講】子思引夫子之論鬼神以明道之兼費隱包小大也夫子有曰天地間屈伸往來總是陰陽之氣而氣之靈者則謂之鬼神其為德也流行乎天地至無而含至有至虛而統至實其盛而不可加矣乎

○視之而弗見聽之而弗聞 此二句正他體物處不可見聞 體物而不可遺 體物以鬼神言不可遺以物言 【註】鬼神無形

琴所以修身理性以反其天真也神農削桐為琴繩絲為絃以通神明之德以合天地之和白虎通曰琴者禁也禁止於邪以正人心也風俗通云凡琴曲和樂而作命之曰暢憂愁而作命之曰操

祭祀

天子祭天地諸侯祭社稷大夫祭五祀士祭其先宗廟之祭春曰祠夏曰禴秋曰嘗冬曰烝祭天曰燔柴祭地曰瘞埋

抑詩

視爾友君子輯柔爾顏不遐有愆相在爾室尚不愧於屋漏無曰不顯莫予云覯神之格思云云

氣使見微之顯要看之字猶云不見之見不聞之聞即微即顯之意須從微側注顯落下方順鬼神乃陰陽合散之氣誠即陰陽合散之理惟誠故不可揜此德之所以盛而體物不遺也中庸誠字發端於此

大孝章旨

此章言舜以德獲福盡孝格天意章內四故字六必字說天人相應鑿鑿不爽要把舜做個樣子以見庸行之修不可以不至也

大孝節旨

大孝句是綱下五句德福平列是目舜本以大孝做到聖人尊富饗保乃章旨也因以聖人尊富饗保而盡成其大孝此節旨也

大德節旨

此承上德福側說舜德生知安行故敦倫立教能盡孝之實此是大孝本領只言德而孝在其中四必字分明有篤厚申重天意在

天之節旨

此借天之生物喻天之眷聖重一因字自人言則主於得自天言則主於因上三句連讀末句帶言

嘉樂節旨

此引詩見有周之天與有虞之天無以異也上三句證物之栽者下三句證天之培之受字重看是德足以受之也保佑命謂可大自天申謂可久正受祿處

與聲然物之終始莫非陰陽合散之所為是其為物之體而物所不能遺也其言體物猶易所謂幹事【講】何以見其德之盛也蓋凡物之有形者視之可見也鬼神無形視之而弗見焉凡物之有聲者聽之可聞也鬼神無聲聽之而弗聞焉然鬼神雖無形聲而實遍體乎形聲之中陰陽一合而物以之始陰陽一散而物以之終物自不可得而遺焉其德之盛也為何如哉

○**使天下之人**（使是因鬼神之靈人自不敢不敬若陰使之天下之人所包者廣如自天子以至於庶人皆是）**齊明盛服**（齊是齊戒明是明潔盛服是美盛之祭服）**以承祭祀**（承是奉承）**洋洋乎如在其上如在其左右**（在上在左右只充滿意不是無定意）【註】齊之為言齊也所以齊不齊而致其齊也明猶潔也洋洋流動充滿之意能使人畏敬奉承而發見昭著如此乃其體物而不可遺之驗也孔子曰其氣發揚於上為昭明焄蒿悽愴此百物之精也神之著也正此謂爾【講】何以驗其體物而不可遺也且以顯然易見者言之鬼神之靈能使天下之人各隨所當祭者內齊明以潔其心外盛服以潔其體以奉承祭祀焉斯時也吾見洋洋乎流動充滿如在其上而上皆鬼神也如在其左右而左右皆鬼神也其發見昭著如此所謂體物不可遺者於此驗矣

○**詩曰神之格思**（神指屋漏之神說）**不可度思矧可射思**【註】射音亦詩作斁○詩大雅抑之篇格來也矧況也射厭也言厭怠而不敬也思語辭【講】大雅抑之詩有言曰神之來格思在彼在此不可得而測度思是雖極其誠敬猶懼有失矧可厭射思而不敬乎夫此屋漏之地且曰不可度則信乎洋洋如在者無定迹矣曰不可射則信乎必齊明盛服以承祭祀矣鬼神體物不遺之驗夫豈誣也哉

○**夫微之顯**（微是隱指不見不聞顯是費指體物不遺）**誠之不可揜如此夫**（誠是鬼神之實理不可揜即顯也指微而能顯說）【註】誠者真實無妄之謂陰陽合散無非實者故其發見之不可揜如此【講】夫鬼神不見不聞則微矣而乃體物不遺若是其顯而不可揜何哉蓋鬼神是氣之屈伸而其為德天命之實理所謂誠也一誠之始一誠之終故發見流行於萬物之間而不可揜有如此夫鬼神之德為何如哉知此則知道之所以費而隱矣人其可須臾離道乎哉【補】顧麟士曰此章若作鬼神看便玄虛難解若作道看亦與鳶飛魚躍等一樣固自明白

右第十六章（不見不聞隱也體物如在則亦費矣此前三章以其費之小者而言此後三章以其費之大者而言此一章兼費隱包小大而言）

○**子曰舜其大孝也與**（大孝是非常人之孝）**德為聖人**（指重華協帝以顯其親說）**尊為天子**（指舜堯之禪以尊其親說）**富有四海之內**（指享十二州貢賦以養其親說）**宗廟饗之**（饗謂宗廟饗舜之祭也唐虞立五廟是其饗五世也指窮蟬敬

天寶書局精校藏板

天子 聖人受命皆天所生父天母地故稱天子

四海 博物志云天地四方皆海水相通地在其中蓋無幾也故君天下者號謂四海之內

宗廟 宗尊也廟貌也先祖形貌所在也祭宗廟者尊人君貴功德廣孝道也

王季 公季事殷為西方諸侯遵后稷公劉之業修古公遺道篤於行義諸侯順之王以其功多賜之圭瓚秬鬯為侯伯得專征乃伐西落羌戎俘其主以歸大雅云維此王季因心則友則友其兄

受命節旨 此承上詩辭中受命字決大德者之必然也大德內藏有孝字正以申結通章意命之受自其德必之可見其權不在天而在德

無憂章旨 此章言文武周公能盡中庸之道章句固是三節平列要以首節文王為主下二節乃詳武周之能述也

無憂節旨 開口突說文王無憂分明有文王本身緝熙敬止一段盡道意在前纔美他父子兩以字盡道之文王以之也作只言王季舉親者言述只言武王舉尊者言曰作曰述則所以承之闕之者其盡道更可知

武王節旨 此武王之子述也首句雖列三王然子述是節旨須提文王且無憂本於父作又須提王季然後轉出太王方合纘緒只繼其積功累仁之業到戎衣句乃纘緒中時至事起耳顯名說不失有斟酌與舜必得不同尊為天子四句舜言諸福畢集武言大有作為意各有所為也

末受節旨 此周公代武王子述也末受命是起下語末字亦見不得已之心成文武之德是綱領兼言文武者武猶文也追王二句成其以孝祀先人之德斷

康句芒蟜牛及瞍五代言重光前意 **子孫保之** 保是保有侯國也指世守爵土言重裕後意 〔註〕子孫謂虞思陳胡公之屬 〔講〕子思引夫子之稱舜以明費之大也夫子有曰凡事親者皆當孝然惟古帝舜其誠大孝也與夫為人子者非德不足以顯親舜則生知安行德為聖人非貴不足以榮親舜則受堯之禪尊為天子非富不足以養親舜則富有四海之內又且上而宗廟享其祀而為親光榮於前下而子孫保其業而為親垂裕於後此其孝實出人情願望之外者大何如哉

○ **故大德** 大德固是承德為聖人然亦即指大孝言 **必得其位** 必字是決然意位即天子之位 **必得其祿** 祿即四海之富 **必得其名** 名是臣民稱頌如玄德升聞之類 **必得其壽** 壽是多歷年數 〔註〕舜年百有十歲 〔講〕舜之德福兼隆固所以為大孝然德為福之本福乃德之驗故有是聖人之大德而德極其至必然貴為天子而得其位必然富有四海而得其祿且必然人人稱頌而得其名必然多歷年所而得其壽乃本分當然不求而自應者

○ **故天之生物** 物單以植物言 **必因其材而篤焉** 材是物之本質篤單指好邊 **故栽者培之** 此句合上二句連讀培是滋養之字指物 **傾者覆之** 此句只帶說傾是傾頹覆是摧敗 〔註〕材質也篤厚也栽植也氣至而滋息為培氣反而游散則覆 〔講〕德至而福自應凡此皆天意所在也故天之生物也必因其本然之材質而加篤焉故物之栽者根本純固便從而培養之物之傾者根本搖動便從而覆敗之天非有私意於其間因其物之自取耳

○ **詩曰嘉樂君子** 詩序嘉成王也嘉是可稱美意樂是可喜樂意君子指王 **憲憲令德** 憲是顯著令是善 **宜民宜人** 民是無位人是有位 **受祿于天** 祿是福祿 **保佑命之** 保是安佑是助命是天降福二之字指君子 **自天申之** 申即保佑命不已意 〔註〕詩大雅假樂之篇假當依此作嘉憲當依詩作顯申重也 〔講〕不觀之詩乎詩有曰可嘉可樂之君子有是顯顯之令德既宜於在下之民又宜於在位之人以此能受祿于天而保其身佑其行命為天子又自天申之而保佑命之不已焉使長享福祿於無窮也

○ **故大德者必受命** 此總結上文受命是為天子而位祿名壽尊富饗保皆在其中 〔註〕受命者受天命為天子也 〔講〕由天意觀之故有大德者必然受上天申重之命而為天子以示篤厚之意而享位祿名壽之全固理之必然而無疑者然則舜以聖人之德而合尊富饗保以成大孝非古今所不可及與

右第十七章 此由庸行之常推之以極其至見道之用廣也而其所以然者則為體微矣後二章亦此意

○ **子曰無憂者其惟文王乎** 無憂以遏言者字作人字看惟是獨 **以王季為父** 王季名季歷太

則篤其慶載錫之光受祿無喪維此王季帝度其心貊其德音其德克明克明克類克長克君王季其追號也

武王

文王娶太姒有賢德生發發即位修文王緒業紂為無道武王興師濟河白魚躍入舟中既渡有火自上復於下至於王屋流為烏其色赤其聲魄是時諸侯不期而會孟津者八百乃伐紂救民周頌云執競武王無競維烈

太王

古公亶父復修后稷公劉之業積德行義國人戴之謂之古公者猶云先王先公也周頌云天

禮以下成其以孝治天下之德德就制作之精意說追王不言文王者武王在時已追王矣上祀不言太王王季者追王則上祀不待言矣太王王季有號無謚則禮殺於文王以王迹由起與大統由集者不同先公有祀無號則制略於太王王季以世遠功德淺與世近功德大者不同父為大夫兩段正做上祀之例只重祭上舉大夫士而諸侯庶人可類推也期之喪下又因祭禮及之註推己及人句總指斯禮也以下言

達孝章旨

此章贊武周之為達孝承上章來首節達孝是綱次節善繼善述是目春秋二節主祭祀說正繼述之善處末節事帝祀先並言亦繼述中事總之盡倫盡制無非孝即無非道也

達孝節旨

舜之孝如天之不可名故曰大武周之孝天下稱之無異辭故曰達達字要照盡倫盡制上說

夫孝節旨

此緊貼武周單提孝字推論正見孝之所以達處二善字重看就隨時變通言如理所當為時所可為分又得為者使之禮明制備仁至義盡固即前人所願為之志與必為之事也在設身處地上見

春秋節旨

王第三字**以武王為子**武王名發文王次子伯邑考弟**父作之**作是創始意**子述之**述是繼後意二之字俱指基業說

【註】此言文王之事書言王季其勤王家蓋其所作亦積功累仁之事也

【講】子思引夫子之美文武周公者以明費之大也夫子有曰自古帝王際天倫之極盛而無憂者其惟文王乎文王以王季之賢而為之父以武王之聖而為之子父焉克勤王家而作於前子焉丕承厥志而述於後前後皆得其人作述皆有所賴夫何憂也

○**武王纘太王王季文王之緒**太王即古公亶父也**壹戎衣而有天下**是伐商而諸侯皆朝意**身不失天下之顯名**顯名是光顯之聲名不失是原有此顯名不以伐紂而失意**尊為天子富有四海之內**極貴富言**宗廟饗之**宗廟指后稷至文王言饗是享其王祭**子孫保之**子孫指成康以下言保是保其王業與大孝章不同

【註】此言武王之事纘繼也太王王季之父也書云太王肇基王迹詩云至于太王實始翦商緒業也戎衣甲冑之屬壹戎衣武成文言一著戎衣以伐紂也

【講】以武王子述之事言之太王肇基王迹王季其勤王家文王三分有二我周世業也惟武王克纘之其纘緒也本不期於有天下到後來紂惡不悛不得已一著戎衣以伐紂而奄有天下夫以臣伐君宜失其名然天下諒其順天應人之舉咸稱頌之而其身不失忠孝之顯名於是變侯為王而尊為天子化國為天下而富有四海之內宗廟享之而七廟巍然子孫保之而卜年方永此皆武王之纘緒而述文王者也文何憂哉

【補】呂氏曰纘緒要看得好指積德累仁世守臣節之先業言使紂不至無道武王終守侯邦其纘緒未嘗不光大也此句另講到有天下乃纘緒中之一事耳如此看方盡中庸之道

○**武王末受命**受命是受天命為天子**周公成文武之德**周公名旦武王之弟成是成就德是以孝事先以孝治天下之德**追王太王王季**追王是生前未得稱王今以王者之號追稱之也**上祀先公以天子之禮**天子之禮奠行九獻樂舞八佾**斯禮也**指追王上祀之禮**達乎諸侯大夫**達是自上以及下**及士庶人父為大夫子為士葬以大夫祭以士**四以字俱作用字看**父為士子為大夫葬以士祭以大夫**此上八句是葬祭俱以爵祿為等級**期之喪**諸父昆弟之喪**達乎大夫**自庶人上達大夫皆為之**三年之喪**服之重者**達乎天子**自庶人上達天子而通行**父母之喪無貴賤一也**此只申明上三句一是通行意

【註】

作高山太王荒之太王其追號也荒治也

周公

旦為子孝篤仁異於群子文王任以國事及武王即位旦輔翼用事居多武王有天下受封於魯後相成王制禮作樂周公多材多藝嘗曰我一沐三握髮一飯三吐哺起以待士

春秋

祭義曰霜露既降君子履之必有悽愴之心非其寒之謂也春雨露既濡君子履之必有怵惕之心如將見之

宗器

周書曰越玉五重陳寶赤刀大訓弘璧琬琰在西序大玉夷玉天球河圖在東

此重祖宗上照敬其所尊言春秋二字貫一節修陳設總以薦時食之故祖廟只指天子言修是加整潔意宗器藏諸天府歷世寶之裳衣兼先王先公所遺者授尸使神依焉時食以奉人者薦神蓋以生事之也此與下節是一時事當以時祭該祫祭說

宗廟節旨

此重待下之周照愛其所親言宗廟與祖廟同二字亦貫一節禮即子姓站立班次之禮子姓裸將有執事者各以事序其無事者列在阼階之下序以昭穆而世次秩然此以前後為班非如祖考以左右為別也爵有貴賤然皆是貴者貴中有賤以別尊卑也此序在西階之下序事辨賢而不及否蓋與祭之士已是賢了此只是辨其材能欲用人不違其能也旅酬在西階阼階之下賓弟子兄弟之子各舉觶於其長先自飲以導長者之飲所謂下為上也賤指卑幼言不必是童子子姓當序立之時昭穆同則論爵爵同則論齒而齒輕於爵至燕毛則分昭穆以論齒而不復論爵矣

踐其節旨

此結上兩節而贊其至孝也重敬愛二句但敬愛藉禮樂以將而禮樂又因位而設位樂禮俱著今日天子說正繼述善處敬所尊應春秋節愛所親應宗廟節其守只指文王蓋太王

此言周公之事末猶老也追王蓋推文武之意以及乎王迹之所起也先公組紺以上至后稷也上祀先公以天子之禮又推太王王季之意以及於無窮也制為禮法以及天下使葬用死者之爵祭用生者之祿喪服自期以下諸侯絶大夫降而父母之喪上下同之推己以及人也【講】武王當此受命為天子時蓋已末年矣凡所以述文王者尚未及備周公乃成文武之德展其欲展之孝思廣其未廣之恩意近而追古公為太王公季為王季不王其身而王其號焉遠而自組紺以上至后稷皆祀以天子之禮不王其封而王其享焉斯禮也乃人情之至豈獨為天子設已哉下而達乎諸侯與大夫及士與庶人使皆得緣分以自盡如父為大夫子為士葬則以大夫而祭則以士非貶也如父為士子為大夫葬則以士而祭則以大夫非僭也葬從死者祭從生者天下之達禮也乃更有喪服之制期之喪自庶人上達乎大夫止耳親不敵貴也三年之喪自庶人上達乎天子蓋以子於父母喪服無貴賤之分一而已貴不敵親也祭禮殺於下而上致其隆喪禮詳於上而上有所略此皆周公之成德而述武之未盡述者也文又何憂哉觀此而道之費隱可見矣【附考】史記云后稷名棄姓姬氏封於邰后稷卒子不窋立窋於戎狄不窋卒子鞠陶立鞠陶卒子公劉立遷於邠公劉卒子慶節立慶節卒子皇僕立皇僕卒子差弗立差弗卒子毀喻立毀喻卒子公非立公非卒子高圉立高圉卒子亞圉立亞圉卒子公叔祖類立公叔祖類卒子古公亶父立組紺即公叔祖類乃太王之父也

右第十八章

○**子曰武王周公其達孝矣乎**達孝在體道盡倫隨時盡制皆有合乎人心說【註】達通也承上章而言武王周公之孝乃天下之人通謂之孝猶孟子之言達尊也【講】子思引夫子稱武周之孝以明費之大也夫子有曰人君以光祖宗貽後嗣為孝惟我武王周公之孝其天下稱之無有異辭者乎○**夫孝者**以貼定武周說為是**善繼人之志**善有委曲變通意繼是承繼人指前人志是存諸心**善述人之事者也**述是傳述事是發諸外【註】上章言武王纘太王王季文王之緒以有天下而周公成文武之德以追崇其先祖此繼志述事之大者也下文又以其所制祭祀之禮通於上下者言之【講】夫所謂孝者何哉凡前人有志未遂而成就之為繼不必前人在日有此志而吾之所存合天則隔世相感是為善繼人之志前人有事可法而遵行之為述不必前人在日有此事而吾之所為當可則易地皆然是為善述人之事也武周非達孝而何【補】註通於上指春秋節及敬所尊句通於下指宗廟節及愛所親句即末節上而事帝祀先下而示國如示諸掌都該○**春秋**四時皆有祭舉春秋則冬夏可知**修其祖廟**修是灑掃整飭**陳其宗器**陳是排列**設其裳衣**設是擺設裳下服衣上服**薦其時食**薦是供獻【註】祖廟天子七諸侯五大夫三適士二官師一宗

序肖之舞衣大貝鼖鼓在西房兌之戈和之弓垂之竹矢在東房

昭穆

廟制則昭左穆右合享則昭北穆南其實南北即左右也左為陽昭者陽明之義右為陰穆者陰幽之義此序昭穆主生者言

序爵

尸飲五君洗玉爵獻卿尸飲七以瑤爵獻大夫尸飲九以散爵獻士及羣有司其貴賤有辨可知此三爵非序爵爵字

序事

玉幣交神明也太宰贊之祼鬯求神於幽也鬯則大宗伯涖之祼又小宰掌之若此類因能援

王季已在所尊內事死二句即承上斷之自其稱於天下而言曰達孝自其盡於已而言曰至孝

郊社節旨

此承上孝之至句說下非又一意也先王有社無郊有嘗無禘武周因時備制享帝得與享親並舉正繼述內事明乎三句見明於享帝之仁者必能仁育萬民明於享親之孝者必能孝治天下但是贊武周制作之妙不重人能明之上按冬至祀天於南郊圜丘夏至祭地於北郊方澤二禮相對惟天子得行之禘止祭太祖所自出之帝以太祖配之羣廟主不與焉

哀公章旨

此章以人存政舉為主文武二節言人存政舉之易故為政七節是修身事屬人存而未帶起政意凡為天下四節是治人事屬政舉而未歸到身上凡事豫以下又因上文兩一字詳示以求誠之功乃所以存是人而舉政者也通章重修身邊合仁義禮智勇以修身體之為五達道播之為九經見之於身為言事行道其要則惟一誠其功則在擇執須照顧問政句方不像講學

哀公節旨

問政亦有求明求強意

文武節旨

獨言文武者三代之政至周大備欲

器先世所藏之重器若周之赤刀大訓天球河圖之屬也裳衣先祖之遺衣服祭則設之以授尸也時食四時之食各有其物如春行羔豚膳膏香之類是也

講 然繼述之善豈徒纘先緒成先德已哉以其祀典之通於上者言之時維春秋祀事肇舉於是修飭其所祭之祖廟致嚴潔也陳列其先世所藏之宗器示能守也至若先祖所遺有裳與衣則設其裳衣以授尸不惟使神有所依亦以繫如在之思也四時之食各有其物則薦其時食以告虔不惟使神有所享亦以告時序之變也武周之因時盡禮何莫非體先王之志事而繼述之哉

附考 王制天子七廟三昭三穆與太祖之廟而七諸侯五廟二昭二穆與太祖之廟而五謂周有九廟者蓋孝王時文武當祧以功德不遷立兩世室祀之并七廟而為九也此乃武周後事○周禮春官太府掌祖廟之守藏與其禁令凡國之玉鎮大寶器藏焉若有大祭大喪則出而陳之既事藏之守祧掌守先王先公之廟祧其遺衣服藏焉若將祭祀則各以其服授尸既祭則藏其服授先王尸袞冕先公尸鷩冕天官庖人掌六畜六獸六禽辨其名物共祭祀之好羞凡用禽獸春行羔豚膳膏香夏行腒鱐膳膏臊秋行犢麛膳膏腥冬行鱻羽膳膏羶按膳治也膏脂也行用也羔羊子豚豕子腒乾雉鱐乾魚犢牛子麛鹿子鱻魚也羽雁也香牛脂臊犬脂腥雞脂羶羊脂膳膏香謂治羔豚以牛脂也

○**宗廟之禮**禮指子姓班列之禮**所以序昭穆也**序是次序昭穆是祖考位次左為昭取陽明之義右為穆取陰幽之義此是因死者之位次而序生者之昭穆**序爵**爵是品秩**所以辨貴賤也**辨是別貴是爵之尊者位列於前賤是爵之卑者位列於後**序事**事即祭祀中所執之事**所以辨賢也**賢是有才能之人**旅酬**旅酬是以酒相勸酬**下為上**下是兄弟之子弟與賓客之子弟上是兄弟與賓客之長**所以逮賤也**賤是年少也**燕毛**祭畢送尸既歸賓客之俎同姓則留與之燕與寢**所以序齒也**

註 宗廟之次左為昭右為穆而子孫亦以為序有事於太廟則子姓兄弟羣昭羣穆咸在而不失其倫焉爵公侯卿大夫也事宗祝有司之職事也旅眾也酬導飲也旅酬之禮賓弟子兄弟之子各舉觶於其長而眾相酬蓋宗廟之中以有事為榮故逮及賤者使亦得以伸其敬也燕毛祭畢而燕則以毛髮之色別長幼為坐次也齒年數也

講 又以其祀典之通於下者言之祭於宗廟同姓畢集其班次之禮乃所以序其孰為昭孰為穆親親使不紊也至於異姓助祭外服公侯伯子男內服卿大夫士序之以爵乃所以辨其孰為貴孰為賤貴貴使不越也同姓異姓各有職事序以所司乃所以辨其德行威儀與駿奔之能賢賢使不掩也追祭將畢飲福酒同姓兄弟獻異姓賓賓酢兄弟又復酬眾人交錯以徧是為旅酬則賓兄弟在下之子弟各為在上者舉觶乃所以逮及賤者幼幼使伸敬也祭已畢異姓賓退獨燕同姓於私寢以示恩惠此時不論爵之崇卑但以毛髮辨位次所以於昭穆中各序年齒老老以加敬也武周之因禮盡制又何莫非體先王之志事而繼述之哉

○**踐其位行其禮奏其樂**此三句總承上二節**敬其所尊愛其所親**此二句分應上二節**事死如事生事**

職其為辨賢可知

旅酬　凡祭必立尸必擇賓賓一人衆賓無數其位在堂下西階之西長兄弟及衆子弟其位在堂下阼階之東獻尸後尸傳神意以嘏天子天子旣飮福受胙又欲均神惠於衆故使行旅酬禮主人先酌獻賓曰獻主人指長兄弟賓酌答主人曰酢主人又酌自飮而復飮賓曰酬自飮所以導賓飮也於是賓弟子兄弟之子各舉觶於其長亦自先飮以導之而又錯以徧所謂下為上而逮及賤者也

郊社　圜丘泰壇祭天

公之法祖也布在方策如周官立政周禮儀禮諸書可考也人存政舉通章主腦見有睢麟精意乃可行官禮法程也人雖兼君臣重君邊人亡政息輕蓋反言以決之耳

人道節旨

此言人存政舉之易重敏字兩政字宜一樣看上重人道下重在政夫政也者特作提振就敏樹中抽出蒲盧以形容其尤敏耳較上二句又進一層

故為節旨

承上文提出修身二字為人存之本身固賢人視為進退者道所以範圍此身者仁所以貫徹此道者通節衛接而下歸重修道以仁句仁即達德智以開其始勇以要其終仁該得知勇并該得誠字

仁者節旨

此中明修道以仁之意仁是生底理故直作人看親親指父母與下事親同為大只對五達道說由仁推出義重尊賢上尊賢為大只就講明親親之理說親親之殺句兼一本九族等殺處是禮要醒出所生二字蓋此句為下天字立案雖說節文尚屬天理之自然未到人事上去須就等殺中見得有自然之節文而人所不容自已者則天字大指已攝而所生二字亦不落空矣節者等級也文者不直

亡如事存 此二句又承上五句贊之 孝之至也 至是極至而無所加與善繼善述達孝應 【註】 踐猶履也其指先王也所尊所親先王之祖考子孫臣庶也始死謂之死既葬則曰反而亡焉皆指先王也此結上文兩節皆繼志述事之意也 【講】 由此而觀可以知其繼述之善矣蓋先王對越祖考必有位至武周之時侯王不同位矣然踐其所當踐是即踐先王之位先王祼獻祖考必有禮至武周之時侯王不同禮矣然行其所當行是即行先王之禮先王殷薦祖考必有樂至武周之時侯王不同樂矣然奏其所當奏是即奏先王之樂先王之所尊者祖考也武周則春秋備舉用致誠恪以敬先王之所尊先王之所親者子孫臣庶也武周則宗廟大享合展歡心以愛先王之所親是先王雖死而武周事之如生焉先王雖亡而武周事之如存焉真可謂善繼善述而為孝之至者也非達孝而何

○郊社之禮 禮兼儀文品物言 所以事上帝也 事字內有答報意上帝指天言 宗廟之禮 即下禘嘗 所以祀乎其先也 祀字內有報本意先指祖考 明乎郊社之禮 明是知到精微處禮字含有義在 禘嘗之義 禘是五年一舉之大祭嘗是四時中之秋祭義字含有禮在 治國其如示諸掌乎 國兼天下說 【註】 郊祭天社祭地不言后土者省文也禘天子宗廟之大祭追祭太祖之所自出於太廟而以太祖配之也嘗秋祭也四時皆祭舉其一耳禮必有義對舉之互文也示與視同視諸掌言易見也此與論語文意大同小異記有詳畧耳 【講】 然武周所制祭祀之禮不但此也統而言之有郊社之禮焉冬至祀於圜丘夏至祀於方澤果何為哉蓋所以事上帝與后土而答其生成之恩也有宗廟之禮焉五年尊遠而禘三月分薦而嘗果何為哉蓋所以祀乎其先而報其功德之隆也斯禮也與義也惟聖人制之亦惟聖人明之苟能明於郊社所以事上帝之禮與禘嘗所以祀先之義則理無不明誠無不格治國其如示諸掌乎蓋幽明一理而幽為難知神人一道而神為難格既能通於幽而感於神則明而治人又何難之有此武周制作之精所以蓋見其善繼善述而為孝之達也道之費也何如

右第十九章

○哀公問政 哀公周公之後政是紀綱法度治邦國者 【註】 哀公魯君名蔣 【講】 子思引夫子告哀公之言蓋包費隱兼小大也昔魯哀公問政於夫子 ○子曰文武之政 文武是哀公之祖 布在方策 布是陳列方是木版策是竹簡 其人存 其人是文武之君臣存是在 則其政舉 政指文武之政言舉是行 其人亡 亡是無 則其政息 息是不行 【註】 方版也策簡也息猶滅也有是君有是臣則有是政矣 【講】

也方澤泰折祭地也蒼璧禮天黃琮禮地奏黃鐘歌大呂舞雲門以祀天神奏大蔟歌應鐘舞咸池以祭地祇○天猶父尊而不親故郊惟天子得行之地猶母親而不尊故社上下通行之

禘嘗　大禘亦惟天子嘗祭則上下皆得行也

哀公　哀公定公之子公患三桓之侈欲以諸侯去之三桓亦患公之妄也故君臣多間

方策　通版為方聯簡為策版大簡小大事書於木版小事書於竹簡

蒲盧　蒲葦性輕揚依

截而回互之貌是裝裹得好如升降揖遜

故君節旨
此方責成君子收拾上兩節意上節從仁字推出道理此從修字推出工夫不可不知人不是思欲事親先要知人只是思欲事親更要知人不可不知天兼承事親知人而側注知人上朱子云此節須倒看根本在修身然修身起處卻在知天知天是物格知至知得個自然道理則知人事親修身皆得其理矣

天下節旨
此又承上未盡之意而臚列之上言道而未見為何道上言仁而未及知勇故此點出名目來曰達道見人不可不由意曰達德見人不可自諉意歸之於誠又修身之本原達道只言人不言道人外無道也要緊根身字說知仁勇是性分帶來兩所以行之之字俱指達道一對三言皆數目字要暗切誠勿露

或生節旨
此詳達德行達道之事恐公以愚柔自阻故以始異終同之槩最之三知三行俱自己知己行現成者說六或字極活兩一也特從上評斷之及其二字雖包學利尤重困勉邊不曰行而曰成功者謂行到而知始盡有以成其功也

夫子告之曰政莫備於文武文武之政布列在方策之間迄今昭然可考也但政必待人而行苟世有文武之君臣而其人存則其政因之而舉矣若無文武之君臣而其人亡則其政亦因之以息矣夫政之舉息係於人之存亡如此公有志於政尚其法文武焉可也

○**人道敏政** 人道是君臣協德意敏政是泛說 **地道敏樹** 地道是剛柔合質意樹是栽植不可作樹木此句是喻辭

夫政也者 政是文武之政 **蒲盧也** 蒲盧是喻其敏速也蒲其尤速意蒲盧沈括以為蒲葦是也以人立政猶以地種樹其成速矣而蒲葦又易生之物其成尤速也言人存政舉其易如此

【講】夫人存何以政舉哉蓋以人之為道主於有為最能敏政君臣一德則百度振飭矣如地之為道主於發生最能敏樹土脈滋息即百昌培植矣然非泛猶夫樹已也夫文武之政也者合人情宜土俗一得其人即俄頃而奏治平其易舉猶蒲盧之易生也其敏更當何如

○**故為政在人** 為政是君欲舉文武之政在人是在於得輔治賢臣此人字與上兼君臣言不同 **取人以身** 取人是欲求文武之臣以輔治 **修身以道** 道是箇當然的理身中都是道大者只在倫常 **修道以仁** 此仁字是自身說歸心上兼心之德愛之理言

【註】此承上文人道敏政而言也為政在人家語作為政在於得人語意尤備人謂賢臣身指君身道者天下之達道仁者天地生物之心而人得以生者所謂元者善之長也言人君為政在於得人而取人之則又在修身能仁其身則有君有臣而政無不舉矣

【講】惟人道敏政故人君為政在於得人蓋賢臣為輔而後紀綱共理也然人不自致其取人則以君身蓋標準既立而後賢人樂附也然身何由端其修身則以道蓋此身納諸日用彝倫之中而後各當乎則也然道又豈無所藉以修哉其修道則以仁蓋日用彝倫間必惻怛慈愛之心周流無間乃成其道也是以仁修道皆所以修身取人而為立政之本者也

○**仁者人也** 仁專以愛之理言 **親親為大** 上親字指親愛言下親字指父母言大是緊要 **義者宜也** 義字跟仁字來以理之當然言 **尊賢為大** 尊是恭敬意賢指有德之人言尊賢以講明此親親之理 **親親之殺** 殺是隆殺親有一本九族親親則不能無殺 **尊賢之等** 等是等級賢有大小尊賢則不能無等 **禮所生也** 禮是天理之節文生字當發見字看

【註】人指人身而言具此生理自然便有惻怛慈愛之意深體味之可見宜者分別事理各有所宜也禮則節文斯二者而已

【講】夫修道固以仁矣然仁者非他即具此生理而有惻怛慈愛之人也仁雖無所不愛而惟親親為仁之大蓋親者身之所自出罔極之恩也良心之發於此最為真切凡道中倫族皆自此而推之也有仁必有義義者非他即分別事理而使各得其宜之謂也義雖無所不宜而惟尊賢為義之大蓋賢者親親之理所由藉以講明也仁心之發於此賴其輔益凡道中施用皆自此而通之也至於因父母而及諸父母親親之有隆殺由師事而遞以友處尊賢之有等級有節有文無過不及此又禮之自然發生於其間而非私意之為也夫有仁必有義亦必有禮如此是皆修身者之所當務矣

○**故君子不可以不**

洲渚而生

好學節旨

此是入德之法兼學利困勉說三達德未能一之須求近之知者聰明自內出好學者聞見自外入仁者率性以體道力行者修道以復性勇者以志而帥氣知恥者藉氣以鼓志重好者力字及恥字

知斯節旨

此乃結上起下為過脈處知非空知即真從事好學力行知恥而進於知仁勇也修身內要點取人立政之本已端意下治人治天下國家一滾說

凡為節旨

承言治天下國家而列其治之之目序即在目中所謂九經正文武之政布在方策者要看九箇也字經有九其實總三件合來只一件敬體二句從尊賢來子來懷柔四句從親親來而親親尊賢又從修身來大臣近而易褻故言敬羣臣卑而易疎故言體若尊賢在大臣羣臣之外是師之友之而不臣者以道招集之曰來

修身節旨

未言事先言效所以歆動哀公也九則字須是上半截頓得有力則字方有精彩道立者立之質在君身上立之象在民眼中不惑者隆師重友君志漸以清明講學析疑義理由之昭著自古天下國家多故恆始於親戚之怨不怨者九族既睦也不眩主人

修身故字承上二節來君子指人君言不可不有決然意修身字重看**思修身不可以不事親**三個思字雖是心思當輕看事親應上親親指父母**思事親不可以不知人**知人即上尊賢但尊者師之友之知則知其孰在所師孰在所友也**思知人不可以不知天**天是禮之所從出不知天則取舍之極已亂自無以知其人之賢而尊之矣又何以知親親之殺而親之乎

【註】為政在人取人以身故不可以不修身修身以道修道以仁故思修身不可以不事親欲盡親親之仁必由尊賢之義故又當知人親親之殺尊賢之等皆天理也故又當知天

【講】夫為政在人取人以身是身者取人之則立政之本也故為政君子不可以不修身然修身以道修道以仁而仁之實事親是也故思修身不可以不事親欲盡親親之仁必由尊賢之義故思事親不可以不知人親親之殺尊賢之等皆天叙天秩之禮也思知人以為事親之助者不可以不知天由知天以知人事親則仁自親始道以仁行而修身之事可得而全矣

○**天下之達道五**此句根上修身以道來見道不止於親親**所以行之者三**之字指達道言此句根上修道以仁來見修道不止於仁**曰君臣也**身之相臨而為君臣**父子也**身之相生而為父子**夫婦也**身之相配而為夫婦**昆弟也**身之相序而為昆弟**朋友之交也**身之相資而為朋友獨言交者惟友必交而後成也**五者天下之達道也**道即率性之道**知**以心之明言**仁**以心之公言**勇**以心之強言**三者天下之達德也**德即天命之性**所以行之者一也**一字暗指誠字

【註】達道者天下古今所共由之路即書所謂五典孟子所謂父子有親君臣有義夫婦有別長幼有序朋友有信是也知所以知此也仁所以體此也勇所以強此也謂之達德者天下古今所同得之理也一則誠而已矣達道雖人所共由然無是三德則無以行之達德雖人所同得然一有不誠則人欲間之而德非其德矣程子曰所謂誠者止是誠實此三者三者之外更別無誠

【講】試舉修身修道者詳言之修身固在以道然其道非一端也天下所共由之達道蓋有五焉修道固在以仁及知天然亦非一端也所以行此達道者有三焉五者維何曰朝而君臣也家而父子也夫婦也昆弟也外而朋友之交也此五者人倫大常天下之達道所以修身者也三者維何曰心之明為知心之公為仁心之強為勇此三者人性同得乃天下行達道之達德所以修道者也然要之三達德之所以行乎五達道者一也理惟一實則私欲不間知是實知道自此知仁是實仁道自此體勇是實勇道自此強而不徒三與五之名已也

○**或生而知之**生是天性聰明不待思慮意七之字俱指達道**或學而知之**學是博聞強識**或困而知之**困是苦心思索**及其知之一也**生知知到此學知困知亦知到此故曰知之一**或安而行**

君說多指亂視多言亂聽若小臣聚訟而無一元老主張其事安得不眩

士是已服官者如上中下士之類報禮重是士以禮報君只在供職上見

百姓勸如有力者趨工有財者樂輸財用足可兼上下講本註單貼民間

然下節日省一段又以在官者言也四方歸自兼賓客聘問遊士商旅說

註不過偶引證之天下畏說得濶凡奉正朔遵制度國不異政家不殊俗都是

齊明節旨

九經之事是作工夫處九所以皆著力字是道理上合當如此上以知仁勇為修身之功此復以主敬言者乃彼此互見自一念以至百為皆是動

賢是有德者讒色貨皆與德反必去之遠之賤之乃見貴德之專篤也貴有師模型範意尊其位只是爵位未言委任事權三句尤重同好惡上勸

親親謂勸親之親我大臣惟優崇之乃見專任此官是大臣使令之官如中書之類羣臣分卑則勢隔而情不通官小則祿薄無以養廉故必忠信

重祿時使如龍見火見有常期即公事無輕用之心薄斂如上田中田差其等且歲凶無多取之意省試重日月字既稟句跟省試來食必與事相稱有功不可負無功不可濫註稍食祿廩也稍者出物有漸之謂稟人主

百工

考工記曰國有六職百工與居一馬審曲面勢

之安是從容順適無待勉強意或利而行之利是貪求意或勉強而行之勉強是力不能而奮發求能意及其成功一也安行行到此利行勉行亦行到此故曰成功一

〔註〕知之者之所知行之者之所行謂達道也以其分而言則所以知者知也所以行者仁也所以至於知之成功而一者勇也以其等而言則生知安行者知也學知利行者仁也困知勉行者勇也蓋人性雖無不善而氣稟有不同者故聞道有蚤莫行道有難易然能自強不息則其至一也呂氏曰所入之塗雖異而所至之域則同此所以為中庸若乃企生知安行之資為不可幾及輕困知勉行謂不能有成此道之所以不明不行也

〔講〕然以達德行達道其事何如自其知言之或有生而知此達道者或有學而知此達道者或有困而後知此達道者此其聞道雖先後不一及其知之既至而明此達道則一也自其行言之或有安而行此達道者或有利而行此達道者或有勉強而後行此達道者此其行道雖難易不一及其行之成功而體此達道則一也是三達德之行乎五達道者如此

○子曰好學近乎知好學是篤志於學以求明此達道近知全在破愚上力行近乎仁力行是奮勵於行以求體此達道近仁全在忘私上知恥近乎勇知恥是以不能知行乎此達道為恥近勇全在起懦上

〔註〕子曰二字衍文　此言未及乎達德而求以入德之事通上文三知為知三行為仁則此三近者勇之次也呂氏曰愚者自是而不求自私者徇人欲而忘返懦者甘為人下而不辭故好學非知然足以破愚力行非仁然足以忘私知恥非勇然足以起懦

〔講〕達道之行固同而其拘於氣稟求及乎達德者工夫何如學所以明理苟能好學不倦則明理足以破愚雖未是上知而亦近乎知力行所以去私苟能力行不已則去私足以忘私雖未是至仁而亦近乎仁知恥所以立志苟能以知行不若人為恥則立志足以起懦雖未是大勇而亦近乎勇此三者乃求以入德之事也

○知斯三者此知字最重有誠實用力處則知所以修身則字作即字看修身指德入道行言知所以修身則知所以治人治人是由身加民使人亦進德而行道也知所以治人則知所以治天下國家矣治字有由近及遠處無不當意亦要根修身來

〔註〕斯三者指三近而言人者對己之稱天下國家則盡乎人矣言此以結上文修身之意起下文九經之端也

〔講〕故人君誠能知斯三近者則以達德行達道而知所以修身矣既知所以修身則人者身之推也自知所以治人而進斯人於道德之內矣既知所以治人則天下國家亦人之積也自知所以治天下國家而範斯世於道德之中矣夫始於三近之知而終於天下國家之治可見為政當修身而修身宜先入德也

○凡為天下國家有九經凡是大凡為是治經乃不易之常道曰修身也身是天下國家之本故特居首尊賢也尊賢就親師取友說親親也上親字是親愛下親字凡諸父昆弟親族皆是敬

以飭五材以辨民器謂之百工○智者創物巧者述之守之世謂之工鑠金以為刃凝土以為器作車以行陸作舟以行水皆聖人之所作也○鄭之刀宋之斤魯之削吳粤之劍遷乎其地而弗能為良地氣然也○凡攻木之工七輪輿弓廬匠車梓攻金之工六築冶鳧㮚段桃攻皮之工五函鮑韗韋裘設色之工五畫繢鍾筐㡛刮摩之工五玉楖雕矢磬搏埴之工二陶旊○有虞氏上陶夏后氏上匠殷人上梓周人上輿

弓弩箭矢言槀人則百工可推矣翦幹曰槀送迎指來朝來使之類兼商旅在內註授節謂道路之節即旌節也委積謂糧米薪芻也多曰委少曰積嘉矜專指遠方遊士繼絕舉廢是錄其祖德之貽於先治亂持危是恤其統緒之墜於後朝聘二句是恤其財力之詘於當身真个懷得周至以時雖兼不疏不數意重

凡為節旨

覆說凡為句是指其事一即九經之實心一對九言以不二不雜照誠字最妙三德行之者一是欲實其天德九經行之者一是欲實其王道

凡事節旨

此承上文兩一也來一是誠達道達德九經必豫此誠乃立下擇善固執正豫此誠工夫但此處誠字宜渾如云以懋躬修而豫崇其本體以宏治化而豫篤其真機便是言事行道總不出道德九經之外但言事行分三項看道則貫此言事行者四前定是中明豫字段段含有誠在不跲不困不疚不窮所謂立也註下文即指言事行道

在下節旨

此就在下位者身上趕出誠身又推出明善乃是豫之本意朱子謂獲上不以諛悅取容信友不以便佞苟合己注定誠字說則誠身不但為順親

大臣也 敬是尊禮意大臣是居朝廷師保之位 **體羣臣也** 體是撫之以情有相待一體意羣臣是分理庶事之臣 **子庶民也** 子是保愛之如子意 **來百工也** 來是招來聚集意百工是匠藝之人 **柔遠人也** 柔是寬恤不拂所欲意遠人是商賈賓旅離家邦而來者 **懷諸侯也** 懷是撫循有包容吾度內意諸侯謂有爵土藩衛王室者

註 經常也體謂設以身處其地而察其心也子如父母之愛其子也柔遠人所謂無忘賓旅者也此列九經之目也呂氏曰天下國家之本在身故修身為九經之本然必親師取友然後修身之道進故尊賢次之道之所進莫先其家故親親次之由家以及朝廷故敬大臣體羣臣次之由朝廷以及其國故子庶民來百工次之由其國以及天下故柔遠人懷諸侯次之此九經之序也視羣臣猶吾四體視百姓猶吾子此視臣視民之別也

講 然治天下國家非可以易而為也凡人君為政而治天下國家者有九件經常不易之道焉九者維何曰身為天下國家之本首在修身也次則尊賢以師有德也次則親九族之親於家也次則隆敬大臣體恤羣臣於朝也次則愛民如子招來百工於國也次則柔恤遠方賓旅之人懷服五等之諸侯於天下也此九經之目而有自然之序如此

○**修身則道立** 道即達道立是吾身各盡其道而民皆取則也 **尊賢則不惑** 不惑就君心說乎時講學故註言理 **親親則諸父昆弟不怨** 諸父是伯叔昆弟是兄弟不怨是得其歡心 **敬大臣則不眩** 不眩就政事說乃臨時區畫 **體羣臣則士之報禮重** 士即羣臣禮字須從體字內看出蓋上以禮施斯下以禮報 **子庶民則百姓勸** 百姓即庶民勸是樂於從上意 **來百工則財用足** 財是貨財用是器用如織紝可以足布帛工匠可以足器皿之類 **柔遠人則四方歸之** 歸是慕其恩者願入其疆賓樂為用旅願出其塗也 **懷諸侯則天下畏之** 天下舉四海內外言畏是畏服

註 此言九經之效也道立謂道成於己而可為民表所謂皇建其有極是也不惑謂不疑於理不眩謂不迷於事敬大臣則信任專而小臣不得以間之故臨事而不眩也來百工則通工易事農末相資故財用足柔遠人則天下之旅皆悅而願出於其塗故四方歸懷諸侯則德之所施者博而威之所制者廣矣故曰天下畏之

講 夫九經序之固有其目而行之豈無其效乎誠能修身則道自我立而為民之表率矣能尊賢則啟沃有資聰明日擴而不惑於理矣能親親則上而諸父下而昆弟皆得其歡心而不怨矣能敬大臣則臨事建功不奪異議而不眩於事矣能體羣臣則感恩者思以效忠而士之報禮於我者重矣能子庶民則懷惠者思以報德而百姓自勸矣能來百工則作成器具是以財資於用而皆足矣能柔遠人則四方賓旅皆願出於其途而歸之矣能懷諸侯則天下一家四隅海表莫不懾服而畏之矣九經之效如此

○**齊明盛服** 齊是純一不雜明是潔淨無蔽盛服是衣服無不整肅 **非禮不動** 凡視聽言

既廩

朱子曰餼牲餼也如令官員請受有牛羊肉廩與廩給所送錢之類是也

送往迎來

秋官小行人掌邦國賓客之禮達天下之六節山國用虎節土國用人節澤國用龍節皆以金為之道路用旌節門關用符節都鄙用管節皆以竹為之環人掌送逆邦國之通賓客以路節達四方送逆及疆夏官懷方氏掌來遠方之民致方貢致遠物而送逆之達之以節此皆授節送往之事地官遺人掌邦之委積郊里之委積

之道而即為獲上信友之道矣至明善又是誠字裏面事所以豫立乎誠者也以入德之本言則修身必先事親以成德之效言則身誠然後親順誠身之誠專主行言與下誠者誠之者兼知行言不同上言知天此言明善者善即天命之性天命無有不善

誠者節旨

此推原人所以當誠之故而并言立誠之事前誠者以理言後誠者以全此理之人言前誠之者以功言後誠之者以盡此功之人言誠者天之道是未有身先有誠既有身必有誠所謂天命之性是也包聖凡在內誠之之字指所賦之實理言必能誠之此誠方屬於我是學者事故曰人道惟理本誠而人所以當誠兩句相承不對不勉中仁也不思得智也先仁後智以成德言勇字在從容中道內衆皆勉強而此獨從容 非大勇而何中道道字指宇宙倫理事物言與上兩道字不同聖人也連上讀只對下者也字擇善固執包下學利困勉善不擇則人欲誤認為天理執不固則天理或奪於人欲

博學節旨

此言學利者求誠之事擇之功多於執者既能知之則行之自易也審問是心有所疑在去取大段上說明辨是心有所得在分晰毫釐上說行而

動出入起居皆是所以修身也要看所以字謂必如此然後德立道行而身可修也去讒讒是奸佞遠色色是美色賤貨是輕賤貨財而貴德是尊重有道德之士所以勸賢也我純心以任賢所以激勸以勸於論道尊其位是親之欲其貴重其祿是愛之欲其富同其好惡是不違拂其情所以勸親親也親親曰勸彼為我之親我亦為彼之親吾能親彼彼亦必來親我矣官盛任使是多置小官足供大臣使令所以勸大臣也勸其以道事君而貽之以不眩忠信重祿忠信是孚其心重祿是厚其身所以勸士也勸是使之感激思奮意時使薄斂時使是惜民力薄斂是阜民財所以勸百姓也勸是使之樂供賦役意日省月試省是省其勤惰試是試其工拙既稟稱事既是牲肉稟是廩米稱事是因其事之煩簡以給其餼廩多寡所以勸百工也勸是使之勉勵儆戒意送往迎來送往是欲其不阻滯迎來是欲其有資給嘉善而矜不能嘉是獎其意善是有才能矜是容恤意不能是才能有不周備之人所以柔遠人也繼絕世絕世是爵土尚在但無子孫舉廢國廢國是子孫尚在但無爵土治亂持危亂是上下僭亂之國持是扶救意危是國勢將傾敗者朝聘以時朝是諸侯自來大聘使卿小聘使大夫時是有常期厚往而薄來燕享賜予從厚納貢只照舊例從薄所以懷諸侯也

〔註〕此言九經之事也官盛任使謂官屬衆盛足任使令也蓋大臣不當親細事故所以優之者如此忠信重祿謂待之誠而養之厚蓋以身體之而知其所賴乎上者如此也既讀曰餼餼稟稍食也稱事如周禮槀人職曰考其工弩以上下其食是也往則為之授節以送之來則豐其委積以迎之朝謂諸侯見於天子聘謂諸侯使大夫來獻王制比年一小聘三年一大聘五年一朝厚往薄來謂燕賜厚而納貢薄

〔講〕夫九經固有效矣而九經之事則何如方其靜而未應接之時齊明以一其內盛服以肅其外及動而已應接之時一循諸節文之禮若非禮則勿妄動此則動靜交養所以修吾之身也而道立之效此其基矣屏去讒邪疎遠美色輕賤貨財而專於貴重有德此則純心任賢而賢者樂為我用所以勸賢也而不惑之效可致矣尊其位以貴之重其祿以富之同其好惡以公之此則恩意周而情誼篤所以勸親親之我親也而不怨之效可致矣多設官屬以任使令則養其居尊之體而得以從容論道所以勸大臣也而不眩者胥此矣待以忠信之誠養以重祿之厚則使無俯仰之累而益以効其肱股所以勸士也而報禮重者胥此矣以時役使而不窮其力薄其稅歛而不盡其財則安富之情以遂而愛戴自切所以盡子庶民之道而勸百姓者此也日有所省月有所試以程其能既稟之頒因功授食以稱其事則激勵之典以行而勤惰胥奮

以待賓客野鄙之委積以待羈旅三十里有宿宿有委五十里有市市有積委人掌斂野之賦斂薪芻畜聚之物以稍聚待賓客以甸聚待羈旅又懷方氏治委積館舍飲食此皆委積迎來之事

朝聘

曲禮曰天子當依而立諸侯北面而見天子曰覲天子當宁而立諸公東面諸侯西面曰朝王制曰天子無事與諸侯相見曰朝考禮正刑一德以尊於天子禮書曰周官之制因地以辨服因服以制朝因朝以入貢則遠者不疏邇者不數不疏者不至

弗篤猶弗行也服膺勿失不求效驗不求精彩這便是篤朱子謂學之博然後得所疑而有問問之審然後發其端而可思思之慎故有所得而可施其辨辨之明故無所疑而可見諸行此相因之序註不言勇以較下弗措之勇略輕耳

有弗節旨

此言困勉者求誠之事上十句是其心之自期如此下則承言功之必倍也有弗學三字是反說喚起五段皆然五弗措是擇善必要明善乃已固執必要誠身乃已兩人字指學利者言兩能字兼知行一十百千不過假借形容此全是以勇輔其知仁處人一已百固百倍也人十已千亦百倍也兩言之者以道有淺深難易之分也

果能節旨

此只承困勉邊說果能字矣字不作現成語正盡百倍之功以求進於明強也兩必字領果能意來因達德人所同得本自明強此正愚者磨垢見明柔者振懦見強方法即在百倍其功處決之所謂及其知之一及其成功一也到此纔是人存纔得政舉註功字亦作效字解

自誠全旨

此章發明天人合一之旨上二句原其所入之異下二句要其所歸之同

所以勸百工之道而足財用者此也授符節以送其往豐委積以迎其來有願留於國者因能授任以嘉其善而不強所短以矜不能則往來各獲其安賢愚咸遂其願所以柔遠人也而致四方之歸者不以此者諸侯世以絕者取旁支續之諸侯國已滅者以土地封之政事不修者則治其亂使本國上下相安強大併吞者則持其危使鄰國大小相恤五年一朝比年小聘三年大聘各以其時不欲勞其力也我之燕賜於彼者厚其往而彼之納貢於我者薄其來不欲匱其財也則俾享茅土之安得受優渥之賜所以懷諸侯也而致天下之畏者不以此哉九經之事如此 ○ **凡為天下國家有九經** 此句只是承上起下之辭 **所以行之者一也** 行是推行而施為意之指九經一指誠以誠對九經言故曰一 註 一者誠也一有不誠則是九者皆為虛文矣此九經之實也 講 然是九經也豈無所以行之者哉凡為天下國家固有九經而所以行是九經者一也蓋本之以一則所行者皆實事所獲者皆實效斯天下國家可得而治矣 ○ **凡事豫則立** 凡事專指達道達德九經不必推開則字俱作即字看立是成 **不豫則廢** 廢是敗意 **言前定** 言是發號施令之類前定即上豫字之意 **則不跲** 跲是說不去意 **事前定** 事是事業以措之天下言 **則不困** 困是屈而不通 **行前定** 行是行誼以行之一身言 **則不疚** 疚是心有愧意 **道前定** 道是性中之用言事行皆道中之一耳 **則不窮** 窮是用有盡 註 凡事指達道達德九經之屬豫素定也跲躓也疚病也此承上文言凡事皆欲先立乎誠如下文所推是也 講 然所謂一者固非一朝一夕之所能得也凡達道達德九經之事其所以行之者必須豫先做工夫臨時始能成立若平日不豫做工夫則至於廢如言也而前定乎所為言則言為有物而不跲事也而前定乎所為事則事為有實而不困行而前定乎所為行則行有常自慊於心而不疚道而前定乎所為道則道有本自泛應曲當而不窮所謂凡事豫則立如此 ○ **在下位** 以為臣言 **不獲乎上** 獲上是得君上信任 **民不可得而治矣** 見治民必豫於獲上 **獲乎上有道** 有道即豫之道理 **不信乎朋友** 信指平日行誼素妥言也 **不獲乎上矣** 見獲上必豫於信友 **信乎朋友有道不順乎親** 順親是得父母歡心 **不信乎朋友矣** 見信友必豫於順親 **順乎親有道反諸身不誠** 誠身兼所存所發心是所存意是所發 **不順乎親矣** 見順親必豫於誠身 **誠身有道不明乎善** 明善即格物致知之事 **不誠乎身矣** 見誠身又必豫於明善此節歸著在誠身而明善正誠身工夫 註 此又以在下位者推言素定之意反諸身不誠謂反求諸身而所存所發未能真實而無妄也不明乎善謂未能察於人心天命之

於惻不數者不至於罷矣○考工記玉人瑑圭璋八寸璧琮八寸以頫聘特來曰聘衆來曰頫小聘曰問大聘曰殷聘義曰以圭璋聘重禮也已聘而還圭璋此輕財而重禮之義也諸侯相厲以輕財重禮則民作讓矣

欲人以人道希天道也自誠明者誠明一時俱到生安之事先仁而後智自明誠者尚須由明而至於誠學利困勉之事先智而後仁性即天命之性但天命之性人所同此則性之者也聖人所獨教即修道之教但設教是聖人事此是由教而入學者事也誠則明是明在誠中只一層故此則字緊明則誠是誠在明後尚是兩層故此則字緩要之兩則字皆決辭也

唯天全旨

此章言至誠盡性之全功只首一句已括全旨下皆從盡性中推出至誠上著天下二字便見首出庶物與天地參的了性是仁義禮智盡云者無所往而不盡也必自盡其性方能盡人物參天地亦惟盡人物參天地方是能盡其性性原通天地萬物為一體者也性中包得人物是理一性中混不得人物是分殊故人性物性各有盡底事業盡人物性就是贊天地兩可以字作有以看化者自有而無育者自無而有參須贊來以功用言曰贊以定位言曰參參是不可相無意只將化育說得重便是天地少我不得

其次全旨

此章見致曲者盡人合天意全重致曲工夫即擇善固執是也有誠以下皆言效驗次字對至誠說致曲與盡

本然而真知至善之所在也〔講〕又以在下位者推之亦可以見素定之意焉彼為人臣而在下位欲治乎民其道在豫獲乎上苟不獲乎上則無以安其位而行其志民不可得而治矣然獲乎上有道在豫信乎友也苟不信乎朋友則志行不孚名譽不著不獲乎上矣然信乎朋友有道在豫順乎親也苟不順乎親則所厚者薄無所不薄不信乎朋友矣然順乎親有道在豫誠乎身也苟反諸身不誠則外有事親之文內無愛親之實不順乎親矣然誠身有道在豫明乎善也苟不明乎善則善惡不免於混淆好惡多失於自欺不誠乎身矣是可見由明善以誠身誠之所以豫也由順親而信友獲上治民事之所以立也在下位者且然矣況人君在上位以達德而行達道施九經而事文武之事者其可不豫立乎誠哉

○誠者天之道也 誠者以自然之實理言天道正就人身上指出本然者說 誠之者人之道也 誠之者是未誠而用力以誠之正本分內事故曰人道也 誠者不勉而中 此誠者指生安之人不勉是不待勉強中是合於道 不思而得 不思是不待思索得是得其道 從容中道聖人也 七字作一句讀從容貼不勉不思中道貼而中而得 誠之者 此誠之者指學利困勉兩等 擇善而固執之者也 擇是審擇固執是堅守之即指善言者字指賢人對上聖人看

〔註〕此承上文誠身而言誠者真實無妄之謂天理之本然也誠之者未能真實無妄而欲其真實無妄之謂人事之當然也聖人之德渾然天理真實無妄不待思勉而從容中道則亦天之道也未至於聖則不能無人欲之私而其為德不能皆實故未能不思而得則必擇善然後可以明善未能不勉而中則必固執然後可以誠身此則所謂人之道也不思而得生知也不勉而中安行也擇善學知以下之事固執利行以下之事也

〔講〕然身之所以當誠者何也亦以其出於天而切於人耳彼其理之在我也真實無妄所謂誠者是其理雖已屬於人猶未離於天乃天之與我其道本如是也然天理本無不實而人心容有未真或不能誠而欲求其誠所謂誠之者是乃盡吾之性畢吾之事人之道當如是也惟誠者之人其行安行不待勉而自中其知生知不待思而自得此乃從容中道之聖人也亦天之道也若夫誠之者之人未能不思而得必擇衆理以明善未能不勉而中必即其善而固執以誠身者也此所謂人之道也夫天下不皆誠者之人則欲盡人合天其可不以誠之之功自勉哉

○博學之 博是廣博學兼聞見五之字俱指善言而達道九經在其中 審問之 審是詳審問兼師友 慎思之 慎是謹慎恐失之高遠 明辨之 明是明白恐失之微茫 篤行之 篤實也加工夫之意行以踐乎善

〔註〕此誠之之目也學問思辨所以擇善而為知學而知也篤行所以固執而為仁利而行也程子曰五者廢其一非學也

〔講〕然是誠之之功其目有五誠之之人其等有二以學知利行言之非敢以生知安行者為不可及也彼天下之善散於萬殊必稽古考今博而學之以窮其理焉既學而不問則學無由考也又審而問之以決其疑焉既學且問寧無不通於心而當思者乎必慎以思之不失之泛亦不失之鑿也既問而思寧無未決於心而當辨者乎必明以辨之不惑於真亦不淆於似也如是則能擇乎善而可行矣又

性對註悉字各字要看悉是一一推致各是各要造極即擴充四端之謂第二个曲字是已致之曲有誠誠字指全體言然只可謂誠未可謂至誠蓋由形而著而明外面效驗顯爍一步卻是裏面誠字開拓一步固非逐節用功亦不是一誠便了形指施於四體著指容止可觀明指威儀赫喧動者以我動彼變者自彼從我化者痕跡都消到能化則誠之體已足其用亦全是指盡頭處說末句不重至誠能化只重其次者也能化底意思見與至誠同歸

前知全旨

此章申誠則明意但彼自全體言此專就禍福一端言首二句緊說誠之至者有可前知之理下興亡見動正其可知處兩必先知之方貼至誠身上故以如神贊之前知是主提出道字見與讖緯術數不同國家六句連說禍福句總承禎祥如鳳鳴麟出之類妖孽如川竭山崩之類蓍龜如季子文成早卜忠貞之世濟晉侯韓獲預占執競之由人四體如邾子執玉卒中端木之語成子受脤遂符劉子之言重在不得不見與動上禍福是事之已至善不善是幾之方萌不曰禍福而曰善不善自在氣機上說其原則根人事來兩必先知即前知也易曰知幾其神乎惟鬼神能為此幾

必篤以行之使學問思辨之所得者皆有以踐其實焉此學知利行者所以求誠也○**有弗學**五有弗字皆是設若之辭**學之弗能**能是理會通曉意**弗措也**措字解作止字弗措有必求其能意**有弗問問之弗知**知是疑惑盡釋意**弗措也**弗措有必求其知意**有弗思思之弗得**得是融會貫通意**弗措也**弗措有必求其得意**有弗辨辨之弗明**明是分晰不差一毫意**弗措也**弗措有必求其明意**有弗行行之弗篤**篤是踐履篤實意**弗措也**弗措有必求其篤意**人一能之**人是學知利行之人一是一倍工夫之指學問思辨行說**己百之**己是困知勉行之人百是百倍工夫**人十能之己千之**千以十計亦是百倍故註總曰百倍其功

【註】君子之學不為則已為則必要其成故常百倍其功此困而知勉而行者也勇之事也

【講】以困知勉行言之非敢以學知利行者為不可及也有弗學則已學之必要其能苟弗至於能弗措其學之功也有弗問則已問之必要其知苟弗至於知弗措其問之功也有弗思則已思之必要其得苟弗至於得弗措其思之功也有弗辨則已辨之必要其明苟弗至於明弗措其辨之功也有弗行則已行之必要其篤苟弗至於篤弗措其行之功也在學知利行之人以一倍其功而能之已則倍其功而至於百之蓋必有是百而後可以當其一也在學知利行之人以十倍其功而能之已則倍其功而至於千之蓋必有是千而後可以當其十也是擇之務精而學問思辨者無遺力執之務固而篤行者無遺功此困知勉行者所以求誠也○**果能此道矣**果能是真能意此道即己百己千之道**雖愚必明雖柔必強**雖字必字是形容其決能意

【註】明者擇善之功強者固執之效呂氏曰君子所以學者為能變化氣質而已德勝氣質則愚者可進於明柔者可進於強不能勝之則雖有志於學亦愚不能明柔不能強而已矣蓋均善而無惡者性也人所同也昏明強弱之稟不齊者才也人所異也誠之者所以反其同而變其異也夫以不美之質求變而美非百倍其功不足以致之今以鹵莽滅裂之學或作或輟以變其不美之質及不能變則曰天質不美非學所能變是果於自棄其為不仁甚矣

【講】人特恐不能百倍其功耳若果能於此五者盡百倍乎人之功則學力之既至自可變化氣質雖愚昧者必致知而進於明雖柔弱者必力行而進於強至是則人道已盡而誠無不豫道德九經之事皆以身而會其全天下國家之事皆自身而善其推又何人之不存而政之不舉哉

右第二十章此引孔子之言以繼大舜文武周公之緒明其所傳之一致舉而措之亦猶是耳蓋包費隱兼小大以終十二章之意章內語誠始詳而所謂誠者實此篇之樞紐也又按孔子家語亦載此章而其文尤詳成功一也之下有公曰子之言美矣至矣寡人實固不足以成之也故其下復以子曰起答辭今無此問辭而猶有子曰二字蓋子思刪其繁文以附於篇而所刪

有不盡者今當為衍文也博學之以下家語無之意彼有闕文抑此或子思所補也歟

○**自誠明謂之性**誠是心之真實無妄明是心之昭徹無蔽誠先而明後故曰性**自明誠謂之教**明光而誠後故曰教**誠則明矣**此則字作即字看**明則誠矣**此則字作可以字看

【註】自由也德無不實而明無不照者聖人之德所性而有者也天道也先明乎善而後能實其善者賢人之學由教而入者也人道也誠則無不明矣明則可以至於誠矣

【講】子思承上章發明天道人道之意勉人由教以復性也曰吾因夫子誠者誠之者之分而愈知性教矣天下有自誠而明者德無不實而明無不照此聖人之德不勉而中不思而得則謂之性而為天道者也亦有自明而誠者先明乎善而後實其善此賢人之學以擇而精以執而固則謂之教而為人道者也夫曰性曰教天人異矣而要其歸豈終不相及哉蓋自誠明者非誠而後可明也真實之理既全神明自能兼照誠則無不明矣自明誠者非明猶未能誠也真偽之幾既辨無妄因以漸復明則可以至於誠矣此盡人合天之功不可以不勉也

【補】誠明二字從上明善誠身來但不可分誠為行明為知自誠明者知行總在誠中明即誠之光輝發越處

右第二十一章子思承上章夫子天道人道之意而立意也自此以下十二章皆子思之言以反覆推明此章之意

○**唯天下至誠**唯獨也至誠即聖人名號**為能盡其性**性之無妄為誠誠即性至即盡至誠就是盡性不是至誠了方能盡性盡字兼知行**能盡其性**此是接語**則能盡人之性**則作即字看盡人性只是以人治人有知明處當二意**能盡人之性**此亦是接語**則能盡物之性**物兼飛潛動植盡物性是取有時用有節使物各得遂其生長亦兼知明處當二意**能盡物之性**此要帶能盡人性說來以起下贊化育意**則可以贊天地之化育**贊是助其不及意化育是變化生育以流行言**可以贊天地之化育**此亦就現成語說下**則可以與天地參矣**參是不可相無意

【註】天下至誠謂聖人之德之實天下莫能加也盡其性者德無不實故無人欲之私而天命之在我者察之由之巨細精粗無毫髮之不盡也人物之性亦我之性但以所賦形氣不同而有異耳能盡之者謂知之無不明而處之無不當也贊猶助也與天地參謂與天地並立為三也此自誠而明者之事也

【講】子思論誠而明之事以明天道曰人惟誠有未至則性有未盡故與天地人物不相通耳唯天下至誠之人純乎理而不雜於欲故能於所性之理察之極其精由之極其至而無不盡也夫人物之性亦我之性既能盡己之性則與

惟至誠能燭此幾故曰如神

自成章旨
此章只重一箇自成而成物即在自成內首節指誠之切於人次節申言當誠之故末節推言能誠之妙

自成節旨
二句辭平意串誠雖該天地人物卻專重人人之自成全在誠也兩道字皆義不同而道之道即在人之實理也自道之道人以實心自行也三節皆以誠者提頭而因誠及道惟首節見之下二節皆言自成而自道即在其中

物之節旨
物之終始猶言體物而不可遺舉終始便包得中間無物如孝而不誠則無孝弟而不誠則無弟視而不誠如無視聽而不誠如無聽是故一接正言自成工夫君子思吾一物也亦以誠為終始吾之所為皆物也皆以誠為有無宜總承來誠之以實心行實理之字是著力字

非自節旨
恐人疑自成專為一己之事故又推而廣之首二句當住讀以下一氣遞去皆推原此二句故字是倒釋法自成則自然及物若不能及物仍是自成有欠缺克己復禮是仁智周萬物是知總歸於性之德己物雖分內外仁知初無內外此道字作理字看註

天寶書局精校藏板

既得於己是跟誠者說下時措之宜時字即時中時出之時總要側重成物邊

故至章旨
此章重至誠無息一句前六節論至誠無息之功用同乎天地者出於自然中三節又以天地至誠無息之功用明聖人至誠無息之功用末節引詩合言天地聖人同一至誠無息結之至誠是主

故至節旨
一故字總承上四章由仁智而言天道之大勇也無息就誠之運於心者言

不息節旨
久者不息之積也久以上屬天德徵以下屬王道

徵則節旨
徵字貫下提起悠遠博厚高明只就功業氣象囫圇講勿侵下及物意三則字用層遞說卻是一時並到句句以誠字貫博厚就停蓄說故曰積高明就宣暢說故曰發

博厚節旨
此言至誠及物之用猶之言可以贊天地之化育也上節功業原有物在其中此特點出覆載成申贊之但天地字在下宜渾說主外久主內故曰兼內外

配地節旨

蓍龜
周禮春官太卜掌三兆之法一玉兆二瓦兆三原兆又掌三易之法一連山二歸藏三周易

養立教自能盡夫人之性既能盡人之性則撙節愛養自能盡夫物之性此人物皆天地所生而不能使各盡其性便是化育有不到處惟至誠能盡人性以盡物性則可以裁成輔相而贊助天地生成人物之化育矣既可以贊助天地生成人物之化育則天位乎上地位乎下至誠位乎其中可以與天地並立而為三矣至誠盡性之功用其大如此此自誠而明之事天之道也〈補〉盡人性物性皆屬己身事故曰能贊與參是其成功處故曰可以

右第二十二章　言天道也

○其次致曲　其次即至誠之次指學利困勉言致曲工夫不外擇執　曲能有誠　曲是誠之偏端誠是曲之全體　誠則形形則著著則明　形著明俱就己身上說　明則動動則變變則化　動變化俱就人身上說　唯天下至誠為能化　此句見其次與至誠同歸

〈註〉其次通大賢以下凡誠有未至者而言也致推致也曲一偏也形者積中而發外著則又加顯矣明則又有光輝發越之盛也動者誠能動物變者物從而變化則有不知其所以然者蓋人之性無不同而氣則有異故惟聖人能舉其性之全體而盡之其次則必自其善端發見之偏而悉推致之以各造其極也曲無不致則德無不實而形著動變之功自不能已積而至於能化則其至誠之妙亦不異於聖人矣

〈講〉子思論明而誠之事以明人道曰至誠固能自盡其性以全位育之功矣其次誠有未至者必因善端發見一偏處而推致之以造其極是為致曲夫曲無不致則德無不實而能有全體之誠矣誠則積中發外而形焉形則日新月盛而著焉著則光輝發越而明焉是誠之盛於己者如此誠積而明則人自興起其好善之心而動焉動則必改過自新而變焉變則久之皆相忘於善而化焉是誠之盛於物者如此夫化豈易能哉唯天下之至誠在己之德極於存神斯及物之功至於能化則其次亦至誠而已又豈有天人之別哉夫由誠而形著明即能盡其性也動變化則能盡人物之性而參贊在其中矣此自明而誠之事人之道也

〈補〉陸稼書曰此化就化人言然由己之誠到大而化之地位故能化人如此

右第二十三章　言人道也

○至誠之道可以前知　道字對術數看前知是本體虛明自見得未來之幾也　國家將興　興是隆盛將是欲興未興之時　必有禎祥　必字有決然意禎正也人有善天以符瑞正告之祥詳也天欲降以福先以吉兆詳審告語之　國家將亡　亡是敗亡　必有妖孽　草木衣服歌謠之怪謂之妖禽獸蟲蝗之怪謂之孽　見乎蓍龜　是天命之發見者　動乎四體　是人事之發見者　禍福將至

卜師掌開龜之四兆一方兆二功兆三義兆四弓兆龜人掌六龜之屬天龜地龜東龜西龜南龜北龜各以其方之色與其體辨之菙氏掌供燋契以待卜事菙荊木也灼龜用之燋灼龜炬契鑽龜之鑿也占人掌占龜以八筮占八頌以八卦占筮之八故以眂吉凶龜有頌占兆之辭筮有故合筮之辭筮人掌三易以辨九筮之名九筮一巫更二巫咸三巫式四巫目五巫易六巫比七巫祠八巫參九巫環以辨吉凶書洪範擇建立卜筮人卜兆五曰雨曰霽曰蒙曰驛曰

此言至誠及物之體猶之言可以與天地參也配者合而有助之謂末句言體指其施自我者言總在功業上見

如此節旨

此贊配天地者出於自然只重不見不動無為上章變成即上載物覆物成物地有迹故貼章天無形故貼變不見不動便是無為下句又總承上二句說

天地節旨

此下三節即天地以明至誠此與至誠無息節對重為物不貳句正是一言所謂性之本體道之原也生物不測不外一誠之通復為之此處輕看

博也節旨

此與徵則悠遠節對乃不貳之所徵所謂性之發用道之立也贊天地即以贊至誠者言之亦見天地無加於至誠六句開說也字方醒

今夫節旨

此與博厚載物節對四段以天地生物不測為主山水是天地所生亦能生物如此愈見天地之生物不測也句句要根誠之不貳不息以致功用之盛意欲言天地之無窮廣厚而先言昭昭撮土者乃立言抑揚起伏之勢耳山水亦然天積氣日月星辰是以氣相屬者地積形華嶽河海是以

禍以妖孽與蓍龜之凶四體之失言福以禎祥與蓍龜之吉四體之得言將至是言其尚未至也**善必先知之**善即指福言**不善必先知之**不善即指禍言**故至誠如神**【註】禎祥者福之兆妖孽者禍之萌蓍所以筮龜所以卜四體謂動作威儀之閒如執玉高卑其容俯仰之類凡此皆理之先見者也然唯誠之至極而無一毫私僞留於心目之間者乃能有以察其幾焉神謂鬼神【講】子思論誠而明之事以明天道曰人惟誠有未至故於理有未明而與鬼神不相通耳惟至誠無妄之道誠精而明初不假於智術自有可以前知之理也彼當國家將興則和氣致祥必有禎祥之兆國家將亡則乖氣致異必有妖孽之萌不但已也遠取諸物則變化見乎蓍龜而有吉有凶焉近取諸身則云為動乎四體而有得有失焉凡此皆禍福之將至而理之先見者也至誠清明在躬於福之將至而為善必先事有以知之於禍之將至而為不善亦必先事有以知之不待善不善既至而後知者也夫鬼神體物不遺能運禍福之機而至誠能知禍福之理則是昭微於顯者鬼神也知顯於微者至誠也固有通幽明為一道合天人為一理者故至誠其如神乎此自誠而明之事天之道也【補】涇陽云禎祥妖孽是興亡之兆非興亡之本必有所以興亡者至誠於其所以興亡處知之矣

右第二十四章言天道也

○**誠者自成也**誠是實心自成謂稟此實心方能成箇人此只指本體不是功夫兩自字俱說自己**而道自道也**道是體此誠於日用間者乃自己當為底故曰自道而字只綰上不折下【註】言誠者物之所以自成而道者人之所當自行也誠以心言本也道以理言用也【講】子思論明而誠之事以明人道曰誠者天命之性是物之所稟託自成不可推諉者也而道即率性之理乃人之所該當自行不容旁貸者也【補】章句上截訓誠字統天地人物言訓道字專就人言下截誠以心言本也則專主人言乃子思立言本意

○**誠者物之終始**物字指萬物其終始皆實理為之則人心之不外乎誠以為終始須從補出**不誠無物**物字指事此句只在上句中抽出反言之以起下君子**是故**承上來**君子誠之為貴**誠之則完天地萬物之理於一己故曰為貴之字內有擇執工夫在【註】天下之物皆實理之所為故必得是理然後有是物所得之理既盡則是物亦盡而無有矣故人之心一有不實則雖有所為亦如無有而君子必以誠為貴也蓋人之心能無不實乃為有以自成而道之在我者亦無不行矣【講】人之所以當然者何蓋以誠者天理之本然也物莫不有終始終不自終實理為之歸結始不自始實理為之發端是誠為物之終始而物所不能外也然則人之作事心有不誠則雖作此事亦如無物而已是故君子必擇善固執去其不誠以求全其誠而誠之為貴也【補】上句終始統說人物次句責重人身上故朱子云這不字須是人去不他本節全不言及道者明非以誠自成則不能自道也誠上用功即是道上用功原非有二

○**誠者非自成己而已**

天寶書局精校藏板

克占卦二曰貞曰悔○蓍龜天地間壽考之物故問之也天子蓍長九尺諸侯七尺大夫五尺士三尺蓍陽故數奇也天子龜長一尺二寸諸侯一尺大夫八寸士六寸龜陰故數偶也又云天子龜尺二寸諸侯八寸大夫無守龜凡國之大事先筮而後卜小事卜筮不相襲○凡龜皆有文在腹下以火灼之觀其墨兆春灼後左夏灼前左秋灼前右冬灼後右

形相屬者日月一句足上無窮華嶽二句足上廣厚至萬物覆載句方是說生物天爲草喬爲木飛爲禽走爲獸寶藏謂寶之藏於山者興則由山取出也水之不測就水之浩蕩言不是生物不測黿鼉介蟲蛟龍鱗蟲魚亦鱗族鼈亦介屬貨財凡水中物類有資民用者皆是

維天節旨

上言天地聖人之功用兩引詩又歸到本原見功用總根於一誠也按此祭文王詩文王是主天是陪命與德皆就本體說深意在兩所以字單言天已包地借一文王以證羣聖觀末句總斷須側重聖人以歸結至誠無息上豈不顯要說入德之純內去與光四方顯西土不同文以一心之經緯言純亦不已者無二無雜便無始無終亦字雖承天說然不已實從純中來只重講純字而不已自見無兩層

大哉章旨

此章言君子以人道之勇而凝費隱之道也以尊德性節爲主前三節贊聖道之大是立个標準待其人二節一正一反爲上下過脈六節實言修凝之功正責君子以體聖道末節則言修凝之效也

大哉節旨

大哉二字有含蘊無窮之妙道屬之

也誠者是由求誠造到能誠地位成已是成就一己所以成物也成物即成己內事不主感化言是自然及物觀所以二字可見成己仁也仁是欲淨理還成物知也知是知明處當性之德也性是天所賦德是人所具性之德見仁知同出一原一誠之統宗也合外內之道也成己屬內成物屬外合外內見仁知相爲用一誠之貫徹也故時措之宜也故字承上來時措之宜兼成己成物言是隨時措行無不當理意

註 誠雖所以成己然既有以自成則自然及物而道亦行於彼矣仁者體之存知者用之發是皆吾性之固有而無內外之殊既得於己則見於事者以時措之而皆得其宜也

講 君子固誠之爲貴然誠者非自成己而已也在我者真實無偽則理之自然者有以及物乃所以成物也夫成己即以成物其故何哉蓋成己者私意不雜全體渾然即所謂仁也成物者因物裁處各得其當即所爲知也夫仁屬成己知屬成物似有內外之殊然實性中固有之德體用備具無有分殊合外內而爲一之道也君子特患吾心有未誠耳心既誠則仁知兼得纔有以成己便有以成物以時措之而各得其宜也可見仁知一道得則俱得物我一理成不獨成豈有成己而不能成物者哉所謂誠者非自成己而已也所以成物也此自明而誠之事人之道也

補 滙參云朱子謂自成字與前面不同者乃是其語氣不同非云理之有異也

右第二十五章言人道也

○故至誠無息故字不止承兩至誠章蓋致曲說到能化自成說到時措之宜人道亦與天道一矣總承爲是

註 既無虛假自無間斷

講 子思論誠而明之事以明天道曰凡人誠有未至者便有止息故至誠之感德其心純乎實理而私欲不得以間之爲無止息焉

○不息則久不息只如言無息久者誠之積也久則徵徵者誠之流也

註 久常於中也徵驗於外也

講 惟不息也則理純於心始終如一自恒久而不變矣真積既久則誠裕於中發於事業自流於外而徵矣

○徵則悠遠悠是不迫促意遠是不淺近意必世後仁悠也萬世永賴遠也悠遠則博厚博是德澤及人之廣厚是德澤入人之深東漸西被博也淪膚浹髓厚也博厚則高明高是巍聳軒發意明是光輝宣著意巍乎成功高也煥乎文章明也

註 此皆以其驗於外者言之鄭氏所謂至誠之德著於四方者是也存諸中者既久則驗於外者益悠遠而無窮矣悠遠故其積也廣博而深厚博厚故其發也高大而光明

講 至誠之徵豈可一端盡哉由其久於中則必久於外自悠焉而舒徐遠焉而綿亘矣悠遠則其積也自充乎宇宙而博浹乎人心而厚矣博厚則其發也自巍然莫並而高煥然莫掩而明矣是其業之驗於外者如此

○博厚所以載物也三所以字俱在至誠身上說載是承藉意高明所以覆物也覆是帖冒意

聖人與上言君子之道一般

洋洋節旨

發育二句不平峻極即在發育上見發育是橫說峻極是直說即語大天下莫能載意

優優節旨

禮儀二句亦不平曲禮即在經禮中二儀字不同禮儀猶云禮制威儀是行禮有可畏之威可象之儀禮儀威儀便是道重三百三千字即語小天下莫能破意

待其節旨

結上亦以起下其人承上聖人還宜照下君子

故曰節旨

道之大小各極其至故曰至道德之大小各極其至斯為至德凝自在行前凝者聚而不散言體備也成而不毀言堅固也

尊德節旨

此節俱修德工夫而凝道在其中首句是綱下四句上半截申尊德性應洋洋節下半截申道問學應優優節然德性是問學源頭問學即德性散殊故用而字串下註存心貼德性只是存此理之統體致知貼問學則兼知行言非比大學之致知也盡精微知新屬知道中庸崇禮屬行私意輕故曰蔽私欲重故曰累故厚有得之天資者有得之人功者不專指良知

日月 日陽之精也出於暘谷入於咸池拂於扶桑又

悠久所以成物也 成是曲成即覆載有終意 【註】悠久即悠遠兼內外而言之也本以悠遠致高厚而高厚又悠久也此言聖人與天地同用 【講】至誠功業所積者既博厚則天下之物無不為所統括承受而咸被其澤是即所以載物也所發者既高明則天下之物無不為所丕冒照臨而咸仰其光是即所以覆物也其博厚高明者又皆悠長而久遠則天下之物常為其所覆載而得以各遂其生各復其性是即所以成物也非即天地之用乎

〇**博厚配地** 配合也配地是有含弘廣大之德意 **高明配天** 配天是有丕冒照臨之德意 **悠久無疆** 無疆是無有疆界即常覆常載意 【註】此言聖人與天地同體 【講】夫地能載物以有此博厚也而至誠亦能載物則其博厚有以配地之博厚矣天能覆物以有此高明也而至誠亦能覆物則其高明有以配天之高明矣天地能成物以終古無疆也而至誠亦能成物則其悠久一天地之無疆矣非即天地之體乎

〇**如此者** 指上博厚配地三句說 **不見而章** 見是表示意章是顯著 **不動而變** 動是鼓舞意變是化舊為新 **無為而成** 為是運用意成是成治功 【註】見猶示也不見而章以配地而言也不動而變以配天而言也無為而成以無疆而言也 【講】至誠之功用所以配天地無疆如此者豈假於強為哉吾見博厚之業昭著於天下固甚章矣然是章也誠精而明不待見而後章也高明之業維新於天下固甚變矣然是變也誠至而應不待動而後變也悠久之業利賴於天下固已成矣然是成也誠極無迹無待作為而後成也洵乎至誠之同天地也 【補】此上三節不可將天地透發以天地功用在下數節方言其盛也

〇**天地之道** 道在天地主宰上說 **可一言而盡也** 一言是一字盡是統括無遺 **其為物不貳** 物字指天地蓋天地亦道中之一物不貳內含個誠字所謂天得一以清地得一以寧也 **則其生物不測** 此物是萬物不測是莫測其所以生物處 【註】此以下復以天地明至誠無息之功用天地之道可一言而盡不過曰誠而已不貳所以誠也誠故不息而生物之多有莫知其所以然者 【講】至誠之功業同於天地如此天地之功業何如彼天地雖大而其道則可以一言而盡也一言者何曰誠而已蓋立天之道曰陰陽立地之道曰剛柔亦不過實理流行毫無私欲間雜故其為物不貳而誠也誠故不息則其生物之多有莫知其所以然者豈可得而測度之哉觀此則聖人之至誠無息久而必徵可知矣

〇**天地之道** 此節根不貳來 **博也厚也** 地道之徵於外 **高也明也** 天道之徵於外 **悠也久也** 天地之道之徵於外 【註】言天地之道誠一不貳故能各極其盛而有下文生物之功 【講】天地之道惟其誠一不貳故能各極其盛地之道惟誠是以極其博又極其厚也天之道惟誠是以極其高又極其明也合天地博厚高明言之則又極其悠極其久而不可以終窮也觀此則聖人之悠遠博厚高明皆本於誠又可知矣 【補】此節在不貳下一層不測上一層博厚高明悠久根誠來蓋由誠而生物中間自有一段功用博矣又厚博厚矣又悠久是地

天寶書局精校藏板

為天之神所棲天左旋日右行而與之會日御曰羲和○月陰之精也日之光所借日東出月西生而與之配月御曰望舒

星辰

星為日之餘陽象也不以晝現而以夜現陽中陰也乃二垣之外播為經緯又燦焉莫可數○辰為天之壤陰象也又不從天數而從地數陰中陰也若其日月之會纏為次舍又何遠而無所極

華嶽

華山五嶽之西嶽也山頂有池生千葉蓮花服之羽化因曰華山又周禮職方氏豫州山鎮曰華雍州山鎮曰

良能故曰已知已能溫故知新是兩件與論語小異忠信者可以學禮但反覆互看以字與而字只一般

居上節旨

此緊頂上修凝來不驕以位育經曲之道為設施不倍以位育經曲之道為憲章言興闡位育經曲之道於世默容斂位育經曲之道於心四項以不驕不倍為綱足興足容又單就不倍內抽出言之引詩通證上文明者哲之體哲者明之用順理而行自能保身非趨利避害之謂明哲句應上節保身句應本節

愚而章旨

此章明為下不倍只重賤不敢自專上以非天子一節為主前言禮度文中言禮樂後專言禮一也

愚而節旨

自用自專反古俱在制作上講按愚而好自用句就丟得開若生今反古亦不在自專之外略側無妨

非天節旨

提出非天子三字單對為下者說禮以親疏言如合族會食之類以貴賤言如朝覲聘問之類度訓品制品是等級制是物釆白文制字當作字文訓書名書是點畫名是音聲

今天節旨

此言王制大同以證上節今天下三字有提醒人意其大同如此者正以

道之盛高矣又明高明矣又悠久是天道之盛所謂各極其盛者以此非博極其博厚極其厚等云也 ○今夫天(此節正言生物不測)斯昭昭之多及其無窮也(及其自昭昭而推及之)日月星辰繫焉(日是太陽之精月是太陰之精金木水火土為經星二十八宿為緯星辰日月所會十二次舍之名)(繫是懸屬意)萬物覆焉(此句正天之生物處)今夫地一撮土之多(以手指取物謂之撮)及其廣厚(廣是闊厚是深)載華嶽而不重(華嶽是西華山之最大者)振河海而不洩(河海是水之至大者洩是滲漏)萬物載焉(此句正地之生物處)今夫山一卷石之多(一卷猶言一塊小石)及其廣大(是舉山全體言)草木生之(此句以植物言)禽獸居之(此句以動物言)寶藏興焉(寶藏物之可寶重藏蓄者如珍錯金玉之類)今夫水一勺之多(一勺是手掌可掬)及其不測(不測是浩蕩淵深處)黿(似龜而大)鼉(似魚有足)蛟(似龍無角)龍(變化之物)魚鱉生焉(魚有鱗物鱉似龜而無卦文)貨財殖焉(貨珠貝之類財魚鹽之類殖生也)

【註】昭昭猶耿耿小明也此指其一處而言之及其無窮猶十二章及其至也之意蓋舉全體而言也振收也卷區也此四條皆以發明由其不貳不息以致盛大而能生物之意然天地山川實非由積累而後大讀者不以辭害意可也

【講】試以天地生物言之今夫天指其一處斯昭昭之多耳則於物有及覆有不及覆者矣及其無窮也則日也月也星辰也無不在上而繫屬焉大之無窮如此故凡萬有不齊之物皆覆於其下焉天之生物何可測也今夫地指其一處一撮土之多耳則於物有能載有不能載者矣及其廣厚則承載華嶽而不重收振河海而不見其洩地之廣厚如此故凡萬有不齊之物皆載於其內焉地之生物何可測也然天地間至大者又莫山水若也今夫山自其一處而言一卷石之多耳及其廣大則凡草木皆生之凡禽獸皆居之世間寶藏可以為服飾器用者皆於此興發焉是山之生物不測孰非天地之生物不測乎今夫水自其一處而言一勺水之多耳及其不測則黿也鼉也蛟也龍也與夫魚鱉之屬皆生聚其中焉凡有用之物可以為貨財者皆滋殖其中焉是水之生物不測孰非天地之生物不測乎觀此則聖人之功業同乎天地又可知矣

○詩云維天之命(命即一元主宰之命)於穆不已(不已是無止息)蓋曰(是申詩辭)天之所以為天也(所以為天指不已言)於乎不顯(於乎亦歎辭顯著於外者實歸根於內也)文王之德之純(德即一心蘊藏之德)蓋曰(亦申詩辭)文王之所以為文也(所以為文指德純言)純

嶽則華嶽二山名也

河海 河者下也隨地下流而通也河與江淮濟爲四瀆河曰河宗四瀆之所宗也河源出崑崙之墟○海晦也主引穢濁其水黑而晦也海曰百谷王海神曰海若

山水 山者土之聚也山宣也所以宣萬物之氣又產也言產生萬物 積陰之氣爲水天下之多者水焉浮天載地高下無不至萬物無不潤

黿鼉 黿大黿也闊一丈鼉以爲雄故黿鳴而鼉應其形窮脊而連脅其勢據洲渚而擊奔流貝蹣然

文武德位並隆而創制於前耳車同軌與制度應周人尚與故獨以車一端言書同文與考文應書即字文即體式兼點畫音聲行同倫與議禮應載之方策則爲禮措之天下則爲行

雖有節旨 兩不敢正對自用自專蓋自用自專者只是箇敢耳玩一亦字側重有德無位邊爲下孔子從周引線

吾說節旨 此緊承有德無位來引孔子作個樣子夏禮曰說殷禮周禮曰學世代遠近不同夏禮既杞不足徵矣殷禮雖有宋存亦不敢從今用之句重正見時王之制從周孔子之爲下不倍也須知討論舊章恪守成憲正君子所以爲時中處與常人束於勢分者不同

王天章旨 此章明居上不驕上章重在位此重在德跟修凝來不驕二字便是通身骨子首節是綱領次節輕遞本身兩節言君子制作盡善應三重句動而節言制作大孚於民應寡過句末節引詩總結

王天節旨 三重惟天子得行之是謂重典要著眼有字小心敬畏曲體人情從德性問學而有之也寡過句仍責成居上者玩其字矣乎字皆見不驕之神

亦不已 此句只在文王心中言非天人合一之謂 〔註〕詩周頌維天之命篇於歎辭穆深遠也不顯猶言豈不顯也純純一不雜也引此以明至誠無息之意程子曰天道不已文王純於天道亦不已純則無二無雜不已則無間斷先後 〔講〕由是而知至誠天地之合矣詩有云維天之命主宰乎氣化者於穆哉深遠而萬古不已詩之意蓋曰此不已者乃天之所以爲天也又云於乎豈不顯哉文王之德之純一不雜也詩之意蓋曰此德純者乃文王之所以爲文也要之天命固不已文德之純亦不已夫純即至誠也不已即無息也天地至誠同一至誠無息如此則其同一功用之盛也宜哉此自誠而明之事天之道也 〔補〕陸稼書曰命之於穆是誠不已是無息德之純是誠卻少了無息故又說純亦不已以補之

右第二十六章 言天道也

○**大哉聖人之道** 大哉是贊美辭道即率性之道惟聖人能全之故歸之聖人 〔註〕包下文兩節而言 〔講〕子思論明而誠之事以明人道曰道原於天率於性而全於聖人大矣哉統體之全愈求而愈廣散殊之用愈求而愈足者其聖人之道乎 〔補〕道雖天下所共由而非聖人不能盡故獨歸聖人然語意是贊道不是贊聖人

○**洋洋乎** 洋洋是形容大無不該意 **發育萬物** 發育是發生長育 **峻極于天** 峻極二字不連極至也 〔註〕峻高大也此言道之極於至大而無外也 〔講〕何以見聖道之大也以道體之大盡乎天地之間而無所不在也洋洋乎流動而充滿其功用則發育萬物凡春生夏長秋收冬藏無非道之所流行也其體段峻極於天凡彌綸無際布濩無方無非道之所充塞也道之以大見其大者如此

○**優優大哉** 優優是形容大無留餘意 **禮儀三百** 禮儀如冠婚喪祭之類三百是其大綱 **威儀三千** 威儀如升降揖遜之類三千是其節目 〔註〕優優充足有餘之意禮儀經禮也威儀曲禮也此言道之入於至小而無間也 〔講〕以道體之大散於事爲之末而無所不有也優優大哉充足而有餘舉其禮儀則有三百一斯道爲之節文也舉其威儀則有三千一斯道爲之品節也道之以小見其大者如此

○**待其人而後行** 其人乃造聖人地位行是行此至大之道 〔註〕總結上兩節 〔講〕然是道也豈可以易行者必待其如是之人而後可行如是之道也

○**故曰** 故字承接之辭不是古語 **苟不至德** 至德即聖人之德 **至道不凝焉** 至道即上洋洋優優之道 〔註〕至德謂其人至道指上兩節而言也凝聚也成也 〔講〕道惟待人而行故曰苟非至德之人則淺陋之懷既不足以會道之全粗跡之見又不足以盡道之細至道終不凝於身心焉然則欲凝至道必先盡修德之功而後可矣

○**故君子尊德性** 故字承上來君子指體道之人尊者戒慎恐懼不敢棄且褻也德根於性

之質隨日以行又云其脂得火可以燃鐵○鼉長一丈鱗甲黑色能橫飛不能上騰抱跚然之體隨月以運又鼉宵鳴如桴鼓而又善夜鳴其數應更鼓或謂鼉更又鼉能吐霧致雨善攻碕岸性嗜睡目常閉其皮堅厚可以冐鼓詩云鼉鼓逢逢

蛟龍

蛟龍屬也無角曰蛟池魚滿三千六百蛟來為之長能率魚而飛置笱水中即去月令季夏之月命漁師伐蛟澹臺子羽齎千金之璧渡河陽侯波起兩蛟挾舟子羽曰吾可以義求不可威劫操劍斬蛟波

上焉節旨

此節非表時位之為重特以起下有時位者之惟重德耳兩段平看不信只說在已不足取信

本諸節旨

總以君子之道貫下本身六句平列而有次序此身已用過修德工夫今以盡倫之身議禮以軌物之身制度以文明之身考文一一都從身上體勘君子制作非敢逞已誣民實於理上揆度審其好尚知其向背徵字亦見不驕意考諸句主因革損益說不悖者與天地同體無疑者與鬼神同用不惑者先聖後聖其揆一也六句一步深一步一步難一步都要含有不驕在不可說成自然

知天節旨

此推原所以制作之善鬼神亦受天命以役使羣動後聖亦盡人性以宰制萬物故知天知人便能無疑不惑兩知字深看從尊德性道問學來

動而節旨

此正人得以寡過意上三句仍根君子制作盡善說三而字緊粘動行言讀世只指本朝世道世法世則即今日制作之始決之是不限於時下二句才說到民遵制作上遠近就天下內抽出是不限於地

在彼節旨

此節言民過之寡必由於本身六事

故曰德性 **而道問學** 道如去做他相似問學包得廣 **致廣大** 致是推致廣大是德性無所不包 **而盡精微** 盡是究到盡處精微是道理精細微妙 **極高明** 極是窮極高明是德性超乎物表 **而道中庸** 道是依之以行意中庸是無過不及之理 **溫故而知新** 溫是重習涵泳故是德性舊有之知知是求明意新是未知之道理 **敦厚以崇禮** 敦是敦篤厚是德性原有之能崇是積累意禮是天理之節文

【註】尊者恭敬奉持之意德性者吾所受於天之正理道由也溫猶燖溫之溫謂故學之矣復時習之也敦加厚也尊德性所以存心而極乎道體之大也道問學所以致知而盡乎道體之細也二者修德凝道之大端也不以一毫私意自蔽不以一毫私欲自累涵泳乎其所已知敦篤乎其所已能此皆存心之屬也析理則不使有毫釐之差處事則不使有過不及之謬理義則日知其所未知節文則日謹其所未謹此皆致知之屬也蓋非存心無以致知而存心者又不可以不致知故此五句大小相資首尾相應聖賢所示入德之方莫詳於此學者宜盡心焉

【講】修德凝道之功何如道之為體其大無外其小無間無往而不在焉故君子知道之大非存心無以凝其大於是尊德性焉知道之小非致知無以凝其小於是道問學焉此修德凝道之大端也然其事豈可以一端盡哉彼德性本是廣大蔽於私意則狹小矣必不以一毫私意自蔽而推致其廣大然精微之理又廣大之所具也於是問學以盡之析理不使有毫釐之差德性本自高明累於私欲則卑暗矣必不以一毫私欲自累而究極其高明然中庸之事又高明之所體也於是問學以道之處事不使有過不及之謬德性之已知非故乎必時加涵泳溫習乎其所已知之故而新之從故而得者則必由問學以日知其所未知之新德性之已能非厚乎必持久勿失敦篤乎其所已能之厚而禮之因厚而生者則由又問學以日崇其所未謹之禮夫如此存心如此致知則德無不修矣道豈有不凝哉

○**是故居上不驕** 承上節來上指天子不驕是無矜肆意 **為下不倍** 下兼臣民不倍是不越理犯分 **國有道** 是治世 **其言足以興** 言是有道德之言興是興此有道之身 **國無道** 是世亂 **其默足以容** 默是不言容是保身 **詩曰既明且哲** 明是燭於理哲是察於事 **以保其身** 保安全意 **其次之謂與** 此字指上下治亂皆宜說

【註】倍與背同○興謂興起在位也詩大雅烝民之篇

【講】夫君子既修德以凝道則道備於一身將無往而不宜矣是故以之居上則出其所修凝者以盡制而不知勢位之可驕以之為下則出其所修凝者以安分而不見法紀之或倍時乎國有道則宣之為道德之華其言足以興起而用於世時乎國無道則斂之為道德之貞其默足以無禍而容其身觀詩美仲山甫有云既能明於理又能哲於事則可以保全其身無有災害斯言也其即此修德凝道之君子而上下治亂皆宜之謂與夫君子盡修凝之功而獲其效如此則大哉之道在於聖人者亦在君子矣此自明而誠之事人之道也

【補】此章言人道當以君子為主先言聖人并道之大小正君子之所取法而必造其極者也重下半截

平乃投璧於河○補蟲三百六十而龍為之長能幽能明能細能巨能短能長春分而登天秋分而入淵易曰雲從龍又帝舜時有豢龍氏夏孔甲時有御龍氏

鼈

鼈無耳以眼聽伏隨日轉朝首東向夕首西向一名河北從事又池中有鼈則魚不隨霧去故鼈一名神守

車

初黃帝作車少昊加牛奚仲加馬禹命奚仲為車正建旌旗斿旐以別尊卑等級淮南子曰聖人觀轉蓬而為車明堂位云有虞氏鸞車夏后氏鉤車殷曰大

之善也引詩重庶幾夙夜一句推其本而言之不驕之意可想終譽言其久根庶幾句來審譽言其初對不如此說章末用未有決辭反煞極透居上者何可驕哉

祖述章旨

此章見中庸之道盡於仲尼首節言仲尼之學無不全次節言仲尼之德之大借天地擬之末節專言天地之大而仲尼之大自見

祖述節旨

上二句言學貫古今下二句言學該穹壤總有內外本末以伏小德大德之根祖述猶祖孫一脈而振起其緒憲章猶創守一心而光篤其業堯舜言道文武言法各舉其至者言上律如仕止久速各當其可下襲如用行舍藏隨遇而安一是圓活流動一是的確不易堯舜文武總是效天法地之事仲尼祖述憲章即其上律下襲者也稼書云在仲尼自視為學自人視仲尼為德故下文遂言聖人之德

辟如節旨

此將上節四項合說須重發仲尼方得辟如意上二句重無不二字廣大之體無遺也下二句重錯代二字變通之用不已也

萬物節旨

此主天地言萬物總在天地間生育一物自有一物之性命一物自有一

右第二十七章 言人道也

○子曰愚而好自用 愚是無德好字重看 賤而好自專 賤是無位 生乎今之世 今世是時王制作之世 反古之道 道是制作之道反古欲以古制易時制也 如此者 指自用自專反古說 烖及其身者也 烖及身是切己之禍

註 以上孔子之言子思引之反復也

講 子思申為下不倍之義曰夫子言之矣曰天下之制作操之自上彼德非聖人皆愚也而乃好作聰明以自用固不可位非天子皆賤也而乃好為僭擬以自專夫欲自專者大約多是古非今耳生乎今之世乃反行古之道焉又豈可哉如此者逆理犯分烖皆必及其身者也夫子之言如此

○非天子 天子是始受命為天下君者兼有德有位有時看 不議禮 議有斟酌擬議之意 不制度 制是裁成意度是宮室車旗服飾之等級 不考文 考是考究裁正文是字之點畫音聲

註 此以下子思之言禮親疎貴賤相接之體也度品制文書名

講 即夫子之言觀之可見欲制作者必有德位時而後可也苟非有德有位有時之天子不敢議乎親疎貴賤相接之禮也不敢制乎宮室車旗服飾之度也不敢考乎點畫音聲之文也何也彼其議之制之考之者自有天子在也

○今天下 是子思自指周時言 車同軌 車制度中之一也舉一以概其餘 書同文 書是寫文是字 行同倫 行是所行出之禮

註 今子思自謂當時也軌轍迹之度倫次序之體三者皆同言天下一統也

講 惟其議禮制度考文皆出自天子所以當今之天下周天子之天下也今之道周天子之道也以車而言其制之者非一人而轍迹之在地者相距廣狹遠近如一也以書而言其筆之者非一人而點畫音聲之文各有定法四方如一也以行而言其行之者非一人而上下相接之倫親疎貴賤次第如一也是周天子之所定其一統之威如此豈可得而倍哉

○雖有其位 位是天子之位 苟無其德 德是聖人之德 不敢作禮樂焉 禮樂即上禮度文之制作 雖有其德苟無其位亦不敢作禮樂焉 看亦字須重此段方切為下不倍旨

註 鄭氏曰言作禮樂者必聖人在天子之位

講 是以雖有天子之位苟無聖人之德則愚矣愚則制作之本不在於我固不敢自用以作禮樂焉雖有聖人之德苟無天子之位非所謂賤乎賤則制作之權不在於我亦不敢自專以作禮樂焉

○子曰吾說夏禮 說是稱頌夏是禹有天下之號禮是上議禮制度考文之事 杞不足徵也 杞是國名 吾學殷禮 學是習其事殷是湯之子孫盤庚遷都於殷因以為國號 有宋存焉 宋是國名 吾學周禮 周是文武有天下之號 今

天寶書局精校藏板

輅周曰乘輅周制輿廣六尺六寸故其轍迹之在地者同也考工記云一器而工聚焉者車為多又云軫之方也以象地也蓋之員也以象天也輪輻三十以日月也蓋弓二十有八以象星也

書　黃帝之史蒼頡見鳥獸之迹遂作書契依類象形謂之文形聲相益謂之字著於竹帛謂之書周禮地官保氏教國子以六書一曰象形二曰假借三曰指事四曰會意五曰轉注六曰諧聲蓋史頡之遺法也春官外史掌四方之志掌三皇五帝之書掌

物之太和宣至混淆雜錯而相害四時日月總在天地間運行各有交換之次舍各有出入之躔度豈至紊亂乖逆而相悖德通在內小德是發見分給者大德是存主統體者流即流其所敦之化敦即敦其所流之化所以為大句特結言之贊嘆神情全在此字也字知天地則知仲尼

至聖章旨

此章就德之散殊說言至聖即是言仲尼以首節為王下從聖德說到發外從發外說到及人而以配天結之

一氣緊承

至聖節旨

此歷舉至聖之德未說到行處故曰足以言其德之具也首一段生知之質包說下四段俱有臨中事聰是吾心真聞明是吾心真見睿屬思是志之通微處此知與禮智之智尤敏而詳禮智之智聖人與人同具而獨異睿知之知則生知聖人所獨也臨容執敬別皆在外五足以則內邊事

溥博節旨

溥博淵泉四字關通大德意却是頓挫上五足以非又進一層溥周徧是就裏面詳細處說博廣濶是就大概全體上說淵靜深謂萬感俱寂朕兆莫窺泉有本謂一源活潑渟泓無盡時出則向之足於用者今皆見於用矣生知之質與仁義禮智合言之總

用之用是遵行之指禮說**吾從周**從有不敢違悖意【註】此又引孔子之言杞夏之後徵證也宋殷之後三代之禮孔子皆嘗學之而能言其意但夏禮既不可考證殷禮雖存又非當世之法惟周禮乃時王之制今日所用孔子既不得位則從周而已【講】德孰如我夫子者哉子又嘗曰夏禮古之道也吾未嘗不說夏禮然為夏之後杞也杞入東夷其陋已甚文獻不足徵矣吾殷人也嘗學殷禮至今日亦古之道矣為殷之後非宋乎宋自襄公以後漸以不振不過存什一於千百焉吾學乎周禮則今日之天下臣民遵而用之吾生周之世為周之民亦從周大備之禮而已敢蹈生今反古之愆哉夫子之言又如此然則為下不倍之義益可知矣此人道之當然也【補】李安溪曰自天子言之制禮為大繼之以審度繼之以修文教化之所以一也自天下言之守度為先進之而習文進之而敦行風俗之所以同也

右第二十八章承上章為下不倍而言亦人道也

○**王天下有三重焉**王天下是有德有位有時而興王之君三重謂三者為極重之事**其寡過矣乎**重在君能寡民過上過即越禮亂度舞文之過【註】呂氏曰三重謂議禮制度考文惟天子得以行之則國不異政家不殊俗而人得寡過矣【講】子思申居上不驕之義曰王天下之君子有議禮制度考文之三重焉以之新天下之視聽一天下之心志則諸侯奉法臣民從化天下皆遵道遵路會極歸極而得以寡過矣乎

○**上焉者雖善無徵**此善字是已有制作之善**無徵不信不信民弗從**弗從是駭之而不從**下焉者雖善不尊**此善字是未有制作而可以善制作**不尊不信不信民弗從**弗從是玩之而不從【註】上焉者謂時王以前如夏商之禮雖善而皆不可考下焉者謂聖人在下如孔子雖善於禮而不在尊位也【講】夫所謂王天下者乃身有其德而又有其時與位者也如上焉者有天子之位制作雖云善矣但非其時而無徵無徵則不足以取信於民不信民將駭而不從矣欲其寡過也得乎如下焉者有聖人之德雖善於制作矣但無其位而不尊不尊則不足以取信於民不信民將玩而不從矣欲其寡過也得乎

○**故君子之道本諸身**本是根本身是有德之身**徵諸庶民**徵是就民驗此制作之善**考諸三王而不繆**考是稽考三王指禹湯文武繆是差**建諸天地而不悖**建天地重自然意悖是違悖**質諸鬼神而無疑**質鬼神重莫測意**百世以俟聖人而不惑**百世是極言後世之遠俟待也不惑是不我惑也【註】此君子指王天下者而言其道即議禮制度考文之事也本諸身有其德也徵諸庶民驗其所信從也建立也立於此而參於彼也天地者道也鬼神者造化之迹也百世以俟聖人而不惑所謂聖人復起不易

達書名於四方秋官大行人歲偏存三歲偏覜五歲偏省七歲屬象胥諭言語協辭命九歲屬瞽史諭書名聽聲音

禮樂

樂記云大樂與天地同和大禮與天地同節明則有禮樂幽則有鬼神又云樂者天地之和也禮者天地之序也樂由天作禮以地制又云王者功成作樂治定制禮五帝殊時不相沿樂三王異世不相襲禮

杞

杞姒姓伯爵武王克商求夏禹苗裔得東樓公封杞以奉禹祀

宋

宋子姓公爵商

是德故註曰五者之德

如天節旨

此只申說上節如天如淵在至聖心體上摹寫敬信悅不重民上正形容

聲名節旨

見言行時出之妙三而字語意縮上

此又承上敬信悅而極形之歸重配天上聲名五德之聲名也註極言之

是極言天下去處疊下六所字要看含有人類在句法次第銜接尊親即在敬信悅上見得莫不應上莫不字如天以體言配天以用言故曰字雖從無息章高明配天來要只是本章贊語作結

至誠章旨

此章就德之統體說言至誠亦是言仲尼首節明功用出於自然是說敦化處次節形容其盛乃推原其為大德也末節言非至聖不能知則深贊其妙耳

至誠節旨

此以至誠二字作主故註每段各提起說經綸就聖人一身言所謂人倫之至也如為君止仁為臣止敬是經君仁其臣臣敬其君是綸立是所性全體毫無虧欠誠處即是立處天地化育只是一誠聖人動處即化育之陽靜處即化育之陰亦此誠有以知之耳贊化育以事言助其功也知化育以心言契其理也無倚自家都是

吾言者也【講】故王天下之君子其三重之道必本之修凝之身且以是道而徵諸庶民之信從以此考諸三王則因革損益皆三王已然之法而不見其繆焉以此建諸天地則裁成輔相皆天地自然之理而不見其悖焉鬼神至幽而難測以此質諸鬼神其屈伸往來不過此理而自無疑矣百世聖人至遠而難料以此俟百世之聖人其設施經畫不過此理而自不惑矣夫君子操三重之權而備六事之盛如此

○**質諸鬼神而無疑知天也**知天是深知天命之理**百世以俟聖人而不惑知人也**知人是深知人性之理

【註】知天知人知其理也

【講】然君子制作之盡善亦不過天人之理而已鬼神至幽而質諸無疑者由其知天之理也蓋天之理盡於鬼神君子窮神達化於天道所以然之理知之無不盡此所以質之而無疑也言鬼神則天地可知矣後聖至遠而俟之不惑者由其知人之理也蓋人之理盡於聖人君子明物察倫於人心所同然之理知之無不全此所以俟之而不惑也言後聖則三王可知矣此君子之道所以盡善也

○**是故**承上二節說來**君子動而世為天下道**世指後世道是率由**行而世為天下法**行是三重見於施措者**言而世為天下則**言是三重見於號令者**遠之則有望**遠指四方二之字跟君子說望有仰慕意**近之則不厭**近指畿內不厭是不厭斁

【註】動兼言行而言道兼法則而言法法度也則準則也

【講】夫君子知天人之理而制作盡善如此豈不足以使民之寡過乎是故君子以三重之道動作於一身而世世為天下所共由以三重之道措諸政事是動而行也則世世為天下所效法以三重之道布諸號令是動而言也則世世為天下所取正天下中有遠者景其言行可為法則則仰焉有望天下中有近者習其言行以為法則則安之而不厭是君子之道垂之後世而無弊推之當時而皆準其寡過不亦宜乎

詩曰在彼無惡彼是本國**在此無射**此是周朝**庶幾夙夜**庶幾是幸辭夙是早夜是暮**以永終譽**永終是長久意譽是名譽**君子未有不如此而蚤有譽於天下者也**蚤是先譽即後世法則遠近仰慕之聲譽

【註】詩周頌振鷺之篇射厭也所謂此者指本諸身以下六事而言

【講】夫合天下後世而皆賴之以寡過則君子之譽在天下後世矣然豈倖致哉詩美二王之後曰在彼本國不得罪於羣臣百姓而無人憎惡在此我周不失禮於升降周旋而無人厭射夫無惡射即譽也而必由夙夜來也庶幾令而後夙夜之間兢惕有加得以永終其善譽乎即詩言觀之可見君子三重之制作未有道德不本於身信從未協於民三王後聖不能合天地鬼神不能通而能使世法世則有望不厭蚤有譽於天下者也夫三重盡善者居上不驕之道天下寡過者居上不驕之化君子修德凝道之效如此非人道之當然乎

帝乙之長庶子啓食采於微曰微子紂無道微子抱祭器奔周及成王誅紂子武庚封微子於宋以奉湯祀禮樂車服悉如商舊作賓王家與陳杞號為三恪

四時

鶡冠子曰斗柄東指天下皆春斗柄南指天下皆夏斗柄西指天下皆秋斗柄北指天下皆冬

實理無少缺欠不必倚著他物

肫肫節旨

此只申上節摹擬聖心經綸處即是仁肫肫者懇切而不虛浮渾厚而不間斷立本處即是淵淵淵者靜虛而物欲不淆深遠而涯涘莫測知化處即是天浩浩者誠復之體無不包誠通之用無不運

苟不節旨

上節已有形容不盡之意故此以難知繼之苟不至者字作一句讀固字貫下須看聰明聖知達天德必皆實有底非其人何以知至誠但不重人知至誠只重在贊至誠難知上

衣錦章旨

此章言入德成德之序重一德字首節為已是主意二三節謹獨存養是其工夫四五節民勸民威天下平是其效驗末節贊嘆不顯二字蓋德必如天而後為至也所謂中庸以天字始以天字終也首章道字說得廣闊此章德字說得親切入引詩自已意思都於說詩處見之

衣錦節旨

此節重立心為已上知幾即為已起頭下手處惡其文之著是釋詩立言本旨在此闇然修於內也的然著於外也不第曰闇而曰闇然不竟曰章而曰日章是從旁人見得上下截並重要醒出而字意淡而不厭三句不

右第二十九章承上章居上不驕而言亦人道也

○仲尼冐下四句當提起講祖述堯舜祖是宗述是繼述憲章文武憲是法章是表章上律天時律是隨時變化不拘一定下襲水土襲是素位而行各止其所【註】祖述者遠宗其道憲章者近守其法律天時者法其自然之運襲水土者因其一定之理皆兼內外該本末而言也【講】子思前標仲尼曰三字以明所宗旨至此復高唱仲尼正見君子中庸之統非仲尼無與歸也曰夫道獨集其成者惟我仲尼如堯舜人道之極也仲尼則奉為祖而繼述之是遠有宗也文武法制之備也仲尼則奉為憲而表章之是近有守也春夏秋冬天之四時有其運仲尼則上律之直與天時為順應也東西南北四方之水土有其理仲尼則下襲之直與水土為安敦也是道之統於羣聖著於兩間者悉備於仲尼之一心也【補】潛室陳氏謂祖述者法在其中憲章者道在其中朱子云由其得夏時贊周易故其行合於天由其序禹貢述職方故其行符於地由是以推凡古聖人迎日推策頒朔授時而其大至禪讓放伐各以其時者皆上律中事其體國經野設方定居而其廣至昆蟲草木各遂其生者皆下襲中事

○辟如是比喻天地之無不持載持載是承載無不覆幬覆幬是覆冐辟如四時之錯行錯行是錯綜而行有流行不已意如日月之代明代明是更代而明有相禪不息意【註】錯猶迭也此言聖人之德【講】吾將何以擬之自其會帝王上下之理於一心而兼體靡遺也辟如天地之無所不持載無所不覆幬者乎自其運帝王上下之理於一心而恒久不息也辟如天地中四時之相交錯而行如天地中日月之相更代而明者乎信乎仲尼之大非天地不足以擬之也【補】四時日月又自天地中抽出言之按註此言聖人之德一德字已兼照小德大德說下節特就天地上指明之耳

○萬物並育而不相害萬物指覆載間之物並育是並生於天地間不相害是不相妨害也非殘害之害道並行而不相悖道指四時日月蓋一陰一陽之謂道也並行是各行於天地間不是相並而行不相悖是各循其序不相違背小德川流小德是造化分散處大德敦化大德是造化總會處此天地之所以為大也此句指小德二句言所以字指川流敦化【註】悖猶背也天覆地載萬物並育於其間而不相害四時日月錯行代明而不相悖所以不害不悖者小德之川流所以並育並行者大德之敦化小德者全體之分大德者萬殊之本川流者如川之流脈絡分明而往不息也敦化者敦厚其化根本盛大而出無窮也此言天地之道以見上文取辟之意也【講】然天地何如其大耶彼覆載之間皆物也萬物並育於天地吾見各一其性而不相妨害四時日月皆道也道並行於天地吾見各循其序而不相違背所以不害不悖者何也蓋一本散於萬殊之小德有如川之流而往不息也所以並育並

過是形容闇然日章之實子思深有味乎此一段光景故再詳言之俱就日用言行應事接物說知遠之近主修身言知風之自主正心言知微之顯主誠意言上二句舉表而識裏下一句由內以達外三知字即大學知所先後之知入德句兼承為已知幾為是註知所謹尚未謹也下文謹獨存養即此近自微者而謹之不賞不怒天下平則達於風遠而顯矣

潛伏節旨

此正謹獨之事潛伏孔昭詩指魚言此借以言心甚隱微而為莫見莫顯之幾也內省二字重一念初萌省其天理人欲以加存遏此志自下學之初已立定惟不疚方為無惡惡字與惡其文之著惡字同一痛切不疚無惡即人所不及處內省正人所不見處二句不是贅辭言不可及唯在此處若過此關便難致

相在節旨

此正戒懼之事上云潛伏言信是敬信在言動之前

奏假節旨

此合下節雖以效言卻只詩旨只在祭時言引來則

不顯節旨

引詩不顯之義只是形容謂厚於恭敬凡工夫至極有雎麟之精意自有周官

蠻貊　蠻慢也風俗君

行者何也蓋萬殊原於一本之大德有敦厚其化而出不窮也此天地之道所以為至大而不可及也然則仲尼會帝王上下之道於一心即天地之大德也兼帝王上下之道而時出即天地之小德也仲尼一天地矣此所以為天道也

【補】滙參云並育並行不害不悖所謂天地之化也其化之不害不悖則有流之者各出而不可窮其化之並育並行則有敦之者渾然而一以貫是皆德為之而於其各出不可窮則以為小德於其渾然一以貫則以為大德其實德非有二也

右第三十章 言天道也

○**唯天下至聖** 至聖即至誠但聖以品言誠以體言 **為能聰明睿知** 為能字貫下五段要得自然意 **足以有臨也** 足以是許其優為而尚未有此事 **寬裕溫柔** 寬是廣大裕是舒徐溫是和厚柔是巽順 **足以有容也** 容是容保之意 **發強剛毅** 發是奮揚強是勇力剛是不屈毅是堅忍 **足以有執也** 執是持守之意 **齊莊中正** 齊莊俱主心言中正亦說平日 **足以有敬也** 敬是恪恭之度 **文理密察足以有別也** 別是分別事理

【註】聰明睿知生知之質臨謂居上而臨下也其下四者乃仁義禮知之德文文章也理條理也密詳細也察明辯也

【講】子思承言小德川流曰凡德有未備者皆聖之未知者也唯天下至聖其生知之質獨縱於天為能聰無所不聞明無所不見睿無所不通知無所不知足以君天下而有臨也然有臨貴有容惟質具生知則寬而不隘裕而不迫溫而和厚柔而順從此仁之德也仁則度量洪大足以育物而有容也有臨貴有執惟質具生知則發而奮起強而有力剛而不屈毅而有守此義之德也義則操持堅固足以制事而有執也有臨尚其有敬惟質具生知則齊焉純一莊焉端嚴中焉無偏倚正焉無邪曲此禮之德也禮則恪恭寅畏足以涖民而有敬也有臨尚其有別惟質具生知則文焉有章理焉有條密焉無疎漏察焉無眩惑此知之德也知則識見精明足以辨類而有別也既獨稟聰明睿知之質而又兼備仁義禮智之德信乎為天下之至聖也

○**溥博** 是充滿不可量 **淵泉** 是積深不可測 **而時出之** 是隨時發出不先不後意

【註】溥博周徧而廣濶也淵泉靜深而有本也出發見也言五者之德充積於中而以時發見於外也

【講】至聖五德具足但見充積於中者周徧廣濶萬物之理悉包何溥博也靜深為藏萬化之原皆裕何淵泉也由是時乎臨下則聰明睿知之德出焉時乎容執敬別則仁義禮智之德出焉其以時發見於外如此此體用一原顯微無間之妙也

【補】時出有二義隨時出之則咸宜不礙時時出之則泛應不窮

○**溥博如天** 如天是形容其莫量意 **淵泉如淵** 如淵是形容其莫測意 **見而民莫不敬** 見如

臣同川而浴極為簡慢也○貊北方國一作貉孟子所云貉道是也

舟

古者觀落葉因以為舟淮南子曰古人見窾木浮而為舟山海經曰禹始作舟易曰刳木為舟刳木為楫舟楫之利以濟不通蓋取諸渙

霜露

霜者陰精也露者陰液也陰氣勝陽則凝為霜雪陽氣勝陰則散為雨露霜以殺木露以潤草○季秋霜始降王者順天行誅以成肅殺之威淮南子曰秋三月青女出以降霜○和氣津液凝為露露從地出瑞應圖云王

子懷節旨

上節篤恭而天下平已是然必先之以不大聲色德孔子是平日論治道語不類可擬非毛之猶有倫也萬物之事無聲無臭即在無聲臭可言人以是德合乃補足本文言外意

衣冠瞻視敬是欽承言而民莫不信言如訓誥號令信是聽信行而民莫不說行如禮樂刑政悅是愛慕【註】言其充積極其盛而發見當其可也【講】夫溥博淵泉而時出者非尋常可比也溥博則如天焉天大無外而溥博亦與為無外淵泉則如淵焉淵深不測而淵泉亦與為不測蓋充積極其盛矣由是見之為德容而民莫不作肅而敬焉宣之為德言而民莫不聽承而信焉發之為德行而民莫不鼓舞而悅焉其發見又當可有如此

○是以聲名洋溢乎中國承上積盛當可意來聲名是聖德之聞譽洋溢是充滿中國是華夏之地施及蠻貊施是傳播蠻是南蠻貊是北狄舟車所至水乘舟陸乘車至是到人力所通人力運舟車者言所通又不專恃舟車矣天之所覆地之所載此二句是盡天地而言之日月所照照是照臨霜露所隊隊是下降凡有血氣者血氣專以人類言莫不尊親尊是尊為元后親是親為父母故曰配天配是配合無間【註】舟車所至以下蓋極言之配天言其德之所及廣大如天也【講】吾知其敬信悅之所在即聲名之所在也是以有聖德聲名洋溢乎中國之內而施及於蠻貊之遠凡舟車所可至人力所可通上而天之所覆下而地之所載日月所照之處霜露所隊之方凡有血氣而為人類者莫不尊之為元后親之為父母而敬信悅者盡於天下也豈非其德之所及廣大如天乎故曰配天夫至聖之德備於己而功用配於天此其所以為天道歟而小德川流之義可識矣【補】朱子云此章說發外處故自表觀之則易見下章說存主處故自裏觀之則難知

右第三十一章承上章而言小德之川流亦天道也

○唯天下至誠至誠是全天命實理之人為能經綸天下之大經為能二字貫下三句經以名分秩然上言綸以情意藹然上言立天下之大本立是植立卻不是用力字大本是大根本就仁義禮智言知天地之化育知是潛孚默契意化者自有而無育者自無而有夫焉有所倚倚是倚靠【註】經綸皆治絲之事經者理其緒而分之綸者比其類而合之也經常也大經者五品之人倫大本者所性之全體也惟聖人之德極誠無妄故於人倫各盡其當然之實而皆可以為天下後世法所謂經綸之也其於所性之全體無一毫人欲之偽以雜之而天下之道千變萬化皆由此出所謂立之也其於天地之化育則亦其極誠無妄者有默契焉非但聞見之知而已此皆至誠無妄自然之功用夫豈有所倚著於物而後能哉【講】子思承言大德敦化曰道散於人倫而原於性命人惟誠有未至即不能盡倫盡性以至於命耳唯天下至誠極誠無妄為能於五品人倫為天下

天寶書局精校藏板

者施德惠則甘露降於草木其凝如脂其目如飴

血氣

馮厚齋曰血稟於陰行於脈之內而為榮氣稟於陽行於脈之外而為衛

錦衣詩

衛碩人篇美莊姜也首章云碩人其頎衣錦褧衣齊侯之子衛侯之妻鄭丰篇刺淫婦也三章云衣錦褧衣裳錦褧裳伯兮叔兮駕予與行

之大經者有以經之辨其分綸之合其類焉為能於所性全體為天下之大本者有以立之而一私不雜萬理畢該焉為能於一元迭運為天地之化育者有以知之而一道相契天人無間焉其化之克敦如此此皆其功用自然不思不勉夫焉有所倚著於物而後能哉【補】雙峯曰大經是道大本是性性乃大經之本也天地化育是命命又大經大本之所自來也又雲峯曰首章由造化說聖人故曰命曰性曰道由體而達之用也此章言聖人之所以為造化則曰道曰性而後曰命由用而原其體也故朱子謂此三句從下說上知天地之化育故能立天下之大本然後能經綸天下之大經

肫肫其仁其仁以生理之浹洽言淵淵其淵其淵以本源之澄澈言浩浩其天其天以心體之該括言【註】肫肫懇至貌以經綸而言也淵淵靜深貌以立本而言也浩浩廣大貌以知化而言也其淵其天則非特如之而已【講】吾由至誠敦化之功用而思大德之心體矣其經綸也慈愛浹洽恩意周流殆肫肫乎見聖心之仁焉其立本也則私欲罔間萬理畢具殆淵淵乎見聖心之淵焉其知化也心通造化廣遠無方殆浩浩乎見聖心之天矣【補】條辨云上章是從內發出外故由小德說向川流此章是從外串出內故由敦化說歸大德

○苟不固聰明聖知固實有也不曰睿知曰聖知者睿作聖也達天德者達是優入意天德即仁義禮智之德者作人字看其孰能知之之指經綸立本知化言【註】固猶實也鄭氏曰唯聖人能知聖人也【講】然是道也固惟至誠為能全之亦惟至聖為能知之苟不固有聰明聖知之資而達仁義禮智之德者則心非至誠之心明非至誠之明其孰能知此經綸立本知化之威者則信乎至誠之不易知也是不可以觀天道之極致乎而大德敦化之義亦可識矣【補】邱月林曰固聰明聖知達天德者總是一箇至聖但達字卻以知言蒙引妙契天德是矣或作上達看非也

右第三十二章承上章而言大德之敦化亦天道也前章言至聖之德此章言至誠之道然至誠之道非至聖不能知至聖之德非至誠不能為則亦非二物矣此篇言聖人天道之極致至此而無以加矣

○詩曰衣錦尚絅觀衛鄭詩辭言外隱然有尚字意故引曰衣錦尚絅惡其文之著也惡非惡文乃惡其著正是為己真心故君子之道承上詩意來君子緊粘之道指為己言闇然而日章闇是韜藏不露意日章是闇然中英華顯露小人之道小人是務名不務實之人的然而日亡的是用意表見意君子之道道承闇然句來淡而不厭淡是淡薄不厭是有意味簡而文簡是樸略文是文采可觀溫而理溫是溫厚理是條理分明知遠之近遠指天下國家近指身言知風之自

潛伏詩正月篇大夫憂亂而作十一章云魚在于沼亦匪克樂潛雖伏矣亦孔之炤憂心慘慘念國之為虐

相在詩抑篇衛武公作以自警七章云相在爾室尚不愧于屋漏無曰不顯莫予云覯

屋漏朱子曰古人室在東南隅開門東南隅為窔西

風指身之動人者言就風度風釆上說自指心言 **知微之顯** 微指此心之幽言顯指自身而及於人言 **可與入德矣** 可與是預許意德即下不顯之德

【註】前章言聖人之德極其盛矣此復自下學立心之始言之而下文又推之以至其德也詩國風衛碩人鄭之丰皆作衣錦褧衣褧絅同禪衣也尚加也古之學者為己故其立心如此尚絅故闇然衣錦故有日章之實淡簡溫絅之襲於外也不厭而文且理焉錦之美在中也小人反是則暴於外而無實以繼之是以的然而日亡也遠之近見於彼者由於此也風之自著乎外者本乎內也微之顯有諸內者形諸外也有為己之心而又知此三者則知所謹而可入德矣故下文引詩言謹獨之事

【講】子思言至聖至誠之德可謂極盛矣又慮學者馳騖高遠而忘下學之功故此復自下學至親至切者言之以漸進於上達至精至微之地蓋再叙入德成德之序也意謂為學莫先於立心立心莫要於為己詩有曰衣錦而尚之以絅詩之意蓋惡其錦文之外著而斂於內也古人之立心如此而君子為己之心可推矣故君子之道只欲實得於己不求人知所以外若闇然無華而就中積美有日章著而無窮小人之道專務人知的然外見而中無其實日就消亡也然所謂闇然日章者何如君子之道樸素自守固若是其淡矣而其中有彌永之旨存焉自不可厭也悃愊無華固若是其簡矣而其中有光輝之美存焉自有其文也敦厚和平固若是其溫矣而其中有秩然之用存焉自有其理也闇然日章如此此皆衣錦尚絅為己之實心也由是以為己之心而知幾知遠之幾在近天下國家之治忽由於吾身之得失也知風之幾在自吾身之得失由於吾心之邪正也知微者顯之幾邪正之有諸內者甚微而善惡之由中達外者甚顯也知此三者而於自近微謹之可以充其為己之心與之入德而馴至聖人之域矣

【補】王云章內言君子者六惟首節與小人對舉以嚴其介即至篤恭而天下平君子境地雖殊要於為道則一此節兩提君子之道作意丁寧以為總貫全文為下學立箇榜樣固可即就本處坐實下學之君子言之亦無不可

○ **詩云潛雖伏焉** 潛是幽暗之處伏是隱藏 **亦孔之昭** 孔是甚昭是顯著 **故君子內省不疚** 承上二句來君子是入德之人內省即慎獨工夫 **無惡於志** 無惡是無愧志是心 **君子之所不可及者** 不可及是過人之遠照下句看 **其唯人之所不見乎** 不見是獨處即潛伏之地

【註】詩小雅正月之篇承上文言莫見乎隱莫顯乎微也疚病也無惡於志猶言無愧於心此君子謹獨之事也

【講】以入德之事言之詩云潛雖隱伏矣然其理亦甚昭明蓋言獨之不可不謹也故君子於獨知之地內自省察使念慮之萌無一毫疚病方安於心而無惡是則君子之所不可及者其惟人之所不見之地而致謹其獨乎此省察為己之功也

陳氏曰上言入德之門此以下言入德之事此一節言人之所不見處又申明首章謹獨意下一節言己之所不見處又申明首章戒慎恐懼意

○ **詩云相在爾室** 室是居室 **尚不愧于屋漏** 尚是庶幾意不愧是無歉於心屋漏是深密之處 **故君子不動而敬** 承相在二句來不動是未舉動敬是敬畏

北隅為屋漏西南隅為奧人纔進便先見東南隅却到西北隅然後始到西南隅此是深密之地曾子問謂之當室之白孫炎曰當室之日光所漏入也

奏假詩 烈祖篇祀成湯之樂也

予懷詩 皇矣篇七章云帝謂文王予懷明德不大聲以色不長夏以革不識不知順帝之則

德輶詩 烝民篇六章云人亦有言德輶如毛民鮮克舉之我儀圖之維仲山甫舉之

上天詩 文王篇末章云上天之載無聲無臭儀刑文王

不言而信不言是未發言信是誠實 註 詩大雅抑之篇相視也屋漏室西北隅也承上文又言君子之戒謹恐懼無時不然不待言動而後敬信則其為己之功益加密矣故下文引詩并言其效 講 然不但謹獨已也詩云相爾在爾室之中尚其常存敬畏不愧于屋漏之神乎蓋言靜之不可不慎也故君子動固敬也雖不動而亦必敬焉言固信也雖不言而亦必信焉夫不動不言即屋漏也敬信即不愧也此存養之功而為己益密也 補 困勉錄云首章先言戒懼而後慎獨由靜說到動也此章先言慎獨而後戒懼由跡說入密也語言各有條理道理實無異同 ○ 詩曰奏假無言假是感格意 時靡有爭靡是無爭是乖爭失禮處 是故君子不賞而民勸承上奏假二句來君子即上密為己之功者賞是爵賞勸是勉於為善意 不怒而民威於鈇鉞怒是以刑加威是不敢為惡意 註 詩商頌烈祖之篇奏進也承上文而遂及其效言進而感格於神明之際極其誠敬無有言說而人自化之也威畏也鈇莝斫刀也鉞斧也 講 為己之學成而其效則何如詩云主祭者奏假神明極其誠敬無有言說則在廟之人亦皆化之靡有爭競失禮者此可見有是德則有是化矣是故君子由存省之功以造於成德之地雖不賞以示勸也而民之被其德者自然有所景仰而勸於善雖不怒以示威也而民之被其德者自然威於鈇鉞而不敢為惡夫不賞怒即無言也民勸威即靡爭也蓋德威而民化如此 ○ 詩曰不顯惟德不顯是無迹可見 百辟其刑之百辟是諸侯刑是效法 是故君子篤恭而天下平承上不顯二句來君子是成德之人篤恭是純粹自然不自知其恭之謂天下是盡萬邦臣民平是相忘相化意 註 詩周頌烈文之篇不顯說見二十六章此借引以為幽深玄遠之意承上文言天子有不顯之德而諸侯法之則其德愈深而效愈遠矣篤厚也篤恭言不顯其敬也篤恭而天下平乃聖人至德淵微自然之應中庸之極功也 講 不但已也詩云天子有幽深玄遠之德則百辟其皆刑而法之此可見德愈盛則化愈廣矣是故君子由存省而造其極此心渾然天理念念是恭時時是恭篤厚渾深不可窺測而天下之人自順則而不知翕然平治并勸威之迹亦泯矣夫篤恭是不顯之德天下平即百辟刑之此中和位育之能事聖神功化之極致也 補 呂云潛雖二節是天德工夫而不動兩句是工夫極處奏假二節是王道效驗而篤恭句是效驗極處 ○ 詩云予懷明德予是詩人託為上帝自稱之言懷是常念意明德指能全天賦之明德言 不大聲以色不大是未嘗顯著意以猶與也 子曰聲色之於以化民聲是號令色是容貌化是感化 末也末是末務 詩曰德輶如毛輶是輕毛是羽毛物之至輕者 毛猶有倫倫是有迹可比倫意 上天之載載指天命之流行處言 無聲無臭無聲是無可聽無臭是無可聞 至矣至矣是贊

天寶書局精校藏板

萬邦作孚

德非贊詩

【註】詩大雅皇矣之篇引之以明上文所謂不顯之德者正以其不大聲與色也又引孔子之言以為聲色乃化民之末務今但言不大之而已則猶有聲色者存是未足以形容不顯之妙不若烝民之詩所言德輶如毛則庶乎可以形容矣而又自以為謂之毛則猶有可比者是亦未盡其妙不若文王之詩所言上天之載無聲無臭然後乃為不顯之至耳蓋聲臭有氣無形在物最為微妙而猶曰無之故惟此可以形容不顯篤恭之妙非此德之外又別有是三等然後為至也

【講】君子不顯篤恭則其德之深微豈易形容哉詩云上帝自言予懷念文王之明德不大其聲音與顏色似可以形容不顯之德矣然孔子嘗言為政有本若聲色之於以化民特末務耳今若但執詩不大之說是猶有聲色者存也不若烝民之詩曰德之輕微如毛似可以形容不顯之德矣然毛雖微也猶有比類德豈有比類乎惟文王之詩曰上天之載無聲可聽無臭可聞乃真為不顯之至德矣故惟此可以形容不顯之德之妙然則君子之學必至此而後為極也非由立心為己而進其功焉亦安能至是哉

【補】朱子云此章凡八引蓋自衣錦尚絅以至不顯惟德凡五條始學成德疏密淺深之序也自不大聲色以至無聲無臭凡三條皆所以贊夫不顯之德也胡氏云首章開端一天字原其所始之道道在我者無不本諸天此結果一天字要其所終之德德成則能不失本諸天者也至此則無聲無臭之天即我不顯之德天人合一矣

右第三十三章子思因前章極至之言反求其本復自下學為己謹獨之事推而言之以馴致乎篤恭而天下平之盛又贊其妙至於無聲無臭而後已焉蓋舉一篇之要而約言之其反復丁寧示人之意至深切矣學者其可不盡心乎

中庸卷之一終

新訂
四書補註備旨

新訂 四書補註備旨

論語

新訂 四書補註備旨

論語集註序說

史記世家曰新安陳氏曰司馬遷史記有孔子世家朱子纂其要於此孔子名丘字仲尼新安陳氏曰孔子父禱於尼丘山而生孔子故以爲名若字其先宋人孔子六世祖孔父嘉爲宋督所殺紇遂遷于魯父叔梁紇下沒反母顔氏名徵在以魯襄公二十二年庚戌之歲十一月庚子生孔子於魯昌平鄉郰邑郰側鳩反○新安倪氏曰孔子之生左氏春秋不書但於哀公十六年夏四月己丑書孔丘卒杜預註魯襄二十二年生至今七十三也公羊穀梁傳皆於襄公二十一年書孔子生乃已再歲也與史記杜註皆不合爲兒嬉戲常陳俎豆設禮容及長上聲爲委去聲吏料量去聲平委吏本作季氏史索隱云一本作委吏與孟子合今從之

史記索隱司馬貞作爲司職吏畜許反又蕃音煩息職見音現周禮牛人讀爲樴音特又之式二反義與杙同杙餘式反蓋繫養犧牲之所此官卽孟子所謂乘去聲田雲峯胡氏曰此以後多用論語證以經證史也此二事論語無所見則證之孟子亦以經證史也○周禮地官司徒上牛人掌養國之公牛以待國之政令凡祭祀共其享牛求牛以授職人而芻之註享牛前祭一日之牛也求牛禱於鬼神祈求福之牛也職讀爲樴樴謂之杙可以繫牛樴人者謂牧人充人與芻牲之芻牛人擇於公牛之中而以授養之曰適周問禮於老子問何以問禮於老子朱子曰老子曾爲柱下史故知禮節文所以孔子問之聃雖知禮然其意以爲不必盡行行之反以多事故欲絶滅之既反而弟子益進昭公二十五年甲申孔子年三十五而昭公奔齊魯亂於是適齊爲高昭子齊大夫家臣以通乎景公有聞韶問政二事公欲封以尼谿之田晏嬰不可公惑之有季孟吾老之語問齊景公欲封孔子田楚昭王欲封孔子地晏嬰子西不可使無晏嬰子西則夫子還受之否朱子曰既仕其國則須有采地受之可也孔子遂行反乎魯定公元年壬辰孔子年四十三而季氏彊僭其臣陽虎作亂專政故孔子不仕而退修詩書禮樂弟子彌衆九年庚子孔子年五十一公山不狃以費畔季氏召孔

子欲往而卒不行有答子路東周語朱子曰聖人欲往是當他召聖人之時有這些好意思來接聖人聖人當時亦接他好意思所以欲往然他這箇人終是不好底人所以終不可去如陰雨蔽翳重結不解忽然有一處略略開霽雲收霧斂見得青天白日這些自是好定公以孔子爲中都宰一年四方則之遂爲司空又爲大司寇十年辛丑相去聲下同定公會齊侯于夾谷齊人歸魯侵地鄆汶陽龜陰之田十二年癸卯使仲由爲季氏宰墮許規反毁也下同三都收其甲兵孟氏不肯墮成圍之不克問成既不墮夫子如何別無處置了便休朱子曰不久夫子亦去魯矣若使聖人久爲之亦須別有箇道理十四年乙巳孔子年

五十六攝行相事誅少(去聲)正卯與(音預)聞國政

二月魯國大治(去聲)齊人歸女樂以沮(在呂反止也)

之季桓子受之郊又不致膰(音煩祭祀餘肉也)俎於

大夫孔子行(魯世家自此以上皆爲十二年事)

(問設若魯亦致膰於大夫則夫子果止乎朱子曰也須去只是不若此之速必須別討一箇事故去○胡氏曰是時政在季氏夫子攝行相事而已非爲相也與聞國政而已非爲政也定公素不能立季孫既有所惑其不足與有爲可知也故不容於不行)

適衛主於子路妻兄顏濁鄒家(孟子作顏讎由)

適陳過匡匡人以爲陽虎而拘之(有顏淵後及文王旣沒之語)旣解還衛主蘧伯玉家見

論語集註序說

南子(有矢子路及未見好德之語)去適宋司

馬桓魋欲殺之(有天生德語及微服過宋事)

又去適陳主司城貞子家居三歲而反于衛

靈公不能用(有三年有成之語)晉趙氏家臣

佛肸以中牟畔召孔子孔子欲往亦不果(有答子路堅白語及荷蕢過門事朱子曰夫子於公山氏之召抑眞箇要去做於佛肸之召但謂其不能浼我而已)將西見趙簡子

至河而反又主蘧伯玉家靈公問陳不對而

行復(扶又反)如陳(據論語則絕糧當在此時)季

桓子卒遺言謂康子必召孔子其臣止之康

子乃召冉求(史記以論語歸與之歎爲在此時又以孟子所記歎詞爲主司城貞子時語疑不然蓋語孟所記本皆此一時語而所記有異同耳)孔子如蔡及葉(失涉反)(有葉公問答子路不對沮溺耦耕荷蓧丈人等事史記云於是楚昭王使人聘孔子孔子將往拜禮而陳蔡大夫發徒圍之故孔子絕糧於陳蔡之間有慍見及告子貢一貫之語按是時陳蔡臣服於楚若楚王來聘孔子陳蔡大夫安敢圍之且據論語絕糧當在去衛如陳之時)楚

論語集註序說

昭王將以書社地封孔子令尹子西不可乃

止(史記云書社地七百里恐無此理時則有接輿之歌新安陳氏曰索隱云古者二十五家爲里里各立社則書社者書其社之人名於籍蓋以七百里書社之人封孔子也故冉求云雖累千社而夫子不利是也饒氏云書社猶今人所謂書會也蓋鄕大夫所當得底地謂之采地如這箇却是君之所特與故謂之書社地言以此養其徒也便如齊王欲中國授孟子室養弟子以萬鍾相似)

又反乎衛時靈公已卒衛君輒欲得孔子爲

政(有魯衛兄弟及答子貢夷齊子路正名之語)而冉求爲季氏將(去聲)與齊戰有功康子乃

召孔子而孔子歸魯實哀公之十一年丁巳

而孔子年六十八矣（有對哀公及康子語 雲峯胡氏曰讀此者要看太史公書法又要看文公刪後書法如孔子在他國皆不書年若干惟他國及魯在魯則歷歷書之豈以在他國則歲月無所考故不書耶然去魯適陳太史公書曰是歲魯哀公三年而孔子年六十矣又自楚反衛太史公書曰是歲也孔子年六十三而魯哀公六年也文公皆刪之至孔子晚年歸魯文公乃特書曰實哀公之十一年丁巳而孔子年六十八矣言外慨歎之意於書法可見也）然魯終不能用孔子孔子亦不求仕（問孔子當周衰時可以有為否朱子曰聖人無不可為之時也便若時節變聖人又自處之不同問孔子豈不知時君必不能用已曰聖人豈有逆料君能用我與否到得後來說不復夢見周公與吾已矣夫聖人自知其不可為矣）乃叙書傳（去聲）禮記（有杞宋損益從周等語）刪詩正樂（有語太師及樂正之語）序易彖繫象說卦文言（有假我數年之語）弟子蓋三千焉身通六藝者七十二人（弟子顏回最賢蚤死後唯曾參得傳孔子之道）十四年庚申魯西狩獲麟（有莫我知之歎）孔子作春秋（有知我罪我等語論語請討陳恒事亦在是年）明年辛酉子路死於衛十六年壬戌四月己丑孔子卒年七十三葬魯城北泗上弟子皆服心喪三年而去惟子貢廬於冢上凡六年孔子生鯉字伯魚先卒伯魚生伋（音急）字子思

作中庸（子思學於曾子而孟子受業子思之門人）

何氏曰（何氏名晏字平叔魏南陽人）魯論語二十篇齊論語別有問王知道凡二十二篇其二十篇中章句頗多於魯論古論出孔氏壁中分堯曰下章子張問以為一篇有兩子張凡二十一篇篇次不與齊魯論同（或問今之論語其魯論與朱子曰以何晏所敘篇數考之則信為魯論矣但據釋文則其字亦或有不同者如以必為瓜之類豈何氏亦若鄭註就魯論篇章而又雜以齊古之文與然唐藝文志已不載齊古篇目陸氏蓋於諸家說中得之耳）

論語集註序說

程子曰論語之書成於有子曾子之門人故其書獨二子以子稱（程子曰論語為書傳道立言深得聖人之學者矣如鄉黨形容聖人不知者豈能若是○問論語以何為要曰要在知仁孔子說仁處最宜玩味曰孔子說仁處甚多尤的當是何語曰皆的當但其門人所至有不同故其答之亦異○朱子曰程子之說蓋出於柳宗元其言曰諸儒皆以論語孔子弟子所記不然也孔子弟子曾參最少又老乃死而是書記其將死之言則其去弟子之時甚遠而當時弟子略無存者矣吾意孔子弟子嘗雜記其言而卒成其書者曾子弟子樂正子春子思之徒也故是書之記諸弟子必以字而曾子不然蓋其弟子號之云爾而有子亦稱子者孔子之沒諸弟子嘗以似夫子而師之後乃叱避而退則固嘗有師之號矣凡此柳氏之言其論曾子者得之而有子叱避之說則史氏之鄙陋無稽而柳氏惑焉以孟子考之當時既以

曾子不可而寢其議有子曷嘗擄孔子之位而有其號哉故程子特因柳氏之言斷而義
之以為此誠此所以不著柳說而獨以程子為擄也楊氏又謂此書首記孔子之言而以
二子之言次之蓋其尊之亞於夫子尤為明驗至於閔損冉求亦或稱子則因其門人所
記而失之不華也與

程子曰讀論語有讀了全然無事者有讀了後
其中得一兩句喜者有讀了後知好(去聲)之者
有讀了後直有不知手之舞之足之蹈之者

程子曰論語之書其辭近其指遠辭有盡指無窮有盡者可索之於訓詁無窮者要當會
之以神譬諸觀人昔日識其面今日識其心在我則改容更貌矣入則猶故也坐是故難
讀蓋不學操縵不能安弦不學博依不能安詩不學雜服不能安禮惟近似者易入也彼

論語集註序說

其道高深博厚不可涯涘也如此儻以童心淺智窺之豈不大有逕庭乎方其脅肩諂笑
以言餂人者讀之謂巧言令色寧病仁未能素貧賤而恥惡衣惡食者讀之豈知飯蔬飲
水曲肱而枕之未妨吾樂淫心於利末得已不已而有顛實之患者讀之孰知不義之富
貴真如浮雲誨爾諄諄聽我藐藐者讀之孰知回不惰師書紳為至誠服膺遇此而往益
高益深可勝數哉○朱子曰學者須著實循序讀書以論語為先一日只看一二段莫問
精粗難易但只從頭看將去讀而未曉則思思而未曉則讀反覆玩味久之必自有得矣
今學者於論語二十篇中尚不耐煩看得之況所謂死而後已者又豈能辦得如此長遠
工夫耶○慶源輔氏曰嗜之而飽饜充足其樂有不可形容者是以見於手舞足蹈也○
雲峯胡氏曰讀論語者有此四等人初是全無知者第二是略能知者第三是知而好之
者第四是好而樂之者

程子曰今人不會讀書如讀論語未讀時是此
等人讀了後又只是此等人便是不曾讀程子
曰讀論語須有疑然後能進今人讀書元不知疑所以不及古人孔門弟子如子夏問巧
笑倩兮美目盼兮直推至於禮後樊遲問仁知直推至於舉臯陶伊尹而不仁者遠始能
無疑今人多於言上認了又安能疑○問論語如何讀曰這也使急不得也不可慢所謂
急不得者功效不可急所謂不可慢者工夫不可慢○慶源輔氏曰程子言雖近而意則
切使讀書者自知所以求益不至虛費工夫也須是熟讀涵泳使之通貫浹洽然後有日
新之功如是則氣質變化月異而歲不同矣

程子曰頤自十七八讀論語當時已曉文義讀
之愈久但覺意味深長和靖尹氏曰論語之書迺集記孔子嘉言

論語集註序說

善行苟能即其問答如已親炙于聖人之門默識心受而躬行之則可謂善學矣○延平
李氏曰人之持身當以孔子為法孔子相去千餘載既不可得而親之所可見者獨論語
耳論語蓋當時門人弟子所記孔子言行也每讀而味之玩而繹之推而行之雖未至升
堂入室亦不失為士君子也○朱子曰所謂深長意味也別無說只是涵泳久自見得○
論語讀著越見意思無窮今日讀得些意思明日讀又長得意思○朱子曰論語中程先
生及和靖說只於本文添一兩字甚平淡然意味深長須當子細看要見得他意味方好
已下論解論語○問謝氏說多過不如楊氏說最實曰尹氏語言最實亦多是處但看文
字亦不可如此先懷權斷於胷中如謝氏說十分有九分過處其間亦有一分說得恰好
處豈可先立定說今且須虛心玩理○集註中解有兩說相似而少異者亦要相資有說
全別者是未定也○論語集註如秤上稱來無異不高些不低些自是學者不肯用工看

論語集註序說

○問集註有兩存者何者為長曰使某見得長底時豈復存其短底只為是二說皆通故并存之然必有一說合得聖人之本意但不可知爾又曰大率兩說前一說勝○某於論孟逐字稱等不教偏些小學者將註處宜子細看○集註添一字不得減一字不得不多一箇字不少一箇字○讀集註只是要看無一字閑若意裏說做閑字那箇正是緊要字○集註至于訓詁皆子細者蓋要人字字思索到莫要只作等閑看了○問註或用者字或用謂字或用猶字或直言其輕重之意如何曰者是恁地直言者直訓如此猶者猶是如此胡氏曰某某也正訓也某猶某也無正訓借彼以明此也某之為言某也前無訓釋特發此以明其義也為言謂其說如此也引經傳文以證者此字義不可以常訓通也○集註於正文之下正解說字訓文義與聖經正意如諸家之說有切當明白者即引用而不沒其姓名如學而首章先尹氏而後程子亦只是順正文解下來非有高下去

取也章末用圈而列諸家之說者或文外之意而於正文有所發明不容略去或通論一章之意反覆其說切要而不可不知也○集註內載前輩之說於下句者是解此句文義載前輩之說於章後者是說一章之大旨及反覆此章之餘意胡氏曰字義難明者各有訓釋一章意義可以分斷者逐節註之一章之後又合諸節而通言之欲學者先明逐字文義然後明逐節旨意然後通一章之旨意也每章只發本章之旨者附註後或因發聖人言外之意者別為一段以附其後亦欲學者先明本旨而後及之也

新訂四書補註備旨上論卷一

粵東鄧 林退菴先生手著
裔孫 煜耀生編次
寶安祁文友珊洲先生重校
江甯後學杜定基起元增訂

孔子
先聖父叔梁紇娶施氏生九女無子妾生孟皮病足乃求婚於顏氏顏氏三女以幼女徵在妻之徵在禱於尼丘之山生孔子因名曰丘未生時有麒麟吐玉書於闕里其文曰水精之子繼衰周為素王顏氏異之以繡紱繫麟角信宿而去誕生之夕有二龍繞室五老降庭五老五星之精也顏氏之房聞鈞天之樂空中有聲云天感生聖子故降以和樂之音孔

學而章旨
此章是聖人鼓舞人好學之意總一學字貫首節時習而說得此學也中節朋來而樂公此學也末節不慍而君子成此學也工夫全重在時習上三節各上句學字有朋字人不知字宜略頓方覺下面數字有進步三不亦乎字有使其自證自驗意

學而節旨
上句是為學不已其功下言自得於心也學兼知行註明善者明本性之善以知言也復其初者復本性之善以行言也重時習上悅字形容時習之驗須得只可自喻不能告人意不亦字有不期然而然意

有朋節旨
上句言學致同類之從下是慶吾道得廣其傳也重遠方上但講朋來不可涉聲氣一路悅屬自心樂兼人己有廣狹而無淺深

人不節旨
上句言學至於不尤人下是信其為成德之士也重不慍上要說得細註可玩慍與憂有別憂者為天下是公

論語
論是議論語是答述此書是記孔子平日與門弟子講學論治相問答之言語故名曰論語分上下兩篇

學而第一
此為書之首篇故所記多務本之意乃入道之門積德之基學者之先務也凡十六章

子曰 子是孔子姓孔名丘字仲尼魯國人曰是說 **學而時習之** 學謂所知所行皆效先聖賢之所為也而字承上起下之辭時習是時時溫習無間斷其功之指所知之理所能之事言 **不亦說乎** 不亦猶云豈不也乎是贊歎辭

【註】學之為言效也人性皆善而覺有先後後覺者必效先覺之所為乃可以明善而復其初也習鳥數飛也學之不已如鳥數飛也說喜意也既學而又時時習之則所學者熟而中心喜說其進自不能已矣程子曰習重習也時復思繹浹洽於中則說也又曰學者將以行之也時習之則所學者在我故說謝氏曰時習者無時而不習坐如尸坐時習也立如齊立時習也

【講】夫子示人心學之全功意曰人性皆善欲明善以復其初端有賴於學矣然每苦其難而不說者以學之不熟故也若既學矣而又時時溫習其所知之理所能之事則心與理相融而所知者益精身與事相安而所能者益固從容涵泳不亦怡然自得其進自不能已乎

○**有朋自遠方來** 自是由來是來從吾學 **不亦樂乎** 樂是歡樂

【註】朋同類也自遠方來則近者可知程子曰以善及人而信從者眾故可樂又曰說在心樂主發散在外

【講】然義理人心所同苟學既有得而人不信從則吾之悅雖深亦未能達於外也今有同類之朋自遠方來則學足以及人而信從者眾將見吾之所知彼亦知之吾之所能彼亦能之則所得不獨為一己之私矣不亦歡欣宣暢比於悅更為發舒乎

○**人不知** 人泛指眾人上而君相下而士民皆在內不知是不知其學也 **而不慍** 不慍只不改其悅樂 **不亦君子乎** 君子兼識高養粹說

【註】慍含怒意君子成德之名尹氏曰學在己知不知在人何慍之有程子曰雖樂於及人不見是而無悶乃所謂君子愚謂及人而樂者順而易不知而不慍者逆而難故惟成德者能之然德之所以成亦曰學之正習之熟說之深而不已焉耳程子曰樂由說而後得非樂不足以語君子

【講】吾學足以及人固為可樂苟人或不見知而心稍有不平則猶有近名之累尚未足為君子也若今人不我知處之泰然略無慍怒之意則吾致吾知而境之逆者不足以搖吾心也吾力吾行而事之變者不足以易吾志也品詣純粹不亦卓然特立而為成德之君子

天寶書局精校藏板

子生有異質

有子

有若魯人為人強識好古道○孔子既沒弟子思慕之以有若狀似孔子相與共立為師如孔子時也他日弟子進問曰昔夫子出行使弟子持雨具已而果雨弟子問曰夫子何以知之子曰詩不云乎月離畢俾滂沱矣昨暮月不宿畢乎他日月宿畢竟不雨商瞿年長無子其母為娶室孔子使之齊瞿母請之孔子曰無憂瞿年四十後當有五丈夫子已而果然敢問夫子何以知此有若默然無以應遂避師席○檀弓子游曰甚哉有子

底愠者為一己是私底君子地位儘高乎夫學由說而樂以至於君子學之能事畢矣

補　顧麟士云學字自是徹首徹尾工夫說就其中自得者言樂就其中及人者言君子就其中忘遇者言意則三層語實三平三不乎字三乎字可玩

有子章旨

此章有子欲人務孝弟以行仁上節言人能孝弟自無不仁之事已伏下節案而下節極言孝弟之量以申明上節意總見孝弟之重不可不先務也

有子節旨

首句一頓不好犯上作亂一直說下見得人能孝弟則其心和順豈有不仁之事就現成說此為人與下為仁之為字虛實不同

君子節旨

此節極言孝弟之重首二句泛言君子務本有益下是推其本之所在也務有聚精會神意立有栽培牢固意生有活潑洋溢意本立無工夫工夫全在務字上論性則以仁為孝弟之本而孝弟實行仁之第一事故亦可名曰本

補　朱子曰仁便是本仁更無本了若說孝弟是仁之本則頭上安頭伊川先生所以將為字屬仁字讀蓋孝弟是仁裏面發出來乃推行仁道之大自此始耳仁字則流通該貫不專主於孝弟之一理也仁就性上說孝弟就事上說

巧言全旨

○有子曰其為人也孝弟(為人是為子為弟之人)而好犯上者鮮矣(犯上如疾行先長之類是小不順的事上如分尊於我年長於我者皆是不單指父兄者作人字看)不好犯上(是過脈語)而好作亂者(作亂是大不順之事)未之有也(決無之意)

註　有子孔子弟子名若善事父母為孝善事兄長為弟犯上謂干犯在上之人鮮少也作亂則為悖逆爭鬭之事矣此言人能孝弟則其心和順少好犯上必不好作亂也

講　有子欲人務孝弟意曰天下惟孝弟為至重誠使其為人也能孝以善事父母弟以善事兄長則其心和順而好干犯在上之人者鮮矣既不好犯上而不為小不順之事顧乃好作亂而為大不順之事者未有此理也

○君子務本(君子是有仁民愛物之責者)本立而道生(立是植立不搖道是天下事理生是發生)孝弟也者(孝弟即指上節孝弟)其為仁之本與(為字解作行字本與上文二本字相應)

註　務專力也本猶根也仁者愛之理心之德也為仁猶曰行仁與者疑辭謙退不敢質言也言君子凡事專用力於根本根本既立則其道自生若上文所謂孝弟乃是為仁之本學者務此則仁道自此而生也程子曰孝弟順德也故不好犯上豈復有逆理亂常之事德有本本立則其道充大孝弟行於家而後仁愛及於物所謂親親而仁民也故為仁以孝弟為本論性則以仁為孝弟之本或問孝弟為仁之本此是由孝弟可以至仁否曰非也謂行仁自孝弟始孝弟是仁之一事謂之行仁之本則可謂是仁之本則不可蓋仁是性也孝弟是用也性中只有箇仁義禮智四者而已曷嘗有孝弟來然仁主於愛愛莫大於愛親故曰孝弟也者其為仁之本與

講　是以君子凡事專用力於根本蓋以根本既立而其道自生凡事皆然而況於孝弟乎若吾所謂孝弟也者本一念之和順推之仁民愛物皆是心也其即行仁之本與學者務孝弟則仁道自此而生矣豈但犯亂不作而已哉

○子曰巧言令色(巧是有心要好意言指接人言辭令是有心要善意色指一身容貌)鮮矣仁(鮮作亡字看仁是心之德)

註　巧好令善也好其言善其色致飾於外務以悅人則人欲肆而本心之德亡矣聖人辭不迫切專言鮮則絕無可知學者所當深戒也程子曰知巧言令色之非仁則知仁矣

講　夫子戒人不可徇外意曰有德者必有言根心者必生色言與色未始非仁也若巧好其言以悅人之聽令善其色以悅人之觀則是務外而不務內少矣其心德之仁矣學者可不知所戒哉

○曾子曰吾日三省吾身(吾是我日是每日三省是以三事省察吾身此句且虛)為人謀(是代人謀事)而不

之言似夫子也

千乘

馬融曰司馬法六尺為步步百為畝畝百為夫夫三為屋屋三為井井十為通通十為成成出革車一乘千乘之賦其地千成

○包咸曰古者井田方里為井十井為乘百里之國適千乘也

○朱子曰車乘之說歸馬氏為可據馬說八百家出車一乘包說八十家出車一乘一乘甲士

此章戒人循外也上句是致飾於外下句是喪其中之所有講巧令須與仁字對勘與後足恭章不同解矣者夫子渾厚之辭要說得婉然辭雖婉而警人之意甚切

三省全旨

此章曾子毋自欺之學也以吾身句作冐下三句正詳其事當以省字貫省兼註改之加勉二意非是截然不省別事只是見得此三事實有纖毫未盡處省較急耳為人謀主一事說與朋友泛說忠存於己就心上說信見於物就事上說戒自欺是曾子一生得力學問謀不忠交不信傳不習均切吾身故欺人欺友欺師總為自欺但三不字須說得細微方合曾子身分乎字正省字精神乃自已搜尋有疚處

道千全旨

此章論治國之要本君心說五者皆政之大體未及政之詳者如禮樂刑政綱紀文章諸條件也但君心即於事上見之敬者處事無忽思信者臨民無欺心節者用財無侈心愛者待人無忌心以時者無自便妨民之心照註五者平列有缺一不可意若數者以敬為主及反覆相因之說俱係推原敬信節愛句内用兩而字見道千乘者既須如此又須如彼也時使乃愛人中一事王政重農故又另言之

忠乎（忠是盡心有視若己事之意）與朋友交（朋友是同類之人交是相交接）而不信乎（信是誠實不欺凡事皆實不但言語也）傳（傳謂受之師之）不習乎（習兼知行工夫三乎字俱問心之辭正是省意）

註 曾子孔子弟子名參字子輿盡己之謂忠以實之謂信傳謂受之於師習謂熟之於己曾子以此三者日省其身有則改之無則加勉其自治誠切如此可謂得為學之本矣而三者之序則又以忠信為傳習之本也尹氏曰曾子守約故動必求諸身謝氏曰諸子之學皆出於聖人其後愈遠而愈失其真獨曾子之學專用心於内故傳之無弊觀於子思孟子可見矣惜乎其嘉言善行不盡傳於世也其幸存而未泯者學者其可不盡心乎

講 曾子自言省身之要曰吾於每日之間常以三事省察吾身三省維何如謀貴於忠吾之為人謀也得無此心未盡而有不忠者乎交友貴信吾之與朋友相交也得無此心未孚而有不信者乎傳貴於習吾之受傳於師也得無此心怠惰而有不習者乎有則改之無則加勉是三者皆吾身所日兢兢以為省也蓋曾子之學隨事省察而力行之故其用功之密如此

補 三者皆切於身故特舉言即註所云為學之本也看來不忠不信不習是當下便省有不是處便改不是事過後方始去省也

○子曰道千乘之國敬事而信（敬是此心專一不敢輕慢事是國事信是始終如一不朝令夕改）節用而愛人（節不專是儉嗇乃是裁抑冗費用是國家支用愛是保愛人兼臣民說）使民以時（使是役使民指百姓）

註 道治也千乘諸侯之國其地可出兵車千乘者也敬者主一無適之謂敬事而信者敬其事而信於民也時謂農隙之時言治國之要在此五者亦務本之意也○程子曰此言至淺然當時諸侯果能此亦足以治其國矣聖人言雖至近上下皆通此三言者若推其極堯舜之治亦不過此若常人之言近則淺近而已矣楊氏曰上不敬則下慢不信則下疑下慢而疑事不立矣敬事而信以身先之也易曰節以制度不傷財不害民蓋侈用則傷財傷財必至於害民故愛民必先於節用然使之不以其時則力本者不獲自盡雖有愛人之心而人不被其澤矣然此特論其所存而已未及為政也苟無是心則雖有政不行焉胡氏曰凡此數者又皆以敬為主愚謂五者反復相因各有次第讀者宜細推之

講 夫子論治國之要曰人君治千乘之大國其要有五國之事至難理也必主一無適以敬其事而猶慮生携貳之端則誠其號令而信於民焉國之用至難給也必量入為出以節其用而猶慮開寡恩之漸則周恤保養而愛乎人焉至於國有興作役使於民則以農隙之時而不敢妨其耕耘收穫之務焉治國而能行此五者則大本立而禮樂刑政可次第舉矣

○子曰弟子（是為人弟為人子者）入則孝（入是在家庭内孝就奉養定省說）出則弟（出是在宗族閭里弟就遜順退讓說）謹而信（謹是所行謹慎凡出入起居動作威儀皆是信是所言誠實）汎愛眾（汎愛是無憎嫌意眾指所交接之眾人）而親仁（仁是眾人中有立身制行高出於眾人者）行

三人步卒七十二人牛馬兵甲芻糧悉具恐非八十家所能給也

子夏

卜商字子夏衛人迎送必敬上交下接若截焉是卜商之行也○卜商省於詩能誦其義以文學者名為人性不弘好論精微時人無以尚之嘗返衛見讀史志者曰晉師伐秦三豕渡河子夏曰非也已亥耳讀史志者問諸晉史果然於是衛以子夏為聖孔子卒後居西河教授魏文侯師事之而諮國政焉○子夏

補 至冬乃役則在農畢是以時大綱此云農隙兼春夏秋乃時中節目

弟子全旨

此章端蒙養意文行不平蓋重行而濟以文也弟子二字作一冒責成弟子正見父兄之教不可以不先句句須切弟子說入孝出弟弟子所以立本謹行信言弟子所以持身愛衆親仁弟子所以接物餘力字活看是隨時有空閒處則以二字甚緊恐一息偷閒便一息放心也倪氏曰文行二者以本末重輕言則行為重此章先行後文是也以知行先後言則文為先四教章先文後行是也

賢賢全旨

此章見學貴敦倫意上四句是著其誠於盡倫下二句是斷其有得於學也四句俱以誠字貫指現成說易竭致有四字最重正見誠處下許其為已學亦正在此誠上雖曰二句不過抑揚其辭以見其深於學註中生質句不重子夏是鍼砭學人非是激人廢學大抵聖門論學原在人倫日用做工夫人若實能盡倫即此是學更有何學饒雙峯曰必好善有誠方能行下三事可見賢賢是為學第一要著

不重章旨

此章言君子自修之道首節為學之

有餘力 行是行上數事餘力是隨所行凡有閒暇處 **則以學文** 則即也學文非專考上數者而數者亦在其中 註 謹者行之有常也信者言之有實也汎廣也衆謂衆人親近也仁謂仁者餘力猶言暇日以用也文謂詩書六藝之文○程子曰為弟子之職力有餘則學文不修其職而先文非為己之學也尹氏曰德行本也文藝末也窮其本末知所先後可以入德矣洪氏曰未有餘力而學文則文滅其質有餘力而不學文則質勝而野愚謂力行而不學文則無以考聖賢之成法識事理之當然而所行或出於私意非但失之於野而已 講 夫子示幼學之準曰人生德業端自弟子為弟子者入於內則溫清定省以盡其孝出於外則徐行後長以盡其弟由是行必致其謹而有常言必主於信而有實又必汎愛衆人以廣其量親近仁者以求其益行此數者而一有餘暇之力則以學夫詩書六藝之文焉不惟驗所行之實事亦足以發本來之聰明矣 補 胡雲峯曰行有餘力者謂六事之中每行一事有暇則便學文非謂每日盡行六事畢然後學文也

○**子夏曰賢賢易色** 上賢字作好字看下賢字指有德賢人易移也色女色 **事父母能竭其力** 竭是盡而無餘力是分所當為勢所能為者 **事君能致其身** 致身不必限定捨身只是鞠躬盡瘁不論常變不顧利害皆是 **與朋友交言而有信** 信是言如其心 **雖曰未學** 雖曰是設言未學以生質之美言 **吾必謂之學矣** 學以明倫言 註 子夏孔子弟子姓卜名商賢人之賢而易其好色之心好善有誠也致猶委也委致其身謂不有其身也四者皆人倫之大者而行之必盡其誠學求如是而已故子夏言有能如是之人苟非生質之美必其務學之至雖或以為未嘗為學我必謂之已學也○游氏曰三代之學皆所以明人倫也能是四者則於人倫厚矣學之為道何以加此子夏以文學名而其言如此則古人之所謂學者可知矣故學而一篇大抵皆在於務本吳氏曰子夏之言其意善矣然辭氣之間抑揚太過其流之弊將或至於廢學必若上章夫子之言然後為無弊也 講 子夏重躬行之實學曰學莫貴於盡倫有人於此賢人之賢而卻似移易其好色之心其好善何誠也事父母則竭盡其力之所能為其事親何誠也事君則知有君不知有身能委致其身而不顧其事君何誠也與朋友交則言如是心亦如是而無不實之言其交友何誠也若而人者雖曰未嘗從事於學而其大倫之克盡吾必謂之已學矣何必拘拘於文藝而後為學哉

○**子曰君子** 指自修者言 **不重則不威** 不重是氣質輕浮意兼語言動作說不威是無威嚴可畏意 **學則不固** 學兼知行不固有暫得暫失意亦承不重來 註 重厚重威威嚴固堅固也輕乎外者必不能堅乎內故不厚重則無威嚴而所學亦不堅固也 講 夫子示人以自修之全功曰厚重所以蓄德也為君子者苟動容之間不以厚重自持則示人以可慢之形而不見有可畏之威吾知輕乎外者必不能堅乎內雖有所學亦隨得隨失而不堅固矣是以君子貴厚重也

○**主忠信** 主是常存意忠信是誠實之心 註

曰詩之於事也昭乎若日月燦乎如星辰上有堯舜之道下有三王之義雖居蓬戶之中彈琴以詠先王之風亦可以發憤忘食矣

子禽 亢齊人子車弟陳子車死於衛其妻與其家大夫謀以殉葬定而後陳子亢至以告曰夫子疾莫養於下請以殉葬子亢曰以殉葬非禮也雖然則彼疾當養

基次節為學之本三節恐人累我之學四節恐我自累其學前二節各單講後二節作對可也

不重節旨

此言自修之道要厚重首句言不厚重下兩句言其弊見厚重之不可已也重在正衣冠尊瞻視上

主忠節旨

此言自修之道在於存誠忠信兼所存所發看忠為實心信為實事

無友節旨

此言自修之道當慎取友友者交也是活字不如己即上厚重忠信不若己也

過則節旨

此言自修之道當速改過過亦就在偶不厚重不忠信不擇友之失上看

慎終全旨

此章為當時為民上者忽略喪祭無以端風化之本而發要歸重在上者說慎終單指父母追遠自父母至遠祖皆然此正自處於厚處歸厚亦是是慎終追遠而各念所生也歸字妙可見厚是固有的

子禽章旨

此章見夫子盛德感人之妙重溫良恭儉讓以得之句上節子禽之問是疑以求聞政下節子貢之答是言以得聞政子禽意原重在求子貢提出一得字全在自然與有心上分別求

人不忠信則事皆無實為惡則易為善則難故學者必以是為主焉程子曰人道惟在忠信不誠則無物且出入無時莫知其鄉者人心也若無忠信豈復有物乎 講 忠信所以進德也故善學者必以忠信為主不言則已言必忠信不行則已行必忠信止而思動而為無一念之虛偽則學之本立矣

○無友不如己者 友作交字看不如己是學問不似我者 註 無毋通禁止辭也友所以輔仁不如己則無益而有損 講 至於取友所以輔仁故必擇勝己者交之而毋友不如己者則學之資裕矣

○過則勿憚改 過是無心之失 註 勿亦禁止之辭憚畏難也自治不勇則惡日長故有過則當速改不可畏難而苟安也程子曰學問之道無他也知其不善則速改以從善而已○程子曰君子自修之道當如是也游氏曰君子之道以威重為質而學以成之學之道必以忠信為主而以勝己者輔之然或吝於改過則終無以入德而賢者亦未必樂告以善道故以過勿憚改終焉 講 改過所以自新故有過當速改不可畏難苟安而學之累去矣此合內外人己以為功君子自修之道如是也 補 蔡虛齋曰先言不重不威而學不固者是舉為學之弊欲人有以立其質後言忠信擇友改過者是舉為學之要欲人知所用其功

○曾子曰慎終追遠 慎終以喪言追遠以祭言 民德歸厚矣 民德是民孝忠之德歸是復還本有意厚是不偷薄 註 慎終者喪盡其禮追遠者祭盡其誠民德歸厚謂下民化之其德亦歸於厚蓋終者人之所易忽也而能謹之遠者人之所易忘也而能追之厚之道也故以此自為則己之德厚下民化之則其德亦歸於厚也 講 曾子示至孝之化曰民之厚薄惟上所致若為民上者致慎於終而喪盡其禮追思於遠而祭盡其誠則上之德厚矣由是下民化之亦皆慎終追遠復其德之本然而歸於厚矣為人上者可不端本哉 補 朱子曰慎終追遠乃天理人情之不容已者自是上所當盡非為化民而為之也然能如此則己德厚矣故民亦化而厚須知是說民德不是說民風風有澆漓德無同異孝親之心正是所同得處

○子禽問於子貢曰夫子至於是邦也 謂凡所至之邦 必聞其政 聞是商度是非議論得失之謂政指邦之綱紀法度因革損益者 求之與 求是夫子有心去問邦君 抑與之與 與是邦君有心問夫子二與是是疑而未決之辭 註 子禽姓陳名亢子貢姓端木名賜皆孔子弟子或曰亢子貢弟子未知孰是抑反語辭 講 子禽不知夫子聞政之由故問於子貢曰夫子周流天下凡至於是邦也必聞其一邦因革損益之政果夫子有意於邦君求之而得聞與抑邦君有意於夫子與之而得聞與是子禽以常人之情窺夫子也

○子貢曰夫子溫良恭儉讓以得之 溫即不慘暴不刻薄意良即平坦無險陂意恭訓莊敬莊主容敬主心自中發外也儉即容貌收斂而不放肆非儉約之謂讓即不矜己而推善以與人意得之是得聞其政有人君感悅來就而取正意 夫子之求之

者孰若妻與宰得已則吾欲已不得已則吾欲以二子者之為之也於是弗果用

子貢

衛人田常欲作亂於齊憚高國鮑晏故移其兵欲以伐魯孔子聞之謂門弟子曰去魯墳墓所處父母之國國危如此二三子何為莫出子路請出孔子止之子張請行孔子弗許子貢請行孔子許之故子貢一出存魯亂齊破吳彊晉而霸越○子貢常相魯衛家累千金卒終於齊○齊景公問子貢曰孔子之聖何如子貢曰賜終身戴天不知天之高也終身履

與皆是有心得則自然

子禽節旨

夫子至邦原要觀風察政不忍忘天下之心子禽原重求邊觀抑字可見溫良恭儉讓俱是以德容之接於人用

子貢節旨

者言惟其盛德積於中故有此德容發著於外然亦皆就子貢看出在夫子初不自知也五德雖一時俱形還宜逐字發揮得字方有根據畢竟邦君與之而後夫子得之然不謂之與者與則發自邦君得則感自夫子也末二句借其求字而反言之以明夫子之未嘗求耳須依語氣含蓄講下而不求之意躍然於言外方可

父在全旨

此章論觀人子之法為父子志趣事為不同者言之上二句觀志行大概以知其人之善惡下二句就觀行中細看其用心之厚薄語氣相因遞下重在不忍忘親上輯語云開口便說父在父沒則志行原在孝上觀也若到三年無改句纔講孝則上面說箇甚

禮之章旨

此章有子辨和以維禮也上節言禮中之和以示人見禮非煩苦之具下節言禮外之和以警人見不行非禮之過蓋因當時有徒和之弊故特原禮以救之

也 就搭上言此是夫子之求之以溫良恭儉讓也 **其諸異乎人之求之與** 言異乎他人之求必屈己訪問而後得也要見未嘗求意

【註】溫和厚也良易直也恭莊敬也儉節制也讓謙遜也五者夫子之盛德光輝接於人者也其諸語辭也人他人也言夫子未嘗求之但其德容如是故時君敬信自以其政就而問之耳非若他人必求之而後得也聖人過化存神之妙未易窺測然即此而觀則其德盛禮恭而不願乎外亦可見矣學者所當潛心而勉學也○謝氏曰學者觀於聖人威儀之間亦可以進德矣若子貢亦可謂善觀聖人矣亦可謂善言德行矣今去聖人千五百年以此五者想見其形容尚能使人興起而況於親炙之者乎張敬夫曰夫子至是邦必聞其政而未有能委國而授之以政者蓋見聖人之儀型而樂告之者秉彝好德之良心也而私欲害之是以終不能用耳

【講】子貢曉之曰夫子之聞政非求亦非與也蓋其盛德積中光輝發外但見其和厚而溫易直而良莊敬而恭節制而儉謙遜而讓其德容如是故時君敬信自以其政就問而夫子因以得聞之耳夫曰得之即擬之為與不可也而何況於求是夫子誠不可以求言也然亦何必不以求言就子所云求者而論我夫子之以盛德自然之感求之也其諸異乎他人之所為求之與而奈何以求與淺視之也噫若子貢者洵可謂善觀聖人矣

【補】邢疏云敦柔潤澤謂之溫行不犯物謂之良和從不逆謂之恭去奢從約謂之儉先人後己謂之讓五者夫子盛德光輝接於人者也全在無心感動見盛德之應

○**子曰父在觀其志** 父在權不由己志即行之存於心者兼善惡說 **父沒觀其行** 父沒便見事權由己行即志之見於事者亦兼善惡說 **三年無改於父之道** 此句緊連觀其行說無改見心不忍改道猶事也是父平日所常行者略就好邊說 **可謂孝矣** 孝從人子身上說

【註】父在子不得自專而志則可知父沒然後其行可見故觀此足以知其人之善惡然又必能三年無改於父之道乃見其孝不然則所行雖善亦不得為孝矣○尹氏曰如其道雖終身無改可也如其非道何待三年然則三年無改者孝子之心有所不忍故也游氏曰三年無改亦謂在所當改而可以未改者耳

【講】夫子論觀人子之法曰欲觀人子之孝不於其迹而於其心當父在之時已不得以自專故但觀其志向之邪正及父沒之後始得以自專故觀其行事之得失然亦未見其孝也又必父沒三年之後無遽改於父所行之道焉雖得以自專之時猶有不忍死親之心斯可謂孝矣

○**有子曰禮之用** 用對體字看 **和為貴** 和對嚴字看貴是可尚意 **先王之道** 先王乃制禮者道即禮以其可通行故曰道 **斯為美** 斯即此也承和字來美正與貴字相應惟其有得於和斯其所以可貴而為美耳 **小大由之** 小是小事即威儀三千大是大事即禮儀三百由是從指天下後世言之指先王所制之禮言

【註】禮者天理之節文人事之儀則也和者從容不迫之意蓋禮之為體雖嚴然皆出於自然之理故其為用必從容而不迫乃為可貴先王之道此其所以為美而小事大事無不由之也

天寶書局精校藏板

地不知地之厚也賜之事孔子譬如渴操壺杓就江海而飲之滿腹而去又安知江海之深乎景公曰子得毋太譽乎子貢曰賜何敢譽尚慮不及耳賜譽仲尼譬如兩手捧土而附泰山其無益亦明矣使不譽仲尼譬如兩手挹泰山其無損亦明矣景公曰善哉豈其然乎○衛侯會吳於鄖吳人藩衛侯之舍子貢請束錦以行見太宰嚭曰子若執衛君是墮黨而崇讐也或者難以霸乎乃舍衛侯

禮之節旨

為貴言禮行於和下即制禮之本於和說上二句已包下三句意下不過發明上二句耳道即禮也斯指和說美即貴也小大由即禮之用也朱子謂心安便是和至嚴處即是至和處不分兩橛

有所節旨

不行言和有不行下推其不行之故也亦字與前相應言無和之禮固不可貴無禮之和亦不可行知和知字不必深咎知和而一於和方是弊時解歸咎於知字非許東陽曰此說用禮前節是推原後節是防弊

信近全旨

此章示人遠悔之要三上句是能謹於始三下句是無悔於終要知慎始即所以慮終故言可復遠恥辱亦可宗不於復之遠之宗之之日而後信之也即當其約信致恭因親之時而已可信矣但三者要淺看信是約誓非誠信也恭是儀容謙恭因則偶爾因依朱子謂近只是合曰近曰不失必平日有精義明禮知人工夫方能如此

君子全旨

此章慕君子好學之心以勉人文勢有三折意實一氣相承不求安飽者正一其心於敏事慎言而敏事慎言此心猶不自是又必就正有道總是

講 有子維禮意曰禮在天下本是嚴肅然皆出於自然而非勉強故其為用必和而不迫安於天理順乎人情乃為得禮之本意而可貴是禮也即先王之道也先王制禮惟其有得於和斯其所以為美而可法可傳故天下後世小事而曲禮三千大事而禮儀三百莫不由於先王之道也

○**有所不行**有是容或有之意不行是不能推之天下後世無弊意**知和而和**是徒知其和之名而一於和蓋把尊卑上下名分皆缺略矣**不以禮節之**禮即本體之嚴者節是品節裁制之指和言**亦不可行也**見恣情徇欲不可行

註 承上文而言如此而復有所不行者以其徒知和之為貴而一於和不復以禮節之則亦非復禮之本然矣所以流蕩忘反而亦不可行也○程子曰禮勝則離故禮之用和為貴先王之道以斯為美而小大由之樂勝則流故有所不行者知和而和不以禮節之亦不可行范氏曰凡禮之體主於敬而其用則以和為貴敬者禮之所以立也和者樂之所由生也若有子可謂達禮樂之本矣愚謂嚴而泰和而節此理之自然禮之全體也毫釐有差則失其中正而各倚於一偏其不可行均矣

講 夫禮既貴於和則凡為和者宜無不可行矣而有所不行者何哉以其徒知和之為貴而一於和不以禮節其情之過則亦非復禮之本然矣所以流蕩忘返而施之小大亦不可行也此可見過嚴則拘拘非禮也過和則肆肆亦非禮也用禮者其審諸

補 朱子曰知和而和卻是一向去求和便是離了禮且如端坐不如箕踞徐行後長不如疾行先長者到這裏更有甚禮這便是不可行

○**有子曰信近於義**近義謂合於事理之宜是謹信於始也**言可復也**全在約信時見之**恭近於禮**近禮謂無過不及是謹行於始也**遠恥辱也**恥由內生辱自外至全在致恭時見**因不失其親**因是一時不失其親謂所依得人是謹交於始也**亦可宗也**宗是終身可宗全在因時見之

註 信約信也義者事之宜也復踐言也恭致敬也禮節文也因猶依也宗猶主也言約信而合其宜則言必可踐矣致恭而中其節則能遠恥辱矣所依者不失其可親之人則亦可以宗而主之矣此言人之言行交際皆當謹之於始而慮其所終不然則因仍苟且之間將有不勝其自失之悔者矣

講 有子示人以謹始之道曰言行交際人之大節存焉世之悔於其終者亦以始之不謹耳人當約信之始即慮其終之可復與否而求近於合宜之義則言必可踐而復也當致恭之始即慮其終之恥辱何如而求近於中節之禮則遠於內愧之恥外羞之辱也當因依之始即慮其終之可宗與否而不失其可親之人則亦可以宗而主之也夫言行交際能謹於始而無悔於終如此君子尚其謹始哉

○**子曰君子**是謀道之人**食無求飽**二無字作不暇字看飽是饜足意**居無求安**居是宅身安是安樂自便意**敏於事**敏是奮迅意事兼知行即求道之事**而慎於言**慎是謹慎度其可言則言意**就有道而正焉**就親近意有道

天寶書局精校藏板

好學無窮之心但好學二字在無求敏愼就正數字內見得有孜孜不自已意若缺一即不全矣有道者此人之身與道為一也就正隨事隨言皆就正非待事言畢纔就正可謂句是難辭不是贊辭

貧而章旨

此章見道無終窮學無止境也首節是論貧富者守不如化下二節因其能悟而許之言詩俱在學問上說通章以未若二字作主以知來知字作骨

貧而節旨

無諂無驕全是以理制欲故曰自守可也就自守上說雖曰僅可亦不得遽下不足之辭下面未若轉身方有力處貧多不堪其憂故以樂屬貧處富鮮克由禮故以好禮屬富要以貧而樂非樂乎貧貧自有其樂也富而好禮非是欲守其富乃自去好禮耳

詩云節旨

此節要寫子貢感悟自歎光景非間語切琢是無諂無驕影子磋磨是樂與好禮影子斯字指可也未若之謂引詩之意須放寬說不專在處貧富上

賜也節旨

上句許以言詩要得鼓動語氣下句推可與言詩之故始可與者言必如此人方可與言非自今始之說全重

是事言之準正兼講明觀法二意 **可謂好學也已** 謂是稱說好有汲汲求進意須合上三者方見得真好 【註】不求安飽者志有在而不暇及也敏於事者勉其所不足愼於言者不敢盡其所有餘也然猶不敢自是而必就有道之人以正其是非則可謂好學矣凡言道者皆謂事物當然之理人之所共由者也○尹氏曰君子之學能是四者可謂篤志力行者矣然不取正於有道未免有差如楊墨學仁義而差者也其流至於無父無君謂之好學可矣 【講】夫子示人以純心之學曰人之所以進於道者存乎學然學非難而好為難也惟君子食未嘗不飽而志無暇於求飽居未嘗不安而志無暇於求安一惟敏於所行之事以勉其所不足愼於所出之言不敢盡其所有餘然猶不敢自是也必親就有道德之人以正其事言之是非焉斯誠有見於道之無窮無時無處而不在於學也可謂好學也已 【補】蔡虛齋曰好學者務欲得乎道也不求安飽者志在道也敏事愼言者用功於道之實事也就正有道者欲使吾之道恰好無差也

〇**子貢曰貧而無諂** 貧是無財諂是心困於無而屈於人無諂則處貧而不為貧所移矣 **富而無驕** 富是豐財驕是心恃其有而矜於人無驕則處富而不為富所淫矣 **何如** 是問其人學力造就之境 **子曰可也** 可在自守上說 **未若貧而樂** 未若是不如樂是泰然自得意 **富而好禮者也** 好禮是凡事皆有節文意 【註】諂卑屈也驕矜肆也常人溺於貧富之中而不知所以自守故必有二者之病無諂無驕則知自守矣而未能超乎貧富之外也凡曰可者謹可而有所未盡之辭也樂則心廣體胖而忘其貧好禮則安處善樂循理亦不自知其富矣子貢貨殖蓋先貧後富而嘗用力於自守者故以此為問而夫子答之如此蓋許其所已能而勉其所未至也 【講】子貢先貧後富嘗用力於自守者乃問於夫子曰貧易諂富易驕人情也今有人焉處貧不為貧困而無所卑屈處富不為富動而無所驕矜所造若此果何如也夫子曰貧無諂富無驕是不溺於貧富之中而知所自守視世之驕諂者異矣其亦可也然無諂猶知有貧不若貧而樂心廣體胖併其貧而忘之無驕猶知有富不若富而好禮處善循理併其富而忘之夫子答子貢之言如此蓋許其所已能而勉其所未至也

〇**子貢曰詩云如切如磋如琢如磨** 四如字指為學言此二句是詩辭 **其斯之謂與** 斯指凡學問而言乃夫子未若中所含之理不專貧富一端 【註】詩衛風淇澳之篇言治骨角者既切之而復磋之治玉石者既琢之而復磨之治之已精而益求其精也子貢自以無諂無驕為至矣聞夫子之言又知義理之無窮雖有得焉而未可遽自足也故引是詩以明之 【講】子貢聞言而悟曰我以無諂無驕為至矣而夫子猶有貧而好樂富而好禮之言是天下之理無終窮而學問之功無止息也詩有云君子之學如治骨角者既切而復磋之如治玉石者既琢而復磨之蓋已精而益求其精也其斯義理無窮之謂與

〇**子曰賜也始可與言詩已矣** 始方也詩指全經言 **告諸**

北辰

艾千子曰北辰與極星是兩件辰非星乃天之樞紐天動處所謂天無星處曰辰是也緣人要認此為極就傍取一小星謂之極星共北辰則極星非共極星也○朱子曰天圓而動包乎地外地方而靜處乎天中故天之形半覆乎地上半繞

知來上往來字宜活看只是子貢觸類旁通意

不患全旨

此章示人為己之學夫子於患人不知己者下一轉語患不知人直說向內去蓋自己見得道理然後能知人自己之道不明如何能知人可見知人正以為己不然何異方人

為政全旨

此章言德化之盛欲為政者知所尚也通重為政句為政以德德不在政外所謂科條之設皆以躬行心得者運之也但以德則人自感化不見有為之迹非全無有為也此句已寓無為民歸意下正詳此意耳北辰為天之極譬為政以德之君為天下之極居其所譬人君之無為衆星共之譬天下歸之也

詩三全旨

此章夫子以讀詩之要示人首句是舉詩之全下是揭詩之要重思無邪不重一言思字最當玩思既無邪言行皆無邪矣須要發出先王所以垂詩教之意總使人思無邪或問是作詩者發於性情之正否朱子曰鄭衛諸詩係本人自作夫子存此以示戒安可皆謂得性情之正只要讀詩者思無邪耳

往而知來者 往是已言指貧富之道來是未言指淇澳之詩 【註】往者其所已言者來者其所未言者○愚按此章問答其淺深高下固不待辨說而明矣然不切則磋無所施不琢則磨無所措故學者雖不可安於小成而不求造道之極致亦不可騖於虛遠而不察切己之實病也 【講】夫子稱許之曰吾因貧富而言未若賜即由未若而言詩甚哉賜之善於言詩哉必如賜也始可與言詩已矣蓋詩之為教辭婉而意深賜能觸類引伸旁通無滯殆告諸往而知來者也賜其自此遠矣 【補】此與子夏可與言詩雖俱是許之之辭然語意不同子夏是因詩悟禮子貢是因貧富悟詩

○**子曰不患人之不己知** 患是憂慮人該得廣凡君臣朋友皆是不己知是人不知己之善 **患不知人也** 不知人是己不知人之是非邪正 【註】尹氏曰君子求在我者故不患人之不己知不知人則是非邪正或不能辨故以為患也 【講】夫子示人以為己之學曰君子之學求在我而已我誠是與正矣即人知之於己無加人或不知於己無損不患人之不己知也惟患不知人之是非邪正耳蓋不知人則無以取是而舍非從正而遠邪此則所當深患也 【補】章內兩知字不同上知字是只欲知己之善下知字是欲兼知人之善惡

為政第二 凡二十四章

○**子曰為政以德** 德是躬行心得之理以德是以躬行心得運為化理也 **譬如北辰** 是譬君象 **居其所** 是無為之象 **而衆星共之** 之指北辰言衆星共是天下歸之象 【註】政之為言正也所以正人之不正也德之為言得也行道而有得於心也北辰北極天之樞也居其所不動也共向也言衆星四面旋繞而歸向之也為政以德則無為而天下歸之其象如此程子曰為政以德然後無為范氏曰為政以德則不動而化不言而信無為而成所守者至簡而能御煩所處者至靜而能制動所務者至寡而能服衆 【講】夫子示人尚德之化曰人君之為政以正人也凡紀綱法度之施一以其躬行心得之德推之焉則無為而天下歸之譬如北極之辰尊居其所寂然不動而衆星皆四面旋繞以共向之也是可見北辰無為而衆星以情屬大君無為而萬民以德從此無為之化同天之治也觀天象不可以知德化乎哉 【補】輯語云首句只得半截語天下歸意至衆星共方足出蓋借喻以全正也

○**子曰詩三百** 詩是詩經三百是全詩之數 **一言以蔽之** 一言蔽是一句辭可蓋全詩之義 **曰** 是斷辭 **思無邪** 思是心思無邪是心思之正 【註】詩三百十一篇言三百者舉大數也蔽猶蓋也思無邪魯頌駉篇之辭凡詩之言善者可以感發人之善心惡者可以懲創人之逸志其用歸於使人得其情性之正而已然其言微婉且或各因一事而發求其直指全體則未有若此之明且盡者故夫子言詩三百篇而惟此一言足以盡蓋其義其示人之意亦深切矣○程子曰思無邪者誠也范氏曰學者必務知要知要則能守約守約則足以盡博矣經禮三百曲

乎地下而左旋不息其樞紐不動之處則在乎南北之端焉謂之極者猶屋脊之謂極也然南極低入地三十六度故周圍七十二度常隱不見北極高出地三十六度故周圍七十一度常見不隱北極之星正在常見不隱七十一度之中常居其所而不動其旁則經星隨天左旋日月五緯右轉更迭隱見皆是環繞而歸向之○天樞有五星其前一明者主太子其二最明者太乙主帝座其三主庶子其四主后其後一闊得些子而不甚明者主帝都極星也○北辰如

道之章旨

此章言治道之淺深欲人君審所尚也政刑德禮皆為治者所不可廢但以政刑不過使民遠罪以德禮則民日遷善而不自知兩節雖平列要歸重下節

以政節旨

上二句言人君徒用法以為治下言民心畏法以從治見政刑獲效之淺免是刑之效無恥是政之效刑即在政中不平

以德節旨

上二句言人君端本之治下言民有格心之化見德禮獲效之深有德禮雖用政刑終是德禮之政刑有恥是德之效格是禮之效禮即在德中不平

吾十章旨

此章聖人自述進學之序以為學者法逐句皆從體驗得來中間數而字正夫子獨覺其進處須知是七十時之言自志學至耳順俱要做追述語氣總註不躐等不半塗是鐵板兩柱

吾十節旨

吾字領起一章志學是徹始徹終事直須結裹在不踰矩上志字最有力

三十節旨

禮三千亦可以一言以蔽之曰無不敬 講 夫子示人以學詩之要曰詩之為經自關雎以至殷武蓋有三百篇之多然其中有一言之約可以盡蓋全經之義者如魯頌駉篇曰思無邪是已蓋凡詩之言善者以為勸惡者以為戒其用皆歸於使人無邪思也則此思無邪之一言豈不足以蔽全詩之義哉 補 朱子曰思無邪只是要正人心約言之三百篇只是一思無邪析言之則一篇中自有一思無邪一言以蔽之曰思無邪作一句讀

○**子曰道之以政** 道是引民為善以去惡政者法制示民使之為善禁令戒民使不為惡 **齊之以刑** 齊是一其趨刑是驅民不得不為善去惡以濟政之不及者 **民免而無恥** 免是苟且免罪恥是羞愧之心總承上二句說 註 道猶引導謂先之也政謂法制禁令也齊所以一之也道之而不從者有刑以一之也免而無恥謂苟免刑罰而無所羞愧蓋雖不敢為惡而為惡之心未嘗忘也 講 夫子示為治者當審所尚曰政刑德禮皆治道之不可缺者也而本末辨於其間矣誠使人君治民道之以法令之政至有民之不從者又齊之以痺惡之刑則民既恐其戾於政又恐其犯於刑兢兢然但求苟免刑罰而無所愧恥為惡之心仍在也是上以法治民民亦以法應之如此 ○**道之以德** 道是躬先倡率意德是躬行心得謂為善去惡以為天下先也 **齊之以禮** 指五禮文物言 **有恥且格** 恥是恥其不善格是至於善 註 禮謂制度品節也格至也言躬行以率之則民固有所觀感而興起矣而其淺深厚薄之不一者又有禮以一之則民恥於不善而又有以至於善也一說格正也書曰格其非心○愚謂政者為治之具刑者輔治之法德禮則所以出治之本而德又禮之本也此其相為終始雖不可以偏廢然政刑能使民遠罪而已德禮之效則有以使民日遷善而不自知故治民者不可徒恃其末又當深探其本也 講 若使道民者不徒以其法也而皆本於躬行之心德民固觀感而興起矣而稟有厚薄感有淺深之不一者又齊之以中正之禮抑其過引其不及則民不惟有恥於不善而且格以至於善矣是上以心感民民亦以心應之如此此孰淺孰深何去何從必有能辨之者 補 政刑非可廢但德禮重耳看末句相形處自見不可全將政刑貶壞

○**子曰吾十有五** 是方入大學之時 **而志於學** 志有汲汲於此意學訓大學乃明德新民止至善之理 註 古者十五而入大學心之所之謂之志此所謂學即大學之道也志乎此則念念在此而為之不厭矣 講 夫子自叙其進學以勉人曰理以日進而無窮功以積勤而有獲吾蓋身歷之而知其然矣猶憶吾十有五之時而即有志於大學之道凡所以致知力行者皆於此端其趨而為之汲汲矣 ○**三十而立** 立是堅守得定不為事物搖奪 註 有以自立則守之固而無所事志矣 講 然向於道而已猶未得乎道也積十五年持守之功至於三十則道得諸己而有以自立私意不能搖外物不能亂守之極固而無所用志矣 ○**四十而不惑** 是於事物上無一毫疑惑 註 於事物之所當然皆無所疑則知之明而無所事守矣 講 然知未至於融通而守猶假於用力又加以十年玩索涵養之功而進於四十則於道之所當然者幾微必析毫釐必察知極其明而守更無事矣 ○**五**

輪之轂如磨之臍如門之樞未嘗不動而動於其所故註云不動如人主憂勞無逸裁決萬幾而垂裳恭已人自不見其作為之迹也

孟懿子

懿子孟僖子之子也左傳孟僖子曰禮人之幹也無禮無以立君聞將有達者曰孔丘聖人之後也我若獲沒

志是要求道猶是兩件立便腳下已踏著了動搖不得此即據德地位

四十節旨

立尚著力持守須費權衡不惑則於道理脫然有悟應酬之間迎刃而解何用守為此誠立而明通之時

五十節旨

不惑隨事物上見這道理是事上知知天命知這道理所以然是理上知輯語云工夫喫緊在前三節雖聖人生安想亦煞用力來到知命以下只是涵養充積去

六十節旨

知命猶要思纔容少思便有違逆不得言順耳順是道理爛熟外邊物理皆吾心所具故一觸即通如聞滄浪之歌即悟自取之義

七十節旨

耳順是理會得熟由外入內而無不通此是運用得熟由內達外而無不中聖人心體就是矩心體流動處就是欲從心所欲不踰矩謂欲處皆矩也

孟懿章旨

此章夫子以禮論孝所以止三家之僭也只重一禮字首節無違便含末節意後起樊遲之問而詳發其旨正欲使聞於懿子也

孟懿節旨

懿子不問忠而問孝明欲以不得為

十而知天命 是知理之源頭處 【註】天命即天道之流行而賦於物者乃事物所以當然之故也知此則知極其精而不惑又不足言矣 【講】然猶但知其所當然而未能知其所以然又充積十年至於五十則天命之賦於物而為事物所以然之故者皆無不知悟發用之大原會萬殊之一本豈第不惑而已哉

○**六十而耳順** 是不思而無不通境界 【註】聲入心通無所違逆知之之知不思而得也 【講】然知之雖精而猶假於思也由五十而至六十則心與理融理與心會人之言方入於耳而言之理即順於心此自知命以來若用力若不用力而自至於此者

○**七十而從心所欲** 是隨心所向往 **不踰矩** 不踰是不過意矩是借言一定不易之理 【註】從隨也矩法度之器所以為方者也隨其心之所欲而自不過於法度安而行之不勉而中也○程子曰孔子生而知者也志亦由學而至所以勉進後人也立能自立於斯道也不惑則無所疑矣知天命窮理盡性也耳順所聞皆通也從心所欲不踰矩則不勉而中矣又曰孔子自言其進德之序如此者聖人未必然但為學者立法使之盈科而後進成章而後達耳胡氏曰聖人之教亦多術然其要使人不失其本心而已欲得此心者惟志乎聖人所示之學循其序而進焉至於一疵不存萬理明盡之後則其日用之間本心瑩然隨所意欲莫非至理蓋心即體欲即用體即道用即義聲為律而身為度矣又曰聖人言此一以示學者當優游涵泳不可躐等而進一以示學者當日就月將不可半途而廢也愚謂聖人生知安行固無積累之漸然其心未嘗自謂已至此也是其日用之間必有獨覺其進而人不及知者故因其近似以自明欲學者以是為則而自勉非心實自聖而姑為是退託也後凡言謙辭之屬意皆倣此 【講】然行比知雖出於自然而所行猶未盡出於自然也由六十而進於七十則涵養者純粹矜持者渾忘隨其心之所欲而自不過於法度縱橫左右莫非天理夫豈待於勉而後中哉此自耳順而後十年之間無所用力而從容自到有不知其所以然者吾自少至老無一時一念不在於學過此以往又安知老之將至乎 【補】朱子謂志學亦是要行而以知為重立是本於知而以行為重志學言知之始不惑知命進於耳順言知之至立言行之始從心不踰矩言行之至然細看來知行並進知中未嘗無行行中未嘗無知也

○**孟懿子問孝** 問孝是問孝親之道 **子曰無違** 此句且虛講 【註】孟懿子魯大夫仲孫氏名何忌無違謂不背於理 【講】孟懿子問孝親之道夫子曰孝順德也人子事親自始至終皆無所違焉則孝矣

○**樊遲御子告之曰孟孫問孝於我** 孟孫即懿子 **我對曰無違** 夫子之意欲以發樊遲之問也 【註】樊遲孔子弟子名須御為孔子御車也孟孫即仲孫也夫子以懿子未達而不能問恐其失指而以從親之令為孝故語樊遲以發之 【講】懿子不能復問夫子恐他錯認從親之令為無違故因樊遲御車而夫子告之曰向者孟孫問孝親之道於我我對曰孝道在於無違不識孟孫果喻我意否也 【補】全在我對曰三字上斡旋

必屬說於何忌於夫子使事之而學禮焉以定其位故孟懿子與南宮敬叔師事仲尼

樊遲

樊遲魯人齊師伐魯及淸冉求師左師樊遲爲右季孫曰須也弱冉有曰年雖少能用命師及齊師戰於郊齊師自稷曲師不踰溝樊遲曰非不能也不信子也請三刻而踰之如之衆從之

孟武伯

武伯一名洩淸之役孟孺子洩師右師戰敗而奔○武伯負氣好勝將閹馬於成成宰不受怒襲成從者不得入後又伐成

子游

言偃吳人在聖

者致之親使是不能以禮念頭無違二字不可說違親亦不可說違理只說孝爲順德一念一事不可違自始至終不可違註不背於理且勿露

樊遲節旨

懿子學禮於孔子必與諸弟子相識語樊遲欲其達於懿子耳

何謂節旨

禮卽理也不曰禮而曰禮者見得無過不及毫不可增損也要暗切名分上講重不可太過邊方得微三家之意

孟武全旨

此章見人子當以體親心爲孝武伯世家子弟必有弱於宴安鴆毒者故直以父母愛子之心動之知父母愛子之心如何便知人子事親之心如何矣重守身以體父母之心上

子游全旨

此章見人子當以敬親爲孝須提古之孝者能養能敬以形起今之孝者養亦不可廢但要敬以行養耳重一敬字蓋此敬乃是小心崇奉不敢怠忽意不然嚴威儼恪非所以事親也今之二句是述今時以徒養爲孝末二句斷言徒養之非孝也說到養犬馬危言以警之亦以深著不能敬者之罪

不可實講無違若實講仍是首節語矣 ○**樊遲曰何謂也** 何謂不是疑辭言果何所指而謂之無違也 **子曰生事之以禮** 生是父母存日事就供奉儀文說三之字俱指親說禮是職分內所當爲之品節 **死葬之以禮** 死葬就殯殮儀文上說 **祭之以禮** 祭就禴祠烝嘗之俎豆器數說 【註】生事葬祭事親之始終具矣禮卽理之節文也人之事親自始至終一於禮而不苟其尊親也至矣是時三家僭禮故夫子以是警之然語意渾然又若不專爲三家發者所以爲聖人之言也○胡氏曰人之欲孝其親心雖無窮而分則有限得爲而不爲與不得爲而爲之均於不孝所謂以禮者爲其所得爲者而已矣 【講】樊遲從而問曰無違之旨何謂也夫子曰所謂無違者惟無違乎禮而已人子於親之生也凡致愛致敬一循乎得爲之分事之以禮焉於親之死也凡椁衾宅兆一循乎得爲之分葬之以禮焉及其祭乎親也凡俎豆儀文一循乎得爲之分祭之以禮焉蓋雖有欲爲之心亦思其可爲之理而不敢縱雖有能爲之勢亦思其得爲之分而不敢犯必如是而後尊親始至也吾之所謂無違者如此不識孟孫其知之否 【補】從親之令亦是無違但其令或不善耳

○**孟武伯問孝子曰父母惟其疾之憂** 惟字不作獨字看正惓惓不忘意其疾指人子之疾憂是無時不憂非特有疾時憂也 【註】武伯懿子之子名彘言父母愛子之心無所不至惟恐其有疾病常以爲憂也人子體此而以父母之心爲心則凡所以守其身者自不容於不謹矣豈不可以爲孝乎舊說人子能使父母不以其陷於不義爲憂而獨以其疾爲憂乃可謂孝亦通 【講】孟武伯問孝於夫子夫子以武伯多可憂之事故告之曰子之問孝欲以事父母也吾試告子以父母愛子之心焉父母愛子之心思愛保恤無所不至惟恐子之有疾常以爲憂也人子能體親之心則知所以保己之身而無貽父母憂矣豈非孝之道乎 【補】註中凡所以守其身者包得廣謹疾固是守身若不失身於不義尤守身之大者須暗指世祿之冑說

○**子游問孝子曰今之孝者** 今指當時之人 **是謂能養至於犬馬** 至於二字是自父母推至於此也犬馬以至賤言 **皆能有養** 皆能字作一般字看 **不敬** 不敬就養時言兼內外說如誠意不足禮文不謹是也 **何以別乎** 註分明是何別於犬馬之養若云何以別於徒養則至於二句全無下落矣 【註】子游孔子弟子姓言名偃養謂飮食供奉也犬馬待人而食亦若養然言人畜犬馬皆能有以養之若能養其親而敬不至則與養犬馬者無異甚言不敬之罪所以深警之也○胡氏曰世俗事親能養足矣狎恩恃愛而不知其漸流於不敬則非小失也子游聖門高弟未必至此聖人直恐其愛踰於敬故以是深警發之也 【講】子游問孝親之道夫子告之曰敬隆於養古所稱孝也今世俗之所謂孝者是謂能養其親足矣夫養何足爲重卽於犬馬之賤亦皆能有以養之若養親而敬不至則與養犬馬者何以別乎欲盡孝道者當知所敬矣 【補】朱子曰敬字自兼兩義所謂誠有必至禮

門號爲習禮又特以文學稱其率武城以禮樂爲教邑人皆絃歌子游嘗從孔子適衛與將軍子蘭相善使之受學於夫子○孝康子以子產比孔子子游曰譬子產之於夫子其猶浸水之與天雨乎浸水所及人得而知之天雨所及人不得而知之也

犬

犬狗之有懸蹄者也清異錄曰犬曰守門使

馬

地精爲馬馬八尺以上爲龍七尺以上爲騋

酒

周禮酒正掌酒之政令○酒書云酒者帝王所以頤養天下享

子夏全旨

此章言人子以深愛爲孝只重色難二字下俱輕不過申明惟色爲難耳色字須看得深難者色本於心非可僞爲也然愉色亦在服勞奉養上見服勞有力者能之奉養有財者能之此非全然不孝然可强而能特孝之末耳末句言不難正反言以見惟色之爲難也其必天性學力並至而後有此乎

吾與全旨

此章夫子抑揚其辭深嘉顏子之悟道非初見其如愚而終知其不愚也夫子久知回之不愚必曰退而省其私者見非無證之空言也如愚只是形容不違意不愚正在足發處見發字最有力發非言語發明謂其發揮於日用躬行之間也故註兼動靜語默說亦足以發雖是體道但只要證其不愚意總歸於悟道也

視其章旨

此章言觀人之法由著而至微上三句是觀人無遺法末二句是知人無遁情

視其節旨

以屬事視以是落手第一把柄視其

有必謹也子游是個簡易人事親必有所忽而不敬者故夫子危言以儆之

○**子夏問孝子曰色難**色愉色難是不可僞爲意**有事**事是父兄所行之事**弟子服其勞**是以身代父兄之勞**有酒食**酒食是弟子所設**先生饌**饌是飲與食**曾是以爲孝乎**指有事二句曾是爲孝言不難也

註 色難謂事親之際惟色爲難也食飯也先生父兄也饌飲食之也曾猶嘗也蓋孝子之有深愛者必有和氣有和氣者必有愉色有愉色者必有婉容故事親之際惟色爲難耳服勞奉養未足爲孝也舊說承順父母之色爲難亦通○程子曰告懿子告衆人者也告武伯者以其人多可憂之事子游能養而或失於敬子夏能直義而或少温潤之色各因其材之高下與其所失而告之故不同也

講 子夏問孝親之道夫子曰人子事親必有深愛之心存於中然後有愉悅之色形於外非勉强可能者故惟色爲難耳乃若父兄有事而弟子爲之服其勞弟子有酒食而與先生饌焉此凡有力有財者皆能之曾是服勞奉養之足以爲孝乎信乎色之難也欲事親者當知所以勉其難矣

補 上章主敬言此章主愛言、

○**子曰吾與回言終日**吾夫子自謂言是議論終日是言之久便當有違處**不違如愚**如似也愚是昏而無知就不違上見**退而省其私**退是顏子退省是夫子省退後所爲不在夫子面前即是私**亦足以發**亦字承上如愚來是驚喜辭發在身體力行上說**回也不愚**不愚只就亦足以發上見

註 回孔子弟子姓顏字子淵不違者意不相背有聽受而無問難也私謂燕居獨處非進見請問之時發謂發明所言之理愚聞之師曰顏子深潛純粹其於聖人體段已具其聞夫子之言默識心融觸處洞然自有條理故終日言但見其不違如愚人而已及退省其私則見其日用動靜語默之間皆足以發明夫子之道坦然由之而無疑然後知其不愚也

講 夫子贊顏子之悟道曰人之聞道也明者有聞而生疑愚者有聞而無得均無貴於聞也若吾嘗與回言而至於終日之久回也有聽受無問難意不相違如一愚人而已及回既退而吾省察其私居日用之際則見動靜語默亦足以發明吾所言之理然後知回也向之不違乃其默識心融無待於疑問者也誠不愚也使其果愚安能足以發之若是哉

補 雖分兩截實是一氣不違是以足發如愚所以不愚始也如愚似無所發今省其私乃見能發亦足以三字神情如此

○**子曰視其所以**視是大略看他以兼善惡說

註 以爲也爲善者爲君子爲惡者爲小人

講 夫子論觀人之法曰人之善惡可見者事也不可見者意與心也觀人者始焉則視其所爲之事爲善者必爲君子爲惡者必爲小人而人品得其槩矣

○**觀其所由**觀是用意看由單項所爲善來

註 觀比視爲詳矣由從也事雖爲善而意之所從

祀祈福扶衰養氣百福之會非酒不行

食　周禮膳夫掌王之食飲食用六穀○黃帝始蒸穀為飯

視觀察　穀梁傳曰常事曰視非常曰觀觀詳於視也易曰仰以觀於天文俯以察於地理察密於觀也

師　揚子云務學不如求師師者人之模範也○孫卿子曰師習有四而傳習不與焉尊嚴而憚可以為師耆艾而信可以為師誦說而不淩犯可以為師知微而論可以為師

善惡以別其為君子小人

觀其節旨
由屬意觀由是第二層細看法所由有誠偽在乃為己為人之辨也

察其節旨
安屬心察安又是第三層細看法所安是他平日存主習熟處安與勉對但勿講似察其所不安

人焉節旨
須捲上三項事串說重言以深明知人之道如此警人意在言外

溫故全旨
此章為為人師者而發上句是為學而有得於心下是可以應人之求也蓋溫故而能知新則不滯於有限之見聞而足以盡乎無窮之義理隨問隨應隨疑隨解故學者非必定要為人師曰可以為者自所得者而言

不器全旨
此章見君子有全材之用君子是盡格致誠正之修裕齊治均平之術者所謂體無不具也故大用則大效小用則小效隨所用而皆通註體無不具在君子字內蓋自學問中來

先行全旨
此章見君子重行之心是專論君子不是泛論言行先行其言而後從之作一句讀子貢多言未免行有不及

來者有未善焉則亦不得為君子矣或曰由行也謂所以行其所為者也【講】夫所為之惡者固不必觀矣而所為之善者其意之誠偽未可知也又必觀其意之所由來者何如果出於善則已不然安得為君子哉

○**察其所安**察是看得深安又單項所由善來【註】察則又加詳矣安所樂也所由雖善而心之所樂者不在於是則亦偽耳豈能久而不變哉【講】夫所由之未善者固不必察矣而所由之善者其心之安勉未可知也又必察其心之所樂者何如果樂於善則已不然則亦暫為之耳安能久而不變哉

○**人焉廋哉**人即上所以所由所安之人**人焉廋哉**言人之善惡決不能逃也重不善邊【註】焉何也廋匿也重言以深明之○程子曰在己者能知言窮理則能以此察人倫如聖人也【講】蓋自以而由而安在人者既從外而究其內自視而觀而察在我者又因略而致其詳雖人藏其心不可測度然能飾所以而逃吾之視必不能飾所由而逃吾之觀與飾所安而逃吾之察人安得而藏匿之哉人安得而藏匿之哉雖然欲用是法者尤自知言窮理始【補】視在外觀在內觀在一時察在終身程註知言窮理是察人根子窮理又知言根子

○**子曰溫故而知新**溫即是時習知有豁然貫通意**可以為師矣**可以是庶幾意師字重可以應人求上【註】溫尋繹也故者舊所聞新者今所得言學能時習舊聞而每有新得則所學在我而其應不窮故可以為人師若夫記聞之學則無得於心而所知有限故學記譏其不足以為人師正與此意互相發也【講】夫子重心得之學意曰天下之道昔所見聞者謂之故今所心得者為之新人能優游涵泳溫習乎舊聞之故而於其未見未聞之理自能觸類旁通而每有知新之益則義理愈推愈出不窮於應可以為師而待人之求矣不然徒執成說以應天下其所應能幾何哉【補】溫故知新與中庸不同中庸是兩件事此只是一件事中庸重溫故此重知新中庸之故是存於己此是聞於人可以為師全在知新上來可以云者言未至此不足以為師也

○**子曰君子不器**器是器皿作材字看不可說壞【註】器者各適其用而不能相通成德之士體無不具故用無不周非特為一材一藝而已【講】夫子示人成德之學曰人之以一材一藝名者若器皿焉非全材也惟成德之君子義精養邃其體無不具斯用無不周守常通變無往不宜豈若器之各適其用而以一材一藝名者哉【補】黃勉齋曰用無不周見君子之不器體無不具原君子之所以不器也

○**子貢問君子**是問君子之實**子曰先行其言**先是未言之先**而後從之**後是已行之際之指言說【註】周氏曰先行其言者行之於未言之前而後從之者言之於既行之後○范氏曰子貢之患非言之艱而行之艱故告之以此【講】子貢問君子之所以為君子者其道何如夫子告之曰所謂君子者亦惟審其

故夫子於其問君子即在言處引之欲使其言皆所既行也須提言為主而以行其所言為實學

周而全旨

此章辨君子小人之待人不同二句平看上句重周下句重比不在廣狹上分在公私上分君子善與人同雖有時寡合不害其為周小人樂其同己雖有時泛交不免於為比周比在接物上見和同在其事上見驕泰在處己上見

學而全旨

此章見學思偏廢則各有弊也上句重不思下句重不學罔殆各承上看出罔者其心昏昧雖安於所安而無自得之見殆者其心危迫雖得其所得而無可即之安

攻乎全旨

此章示人當正其學術不可他用其心也上句言惑邪之深下句言貽害之大攻字重看蓋異端雖有禍天下之機而勢未暢惟攻則窮其異中之趣害之甚矣

由誨全旨

此章教子路以真知也知之體具於心心無所蔽乃足言知是知全在不

言行之序而已但凡口所欲言者必一一先見之躬行無有虧欠而後從而言於既行之後焉則是言行相顧豈非篤實之君子乎賜亦法君子之先行可矣【補】不是要言方去行亦不是行了定要言總是重行之心行其言三字折開不得如云這句話必定我先行了而後從之者也行是活字不是實字是平聲不是去聲

○子曰君子周而不比【不比即在周上見】小人比而不周【不周即在比上見】【註】周普徧也比偏黨也皆與人親厚之意但周公而比私耳○君子小人所為不同如陰陽晝夜每每相反然究其所以分則在公私之際毫釐之差耳故聖人於周比和同驕泰之屬常對舉而互言之欲學者察乎兩間而審其取舍之幾也【講】夫子論君子小人用情之異曰君子小人之心不同故其與人親厚亦異君子之心出於公凡理所當愛者無不親厚之可謂普徧而周而不至於偏黨之比小人之心出於私凡情所可徇者皆欲親厚之殆失之偏黨而比而不知有普徧之周要之君子而周不惟周於君子且能周於小人小人而比不惟比於小人且欲比於君子君子而不比不惟不比於小人抑且不比於君子小人而不周不惟不周於君子並且不周於小人此公私相反之間而君子小人之所以分也【補】王觀濤曰周與比是相反者非相似而實不同之說也

○子曰學而不思則罔【學謂取聖賢所言所行而效之】思而不學則殆【思謂求索其理之所以然】【註】不求諸心故昏而無得不習其事故危而不安○程子曰博學審問慎思明辨篤行五者廢其一非學也【講】夫子論學思不可偏廢曰理寓於事而習其事者學也事載乎理而求其理者思也苟徒學焉而不思以求其理於心則昏而無得不亦失之罔乎苟徒思焉而不學以習其理於事則危而不安不亦失之殆乎夫徒學徒思各有其弊如此學思誠不可偏廢矣【補】罔殆俱在心上說學與思俱兼知行言

○子曰攻乎異端【異端邪說詖行戾乎正道者也不必指定楊墨】斯害也已【害兼人己說心術政事俱受其害也已字有慨歎意】【註】范氏曰攻專治也故治木石金玉之工曰攻異端非聖人之道而別為一端如楊墨是也其率天下至於無父無君專治而欲精之為害甚矣○程子曰佛氏之言比之楊墨尤為近理所以其害為尤甚學者當如淫聲美色以遠之不爾則駸駸然入於其中矣【講】夫子示人正其學術曰吾道大中至正也異端似是而實非學者苟攻治乎異端之道而欲精之則其言彌近理而愈足以惑人不惟吾一身之害且將率天下之人日趨於邪妄之歸而莫之覺其為害豈不甚哉

○子曰由誨女知之乎【誨是教女作汝知是心曉得明白之指道言有啟悟他意】知之為知之【知是其識所能及者二之

子張

子張陳人美功不伐貴位不善不侮不佚不傲無告是顓孫師之行也○子張問禮孔子曰治國而無禮譬猶瞽之無相倀倀乎何所之○子張既除喪而見子之琴和之而和彈之而成聲作而曰先王制禮不敢不至焉

欺其心之明說六知字不同首尾兩知字總言心之知中間四知字指一事之知知之二句串講重不知邊是知句與首句相應言現在既不自欺不害為知況由此求之又有可知之理補一層說

子張章旨

此章教子張以為己之學重多聞六句正示以言行之當修乃為己實學也末句帶言祿即在此耳

子張節旨

此記者之辭子張干祿亦是胸中有所蘊欲發洩而見諸事耳不可太說壞干字

多聞節旨

寡尤寡悔總承上三層寡者是下許多工夫不可言無只可言寡二則字正摹尤悔難除光景且不曰尤悔寡而曰寡尤悔謂多聞多見而闕之慎之者乃所以寡其尤悔也全是收斂篤實之功祿在其中只言其理如此見不必干意

哀公全旨

此章見人君當公其舉錯以服民也著眼在舉錯兩字哀公之問重在求服於民夫子之答欲其求端於己直

字指事物之理言**不知為不知**不知是其識有不逮者二為字當認字看**是知也**是指上知之二句說知指本心之良知言【註】由孔子弟子姓仲字子路子路好勇蓋有強其所不知以為知者故夫子告之曰我教女以知之之道乎但所知者則以為知所不知者則以為不知知如此則雖或不能盡知而無自欺之蔽亦不害其為知矣況由此而求之又有可知之理乎【講】子路好勇蓋有強不知以為知者故夫子呼而告之曰由吾誨女以知之之道乎夫所謂知者豈必無所不知而後謂之知哉惟於理之得於知識所及者固以為知之於理之限於知識所未及者亦直以為不知知如此則雖或不能盡知然知與不知皆昭然於吾心而無所蔽是乃所謂知也況由此實心求學自不難物格知至矣何必強不知以謂知哉【補】註強不知亦須善看子路非明以不知強為知乃認理未真自聖人看來見其不知耳觀死孔悝之難便見

○**子張學干祿**學是為學干祿是說他心內未忘必有發見於辭色者【註】子張孔子弟子姓顓孫名師干求也祿仕者之俸也【講】子張從事於學而有求祿之心則其學必不純矣

○**子曰多聞闕疑**多是廣博聞指天下古今之理言闕是姑舍置意**慎言其餘**是不敢放言其餘指言之無疑者**則寡尤**寡少也尤是人來罪我**多見闕殆**多見指天下古今人之行言**慎行其餘**是不敢妄動其餘指行之已安者**則寡悔**悔是自己追悔**言寡尤行寡悔**是過脈語**祿在其中矣**其中是寡尤寡悔之中有祿不求而自至意【註】呂氏曰疑者所未信殆者所未安程子曰尤罪自外至者也悔理自內出者也愚謂多聞見者學之博闕疑殆者擇精慎言行者守之約凡言在其中者皆不求而自至之辭言此以救子張之失而進之也○程子曰修天爵則人爵至君子言行能謹得祿之道也子張學干祿故告之以此使定其心而不為利祿動若顏閔則無此問矣或疑如此亦有不得祿者孔子蓋曰耕也餒在其中惟理可為者為之而已矣【講】夫子教之曰君子之學莫先於言行聞見者所以為言行之資也必於天下之理自少聞而積之多聞以廣其言之資然所聞中不無可疑者則闕之而不言其餘所不疑者猶必慎言之如是則所言當理雖未敢必其絕無可尤庶乎其寡尤也必於天下之事自少見而積之多見以廣其行之資然所見中不無未安者則闕之而不行其餘所已安者猶必慎行之如是則所行當理雖未敢必其絕無可悔亦庶乎其寡悔也夫言焉寡尤行焉寡悔自有言揚行舉之理是祿即在寡尤寡悔之中矣何以干為哉師亦修其在己可也【補】上兩寡字言如此後寡未全寡之辭下兩寡字是果成其為寡較進一步

○**哀公問曰何為則民服**何為是何所作為意民指魯國之民言**孔子對曰舉直錯諸枉**舉是取而用之直是立心制行循乎正理者錯凡見棄不用皆是枉是立心制行拂乎正理者**則民服**是服其舉錯合義**舉枉錯諸直**是舉錯不合義

季康子

季康子桓子之庶子也○康子欲以田賦使冉有訪諸孔子孔子曰丘不識也君子行度於禮施取其厚事舉其中斂從其薄如是則以丘足矣若不度於禮貪冒無厭則雖以田賦將又不足且子季孫若欲行而怯則有周公之典在若欲苟而行又何訪焉弗聽卒用田賦

書君陳

周書王若曰君陳惟爾令德孝

者民心所欲舉枉者民心所欲錯合其所欲故服反其所欲故不服必直體到民所實受處纔見得服字真趣不說君子小人而說直枉極妙惟直最惹是非所以易錯惟枉最善迎合所以易舉則字有不必驅以政廹以刑意

季康全旨

此章見治人當先正己康子意在使字欲民之盡其道夫子意在則字欲上之自盡其道臨之三句皆破他使字臨莊孝慈舉教即不使之使也莊雖在容貌上亦要根心說孝慈二者須一齊有民方忠於己善者舉之不能者則棄之民不能使勸惟舉其善者而教其不能者所以皆勸但三句亦各重上半截三則字有神化意有自然意

或謂章旨

此章見正家亦為政也乾侯之役昭公不得正其終定公不得正其始其於倫紀何有哉故或人期夫子以為政之事夫子則告之以為政之道

或謂節旨

或人疑夫子不仕以為政重新君嗣位上

則民不服 是心從而非之此二句反上看 【註】哀公魯君名蔣凡君問皆稱孔子對曰者尊君也錯舍置也諸衆也程子曰舉錯得義則人心服○謝氏曰好直而惡枉天下之至情也順之則服逆之則去必然之理也然或無道以照之則以直為枉以枉為直者多矣是以君子大居敬而貴窮理也 【講】哀公問於孔子曰人君何所作為而能得民心之服也孔子對曰民心所服者義也君能舉順理之直者而使之在位錯衆枉之不直者而不濫舉則舉錯合義即合乎萬民之心夫誰有不服若於枉者而反舉之於衆直者而反錯之則舉錯不合義即拂乎萬民之心其誰服之君欲服民亦於舉錯間加之意而已 【補】舉錯兼明斷在內知直枉而舉錯之則民服其明知直枉而毅然舉錯之則民服其斷

○**季康子問使民敬忠以勸** 敬是民無敢慢於我忠是民無敢欺於我以作興字勸是民無敢怠於為善 **如之何** 有徒責望民意 **子曰臨之以莊則敬** 莊主容貌卻非色莊之僞敬是欽敬以事上也 **孝慈則忠** 孝是立愛惟親慈是保民如子忠兼承孝慈二意來 **舉善而教不能則勸** 舉兼用賞二意善指立心制行合理說教有誘掖化導意不能即不善之人勸兼善者益進於善不能者勉進求善二意 【註】季康子魯大夫季孫氏名肥莊謂容貌端嚴也臨民以莊則民敬於己孝於親慈於衆則民忠於己善者舉之而不能者教之則民有所勸而樂於為善○張敬夫曰此皆在我所當為非為欲使民敬忠以勸而為之也然能如是則其應蓋有不期然而然者矣 【講】季康子問使民敬於我忠於我又皆勸於為善必如何而後可夫子告之曰為上者欲求之於民當先盡其道於己誠能臨民端莊而以敬自處則有威可畏有儀可象而民自敬於我矣誠能孝親慈衆而以忠自處則其德足為民表其恩足結民心而民自忠於我矣誠能舉民之善而教民之不能則善者益進而不怠不能者亦勉強而企及皆將勸於為善矣何必以使為哉 【補】則勸勸字寬說勿限定為我所舉所教者

○**或謂孔子曰** 或是時人不知姓名者 **子奚不為政** 子指孔子奚何也為政是出仕而秉國政 【註】定公初年孔子不仕故或人疑其不為政也 【講】或人疑而謂孔子曰新君嗣位之初正君子有為之日子奚不仕以居其位而為政乎 ○**子曰書云孝乎** 云當言字孝乎二字非書辭乃引起語 **惟孝友于兄弟** 惟是獨孝是善事父母友是推愛於兄弟 **施於有政** 施是推行意有政是正家此二句是書辭 **是亦為政** 是字指上二句能正家言 **奚其為為政** 其字指居位說上為字是稱謂意 【註】書周書君陳篇書云孝乎者言書之言孝如此也善兄弟曰友書言君陳能孝於親友於兄

恭惟孝友于兄弟克施有政命汝尹茲東郊敬哉王成土君陳臣名

輗軏

車銘曰員蓋象天方輿則地輪法陰陽動不相離合之謙虛疏達開通兩輜鄣邪尊卑是從輗軏之用信義所同○蘇子由云輗軏轅端持軛者也車與牛馬得輗軏而交我與物得信而交

損益

白虎通曰夏人之王教以忠其失野救野之失莫知敬殷人之王教以敬其失鬼救鬼之失莫如文周人之王教以文其失薄救薄之失莫如忠○朱子曰忠只是渾然誠慤

書云節旨

夫子引書言為政不專在於仕以明己不仕之故惟孝重讀友亦從孝來施於有政又從孝友來有政政字君陳篇原指國政夫子解以為一家之政耳末句奚字與上節應

人而全旨

此章夫子為無信者儆亦維風意也揭出人字人之所以為人全在信無信則失其所以為人故用而字轉下不知其可即是不可以行但宜渾含下三句即虛車之不可行以明喻之也何以行以字着力有決斷意

子張章旨

此章見觀世只在理而不在數子張欲知來以數夫子則以理之顯然者告之通章以禮字作主蓋世變而禮不變也

子張節旨

子張此問重在知來亦是他高明之病

殷因節旨

上六句言三代之迹有可知末二句言後世之事無不可知也大凡有定者可知無定者難知今此禮三代相因是有定也雖有損益不過善用其因是無定而未始無定也故總曰可知但可知二字有單就損益邊言者

弟又能推廣此心以為一家之政孔子引之言如此則是亦為政矣何必居位乃為為政乎蓋孔子之不仕有難以語或人者故託此以告之要之至理亦不外是【講】夫孔子所以不仕者以季氏擅權陽貨作亂其故有難以語或人者乃託言以答之曰子以我不為政盍觀周書之云孝乎書言惟君陳能孝於親友於兄弟又能推廣此心施於一家以為一家之政書之所言如是則是以己之正而正家之人是亦為政矣奚必居位治民乃為為政乎故苟可以正人政行於家者政也苟不可以正人雖仕而為政亦非政也子其知之否乎【補】蔡虛齋曰推廣其孝友之心於以辨內外明尊卑序長幼使一家之老者安少者懷是一家之政也若居位治民其道不過如此故註曰要之至理亦不外是

○子曰人而無信信字只貼言說不知其可也似詰問他如何是好意大車無輗小車無軏輗軏是車與牛馬相接處譬信是己與人相接處其何以行之哉指車不可行人無信不可行意在言外【註】大車謂平地任載之車輗轅端橫木縛軛以駕牛者小車謂田車兵車乘車軏轅端上曲鉤衡以駕馬者車無此二者則不可以行人而無信亦猶是也【講】夫子慨無信者之不可行曰信乃人生之本茍人言不由衷行不踐言而無信實彼方自以為可吾不知其何如而可也蓋人必有信而後可行猶車必有輗軏而後可行也若大車無輗而失其所以駕牛者小車無軏而失其所以駕馬者則輪轅雖設祇虛車耳其何所藉以行之者人而無信亦猶是也如之何其可耶

○子張問十世十世以後十世言可知也可知是可全知也字作乎字看【註】王者易姓受命為一世子張問自此以後十世之事可前知乎【講】子張有志於知來問於夫子曰一代之興必有一代之事迹但已往者易見將來者難知不知自此以後十世之事可得而前知乎○子曰殷因於夏禮殷是湯國號因是依夏是禹國號禮就大體上看所損益損益就制度文為上看損益正所以善其因處可知也可知兼承因革言周因於殷禮所損益可知也周是武王國號其或繼周者繼周是繼周而王天下雖百世可知也可知亦指所因所革說【註】馬氏曰所因謂三綱五常所損益謂文質三統愚按三綱謂君為臣綱父為子綱夫為妻綱五常謂仁義禮智信文質謂夏尚忠商尚質周尚文三統謂夏正建寅為人統商正建丑為地統周正建子為天統三綱五常禮之大體三代相繼皆因之而不能變其所損益不過文章制度小過不及之間而其已然之迹今皆可見則自今以往或有繼周而王者雖百世之遠所因所革亦不過此豈但十世而已乎聖人所以知來者蓋如此非若後世讖緯術數之學也○胡氏曰子張之問蓋欲知來而聖人言其既往者以明之也夫自修身以至於為天下不可一日而無禮天敘天秩人所共由禮之本也商不能改乎夏周不能改乎商所謂天地之常經也若乃制度文為或太

質則漸有形質制度文又就制度上加文采然亦是後人命此名耳○陳氏曰正正月也不曰一月而曰正月取王者居正之義

季氏

季氏乃季桓子與孔子同時其先季友以戴僖有功

八佾

左傳考仲子之宮將萬焉公問羽數於衆仲對曰天子用八諸侯用六大夫四士二夫舞所以節八音而行八

未免稍偏畢竟兼因與損益看方周匝其或二字是不敢必之辭寓尊周意

非其章旨

此章為諂瀆鬼神不務民義者發總要人循分意諂與無勇俱就其事斷之

非其節旨

此節越乎分上言舉非分之祭下言有徼福之心

見義節旨

此節斂乎分上言民義不務下言正氣不充

八佾全旨

此章夫子正名分防亂階意忍字重凡亂臣賊子皆始於一念之忍故孔子微辭以誅其心不直正季氏之罪而但曰可忍正是撥動季氏一點良心可見干名犯分非惟法所不容義所不取其心必有惻然不安處孰不可忍謂何往而忍不也此句意有含蓄不必依謝註就弑父與君說

三家全旨

此章亦夫子正名分意首句是三家

過則當損或不足則當益益之損之與時宜之而所因者不壞是古今之通義也因往推來雖百世之遠不過如此而已矣

講 夫子曰子欲知來當觀既往彼殷繼夏而王也其所因乎夏者惟綱常之大禮而已至於制度文為損其太過益其不及如易尚忠而尚質易建寅而建丑之類此其因其革各有已然之迹可考而知也周繼殷而王也其所因乎殷者惟綱常之大禮而已至於制度文為太過者損之不及者益之如易尚質而尚文易建丑而建子之類此其因其革各有已然之迹可考而知也夫由已往以推將來則我周之天下卜世卜年固宜萬世無疆也其或有繼周而王者所因亦不過如夏殷周之相因所革亦不過如夏殷周之損益雖百世之遠可推而知也豈但十世而已哉

補 此章因字最重所謂損益亦只是要扶這三綱五常而已

○**子曰非其鬼而祭之** 其字指祭者言非其鬼是分所不得越祭者之字指鬼神 **諂也** 此主心言

註 非其鬼謂非其所當祭之鬼諂求媚也

講 夫子示人以遠鬼神而務民義曰祭各有定分也苟非其所當祭之鬼而越分以祭之是徼福求媚其心失之諂瀆也雖祭亦何益哉

○**見義不為** 見在知上看非謂真知灼見也義是理所當為之事不為是利害牽制畏首畏尾意 **無勇也** 此主氣言兩也字有慨歎提醒意

註 知而不為是無勇也

講 義貴於勇為也苟見義理之當為乃退怯焉而不為是其志息氣餒無自強之勇也此可見人當用力於人道之所宜不可惑於鬼神之不可知者矣

八佾第三

凡二十六章通前篇末二章皆論禮樂之事

○**孔子謂季氏** 謂是私議 **八佾舞於庭** 天子八佾每佾用八人舞是樂舞舞干所以象武功舞羽所以象文德庭是季氏家廟之庭孔子謂至於庭十字當作一句讀記者語也是可忍九字方是孔子語 **是可忍也** 是指舞八佾言可忍謂全無惻然不自安之意 **孰不可忍也** 孰字包得廣凡逆理之事皆是

註 季氏魯大夫季孫氏也佾舞列也天子八諸侯六大夫四士二每佾人數如其佾數或曰每佾八人未詳孰是季氏以大夫而僭用天子之禮樂孔子言其此事尚忍為之則何事不可忍為或曰忍容忍也蓋深疾之之辭○范氏曰樂舞之數自上而下降殺以兩而已故兩之間不可以毫髮僭差也孔子為政先正禮樂則季氏之罪不容誅矣謝氏曰君子於其所不當為不敢須臾處不忍故也而季氏忍此矣則雖弑父與君亦何所憚而不為乎

講 季氏桓子以八佾舞於其家廟之庭孔子親見其事而譏之謂以大夫而僭用天子之禮樂此事大矣是尚恬然安意而忍為之也則凡逆理之事孰不可恬然安意而忍為之也哉蓋忍於無君則無所不至矣

○**三家者** 三家皆桓公後姬姓孟叔季其氏也 **以雍徹** 以用也雍徹是祭畢歌雍詩以收饌也此記者之辭 **子曰相維辟公**

風故自八以下
公從之○舞者
樂之容也有俯
仰張翕行綴長
短之制
三家
魯桓公適子莊
公為君庶子慶
父叔牙季友立
為三家仲孫慶
父後叔孫叔牙
後季孫季友後
其改仲曰孟者
以此是庶長不
敢與莊公同伯
仲叔季之次也
雍詩
有來雝雝至止
肅肅相維辟公
天子穆穆於薦
廣牡相予肆祀
假哉皇考綏予
孝子宣哲維人
文武維后燕及
皇天克昌厥後
綏我眉壽介以
繁祉既右烈考
亦右文母註此
武王祭文王之
詩

僭樂下是夫子引詩辭而譏其妄重
奚取字蓋無論僭竊有罪即詩之取
義亦與時事不相協不知祝史何據
而陳辭恐當之者有愧色也只作冷
辭諷他若將大夫陪臣說明卻反無
味上章提出忍字以其心之所不能
安者惕之此章提出奚取字以其義
之所不當為者儆之

人而全旨
此章為不仁而用禮樂者發禮樂在
外而所以管攝之者則在心人心不
亡則自其心之恭敬者流出即為禮
自其心之和樂者流出即為樂心亡
則心中不敬不和雖用禮樂卻是襲
取於外不是從中流出也

林放章旨
此章見夫子維禮以為世首節林放
究禮之本下是夫子大其問而指禮
之本以告之也

林放節旨
本字不可當作質字只就制禮之初
行禮之始說

大哉節旨
禮以本為重專事繁文則本隨以喪
專事其本則甘可受和白可受采故
註云禮之全體已在其中

禮與節旨
此節正言本之所在首節禮字兼吉
凶此禮字對喪字泛以吉禮言凡冠

維是語助辭辟公指助祭諸侯**天子穆穆**天子是主祭之君此二句皆雍詩之辭**奚取於三家之堂**奚何也怪歎之辭取用也謂用相維辟公二句之義堂指宗廟之堂奚取者言無所取義也【註】三家魯大夫孟孫叔孫季孫之家也雍周頌篇名徹祭畢而收其俎也天子宗廟之祭則歌雍以徹是時三家僭而用之相助也辟公諸侯也穆穆深遠之意天子之容也此雍詩之辭孔子引之言三家之堂非有此事亦何取於此義而歌之乎譏其無知妄作以取僭竊之罪○程子曰周公之功固大矣皆臣子之分所當為魯安得獨用天子禮樂哉成王之賜伯禽之受皆非也其因襲之弊遂使季氏僭八佾三家僭雍徹故仲尼譏之【講】雍乃武王祭文王之樂歌也周天子祭宗廟畢則歌此詩告成禮也三家大夫耳古都宮而歌采蘋宜也乃歌雍以徹是以大夫而僭用天子之禮樂矣夫子譏之曰雍詩有云助祭者惟惠我之辟公主祭者有天子之穆穆是必有此義乃歌此詩也今三家之堂助祭者果辟公乎主祭者果天子乎亦何所取義而歌之於其堂耶祇見其無知妄作以取僭竊之罪耳【補】上章是譏其不仁此章是譏其不智

○**子曰人而不仁**不仁是心德已亡**如禮何**禮是威儀玉帛本心之敬德來如禮何言使他不動無奈禮何**人而不仁如樂何**樂是聲音舞蹈本心之和德來如樂何是使他不動無奈樂何【註】游氏曰人而不仁則人心亡矣其如禮樂何哉言雖欲用之而禮樂不為之用也○程子曰仁者天下之正理失正理則無序而不和李氏曰禮樂待人而後行苟非其人則雖玉帛交錯鐘鼓鏗鏘亦將如之何也然記者序此於八佾雍徹之後疑其為僭禮樂者發也【講】夫子究禮樂之本曰仁者心之德禮樂之所由生也人苟失其心之德而不仁則此心不敬而禮之本亡矣雖欲周旋於儀文以用夫禮而禮不為之用也其如禮何哉人苟失其心之德而不仁則此心不和而樂之本亡矣雖欲從容於度數以用夫樂而樂亦不為之用也其如樂何哉欲用禮樂者當知反其本矣【補】此見禮樂原從人心和敬內制出不是外面具文不仁則殘忍妄為開僭越之風生乖張之氣故禮樂不為用

○**林放問禮之本**林放姓林名放禮指禮文本是本始對末字看【註】林放魯人見世之為禮者專事繁文而疑其本之不在是也故以為問【講】當世習於繁文林放有維禮之心故問禮之本於夫子焉

○**子曰大哉問**大哉是贊辭問指禮之本說大處全在有關於世道人心上【註】孔子以時方逐末而放獨有志於本故大其問蓋得其本則禮之全體無不在其中矣【講】夫子以其不隨時逐末也稱之曰大矣哉其子之問乎

○**禮**統言吉禮**與其奢也寧儉**奢是侈靡過盛寧是心安意肯儉是吝嗇省約**喪**喪是凶禮**與其易也寧戚**易在儀文上說戚指哀痛實心【註】易治也孟子曰易其田疇在喪禮則節文習熟而無哀痛慘怛之實者也戚則一於哀而文不足耳禮貴得中奢易則過於文儉戚則不及而質二者皆未合禮然凡物之理必先有質而後有文則質乃禮之本也○范氏曰夫祭與其敬不足而禮有餘也不若禮不足而敬有餘也喪與其哀不足而禮有餘也不

林放 林放字子丘林放問禮識其本也商瞿受易得其精也

泰山 泰山一名岱宗岱者代也東方物之始交代之處宗者長也言為群嶽之長也五嶽視三公

冉有 冉求字子有魯人仲弓之族○冉求弟子解云冉求有才藝以政事著名仕為季氏宰進則理其官職退則受教聖師為性多謙退○恭老卹幼不忘賓旅好學博

婚祭皆可就奢儉上說獨喪禮說不去故易言之兩句照註對講與寧字當玩寧儉寧戚是斂華就實返本之意非不得已而酌量之辭禮初亦未儉之名儉是對後來奢者言

夷狄全旨

此章夫子慨世之辭春秋之時禮樂征伐自諸侯出降而自大夫出又降而陪臣執國命是以夫子傷歎之

季氏全旨

此章夫子救越分之祭旅泰山屬未然事故夫子欲冉有救之能弗能只論冉有自已不論季氏從違與字是怪問語非婉商語嗚呼以下正求不能救而夫子代救之也末二句要透發神不享非禮之祭意不如林放只輕輕點明勿太作較量語註中欲季氏知其無益句重進林放厲冉有意輕

君子全旨

此章以禮讓風天下意通以君子無所爭句為主下即其至易爭者以明其無爭也無爭全從平日涵養臨時省察來所字要玩見人我酬接之間君子總無爭所也必也句只唱起語言欲求其爭除非是射乎字是停涵想像之辭揖讓二字貫升下飲三層重讓字揖以行其讓者其爭也君子與首句相應猶云當其爭也依然君子耳

巧笑章旨

若禮不足而哀有餘也禮失之奢喪失之易皆不能反本而隨其末故也禮奢而備不若儉而不備之愈也喪易而文不若戚而不文之愈也儉者物之質戚者心之誠故為禮之本楊氏曰禮始諸飲食故汙尊而抔飲為之簠簋籩豆罍爵之飾所以文之也則其本儉而已喪不可以徑情而直行為之衰麻哭踊之數所以節之也則其本戚而已周衰世方以文滅質而林放獨能問禮之本故夫子大之而告之以此 講 試以禮之本言之禮貴得中奢與儉皆非中也然禮與其華飾過於文而奢也毋寧簡約過於質而儉焉儉乃禮之本也喪亦貴得中易與戚皆非中也然喪與其節文習熟而易也毋寧過於哀痛慘怛而戚焉戚乃禮之本也誠能因儉戚以求其本由本以制其中而禮之全體在是矣 補 朱子曰對奢易言之只得說儉戚是本若禮之根本又在儉戚之前

○**子曰夷狄之有君**東方曰夷北方曰狄是化外之地**不如諸夏之亡也**如似也諸夏是中國諸眾也夏大也以其人民眾而地方大故稱諸夏亡作無 註 程子曰夷狄且有君長不如諸夏之僭亂反無上下之分也○尹氏曰孔子傷時之亂而歎之也亡非實亡也雖有之不能盡其道爾 講 夫子傷時之僭亂而歎曰中國之所以尊於夷狄者以其名分素定也今觀夷狄之邦且知有君長不如我諸夏之人反不如有君長而亡上下之分也可慨也已

○**季氏旅於泰山**祭山曰旅此句是記者之辭**子謂冉有曰女弗能救與**責其不救正望其能救**對曰**是冉有對**不能**有推到季氏身上意**子曰嗚呼**寓有儆之之意**曾謂泰山**泰山指神言意在不享僭祭上**不如林放乎**林放指人言意在知非禮上 註 旅祭名泰山山名在魯地禮諸侯祭封內山川季氏祭之僭也冉有孔子弟子名求時為季氏宰救謂救其陷於僭竊之罪嗚呼歎辭言神不享非禮欲季氏知其無益而自止又進林放以厲冉有也○范氏曰冉有從季氏夫子豈不知其不可告也然而聖人不輕絕人盡己之心安知冉有之不能救季氏之不可諫也既不能正則美林放以明泰山之不可誣是亦教誨之道也 講 禮諸侯祭封內山川季氏以大夫而欲旅於泰山其僭甚矣夫子欲止之故謂冉有曰泰山非季氏所當旅也女為之宰獨弗能救止之與冉有對曰季氏徼福之心勝吾不能救而止也夫子歎曰子如不救則季氏將旅泰山矣嗚呼曾謂泰山之神肯享非禮之祭反不如林放一魯人尚知禮之本乎吾固知其祭之必不享也

○**子曰君子無所爭**君子是尚德之人爭是爭競無所爭就心無勝人之念說**必也射乎**必字有專決意**揖讓而升**揖讓直貫下句升是升堂**下**下是下堂**而飲**飲是射不中者飲罰酒**其爭也君子**其爭指上揖讓二句說君子就雍容揖遜之德言 註 揖讓而升

藝省物而勤已是冉求之行也孔子語之曰好學則知卹孫則惠恭則近禮勤則有繼堯舜篤恭以王天下其稱之也宜爲國老

揖讓

按大射司射作三耦每二人爲一耦凡耦立堂下阼階之東南隅西面射時耦同出次西面揖旋轉當阼階北面揖行至階下北面揖後升堂南面當序立樂作射者各欲比樂各發四矢以較勝負卒射北面揖如升時降復位俟衆耦射降畢勝者仍前三揖不勝者升堂取豐上之觶立飲凡飲酒必送爵令自飲而所言也

此章只是論詩上是因疑而釋其疑下是因悟而嘉其悟須要逐層生出

巧笑節旨

子夏之問謂素本無文絢則有飾緣何以素作絢總病在將爲字讀滑了

繪事節旨

此夫子即繪事以釋詩辭後字政破他爲字蓋詩非言即素爲絢言先後之序耳是說既素了然後爲絢不是就把素做絢觀繪之後於素可見

禮後節旨

首句是子夏因詩悟學下是夫子許以言詩也子夏會心其轉關只在一後字禮後之悟可謂知本矣起予二字最妙聖人胸中雖包藏許多道理若無人叩擊則無由發揮於外一番說起則一番精神與言詩正許他引觸之妙

夏禮全旨

此章夫子深爲二代發歎不必添維周意語意卻似夫子以己言爲文獻望人之徵之耳只看兩吾能字分明以文獻自任意但上四句言古禮之無徵下推其無徵之故而深惜之也然能言是闡先王之精意於經制既湮之後能徵是定斯民之耳目於聖人不作之時此與中庸所引不同彼不過明從周之意此則意歸於欲證所言也

禘自全旨

者大射之禮耦進三揖而後升堂也下而飲謂射畢揖降以俟衆耦皆降勝者乃揖不勝者升取觶立飲也言君子恭遜不與人爭惟於射而後有爭然其爭也雍容揖遜乃如此則其爭也君子而非若小人之爭矣 講 夫子以禮讓風天下曰君子恭以持己遜以安人渾然一無所爭焉欲於無爭之中而求其有爭者必也於射見之乎蓋將射之始比耦而進三揖三讓而後升堂以射何始事之有禮也既射一揖下堂復位俟衆耦射畢勝者仍前三揖不勝者升堂取觶立飲何終事之有禮也是雖較勝負之際而其雍容揖遜乃如此則其爭也依然君子矣信乎君子無所爭也

○子夏問曰巧笑倩兮美目盼兮 二句是賦言人有美質也 素以爲絢兮 此句是比言人有美質而又加以華飾此逸詩本旨也 何謂也 子夏疑詩只在素絢句蓋誤認一爲字 註 此逸詩也倩好口輔也盼目黑白分也素粉地畫之質也絢采色畫之飾也言人有此倩盼之美質而又加以華采之飾如有素地而加采色也子夏疑其反謂以素爲飾故問之 講 子夏有疑於詩而問曰逸詩有云巧笑倩兮而口輔之好美目盼兮而黑白以分此言人之有美質可知也又曰素以爲絢兮蓋素本無文絢則有飾果何謂以素而爲絢也

○子曰繪事後素 即繪以證絢後字重看正發明一爲字 註 繪事繪畫之事也後素後於素也考工記曰繪畫之事後素功謂先以粉地爲質而後施五采猶人有美質然後可加文飾 講 夫子告之曰詩言素以爲絢非言素即是絢也乃是因素爲絢耳如今繪畫之事後於素功者甚顯然也可見素必在先絢則在後此素以爲絢之說也

○曰禮後乎 禮指儀文言後謂禮後於忠信也然忠信字宜渾此句是悟語不是問語 子曰起予者商也 商是子夏名 始可與言詩已矣 始作方字說非自今以後也可與是許之之辭言詩是究論三百篇義理不獨通於素絢之旨也 註 禮必以忠信爲質猶繪事必以粉素爲先起猶發也起予言能起發我之志意謝氏曰子貢因論學而知詩子夏因論詩而知學故皆可與言詩○楊氏曰甘受和白受采忠信之人可以學禮苟無其質禮不虛行此繪事後素之說也孔子曰繪事後素而子夏曰禮後乎可謂能繼其志矣非得之意言之表者能之乎商賜可與言詩者以此若夫玩心於章句之末則其爲詩也固而已矣所謂起予則亦相長之意也 講 子夏遂悟曰夫繪在素之後也然則世之所謂儀文之禮者其後乎必先有爲之本者而後加以節文皆如此繪事矣子夏因論詩而知學如此故夫子與之曰能起發我之志意者是汝商也如此解詩始得其意於章句之外而可與之言也已矣安得學者盡如商哉

○子曰夏禮吾能言之 禮就制度文爲言夏禮是夏禹所損益者 杞不足徵也 杞國小而入於夷 殷禮吾能言之 殷禮是商湯所損益者 宋不足徵也 宋雖霸而流於弱 文獻不足故也 文載禮之史獻識禮之人

不勸以示罰也射有三大射賓射燕射天子諸侯卿大夫皆有之士無大射而有賓射燕射大射為祭祀射凡射中者得與於祭

文獻不足　宋戴公時大夫正考父得商頌十二篇於周大師至孔子編詩又亡其七篇可見文不足武王封東樓公於杞魯僖二十七年杞桓公來朝用夷禮經書子貶之又可見獻不足

禘　王者有禘有祫諸侯只有祫而無禘祫取合祖禘取尊遠故為王者之大祭○周禘帝嚳以后稷配魯禘文王

此章當重又失禮上不足魯行禘之意在言外故此禘字宜輕過全在既灌而往上見當時懈怠之失不可不有以箴之也按禘禮九獻灌乃一獻二獻之禮不曰不足觀而曰不欲觀諷刺深婉

或問全旨　此章夫子形容禘義深遠意首句是或人究禘之義說字深看下至斯乎是夫子難於言而示其意末句門人因所示而記其實也全重不知也三字不王不禘固是言之當諱者然報本追遠莫深於禘其說實是難知故以不知答之知其說者之於天下二句兼理無不明誠無不格言正以言其難知亦隱然見禘為有天下事

不足亦非全無但故典散亡老成凋謝存十一於千百耳故是不足之所以然**足**是文存獻在意**則吾能徵之矣**徵是有證而信從意【註】杞夏之後宋殷之後徵證也文典籍也獻賢也言二代之禮我能言之而二國不足取以為證以其文獻不足故也文獻若足則我能取之以證吾言矣【講】夫子慨夏殷之禮無傳意曰禮必有據而後傳言必有徵而始信夏禹所創之禮吾能言其意而講明之然杞為夏之後而莫能存夏之禮不足以證吾言也殷湯所創之禮吾能言其意而講明之然宋為殷之後而莫能存殷之禮不足以證吾言也然杞宋之所以不足徵者何也蓋典籍載禮之文與賢人識禮之獻不足故也使文獻若足則吾能取之以證吾言矣今也不足不深可惜哉【補】夫子志在述夏殷之禮以示來世所志不遂故發此歎也

○**子曰禘**禘祭五年一舉**自既灌而往者**既灌是灌酒已畢往是降神後**吾不欲觀之矣**不欲有不屑意之字指禘之虛禮言【註】趙伯循曰禘王者之大祭也王者既立始祖之廟又推始祖所自出之帝祀之於始祖之廟而以始祖配之也成王以周公有大勳勞賜魯重祭故得禘於周公之廟以文王為所出之帝而周公配之然非禮矣灌者方祭之始用鬱鬯之酒灌地以降神也魯之君臣當此之時誠意未散猶有可觀自此以後則浸以懈怠而無足觀矣蓋魯祭非禮孔子本不欲觀至此而失禮之中又失禮焉故發此歎也○謝氏曰夫子嘗曰我欲觀夏道是故之杞而不足證也我欲觀商道是故之宋而不足證也又曰我觀周道幽厲傷之吾舍魯何適矣魯之郊禘非禮也周公其衰矣考之杞宋已如彼考之當今又如此孔子所以深歎也【講】夫子傷魯祭之失意曰祭以誠為本觀祭者觀其誠而已魯禘祭於太廟未灌之先誠意未散猶有可觀自既灌之後則浸以懈怠禮器禮文皆虛設也吾不欲觀之矣

○**或問禘之說**或是時人說指制禘用禘之義言**子曰不知也**不知主禘義深遠說諱言意輕**知其說者**知字深看是知制禮之原享觀之故也**之於天下也**於字當治字看天下是隱然見其為天子之事意**其如示諸斯乎**見不難意**指其掌**此句表示諸斯之義是記者之辭【註】先王報本追遠之意莫深於禘非仁孝誠敬之至不足以與此非或人之所及也而不王不禘之說又魯之所當諱者故以不知答之示與視同指其掌弟子記夫子言此而自指其掌言其明且易也蓋知禘之說則理無不明誠無不格而治天下不難矣聖人於此豈真有所不知也哉【講】或人見魯行禘祭而疑之乃問禘祭之義其說何如夫子以禘之義非或人所及知而不王不禘又魯之所當諱者故但答之曰祭義莫深於禘蓋於報本之中又報本追遠之中又追遠惟聖人制之亦惟聖人知之吾不知其說也有能知禘祭之說者則理無不明誠無不格推之於治天下也無難處之事無難化之人其如示諸斯乎門人記所謂示諸斯者乃自指其掌言其明而且易也夫知禘之說即可以裕於治信乎其說之難知也

以周公配○三年一祫五年一禘祫則太祖東向毀廟及群廟之主昭南穆北合食於太廟禘則太祖之所自出者東向惟以太祖配之不兼群廟之主為其尊遠不敢褻也

灌

禮記獻之屬莫重於祼此周道也灌以圭璋既灌然後迎牲○朱子曰鬱鬯者釀秬為酒煮鬱金香草和之其氣芬芳而條暢也周禮鬱人鬯人掌其事○輔氏曰周之祭祀先以鬱鬯灌地求神於陰既奠然後取血膋實之於蕭以焫之求神於陽

王孫賈

靈公時賈掌治

祭如章旨

此章記夫子祭祀之誠意上節記事下節記其常言者以證之重首節

祭如節旨

重兩如在字俱就心上看孝是惻怛慈愛意思敬是謹凜然恪意思總歸一誠註言先祖則父母在其中

吾不節旨

此引夫子之言以實上節之意蓋言己之祭人得而攝之己之精誠人不得而攝之所歉不在禮而在心

王孫章旨

此章夫子陰折權臣之心問答俱是隱語賈說與竈夫子說天賈說媚夫子說無所禱何等義正辭嚴

王孫節旨

賈疑夫子在衛有求仕之心故以奧比君以竈比己欲其附己以進用也

不然節旨

不然二字甚是斬截深斥媚奧媚竈之皆非下是折媚奧媚竈之無益也獲罪於天只是論理之當然纔言媚便逆理矣違道干進得罪至尊豈媚時君權臣所得免乎

周監全旨

此章夫子自表其憲章之心郁郁承損益得宜來從周不重為下不倍重在文盛上三句語氣本直蓋二代處不可將二代貶倒蓋周雖有損益其大端亦出自夏商從周乃文質得宜

○**祭**(兼祖考言)**如在**(是若見祖考意)**祭神如神在**(外神夫子在官之祭山川社稷五祀之類)【註】程子曰祭祭先祖也祭神祭外神也祭先主於孝祭神主於敬愚謂此門人記孔子祭祀之誠意【講】門人記夫子祭祀之誠曰祭以誠為主吾夫子之祭先祖也則孝心純篤恍如先祖之在位祭先何其誠耶其祭外神也則敬心專一儼如神明之在上祭神何其誠耶○

子曰(是夫子平日之言門人引來證上文)**吾不與祭**(是有故或疾病或不得已事)**如不祭**(就心上說重誠非自致意)【註】又記孔子之言以明之言己當祭之時或有故不得與而使他人攝之則不得致其如在之神故雖已祭而此心缺然如未嘗祭也○范氏曰君子之祭七日戒三日齋必見所祭者誠之至也是故郊則天神格廟則神鬼享皆由己以致之也有其誠則有其神無其誠則無其神可不謹乎吾不與祭如不祭誠為實禮為虛也【講】嘗觀夫子自言有曰吾當祭祀之時或有故不得與而使他人攝之則一念之孝敬不得以自伸祭雖已舉此心缺然如不祭也夫不與祭其心如此則與祭必致其如在之誠可知矣

○**王孫賈問曰與其媚於奧寧媚於竈**(此二句是俗語)**何謂也**(謂人言決非無因而發非不知而問也)【註】王孫賈衛大夫媚親順也室西南隅為奧竈者五祀之一夏所祭也凡祭五祀皆先設主而祭於其所然後迎尸而祭於奧略如祭宗廟之儀如祀竈則設主於竈陘祭畢而更設饌於奧以迎尸也故時俗之語因以奧有常尊而非祭之主竈雖卑賤而當時用事喻自結於君不如阿附權臣也賈衛之權臣故以此諷孔子【講】王孫賈設問以諷夫子曰時俗有云與其親順以媚於奧寧親順以媚於竈夫奧尊而竈卑也顧謂媚奧不如媚竈斯言果何謂也賈之意比君於奧居己於竈以諷夫子之媚君不如媚己也

○**子曰不然**(是不然時俗之語以媚奧媚竈皆不可也)**獲罪於天**(天是上天但天之所以為天者即理而已)**無所禱也**(無所包奧竈在內禱是祈禱免罪)【註】天即理也其尊無對非奧竈之可比也逆理則獲罪於天矣豈媚於奧竈所能禱而免乎○謝氏曰聖人之言遜而不迫使王孫賈而知此意不為無益使其不知亦非所以取禍【講】夫子據理以折之曰媚奧媚竈斯言皆昧於理而不然也惟天至尊而所主者理人言但當順理非特不當媚竈亦不可媚於奧也苟逆理則獲罪於天天之所禍誰能福之天之所奪誰能與之非有所禱而獲免其罪也是奧與竈皆無足恃安用媚為哉

○**子曰周監於二代**(周兼文武周公說監是視以為法包損益二意二代之禮就制度文為說)**郁郁乎文哉**(文是禮制燦然可觀)

處自損益中得來哉是歎美辭

吾從周(是從其文之美)【註】監視也二代夏商也言其視二代之禮而損益之郁郁文盛貌○尹氏曰三代之禮至周大備夫子美其文而從之【講】夫子贊周

軍旅晉師將盟靈公於剸澤公以晉詬語之故與貫謀共叛晉晉人請改盟弗許其子王孫齊亦為衛大夫

奧

奧者室中隱奧之處也古者為室戶不當中而近東則西南隅最為深隱故謂之奧凡祭祀及尊者常處焉

竈

竈造也創造食物也夏祀竈者火之主人所以自養也五祀春祀戶夏祀竈中央祀中霤秋祀門冬祀行

太廟

公羊傳曰周公稱太廟魯公稱世室羣公稱宮周公何以稱太廟於魯封魯公以為周公也

之文非周末文勝之文

子入全旨

此章見聖人為禮辨之意上二句是就祭而問禮之詳下是因人之譏而自明其為禮也禮以敬為主宗廟之事嚴矣其大體聖人固無不知至於有司之事則亦有所不知者焉夫子不知而問昭其敬也告之以是禮非為己辨為禮辨也恐人不知敬謹之為禮耳

射不全旨

此章是聖人維禮射首句引禮文下釋其意而證之然古道不止一射今不如古亦豈止一射夫子獨舉易見者以傷德化之窮也主字要玩非禁其貫革只不限定要貫革若必以貫革為主則失先王所以習禮之意不說今之所無但歎古之所有具無限感慨

子貢章旨

此章見聖人維禮之意欲去餼羊子貢亦無甚深意不過見禮已不行徒妄費耳並不曾想到復禮上去自夫子以愛禮點他愈見他意思狹小矣

文之盛意曰我周之興也文武具明聖之德周公擅制作之權於是監夏商二代之禮而損益之由是品式章程燦然具備郁郁乎文之盛哉夫時王之制本吾所當從而郁郁之文尤吾所願從我生斯世與天下臣民共守一王之制吾亦惟從周而已

○**子入太廟每事問** 每事就廟中升降灌獻於儀文度數言問是因事以究其義 **或曰孰謂鄹人之子知禮乎** 孔子之父為鄹邑大夫故名鄹人之子知禮是孔子少時嘗陳俎豆素以知禮稱 **入太廟每事問** 二句是譏孔子不知禮意 **子聞之曰** 聞或人所譏之言 **是禮也** 是指每事問說是禮猶言即此便是禮非以知禮自任乃不敢以問為非禮耳 【註】 太廟魯周公廟此蓋孔子始仕之時入而助祭也鄹魯邑名孔子父叔梁紇嘗為其邑大夫孔子自少以知禮聞故或人因此而譏之孔子言是禮者敬謹之至乃所以為禮也○尹氏曰禮者敬而已矣雖知亦問謹之至也其為敬莫大於此謂之不知禮者豈足以知孔子哉 【講】 夫子始仕入而助祭於周公之太廟凡禮器禮文之事雖平日知其說然不敢自謂已知而每事必問焉斯其心固維禮之心也或人不知而譏之曰孰謂鄹人之子稱能知禮乎觀其入太廟也每事必問於人吾恐問者未必知也子聞之曰吾之每事必問者乃一念之敬謹是禮之所在也然則以吾為知禮吾固不敢當而以問為不知禮豈吾所能識哉

○**子曰射不主皮** 射是禮射不主皮是不尚貫穿皮革 **為力不同科** 為因也人之力強者可貫革弱者不能貫也 **古之道也** 古指周盛時道是尚德不尚力之道末要繳今不復見意 【註】 射不主皮鄉射禮文為力不同科孔子解禮之意如此也皮革也布侯而棲革於其中以為的所謂鵠也科等也古者射以觀德但主於中而不主於貫革蓋以人之力有強弱不同等也記曰武王克商散軍郊射而貫革之射息正謂此也周衰禮廢列國兵爭復尚貫革故孔子歎之○楊氏曰中可以學而能力不可以強而至聖人言古之道所以正今之失 【講】 夫子傷今思古意曰鄉射禮文云射以觀德但主於中而不主於貫革則無德而有力者得以顯其能有德而無力者無以自見矣是道也乃我周盛時偃武修文尚德不尚力之道也而今安在哉 【補】 古人亦止是禮射不主皮武射依舊貫革禮射謂大射賓射燕射

○**子貢欲去告朔之餼羊** 欲去是私議非問也告是告於祖廟告朔重奉行天子正朔與告廟上見忠孝意朔是十二個月初一日指歷日言 【註】 告朔之禮古者天子常以季冬頒來歲十二月之朔於諸侯諸侯受而藏之祖廟月朔則以特羊告廟請而行之餼生牲也魯自文公始不視朔而有司猶供此羊故子貢欲去之 【講】 告朔之禮至大禮也魯自文公始不視朔

鄹
鄹是孔子父所治之邑即昌平鄉號孔子居魯之鄹邑昌平鄉之闕里也

主皮
禮射不主皮者貴其容體其於禮其節比於樂不以貫革為雋也○周禮庶民無射禮因田獵分禽則有主皮樂記所謂貫革軍旅之射也

告朔
周禮太史頒告朔於邦國○天子用特牛告其帝及其神配以文王武王諸侯用特羊告太祖謂之告朔人君即以此日聽視此朔之政謂之視朔亦謂之聽朔○文公六年閏月不告朔十六年四不視朔

子貢節旨
記者書法只下一之字便見餼羊與告朔粘連如何輕欲議去

賜也節旨
上責賜所惜之小下言己所惜之大也子貢但知核實夫子卻要存名羊存則魯君臣尚未敢顯然蔑禮

事君全旨
此章見事君有當然之禮禮之非諂易辨惟以禮為諂則其事君者可知夫子非徒為自己分辨正是提動人心處禮如拜下鞠躬之類當時君弱臣強事上簡慢故反以為諂

定公全旨
此章見君臣當各盡其道是時定公承昭公之逐季孫擅廢立之權事使俱失其道故夫子云然重各盡當然之道上宜兩平看以禮以忠兩以字著力有舍此不可意

關雎全旨
此章欲學者識詩人性情之正樂與哀是性情不淫不傷是性情之得其正全重后妃之德宜配君子不淫就串下哀樂是宮人哀樂不是文王哀在樂中不傷就在哀中故用兩而字樂作文不必言宮人只言詩人可也

而有司猶月供此羊故子貢欲議去此告朔之餼羊是徒知無實妄費為經國者所當惜而不知舉廢興衰實復古者深有待也

○**子曰賜也爾愛其羊**羊指餼羊就惜費上說**我愛其禮**兩其字俱指告朔說禮指忠孝之大典言即存羊上見

註 愛猶惜也子貢蓋惜其無實而妄費然禮雖廢羊存猶得以識之而可復焉若併去其羊則此禮遂亡矣孔子所以惜之○楊氏曰告朔諸侯所以稟命於君親禮之大者魯不視朔矣然羊存則告朔之名未泯而其實因可舉此夫子所以惜之也

講 夫子曉之曰賜也爾之欲去羊者以為無實妄費是所愛者在羊耳我則以禮雖廢羊存庶幾後人猶有因羊以求禮者若併去其羊則此禮遂亡矣是我之所愛者其禮也禮可愛而羊其可去乎

○**子曰事君盡禮**盡者只盡其當然不敢於禮之中有所缺亦不敢於禮之外有所增**人以為諂也**以為字有疑駭意諂謂越禮求媚意

註 黃氏曰孔子於事君之禮非有所加也如是而後盡爾時人不能反以為諂故孔子言之以明理之當然也○程子曰聖人事君盡禮當時以為諂若他人言之必曰我事君盡禮小人以為諂而孔子之言止於如此聖人道大德宏此亦可見

講 夫子有感而言曰事君而盡其所當然之理非有加於本分也必如是而後盡耳夫何人不以為禮乃反指以為媚君而諂也亦獨何哉禮教之不明深可慨乎

○**定公問君使臣**使是以上臨下之義**臣事君**事是以下奉上之義**如之何**是究事使之道**孔子對曰君使臣以禮**禮所以別上下之分而不容一毫僭差者**臣事君以忠**忠所以盡臣子之心而不敢一毫苟且者

註 定公魯君名宋二者皆理之當然各欲自盡而已○呂氏曰使臣不患其不忠患禮之不至事君不患其無禮患忠之不足尹氏曰君臣以義合者也故君使臣以禮則臣事君以忠

講 定公問君之任使乎臣臣之承事乎君其道果如之何孔子對曰君之使臣易於簡必以禮敬之而盡乎禮文禮意之實臣之事君易於欺必以忠効之而盡乎忠愛忠敬之心則君臣各盡其道上下交而德業成矣

○**子曰關雎樂而不淫**樂是喜指琴瑟鍾鼓言不淫只是宜樂意**哀而不傷**哀是憂指寤寐反側言不傷只是宜哀意

註 關雎周南國風詩之首篇也淫者樂之過而失其正者也傷者哀之過而害於和者也關雎之詩言后妃之德宜配君子求之未得則不能無寤寐反側之憂求而得之則宜其有琴瑟鍾鼓之樂蓋其憂雖深而不害於和其樂雖盛而不失其正故夫子稱之如此欲學者玩其辭審其音而有以識其性情之正也

講 夫子表詩人性情之正意曰關雎之詩言后妃以德配君子其求而既得之則有琴瑟鍾鼓之樂然樂以德也非樂以欲也奚嘗失其正而至於淫乎方其求之未得則有寤寐反側之憂然憂以德也非憂以欲也奚嘗害其和而至於傷乎詩人性情之正如此故以是首詩則正始之風以是卒樂則和平之奏使盡人性情而皆如關雎則亦可以無虞矣讀關雎者知之

公有疾也自是公無疾不視朔矣

餼羊

左傳曰餼牽竭矣餼與牽相對牽是牲可牽行則餼是已殺生肉未煮者也

定公

定公襄公庶子昭公弟也穀梁傳曰昭公之終非正終也定公之始非正始也昭無正終故定無正始

關雎

關關雎鳩在河之洲窈窕淑女君子好逑註關關雎雄相應之和聲雎鳩水鳥摯而有別故以興后妃

社

魯之外朝東有亳社西有國社按亳社殷社也武王班之以示

哀公章旨

此章夫子責宰我之失言宰我戰慄之對欲借社以樹國威夫子恐其反以貽民害也故以不責責之

哀公節旨

首句是時君究立社之義下是宰我之妄對蓋立社本意在為民祈報非取義於本也哀公感亳社之災而問正宜對以撫恤斯民以固宗社之本何宰我乃諷以威斷乎

子聞節旨

此責其失言於前正欲其謹言於後也三句泛說責宰我意當繳在後此正不說之說不諫之諫不咎之咎也註非本意又啟殺伐俱勿入夫子口中

管仲章旨

此章聖人責王賤霸之意首節以器小譏管仲下兩節因或人之疑而辨之器小二字包括管仲一生奢而犯禮特其器小中之二事耳奢者器之小而盈犯禮者器之盈而溢須知管仲即儉即知禮終即解於器小

管仲節旨

器小是概言不可預照下二項也器兼所受所施究之所施又承所受仲胸中只容些小霸術故做出些小霸術

或曰節旨

首句是或人疑器小為儉下是夫子

○哀公問社於宰我(問社是問立社之義哀公四年亳社災故有此問)宰我對曰夏后氏以松(夏以揖遜得天下故獨稱曰夏后氏松是安邑所宜木)殷人以柏(殷周以征誅得天下故皆稱曰人柏是亳邑所宜木)周人以栗(栗是豐鎬所宜木)曰使民戰栗(從上栗字生發)【註】宰我孔子弟子名予三代之社不同者古者立社各樹其土之所宜木以為主也戰栗恐懼貌宰我又言周所以用栗之意如此豈以古者戮人於社故附會其說【講】哀公問立社之義於宰我宰我不知而妄對曰古者立社各樹其土之所宜木以為主夏后氏都於安邑立社則以松殷人都於亳立社則以柏周人都於豐鎬立社則以栗然所以用栗者何也亦曰古者戮人於社而使民知所戰栗恐懼耳宰我此對既非立社之本意又啟時君殺伐之心其見亦謬矣哉

○子聞之曰成事不說(說謂成其是非)遂事不諫(諫謂申其匡救)既往不咎(咎謂指其愆尤)【註】遂事謂事雖未成而勢不能已者孔子以宰我所對非立社之本意又啟時君殺伐之心而其言已出不可復救故歷言此以深責之欲使謹其後也○尹氏曰古者各以所宜木名其社非取義於木也宰我不知而妄對故夫子責之【講】夫子聞而責之曰凡已成之事一定而不易雖有失亦不說以說之無益也凡必遂之事其勢不能已雖有失亦不諫以諫之無益也凡既往之事已然不可追雖有失亦不咎以咎之無益也今爾立社之對固為失言然其言不可復救是即成事遂事既往者也雖說之諫之咎之究何益哉【補】哀公問社有起弊之思子曰使民戰栗勸其斷也蓋欲公樹威於三家而託之於民耳不知三家之僭惟禮可以已之懼之以威是速其禍而已夫子所以深責之也

○子曰管仲之器小哉(器就局量規模說小是褊淺卑狹哉字有慨歎意)【註】管仲齊大夫名夷吾相桓公霸諸侯器小言其不知聖賢大學之道故局量褊淺規模卑狹不能正身修德以致主於王道【講】夫子譏管仲曰吾觀管仲之為人也以其內之所受言則局量褊淺以其外之所施言則規模卑狹其器度亦小矣哉

○或曰管仲儉乎(儉是儉約乎是疑辭蓋儉則收斂不廣大故疑器小為儉)曰管氏有三歸(歸即歸除之歸蓋用三歸之法以築臺言其高也)官事不攝(官事是私家之事不攝是一人各理一事也)焉得儉(總承上二事以斷其不儉)【註】或人蓋疑器小之為儉三歸臺名事見說苑攝兼也家臣不能具官一人常兼數事管仲不然皆言其侈【講】或人不知而疑之曰儉嗇之人多安於狹小然則管仲儉乎夫子曰儉者必卑宮室而節冗費今管氏有三歸之臺榭以供遊玩官事不兼攝而家臣眾多其奢如此安得為儉乎

○然則管仲知禮乎(知禮是多文飾而不惜小費近於不儉故或人疑之)曰邦君樹塞門(邦君是有國之諸侯塞門以肅居尊之體)管

亡國之邪其社有屋故火得焚之○社稷所以有樹何尊而識之使民人望見而敬之又所以表功也

宰我

宰予字子我魯人子問君子尚辭乎子曰君子以理為尚博而不要非所察也繁辭富說非所聽也又曰吾於子取其言之近類也於賜取其言之切事也近類則足以喻之切事則足以懼之

管仲

管仲潁上人也少與鮑叔遊善巳而鮑叔事齊公子小白管仲事公子糾及小白立為桓公公子糾死管仲囚焉鮑叔力進管

即奢以明其非儉也臺有興作之費官有廩祿之濫何居乎乃以儉為器小也

然則節旨

首句是或人疑奢為知禮下是天子即僭以明其不知禮也效邦君之塞門僭諸侯尊己之禮效邦君之反坫僭諸侯尊賓之禮何居乎乃以不儉為知禮也

子語全旨

此章夫子將正樂而語太師之辭首句言樂之聲音節奏有可知下備舉始終之條理而告之正可知之實也句句要點出可知字正樂事體大本文止言音者蓋音不離乎器之粗實本乎理之精也始從成為作樂三大節翕純皦繹乃三節中之節奏數如字是以心形容其光景如此太師樂官豈不知樂尚待聖人詔之哉只是聖人神遊其際想出其自然節奏會其本無聲以求有聲又因有聲以會無聲而得其所為樂者則樂可漸正矣以成者以此而至於成也

氏亦樹塞門是僭邦君門屏之禮管氏大夫只當用簾邦君為兩君之好兩君之好謂諸侯與鄰國之君相宴會有反坫坫是受爵之案反坫以飲酒行禮言管氏亦有反坫是僭諸侯尊賓之禮管氏而知禮孰不知禮言人皆得為知禮甚言管仲不知禮意承上二段說【註】或人又疑不儉為知禮屏謂之樹塞猶蔽也設屏於門以蔽內外也好謂好會坫在兩楹之間獻酬飲畢則反爵於其上此皆諸侯之禮而管仲僭之不知禮也○愚謂孔子譏管仲之器小其旨深矣或人不知而疑其儉故斥其奢以明其非儉或又疑其知禮故又斥其僭以明其不知禮蓋雖不復明言器小之所以然而其所以小者於此亦可見矣故程子曰奢而犯禮其器之小可知蓋器大則自知禮而無此失矣此言當深味也蘇氏曰自修身正家以及於國則其本深其及者遠是謂大器揚雄所謂大器猶規矩準繩先自治而後治人者是也管仲三歸反坫桓公內嬖六人而霸天下其本固已淺矣管仲死桓公薨天下不復宗齊楊氏曰夫子大管仲之功而小其器蓋非王佐之才雖能合諸侯正天下其器不足稱也道學不明而王霸之略混為一途故聞管仲之器小則疑其為儉以不儉告之則又疑其知禮蓋世方以詭遇為功而不知為之範則不悟其小宜矣【講】或人又疑之曰知禮之人多修儀文然則管仲知禮乎夫子曰知禮者必守等威而慎名器今邦君之制樹以塞門蔽內外者禮也管氏特大夫耳亦樹屏以塞其門邦君之制為兩君之好會而有反爵之坫者禮也管氏特大夫耳亦有反爵之坫其僭如此焉得為知禮使管仲而謂之知禮則天下孰不為知禮之人乎又安得以不儉為知禮也【補】陸稼書曰以仲之功較春秋之臣則大較伊周之佐則小不可謂功大而器小也功字即在器字內註中不知聖賢大學之道是器小之由局量褊淺二句乃正言器小不能正身修德二句則器小之驗也但不可說明

○子語魯太師樂曰樂其可知也樂是音樂可知謂樂理雖微而聲音節奏則無不可知始作是樂初奏翕如也翕言金石絲竹匏土革木八音並起合奏也從之是放聲大作純如也純是清濁高下相和如金聲不戾於石石聲不戾於絲之類皦如也皦是清濁異音高下異韻而無紊亂如金音還是金音石音還是石音之類繹如也繹是清濁相為循環高下互為終始而無相間斷如八音此唱則彼和彼絕則此續也以成以字不可放過總承上看【註】語告也太師樂官名時音樂廢缺故孔子教之翕合也從放也純和也皦明也繹相續不絕也成樂之一終也○謝氏曰五音六律不具不足以為樂翕如言其合也五音合矣清濁高下如五味之相濟而後和故曰純如合而和矣欲其無相奪倫故曰皦如然豈宮自宮而商自商乎不相反而相連如貫珠可也故曰繹如也以成【講】昔夫子將有事於正樂而先語魯之太師樂曰汝典樂之官不可不知樂今樂之理雖微而不易測其音節則可得而知也方作之始必五音六律羣然合奏無音不備翕如其合也及其從之而放焉大作必清濁高下調適中節純如而諧和也又必一音自為一音不相陵奪皦如而明白也又必五音前唱後和宮

仲管仲相齊通貨積財富國强兵與俗同好惡其為政也善因禍為福轉敗為功貴輕重慎權衡

三歸

鮑彪云婦人謂嫁曰歸仲蓋三取女也

樹塞門

樹所以蔽行道禮天子外屏諸侯內屏大夫以簾士以帷

反坫

坫是置酒杯的案以木為之高八寸足高二寸漆赤其中

儀封人

儀封人儀之封人也今開封府蘭陽縣有儀城

木鐸

鐸有金鐸有木鐸金鐸舌以金木鐸舌以木金鐸振武事若黃

儀封全旨

此章見封人能以天心識聖人首三句是封人未見聖人而有所慕因自叙其求見之誠下是封人既見聖人而有所感因預卜其行道之兆也封人請見則非若沮溺文人之狷介自高矣其見之也雖一時應對之辭不傳然其不忘天下之心必有與夫子深相感者故將氣運天心聖人事業出以語門人焉天將句兼亂極當治盛德又在夫子二意註不曰得位行道而曰得位設教者切木鐸字也如覺後知覺後覺意

子謂全旨

此章論韶武之樂二段平看兩謂字要識是記者之辭美善皆於樂中見得故不曰舜曰武王而曰韶曰武也但盡美以功著於聲容言盡善未盡善以德之性反著於聲容言兼揖讓征誅乃全一邊雍容廣大真如天覆地載一邊微帶發揚蹈厲未免令人震疊耳

商相續㬌㬌如貫珠繹如而不絕也翕如之餘有和諧和諧之中有明白明白之中無間斷自始至終無不曲盡樂以成之矣由此而至九成其道理不過如此太師知之乎

補 翕如純如略有先後純如皦如繹如則皆從之一時事不可分先後

○**儀封人請見**請見是請於從者而求見夫子**曰君子之至於斯也**斯指儀邑**吾未嘗不得見也**是自言平日見取於君子今日必不見棄於聖人也**從者見之**從者是從遊孔子之門人見之是通封人之言於夫子而夫子與之相見**出曰**出是既見夫子而出曰對門人言**二三子**指夫子之眾門人**何患於喪乎**何患猶言不必憂患**天下之無道也久矣**無道指世教衰微人心陷溺言久字便有亂極思治意**天將以夫子為木鐸**將是欲然未然之辭木鐸是警眾之器只借來說夫子得位設教以警人心意

註 儀衛邑封人掌封疆之官蓋賢而隱於下位者也君子謂當時賢者至此皆得見之自言其平日不見絕於賢者而求以自通也見之謂通使得見喪謂失位去國禮曰喪欲速貧是也木鐸金口木舌施政教時所振以警眾者也言亂極當治天必將使夫子得位設教不久失位也封人一見夫子而遽以是稱之其所得於觀感之間者深矣或曰木鐸所以徇於道路言天使夫子失位周流四方以行其教如木鐸之徇於道路也

講 夫子周流至衛儀邑掌封疆之官請見於從者曰敬賢者吾之素心凡平日君子之至於斯地也吾皆為盛德所容未嘗見絕而不得見也今夫子至此我獨不得見乎於是從者通其意於夫子而夫子見之封人既見而出謂從者曰二三子何患於夫子之失位乎天下之亂而無道也已久矣然亂極當治而致治之具又在夫子天必將使夫子得位設教為斯世木鐸以作斯民之耳目以開天下之愚蒙豈久失位哉封人能以天心識聖人如此蓋亦非常人矣

○**子謂韶**謂是追論**盡美矣**美就外面洋洋看**又盡善也**善即美中純粹處**謂武盡美矣未盡善也**

註 韶舜樂武武王樂美者聲容之盛善者美之實也舜紹堯致治武王伐紂救民其功一也故其樂皆盡善然舜之德性之也又以揖遜而有天下武王之德反之也又以征誅而得天下故其實有不同者○程子曰成湯放桀惟有慙德武王亦然故未盡善堯舜湯武其揆一也征伐非其所欲所遇之時然爾

講 記者說我夫子稽古帝王而聞其所作之樂嘗品舜樂名韶者聲容備盛而當時紹堯致治之功皆因之以傳固盡美矣然其性之之德與夫揖遜而有天下者亦潛著於聲容之表蓋又盡善也謂武樂名武者聲容備盛而當時伐紂救民之功皆因之而布亦盡美矣然其反之之德與夫征誅而有天下者亦潛著於聲容之表殆未盡善也子於此蓋亦有升降之感矣

池之會官師振鐸是也木鐸宣文教若書禮所言徇以木鐸是也

韶武

堯作大章舜作韶韶繼堯也孔子曰簫韶舜之遺言也溫潤以和似南風之至○武王用武除暴為天下所樂故作樂為大武樂之一變為一成韶樂九成九變故也武樂六成六變故也記曰武始而北出再成而滅商三成而南四成而南國是疆五成而分周公左召公右六成復綴以崇天子

里

五家為隣五隣為里○里之為言止也界所止也

居上全旨

此章夫子崇本之論寬敬哀皆指心之所存就好邊說見之於外則有太過不及而得失分矣故註言觀其所行之得失以字重非是不足觀亦非是不去觀只為他本原皆不是了更把甚麽去觀他

里仁全旨

此章夫子論擇居之道首句言里之所以美下甚言人之所當居也不智根擇字求仁字宜淺看註仁厚之俗有斟酌一里安得人皆仁者但有仁厚之俗已美矣

不仁全旨

此章夫子要人不失其本心以處遇上言不仁者之不可下正見仁知之無不可也處約不濫處樂不淫即便是仁重仁者二句仁知對不仁看仁者知者以人品言安仁利仁以其德之深淺言安者止而不遷之謂利者行而不已之謂仁者知者自得其本心何約樂之不可處註中安其無適不然利於仁而不易所守皆緊抱上截約樂說

惟仁全旨

此章見仁人用情之正好惡通上下言惟字能字緊相照應註中無私心

○子曰居上不寬(居上是在上臨民者不寬是心不寬容)為禮不敬(為禮就酬酢交接言不敬是心有怠慢)臨喪不哀(臨喪是居父母之喪不哀是心不悲痛)吾何以觀之哉(以是用何以觀言以何者去觀他之指居上為禮臨喪之得失言)【註】居上主於愛人故以寬為本為禮以敬為本臨喪以哀為本既無其本則以何者而觀其所行之得失哉【講】夫子示人重本意曰居上以寬為本也乃不能弘寬仁之德為禮以敬為本也乃不能存敬謹之心臨喪以哀為本也乃不能盡哀痛之誠是其本既亡矣雖居上有條教號令之施為禮有威儀進退之節臨喪有哭泣擗踊之數抑末矣吾以何者而觀其所行之得失哉知此則人當務本矣

里仁第四(凡二十六章)

○子曰里仁為美(二十五家為一里美在熏陶成德上說)擇不處仁(擇是揀擇不處仁是舍仁里而不居)焉得知(是言其昏)【註】里有仁厚之俗為美擇里而不居於是焉則失其是非之本心而不得為知矣【講】夫子示人以處仁之知曰居必擇鄰居之道也若是里之中習俗仁厚此為里之至美處於此而熏陶可以成德豈細故哉苟擇里而不居於是焉則是不知其美而失其是非之本心矣焉得為智乎甚矣人之不可不處仁也【補】熏陶漸染以成德是主意賙恤保愛以全生是輔意

○子曰不仁者(者作人字看)不可以久處約(不可是不能也約即貧賤)不可以長處樂(樂即富貴)仁者安仁知者利仁(安仁利仁不止於善處約樂正在其中)【註】約窮困也利猶貪也蓋深知篤好而必欲得之也不仁之人失其本心久約必濫久樂必淫惟仁者則安其仁而無適不然知者則利於仁而不易所守蓋雖深淺之不同然皆非外物所能奪矣○謝氏曰仁者心無內外遠近精粗之間非有所存而自不亡非有所理而自不亂如目視而耳聽手持而足行也知者謂之有所見則可謂之有所得則未可有所存斯不亡有所理斯不亂未能無意也安仁則一利仁則二安仁者非顏閔以上去聖人為不遠不知此味也諸子雖有卓越之才謂之見道不惑則可然未免於利之也【講】夫子勉人存仁以善處遇也曰天下惟仁可以貞遇不仁者失其本心久約必至於濫不可以久處乎約久樂必至於淫不可以長處乎樂惟仁者純乎天理不待勉強則隨所適而安其仁焉奚有於濫且淫也知者中有定見篤好天理則有所守而利於仁焉奚至於濫且淫也雖其德有深淺不同然皆非外物所能奪矣豈不仁者可同日語哉【補】王觀濤曰知字不泛說只就真知此仁講真知故篤好篤好故必欲得之

○子曰惟仁者(仁是性仁者是其性已復之人)能好人能惡人(好惡是情兩能字是用情無私而得其正)【註】惟之為言獨也蓋無

是體當於理是用是箇仁者便體用都具能好能惡時無私當理齊到其用然後二字者則由體說到用耳不得分無私心貼仁者單以好惡當理貼兩能字也

私心然後好惡當於理程子所謂得其公正是也○游氏曰好善而惡惡天下之同情然人每失其正者心有所繫而不能自克也惟仁者無私心所以能好惡也【講】夫子論仁者用情之正曰好惡之情鮮得其正惟仁者心純乎理至公無私其好人也理所當好者好之未嘗有偏於好也非能好人乎其惡人也理所當惡者惡之亦未嘗有私於惡也非能惡人乎蓋好惡雖人所同而能好能惡則仁者所獨也【補】朱子曰有人好惡當於理而未必無私心有人無私心而好惡又未必皆當於理惟仁者既無私心而好惡又皆當理也

苟志全旨

此章勉人志仁意仁卽善之根苗原與惡懸絕重志字而苟字尤着力方志仁便無惡可見危微之幾如此

○**子曰苟志於仁矣**苟是誠實志仁是心之所向全在天理上**無惡也**無惡就志仁時決之【註】苟誠也志者心之所之也其心誠在於仁則必無爲惡之事矣○楊氏曰苟志於仁未必無過舉也然而爲惡則無矣【講】夫子示人志仁之當誠意曰凡人行事之得失心之所志爲之也苟用志不紛心誠於仁矣則其志在是斯所爲亦在是而必無爲惡之事也然則學者可不誠於志仁乎

富與章旨

此章見君子爲仁之功從大段說到細微處首節是取舍之分明次節結上生下末節是存養之功密總註極明

富與節旨

此明取舍是關頭工夫兩段平看不處不去要味註審字安字審是審於將然之時安是安於已然之後審有兩端安只一路全是以理制欲已隱含仁字

○**子曰富與貴**富以有祿言貴以有爵言**是人之所欲也**是指富貴人欲是心所願處**不以其道得之不處也**不處是不居有恐累吾仁意**貧與賤**貧以無祿言賤以無位言**是人之所惡也**是指貧賤惡是心所願去**不以其道得之不去也**不去是安守有恐害吾仁意【註】不以其道得之謂不當得而得之然於富貴則不處於貧賤則不去君子之審富貴而安貧賤也如此【講】夫子示人爲仁之全功曰凡境有順有逆而取舍貴明如有祿而富與有爵而貴是人之所同欲也然苟不以其當得之道而得之必審焉而不處此富貴也如貧而無祿與賤而無位是人之所同惡也然卽不以其當得之道而得之必安焉而不去此貧賤也

君子節旨

此反上以點出仁字只決言仁之不可去名字不重

○**君子去仁**去仁反上不處不去說**惡乎成名**惡乎猶言何所成名是成君子之名【註】言君子所以爲君子以其仁也若貪富貴而厭貧賤則是自離其仁而無君子之實矣何所成其名乎【講】不處不去是卽存吾本心之仁而君子所以爲君子者也若貪富貴厭貧賤則是自去其仁無君子之實何以成君子之名哉

造次顛沛　語類云杜預謂造次之期言草草不成禮也左傳過信爲次亦只是苟且不爲

無終節旨

此言存養是細密工夫終食無違特借鋪陳處反面托出以見其全體之無間非專於此着力也違字指此心

○**君子無終食之間違仁**終食是言其時之暫猶中庸所謂須臾也無違仁正是工夫益密處**造次必於是**造次以時之迫言**顛沛必於是**顛沛以時之變言二是字俱指仁【註】終食者一飯之頃造次急遽苟且之時顛沛傾覆流連之際蓋君子之不去乎仁如此不但富貴貧賤取舍之間而已也○言君子爲仁自富貴貧賤取舍之間以至於終日造次顛沛之頃無時無處而不用其力也然取舍之分明然後存養之功密存養之功密則其取舍之分益明矣【講】然君子之

人計之意問曾子是簀莫是苟且時否曰此正是顛沛之時耶時已不可扶持要如此坐也不能得

稍有出入言較去字更下得縝密此句是籠統說下二句又抽出最易違者言之造次對從容看顛沛對安常看

我未章旨

此章夫子反覆望人用力於仁章內三未見不同前後兩未見皆言無此人中一未見謂無其理

我未節旨

上二句言成德之難見下指言成德之事以實之也仁不仁指自己理欲言好仁是資性渾厚底惡不仁是資性剛毅底兩種人正用力之盡而臻此地位者

有能節旨

二句一氣看是激其用力於仁而決言用力之易也上節好仁惡不仁就是用力於仁好無以尚惡不使加就是力之足此節又就初下手說以此節為主用力兼明察幾見致決意

蓋有節旨

上句設言有用力而力不足之人下句決言未見用力之人也蓋有力不足者必用而後見不足今人皆是不肯用力於仁者何從見力不足之人乎註中昏弱二字昏則不能察幾弱則不能致決

人之全旨

此章夫子為以過棄人而不察其心者發非欲人以過自安也重識仁於

不去仁豈但富貴貧賤取舍之間哉其存養之密不以終身之頃而違乎吾心之仁焉然非曰暇豫者貞之而急遽遂忘之即推之造次亦必於是仁不以造次忘也又非曰安常者持之而遇變遂忽之即極之顛沛亦必於是仁不以顛沛忽也君子存養之密如此由是而富貴貧賤之間取舍有不益明者哉

○子曰我未見好仁者（好有心悅而必欲求意仁是吾心天理之公者字作人字看）惡不仁者（惡有深疾而必欲去意不仁是吾心人欲之私）好仁者無以尚之（無以尚是舉天下可愛可慕之外物皆無以加尚之也之指好仁言此正解好仁者所以未見意）惡不仁者其為仁矣（其字即坐實惡不仁者）不使不仁者（不使有絕之之意不仁舉凡視聽言動有一毫非禮皆是者當事字看）加乎其身（加及也此正解惡不仁者所以未見意）

【註】夫子自言未見好仁者惡不仁者蓋好仁者真知仁之可好故天下之物無以加之惡不仁者真知不仁之可惡故其所以為仁者必能絕去不仁之事而不使少有及於其身此皆成德之事故難得而見之也

【講】夫子反復勉人為仁意曰仁是人所當好不仁是人所當惡今我未見有好仁者惡不仁者我之所謂好仁者真知仁之可好而好之篤雖舉天下之物無以加之而奪其好也我之所謂惡不仁者真知不仁之可惡而嚴為之防故其為仁矣必能絕去不仁之事而不使少有加於其身焉此皆成德之事而我所未見者也

○有能一日用其力於仁矣乎（有能字宜玩見天下無用力之人一日自其始立志言有悔悟振作意用力是用其力也須兼好仁惡不仁講矣乎二字口氣甚活）我未見力不足者（此句是反言以決為仁之力用之而足也）

【註】言好仁惡不仁者雖不可見然或有人果能一旦奮然用力於仁則我又未見其力有不足者蓋為仁在己欲之則是而志之所至氣必至焉故仁雖難能而至之亦易也

【講】好仁惡不仁者雖難見然或有人果能一日之間奮然用其力於好仁惡不仁矣乎則志以帥氣我未見好以擴天理而力不足於擴惡以遏人欲而力不足於遏者也

○蓋有之矣（蓋作或字看有之指力不足者）我未之見也（是未見用力而力不足於好惡者此句重慨人之自棄）

【註】蓋疑辭有之謂有用力而力不足者蓋人之氣質不同故疑亦容或有此昏弱之甚欲進而不能者但我偶未之見耳蓋不敢終以為易而又歎人之莫肯用力於仁也○此章言仁之成德雖難其人然學者苟能實用其力則亦無不可至之理但用力而不至者今亦未見其人焉此夫子所以反覆而歎息之也

【講】然人之氣質有昏明強弱之不同疑亦有昏弱之甚用力而限於力之不足者但我偶未之見也其所見者類皆莫肯用力於仁耳未嘗用力又安見力之不足哉

○子曰人之過也（人包君子小人過以事言是無心之失）各於其黨（於字作從字看）觀過斯知仁

微處上二句即重君子邊卻以小人配說此過字是偶不及檢者觀過即承厚薄來本文只說斯知仁尹註不仁二字宜圓融看之

朝聞全旨

此章夫子激人聞道意聞字深看必用許多底格致工夫倘非平日積累之勤何由得一旦豁然之悟夕死活看非謂必死也

士志全旨

此章勵為士者專志入道意恥字須透發心一而已役於物則害於道故未足與議可見有志斯道必須去此一段俗見方得

君子全旨

此章言君子處天下事心無私而當於理也精神全在之於天下四字適莫是人之意見義是物之權衡無適三句文勢一連注下猶云不如彼而如此耳義之與比不可倒說比義君子平日有精義之學積義之功而事至物來復虛心觀理故能如此

懷德全旨

此指君子小人心術之異欲人慎所懷也四懷字當實實體認懷德無所為而為善懷刑有所畏而不敢為惡懷土戀己之所有懷惠貪人之所有有淺深然懷土與懷德反懷惠與懷刑反總在天理人欲上分別

放於全旨

矣 觀是看仁是心之隱微觀過兼厚薄愛忍知仁只重君子說 註 黨類也程子曰人之過也各於其類君子常失於厚小人常失於薄君子過於愛小人過於忍尹氏曰於此觀之則人之仁不仁可知矣○吳氏曰後漢吳祐謂掾以親故受汚辱之名所謂觀過知仁是也愚按此亦但言人雖有過猶可即此而知其厚薄非謂必俟其有過而後賢否可知也 講 夫子論人不可以過而棄曰論人之過也當原人之心人心不同故人之過也亦各於其類而不能皆同如仁者過於厚不仁者則過於薄仁者過於愛不仁者則過於忍誠即其過於厚薄愛忍而觀之雖亦不免於過然實發於一念之惻怛有不得不為理而受過者斯知其為仁心所存矣觀人者豈可以有過而槩棄之哉

○子曰朝聞道 朝是一旦聞是心中貫通意 夕死可矣 夕是晚夕可者無恨之意 註 道者事物當然之理苟得聞之則生順死安無復遺恨矣朝夕所以甚言其時之近○程子曰言人不可以不知道苟得聞道雖死可也又曰皆實理也人知而信者為難死生亦大矣非誠有所得豈以夕死為可乎 講 夫子勉人當聞道曰道者生人之正理人之所以無忝於生者以其有得於道也苟功積於平時一朝而得聞乎道則事了徹此生不虛雖夕死而心無遺憾矣甚矣道之不可不聞也 補 許東陽曰死可聖人言其重者而應事皆在其中故註以生順補明其意

○子曰士志於道 士是為學之人志是心之所向當淺看道是古今事物當然之理 而恥惡衣惡食者未足與議也 恥是羞愧惡衣是不好衣服惡食是不好飲食未足與猶言不可與他意議是講論道中之理 註 心欲求道而以口體之奉不若人為恥其識趣之卑陋甚矣何足與議於道哉○程子曰志於道而心役乎外何足與議也 講 夫子儆志道之不篤者曰為士者誠志於求道宜乎不受外物之累矣而猶以惡衣惡食為恥則識趣卑陋以是人而與之議道必不入矣未足與議也有志於道者可不知所勉哉

○子曰君子之於天下也 君子是時中之人於字當應字看天下指天下事言 無適也 適是心中必要為意 無莫也 莫是心中必不為意 義之與比 義即裁事之宜 註 適專主也春秋傳曰吾誰適從是也莫不肯也比從也○謝氏曰適可也莫不可也無可無不可苟無道以主之不幾於猖狂自恣乎此老佛之學所以自謂心無所住而能應變而卒得罪於聖人也聖人之學不然於無可無不可之間有義存焉然則君子之心果有所倚乎 講 夫子示人應事之準曰事雖無定形而有定理君子之於天下事也無專主於決為而適也無必於不肯為而莫也事之可為不可為一惟義之所在與之相從不敢悖耳又何容心於其間哉此君子得處事之準也

○子曰君子懷德 君子小人以人品言懷有經營圖度懷抱不舍意德是仁義禮智 小人懷土 土是所宴安處 君子懷

此章夫子戒人之徇利故字重看有自擅意有專務意怨從利上來多從放上來

能以全旨

此章示為國者當以實心行禮能字極重以字作用字看二段順看不平

上言禮讓之裕於治下反言以見之也禮行於君臣父子親踈貴賤之間者禮外無讓讓乃禮之實處此只重讓上讓主心言實有是冲和無欲上人之心寓於儀文度數之間者

不患全旨

此章教人不求名位盡其在我之實見天下事在於人者不必計係於己者為可憂兩段平看各重下句俱就學者言可知是可以當人之知若欲致人之知則偽矣

參乎章旨

此章見聖門心學之傳首節是聞聖人之教而悟之速下是因門人之疑而發之明通章以心字貫道外無心故夫子之示曾子者曰一貫心外無道故曾子之示門人者曰忠恕要之心之自然者即為一貫心之勉然者即為忠恕

參乎節旨

一貫就聖人應事上說是萬事一理若謂萬理一原乃論造化耳一字不對貫字對之字以字全不著力是從一之體上自然流出許多妙用來唯

刑刑是國憲小人懷惠惠是一切財利〔註〕懷思念也懷德謂存其固有之善懷土謂溺其所處之安懷刑謂畏法懷惠謂貪利君子小人趣向不同公私之間而已矣○尹氏曰樂善惡不善所以為君子苟安務得所以為小人〔講〕夫子別君子小人趣向之異曰君子小人之品不同而其思念亦異彼德者人心固有之理君子則念念循理而懷德焉若小人則溺其所處之安而惟懷於土雖至喪德弗顧矣刑者國家癉惡之法君子則兢兢畏法而懷刑焉若小人則貪乎利欲之私而惟懷於惠雖至犯刑弗恤矣君子小人所懷不同如此〔補〕雲峰胡氏曰他章多指君子小人所為者言此則指其所思者言所為者行事之著所思者心術之微也

○子曰放於利而行利不止財利凡適己自便皆是多怨〔註〕孔氏曰放依也多怨謂多取怨○程子曰欲利於己必害於人故多怨〔講〕夫子戒專利者意曰利者人之所同欲可公而不可私也若處心制行凡事一依於利而行則利己害人吾恐受其害者固有所不堪不受其害者亦有所不平必多取人之怨矣利其可放哉

○子曰能以禮讓為國乎何有禮凡整齊百官約束萬民皆是讓指心之謙遜說為國何有就治定民化說本禮讓來不能以禮讓為國是誠意不足儀文徒具者如禮何是禮不為之用也不能為國意在言外〔註〕讓者禮之實也何有言不難也言有禮之實以為國則何難之有不然則其禮文雖具亦且無如之何矣而況於為國乎〔講〕夫子論為治者當崇禮之實曰禮以飾治而讓則禮之本也為君者誠能以節文度數之禮而本於恭敬辭遜之讓則實意所感禮讓成風於為國乎何難之有苟不能以禮讓為國則儀文雖具實意不足即措之一身且無如禮何矣而況於為國乎信乎為國者之不可無禮讓也

○子曰不患無位患是憂慮位是爵位患所以立所以立如致君澤民之類不患莫己知莫無也莫己知是名譽不聞於人求為可知也求有專務意可知是道德之實〔註〕所以立謂所以立乎其位者可知謂可以見知之實○程子曰君子求其在己者而已矣〔講〕夫子示人為己之學曰君子之學求在我而已不患無致君澤君之位特患無致君澤民之具所以立乎其位也不患道德之在我而人莫己知惟求為明道修德之學以裕吾可知之實也君子為己之學如此此所以道立而位從實大而聲宏也

與〔補〕夫子正借名位為學者鞭策到近裏著己處若把名位掃倒便非

○子曰參乎吾道一以貫之一指心之一理道之本原言之指萬事萬物曾子曰唯唯是豁然有得意

在當前唯之根全在平日

子出節旨

玩子出二字便可想教不躐等處忠恕須串說本學者用功名目移在夫子身上即主自然者說總之天地是無心的忠恕聖人是無為的忠恕學者是著力的忠恕曾子就學者分上指出聖人全體謂不過這个造到極處便是夫子一貫而已矣三字可玩

君子全旨

此章見君子小人所喻不同蓋指已成者言喻字前有工夫宜深看義利俱從各人行事處見得天下只有兩條路不喻義即喻利中間並無隙地可容且喻義即遠利喻利必賊義彼此更無調停兩可處

見賢全旨

此章勉人反己之學思齊中便有精進意內省中便有克治意註冀字恐字可玩總由平日有為賢不為不賢之心故見便能思省

幾諫全旨

此章示人子成親之孝首句作一頭下兩段對看總以幾諫為主見志見字即是視於無形又敬是愈加敬自致不安也不違只照舊幾諫初諫而後不諫是違初幾諫而後直諫亦是違不怨者負罪引慝總見得到底幾諫也

不遠全旨

註 參乎者呼曾子之名而告之貫通也唯者應之速而無疑者也聖人之心渾然一理而泛應曲當用各不同曾子於其用處蓋已隨事精察而力行之但未知其體之一爾夫子知其真積力久將有所得是以呼而告之曾子果能默契其指即應之速而無疑也 講 曾子學將有得夫子呼而告之曰參乎亦知吾之道乎蓋天下之事物雖有萬殊而其理則一吾惟本吾心之一理以貫通乎天下之事物而凡事物之萬有不齊者自各得其理也曾子果能默悟其旨即應之曰唯蓋不惟無待於問辨亦不容有所稱贊也

○子出是退處於燕居門人問曰門人是夫子之門人問是問於曾子何謂也是疑一何以能貫意曾子曰夫子之道夫子即孔子道指一貫之道忠恕而已矣一者忠也以貫之者恕也

註 盡己之謂忠推己之謂恕而已矣者竭盡而無餘之辭也夫子之一理渾然而泛應曲當譬則天地之至誠無息而萬物各得其所也自此之外固無餘法而亦無待於推矣曾子有見於此而難言之故借學者盡己推己之目以著明之欲人之易曉也蓋至誠無息者道之體也萬殊之所以一本也萬物各得其所者道之用也一本之所以萬殊也以此觀之一以貫之之實可見矣或曰中心為忠如心為恕於義亦通○程子曰以己及物仁也推己及物恕也違道不遠是也忠恕一以貫之忠者天道恕者人道忠者無妄恕者所以行乎忠也忠者體恕者用大本達道也此與違道不遠異者動以天爾又曰維天之命於穆不已忠也乾道變化各正性命恕也又曰聖人教人各因其才吾道一以貫之唯曾子為能達此孔子所以告之也曾子告門人曰夫子之道忠恕而已矣亦猶夫子之告曾子也中庸所謂忠恕違道不遠斯乃下學上達之義 講 然門人不皆曾子也故於夫子既出問於曾子曰夫子所謂一以貫之者果何謂也曾子乃借其易曉者以明之曰夫子所謂一者即學者之忠是也所謂貫者即學者之恕是也夫子之道忠恕而已矣爾不知有一貫也獨不聞有忠恕乎爾誠求之忠恕而夫子之所以教與我之所以唯者不外求而得矣 補 饒氏曰忠恕二字學者所易曉盡得忠便會有這一盡得恕便會以貫之只一個忠做出千萬個恕來所謂一以貫之也

○子曰君子喻於義君子是循理之人喻以心言是知到精微曲折處小人喻於利小人是徇欲之人

註 喻猶曉也義者天理之所宜利者人情之所欲○程子曰君子之於義猶小人之於利也唯其深喻是以篤好楊氏曰君子有舍生而取義者以利言之則人之所欲無甚於生所惡無甚於死孰肯舍生而取義哉其所喻者義而已不知利之為利故也小人反是 講 夫子嚴義利之辨曰義者天理之宜君子循理故心之所喻者惟在於義利者人欲之私小人徇欲故心之所喻者惟在於利是義利之間正君子小人之分也學者可不辨哉

○子曰見賢思齊焉賢是有德之人思齊是心中要與他齊一意見不賢而內自省也不賢是無德之人內是心自省是自己搜尋有不善處

註 思齊者冀己亦有是善內自省者恐己亦有是惡○胡氏曰見人之善惡不同而無不反之身者則不徒羨人而甘自棄不徒責人而忘自責矣 講 夫子示人反己

天寶書局精校藏板

此章欲人子體親心以爲孝着眼一在字在者危辭曰在即見不能常在當及時侍奉故不遠遊句最重有方句文爲遊子通一術正委曲以將其不遠遊之心註極周匝尤以無貽親憂意爲要

之年全旨

此章欲人子及時以孝親上二句言親年之當知下原其當知之故也喜懼乃一時並集重在懼邊有汲汲盡孝猶恐其遲意

古者全旨

此章夫子援古人之恥以惕今人也上句言古人出言之慎下句推古人慎言之心虛神在古者二字提出躬字揭出恥字見此躬爲千古難寛之躬此恥即爲一生莫釋之恥

以約全旨

此章專爲材智自逞者發約雖以事言實在心上說以字有操守意失鮮主事言張南軒謂雖未必皆中節而失則鮮矣

欲訥全旨

此章示人矯輕警惰之法欲字須著眼不止是慎言敏行乃於言行之前自有此一段淵然鋭然之意也而字亦宜玩

德不全旨

此章是望人進德之心上句以理言下句以事言上反下正非有兩意勿

之學曰可否在人而勸懲在我如見人之賢而有德者則必思與之齊奮然冀己亦有是善焉見人之不賢而無德者則必內自省察惕然恐己亦有是惡也不然羨人而甘自棄責人而忘自責亦何貴於見哉【補】劉士玉曰馬也二字頗有抑揚儆醒意

○**子曰事父母幾諫** 事父母就處親之變言幾諫是委曲輾轉有欲使吾言易入而親感易解意 **見志不從** 志是父母之心不從是不聽 **又敬不違** 敬是更加孝敬不違是仍舊幾諫 **勞而不怨** 勞是被撻勞苦不怨是不敢怨恨仍舊幾諫意【註】此章與內則之言相表裏幾微也幾諫所謂父母有過下氣怡色柔聲以諫也見志不從又敬不違所謂諫若不入起敬起孝悅則復諫也勞而不怨所謂與其得罪於鄉黨州閭寧熟諫父母怒不悅而撻之流血不敢疾怨起敬起孝也【講】夫子論諫親之道曰人子之事父母也不幸父母有過必怡色柔聲而幾微以諫之冀以感悟乎親心也苟見親志不從又必起敬起孝而幾諫不違乎初焉若親心有不悅至鞭撻以勞之而不敢怨仍然起敬起孝到底幾諫如是則親心庶幾可回而不終陷於有過之地矣

○**子曰父母在** 是父母存日正可伸敬養之時 **不遠遊** 遠遊是出遊外方不遠遊重體親心上 **遊必有方** 遊承遠遊說以不得已言有方是告於父母所遊之定向以安親心也【註】遠遊則去親遠而爲日久定省曠而音問疎不惟己之思親不置亦恐親之念我不忘也遊必有方如已告云之東則不敢更適西欲親必知己之所在而無憂召己則必至而無失也范氏曰子能以父母之心爲心則孝矣【講】夫子示人子當體親心曰父母愛子之心無一息而忘於懷故人子於父母在時不可遠遊以係累其心或不得已而遊亦必有一定之方使親不之憂且可召而至焉人子體親之心宜如此【補】饒氏曰不遠遊是常法有方又是處變之道

○**子曰父母之年** 以歷年之多言 **不可不知也** 知有念念不忘意 **一則以喜** 喜能終養 **一則以懼** 懼不得終養【註】知猶記憶也常知父母之年則既喜其壽又懼其衰而於愛日之誠自有不能已者【講】夫子示人子當及時孝親意曰人子於父母之年不可不常記憶於心也常記憶於心一則喜其壽之既高而因以自慶也一則懼其衰之將至而因以自恐也知乎此則及時以致孝者自不容已矣

○**子曰古者言之不出** 不出非緘口也是不輕出意 **恥躬之不逮也** 恥就心上說躬是躬行【註】言古

用過文蓋為世情疑懼者說鄰不專指同時同地言南海北海百世上下此心此理無不同也

事君全旨

此章見事君交友當善用其言須是積誠感格或乘機引導不宜徒尚言語以取疏辱兩斯字當玩乃是欲人事君交友不至於數不是欲人避疏避辱也

鄰

周禮大司徒曰五家為比而遂人又曰五家為鄰何耶夷考之則在郊內者謂之比在郊外者謂之鄰此則鄰比之無異義也

者以見今之不然逮及也行不及言可恥之甚古者所以不出其言為此故也○范氏曰君子之於言也不得已而後出之非言之難而行之難也人惟其不行也是以輕言之言之如其所行行之如其所言則出諸其口必不易矣

講 夫子儆易言者曰古人於言未發之先方發之際若有所制而不敢出者何哉亦以言者言其所行也蓋恥其言之出而躬行之不及也此所以言之不輕出也何今人之不古若哉

補 恥字最緊要蓋非必真不逮而後恥即欲言之時已惟恐行有不逮矣此恥字就在不出時發現了

○子曰以約失之者鮮矣 約是心中收斂對放肆言失是過失就事上說 註 謝氏曰不侈然以自放之謂約 尹氏曰凡事約則鮮失非止謂儉約也

講 夫子示人自檢之學曰人之不能善其事者以其心未知約耳誠能自斂其心而不侈然以自肆斯日就於規矩法度之中而猶有失於事者蓋亦鮮矣學者可不知所謹哉

○子曰君子欲訥於言 欲是心中要如此貫下訥敏訥是遲鈍不輕發意 而敏於行 敏是力行不敢怠意 註 謝氏曰放言易故欲訥力行難故欲敏○胡氏曰自吾道一貫至此十章疑皆曾子門人所記也

講 夫子表君子自修之心曰言易失之有餘行易失之不足惟君子知放言之易必欲訥於其言悃悃然如不出諸口而知力行之難必欲敏於其行皇皇焉如有所不及此其其所以言行相顧而為慥慥之君子歟

○子曰德不孤 德即行道而有得於心 必有鄰 必有字與上不字相應正是決其不孤也鄰是與我同德者 註 鄰猶親也德不孤立必以類應故有德者必有其類從之如居之有鄰也

講 夫子勉人修德意曰德者人心之公理好德者天下之同情誠使有德於己自不至於孤立而無徒必有同德之人以類從之如居之有鄰也德之見親於人如此人亦何為而不修德乎

補 鄰字兼相親附相夾持二意主同德者言不是泛指秉彝之好

○子游曰事君數 數是諫君之言太煩 斯辱矣 辱有貶黜意 朋友數 數是導友之言太煩 斯疏矣 疏有絕交意 註 程子曰數煩數也胡氏曰事君諫不行則當去導友善不納則當止至於煩瀆則言者輕聽者厭矣是以求榮而反辱求親而反疏也范氏曰君臣朋友皆以義合故其事同也

講 子游論事君交友之道曰君臣朋友皆以義合者也君有過則當諫諫而不聽則當去苟徒事煩數而不去則君必厭聞斯反見亦辱矣朋友失則當規規而不納則當止苟徒事煩數而不止則友必厭聽斯日至疏遠矣世之事君交友者可不知所戒哉

公治長

子長為人能忍恥○長能通鳥語貧而閒居無以給食有雀呼之曰公治長公治長南山有個虎馱羊爾食肉我食腸當亟取之勿徬徨長如其言往山中果得羊食之及亡羊氏往跡之得其角乃以為偷訟之魯君魯君繫之獄未幾長在獄舍隹又呼之曰公治長公治長齊人出師侵我疆沂水上嶧山旁當亟禦之勿徬徨長語獄吏白之魯君魯君如其言往跡之而齊師果將及矣急發兵應敵遂獲大勝因釋公治長而厚賜之欲爵為大夫長辭不受

公治章旨

此章見聖人擇配之皆賢上節可妻也句重下二句不過言其無害於可妻也下節邦有道二句亦以見其賢耳非以為南容幸也

公治節旨

首句言其素行可妻次二句又替他分解嘗被累一段事末句重配賢意

南容節旨

上二句言南容處治亂得宜下是聖人因以妻之也上說可妻隨接非其罪下說不廢隨說免刑戮想其人皆是謹於持身之人處室家必有其道不然嘉其賢可矣何以妻為

子賤全旨

此章見人當尊賢取友意重一取字上句嘉子賤之成德下是反言以見其德所由成也子賤能取友是正意多賢足供子賤之取是副意子賤非全無工夫只尊賢取友之益為多耳然曰若人曰斯皆隱語但門人知謂子賤故繫之

公治長第五

此篇皆論古今人物賢否得失蓋格物窮理之一端也凡二十七章胡氏以為疑多子貢之徒所記云

○子謂公治長可妻也 謂是私論公治姓長名字子長魯人可妻不取其有德行可以女配之也 雖在縲絏之中 非其罪也 非其罪言非長自致之罪 以其子妻之 以用也子是己女妻之是歸嫁於長此句是記者之言

【註】公治長孔子弟子妻為之妻也縲黑索也絏攣也古者獄中以黑索拘攣罪人長之為人無所考而夫子稱其可妻其必有以取之矣又言其人雖嘗陷於縲絏之中而非其罪則固無害於可妻也夫有罪無罪在我而已豈以自外至者為榮辱哉

【講】夫子嘗謂公治長素行之賢有可妻之道也長雖曾在縲絏拘攣之中而非自致之罪則其賢初不因之有損也固無害於可妻矣於是以己之子而妻於長焉

○子謂南容邦有道不廢邦無道免於刑戮 俱作未然看 以其兄之子妻之 之指南容此句亦是記者之言

【註】南容孔子弟子居南宮名縚又名适字子容謚敬叔孟懿子之兄也不廢言必見用也以其謹於言行故能見用於治朝免禍於亂世也事又見第十一篇○或曰公治長之賢不及南容故聖人以其子妻長而以兄子妻容蓋厚於兄而薄於己也程子曰此以己之私心窺聖人也凡人避嫌者皆內不足也聖人自至公何避嫌之有況嫁女必量其才而求配尤不當有所避也若孔子之事則其年之長幼時之先後皆不可知惟以為避嫌則大不可避嫌之事賢者且不為況聖人乎

【講】夫子嘗謂南容平日謹於言行當邦有道之時必以言揚行舉而不廢於治朝當邦無道之時必能危行言孫而可免於刑戮是其賢可妻也於是以兄之子而妻於容焉夫妻長妻容蓋謂二子之賢均無負於刑家之託也聖人何容心哉

【補】重表兩賢之素行上一則分疏往事之非辜曰非其罪一則逆料後來之免禍曰免於刑戮可見世法固不足以拘人而制行必期於無咎也兩節只平平說妻以其子兄子皆親親也表公治南容皆賢賢也

○子謂子賤君子者若人 君子是成德之人若人指子賤 魯無君子者 魯是魯國者作人字看此句是設言 斯焉取斯 焉取猶云何所取也

【註】子賤孔子弟子姓宓名不齊上斯斯此人下斯斯此德子賤蓋能尊賢取友以成其德者故夫子既歎其賢而又言若魯無君子則此人何所取以成此德乎因以見魯之多賢也○蘇氏曰稱人之善必本其父兄師友厚之至也

【講】夫子嘗謂子賤其成德之君子哉若人乎然所以能成斯德者亦魯君子之功居多耳使魯無君子者欲以尊賢而無賢可尊欲以取友而無友可取斯人將何所取以成君子之德乎是德成君子固子賤之賢而魯多君子尤子賤之幸也

【補】斯焉取斯只是說獨造之難不如觀摩之易不是說決不能成德

天寶書局精校藏板

南容　适孟僖子之子仲孫閱也居南宮因姓焉○南容以智自持世清不廢世濁不汚獨居思仁公言思義其於詩也則一日三復白圭之玷是南宮縚之行也孔子信其能以爲異士

子賤　子賤魯人爲單父宰有才智仁愛民不忍欺其時所父事者三人兄事者五人友者十一人皆教子賤以治人之道身不下堂鳴琴而治所著書有宓子十六篇

瑚璉　明堂位云有虞氏之兩敦夏后氏之四璉殷之六瑚周之八簋

子貢全旨
此章夫子因子貢自考而與其才之美何如一問有自負意何器一問有自疑意器與瑚璉皆是借字形容子貢才可從政爲大夫是貴重也而又有言語文章可觀是華美也註云夏瑚商璉與禮記異或有別據與

或曰章旨
此章重斥佞之不足尚不重辨仁看兩焉用之何等嚴切不知其人帶說

或曰節旨
此見或人好佞而不識仁仁字淺看重病其不佞意

焉用節旨
上三句斥佞是泛言下二句指定仲弓說焉用語氣斬截口字對心說以口給者言不根心只從口中備辨出來屢憎者折人以言口可屈而心不服人指正人然亦不但正人雖衆人亦憎朱子云佞不是諂佞是個口快的人

子使全旨
此章見聖賢貴真信之學重吾斯之未能信一句開苟仕一官勵一職必無愧素餐焉此夫子使開意也而開以未信對是其立志之高求道之切有欲造到伊傅地位者此夫子悅開意也註釋悅字有三其實相貫惟見大意故不安小成惟不安小成故篤志

○**子貢問曰賜也何如**何如是問其所造就何如**子曰女器也**女指子貢器是概說成個器**曰何器也**何器是究其實**曰瑚璉也**言瑚璉者即器中指實言之非有兩意【註】器者有用之成材夏曰瑚商曰璉周曰簠簋皆宗廟盛黍稷之器而飾以玉器之貴重而華美者也子貢見孔子以君子許子賤故以己爲問而孔子告之以此然則子貢雖未至於不器其亦器之貴者歟【講】子貢好方人因夫子以君子許子賤遂以己爲問曰賜也所造果何如耶夫子曰汝之材足以適用可謂器也子貢又問曰不知賜之器果何器也夫子曰汝之器乃夏商瑚璉之器也用之宗廟稱貴重飾以金玉稱華美其才之所成不有可貴者耶夫豈凡器可同哉【補】瑚璉謂其爲先朝法物不特今人所珍而古人亦重不特君相所求而神明亦歆

○**或曰雍也仁而不佞**仁以厚重之德言不佞是簡默寡言【註】雍孔子弟子姓冉字仲弓佞口才也仲弓爲人重厚簡默而時人以佞爲賢故美其優於德而病其短於才也【講】或人論仲弓於夫子曰雍之爲人持重深厚可謂仁矣但惜其簡默而少佞焉信如斯言誠謂仁之易知而佞之足尚矣○**子曰焉用佞**言何必尚口才也**禦人以口給**禦是抵當人的意思以字著力見所恃在此人字泛言口給是心口不副**屢憎於人**屢多也屢憎言取憎之多也**不知其仁**其字指仲弓仁指心德純全言**焉用佞**再言以見佞不足尚意【註】禦當也猶應答也給辨也憎惡也言何用佞乎佞人所以應答人者但以口取辨而無情實徒多爲人所憎惡爾我雖未知仲弓之仁然其不佞乃所以爲賢不足以爲病也再言焉用佞所以深曉之○或疑仲弓之賢而夫子不許其仁何也曰仁道至大非全體而不息者不足以當之如顏子亞聖猶不能無違於三月之後況仲弓雖賢未及顏子聖人固不得而輕許之也【講】故夫子斥之曰焉用佞爲哉彼佞人所以應答人者但以口舌取辨全無情實徒多爲人憎惡有何益乎今汝以雍爲仁我雖不知其有得於仁否也然其不佞正是他好處焉用佞爲哉【補】劉士玉曰或人稱仁意輕而重短其不佞夫子不許仁意輕而重喜其不佞或人將仁字看得淺佞字看得好夫子將佞字看得不好仁字看得深

○**子使漆雕開仕**使仕必是才可仕不是試他**對曰吾斯之未能信**斯指修己治人之理信謂真知確見**子說**悅是喜其不安於小成也【註】漆雕開孔子弟子字子若斯指此理而言信謂真知其如此而無毫髮之疑也開自言未能如此未可以治人故夫子悅其篤志○程子曰漆雕開已見大意故夫子悅之又曰古人見道分明故其言如此謝氏曰開之學無可考然聖人使之仕必其才可以仕矣至於心術之微則一毫不自得不害其爲未信此聖人所不能知而開自知之其才可以仕而其器不安於小成他日所就其可量乎夫

冉雍
雍魯人伯牛之宗族也生於不類之父以德行著名為人不遷怒不復怨不錄舊罪孔子論其材曰有士之君子也

漆雕開
開蔡人一曰魯人開習尚書不樂仕孔子曰子之齒可以仕矣時將過子若報其書曰吾斯之未能信孔子悅焉

桴
桴編竹木為舟大曰筏小曰桴

職
職法依周禮九夫為井四井為邑四邑為丘丘十六井也出戎馬一匹牛三頭四丘為甸甸六十四井也出長轂一乘戎馬四

道不全旨
此章見聖人憂世無聊之際仍有不忍忘天下之心道不行三句是發憂世之歎下是因子路之不悟而教之好勇句輕取材句重俱就喜上說來聞與己而喜便見好勇之過不知為假設之言便見不能裁度事理以適於義蓋不得已而起浮海之歎者聖人為斯道之心終不忍浮海者聖人為天下之念

孟武章旨
此章見聖門不輕言仁蓋仁必全體不息始足以當之三子皆日月至故難許以仁章內三不知是正答三可使是帶言

孟武節旨
不知只言仁之有無不可知宜渾說為又問地

又問節旨
又問與下二何如俱是問仁夫子不直言仁之有無各把才來說使武伯意會之也治賦兼有勇知方

求也節旨
千室則人眾百乘則事煩宰邑則治人宰家則治事若專言足民於治家不合此就求藝上說

赤也節旨
東帶立朝句不重重可與言句賓客可與言者剛不取禍柔不取辱只在優於禮樂上說赤原不列言語之科

子所以說之也【講】夫子使漆雕開出仕從政必其才可以仕矣開乃對曰明理而後可以治人吾於斯理尚未能真知而無所疑也其敢輕於仕乎是其所見者大所期者遠凡所以求為可信者不至於斯理俱明焉不已矣故夫子喜悅蓋悅其篤志而將來成就不可量也

○**子曰道不行**道是經邦濟世之道不行是不見用**乘桴浮於海**乘桴是駕竹木之筏浮海有不忍覩斯民陷溺意**從我者**從我是從我去浮海者字作人字看**其由與**由能不以流離困苦二其心也**子路聞之喜**聞之是聞從我其由之言喜是素懷憤世之心便信為實然意

子曰由也好勇過我好勇是直前勇往意過我謂過於我是設為揚之之辭**無所取材**無所作不能字看取材是裁之以義自不肯往【註】桴筏也程子曰浮海之歎傷天下之無賢君也子路勇於義故謂其能從己皆假設之言耳子路以為實然而喜夫子之與己故夫子美其勇而譏其不能裁度事理以適於義也【講】夫子因周流不遇故發歎曰今者世莫宗予吾道其不行矣何必棲棲於此耶我將乘桴筏以浮於海而付理亂於不聞求其毅然從我於海濱者其惟仲由與子路聞之以為實然而喜夫子與己故夫子曉之曰由也不憚浮海之困而敢於必行好勇誠過我矣但無所取其事理而裁度之以適於義也夫我豈以憤世長往之心而果為絕人避世之事也哉

○**孟武伯問子路仁乎**仁是心之德仁乎是疑剛強之人多不屈於欲意**子曰不知也**【註】子路之於仁蓋日月至焉者或在或亡不能必其有無故以不知告之【講】孟武伯問子路可以仁許之乎夫子告之曰仁道至大由之或有或無吾不得而知也蓋不敢過譽子路而易視乎仁也○**又問**是又問仁

子曰由也千乘之國千乘是諸侯之大國**可使治其賦也**可使是才足有為意治謂教訓練習**不知其仁也**其指子路不知其仁只以仁非才所能盡說【註】賦兵也古者以田賦出兵故謂兵為賦春秋傳所謂悉索敝賦是也言子路之才可見者如此仁則不能知也【講】武伯意夫子知而不言又問子路之仁夫子告之曰由也好勇以千乘之大國使治其兵賦必能教民有勇而知方其才之可見者如此若仁非好勇之才所可盡者吾何知哉○**求也何如**是問求之仁

子曰求也千室之邑百乘之家可使為之宰也為宰兼邑長家臣言邑長主治人者家臣主治事者**不知其仁也**其指冉求【註】千室大邑百乘卿大夫之家宰邑長家臣之通號【講】夫不知由之仁則求可例推矣何武伯又問求也於仁何如夫子告之曰求也多藝

匹牛十二頭甲士三人步卒七十二人干戈備具也

千室 疏云千室之邑者謂卿大夫采邑地有一同民有千家者也

公西 公西赤魯人習於禮容應對○齊莊而能肅志通而好禮擯相兩君之事篤雅有節公西赤之行也

帶 腰帶古鞶帶也上自東與至文武眾宮皆服之○禮玉藻云天子素帶朱裏終辟諸侯素帶終辟大夫素帶辟垂士練帶率下辟居士錦帶弟子縞帶註辟緣也又云雜帶君朱綠大夫玄華

女與章旨 此章夫子借回以進賜全是點化子貢熟愈之問弗如之與前後總是一意

女與節旨 賜原在多識上用功夫子卻把知愚之回比勘正是提動地處

賜也節旨 何敢望句且虛下二句正見之知十知二兼資學言聖門以聞知為事故就知上較量十與二不是數目只借來代始終彼此字

弗如節旨 弗如也是急與他印證此句須煞得盡下句纔有轉身之妙吾與女句正許他當下歆然一念輔氏謂自知則必不安於已知自屈則必不畫於已至是推開一步說

宰予章旨 此章為惰行者警首節重何誅其辭切而使之儆末節重改是其辭婉而使之愧兩節與字俱作乎字解

以千室之大邑百乘卿大夫之家使為之宰必能理煩治劇民安而事理其才之可見者如此若仁非多藝之才所可盡者吾何知哉 **赤也何如** 何如亦問仁 **子曰赤也束帶立於朝** 束帶是衣禮服而束帶於服上立朝是在君之側 **可使與賓客言也** 賓謂鄰君客指來聘之臣言是應對 **不知其仁也** 其字指赤

【註】赤孔子弟子姓公西字子華

【講】夫不知求之仁則赤可槩見矣何武伯又問赤也於仁何如夫子告之曰赤也知禮當束大帶以立於朝端使之與四方賓客言必能應對雍容而君命不辱其才之可見者如此若仁非應對之才所可盡者吾何知哉此可見聖人不沒人之所能亦不輕許人之所未至矣

【補】此章畢竟以仁字為主三子之心不是都不仁但未純耳故治事之才易見本心之德難知

○**子謂子貢曰女與回也孰愈** 孰愈猶言誰勝就造詣上說

【註】愈勝也

【講】夫子欲賜如回乃謂子貢曰女自視與回也其所造就果孰愈將以觀其自知者之何如也

○**對曰賜也何敢望回** 何敢望是不敢比他意 **回也聞一以知十** 聞是聞教知十是徹始徹終無所不知不可指定是十件 **賜也聞一以知二** 知二是因此識彼不必指定是二件

【註】一數之始十數之終二者一之對也顏子明睿所照即始而見終子貢推測而知因此而識彼無所不悅告往知來是其驗矣

【講】子貢對曰量不可以強同心不容以自昧賜也自視何敢望於回哉回也所聞者一而明睿所照遂以知其十賜也所聞者一而推測所及但以知其二回誠非賜之所敢望敢云愈乎

○**子曰弗如也** 是不及意此句是然其言 **吾與女弗如也** 與弗如者全重能自知自屈意

【註】與許也○胡氏曰子貢方人夫子既語以不暇又問其與回孰愈以觀其自知之如何聞一知十上知之資生知之亞也聞一知二中人以上之資學而知之之才也子貢平日以己方回見其不可企及故喻之如此夫子以其自知之明而又不難於自屈故既然之又重許之此其所以終聞性與天道不特聞一知二而已也

【講】夫子因而與之曰女自謂弗如回誠哉其弗如也是自知之明而又不難於自屈凡求所以如回者此為之基矣吾深與女弗如之言也夫始而問之者試之也繼而與之者進之也夫子造就子貢之意不亦深乎

○**宰予晝寢** 此是記者之辭 **子曰朽木** 是朽爛之木 **不可雕也** 是刻畫不得作棄材看 **糞土之牆** 糞土是污穢不潔之土 **不可杇也** 是粉飾不得作廢物看 **於予與何誅** 本是責他而曰何誅故為深責

【註】晝寢謂當晝而寐朽腐也

註華黃色也

牆 釋名云牆障也所以自障蔽也

朽 顏師古曰朽所以泥飾牆也不可朽言內質敝壞不可修治也

申棖 申棖魯人史記作申棠後漢王政碑云有羔羊之潔無申棠之慾亦以棖為棠則申棠申棖一人耳

宰予節旨

晝寢句是書法人之精神振奮則日新頹惰則朽敝人之志氣清明則靈通污濁則昏塞故有朽木糞土之喻

始吾節旨

子曰二字息而復起之辭始吾四句須一串說言行要切為學上方見儆宰予之意聖人非真始信今觀頓有所改言於予改者正使其惕然悔悟也上節本責宰予而曰於予與何誅此節本無聽言信行之失而曰於予與改是其所以責之儆之者深矣

吾未全旨

此章見剛德之難須重發未見句方得聖人激發天下意剛足以異道統維世風夫子未見一思所望甚大原不為辨剛而發有慾非剛則又就申棖言耳剛主心體言或人只就氣質上論貌馬剛而實非剛馬得二字作

我不全旨

不是看不作不能看

此章見無我不易及上是子貢以無我自任下是聖人抑之抑之所以進之也註雖有仁恕之別然勿入講尤高子貢口中全要說得自然不可有類於恕夫子口中亦要見不許其居自然之名意不欲亦欲相應猶云不要亦要切不可講人以不欲加我

夫子全旨

雕刻畫也杇鏝也言其志氣昏惰教無所施也與語辭誅責也言不足責乃所以深責之【講】宰予一日忽當晝而寢其志氣昏惰甚矣夫子責之曰人必有受教之地而後教可施也如木之堅者雕之可矣朽腐之木不可雕而刻也牆之固者杇之可矣糞土之牆不可杇而飾也今予昏惰教無所施亦與朽木糞土等耳吾於予與何足責哉

○**子曰始吾於人也**始猶言往日**聽其言而信其行**其字泛指人說信是無疑**今吾於人也**今指晝寢時言**聽其言而觀其行**觀是細察其實有不輕信意**於予與改是**是字指聽言信行【註】宰予能言而行不逮故孔子自言於予之事而改此失亦以重警之也胡氏曰子曰疑衍文不然則非一日之言也○范氏曰君子之於學惟日孜孜斃而後已惟恐其不及也宰予晝寢自棄孰甚焉故夫子責之胡氏曰宰予不能以志帥氣居然而倦是宴安之氣勝儆戒之志惰也古之聖賢未嘗不以懈惰荒寧為懼勤勵不息自強此孔子所以深責宰予也聽言觀行聖人不待是而後能亦非緣此而盡疑學者特因此立教以警羣弟子使謹於言而敏於行耳【講】宰我素以勤學篤志為言今也晝寢是能言而行不逮矣故夫子復以行不掩言者儆之曰始吾於人也以直道之風猶存聽其所言者如是則信其所行者亦如是蓋不敢以偽心待天下矣今吾於人也知言之不可盡信聽其言如是又必觀其行何如蓋不敢以言行相顧者必天下矣吾果何心而改是哉亦於宰予晝寢之事而改此聽言信行之失也夫子言此以警之欲其謹於言而惕於行耳【補】始吾於人四句不是傷今思古亦非始忠厚而今刻覈也總是抑揚其辭以重警予耳須活看

○**子曰吾未見剛者**剛主天德說兼質與學者以人言此句且虛說**或對曰**或是時人不知其姓名**申棖**或人未識剛體故特舉其人以對**子曰棖也慾**慾是不能剛之疾**焉得剛**跟慾字來【註】剛堅強不屈之意最人所難能者故夫子歎其未見申棖弟子姓名慾多嗜慾也多嗜慾則不得為剛矣○程子曰人有慾則無剛剛則不屈於慾謝氏曰剛與慾正相反能勝物之謂剛故常伸於萬物之上為物揜之謂慾故常屈於萬物之下自古有志者少無志者多宜夫子之未見也棖之慾不可知其為人得非悻悻自好者乎故或者疑以為剛然不知此其所以為慾爾【講】夫子有感於剛德之難故歎曰人有剛德乃可任道今求其可命為剛者吾未之見也或人不知剛之義而對曰若申棖者非剛乎夫子曰堅強不屈之謂剛而棖固多慾人也多慾則易屈矣焉得為剛哉使棖而得為剛則天下之剛者不少也吾何為有未見之思耶

○**子貢曰我不欲人之加諸我也**不欲是不願意加諸我是非禮之事**吾亦欲無加諸人**無字說得太自然**子曰賜也非爾所及也**是就今日言【註】子貢言我所不欲人加於我之事我亦不欲以此加之於人此仁者

此章見聖門施教有序全要摹出子貢悟後神情文章屬於夫子是本性道發出子貢得聞性道亦是從文章得力但學者得聞不得聞耳上聞字兼見言下聞字是心領神會性道只一理此理在天未賦於物曰天道此理具於人心未應於事曰性性指仁義禮智天道即元亨利貞也註中罕言有非其人不言非其候不言兩義

子路全旨

此章形容子路急行之心三句一氣說下子路不急於聞而急於行此為已實學處未之能行即在方聞時見故註以及字替能字

孔文全旨

此章為論謚而發是節取而不沒人善意子貢疑其為人不足以當文夫子則據謚法見他有一節好處亦自可不沒其善文乃文雅之意學問須切文子身上講不宜深看只是先代圖籍列邦記載者能加意考究鄉校草野之言能屈已下詢耳謚文以此圉之長於治賓客者亦以此

孔文子 即仲叔圉衛之執政上卿也初衛太叔疾娶於宋子朝其娣嬖子朝出奔文子使疾出其妻而以己之女妻之

之事不待勉強故夫子以為非子貢所及○程子曰我不欲人之加諸我吾亦欲無加諸人仁也施諸己而不願亦勿施於人恕也恕則子貢或能勉之仁則非所及矣愚謂無者自然而然勿者禁止之謂此所以為仁恕之別 講 子貢自言其志於夫子曰我與人同此心亦同此欲我所不欲人之妄加於我之事也吾亦欲無以妄加於人夫不曰勿加而曰無加是以安仁者自任矣夫子抑而進之曰賜也所謂無加云者是自然及物不待勉強此惟心純乎理者能之要非爾今日之所及也賜乎當知所勉矣 補 子貢曰欲心期之也夫子曰及身至之也若曰欲何容易試以身體之爾今日尚未及此也似抑而實進之

○子貢曰夫子之文章文者蔚然有文章者燦然有章可得而聞也聞字作知字看夫子之言性與天道言字作所謂看不可得而聞也此聞字深看 註 文章德之見乎外者威儀文辭皆是也性者人所受之天理天道者天理自然之本體其實一理也言夫子之文章日見乎外固學者所共聞至於性與天道則夫子罕言之而學者有不得聞者蓋聖門教不躐等子貢至是始得聞之而歎其美也○程子曰此子貢聞夫子之至論而歎美之言也 講 子貢得聞性與天道而歎其美曰夫子平日以身教人凡威儀文辭自然成文有章者學者可得而共聞也若夫子之言仁義禮智之性與夫元亨利貞之天道則淵微精奧未可遽與學者言非資敏學到者有不可得而共聞也聖門教不躐等如此 補 性與天道不可得聞是說他不輕言蓋就其未言之時說但文章可聞豈是欲其狃於文章固可進悟於性天性天不可聞豈是畫以不可聞亦姑徐而有俟也

○子路有聞有聞兼善言善行說未之能行行是見之行事惟恐有聞恐是心中畏懼聞指後來之聞 註 前所聞者既未及行故恐復有所聞而行之不給也○范氏曰子路聞善勇於必行門人自以為弗及也故著之若子路可謂能用其勇矣 講 子路勇於進善但甫有所聞而未之能行之時則此心惕然惟恐復有所聞而行之不給孜孜勉勉必力行其所聞而後已也子路之勇於行如此推是心也豈復有不行之聞乎

○子貢問曰孔文子何以謂之文也何以猶云何所取此有疑其謚之不當意子曰敏而好學敏是性質聰明好學是勤稽典籍不恥下問不恥是不以為愧下問是問下於己者是以謂之文也是字指勤學好問言謂之文就學問上見 註 孔文子衛大夫名圉凡人性敏者多不好學位高者多恥下問故謚法有以勤學好問為文者蓋亦人所難也孔圉得謚為文以此而已○蘇氏曰孔文子使太叔疾出其妻而妻之疾通於初妻之娣文子怒將攻之訪於仲尼仲尼不對命駕而行疾奔宋文子使疾弟遺室孔姞其為人如此而謚曰文此子貢之所以疑而問也孔子不沒其善言能如此亦足以為文矣非經天緯地之文也 講 子貢疑文子之得謚為文乃問

疾使侍人誘其初妻之娣置於犂而為之一宮如二妻然文子怒欲攻之訪於仲尼仲尼曰胡簋之事則嘗學之矣甲兵之事未之聞也退命駕而行曰鳥則擇木木豈能擇鳥文子遽止之曰圉豈敢度其私訪衛國之難也將止魯人以幣召之乃歸文子遂奪己女不以妻疾疾淫於外州外州人奪疾之軒以獻於君疾恥是二者故出奔宋衛人立疾之弟遺文子使室孔姞卽文子女疾之妻也

子産

左傳從政一年輿人誦之曰取我衣冠而褚之

子産全旨

此章以君子之道褒子産雖其全體與安勉俱未可知然有此四者亦足為當時之賢大夫矣故夫子表而出之以風有位首句言其備君子之道下正言其實也四句當平看就子産身上及鄭國淫疲公族强盛上立說不必側重行己恭敬惠義俱本之心而達之事者須句句點出君子之道四也字有注想之意按孔子嘗過鄭與子産如兄弟云子産卒鄭人耕者輟耒婦人捐其佩珥巷哭三日仲尼曰古之遺愛也

晏平全旨

此章稱平仲之善交以維友道亦是就其一節之長說首句且虛下久而能敬正善交處但善字中有當變順逆各得其道意當重看一久字

臧文全旨

此章婉刺文仲之不智上二句言其媚神下是斷其不得為知也重居蔡上不知正在居蔡上見之何如二字婉刺之辭朱子云山節藻梲恐只是華飾不見得制度如何夫子只譏他不智便未是僭大夫不藏龜禮家乃因此立說

曰謚公論也文美稱也孔文子之為人似無足取者何以得謚為文也夫子曰凡人性敏者多不好學彼則性雖敏而不恃其敏悉心典故稱好學焉位高者多恥下問彼則位雖高而不負其位廣詢僚吏不恥下學焉是其勤學好問正與謚法有合者所以得謚為文也文子之文豈濫美也哉【補】謚法經天緯地文道德博聞文勤學好問文慈惠愛民文愍民惠禮文錫民爵位文

○**子謂子産有君子之道四焉**謂是私稱君子之道是合於成德之道四卽下四件**其行己也恭**其指子産行己就待人接物說恭如辭命見稱於子羽為善必歸於子皮是也**其事上也敬**事上是事君敬如始事簡公克盡相道繼事定公克盡臣職是也**其養民也惠**養是育其生惠謂愛本於心利施於外如殖民田疇教民子弟是也**其使民也義**使不是役使乃驅使之使猶駕馭約束也義有節制意【註】子産鄭大夫公孫僑恭謙遜也敬謹恪也惠愛利也使民義如都鄙有章上下有服田有封洫廬井有伍之類○吳氏曰數其事而責之者其所善者多也臧文仲不仁者三不知者三是也數其事而稱之者猶有所未至也子産有君子之道四焉是也今或以一言蓋一人一事蓋一時皆非也【講】夫子嘗謂子産有合於君子之道四焉四者維何其行己也謙恭以盡待人之禮而推讓於子皮子羽者可知已其事上也恪敬以守為臣之分而盡職於簡公定公者可見已其養民也則有愛利之惠凡殖田疇教子弟孰非惠所流乎其使民也則有經制之義凡別廬井辨章服孰非義所定乎是四者皆君子之道也子産有之可謂鄭之良矣【補】真西山曰子産以鄭簡公十二年為卿又歷仕定公獻公聲公凡四十餘年內息諸大夫之爭外事大國以禮而不苟徇其求故終其身免於諸侯之伐而鄭能以弱為強

○**子曰晏平仲善與人交**交要切大夫講或本國寮寀或鄰國卿大夫或草野賢士**久而敬之**久是自始至終敬雖是外盡禮內盡誠亦有不爭權不挾貴意【註】晏平仲齊大夫名嬰程子曰人交久則敬衰久而能敬所以為善【講】夫子稱平仲意曰人孰無交而未必其盡善也若晏平仲者其殆善與人交乎蓋其與人交也非徒敬之於始也惟交愈久而敬愈至此其所以為善交也若平仲可以風矣【補】敬兼上交不諂下交不瀆凡情意禮文俱不苟之謂

○**子曰臧文仲居蔡**龜出於蔡故以為名**山節藻梲**刻山於節象其靜也畫藻於梲昭其潔也**何如其知也**猶云何等樣知【註】臧文仲魯大夫臧孫氏名辰居猶藏也蔡大龜也節柱頭斗栱也藻水草名梲梁上短柱也蓋為藏龜之室而刻山於節畫藻於梲也當時以文仲為知孔子言其不務民義而諂瀆鬼神如此安得為知春秋傳所謂作虛器卽此事也○張子曰山節藻梲為藏龜之室祀爰居之義同歸於不知宜矣【講】夫子譏文仲意曰所貴於知者務民義而遠鬼神也今文仲則置藏龜之室刻山於節以象龜之靜

取我田疇而伍之孰殺子產吾其與之及三年又誦之曰我有子弟子產誨之我有田疇子產殖之子產而死誰其嗣之

晏平仲
晏字平仲桓子弱之子也平仲下交齊處士蘇晉上交齊大夫吳翰至老不衰夫子在齊與仲交者八年知之最深

臧文仲
文仲良伯之孫也文仲之父伯氏缾不顯文仲嗣世為大夫

居蔡
臧氏有守龜其名曰蔡蔡長居二寸文仲三年而為一兆武仲三年而為二兆龜一名僂句

山節藻梲禮云

令尹章旨
此章見仁之未易言子張好為苟難其所述二子之事大都人情所難持在事迹上論故夫子與其行而不與其心蓋忠清皆一節之美而仁則心德之全仁者必忠必清而忠清則未必仁也

令尹節旨
忠矣以上是論楚臣之行而許其忠下是究楚臣之仁而疑其心忠之純者亦是仁勉而忠則非仁人之忠矣子文行雖高未知其皆出於心之無私也安能遽以仁許之註喜怒不形但知位為君之位而無所貪戀物我無間但知政為君之政而無所妬忌分明是箇忠字

崔子節旨
清矣以上是論齊臣之行而許其清下是究齊臣之仁而疑其心清之純者亦是仁勉而清則非仁人之清矣文子行雖高未知其皆出於心之無累也安能遽以仁許之前一違之是捐富貴而不辭後兩違之是則屢遷而不悔兩未知於子文是未知其心

畫藻於梲以昭龜之潔其媚於鬼神如此則必惑於其所難知而蔽於其所當務吾不知何如其為文仲之知也

補 聖人作為卜筮是以神輔人非以神主人也文仲崇蔡如此若禍福悉決之鬼神而已無所主何可言智

附考 仲尼曰臧文仲下展禽廢六關妾織蒲三不仁也作虛器縱逆祀祀爰居三不知也

○**子張問曰令尹子文三仕為令尹** 三次擢為令尹 **無喜色** 是不以得位為榮而喜形於色 **三已之** 已是罷去之指令尹因上三仕故有三已 **無慍色** 慍色是怒見於色 **舊令尹之政** 即子文所設施者 **必以告新令尹** 告是詳說與他使知所從違意新令尹指代子文之人 **何如** 是問其制行疑夫子必許其仁 **子曰忠矣** 就盡心為國說 **曰仁矣乎** 仁是心之德此就難能講 **曰未知** 指心上說 **焉得仁** 就事上說

註 令尹官名楚上卿執政者也子文姓鬬名穀於菟其為人也喜怒不形物我無間知有其國而不知有其身其忠盛矣故子張疑其仁然其所以三仕三已而告新令尹者未知其皆出於天理而無人欲之私也是以夫子但許其忠而未許其仁也

講 子張問於夫子曰楚上卿執政之令尹子文者三仕而為令尹之官而喜不形於色三已其令尹之官而慍不形於色且當三已之時必以舊令尹所行之政而告新令尹代政之人制行若此其人果何如也夫子曰斯人也喜怒不形物我無間知有國而不知有身可謂之忠矣子張又疑曰其得謂之仁矣乎夫子曰當理而無私心者仁也子文之制行雖忠然未知其皆出於天理而無私否也焉得遽以仁許之乎

附考 左傳初若敖娶於䢵生鬬伯比若敖卒從其母畜於䢵淫於䢵子之女生子文䢵夫人使棄諸夢中虎乳之䢵子出見之懼而歸夫人以告使收之楚人謂乳為穀謂虎為於菟故命之曰鬬穀於菟接子文為令尹凡二十八年自毁其家以紓楚國之難緇布之衣以朝鹿裘以處未明而立於朝日晦而歸食朝不謀夕家無盈積不為爵勸不為祿勉嘗曰蔽賢者不祥專利者必害故其為政度才以用人溥惠以撫下凡以自究厥念不遑他恤成王聞子文之朝不謀夕每朝設脯一束糗一筐以羞子文子文辭而逃王止而後復是其忠亦槩見也

○**崔子弑齊君** 弑是下殺上崔杼因棠姜起釁弑公 **陳文子有馬十乘** 四匹為一乘十乘總言其富意 **棄而違之** 正見其能舍富貴而不顧 **至於他邦** 另一邦 **則曰猶吾大夫崔子也** 猶吾大夫崔子未必就弑逆只是君弱臣強都這樣風聲氣習耳 **違之** 此指去他邦說 **之一邦** 之往也 **則又曰猶吾大夫崔子也** 仍作僭亂之風聲言 **違之** 此是又去一國 **何如** 仍指制行言 **子曰清矣** 就潔身去亂說 **曰仁矣乎** 亦就難能說 **曰未**

天子之廟飾山節刻欂栭為山也藻梲畫侏儒柱為藻文也

之純雜於文子是未知其心之安勉大抵行事之美者不妨節取而心術之微者則宜深察也金仁山曰四馬其駕一車因以四匹為乘古者車馬出於田賦每甸出車一乘則十乘乃十甸之地其采邑之大可知

令尹

令尹宰也周禮所謂大宰上卿之號楚臣令尹為長令善也尹正也言用善人正此官也

崔子

崔杼齊公族也丁公適子季子食采於崔因以邑為氏

陳文子

陳文子敬仲之後也崔氏之亂齊自晏子而下能卓然自守不污於其閒者惟文子為賢故當時咸稱云

季文子

行父季友之孫其相魯也妾不衣帛馬不食粟無藏金玉無重器備忠於公室

季文全旨

此章因文子而立善思之準思字只指應事說蓋文子計利害者也故思之不已夫子只要人計是非不計利害故再思可矣朱子謂思有未得者須着仔細去思到思而得之這方是一思雖見得已是又須平心更著思一遍如此則無不當者矣註窮理是思以前事果斷是思以後事

甯武全旨

此章取衛臣之節而獨嘉其愚所以立人臣之則也有道無道俱就武子仕衛時言之非必君明臣良而後為有道只國家無事安常處順便是無

知亦在心上說**焉得仁**亦就事上說

【註】崔子齊大夫名杼齊君莊公名光陳文子亦齊大夫名須無十乘四十匹也違去也文子潔身去亂可謂清矣然未知其心果見義理之當然而能脫然無所累乎抑不得已於利害之私而猶未免於怨悔也故夫子特許其清而不許其仁○愚聞之師曰當理而無私心則仁矣今以是而觀二子之事雖其制行之高若不可及然皆未有以見其必當於理而真無私心也子張未識仁體而悅於苟難遂以小者信其大者夫子之不許也宜哉讀者於此更以上章不知其仁後篇仁則吾不知之語并與三仁夷齊之事觀之則彼此交盡而仁之為義可識矣今以他書考之子文之相楚所謀者無非僭王猾夏之事文子之仕齊既失正君討賊之義又不數歲而復反於齊焉則其不仁亦可見矣

【講】子張又問齊大夫崔子弒齊君其時大夫陳文子者有馬十乘之富棄而去之不苟容於弒亂之朝至於他邦則曰是邦之臣不忠猶吾國之大夫崔子也又違而去之再往一邦則又曰是邦之臣不忠猶吾國之大夫崔子也又違而去之制行若此其人果何如也夫子告之曰斯人也潔身去亂不使弒逆之惡得汚其身可謂之清矣子張又疑曰其得謂之仁矣乎夫子曰當理而無私心者仁也文子之制行雖清未知果見於義理之當然而無累乎抑廹於利害之私而或悔也焉得遽以仁許之乎要之仁者無不忠也而忠者未必仁仁者無不清也而清者未必仁此夫子所以均不許其仁也

【附考】齊棠公之妻東郭偃之姊東郭偃臣崔武子棠公死偃御崔子往弔見棠妻而美之使偃娶之莊公通焉驟如崔氏崔子弒之文子聞難遂出奔至於他邦見其大夫之不臣者歎曰此猶吾大夫崔子也吾豈可留乎又去之至於他邦又去之自是景公即位二年然後復歸於齊

○**季文子三思而後行**三是反復再三非限定三次行是措之躬行**子聞之曰**聞提三思說**再**再是復思**斯可矣**可不是可行是言已審意

【註】季文子魯大夫名行父每事必三思而後行若使晉而求遭喪之禮以行亦其一事也斯語辭程子曰為惡之人未嘗知有思有思則為善矣然至於再則已審三則私意起而反惑矣故夫子譏之○愚按季文子慮事如此可謂詳審而宜無過舉矣而宣公篡立文子乃不能討反為之使齊而納賂焉豈非程子所謂私意起而反惑之驗與是以君子務窮理而貴果斷不徒多思之為尚

【講】魯大夫季文子凡事必反覆三思而後行夫子聞而譏之曰人之應事是非可否始焉理有未明從而思之以求其得繼焉心有未信從而再思之以致其審斯是非可否之理即此再思已可決矣何待於三哉當事者宜以文子為戒也

【附考】魯文公六年秋使季文子聘於晉聞晉侯疾求遭喪之禮以行其人曰將焉用之文子曰豫備不虞古之善教也求而無之實難過求何害既而晉襄公果卒文公十八年二月公薨二妃敬嬴生宣公屬諸襄仲襄仲見於齊侯而請之十月仲殺太子惡及惡之母弟視而立宣公宣公元年夏文子如齊納賂以請會會於平州以定公位

○**子曰甯武子邦有道**是內變不生外患不作之時**則知**知是明知有相時而動意**邦無道**是晉文外構元咺內

者也　甯武子

甯俞莊子之子也衛武公生季亹食采於甯以邑為氏○成公再出而不失國皆甯武子之功

○其當偪遷帝丘也則請改祀夏后相之命曰鬼神非其族類不歆其祀其使聘魯也則不答湛露及彤弓之賦曰諸侯朝正於王王宴樂之於是賦湛露諸侯敵王所愾而獻其功王賜以彤弓一彤矢百玈弓矢千以覺報宴是臣敢干大禮以自取戾

在陳

紹聞編孔子凡三在陳一沮齊女樂自魯適衛自衛適陳適匡見圍一適宋遇

道即喪國失君強敵在外大疑在內時也所謂智愚原就俗論看出借智形愚借可及形不可及愚對智巧趨避者言非真愚可比朱子曰愚非愚魯之愚但是有才不自暴露觀衛侯為晉文公所執他委曲調護此豈愚者所能為故文公以為忠而免之

子在全旨

此章見夫子傳道之心歸與句且虛下正發思歸意狂簡斐然成章一直說傳道雖是夫子末後一著其實有振奮而回意蓋傳道亦非小可事業也章字對弇鄙庸陋言狂者志上自有一段高明軒朗處故曰斐然成章是說他好處不知所裁方說他不好處其好處以彼各有任道之器其不好處以彼未識大道之歸也

伯夷全旨

此章見夷齊有容人之量人但知夷齊之清不知其量故夫子表而出之然此亦想像推度之辭全無事實玩不念二字有人之惡念既化而夷齊見惡之之念亦與俱化正見無私之心

爭之時**則愚**愚是昏愚就不避艱險上說**其知可及也**可及是人皆可及以安常處順言**其愚不可及也**不可及兼不避艱險人難及其忠保身濟君人難及其才意

【註】甯武子衛大夫名俞按春秋傳武子仕衛當文公成公之時文公有道而武子無事可見此其知之可及也成公無道至於失國而武子周旋其間盡心竭力不避艱險凡其所處皆智巧之士所深避而不肯為者而能卒保其身以濟其君此其愚之不可及也○程子曰邦無道能沈晦以免患故曰不可及也亦有不當愚者比干是也

【講】夫子稱武子曰衛大夫甯武子當文公之時國人悅服諸侯效順乃邦有道之日也則見可而進是其知也至成公之時晉文搆難於外元咺爭訟於內邦無道極矣因盡心竭力不避艱險是其愚也然其知乃安常處順無事可見猶可及也若其愚則上可濟君下可保身於國變多艱之時而獲國祚安全之績斯誠不可得而及也然則武子之愚豈是真愚也哉

【附考】初晉侯為公子時出亡曹衛皆不禮焉既得國將伐曹假道於衛衛不許晉伐衛成公請盟晉人弗許公欲與楚國人不欲出其君以悅於晉公出居於襄牛甯武子從公聞楚敗懼遂奔楚適陳使元咺奉叔武以受盟或訴咺於公曰立叔武矣咺子角從公公使殺之咺不廢命奉叔武以入守晉人復成公武子與衛人盟於宛濮成公先期入甯子先長牂守門以為使也與之乘而入公子歂犬華仲前驅叔武將沐聞君至喜捉髮走出前驅射而殺之公知其無罪也枕之股而哭之歂犬走出公使殺之元咺以叔武之死也出奔晉衛侯與元咺訟武子為輔鍼莊子為坐士榮為大士公不勝殺士榮刖鍼莊子謂甯俞忠而免之執公歸於京師寘諸深室武子職納橐饘焉元咺歸於衛立公子瑕晉侯使醫衍酖衛侯武子賂醫使薄其酖不死魯僖公為之請納玉於王與晉侯皆十瑴乃釋成公

○**子在陳曰**在陳是去衛適陳絕糧之時**歸與歸與**歸是歸於魯二與字是歎辭**吾黨之小子狂簡**狂者自是必簡重狂上**斐然成章**成章是做得成片段緊項狂簡來**不知所以裁之**不知裁是小子不自知求裁於中道也末要補出夫子欲歸而裁之意

【註】此孔子周流四方道不行而思歸之歎也吾黨小子指門人之在魯者狂簡志大而略於事也斐文貌成章言其文理成就有可觀者裁割正也夫子初心欲行其道於天下至是而知其終不用也於是始欲成就後學以傳道於來世又不得中行之士而思其次以為狂士志意高遠猶或可與進於道也但恐其過中失正而或陷於異端耳故欲歸而裁之也

【講】夫子周流在陳知道不行於是欲成就後學傳道來世故歎曰吾其歸與吾其歸與吾黨在魯之門人小子狂簡志意遠大而略於世事其體皆成已是斐然有文理之可觀斯亦可與進於道矣但恐任其資之所為不知學問變化之功以自裁於中正之道耳此吾所以欲歸而裁之也

【補】成章緣他稟英明賦質堅勁其規模之廣大實非卑下者所能攀其志趣之高明實非平凡者所能企豈不斐然可觀不知裁則以其精微有未究中庸有未協耳

○**子曰伯夷叔齊**夷齊皆死後謚**不念舊惡**不念是相忘意舊惡是往日之不善**怨是用希**怨是恨用

桓司馬欲殺之去適陳一衞靈公問陳不對而行在陳有絕糧之厄明年自衞反魯此言蓋發於三在陳之時

伯夷叔齊

夷名允字公信齊名智字公達姓墨胎氏夷齊其諡也○夷齊讓國而逃仁人孝子叩馬而諫忠臣義士

微生高

微生高一名尾生高嘗與女子期於梁下水暴至不去而死○醯醋酸五味之一食品中用之所以衞生藥品中用之所以療病周禮醯人掌供五齊七菹

左丘明

朱子曰左丘是古有此姓名明自是一人傳春

孰謂全旨

此章慨直道之不明即一事之微見之所謂觀人於其忽也乞隣小事然小者如此大者可知夫子為直道辨不得不為微生高辨也

巧言全旨

此章教學者立心以直意上是工於媚人者下是陽為厚人者皆非本心之直道故以恥字激發他巧令足恭不必論到乞憐即一言一貌都非本態匿怨友人不必論到報復即一交一接都非本態左丘明恥固見三代直道之遺丘亦恥亦存人心不死之意但舉世不知恥而獨兩人恥之其慨世者深矣

顏淵章旨

此章總見聖賢之志公而不私而小大各隨其量子路志在公物顏淵志在公善夫子之志在因物付物各得其所也

顏淵節旨

字作以字看希少也言為夷齊所惡者皆諒其有以自取也 註 伯夷叔齊孤竹君之二子孟子稱其不立於惡人之朝不與惡人言與鄉人立其冠不正望望然去之若將浼焉其介如此宜若無所容矣然其所惡之人能改即止故人亦不甚怨之也○程子曰不念舊惡此清者之量又曰二子之心非夫子孰能知之 講 夫子表清者之量曰人但知夷齊有高天下之節而不知其有容天下之量彼其惡惡之嚴若過於刻矣然非惡其人惡其惡也使人果能改即與其今日之善不念舊日之惡故被其惡者樂其後之寬自諒其昔之嚴亦不甚怨之也其怨不用希乎此可以觀清者之量矣

○**子曰孰謂微生高直** 孰誰也直是心無私曲意 **或乞醯焉** 或亦魯人乞是求 **乞諸其鄰而與之** 此乞是高乞鄰指鄰家有醋者之指或人 註 微生姓高名魯人素有直名者醯醋也人來乞時其家無有故乞諸鄰家以與之夫子言此譏其曲意徇物掠美市恩不得為直也○程子曰微生高所枉雖小害直為大范氏曰是曰是非曰非有謂有無謂無曰直聖人觀人於其一介之取予而千駟萬鍾從可知焉故以微事斷之所以教人不可不謹也 講 微生高素以直稱夫子指其一事以斷之曰人皆以直稱高由今觀之孰謂微生高直哉蓋所謂直者平心應物而已今高也當或人乞醯乃諱己之無乞諸其鄰而與之是屈己之意以徇物之求掠人之美而市己之恩直者固如是乎以高為直其為直道之害大矣

○**子曰巧言令色** 巧是好令是善 **足恭** 足謂本當如此我卻以為未足而添足之 **左丘明恥之** 恥是羞鄙意 **丘亦恥之** 亦恥是自附於丘明意之字指巧言令色足恭者 **匿怨而友其人** 是心中藏匿其怨而外假與之交接 **左丘明恥之丘亦恥之** 之字指匿怨友人者 註 足過也程子曰左丘明古之聞人也謝氏曰二者之可恥有甚於穿窬也左丘明恥之其所養可知矣夫子自言丘亦恥之蓋竊比老彭之意又以深戒學者使察乎此而立心以直也 講 夫子嚴不直之戒以示人曰人貴立心以直苟巧好其言令善其色而又過於恭敬斯人也或自以為善於周旋矣賢如左丘明嘗恥之而不為若丘也心丘明之心亦恥之焉蓋恥其立心之邪媚也又或中匿而怨而外友其人斯人也方自以為巧於報施矣賢如左丘明嘗恥之而不為若丘也志丘明之志亦恥之焉蓋恥其設心之奸險也夫子此言非徒欲自附於賢人又以警學者立心當直也

○**顏淵季路侍** 顏淵是顏回季路是子路侍是立於夫子之側 **子曰盍各言爾志** 志字指蘊藉言與下論用世之志不同 註 盍何不也 講 顏淵季路同侍於夫子之側夫子詔之曰人各有志常因言以自見由與回也盍各言爾之志乎

○**子路曰願車馬** 願是未有是事而志願如此車馬是乘以代勞者 **衣輕裘** 所衣者是輕裘裘以輕為貴也 **與朋友共** 車馬與之共乘輕裘與之共衣 **敝之而無憾** 之指

秋者乃左氏耳是撫州鄧大著如此說他自作一書辨此又曰上明所恥如此左傳必非其所作

十室

蔡云有萬室之邑有千室之邑十室其至小也

志是未然事故下文各有一願字

願車節旨

上三句是不私所有下一句是不惜所有蓋志在不吝也舉一車裘而所該者自廣子路是從義理上來的與豪俠之徒不同

願無節旨

上句是不矜其能下句是不誇其功蓋志在不驕也兩無字乃顔子克己之功是用力字二子言志皆就現前所能者言

願聞節旨

首句是賢者欲聞聖人之志下是聖人示以己志之實老者朋友少者已該盡天下之人安信懷是應安而適子以安應信懷而適子以信懷不必乘權履位始行其志也可一國亦可天下可一時亦可萬世

已矣全旨

此章夫子儆人以改過意語氣一串說下能字直貫到底内自訟三字不可放過訟者欲勝人内自訟則能勝己正在一念獨知中默默自咎也既說已矣乎又說未見終不欲絕望意

十室全旨

此章夫子借己以勉人見美質不可恃學問當自勉也精神全在如不如

車馬輕裘〔註〕衣服之也裘皮服敝壞也憾恨也〔講〕子路對曰天下之物當與天下共之由之志惟願以所乘車馬以所衣輕裘與朋友共乘共衣雖至於敝而略無怨恨之心焉子路其志於公物者乎

○**顔淵曰願無伐善**兩無字皆作不字看俱主克己上說理之有得於己曰善**無施勞**事之有功於人曰勞〔註〕伐誇也善謂有能施亦張大之意勞謂有功易曰勞而不伐是也或曰勞勞事也勞事非己所欲故亦不欲施之於人亦通〔講〕顔淵對曰天下之理當與天下同之回之志惟願無誇伐己有能之善無張施己有功之勞蓋善為吾性勞為吾分回不敢以之自驕矣顔淵其志於公善者乎

○**子路曰願聞子之志**願聞内有折衷意**子曰老者安之**老者是年老之人安即不飢不寒之類**朋友信之**朋友是同輩之人信即忠誠無欺之類**少者懷之**少者是年幼之人懷即養之教之之類〔註〕老者養之以安朋友與之以信少者懷之以恩一說安之安我也信之信我也懷之懷我也亦通○程子曰夫子安仁顔淵不違仁子路求仁又曰子路顔淵孔子之志皆與物共者也但有小大之差爾又曰子路勇於義者觀其志豈可以勢利拘之哉亞於浴沂者也顔子不自私己故無伐善知同於人故無施勞其志可謂大矣然未免出於有意也至於夫子則如天地之化工付與萬物而己不勞焉此聖人之所為也今夫羈靮以御馬而不以制牛人皆知羈靮之作在乎人而不知羈靮之生由於馬聖人之化亦猶是也先觀二子之言後觀聖人之言分明天地氣象凡看論語非但欲理會文字須要識得聖賢氣象〔講〕子路進而請曰願聞夫子之志如何夫子示之曰吾之志亦使天下之人各得其所而已彼老者莫不欲安吾則願養之以安而使享其逸也朋友莫不欲信吾則願與之以信而使全其交也少者莫不欲懷吾則願懷之以恩而使遂其天也斯固吾之竊有志者乎是知夫子有子路公物之心而忘其為物有顔淵公善之心而忘其為善聖賢分量之不同於此見矣

○**子曰已矣乎**已是止矣乎是歎辭**吾未見能見其過**見即註中知字過指言行之失**而内自訟者也**内自訟是自家心裏如寃家相對不肯放鬆〔註〕已矣乎者恐其終不得見而歎之也内自訟者口不言而心自咎也人有過而能自知者鮮矣知過而能内自訟者為尤鮮能内自訟則其悔悟深切而能改必矣夫子自恐終不得見而歎之其警學者深矣〔講〕夫子歎改過者之難以勵天下曰過貴能改而知悔者改過之機也吾嘗以此望諸人而冀其得見矣今其已矣乎吾終未見能自見其過而心内自咎責者也蓋人能内自訟則其悔悟深切方能改過奈之何吾終不得見也

○**子曰十室之邑**甚言邑之小**必有忠信**必有是易得意非謂人皆忠信也**如丘者焉**丘是孔子自謂

天寶書局精校藏板

天寶書局精校藏板

邑是虛字金山謂四井為邑者非○禹過千室之邑必下以求秉德之工故禮也口君子不誣十室

三字見質本無不同所不同者學力者作人
耳十室之邑要活看忠信只是表裏字看

不如丘之好學也

不如是不似兼自恃自棄
意好學如好古敏求皆是

【註】十室小邑也忠信如聖人生質之美
者也夫子生知而未嘗不好學故言

如一底好資質與他處訓忠信不同此以勉人言美質易得至道難聞學之至則可
乃為學之根器好學正所以擴其量以為聖人不學則不免為鄉人而已可不勉哉

【講】夫子勉人好學曰天下之道以質而進以學而成如徒論其
質即十室之小邑其中必有忠厚信實生質之美如丘者焉
但人多自恃其質而不如丘之好學以充其質也此可見
美質易得如丘者不足貴至道難聞不如丘者深可歎也

【補】蔡覺軒曰好學要忠根信來
學非他不過充此忠信而已

新訂四書補註備旨上論卷二

粵東鄧 林退菴先生手著　裔孫 煜耀生編次
實安祁文友珊洲先生重校
江甯後學杜定基起元增訂

南面　馮厚齋曰人君聽治之位必體天地陰陽之向背南面嚮明也

子桑伯子　莊周曰子桑戶孟子反之琴張相與友說苑云孔子見子桑伯子伯子不衣冠而處弟子曰夫子何為見此人子曰其質美而無文吾欲說而文

雍也章旨　此章以簡字提綱敬正簡之主宰處首節是夫子默與雍之簡次節因其證簡而僅與之末二節因其辨簡而深然之要見始而與雍南面者以其本敬為簡終而然雍論簡者亦以其簡根於敬也

雍也節旨　註簡字意勿著相凡臨民者俱南面度是體度

仲弓節旨　問伯子只勘驗自己隱隱問他的簡可也簡言其可處在簡也是僅許其簡

居敬節旨　仲弓錯認可字與首節可字同故辨簡之得失敬兼內外註中有主以在內者言自治嚴以在外者言朱子云居敬行簡兩件工夫世固有居敬的人把得忒重卻反行得瑣碎故居敬了又要行簡不亦無乃俱是質證之辭

雍之節旨　此許其論簡之善宜兼承居敬居簡

雍也第六 凡二十八章篇內第十四章以前大意與前篇同

○子曰雍也可使南面 可使全在寬洪簡重上見 【註】南面者人君聽治之位言仲弓寬洪簡重有人君之度也 【講】夫子稱仲弓曰雍之為人寬洪簡重有人君之度其可使居南面之位以聽治矣乎 ○仲弓問子桑伯子 仲弓舉其人以問是欲證己之簡何如也 子曰可也簡 三字順說言可也那簡 【註】子桑伯子魯人胡氏以為疑即莊周所稱子桑戶者是也仲弓以夫子許己南面故問伯子如何可者僅可而有所未盡之辭簡者不煩之謂 【講】仲弓知夫子許己在簡又疑伯子之簡與己異故問子桑伯子之為人何如夫子答之曰天下多一事不若省一事可也其伯子之簡乎是以其簡為僅可非謂其可居南面也 ○仲弓曰居敬而行簡 此行簡是舉大綱存大體所行得要 以臨其民 臨是統御意臨民即居南面 不亦可乎 是簡之善 居簡而行簡 此行簡則一切苟省任悉而已 無乃太簡乎 是簡之太過 【註】言自處以敬則中有主而自治嚴如是而行之以簡以臨民則事不煩而民不擾所以為可若先自處以簡則中無主而自治疎矣而所行又簡豈不失之太簡而無法度之可守乎家語記伯子不衣冠而處夫子譏其欲同人道於牛馬然則伯子蓋太簡者而仲弓疑夫子之過許與 【講】仲弓未喻夫子之意乃疑而辯曰簡一也顧其所以居之者何如耳人能自處以敬則心有主而自治嚴由是行簡以臨其民則事不煩而民不擾其簡不亦可乎若先自處以簡則心無主而自治疎而所行又簡豈不失之太簡而無法度之可守乎雍蓋不能無疑矣 ○子曰雍之言然 言是論簡之言然作是字看 【註】仲弓蓋未喻夫子可字之意而其所言之理有默契焉者故夫子然之○程子曰子桑伯子之簡雖可取而未盡善故夫子云可也仲弓因言內主於敬而簡則為要直內存乎簡而簡則為疎略可謂得其旨矣又曰居敬則心中無物故所行自簡居簡則先有心於簡而多一簡字矣故曰太簡 【講】仲弓雖未喻夫子僅可之意而其論簡之理有默契焉者故夫子與之曰天下之治常成於敬而敗於忽雍以居敬之簡為可以居簡之簡為過者其言誠然也觀此則夫子許仲弓南面而不許伯子之意可想見矣 【補】陸稼書曰夫子然之蓋深

兩段說

哀公全旨

此章表顏子之心學蓋好學工夫全在非禮勿視聽言動上不遷不貳是好學的符驗怒與過要看得細怒指天理人情所必有者過指幾微毫髮所未粹者未怒之初鑑空衡平既怒之後冰消霧釋方過之時瑕累莫逃既覺之後根株悉拔兩不字是甚力量註甲乙是兩人前後是兩時此雖慨惜顏子卻微寓勉弟子好學意仇云今人纔有怒留於中則接人處便少和平之色即此是移今人雖悔前日之過到臨事又不免故態復萌即此是貳顏子克己功深故當下消融斷絕

子華章旨

此章見聖人用財之義與辭皆有義在求之與為傷惠思之辭為矯廉故夫子各以義裁之

子華節旨

使子華而有所不給則夫子必早與之待請而與止於釜庾已隱示以不當與矣求不悟而直與以五秉則大非夫子酌量於釜庾之間意也

赤之節旨

乘肥二句就其富於身知其無缺於

粟

粟米子也嘉穀之實也

釜庾秉

左傳齊舊四量豆釜區鍾四升為豆各自其四以登於釜釜十則鍾據此區十

有味乎敬之一字恍然於二帝三王之兢業小心萬世治天下大綱皆在雍一言中非沾沾為一簡辯也

○**哀公問弟子**是孔子門人**孰為好學**好學是嗜學不厭**孔子對曰有顏回者好學**此是追言之好學且虛講**不遷怒**怒是一念少拂不遷者隨物而怒亦隨怒而忘**不貳過**過是一念少差不貳者有過未嘗不知知則未嘗復行**不幸短命死矣**不幸有深惜意**今也則亡**是無有如顏子者**未聞好學者也**未聞承上說亦作有待之辭終不欲以好學絕望於人

〔註〕遷移也貳復也怒於甲者不移於乙過於前者不復於後顏子克己之功至於如此可謂真好學矣短命者顏子三十二而卒也既云今也則亡又言未聞好學者蓋深惜之又以見真好學者之難得也○程子曰顏子之怒在物不在己故不遷有不善未嘗不知知之未嘗復行不貳過也又曰喜怒在事則理之當喜怒者也不在血氣則不遷若舜之誅四凶也可怒在彼己何與焉如鑑之照物妍媸在彼隨物應之而已何遷之有又曰如顏子地位豈有不善所謂不善只是微有差失纔差失便能知之纔知之便更不萌作張子曰慊於己者不使萌於再或曰詩書六藝七十子非不習而通也而夫子獨稱顏子為好學顏子之所好果何學歟程子曰學以至乎聖人之道也學之道奈何曰天地儲精得五行之秀者為人其本也真而靜其未發也五性具焉曰仁義禮智信形既生矣外物觸其形而動於中矣其中動而七情出焉曰喜怒哀懼愛惡欲情既熾而益蕩其性鑿矣故學者約其情使合於中正其心養其性而已然必先明諸心知所往然後力行以求至焉若顏子之非禮勿視聽言動不遷怒貳過者則其好之篤而學之得其道也然其未至於聖人者守之也非化之也假之以年則不日而化矣今人乃謂聖本生知非學可至而所以為學者不過記誦文辭之間其亦異乎顏子之學矣

〔講〕哀公問羣弟子中果孰為好學人乎孔子對曰吾門有顏回者足稱好學蓋學莫難於懲忿亦莫要於改過惟回也時或有怒則怒於此而不怒於彼不遷其怒焉時或有過則過於前而不過於後不貳其過焉克己之功至於如此其可謂真好學乎惜乎不幸夭奪之速短命死矣今也則亡是人亦未聞有如是之好學者也

○**子華使於齊**使齊是代夫子出使於齊國**冉子為其母請粟**請粟是請於夫子使出粟以給子華之母**子曰與之釜**是與之少**請益**益是加多於釜之外**曰與之庾**與之亦少**冉子與之粟五秉**是冉子自己粟五秉是八十斛

〔註〕子華公西赤也使為孔子使也釜六斗四升庾十六斗秉十六斛

〔講〕子華為夫子出使於齊此弟子義不容辭者也其友冉子為其母請粟於夫子夫子曰吾與之六斗四斗之釜蓋以示不當與也冉子又為之請益夫子曰吾與之十六斗之庾蓋以示不當益也冉子不悟乃自與之粟五秉焉不已過乎過則傷惠而非義也

○**子曰赤之適齊也**

六升釜六斗四升也禮記十斗曰斛十六斗曰庾十庾曰秉五秉乃八十斛

原思　憲宋人一曰魯人清淨守節貧而好道孔子卒後退隱於衛。原憲居魯蓬戶甕牖匡坐而弦歌正冠則纓絕振襟則肘見納履則踵決嘗曰貧也非病也

黨　周禮五家為比使之相保五比為閭使之相受四閭為族使之相葬五族為黨使之相救五黨為州使之相賙

騂角　檀弓云夏后氏尚黑牲用玄殷人尚白牲用白周人尚赤牲用騂王制云祭天

親不須與衆意自見聞之正聞古人之義周急輕帶只重不繼富周字繼字有味此句正裁求過與之非

原思節旨　上二句記常祿之當與下是記原思之過辭提為宰二字便見義所當受

毋以節旨　毋字當重講是正意以與句是餘意與鄰里鄉黨不過為辭祿者通一說以見決不可辭耳不重廣君恩上

子謂全旨　此章見賢者不係於世類雖為仲弓而發卻無一字著仲弓只宜在牛上說方得聖人渾然口氣正意須於起繳處補之見人情愛憎之外自有特鑑非私意所得而貴賤之也若顯言仲弓則是欲彰其子之賢適揚其父之惡非厚道矣

回也全旨　此章固稱美回亦不可太貶諸子俱

適往　**乘肥馬**是當之見於所乘者　**衣輕裘**是富之見於所衣者　**吾聞之也君子周急不繼富**　周急是周濟窮迫不繼富是不續益有餘之人總見不當繼子華意

〔註〕乘肥馬衣輕裘言其富也急窮迫也周者補不足繼者續有餘

〔講〕夫子聞而非之曰赤之為我適齊也所乘者則肥壯之馬所衣者則輕煖之裘其家之富如此彼其母豈不足於粟而顧特求之周哉吾聞之也君子用財周人之急不繼人之富今求為赤請粟而又與之以五秉是繼富也非周急也亦異乎君子用財之義哉

○**原思為之宰**為之宰是孔子為魯司寇時命他為邑宰　**與之粟九百**與是夫子與之指原思九百是宰祿常數　**辭**是辭其多意

〔註〕原思孔子弟子名憲孔子為魯司寇時以思為宰粟宰之祿也九百不言其量不可考

〔講〕孔子為魯司寇時原思為屬邑之宰夫子與以常祿之粟九百乃義所當得者原思以其多而辭之是辭之過而傷廉非義也

○**子曰毋**是禁他勿辭　**以與爾鄰里鄉黨乎**與是分賜意爾指原憲

〔註〕毋禁止辭五家為鄰二十五家為里萬二千五百家為鄉五百家為黨言常祿不當辭有餘自可推之以周貧乏蓋鄰里鄉黨有相周之義○程子曰夫子之使子華子華之為夫子使義也而冉子乃為之請聖人寬容不欲直拒人故與之少所以示不當與也請益而與之亦少所以示不當益也求未達而自與之多則已過矣故夫子非之蓋赤苟至乏則夫子必自周之不待請矣原思為宰則有常祿思辭其多故又教以分諸鄰里之貧者蓋亦莫非義也張子曰於斯二者可見聖人之用財矣

〔講〕夫子止之曰祿以養廉爾毋辭焉如其有餘則鄰里鄉黨之貧者所當周也推以與之不亦可乎是則夫子非吝於赤而厚於思也辭受取與惟視義之當否耳彼冉子之多與以為惠原思之辭祿以為廉皆察義之未精也此夫子所以裁之也

〔補〕冉之之與可以愧世之吝施者原思之辭可以警世之貪墨者但非義之大中耳故聖人裁之

○**子謂仲弓曰**是夫子私論　**犂牛之子**子是犂牛所生的　**騂且角**騂合當代所尚言角者中程度也　**雖欲**雖欲指行祭之人　**勿用山川其舍諸**舍字作廢字看

〔註〕犂雜文騂赤色周人尚赤牲用騂角角周中正犧牲也用用以祭也山川山川之神也言人雖不用神必不舍也仲弓父賤而行惡故夫子以此譬之言父之惡不能廢其子之善如仲弓之賢自當見用於世也然此論仲弓云爾非與仲弓言也○范氏曰以瞽瞍為父而有舜以鯀為父而有禹古之聖賢不繫於世類尚矣子能改父之過變惡以為美則可謂孝矣

〔講〕夫子私論仲弓曰雜文之犂牛固不可為犧牲之用矣然其所生之子其色則騂而赤也合當代之尚且角周而正也中犧牲之選人雖以其出於犂牛而欲勿用之以祭然山川之神所享者在此騂且角也其肯舍諸乎夫子言此以譬仲弓之賢自當見用於世也豈可以其父賤行惡而廢之哉

〔補〕以犂牛譬其父以其子之騂角譬仲弓之賢用舍皆就人言而曰山川其舍諸言祭山川所必用也

地之牛角繭栗宗廟之牛角握賓客之牛角尺春秋云鼷鼠食郊牛角改卜牛山川

王制云天子祭天下名山大川五嶽視三公四瀆視諸侯諸侯祭名山大川之在其地者

閔子騫
閔損魯人不仕大夫不食污君之祿以德行著名孔子稱其孝焉○損後母不慈冬月以蘆花衣之其所生二子則衣之以綿父知之欲出後母損曰母在一子寒母去三子單遂止母聞後悔

費
魯僖公以費賜

是造就之意三月借以言其久日月亦借以言其暫全在心上說二句亦不可平對心不與仁二則心即仁安得有違以心求仁不能當念直取故曰至三月不違非謂三月後必違也只是此心常存雖有毫髮間斷當下便覺就能接續其餘該冉閔俱在內至字亦是到此仁境地但與回爭個能久不能久耳而已矣三字有無限策勵意

季康全旨
此章見三子各抱從政之才果達藝就才品說於從政句方說到應用上康子看得政大於才也與二字猶恐有未可意夫子看得才大於政何有二字是綽然有餘之辭亦啟康子以器使之道也此果達藝非全是資稟乃從學中來

季氏全旨
此章見閔子不仕權門意貫強則魯弱夫子方欲墮之閔子不欲弱公室而強私家故託使辭之通節俱是決辭但有德之言自爾溫婉耳善為一句是辭今日之召如有二句是預郤後來之召善非恐觸彼之怒只達我之意止彼之召便是在汶上即高蹈遠引意言雖去父母之邦所不惜也謝註是閔子本意但不可露

○**子曰回也其心三月不違仁**不違仁是心純於理意**其餘**是羣弟子**則日月至焉而已矣**至是造其仁之域日月至見不如回之三月不違【註】三月言其久仁者心之德心不違仁者無私欲而有其德也日月至焉者或日一至焉或月一至焉能造其域而不能久也○程子曰三月天道小變之節言其久也過此則聖人矣不違仁只是無纖毫私欲少有私欲便是不仁尹氏曰此顏子於聖人未達一間者也若聖人則渾然無間斷矣張子曰始學之要當知三月不違與日月至焉內外賓主之辨使心意勉勉循循而不能已過此幾非在我者【講】夫子稱回以勵諸子曰仁人心也人惟以私欲間其心則違矣惟回也克復功至而天理常存其心至於三月之久何不累於私欲而違仁焉其餘諸子非不用力於仁也而出入於理欲之間或日之內一至於仁焉不能無間斷也或月之內一至於仁焉不能無止息也豈能如回之久於仁哉【補】日至者郤至得頻數恐不甚久月至者或旬日或一二日皆不可知

○**季康子問仲由可使從政也與**可使有任用意從政是從君為政也**子曰由也果於從政乎何有**何有是不難意**曰賜也可使從政也與曰賜也達於從政乎何有曰求也可使從政也與曰求也藝於從政乎何有**【註】從政謂為大夫果有決斷達通事理藝多才能○程子曰季康子問三子之才可以從政乎夫子答以各有所長非惟三子人各有所長能取其長皆可用也【講】魯大夫季康子問仲由之才可使為大夫以從政也與夫子告之曰任國政者尚其果兼人如由乃果敢人也果則足以決大疑定大事於從政也何難之有又問賜也之才可使為大夫以從政也與夫子告之曰謀國事者尚其達穎悟如賜乃明達人也達則足以察事幾通國體於從政也何難之有又問求也之才可使為大夫以從政也與夫子告之曰應國務者尚其藝多能如求乃材藝人也藝則足以理煩劇周庶務於從政也何難之有夫三子皆可用之才聖人得器使之道惜乎康子未知所以用之也

○**季氏使閔子騫為費宰**季氏魯之權臣使是使人來召費宰是費邑之宰**閔子騫曰善為我辭焉**善是委曲辭是郤其召命**如有復我者**如有是設有意復是再來召**則吾必在汶上矣**必字有決然意在汶上示以不可復召也古禮大夫不得越境求賢【註】閔子騫孔子弟子名損費季氏邑汶水名在齊南魯北境上閔子不欲臣季氏令使者善為己辭言若再來召我則當去之齊○程子曰仲尼之門能不仕大

季友為私邑襄七年季孫宿城費後南蒯以費判公山弗擾亦為費宰嘗師費人襄魯仲尼命申句須樂頎伐之遂墮費

伯牛

冉耕魯人危言正行而遭惡疾尸子曰仲尼志意不立子路侍儀服不修公西華侍禮不習子游侍辭不辯宰我侍忘忽古今顏淵侍節小物冉伯牛侍嘗曰吾以六子自厲也

簞瓢

簞笥飯器也以竹為之員曰簞方曰笥○瓠之小者曰瓢詩云酌之用匏匏是自然之物故註云儉以質也

卷

伯牛全旨

此章見夫子篤師弟之情亦能達天人之際不入其室避過奉之禮義也自牖執手致永訣之意仁也此聖人從容中道處亡之以下是痛惜之辭不是永訣觀註可見按伯牛以德行稱孔子為魯司寇以冉耕為中都宰

賢哉全旨

此章夫子贊美顏子之賢首句空說是贊美辭下是指其貧而樂者以申其賢也重不改其樂句末句與首句相應顏子之樂原自有在但不因貧改耳玩其字樂在貧先非因貧有不改亦是夫子微窺其心回不自知也簞瓢陋巷不過極言其貧以見顏子之安貧自得耳要看得活顏子從博文約禮後此心與理為一方是顏子

夫之家者閔子曾子數人而已謝氏曰學者能少知內外之分皆可以樂道而忘人之勢況閔子得聖人為之依歸彼其視季氏不義之富貴不啻犬彘又從而臣之豈其心哉在聖人則有不然者蓋居亂邦見惡人在聖人則可自聖人以下剛則必取禍柔則必取辱閔子豈不能早見而豫待之乎如由也不得其死求也為季氏附益夫豈其本心哉蓋既無先見之知又無克亂之才故也然則閔子其賢乎

講 季氏遣使以召閔子騫為費邑之宰蓋慕其賢而欲臣之也閔子騫告使者曰今我之心不欲仕也子其委曲善為我辭於大夫焉苟辭之不得如有復來召我者則吾必去魯而在齊之汶上矣大夫其能強我之必仕乎

補 閔子之卻意峻而決不欲失身於權臣言婉而順又能免禍於亂世

○**伯牛有疾子問之**問是問其疾之指伯牛**自牖執其手**牖是窗執其手是執伯牛之手**曰亡之**作必死看**命矣夫**命以天之氣數言矣夫二字有深慨歎意**斯人也**以平日德行言而謹疾意亦在其中**而有斯疾也**斯疾指必亡之疾言**斯人也而有斯疾也**

註 伯牛孔子弟子姓冉名耕有疾先儒以為癩也牖南牖也禮病者居北牖下君視之則遷於南牖下使君得以南面視己時伯牛家以此禮尊孔子孔子不敢當故不入其室而自牖執其手蓋與之永訣也命謂天命言此人不應有此疾而今乃有之是乃天之所命也然則非其不能謹疾而有以致之亦可見矣○侯氏曰伯牛以德行稱亞於顏閔故其將死也孔子尤痛惜之

講 伯牛不幸有疾夫子以師弟至情而往問之時伯牛遷於南牖下使夫子得以南面視之蓋以君禮尊其師也孔子不敢當故不入其室而自牖執其手曰疾勢至此其亡必矣是誠天之所命矣夫吾不意德行若斯人而有斯疾也吾不意德行若斯人而有斯疾也君子於此亦安於適然之數歸諸未定之天而已其將奈之何哉

○**子曰賢哉回也**賢是有德之稱**一簞食**甚言其食之薄**一瓢飲**甚言其飲之菲**在陋巷**陋巷則其室可知甚言居處之鄙**人不堪其憂**人指常人不堪是不勝意其指簞瓢陋巷言憂是戚戚悲傷意**回也不改其樂**不改是不因簞瓢陋巷而少變其樂是性分中之樂**賢哉回也**此句承上忘遇自樂來有歎美不已意

註 簞竹器食飯也瓢瓠也顏子之貧如此而處之泰然不以害其樂故夫子再言賢哉回也以深歎美之○程子曰顏子之樂非樂簞瓢陋巷也不以貧窶累其心而改其所樂也故夫子稱其賢又曰簞瓢陋巷非可樂蓋自有其樂耳其字當玩味自有深意又曰昔受學於周茂叔每令尋仲尼顏子樂處所樂何事愚按程子之言引而不發蓋欲學者深思而自得之今亦不敢妄為之說學者但當從事於博文約禮之誨以至於欲罷不能而竭其才則庶乎有以得之矣

講 夫子稱顏子之賢曰賢哉回也彼飲食居處人之大欲存焉回所食者止一簞而已所飲者止

巷里塗也詩曰俟我乎巷謂俟我於門外也

武城

武城在泰山南今兗州府嘉祥縣

澹臺滅明

澹臺滅明武城人狀貌甚醜欲事孔子孔子以為材薄既受業退而修行名施乎諸侯孔子聞之曰吾以貌取人失之子羽

孟之反

孟之反孟氏族也朱子曰莊子所謂孟之反恭聞老氏儒弱謙下之風而悅之者也

殿

殿在軍後前曰啟後曰殿

策

說文曰鞭所以驅馳者也以革為之

眞樂

冉求全旨

此章見學貴自强要得鞭策冉求意求陽借力不足之名以陰諱其不悅之實開口非不悅三字只要在夫子前解脫個不悅已明是畫了夫子說出中道而廢一種人是形容力不足的模樣以破求之畫令他無處藏身不可認煞悅畫二字正相反求之畫而不進由於悅之不深也

女為全旨

此章進子夏以眞儒之學從儒字分別君子小人全在用心上女為無為呼應甚緊當一直說下勿平同一儒而用心眞僞不同一彼一此剖其界出此入彼嚴其幾是而非非而是謹其似

為武全旨

此章見宰貴得人女得人一問隱然有激揚風俗意人非流俗之人得非耳目之得必有特達之契在子游答處要得他延訪名賢一段光景曰不由徑是於風塵奔走之外得其端方曰非公事不至是勢於利趨附之外得其恬退豈非叔季之僅有者哉即此二事而滅明履正守節之大概可知公事乃是禮事賢士皆至邑宰之

一瓢而已所居者在於陋巷而已其居食之貧他人處此誠不勝其憂戚者回則處之泰然不以是改其自得之樂斯則得道而忘物非識之高而養之粹者不足以與於此矣賢哉回也豈人之所可及哉

○冉求曰非不說子之道(說是心言是企慕意道字泛說)力不足也(以氣質昏弱言)子曰力不足者(者作人字)中道而廢(中道即半途廢是舍棄)今女畫(畫是不肯求進意)

【註】力不足者欲進而不能畫者能進而不欲謂之畫者如畫地以自限也○胡氏曰夫子稱顏回不改其樂冉求聞之故有是言然使求說夫子之道誠如口之說芻豢則必將盡力以求之何患力之不足哉畫而不進則日退而已矣此冉求之所以局於藝也

【講】冉求聞夫子之稱回而言曰求之心非不說夫子之道而思求以至之也但資稟昏弱欲求進而力有不足也夫子責之曰所謂力不足者非一無所用其力也嘗用力求進以至於中道因力之不足而廢耳今女也有能進之力而無欲進之心乃畫地以自限其所至安得諉於力之不足哉

○子謂子夏曰女為君子儒(女為有勉之意)無為小人儒(無為有戒之意)

【註】儒學者之稱程子曰君子儒為己小人儒為人○謝氏曰君子小人之分義與利之間而已然所為利者豈必殖貨財之謂以私滅公適己自便凡可以害天理者皆利也子夏文學雖有餘然意其遠者大者或昧焉故夫子語之以此

【講】夫子謂子夏曰儒一也而有君子小人之分女必以為己者自勉而求為君子之儒以為人者自戒而無為小人之儒豈可曰均是儒也而無所擇乎哉

【補】君子儒小人儒當以為己為人意為主遠大意原在圈外但為己字要活看非徒守一身已也舉參贊位育經綸事業皆以為己任非有所為而為者便是

○子游為武城宰(宰是邑之長)子曰女得人焉爾乎(人是賢人焉爾乎三字是助語)曰有澹臺滅明者(者作人字看)行不由徑(不由徑是行必正大)非公事未嘗至於偃之室也(室是公堂)

【註】武城魯下邑澹臺姓滅明名字羽徑路之小而捷者公事如飲射讀法之類不由徑則動必以正而無見小欲速之意可知非公事不見邑宰則其有以自守而無枉己徇人之私可見矣○楊氏曰為政以人才為先故孔子以得人為問如滅明者觀其二事之小而其正大之情可見矣後世有不由徑者人必以為迂不至其室人必以為簡非孔氏之徒其孰能知而取之愚謂持身以滅明為法則無苟賤之羞取人以子游為法則無邪媚之惑

【講】子游為武城之邑宰夫子至其邑而問之曰女宰武城亦嘗得賢人而與之相交接焉爾乎子游對曰偃之所得有澹臺滅明者其為人也行必以大道而小徑有所不由進見必以

祝鮀
周禮太祝掌六祝之辭以事鬼神示祈福祥求永貞鮀衛之太祝也鮀諳於典故靈公嘗以會皐鼬嘖有煩言使祝鮀從

宋朝
朝仕衛為大夫有罷於靈公後歸宋靈公為夫人南子復召宋朝太子蒯聵過宋野野人歌之曰既定爾婁豬盍歸我艾豭太子羞之

戶
釋名云戶護也所以謹閑塞也

室為行禮而來也公事則至亦見不忘情於君民處

孟之全旨
此章嘉孟之反以為居功者訓也首句是冒下乃其不伐之事反之殿正敢於後者乃歸咎於馬之故不自以為功而且自掩其功將入門三字尤重於此不伐則真不伐矣要識孟之反分明以敗軍憂主為辱不敢以殿後為功故講不伐要本他真心來說

不有全旨
此章重慨時尚之非為必求徇俗者恨非為不能徇俗者惜也兩有字俱跟一不字來佞與直對美與德對今之所取正古之所棄必如是而可免則世道衰微可知

誰能全旨
此章怪歎人之離道誰能何莫四字緊相呌應一氣說方得怪歎意道字不得說性命精微只在日用常行上指點方是以戶喻道本旨所行纔不合理便是莫由道也

質勝全旨
此章論文質之弊而酌其中彬彬與兩勝字對照君子與野史字相形然

公事若非公事未嘗至於偃之室也由此推之則動必以正而有以自守可見矣偃之所得者斯人而已【附考】飲謂鄉飲酒周禮鄉大夫賓賢能者州長習射黨正蜡祭皆行鄉飲酒禮射謂鄉射周禮鄉大夫以五物詢衆庶一曰和二曰容三曰主皮四曰和容五曰興舞州長春秋以禮會民皆行鄉射禮讀法則州長於正月之吉黨正於四時孟月吉日族師於月吉閭胥於既比皆行讀法禮

○**子曰孟之反不伐**不伐是不誇功**奔而殿**奔指衆人殿是反殿**將入門**門是魯之國門**策其馬**策馬是要他速行意**曰**是反自言**非敢後也**見殿非己之功**馬不進也**進是前馬不進者見出於不得已

【註】孟之反魯大夫名側胡氏曰反即莊周所稱孟子反者是也伐誇功也奔敗走也軍後曰殿策鞭也戰敗而還以後為功反奔而殿故以此言自揜其功也事在哀公十一年○謝氏曰人能操無欲上人之心則人欲日消天理日明而凡可以矜己誇人者皆無足道矣然不知學者欲上人之心無時而忘也若孟之反可以為法矣

【講】夫子稱之反意曰有功非難不伐為難若孟之反者為能有功而不伐也當齊人伐我北鄙右師既潰而齊師涉泗衆皆望風而奔矣獨反居後而殿之功何偉也顧方入國門之時正衆人屬目之地乃策其所乘之馬曰我師敗績人皆爭先非我之敢於後殿也特以馬行不進而不得不後耳夫有功而自掩其功如此非不伐而何

【附考】哀公十一年齊師伐我及清孟孺子洩帥右師冉求帥左師與齊師戰於郊左師入齊軍獲甲首八十右師奔齊人從之陳瓘陳莊涉泗孟之側後入以為殿抽矢策其馬曰馬不進也

○**子曰不有祝鮀之佞**不有字貫下句**而有宋朝之美**而作與字看**難乎免於今之世矣**難免是不能免其憎惡意

【註】祝宗廟之官鮀衛大夫字子魚有口才朝宋公子有美色言衰世好諛悅色非此難免蓋傷之也

【講】夫子傷時意曰當今之世好諛悅色之時也使不有如祝鮀口才之佞而有如宋朝顏色之美則無以動人之觀聽難乎免於今世之疾惡者矣夫不好直而好諛不悅德而悅色世之衰也一至是哉

○**子曰誰能出不由戶**誰是何人兼智愚賢不肖言由是行戶是門戶**何莫由斯道也**何莫是怪歎辭道者日用當行之理

【註】言人不能出不由戶何故乃不由此道耶怪而歎之之辭○洪氏曰人知出必由戶而不知行必由道非道遠人人自遠爾

【講】夫子警人不由道意曰道之不可須臾離尤急於戶也自今觀之天下之人其誰能出不由戶乎知由戶宜知由道矣何故乃莫由斯道也明於彼而昧於此豈不深可怪哉

【補】斯字眼前皆是有必當由不難由二意

○**子曰質勝文則野**質是質樸勝過也文是文采野是鄉村鄙俚之人**文勝質則史**史乃府史胥徒之史不必作史官說

後字與兩則字呼應作三項看重彬彬二句上彬彬只是得中意即有時該質多些有時該文多些亦不失為彬彬文質彬彬四字正是損益工夫註中學者二句解文質彬彬成德二句解然後君子

人之全旨

此章警人無忝所生意上句言生理本直下句歎罔生之幸也生理本直於四端發現處驗之人當全是直須補在兩句夾縫中

知之全旨

此章第造道之淺深見學者當詣其極也知字尚淺亦謂知義理之大端耳若好內正是知行並進工夫樂內正是知行並至受用知好樂作三項人說要發明兩不如字知不如好知之深自能好好不如樂好之深自能樂好即求其所知而志向專一樂即得其所好而旨趣洋溢本一串事而有淺深

中人全旨

此章見施教有等只在教者心上斟酌勉學者意在言外中人上下俱兼資質學力言當以上字提起作主可以語不可以語正見學者有可有不可耳君子因材之教如此

文質彬彬 是文質相稱意 然後君子 然後即乃謂之意君子是成德之人對上野史看 註 野野人言鄙略也史掌文書多聞習事而誠或不足也彬彬猶班班物相雜而適均之貌言學者當損有餘補不足至於成德則不期然而然矣○楊氏曰文質不可以相勝然質之勝文猶之甘可以受和白可以受采也文勝而至於滅質則其本亡矣雖有文將安施乎然則與其史也寧野

講 夫子定文質之衡曰文質二者可相濟而不可相勝也苟言動質樸而勝乎文則鄙陋而簡略其諸野人之為乎若言動文飾而勝乎質則虛文而無實其諸史氏之流乎夫曰野曰史均非君子也是必文以質為主質以文為輔彬彬然其適均焉然後為成德之君子而野史不得以累之也有志於君子者其辨之

補 此章文質就學者身上說言辭威儀皆是

○子曰人之生也直 人字泛言生是始生之生直以理言 罔之生也幸而免 生是生存於世 註 程子曰生理本直罔不直也而亦生者幸而免爾

講 夫子警人之不直曰人之生也必有是生生之理其理本無私曲出於自然而直焉人必順是理斯無負所生矣若罔焉而不直則失其所以生之理而其生也特僥倖而苟免耳人而至於幸免亦何以為人耶甚矣人之不可不直也

補 兩生字微不同上是秉以為生下是生存之生

○子曰知之者 知是曉得此道四之字俱指道言四者字俱指人言 不如好之者 好是篤好此道 好之者不如樂之者 樂是樂得此道 註 尹氏曰知之者知有此道也好之者好而未得也樂之者有所得而樂之也○張敬夫曰譬之五穀知者知其可食者也好者食而嗜之者也樂者嗜之而飽者也知而不能好則是知之未至也好之而未及於樂則是好之未至也此古之學者所以自強而不息者與

講 夫子勉人造道之極曰人之造道有淺深之不同然必至其極乃為有得彼不知者吾無論焉耳若夫知之者之明於道以視夫不知者有間矣然明於道而求之孰若嗜於道而慕之也知之者不如好之者抑不好者吾無望焉耳若夫好之者之嗜於道以視夫不好者有異矣然嗜於道而慕之孰若悅於道而忘之也好之者不如樂之者然則人亦自知為不如而可也

補 以地位之高下言勉學者意在言外此樂字尚在理上若孔顏之樂是樂理後之樂較深

○子曰中人以上 是天資極高學力極到之人 可以語上也 語就教人說上是上等精微道理 中人以下 是天資庸陋學力不如之人 不可以語上也 有教者徒勞學者難入二意 註 語告也言教人者當隨其高下而告語之則其言易入而無躐等之弊也○張敬夫曰聖人之道精粗雖無二致但其施教則必因其材而篤焉蓋中人以下之質驟而語之太高非惟不能以入且將妄意躐等而有不切於身之弊亦終於下而已矣故就其所及而語之是乃所以使之切問近思而漸進於高遠也

齊 齊姜姓侯爵太公呂望本四嶽之後起漁釣為

樊遲全旨

此章見知仁有各盡之功也知恐蕩於虛故要從實事上理會仁恐著於實故要從虛心上涵養務字先字最重務者事之所當為先者心之所當急務義敬神是就事上說先難後獲是就心上說樊遲粗鄙近利未免略人事而瀆鬼神未進修而慕功效故夫子告之兩可謂字見不必他求意呂云難字即就為仁上說蓋去私存理工夫最難

知者全旨

此章發知仁之蘊見有不同知仁是兩種人心之虛湛為知心之純一為仁樂水樂山不是尋山水而樂之只是就其性之所近而想見其情耳動是不膠靜是不擾知者雖有靜時其體只自動仁者雖有動時其體只自靜註體字是體段之體非體用之體動者自樂不取必於遇而取必於心靜者自壽不取必於數而取必於理

齊一全旨

此章望齊魯以更化意以道字為主夫子有志先王之道故深望於齊魯

【講】夫子論施教之等曰教不容以槩施也有其質高其學純而為中人以上者則可以語道之上雖舉神化性命之理而授之可也有質未粹學未深而為中人以下者雖語以神化性命之理彼亦茫然而無得則不可以語道之上也可見教者貴有當可之施而學者亦當勉為受教地矣【補】不可語上蒙引謂僅語以日用常行之道但本文只言語上勿添出語下

○**樊遲問知**知是吾性聰明之德**子曰務民之義**務專力意民義乃人道之所當為者**敬鬼神而遠之**敬是盡誠以行報祀之禮鬼神是當祭之鬼神遠是不求媚以邀福意**可謂知矣**此即上文知者之事而斷之謂其於是非上見得明徹**問仁**仁是吾心無私之德**曰仁者先難而後獲**者作人字看先作急字看後即不急意難獲皆切為仁說**可謂仁矣**此即上文仁者之心而斷之謂其純而無私欲之累也【註】民亦人也獲謂得也專用力於人道之所宜而不惑於鬼神之不可知知者之事也先其事之所難而後其效之所得仁者之心也此必因樊遲之失而告之○程子曰人多信鬼神惑也而不信者又不能敬能敬能遠可謂知矣又曰先難克己也以所難為先而不計所獲仁也呂氏曰當務為急不求所難知力行所知不憚所難為【講】樊遲問何如斯可謂知夫子告之曰知者之事明乎理而已專力於民義以盡人道之所宜至鬼神不可知者亦惟敬而遠之未嘗有所謟焉是知所當知而不惑於不可知可謂知矣樊遲又問何如斯可謂仁夫子告之曰仁者之心純於理而已惟專事其功之所難而急急以圖之至於獲之不可期者亦後之而已而一無所計較焉是心純乎理而不雜於私意可謂仁矣遲能觀於知而履其事觀於仁而存其心仁知可得矣【補】註兩者字是舉現成指示蓋惟其是知仁故事與心如此

○**子曰知者樂水**是情之喜好在水**仁者樂山**是情之喜好在山**知者動**動是胸中活潑**仁者靜**靜是天懷寧謐**知者樂**樂是自得**仁者壽**壽是有常【註】樂喜好也知者達於事理而周流無滯有似於水故樂水仁者安於義理而厚重不遷有似於山故樂山動靜以體言樂壽以效言也動而不括故樂靜而有常故壽○程子曰非體仁知之深者不能如此形容之【講】夫子發知仁之蘊曰天下之人有為知者有為仁者以其性情而言知者本性空明所樂應在水而悅其流行之速仁者本性厚重所樂應在山而悅其敦良之基以其體段而言知者無事物窒礙而任乎聰明之四達殆極其動仁者無人欲紛擾而安於天理之自然殆極其靜以其效驗而言知者志氣清明則不為事苦不為境累有隨往而樂之休仁者精神純固則物不能侵數不能夭有必得其壽之理是可歷歷想見之者【補】存疑云註四故字有推原意動靜二字是實際山水從動靜想出樂壽從動靜推出

○**子曰齊一變**齊以今日急功利喜夸詐而言一變是更弊政以易薄俗全改換了**至於魯**是僅至於今廢墮之魯**魯一變**魯以

天寶書局精校藏板

周文武師尚父佐文武定天下以功封營丘為齊侯

魯

魯姬姓侯爵周文王第四子周公旦佐文武成王有大勳勞於天下成王命為太宰食邑扶風雍縣東北之周城紹相大子主自陝以東諸侯乃封其長子伯禽於曲阜地方七百里分以寶玉大弓而律侯於魯

觚

觚為酒器爵一升觚三升韓詩外傳謂三升曰觚是也不簡亦稱觚陸士衡文賦云或操觚以宰爾是也

井

伯益作井釋名云井清也象泉

之亟變也齊魯就今日言註孔子之時句宜玩兩變字不同齊之變須脫胎換骨魯之變只救弊扶衰故魯至道止在一變齊至道尚俟再變也此只就二國酌量施為緩急無左齊右魯意

不觚全旨

此章夫子傷名存實亡意就一觚言之去方從圓想見人心不古推開觚言之春秋時凡名存實亡大於觚者可例觀也一不字兩哉字無限感歎蓋以無實者不得有其名也

宰我全旨

此章見應世之權即寓於救世之中宰我設言以窮仁者之術夫子亦自其所問之事發出君子一段變通作用見天下不能窮仁者之仁也何為其然句虛君子可逝二句纔說明白末二句是上二句斷案重不可罔邊總不過辨明一從字之非耳但當逝時自有救援機權在非竟坐視而委人於井也

君子全旨

今日重禮教崇信義之魯言一變是興衰政以單頹風特振起之而已**至於道**是即可至先王盡善盡美之道〔註〕孔子之時齊俗急功利喜夸詐乃霸政之餘習魯則重禮教崇信義猶有先王之遺風焉但人亡政息不能無廢墜爾道則先王之道也言二國之政俗有美惡故其變而至道有難易○程子曰夫子之時齊強魯弱孰不以為齊勝魯也然魯猶存周公之法制齊由桓公之霸為從簡尚功之治太公之遺法變易盡矣故一變乃能至魯魯則修舉廢墜而已一變則至於先王之道也愚謂二國之俗惟夫子為能變之而不得試然因其言以考之則其施為緩急之序亦略可見矣〔講〕夫子欲以道更二國之化曰太公治齊周公治魯皆以先王之道治之而今則非昔日之齊魯矣使齊能一變易功利而為禮教易夸詐而為信義僅可至於今日之魯也使魯能一變取其廢者修之取其墜者舉之則可至於先王之道矣任其責者奈何其不變哉〔附考〕太公周公互問所以治齊魯之道太公曰舉賢而尚功周公曰後世必有簒弒之臣周公曰尊賢而親親太公曰後世寖衰矣

○**子曰觚不觚**上觚字指其器下觚字指其制**觚哉觚哉**重言以歎其失實意〔註〕觚棱也或曰酒器或曰木簡皆器之有棱者也不觚者蓋當時失其制而不為棱也觚哉觚哉言不得為觚也○程子曰觚而失其形制則非觚也舉一器而天下之物莫不皆然故君而失其君之道則不為君臣而失其臣之職則為虛位范氏曰人而不仁則非人國而不治則不國矣〔講〕夫子寓傷時之意曰器之名為觚者以其制之有棱也今觀是器已失其觚之制而不為觚矣尚得謂之觚哉尚得謂之觚哉以觚而類觀之天下之失其實而徒存其名者豈獨一觚也良可慨已〔附考〕古者獻以爵而酬以觚其制口容一爵足容二爵後世以木簡謂之觚削木為之或六面或八面皆可書以為簡牘起於秦漢以後是孔子所歎之觚則酒器非木簡也

○**宰我問曰仁者**是仁愛之人**雖告之曰**是不待親見意**井有仁焉**仁作人字看言有人陷溺於井**其從之也**是入井以救他**子曰何為其然也**其然是從井救人言**君子可逝也**君子即仁者**不可陷也**此二句就救人一事言**可欺也不可罔也**此二句寬論其理〔註〕劉聘君曰有仁之仁當作人今從之從謂隨之於井而救之也宰我信道不篤而憂為仁之陷害故有此問逝謂使之往救陷謂陷之於井欺謂誑之以理之所有罔謂昧之以理之所無蓋身在井上乃可以救井中之人若從之於井則不復能救之矣此理甚明人所易曉仁者雖切於救人而不私其身然不應如此之愚也〔講〕宰我問曰仁者以愛人為心雖有人告之曰井有人墜於其中焉其從之於井而救之歟夫子曰仁者即欲救人何為從井以救乎彼仁者即君子也君子可使之逝而往救也不可使入井以陷之也何者蓋其凡遇事變可欺以理之所有也不可罔以理之所無也惟其可欺故可逝惟其不可罔故不可陷耳是則為仁未嘗有所害子何憂之深哉

天寶書局精校藏板

之清潔者也易井卦曰井養而不窮也又曰井冽寒泉食

南子

南子宋女也靈公嘗與夫人夜坐聞車聲轔轔至闕而止過闕復有聲夫人曰此必蘧伯玉也君子不為昭昭伸節不為冥冥墮行

此章示人以入道切實之功博文是知約禮是行非博文則無以約禮非約禮則博文為無用約即在博之中禮即在文之中弗畔即在博約合一之中朱子謂約字只合作約束意之字是指其人而言非指所學之文也

子見全旨

此章見聖賢守經行權總不失其正之意南子請見卻是好賢之心亦是以禮處夫子故夫子出其見小君之禮而見之矢之三句重禮有可見上但非夫子不敢見南子非子路不敢不悅聖人之道大賢人之義正也

中庸全旨

此章夫子範民以中庸意中庸之理見於日用常行而實為吾心固有之德故曰為德至字在無過無不及上說民鮮即行事不合中庸以見心之鮮有其德也

○子曰君子博學於文 博是廣博道著於詩書六藝曰文 約之以禮 道之無過不及而可守者曰禮 亦可以弗畔矣夫 亦可以是庶幾之辭弗畔承上博約兼盡說

註 約要也畔背也君子學欲其博故於文無不考守欲其要故其動必以禮如此則可以不背於道矣○程子曰博學於文而不約之以禮必至於汗漫博學矣又能守禮而由於規矩則亦可以不畔道矣

講 夫子示人求道之功曰道散於文而會於禮者也君子則博其學於文以一心而究乎萬理之全凡古今事變罔不稽也又舉其所學者而約之以大中至正之禮凡視聽言動無非禮也夫博文則見極其廣而不流於虛約禮則動必以正而不失於泛雖未能與道為一亦可以弗畔於道矣夫有志於道者博約之功其可不交致歟

補 弗畔只是不背道若要與道合一則仍有涵泳工夫亦可二字當玩是訓君子以用功體道非是贊君子語

○子見南子 見是因請見以見小君之禮見之 子路不悅 不悅者以其見為辱耳非恐其浼己意 夫子矢之曰予所否者天厭之天厭之 之字當作我字看

註 南子衛靈公之夫人有淫行孔子至衛南子請見孔子辭謝不得已而見之蓋古者仕於其國有見其小君之禮而子路以夫子見此淫亂之人為辱故不悅矢誓也所誓辭也如云所不與崔慶者之類否謂不合於禮不由其道也厭棄絕也聖人道大德全無可不可其見惡人固謂在我有可見之禮則彼之不善我何與焉然此豈子路所能測哉故重言以誓之欲其姑信此而深思以得之也

講 夫子至衛南子請見夫子不得已見之蓋率其見小君之禮也子路以夫子見此淫亂之人為辱而有所不悅夫子乃矢而誓之曰予之所行有不合於禮不由其道者則獲罪於天天其厭棄之天其厭棄之蓋夫子之見惡人固有以自信者然必重言以誓之欲子路深思而自得之也

附考 孔子至衛南子使人謂孔子曰四方之君子不辱欲與寡君為兄弟者必見寡小君寡小君願見孔子辭謝不得已而見之夫人在絺帷中孔子入門北面稽首夫人自帷中再拜環珮玉聲璆然孔子曰吾鄉弗為見見之禮答焉

○子曰中庸之為德也 中是恰好的為其亘古不易故曰庸德是人所同得之理 其至矣乎 至是無可加損意 民鮮久矣 民是知愚賢不肖之人兼上下言

註 中者無過無不及之名也庸平常也至極也鮮少也言民少此德今已久矣○程子曰不偏之謂中不易之謂庸中者天下之正道庸者天下之定理自世教衰民不興於行少有此德久矣

講 夫子慨人失中庸之德曰天下之德過則失中不及則未至惟中庸之為德也無太過無不及其德之至極而無以復加矣乎但世教衰民不興行所知所行非失之太過則失之不及鮮有此中庸之德久矣不亦深可慨哉

補 按中庸虛言道故下加能字含知行二意工夫在下句此為德二字已在人身上講故不加能字

子貢章旨

此章見仁不必求諸遠意何事於仁句是一章之主首節抑其求仁於遠次節示以仁者之體末節教以求仁之方

如有節旨

博施自我施恩澤言濟衆自人被恩澤言濟衆又進一步仁通上下有聖人之仁有衆人之仁全體是仁一事是仁聖則以所造之地言不是離仁而別為聖只行仁到極處耳堯舜猶病在心上說

夫仁節旨

此狀仁者之體重二欲字立貼養達貼教然亦須寬說隨事皆有立達二而字是心中自然流出言外有不待於譬無假於推意

能近節旨

夫子明說夫仁者則是言仁之道如此可謂仁之方則是言求仁者如此可謂句正與夫仁者相應近字從二己字來譬字從二欲字來近取二字所謂推己所欲以及人即上節立達中用工夫耳能字有勉力意方字見有此準則可憑施濟纔有個根底

○子貢曰如有博施於民如有是設若之辭博施是廣布其恩澤而能濟衆濟衆是盡天下之人皆被其恩澤二句串看何如是問其人何如可謂仁乎是尚疑其未足盡仁子曰何事於仁照註作何止方與必也呼應必也聖乎必是斷辭聖兼德位言堯舜其猶病諸堯舜即是盡仁之聖猶尚也病是心中患其不能博濟也

【註】博廣也仁以理言通乎上下聖以地言則造其極之名也乎者疑而未定之辭病心有所不足也言此何止於仁必也聖人能之乎則雖堯舜之聖其心猶有所不足於此也以是求仁愈難而愈遠矣

【講】子貢有志於仁而未知其方乃問於夫子曰如有博施恩澤於民而能盡濟斯民之衆若此者何如可謂之仁矣乎夫子曰博施濟衆此何止於仁必也有聖人之德又有天子之位行仁到極處而後可以當此乎聖如堯舜亦尚以此為病況非堯舜者乎子以是求仁豈不難且遠哉

○夫仁者是以仁者之心言己欲立而立人欲是心要如此立是植立立人是培植扶持使人亦同我之立己欲達而達人達是通達達人是引誘訓導使人亦同我之達

【註】以己及人仁者之心也於此觀之可以見天理之周流而無間矣狀仁之體莫切於此

【講】試求之仁者之心而仁之體可識矣夫仁者之心己欲立矣而立人之念即與之俱存己欲達矣而達人之念即與之俱興雖未必盡人立達而吾心之天理固已周流無間此仁者之體也

○能近取譬近指己身對博施濟衆之高遠言可謂仁之方也已方是求仁方法也已二字見不必過求高遠意

【註】譬喻也方術也近取諸人以己所欲譬之他人知其所欲亦猶是也然後推其所欲以及於人則恕之事而仁之術也於此勉焉則有以勝其人欲之私而全其天理之公矣○程子曰醫書以手足痿痺為不仁此言最善名狀仁者以天地萬物為一體莫非己也認得為己何所不至若不屬己自與己不相干如手足之不仁氣已不貫皆不屬己故博施濟衆乃聖人之功用仁至難言故止曰己欲立而立人己欲達而達人能近取譬可謂仁之方也已欲令如是觀仁可以得仁之體又曰論語言堯舜其猶病諸者二夫博施者豈非聖人之所欲然必五十乃衣帛七十乃食肉聖人之心非不欲少者亦衣帛食肉也顧其養有所不贍爾此病其施之不博也濟衆者豈非聖人之所欲然治不過九州聖人非不欲四海之外亦兼濟也顧其治有所不及爾此病其濟之不衆也推此以求修己以安百姓則為病可知苟以吾治已足則便不是聖人呂氏曰子貢有志於仁徒事高遠未知其方孔子教以於己取之庶近而可入是乃為仁之方雖博施濟衆亦由此進

【講】若夫求仁者但能近取吾欲立欲達之心以譬之於人知其所欲立欲達者猶夫己也然後推此心以立之達之則人欲之私由此而勝天理之公由此而全此雖未即謂之仁亦可謂為仁之方也已何必以博濟為哉

【補】子貢在功用上問仁故其效愈難而愈遠夫子在心體上求仁故其術至簡而至易

老彭 呂氏春秋老彭姓籛名鏗帝顓頊之孫至殷之末世七百有餘歲而不衰封於韓大彭之墟故曰老彭少好恬靜惟以養神治生為事及為大夫稱疾不與政事好觀覽古籍以禮教大夫以言教士以技教庶人揚則抑抑則揚綴以德行不任以言○謝氏曰彭之為人不可考要之必其則古昔稱先王以名世者

述而全旨 此章夫子自敘立言之有本不作固是謙辭然天地間止有此理古來作者略備亦無容有所作也信而好古是述而不作之本述以事言信好以心言惟真信方能好惟深好乃愈信互看自好竊比老彭自言此傳述信好之心與之相同猶云先得我心耳

默而全旨 此章見聖人望道未見之心默識三句分三平不必以默識貫何有句總頂上三件言其無一有也是聖人自勉以勉人朱子云默識不言而此物常在也今人但說著時在不說時不在又云三者須心無間斷方能如此

德之全旨 此章言日新之學四平看德與學以治心窮理對義與不善以遷善改過對只虛擬四個不字神情全追至末句註日新字要玩蓋非全然不修不講不徙不改即日日修講徙改其如一日或輟何憂是憂勤正修之講之徙之改之處

述而第七

此篇多記聖人謙己誨人之辭及其容貌行事之實凡三十七章

○子曰述而不作 述指刪述六經說 信而好古 古即六經未刪述者信是信其言之不誣好是樂慕意 竊比於我老彭 竊比是私效意

【註】述傳舊而已作則創始也故作非聖人不能而述則賢者可及竊比尊之之辭我親之之辭老彭商賢大夫見大戴禮蓋信古而傳述者也孔子刪詩書定禮樂贊周易修春秋皆傳先王之舊而未嘗有所作也故其自言如此蓋不惟不敢當作者之聖而亦不敢顯然自附於古之賢人蓋其德愈盛而心愈下不自知其辭之謙也然當是時作者略備夫子蓋集羣聖之大成而折衷之其事雖述而功則倍於作矣此又不可不知也

【講】夫子自敘其立言之實曰作者之謂聖未易能也我惟傳述先王之舊而不敢任己意以創作亦惟以古人所作其理備矣我則深信其言之不誣而篤好於古自見其當述而無待於作也然此豈起於丘哉彼商之賢大夫老彭蓋信古而傳述者也吾企慕前修亦竊比於我老彭而已

○子曰默而識之 默識是心與理契深造自得之候之指理言 學而不厭 學是以此理體於己不厭是無厭斁意 誨人不倦 誨是以此理公於人不倦是無倦怠意 何有於我哉 言三事無一有於我

【註】識記也默識謂不言而存諸心也一說識知也不言而心解也前說近是何有於我言何者能有於我也三者已非聖人之極至而猶不敢當則謙而又謙之辭也

【講】夫子謙己意曰人之體道存乎識而識以言者非心得也茲惟默而不言而此理之潛會者得於心而自不忘焉造道存乎學而繼以厭者非善學也茲則深信義理無窮而自始至終無一毫厭斁之心焉傳道存乎誨而繼以倦者非善誨也茲則真知物我無間而開導引掖無一毫倦怠之心焉此三者皆君子體道之事也然反而觀之而何能有於我哉我亦惟黽勉以求至而已

【補】陸稼書曰識是識其已得者學是學其未得者誨是欲人之同得三者並列

○子曰德之不修 德者仁義禮智是也修是去欲存理以全其德 學之不講 學者詩書六藝是也講是講明其理 聞義不能徙 義者事之宜作善字看徙是遷徙 不善不能改 不善是過惡改是更改 是吾憂也 是指上四事說憂在四不字上見

【註】尹氏曰德必修而後成學必講而後明見善能徙改過不吝此四者日新之要也苟未能之聖人猶憂況學者乎

【講】夫子論日新之要曰德必修而後成也德之在我者不克治以修之學必講而後明也學之在我者不討論以講之善吾所當遷也若聞義不能舍己以徙之過吾所當改也若不善不能亟反以改之是將無以日進於高明吾之所深憂也日新之功信不敢不勉矣

【補】吾字見切己之事必要親體承當是字有

夢 列子曰形遇爲夢形接爲事晝想夜夢神形所遇故形凝夢想自消

藝 六藝一曰五禮吉凶軍賓嘉也一曰六樂雲門咸池大韶大夏大濩大武也一

子之全旨
此記聖人閒居之容色乃盛德自然之符燕居非獨處若獨處何由見申申夭夭申申夭夭對嚴肅敬懼說不對怠惰放肆說緊要在燕居二字若在朝在廟接人理物自另有中和氣象

甚矣全旨
此章爲不能行周公之道而發首句歎其衰之甚下是徵諸夢以見之也衰是衰老非志慮衰也不夢文武而夢周公志只欲爲周公之事若志爲文武便非註無復是心句宜渾

志道全旨
此章敘爲學之全功示人當循其序而交修之也志據依游分四平看但上三句是本之立於內者欲其粹下一句是末之該於外者亦不遺道者衆理之總名德則行道而有得仁則衆理會於心藝則理不外於物當重上面四字是學者用功處四於字作乎字看游藝是成德之餘功與弟子學文不同彼是習其事此是究其理要看至理所寓四字饒氏曰志道如人行路據德是行路有宿泊處依仁則又就宿泊處漸漸立得家計游藝

他非所憂意

○**子之燕居** 非事上接下承祭見賓之時 **申申如也** 申有展布意惟身體上說得 **夭夭如也** 夭有和悅意惟顏面上說得

註 燕居閒暇無事之時楊氏曰申申其容舒也夭夭其色愉也○程子曰此弟子善形容聖人處也爲申申字說不盡故更著夭夭字今人燕居之時不怠惰放肆必太嚴厲嚴厲時著此四字不得怠惰放肆時亦著此四字不得惟聖人便自有中和之氣

講 夫子盛德積中光輝發外至於燕居閒暇之時其容之著於身者則安舒而順適無拘迫之形殆申申如也其色之見於面者則愉婉而和悅無嚴厲之意殆夭夭如也雖聖人中和之著不容擬議而此亦得其似矣

補 如之云者見聖人德容氣象有非可以言語盡者殆借此以形容之耳

○**子曰甚矣吾衰也** 甚矣有傷歎不已意衰是血氣之衰 **久矣吾不復夢見周公** 久見非一朝之近不復是不再意周公蓋制禮作樂開周家太平之業者

註 孔子盛時志欲行周公之道故夢寐之間如或見之至其老而不能行也則無復是心而亦無復是夢矣故因此而自歎其衰之甚也○程子曰孔子盛時寤寐常存行周公之道及其老也則志慮衰而不可以有爲矣蓋存道者心無老少之異而行道者身老則衰也

講 夫子歎曰吾道之行藏雖係於世運之否泰而亦由乎吾氣之盛衰甚矣吾氣之衰也何以驗之蓋吾當強壯之年志欲行周公之道故常見周公於夢今也久矣不復夢見周公矣是可見衰之甚也吾其如之何哉

補 陳氏曰此亦道不行之兆自見於其身者也

○**子曰志於道** 志不是空志致知力行即其事也

註 志者心之所之之謂道則人倫日用之間所當行者是也知此而心必之焉則所適者正而無他歧之惑矣

講 夫子示人心學之全功曰學莫先於立志故始也必志於事物當然之道此志立則學之始基端矣

○**據於德** 據是拳拳服膺而弗失之意

註 據者執守之意德則行道而有得於心者也得之於心而守之不失則始終惟一而有日新之功矣

講 由是行此道而有得於心者德也必據於吾心所得之德則踐履有常而積故生新矣

○**依於仁** 依乃刻刻存養不使少間

註 依者不違之謂仁則私欲盡去而心德之全也功夫至此而無終食之違則存養之熟無適而非天理之流行矣

講 由是私欲盡去而心德純全者仁也必依於吾心全德之仁則頃刻不違而天理周流矣

○**游於藝** 游是玩索其理不是徒習其事

注 游者玩物適情之謂藝則禮樂之文射御書數之法皆至理所寓而日用之不可闕者也朝夕游焉以博其義理之趣則應務有餘而心亦無所放矣○此章言人之爲學當如是也蓋學莫先於立志志道則心存於正而不他據德則道得於心而不失依仁則德性常用而物欲不行游藝則小物不遺而動息有養學者於此有以不失其先後之序輕重之倫焉則本末兼

日五射白矢參連剡注襄尺井儀也一曰五御鳴和鸞逐水曲過君表舞交衢逐禽左也一曰六書象形會意轉注指事假借諧聲也一曰九數方田粟布衰分少廣商功均輸盈朒方程句股也

束修 書傳言束修者多矣禮記曰古之大夫束修之問不出境少儀曰其以乘壺酒束修一犬賜人穀梁傳曰束修之問不行境中是知古者持束修以為禮然此言其薄者其厚則有玉帛之屬

如居家有時出游但須游於藝若游到別處則出乎道德仁之外而放心矣

自行全旨

此章夫子自明誨人不倦之心以勉人竭誠來學意心苟向學則必誨之是正意彼無向學之心則我無從而誨是言外意束修字不必泥只以相見之禮言著眼在自字上見潔己自進有真心求教意

不憤全旨

此章欲學者勉為受教之地意不啟不發不復三平程註作一串看聖人未嘗輕絕人正是屬望之辭蓋欲學者知所以憤知所以悱知所以反也憤悱是能疑者反三隅是能悟者講不啟要見得非不欲啟也以啟之無益而反生其惑也餘倣此

子食全旨

此章見聖人哀之中節兩節平看上食不甘於臨喪下樂不形於弔哭皆主他人之喪說自彼而言則曰有喪自我而言則曰臨喪只照註中兩不能意闡發自見至情

用之章旨

此章總重素養上前以出處之時許顏子後以義理之勇進子路分兩段

該內外交養日用之間無少間隙而涵泳從容忽不自知其入於聖賢之域矣【講】至於藝為至理所寓而日用之必資者又必游焉以博其趣則察數而窮神觀文而悟理不獨周於日用而心亦無所放矣夫志道據德依仁則本之在內者無不盡游藝則末之在外者無不周為學之全功如此【補】志道猶是兩件物事據德返之吾心實有這道理了不至旋得而旋失然得一件謂德得十件亦謂德皆不得謂仁仁則許多德都貫串這裏了但未到純熟故要依據字工夫猛依字工夫細藝是日用間事志據依之時原脫藝不得但游字境趣必到依仁後方纔說得

○**子曰自行束修以上**自行是親奉也修即乾肉以上只是來學之意如今小兒從師曰上學上作去聲讀**吾未嘗無誨焉**未嘗作不曾看誨是教【註】修脯也十脡為束古者相見必執贄以為禮束修其至薄者蓋人之有生同具此理故聖人之於人無不欲其入於善但不知來學則無往教之禮故苟以禮來則無不有以教之也【講】夫子自叙其誨人之意曰人而不知來學則吾固不得往教之也苟自行束修之禮以來則求教之誠見於儀矣吾則知其向道之志隨其材質而造就之初未嘗無誨焉亦在學者自勉之而已

○**子曰不憤不啟**憤是鬱懣之意**不悱不發**悱是屈抑之貌**舉一隅**舉是挈以告之一隅借言一端之理**不以三隅反**反三隅只借言觸類之多**則不復也**不復是不再以別一件道理告他非不復以三隅也【註】憤者心求通而未得之意悱者口欲言而未能之貌啟謂開其意發謂達其辭物之有四隅者舉一可知其三反者還以相證之義復再告也上章已言聖人誨人不倦之意因并記此欲學者勉於用力以為受教之地也○程子曰憤悱誠意之見於色辭者也待其誠意而後告之既告之又必待其自得乃復告爾又曰不待憤悱而發則知之不能堅固待其憤悱而後發則沛然矣【講】夫子勉人意曰君子立教強人以未至非善誘之術也彼夫心求通而未得者憤也如其不憤則不啟以開其意口欲言而未能者悱也如其不悱則不發以達其辭至於理有相因而見者猶物之有四隅舉一可知其三也苟示以一隅矣乃不能以三隅之理反而相證是其無觸類之明雖告之亦奚益哉則不復教之也學者知此當勉為受教之地矣

○**子食於有喪者之側**喪是他人之喪側是喪之旁**未嘗飽也**未嘗即不曾意有食而不下咽者【註】臨喪哀不能甘也【講】夫子嘗食於有喪之側則哀死之心勝而甘食之意微雖食之未嘗飽也

○**子於是日哭**是日即臨喪之日哭是弔喪時哭泣**則不歌**不歌重餘哀未忘上【註】哭謂弔哭一日之內餘哀未忘自不能歌也○謝氏曰學者於此二者可見聖人情性之正也能識聖人之情性然後可以學道【講】夫子嘗於是日弔哭矣則一日之內餘哀未忘不復詠歌也夫聖人當哀而哀其得性情之正如此【補】喪側不飽以食旨不甘之心為心也哭則不歌以聞樂不樂之心為心也不待審處聖人之心自如此

三軍
禮書云周官大司馬主六軍大國三軍次國二軍小國一軍

齊
禮記曰君子之齊也專致其精明之德也故散齊七日以定之致齊三日以齊之定之之謂齊齊者精明之至

看但行軍亦用行中一節耳

用之節旨
二則字要體認先事無預擬臨時無商度既事無安排合二句見圓活不滯處行藏只是身之出處而道自與之俱有是夫猶云能然也先我後爾正喜回之能與己同不可倒說要之顏子終身未嘗行夫子終身未嘗藏乃於用舍而信其合者在理不在事也

子行節旨
誰與宜作相與之與非許與之與

暴虎節旨
暴虎二句是接其徒勇之形非實事也臨事而懼則有持重敬畏之心好謀而成則無粗疏潰裂之患玩必也字全是驗之於平時而可與行軍就在其內須知由有治賦之才夫子若行三軍定是與由此節正其裁成處

富而全旨
此章為求富者發上三句假設之辭須得虛活口氣下二句方是正意曰從吾所好便見執鞭之士非吾所好矣從字對求字看求字何等營逐從字何等安閒仇云呑吐於可不可間蓋為庸人作此喚醒語耳

○**子謂顏淵曰用之則行**用是君相用我之作我字看則作即字看行是出而行道**舍之則藏**舍是君相不用我藏是退而隱處**惟我與爾有是夫**惟是獨我夫子自謂與同也爾指顏淵是指用舍行藏

【註】尹氏曰用舍無與於己行藏安於所遇命不足道也顏子幾於聖人故亦能之

【講】夫子以出處之時謂顏淵曰君子之出處惟其時而已時乎我用也即與時偕行而非有心於行時乎我舍也即與時偕藏而非有心於藏若此者惟我與爾有是夫蓋用舍之權我與爾所不能必而行藏之道我與爾所能安也

【補】夫子有東周之志雖疏水樂亦在中顏子有為邦之問而簞瓢不改其樂可見行藏同處

○**子路曰子行三軍則誰與**行中有戰伐意三軍極言其兵衆難行誰與是誰與共事意

【註】萬二千五百人為軍大國三軍子路見孔子獨美顏淵自負其勇意夫子若行三軍必與己同

【講】子路見孔子獨與顏淵乃自負其勇而問曰夫子若行三軍之衆則誰可與者意夫子必與之同也

○**子曰暴虎**是不用梃刃**馮河**是不用舟楫**死而無悔者**是自擬雖死亦不怨悔之人**吾不與也**是不與行三軍**必也**是決要這樣人意**臨事而懼好謀而成者也**二句是就平日信他行軍時能如此

【註】暴虎徒搏馮河徒涉懼謂敬其事成謂成其謀言此皆以抑其勇而教之然行師之要實不外此子路蓋不知也○謝氏曰聖人於行藏之間無意無必其行非貪位其藏非獨善也若有欲心則不用而求行舍之而不藏矣是以惟顏子為可以與於此子路雖非有欲心者然未能無意必也至以行三軍為問則其論益卑矣夫子之言蓋因其失而救之夫不謀無成不懼必敗小事尚然而況行三軍乎

【講】夫子抑而教之曰有勇非難善用其勇為難如徒手以暴虎徒步以馮河自擬必死而無悔者吾不與之行三軍也吾所與者必其平日為人臨事而能懼以慮之又且好謀而斷以成之者也此則善用其勇而動出萬全吾之所與者其在斯人矣徒勇者何所取哉

【補】按臨事作頭事字自當指軍事中間從懼說到謀皆子路所不足處正須著眼成字作尾乃是萬全之意神理全在必也者也四字上

○**子曰富而可求也**而字作若字看求是營求**雖執鞭之士**士作人字看**吾亦為之**吾孔子自謂曰亦則凡未甚於此者皆可為矣為之是為執鞭之事**如不可求**如乃轉語是決辭非借言也**從吾所好**義理為人心所同然故曰所好

【註】執鞭賤者之事設言富若可求則雖身為賤役以求之亦所不辭然有命焉非求之可得也則安於義理而已矣何必徒取辱哉○蘇氏曰聖人未嘗有意於求富也豈問其可不可哉為此語者特以明其決不可求耳楊氏曰君子非惡富貴而不求以其在天無可求之道也

【講】夫子設言以儆求富者曰人情趨富謂其可求耳使富而可以人力求也雖執鞭至賤之士而可以得富吾亦為之不辭如有命焉而非求之可得者則亦從吾所好而安之耳何必自取辱

也然後可以交於神明矣

戰

孔子曰我戰則克祭則受福蓋得其道矣○孫子曰善戰者之勝也無智名無勇功

疾

聖人春夏養陽秋冬養陰以從其根與萬物沉浮於生長之間故聖人不治已病治未病

聞韶

史記云孔子至齊促從者行曰韶樂作從者曰何以知之曰吾見童子視精而行端

衞君

衞出公輒蒯聵子靈公孫也輒立十二年父蒯聵入是為莊公輒出奔莊公立二年為戎州人

子之全旨

此章記聖人之所慎三者俱是理當如此勿說到利害禍福上去慎齊是內秉寅恭外敦嚴恪慎戰是臨事而懼好謀而成慎疾是無疾謹漸防微有疾加意調養

子在全旨

此章記夫子心契韶樂有曰不可得而言言不可得而盡意蓋夫子中和之德本與舜合而況學之三月其心領神會自非徒極其聲容節奏而已并當日天覆地載之緼平成揖讓之休如親其事應其時是以歎美如此

冉有章旨

此章見天下無無父之國重一仁字所取夷齊在仁不為衞君只因他不仁也

冉有節旨

衞輒拒父自立冉有非不知其非只惑於嫡孫當立之說而欲得夫子之為與否以折衷之故有此問子貢不能自決曰諾曰將問蓋發輒則無君拒聵又無父故不能釋然也

入曰節旨

哉 補 張彥陵曰此設必窮之路以開當世之迷不可說煞

○**子之所慎**子是夫子慎是敬慎**齊**謹齊非徼福是不慢神**戰**謹戰非怯敵是不輕敵**疾**謹疾非貪生是不輕生

註 齊之為言齊也將祭而齊其思慮之不齊者以交於神明也誠之至與不至神之饗與不饗皆決於此戰則衆之死生國之存亡繫焉疾又吾身之所以死生存亡者皆不可以不謹也○尹氏曰夫子無所不謹弟子記其大者耳

講 夫子之心無所不慎其所慎之大者有三一則在於齊焉為其神明之所交一則在於戰焉為其衆之死生國之存亡所係一則在於疾焉為其吾身死生之所關此可見聖人用心之至矣

附考 孔子有疾哀公使醫視之醫曰居處飲食何如子曰丘之春居葛籠夏居密陽秋不風冬不煬飲食不膩飲酒不醉醫曰是良藥也

○**子在齊聞韶**在齊因周流至齊韶舜樂舜之後封於陳得用先代之樂自陳敬仲奔齊故韶傳於齊**三月**是學韶三月**不知肉味**言心專一於韶**曰**是門人述夫子之言**不圖為樂之至於斯也**不圖猶不意斯指盡善盡美言

註 史記三月上有學之二字不知肉味蓋心一於是而不及乎他也曰不意舜之作樂至於如此之美則有以極其情文之備而不覺其歎息之深也蓋非聖人不足以及此○范氏曰韶盡美又盡善樂之無以加者也故學之三月不知肉味而歎美之如此誠之至感之深也

講 夫子周流在齊得聞韶樂深有契於心至三月之久心一於是而不知有肉味焉因歎息曰韶之樂吾向聞其美矣不圖其為樂之情文兼備至於如斯之美也殆有出於意想之外而不可以言語形容者乎

補 子在句是記其事三月句是寫其心不圖句是述其言

○**冉有曰夫子為衞君乎**為衞君是許其當立意**子貢曰諾**諾是言其為與不為未可知也**吾將問之**是欲託問以知之

註 為猶助也衞君出公輒也靈公逐其世子蒯聵公薨而國人立蒯聵之子輒於是晉納蒯聵而輒拒之時孔子居衞衞人以蒯聵得罪於父而輒嫡孫當立故冉有疑而問之諾應辭也

講 當衞君拒父之日夫子時適在衞冉有疑於衆論問於子貢曰衞君之立人皆為之不知夫子亦以衞君之當立而為之否乎子貢曰諾吾將見夫子而問之以觀其意之所在也

附考 蒯聵母南子通宋公子朝蒯聵過宋野野人歌之曰既定爾婁豬盍歸吾艾豭蒯聵羞之欲殺南子不克出奔靈公命立公子郢郢辭公薨夫人命子郢為太子郢曰亡人蒯聵之子輒在乃立輒是為出公晉趙鞅納衞太子蒯聵於戚居之衞石曼姑與齊國夏帥師圍戚蒯聵不得入入宿而保孔悝之母伯姬蒯聵之姊也迫悝強盟之悝竟立蒯聵是為莊公輒奔魯後輒自齊復歸

○**入曰**入是子貢入見孔子**伯夷叔**

所殺輒復入為君又九年出奔遂卒於越

枕 枕卧所以薦首者也張華枕箴曰冠御於晝枕式於昏代作充用縈巳盡身典寢有節適性和神

賢人只就遜國說勿兼諫伐怨是怨悔不是怨恨求仁得仁只是不失天理之正人心之安意父子之間非通權之地豈可援存國之說以逭輒罪之通天乎故曰夫子不為削去衛君二字深得夫子之意且與夫春秋書納書世子之義相發明見其不得為衛君也

飯疏全旨

此章見聖心自有真樂兩截只一串勿以安貧賤輕富貴並說重樂亦在其中句亦字可玩曰樂在即有不在曰亦在斯無不在正所謂如元氣流行天地間無一處不到無一時或息末二句就貧困時視富貴如此須看不義二字富貴若以義聖人亦隨其所遇若固有之

加我全旨

此是夫子韋編三絕學易有得時言也其發明易道之無窮真有孳孳不息意教人意尚在言外凡居身涉世

齊何人也是問其制行何如 曰古之賢人也古賢人便見夸人所難就遜國上看 曰怨乎是就他心上審一審 曰求仁而得仁仁以心言就天理之正人心之安說 又何怨緊項上句來各得所欲何怨之有 出曰出是出而見冉有 夫子不為也不為以在忍心害理上見

【註】伯夷叔齊孤竹君之二子其父將死遺命立叔齊父卒叔齊遜伯夷伯夷曰父命也遂逃去叔齊亦不立而逃之國人立其中子其後武王伐紂夷齊叩馬而諫武王滅商夷齊恥食周粟去隱於首陽山遂餓而死怨猶悔也君子居是邦不非其大夫況其君乎故子貢不斥衛君而以夷齊為問夫子告之如此則其不為衛君可知矣蓋伯夷以父命為尊叔齊以天倫為重其遜國也皆求所以合乎天理之正而即乎人心之安既而各得其志焉則視棄其國猶敝蹝爾何怨之有若衛輒之據國拒父而惟恐失之其不可同年而語明矣○程子曰伯夷叔齊遜國而逃諫伐而餓終無怨悔夫子以為賢故知其不與輒也

【講】子貢以居衛之地而論衛之事有難於顯言者乃入而問曰伯夷叔齊其制行何如人也蓋欲因此以反觀耳夫子曰夷齊之清風高節足以表今垂後誠古之賢人也子貢曰彼之遜國果出於中心之自然抑亦有所怨悔乎夫子曰二子之遜國一以尊父命一以重天倫欲以協乎天理人心而求仁也既而各遂其志則理順心安而得仁矣又何有怨悔乎子貢出而語冉有曰夷齊之兄弟遜國者夫子既以為是則衛君之父子爭國者夫子必以為非其不為衛君也明矣子又何疑哉

【附考】史記武王伐紂夷齊叩馬而諫曰父死不葬爰及干戈可謂孝乎以臣弒君可謂仁乎左右欲兵之太公曰此義士也扶而去之武王已平殷亂天下宗周而夷齊恥之義不食周粟隱於首陽山及餓且死作歌其辭曰登彼西山兮採其薇矣以暴易暴兮不知其非矣黃農虞夏忽焉沒兮我安適歸兮吁嗟徂兮命之衰矣遂餓死於首陽山

○子曰飯疏食飲水疏食是食之麤水是飲之薄 曲肱而枕之曲是屈肱是手臂枕是藉以為安意 樂亦在其中矣樂是心之樂其中是疏水曲肱之中 不義而富且貴不義是不以其道得者富貴只就奉養言 於我如浮雲我是以我自得之樂言如浮雲只是不動心意

【註】飲食之也疏食麤飯也聖人之心渾然天理雖處困極而樂亦無不在焉其視不義之富貴如浮雲之無有漠然無所動於其中也○程子曰非樂疏食飲水也雖疏食飲水不能改其樂也不義之富貴視之輕如浮雲然又曰須知所樂者何事

【講】夫子敘己之樂曰至樂不出於日用之常今我所飯者疏食而已所飲者水而已所枕者曲我肱枕之而已雖處此困極而我心之真樂初無不在也蓋樂亦在疏水曲肱之中矣若彼不義而富且貴於我何與視之如浮雲之無有何足以易我樂哉蓋聖人之心渾然天理不以窮困而有損於外不以富貴而有動於中者如此

○子曰加我數年加照註作假 五十以學易五十照註作卒卒終也易是易經學易是潛心於易道 可以無

易、庖犧氏作八卦神農重之為六十四卦黃帝堯舜引而伸之分為二易至夏人因炎帝曰連山殷人因黃帝曰歸藏文王廣六十四卦彖辭周公著九六爻辭孔子為彖象繫辭文言序卦之屬十篇故曰易道深矣

詩周禮太師掌教六詩曰風曰雅曰頌曰賦曰興曰比初孔子以詩授卜商商以授曾申申以授李克克以授孟仲子孟仲子授根牟子根牟子授荀卿卿授漢人毛亨作訓詁傳以授趙國毛萇時人謂亨為大毛公萇為小

明不見幾行不合節便是過止云無大者固是謙辭亦以見過難盡免意其實夫子一生仕止久速用舍行藏全體皆易也註吉凶消長以天時言進退存亡以人事言

子所全旨
此章記夫子以經學垂訓重切於日用之實上所謂切於日用之實只在理性情道政事謹節文看出詩書禮宜實講玩所字皆字是記者將從前言語會通出來

葉公章旨
此章見聖人為學之篤也上節子路不答葉公之問下節夫子示以為人之實

葉公節旨
葉公之問有高視孔子意宜兼慕與疑說子路不對重未易名言上

女奚節旨
此是夫子一生好學樣子正為人之實憤樂兼知行在內全要體貼代子路指點神情從平實中現出高妙來通節一氣直說奚不云爾緊相呼應言我之為人只是如此初無難言

我非全旨
此章夫子因人謂其生知不可跂及故告之以此宜重學知上生知以質言好古敏求以學言古字提起好與

大過矣可以是庶幾意無大過是無大段過失【註】劉聘君見元城劉忠定公自言嘗讀他論加作假五十作卒蓋加假聲相近而誤讀卒與五十字相似而誤分也愚按此章之言史記作假我數年若是我於易則彬彬矣加正作假而無五十字蓋是時孔子年已幾七十矣五十字誤無疑也學易則明乎吉凶消長之理進退存亡之道故可以無大過蓋聖人深見易道之無窮而言此以教人使知其不可不學而又不可以易而學也【講】夫子示人學易之意曰使天加我數年以卒我學易之功居則觀象而玩辭動則觀變而玩占明乎吉凶消長之理而上識天時察乎進退存亡之道而下究人事雖不敢自謂周旋之無失而根本節目之所在亦可以不踰閑而無大過矣夫聖人全體易道猶藉學易如此誠以易道精微欲人之勉於學也

○子所雅言雅言是教人之常言詩書執禮禮以執者以儀文言皆雅言也皆字承上詩書禮說【註】雅常也執守也詩以理性情書以道政事禮以謹節文皆切於日用之實故常言之禮獨言執者以人所執守而言非徒誦說而已也○程子曰孔子雅素之言止於如此若性與天道則有不可得而聞者要在默而識之也謝氏曰此因學易之語而類記之【講】夫子之教有所謂雅言者蓋古人有詩焉有書焉有當執之禮焉夫詩以理性情書以道政事禮以謹節文三者皆切於日用之實故夫子常言之然則誦詩讀書而習禮誠學者之所當務也

○葉公問孔子於子路問孔子是問孔子之為人子路不對不對有二意一則葉公不足以知聖人一則聖德難以言語形容【註】葉公楚葉縣尹沈諸梁字子高僭稱公也葉公不知孔子必有非所問而問者故子路不對抑亦以聖人之德實有未易名言者與【講】葉公問孔子之為人於子路而子路不對雖是聖人之德未易形容然而啟天下之疑矣

○子曰女奚不曰是代子路對葉公說其為人也其是孔子此句且虛下正言其實也發憤忘食發憤是未得此理心中急於求通忘食是憤之極而不知有食樂以忘憂樂是已得此理心中自然快樂忘憂是樂之極雖有憂而不知不知老之將至是一心好學都忘年數之至意云爾二字通管上三句謂其為人不過如此【註】未得則發憤而忘食已得則樂之而忘憂以是二者俛焉日有孳孳而不知年數之不足但自言其好學之篤耳然深味之則見其全體至極純亦不已之妙有非聖人不能及者蓋凡夫子之自言類如此學者宜致思焉【講】夫子聞之謂子路曰女於葉公之問奚不對曰其為人也於理之未得則發憤求之而至於忘其食焉於理之已得則中心樂之而至於忘其憂焉以是二者循環不已雖老之將至有不知者我之為人如是云爾女奚不以此對葉公乎【補】忘食忘憂是逐事上說一憤一樂循環代至非終身只一憤一樂也

○子曰我非生而知之者必是因人稱而辭之之意生知是無俟好古無俟敏求而自然知者二之字俱指義理言好古敏

毛公以二公所傳故名其詩曰毛詩

書

書者書其時事也上世帝王之遺書有三墳五典訓誥誓命孔子刪而序之斷自唐虞下迄於周凡百篇以其上古之書故曰尚書

禮

禮者體也言得事之體也周禮儀禮幷周公所作禮記者本孔子門徒共撰所聞也後通儒各有損益子思乃作中庸公孫尼子作緇衣漢文時博士作王制其餘諸篇皆如此例至漢宣時東海后蒼善說禮於曲臺殿撰禮一百八十篇

敏求俱承古字來實是生知實是好古敏求此聖人全體也只恐人推諉生知不肯去好古敏求此聖人至教也

不語全旨

此章見聖人維世之意註理字是主怪力亂俱非理之正不當言神又理之至微不易言不曰言而曰語蓋人雖言及已亦不答也

三人全旨

此章重能自得師上必有者必之於我也必之於我之能擇而從且改也全節字字須活看舉三人以槩交接舉行以槩日用舉善不善以槩善惡變態之極致惟以平時有主之心去擇以臨時辨別之心去從與改故無往不可得師

天生全旨

此章見聖人援天自信意患難之際聖人不待決諸天而後泰然其爲是言者所以慰門人即所以微強暴也然微服而過宋避患未嘗不深但處之閒暇耳

二三全旨

此章見教無可隱意首句作一詰無隱二句一證一解曰我曰吾曰丘皆聖人現身說法處精神在是丘也三

以求之者也 好是欣慕意古不特禮樂文物凡前言往行載諸簡冊者皆是敏是汲皇意求是考究意 【註】生而知之者氣質清明義理昭著不待學而知也敏速也謂汲汲也○尹氏曰孔子以生知之聖每云好學者非惟勉人也蓋生而可知者義理爾若夫禮樂名物古今事變亦必待學而後有以驗其實也 【講】夫子謙己意曰我非氣質清明義理昭著生而知之者亦惟以古人嘉言善行皆義理所寓吾則篤好於古而敏力以求之者也生知云乎哉 【補】好以心言敏求以功言下句緊承上句說則知字自當補出

○**子不語** 是不以此答述於人 **怪** 語怪則啟人惑 **力** 語力則啟人爭 **亂** 語亂則啟人悖逆 **神** 語神則啟人馳騖 【註】怪異勇力悖亂之事非理之正固聖人所不語鬼神造化之迹雖非不正然非窮理之至有未易明者故亦不輕以語人也○謝氏曰聖人語常而不語怪語德而不語力語治而不語亂語人而不語神 【講】夫子之所不語者有四焉彼怪異之事語之則亂常勇力之事語之則妨德悖亂之事語之則害理鬼神之事語之則惑聽此皆夫子之所不語也其爲世道人心防者深哉 【補】全要發出許多警戒防閑意又神與怪不同故註上三字總言神字另言

○**子曰三人行** 三人帶自己在內行是同行 **必有我師焉** 師就長善救失上看 **擇其善者而從之** 擇知所辨別意貫下二句善是言行皆好之人從是依他爲善 **其不善者而改之** 不善是言行不好之人改是不從他惡意 【註】三人同行其一我也彼二人者一善一惡則我從其善而改其惡焉是二人者皆我師也○尹氏曰見賢思齊見不賢而內自省則善惡皆我之師進善其有窮乎 【講】夫子示人能自得師曰吾人誠有求益之心則雖三人同行之際亦必有可爲我師者存焉蓋師以長善而救失也同行之人有善者我則擇其善者而企慕以從之有不善者我則於其不善者而懲創以改之是從其善固長善之師也改其不善亦救失之師也所謂三人行必有我師者如此 【補】饒氏曰此姑以一善一惡對言推之兩人皆善則皆從兩人皆惡則皆改一人有善有不善則亦有從有改

○**子曰天生德於予** 天字重看生是賦德固是聖德亦宜渾說予是孔子自謂 **桓魋其如予何** 孔子適宋與弟子講禮大樹下魋惡之而伐其樹弟子懼故以此曉之 【註】桓魋宋司馬向魋也出於桓公故又稱桓氏魋欲害孔子孔子言天既賦我以如是之德則桓魋其奈我何言必不能違天害己 【講】桓魋欲害夫子夫子託天以自信曰天之生予也以如是之德而賦於予必有意於我者人雖欲害乎我而不能違乎天彼桓魋亦人耳其如予何哉不然是天可得而勝也天豈桓魋所能勝哉 【附考】孔子居於宋見桓司馬自爲石槨三年而不成夫子曰若是其靡也死不如速朽之愈也孔子與弟子習禮大樹下魋欲殺孔子拔其樹孔子去之弟子曰可以速矣子曰云云遂微服過之

號后氏曲臺記后蒼傳梁國戴德及德從子聖乃刪后氏記為八十五篇名大戴禮聖又刪大戴禮為四十六篇名小戴禮其後諸儒又加月令明堂位樂記三篇凡四十九篇則今之禮記也

葉公 子高沈尹戌子食邑於葉子高定白公之禍寗楚國之事恢先君以掩方城之外四封不廉名不挫於諸侯當此之時天下莫敢以兵南向

字吾無隱乎爾爾字作語助辭與字對隱字看蓋隱者必無所與與者必無所隱註作止語默所包甚廣後篇時行物生之喻亦是此意

子以全旨

此記夫子立教之要四項平看凡教一人必兼此四者且亦一時並進教以學文修行知行當俱盡也教以忠信表裏當俱實也然學文與小子不同彼講說其大槩此博究其精微

聖人全旨

此章歸重有恒為作聖之基見聖是夫子本心聖不可得故思到君子善人以及有恒覺得人心不失則聖善猶存乃求之當世而詐偽日生則不能不期有恒而深歎也前兩節以學質對言然以質而加之學則四等遞進自是一串事有恒只樸實有常對下淺淺看末節慨無恒正思有恒發言之旨在此亡虛約有淺深虛對實言約雖實而少盈是滿於中泰便溢於外病根全在三為字

○**子曰二三子**指門人言**以我為隱乎**隱是隱秘不教意**吾無隱乎爾**此句是決己無隱意且虛說**吾無行**指一身動靜語默言**而不與二三子者是丘也**是丘即是丘之所以為教意【註】諸弟子以夫子之道高深不可幾及故疑其有隱而不知聖人作止語默無非教也故夫子以此言曉之與猶示也○程子曰聖人之道猶天然門弟子親炙而冀及之然後知其高且遠也使誠以為不可及則趨向之心不幾於怠乎故聖人之教常俯而就之如此非獨使資質庸下者勉思企及而才氣高邁者亦不敢躐等而進也呂氏曰聖人體道無隱與天象昭然莫非至教常以示人而人自不察【講】諸弟子疑夫子之教有隱故夫子曉之曰二三子之學於我也得無以我之教為有所隱而不盡與乎豈知大道為公非君之所得私吾實無所隱乎爾也吾於日用之間凡作止語默無所行而不與二三子相昭示者是丘之所以為教也豈有所隱乎哉二三子可以共諒矣

○**子以四教**且虛說**文**是載籍詩書六藝皆是**行**是見諸人倫日用者**忠**是無一念之不盡**信**是無一事之不實【註】程子曰教人以學文修行而存忠信也忠信本也【講】夫子之所以教人者其大端有四教焉教人以學文所以致其知也教人以修行所以履其事也而且教人以忠欲其無一念之不盡也教人以信欲其無一事之不實也夫知行並進身心交益此四者皆夫子之所以教也【補】大全熊勿軒曰忠是實心就己上看信是實理就事物上看

○**子曰聖人吾不得而見之矣**不得見是慨歎其難見**得見君子者斯可矣**得見有冀望意斯可是庶幾慰吾望聖之思【註】聖人神明不測之號君子才德出眾之名【講】夫子思有恒之意也曰神明不測者聖人也然聖人之生也不數吾固不得而見之矣苟得見才德出眾之君子亦聖人之徒也斯可以慰吾心矣其如又不得見何哉○**子曰善人吾不得而見之矣**善人是可為君子而進於聖人者**得見有恒者斯可矣**有恒亦可由善人君子而漸進聖人者斯可亦是庶幾慰吾望聖之思【註】子曰字疑衍文恒常久之意張子曰有恒者不貳其心善人者志於仁而無惡【講】至於志仁而無惡者善人也然善人之美質難得吾亦不得而見之矣苟得見不貳其心之有恒者亦善人之徒也斯亦可以慰吾心矣而烏容已於思哉

○**亡而為有**亡是本無是善為者作為如是之形作為如是之事有實有意**虛而為盈**虛是非實有是善盈充足有餘意**約而為泰**約是有一得之善泰誇張侈盛意**難乎有恒矣**是言必不可久矣【註】三者皆虛夸之事凡若此者必不能守其常也○張敬夫曰聖人君子以學言善人有恒者以質言愚謂有恒者之與聖人高下固懸絕矣然未有

桓魋
魋宋向巢之弟向戌孫也魋持寵害於景公公曰子長魋也令將禍子遂命攻魋魋因出奔

釣弋
釣賦曰金鉤厲距甘餌垂芬眾鯤奔涌游鱗横集觸餌見擒值鈎被執○弋不射宿賦曰禽之生兮擇其翔集弋為繫兮修其決拾飛則騁伎或雖狙是求宿必表仁亦良弓用戢無欺其處間必濟其不及豈憚殺而為心將好生而是急

互鄉

子釣全旨
此章聖人游藝之中自見曲成之仁不綱不射宿正是萬物一體氣象使其得位則仁民愛物又當何如

蓋有全旨
此章為聰明自用者發首二句便見人須要真知下正示以求知之方也作字與述作之作不同彼以學問言此以作事言說我無不知而作則似以知自任故又說多聞三句見雖無不知實非知之上者耳雖是自謙之辭而勉人亦在其中朱子謂知以心言得於聞見者次之聞見皆欲求多否則不足為學擇生於從識則未有從意故不言擇善

互鄉章旨
此章見聖人不為已甚也止據見在與他無非成就後學意上節是門人疑童子不當見下節是聖人言童子不當絕

互鄉節旨
門人之惑一則謂舊習於不善一則謂見後未必為善故夫子以兩意盡之

不自有恆而能至於聖者也故章末申言有恆之義其示人入德之門可謂深切而著明矣【講】奈何今之人本無也而詐為有之狀本虛也而詐為盈之狀本約也而詐為泰之狀則虛夸無實後將不繼難乎有恆盈恆泰矣有恆亦豈易見者哉

○**子釣而不綱**釣是用餌以釣魚此是不忍盡取**弋不射宿**此是不忍掩取【註】綱以大繩屬網絕流而漁者也弋以生絲繫矢而射也宿宿鳥○洪氏曰孔子少貧賤為養與祭或不得已而釣弋如獵較是也然盡物取之出其不意亦不為也此可見仁人之本心矣待物如此待人可知小者如此大者可知【講】夫子之心與萬物為一體或有時而取魚也但釣之耳而不綱焉以絕流盡取也或有時而取鳥也但弋之耳而不射宿以出其不意也於取物之中寓愛物之意是可以觀聖人之仁矣

○**子曰蓋有不知而作之者我無是也**蓋是疑辭作是作事我孔子自謂無是指無妄作言**多聞擇其善者而從之**多聞是理無不聞兼善惡在內擇善而從是審其中之善者而信從之**多見而識之**多見是事無不見識是善惡皆記以備參考**知之次也**次是次於不假聞見而生知一等【註】不知而作不知其理而妄作也孔子自言未嘗妄作蓋亦謙辭然亦可見其無所不知也識記也所從不可不擇記則善惡皆當存之以備參考如此者雖未能實知其理亦可以次於知之者也【講】夫子自敘求知之道曰人蓋有不知其理而妄有所作於事者若我則無是也亦以我之求知有道耳我於未作事之先多聞天下古今之理擇其善者而信從之以為準焉又多見天下古今之事或善或惡而兼識之以備參考焉夫多聞見則耳目之知既廣擇而識則吾心之知益明雖未能實知其理亦可以為知之次也由是而有作即行其所聞見耳何妄作之有哉

【補】聞見之寡不足以求知多聞而擇多見而識所以求知也

○**互鄉難與言**難與言是難與言善**童子見**童子未冠之稱見是請見於夫子而夫子與之相見**門人惑**是夫子之門人疑其不當見此童子【註】互鄉鄉名其人習於不善難與言善惑者疑夫子不當見之也【講】互鄉之人習於不善難與言善童子請見而夫子見之門人以為不當見而惑焉是念其昔日之非而不與其自新之善其意亦已甚矣

○**子曰人潔己以進**人字包得廣童子亦在其中潔以心言進以身言**與其潔也**是取其心之潔意**不保其往也**不保猶云不管往是前日所為之善惡**與其進也**是取其身之進而來見**不與其退也**不管其既退之後又為不善

徐州沛縣合鄉故城古互鄉之地

昭公　魯昭公襄公之妾所生也襄公卒太子野方三月而卒魯人立稠為君叔孫豹不欲季武子弗聽卒立之凡立三十二年為季氏所逐薨於乾侯按謚法威儀恭明曰昭

巫馬期　巫馬期陳人嘗宰單父以星出以星入日夜不盧以身親之

吳孟子

人潔節旨　上五句是敘其立教之恕下是言無己甚之行也人潔句提起與其潔四句兩平對看唯何甚總承上二意人字泛說末方我童子

仁遠全旨　此為世之以仁為遠者發首句喝起之辭下正言其不遠纔欲便至斯字最緊蓋論工夫終身體之不足論本體一念悟之有餘

司敗章旨　此章見夫子全君以全禮處首節因司敗之問而歸美於君下是因司敗之譏而歸過於己既不誣天下之公論又不失在己用意之忠厚真化工之言也

司敗節旨　司敗意中隱含娶吳一事為問孔子所答知禮不過就威儀一節言耳

孔子節旨　吾聞二句且虛說下四句正見其黨也謂是昭公謂之上告宗廟下示臣民謂之吳則紀其實謂之孟子則隱其姓昭公豈不自知其非亦是迫於事勢犯禮而娶之故只得遷就而為之諱耳又蒙引魯只諱稱孟子故春秋書孟子卒今謂吳孟子者乃當時譏諷之辭此與註異

巫馬節旨　幸字且虛下二句正見其幸有過只

唯何甚（唯是獨何甚猶言拒之太嚴）【註】疑此章有錯簡人潔至往也十四字當在與其進也之前潔修治也與許也往前日也言人潔己而來但許其能自潔耳固不能保其前日所為之善惡也但許其進而來見耳非許其既退而為不善也蓋不追其既往不逆其將來以是心至斯受之耳唯字上下疑又有闕文大抵亦不為已甚之意○程子曰聖人待物之洪如此【講】夫子曉之曰大凡人一旦慕善潔己以求進見吾但與其今日之能自潔耳固不能保其前日所為之善惡也但與其今日之進見耳亦不與其既退而為不善也若追其既往逆其將來未免已甚矣何必為已甚以絕人乎此吾之見童子意也二三子亦可以無惑矣

○**子曰仁遠乎哉**（此句且虛說）**我欲仁**（我字有不待外求意欲仁在一念字理過欲上說）**斯仁至矣**（斯當即字看仁至是仁即在此心意）【註】仁者心之德非在外也放而不求故有以為遠者反而求之則即此而在矣夫豈遠哉　程子曰為仁由己欲之則至何遠之有【講】夫子示人求仁於心曰人之不肯為仁者皆以仁為遠也夫仁果遠乎哉我但欲仁而反求之斯仁即應念而至矣即此求即此得夫豈遠乎

○**陳司敗問昭公知禮乎**（此是夫子在陳知禮二字問得渾淪）**孔子曰知禮**（孔子亦答得渾淪）【註】陳國名司敗官名即司寇也昭公魯君名稠習於威儀之節當時以為知禮故司敗以為問而孔子答之如此【講】陳國司敗之官問於夫子曰人皆以昭公為知禮其果知禮否乎孔子對之曰知禮蓋以他國之大夫而問吾國之君又不顯言其事對之宜如此也

○**孔子退**（退是別司敗而退）**揖巫馬期而進之曰**（揖進是司敗以手拱巫馬期而進於前曰是司敗言）**吾聞君子不黨**（是當時語君子泛言公正之人）**君子亦黨乎**（此君子指孔子黨指答昭公知禮說）**君取於吳**（君指昭公吳是泰伯之後魯是王季之後皆姬姓也）**為同姓**（魯娶吳女是同姓為婚）**謂之吳孟子**（孟是長古者男子稱氏女子稱姓周女曰姬宋女曰子改姬為子諱同姓之娶也）**君而知禮**（知禮就孔子所答者言）**孰不知禮**（孰是誰指凡天下之人言）【註】巫馬姓期字孔子弟子名施司敗揖而進之也相助匿非曰黨禮不娶同姓而魯與吳皆姬姓謂之吳孟子者諱之使若宋女子姓者然【講】及孔子既退司敗揖巫馬期而進之曰吾聞君子以道為是非未嘗相助匿非而黨也自今觀之君子亦黨乎何則魯與吳皆姬姓也今君娶於吳國之女是為同姓乃恐人之議己不曰吳孟姬而曰吳孟子是君不知禮莫甚於此矣若使君而謂之知禮則天下孰不為知禮之人哉而夫子乃以知禮稱之非黨而何

○**巫馬期以告**（告是悉以上節之言告於夫子）**子曰丘也幸**（幸是慶幸）**苟有過**（苟當纔字看過泛就失言上說）**人必知之**（人暗指司敗此

吳泰伯之後魯周公之後皆姬姓也昭公取於吳以其同姓而諱之故不曰吳孟姬而曰吳孟子按宋乃微子之後子姓也

歌　樂記曰歌者上如抗下如隊曲如折止如槀木倨中矩句中鉤纍纍乎端如貫珠

就失言上泛說不可一字染著黨君并不消說到改圖於後益知禮之對本無可改也一任過則君臣之禮全而婚姻之禮亦全

子與全旨　此章見聖人樂善無窮之心子與人歌一讀而善一讀必使反之而後和之一讀必字貫下七字是取之詳而與之至也一歌之微且如此則於人言行之善可知

文莫全旨　此章勉人尚行之意文以明道行以體道俱少不得但文易在所緩行難在所急文與躬行句對猶人與未之有得對上下緊相關照躬行君子是說所行之則作實理看非稱美之辭

若聖全旨　此章夫子不以聖仁自任而以希聖求仁者自居也自公西華味之又以為此即是仁聖了註中非已有之不能句最精蓋非實有是仁聖之道於已自不覺其厭倦生焉仁為心德聖即仁之熟而至於化非出乎仁之外也在夫子口中全要說得安勉懸殊方得豈敢云爾口吻正唯二字神理全與云爾緊對不能學只作推尊夫子克備聖仁之實而有不容掩意

向正見可幸意 **註** 孔子不可自謂諱君之惡又不可以娶同姓為知禮故受以為過而不辭○吳氏曰魯蓋夫子父母之國昭公魯之先君也司敗又未嘗顯言其事而遽以知禮為問其對之宜如此也及司敗以為有黨而夫子受以為過蓋夫子之盛德無所不可也然其受以為過也亦不正言其所以過初若不知孟子之事者可以為萬世之法矣 **講** 巫馬期述司敗之言以告夫子夫子乃引過於己曰人不幸不聞過若丘也其幸矣苟有過於己人必從而知之既知於人則得聞於己豈非幸乎夫夫子既自任過則昭公不知禮可知既不失臣子之至情又不違天下之公議真可為萬世法矣 **補** 大全胡氏曰使直指君之非則遂無君臣之禮使不自引己之過則遂無婚姻之禮夫子之言可謂曲盡其道

○**子與人歌** 是夫子與人同歌咏 **而善** 善是歌得好指在人說 **必使反之** 反是教他獨自復歌一番 **而後和之** 和是依他聲音節奏自我歌之 **註** 反復也必使復歌者欲得其詳而取其善也而後和之者喜得其詳而與其善也此見聖人氣象從容誠意懇至而其謙遜審密不掩人善又如此蓋一事之微而衆善之集有不可勝既者焉讀者宜詳味之 **講** 夫子與人同歌見其人之歌協於節奏而善也必使復歌之以盡其意而後自歌和之以揚其美此聖人之不掩人善具見於此矣 **補** 註中氣象從容數語俱在必使而後四字上見

○**子曰文莫吾猶人也** 文是言辭有章者莫字作或字看猶人要見不難意 **躬行君子** 躬行謂以言而行諸身者君子是實德之人四字是渾成語 **則吾未之有得** 有急欲求得意 **註** 莫疑辭猶人言不能過人而尚可以及人未之有得則全未有得皆自謙之辭而足以見言行之難易緩急欲人之勉其實也○謝氏曰文雖聖人無不與人同故不遜能躬行君子斯可以入聖故不居猶言君子道者三我無能焉 **講** 夫子示人尚行意曰以言闡道而有章者文也如徒文而已吾雖未能過人尚可以及人也若以道體於身而踐履不遺者謂之躬行君子則吾未之力行而有得矣豈若文之易能哉吾惟汲汲於行而不敢有自足之心焉

○**子曰若聖與仁** 若是起語辭與下抑字相應 **則吾豈敢** 是不敢當意 **抑為之不厭** 抑是反上意之辭 **誨人不倦則可謂云爾已矣** 則作但字看可作庶幾看云是說爾是如此指不厭不倦言已矣猶言止此之意 **公西華曰正唯弟子** 弟子指衆弟子非公西華自謂 **不能學也** 指為不厭誨不倦言 **註** 此亦夫子之謙辭也聖者大而化之仁則心德之全而人道之備也為之謂為仁聖之道誨人亦謂以此教人也然不厭不倦非己有之則不能所以弟子不能學也○晁氏曰當時有稱夫子聖且仁者以故夫子辭之苟辭之而已焉則無以進天下之材率天下之善將使聖與仁為虛器而人終莫

禱

告事求福曰禱禱雨為雩禱晴為禜

誄

馮厚齋曰周制大夫以上有謚士則有誄累生時德行以賜之命則誄禱疾亦誄其功德故謂之誄云

子疾全旨

此章見聖人素行之善禱可也請禱不可也子路自禱則是愛師之情請於夫子則禱出於夫子而夫子有求福免禍之心了故因子路之至情明在己之正理以見人當修德以事天不必禱祀以求福但禱亦臣子之至情不可深非子路若聖則不必禱蓋禱雖在臣子其辭則述君父悔過遷善之意

奢則全旨

此章防趨奢之害主世風上說奢儉不是平較只借儉形奢深明不孫之害耳要先補適中之為宜今則擇弊聊取其輕與林放章不同彼重儉此重奢彼以採本言此以防害言

君子全旨

此章主君子小人心體言而境遇在其中程註循理役物是坦蕩蕩長戚戚根源坦蕩蕩即心廣體胖無入不自得意原從戒懼慎獨來小人雖志得意滿然從欲惟危故無時不憂戚

能至矣故夫子雖不居仁聖而必以為之不厭誨人不倦自處也可謂云爾已矣者無他之辭也公西華仰而歎之其亦深知夫子之意矣【講】時有稱夫子以仁且聖者故夫子辭之曰若大而化之聖與夫心德渾全之仁則吾豈敢當者抑以仁聖之道己之所固有也孜孜然為之而不厭以仁聖之道亦人之所同有也諄諄然誨人而不倦我之自諒可謂云爾已矣公西華仰而歎曰夫子所云學不厭誨不倦者正唯弟子之所不能學也蓋為可能也誨可能也為至於不厭誨至於不倦非全體不息曲成不遺者不能也豈弟子所能學哉夫弟子不能學而夫子能之若聖與仁微夫子其誰與歸【補】聖仁是自然的為誨是勉然的然於不厭不倦味之則又見其自然夫子自謙與子華體認當如此分別

○**子疾病**總言曰疾甚言曰病此兼言者甚之意也**子路請禱**請是請於夫子禱是求神以禳禍求福**子曰有諸**是欲其省夫禱之理也**子路對曰有之誄曰**誄是誄文乃古人祭祀之書**禱爾于上下神祇**此只引古誄文以證有禱之理非謂欲禱皇天后土也**子曰丘之禱久矣**此禱是心禱就所行合乎神明上見久以平素言【註】禱謂禱於鬼神有諸問有此理否誄者哀死而述其行之辭也上下謂天地天曰神地曰祇禱者悔過遷善以祈神之佑也無其理則不必禱既曰有之則聖人未嘗有過無善可遷其素行固已合於神明故曰丘之禱久矣又士喪禮疾病行禱五祀蓋臣子迫切之至情有不能自已者初不請於病者而後禱也故孔子之於子路不直拒之而但告以無所事禱之意【講】夫子疾病子路請夫子求禱於鬼神夫子問曰果有禱之理否乎子路對曰古蓋有此禱之理也觀於哀死而述其行之誄辭有曰禱爾於上天之神下地之祇則可徵矣夫子曰果有之則丘之禱久矣蓋禱者不過遷善改過以祈神之佑也我平日有過必改有善必遷是吾之禱於神明者有素何待今日哉【補】子路之禱不如夫子之禱子路之禱在臨時夫子之禱在平日

○**子曰奢則不孫**奢是奢侈不孫是僭越不循禮意**儉則固**儉是簡約固是樸鄙無文**與其不孫也**不孫是害之大者**寧固**寧是心安意肯固是害之小者【註】孫順也固陋也奢儉俱失中而奢之害大○晁氏曰不得已而救時之弊也【講】夫子救時之弊曰奢失之過儉失之不及皆非中道也然過中而奢則必至於越禮犯分而不孫不及中而儉則必至於樸野無文而困固與不孫皆未免失中但就二者較之與其過於奢而失之不孫也毋寧過於儉而失之固者之為愈乎吁夫子言此其亦不得已而為救世之論耳

○**子曰君子坦蕩蕩**君子是循理之人坦蕩蕩自心體上言**小人長戚戚**小人是役於物之人長戚戚亦自心體上言【註】坦平也蕩蕩寬廣貌程子曰君子循理故常舒泰小人役於物故多憂戚○程子曰君子坦蕩蕩心廣體胖【講】夫子別君子小人之心曰君子循理故心常舒泰舉天下得失之惑皆不足以動其心蓋坦平

子溫全旨

此章記夫子容貌之中和溫威恭三字是主厲不猛安在溫威恭之內正是中節處中三個而字乃合併語非轉換語朱子云此是總言聖人容貌若鄉黨則就逐事上說

泰伯

泰伯及仲雍皆季歷之兄也季歷賢而有聖子昌太王欲立季歷以及昌古公病泰伯仲雍託名採藥於衡山遂之荆蠻斷髮文身示不可用古公卒二人歸赴喪畢還荆蠻民義而從之國號為句吳稱吳泰伯泰伯卒無子弟仲雍立○伯者長也周太王之元子故曰泰伯

泰伯全旨

此章夫子微窺古人潛德之至而發闡幽之論以首句為綱下正發明至德處至德只在可取不取上而帶又泯其迹意三以天下讓斷主讓商說觀註其心即夷齊叩馬之心二句可見不言仲雍者以泰伯當立也古人辭必再三三讓確是固遜無得而稱其讓隱微尤為至德

恭而全旨

此章欲人以禮成德意四者俱是美德其中原有禮禮者中而已無太過亦無不及然四者皆太過之病不重不及一邊但勞葸是病於已亂絞是犯於人勞葸亂絞即就無禮處說非無禮了方勞葸亂絞

而蕩蕩也小人役於物故心無定主馳其情於患得患失之際蓋長是戚戚也夫循理則樂役物則憂此君子小人所以分也【補】理本自然循而行之則坦然而平蕩蕩全從坦來三字須側下坦字不對長字說

○**子溫而厲**厲就在溫中看出**威而不猛**不猛就在威中看出**恭而安**安就在恭中看出【註】厲嚴肅也人之德性本無不備而氣質所賦鮮有不偏惟聖人全體渾然陰陽合德故其中和之氣見於容貌之間者如此門人熟察而詳記之亦可見其用心之密矣抑非知足以知聖人而善言德行者不能記故程子以為曾子之言學者所宜反復而玩心也【講】夫子之德全體中和故其見於容貌之間者時乎溫也可親之中有嚴肅不可犯者存殆溫而厲也時乎威也可畏之中有寬裕不暴烈者存殆威而不猛也時乎恭也莊敬之中有自然無勉強拘廹在存殆恭而安也子之無往而不得其中和此此

泰伯第八 凡二十一章

○**子曰泰伯其可謂至德也已矣**謂是稱謂至德是德無復加意**三以天下讓**三讓只是固遜意非實三次讓**民無得而稱焉**民指當時人說無得稱是不得指讓之形迹來稱他【註】泰伯周太王之長子至德謂德之至極無以復加者也三讓謂固遜也無得而稱其遜隱微無迹可見也蓋太王三子長泰伯次仲雍次季歷太王之時商道寖衰而周日強大季歷又生子昌有聖德太王因有翦商之志而泰伯不從太王遂欲傳位季歷以及昌泰伯知之即與仲雍逃之荆蠻於是太王乃立季歷傳國至昌而三分天下有其二是為文王文王崩子發立遂克商而有天下是為武王夫以泰伯之德當商周之際固足以朝諸侯有天下矣乃棄不取而又泯其迹焉則其德之至極為何如哉蓋其心即夷齊叩馬之心而事之難處有甚焉者宜夫子之歎息而贊美之也泰伯不從事見春秋傳【講】夫子稱泰伯以立臣道之防曰周之泰伯其德可謂至極而無以復加也已矣蓋當商周之際泰伯之德本足以朝諸侯有天下乃棄不取三以天下而固讓於商夫克讓美事也宜乎民到於今稱之矣然伯乃託為荆蠻之逃以泯其迹人但知其讓國於弟耳孰知其讓天下於商也民無得以稱其德焉其德之至極為何如哉【補】重全君臣之義上父子之恩帶說可取不取之謂讓是時天下商家之天下也不取商家之天下便是以天下讓商作者亦不宜貶然太王心事蓋泰伯之心即夷齊叩馬之心太王之心即武王孟津之心二者須見並行不悖意

○**子曰恭而無禮則勞**恭以接人言無禮是不以禮節其恭勞如病於夏畦是也**慎而無禮則葸**慎以執事言無禮是不以禮節其慎葸如畏首畏尾是也**勇而無禮則亂**勇是強果有為無禮是不以禮節其勇亂如犯上作亂是也**直而無禮則**

孟敬子
敬子武伯之子
敬子閑於禮者以曾子嘗問禮

篤於全旨
此章見為上者當端其本兩段平看民性仁厚特在為上者有以風之二則字極緊機括全在上一撥便轉如連上章看則上是以禮範身下是以禮範世

曾子全旨
此章見曾子守身之學曾子一生學問全在守身上用功故將沒而惓惓於門弟子者如此有疾是將死時啓予二句示以身之能保詩云至免夫推原所以保身也吾知免夫是難免意不是幸免意本文只言不虧體范註虧行意乃推廣說

孟敬章旨
此章見君子當務其大首二節因敬子問疾先以言善感之末節以君子之道告之總欲其崇本抑末而端修

絞 直是盡言無隱無禮是不以禮節其直絞如證父攘羊是也 註 葸畏懼貌絞急切也無禮則無節文故有四者之弊 講 夫子示人當以禮成德曰禮者天理之節文所以為德之準也苟致恭而無禮以節文之則勞而過於足恭也苟謹慎而無禮以節文之則葸而過於畏懼也苟有勇而無禮以節文之則亂而流於犯分也苟正直而無禮以節文之則絞而傷於迫切也夫無禮而各有其弊如此欲成德者禮其可離乎哉

補 註中節文二字要看節謂限制不許有過不及文謂條理不許率意苟且只看勞葸亂絞之人不特無節亦且無文

○君子篤於親 篤是加厚指盡愛敬之道親兼一本九族言 則民興於仁 仁即是篤於親意 故舊不遺 故舊如舊臣舊交皆是不遺是不遺棄 則民不偷 不偷即是各厚於故舊也 註 君子謂在上之人也興起也偷薄也○張氏曰人道知所先後則恭不勞慎不葸勇不亂直不絞民化而德厚矣○吳氏曰君子以下當自為一章乃曾子之言也愚按此一節與上文不相蒙而與首篇慎終追遠之意相類吳說近是 講 曾子示人端本之化曰在上之君子誠能敦愛敬之道而篤厚於親以盡仁則民亦興起於仁而各親其親矣誠能無忘平生之好於故舊不遺棄以盡厚則民亦不失於偷薄而各厚其故舊矣蓋仁厚皆民心所固有故感之即應如此君子可不先身教哉

○曾子有疾 此記者之辭有疾謂病將革時也 召門弟子曰 召是呼而集之意門弟子是曾子門人 啓予足啓予手 手足包一身而言所以示保身之全也 詩云戰戰兢兢如臨深淵如履薄冰 此三句皆詩辭引以明保身之難如此 而今而後 指自幼至死言 吾知免夫 免夫是免於毀傷意 小子 是呼門人以致丁寧意 註 啓開也曾子平日以為身體受於父母不敢毀傷故於此使弟子開其衾而視之詩小旻之篇戰戰恐懼兢兢戒謹臨淵恐墜履冰恐陷也曾子以其所保之全示門人而言其所以保之之難如此至於將死而後知其得免於毀傷也小子門人也語畢而又呼之以致反復丁寧之意其警之也深矣○程子曰君子曰終小人曰死君子保其身以沒為終其事也故曾子以全歸為免矣尹氏曰父母全而生之子全而歸之曾子臨終而啓手足為是故也非有得於道能如是乎范氏曰身體猶不可虧也況虧其行以辱其親乎 講 曾子有疾將終自幸其身體受於父母者得免毀傷因召在門弟子而謂之曰爾其開衾以視吾足開衾以視吾手其有不全者乎然吾之保此豈易哉詩有云戰戰而恐懼兢兢而戒謹如臨深淵而恐墜如履薄冰而恐陷吾平日保身之難如此使一日尚存猶患其毀傷也而今而後吾知免夫毀傷矣語畢而又呼小子以致丁寧之意欲其如己之恐懼戒謹而無一息之敢忘親也

○曾子有疾 主病將革言 孟敬子問之 註 孟敬子魯大夫仲孫氏名捷問之者問其疾也 講 曾子有疾將終魯有大夫孟敬

天寶書局精校藏板

於孔子最詳故於其有疾而往問之蓋欲有所聞也

籩豆

周禮籩人掌四籩之實醢人掌四豆之實○籩以竹為之以薦果核可容四升豆以木為之以薦菹醢亦容四升皆始於夏后氏也

政之原也

孟敬節旨

問疾由平日敬服之深

言曰節旨

鳥之二句輕只起下二句

所貴節旨

君子所貴七句是言所重在大本籩豆二句是不屑於末務也時解動容三段俱舉現成說子意須就平日存養臨事省察說動正出是存養關頭暴慢信鄙倍是省察條件遠近是所貴乎道工夫陳氏亦謂操存則在上三句省察則在下三句操存在未動未正未出之先省察在方動方正方出之際然此皆修己之道未說到治民上蓋修己自可以治人也道字與事字相照君子與有司相照貴字與存字相照暴慢鄙倍心所本無故曰遠信心所本有故曰近

以能全旨

此章追歎顏子克己之學以能四句以知言有若無承問不能句實若虛承問於寡句能即有也多即實也犯而一句對上四句以行言曾子把自己比照顏子覺其造詣之妙有羨服企想意吾友雖指顏子還他吾友便了胡氏曰聖賢之心能容天下之理而不見己之有餘能容天下之人而不見人之不足

子者素重其賢往而問之○**曾子言曰**自不問而自言**鳥之將死其鳴也哀**是畏死聲**人之將死其言也善**是反本意【註】言自言也鳥畏死故鳴哀人窮反本故言善此曾子之謙辭欲敬子知其所言之善而識之也【講】曾子欲告以從政之大恐其忽而不識也故先自言曰鳥之將死則畏死之心勝其鳴也哀人之將死則本性之良見其言也善今予將死其所言皆善言也子其識之○**君子所貴乎道者三**君子指從政之人對下有司言貴就道中最要者貴之耳道字該得廣下籩豆之事皆是但君子所貴只有三事**動容貌**動兼舉止言容虛貌實以身言**斯遠暴慢矣**斯作即字看遠去也暴是剛之過慢是柔之過**正顏色**正有整頓意顏實色虛以面言**斯近信矣**是無色莊之僞**出辭氣**辭實氣虛以口言**斯遠鄙倍矣**鄙是無文倍是畔道**籩豆之事**籩豆皆祭祀時盛物之器曰事便與道相反**則有司存**有司是祭祀時執事之人存是任其職曰存便與貴反【註】貴猶重也容貌舉一身而言暴粗厲也慢放肆也信實也正顏色而近信則非色莊也辭言語氣聲氣也鄙凡陋也倍與背同謂背理也籩竹豆豆木豆言道雖無所不在然君子所重者在此三事而已是皆修身之要為政之本學者所當操存省察而不可有造次顛沛之違者也若夫籩豆之事器數之末道之全體固無不該然其分則有司之守而非君子之所重矣○程子曰動容貌舉一身而言也周旋中禮暴慢斯遠矣正顏色則不妄斯近信矣出辭氣正由中出斯遠鄙倍三者正身而不外求故曰籩豆之事則有司存尹氏曰養於中則見於外曾子蓋以修己為為政之本若乃器用事物之細則有司存焉【講】敬子平日留心細務而不知大體故告之曰道雖無所不在然君子所貴乎道者則有三不動容貌則已一動容貌則和敬可親斯遠乎暴慢而容貌得其道矣不正顏色則已一正顏色則由心生色斯近乎誠信而顏色得其道矣不出辭氣則已一出辭氣則成章順理斯遠乎鄙倍而辭氣得其道矣是三者修身之要為政之本所當涵養於平日而臨時亦無頃刻之違者也若夫籩豆之事皆器數之末雖亦道之所該然特有司所職掌耳豈君子之所貴乎

○**曾子曰以能問於不能**理得於己曰能問於不能者恐彼亦有所能而我未能也**以多問於寡**理萃於躬曰多問於寡者恐彼亦有所得而我未得也**有若無**有承能字說是義理體備於身意若無是歉然自慊不知其為有**實若虛**實承多字說是義理充足於心意若虛是退然自歉不知其為實**犯而不校**犯非己之所取乃人之妄加也不校非氣弱不能校亦非慮禍不敢校休休有容直大度包含之也**昔者吾友**吾友暗指顏子**嘗從事於斯矣**嘗從事是嘗從此經過不是有心著力斯指上數事【註】校計校也友馬氏以為顏淵是也顏子之心唯知義理之無窮不見物我之有間故能如此○謝氏曰不知有

六尺之孤 周禮國中自七尺以及六十野自六尺以及六十有五皆征之韓詩外傳云國中二十行役則七尺者二十也其升降皆五年則六尺者十五也孟子五尺之童乃十歲也

可以全旨

此章以全德望天下首三句是一套事須才節兼全方可謂君子有才無節則大者不足觀有節無才則徒死為無益節也者才之所恃以立才也者節之所賴以成可不可正互見也大節是大變故與註節字不同君子字重看是伊周品地人與人也二句自問自答而反覆歎美之正尋味可託可寄不可奪真精神非疑信口氣

士不章旨

此章責士以體仁意重仁字弘毅所以體此仁者也弘是心量毅是心力常弘即毅也常任重即道遠也須貫說下

士不節旨

首句言士當弘毅便為下仁字而發下明其所以當弘毅也不可不字與下不亦字相呌應此方教為士者作工夫故指出弘毅來

仁以節旨

仁以四句雖唱歎重遠正以明不可不弘毅之實工夫全在上節首句此是解而兼歎之辭但仁字看透則重遠意便出

餘在己不足在人不必得為在己失為在人非幾於無我者不能也 講 曾子追稱顏子曰能者不必問於不能矣今顧以能問於人之不能多者不必問於寡矣今顧以多問於人之寡此何心哉蓋己雖能而有也而視若無焉故問於不能也己雖多而實也而視若虛焉故問於寡也至於横逆犯乎我則容之而不與校焉若此者其孰能之哉昔者吾友惟知義理無窮不見物我有間嘗從事於斯矣而今安在哉

○曾子曰可以託六尺之孤（可以是能為意託是付託古者二歲半為一尺六尺之孤是十五歲幼君也）可以寄百里之命（寄是總攝百里是公侯大國命是政令）臨大節（臨當也大節是事變之大）而不可奪也（是有定見有定守所以輔幼君而攝國政者不為所奪）君子人與（君子才德出眾之稱）君子人也 註 其才可以輔幼君攝國政其節至於生死之際而不可奪可為君子矣與疑辭也決辭設為問答所以深著其必然也○程子曰節操如是可謂君子矣 講 曾子以全德望天下曰今有人焉以言其才可以託六尺之孤而能左右維持輔幼君而置之安可以寄百里之命而能設施措置攝國政而持之重至或臨大節之所係則可生可殺而吾身之操不可奪是其才節如此斯人也其可謂之君子人與吾知其才而持之以節則才為全才其節而運之以才則節為全節信乎其為君子人也非偏才小節者之可比矣 補 兩可字一不可字緊相呼應必至於不可奪方成其可託可寄處

○曾子曰士不可以不弘毅（士與凡民不同不可以不四字重看有深責備之意）任重而道遠（任是負荷道是道路言所任者既重而為道又遠） 註 弘寬廣也毅強忍也非弘不能勝其重非毅無以致其遠 講 曾子論士當充養意曰同是人也而命之曰士士之名可居也士之實又當求也自其心之無所隘者為弘士則不可以不弘焉自其心之無所息者為毅士則不可以不毅焉何也士之任極其重而未易勝而所行之道極其遠而未易致苟非弘何以勝之非毅何以致之耶 補 按註寬是容受得多廣是承載得濶強是執守之堅忍是負荷之久不可不三字內有有工夫

○仁以為己任（己任是人不能分任）不亦重乎（重就在仁字上見）死而後已不亦遠乎（遠就在死字上見） 註 仁者人心之全德而必欲以身體而力行之可謂重矣一息尚存此志不容少懈可謂遠矣○程子曰弘而不毅則無規矩而難立毅而不弘則隘陋而無以居之又曰弘大剛毅然後能勝重任而遠到 講 何以見其任重而道遠也蓋仁者兼四端統萬善心之全德也而士則以之為己任是舉天下莫能勝者而荷之矣不亦重乎且其任是仁也至於死而後已若一息尚存此志不容少懶是舉天下莫能至者而期之矣不亦遠乎惟其任重而道遠如此此士所以不可不弘毅也 補 此章之意只是言仁道至大非全體不息者不足以當之全體之謂弘不以一善自足也不息之謂

興於全旨

此章示人心學之資是指成功言不指用力言以興立成為主興立成俱是心學不全靠詩禮樂但資於詩禮樂耳興於詩見詩之當學也立於禮見禮之當學也成於樂見樂之當學也切不可倒說三於字亦宜玩是心與詩禮樂湊合處但詩禮樂古人學時本一齊去學到成就得力處卻有先後成於樂又見無所用其力成字該得興立意在內蓋成則興立俱忘而渾化無迹矣輯語云此三於字與志道章於字不同彼於字粘上一字讀是著力字此於字粘下一字讀是指點字彼以工夫言此以成效言

民可全旨

此主上之化民言民字重看其可因不可強處無二理但有顯微之辨蓋聖人以斯道覺斯民欲其能由未始不欲其能知然率履則屬於外而會通則本於心所以有可使不可使之分

好勇全旨

此章舉生亂之端以示警兩段只言亂之所由生然弭亂之方自可通於言外重疾貧已甚上一自已疾一為

謂穀不以半塗而廢也

○**子曰興於詩** 興是興其好善惡惡之心有油然不能已意 詩是詩經其中貞淫美刺自能感動人心 【註】興起也詩本性情有邪有正其為言既易知而吟詠之間抑揚反覆其感人又易入故學者之初所以興起其好善惡惡之心而不能自已者必於此而得之 【講】夫子示人心學之資曰美善刺惡詩教也學者誠學於詩則美刺之微旨與此心相為感通而好善惡惡之心勃然動矣

○**立於禮** 立是堅其為善去惡之志有卓然不搖奪意 禮是禮經其中儀文詳密自能約束人心 【註】禮以恭敬辭遜為本而有節文度數之詳可以固人肌膚之會筋骸之束故學者之中所以能卓然自立而不為事物之所搖奪者必於此而得之 【講】齊莊中正禮教也學者誠學於禮則中正之懿矩與形志相為約束而為善去惡之心卓然定矣

○**成於樂** 成是至純至粹無事勉強矜持之力也 樂指樂經其中聲音節奏自能融化人心 【註】樂有五聲十二律更唱迭和以為歌舞八音之節可以養人之性情而蕩滌其邪穢消融其查滓故學者之終所以至於義精仁熟而自和順於道德者必於此而得之是學之成也○按內則十歲學幼儀十三學樂誦詩二十而後學禮則此三者非小學傳授之次乃大學終身所得之難易先後淺深也程子曰天下之英才不為少矣特以道學不明故不得有所成就夫古人之詩如今之歌曲雖閭里童稚皆習聞之而知其說故能興起今雖老師宿儒尚不能曉其義況學者乎是不得興於詩也古人自灑掃應對以至冠昏喪祭莫不有禮今皆廢壞是以人倫不明治家無法是不得立於禮也古人之樂聲音所以養其耳采色所以養其目歌詠所以養其性情舞蹈所以養其血脈今皆無之是不得成於樂也是以古之成材也易今之成材也難 【講】優游和平樂教也學者誠學於樂則順成和動之休與道德相為和順蓋粹然至善而興且立者至是而歸於渾化矣詩禮樂之益如此人其可一日忘哉 【補】此三句是得效次第不是用功次第興以知言立以行言成兼知行言註中初中終三字須知

○**子曰民可使由之** 民是凡民可使是可以鼓舞作興而使之由是身之所行之指理之當然如父當慈子當孝之類 **不可使知之** 不可使是難強意知是心之所悟之指理之所以然如父子之所以慈孝則皆由於天命之本然也 【註】民可使之由於是理之當然而不可使之知其所以然也○程子曰聖人設教非不欲人家喻而戶曉也然不能使之知但能使之由之耳若曰聖人不使民知則是後世朝四暮三之術也豈聖人之心乎 【講】夫子示因民之治曰上之教民也當因民不可強民凡民之質可使其率循於天常人紀之中而由於理之當然不可使其究極於天常人紀之原而知乎理之所以然也此善教民者貴因民以施之也歟 【補】提一民字便見囿於氣質不能洞達本原可使不可使只作能使不能使

○**子曰好勇疾貧** 好勇是專尚勇敢 疾貧是惡己貧窮 **亂也** 就出於己者言 **人而不仁** 是為惡殘暴人 **疾之**

人所疾弭之者於人有以用其勇於已又善用其疾則亂止矣

如有全旨

此章戒人驕吝意世人驕吝之病大約生於小有才故夫子以才立說善居才者德為之本周公有碩膚之德未嘗驕也有勤施之德未嘗吝也大意甚言驕吝不可如字使字皆假設之辭特借周公作指點耳語氣極圓活

三年全旨

此章表純心之學三年中天時人事閱歷升沈之態已多最足驗人之靜躁不志於穀是無暇分心意不易得甚言純心於學之難也非歎辭亦非贊辭

篤信章旨

此章見人貴有學有守也以首節為主次節承上文正推之末節反言

篤信節旨

篤信守死未分是否必好學然後所信者是必善道然後所守者是上句屬知為有學下句屬行為有守守死只極言所守之堅不重死字善道是善其所守之道不是盡善之道

危邦節旨

承上學守合一說蓋有學自知去就

已甚疾之是我惡他已甚是太過意亂也就出於人者言【註】好勇而不安分則必作亂惡不仁之人而使之無所容則必致亂二者之心善惡雖殊然其生亂則一也【講】夫子戒人生亂曰人苟好血氣之小勇又疾己之貧窮而不安分則必逞其強以求濟其所貪斯作亂也人而不仁固可疾矣苟疾之已甚而使之無所容則必肆其毒以求快其忿斯激之亂也世之處己責人者當知所以弭亂之端矣

○子曰如有周公之才之美如有是設若之辭周公是舉其極至者言才美謂才之美使驕且吝使是假使其餘指才美對德言德為本才為餘不足觀也已是不屑觀意【註】才美謂智能技藝之美驕矜夸吝鄙嗇也○程子曰此甚言驕吝之不可也蓋有周公之德則自無驕吝若但有周公之才而驕吝焉亦不足觀矣又曰驕氣盈吝氣歉愚謂驕吝雖有盈歉之殊然其勢常相因蓋驕者吝之枝葉吝者驕之本根故嘗驗之天下之人未有驕而不吝吝而不驕者也【講】夫子戒恃才者意曰人之不可無者才也不可恃者亦才也今如有人焉其智能技藝之美可與周公並稱宜若有足觀者然使驕焉而逞己之才以誇人且吝焉而擅己之才以自私則無其德而大本以失雖有才藝之美特其緒餘耳何足觀哉夫有周公之才美而驕吝尚不足觀況無周公之才美而驕且吝者乎甚矣驕吝之不可也【補】夸人所無曰驕挾己所有曰吝吝嗇不與人定是要去驕人故曰吝為驕之本根

○子曰三年學三年是言其久非限定三年也學兼知行言不至於穀便是謀道不謀食者不易得也是甚言難得意【註】穀祿也至疑當作志為學之久而不求祿如此之人不易得也○楊氏曰雖子張之賢猶以干祿為問況其下者乎然則三年學而不至於穀宜不易得也【講】夫子示人純心於學曰茲有人焉誠能三年之久以為學心純乎道而不至於穀祿焉是其見之明而守之固如此之人豈易得哉志學者當知所勉矣【補】三年學要說其學足以用世方見不至穀之難

○子曰篤信好學篤信是自信之篤厚好學是窮理以審是非不惑於疑似而所信合理守死善道守死言所守者堅雖至死不變善道是事必合理行必當可而所守得正【註】篤厚而力也不篤信則不能好學然篤信而不好學則所信或非其正不守死則不能以善其道然守死而不足以善其道則亦徒死而已蓋守死者篤信之效善道者好學之功【講】夫子以學守望天下曰人能據所見之是而篤以信之矣然又必好學以明其理不惑於似是之非也能據所為之事而守以死之矣然又必善道以求其當不徒為匹夫之諒也此有學有守其本立矣【補】許行陳相非不篤信未能好學召忽荀息非不守死未能善道○危邦不入邦以一國言不入是不苟入也指在外未仕者言有早見預避意亂邦不居不居是不久居也指已就仕者言有見幾而作意天下有道則見有道是世治見是身出而道與俱顯無道則隱無道是世亂隱是抱道而身不出

天寶書局精校藏板

師摯
師摯一名乙以其工琴又謂之琴摯

關雎之亂
朱子云自關關雎鳩至鐘鼓樂之都是亂若麟士則連奏葛覃諸詩說了要之至此方盛之解最確不然恐夫子不應獨舉關雎之亂以為言

出處之義有守自得去就出處之正也二不字兩則字全要摹寫學守作用意朱子云有道不必待十分太平如天將曉雖未甚明然自此只向明去不可不出為之用無道句亦然

邦有節旨
此兩言可恥之事以見無學守之不可也但言出處而去就在其中二句總兼學守說

不在全旨
此章以士庶不謀公卿大夫之政言若推廣言之則上不可侵下左不可侵右亦是謀有僭竊干預意凡一切曠職爭功兼并專擅無不開釁於此故夫子戒之

師摯全旨
此章夫子追歎魯樂之盛有傷師摯之適齊而盛不可復意觀首句始字可見獨言關雎之亂者必是指第四節合樂時言是前此雖盛至此尤盛意若如蒙引則謂自始至終皆美盛也恐不確切洋洋盈耳亦有想見文王修身齊家治國太和景象意

狂而全旨
此章聖人欲人去偽反真意狂侗悾是氣質之偏直愿信是偏中之美

【註】君子見危授命則仕危邦者無可去之義在外則不入可也亂邦未危而刑政紀綱紊矣故潔其身而去之天下舉一世而言無道則隱其身而不見也此惟篤信好學守死善道者能之【講】夫亦何往而不善哉其遇將亡之危邦則避之不入在紊政之亂邦則去之不居去就之審也當天下治安有道則身見而仕天下危亂無道則身退而隱出處之正也此非有學有守者能之乎

○**邦有道**此邦字指一世言兼國與天下有道即上有道**貧且賤焉**非安於貧賤也人不我用不得不貧賤**恥也**非恥貧賤以其無學守不能效用於明時**邦無道**無道即上無道**富且貴焉**富貴者非人能用我也貪位慕祿不以其道得之者**恥也**非恥富貴以其無學守不能養晦於亂世【註】世治而無可行之道世亂而無能守之節碌碌庸人不足以為士矣可恥之甚也○晁氏曰有學有守而去就之義潔出處之分明然後為君子之全德也【講】若夫無學守之庸人邦有道時當見也不免貧且賤焉是無可行之道見棄於明時可恥孰甚也邦無道時當隱也苟安於富且貴焉是無能守之節貪戀於亂世可恥孰甚也夫處有道無道之時如此則危邦亂邦可知矣非無學無守之失乎信乎學守之不可缺也

○**子曰不在其位**是未在公卿大夫之位**不謀其政**謀有侵越意政即公卿大夫之政【註】程子曰不在其位則不任其事也若君大夫問而告者則有矣【講】夫子戒越位意曰王者任天下之官則有位立天下之位則有政出天下之政則有謀謀其政必居其位而後可也若不在公卿大夫之位則不任其事矣自不當謀公卿大夫之政以陳說利害商度可否也苟謀其政是越其位矣豈安分者之所為哉【補】仇滄柱曰代謀不是侵權便是炫長不是好事便是結歡即使濟得人事亦不免可恥此從道理上見得不當謀不在世故利害上說

○**子曰師摯之始**師是太師掌樂之官始即在官時**關雎之亂**關雎在詩為首篇在樂為卒章**洋洋乎盈耳哉**是可聽意【註】師摯魯樂師名摯也亂樂之卒章也史記曰關雎之亂以為風始洋洋美盛意孔子自衛反魯而正樂適師摯在官之初故樂之美盛如此【講】夫子追歎魯樂之盛曰昔吾自衛反魯之時適師摯在官之始詩樂之殘缺者有補失次者有序故被之聲音由升歌間歌已遞擅其美也至以關雎之詩為樂之卒章曰亂者洋洋乎美盛有以足人之聽聞而盈耳哉惜乎今不得復聞矣【附考】儀禮樂凡四節工歌鹿鳴四牡皇華所謂升歌三終也比歌止瑟此第一節笙入堂下磬南北面立樂奏南陔白華華黍所謂笙入三終也輔笙止磬此第二節笙入三終之後間歌魚麗笙則由庚歌南有嘉魚笙則崇丘歌南山有臺笙則由儀歌笙相禪故曰間所謂間歌三終也此第三節於是乃合樂周南關雎葛覃卷耳召南鵲巢采蘩采蘋則堂上堂下歌瑟及笙並作所謂合樂三終也此第四節言至此第四節尤盛所謂洋洋盈耳者此也

○**子曰狂而不直**狂是好高之人不直是心中委曲**侗而不愿**愿對巧言**悾悾而不信**信對詐言

矣

禹

伯禹夏后氏姒姓也帝顓頊之後父鯀娶於有莘氏女生禹堯時命為司空繼鯀治水勞心焦思手足胼胝後受舜禪有天下年百有六歲崩於會稽

不直不愿不信則習染之惡也但不直則以曲濟妄不愿則藏巧於愚不信則隱詐於拙不知猶言不知其何等樣人絶之也亦深醒之也

學如全旨

此章勉人進學之辭上句以用功言下句以存心言上句是未得而如不能得下句是已得而猶慮其失然求其及必防其失恐其失斯得其及意仍一串精神全在如猶二字

巍巍全旨

此章表舜禹心體總是內重而見外之輕巍巍乎貫下作一句讀蓋先有一天下不與之意然後著巍巍二字以摹之獨舉舜禹者以匹夫一旦有天下而不以為樂尤見其巍巍

大哉章旨

此章贊堯為君之大上節以德言下節以業言皆是發明其為君之大處

大哉節旨

大哉句冐起天之高大以形體言堯則之以德言則者與之平等天如此大堯亦如此大兩唯字要看蕩蕩難名即承則天說無兩層

巍巍節旨

兩有字重言成功文章皆堯德之不可名者發見也玩成字有到此始成一成莫加二意堯時一大文明之會

吾不知之矣 不知作非理之常言之指上三句 【註】侗無知貌愿謹厚也悾悾無能貌吾不知之者甚絶之之辭亦不屑之敎誨也○蘇氏曰天之生物氣質不齊其中材以下有是德則有是病有是病必有是德故馬之蹄齧者必善走其不善者必馴有是病而無是德則天下之棄才也 【講】夫子警人意曰狂而好高者多率真也乃習於深情而不直侗無知者多謹厚也乃習於浮薄而不愿悾悾無能者多誠實也乃習於詐僞而不信斯人也得於天者既失其正成於人者又反其常不直吾不知其何以為狂不愿吾不知其何以為侗不信吾不知其何以為悾悾矣吾亦安能如之何哉

○**子曰學如不及** 學兼致知力行言如不及是如有所追而不能及意 **猶恐失之** 是尚慮其或失而竟不能及也 【註】言人之為學既如有所不及矣而其心猶悚然惟恐其或失之警學者當如是也○程子曰學如不及猶恐失之不得放過纔說姑待明日便不可也 【講】夫子勉人為學意曰人之致知力行以為學惟日孜孜其用功既如有所不及知且行矣而其心猶悚然惟恐其得之知行者或失之於昏昧放逸也夫如是則不及者可終及恐失者可無失矣學者不當如是黽勉耶 【補】永業云二句總是狀學者用功時汲汲不已的心一氣讀下非有兩層

○**子曰巍巍乎** 巍巍言其氣象過人卻根心上說 **舜禹之有天下也而不與焉** 不與即崇高富貴不入其心也 【註】巍巍高大之貌不與猶言不相關言不以位為樂也 【講】夫子贊舜禹意曰巍巍乎舜禹高大而不可及者其惟舜禹乎舜禹以匹夫而有天下也雖處富貴之極乃視之若固有而漠然無所與焉夫有天下而不以動其心則其識度之大固有超乎天下之外者其巍巍何如哉 【補】呂云聖人惟為天下憂勤絶不以位為樂此其所以不與

○**子曰大哉堯之為君也** 大哉是贊辭此句且虛說 **巍巍乎** 三字程子連上句讀屬堯 **唯天為大唯堯則之** 則是言其德與天齊 **蕩蕩乎民無能名焉** 民指當時之民 【註】唯猶獨也則猶準也蕩蕩廣遠之稱也言物之高大莫有過於天者而獨堯之德能與之準故其德之廣遠亦如天之不可以言語形容也 【講】夫子深贊帝堯曰大矣哉超帝王而獨隆者帝堯之為君也巍巍乎崇高其大與天同也唯天為至大而無不覆冒惟堯之德其廣運之無方者能準則之故其德之蕩蕩乎廣遠當時之民無能以言語名其大焉亦如天之大不可以言語形容也

○**巍巍乎其有成功也** 成功是治績之成就如百姓昭明黎民於變時雍之類 **煥乎其有文章** 文章是政之施布於天下者如禮樂法度之類 【註】成功事業也煥光明之貌文章禮樂法度也堯之德不可名其可見者此爾○尹氏曰天道之大無為而成唯堯則之以治天下故民無得而名焉所可名者其功業文章巍然煥然而已 【講】然於不可名之中而求其所可見者則巍巍乎高大其有乎章協和之成功也

經堯制作天地方不黯然此文章豈是小可

舜有章旨

此章重贊周才之盛夫子原是論周才而因及於德論武所得之才而因及於文見周才之盛可繼唐虞而周德之至亦無愧揖讓也

舜有節旨

此因下唐虞句而記此以為之張本講舜要承堯來方與下際字照應

武王節旨

述此亦為下張本十人兼外內說

才難節旨

此節歎才之難實是贊周才之盛才難二句且虛下正明其然也唐虞二句重提斯字不可與唐虞平講際字宜玩使虞不際唐唐不際虞則其盛亦不能如周五臣盛於十人是以人品地位言不以數目言

三分節旨

三分二句是述其盛德之事下是深贊之也忽然說才忽然又說出至德猶云我周人才之盛固為難得然其德亦未嘗少遜於二帝也非至德而何

禹吾全旨

此章贊禹德之無可議也蓋禹當帝終王始之會若不無可議夫子從帝王升降處想出其精神合一之原以見王道之純首句虛下是詳其實而

不可得而秘矣煥乎光明其有禮樂法度之文章也不可得而掩矣夫成功文章皆其德之運於治者所可見者此爾若德則終無可名也故曰大哉堯之為君也

○**舜有臣五人而天下治** 即四方風動從欲以治也 【註】五人禹稷契皋陶伯益 【講】舜紹堯以帝虞其時有臣五人相佐理而天下平治觀禹平水土稷教稼穡契敷五教皋陶明五刑伯益掌山澤協贊以成治可見也

○**武王曰予有亂臣十人** 亂臣佐治之臣也 【註】書泰誓之辭馬氏曰亂治也十人謂周公旦召公奭太公望畢公榮公太顛閎夭散宜生南宮适其一人謂文母劉侍讀以為子無臣母之義蓋邑姜也九人治外邑姜治內或曰亂本作乿古治字也 【講】武王紹文王以造周嘗曰予有治亂之臣十人如周公旦召公奭太公望畢公榮公太顛閎夭散宜生南宮适以治外邑姜以治內者可見也是人才一盛於唐虞再盛於我周矣

○**孔子曰才難** 謂人才之難得 此是古語須貼生才說若云有才而見用難則非矣 **不其然乎唐虞之際** 際是二代之會 **於斯為盛** 斯指周室盛是人才隆盛過於我周 **有婦人焉** 婦人指武王之后妃名邑姜者 **九人而已** 已是止言不滿十人正見其難 【註】稱孔子者上係武王君臣之際記者謹之才難蓋古語而孔子然之也才者德之用也唐虞堯舜有天下之號際交會之間言周室人才之多惟唐虞之際乃盛於此降自夏商皆不能及然猶但有此數人爾是才之難得也 【講】孔子上下虞周之間而歎曰古語云人才難得不其信然乎蓋周有十亂之才可謂盛矣惟唐虞交會之際得聖臣五人乃視我周為尤盛耳降自夏商皆不及也然十亂之中有婦人邑姜在焉實惟九人而已夫以人才之盛尚不足於十人之數則才之難也益信

○**三分天下有其二** 三分有二非謂得其輿地版圖也只是人心歸服者已大半見勢可以取意 **以服事殷** 以即註率字服事是臣服敬事殷指紂 **周之德** 周指文王不曰文王而曰周者對殷言也 **其可謂至德也已矣** 至德就服事殷上見 【註】春秋傳曰文王率商之畔國以事紂蓋天下歸文王者六州荊梁雍豫徐揚也惟青兗冀尚屬紂耳范氏曰文王之德足以代商天與之人歸之乃不取而服事焉所以為至德也孔子因武王之言而及文王之德且與泰伯皆以至德稱之其旨微矣或曰宜斷三分以下別以孔子曰起之而自為一章 【講】夫周之才固與唐虞而並盛然周之德亦與揖遜而比隆當紂之時以三分天下而論文王已有其二也乃可取不取反率商之畔國以服事於殷是為天下立人紀為百世正綱常周文王之德其可謂至德而不可復加也已矣是德也不有以繼唐虞揖遜之盛而啟武王纘緒之烈也哉

○**子曰禹吾無間然矣** 禹是夏王無間然便有至精至密意 **菲飲食** 是不尚珍羞 **而致孝乎鬼**

黻冕 黻者蔽也行以蔽前大子朱黻諸侯赤黻尊卑以深淺為異上廣一尺下廣二尺天一地二也長三尺法天地人也以韋為之者反古不忘本也○冕猶俛也前俛而後仰故謂之冕冕玄上纁下前後垂珠有文飾也王制云有虞氏皇而祭夏后氏收而祭殷人冔而祭周人冕而祭皇收冔皆冕也郊特牲曰戴冕璪十有二旒則天數也

溝洫 考工記曰匠人為溝洫九夫為井井間廣四尺深四尺謂之溝方十里為成成間廣八尺深八

申言之也無間是說心非說事但心不見可故略舉數端以驗其全體註或豐或儉各適其宜即各適其中也若能儉而不能豐能豐而不能儉則非中矣禹之豐儉適中全由允執厥中接統堯舜來三段中皆要想個無間然處然非專於三事中見其無間也三段亦只偶爾連舉

子罕全旨

此章記聖教之所謹亦維世意也罕言利防學者趨乎此罕言命與仁以收學者未易及乎此命字註指理言亦兼氣說

達巷章旨

此章夫子聞譽而承以謙意首節一美一惜總在大字內故下節註以一譽字總承之

達巷節旨

博學照射御看本非甚深之辭猶云多材多藝耳

子聞節旨

夫子把博學放下只認無所成名意

神鬼神兼天地宗廟說惡衣服是不尚文繡而致美乎黻冕致美是極其華麗意黻是行以蔽前者冕是冠上有覆前後有旒之首服卑宮室是不崇廣大而盡力乎溝洫盡力是竭盡心力而為之禹吾無間然矣此句總承上豐儉得宜說

註 間罅隙也謂指其罅隙而非議之也菲薄也致孝鬼神謂享祀豐潔衣服常服黻蔽膝也以韋為之冕冠也皆祭服也溝洫田間水道以正疆界備旱潦者也或豐或儉各適其宜所以無罅隙之可議也故再言以深美之○楊氏曰薄於自奉而所勤者民之事所致飾者宗廟朝廷之禮所謂有天下而不與也夫何間然之有

講 夫子讚禹意曰稽古大禹之為君吾無得其間隙而非議之矣蓋人君主百神而統兆民豐儉一失其中皆可議也禹雖玉食萬方豈菲己之飲食而至於享祀則極其豐潔以致孝乎鬼神不敢以菲者施之矣雖玉帛萬國豈惡己之衣服而至於祭祀則極其華飾以致美乎黻冕不槩以惡者施之矣雖天下為家寧卑己之宮室而至於民事則不敢緩必盡力乎溝洫不敢以卑心處之矣自其儉於己也帝王敦樸以先天下之道當如是也吾不得議其陋自其豐於神民也帝王仁孝以治天下之道當如是也吾不得議其奢若禹者吾誠無間然矣

補 無間處全在三箇而字上看出須兩兩相形方得而字神理

子罕第九 凡三十章

○子罕言利罕非全不言只是不多言利不必財利凡以私滅公有害於義皆是與命命以天之賦予於人言與仁仁以心德之全言

註 罕少也程子曰計利則害義命之理微仁之道大皆夫子所罕言也

講 夫子之教有不常言而謂之罕言者利也與命也與仁也罕言利者恐人溺於卑近罕言命與仁者恐人騖於高遠聖人之為慮也深矣

補 與字要看利固罕言命與仁亦與利同歸於罕言也

○達巷黨人是達巷黨之人曰大哉孔子此是美辭亦有惜其徒大意博學是多知多能正美其大意而無所成名無所猶云無一件名是技藝之名正惜其徒大意

註 達巷黨名其人姓名不傳博學無所成名蓋美其學之博而惜其不成一藝之名也

講 達巷黨人慕孔子而不知其實乃曰大哉孔子其為人也知能兼乎眾藝其學誠博也惜乎學博而泛人不得以一藝稱之而無所成其名耳

○子聞之是聞博學無所成名之言謂門弟子曰吾何執言何所專執以成名執御乎御是為人御車乎字是商度辭執射乎射所以觀德巧力俱全之事吾執御矣欲執御者

尺謂之溢

達巷黨人
前漢書達巷黨人不學而目知孟康云此項橐也

麻冕
麻是績麻為布似今極細絹一般謂之緇布冠者染為赤黑色也麻冕乃周宗廟之冠所以用麻者女工之始示不忘本也

純
絲謂之純者絲之始繰素質未染故曰純

畏匡
邢疏孔子去衛將適陳過匡顏尅為僕以策指

答他執與博反執字便含成名意蓋聖人實是大實是博學無名黨人雖不知聖然說來卻觸着聖人全身聖人自不敢當況藝雖下以聖人看來其精微處即是道故承之以謙卻有謙之至理在

麻冕章旨
此章聖人維禮之意以上節可從引起下節不可從程註義字作主腦

麻冕節旨
儉字重看乃工夫省約也從眾亦見未嘗泥古意純之用儉於麻而華美不減於麻故為變制而得禮意

拜下節旨
泰字重看是誅其慢君之心夫子事君盡禮人以為諂正此拜下之禮雖違二句非徒自明守臣禮言外實寓警眾意

子絕全旨
此章見聖心之虛四者皆無是原來心體聖人全此心體空然洞然何有四者要就聖人心體上說出真無境界尚未著事上說切勿作夫子要去絕他四者之絕連聖人也不自知陸稼書曰絕字內有江漢濯秋陽暴氣象

子畏章旨
此章聖人以斯文之興喪決此身之存亡而外患無所動心乃事天立命

蓋其藝至卑則其名亦易成 註 執專執也射御皆一藝而御為人僕所執尤卑言欲使我何所執以成名乎然則我將執御矣聞人譽己承之以謙也○尹氏曰聖人道全而德備不可以偏長目之也達巷黨人見孔子之大意其所學者博而惜其不以一善得名於世蓋慕聖人而不知者也故孔子曰欲使我何所執而得成名乎然則吾將執御矣 講 夫子聞其譽己之言而謂門弟子曰黨人謂我無所成名者以我不曾執一藝耳吾將何所執哉天下有以御名者吾其專執御乎天下有以射名者吾其專執射乎但射以觀德吾未之能而御為人役或可自勉吾其學執御而精之或者得以成名乎夫子承之以謙如此 補 執御只說射較難御較易就成名上說非聖人真欲執御也

○子曰麻冕禮也禮是古人制首服之禮今也純今指孔子時儉儉是工少而易成吾從眾 註 麻冕緇布冠也純絲也儉謂省約緇布冠以三十升布為之升八十縷則其經二千四百縷矣細密難成不如用絲之省約 講 夫子慨臣禮之失乃即冠禮以形之曰君子之用禮惟權諸義以為從違彼織麻成布而緇之以為冕者古禮也今也以絲為之視麻尤為省約此變之無害於義者吾亦從眾用乎絲焉蓋禮之可變而變者吾何嫌於苟同耶

○拜下禮也禮是古人尊君卑臣之禮今拜乎上今亦指孔子時泰也有僭逼意雖違眾吾從下 註 臣與君行禮當拜於堂下君辭之乃升成拜泰驕慢也○程子曰君子處世事之無害於義者從俗可也害於義則不可從矣 講 至若臣之拜君必於堂下亦古禮也今拜於堂上是以臣抗君失之泰也此變之有害於義者吾雖違眾但從拜下之禮而已蓋禮之不可變而不變者吾何嫌於立異耶觀於夫子之從違而維禮之心見矣 補 二節不平重下節蓋制度之末猶可從時變革而綱常之大則萬世不易也禮之變由眾而成兩吾字與眾字對大有以一身轉移人心意

○子絕四四即下文四者之累且虛說毋意渾然天理毋必隨事順理毋固過而不留毋我大同於物 註 絕無之盡者毋史記作無是也意私意也必期必也固執滯也我私己也四者相為終始起於意遂於必留於固而成於我也蓋意必常在事前固我常在事後至於我又生意則物欲牽引循環不窮矣○程子曰此毋字非禁止之辭聖人絕此四者何用禁止張子曰四者有一焉則與天地不相似楊氏曰非知足以知聖人詳視而默識之不足以記此 講 夫子之心絕乎四者之累蓋不待克治而然也絕四者何夫子未感之先廓然大公毋私意也毋期必也既感之後物來順應毋執固也毋有我也心純乎理而不累於私感隨乎物而不役其心此其所以為聖人乎 補 朱子云意是始我是終必固在中間亦是一節重似一節又云意是絲毫我是成一山嶽也

○子畏於匡 註 畏者有戒心之謂匡地名史記云陽虎曾暴於匡夫子貌似陽虎故匡人圍之 講 昔夫子過匡匡人以其貌似陽虎誤而圍之因有戒心於匡時弟子從者不能

之曰昔吾入此由彼缺也匡人聞之以爲魯之陽虎陽虎嘗暴匡人顏剋時與虎俱匡人遂止孔子孔子貌又似虎拘焉五日益急弟子懼孔子曰文土云云

太宰
杜氏曰太宰疑即吳嚭吳與魯會鄫嚭召季康子康子使子貢往焉則此當是吳太宰而亦當在此年也

之學首節是遇難而有戒心次節言斯文之在已末節言斯文在已即天意在已見匡人不能加害意

子畏節旨
畏者儆備之意非畏懼也實有愛道以愛身意

文王節旨
此以斯文自任正是以道自信意千古聖人獨舉文王者以匡人之圍與羑里之囚對勘須體患難意說

天之節旨
承文不在茲句說來上三句一反一正推出天意在已末句是斷

太宰章旨
此章見聖人不貴多能意太宰以多能爲聖固不是若要形容聖人地位則子貢之言爲盡聖人所說乃謙辭也

太宰節旨
夫子二字略頓聖者與何其多能也當作一氣讀玩者與何其語氣驚歎其聖只是驚歎其多能耳

子貢節旨
固字與又字相應將者因對太宰乃謙不敢直斷非夫子猶未聖而直將聖也之字指夫子天縱不但生知安行且縱之知至行盡也聖兼德與才多能當不得才字特才之餘耳觀下節言鄙事可見

子聞節旨

無懼

○**曰文王既沒**文王任斯道之統者**文不在茲乎**【註】道之顯者謂之文蓋禮樂制度之謂不曰道而曰文亦謙辭也茲此也孔子自謂【講】夫子解之曰文王未沒則羣聖斯文之統在文王今文王既沒其道之顯於禮樂制度而爲文者不在於茲而未墜乎

○**天之將喪斯文也**天是主斯道之興廢者將喪是設言斯此也**後死者不得與於斯文也**不得與猶言不在其列**天之未喪斯文也**此句正言**匡人其如予何**【註】馬氏曰文王既沒故孔子自謂後死者言天若欲喪此文則必不使我得與於此文今我既得與於此文則是天未欲喪此文也天既未欲喪此文則匡人其奈我何言必不能違天害己也【講】然斯文之興喪有天意存焉使天之意將欲喪斯文也則我之後文王而死者將不得考述其禮樂修明其制度以與斯文也今我既得以與於斯文則是天意未欲喪斯文也天既未欲喪斯文則予之一身禮樂制度所由係匡人其如予何吾知其必不能違天以害予矣

【附考】孔子之宋匡人簡子以甲士圍之子路怒奮戟將與戰孔子止之曰惡有修仁義而不免世俗之惡者乎夫詩書之不講禮義之不習是丘之過也若以述先王好古法而爲咎者則非丘之罪也命也夫由歌予和汝子路彈琴而歌孔子和之曲三終匡人解甲而罷

○**太宰問於子貢曰夫子聖者與**聖皆含下多能須淺淺說**何其多能也**多能指禮樂射御鈞弋之類【註】孔氏曰太宰官名或吳或宋未可知也與者疑辭太宰蓋以多能爲聖也【講】太宰問於子貢曰以予觀夫子其殆所謂聖者與何其禮樂射御鈞弋之類無所不通而多能如此也

○**子貢曰固天縱之將聖**固字對上與字與猶有疑固則言其實也**又多能也**又字對上何其字何其隆稱之辭又只帶言之也【註】縱猶肆也言不爲限量也將殆也謙若不敢知之辭聖無不通多能乃其餘事故言又以兼之【講】子貢答之曰夫子之聖不專於多能也固天縱之以知至行盡不爲之限量而將聖者聖則自無不通故又若是多能也多能乃天縱之餘事耳豈足盡夫子之聖哉

○**子聞之曰**聞是聞太宰子貢問答之辭**太宰知我乎**置子貢之言但就太宰說**吾少也賤**少賤是未仕時言無行道之責**故多能鄙事**鄙事是細微之事**君子多乎哉**君子成德之名乎哉是疑辭**不多也**是決辭【註】言由少賤故多能而所能者鄙事爾非以聖而無不通也且多能非所以率人故又言君子不必多能以曉之【講】夫子聞太宰子貢之言既不敢以聖自居又不欲以多能率人故因曉之曰天縱之稱賜言其過矣太宰以我爲多能太宰其知我乎然而多能有所自也藝數之微在上者恒不足在下者恒有餘吾少也未爲世用而微賤故得講習衆藝而多能獨所能者鄙末之事耳非以聖無不

琴牢　琴牢衛人與平桑戶孟子反三人為友相謂曰孰能相與於無相與相為於無相為三人相視而笑莫逆於心

鳳鳥　雄曰鳳雌曰凰產丹穴之山棲梧桐食竹實五色煥爛其音如簫羽蟲三百六十而鳳凰為之長○鳳備五德首戴仁頸抱義背負禮胸蘊智足履信○鳳有六象頭象天目

太宰知我句已推開天縱了又曰少賤多能鄙事併太宰稱聖者二字推開了以上是謙辭下二句言君子不多乃誨人也

牢曰節旨　引此為少賤多能之證

吾有全旨　此章見聖人不自有其知下正申明無知意夫子平日教人無不詳盡當時必謂知識過人首句照下立說不分兩橛舉一鄙夫以例其餘空空屬鄙夫講其字要玩兩端就在其所問中我不過叩觸其端緒因而罄竭之以鄙夫之解還鄙夫未嘗益以我之意見正明其無知也朱子云兩端就一事言即鄙夫可知可行者言之要之深遠的道理亦不外是與中庸執兩端不同

鳳鳥全旨　此章夫子感道之窮而歎非思鳳與圖思伏羲舜文之君也吾已者正是不已之心鳳鳥河圖亦只借言不是定要鳳再來儀河再出圖也來儀出圖亦萬古不可再之事

子見全旨　此章記聖人仁孝誠敬之心感於內而應於外兩必字極重正動容周旋

通也然君子果貴多能乎哉彼其所務固自有在而不在於多能也多能豈所以為聖乎○**牢曰子云**是琴牢述夫子平日之言**吾不試故藝**藝即多能

【註】牢孔子弟子姓琴字子開一字子張試用也言由不為世用故得以習於藝而通之○吳氏曰弟子記夫子此言之時琴牢因言昔之所聞有如此者其意相近故併記之

【講】然此固夫子所嘗言者牢曰夫子有云吾不試用於世故得以習於眾藝而通之夫不試非少賤之謂乎藝非多能之謂乎即琴牢昔之所聞以證夫子今日之言益以見聖之不貴多能矣

【補】滙參云子貢特下天縱二字不止如前人所云天亶天錫而已是何等鄭重

○**子曰吾有知乎哉**知以知事物之理言**無知也**無知作聰明有限實無所知言**有鄙夫問於我**鄙夫是卑陋之人問是以事物求知於我**空空如也**空空是鄙夫至愚無知意**我叩其兩端而竭焉**其指鄙夫竭者竭盡無餘之辭

【註】孔子謙言己無知識但其告人雖於至愚不敢不盡耳叩發動也兩端猶言兩頭言終始本末上下精粗無所不盡○程子曰聖人之教人俯就之若此猶恐眾人以為高遠而不親也聖人之道必降而自卑不如此則人不親賢人之言則引而自高不如此則道不尊觀於孔子孟子則可見矣尹氏曰聖人之言上下兼盡即其近眾人皆可與知極其至則雖聖人亦無以加焉是之謂兩端如答樊遲之問仁知兩端竭盡無餘蘊矣若夫語上而遺下語理而遺物則豈聖人之言哉

【講】夫子謙己意曰人或以我為有知矣吾果有知乎哉事物之理無窮而一人之聰明有盡吾誠無知也但我平日告人不敢不盡固不待賢者問之而後告也即有鄙夫來問於我其人雖是空空如也我亦不敢以其愚而忽之務必發動其兩端以告而無一之不盡焉夫以我之告人必盡其誠如此人或遂以我為有知也吾豈有知乎哉此固聖人之謙辭然能叩兩端而竭亦可見其無不知矣

○**子曰鳳鳥不至**重在無舜文之君上**河不出圖**重在無伏羲之君上**吾已矣夫**謂吾道終止不行不得為帝王之佐也

【註】鳳靈鳥舜時來儀文王時鳴於岐山河圖河中龍馬負圖伏羲時出皆聖王之瑞也已止也○張子曰鳳至圖出文明之祥伏羲舜文之瑞不至則夫子之文章知其已矣

【講】夫子感道之窮而歎曰向也舜文作則鳳鳥至伏羲作則河圖出自古行道以致盛治者皆可考也今則鳳鳥不來儀而至矣河中龍馬不復出而負圖矣夫無聖王之瑞則聖王不興其誰用我乎吾道其終已而不行矣夫

【補】輔氏曰聖人之道行則文章著見於外故鳳至圖出以兆文明之祥鳳以其文采圖以其卦書也

○**子見齊衰者冕衣裳者與瞽者**子見二字包下見之過之三者字俱作人字看**見之雖少**

象日背象月翼象風足象地尾象緯鳳有九苞口包命眼合度耳聰達古屈伸色光彩冠矩周距銳鉤音激揚腹文戶

河圖

伏羲氏王天下龍馬出河遂則其文以畫八卦謂之河圖○河以通乾出天苞伏羲因之而畫卦洛以流坤吐地符大禹以之而敘疇

中禮處作趨俱是敬然於衰齊有哀戚之容於冕衣裳有尊奉之容於瞽有憐憫之容須分別看按過之必趨內亦帶有上雖少二字

喟然章旨

此章顏子自敘入道之始末首節歎聖道高妙次節言聖教有序末節言其學之所至而益見聖道之妙

喟然節旨

此猶是顏子見道未親切時高是峻絕堅是渾淪二句特形容至高至堅耳瞻前忽後道只中庸故也作三項看

夫子節旨

循循善誘夫子凡教人皆然下二句是顏子從得力後追思覺得博約為我而設可知我先有個該博該約的節候在此所以為善誘也循循非特博約分先後就博約中由淺入深由疎及密亦各有次序

欲罷節旨

卓爾以上是敘已見道之由下是歎其化之不可為也緊跟善誘來欲罷句正為善誘所鼓舞既竭吾才工夫全在欲罷不能上立即前日高堅前後的今看得確實親切卓爾是形容立字如字非尚作疑辭乃難以形容意立是立在前猶與我為二也從是

必作見之謂我坐而見彼之行過也少是年幼**過之必趨**過之謂彼坐而我過於其前也【註】齊衰喪服冕冠也衣上服裳下服冕而衣裳貴者之盛服也瞽無目者作起也趨疾行也或曰少當作坐○范氏曰聖人之心哀有喪尊有爵矜不成人其作與趨蓋有不期然而然者尹氏曰此聖人之誠心內外一者也【講】門人記曰夫子見衰齊而有喪之可哀者冕衣裳而有爵之可尊者與瞽而不成人之可矜者或時乎坐而見斯人之來雖年少與我必作起而敬之或時乎行而過斯人之前則必疾趨而過此非作意而致其情也蓋聖人之心仁孝誠敬隨感而應有若是者

○**顏淵喟然歎**此句統冒全章**曰仰之彌高**仰是思齊意之指聖道言**鑽之彌堅**鑽是研求意**瞻之在前忽焉在後**是方覺如此又覺如彼【註】喟歎聲仰彌高不可及鑽彌堅不可入在前在後恍惚不可為象此顏淵深知夫子之道無窮盡無方體而歎之也【講】顏淵學既有得因喟然而歎曰始吾於夫子之道嘗意其可及而仰之矣孰知其彌高焉而不可及也嘗意其可入而鑽之矣孰知其彌堅焉而不可入也瞻之若在於吾之前矣孰知忽然又在於吾之後焉而不可以為象也夫子之道高妙一至於此

○**夫子循循然善誘人**善誘即在循循上見**博我以文**博是廣博文是道之分著**約我以禮**約是約束禮之道之統會【註】循循有次序貌誘引進也博文約禮教之序也言夫子道雖高妙而教人有序也侯氏曰博我以文致知格物也約我以禮克己復禮也程子曰此顏子稱聖人最切當處聖人教人惟此二事而已【講】使不有善教之施回幾窮矣幸夫子之教則循循然有次序而善誘人焉始欲我致知以明道也博我以散殊之文使古今事變無不通繼欲我力行以體道也約我以中正之禮使視聽言動有所準其循循誘回者何善哉

○**欲罷不能**罷止也不能罷有歡欣鼓舞意**既竭吾才**項不能罷來**如有所立卓爾**是知得明行得到如道立在吾目前意**雖欲從之**欲就心言從之是與道為一**末由也已**末由作無有說【註】卓立貌末無也此顏子自言其學之所至也蓋悅之深而力之盡所見益親而又無所用其力也吳氏曰所謂卓爾亦在乎日用行事之間非所謂窈冥昏默者程子曰到此地位功夫尤難直是峻絕又大段著力不得楊氏曰有可欲之謂善充而至於大力行之積也大而化之則非力行所及矣此顏子所以未達一間也○程子曰此顏子所以為深知孔子而善學之者也胡氏曰無上事而喟然歎此顏子學既有得故述其先難之故後得之由而歸功於聖人也高堅前後語道體也仰鑽瞻忽未領其要也惟夫子循循善誘先博我以文使我知古今達事變然後約我以禮使我尊所聞行所知如行者之赴家食者之求飽是以欲罷而不能盡心盡力不少休廢然後見夫子所立之卓然雖欲從之末由也已是蓋不息所從必求至乎卓立之地也抑斯歎也其在請事斯語之後三月不違之時乎【講】由是回承夫子之善誘幸博約之可循悅之之深雖欲罷其博約之功而不能凡所以致其博以為之約者亦既竭盡吾之才力矣

美玉

君子比德於玉是以世多貴之藏以為寶剖以為符瑞○通義云玉有五德溫潤而澤似智銳

跟上去與之為一也末由不是休了不用力但工夫比前更細只循循養將去

子疾章旨

此章見夫子之素位而行首節是子路尊聖人之過下二節是夫子既責之而復曉之

子疾節旨

古者大夫之喪有家臣以治之致仕則不然

病間節旨

此章言家臣之不當有久矣哉是指從來而言子路非本心欲行詐只是見理不透率意為之行字須看心雖不詐而行已詐也誰字指人對天字說

且子節旨

此節言家臣之不必有上二句言有臣不足為重見師弟多情較君臣更切下二句言無臣不足為輕大葬謂古為大夫者皆有家臣治其家事死則為之治喪如以臣事君之禮

有美全旨

此章見夫子用舍行藏初無觀望之心亦無競進之意問答俱就玉上說暗含正意子貢說兩端以問意重在沽善賈亦說得好但重在一求字則於沽似急於玉似輕故夫子以待字換他求字夫子之意亦重在沽第云待賈何等從容何等自重可見夫子

用力既久覺向之所謂高堅前後者如有所立卓爾於吾前矣此時雖欲即其卓爾者而從之然神化不容以強致無所由以用其力也已然則回將奈之何哉亦惟純其博約之功以俟之而已【補】朱子曰高堅前後始時之所見也博文約禮中間用力之方也欲罷不能以後後來得力之效驗也

○**子疾病**(統言曰疾甚言曰病)**子路使門人為臣**(門人指夫子之門人)夫子為司寇攝相事時其家臣原皆門人為之【註】夫子時已去位無家臣子路欲以家臣治其喪其意實尊聖人而未知所以尊也【講】夫子疾病之時子路懼其將終欲使門人為家臣以治其喪不知夫子時已去位不當有家臣是欲尊師而不達於分也

○**病間曰**(病間是略好些)**久矣哉由之行詐也**(此句指平日言宜開說)**無臣而為有臣**(無臣是致仕無家臣)**吾誰欺**(欺是瞞昧意)**欺天乎**(天只是理背理即是欺天)【註】病間少差也病時不知既差乃知其事故言我之不當有家臣人皆知之不可欺也而為有臣則是欺天而已人而欺天莫大之罪引以自歸其責子路深矣【講】夫子於病少差乃知其事故責之曰久矣哉由之行事詐而不實也吾之去位不當有家臣人皆知之矣而顧為有臣吾將誰欺哉毋乃欺天乎人而欺天罪莫大焉

○**且予與其死於臣之手也**(以家臣治喪事)**無寧死於二三子之手乎**(以二三子治喪事)**且予縱不得大葬**(縱是縱然)**予死於道路乎**(是反言有二三子葬意)【註】無寧寧也大葬謂君臣禮葬死於道路謂棄而不葬又曉之以不必然之故○范氏曰曾子將死起而易簀曰吾得正而斃焉斯已矣子路欲尊夫子而不知無臣之不可為有臣是以陷於行詐罪至欺天君子之於言動雖微不可不謹夫子深懲子路所以警學者也楊氏曰非知至而意誠則用智自私不知行其所無事往往自陷於行詐欺天而莫之知也其子路之謂乎【講】且予與其逆理而死於家臣之手也無寧順理而死於二三子之手乎是有臣不足為吾榮也且予縱不得家臣而以君臣之禮大葬然有二三子在焉予豈至死於道路棄而不葬乎是無臣亦不足為吾辱也由此言之則家臣非惟不當有而亦不必有矣奈何不深思之乎

○**子貢曰有美玉於斯**(以美玉比孔子道德之蘊於斯是在此意)**韞匵而藏諸**(諸是語辭此以隱避探夫子)**求善賈而沽諸**(求是衒售於人善賈是重價此以出仕探夫子)**子曰沽之哉沽之哉**(重言之者見其決當沽也釋他韞匵之疑此比己欲行道)**我待賈者也**(是不肯衒玉求售待字破他求字此比己不枉道)【註】韞藏也匵匱也沽賣也子貢以孔子有道不仕故設此二端以問也孔子言固當賣之但當待賈而不當

而不害似仁抑而不撓似義有瑕於內必見於外似信垂之如墜似禮

九夷
東夷傳云夷有九種曰畎夷于夷方夷黃夷白夷赤夷玄夷風夷陽夷

雅頌
文選子夏曰言天下之事形四方之風謂之雅雅者正也言王政之所由廢興也政有小大故有小雅焉有大雅焉頌者美盛德之形容以其成功告於神明者也雅奏之朝廷頌奏之宗廟不言風者列國多不正之風即二南亦房中之

之心未嘗一日忘天下亦未嘗一日徇天下

子欲全旨
此章見夫子憂世之心夫子道不行於中國故託居九夷以傷之欲字活看何陋之有要主註所居則化言聖人身之所在即道之所在也九夷亦是道中人

吾自全旨
此章夫子自叙正樂之功只重正樂雅頌即樂章反魯內有工夫然後二句舉成功言雅頌得所就是樂正裏面事蓋樂以樂章為要雅頌其大者也得所不但雅奏於朝頌奏於廟如王朝侯朝王廟侯廟宴享贈答宜歌何詩不相淆混

出則全旨
此章見聖人庸德之行四件只平叙雖日用常行之事而能盡其理之當為制其欲之易溺視之若易而行之無憾則未易也喪事不特三年之喪如期功緦之輕者皆不可不勉困字要看得細不作亂字看

求之耳○范氏曰君子未嘗不欲仕也又惡不由其道士之待禮猶玉之待賈也若伊尹之耕於野伯夷太公之居於海濱也無成湯文王則終焉而已必不枉道以從人衒玉而求售也【講】子貢假玉以問夫子曰設如有美玉於斯天下之至寶也將韞匵而藏諸以私於己歟抑求善賈而沽諸以公於人歟夫子亦就玉以答之曰天下之寶當與天下共之有此美玉吾其沽之哉吾其沽之哉然物必自重而後人重之我必待善賈之至而後沽之於人也苟賈之未至吾終無所求矣觀此則如夫子未嘗不欲仕也但不輕於仕耳

○**子欲居九夷**　欲居有慨世意非真語也【註】東方之夷有九種欲居之者亦乘桴浮海之意【講】夫子以道不行而欲居九夷是傷天下無賢君而為是假設之言耳

○**或曰陋**　陋是俗之惡如服左衽言侏離之類　**如之何**　是不可居意　**子曰君子居之**　君子是有道德之人　**何陋之有**　言變夷為夏也【註】君子所居則化何陋之有【講】或人不知乃曰九夷之俗陋鄙甚矣如之何其居之夫子答之曰九夷之俗雖陋然君子居之則用夏變夷而夷狄之區化為禮義之邦矣何陋之有夫子此言亦據理以答或人耳非真以為可化而欲居之也

○**子曰吾自衛反魯**　衛自康叔之後魯是周公之後自衛反魯因道不行而歸於宗國也　**然後樂正**　然後內有補殘缺序失次意在樂正即翕如純如皦如繹如之謂　**雅頌各得其所**　雅頌只指正雅周頌言得所不相紊意【註】魯哀公十一年冬孔子自衛反魯是時周禮在魯然詩樂亦頗殘缺失次孔子周流四方參互考訂以知其說晚知道終不行故歸而正之【講】夫子叙樂之所由正曰詩樂在魯久矣吾自衛反魯之時又從而正之於樂之聲容節奏考之既詳驗之足信然後樂之始終條理不失其當而樂正矣故詩之被於樂者雅則奏於朝廷而秩然有其倫頌則奏於宗廟而昭然其不紊蓋皆得其所庶幾先王之樂全焉此固吾之所用以自慰者也

○**子曰出則事公卿**　出以在朝廷言公卿是爵之尊者事公卿是盡忠順之道　**入則事父兄**　入以在家庭言事父兄是盡孝弟之道　**喪事不敢不勉**　喪事是父母之喪勉即慎終之意　**不為酒困**　是內不喪德外不失儀不為所沈溺意　**何有於我哉**　言四者無有於己也【註】說見第七篇然此則其事愈卑而意愈切矣【講】夫子謙己誨人之意曰出而在外則盡誠敬以事公卿而貴貴之義盡入而在內則盡孝弟以事父兄而親親之義篤喪易至於忽也則盡哀盡禮而不敢不勉酒易至於亂也則令儀令德而不為所困是能盡當為之理又能節易流之情反而觀之四者何有於我哉吾殆汲汲不能以自已矣【補】不曰事君而曰事公卿以始仕者言之亦謙辭也

樂也

晝夜

天文策曰日之所麗曰晝晝陽也月之所麗曰夜夜陰也總合十二時而為一晝夜也

子在全旨

此章夫子即川流以明道體之不息欲學者密省察之功於無間也重不舍字逝者所包甚廣水亦在逝者內但逝者不止水斯字方指水九字一氣讀下本文只就天地之化說道字於首尾見之全要寫眼前所見以狀出心中所會的光景

吾未全旨

此章歎誠於好德者少言外有令人自省意好色不必十分粘帶只是個誠字吾未見猶是冀望之辭

譬如全旨

此章夫子借為山進止之機以戒人之止心勸人之進心也未成雖覆皆稱一簣豈有可止可進之勢然而為止為往皆由於吾見自任其責意本文兩說譬如不妨先發正意然後從為山平地上講先說止而後說進亦是絕妙鼓舞

語之全旨

此章嘉顏子之善於體教顏子聞言便有心解處惟其心解所以力行稱顏子正以勵群弟子也但不惰就在聞教時說只宜順講不可倒提顏回

○**子在川上**（川是水之流處）**曰**（是歎辭）**逝者**（逝是往）**如斯夫**（斯指水）**不舍晝夜**（言自晝至夜無一息止意）

【註】天地之化往者過來者續無一息之停乃道體之本然也然其可指而易見者莫如川流故於此發以示人欲學者時時省察而無毫髮之間斷也○程子曰此道體也天運而不已日往則月來寒往則暑來水流而不息物生而不窮皆與道為體運乎晝夜未嘗已也是以君子法之自強不息及其至也純亦不已焉又曰自漢以來儒者皆不識此義此見聖人之心純亦不已也純亦不已乃天德也有天德便可語王道其要只在謹獨愚按自此至終篇皆勉人進學不已之辭

【講】夫子偶在川上會諸心而形諸歎曰天地間往者過來者續逝而不已者如斯夫自晝至夜無有止息也人可不察其本然之體哉

【補】註天地之化五句是說逝者可指而易見句是說如斯夫不舍晝夜於此發以示人句是統說一節欲學者時時省察的則說夫子發言之意也

○**子曰吾未見好德如好色者也**（未見是致慨意德兼人己言）

【註】謝氏曰好好色惡惡臭誠也好德如好色斯誠好德矣然民鮮能之○史記孔子居衛靈公與夫人同車使孔子為次乘招搖市過之孔子愧之故有是言

【講】孔子歎好德之難曰好德之當誠有甚乎好色者也人多拘於氣稟累於物欲以喪其秉彝之良吾未見好德之心果能如好色之誠、者也良可慨已

○**子曰譬如為山**（為山是積土為山）**未成一簣**（比為學者將成而未成意）**止**（是不加一簣之土）**吾止也**（是自棄不為）**譬如平地**（平地是全未加土）**雖覆一簣**（比學者一旦用力之意）**進**（是向前覆土）**吾往也**（是自肯用力）

【註】簣土籠也書曰為山九仞功虧一簣夫子之言蓋出於此言山成而但少一簣其止者吾自止耳平地而方覆一簣其進者吾自往耳蓋學者自強不息則積少成多中道而止則前功盡棄其止其往皆在我而不在人也

【講】夫子警人進學意曰人之為學有將成而中止者譬如為山未成者特一簣之土耳彼固止而不為焉其止也實我之自止非人所能阻也有始事而進修者譬如平地方覆者雖一簣之土乎彼固進而不已焉其進也實吾之自往非人所能使也夫止之自我即垂成者不可恃往之自我即方進者不可量學者當知所勉矣

○**子曰語之而不惰者**（語是告）**其回也與**（獨回一人）

【註】惰懈怠也范氏曰顏子聞夫子之言而心解力行造次顛沛未嘗違之如萬物得時雨之潤發榮滋長何有於惰此羣弟子所不及也

【講】夫子稱顏回意曰學者以體教為難若夫語之以道即心解力行毅然勇往而不息惰者其惟回也與語之博約則既竭吾才語之克復則請事斯

子謂全旨

此章追惜顏子進道之勇亦勉勵門弟子意也惜乎二字虛下二句相連正見可惜意

苗而全旨

此章見學必期於成二句文平意串重實上味兩有矣夫謂出於常理之外歎其不應有此以令人思所以有此之故也正意在首末補出不秀不實尊重人力不到不兼天時言

後生全旨

此章夫子警戒後生欲其及時以勉學也首句有期望聳動意末二句乃預言以儆惕之耳只作一人看但此亦爲後生而發非以四十五十限定人也註云我之今日畏後生者爲誰畏之者我也此句正足上可畏意無聞只作無善可聞說不作聞道之聞亦字正與首句相應有令後生惕然知儆意

法語全旨

此章見聽言者當實受其益概指君友說上六句爲聽言者望下三句爲聽言者儆緊要在改與繹上觀兩貴字可見法言巽言俱是規過之言但

語不惰之學於茲見矣回其無負於吾之敎乎惜乎諸子之不皆回也

○子謂顏回曰是夫子追傷顏子既死之辭惜乎是歎息不已吾見其進也進就是不惰未見其止也止即是惰俱就平日工夫言【註】進止二字說見上章顏子既死而孔子惜之言其方進而未已也【講】夫子追思而謂顏淵曰回之死其可惜矣夫蓋學成於進廢於止若回也吾見其向道而進也未見其中道而止也使天假之以年其進庸可量乎今也則亡吾能不惜哉

○子曰苗而不秀者有矣夫言未必皆不秀間或有之此句喻人質雖美而不能學也秀而不實者有矣夫言未必皆不實間或有之此句喻人雖學而不能成德也【註】穀之始生曰苗吐華曰秀成穀曰實蓋學而不至於成有如此者是以君子貴自勉也【講】夫子勉人進學意曰學貴於有成也曷觀諸苗乎自苗而秀者理也然力有不盡則苗而不秀者容有矣夫自秀而實者理也然功有不繼則秀而不實者容有矣夫然則學者當由始以至於成毋爲不秀不實之苗可也

○子曰後生可畏後生是比之長者其生在後可畏是有可畏之勢註年富力強二句正是可畏處焉知來者之不如今也焉知是未敢必之辭來指後生將來說今者自我今日爲先覺言四十五十是道明德立之時亦是年過半力漸退時而無聞焉無聞是無善行可稱述意不在名譽上說斯亦不足畏也已斯指無聞說不足畏應前可畏說【註】孔子言後生年富力強足以積學而有待其勢可畏安知其將來不如我之今日乎然或不能自勉至於老而無聞則不足畏矣言此以警人使及時勉學也曾子曰五十而不以善聞則不聞矣蓋述此意○尹氏曰少而不勉老而無聞則亦已矣自少而進者安知其不至於極乎是可畏也【講】夫子警人及時勉學意曰後生年富力強其勢可畏也由此進之焉知來者所就不如我今日之期望乎然或以年少爲可待而不能乘時以自勉至於四十五十而無道德之可聞焉則年已邁力已衰終無進善之期矣尚足畏哉然則爲後生者愼毋忽其所可畏而使天下以爲不足畏也已

○子曰法語之言是指其過失而直言之故曰法語能無從乎從是口依吾言改之爲貴改之是依吾言而改其所爲之失巽與之言是婉曲以道其過失故曰巽與能無說乎說是承順於外繹之爲貴繹之是循吾言而玩索以尋意緒之所在

縕袍　袍夾衣也玉藻云纊爲繭縕爲袍註纊新棉也縕舊絮也衣之有著者用新棉謂之繭用舊絮謂之袍趙氏曰枲著則雜用枲麻以著袍也

忮求　雄雉詩卒章曰百爾君子不知

一直一婉法如律之繩人理無可逃故必從巽如風之入物情無所拂故必悅兩能無字見從與悅進言者之所能使改與繹則非進言者所能使也末如之何亦是激發語不是絕望語

三軍全旨

此章夫子教人立志意須於上句勿說容易方顯得下句出志與意不同意是發動處志是有主處此所謂志謂守其道而不渝不然則任意之私耳此志立定雖利害禍福成敗死生俱不足以移之故曰不可奪註在人在己之說妙

衣敝章旨

此章始終進子路於臧意上二節因子路之可以進而引之進末節因子路之不求進而激之進

衣敝節旨

縕袍狐貉只借衣之貴賤以明貧富相形之意非言人之貴賤不恥不止不羞愧乃中有所主外物自不能動其心也且勿露進道意又先設此境界想像其人不得倒提由入

不忮節旨

引詩泛言首末補美子路意不忮不求跟不恥來

說而不繹從而不改吾末如之何也已矣末無也言此人安於暴棄難與爲善不能於法語巽言外別爲一術以感動之也　註　法語者正言之也巽言者婉而導之也繹尋其緒也法言人所敬憚故必從然不改則面從而已巽言無所乖忤故必說然不繹則又不足以知其微意之所在也○楊氏曰法言若孟子論行王政之類是也巽言若其論好貨好色之類是也語之而不達拒之而不受猶之可也其或喻焉則尚庶幾其能改繹矣從且說矣而不改繹焉則是終不改繹也已雖聖人其如之何哉　講　夫子勉人以受言之益曰法語之言辭嚴義正聞斯言者能無畏於理而從乎然徒從之非貴也惟能改己之失斯爲貴耳巽與之言辭和氣婉聞斯言者能無樂於情而悅乎然徒悅之非貴也惟能繹思其意斯爲貴耳如徒說之而不繹其意從之而不改其失則法言無以回其心巽言無以冀其悟吾末如之何也已矣聽言者可勿省哉

○**子曰三軍可奪帥也**萬二千五百人爲一軍三軍是甚言其人之衆可奪以勢窮力敗言帥是主將**匹夫不可奪志也**匹夫是一人而已見其勢甚寡不可奪是不可移易意志是心之所向　註　侯氏曰三軍之勇在人匹夫之志在己故帥可奪而志不可奪如可奪則亦不足謂之志矣　講　夫子勉人立志曰天下資諸人者難憑存諸己者足恃今夫三軍至衆以三軍而衛一帥宜不可奪也然三軍雖衆其勇在人苟三軍之心有不齊而力有不一其帥固可得而奪也匹夫至寡以匹夫而立一志孰不謂其可奪乎然匹夫雖微其志在己苟所立之志一定則有可榮可辱可生可殺而志必不可屈也孰得而奪之哉　補　以可奪形起不可奪不是誇獎匹夫只是教人立志可與不可全在人己二字

○**子曰衣敝縕袍與衣狐貉者立而不恥者**此非必實有其事只極形其心不爲富貴動意**其由也與**言唯由能之也　註　敝壞也縕枲著也袍衣有著者也蓋衣之賤者狐貉以狐貉之皮爲裘衣之貴者子路之志如此則能不以貧富動其心而可以進於道矣故夫子稱之　講　夫子稱子路意曰衣敝壞之縕袍與衣狐貉之裘者並立乃能忘情於富貴之交而恬然不以爲恥者其唯由也能之與夫由之志如此則可以進於道而無往不善矣○**不忮不求**忮是恥心之激而爲嫉妒求是恥心之溺而爲希冀**何用不臧**何用是無難　註　忮害也求貪也臧善也言能不忮不求則何爲不善乎此衛風雄雉之詩孔子引之以美子路也呂氏曰貧與富交強者必忮弱者必求　講　衛風雄雉之詩有曰人若能不忌人之有而忮害不恥己之無而貪求則何所爲而不善乎是詩也其由之謂矣○**子路終身誦之**終身是常常意之指不忮二句誦有佩服不忘意**子曰是道也**指不忮不求言**何足以臧**言其不足以盡終身之道　註　終身誦之則自喜其能而不復

德行不忮不求何用不臧

子路節旨

終身誦只惟恐不忮不求之志易懈耳末句承上何用不臧而反之言道理無窮此猶未足以臧也更勉而進之以求盡善可耳

歲寒全旨

此章示人周於德意只就松柏發揮正意在言外歲寒比世變松柏比君子後彫比節操松柏當歲寒然後知其後衆草木而彫比君子臨利害遇事變方見其異衆人而獨立

知者全旨

此章就知仁勇之心體無累處言之勉人進修意在言外三平看皆以成德言論德則以仁為先論學則以知為先此先知後仁是學之序耳不可以知者等俱為進學之人憂惑懼俱以心言要說得細

可與全旨

此章是步步引人向上不是節節抑人在下總見道理無窮學者不可以一善自足進一節仍有一節直到可與權處方可從容涵泳優入於聖賢之域也此權字不對經言乃時措咸宜之權如孔子聖之時便是可與者言其人之力量造詣可與如此也未可與者目下且未可也正要他造到

求進於道矣故夫子復言此以警之○謝氏曰恥惡衣惡食學者之大病善心不存蓋由於此子路之心如此其過人遠矣然以衆人而能此則可以為善矣子路之賢宜不止此而終身誦之則非所以進於日新也故激而進之

【講】夫子稱之者許其能也非謂其終身可止於是也子路乃誦之若將終身則自信其能而不復求進矣夫子抑之曰不忮不求是亦道之所在也然道無終窮必自不忮不求而進之以至於忘乎其為貧富忘乎其為忮求斯善矣此不忮不求之道何足以為臧哉由也當知所勉矣

【補】終身誦之句要看得活不是矜誇只是將此已臧之事常常吟咏不忘惟恐有忮有求不知復求進也

○子曰歲寒（是歲暮天寒比世亂之際）然後知松柏之後彫也（然後知是未歲寒則不知後彫是不彫比君子志節不摧）

【註】范氏曰小人之在治世或與君子無異惟臨利害遇事變然後君子之所守可見也○謝氏曰士窮見節義世亂識忠臣欲學者必周於德

【講】夫子勉人為松柏意曰時窮則節見當夫春夏之交松柏與草木無異耳及至歲寒之時草木零落然後知松柏挺然獨秀不與草木同其彫也夫事變之値君子之歲寒志節之堅君子之後彫欲不負人知者其可不周於德乎

【補】看來夫子止贊松柏之能自立耳慨世人知松柏之晚只是餘意

○子曰知者不惑（知是吾性虛明之德三者字俱作人字看不惑是不疑於理）仁者不憂（仁者吾性無私之德不憂是自得意）勇者不懼（勇是吾性強毅之德不懼是不動心意）

【註】明足以燭理故不惑理足以勝私故不憂氣足以配道義故不懼此學之序也

【講】夫子示人以進學之序曰君子之學其始也知以啟其端吾誠知者矣則理明事徹而自不至於惑其中也仁以踐其實吾誠仁者矣則私淨天全而自不至於憂其終也勇以要其誠吾誠勇者矣則氣充力足而自不至於懼學者苟能於知仁勇三者循序而兼體焉則道為我有矣

【補】不惑就在知字上見不憂就在仁字上見不懼就在勇字上見

○子曰可與共學（共學是同去立志求學）未可與適道（適往也適道是真見得道之好而勇往以求意）可與適道未可與立（立是有定守）可與立未可與權（權是稱重輕的即時中之道也）

【註】可與者言其可與共為此事也程子曰可與共學知所以求之也可與適道知所往也可與立者篤志固執而不變也權稱錘也所以稱物而知輕重者也可與權謂能權輕重使合義也○楊氏曰知為己則可與共學矣學足以明善然後可與適道信道篤然後可與立知時措之宜然後可與權洪氏曰易九卦終於巽以行權權者聖人之大用未能立而言權猶人未能立而欲行鮮不仆矣程子曰漢儒以反經合道為權故有權變權術之論皆非也權只是經也自漢以下無人識權字愚按先儒誤以此

唐棣 埤雅云唐棣一名栘凡木之華皆先合而後開惟此先開而後合物類相感志云生江南山谷中樹潤無風葉自動

可與處條辨云立只處得常事權則合常變都處到至善處

唐棣章旨 此章夫子恐人廢思意蓋人之神明不測其用只在一思耳思中境界開闢不盡正理中境界開闢不盡子因詩言偶然感觸故輕輕借為學人指點

唐棣節旨 門人因夫子借詩辭而反之故先記此以為張本

未之節旨 二句緊相承不曰不思而曰未思正引人以用思之處不曰不遠而曰何遠亦非與以易盡之求正恐人泥其言因遠而廢思也

孔子章旨 此章合鄉黨廟朝而見聖人之時中上節是在鄉黨盡其禮下節是在朝廟致其恭正於言貌不同處見之玩本文於字其在字有隨在流露之妙

孔子節旨 恂恂二句相連說蓋似不能言只形容恂恂如

其在節旨

章連下文偏其反而為一章故有反經合道之說程子非之是矣然以孟子嫂溺援之以手之義推之則權與經亦當有辨【講】夫子以全學勉人曰人之無志於學無論已苟或其志既端可與共學矣然志雖端而其見未定未必不為他歧之惑也未可與適道也或其見既定可與適道矣然見雖定而其守未固未必不為半塗之廢也未可與立也至於卓然有守可與立矣然信之篤者或未審於通變之方守之專者或未達於時中之義猶未可與權也有志於學者可不由共學而適道而立以至於權哉【補】未可與者是未便可與之意非終不可與也

○唐棣之華（華與花同）偏其反而（是言物之無情而有情也）豈不爾思（爾指所思之人言）室是遠而（室指所處之地言遠是思而不得見意）【註】唐棣郁李也偏晉書作翩然則反亦當與翻同言華之搖動也而語助也此逸詩也於六義屬興上兩句無意義但以起下兩句之辭耳其所謂爾亦不知其何所指也【講】逸詩有云唐棣之花尚偏其反然而搖動矣以我之與爾豈能忘情而不思哉但以室之遠而不能相及耳信斯言也若將以既思而猶病於遠將率天下之人以廢思矣

○子曰未之思也（未之猶言未嘗思以心之思理言）夫何遠之有（猶云何有於遠言理隨思而得）【註】夫子借其言而反之蓋前篇仁遠乎哉之意○程子曰聖人未嘗言易以驕人之志亦嘗言難以阻人之進但曰未之思也夫何遠之有此言極有涵蓄意思深遠【講】夫子借其言而反之曰詩既云思而復以遠為患也自我言之殆未之思也夫天下之境亦何遠而不可致之有千古以上萬里而外一心之所通焉耳【補】何遠句只翻弄不遠意而所以不遠亦令人深思而自得之

鄉黨第十

楊氏曰聖人之所謂道者不離乎日用之間也故夫子之平日一動一靜門人皆審視而詳記之尹氏曰甚矣孔門諸子之嗜學也於聖人之容色言動無不謹書而備錄之以貽後世今讀其書即其事宛然如聖人之在目也雖然聖人豈拘拘而為之者哉蓋盛德之至動容周旋自中乎禮耳學者欲潛心於聖人宜於此求焉舊說凡一章今分為十七節

○孔子於鄉黨（於字作在字看）恂恂如也（如字是形容不盡意）似不能言者（是言語簡默正形容其恂恂處）【註】恂恂信實之貌似不能言者謙卑遜順不以賢知先人也鄉黨父兄宗族之所在故孔子居之其容貌辭氣如此【講】記者謂孔子之處於鄉黨以父兄宗族之所在有親道焉則恂恂如其信實也謙卑遜順不以賢知先人有似不能言者其在鄉黨之言貌如此

○其在宗廟朝廷（其指孔子）便便言唯謹爾（唯是獨謹是不敢放縱意）【註】便便辯也宗廟禮法之所在朝廷政事之所出言不可以不明辯故必詳問而極言之但謹而不放爾○此一節記孔子在鄉黨宗廟朝廷言貌之不同【講】至其在宗廟朝廷也禮法政事之所寓有尊道焉則便便

上下大夫方氏云諸侯有上大夫下大夫無中大夫而卿即上大夫也擯兩君相見賓有介主有擯介如其命數擯則用其半以示謙也卿為上擯大夫為承擯士為紹擯○傳命之制賓立庫門外直闑西北面介以次立西北東面主立庫門外直闑東南面擯以次立東南西面末擯與末介相對主命上擯請問來故上擯傳承擯承擯傳末擯末擯傳至末介末介以次傳上介達於賓賓命上介復命復以次傳之擯而達於主然後主迎賓入門

便便二句亦串講便便則疑於不謹故加唯謹爾三字重便便言句

朝與章旨

此章朝君是主朝字提起上節接下之言曲而當下節事上之容恭而安

朝與節旨

朝字當一頓註君未視朝照下君在補入非正解朝字侃侃是明行其直誾誾是婉行其直總一直字

君在節旨

踧踖包一身儀容言與與從踧踖看出總一敬字註中適得其中而且安適也

君召章旨

此章見賓主交際內而國體係輕重外而鄰君觀敬忽惟節節中禮方不負召使之意分三段看首節承命之初中二節行禮之時末節禮畢之後

君召節旨

此是承命之敬色勃足躩皆改其常容也

揖所節旨

此是傳命之敬重襜如上夫子是時為次擯

趨進節旨

此是行禮之敬重翼如上人疾走則手易散臂易掉此所謂造次不違

賓退節旨

言必欲其詳明但其所言者唯敬謹而不放爾其在宗廟朝廷之言貌又如此合觀之而聖人之時中可見矣【補】合兩段看方見聖人全體似不能言於恂恂內見之唯謹於便便內見之說貌則已該言說言便自有貌

拆看不得

○朝 指夫子在朝要補君未視朝意 與下大夫言 下大夫是位同於己者言是商度政事 侃侃如也與上大夫言 上大夫是位尊於己者 誾誾如也【註】此君未視朝時也王制諸侯上大夫卿下大夫五人許氏說文侃侃剛直也誾誾和悅而諍也【講】記者謂夫子之入朝也方君未視朝時與下大夫之並於己者而論政則言可以直遂但見其侃侃如剛直也與上大夫之尊於己者而論政則言不可以徑情但見其誾誾如和悅而諍也是當直而直而不嫌於亢當和而和而不失之徇其接下也有如此

○君在 君是魯君在是已出視朝 踧踖如也與與如也 與與從踧踖中看出【註】君在視朝也踧踖恭敬不寧之貌與與威儀中適之貌張子曰與與不忘向君也亦通○此一節記孔子在朝廷事上接下之不同也【講】及君在而視朝也則覲天威而畏心生殆踧踖如而恭敬之不寧也然寅畏之中而有自得者存又與與如而威儀之中適也是敬其所尊而不失之驕恭而能安而不至於勞其事上也又如此【補】註事上謂君也對君則皆為下故曰接下

○君召使擯 君指魯君召是召命 色勃如也 色見於面者 足躩如也 躩如乃盤旋曲折意【註】擯主國之君所使出接賓者勃變色貌躩盤辟貌皆敬君命故也【講】記者謂夫子之為人臣也君嘗召之使為擯以接賓矣夫子將何以承之但見其敬形於色勃如其變色也敬形於足躩如其盤辟也蓋雖賓主之容未覲進退之節未行而其敬之容已雍雍乎其可觀也是承命之始其敬如此

○揖所與立 揖是拱手非作揖也 左右手 夫子時為次擯末擯在其左上擯在其右 衣前後 衣是禮服 襜如也 襜如是身不動之驗【註】所與立謂同為擯者也擯用命數之半如上公九命則用五人以次傳命揖左人則左其手揖右人則右其手襜整貌【講】由是而主賓未接正為擯者傳命時也則揖所與立之同為擯者或傳君命而出揖左人則左其手不敢內背主也或傳賓命而入揖右人則右其手不敢外背賓也然手雖左右而身容不動衣之前後襜如其整齊也是傳命之際其敬如此

○趨進 是孔子疾趨而進 翼如也 翼如是兩手無偏倚高下【註】疾趨而進張拱端好如鳥舒翼【講】及夫賓主相見正為擯者將事時也則從君之後疾趨而進然趨進雖疾而手容不動手之端拱翼如其可觀也是行禮之際其敬又如此

○賓退 是賓出就館 必復命曰 必反命於魯君 賓不顧矣

賓退 古者賓退主人送出門外設兩拜賓更不顧而去

中門履閾 古君門止一棖是兩旁立木闑是中間兩扉相闔處又有一直木以界之常設而不動朱子曰古人常闔左扉所謂中門者右扉之中也禮惟兩君相見雙扉俱啟賓入西扉之中門主人東扉之中門餘則左扉常闔是君出入皆由左扉也臣行既不敢中門立亦宜然○踐閾一則自高一則不淨並不敬

位 宁立之處天子當在門外屏內諸侯當在門內屏外

此是禮畢之敬重紓君敬上在必復命曰著神

入公章旨

此章入與出字是關鍵前四節由入門而過位升堂漸近於君而敬有加末節由出降而沒階復位漸遠於君而敬亦不懈

入公節旨

入公門三字是通章綱領門曰公門已先有敬在心了鞠躬不容相連看

立不節旨

二句平看皆入公門時行立之容也

過位節旨

外朝在庫門之內非有大故君不常御色足言三平看言似不足只是不放縱大言與似不能言有別

攝齊節旨

升堂提起攝齊鞠躬屏氣作三項看此是治朝在雉門之內進此為燕朝則在路門之內乃同姓公族所朝而諸臣不與者治朝燕朝皆可謂之內朝

出降節旨

出字提起降沒復位三平看總是敬君之心不以出而忘也沒階翼如行容之敬復位踧踖立容之敬此位字即在治朝堂下

顧回視也曰不顧者恐君久拱在門外欲君紓其敬〔註〕紓君敬也○此一節記孔子為君擯相之容〔講〕禮既成矣賓必退而就館君猶佇立以待賓之顧夫子必復命於君曰賓不顧矣蓋以紓君之敬而無勞於瞻望也敬之形於終事如此夫一為擯也自受命之始以至禮畢之後何者而不用其敬也〔補〕朱子曰擯是傳道言語相是相其禮儀不同又鄭註出接賓曰擯入贊禮曰相

○**入公門**公門是魯庫門**鞠躬如也**鞠躬是不敢直遂意**如不容**是似門小容身不得意正形容鞠躬之象〔註〕鞠躬曲身也公門高大而若不容敬之至也〔講〕記者謂夫子時入公門以覲君則敬避之至而曲身以行鞠躬如也公門雖高大如不足以容其身也

○**立不中門**立是未出入之時常人多忽略**行不履閾**〔註〕中門中於門也謂當棖闑之間君出入處也閾門限也禮士大夫出入君門由闑右不踐閾謝氏曰立中門則當尊行履閾則不恪〔講〕中門者君所出入之處夫子時而立也不敢中於門恐當尊也閾者君門內外之限夫子時而行也不敢履乎閾恐不恪也是入門之始其敬有如此

○**過位**此位是外朝**色勃如也**是敬見於面**足躩如也**是敬形於足**其言似不足者**只是不敢放言意〔註〕位君之虛位謂門屏之間人君宁立之處所謂宁也君雖不在過之必敬不敢以虛位而慢之也言似不足不敢肆也〔講〕進此則門屏之間人君宁立之處君雖不在夫子過之其色則勃如其變動也其足則躩如其不寧也至於言則訥然似不足者是過位之敬視入門之敬有加矣

○**攝齊升堂**侯國堂高七尺階七等君日御此以向明聽治**鞠躬如也**自入門來已鞠躬矣此復提掇者又以形攝齊之敬猶不廢鞠躬也**屏氣似不息者**人無不息之理但心敬則氣肅而息微〔註〕攝摳也齊衣下縫也禮將升堂兩手摳衣使去地尺恐攝之而傾跌失容也屏藏也息鼻息出入者也近至尊氣容肅也〔講〕進此則君臨御之堂矣夫子升君之堂則兩手摳衣使無傾跌之失也曲身而行不敢直遂鞠躬如也至於鼻息出入之氣亦屏之使無而似不息者是升堂之敬視過位之敬又有加矣

○**出**自堂而出不是出公門**降一等**降下也**逞顏色**只略舒展嚴敬之色**怡怡如也**正形容上句意**沒階趨翼如也**是張拱端好如鳥舒翼手容也**復其位**是復朝班之位**踧踖如也**踧踖是餘敬終不忘也〔註〕陸氏曰趨下本無進字俗本有之誤也○等階之級也逞放也漸遠所尊舒氣解顏怡怡和悅也沒階下盡階也趨走就位也復位踧踖敬之餘也○此一節記孔子在朝之容〔講〕及其見君成禮而下堂以出也降階一等漸遠所尊但見舒逞顏色怡怡而和悅也及其下盡堂階趨走就位則張拱端好而翼如也由是而復朝班之位則恭敬不寍而踧踖如也夫自入門而過位而升堂其敬為益至自降階而沒階而復位其敬猶不失夫子之事君盡禮於此見焉矣〔補〕古者朝會君臣皆立無坐見臣下之禮故云當宁而立

圭　圭瑞玉也公執桓圭侯執信圭伯執躬圭子執穀璧男執蒲璧禮記曰大夫執圭而使所以申信也

私覿　人臣無境外之交若以君命行既修君好因敘己情亦使臣之道也

紺緅　紺含也青而含赤色也考工記三入為纁五入為緅七入為緇緅在纁緇之間

紅紫　青黃赤白黑正色綠紅碧紫纁間色

羔麑狐　羔性羣而不黨又跪乳象禮麑

執圭章旨　此章以聘為主享與覿皆聘中事須重敬說容色愉愉皆敬中之和益非敬無以盡聘問之禮非和無以通聘問之情

執圭節旨　執圭二字提起鞠躬以下皆要跟執圭來以身手色足四平看此指在往聘之國升堂時其容如此既升堂納圭於君前即不復執之以下

享禮節旨　此將君享鄰之禮以情通之

私覿節旨　其君親來其臣不敢有私見以君命聘則有私覿容色曰有愉愉曰如皆就敬中想出和來

君子章旨　此章總是衣服之制首二節色字作主以有嫌與不正相對當暑四節時字作主以夏葛與冬裘相對去喪二節以備所當備省所當省相對羔裘二節以弔致其哀朝致其敬相對

君子節旨　神人異用吉凶異宜不以變色飾常服所以別嫌疑而重喪祭也

紅紫節旨　不以間色為私服所以大居正而惡疑似也

當暑節旨

○**執圭**圭是諸侯受之天子者執圭就往聘之國行禮之時言**鞠躬如也**鞠躬是曲身而行**如不勝**是似舉圭不起意正形容上句**上如揖**是似與人拱手一般**下如授**是似以物與人一般**勃如戰色**戰色比勃如又甚矣**足蹜蹜如有循**如有循正形容其蹜蹜因手中有圭不得攝齊亦防顛仆耳【註】圭諸侯命圭聘問鄰國則使大夫執以通信如不勝執主器執輕如不克敬謹之至也上如揖下如授謂執圭平衡手與心齊高不過揖卑不過授也戰色戰而色懼也蹜蹜舉足促狹也如有循記所謂舉前曳踵言行不離地如緣物也【講】記者謂夫子承君之命當執圭以通信矣但見其身則鞠躬而行而奉持之間如不勝其主器之重其手則行動之間微有上下上不過如揖下不過如授其色則勃然如臨戰陣之色其足則蹜蹜然舉足促狹如有循物而行者焉是方聘而一於敬者如此

○**享禮**是主君獻鄰國之禮**有容色**有和悅之容色【註】享獻也既聘而享用圭璧有庭實有容色和也儀禮曰發氣滿容【講】及既聘而行享禮也則用圭璧庭實以達君之情而有容色之和焉

○**私覿**是自己禮物私見鄰君**愉愉如也**是加和意【註】私覿以私禮見也愉愉則又和矣○此一節記孔子為君聘於鄰國之禮也晁氏曰孔子定公九年仕魯至十三年適衛其間絕無朝聘往來之事疑使擯執圭兩條但孔子嘗言其禮當如此爾【講】及既享而以私禮見也則有筐篚玄纁以申己之敬其容色愉愉如也則又和矣夫敬以盡聘問之禮和以達聘問之情夫子其善於修聘矣【補】朱子曰命圭通信仍還主君圭璧即琮璜之類庭實謂皮幣輿馬之類皆東於庭故曰庭實蒙引私覿亦有及其大夫者但此專指獻其君言

○**君子不以紺緅飾**君子二字貫通章紺為齋服取鈎深索隱之義緅飾練服取節哀順變之義【註】君子謂孔子紺深青揚赤色齋服也緅絳色三年之喪以飾練服也飾領緣也【講】記者謂君子不以深青揚赤色之紺與絳色之緅以飾其衣為其色不常近於齋練之服也

○**紅紫不以為褻服**紅是以火克金而成紫是以水克火而成【註】紅紫間色不正且近於婦人女子之服也褻服私居服也言此則不以為朝祭之服可知【講】若夫紅紫二者不以為私居之服為其色之不正近於婦人女子之服也

○**當暑**暑是盛夏炎熱之時**袗絺綌**暑服尚疏故絺綌從袗**必表而出之**表是顯著之義出之是出此絺綌於外【註】袗單也葛之精者曰絺麤者曰綌表而出之謂先著裏衣表絺綌而出之於外欲其不見體也詩所謂蒙彼縐絺是也【講】時乎當暑單葛所宜服也則或精而絺或麤而綌者然必先著裏衣表絺綌而出之於外欲其體之不見也

○**緇衣羔裘**朝覲用之取北面之義尚黑**素衣麑裘**聘享用之取潔素之義尚白**黃衣狐裘**大蜡後臘祭息民用之取報土功之義尚

之為物善接其類而麗尤出於天性狐死首丘不忘本也故先王取以為裘○裘外加單衣開露其美曰裼裼外加全衣掩蔽其裘曰襲○黃衣大蜡時臘先祖五祀之服也

貉

狐性好疑貉性好睡又皆藏獸故狐貉之厚以居

佩

古者有德佩有事佩德佩則左右皆玉玉聲鏘鳴事佩則左紛帨右玦捍之類

帷裳

朝祭法服取其方正故裳用正幅如帷上下齊濶猶今之裙然襞積是衣摺

弔

禮曰知生者弔

此暑服之制上句輕重必表句正聖人敬身處

緇衣節旨

此冬服之制三句平看夏葛有裏衣冬裘有外衣重相稱意此皆公服

褻裘節旨

此褻裘之制取溫便二意

狐貉節旨

此又褻裘所宜用之制亦順天時贊化育之一端

去喪節旨

此佩服之制佩玉以象德佩器以備用重必佩上

非帷節旨

此常服之制重別於朝祭意

羔裘節旨

此弔服之制重哀死上

吉月節旨

此謹朝服之制重致仕上必字亦須發揮

齊必章旨

此章當重四必字見謹齊之意上二節致潔以盡敬下一節變常以盡敬

齊必節旨

齊字提起看祭服必致美者所以恭敬於鬼神也齊服必用布者所以誠實其心志也文與質各有攸當

必有節旨

寢衣不失之狎有半不失之簡是盡亦敬夜亦敬也

黃 **註** 緇黑色羔裘用黑羊皮麑鹿子色白狐色黃衣以裼裘欲其相稱 **講** 冬月則裘所宜服也用緇衣以裼朝覲之羔裘用素衣以裼聘享之麑裘用黃衣以裼臘祭之狐裘以其色之相稱也

○ **褻裘長短右袂** 袂是袖 **註** 長欲其溫短右袂所以便作事 **講** 至於私居褻服之裘其制則長欲其溫也右袂必短所以便作事也

○ **狐貉之厚以居** 狐貉即以為褻裘者 **註** 狐貉毛深溫厚私居居其適體 **講** 然所謂褻裘以何者為之惟狐貉毛深溫厚則用以為私居之裘取其適體也

○ **去喪無所不佩** 去喪是服已滿之時佩是帶在身者 **註** 君子無故玉不去身觿礪之屬亦皆佩也 **講** 服必有佩居喪固不用佩矣去喪則玉與應用之物無所不佩於身蓋不特為飾且以備用也

○ **非帷裳** 謂非朝祭如帷之常服 **必殺之** 殺是斜裁倒合之使上狹下濶以就腰 **註** 朝祭之服裳用正幅如帷要有襞積而旁無殺縫其餘若深衣要半下齊倍要則無襞積而有殺縫矣 **講** 朝祭之服裳固用正幅如帷矣苟非帷裳則要半於下齊倍於要無襞積而有殺縫焉蓋不惟省費且別於公也

○ **羔裘玄冠** 皆是吉服 **不以弔** **註** 喪主素吉主玄弔必變服所以哀死 **講** 弔所以哀死者羔裘之朝服玄冠之祭服則不以往弔蓋不以吉服而用之凶也

○ **吉月必朝服而朝** 朝服緇衣冠冕裳言 **註** 吉月月朔也孔子在魯致仕時如此○此一節記孔子衣服之制蘇氏曰此孔氏遺書雜記曲禮非特孔子事也 **講** 朝服所以覲君夫子時雖致仕而每月之朔必朝服而北面以朝蓋不敢以致仕而忘君也合而觀之夫子之制服也邪正有等寒暑有節吉凶有經朝祭有辨無一不適其宜者矣 **補** 首提君子是記者以教法書之蓋聖人以身為教自身做底便是眾人合依底章內數不字必字見聖心化裁之妙

○ **齊** 是齊戒以祀神明 **必有明衣布** 布取其純樸也 **註** 齊必沐浴浴竟即著明衣所以明潔其體也以布為之此下脫前章寢衣一簡 **講** 記者謂齊主於敬夫子之齊其既浴也必著明衣以明潔其體而用布為之所以表純素之心也

○ **必有寢衣** 寢衣是齊時夜間所服者 **長一身有半** **註** 齊主於敬不可解衣而寢又不可著明衣而寢故別有寢衣其半蓋以覆足程子曰此錯簡當在齊必有明衣布之下愚謂如此則此條與明衣變食既得以類相從而褻裘狐貉亦得以類相從矣 **講** 及其寢也不可解衣又不可著明衣故必有寢衣以防其褻而寢衣之制則長一身有半所以取其覆足之便也是當齊而致潔以盡敬者如此

○ **齊必變食居必遷坐** 居是齊時所處之地 **註** 變食謂不飲酒不茹葷遷坐易常處也○此一節記孔子謹齊之事楊氏曰齊所以交神故致潔變常以盡敬 **講** 以至齊之所食必變其飲食之常味齊之所居必易其安坐之常處其變常以

知死者傷知生而不知死弔而不傷知死而不知生傷而不弔

明衣　三代以來襲有明衣按緇為齊服即其色也

食膾　糲米一斛舂九斗為鑿舂八斗為精○細縷切者為膾大片切者為軒

醬　內則曰濡雞醢醬實蓼濡魚卵醬實蓼濡鱉醢醬實蓼魚膾芥醬麋腥醢醬○註濡烹煮也實蓼者實蓼於腹中也卵醬魚子為醬也

薑　內則云楂梨薑桂又云屑桂與薑以灑諸上是薑為庶羞之所必用者

變食節旨　變食以潔口遷坐以澄心是食亦敬坐以敬也

食不章旨　此章見聖人隨物制宜自然合節處在不多食斷上是飲食之節下是因飲食而類記之

食不節旨　此是善其養生兩句平看本無求精細之心但遇之而不厭耳

食饐節旨　此是戒其傷生五不食平看口腹無飢渴之害也色惡臭惡不單指上魚肉

割不節旨　此雖不傷生亦不苟食兩不食平看其字指所食物言

肉雖節旨　此雖當食當飲者亦有酌量兩段亦平看重不使勝食氣與不及亂上

沽酒節旨　此衛生之嚴承上酒肉來酒當言飲而亦云不食者因脯而並言之耳

不撤節旨　此養生之周薑味辛得天地之正性溫得天地之和

不多節旨　此泛言可食者概不貪多把上面零星都收拾過了

盡敬也如此夫子謹齊之事此可以得其概矣

○**食不厭精** 是以飯之精者為善未嘗厭而去之 **膾不厭細** 是以膾之細者為善未嘗厭而去之 註 食飯也精鑿也牛羊與魚之腥聶而切之為膾食精則能養人膾麤則能害人不厭言以是為善非謂必欲如是也 講 記者謂食之精者能養人夫子雖不必求其精亦不厭精焉膾之麤者能害人夫子雖不必求其細亦不厭細焉

○**食饐而餲魚餒而肉敗** 餒自內而爛出外敗是自外而壞入內 **不食** 總上二句 **色惡不食臭惡不食** 二句廣言眾物 **失飪不食** 失飪謂宜生過生宜熟過熟也 **不時不食** 不時是天時未足也 註 饐飯傷熱溼也餲味變也魚爛曰餒肉腐曰敗色惡臭惡未敗而色臭變也飪烹調生熟之節也不時五穀不成果實未熟之類此數者皆足以傷人故不食 講 然非皆一無所厭也茍飯傷熱溼而饐及味變而餲與夫魚爛而餒肉腐而敗則不食也若未敗而色已惡則不食焉未敗而臭已惡則不食焉或烹調之失其節不食也或成熟之未至其期不食也是食之傷乎人者皆所不食如此

○**割不正不食** 重存心正上說 **不得其醬不食** 非無醬也謂不得其所宜也 重不備說 註 割肉不方正者不食造次不離於正也漢陸續之母切肉未嘗不方斷葱以寸為度蓋其質美與此暗合也食肉用醬各有所宜不得則不食惡其不備也此二者無害於人但不以嗜味而苟食耳 講 傷人者無論已至於味不傷人者亦豈苟於食乎割肉以正為度茍割有不正則不食惡其不正也食肉用醬各有所宜茍不得其醬則不食惡其不備也

○**肉雖多** 多是過其則 **不使勝食氣** 食氣是飯氣 **惟酒無量** 是不為限量 **不及亂** 亂是失德喪儀 註 食以穀為主故不使肉勝食氣酒以為人合歡故不為量但以醉為節而不及亂耳程子曰不及亂者非惟不使亂志雖血氣亦不可使亂但浹洽而已可也 講 不食者無論已至於有所食者亦豈因之而無節乎食以穀為主故肉雖多不使勝食氣俾穀氣無滯也酒以合歡則不為限量但不至於醉亂恐昏性而喪德也

○**沽酒市脯不食** 註 沽市皆買也恐不精潔或傷人也與不嘗康子之藥同意 講 若酒出於沽脯出於市未必精潔皆不食焉其衛生不亦嚴乎

○**不撤薑食** 不撤是每食必設 註 薑通神明去穢惡故不撤 講 通神明去穢惡薑之有益於用也則每食不撤焉其養生不亦周乎

○**不多食** 註 適可而止無貪心也 講 凡所當食適可而止不多食也其食不亦有節乎

○**祭於公** 是助祭於君之太廟 **不宿肉** 肉是魯君所賜胙肉不宿重不留神惠上 **祭肉** 是祭於家之肉 **不出三日** 亦是速分賜於親朋 **出三日**

祭肉 祭肉謂之胙穀梁云胙致福肉也

羹 內則言五羹雉羹脯羹雞羹犬羹兔羹也史記堯有天下粢糲之食藜藿之羹

曲禮食居人之左羹居人之右

席 席依戶牖而設與宮室相向曲禮曰南向北向以西方爲上東向西向以南方爲上又曰有憂者側席而坐有喪者專席而坐

杖者 王制曰五十杖於家六十杖於鄉七十杖於國八十杖於朝

儺

祭於節旨 此以下就飲食而推其錫類報本向晦通幽無非見聖人之敬也出三日二句是記者推夫子之意

食不節旨 食不語此條正意寢只帶言之言亦是與人言

雖疏節旨 此是每食必祭每祭必敬二必字重看雖字見易忽者而不忽也曰必祭則無不祭之食曰必齊則無不敬之祭註誠字要玩古者席地而坐置豆於地故置祭物於豆間之地

席不全旨 此記夫子所居必正蓋心安於正一不正則與心不相合要見細行必矜意

鄉人章旨 此章是聖人敦禮敎事上節重高年下節尊古禮

鄉人節旨 此重敬老之禮斯字重看鄉人飲酒不過歲時伏臘之常與鄉飲酒禮無涉

鄉儺節旨 此重尊王之禮朝服立阼階不惟尊古禮亦以執圭道朝服乃當時有官者之常服

不食之矣 此明其不出三日之故 【註】助祭於公所得胙肉歸即頒賜不俟經宿者不留神惠也家之祭肉則不過三日皆以分賜蓋過三日則肉必敗而人不食之是褻鬼神之餘也但比君所賜胙可少緩耳 【講】至於敬神之心又不以飲食之微而或苟也其助祭於公胙肉即時頒賜不待經宿者蓋重神惠而尊君賜也家之祭肉雖未能當日分賜然亦不出三日蓋出三日則肉敗而人不食之是褻鬼神之餘矣其頒肉有當可之節如此

○**食不語** 食是含哺時語是答人之問 **寢不言** 寢是夜寐言是無人問而自言 【註】答述曰語自言曰言范氏曰聖人存心不他當食而食當寢而寢言語非其時也楊氏曰肺爲氣主而聲出焉寢食則氣窒而不通語言恐傷之也亦通 【講】且其存心又可驗於寢食之愼焉當食而食語非其時故不語也當寢而寢言非其時故亦不言也其食寢有專一之心如此

○**雖疏食菜羹** 疏食是麤米飯菜羹是菲薄之羹 **瓜祭** 瓜依註作必 **必齊如也** 【註】古人飲食每種各出少許置之豆間之地以祭先代始爲飲食之人不忘本也齊嚴敬貌孔子雖薄物必祭其祭必敬聖人之誠也○此一節記孔子飲食之節謝氏曰聖人飲食如此非極口腹之欲蓋養氣體不以傷生當如此然聖人之所不食窮口腹者或反食之欲心勝而不暇擇也 【講】且其報本亦可驗其飲食之敬焉每食之時雖疏食菜羹之薄亦必祭先代始爲飲食之人其祭亦必齊如以致誠敬也報本之誠又如此夫一飲食之間莫不中節若此何莫而非道之當然哉

○**席不正不坐** 【註】謝氏曰聖人心安於正故於位之不正者雖小不處 【講】記者謂坐必以席古之制也夫子心安於正故於席位少有不正而不苟於坐焉夫以一席之微亦不苟處況其大者乎

○**鄉人飲酒** 鄉人是鄉里之人兼父兄宗族在內飲酒是歲時宴飲之禮 **杖者出** 杖者是執杖以扶行之老人出是飲畢而出 **斯出矣** 斯字作即字看 【註】杖者老人也六十杖於鄉未出不敢先既出不敢後 【講】記者謂孔子居鄉時與鄉人飲酒少長咸集其中有老者焉夫子於此必俟杖於鄉之老者出斯出矣不敢先亦不敢後所以尊老也

○**鄉人儺** 儺是古者逐疫之禮 **朝服而立於阼階** 朝服是尊其奉君命以儺也阼階是主人所立之處 【註】儺所以逐疫周禮方相氏掌之阼階東階也儺雖古禮而近於戲亦必朝服而臨之者無所不用其誠敬也或曰恐其驚先祖五祀之神欲其依己而安也○此一節記孔子居鄉之事 【講】季冬鄉人儺以逐疫雖近於戲實則古禮夫子必朝服而立於阼階以臨之蓋無所不用其誠敬也夫子居鄉之事如此可以見聖人教讓教敬之道矣 【附考】古者一歲三儺季春命國儺以畢春氣仲秋天子儺以達秋氣季冬命有司合鄉人大儺逐疫以送氣氣此乃季冬之事

周禮夏官方相氏掌蒙熊皮黃金四目玄衣朱裳執戈揚盾帥百隸而時儺以索室毆疫

藥 神農始嘗百草察寒溫平熱之性辨君臣佐使之義作方書以療民疾○黃帝咨於岐伯而作內經究脈息處方餌

廐 廐養馬之閑也雜記云廐焚孔子拜鄉人爲火來者

侍食 禮玉藻云若賜之食而君客之則命之祭然後祭先飯辯嘗羞東首

君子寢恒東首但病中容有隨意所適者君視則必正東首之

問人章旨 此章以交道爲主上節誠於遣使下節誠於受饋

問人節旨 此不以人遠而廢敬於拜送上見其誠有使未行而神先通意

康子節旨 此不以不飲而虛賜於直告上見其誠古者賜車則乘以拜賜衣則服以拜賜食則嘗以拜

廐焚全旨 此記夫子仁民先於愛物退朝只倉卒間便有貴賤低昂蓋人馬輕重人人知之所異者廐焚而不問馬耳畢竟亦問到馬註未暇字妙

君賜節旨 此章總是事君盡禮首節受賜之禮次節侍食之禮三節承視疾之禮四節急君召之禮

君賜節旨 三段平看重三必字凡賜盡出君恩皆當深臣子無窮之感必嘗必薦必畜俱是禮以義起者要見聖人時中之妙

侍食節旨 重先飯上君以客禮處我我不以客禮自處見其辭尊居卑敬之至也

疾君節旨 重朝服句見其不以疾而廢禮也

問人於他邦(問人是問其所交之人邦他是別國)再拜而送之(使者行則從其後再拜送之是拜其所問之人)【註】拜送使者如親見之敬也【講】記者謂夫子嘗遣使問所交之人於他邦當使者之行必再拜而送之非邦使者也如親見其所問之人而敬之也其誠意見於遣使如此

○康子饋藥(饋藥遣使送藥於夫子)拜而受之(是對使而拜以盡承賜之禮)曰丘未達(是未識其藥之性)不敢嘗(恐不利於疾意)【註】范氏曰凡賜食必嘗以拜藥未達則不敢嘗受而不飲則虛人之賜故告之如此然則可飲而飲不可飲而不飲皆在其中矣楊氏曰大夫有賜拜而受之禮也未達不敢嘗謹疾也必告之直也○此一節記孔子與人交之誠意【講】季康子嘗使人饋藥則拜而受之以盡其受賜之禮直告之曰是藥也丘未達其宜於疾者何如不敢遽嘗也蓋謹疾之意且示之以情也其誠意見於受饋如此

○廐焚(廐乃家之私廐焚是適然之焚)子退朝(退自公朝)曰傷人乎(是孔子問)不問馬(此門人記的)【註】非不愛馬然恐傷人之意多故未暇問蓋貴人賤畜理當如此【講】記者謂夫子在朝適家有畜馬之廐爲火所焚及夫子退朝方知而問曰廐之焚也得無因此而傷人乎初不暇問馬馬蓋仁民愛物雖聖人之本心而貴人賤畜亦理所宜然也

○君賜食(君賜是魯君頒賜孔子)必正席先嘗之(是不敢虛君之賜重尊君賜意)君賜腥必熟而薦之(重榮君賜意)君賜生必畜之(畜是養之家重仁君賜意)【註】食恐或餕餘故不以薦正席先嘗如對君也言先嘗則餘當以頒賜矣腥生肉熟而薦之祖考榮君賜也畜之者仁君之惠無故不敢殺也【講】記者謂夫子之仕魯也君嘗賜之以食必正席而先嘗之如對君也其餘則頒賜矣其敬君之賜如此君若賜之以生肉之腥必烹熟而薦之祖考其榮君之賜如此君若賜之未殺之生必畜而養之於家無故不敢殺也其仁君之賜如此

○侍食於君(侍是孔子侍於君側食是君賜之食)君祭(祭是以所食置之豆間之地祭先代始爲飲食之人)先飯(夫子每品先嘗盡臣爲君嘗食之禮)【註】周禮王日一舉膳夫授祭品嘗食王乃食故侍食者君祭則已不祭而先飯若爲君嘗食然不敢當客禮也【講】至於有時而侍食於君也君置所食物於豆間以祭則已不祭而先飯焉蓋以膳夫之嘗食者自處也

○疾(是孔子疾)君視之(魯君來問其疾)東首(以病者之首向東)加朝服拖紳【註】東首以受生氣也病卧不能著衣束帶又不可以褻服見君故加朝服於身又引大帶於上也【講】夫子時或有疾而君視之也則遷於南牖而必東其首以受生氣且加朝服於身又引大

體

命召

禮玉藻云凡君召以三節二節以走一節以趨在官不俟屨在外不俟車

負版

周禮秋官司民掌登萬民之數自生齒以上皆書於版歲登下

命召節旨

重不俟駕上見其不以勞而廢禮也

朋友章旨

此章以義為主上節是義所當殯不可辭下節是義所當受不必拜

朋友節旨

重無所歸上此節獨記曰字必嘗有是事人莫知所處而夫子有是言

車馬節旨

只重車馬不拜祭肉帶說

寢不章旨

此記聖容變而不失其常首節是敬以處己中三節是敬以待人末節是敬以事天皆要見容變意

寢不節旨

不尸不容若未嘗變者然與常人不同即變也馮氏云寢尸則過於肆居容則過於拘皆非養心之道

見齊節旨

必變必以貌對看兩雖字重前章必作必趨謂不相識者也此必變必以貌謂素所親比者也

凶服節旨

上句哀人之死亦然下車而泣之意下句敬人之生儼然登拜而受之意

有盛節旨

重敬主人禮上盛饌主敬客也變色客敬主也

帶之紳於上不敢以疾而廢尊君之禮也

○**君命召**君命魯君之命召是以司寇之職召之或以中都宰召之也**不俟駕而行**不俟駕是不待車馬之代勞行是步趨重急君命上

註　急趨君命行出而駕車隨之○此一節見孔子事君之禮

講　時夫子當仕而君命召之也則急趨君命不俟駕車而行不敢以勞而廢急君之禮也夫子事君盡禮如此洵可以立萬世人臣之極矣

○**朋友死無所歸**無所歸是無肉親戚可依歸**曰**是夫子言**於我殯**於作自字看殯是出衣衾棺槨以殯殮之

註　朋友以義合死無所歸不得不殯

講　記者謂夫子於朋友之死或無親屬可依歸者則曰於我殯凡送終之禮皆以為己任焉所以全義也

○**朋友之饋雖車馬**車馬是代勞之具饋之至厚者**非祭肉**是祭其先祖之肉禮之尤重者**不拜**

註　朋友有通財之義故雖車馬之重不拜祭肉則拜者敬其祖考同於己親也○此一節見孔子交朋友之義

講　夫子於朋友所饋之物雖車馬之重非祭祖考之胙肉則直受之而不拜蓋朋友有通財之義則車馬亦財耳故不以拜祭肉者施之也夫義所當為雖變故而不辭義所當受雖重物而不拜其以義交友者如此

○**寢不尸**不尸是不放肆**居不容**不容是容舒色愉也

註　尸謂偃卧似死人也居居家容容儀范氏曰寢不尸非惡其類於死也惰慢之氣不設於身體雖舒布其四體而亦未嘗肆耳居不容非惰也但不若奉祭祀見賓客而已申申夭夭是也

講　記者謂夫子當寢息之時雖舒布其四體亦不肆焉而似尸也當居家之際雖不弛其威儀亦不拘焉而作其容儀也其容貌之變見於寢處者如此

○**見齊衰者**見是夫子見齊衰是服親喪之人**雖狎**狎以人言**必變**變是改其容色**見冕者**冕是冠冕有爵之人**與瞽者**瞽是無目不成人之人**雖褻**褻以地言**必以貌**貌是尊禮之意

註　狎謂素親狎褻謂燕見貌謂禮貌餘見前篇

講　不特此也其見人之有喪而服齊衰者雖素所親狎亦必變其容哀有喪也見服冠冕之貴者與瞽而無目者雖當燕居之褻亦必以隆其禮貌尊有爵矜不成人也

○**凶服者式之**凶服即上齊衰者**式負版者**版即今戶籍也

註　式車前橫木有所敬則俯而憑之負版持邦國圖籍者式此二者哀有喪重民數也人惟萬物之靈而王者之所天也故周禮獻民數於王王拜受之況其下者敢不敬乎

講　不特此也在車而見服齊衰之凶服者則俯而憑式以敬之亦以哀有喪也有負邦國之版籍者必式之所以重民數也是則容貌之變見於接人者如此

○**有盛**

其死生及三年大比以萬民之數詔司寇司寇獻其數於王王拜受之登於天府

雷

雷者太陽之激氣也月令曰仲春之月日夜分雷乃發聲仲秋之月日夜分雷始收聲淮南子曰陰陽相薄感而為雷激而為霆

風

莊子曰大塊噫氣其名曰風作則萬竅怒號風經云調協祥和天之喜氣也折傷奔厲天之怒氣也○飛廉風伯也箕星風師也

綏

綏登車索也曲禮云獻車馬者執策綏

迅雷節旨

重敬天怒上聖人與天合德天變則聖人亦變恐懼修省猶屬餘意耳

升車章旨

上節有敬容下節無肆容

升車節旨

此升車之始事執綏人所同重正立

車中節旨

上此立在車下時也

車中字提起以身容口容手容三平看皆重失容上惑人意輕

色斯章旨

此章示人以知幾之學當重一時字

色舉翔集即得時處三嗅而作即時舉而舉意記此於鄉黨之末蓋以孔子聖之時所會心者無非時也

色斯節旨

即鳥以警人鳥有相時之智斯字而後字當玩二句蓋為夫子歎雌雉記也

山梁節旨

山梁見為翕靜之所雌雉便有隱伏之意時哉註訓飲啄看來當放寬說首末要補人當知幾意

饌必變色而作 是改容而起敬若不敢當也 註 敬主人之禮非以其饌也 講 不特此也至若主人有盛饌之設夫子必變乎顏色而作非以其饌也所以敬主人之禮而已

○**迅雷** 是聲之疾 **風烈必變** 是變其常度以起敬意非驚懼失次也 註 迅疾也烈猛也必變者所以敬天之怒記曰若有疾風迅雷甚雨則必變雖夜必興衣服冠而坐○此一節記孔子容貌之變 講 不特此也遇乎迅疾之雷或風之猛烈是天怒也夫子必變其常度而不敢逸豫非惕其威也乃以敬上天之怒也夫子容貌之變如此此皆理之當變者也則其變也乃所以不失其常者乎

○**升車** 是登車 **必正立執綏** 是造次不離正意 註 綏挽以上車之索也范氏曰正立執綏則心體無不正而誠意肅恭矣蓋君子莊敬無所不在升車則見於此也 講 記者謂夫子初升車之時必正立以執乎綏而無偏倚意

○**車中不內顧** 頭容直也 **不疾言** 口容靜也 **不親指** 手容恭也 註 內顧回視也禮曰顧不過轂三者皆失容且惑人○此一節記孔子升車之容 講 及夫子在車中非無顧也而不過轂而內顧非無言也而不急遽而疾言非無指也而不妄動而親指三者非惟不失容而且不至於惑人矣升車之間而其動容中禮如此非盛德之至能之乎 補 陳氏曰大夫得乘車觀瞻所係故夫子謹之

○**色斯舉矣** 色即幾之動處斯舉見其甚速 **翔而後集** 翔正擇之審處後集見其不易 註 言鳥見人之顏色不善則飛去回翔審視而後下止人之見幾而作審擇所處亦當如此然此上下必有闕文矣 講 記者謂鳥見人之顏色不善斯舉而飛去矣必回翔審視而後下集焉夫鳥且如此況人可無見幾之智審處之明乎

○**曰山梁雌雉** 山梁是山澗橋梁雉是山鳥 **時哉時哉** 二哉字有感歎意 **子路共之** 共之是欲執其鳥 **三嗅而作** 嗅作雉鳴看作是飛起而去 註 邢氏曰梁橋也時哉言雉之飲啄得其時子路不達以為時物而共具之孔子不食三嗅其氣而起晁氏曰石經嗅作戞謂雉鳴也劉聘君曰嗅當作臭古闃反張兩翅也見爾雅愚按如後兩說則共字當為拱執之義然此必有闕文不可強為之說姑記所聞以俟知者 講 夫子嘗有感而歎曰山梁之雌雉得其時哉得其時哉蓋謂其飲啄自如飛集以時也子路不達以為時物乃欲共而執之其色疑於不善雉遂三嗅其聲而飛作所謂色斯舉者可驗矣信乎鳥之見幾也然則人於去就之義其可以不審乎 補 前後通以鳥之飛集得時說而示人知幾意第補在言外亦可想見夫子仕止久速各當其時之意

天寶書局精校藏板

雉 禽經云雉介鳥也耿介而一志者也

新訂四書補註備旨下論卷之三

粵東鄧 林退庵先生手著 裔孫 煜耀生編次

寶安祁文友珊洲先生重校 江甯後學杜定基起元增訂

禮樂 仲尼燕居曰師爾以為必鋪几筵升降酌獻酬酢然後謂之禮乎爾以為必行綴兆興羽籥作鐘鼓然後謂之樂乎言而履之禮也禮行而樂之樂也○樂記曰禮樂不可斯須去身

陳蔡 陳嬀姓侯爵有虞氏裔孫閼父為周武王陶正能利器用王以元女大姬下嫁其子滿而封諸陳使奉虞帝祀

先進章旨 此章夫子自明所從以正天下意上節述時人尚文之論下節示在己折衷之意重下節意在維世不徒自審從違已也當以中字為主

先進節旨 先進後進是夫子指陳野人君子方是時人之言禮樂只是一個古今用得不同此節雖未可下斷語夫子述之便寓感慨微意

如用節旨 用之只據目前所用不指他日得位言從先進則不從後進可知

從我章旨 此章夫子追思與難之賢門人因記其人以實之唐虞有君臣成周有父子陳蔡有師弟皆千古奇會

從我節旨 上句見相從患難意下句皆字可玩見無一人在門矣兩言追維往昔有無限深情

先進第十一

此篇多評弟子賢否凡二十五章胡氏曰此篇記閔子騫言行者四而其一直稱閔子疑閔氏門人所記也

子曰先進 先進指文武成康時人 於禮樂 禮樂不專指儀節聲容凡人之言動交際與施之政治者但敬處便是禮和處便是樂 野人也 野人言其樸實無文也 後進 後進指周末時人 於禮樂君子也 君子言其文采可觀也 〔註〕先進後進猶言前輩後輩野人謂郊外之民君子謂賢士大夫也程子曰先進於禮樂文質得宜今反謂之質樸而以為野人後進之於禮樂文過其質今反謂之彬彬而以為君子蓋周末文勝故時人之言如此不自知其過於文也 〔講〕夫子以身維禮樂曰禮樂以得中為貴但世道既殊而人之習尚亦異彼先進之於禮樂文質得宜今反以為野人夫野人誠非禮樂所尚不謂先進之禮樂竟等之野人也可異也若後進之於禮樂文過其質今反以為君子夫君子誠為禮樂所重不謂後進之禮樂亦稱之君子也尤可異也

○如用之 如字作若字看用之兼治身淑世說 則吾從先進 則字有斷然不惑於時論意從先進是從文武成康之舊於吾從周意同 〔註〕用之謂用禮樂孔子既述時人之言又自言其如此蓋欲損過以就中也 〔講〕夫時人之論若此則其所用必從後進而不從先進也明矣如吾用之吾則何如也亦惟從乎先進之禮樂而已又何恤於人言之紛紛乎夫子之越時論而獨快所從如此 〔補〕聖人用禮樂而從先進在當時為崇質在理上不過適中

○子曰從我於陳蔡者 從是隨陳蔡二國名者字指諸弟子言 皆不及門也 皆字最重有感慨殊深意不及門雖是或仕或歸或沒但宜泛言 〔註〕孔子嘗厄於陳蔡之間弟子多從之者此時皆不在門故孔子思之蓋不忘其相從於患難之中也 〔講〕夫子追思與難之賢曰昔弟子從我於陳蔡患難之中者今皆不及相從於吾門也撫今追昔其能已於思哉

○德行 是道得於心而見於行事者 顏淵閔子騫冉伯牛仲弓 如淵之仁騫之孝牛之謹弓之簡可見 言語 是善為說辭者 宰我子貢 如賢仲尼於堯舜尊仲尼為日月可見 政事 是達於為國治民之事者 冉有季路

蔡姬姓侯爵出自文王子叔度武王克商封於蔡○史記楚昭王來聘孔子往拜禮焉路出於陳蔡陳蔡大夫謀曰楚大國也孔子用則陳蔡用事大夫危矣乃相與發徒役圍孔子於野絕糧七日孔子講誦絃歌不衰使子貢至楚楚昭王興師迎孔子然後得免

父母昆弟

子騫早喪母父再娶生二子繼母以蘆花衣子騫父覺欲逐之子騫曰母在一子寒母去三子單母得免後遂侍均平

白圭

衛武公作抑詩使人日誦於其側以自警此四

德行節旨

只重記陳蔡諸賢各表表如此宜乎在難有絃歌之樂居安切思慕之情也當時相從亦不止此十人門人特記其四科之最優者亦非顏閔不足於文學游夏全缺於德行也要見困危時英賢畢集固一時之危實萬世之光

回也全旨

此章深嘉顏子悟道之妙二句須一氣說助不是助夫子所未及蓋道理是欣然雖具聖心加一番辨難愈長一番精領受意神先言助不可少轉非助便出意外爾悅乃渙然冰釋怡然理順無所不三字要剔醒

孝哉全旨

此章表閔子騫孝行之孚上句虛下句乃實證之言字緊貼父母昆弟非人能知其隱而自有言也父母昆弟稱在前人信在後處變一層意不必補出註兼言友蓋就昆弟之言見之孝者必友耳

南容全旨

此章見南容治心之學非治詩也所謹者言語之微所關者身世之大故三復當就防玷之心看擇配亦只重謹言之賢上謹行不必添入

如藝而足民勇而治賦可見**文學**是學於詩書禮樂之文而能言其意者**子游子夏**如絃歌東路模範西河可見

【註】弟子因孔子之言記此十人而并目其所長分為四科孔子教人各因其材於此可見○程子曰四科乃從夫子於陳蔡者爾門人之賢者固不止此曾子傳道而不與焉故知十哲世俗論也

【講】門人因夫子之言而記之曰當時與難之賢考之有踐履篤實長於德行者則顏淵閔子騫冉伯牛仲弓也有應對明敏長於言語者則宰我子貢也有才識疏通長於政事者則冉有季路也有聞見博洽長於文學者則子游子夏也以陳蔡患難中而有若人誠足以相慰矣今皆不及門其能已於思與

【補】王觀濤曰德行節當以道字貫德屬心行屬身德行者體道於身心者也言語所以闡道政事所以達道文學所以載道可見昔之與難皆以道相從今之追思亦以道致慨

○**子曰回也非助我者也**非助我即在下句看出**於吾言無所不說**無所不義已言未言看說

【註】助我若子夏之起予因疑問而有以相長也顏子於聖人之言默識心通無所疑問故夫子云然其辭若有憾焉其實乃深喜之○胡氏曰夫子之於回豈真以助我望之蓋聖人之謙德又以深贊顏子云

【講】夫子嘉顏子之悟道曰羣弟子問辨之間嘗有發吾之未發而得其助矣若回也則非有助於我者也但見其凡於吾之所言惟無所不說而已耳無有疑自無有問又安得有助哉

【補】鄭禹梅曰夫子意中有喜無憾口中却是有憾無喜最妙

○**子曰孝哉**贊美之辭**閔子騫人不間於其父母昆弟之言**人指外人不間是無異意言是稱其盡孝之言

【註】胡氏曰父母兄弟稱其孝友人皆信之無異辭者蓋其孝友之實有以積於中而著於外故夫子歎而美之

【講】夫子稱閔子騫之孝曰百行莫大乎孝以今觀之孝哉其閔子騫乎蓋凡人之孝見稱於父母昆弟者有矣然或溺於愛蔽於私而外人未必以為然也今閔子騫之孝不獨父母昆弟稱之而外人亦皆稱之初無異於其父母昆弟之言使非孝友之實積於中而著於外何以得此乎此閔子騫所以為純孝也

【補】吳氏曰夫子於弟子未嘗稱字此或集語者之誤袁了凡曰或中外素有是稱也

○**南容三復**三非三次只是屢屢意復有口誦心維意**白圭**白圭是衛武公謹言之詩**孔子以其兄之子妻之**妻是嫁之為妻重取其賢上

【註】詩大雅抑之篇曰白圭之玷尚可磨也斯言之玷不可為也南容一日三復此言事見家語蓋深有意於謹言也此邦有道所以不廢邦無道所以免禍故孔子以兄子妻之○范氏曰言者行之表行者言之實未有易其言而能謹於行者南容欲謹其言如此則必能謹其行矣

【講】白圭之詩衛武公謹言而作也南容每日三復白圭之詩蓋修身之士也於以齊家不難矣故孔子以其兄之

語乃其第五章之句也

顏路 孔子始教於闕里而顏路受學焉娶齊姜氏生子回

孔鯉 孔子娶於宋之亓官氏生鯉鯉之生也魯昭公以鯉魚賜孔子榮君之貺故因名鯉而字伯魚闕里志鯉生於昭公九年既長昭公以幣聘之稱疾不行

棺椁 附身曰棺附棺曰椁有底曰棺無底曰椁

季康全旨 此章見顏子死而聖學絕之意要得夫子嗟嘆口氣好學只就回心上說勿添入不遷怒二句

顏路章旨 此章見顏路愛回以情夫子愛回以義請車為椁即欲厚葬之意夫子辭以不可徒行正不欲其厚葬也

顏路節旨 賣車買椁原無此理但顏路愛子之至而家又貧情無可伸故為無聊之請耳蓋不能以義止之

才不節旨 上二句且虛講泛以父子之道論之下特提起葬鯉一事正要他以葬鯉者葬回於拒之之中寓愛回之義見溺情有所不必伸也

天喪全旨 此章悼道失傳重天字夫子不以身之存亡為死生而以道之絕續為死生蓋回死則道亡故呼天以悼之

子妻之是謹言之學聖門所重如此

○季康子問弟子孰為好學孔子對曰有顏回者好學好學泛說不幸短命死矣今也則亡今也只就弟子中說亡讀作無 註 范氏曰哀公康子問同而對有詳略者臣之告君不可不盡若康子者必待其能問乃告之此教誨之道也 講 魯大夫季康子問羣弟子中孰為好學孔子對曰好學之人豈易得哉羣弟子惟有顏回者誠為好學人也夫何天不假之以年不幸短命死矣今也求之吾門則亡有好學如回者寧不深可惜哉

○顏淵死顏路請子之車車是夫子為大夫之車以為之椁 註 顏路淵之父名無繇少孔子六歲孔子始教而受學焉椁外棺也請為椁欲賣車以買椁也 講 昔顏淵死家貧不能具椁其父顏路乃請夫子所乘之車賣之以為淵之椁蓋溺於情而不知有義者也

○子曰才不才才是子之肖不才是子之不肖亦各言其子也泛指為父者說鯉也死有棺而無椁是不徇情以示義意吾不徒行以為之椁徒行是舍車而步行以吾從大夫之後大夫是有爵位者不可徒行也不可徒行便見不可賣車此但就鯉說回意補在後 註 鯉孔子之子伯魚也先孔子卒言鯉之才雖不及顏淵然已與顏路以父視之則皆子也孔子時已致仕尚從大夫之列言後謙辭○胡氏曰孔子遇舊館人之喪嘗脫驂以賻之矣今乃不許顏路之情何耶葬可以無椁驂可以脫而復求大夫不可以徒行命車不可以與人而鬻諸市也且為所識窮乏者得我而勉強以副其意豈誠心與直道哉或者以為君子行禮視吾之有無而已夫君子之用財視義之可否豈獨視有無而已哉 講 夫子以義止之曰人之子有才有不才然以父視之亦各言其子也故子之視回猶吾之視鯉我鯉也先回而死亦只有棺而無椁吾不舍車徒行以為鯉之椁非故薄於鯉也蓋以吾雖致仕亦嘗從大夫之後則出入猶詔於國不可徒行以褻朝廷之名器也然則子之處回亦猶乎吾之處鯉可也 補 不重大夫不可徒行貧而厚葬雖可徒行亦不可也

○顏淵死子曰噫天喪予天喪予子是我 註 噫傷痛聲悼道無傳若天喪己也 講 昔顏淵死夫子傷之曰噫吾之道實賴顏回以傳今回死則吾之身雖存而吾之道已無傳矣是天之喪予也是天之喪予也重言以致其歎息如此 補 天字莫輕看過文王既沒夫子得與斯文者天實為之也今到自己一旦失傳安得

子哭全旨
此章見夫子宜慟而慟哀之發而中節也哭慟亦重悼道無傳上慟不自知若過也然哭淵而慟非過也提出夫人二字不是自解乃是愈痛愈深

門人章旨
此章夫子以安貧之義責門人與請車章同看

門人節旨
欲厚葬作夫子之門人為是蓋於回有朋友之誼也

厚葬節旨
註云蓋顏路聽之蓋疑辭以請車為椁知之

視予節旨
視予猶父全以道義事夫子處予不得句有自咎之義非我也二句則歸責於門人

季路全旨
此章見學不可躐等問事鬼神是問所以感格處問死是問所以處死之道夫子非拒之而不答也以理而論則幽明始終初無二理以學而論則幽明始終當有其序事鬼神當自事人始知死當自知生始是教他但從

不呼天而悼

○顏淵死子哭之慟指淵之字從者曰從者夫子門人子慟矣是欲節夫子之哀〔註〕慟哀過也〔講〕昔顏淵死夫子悼道無傳哭之過哀而慟門人從夫子者恐夫子不自覺乃請曰夫子之哭慟矣蓋欲節其哀也○曰有慟乎〔註〕哀傷之至不自知也〔講〕夫子哀傷之至猶不自知乃曰吾之哭果有至於慟乎○非夫人之為慟而誰為二為字猶云非為夫人慟更為何人〔註〕夫人謂顏淵言其死可惜哭之宜慟非他人之比也○胡氏曰痛惜之至施當其可皆性情之正也〔講〕如有慟也則夫人者道之所由寄其死可惜吾非夫人之為慟而誰為慟哉觀此則回之死深為可惜而夫子哀之中節亦可見矣

○顏淵死門人欲厚葬之門人是夫子門人厚葬兼衣衾棺椁墳墓在內之字指淵子曰不可是不可厚葬〔註〕喪具稱家之有無貧而厚葬不循理也故夫子止之〔講〕昔顏淵死門人以回有賢行欲厚其喪具以葬之夫子止之曰不可蓋喪具稱家有無貧而厚葬非理也○門人厚葬之不從夫子之命〔註〕蓋顏路聽之〔講〕門人不聽夫子之言竟厚葬之○子曰回也視予猶父也視猶待也猶父是以父道事孔子指平日言予不得視猶子也不得視夫子即厚葬時言不得者言己有是心不得遂耳非我也是辭其責於己夫二三子也是歸其責於門人〔註〕嘆不得如葬鯉之得宜以責門人也〔講〕夫子責之曰回之於我其分固師弟矣然恩義兼盡蓋視予猶父也乃今之葬回不得如葬鯉之得宜是予不得視回猶子也然此非我之過也予嘗止之乃爾二三子之不從而為之也謂之何哉〔補〕勉齋黃氏曰喪子之嘆有慟之哭非厚顏子也為道也請車郤之厚葬責之非薄顏子也亦為道也

○季路問事鬼神鬼神如山川五祀先祖之類子曰未能事人事人如事父兄長上之類焉能事鬼見當先求事人之道敢問死是求知人所以終之道曰未知生知生是知人始生之理焉知死見當先求生之理〔註〕問事鬼神蓋求所以奉祭祀之意而死者人之所必有不可不知皆切問也然非誠敬足以事人則必不能事神非原始而知所以生則必不能反終而知所以死蓋幽明始終初無二理但學之有序不可獵等故夫子告之如此○程子曰晝夜者始生之道也知生之道則知死之道盡事人之道則盡事鬼之道死生人鬼一而二二而一者也或言夫子不告子路不知此乃所以深告之也〔講〕季路問事鬼神之道夫子告之曰神道遠人道邇若能事人則

由死衛難

左傳衛孔悝取太子蒯聵之姊生悝孔悝卒太子自戚入適伯姬氏迫悝於廁欲令逐輒强盟之遂刦以登臺召獲奉衛侯輒來奔子路為孔氏宰聞亂將入遇子羔出曰門已閉矣子路曰吾姑至焉子羔曰弗及不踐其難子路曰食焉不避其難子羔遂出子路入及門有使者出乃入曰太子焉用孔悝雖殺之必或繼之且曰太子無勇若燔臺半必舍孔叔太子聞之懼下石乞盂黶敵子路

分明處理會正告以事鬼神知死之實子路看人鬼生死為二夫子道人鬼生死為一也生字乃生初之生非生活之生

閔子章旨

此章見聖人造就英才之心上節記者描寫四賢氣象兼言貌在內見一堂有千載之契下節專戒子路亦見欲全其樂育意

閔子節旨

誾誾行行侃侃俱就好一邊說當以剛字為主蓋道體重大非剛毅壁立磊落英發者莫克負荷樂就夫子語言意態想見之

若由節旨

然者未定之辭

魯人全旨

此章見聖賢同一維魯之心為長府亦是崇利聚斂之萌為者或易其規或更其地故註訓改作閔子不直斥其非而但言舊之可仍含蓄無限深意如之何不是商量未決之辭三句本一意直下夫子恐魯人忽此言故亟稱之有中是一言之間切中乎民瘼國計為益不小贊閔子正以堅魯人之聽也

由之章旨

此章夫子造就子路意為子路言則諷其所短為門人言則表其所長無非鼓舞子路微權

事鬼之道可推也苟未能誠敬以事人焉能誠敬以事鬼乎子亦先求之事人可矣又問何為而死夫子告之曰人始而生終而死故必知生而知死之道可推也苟不求原始而知所以生又焉能反終而知所以死乎子亦先求知生可矣 **補** 朱子謂事人事鬼以心言知生知死以理言如事君親盡誠敬之心即移此心以事鬼神則祭如在祭神如神在人受天所賦之全理須盡得此理到死時乃知生理已盡亦安於死而無愧矣

○**閔子侍側** 侍側是立於夫子旁側包下三子 **誾誾如也** 誾誾是剛在和中不見其剛 **子路行行如也** 行行是過剛而歉於和 **冉有子貢侃侃如也** 侃侃是和若不足剛則有餘 **子樂** 是樂數子有剛德可以進道非樂其終於此也 **註** 行行剛強之貌子樂者樂得英才而教育之 **講** 昔閔子侍於夫子之側其氣象內剛外和德器渾厚殆誾誾如也侍側有子路則剛強不屈英氣畢露殆行行如也侍側有冉有子貢則和順不足剛直有餘殆侃侃如也四子之氣象雖不同要皆有剛德足以進道者故夫子樂之深幸斯道之有賴矣

○**若由也** 若字有不敢必意 **不得其死然** 是恐其無以善終意 **註** 尹氏曰子路剛強有不得其死之理故因以戒之其後子路卒死於衛孔悝之難洪氏曰漢書引此句上有曰字或云上文樂字即曰字之誤 **講** 夫剛德固可以進道而過剛亦足以取禍故夫子因子路之行行而戒之曰若由也恐有不得其死之理者然蓋欲矯其氣質之偏以遂其樂育之心也過剛者可不戒哉

○**魯人** 指魯國司因革之權者稱人貶辭也 **為長府** 長府藏貨財者金玉曰貨布帛曰財 **註** 長府藏名藏貨財曰府為蓋改作之 **講** 魯有長府其來久矣一旦欲更為之是當事者之計過也國計民生從此蹙矣 **閔子騫曰仍舊貫** 指修葺言 **如之何** 言有何不可 **何必改作** 是決言其不當改作 **註** 仍因也貫事也黃氏曰改作勞民傷財在於得已則不如仍舊貫之善 **講** 閔子騫諷之曰事有不得已者為之可也今長府之役在所得已仍其舊貫如之何何必紛紛然改作而勞民傷財為也言蓋婉而切矣

○**子曰夫人不言** 夫人指閔子不言謂平日不妄發言 **言必有中** 言指今日仍舊貫之言 **註** 言不妄發發必當理惟有德者能之 **講** 故夫子稱之曰夫人固不輕言一有所言則必有中乎理其曰仍舊貫者理之所當仍也曰何必改作者理所不當改也使魯之君臣而從此言則民不勞財不傷其利不亦溥哉觀此則知聖賢同一維魯之心矣 **補** 春秋於長府不書必閔子諷諫之力也

○**子曰由之瑟** 瑟是樂器 **奚為於丘之門** 奚是何為即鼓瑟 **註** 程子曰言其聲之不和與己不同也家語云子路鼓瑟有

以戈擊之斷纓子路曰君子死冠不免結纓而死

由瑟

家語孔子曰南者生育之鄉北者殺伐之域故舜造南風之詩其興也勃焉紂為北鄙之聲其廢也忽焉由今也匹夫之徒而習亡國之聲豈能保其六七尺之體哉

堂室

釋名云堂謂堂堂高顯貌室實也人物實滿其中也

由之節旨

此欲子路變剛强以適於中和不專為鼓瑟也

門人節旨

升堂入室串講俱兼知行說雖是曉門人正以勉子路見有可入室之機當不懈於進耳未字有旦暮遇之意

問師章旨

此章見道貴得中夫子評論師商即裁成師商處裁成師商亦是教子貢處

問師節旨

中字註到末節方提明首節只照白文平分中字自宜渾

然則節旨

此問疑過較不及畢竟力有餘耳愈字與賢字不同

過猶節旨

語氣順下不可倒說不及猶過亦不可平說過不及同病但重講過之離道而猶不及意自見

季氏全旨

此章見聖人惡黨惡而害民亦維持魯事意也周公乃魯之先君書曰富於周公正隱誅季氏無君聚斂不必法外加賦註中急字要認夫子以非吾徒絕之義也又使門人責之仁寓

北鄙殺伐之聲蓋其氣質剛勇而不足於中和故其發於聲者如此 講 子路氣質剛勇故其鼓瑟有北鄙殺伐之聲夫子責之曰丘之門以中和為教今由之瑟不和甚矣奚為而鼓於丘之門乎斯言也蓋欲抑由之剛勇以進於中和非謂其可忽也

○**門人不敬子路**門人是子路同列不敬是忽略意**子曰由也升堂矣**此句最重堂字是借言**未入於室也**此句輕帶室字亦是借言 註 門人以夫子之言遂不敬子路故夫子釋之升堂入室喻入道之次第言子路之學已造乎正大高明之域特未深入精微之奧耳未可以一事之失而遽忽之也 講 門人聞夫子之言遂不敬子路故夫子釋之曰二三子亦知由之所造乎今由之學其所知所行已造乎正大高明之域而升堂矣特有歉於精微之奧而未深入於室也自堂而至室閫易易耳豈可以鼓瑟一事之失而忽之哉 補 道理只一箇如仁義做得斐然成章是升堂至義精仁熟止於至善是入室

○**子貢問師與商也孰賢**孰是誰賢是勝**子曰師也過**過是過乎道之中**商也不及**不及是不及乎道之中 註 子張才高意廣而好為苟難故常過中子夏篤信謹守而規模狹隘故常不及 講 子貢問師與商也其所造果孰為賢夫子告之曰師也學每至於過商也學每至於不及一過一不及其所造較然矣

○**曰**是子貢問**然則**承上師過商不及之語來**師愈與**與疑辭 註 愈猶勝也 講 子貢未喻以為過者勝於不及乃曰夫子以師為過商為不及然則師之過果愈於商之不及與

○**子曰過猶不及**猶字作如字看言二者俱失中 註 道以中庸為至賢智之過雖若勝於愚不肖之不及然則失中則一也○尹氏曰中庸之為德也其至矣乎夫過於不及均也差之毫釐繆以千里故聖人之教抑其過引其不及歸於中道而已 講 夫子曉之曰非也道以中庸為至失之過猶夫失之不及安得以師為愈哉然則師與商也固當約之於中而子貢亦當知所以取裁矣 補 輔氏曰過不及生乎氣稟之偏中則指義理之當然處言也

○**季氏**是魯大夫之家**富於周公**如都邑半於公室田賦倍於二家是也**而求也**是記者標其名以輕之**為之聚斂**為是代謀意聚斂是多方征斂以取民財**而附益之**附益是增加意之指季氏 註 周公以王室至親有大功位冢宰其富宜矣季氏以諸侯之卿而富過之非攘奪其君刻剝其民何以得此冉有為季氏宰又為之急賦稅以富其富 講 季氏以諸侯之卿而富過於王室至親之周公則必有攘君剝民之事矣為之臣者從而匡救之可也而求也為季氏宰不惟不能匡救又為之設法征求多方聚斂以增益其富其黨惡害民也甚矣

○**子曰非吾徒也小子**是諸弟子**鳴鼓而攻之可也** 註

天寶書局精校藏板

柴

高柴齊人敬仲高傒十代孫也長不盈五尺為人篤孝而有法一云衛人○柴自見孔子出入於戶未嘗越禮往來過之足不履孔子身影蒯聵之亂子羔逃之走郭門守者曰彼有缺子羔曰君子不踰又曰彼有竇子羔曰君子不隧又曰於此有室子羔乃入焉

貨殖

史記子貢既學於仲尼退而仕於衛廢著鬻財於曹魯之間七十子之徒賜最為饒益結駟連騎束帛之幣以

乎義也二句一氣說下要之罪責冉求卽是攻擊季氏

柴也全旨

此章夫子直指四子氣質之偏須從學力上變化非偶為評論也玩四個也字先呼名喚醒從各人身上指出受病處卽是裁成處愚者知經而不知權知常而不知變魯與敏捷者相反如人一遍記得他要兩三遍記得是也辟者矜情飾貌口要好看喭兼言貌粗是欠細膩俗是欠文雅愚魯沈潛之質辟喭高明之質

回也章旨

此章見二子造道之異以道字為主言回近道而賜亦可進於道欲使賜知所勵也兩下遙相照應

回也節旨

上句言其近道下句言其安貧只為回貧故云回卽不屢空亦不害其近道

賜不節旨

上二句言其無安貧之守下一句言其有料事之明不受命是指平日然卽貨殖亦見其不受命處億亦非道中所尚但才識能進亦可進於庶乎之境

非吾徒絕之也小子鳴鼓而攻之使門人聲其罪以責之也聖人之惡黨惡而害民也如此然師嚴而友親故已絕之而又使門人正之又見其愛人之無已也○范氏曰冉有以政事之才施於季氏故為不善至於如此由其心術不明不能反求諸身而以仕為急故也 講 夫子責之曰吾徒以致君澤民為事今求之所為若此殆非吾所教之徒也爾小子於求有朋友之義其鳴鼓焉以聲其罪而攻之可也聖人之警求如此亦以警季氏也

○**柴也愚** 註 柴孔子弟子姓高字子羔愚者智不足而厚有餘家語記其足不履影啓蟄不殺方長不折執親之喪泣血三年未嘗見齒避難而行不徑不竇可以見其為人矣 講 夫子語四子之偏欲使知所自勵也曰學者之質各有其偏如柴也為人明智不足多固執而不通其病也愚

○**參也魯** 註 魯鈍也程子曰參也竟以魯得之又曰曾子之學誠篤而已聖門學者聰明才辨不為不多而卒傳其道乃質魯之人耳故學以誠實為貴也尹氏曰曾子之才魯故其學也確所以能深造乎道也 講 參也為人質樸渾厚每遲鈍而不敏其病也魯

○**師也辟** 註 辟便辟也謂習於容止少誠實也 講 師也為人留意容儀務外而少誠實其病也辟

○**由也喭** 註 喭粗俗也傳稱喭者謂俗論也○楊氏曰四者性之偏語之使知自勵也吳氏曰此章之首脫子曰二字或疑下章子曰當在此章之首而通為一章 講 由也為人貌言粗率野俗而少文雅其病也喭四子其各思所以變化之哉 補 愚魯者必須克之以學問辟者必須本之以忠信喭者必須文之以禮樂

○**子曰回也其庶乎**此句為主**屢空**就在近道中抽出言之 註 庶近也言近道也屢空數至空匱也不以貧窶動心而求富故屢至於空匱也言其近道又能安貧也 講 夫子論回賜之所造曰吾門有回博約之功既深其庶幾近道矣乎且又能安貧雖屢至空匱而不改其樂回之所造如此

○**賜不受命**只是未能順命意**而貨殖焉**貨殖只是富而致富意卽在內**億則屢中**此句正其才智明處 註 命謂天命貨殖貨財生殖也億意度也言子貢不如顏子之安貧樂道然其才識之明亦能料事而多中也程子曰子貢之貨殖非若後人之豐財但此心未忘耳然此亦子貢少時事至聞性與天道則不為此矣○范氏曰屢空者簞食瓢飲屢絕而不改其樂也天下之物豈有可動其中者哉貧富在天而子貢以貨殖為心則是不能安受天命矣其言而多中者億而已非窮理樂天者也夫子嘗曰賜不幸言而中是使賜多言也聖人之不貴言也如此 講 若夫賜之為人則不能安受天命而貨財嘗生殖焉然雖未能如回之安貧樂道而其才識明敏亦能億度事情屢中其機會也獨非求道之資乎賜也勉之 補 饒氏曰此章與前章不同前章是指氣質之偏此章是言二子造道與用心之異庶乎與億則屢中對造道之異也屢空與不受命貨殖對用心之異也

聘享諸侯所至國君無不分庭與之抗禮

子張全旨

此章論善人現在品第不踐二句一揚一抑一串說下善人質美不必依閑邪方子自無邪不必依遏欲方子自無欲註自不為惡四字正答善人處不入室非限他終不入必學方可入耳

論篤全旨

此章見聽言貴於覈實抑揚中寓警切意論篤只是言註加貌字者凡訣莊只誠偽之分色字所該甚廣凡形於外者皆是二句須重色莊邊

問聞全旨

此章見聖人因材之教一進一退均之所以善其行也上二段是問同而答異下是因疑而明其所以異人之剛者多有自用之過故語由則曰有父兄在此不但欲其尊父兄而稟命亦有教他取裁於父兄之意人之柔者多有自誘之過故語求則曰聞斯行之不必諮詣在稟命父兄上也赤之惑而問未審其故也求也退四句正發明之二故字要透發退與兼人俱就資稟言進是進其不行之志退是退其必行之志總是欲其行得停當恰好吳小曼謂由不重稟命只恐聞未之能行惟恐有聞則於所當為不患其不能為矣特患為之之意或過而於所當稟命者有闕耳若冉求之資他於行上昌昧求非不欲其稟命只恐他於行上委靡故此行字但就事上說

○子張問善人之道(道字虛看)子曰不踐迹(迹是聖賢成法不踐就質美說)亦不入於室(是未造精微之域)

註 善人質美而未學者也程子曰踐迹如言循途守轍善人雖不必踐舊迹而自不為惡然亦不能入聖人之室也○張子曰善人欲仁而未志於學者也欲仁故雖不踐成法亦不蹈於惡有諸己也由不學故無自而入聖人之室也

講 子張問善人之所以為善人者其道如何夫子告之曰善人者質之美者也故雖不踐聖賢之舊迹而自不為惡然質雖美而未學亦不能精造其域而入於聖人之室焉夫不踐迹者質美故也善人之所以為善人也不入室者未學故也又善人之所以止於善人也善人之道如此

補 此是就兩頭說中間形出善人形狀迹室俱是借字與上章升堂入室同

○子曰論篤是與(篤對巧佞浮夸者說與是許有信其素履槩其終身意)君子者乎(君子是心口相符有德之人)色莊者乎(色莊是言論莊重內無情實之人)

註 言但以其言論篤實而與之則未知其為君子者乎為色莊者乎言不可以言貌取人也

講 夫子為當時以言貌取人者發曰觀人者若但以其言論篤實而遂與之斯人也其果表裏相符而君子者乎抑亦矯飾外貌而色莊者乎如其君子與之誠是矣使其色莊將不失於過乎觀人者當考其行勿徒聽夫言也

○子路問聞斯行諸(此問有急於行意)子曰有父兄在(父兄是分尊所當稟命者)如之何其聞斯行之(是決不可輕行意)冉有問聞斯行諸(此問有怯於行意)子曰聞斯行之(是決其當行意)公西華曰由也問聞斯行諸(猶夫求之問也)子曰有父兄在(異乎求之答矣)求也問聞斯行諸(猶夫由之問也)子曰聞斯行之(異夫由之答矣此四句只自夫子答由求者而重述之以為下發問張本)赤也惑(疑其問同答異)敢問(問其故也)子曰求也退(是資稟柔弱退遜不敢前)故進之(是作其勇往之志)由也兼人(是資稟剛強有過人之才)故退之(是抑其銳進之心)

註 兼人謂勝人也張敬夫曰聞義固當勇為然有父兄在則有不可得而專者若不稟命而行則反傷於義矣子路有聞未之能行惟恐有聞則於所當為不患其不能為矣特患為之之意或過而於所當稟命者有闕耳若冉求之資稟失之弱不患其不稟命也患其於所當為者逡巡畏縮而為之不勇耳聖人一進之一退之所以約之於義理之中而使之無過不及之患也

講 子路問人之聞善斯可即從而行諸否乎夫子曰有聞固當即行然有父兄在必稟命而後可行也如之何其聞斯行之冉有問人之聞善斯可即從而行諸否乎夫子曰見義不為是無勇

也有所聞斯行之可矣公西華乃疑而問曰由也問聞斯行諸不異於求也而夫子則曰有父兄在求也問聞斯行諸亦同乎由也而夫子則曰聞斯行之夫由有父兄求獨無父兄乎求所當行由獨不當行乎赤也竊有惑焉敢問其所以異夫子告之曰吾之教由與求亦因其材耳求之資稟過於柔而退則稟命非所患也患其為之不勇耳故吾告之以聞斯行者所以激而進之使其勇於有為也由之資稟過於剛而兼人則急行非所患也患其於所當稟命者有闕耳故吾告之以有父兄在所以抑而退之使其審於有為也赤可以無惑矣 補 陳新安曰由求之問未必同時問同答異亦偶見而疑之非其能問孰知聖人造就之心哉

子畏全旨

此章見顏子以道深相信意子畏於匡凡兩見前章是為夫子記此章是為顏子記夫子一見顏子即曰吾以女為死矣懼其慢死喜其來也是情急中驚喜語顏子直答之曰子在信子之必在也直任之以回何敢死明免於患難之道同也

○子畏於匡顏淵後子曰吾以女為死矣死是犯匡人之鋒而死曰子在有深幸夫子未死意回何敢死何敢死是不輕死有與夫子同生死意 註 後謂相失在後何敢死謂不赴鬭而必死也胡氏曰先王之制民生於三事之如一惟其所在則致死焉況顏淵之於孔子恩義兼盡又非他人之為師弟者而已即夫子不幸而遇難回必捐生以赴之矣捐生以赴之幸而不死則必上告天子下告方伯請討以復讎不但已也夫子而在則回何為而不愛其死以犯匡人之鋒乎 講 夫子為匡人所圍有畏心於匡時顏淵相失在後及其至而夫子謂之曰吾以女為我之故犯匡人之鋒而死矣顏淵對曰回之死生惟夫子是從幸天未喪斯文而夫子猶在也回何敢輕死以犯匡人之鋒乎觀此而聖賢相與之情保身之哲俱見之矣 補 蔣畏庵曰匡人其如予何孔子決之於道子在回何敢死顏子決之於夫子雖是各有所憑然其所主則一也

季子然

子然平子意如之子桓子之弟也子然習見其父逐昭公常懷不臣之心自多其家得臣由求故就孔子問之

子然章旨

此章見聖人沮僭竊扶綱常之心前四節子然欲假由求以誇人夫子言其失大臣之後二節子然欲資由求以助己夫子又言其有人臣之節

子然節旨

現仕私家而儼然稱為大臣聞口便僭妄

○季子然是季平子之子桓子之弟問仲由冉求可謂大臣與可謂大臣是以二子才德擬之 註 子然季氏子弟自多其家得臣二子故問之 講 季子然自多其家得由求而臣之故問於夫子曰仲由冉求其德業才望可謂之大臣與 ○子曰吾以子為異之問異如伊呂之徒曾由與求之問 註 異非常也曾猶乃也輕二子以抑季然也 講 夫子見大臣既非家臣所可當而二子又不足以盡大臣之道特輕以抑之曰子問大臣吾以子必舉非常之人來問曾由與求二子之為問乎 ○所謂大臣者謂是稱謂大臣以人品言以道事君道是正道對容悅功利之私看不可則止不可是君不用其道止是止而不仕 註 以道事君者不從君之欲不可則止者必行己之志 講 夫所以謂之大臣者非徒以名與位也蓋以至正之道事其君而納於軌物之中苟其志不可行則止而不仕必不枉道以辱身是進退不苟有如此 今由與求也可謂具臣矣言其不足為大臣意 註 具臣謂備臣數而已 講 今由與求也果能以道事君乎果能不可則止乎特可謂具備人臣之數已矣安可謂大臣哉 ○曰然則承上節不可謂大臣說來從之者與

吾以節旨

異只照下道字看註輕二子不重重在抑季然上

所謂節旨

所謂二字有循名核實意盡責難之義陳善閉邪是以道事君也不可則

社稷
先王立五土之神祀以為社立五穀之神祀以為稷○祭法云厲山氏之有天下也其子曰農能殖百穀夏之衰也周棄繼之故祀以為稷共工氏之霸九州也其子曰后土能平九州故祀以為社

讀書
墨子云周公朝

止纔見以道之嚴正

今由節旨
具臣如才堪兵農備一臣之任但不可為大臣非尸位者比

然則節旨
之字固指季氏然只渾說

弒父節旨
說二子不從則雖不能以道事君卻能以道守己亦異乎他人之謂具臣矣

子羔章旨
此章見學而後可以入政上二節因子然之妄舉而責之下二節因子路之妄對而惡之通重一學字

子羔節旨
子路以子羔厚重有德足以化民故舉之

賊夫節旨
註未學二字未可明說下節子路方會意說出

有民節旨
民人以經畫統馭言社稷以昭事祈報言重兩有字何必二句緊頂上來謂習其事即明其理見子羔為宰未嘗廢學何言賊也

是故節旨
惡佞泛就平日說因由今日之佞而觸動平日惡佞之心也註慢神虐民以上等語皆補言外意

從之謂凡事皆從更無可否意【註】意二子既非大臣則從季氏之所為而已【講】子然又問曰二子既非大臣然則凡事皆從其主之所欲為者與○**子曰弒父與君**以下殺上曰弒**亦不從也**亦不從見得小失之事或見未真守未定間或有之若此等事則斷然亦不從【註】言二子雖不足於大臣之道然君臣之義則聞之熟矣弒逆大故必不從之蓋深許二子以死難不可奪之節而又以陰折季氏不臣之心也○尹氏曰季氏專權僭竊二子仕其家而不能正也知其不可而不能止也可謂具臣矣是時季氏已有無君之心故自多其得人意其可使從己也故曰弒父與君亦不從也其庶乎二子可免矣【講】夫子折之曰二子雖不足於大臣之道然君臣之義則聞之已熟若弒父與君之事乃非道之甚吾知其見之審守之固亦必不從也蓋季氏素有不臣之心欲借二子為羽翼故夫子稱二子以陰折其心也

○**子路使子羔為費宰**【註】子路為季氏宰而舉之也【講】昔子路仕於季氏以費宰難治舉子羔為費邑宰意以子羔厚重足以化民也○**子曰賊夫人之子**賊兼仕學兩妨尤重在仕邊夫人之子指子羔【註】賊害也言子羔質美而未學遽使治民適以害之【講】夫子聞而責之曰以夫人之子而遽使之仕則內有妨於修己而學問無由成外有妨於治人而功業不能就適以賊夫人之子耳○**子路曰有民人焉**無位曰民有位曰人**有社稷焉**社是土神稷是穀神民人社稷俱就費講**何必讀書**見不必拘拘於章句之末意**然後為學**此不過塞夫子之責正是佞處【註】言治民事神皆所以為學【講】子路強辭以對曰夫子謂賊夫人以其未學也然費邑之中有民人焉所當治也有社稷焉所當事也治民事神是即學矣何必沾沾焉讀章句之書然後為學也哉○**子曰是故**承上文來**惡夫佞者**佞不是諂佞只是口快之人事不問是不是但臨時撰來搪塞也推開說末繳子路【註】治民事神固學者事然必學之已成然後可仕以行其學若初未嘗學而使之即仕以為學其不至於慢神而虐民者幾希矣子路之言非其本意但理屈辭窮而取辦於口以禦人耳故夫子不斥其非而特惡其佞也○范氏曰古者學而後入政未聞以政學者也蓋道之本在於修身而後及於治人其說具於方冊讀而知之然後能行何可以不讀書也子路乃欲使子羔以政為學失先後本末之序矣不知其過而以口給禦人故夫子惡其佞也【講】夫即仕而學非子路使子羔本意但因夫子之責而飾辭以應之故夫子復責之曰是故我平日所以惡夫佞者正以其不問理之是非而但以口給取勝耳今由之言乃所謂佞者也庸非我之所惡乎【補】學而後仕自是一定之理子路始焉錯使繼焉強對不特害了子羔且又說壞道理其罪益重矣故夫子不斥其言之非理特惡其佞之求勝也

讀書百篇夕見士七十。

曾晳 曾晳魯南武城人季武子寢疾及其喪也大夫弔曾點倚其門而歌

師旅 周禮小司徒五人為伍五伍為兩四兩為卒五卒為旅五旅為軍

侍坐章旨

此章見聖門所志之學分三段看首節因四子侍坐而誘之言志中四節因四子言志而獨有所與末五節因曾點辨志而兼有所與蓋與曾點所以廣三子之用與三子所以實曾點之胸總是造就諸子望其大有用於世而無負人知也禮讓二字尤通章點睛處

侍坐節旨

此以齒序有師嚴道尊意

以吾節旨

此但誘之盡言尚未知言何事至下知爾何以方知教其言志註志字宜渾

居則節旨

上二句是揣發其情不是譏其躁妄下二句是激令其傾吐不是笑其無其故聖人此問即教之所在也觀其於由則哂之於點則與之可見也

率爾節旨

記率爾便對下鏗爾舍瑟言已為其言不讓地千乘句領起千乘非小國所云大國又不止千乘矣師旅饑饉一節難一節為之二字著力兼善政以作其氣善教以結其心說有勇自善政來知方自善教來哂之又與下喟然之與對照

求爾節旨

求雖因子路見哂退處小國其實才

○**子路曾晳冉有公西華侍坐** 此正言志之會 註 晳曾參父名點 講 昔子路曾晳冉有公西華侍坐於夫子之側

○**子曰以吾一日長乎爾** 以者有所拘之辭一日是謙言長之不多意爾指四子 **毋吾以也** 毋切勿意正欲其盡言處

註 言我雖年少長於女然女勿以我長而難言蓋誘之盡言以觀其志而聖人和氣謙德於此亦可見矣 講 夫子誘之言志曰以年而言吾雖有一日少長於爾然辨論之際非年之所得拘者爾其有懷必言有言必盡毋以吾長之故而遂焉而不言也

○**居則曰不吾知也** 只是自負語不是怨人語 **如或知爾** 如或是設若之辭知兼君舉相薦說 **則何以哉** 何以就設施言

註 言女平居則言人不知我如或有人知女則女將何以為用也 講 想女平居之時則皆自負曰吾才足以為世用而人不吾知也如或有君相知爾而舉用之則爾將何以措諸用而酬知哉為我言之可也

○**子路率爾** 有急於見長意 **而對** 子路年長於諸子序當先對 **曰千乘之國** 是侯國見兵賦之煩 **攝乎大國之間** 攝其間是兩邊皆大國此二句是勢難 **加之以師旅** 加添也師旅指侵伐言 **因之以饑饉** 因是頻仍意饑饉荒歉也此二句是時難 **由也為之** 為之只委國授政非是為諸侯也為之內兼善政善教看 **比及三年** 以三年為期者古者三年考績也 **可使有勇** 有勇是民皆有敵愾之勇 **且知方也** 且字折深一層 **夫子哂之** 只是哂他率爾但宜渾說

註 率爾輕遽之貌攝管束也二千五百人為師五百人為旅因仍也穀不熟曰饑菜不熟曰饉方向也謂向義也民向義則能親其上死其長矣哂微笑也 講 子路遂輕遽率爾而對曰以千乘諸侯之國而兵賦既煩管攝乎二大國之間而舉動有制勢之難也如此又且加之以師旅而兵興因之以饑饉而歲歉時之難也又如此使由也見知於人而為之則政教所敷比及三年之久可使斯民皆有勇敢之氣以之戰則勝攻則取且皆知方而有親上死長之義而樂為之致死依然強盛之千乘也由之副知我以此言畢夫子微笑而哂之矣

○**求爾何如** 是問求之志何如 **對曰方六七十如五六十** 此二句對上千乘看 **求也為之** 為之內兼開源節流看 **比及三年可使足民** 足民兼俯仰有資凶荒有備言 **如其禮樂** 如是若禮樂主教民說 **以俟君子** 俟是待君子是履中蹈和者能盡禮樂於己然後能以禮樂化民也

註 求爾何如孔子問也下放此方六七十里小國也如猶或也五六十里則又小矣足富足也俟君子言非己所能冉有謙退又以子路見哂故其辭益遜 講 夫子又問求爾之志何如求對曰千乘之國非求之所敢任也但方六七十里之小國如五六

會同　時見曰會以無常期也諸侯有不順服者王將有征討之事則既朝覲王為壇於國外合諸侯而命事焉春秋傳曰有事而會不協而盟是也殷頫曰同頫即見也十一歲王如不巡狩則六服盡朝朝禮既畢王亦為壇合諸侯而命政焉

端章甫　端禮服古者布幅二尺有二寸衣視布袂稱之屬幅廣袤等焉玄則其色也曰端示方正也君臣皆得服之○章甫常服行禮之冠也夏曰毋追商曰章甫周曰委貌異名而同制皆以漆布為之

調不過如此此為之包率民務本節用在內可使足民句重禮樂未能帶說兩節可使一樣都屬在上者君子主身備禮樂者言

赤爾節旨

赤本志在禮樂但因冉求君子之俟隱然遜己故云非能願學下正是願學處服玄端冠章甫是冠服之盛就赤本身說小相猶云從大夫之後勿以大相來形說贊君行禮謂序其儀節使君不失禮於神明審其進退使君不失禮於天子禮便該樂

點爾節旨

鼓瑟希不是瑟音希是鼓之者漸漸住手之意鏗爾連下句讀是以手推瑟而起其音鏗爾也莫春至詠而歸言乘此時同此人而樂其樂之意點非有擇於莫春想時當莫春便信口說來就眼前事洗發是個無事無為道理卻做有事有為功業此所謂大本所謂忠所謂一者是也充曾點所見便是孔子老安友信少懷意思但點止見得到這裡若孔子便做得到這裡喟然之與連鼓瑟希從容意思亦該在內觀其哂子路率爾可見

三子節旨

三子已出曾皙以夫子獨與己於由則哂之於求赤又默默者故後出而問之此各言其志與前不同前重各字見雖異無傷此重志字見非空言

十里之小國求也見知於人而為之則生養有方比及三年之久可使斯民皆富足求之志如斯而已然此特當而未教也若夫禮以節民性樂以和民情則必以俟履中蹈和之君子能之豈求之所敢當哉求之副知我以此

○**赤爾何如**（是問赤之志如如）**對曰非曰能之**（之指禮樂）**願學焉**（二句口中是謙意中是任）**宗廟之事**（是諸侯有事於親者）**如會同**（如作及字看會同是諸侯有事於君者但此俱勿露諸侯字）**端章甫**（端衣名章甫即緇布冠也）**願為小相焉**（願是未有是事但志欲如此為字正與學字應）

〔註〕公西華志於禮樂之事嫌以君子自居故將言己志而先為遜辭言未能而願學也宗廟之事謂祭祀諸侯時見曰會衆頫曰同端玄端服章甫禮冠相贊君之禮者言小亦謙辭

〔講〕夫子又問赤爾之志何如赤對曰禮樂者君子之事赤非敢曰能之但願學以習其事焉彼宗廟之事以享祖考如會同之事以見辟王此皆禮樂之所寓而貴有人相之也當斯時也赤服則玄端冠則章甫願為小相以贊君行禮於宗廟於會同焉庶有以畢吾願學之志哉赤之副知我以此

○**點爾何如**（亦是問點之志何如）**鼓瑟希**（鼓瑟是以手彈瑟希是鼓瑟方間歇）**鏗爾**（是尚有鏗然餘音）**舍瑟而作**（是舍瑟起立此三句敘其氣象之從容）**對曰異乎三子者之撰**（異不同也三子指由求赤三子言志皆其素具故曰撰此句有謙遜不敢言之意）**子曰何傷乎**（言雖異三子之撰亦無害）**亦各言其志也**（令點自言其志與後句不同）**曰莫春者**（莫春是三月上巳時候）**春服既成**（是莫春所宜之衣）**冠者五六人**（冠者成人之稱）**童子六七人**（童子是未冠者）**浴乎沂風乎舞雩**（是與童冠共浴共風之也）**詠而歸**（是歌詠而返）**夫子喟然嘆曰**（喟然嘆息之聲）**吾與點也**（與是深許其所言之志）

〔註〕四子侍坐以齒為序則點當次對以方鼓瑟故夫子先問求赤而後及點也希間歇也作起也撰具也莫春和煦之時春服單袷之衣浴盥濯也今上巳祓除是也沂水名在魯城南地志以為有溫泉焉理或然也風乘涼也舞雩祭天禱雨之處有壇墠樹木也詠歌也曾點之學蓋有以見夫人欲盡處天理流行隨處充滿無少欠闕故其動靜之際從容如此而其言志則又不過即其所居之位樂其日用之常初無舍己為人之意而其胸次悠然直與天地萬物上下同流各得其所之妙隱然自見於言外視三子之規規於事為之末者其氣象不侔矣故夫子嘆息而深許之而門人記其本末獨加詳焉蓋亦有以識此矣

〔講〕夫子又問點爾之志何如點時方鼓瑟承夫子問鼓之者漸希乃以手推瑟有鏗爾之餘音爰舍瑟而作從容對曰三子者皆用世之志也點之志異乎三子者之撰夫子慰之曰志雖有異庸何傷乎人各有志亦各言其志可也點乃言曰如茲之日向莫春者春服則既已成矣或冠者五六人焉或童子六七人焉相與浴乎沂水之濱風乎

沂 沂水出蓋縣南至下邳入泗一云沂水出尼山西北經魯之雩門岸深而水淺中有温泉冬煖夏冷

舞雩 雩者祈雨之祭名左傳曰龍見而雩是也祈雨使童男女舞之故名舞雩有壇墠樹木可以休息

何哂節旨 無實分明是兼與了哂仲由正曾晳未達處此一問即從上各言轉出

為國節旨 為國以禮即以禮讓為國此禮字中便含讓意要與矜才能任智力對勘在設施上見自該得廣其言不讓郤只就言上看即其言之不讓便是不達為國之禮也但其言不讓句最難體貼見緩則夫子之意不出太露則曾晳不必再問須有分寸

唯求節旨 曾點見夫子之哂由以其不讓而為邦也其許己者必以其讓而不為邦也在由以為邦見哂求亦何故不見哂是哂由之意不明則與點之意亦終不明故務討個下落然總認為國以禮之意未出耳此節安見十五字作一句讀夫子答求亦是為邦亦不說求之能讓故下節又以赤問

唯赤節旨 宗廟二字辨其事亦也二句明其志說出小大二字分明以小相為讓點乃釋然矣大小以禮樂之優絀言非謂相有大小也三子為邦亦只是輔佐諸侯得國之柄而任之

舞雩之下而彼此各適詠歌而歸也此則點之志而已斯言也據其所居之位其樂雖若止於一身然以心而論則固靄然天地生物之心聖人對時育物之事也夫安有物我内外之間哉夫子喟然而嘆曰吾與點之志也

○**三子者出**出是既言志而退**曾晳後**後謂猶侍坐也以欲質三子之志故**曾晳曰夫三子者之言何如**是問其得失**子曰亦各言其志也已矣**謂各自以其志之所兼具者言之便有兼許三子意

講 及三子既出曾晳獨留在後其意將有所請也乃問於夫子曰夫三子之所言其得失果何如夫子答之曰三子之言或富強或禮樂雖有不同亦各言其所為志也已矣

○**曰夫子何哂由也**

註 點以子路之志乃所優為而夫子哂之故請其說

講 曾點又疑而問之曰三子既是各言其志夫子何故獨哂夫仲由也

○**曰為國以禮**為國是治國禮即恭敬辭讓之禮**其言不讓**是言之不遜**是故哂之**正哂其不讓於言也

註 夫子蓋許其能特哂其不遜

講 夫子曰為國之道所以辨上下定民志者必以恭敬辭遜之禮今由之言志慨然無復遜讓之意是不達為國以禮之理也吾故從而哂之

○**唯求則非邦也與**點錯認是哂由不讓為邦故問**安見**猶言何曾見**方六七十**是伯之邦**如五六十**是子男之邦**而非邦也者**

註 曾點以冉求亦欲為國而不見哂故微問之而夫子之答無貶辭蓋亦許之

講 是夫子之所以哂由者特哂其不讓耳非哂其為邦也何點未達而疑求之不見哂也乃微問曰唯求之志在足民則非為邦也與夫子曰先王建國雖有大小其為邦則一也安見方六七十如五六十而非先王分茅胙土之邦也者是求所任固亦為邦之事也

○**唯赤則非邦也與**點因夫子不明說求言能讓故仍如前之疑**宗廟會同非諸侯而何**見惟諸侯得以行之**赤也為之小**小是小相**孰能為之大**見其優於禮樂意

註 此亦曾晳問而夫子答也孰能為之大言無能出其右者亦許之之辭○程子曰古之學者優柔饜飫有先後之序如子路冉有公西赤言志如此夫子許之亦以此自是實事後之學者好高如人游心千里之外然自身却只在此又曰孔子與點蓋與聖人之志同便是堯舜氣象也誠異三子者之撰特行有不掩焉耳此所謂狂也子路等所見者小子路只為不達為國以禮道理是以哂之若達郤便是這氣象也又曰三子皆欲得國而治之故孔子不取曾點狂者也未必能為聖人之事而能知夫子之志故曰浴乎沂風乎舞雩詠而歸言樂而得其所也孔子之志在於老者安之朋友信之少者懷之使萬物莫不遂其性曾點知之故夫子喟然嘆曰吾與點也又曰曾點漆雕開已見大意

講 何點猶未達而亦疑赤之不見哂也又微問曰唯赤之願為小相則非為邦也與夫子曰宗廟以事親會同以事君非有國諸侯之事而何以赤之才而願為小相孰能出其右而為之

天寶書局精校藏板

顏淵章旨

此章聖人直指心體以論仁重克己復禮一句而克己復禮只在勿視聽言動於非禮上節言其綱下節言其目顏子請事總承綱與目而言

顏淵節旨

克己句是為仁之功一日二句是為仁之效為仁二句是為仁之機克己是著力掃蕩工夫猶粗復禮則檢點入準繩令與天則脗合便細密此既克己又要復禮也為仁為字猶謂之相似克復當下便是仁蓋禮即仁仁與禮非二物一日克復了雖無一事亦不害其為事事皆仁雖不見一人亦不害其為天下歸仁克己己字以私言對禮看由己己字以身言對人看克我之己復我之禮不由著己更由著誰朱子云克如孤軍遇強敵只是盡力舍死向前

請問節旨

顏子所克之己較精細故說個非禮緊要在四勿字勿即是克勿視聽者

大者乎是赤所任固亦為邦之事也觀夫子之許求赤則知由之見哂不在為邦而在其言之不讓也夫何疑哉點亦可以釋然矣要之始與點者所以廣三子也終兼與三子者所以實點也聖人造就之意深矣

【補】為國以禮是通章關鍵語哂由哂其辭氣急遽為不合禮求赤之謙亦只曉得禮之皮膚若禮之精意則在使君君臣臣父父子子事各當事物各當物而已夫子明言知爾何以確指用行上說點言似非用行本旨然充其意則莫春兩句乘時可以有為也童冠五句物我咸被其澤也所以藹然天地生物之心聖人對時育物之事雖堯舜事業亦自可為而合於夫子老安友信少懷者此也故點言雖不期合禮而實於禮之精意有會夫子與之亦以其用世之意寓於內非止與其素位行樂也

顏淵第十二 凡二十四章

○顏淵問仁（是問所以為仁）子曰克己復禮為仁（己謂私之附身克是戰而獲勝之名禮有規矩可循復是還其本來初體）一日克己復禮（一日從積累來上克復以工夫言此克復舉成功言）天下歸仁焉（天下指天下之人言歸仁是稱其仁）為仁由己（為字有功夫就是盡克復之功由己猶言在我）而由人乎哉（言功不在人）

【註】仁者本心之全德克勝也己謂身之私欲也復反也禮者天理之節文也為仁者所以全其心之德也蓋心之全德莫非天理而亦不能不壞於人欲故為仁者必有以勝私欲而復於禮則事皆天理而本心之德復全於我矣歸猶與也又言一日克己復禮則天下之人皆與其仁極言其效之甚速而至大也又言為仁由己而非他人所能預又見其機之在我而無難也日日克之不以為難則私欲淨盡天理流行而仁不可勝用矣程子曰非禮處便是私意既是私意如何得仁須是克盡己私皆歸於禮方始是仁又曰克己復禮則事事皆仁故曰天下歸仁謝氏曰克己須從性偏難克處克將去

【講】顏淵問為仁之道夫子告之曰仁者本心之天理天理之節文是為禮而不能不壞於人欲必有以克勝己之私欲使事事合於天理之節文以復於禮則欲去理全而為仁矣夫仁原天下人心所同具誠能於一日之間克去己而復於禮則天下之人皆歸我以仁焉其效固甚速而至大也然為仁之機皆由己克之復之而豈他人所能與其力哉是其機又在我而無難也者其效而決其機是在回之自勉矣

○顏淵曰請問其目（目是克復之條目可以憑據下手處）子曰非禮勿視非禮勿聽非禮勿言非禮勿動（此四句平看動不但容貌凡作為皆是）顏淵曰回雖不敏（不敏是不明健以資言）請事斯語矣（請事句總承上聖訓）

【註】目條件也顏淵聞夫子之言則於天理人欲之際已判然矣故不復有所疑問而直請其條目也非禮者己之私也勿者

防其自外入而動乎內勿言動者謹其自內出而接於外非禮不但邪色淫聲等項只略有些不循天理就是人欲便須克了顏子力量大故教他淨盡斷絕註至明是言其致察於非字至健是言其用功於勿字此即虞書精一之旨請事斯語所稱語之而不惰者是也程子曰人之視最在先非禮而視則所謂開目便錯了次聽次言次動自有次序

仲弓全旨
此章夫子教仲弓為仁精密之功在實體敬恕以自考六句一氣緊接恕字承敬字來出門二句是敬以持己己所不欲二句是恕以推心在邦二句是敬恕之驗敬則內有以全其心之德恕則外有以推其愛之理故敬恕所以去私欲以存心心存而後可以復仁體出門使民俱要活看出門句是無時而不敬使民句是無事而不敬敬以持己是收斂此心入來恕以及物是推廣此心出去內外無怨可以驗我之能敬恕故註曰自考顏子請事有徑捷要約意仲弓請事則

禁止之辭是人心之所以為主而勝私復禮之機也私勝則動容周旋無不中禮而日用之間莫非天理之流行矣事如事事之事請事斯語顏子默識其理又自知其力有以勝之故直以為己任而不疑也○程子曰顏淵問克己復禮之目子曰非禮勿視非禮勿聽非禮勿言非禮勿動四者身之用也由乎中而應乎外制乎外所以養其中也顏淵事斯語所以進於聖人後之學聖人者宜服膺而勿失也因箴以自警其視箴曰心兮本虛應物無迹操之有要視為之則蔽交於前其中則遷制之於外以安其內克己復禮久而誠矣其聽箴曰人有秉彝本乎天性知誘物化遂亡其正卓彼先覺知止有定閑邪存誠非禮勿聽其言箴曰人心之動因言以宣發禁躁妄內斯靜專矧是樞機興戎出好吉凶榮辱惟其所召傷易則誕傷煩則支己肆物忤出悖來違非法不道欽哉訓辭其動箴曰哲人知幾誠之於思志士勵行守之於為順理則裕從欲惟危造次克念戰兢自持習與性成聖賢同歸愚按此章問答乃傳授心法切要之言非至明不能察其幾非至健不能致其決故惟顏子得聞之而凡學者亦不可以不勉也程子之箴發明親切學者尤宜深玩

【講】顏淵從博約後理欲已明但曰請問克復之條目何如夫子告之曰子欲詳其目乎亦求諸視聽言動之間而已視必以禮一有非禮即禁止於心而勿視聽必以禮一有非禮即禁止於心而勿聽言必以禮一有非禮即禁止於心而勿言動必以禮一有非禮即禁止於心而勿動夫非禮者皆己也勿之皆克也己克則復禮而仁在是矣所謂克己復禮者如此顏淵直任之曰回之質雖有歉於明健而不敏也請從事於四勿之語以天下歸仁自考以為仁由己自勵庶無負乎夫子之教也敢以不敏而自諉哉

【補】四勿字有慎持其心於未視聽言動之先謹防其幾於方視聽言動之際意

○**仲弓問仁**亦是問所以為仁**子曰出門如見大賓**出門是人所易忽者如作似字看大賓是人情最敬重者**使民如承大祭**使民是人所易慢者大祭是人情最敬慎者**己所不欲**如橫逆之類**勿施於人**不欲勿施則所欲之施自在其中**在邦無怨在家無怨**無怨是無怨恨二句敬恕之效**仲弓曰雍雖不敏**是謙言無明健之質**請事斯語矣**斯語是主敬行恕邦家無怨之語

【註】敬以持己恕以接物則私意無所容而心德全矣內外無怨亦以其效言之使以自考也○程子曰孔子言仁只說出門如見大賓使民如承大祭看其氣象便須心廣體胖動容周旋中禮惟謹獨便是守之之法或問出門使民之時如此可也未出門使民之時如之何曰此儼若思時也有諸中而後見於外觀其出門使民之時其敬如此則前乎此者敬可知矣非因出門使民然後有此敬也愚按克己復禮乾道也主敬行恕坤道也顏冉之學其高下淺深於此可見然學者誠能從事於敬恕之間而有得焉亦將無己之可克矣

【講】仲弓問為仁之道夫子告之曰為仁之道不外於存心存心之要惟在於敬恕即如一出門之時也則如見大賓而極其禮讓之敬一使民之事也則如承大祭而極其神明之敬至人施諸己而有所不欲也則勿以施之於人而極其推心之恕夫能敬則私意無所容而仁之體以立

有積累縝密意

司馬牛

子牛宋人本向氏兄弟五人長向巢次魋次子頎子車及牛○魯哀公十四年向魋作亂入於曹以叛宋景公使左師巢伐之巢不能克魋奔衛巢奔魯司馬牛致其邑與珪馬而適齊魋自衛奔齊陳成子使為次卿司馬牛又致其邑焉而適吳吳人惡之而反卒於魯郭門之外阬氏葬諸丘輿

司馬章旨

此章見為仁在於存心蓋牛多言而躁則心不存故以仁者言訒告之正欲其謹言以存心也此乃自流得源工夫末節推明所以言訒之故

司馬二節旨

不曰訒言而曰其言也訒是舉現成仁者作個榜樣其字也字乃指點之辭註心存不放是言訒原由且勿入講恐礙下節

其言節旨

為字泛說不指為仁難字主心言非力行之難口是兢兢業業其難其慎之意註心常存即在為之難中看出得無二字自有不得不訒者在不待強閑也

君子全旨

此章見君子無入而不自得意通以內省不疚作脈首節不憂不懼亦舉現成者說雖是泛言而處兄弟之變自在其中兩不字非有心排遣已含自然意但勿太露方不礙牛再問內省二句是解無憂懼之所以為君子不疚要說得細註無愧是不疚之本

能恕則私意無所雜而仁之用以行由是外而在邦邦人咸悅於吾之敬恕而無有怨焉內而在家家人咸安於吾之敬恕而無有怨焉蓋主敬行恕而至邦家無怨則心存理得而仁在是矣仲弓遂直任之曰為仁莫如敬雍之質雖不敏請從事夫子敬恕無怨之語矣敢以不敏自諉哉【補】如字勿字著力皆是於動處做工夫此章仁字與上章仁字俱以德之全體言下章告司馬牛之仁則以德之一端言

○**司馬牛問仁**是求為仁之方【註】司馬牛孔子弟子名犂向魋之弟○**子曰仁者其言也訒**仁者就現成說訒是不易發意【註】訒忍也難也仁者心存而不放故其言若有所忍而不易發蓋其德之一端也夫子以牛多言而躁故告之以此使其於此而謹之則所以為仁之方不外是矣【講】司馬牛問為仁之道夫子告之曰仁者之人其於言也若有所訒而不敢輕發者子能知此而謹焉則所以為仁之方寧外是乎○**曰其言也訒**此承上句說來把訒作強閑看**斯為之仁矣乎**斯字作即字看牛疑訒不足盡仁**子曰為之難**為之猶言行事難在心上說是不敢苟為**言之得無訒乎**得無二字有不得不訒意【註】牛意仁道至大不但如夫子之所言故夫子又告之以此蓋心常存故事不苟事不苟故其言自有不得而易者非強閑之而不出也楊氏曰觀此及下章再問之語牛之易其言可知○程子曰雖為司馬牛多言故及此然聖人之言亦止此為是愚謂牛之為人如此若不告之以其病之所切而泛以為仁之大概語之則以彼之躁必不能深思以去其病而終無自以入德矣故其告之如此蓋聖人之言雖有高下大小之不同然其切於學者之身而皆為入德之要則又初不異也讀者其致思焉【講】司馬牛又問曰仁道至大其言也訒斯即謂之仁矣乎夫子告之曰汝知仁者之言訒而已而不知仁者之言所以訒蓋仁者心存於事為之甚難言之得無訒乎不輕於為者自不輕於言是其言之訒也由於心之存而為之難心存則仁不外是矣豈可以為易而忽之哉【補】顧麟士曰為之難須讀住謂仁者難之也要著力講到得無訒乎便說得極自然矣前節仁者二字亦須讀住蓋心存而不放即在仁者內

○**司馬牛問君子**君子是成德之人問有循名以求實意**子曰君子不憂不懼**憂是禍患未至而憂懼是禍患既至而懼【註】向魋作亂牛常憂懼故夫子告之以此【講】司馬牛問君子之人何如夫子以牛多憂懼故告之曰人常不免於憂懼惟君子則隨在自得不見其有所憂於未事之先也不見其有所懼於臨事之際也君子之所以為君子者如此**曰不憂不懼斯謂之君子矣乎**牛錯認是強制於外故疑不足以盡君子**曰內省不疚**內省是臨時省察不疚是平日坦蕩工夫在內省以前**夫何憂何懼**二何字見自然無憂懼意【註】牛之再問猶前章之意故

不疚是不憂懼之本兩何字便見自然之妙是憂懼之境自有而心自無也

人皆章旨

此章見自修無缺即是立命格天之道次節雖述聖言天命當安、歸重末節修其在己上蓋欲牛盡敬恭之修以感化兄弟非欲其舍親而從疎也

人皆節旨

按牛此言蓋魋未叛之先逆料其然也

商聞二節旨

死生富貴不必泥只以天命為主重順受上須補出兄弟之亡亦命也天也

敬而節旨

敬是修己之功恭自待人說亦是修己中事故總言修其在己重兩下截必無失方成其為敬必有禮方成其為恭四海皆兄弟全在我之敬恭足以聯疎為親不重人之報我何患無兄弟正答我獨亡句指自己兄弟說

問明全旨

此章見心之不蔽即是明譖愬一層輕要重發浸潤膚受四字方見不行之難不行二字甚靜任他搬弄我前而心體毫不為動是所謂先覺者故謂之明因明尚不足贊他故又謂之

復告之以此疚病也言由其平日所為無愧於心故能內省不疚而自無憂懼未可遽以為易而忽之也○晁氏曰不憂不懼由乎德全而無疵故無入而不自得非實有憂懼而強排遣之也【講】司馬牛又曰君子之道大矣不憂不懼斯謂之君子矣乎夫子又告之曰子勿易視之也君子平日所為內省於心皆無疚焉則仰不愧俯不怍浩然天地之間夫何憂何懼之有此非自修之功已造於成德者不能子何疑不足以盡君子乎

○**司馬牛憂曰**是含愁而言**人皆有兄弟**有兄弟是安於無事意**我獨亡**我對人看獨對皆看亡作無言不得相安相樂也【註】牛有兄弟而云然者憂其為亂而將死也【講】司馬牛因見其兄向魋作亂而弟子頎子車亦與之同惡故懷憂於心而言曰人皆有兄弟而得遂其天倫之樂我獨遭其變而亡兄弟是則可憂也

○**子夏曰商聞之矣**【註】蓋聞之夫子**死生有命富貴在天**【註】命稟於有生之初非今所能移天莫之為而為非我所能必但當順受而已【講】子夏因述所聞以慰之曰子勿以亡兄弟為憂也商嘗聞於夫子矣人之死生有命存焉人之富貴在於天焉由商所聞觀之則兄弟之有無亦天之為也命之致也憂之果何益哉

○**君子敬而無失**敬是謹恪兼身心動靜言無失是常常敬意**與人恭而有禮**恭是謙遜以接人有禮是無太過不及**四海之內**是盡天下之地**皆兄弟也**是我愛敬於人人亦愛敬我了要看註如兄弟如字**君子何患乎無兄弟也**此句與我獨亡對針【註】既安於命又當修其在己者故又言苟能持己以敬而不間斷接人以恭而有節文則天下之人皆愛敬之如兄弟矣蓋子夏欲以寬牛之憂故為是不得已之辭讀者不以辭害意可也○胡氏曰子夏四海皆兄弟之言特以廣司馬牛之意意圓而語滯者也惟聖人則無此病矣且子夏知此而以哭子喪明則以蔽於愛而昧於理是以不能踐其言爾【講】夫既安於天命又當修其在己者焉君子苟能持己以敬而無間斷之失與人恭遜而有節文之禮則盛德所感舉四海之內皆愛敬之而視我若兄弟也疎者可親而況親者乎然則君子特患恭敬之未盡耳又何患乎無兄弟也吾於是知子非惟不容憂抑且不必憂矣【補】大抵牛處兄弟之閒決有未盡道處子夏此言分明欲牛恭敬以感化其兄弟是寬牛之中寓有勉牛之意

○**子張問明**明是心無所蔽**子曰浸潤之譖**浸潤是緩不暇覺易得疑**膚受之愬**膚受是急不暇詳易得信**不行焉**不行依註作能察看**可謂明也已矣**明即是不為人欺惑意**浸潤之譖膚受之愬**此二句只仍舊遞下來**不行焉**不行亦重一察字**可謂遠也已矣**遠即明之遠非明外又有遠也【註】浸潤如水之浸灌滋潤漸漬而不驟也譖

天寶書局精校藏板

遠按子張只問明而夫子添出遠字正為好高者求明每在遠處不知反蔽於人情之近夫子將浸潤二句作兩番呼喚是何等叮嚀意明之至即是遠正指點子張返求於近耳如此看下段方不是贅衍

問政章旨

此章分常變以言政首節是萬世之常經二三節是一時之權宜

問政節旨

足食足兵兩足字作工夫講註倉廩武備指民間說民信之矣卻作效看蓋古者井田學校一時並舉原不待兵食足方議信但漸仁摩義必積久乃驗耳故註教化行補在民信上三者俱要見為民意

去兵節旨

必不得已就三者素不預備而變起倉卒者言所謂去兵亦不是全不要兵只是伍兩卒旅之缺未暇補戈矛車甲之敝未暇修蒐苗獮狩之制未暇講

去食節旨

去食者平日信義在人至此更以大義激發食去信存可與民效死也無信則偷生苟免臣棄君子棄父民自

毀人之行也膚受謂肌膚所受利害切身如易所謂剝牀以膚切近災者也愬愬己之冤也毀人者漸漬而不驟則聽者不覺其入而信之深矣愬冤者急迫而切身則聽者不及致詳而發之暴矣二者難察而能察之則可見其心之明而不蔽於近矣此亦必因子張之失而告之故其辭繁而不殺以致丁寧之意云○楊氏曰驟而語之與利害不切於身者不行焉有不待明者能之也故浸潤之譖膚受之愬不行然後謂之明而又謂之遠遠則明之至也書曰視遠惟明

【講】子張問何如斯可謂之明夫子告之曰所謂明者能察人之所難察耳彼譖人者以急辭不足以入人也惟譖而侵潤或借事巧詆或冷語中傷漸漬不驟入人最深愬冤者以緩辭非所以動人也惟愬而膚受或痛陳加害或極言被殘危迫切身動人最易二者至難察也若能察其偽而不行焉則有以見其心之明而可謂明也已矣抑不但可謂明也譖為浸潤之譖愬為膚受之愬而果不行焉則洵不蔽於近而可謂遠也已矣子欲求明亦惟察於此而已

【補】林次崖曰明遠就不行處見得要其所以不行處不外居敬窮理居敬則心有所把持而難動窮理則人情曲折皆在所照而不惑

○**子貢問政**（政在治國上說）**子曰足食**（食為民之天）**足兵**（兵為民之衛）**民信之矣**（信為民之心）

【註】言倉廩實而武備修然後教化行而民信於我不離叛也

【講】子貢問為政之道夫子告之曰政以治民生與民心而已必也制田里薄稅斂以足其食比行伍時簡閱以足其兵又必教化素行民無攜貳之心皆信於我矣此三者為政之大端也

【補】陳氏曰民信是以效言之民信之本則孔子未之及故註補出教化來蓋兵食既足而教化得行民斯信之也非謂兵食足而方行教化也

○**子貢曰必不得已而去**（不得已是事勢危迫之際）**於斯三者何先**（三者指兵食信何先言何者較緩先去）**曰去兵**（是兵較緩於食信）

【註】言食足而信孚則無兵而守固矣

【講】子貢又問曰時當無事三者在所必兼也設或變出不測必不得已而去其一焉於斯兵食信三者何先夫子告之曰去兵蓋籌畫糧餉固結人心則吾民即吾兵也是兵或可去也

○**子貢曰必不得已而去**（此不得已是事勢更為危迫）**於斯二者何先**（二者指食與信）**曰去食**（是食較信為輕）**自古皆有死民無信不立**（此二句見信不可去申上去食意）

【註】民無食必死然死者人之所必不免無信則雖生而無以自立不若死之為安故寧死而不失信於民使民亦寧死而不失信於我也○程子曰孔門弟子善問直窮到底如此章者非子貢不能問非聖人不能答也愚謂以人情而言則兵食足而後吾之信可以孚於民以民德而言則信本人之所固有非兵食所得而先也是以為政者當身率其民而以死守之不以危急而可棄也

【講】子貢又問曰時非甚變食與信非可缺也設或事變愈窮必不得已而去其一焉於斯食信二者何先夫子又告之曰去食蓋民無食必死然自古及今民皆有死若無信則相欺相詐雖生而無以自立不若死之為安矣是食猶可去而信決不可去也觀此則聖人之經權互用而經世之略可概見矣

【補】黃氏曰夫

棘子成 萬姓統譜云子成之後改為棘

駟 駟者一乘駟馬兩服兩驂是也○一言而非駟馬難追一言而急駟馬弗及

虎 虎山獸之君虎嘯而風生蓋風木也虎金也木受金制安得不從故嘯則風生自然之理○易曰大人虎變其文炳也

豹 豹似虎文圓如錢有黑豹有白豹○南山之豹隱霧雨以澤其毛○易曰君子豹變其文蔚也

徹 周賦田之法一夫百畝鄉遂用

不立而國亦隨之矣

棘子章旨
此章子成欲去文以存質子貢欲存文以辨質均是救世苦心但就本文立論自以子貢駁子成為主勿添入胥失意

棘子節旨
提出君子見得是轉移世風之人文質在持身應事上說玩而已矣何以為語下直恁斬絕

惜乎節旨
註意是將惜乎二字一頓夫子之說君子也乃是揚他一句駟不及舌所以為可惜也

文猶節旨
上二句子貢自述所見緊與子成之言對針兩猶字是不可輕重意下二句則以子成廢文之弊言重君子小人無以辨上

哀公章旨
此章見足國當先足民以盍徹句為主哀公志在足國旦夕之效適重後日之憂有若志在足民返本之策實為經久之利

哀公節旨
哀公十二年十三年皆有螽連年用兵於邾又有齊警此所以年饑而用不足也公口中說如之何意中自己有一箇如之何之法矣問於有若特

子初答為政之先後也再問復答義理之輕重也

○棘子成曰君子（君子泛以德位言）質而已矣（而已矣者是欲專存質也）何以文為（何以為者言更不必尚文也）【註】棘子成衛大夫疾時人文勝故為此言【講】棘子成疾時人過於尚文故言曰所貴乎君子者持身應事亦惟忠信誠慤存乎質而已矣何必著之物采而以文為哉○子貢曰惜乎夫子之說（惜乎是嘆其失言意夫子指子成說指上節所言）君子也（君子指崇本抑末說）駟不及舌（馬四匹曰駟其行至速）【註】言子成之言乃君子之意然言出於舌則駟馬不能追之又惜其失言也【講】子貢聞而嘆曰惜乎夫子之說崇本抑末固君子之意也然意雖善而言則有病今言出於舌則駟馬不能追及其舌矣誠哉其可惜也○文猶質也（照何以文為句見文不獨輕猶字作等字看）質猶文也（照質而已矣句見質不獨重）虎豹之鞟（去毛比盡去其文存鞟比獨存其質）猶犬羊之鞟（虎豹猶犬羊比君子猶小人）【註】鞟皮去毛者也言文質等耳不可相無若必盡去其文而獨存其質則君子小人無以辨矣夫棘子成矯當時之弊固失之過而子貢矯子成之弊又無本末輕重之差胥失之矣【講】彼天下之事無質不立無文不行以文而較之質則文與質等固不輕於質而可盡去也以質而較之文則質與文等亦不重於文而可獨存也是文質之相等如此且文譬則毛也質譬則皮也文質俱存然後可以辨君子小人亦猶皮毛俱存然後可以辨虎豹犬羊若如夫子之言則是盡去其文而獨存其質則君子何以異於小人猶盡去其毛而獨存其皮則虎豹之鞟何以異於犬羊之鞟乎此夫子所以為失言也

○哀公問於有若曰年饑用不足如之何（是究足用之策）【註】稱有若者君臣之辭用謂國用公意蓋欲加賦以足用也【講】魯哀公不憂民之不足而以國用為憂故問於有若曰方今年歲饑荒國用不足將如之何而可以足用乎○有若對曰盍徹乎（盍何不也此句是畫將來長久之策只要重發盍字不必詳徹制）【註】徹通也均也周制一夫受田百畝而與同溝共井之人通力合作計畝均收大率民得其九公取其一故謂之徹魯自宣公稅畝又逐畝什取其一則為什而取二矣故有若請但專行徹法欲公節用以厚民也【講】有若欲哀公之薄斂故對之曰昔也徹行而足今也徹廢而不足權之足與不足之間盍不法先王而行徹法乎【補】宣公稅畝只是加稅於餘畝徹法未嘗廢故註下專行二字是時公田民田不曾亂豪強兼并自是孟子時事曰二吾猶不足如之何其徹也（言行徹法十分取一更不足用）

貢法十夫同溝共千畝無公田都鄙用助法八家同井共九百畝中為公田外八百畝為私田公田百畝中以二十畝為八家廬舍每八二畝半鄉遂同溝之人都鄙同井之人皆通力合作計畝均分將所收之穀十分中取一分納公家溝井之人各均分九分故曰徹也

二 春秋宣公十五年書初稅畝註公田之法已什取其一今又於私田中收其什一是謂什二

齊景公 崔杼立莊公異母弟杵臼是為景公公好治宮室聚狗馬奢侈

欲借一言以贊其成耳

有若節旨

盍字虛婉要公想那行徹好處出來註厚民宜渾

曰二節旨

說個吾字都忘却百姓了前如之何是商搉此如之何是怪訝

百姓節旨

公但知徹利百姓而不利君故有若謂行徹正所以足用語脈重足君邊百姓足不過是行徹轉語耳

崇德章旨

此章論治心之學德本諸性當還其所固有惑生於情當究其所本無高從卑處作起明從暗處徹開子張之問只是要高要明不知在何處尋討故夫子告以近裏切己之功

崇德節旨

主字重看先將個實心作主徙義是一事未合宜須遷到那義上又覺未甚合且更遷去令都合宜忠信義之外別無德主徙之外又別無崇

愛之節旨

上二句重兩欲字下重既又二字愛惡只作一人看註兩層意總入是惑也內

齊景章旨

此章見明倫為立政之本君臣父子之對即正名於衛意

【註】二即所謂什二也公以有若不喻其旨故言此以示加賦之意【講】哀公不悟復問曰我魯自稅畝以來十分已取其二吾之國用猶且不足如之何其可更行徹法也

○對曰百姓足（跟徹法行來）君孰與不足（孰誰也與作共字看豐則俱豐矣）百姓不足（跟徹法不行來）君孰與足（盡則俱盡矣全要發出君民一體意）

【註】民富則君不至獨貧民貧則君不能獨富有若深言君民一體之意以止公之厚斂為人上者所宜深念也○楊氏曰仁政必自經界始經界正而後井地均穀祿平而軍國之需皆量是以為出焉故一徹而百度舉矣上下寧憂不足乎以二猶不足而教之徹疑若迂矣然什一天下之中正多則桀寡則貉不可改也後世不究其本而惟末之圖故征斂無藝費出無經而上下困矣又烏知盍徹之當務而不為迂乎

【講】有若對曰民之貧富其權實操於君君之貧富其勢又本於民君行徹法使百姓不困於征求而足焉未有民富而君獨貧者也其孰忍與之不足乎若不行徹法使百姓困於加賦而不足焉未有民貧而君獨富者也其孰肯與之足乎信乎徹法之不可以不行也

○子張問崇德（崇是積之使高德是心之所得）辨惑（辨是別之使明惑是心之所蔽）子曰主忠信（主是心所存主忠是盡心不欺信是誠實無偽總是存誠意）徙義（徙是遷徙義是事之合宜即遷善意）崇德也（主與徙二者相須方能崇德）

【註】主忠信則本立徙義則日新

【講】子張問於夫子曰得於心者謂德所當崇也何以崇之而使之高蔽於心者謂惑所當辨也何以辨之而使之明乎夫子告之曰德本於心而達於事者也使內有偽妄之心外無遷善之勇德何由崇也必也內主忠信存於心者無一念之不實又外徙乎義見於事者無一事之不宜則本立而日新豈不是崇德乎

○愛之欲其生（愛之是愛此人欲其生是極言其愛之甚二之字二其字俱指此人言）惡之欲其死（惡之是惡此人欲其死是極言其惡之甚）既欲其生又欲其死（既又二字見其愛惡無一定之主）是惑也（是字指上四句說）

【註】愛惡人之常情也然人之生死有命非可得而欲也以愛惡而欲其生死則惑矣既欲其生又欲其死則惑之甚也

【講】欲辨其惑當知所以為惑而後可辨耳彼人之生死本非吾之所能主也乃愛之則欲其人之生矣惡之則欲其人之死矣且均此一人也方其愛之既欲其生及其惡之又欲其死是中心無主而見理不明惑之甚者也知所以為惑則知所以辨惑矣

【補】問辨惑何不教以辨之之方饒雙峯曰使知其所以惑者在此是即所謂辨也

○齊景公問政於孔子

【註】齊景公名杵臼魯昭公末年孔子適齊

【講】齊君景公問為政之道於孔子

【補】按昭公二十年景公與晏

厚賦重刑晏子嘗因彗星出於東方而諫之○左傳晏子對景公曰陳氏雖無大德而有施於民豆區釜鍾之數其取之公也薄其施之民也厚公厚斂焉陳氏厚施焉民歸之矣○公寵妾鬻姒生子荼嬖諸大夫恐其為嗣請擇諸子賢且長者為太子公曰二三子為樂耳國何患無君及病命國惠子高昭子立荼為太子逐羣公子公卒荼立田乞以國高敗出亡乃使人之魯召公子陽生立之是為悼公遷荼於駘殺之於是政在田乞而篡齊之禍肇矣

折獄

齊景二節旨

疊下君臣父子四字煞有循名責實意然當側重君父邊此即是政須於義合恩聯處講得成敗廢興關係凜然方得告誡之旨勿以齊實事填入

善哉節旨

夫子意在責成君父景公將君臣父子概論一番仍是要大家分任其責又安能以君而制臣以父而制子哉所以及於禍亂

片言章旨

此章見人當取信於素意上節夫子稱子路能取信於人下節門人記子路養之有素以明之都無實事

片言節旨

片言可折是贊片言不是論折獄其由句虛講註忠信明決宜渾留下節用

子路節旨

子路忠信明決該得廣無宿諾乃是其中一端惟平日無片言欺人故臨時可以片言服人

聽訟全旨

此章夫子穆然思古無刑之化重下句使字聽在訟後法也使在訟先德也此非有形之使蓋默化潛孚若使

子狩魯界因入魯問禮於孔子自此嬰與孔子交善孔子適齊必因嬰以通於景公史記謂為高昭子家臣或誤

○**孔子對曰君君臣臣父父子子** 上君臣父子指其人言下君臣父子指盡道言 **註** 此人道之大經政事之根本也是時景公失政而大夫陳氏厚施於國景公又多內嬖而不立太子其君臣父子之間皆失其道故夫子告之以此 **講** 是時齊景公威福下移嫡庶內亂失政甚矣故孔子對之曰為政以正倫為先外而朝廷君盡君道而大權之不移自是臣亦盡臣道而威福之不僭內而家庭父盡父道而絕偏愛之私自是子亦盡子道而安世及之分則國家表正萬化攸同為政之道在是矣

○**公曰善哉** 是善其言 **信如君不君臣不臣父不父子不子** 信如二字有繹思而得之意上君臣父子亦指人言下不君臣父子指失道言 **雖有粟** 粟指侯國之祿 **吾得而食諸** 言必至於危亡不得享其祿也 **註** 景公善孔子之言而不能用其後果以繼嗣不定啟陳氏弒君篡國之禍○楊氏曰君之所以君臣之所以臣父之所以父子之所以子是必有道矣景公知善夫子之言而不知反求其所以然蓋悅而不繹者齊之所以卒於亂也 **講** 景公感而嘆曰善哉夫子之言乎信如君不成其為君臣不成其為臣父不成其為父子不成其為子彝倫攸斁而禍亂將作雖擅一國之富而有粟吾安得而食諸哉吾以是而知夫子之言之善也

○**子曰片言可以折獄者** 折者析而二之也判分曲直劃然兩開獄是辭訟 **其由也與** 言惟子路能之且虛說 **註** 片言半言折斷也子路忠信明決故言出而人信服之不待其辭之畢也 **講** 夫子稱子路曰民情多偽獄之難折也久矣若夫片言之間可以折斷其是非曲直者其惟由也與

○**子路無宿諾** 諾是許此記者推其以片言折獄之故也 **註** 宿留也猶宿怨之宿急於踐言不留其諾也記者因夫子之言而記此以見子路之所以取信於人者由其養之有素也○尹氏曰小邾射以句繹奔魯曰使季路要我吾無盟矣千乘之國不信其盟而信子路之一言其見信於人可知矣片言而折獄者信在言前人自信之故也不留諾所以全其信也 **講** 然其所以取信於人者由其養之有素耳門人因夫子之言而記之曰子路平日急於踐言曾無宿留之諾焉蓋踐言者忠信也急於踐言者明決也忠信則人不忍欺明決則人不能欺故人自信而獄可折也 **補** 朱子謂無宿諾但為不濡滯遷延之意耳非必謂一宿也如此則片言亦不限定只半言要活看

○**子曰聽訟** 聽是斷決訟是爭訟 **吾猶人也** 猶人言不異於人 **必也** 有斷然以此為貴意 **使無訟乎** 使字有道德齊禮躬行化民意無訟是民從吾化自然不爭訟 **註** 范氏曰聽訟者治其末塞其流也正其本清其源則無訟矣○楊氏曰子路片言可以折獄而不知以禮遜為國則未能使民無訟者也故又記孔子之言以見聖人

易賁卦象君子以明庶政无敢

折獄豐卦象君子以折獄致刑

周書曰非佞折獄惟良折獄罔非在中又曰哀敬折獄明啟刑書胥占咸庶中正

康子奪嫡 左傳云季桓子有疾命正常曰南孺子之子男也則以告而立若女也則肥也可季孫卒康子即位既葬康子在朝南氏生男正常載以如朝

之耳然亦是大概論治不必泥吾字著夫子自期說

子張全旨 此章論為政之心貴於誠誠則不息故無倦誠則不欺故以忠居行二字平看居在心上說無倦則心不離於事行在事上說以忠則事不外於心此是純王之道要對針子張說

君子全旨 此章見君子小人用心之不同君子恥獨為君子小人喜同為小人美惡並可就一人看註所存以心言所好以情言誘是以言引導掖是以身扶持獎是許其已能勸是勉其未至

季康全旨 此章見為政當先正己康子意在正人夫子意在正己政者正也且虛說子帥句方是就己身上說正人之本重在振紀綱辨名分上孰敢句敢字可玩人之不正有敢心也

患盜全旨 此章見弭盜當清其源康子意在弭

不以聽訟為難而以使民無訟為貴 講 夫子思崇本之治曰為人上者因民之訟而聽決其是非曲直吾雖不能過人尚可以猶人也然此不過治其末塞其流而已必也正其本清其源使民知恥向化自然無訟之可聽乃為貴乎為政者當知所尚矣 補 陸稼書曰此章使無訟不但要德兼要教養與大學稍異

○**子張問政** 政是治民之事 **子曰居之無倦** 此在體上看二之字俱指教養之政無倦是始如是終亦如是 **行之以忠** 此在用上看以忠是表如是裏亦如是 註 居謂存諸心無倦則始終如一行謂發於事以忠則表裏如一○程子曰子張少仁無誠心愛民則必倦而不盡心故告之以此 講 子張問政於夫子夫子告之曰為政之道在乎在誠而已必也居此政於心者始終如一初不銳於始而怠於終而無倦焉又必行此政於事者表裏如一不徒有其文而有其意而以忠焉能如是則政無不舉矣為政之道何以加此 補 此章未及為政條目與道千乘章同

○**子曰君子成人之美** 君子是心公而好善之人成兼誘掖獎勸二意誘掖以迎之於未成之先獎勸以作之於將成之際美即是善 **不成人之惡** 不成有遏抑沮止意 **小人反是** 小人是心私而惡善之人反是相反是指上成美不成惡言 註 成者誘掖獎勸以成其事也君子小人所存既有厚薄之殊而其所好又有善惡之異故其用心不同如此 講 夫子論君子小人用心之不同曰君子之存心既厚而其所好又在於善故遇人之美則誘掖之獎勸之以成其美焉見人之惡則規戒之沮抑之不成其惡焉若小人之存心既薄而其所好又在於惡則不成人之美而成人之惡反乎君子之所為矣君子小人用心不同如此學者可不慎哉

○**季康子問政於孔子** 問意重在正人上 **孔子對曰政者正也** 此句是釋政之名義未可入正己意 **子帥以正** 子指季康子帥是倡率正兼內正心術外正施為言 **孰敢不正** 孰敢是誰敢此句兼朝野言有德威惟畏意 註 范氏曰未有己不正而能正人者○胡氏曰魯自中葉政由大夫家臣效尤據邑背叛不正甚矣故孔子以是告之欲康子以正自克而改三家之政惜乎康子之溺於利欲而不能也 講 季康子問為政之道於孔子孔子對曰政之為言正也所以正人之不正也然未有己不正而能正人者子若自端其身而帥之以正孰敢有不歸於正者哉 補 顧麟士曰凡書義各照本色看如此章正字只說無僭踰無偏陂便是若說正己物正便非康子分上語

○**季康子患盜** 是憂盜為民害 **問於孔子** 是求止盜之方 **孔子對曰苟子之不欲**

告曰夫子有遺言命其圉臣曰南氏生男則以告於君與大夫而立之今生矣男也敢告遂奔衛康子請退公使共劉視之則或殺之矣

盜以法夫子意在弭盜以心盜心起於欲上貴以不欲率之不欲則廉恥之風行禮讓之俗興故雖賞之而不竊夫天下豈有賞民為盜者哉特甚言其不為盜耳

如殺全旨

此章夫子以善機遏殺機康子欲以威而驅民於道夫子欲以身而率民於善正以德易刑之意子欲善三字深看全在良心發動實踐厥躬上見並善政善教亦在內君子之德風以下是申說欲善民善之故草加以風小人臨以君子俱取勢足相壓為喻

問達章旨

此章見學者當務實不當務名意達主務實聞主務名總以辨達為主非以聞達並言也

聞達節旨

子張不是問如何叫做達乃是問如何方能達也註德孚於人勿入口氣

何哉節旨

苟是誠子是康子不欲即不貪於國無奪於家意**雖賞之不竊**雖是假設之辭此句甚言其不肯為盜【註】言子不貪欲則雖賞民使之為盜民亦知恥而不竊○胡氏曰季氏竊柄康子奪嫡民之為盜固其所也盍亦反其本耶孔子以不欲啟之其旨深矣奪嫡事見春秋傳【講】季康子患魯國多盜問於孔子求所以止盜之方孔子對曰上者下之倡苟子在上清心勵節不事貪欲則民之視之亦知以是為貴矣民知以不貪欲為貴則雖賞以誘之使為竊盜而其心愧恥自不肯為之矣尚何盜之足患哉【補】季氏竊柄盜於國也康子奪嫡盜於家也斯即是魯之大盜何以責民之為盜夫子不直曰苟子之不盜其辭婉而意深矣

○**季康子問政於孔子曰如殺無道**如設若也無道是民之惡者**以就有道**就是成就有道是民之善者**何如**有可殺不可殺二意**孔子對曰子為政**子是康子此三字見主張在手意**焉用殺**遏他殺機**子欲善**欲不止是心欲有躬行其善意**而民善矣**而字作則字看有呼吸相通意**君子之德風**君子是有率民之責者兩德字虛看以分位言風主乎感**小人之德草**小人是有從上之分者草主乎應**草上之風必偃**言勢所必從【註】為政者民所視效何以殺為欲善則民善矣上一作尚加也偃仆也○尹氏曰殺之為言豈為人上之語哉以身教者從以言教者訟而況於殺乎【講】季康子問政於孔子曰刑亦為政者所不廢也如殺無道之民使人知所懼以成就乎有道何如孔子對曰民之為善顧所以倡之者何如耳今以子秉國而為政勿論不當殺亦焉用殺為哉但子有欲善之心而躬行以率之民自有所觀感興起而歸於善矣所以然者以君子之德主於感人猶之風也小人之德主於應人猶之草也草而加之以風則必隨風而偃仆然則小人而感之以君子豈有不從欲而治哉子欲民之善亦為善以風之可矣焉用殺為

○**子張問士**士是學者之通稱**何如斯可謂之達矣**斯作即字看達是隨處皆通【註】達者德孚於人而行無不得之謂【講】子張問士之行貴達也然達必有所由致必何如斯可謂之達矣

○**子曰何哉爾所謂達者**何哉猶云爾之本意何所指【註】子張務外夫子蓋已知其發問之意故反詰之將以發其病而藥之也【講】夫子反詰之曰何哉爾意之所謂達者試為我言之可也

○**子張對曰在邦必聞在家必聞**邦指州里家指族黨【註】言名譽著聞也【講】子張對曰人惟名譽不彰是以行多所窒吾之所謂達也者謂其在邦名譽必著聞於邦在家名譽必著聞於家而

聖人棒喝全在何哉一詰

在邦節旨

此子張自解其所謂達者之意全是鶩名譽了

是聞節旨

此只就聞達二字辨之註誠偽之分

是會下二節意解未可明出

夫達節旨

夫達也者句正喚醒子張處質直雖是兩件總一箇實心故註以忠信解之不可分貼質直恐有徑行不合宜處必須好義觀察是不敢以質直好義自信而因人考己也慮者常常如此思慮恐有所不知覺也正見真心下人處三句銜接遞下皆為務外好高者對症之藥

夫聞節旨

夫聞也者句正點破子張處上觀色專指顏色此色字說得濶凡發出來可見處皆是仁字可該質直義三項色取行違與質直好義相反居之不疑不但恐人看破示之以不疑也假仁慣了連自己也認做仁泰然居之矣此與觀察下人相反

從遊章旨

此章皆是心學須通首節想之見適情不忘治性故先善之而後告之三非字三與字指示親切

已是子張蓋以聞為達也

○**子曰是聞也非達也** 聞者使彼聞我達者我自達彼非達言非實德者於邦家 【註】 聞與達相似而不同乃誠偽之所以分學者不可不審也故夫子既明辨之下文又詳言之 【講】 夫子乃辨之曰子之所謂邦家必聞者是聞於邦家之謂也非達於邦家之謂也一誠一偽之間豈非迹雖相似而其實有不同者哉

○**夫達也者** 此句只提起達之名號 **質直** 質是無華飾直是無邪曲俱就立心上說 **而好義** 好義是以義制事使所行皆合宜 **察言而觀色** 察言是審人言語從違觀色是審人顏色向背 **慮以下人** 慮是心中思慮下人是謙卑下人惟恐以質直好義自多意 **在邦必達在家必達** 此二句承上修德來重我足取信邦家上 【註】 內主忠信而所行合宜審於接物而卑以自牧皆自修於內不求人知之事然德修於己而人信之則所行自無窒礙矣 【講】 夫所謂達也者非有心於求達也內焉質直以主於忠信外焉好義而所行合宜且審於接物察人之言以驗己之是非觀人之色以徵己之得失又必卑以自牧而思慮之間惟謙抑以下人此皆自修於內不求人知之事然德修於己而人信之在邦則孚於邦必行無不得而達也在家則孚於家必行無不得而達也所謂達者如此 【補】 朱子曰質與直是兩件質就資性上說直漸就事上說到得好義又多在事上直固是一直做去然至於好義則事事區處要得其宜又曰質直好義便有觸突人意思到察言觀色慮以下人便又和順仔細不至觸突人矣此都是極詳細工夫

○**夫聞也者** 此亦是提起聞之名號 **色取仁** 是外面粧飾做仁 **而行違** 是所行之事皆非天理而背乎仁 **居之不疑** 居是安之字指仁言不疑是泰然自足欲使人信也 **在邦必聞在家必聞** 此二句承上務名來要見與達絕不相干 【註】 善其顏色以取於仁而行實背之又自以為是而無所忌憚此不務實而專務求名者故虛譽雖隆而實德則病矣○程子曰學者須是務實不要近名有意近名大本已失更學何事為名而學則是偽也今之學者大抵為名為名與為利雖清濁不同然其利心則一也尹氏曰子張之學病在乎不務實故孔子告之皆篤實之事充乎內而發乎外者也當時門人親受聖人之教而差失有如此者況後世乎 【講】 夫所謂聞也者惟一心以求聞而已善其顏色以襲仁者之名而行實背之則與質直好義者異矣且又自以為是而無所忌憚居之於仁而不疑則與察言觀色慮以下人者異矣此皆不務實而專務求名者然有意近名而名亦歸之在邦則虛譽隆於邦而必聞也在家則虛譽隆於家而必聞也所謂聞者如此師也辨之慎勿以聞為達焉可也

○**樊遲從遊於舞雩之下** 從遊是從夫子而遊 **曰敢問崇德** 此是存天理工夫 **修慝辨惑** 此是遏人欲工夫 【註】 胡氏曰慝之字從心從匿蓋惡之匿於心者修者治而去之 【講】 昔夫子閒遊於舞雩之下樊遲從焉因曰理得於心為德如何以崇之惡匿於心為慝如何以修之

從遊節旨
從遊有即境觸心意舞雩高曠故及崇德有林木掩映故及修慝辨惑

善哉節旨
善只是善其切於為己然竟脫從遊亦不得

先事節旨
崇德屬存養所以存其心之固有修辨屬省察克治所以去其心之本無皆以心字為主先事則有真積之力後得則無正助之弊故曰崇德惡匿於心循生迭起著力克治當覺盡難有欲檢點他人而不暇者故曰修慝忿在一朝非終身之恨也忘身及親關係莫大故曰惑註中知字正是辨處

愛人章旨
此章見仁智有相須之理然不可以仁智平說重在智不悖於仁而乃所以成其仁上

愛人節旨
此節仁智平看愛人知人以仁智之用言樊遲問仁者三此最後問知者再此亦居後也

未達節旨
未達非有言說記者從旁窺其意象而得之

舉直節旨

事疑於心為惑如何以辨之敢以問之夫子○子曰善哉問 註 善其切為為己 講 夫子以其問切於為己故嘉之曰善哉子之崇德修慝辨惑之問也以視世之徇外而忘內者大不侔矣○先事 先是汲汲以圖事是進修功夫 後得 後是心全不計得是進修效驗 非崇得與 心志純一德自日增 攻其惡 攻者直與惡對壘而克除之其字指己言 無攻人之惡 此句是足上句見其專攻己惡雖欲攻人有所不暇 非修慝與 自治嚴密慝盡掃除 一朝之忿 是暫時小忿 忘其身 忘有不顧慮意 以及其親 及字作連及看 非惑與 輕重倒置由見理不透故曰惑 註 先事後得猶言先難後獲也為所當為而不計其功則德日積而不自知矣專於治己而不責人則己之惡無所匿矣知一朝之忿為甚微而禍及其親為甚大則有以辨惑而懲其忿矣樊遲粗鄙近利故告之以此三者皆所以救其失也○范氏曰先事後得上義而下利也人惟有欲利之心故德不崇惟不自省己過而知人之過故慝不修感物而易動者莫知忿忘其身以及其親惑之甚者也惑之甚者必起於細微能辨之於早則不至於大惑矣故懲忿所以辨惑也 講 誠能先其事之所難為其所當為而後其效之所得則理純於心非所以崇吾心之德與若能專於攻己之惡而無暇去攻人之惡則自治誠切非所以修吾心之慝與至若一朝之微忿忍之可也顧乃忘其一己之身因以禍及其親焉則昧於利害之幾非心之惑與知此之為惑則知所以辨之矣遲可不知所從事哉 補 饒雙峰曰近利則有計較之心而不能先事後得鄙則吝於責己粗則暴戾而不能忍小忿故夫子因其病而藥之

○樊遲問仁 問何以謂之仁 子曰愛人 愛人自用上看人兼親疏遠近言 問知 問何以謂之知 子曰知人 知人亦自用上看人兼智愚賢不肖言 註 愛人仁之施知人知之務 講 樊遲問知何為仁夫子答之曰仁主於愛雖人有不同無一不在其所愛中也又問知何為知夫子告之曰知主於知雖人有不同無一不在其所知中也 補 揭出兩人字便含下枉直在內○樊遲未達 只是疑知有妨於仁不必泥註相悖句 註 曾氏曰遲之意蓋以愛欲其周而知有所擇故疑二者之相悖爾 講 樊遲以愛欲其周知人則有所分別疑知之妨仁而有所未達焉○子曰舉直 舉取用也直是立心制行無邪曲者 錯諸枉 錯是舍諸眾也枉是立心制行有邪曲者 能使枉者直 能使有自然感化意 註 舉直錯枉者知也使枉者直則仁矣如此則二者不惟不相悖而反相為用矣 講 夫子窺其未達之意故告之曰子何疑乎誠知其人之正直者舉而用之知其人之邪枉者錯而舍之則取舍公而激勸寓能使枉者皆有所感奮以歸於直焉是夫子之意蓋於知人之中自寓愛人之意焉○樊遲退 退是退出 見

皐陶

皐陶一名庭堅顓頊高陽氏之後也高陽氏有才子八人謂之八愷庭堅其一焉庭堅佐舜為士師明刑從欲以治四方風動惟乃之休其後封於蓼至春秋為楚所滅臧文仲曰皐陶庭堅不祀忽諸蓋傷之也

伊尹

伊尹名摯生於空桑後居伊水故氏曰伊耕於

智以成仁其妙只在一使字見得使者智使之也能使枉者直已仁矣但夫子只申明智字註仁字并相為用意俱宜渾

鄉也節旨

遲認夫子於知入下足此二句故但云問知自未曉能使枉者直之兼仁言也

富哉節旨

富哉虛講內含無限意味下節正見子言之富

舜有節旨

引舜湯事作舉錯樣子以見帝王莫能外耳皐陶舉為士師伊尹舉為阿衡不舉即是錯此舜湯知人之智所謂舉直錯枉也不仁者即是枉遠即是化枉為直因選舉而致之即愛人之仁能使枉者直矣但子夏口中不得說明只有智字吞吐然已透出仁字來即遲亦悟夫子之兼仁言矣

問友全旨

此章論處友之道忠告是主忠本不因告而有而告自以忠而切忠以心言道以辭言善道乃所以成其忠告不可則止二句所以全交亦全此忠也

子夏曰正為問辨之地鄉也猶云前者吾見於夫子而問知遲以夫子之言專說知故舍仁不言而曰問知子曰舉直錯諸枉能使枉者直何謂也何謂也只承能使枉者句問謂於知之道理何所指【註】遲以夫子之言專為知者之事又未達所以能使枉者直之意【講】樊遲猶未喻夫子之言而不敢多問遂退乃見子夏而問曰鄉也吾見於夫子而問知子則告我曰舉直錯諸枉能使枉者直夫舉直錯枉吾知其知矣而能使枉者直吾不知斯言果何謂也

○子夏曰富哉言乎言指上舉直二句【註】嘆其所包者廣不止言知【講】子夏聞言而嘆曰富哉夫子之言乎其意之所包者廣不止言知也

○舜有天下舜受堯禪而有天下選於眾眾該枉直在內舉皐陶皐陶是直者舉該錯枉在內不仁者遠矣湯有天下湯放夏桀而有天下選於眾舉伊尹伊尹是直者不仁者遠矣【註】伊尹湯之相也不仁者遠言人皆化而為仁不見有不仁者若其遠去耳所謂使枉者直也子夏蓋有以知夫子之兼仁知而言矣○程子曰聖人之語因人而變化雖若有淺近者而其包含無所不盡觀於此章可見矣非若他人之言語近則遺遠語遠則不知近也尹氏曰學者之問也不獨欲聞其說又必欲知其方不獨欲知其方又必欲為其事如樊遲之問仁知也夫子告之盡矣樊遲未達故又問焉而又未知其何以為之也及退而問諸子夏然後有以知之使其未盡喻則必將復問矣既問於師又辨諸友當時學者之務實也如是【講】試以帝王之治觀之舜有天下於虞選於眾人之中舉皐陶之仁而直者由是天下皆化於仁而不仁者若相率而遠去矣湯有天下於商選於眾人之中舉伊尹之仁而直者由是天下皆化於仁而不仁者若相率而遠去矣夫選眾而舉皐舉尹舜與湯之智也而不仁者遠其僅舜與湯之智乎抑不僅舜與湯之智乎子試反而思之亦可以知夫子之言之富矣【補】王滙參云子夏指點唱歎之神全在兩矣字與上富哉言乎神迴氣合仁字自津津隱躍心口間本文不仁者遠自是秘響潛通非必有心發覆也

○子貢問友是問交友之道子曰忠告忠告是心盡忠而善道之善道是言盡善之指友言不可是不從其忠告善道之言則止止即止而不言也無自辱焉自辱是因數見疏意【註】友所以輔仁故盡其心以告之善其說以道之然以義合者也故不可則止若以數而見疏則自辱矣【講】子貢問處友之道夫子告之曰友以輔仁必盡其心以告之知無不言言無不盡也而又善其辭說以道之從容和氣委曲諷諭也使其以忠告善道之言為不可則當見幾而止無以數見疏而自取辱焉是其始也以義而相正其終也以義而全交處友之道盡於是矣【補】蔡虛齋曰不可非不肯也言不可以忠告而善道也以道事君不可則止亦然

華野湯聘三反然後肯出輔湯放桀為阿衡之佐湯崩尹復相其孫太甲至太甲子沃丁立八祀尹乃卒年百有餘歲大霧三日沃丁葬以天子之禮祀以太牢冢去湯墓七里太戊時子伊陟為相

以文全旨

此章示人以取友之益既資友以講學而致其知尤資友以輔仁而力於行註兩對說於理固不可易但本文語勢以友字作中間樞紐則以以文為緣起而以輔仁為歸宿一線穿成亦於註不背耳

子路章旨

此章上節言政本諸身下節言政要諸久總是一意

子路節旨

先之即道之以德意勞之就循行勸課說身先身勞俱根心上做出註不令而行雖勤不怨甚言必貴乎先勞也不重著其效

請益節旨

子路看得先勞容易便是倦根無學有力正兢業精神所在常常先勞即是無倦所謂不益之益也

仲弓章旨

此章見為政當識大體仲弓簡者故夫子以政體告之首節三平看皆宰政之大體而下節又舉賢才一事之大體也

仲弓節旨

宰之所屬有典錢穀與兵刑禮制者先對後考其成亦有得人專責二意小過是凡民無心之愆不僅作有司之過赦字須補註大者不得不懲意

○**曾子曰君子以文會友**文以載道**以友輔仁**輔是夾助【註】講學以會友則道益明取善以輔仁則德日進

【講】曾子論取友之益曰君子之學以求仁而仁必資友焉友非徒會也以文會之也或考詩書於古或窮事物於今而道益明矣為仁非但由己也有善則相勸有失則相規而德日進矣君子取友之益如此彼泛言取友者曷不折衷於君子哉【補】註中益字曰字宜玩蓋平時已有博文工夫但恐意見偏曲故會友以講明仁者心之德輔仁不是助我用功只藉友以涵養熏陶之益

子路第十章 凡三十章

○**子路問政**是問為政之道**子曰先之**此在教邊如躬行孝弟之類**勞之**此在養邊如勸課農桑之類【註】蘇氏曰凡民之行以身先之則不令而行凡民之事以身勞之則雖勤不怨【講】子路問為政之道夫子告之曰政也者本身以治民而已凡與民行毋徒言語教飭已也必也以身先之欲民親其親必先之以孝欲民長其長必先之以弟正己率物則民有所觀感而行無不興矣凡作民事毋徒政令驅使已也必也以身勞之欲民勤於耕必春省以補之欲民勤於斂必秋省以助之率作興事則民有所勸勉而事無不舉矣為政之道如此

○**請益**是求加於先勞之外**曰無倦**無倦是行此先勞永久也【註】無古本作毋○吳氏曰勇者喜於有為而不能持久故以此告之○程子曰子路問政孔子既告之矣及請益則曰無倦而已未嘗復有所告姑使之深思也【講】子路又請益於先勞之外夫子告之曰吾何以益子哉亦惟於先之勞之者持之以久無或勉於始而倦於終可耳為政之道豈尚有加於此哉【補】倦乘於惰者易知而伏於勤者難知由於怠事者易見而生於喜事者難見

○**仲弓為季氏宰**宰是家臣之長**問政**政是治邑之政**子曰先有司**先是先責之使治對後考其成功說**赦小過**赦是寬宥不究小過是無心小誤**舉賢才**舉是簡拔任用【註】有司眾職也宰兼眾職然事必先之於彼而後考其成功則己不勞而事畢舉矣過失誤也大者於事或有所害不得不懲小者赦之則刑不濫而人心悅矣賢有德者才有能者舉而用之則有司皆得其人而政益修矣【講】仲弓為季氏家宰而問政於夫子夫子告之曰宰兼眾職凡事必先付之有司以分理庶務吾惟考其成功則下僚有報政之地矣宰平庶獄必赦宥民之小過以開其自新之路則在廷無苛政之苦矣宰集眾任必舉有德有能之賢才而布之庶位則書升皆立政之人矣政之大體不既全哉【補】三者須切為宰說有司宰所統也刑罰宰所用也賢才宰所任也

○**曰焉知賢才而舉之**此賢才是散逸在天下者焉知而舉是慮其不能盡知盡舉意**曰舉爾所**

舉賢才即古鄉舉里選不是專舉有司中之賢才亦不限定舉作有司

馬知節旨

馬知照註盡字仲弓非患全不知只患不盡知耳爾知爾舉人知人舉所謂以天下之人知天下賢才舉天下賢才也此是何等氣象但要顧為宰本旨講

知所知是得於見聞者**爾所不知人其舍諸**人指他人二句見用心之公 〔註〕仲弓慮無以盡知一時之賢才故孔子告之以此程子曰人各親其親然後不獨親其親仲弓曰焉知賢才而舉之子曰舉爾所知爾所不知人其舍諸便見仲弓與聖人用心之大小推此義則一心可以興邦一心可以喪邦只在公私之間爾○范氏曰不先有司則君行臣職矣不赦小過則下無全人矣不舉賢才則百職廢矣失此三者不可以為季氏宰况天下乎 〔講〕仲弓又獨慮賢才之難盡知故問曰賢才之伏處無窮焉能以一人之聞見盡知天下之賢才而舉之乎夫子曰賢才雖不能盡知亦必有所知者但舉爾所知者而用之其或爾所不知者人亦皆盡汲引之公誰其肯舍諸而不舉乎爾雖不盡人而知之而他人之知猶吾知也雖不盡人而舉之而他人之舉猶吾舉也又何以不盡知為慮哉 〔補〕焉知句是仲弓要盡知天下賢才其心似大不知賢才乃天地之公器我必盡知而舉不特聰明有限勢亦不能且欲將一時賢才盡屬我知我舉此念已自狹小我知我舉我不知聽人舉氣氣何等公平

正名 禮記大傳曰名者人治之大者也可無慎乎又曰自仁率親等而上之至於祖名曰輕自義率祖順而下之至於禰名曰重一輕一重其義然也○正名只是正之無立他人之理但念輒既為君而瞶未正父之名則瞶將名為臣乎帥而圍之則瞶將名為賊乎孔子果用衛只可令輒迎而養之則父

衛君章旨

此章見明倫為政之本正名二字是通章主腦首二節言衛政先正名下因子路迂之而詳示以名之當正也

衛君節旨

出公無父夫子必不仕時蓋居衛故子路有此問

必也節旨

蒯瞶避罪出奔即不得以父靈公未始不可以子輒輒即可令國人有君何可令吾身無父子實有父而視為仇祖實有子而孫為代名之不正孰大於此故以正名為先父廟曰禰

有是節旨

時輒已立八年子路所謂迂恐於輒有礙也

野哉節旨

野是無精密之見沈潛之思闕如言此心不敢自是

○**子路曰衛君待子而為政**待子是虛位以待夫子為政屬衛君兼孔子說**子將奚先**是問設施以何者為先務 〔註〕衛君謂出公輒也是時魯哀公之十年孔子自楚反乎衛 〔講〕夫子時方在衛子路問曰設若衛君虛心欲待子而為政則子之所設施將以何者為先也 ○**子曰必也正名乎**必也是斷然以此為先意正名就君臣父子講 〔註〕是時出公不父其父而禰其祖名實紊矣故孔子以正名為先謝氏曰正名雖為衛君而言然為政之道皆當以此為先 〔講〕夫子告之曰政莫大於正倫使我為政於衛必也先正其君臣父子之名使名稱其實乎是時衛之名不正故夫子言此 ○**子路曰有是哉**是字指正名說**子之迂也奚其正** 〔註〕迂謂遠於事情言非今日之急務也 〔講〕子路一聞正名之說乃妄對曰有是哉子之迂而遠於事情也為政者有救時之急務奚拘拘於名分之正乎 ○**子曰野哉由也**此是責他妄對**君子於其所不知**不知是疑惑之事**蓋闕如也**闕如是抱歉不敢妄對意 〔註〕野謂鄙俗責其不能闕疑而率爾妄對也 〔講〕夫子責之曰鄙俗哉由之為人也君子於家國事或有所不知則姑闕其疑以待問於人豈可率爾而妄對乎由其有愧於君子矣 ○**名不正**是君臣父子名分不定此句宜重提**則言不順**言是稱呼不順是有阻逆之弊如以祖為父以父為仇稱謂間多少不順**言不順則事不成**事是行此言處不成是不成個事體如將父作仇而用兵去阻將祖作父而承其國作豈成個事體 〔註〕楊氏曰名不當其實則言不順言不順則無以考實而事不成 〔講〕我之必先正名非迂也亦以名之所係者大耳使名不當其實而不正則宣之於言有所窒礙而不順言既不順則見之於事自多乖違而不成 ○**事不成則禮樂不興**安頓得整齊便是禮無那乖爭意便是樂不興

子之名已正矣

稼 周禮地官遂大夫以教稼穡以稽功事正歲簡器修稼政司稼掌巡邦野之稼而辨穜稑之種周知其名與其所宜地以為法

名不二節旨

此二節及言名之不可不正名不正三字是病根下諸弊皆從此生自言不順至禮樂不興就害及身言自刑罰以下就害及民言此禮樂非玉帛鐘鼓之謂只是那事底理事失其理則慶賞刑威無一中節獨言刑罰者舉其害之重者也無所措手足即為惡而惡不可為為善而善又不免意

君子節旨

此節正言名之當正名之二字提起言行皆跟名來兩必字有力是務要如此意君子於其言二句緊承上以決之言以稱名無所苟必使名正而可見諸言言順而可見於行也要之只一正名便該了註一事苟指名不正其餘皆苟指言不順以下

樊遲章旨

此章夫子廣樊遲以經世之學重上好禮三段首節因其問而婉言以拒之下是因其出而深責以曉之

樊遲請節旨

稼圃之請只是粗鄙近利無隱逸忘世意不如猶云不似謂吾儒之學別有在也大舜伊尹雖嘗躬耕不過所遇之時如此

樊遲出節旨

即在無序不和處見 **禮樂不興則刑罰不中** 刑罰是法律之具不中是不當罪意 **刑罰不中則民無所措手足** 措是安置意 【註】范氏曰事得其序之謂禮物得其和之謂樂事不成則無序而不和故禮樂不興禮樂不興則施之政事皆失其道故刑罰不中 【講】事既不成則一身舉動必顛倒無序乖戾不和而禮樂不興禮樂不興則施之政事必科條紊亂獄訟繁興而刑罰不中刑罰不中則為惡者或得倖免為善者或罹於禍民不知趨避之路而無所措其手足矣夫名不正其弊一至於此雖欲為政其可得哉 【補】名不正三字提起下五弊一齊都到特節節推出耳

○**故** 承上二節說來 **君子** 指為政者說 **名之必可言也** 總是名要正 **言之必可行也** 總是言要順兩必字與前必也相應 **君子於其言** 其言是稱名之言 **無所苟而已矣** 苟是假做糊塗意而已矣見正名之外在所緩 【註】程子曰名實相須一事苟則其餘皆苟矣○胡氏曰衛世子蒯聵恥其母南子之淫亂欲殺之不果而出奔靈公欲立公子郢郢辭公卒夫人立之又辭乃立蒯聵之子輒以拒蒯聵夫蒯聵欲殺母得罪於父而輒據國以拒父皆無父之人也其不可有國也明矣夫子為政而以正名為先必將具其事之本末告諸天王請於方伯命公子郢而立之則人倫正天理得名正言順而事成矣夫子告之之詳如此而子路終不喻也故事輒不去卒死其難徒知食焉不避其難之為義而不知食輒之食為非義也 【講】故為政君子知名不正則言不順一有名焉必當其實而可言也知言不順則事不成一有言焉必當其實而可行也夫名必可言是言所以基此行也君子之於言惟其揆之名而正措之行而順無所苟而已矣言不苟則事之成禮樂之興刑罰之中皆因之也不然其能免於弊哉此為政之所以必先正名也子奈何其迂之 【補】名必可言對上言不順說言必可行對上事不成包禮樂興刑罰中在內

○**樊遲請學稼** 請學是欲夫子教他意 **子曰吾不如老農** 不如謂所學不似也老農是專精治稼之人 **請學為圃曰吾不如老圃** 老圃是專精治圃之人 【註】種五穀曰稼種蔬菜曰圃 【講】昔樊遲以務本力農乃治生之常道請學稼之事夫子婉辭以拒之曰稼之事惟老農知之吾不如老農安能為子言稼也又以圃之事比稼為易請學為圃之事夫子亦婉辭以拒之曰圃之事惟老圃知之吾不如老圃安能為子言圃也

○**樊遲出** 是既問而出 **子曰小人哉** 小人是所志之小上見 **樊須也** 【註】小人謂細民孟子所謂小人之事者也 【講】何樊遲不悟而出夫子以其志趣卑陋又恐其終不喻也遂從而責之曰稼圃者小人之事須乃以此為問小人哉其樊須也

○**上好禮** 上指在位之大人言對小人看好是由中達外無一不盡意禮指處己臨民此身莊敬上說 **則民**

農圃

周禮太宰以九職任萬民一曰三農生九穀二曰園圃毓草木註三農山農澤農平地農九穀黍稷稻粱秫瓜麻麥豆也園樹木果圃樹菜蔬也○管子曰首戴茅蒲身衣襏襫霑體塗足暴其髮膚盡其四肢之敏此之謂農○圃即載師以場圃任園地謂在田畔樹菜蔬果蓏者○周禮任農任圃人各有業老農老圃蓋窮耕植之理者也

襁

襁褓負兒衣李奇曰絡也

小人以位言役智力於農圃內不足以成己外不足以治人能濟甚事

上好節旨

通節都是不如老農句內意思三上字對小人看好禮好義好信對學稼學圃看學能自治而治人者謂之上學不能自治而受治於人者謂之民三好字俱根心上說到用去三莫不敢字見民自然如此說感人言下三句方說功效四方之民至只極言來稼者之多見無所事於用稼也且曰襁負其子亦有子孫世為吾耕稼之意

誦詩全旨

此章見學詩者貴以心得為實用註本人情四句見詩有資於政其言二句見詩有資於言詩本有用故貴善誦以收其用誦詩而不能致用還是窮經之力未至若驗之於心浹洽而貫通體之於身切實而專確則亦奚不能之足患哉隨方應用曰達不藉介助曰專末多字正與三百字應

其身全旨

此章為當時人君詳於法令而忽於躬行者發見教民者當以身先也重上段下段乃反言以足之正身之君亦豈廢令但不徒事令令之固見王

莫敢不敬敬是無敢慢意**上好義**義指好惡舉措得宜上說**則民莫敢不服**服是悅服而無私議意**上好信**信就政令誠實上說**則民莫敢不用情**用情是無欺詐意**夫如是**承上三段說**則四方之民**即敬服用情之民**襁負其子而至矣**民皆攜幼而來以為我之民意**焉用稼**非惟不肖為亦不用為言稼則圃在其中

【註】禮義信大人之事也好義則事合宜情誠實也敬服用情蓋各以其類而應也襁織縷為之以約小兒於背者○楊氏曰樊遲遊聖人之門而問稼圃志則陋矣辭而闢之可也待其出而後言其非何也蓋於其問也自謂農圃之不如則拒之者至矣須之學疑不及此而不能問不能以三隅反矣故不復及其既出則懼其終不喻也求老農老圃而學焉則其失愈遠矣故復言之使知前所言者意有在也

【講】抑未聞大人之事乎彼上誠好禮而莊以持己則禮足以肅民心而民莫敢不敬上誠好義而事皆合宜則義足以服民心而民莫敢不服上誠好信而不欺其下則信足以固民心而民莫敢不用情夫能好禮義信而致民之敬服用情如是則居大人之位有大人之德四方之民襁負其子而至以為之耕稼矣又焉用自耕稼為哉稼不必為則圃可知矣須何不以大人自待也

【補】三段只就禮義信上說個大人之事以見吾人所當學者在此蓋事業不可出位而謀而出身加民之學不可不預若止於稼圃之為則胥天下而為小人矣全要開擴樊遲粗鄙近利之病

○**子曰誦詩三百**誦是誦讀三百舉全詩而言**授之以政**是與以位使之行政**不達**是不通於政而行之不當意**使於四方**是承君命出使四方諸侯**不能專對**不能獨自應對必待乎衆介之助**雖多**多指誦詩三百說**亦奚以為**以用也為是語助辭

【註】專獨也詩本人情該物理可以驗風俗之盛衰見政治之得失其言溫厚和平長於風諭故誦之者必達於政而能言也○程子曰窮經將以致用也世之誦詩者果能從政而專對乎然則其所學者章句之末耳此學者之大患也

【講】夫子示窮經者當求實用曰窮經將以致用也如誦詩三百不為不多矣其間通於政治長於風諭者亦既備聞之矣宜達於政而能言也乃授之以政不能通達事理而有昧於施措之宜使於四方不能專於應對而有待於介紹之助則誦詩雖多亦奚所用哉窮經者當求其實用可矣

【補】饒雙峰曰非誦詩時便思量要如此致用誦詩而有得則自然有此致用效驗

○**子曰其身正**其字指君說正字兼內外身正是躬行率民意**不令而行**令是使民為善之教戒也行是彼由我行有感化意**其身不正**不正是躬行非道**雖令不從**令亦是使民為善之教戒從是我要他從有勉強意

【講】夫子論端本之治曰上之教民不在於令而在於身苟能建極作則而其身正

公子荊

公子荊一名公南楚季札適衛見公子荊而悅之曰衛多君子○靈公之兄公孟縶與司寇齊豹有隙靈公在平壽齊豹作亂擊殺公孟公聞亂乘驅自閱門入公南楚驂乘齊氏射公中南楚之肩公遂出

郭

衛

衛姬姓侯爵出自周武王同母少弟封為成王大司寇食采於康謂之康叔成王誅武庚滅三

言之大不令益見王心之純也

魯衛全旨

此章夫子嘆魯衛之衰在哀公七年出公五年時也魯秉周禮衛多君子周公康叔之遺風猶在而無人振起之故嘆其衰有惜之意之有望之之意

子謂全旨

此章夫子稱善居室者以風有位當時世祿之家多怙侈滅義荊獨不然故夫子稱之善居室重註有節邊循序帶說有節即知足也所以知足處則皆由於寡欲方是善字本源由合而完而美既見其循序而無欲速之心苟合苟完苟美又見其有節而無盡美之心非賢而能之乎

子適全旨

此章因衛民而發王道之全嘆庶有兩意一是幸其庶而澤可遠施一是惜其庶而治之無術玩庶矣哉三字聖人仁天下之心全體流露而先王遺澤與三代斯民之道無不並到下兩問何加富之教之此理固庶哉中已備然卻因問逐漸生出註制田里薄賦斂立學校明禮義實貼富教兩之字方有著落蓋庶而富則民生厚

矣則表率有原不假禁令而其化自行如縱欲敗度而其身不正則倡化無本雖有禁令之煩而民將玩之而弗從矣為治者可不端其本哉【補】饒雙峰曰身正是身教令不過是言教以身教者從以言教者訟

○**子曰魯衛之政**政是紀綱法度**兄弟也**兄弟言其政相似【註】魯周公之後衛康叔之後本兄弟之國而是時衰亂政亦相似故孔子嘆之【講】夫子感而嘆曰昔周公封魯康叔封衛本兄弟之國今就其紀綱法度言之其政亦兄弟之政也吾不意周公康叔之遺其相同亦一至於此也【補】註是時衰亂相似衰以禮教衰微言亂以綱紀紊亂言相似亦是大概不遠魯政不君不臣衛政不父不子夫子口中不宜露出

○**子謂**是孔子私謂之言**衛公子荊善居室**是善處家且虛說**始有**是秋有時尚未合也**曰**是諒其心若將曰之意非公子荊自言也**苟合矣**苟者如俗云將就合就湊聚上看矣字是勾了罷了之意**少有**是略具時尚未完也**曰苟完矣**完便有全備意**富有**是充足時尚非美也**曰苟美矣**美是盈溢而文生【註】公子荊衛大夫苟聊且粗略之意合聚也完備也言其循序而有節不以欲速盡美累其心○楊氏曰務為全美則累物而驕吝之心生公子荊皆曰苟而已則不以外物為心其欲易足故也【講】夫子謂衛大夫公子荊善於居室當其財用器物之始有也荊之心則曰吾今已苟合矣不見苟合之外有可願也及其財用器物之少有也荊之心則曰吾今已苟完矣不見苟完之外有可求也及其財用器物之富有也荊之心則曰吾今已苟美矣不見苟美之外有可慕也循序而無欲速之累有節而無盡美之心公子荊之善居室如此世之聞公子荊之風者其亦可以少愧矣【補】按子謂二字當是記述體善處全在三苟字三矣字上見

○**子適衛**適是往夫子欲行道而至衛**冉有僕**【註】僕御車也【講】昔夫子適衛冉有為之御車以行○**子曰庶矣哉**庶指衛民矣哉二字中便隱寓富教之意【註】庶眾也【講】夫子有感於衛民之眾而嘆曰庶矣哉其衛之民乎蓋覩生齒之繁情與俱深矣○**冉有曰既庶矣又何加焉**加猶施也**曰富之**是所以保庶者緊項庶字講出【註】庶而不富則民生不遂故必制田里薄賦斂以富之【講】冉有遂請曰民患其寡也今既庶矣又何道以加於庶之後焉夫子告之曰庶而不富則無以遂其生必制田里薄賦斂以富之俾今之衛猶昔日保乂之衛焉而所以保其庶者在是矣○**曰既富矣又何加焉**是加益於既富之後**曰教之**亦是保庶但要從富中講出【註】富而不教則近於禽獸故必立學校明禮義以教之○胡氏曰天生斯民立之司牧而寄以三事然自三代之

天寶書局精校藏板

監中分其地以其半封康叔為衛侯分以大路綪茷旃旌大呂之樂而封於商墟其地朝歌縣是也

僕

僕即御車者也禮有六藝御其一焉詩以執轡如組為贒御非賤者之事故有以同等為之僕者有以降等為之僕者有以弟子為師之僕者有以貴者為賤人之僕者禮曰凡僕人之禮必授人綏若僕者降等則受不然則否此同等降等者為之僕也君命召雖賤人大夫士必自御之此貴者為賤人之僕也論語稱樊遲御冉有僕此弟子為師

富而教則民德正庶在民富之教之全在上此帝王作君作師之道也

苟有全旨

此章夫子自擬用世之效見不負人所用以望世之終其用意用我非甞試而使之乃舉國委己而聽之也苟有二字期望甚切朱子云聖人為政一年之間想見已前不好底事都革得盡到三年便財足兵强教行民服

善人全旨

此章夫子見當時以殺止殘不知以善消殘故思善人久道之化以感動之上二句引古語輕點過只重講末句誠哉一嘆是揆之以理度之以勢而信古人之語不我誣也大有慨慕願見意

如有全旨

此章見王道無近功如有是企慕冀望之意使民皆出於仁非仁心涵養之深仁政薰陶之久莫能然也此則非善人所能及矣滙參云有成只說得化行仁乃化浹此以見集註下字

後能舉此職者百無一二漢之文明唐之太宗亦云庶且富矣西京之教無聞焉明帝尊師重傅臨雍拜老宗戚子弟莫不受學唐太宗大召名儒增廣生員教亦至矣然而未知所以教也三代之教天子公卿躬行於上言行政事皆可師法彼二君者其能然乎 講 冉有又請曰民患其貧也今既富矣又何道以加於富之後焉夫子告之曰富而不教則無以復其性必立學校明禮義以教之俾今之衛猶昔日作新之衛焉而所以保其庶於富後者在是矣惜乎衛有其民夫子有其具而卒不獲一試也可概也夫 補 而既字加字雖同而養實不同上既字是現成實象故加字從自然說入下既字乃商量法制上虛景故加字從王道次第說盡

○**子曰苟有用我者**苟字作如字看用我是委國授政者字指國君說**朞月而已可也**已可是大綱小紀漸次就理意**三年有成**有成如財足兵强教行俗厚皆是 註 朞月謂周一歲之月也可者僅辭言綱紀布也有成治功成也○尹氏曰孔子歎當時莫能用己也故云然愚按史記此蓋謂衛靈公不能用而發 講 夫子有感而言曰當今之世苟有人焉能用我者雖用至期月一年之間而弊者革廢者興綱紀粗立已可觀也至於三年則治功已定治道大備而有成矣惜乎世莫我用吾亦安能如之何哉 補 張南軒曰期月而大綱立三年而治功成然三年之所成者即其期月所立之規模充之而已

○**子曰善人為邦百年**善人是存心愷悌敷政和平之君為邦是治天下百年是父子相繼之久**亦可以勝殘去殺矣**准其勝殘是以去殺串看此上二句是古語**誠哉是言也**誠者是信然意是言指上二句說 註 為邦百年言相繼而久也勝殘化殘暴之人使不為惡也去殺謂民化於善可以不用刑殺也蓋古有是言而夫子稱之程子曰漢自高惠至於文景黎民醇厚幾致刑措庶乎其近之矣○尹氏曰勝殘去殺不為惡而已善人之功如是若夫聖人則不待百年其化亦不止此 講 夫子思善人之治曰古語有云善人相繼為邦積而至於百年之久善政善教感孚已深亦可以勝殘暴之民使不為惡而去刑殺於不用矣由今觀之誠哉是言也世無善人於是言中遇善人善人無百年於是言中見百年為是言者慨與慕與何為使我感懷弗忘也 補 亦可以三字非不足善人乃極言殘殺之難勝去耳

○**子曰如有王者**如有是設若之辭王者興道致治之君不定是革命**必世而後仁**而後字有漸漬意仁訓教化浹與他處異 註 王者謂聖人受命而興也三十年為一世仁謂教化浹也程子曰周自文武至於成王而後禮樂興即其效也○或問三年必世遲速不同何也程子曰三年有成謂法度紀綱有成而化行也漸民以仁摩民以義使之浹於肌膚淪於骨髓而禮樂可興所謂仁也此非積久何以能致 講 夫子以王道望天下曰世之論治者孰不稱王者之仁然仁未可以驟致也如有王者受命而興必積而至於三十年之久而後仁漸義摩禮陶樂淑教化浹洽於

之僕也

之精

苟正全旨

此章見正身為輔治之本從政專就臣說言從政何有而正人意在其中言如正人何而不可從政意亦其中

此蓋刺魯三家晉六卿之屬

冉子全旨

此章諷弟子而警權臣意重其事句所以正名分也冉有所對實是國政但不可以政予私室故夫子為不知者而微辭以諷之政與事不論大小只在公私上分別以事字換他政字此聖人一字之筆削也如有政三句見宜聞不聞難以言政則其為事可知是借作證不重

定公章旨

此章見邦之興喪決於君心之敬肆定公是求一言於言夫子要他求一言於心前重知字一知為君難便不見莫予違之樂後重樂字一樂莫予違便不知為君之難敬肆之係於興喪者如此

定公節旨

定公求興喪於一言有輕忽意故夫子各先說不可幾而後說可幾以儆

無間始可以言仁也王道之無近功如此豈一時之所致哉【補】張氏云勝殘去殺如能去人之疾仁則使元氣渾然而自無疾去也

○子曰苟正其身矣（苟是誠正其身指為大夫者之身言）於從政乎何有（從政兼正君正民說）不能正其身如正人何（二句反言以決上意人字亦兼君民）【講】夫子示從政者以端本之化曰從政者苟能不悖綱常不乖憲度而正其身矣則輔上率民於從政以正人也何難之有如不能正其身則未有己不正而能正人者也其如正人何哉然則從政者可不以身為先務乎

○冉子退朝（是退自季氏私朝）子曰何晏也（晏非日晚作遲字看）對曰有政（議政於家不是實話）子曰其事也（在家為事辨得嚴峻）如有政（如是設若意）雖不吾以吾其與聞之（與聞是得共聞意）【註】冉有時為季氏宰朝季氏之私朝也晏晚也政國政事家事以用也禮大夫雖不治事猶得與聞國政是時季氏專魯其於國政蓋有不與同列議於公朝而獨與家臣謀於私室者故夫子為不知者而言此必季氏之家事耳若是國政我嘗為大夫雖不見用猶當與聞今既不聞則是非國政也語意與魏徵獻陵之對略相似其所以正名分抑季氏而教冉有之意深矣【講】冉有為季氏宰自其私朝而退來見夫子夫子問之曰退朝自有常期今日何若是之晏也冉有對曰朝有國政相與議之故不覺其退之晏耳夫子諷之曰此必季氏之家事也如有國政則事出於公必於公朝議之吾嘗從大夫之後雖不吾以而見用吾其當與聞之何其宜聞而不聞也今既不聞則非國政可知矣夫子辨政事之名如此所以抑季氏而教冉有者不亦深乎【補】明知政在季氏只是箇虛名亦自可惜故辨以存之

○定公問一言而可以興邦（一言是一句之言興邦是國從此而治意）有諸（是問有此理否）孔子對曰言不可以若是其幾也（言即一言若是指興邦幾是期必意）【註】幾期也詩曰如幾如式言一言之間未可以如此而必期其效【講】定公問於孔子曰善言固足以資治也然有不出於一言而可以期興邦之效果有諸否乎孔子對曰一言至微也興邦大效也一言之間不可以若是其幾必興邦之效也

○人之言曰（人是時人言言語）為君難（難自責任之重上見）為臣不易（不易自輔君以難上見）【註】當時有此言也【講】然亦有之人之言曰為君者上係天命之去留下係人心之離合其統理之責蓋甚難也為臣者天命賴以其永人心賴以共保其輔理之責亦不易也時人之言如此【補】君者邦之主君非難而為之則難臣者邦之輔臣固易而為之則不易重兩為字有盡其

戒之

人之節旨

君臣二句本平說夫子引之則止取上一句耳不徒曰君臣而曰為君為臣可見不是虛擁其位必有確實當為之道在

如知節旨

知不是空知是體認為君難一言而真知之知字中有自責自修意知難處就是為難處為難處就是興邦處

一言節旨

如知字有喚醒意

上人言是他人之言此人言是君之自言唯其言包善不善在內自謂莫予違便是不知為難處

如其節旨

首二句只以起下輕看重下二句蓋答喪邦之問故也如其善句不可說得太好只無關利害便為善也須知唐虞不廢吁咈莫違之善亦云如此猶無害耳精神全注不善莫違邊按言莫予違兼臣民此莫之違單指臣

葉公全旨

此章見為政以得民心為本近悅遠來為政之效也然必有所以致之者故註曰被其澤聞其風二者字全從

責稱其任而無忝愧處○**如知為君之難也**如字根人言來知字重看知其難則知所謹矣**不幾乎一言而興邦乎**不幾乎如云不亦可期必乎興邦只是說興邦之原在此【註】因此言而知為君之難則必戰戰兢兢臨深履薄而無一事之敢忽然則此言也豈不可以必期於興邦乎為定公言故不及臣也【講】夫所謂為君難者固一言耳如使為君者因此言而知為君之難也則必戰兢以圖不敢怠忽由是而天命固人心歸不幾乎為君難之一言而可以興邦乎【補】須照定一言語脈註戰兢三句意補在知字內不幾乎與不可以幾相為旋繞正對針定公處○**曰一言而喪邦有諸**喪邦是亡國**孔子對曰言不可以若是其幾也**此句與上有別上云徒以一言便欲興邦何易視興邦如此此云一言即便喪邦恐亦未必如此**人之言曰予無樂乎為君**無樂為君以君任至重君道難盡言**唯其言**唯是獨其言凡君之詔誥號令皆是**而莫予違也**莫予違是奉行而不敢悖意兼臣民言【註】言他無所樂唯樂此耳【講】定公又問曰言固足以僨事也然有不出於一言而即至喪邦者果有諸否乎孔子對曰一言至微也喪邦大禍也一言之間不可以若是其幾於喪邦之禍也然亦有之人之言曰君任至重予無樂乎其為君也唯其言一出而臣民欽若莫敢於予而或違也此則為君之樂耳時人之言如此○**如其善**如是設若之辭善是有益於生民有利於社稷**而莫之違也**指臣下欽承說**不亦善乎**是民生受其福社稷得其安豈不是好事**如不善**不善是言之有害於生民社稷**而莫之違也**亦指臣下欽承說**不幾乎一言而喪邦乎**喪邦就禍亂將作上說【註】范氏曰如不善而莫之違則忠言不至於耳君日驕而臣日諂未有不喪邦者也○謝氏曰知為君之難則必敬謹以持之惟其言而莫予違則讒諂面諛之人至矣邦未必遽興喪也而興喪之源分於此然此非識微之君子何足以知之【講】夫所謂言莫予違者固一言耳如使為君者出其言善而臣下莫之違也則都俞於一堂者皆保定之謀不亦善乎如出言不善而臣下亦莫之違也則忠言不至君驕臣諂不幾乎莫予違之一言而可以喪邦乎是則邦不自興也興於君心一念之敬邦不自喪也喪於君心一念之肆凡有邦之責者其亦可以悟矣【補】金仁山曰興喪不在一言在君心於此一言何如耳故前舉人言而必曰知難後舉人言而必曰如其善不善可見興喪固多端其本原只分於君心之敬肆

○**葉公問政**問政有求服於民之意**子曰近者說**近者是邑內之民悅必有所以悅處**遠者來**遠者是邑外之民來必有所以來處【註】被其澤則悅聞其風則來然必近者悅而後遠者來也【講】楚葉公問政於夫子夫子告之曰為政以得民為貴必使近者之民咸被吾澤而有歡悅之心使遠者之民皆聞吾風而有來歸之心則

莒父

莒父之邑以莒子始封得名也定公十四年城莒父即子夏所宰之邑

直躬

呂氏春秋楚有直躬者其父竊羊而謁之上上執而將誅之直躬者請代之將誅矣告吏曰父竊羊而謁之不亦信乎父誅而代之不亦孝乎信且孝而誅之國將有不誅者乎荊王聞之乃不誅也孔子聞之曰異哉直躬之為信也一父而再取名焉故直躬之信不若

為政身上著落此夫子欲其即民情以自考兩句平說亦串說

莒父全旨

此章見政當以遠大為期子夏規模狹小夫子直以王道之悠久博大者言之上二句示近小之戒下二句推近小之弊欲以心之所期言見以心之所識言全是在心上戒他達是由此通彼無序則先後緩急一齊施出去必有壅礙利非財利猶云便益耳利在一方一時則小利在天下萬世則大

語孔章旨

此章見直不可矯葉公所尚之直以細行言在天理人情之外夫子所取之直以大節言在天理人情之中

語孔節旨

直在於心謂直道直在於身謂直躬說一躬字便不論心了攘羊二句謂父而可證他人可知攘羊且證他事可知

吾黨節旨

直者信心而行慊心而止父子相隱乃天理上宜有此斡旋人情上宜有此轉移故曰直在其中

樊遲全旨

此章見仁貴存心有常通以心字作

可謂為政矣公亦思所以悅之來之可也 補 黃勉齋曰有意以求其悅且來則必有不悅不來者矣行吾之所當行而其效如此乃所謂政

○子夏為莒父宰 宰是邑長 問政 政是治邑之政 子曰無欲速 兩無字是戒之之辭欲速是躁心 無見小利 見小利是狹心 欲速則不達 不達是限於時勢而難通正明不可欲速意 見小利則大事不成 大事是有利於天下後世之功績不成是廢弛正明不可見小利意 註 莒父魯邑名欲事之速成則急遽無序而反不達見小者之為利則所就者小而所失者大矣○程子曰子張問政子曰居之無倦行之以忠子夏問政子曰無欲速無見小利子張常過高而未仁子夏之病常在近小故各以切己之事告之 講 子夏為莒父之宰乃問政於夫子夫子告之曰為政有二弊方為其事旋責其效是為欲速子必無欲速狃於淺近以為便圖是為見小利子必無見小利蓋為養為教凡事有自然之次第有遠大之規模若欲事之速成則刻期旦夕先後失序而政不達見小者之為利則貪於尺寸忘其遠圖而大事不成此所以不可欲速不可見小利也子為政其可不以遠大為務而以近小為戒乎 補 蔡氏曰政亦有急務亦有小利不遺辨在欲字見字此就其為政之心而指子夏所有之病也

○葉公語孔子曰 語告也 吾黨有直躬者 吾黨指葉黨言 其父攘羊 攘是物自來而因以取之 而子證之 證是證其父之攘羊 註 直躬直身而行者有因而盜曰攘 講 葉公語於孔子曰自直道之不行人多私其所好今吾黨之中有直躬而行者其父攘人之羊而其子乃從而證之夫親莫親於父猶且無隱如此則其直可知矣

○孔子曰吾黨之直者 吾黨指魯黨言 異於是 言不同於證父攘羊之直 父為子隱 為字有委曲意此隱內亦有義方之訓但不以聞於人 子為父隱 為父隱便見不證父意此隱內亦有幾諫之道但不以播於人 直在其中矣 此全在天理人情上論 註 父子相隱天理人情之至也故不求為直而直在其中○謝氏曰順理為直父不為子隱子不為父隱於理順耶瞽瞍殺人舜竊負而逃遵海濱而處當是時親愛之心勝其於直不直何暇計哉 講 孔子曰吾黨所謂直者則異於是子或有過也而父且為子隱不以聞之於人父或有過也而子亦為父隱不以聞之於人夫相隱若非直也然父子相隱為順人情為安雖不求為直而直在其相隱之中矣若父子相證則是拂乎天理人情矣豈得為直哉 補 蔡虛齋曰直在其中非指隱以為直也如學以自修而祿在其中亦然

○樊遲問仁 是問求仁之道 子曰居處恭 居處是燕居獨處恭是整齊嚴肅意 執事敬 執事是當事執持敬是主一無適意

無信也

宗族　宗尊也爲先祖主也禮大傳曰別子爲祖繼別爲宗繼禰者爲小宗有百世不遷之宗有五世則遷之宗百世不遷者別子之後也宗其繼別子者百世不遷者也宗其繼高祖者五世則遷者也尊祖故敬

主居處三句是存此心夷狄二句是常存此心恭敬忠皆仁之隨在異名所謂心存而理得也居處句敬以持己執事句動以應事與人句又動以接人但逐句看則處處皆所以求仁通一章看則無處非所以求仁蓋仁包衆理隨一理之所在皆仁仁全體不息則貫衆理無間乃爲仁

子貢章旨
此章論士重實行行其本也才其末也首節本末兼全士之最優者次節是本立之士三節是有守之士要之皆有實行者末節言無實行不必列士之林

子貢節旨
行己所該者廣有恥是志有所不爲不辱是才足以有爲然才足有爲不止使事爲使特揭大端言之註云不獨貴於能言須兼擧動守禮處事合宜說方是勉子貢所未至

其次節旨
有恥是事事不苟孝弟乃行己中一事宗族鄉黨見之必真故取以爲據但所稱限於宗族鄉黨亦非通神明光四海之孝弟也

言必節旨
信果是言行之準病在兩必字註識淺以所知言量狹以所守言勿太說

與人忠與人是與人交接忠是盡其心而不欺雖之夷狄之是往夷狄是甚言其遠不可棄也是恭敬忠絕無間斷意【註】恭主容敬主事恭見於外敬主於中之夷狄不可棄勉其固守而勿失也○程子曰此是徹上徹下語聖人初無二語也充之則睟面盎背推而達之則篤恭而天下平矣胡氏曰樊遲問仁者三此最先先難次之愛人其最後乎【講】樊遲問爲仁之道夫子告之曰仁人心也無時無處而不在也故時乎居處則容止必恭而不敢肆時而執事則始終必敬而不敢忽時而與人則夫念必忠而不敢欺行此三者雖往夷狄亦固守此恭敬忠之理不可棄而失之也斯則心無時而不存理無時而或間仁豈外是哉【補】饒雙峰曰於居處時容貌恭肅則仁便在居處上於執事時此心戰兢恐失則仁便在執事上於與人時盡心而無欺僞則仁便在與人上若能常常如此雖之夷狄而不棄此仁便無間斷

○子貢問曰何如斯可謂之士矣問何如稱士子曰行己有恥行己是立心制行不曰立己而曰行己是在推行上論恥是恥其非道之事而不爲使於四方是承君命出使鄰國不辱君命是不玷辱吾君委任之命可謂士矣承上言如此始無愧於士之名【註】此其志有所不爲而其材足以有爲者也子貢能言故以使事告之蓋爲使之難不獨貴於能言而已【講】子貢問於夫子曰士之稱必有其實也必何如盡士之實斯可謂之士矣夫子告之曰士貴才志兼全也必其行之於一己者以廉恥爲大節凡非義之事皆有恥而不爲是其本立矣及其出使於四方則專對諸侯剛柔合體而不辱君所以命我之任是其志既有所不爲而其才又足以有爲可謂之士而無愧矣

○曰敢問其次次是次於才志兼全之人曰宗族稱孝焉宗族是同宗共族之人稱孝是孝孚於家鄉黨稱弟焉鄉黨是異姓鄉里之人稱弟是弟孚於鄉【註】此本立而才不足者故爲其次【講】子貢又問曰敢問其士之次者何如夫子告之曰有人於此內而宗族稱其孝焉外而鄉黨稱其弟焉此其才雖有不足然大本已立斯可以爲士之次矣【補】朱子曰孝弟豈不是第一等人而聖人未以爲士之上者僅能使其身無過而無益於人之國守一夫之私行而不能廣其固有之良心也

○曰敢問其次此次字又次於孝弟之人曰言必信必信是不論當否執定要信實行必果必果是不論是非執定要果決硜硜然小人哉硜硜是狀其必信必果堅確之意小人對變化無方之大人言抑亦可以爲次矣抑亦是不足之意次是次於孝弟之士【註】果必行也硜小石之堅確者小人言其識量之淺狹也此其本末皆無足觀然亦不害其爲自守也故聖人猶有取焉下此則市井之人不復可爲士矣【講】子貢又問曰敢問其士之又次者何如夫子告之曰

宗敬宗尊祖之義也又曰敬宗故收族收族故宗廟嚴註收不離散也○族者湊也聚也謂恩愛相流湊也生相親愛死相哀痛有會聚之道故謂之族堯典曰克明峻德以親九族九族者上自高祖下至玄孫也

斗筲

漢律志云斗者聚升之量也十升為斗○筲以竹為之今俗名筲箕是也

算

算籌也黃帝命隸首作算數以率其義要其會律度量衡由是而成焉

巫醫

周禮春官司巫掌羣巫之政令若國大旱則帥

壞硜硜可以留天地之心小人可以藏君子之脈

今之節旨

斗筲言其器易盈其用不貴蓋他胸中所容受者止有世味更無道德止有俗情更無名節此正市井之人言誕行縱者也

不得全旨

此章夫子為傳道計中行志本高而行又能踐守有定而識又能通圓中行不可得而思狂狷必也二字有含此別無可與意註以徒得謹厚之人二句托出自虛不得蓋謹厚之人只是不濟事原與鄉愿有真偽之分狂者有氣魄擔當得起狷者有筋骨撐持得定激勵其不及裁抑其過合狂狷都有使狂者力行以踐之而其見不荒狷者致知以明之而其守不狹則中道庶乎可得矣

南人全旨

此章夫子戒人無恆意首節述方言而歎其善尚借巫醫醒人二三節引易訓而歎其不占竟說到人身上取義更鞭緊一層南人語意似看得巫醫重夫子善之當推開說蓋謂無恆之無一可為也通言固有至理聖訓尤當凜遵朱子謂承如奉承之承如人送羞辱與之也不占而已只是不讀書之意

有人於此言不顧是非而必信行不擇可否而必果硜硜然乃識量淺狹之小人哉此其本末雖無足觀然自守之嚴抑亦可以為士之次矣

○**曰今之從政者**今指當時言從政者指為大夫之人**何如**是問其可列於士否**子曰噫斗筲之人**斗筲乃借言字主器量容受說**何足算也**言不足數為士意

【註】今之從政者蓋如魯三家之屬噫心不平聲斗量名容十升筲竹器容斗二升斗筲之人言鄙細也算數也子貢之問每下故夫子以是警之○程子曰子貢之意蓋欲為皎皎之行聞於人者夫子告之皆篤實自得之事

【講】子貢又問曰今之從政為大夫者其於士何如夫子嘆之曰噫斗筲鄙細之人本末既無足觀言行又無可取何足算其為士也子欲為士亦取法乎上可矣

○**子曰不得中行而與之**不得二字要見慨嘆意中行是中道上行者以資質言亦兼學問與之是以道傳之**必也狂狷乎**必也內有與字意應上不得字看狂狷亦以資質言且只虛講**狂者進取**重註志極高上**狷者有所不為也**重註守有餘上

【註】行道也狂者志極高而行不掩狷者知未及而守有餘蓋聖人本欲得中道之人而教之然既不可得而徒得謹厚之人則未必能自振拔而有為也故不若得此狂狷之人猶可因其志節而激勵裁抑之以進於道非與其終於此而已也○孟子曰孔子豈不欲中道哉不可必得故思其次也如琴張曾皙牧皮者孔子之所謂狂也其志嘐嘐然曰古之人古之人夷考其行而不掩焉者也狂者又不可得欲得不屑不潔之士而與之是狷也是又其次也

【講】夫子思傳道之人曰道必得所與而後傳也吾不得中行之士志節兼全知行合道者而與之以傳道矣然則吾之所與者必也其狂與狷乎蓋狂者遠大自期進而有為以取法乎古人狷者自愛其身不義之事斷然有所不為也夫狂者有其志狷者有其節得是人而激勵裁抑之則今日之狂狷他日亦可與中行同歸於道矣噫微斯人其誰與歸

【補】朱子曰中道之人有狂者之志而所謂精密有狷者之節又不至於過激此極難得

○**子曰南人有言曰人而無恆不可以作巫醫**巫是為人祈祝醫是為人療病**善夫**是孔子信其言之善

【註】南人南國之人恆常久也巫所以交鬼神醫所以寄死生故雖賤役而尤不可以無常孔子稱其言而善之

【講】子曰南國之人有言曰人而無常久之心者則誠有不可以作巫而交鬼神術有不精不可以作醫而寄死生南人之言如此夫無恆之人即巫醫且不可作況修德立功之大者乎善夫南人之言近而指遠也

○**不恆其德或承之羞**或者非一人之辭此爻辭周公所作

【註】此易恆卦九三爻辭承進也

【講】然不獨南人有是言也易之恆卦九三爻辭有曰人苟不能恆久其德則內省多疚而外侮必至人皆得以羞辱奉之易之所言如此

○**子曰不占而已矣**言人惟不玩其占而已

【註】復加子曰以別易文也其義未詳楊氏曰君子於易苟玩其占則知無常之取羞矣其為

巫而舞雩男巫掌望祀女巫掌歲時祓除釁浴○周禮天官醫師掌醫之政令聚毒藥以供醫事凡邦之有疾病者疕瘍者造焉則使醫分而治之歲終則稽其醫事以制其食十全爲上十失一次之十失二次之十失三次之十失四爲下

恒九三

九三不恒其德或承之羞貞吝象曰不恒其德無所容也

和而全旨

此章嚴和同之辨和同皆在與人共事上說上句重和下句重同和者和於理同者同其私和於理則不苟同同其私則不能和呂云和自是不同不同正是和此而字直下意和有和之義不同有不同之義此而字分辨意

鄉人全旨

此章見取人當於其類子貢欲稽人於好惡之同夫子則決人於好惡之類兩何如皆擬其爲賢兩未可皆謂未足以定其賢末二句合看方得只就一人說不如二字貫至末善者好之以善與己同也不善者惡之以善與己異也此全憑自己識見上先討箇鄉人善不善明白不專靠鄉人好惡作主張矣是爲取士於鄉定法

易事全旨

此章明君子小人存心待物之不同君子小人蓋指當時卿大夫之得政者言易事者偏難悅難事者偏易悅

無常也蓋亦不占而已矣意亦略通〔講〕夫子既引此辭又曰是殆不玩其占而已矣君子於易苟玩其占則知無常取羞而惕然有悟矣人之無恒者可不繹方言而知戒玩易辭而知儆哉〔補〕易繫辭居則觀其象而玩其辭動則觀其變而玩其占既曰九三則其爻動矣故謂之占不玩其占者言不玩此爻辭也

○子曰君子是循理之人和而不同不同就在和中看出小人是徇欲之人同而不和不和就在同中看出

〔註〕和者無乖戾之心同者有阿比之意○尹氏曰君子尚義故有不同小人尚利安得而和〔講〕夫子辨和同之介曰君子小人心術不同故其處事亦異君子之心公其與人也初無乖戾之心惟視理以爲可否吾見其和也而非苟同於人矣小人之心私其與人也莫非阿比之意惟徇情以爲可否吾見其同也而非和以處衆矣和同之相反如此人安可以無辨哉〔補〕和同與周比有別周比就用愛廣狹上說和同就與人是非可否上說周比就一君子一小人自己存心上說和同就衆君子衆小人相接相謀上說

○子貢問曰鄉人皆好之是盡一鄉之人皆好也何如是問其爲賢意子曰未可也謂未可遽信爲賢恐有同流合汙意鄉人皆惡之因皆好未可故問皆惡是盡一鄉之人皆惡也何如亦是問其爲賢意子曰未可也亦謂未可遽信爲賢恐有詭世戾俗意不如鄉人之善者好之不如二字貫下句此見其取信於君子其不善者惡之此見其不苟同於小人

〔註〕一鄉之人宜有公論矣然其間亦各以類自爲好惡也故善者好之而惡者不惡則必其有苟合之行惡者惡之而善者不好則必其無可好之實〔講〕子貢問於夫子曰賢者必見愛於人若盡一鄉之人而皆好之何如可以爲賢乎夫子告之曰鄉人皆好安知非同流合汙者乎未可信其爲賢也子貢又問曰賢者多見忌於人若盡一鄉之人而皆惡之何如可以爲賢乎夫子告之曰鄉人皆惡安知非詭世戾俗者乎未可信其爲賢也蓋好惡之公不在於同而善惡之分各以其類與其以鄉人皆好爲賢不如鄉人中之善者好之之爲得也與其以鄉人皆惡爲賢不如鄉人中之不善者惡之之爲得也夫其志行之美既足取信君子立心之直又不苟同小人必如是斯可以爲賢耳

○子曰君子是公恕之人指在位者言易事而難說也易事是易於奉事難說是難得其歡說說之不以道聲色貨利皆非道不說也此句申難悅本心之公來及其使人也器之及其字是從難轉到易使人是任用人器之如器之各適於用

一人而異情故以而字及其字為轉語須得相形互見之妙凡以職分之當為而効力於人曰事凡以意旨之承奉而取其歡心曰悅然悅難而事易則悅者皆將化而為事悅易而事難則事者皆將化而為悅此是言外推出意註以公私恕刻四字分貼最精

泰而全旨

此章別君子小人泰驕之異泰驕在氣象上見而實本於心註泰訓安舒安者從容自在無倉皇之態舒者寬舒自得無急迫之態驕訓矜肆矜者好高自大肆者放溢於禮法之外

剛毅全旨

此章舉近仁之質示人當因是而加學問也四者加以求仁學力則不止於近矣反觀之則柔脆華辯之遠於仁可知也朱子謂未能剛毅木訥即須矯揉到此地位

子路全旨

此章言士貴全養而又善其施也正造就子路處切切偲偲怡怡如也是一句總言士之為士其氣象當如此工夫全在前一層可見德性之尊禮樂之文克治涵養之功無不具足方

此句申易事本心之恕來**小人**是私刻之人亦指在位者言**難事而易說也**與君子相反**說之雖不以道說也**此句申易悅本心之私來**及其使人也求備焉**及其字是從易轉到難求備是以全材責備一人身上此句申難事本心之刻來 註 器之謂適其材器而使之也君子之心公而恕小人之心私而刻天理人欲之間每相反而已矣 講 夫子論君子小人用心之異曰君子之人易於服事而難於取說也何則君子心惟其公苟說之不以當然之道而巧於諂媚彼必以理御情而不說也說之不亦難乎及其使人也則待之以恕隨其材而器用之有長皆可效事之又何易也小人之人難於服事而易於取說也何則小人心惟其私則說之雖不以道而曲為逢迎彼亦徇情忘理而說之也說之不亦易乎及其使人也則待之以刻必求其全備而後快焉責望無已時事之又何難也君子小人之相反如此可不辨哉 補 君子為天下不為一身所以易事難說小人為一身不為天下所以難事易說

○**子曰君子泰而不驕**泰是自得從道德生來不驕就在泰上見**小人驕而不泰**驕是傲物從意氣使出不泰就在驕上見 註 君子循理故安舒而不矜肆小人逞欲故反是 講 夫子辨君子小人之氣象曰君子小人存心不同故其見之氣象亦異君子循乎理而心廣體胖常見其安舒而泰而不見其矜肆而驕也小人役於欲而氣溢志盈常見其矜肆而驕而不見其安舒而泰也君子小人其氣象不同有如是 補 驕泰俱有充然自足之意然相似而實不同分兩層洗發方不沒却而字一折

○**子曰剛**就體上說**毅**就用上說**木**就容貌上說**訥**就言語上說**近仁**仁是心德四者各近仁非兼備而後近也 註 程子曰木者質樸訥者遲鈍四者質之近乎仁者也楊氏曰剛毅則不屈於物欲木訥則不至於外馳故近仁 講 夫子欲人充美質以求仁曰人之氣質有剛焉而強勇不屈毅焉而堅忍有守木焉而質樸無華訥焉而遲鈍不佞此四者皆質之美而未嘗從事於仁也然仁者心無私欲剛毅則不屈於物欲仁者心存不放木訥則不至於外馳要皆近於仁也使因其近仁之質而加以求仁之功不將與仁為一乎 補 朱子曰剛是體質堅強如一箇硬物一般不軟不屈毅却是有奮發振興底氣象

○**子路問曰何如斯可謂之士矣**是因名以求其實意**子曰切切**在情意上**偲偲**在毅戒上**怡怡**在顏色上**如也**是形容之辭通管上六字**可謂士矣**此句承上思義兼盡說**朋友切切偲偲**朋友以義合故施以切偲**兄弟怡怡**兄弟以恩合故施以怡怡 註 胡氏曰切切懇到也偲偲詳勉也怡怡和悅也皆子路所不足故告之又恐其混於所施則兄弟有賊恩之禍朋友有善柔之損故

得有此自然流露氣象令人嘆想不盡而又分別朋友兄弟者朋友非全無恩但主於義兄弟非全無義但主於恩須知士到養成後性情中和之至攸往咸宜斷不至混於所施此特為子路用功說法也

善人全旨

此章夫子重言兵意蓋見當時列國兵爭驅民鋒鏑不仁已甚故發此言觀連記下章可見稱曰善人便與兵家狙詐者不同善人教民雖本末兼舉大意只教他為善至七年之久民亦為善教所感自能親上死長故即戎亦可

戰

古者出兵受成於學及其反也釋奠於學而以訊馘告觀此知先王教民之義矣

以不節旨

此章甚言不教之失以見民之不可不教也平日能教其民不戰可戰亦可不教之民既不知大義亦不知用武棄之兼此二意

憲問全旨

此章夫子勉原憲以有為意憲甘貧守道不難有守難於有為故告之以此因其所已能廣其所未及也有道無道二句語平意側蓋邦有道不能建功立業只小廉曲謹濟得甚事

又別而言之

講 子路問於夫子曰士固超乎凡民者也果何如斯可謂之士矣夫子告之曰士之質性貴於中和必其切切如情意之懇到偲偲如語告之詳勉而又怡怡如顏色之和悅斯則恩義兼盡而德性不偏可謂之士而無愧矣然又不可混於所施也朋友以義合者則以切切偲偲施之斯處朋友者善而用切偲者亦善也而凡類於朋友者之無不善焉可知矣兄弟以恩合者則以怡怡施之斯處兄弟者得而用怡怡者亦得也而凡類於兄弟者之無不得焉可知矣夫恩義既全而所施有別士之為士當如是由其知之否

補 王觀濤曰子路勇者也勇則氣浮未能切切勇則疏略未能偲偲勇則亢直未能怡怡故曰皆子路所不足

○**子曰善人教民七年**善人是慈愛惻怛之人就在位者說教民就平日言七年言其久**亦可以即戎矣**即有勇知方意

註 教民者教之以孝弟忠信之行務農講武之法即就也戎兵也民知親其上死其長故可以即戎○程子曰七年云者聖人度其時可矣如云期月三年百年必世大國五年小國七年之類皆當思其作為何如乃有益

講 夫子稱善人之化曰戎兵大事豈可輕使民者惟善人內有實心外有實政其於民也教之孝弟忠信以養其性教之務農以厚其生教之講武以熟其藝積而至七年之久則民之習於其教者自知親上死長之義亦可以就乎戎兵而慷慨禦侮矣夫以善人教民之久而後可即戎即戎可易言哉

補 胡氏謂教民本非為即戎而設亦可以字正見非此不可即戎意

○**子曰以不教民戰**不教民是平素不教之民也教亦兼孝弟忠信務農講武說戰即上即戎**是謂棄之**棄謂致民於死之指民言

註 以用也言用不教之民以戰必有敗亡之禍是棄其民也

講 夫子為輕用民者戒也曰民者國之本苟以平日不教之民而遽使之赴戰則民既不知坐作擊刺之方又不知親上死長之義而敗亡之禍在所不免是謂自棄其民也然則為民上者可不以棄民為鑒哉

憲問第十四

胡氏曰此篇疑原憲所記凡四十七章

○**憲問恥**是問何事可羞恥**子曰邦有道穀**此句重看以憲才不足也**邦無道穀**此句帶說以憲守有餘也**恥也**總承須抑揚重有道邊

註 憲原思名穀祿也邦有道不能有為邦無道不能獨善而但知食祿皆可恥也憲之狷介其於邦無道穀之可恥固知之矣至於邦有道穀之可恥則未必知也故夫子因其問而並言之以廣其志使知所以自勉而進於有為也

講 昔原憲以狷介之資問於夫子曰天下事何者為可恥夫子告之曰君子貴有守之節尤貴有為之才如邦之有道可以有為時也乃不能有為而但知食祿邦之無道可以獨善時也乃不能獨善而但知食祿是世治而無可行之道不免素餐與夫世亂而無能守之節不免貪位二者同歸於可恥也憲也聞此當由有守而進於有為焉矣

克伐章旨
此章見仁不在制私而在無私乃清源制流之分非自然勉然之别

克伐節旨
克伐是氣盈者因己所有而生怨欲是氣歉者因己所無而生不行是遏念强制與那拔去本根者迥别可以為仁竟下一矣字分明是誤認此為仁

可以節旨
難字只作艱苦勞瘁說吾不知是令憲自參悟其本源何如乃警悚語蓋克己復禮是殺賊工夫主敬行恕是防賊工夫四者不行譬如停賊在家豈不為害

士而全旨
此章見為士者當心無所累懷有貪戀二意未得則貪已得則戀居如宮室器用聲色貨利凡適己自便皆是不足為士只就懷居上斷之

邦有全旨
此章論君子因時制宜之道不專指人臣說危言危行非必峻厲激烈只當言當行不出常理之外孫非阿諛委靡之謂亦是理當如此如孔子之答陽貨便是

有德全旨
此章為以言勇冒德仁者發見內得

○**克伐怨欲**四者皆是私心**不行焉**是禁止不行於外**可以為仁矣**是實以制私為仁非疑而問也 註 此亦原憲以其所能而問也克好勝伐自矜怨忿恨欲貪欲 講 原憲以其所能問於夫子曰人有克而好勝伐而自矜怨而忿恨欲而貪欲今制之使不行焉可以為無私之仁矣乎

○**子曰可以為難矣**只是舉人之難制者而力制之**仁則吾不知也**仁指自然無私之天理言吾不知是不可以此為仁意 註 有是四者而能制之使不得行可謂難矣仁則天理渾然自無四者之累不行不足以言之也○程子曰人而無克伐怨欲惟仁者能之有之而能制其情使不行斯亦難能也謂之仁則未也此聖人開示之深惜乎憲之不能再問也或曰四者不行固不得為仁矣然亦豈非所謂克己之事求仁之方乎曰克去己私以復乎禮則私欲不留而天理之本然者得矣若但制而不行則是未有拔去病根之意而容其潛藏隱伏於胸中也豈克己求仁之謂哉學者察於二者之間則其所以求仁之功益親切而無滲漏矣 講 夫子告之曰常人之情一有克伐怨欲之心萌於中則必形之於外而不能以自制今能制之使不得行可以為恆情之所難矣若夫仁則天理渾然自無克伐怨欲之累徒以不行者為仁則吾不得而知之也是則制私不可以為仁仁則無私之可制學者觀此可以識仁體矣 補 仁者純乎天理自無四病不行只是強制不行畢竟病根尚在所以不得為仁

○**子曰士而懷居**懷是留戀不舍居字所該甚廣**不足以為士矣**言其識趣卑陋與凡民等 註 居謂意所便安處也 講 夫子論士當忘物累意曰所貴乎士者以其慕道而忘物也若為士者於意之所便安戀戀而不舍焉則其識趣卑陋不足以為士矣然則為士者可不以道御情以理制欲乎 補 胡氏曰懷居與小人懷土相似與聖人安土相反安土者隨其身之所處而安無所執著其樂也大懷居者戀其身之所便而安有所執著其累也大

○**子曰邦有道**是可遂其直之時**危言危行**君子非故欲其危也介然守道不徇於世即世俗觀之則見其危耳**邦無道**是不可遂其直之時**危行**行仍然是危總變不得底**言孫**孫但委曲不直遂非阿諛也 註 危高峻也孫卑順也尹氏曰君子之持身不可變也至於言則有時而不敢盡以避禍也然則為國者使士言孫豈不殆哉 講 夫子論君子處世之道曰君子之言行惟其時而已如邦有道時可以遂其直也則危其言焉而言人之所不敢言危其行焉而行人之所不敢行如邦無道時不可以遂其直也則亦危其行而不變已之守至於言則少加孫順而不激人之怒蓋行無時而可變者持身之節也言有時而不敢盡者保身之哲也君子惟相時而動而已

○**子曰有德者**德是理得於心**必有言**有言是德發為言**有言者**是徒尚言之人**不必有德**是不敢必

羿

羿有窮國君善射太康盤遊畋洛十旬弗反羿因民怨距於河立其弟仲康而相之在位十三歲崩子相立時權歸后羿逐相居商丘依同姓諸侯斟灌斟鄩氏羿因夏民以代夏政恃射不修民事淫於原獸寒浞伯明后之讒子弟也羿使相己浞行媚於內施賂於外羿歸自畋家衆殺而烹之以食其子子不忍食殺於窮門浞自立

以兼外外不得以信內欲修身者知所重觀人者知所尚矣德言是華實之辨仁勇是理氣之分兩必字乃信辭全從德仁內看出言勇蓋即靜默自持而精華自在即凝神歛氣而強毅自存也兩不必活看非決言其無也

南宮全旨

此章見聖賢崇德黜力之意适以德與力並問夫子祗美其尚德而抑力仲德之意自見蓋天道福善禍淫在适自為定論但亦有德如禹稷而不有天下惡如羿奡而獲其死者故夫子不答固是嫌於抑人揚己然朱子又云此亦夫子罕言命之意可知氣數難憑修為在我聖人并不計到禍福報施亦明矣一不答一出已相契於言外但恐人不知尚德之心故又明贊之與其人復與其心皆在言上見上句只引起下句

君子全旨

此章見仁道之難盡所以勉君子而儆小人也君子小人指心術邪正言君子猶有偶失則宜防之嚴小人必無偶得則宜反之亟有矣夫是想像臆度之辭未有二字是決言之

愛之全旨

此章立愛與忠之準蓋為知愛而不

其心中有德 **仁者** 仁是心純於理 **必有勇** 有勇是仁發為勇 **勇者** 是徒尚勇之人 **不必有仁** 是不敢必其心中有仁 〔註〕有德者和順積中英華發外能言者或便佞口給而已仁者心無私累見義必為勇者或血氣之強而已○尹氏曰有德者必有言徒能言者未必有德也仁者必有勇徒能勇者未必有仁也 〔講〕夫子為修己觀人者發曰有德之人積厚流光必有言也若徒有言之人或恐為色莊未必其有德也仁者之人理直氣壯必有勇也若徒有勇之人或憑乎血氣未必其有仁也然則修己者固當以德與仁為先而觀人者豈可以言與勇為重哉

○**南宮适問於孔子曰羿善射奡盪舟** 二人固是有力然羿篡夏自立奡滅斟灌斟鄩殺夏后相又是有權 **俱不得其死然** 二人皆死非正命 **禹稷躬稼** 禹是夏禹稷是后稷水土播種相須故皆曰躬稼對上善射盪舟 **而有天下** 對上不得其死 **夫子不答** 是嫌於傷時譽己意 **南宮适出** 出是默會夫子之意 **子曰君子哉若人** 君子以行之所造言若人指南宮适 **尚德哉若人** 尚德以心之所存言 〔註〕南宮适即南容也羿有窮之君善射滅夏后相而篡其位其臣寒浞又殺羿而代之奡春秋傳作澆浞之子也力能陸地行舟後為夏后少康所誅禹平水土暨稷播種身親稼穡之事禹受舜禪而有天下稷之後至周武王亦有天下适之意蓋以羿奡比當世之有權力者而以禹稷比孔子也故孔子不答然适之言如此可謂君子之人而有尚德之心矣不可以不與故俟其出而贊美之 〔講〕南宮适有感於當時重權力輕道德而問於孔子曰昔者羿以善射見稱奡以盪舟自恃固一時之雄也然羿為其臣寒浞所殺奡為夏后少康所誅俱不得其死然是力之不足恃也如此至若禹平水土暨稷播種躬親稼穡之事皆有德於民也然禹親受舜禪稷之後至武王克商俱有天下是大德之食其報也如此适之意蓋以羿奡比當世有權力者以禹稷比孔子也故夫子恐傷時尊己而不答南宮适亦會夫子之意不復問而出子乃嘆美之曰賤權力而貴有德君子哉其若人乎何人品之高也尚德哉其若人乎何心術之正也豈隨今時為趨向者所可比哉

○**子曰君子而不仁者有矣夫** 君子是存心於仁者不仁就少有間斷言有矣夫是容或有之 **未有小人而仁者也** 未有是決辭小人是存心於不仁者 〔註〕謝氏曰君子志於仁矣然毫忽之間心不在焉則未免為不仁也 〔講〕夫子勉人為仁意曰仁者心純乎理而無人欲之私也存之甚難失之甚易如君子固志於仁矣然存省之功少有不到則天理間斷而不仁者容有矣夫 若夫小人則失其本心縱天理有時暫萌亦不勝其私欲之擾未有小人而仁者也夫君子者可不密其功彼小人者可安於自棄乎哉

○**子曰愛之能勿勞乎忠焉能勿誨乎** 愛之忠焉一頓接下方有力兩能勿字兩乎字正醒人處 〔註〕蘇氏

羿

浞因羿室生澆及殪澆即奡也多力浞使澆滅斟灌斟鄩氏弑帝相處澆於過處殪於戈時后緡方娠逃歸有仍生少康焉夏有舊臣靡收灌鄩二國之燼以滅浞而立少康少康使女艾諜澆季杼誘殪並誅之

稷

稷名棄帝嚳之子也其母有邰氏女姜嫄為帝嚳元妃姜嫄出野見大人跡欣然踐之遂身動如孕者居期而生子以為不祥棄之隘巷馬牛過者皆避不踐徙置林中適會人伐木又棄之冰上飛鳥以翼覆之姜嫄以為

知勞卻忠而不知誨者發愛忠以心言勞誨以事言能勿二字重看見理勢之必然勞方是愛不勞便不成個愛誨方是忠不誨便不成個忠又誨與諫不同誨字和平諫字激烈

為命全旨

此章嘉鄭國辭命之善見用人之效亦以明四子體國之公也鄭係小國介晉楚兩大國之間辭命關係甚重為之最難歸重擇能而使上蓋既草創又討論又修飾又潤色不啻恭不疎略此之謂詳審精密草創用裨諶討論用世叔修飾用子羽潤色用子產當其才竭其智此之謂各盡所長故四子平列謂其有和衷之美見鄭用人之當可也其以執政子產作主謂能不掩三子而各用其長亦可也獨子羽稱官子產著地亦不可略朱子云春秋之辭命猶是說道理及戰國之談說只是說利害

或問章旨

此見聖人品評三大夫之當三段是隨問隨荅褒貶中寓忠厚意子產管仲有可稱則稱之不沒人之長也子西則僅外之不稱人之惡也

或問節旨

子產之政如作封洫鑄刑書其事多嚴而其心實寬不忍其凋敝而恤之

曰愛而勿勞禽犢之愛也忠而勿誨婦寺之忠也愛而知勞之則其為愛也深矣忠而知誨之則其為忠也大矣

【講】夫子立忠君愛子之則曰父之愛子情也然既有以愛之則必冀其成立而懲創之造就之日置諸憂勤惕厲以勞之雖欲姑息而勿勞也愛之之心能自已乎臣之忠君義也然既盡其忠焉則惟望其聖明而啟沃之規諷之日引於當道志仁以誨之雖欲順承而勿誨也忠之之心能自已乎然則為父與臣者當各盡其道而為子與君者亦當各體其情也

【補】夫子示人父人臣以愛子忠君之則是正意而子之善體其勞君之善納其誨意宜亦補出

○**子曰為命**（是作為講信修睦之辭命以達之鄰國者）**裨諶草創之**（草是略寫大意創是造立體制）**世叔討論之**（討是尋究典故論是講議義理）**行人子羽修飾之**（修是去其太繁飾是添其太簡）**東里子產潤色之**（潤色是易徑直而為委婉化鄙俚而為新雅四之字俱指命言）

【註】裨諶以下四人皆鄭大夫草略也創造也謂造為草藁也世叔游吉也春秋傳作子太叔討尋究也論講議也行人掌使之官子羽公孫揮也修飾謂增損之東里地名子產所居也潤色謂加以文采也鄭國之為辭命必更此四賢之手而成詳審精密各盡所長是以應對諸侯鮮有敗事孔子言此蓋善之也

【講】夫子稱鄭國辭命之善曰命以交鄰為之不可不善也今觀於鄭之為命以裨諶善謀則使之創為草藁而立其大意其規模不已定歟然規模於此而定者考辨於此猶未詳也以世叔博聞則使之討究典故以求其合講論義理以求其當其考辨不已詳歟然考辨於此而詳者損益於此猶有待也以行人子羽善筆削則使之修之以去其太繁飾之以增其太簡其審量不已當歟然審量於此而當者文采於此猶有進也惟東里子產又從而潤色之化陳而新易俚而雅而文采無不著焉此應對諸侯鮮有敗事者皆四臣之力也嗟夫四臣有辭鄭國賴之命之不可以已也如是夫

【附考】子產之從政也擇能而使之馮簡子能斷大事子太叔美秀而文公孫揮能知四國之為而辨於其大夫之族姓班位貴賤能否而又善為辭令裨諶能謀謀於野則獲謀於邑則否鄭國將有諸侯之事子產乃問四國之為於子羽且使多為辭令與裨諶乘以適野使謀可否而告馮簡子使斷之事成乃授子太叔使行之以應對賓客是以鮮有敗事

○**或問子產**（或是或人問有疑其政過嚴猛意）**子曰惠人也**（惠是恩愛就子產心上說）

【註】子產之政不專於寬然其心則一以愛人為主故孔子以為惠人蓋舉其重而言也

【講】春秋時鄭有子產楚有子西齊有管仲蓋卓然有三傑矣故或人問鄭大夫子產其人品何如夫子荅之曰子產之德澤歌訟於鄭國乃惠愛其民之人也

○**問子西**（在或人必有重子西處）**曰彼哉彼哉**（彼對此之稱彼哉已是外之重言之更是深外之言其無庸褒貶也）

【註】子西楚公子申能遜楚國立昭王而改紀其政亦賢大夫也然不能革其僭王之號昭王欲用孔子又沮止之其後卒召白公以致禍亂則其為人可知矣彼哉者外之之辭

【講】或人又問楚大夫子西其人品何如夫子但應之曰彼哉彼哉蓋不置一可否外之之辭也

【附】

天寶書局精校藏板

神乃收養之因名曰棄棄為兒時好種麻麥及成人遂好耕農民皆法則之堯聞之舉為農師天下享其利至舜時封棄於邰號曰后稷別姓姬氏

裨諶

伯有子皙不和大夫和之盟焉裨諶曰是盟也其與幾何善之代不善天命也其焉避子產

世叔

游吉一曰子太叔衛侯如楚適鄭北宮文子入聘子羽為行人馮簡子與子太叔逆客事畢而出言於衛侯曰鄭有禮其數世之福也復游吉代子產相鄭

行人子羽

周禮秋官有大

固以愛之為惠不忍其淫佚而制之亦以不愛為惠也

子西節旨

彼哉彼哉猶云他麼他麼只還一個不講他便了注中僭王沮賢召亂俱不入口氣

問管節旨

人也二字連下讀不可即作有功之人說下方見其功足以服人也但開口說個人也便有不可忽視此人者在奪伯氏二句要以管仲為主總借伯氏無功形出管仲有功來按三人管仲在先次子產次子西

貧而全旨

此章論處境之難易兼事勢人情說無怨與無諂不同有漸進於樂意此有天性恬淡與學問刻厲兩種無驕即謹守乎富收斂自下意故難易有分知其難則當力以守之知其易豈可更於易處失守乎

孟公全旨

此章隱諷公綽不稱職以見魯失官人之道夫子分明是說公綽不可為魯大夫却不直說魯而說滕薛且不邊說他短先說他長多少婉轉家老以望為重大夫非才不能任故一優一不可為為家老則趙魏且優況小於趙魏者乎為大夫則滕薛且不可況大於滕薛者乎

考 昭公二十六年楚平王卒令尹子常欲立子西曰太子壬弱其母非嫡也王子建實聘之子西長而好善立長則順建善則治王順國治可不務乎子西怒曰是亂國而惡君王也國有外援不可瀆也王有嫡嗣不可亂也敗親速讎亂嗣不祥我受其名賂吾以天下吾滋不從也楚國何為必殺令尹令尹懼乃立昭王即太子壬也從定公六年吳敗楚師楚國大惕令尹子西喜曰乃今可為矣於是遷郢於鄀而改紀其政以定楚國其後卒召王子建之子勝歸國使為白公勝遂與其徒石乞作亂殺子西子期於朝而劫惠王子西以袂掩面而死

○問管仲 因有識器小而問意 曰人也奪伯氏駢邑三百 奪是桓公奪但致其奪者仲也三百以戶口言 飯疏食 此言其窮之甚 沒齒 此言其窮之久 無怨言 重心服管仲之功上

註 人也猶言此人也伯氏齊大夫駢邑地名齒年也蓋桓公奪伯氏之邑以與管仲伯氏自知己罪而心服管仲之功故窮約以終身而無怨言荀卿所謂與之書社三百而富人莫之敢拒者即此事也○或問管仲子產孰優曰管仲之德不勝其才子產之才不勝其德然於聖人之學則槩乎其未有聞也

講 或人又問齊大夫管仲其人品何如夫子答之曰此人也相桓公而有功於天下桓公嘗奪其大夫伯氏駢邑三百戶以與管仲伯氏乃甘窮約飯疏食以至沒齒而無怨言蓋其心服管仲之功也觀其功足服人不可知其為人乎吁夫子之論出而三子之人品定矣

○子曰貧而無怨難 無怨不及貧而樂又勝似無諂非內有得者不能 富而無驕易 無驕即不矜外物者能之

註 處貧難處富易人之常情然人當勉其難而不可忽其易也

講 夫子即常情以勉人曰貧逆境也若處貧而無怨尤之心必其心泰然安於義命者方能之實常情之所難也富順境也若處富而無驕矜之念苟義理自守而略知謹抑者類能之乃常情之所易也然則人當勉其難而不可忽其易矣

補 難果真難較處富而益見其難易非真易較處貧而益覺其易註云當勉其難不可忽其易最精二句平列不可單重上句

○子曰孟公綽為趙魏老 家老總兼眾職無幹理之煩者 則優 優是為之有餘 不可以為滕薛大夫 不可以為言不勝其任也

註 公綽魯大夫趙魏晉卿之家老家臣之長大家勢重而無諸侯之事家老望尊而無官守之責優有餘也滕薛二國名大夫任國政者滕薛國小政繁大夫位高責重然則公綽蓋廉靜寡欲而短於才者也○楊氏曰知之弗豫枉其才而用之則為棄人矣此君子所以患不知人也言此則孔子之用人可知矣

講 夫子慨用人不當曰我觀魯大夫孟公綽者廉靜寡欲設以之為趙魏大家之老取其風節鎮躁則優乎有餘矣若使為大夫非有理煩治劇之才者不能公綽未免短於才矣即滕薛小國亦不可以為大夫也觀此則魯國用人之失可見矣

補 此借趙魏滕薛以定公綽之品借公綽以定用人之法非專為公綽發也要會其大意

附考 趙是趙夙之後魏是畢萬之後晉獻公之十有六年趙夙為御畢萬為右以伐霍耿魏三國滅之還賜趙夙耿賜畢萬魏其子孫世為晉卿

行人有小行人皆大夫也掌諸侯朝覲宗廟會同之禮儀及朝聘會同之事則諸侯之行人亦然故云掌使之官子羽鄭行人也

伯氏騈邑
伯氏姓名無考山東通志云青州府臨朐縣即伯氏騈邑

孟公綽
孟公綽仲孫氏字公綽襄公二十五年齊崔杼帥師伐我北鄙公患之孟公綽曰崔子將有大志不在病我必速歸何患焉其來也不寇使民不嚴異於他日齊師徒歸史記孔子之所嚴事於魯孟公綽是也

臧武仲

子路章旨
此章見人以大成為貴上節告以人道之全重在養下節告以人道之重重在節蓋欲子路由今而進之古也

子路節旨
若字是撮舉意言若此等之人亦字正與若字相呼應借四子做個樣子只欲進之以禮樂乃為成德之人耳通節文之句最重有禮以文便去偏倚而歸中正有樂以文便化乖戾而就和平全是學問涵養工夫故能取四子之所長而去四子之所短也至此則智不流於苛察廉不失於矯厲勇不役於血氣藝不傷於便巧不得以智廉勇藝偏長目之乃真成其為智廉勇藝也

今之節旨
見利三句總以實心為本三平看正是個敦篤誠實的人註忠信之實句總承不可分貼上節就子路之所不足者而語之此節欲其由成人之次漸進於上也蓋舉世忠信論人期於全養舉世浮靡論人期於立本按久要即平生之言又思義廉也授命勇也註中才智未備是欠智藝禮樂未備是欠文

○**子路問成人**是問如何完全個人**子曰若**若字貫下四句**臧武仲之知**知是有窮理之哲**公綽之不欲**不欲是不貪欲即廉也**卞莊子之勇**勇以果敢言**冉求之藝**藝是泛應之才**文之以禮樂**文是加飾意即節之和之也之指知廉勇藝說禮主節就吾心之中正言是使四者做到中正而無偏倚處樂主和就吾心之和樂言是使四者做到和樂而無駁雜處**亦可以為成人矣**亦可字對聖人看此成人就才全德備言

〔註〕成人猶言全人武仲魯大夫名紇莊子魯卞邑大夫言兼此四子之長則知足以窮理廉足以養心勇足以力行藝足以泛應而又節之以禮和之以樂使德成於內而文見乎外則材全德備渾然不見一善成名之迹中正和樂粹然無復偏倚駁雜之弊而其為人也亦成矣然亦之為言非其至者蓋就子路之所可及而語之也若論其至則非聖人之盡人道不足以語此

〔講〕子路問成人之道夫子告之曰所謂成人者知以窮理必若臧武仲之知廉以養心必若孟公綽之不欲勇以力行必若卞莊子之勇藝以泛應必若冉求之藝兼四子之長而又節以禮和以樂去其偏矯之病則渾然而材全德備粹然而中正和樂以為成人其亦可矣

〔附考〕卞莊子性好勇嘗刺虎齊人欲伐魯忌卞莊子不敢過莊子善事母母在時三戰而三北交遊非之國君辱之莊子顏色不變及母死二年魯興師伐齊莊子請從曰初與母處是以三北吾甚辱焉遂赴敵於是三獲甲首以獻以塞三北之恥曰三北以養母也是子道也今士節小具而塞責焉吾聞之節士不以辱生遂入敵殺數十人而死君子曰三北而塞責滅死斷家於孝不終也

○**曰**是夫子又言**今之成人者何必然**今指夫子時說何必然猶言不必如此指上兼有眾善濟以中和言**見利思義**利是財利思是反之於心必欲財無苟得意義是天理所當然**見危授命**危是患難授命是以命與人而不顧意**久要不忘平生之言**不忘是必踐意平生之言即久要之言**亦可以為成人矣**亦可對上成人看此成人次上成人一等就忠信說

〔註〕復加曰字者既答而復言也授命言不愛其生持以與人也久要舊約也平生平日也有是忠信之實則雖其才知禮樂有所未備亦可以為成人之次也○程子曰知之明信之篤行之果天下之達德也若孔子所謂成人亦不出此三者武仲知也公綽仁也卞莊子勇也冉求藝也須是合此四人之能文之以禮樂亦可以為成人然而論其大成則不止於此若今之成人有忠信而不及於禮樂則又其次者也又曰臧武仲之知非正也若文之以禮樂則無不正矣又曰語成人之名非聖人孰能之孟子曰惟聖人然後可以踐形如此方可以稱成人之名胡氏曰今之成人以下乃子路之言蓋不復聞斯行之之勇而有終身誦之之固矣未詳是否

〔講〕子又曰吾所謂成人者自人道之備者言之也若夫今之所謂成人者何必其才知禮樂之兼備然哉惟見利則思義之當否而臨財無苟得見危則授命以舍生而臨難無苟免久要則必踐之而不忘平生之言此雖其才知禮樂有所未備而有是忠

武仲文仲孫宣叔子也短小多智時號為聖人○仲尼曰智之難也有臧武仲之智而不容於魯抑有由也作不順而施不恕也

卞莊子

卞莊子曹叔振鐸之後支庶食采於卞因以氏焉莊子方刺虎管豎子止之曰兩虎方食牛牛甘必爭鬭則大者傷小者亡從傷而刺一舉必有雙虎之得莊子然之果獲兩虎

公叔文子

文子即公叔發季札適衛悅公叔發曰衛多君子檀弓註云公孫拔王厚齋謂註枝字蓋傳寫之誤公明賈無

子問章旨

此章見時中之難上節不言不笑不取顯出於中之外故夫子問之欲人知矯情之非中下節時言樂笑義取又混入於中之內故夫子疑之欲人知時中之不易總是維中道意

子問節旨

人之言笑取如何絕得此乃不近情之譽故夫子欲核其真問賈者以賈素親炙文子必知之也

公明節旨

賈之言欲以解告者之過而不知已之所言尤過也不言不笑不取只是一偏之行時言樂笑義取竟是時中之行其然仍是就賈之言而按之豈其然乎則疑之也須以時中地位甚難襯貼疑意出來

臧武全旨

此章著臧武仲要君之罪上一句是案下三句是斷一以字是書法要君全在以防上見蓋武仲得罪奔邾罪不及不祀人每以求後憐他謂不忍斬先人祀為孝不忍絕後人統為慈

信之實則大本已立亦可以為成人之次矣由今之成人而進之而吾所稱成人者可及也由也勉之【補】次節之成人子路所已及也曰今之成人者何必然自是薄之之辭要之聖人何故又作此每況愈下語此中使有抑折子路得意處有激奮子路進取處

○子問公叔文子於公明賈曰信乎是本人言來夫子指文子不言不笑不取乎不言不笑不取俱是時人稱文子之辭乎字有疑而未信意【註】公叔文子衛大夫公孫枝也公明姓賈名亦衛人文子為人其詳不可知然必廉靜之士故當時以三者稱之【講】夫子問衛大夫公叔文子於公明賈曰人有稱爾夫子不言不笑不取者信乎夫子果靜而不言恬而不笑廉而不取乎

○公明賈對曰以告者過也以告者謂告以不言不笑不取之人過是失其實夫子時然後言時是合乎當言之節然後言見言不妄發人不厭其言是悅其言之當可意樂然後笑樂是當可樂之時然後笑見不妄笑人不厭其笑是悅其笑之當可意義然後取義是合於當取之宜然後取見不苟取人不厭其取是悅其取之當可意子曰其然然字指時然後言六句其然是承賈言而按之豈其然乎此句方是疑辭【註】厭者苦其多而惡之之辭事適其可則人不厭而不覺其有是矣是以稱之或過而以為不言不笑不取也然此言也非禮義充溢於中得時措之宜者不能文子雖賢疑未及此但君子與人為善不欲正言其非也故曰其然豈其然乎蓋疑之也【講】公明賈對曰人以不言不笑不取告者乃言過其實也吾夫子非不言也但時可言而後言故人不厭其言而以為不言也非不笑也但樂當笑而後笑故人不厭其笑而以為不笑也非不取也但義當取而後取故人不厭其取而以為不取也信如賈言文子固得時中之道者矣故夫子疑之曰爾之夫子其時言樂笑義取為子之所云然乎然不言不笑不取固難而時言樂笑義取尤難豈其果能時措之宜信如子之所云然乎蓋不遽斥其不然亦不輕許其然忠厚之意是非之公具見之矣【補】朱子曰文子請享靈公也史鰌曰子富君貪禍必及矣觀此則文子之言豈能皆當而其取豈能皆善乎

○子曰臧武仲以防就在以字上看出要君求為後於魯求為後是請於魯君立其後嗣雖曰不要君雖曰是設辭吾不信也吾不信是決其必要君【註】防地名武仲所封邑也要有挾而求也武仲得罪奔邾自邾如防使請立後而避邑以示若不得請則將據邑以叛是要君也范氏曰要君者無上罪之大者也武仲之邑受之於君得罪出奔則立後在君非已所得專也而據邑以請由其好智而不好學也楊氏曰武仲卑辭請後其迹非要君者而意實要之夫子之言亦春秋誅意之法也

考○定公六年侵鄭往不假道於衛及還陽虎使季孟自南門入出自東門衛侯怒使彌子瑕追之公叔文子老矣輦而如公曰太姒之子惟周公康叔為相睦也今將以小忿蒙舊德無乃不可乎乃止

武仲求後

季武子無嫡子公彌長而愛悼子欲立之訪於臧紇紇為立之公鉏由是怨臧孫會孟莊子疾子秩長羯幼豐點謂公鉏苟立羯請讎臧氏孟孫卒公鉏奉羯立之秩奔邾孟氏閉門告於季孫曰臧氏將為亂不使我葬季孫不信臧孫聞之戒孟氏將辟

要君一念無人發出故夫子誅其意以為人臣之要君者戒

晉文全旨

此章發桓文之隱二公之霸人皆知之事之顯也二公有譎正之分人不知之事之隱也上句重譎字下句重正字譎正俱就行事上說然桓優於文僅彼善於此蓋晉文固譎齊桓亦非純乎正者夫子正而不譎對晉文言註心皆不正對王者言條辨云霸自齊桓始今郄先說晉文後說齊桓從譎而不正倒溯正而不譎便見晉霸益變於桓而桓霸尚未大遠於正處夫子之言非必予桓蓋隱傷世變之益亟也

桓公章旨

此章夫子大管仲之功子路疑未仁以心之德言夫子稱其仁以愛之施言子路所疑是心術聖人所許是事功

桓公節旨

殺糾者魯而桓實使之故曰桓公殺稱忽所以例仲嘉忽之死正以愧仲

講 夫子誅武仲無君之心曰臧武仲得罪奔邾不宜有邑矣乃復自邾如防使人請為後於魯而避邑焉夫請後可也必如防以請者何為哉特吾有可叛之資而脅君以必從之勢雖曰彼之所請出於不獲已不是有所挾以要求其君吾不信也夫子言此亦春秋誅心之法歟 補 立後在君武仲只宜歸於魯以身請之或待罪於邾使人以辭請之以防何為哉非要君而何

○**子曰晉文公譎而不正** 譎就行事上說凡陰謀取勝皆是 **齊桓公正而不譎** 正亦就行事上說凡仗義服人皆是

註 晉文公名重耳齊桓公名小白譎詭也二公皆諸侯盟主攘夷狄以尊周室者也雖其以力假仁心皆不正然桓公伐楚仗義執言不由詭道猶為彼善於此文公則伐衛以致楚而陰謀以取勝其譎甚矣二君他事亦多類此故夫子言此以發其隱

講 夫子發桓文之隱曰齊桓晉文心皆不正然以其事較之猶有彼善於此者晉文公則陰謀取勝專事詭譎而不由正道觀其因楚圍宋則伐曹衛以致楚師之救及楚釋宋則復曹衛以攜二國之交至於溫之會則以臣而召君踐土之盟則以下而凌上他可知矣齊桓公即仗義執言猶知正道而不尚詭譎觀其於楚之未服則責以尊王之義於楚之既服則許以如師之盟至於葵丘之會則明王者之大禁首止之盟則定世子之大法他可知矣蓋其功罪雖同而優劣頓異如此然此亦就二公之事論之耳推其心則皆假借仁義同歸於譎而已其於王者之道豈可同日語哉

附考 晉文公獻公之子也初出亡及宋宋襄公贈馬二十乘至是叛楚即晉楚子玉帥師伐宋宋如晉告急先軫曰報施救患取威定霸於是乎在矣狐偃曰楚始得曹而新婚於衛若伐曹衛楚必救之則宋免矣晉侯侵曹伐衛執曹伯分曹衛之田以畀宋人子玉使宛春告於晉師曰請復衛而封曹臣亦釋宋之圍晉侯從先軫之謀乃拘宛春於衛且私許復曹衛曹衛告絕於楚子玉怒從晉師晉侯退三舍楚眾欲止子玉不可戰於城濮楚師敗績事在僖公二十八年○僖公四年春齊侯伐楚楚子使與師言曰君處北海寡人處南海惟是風馬牛不相及也不虞君之涉吾地何故管仲對曰爾貢包茅不入王祭不供無以縮酒寡人是徵昭王南征而不復寡人是問對曰貢之不入寡君之罪也敢不供給昭王之不復君其問諸水濱師進次於陘夏楚子使屈完如師師退次於召陵與屈完盟

○**子路曰桓公殺公子糾** 糾是桓公之弟僖公之子故言公子 **召忽死之** 是死子糾之難 **管仲不死** 是不死子糾之難 **曰** 是子路與夫子商確之辭 **未仁乎** 未仁以忍心害理言

註 按春秋傳齊襄公無道鮑叔牙奉公子小白奔莒及無知弒襄公管夷吾召忽奉公子糾奔魯魯人納之未克而小白入是為桓公使魯殺子糾而請管召召忽死之管仲請囚鮑叔牙言於桓公以為相子路疑管仲忘君事讎忍心害理不得為仁也

講 子路問曰管仲召忽皆子糾之臣也及桓公殺公子糾召忽死其難誠當矣管仲則請囚而不死以由言之忘君事讎忍心害理毋乃未得為仁乎

附考 齊襄公無道羣弟慮禍及召忽管仲奉公子糾奔魯鮑叔牙奉小白奔莒及無知弒襄公而自立齊大夫高傒及雍廩殺

借除於臧氏臧孫使正夫助之除於東門甲從己而視之孟氏又告季孫季孫怒命攻臧氏臧紇斬鹿門之關以出奔邾初臧宣叔娶於鑄生賈及為而死繼室生紇立之臧賈臧為出在鑄武仲自邾使告臧賈且致大蔡焉曰紇之罪不及不祀子以大蔡納請其可賈再拜受龜使為以納請遂自為也臧孫如防使來告曰紇非能害也智不足也非敢私請苟守先祀無廢二勳敢不避邑乃立臧為臧紇致防而奔齊

兵車

兵車即秦風所謂小戎也古者

之不死子路勇者也故有取於召忽之死而以管仲之不死為未仁蓋認定見危授命一段道理

九合節旨

糾合諸侯原是通使罷戰息爭言禮不以兵車全然以信義服人民命賴以保全其功最大仁字正從此見得如其仁只對春秋時仗兵力以戕民命者說按仲為糾之傅非糾之臣乃齊臣也及小白入即位則齊有君矣且有鮑叔牙在仲知必薦己以立後功何必拘拘於一死小節乎夫子稱其仁亦是不必死而又有功也

管仲章旨

此章亦夫子大管仲之功子貢責仲重在又相夫子即就相桓明其功業之大末節反言見仲應愛惜此身而不以小諒自殉亦只破他不能死三字

管仲節旨

子貢智者也故以不死猶可而以相桓之已甚為非仁

相桓節旨

夫子因子貢罪管仲又相故先承其又相之言而解之重一匡天下句霸諸侯須相桓來匡天下須霸諸侯來民到今受賜又須匡天下來末二句

無知議立君高國先陰召小白於莒魯聞無知死亦發兵送公子糾而使管仲別將兵遮莒道射中小白帶鉤小白佯死管仲使人馳報魯魯送糾者行益遲六日至齊而小白已入高傒立之是為桓公發兵拒魯戰於乾時魯兵北齊兵掩絕魯歸道遺書於魯曰子糾兄弟不忍誅請魯自殺之召忽管仲仇也請得而甘心焉不然將圍魯魯人患之遂殺子糾於魯生竇之地桓公問於鮑叔曰將何以定社稷鮑叔曰若得管仲與召忽則社稷定矣公遂遣使請管召於魯魯君遂東縛管召以與齊使仲謂忽曰子懼乎忽曰何懼吾不早死將胥有所定也今既定矣令子相齊之左必令忽相齊之右雖然殺君而用吾身是再辱我也子為生臣忽為死臣乃行入齊境自刎而死管仲入齊鮑叔牙迎受管仲於堂阜之地而脫桎梏桓公厚禮以為大夫任政

○子曰桓公九合諸侯(九字斷依註作糾九合乃連屬集合也)不以兵車(以是用兵車是攻戰之具)管仲之力也(力是輔相之力指內謀外斷說)如其仁如其仁(其字指管仲仁指尊周攘夷利澤及人之功言重言誰如管仲之仁所以深贊之也)【註】九春秋傳作糾督也古字通用不以兵車言不假威力也如其仁言誰如其仁者又再言以深許之蓋管仲雖未得為仁人而其利澤及人則有仁之功矣【講】夫子告之曰子以仲之不死為未仁亦未知其有仁者之功耳彼桓公糾合天下之諸侯率之以尊周攘夷之義當時不過明大義以服之昭大信以一之不假兵甲之威而諸侯莫不率從皆管仲輔相之力也是其功在王室澤及天下仁人之功溥矣縱觀列國大夫孰有如其仁者乎孰有如其仁者乎安可因不死之一節遂沒其功而以未仁少之也

○子貢曰管仲非仁者與(非仁亦在忍心害理上說與字作商確看)桓公殺公子糾(此句見主仇當報)不能死(是以大義責他)又相之(是甚言大義之不可之字指桓公言)【註】子貢意不死猶可相之則已甚矣【講】子貢問曰吾觀管仲殆非仁者與桓公殺公子糾則桓公乃管仲之仇也仲不能死子糾之難亦已矣乃又從而相之是其忍心害理仁者固如是乎

○子曰管仲相桓公(相桓公正項上相之來)霸諸侯(是為列國諸侯之長)一匡天下(一匡指名分體統說兼尊周攘夷言)民到于今(是自管仲時以至孔子時之民言)受其賜(是受其一匡之遺澤)微管仲(設言無管仲一匡之功)吾其被髮左衽矣(吾猶言吾輩被髮是被其髮而不束冠左衽是左其衽而不正服)【註】霸與伯同長也匡正也尊周室攘夷狄皆所以正天下也微無也衽衣衿也被髮左衽夷狄之俗也【講】夫子告之曰子疑仲之相桓為未仁不知仲之仁在天下後世者正以其相桓也管仲相桓公以經營四十年之國政遂以其君主盟於中夏而霸諸侯當其時尊周室以正君臣之分攘夷狄以嚴中外之防其一匡天下如此故不特當時之民賴之即民到于今得以相安於衣冠文物之域者皆仲一匡之賜也向使微管仲相桓公以匡天

車戰之法甲士三人一居左以主射一居右以主擊刺御者居中以主馳驅○蔡虛齋曰考春秋自伐楚之後只有伐鄭伐北戎二三舉而已其餘皆盟會也

匹夫匹婦

匹偶也庶人稱匹夫者與其妻為偶陰陽相成之義也

溝瀆

爾雅云水注川曰谿注谿曰谷注谷曰溝注溝曰澮注澮曰瀆

公叔謚文

檀弓公叔文子卒其子戍請謚於君君曰昔者衛國凶饑夫子為粥與國之餓者不亦惠乎衛國有難夫子以其死衛寡人不亦貞乎夫子聽

設言無仲之禍正以申明有仲之受賜也

豈若節旨

此緊承上節來言仲有大功如此其不死者意有在矣豈若二字貫下一氣讀諒是小信正與大功相形自經便是諒處聖人稱管仲之功亦以其可以無死耳不然後雖有功不足贖也

公叔全旨

此章特著文子薦賢之美以風有位上節全要看他書法是個案下節是斷衛謚文子若不聞有薦僎一事者夫子拈出言只此便無愧於文蓋拘分敝賢何等暗陋忘分薦賢何等光明文訓順理成章薦賢為國於理順矣成章可知乃是借謚法流連歎慕非謂修制交鄰之不足當文也

子言章旨

此章見用人所係之重首句譏衛君之失道下乃因康子之疑而示以保邦之由也

子言節旨

子言句是記者約其大旨喪訓失位與亡國不同如見殺見逐皆是

仲叔節旨

下則中國淪於夷狄吾其為被髮左衽之人矣安得受今日賜哉

○**豈若匹夫匹婦之為諒也**匹夫匹婦是無識見者泛言亦包忽在內**自經於溝瀆而莫之知也**莫之知謂無功聞於天下後世【註】諒小信也經縊也莫之知人不知也後漢書引此文莫字上有人字○程子曰桓公兄也子糾弟也仲私於所事輔之以爭國非義也桓公殺之雖過而糾之死實當仲始與之同謀遂與之同死可也知輔之爭為不義將自免以圖後功亦可也故聖人不責其死而稱其功若使桓弟而糾兄管仲所輔者正桓奪其國而殺之則管仲之與桓不可同世之讐也若計其後功而與其事桓聖人之言無乃害義之甚啟萬世反覆不忠之亂乎如唐之王珪魏徵不死建成之難而從太宗可謂害於義矣後雖有功何足贖哉愚謂管仲有功而無罪故聖人獨稱其功王魏先有罪而後有功則不以相掩可也【講】夫仲之不死其功在天下後世如此此天下後世所以皆知有仲也豈若匹夫匹婦之為諒也少有忿激遂忘遠圖自經於溝瀆之中而天下後世之人竟莫之或知也然則仲之相桓誠賢者自重其死耳而子乃以又相為不仁此豈欲匹夫匹婦律仲耶【補】程子曰召忽之死為守節管仲之不死為改過

○**公叔文子之臣大夫僎**既曰臣又曰大夫自其後日言也僎是名**與文子同升諸公**同則不猜升則不抑公則不私皆春秋書法【註】臣家臣公公朝謂薦之與己同進為公朝之人也【講】公叔文子之家臣後為大夫名僎者與文子同升諸公朝而並列焉是忘分以薦賢誠無愧於古大臣之風矣

○**子聞之曰**聞之是於其既沒而謚之後聞此薦僎之事**可以為文矣**文是文子死後之謚可以為文就在薦僎一事上看【註】文者順理而成章之謂謚法亦有所謂錫民爵位曰文者○洪氏曰家臣之賤而引之使與己並有三善焉知人一也忘己二也事君三也【講】夫子聞而稱之曰文者順理成章之謂也今就公叔之得謚為文我固不知其他然即其薦僎一事觀之則順理成章是即可以為文矣夫豈有溢美哉【補】文子得謚為文初不為薦僎事夫子於既謚之後聞其嘗有此事故追論之只極取其薦賢非解謚法

○**子言衛靈公之無道也**無道如彝倫不敘綱紀不張之類**康子曰夫如是**如是指無道言**奚而不喪**奚何也【註】喪失位也【講】夫子嘗言衛靈公之無道之君也季康子因而問曰人君有道則興無道則喪今靈公之無道如是奚為而不喪失其位乎

○**孔子曰仲叔圉治賓客**治專治也賓客隣國聘問之使**祝鮀治宗廟**祝是宗廟之官治宗廟是主祭祀之禮**王孫賈治軍旅**治軍旅是主兵戎之事**夫如是**指上用人各當言**奚其喪**上三者皆國之大事故得人亦可以無喪【註】仲叔圉即孔文子也

衛國之政修其班制以與四鄰交衛國之社稷不辱不亦文乎謂夫子貞惠文子

衛靈公
衛靈公名元襄公子初襄公有賤妾幸之有娠夢有人謂曰我康叔也令若子必有衛命名曰元妾怪之問孔成子成子曰康叔衛祖也及生男以告襄公襄公曰天所置也名之曰元襄公夫人無子乃立元為嗣是為靈公

陳成子
陳恆又名常謚成陳公子完之後也初齊懿仲欲妻完卜曰有嬀之後將育於姜五世其昌并於正卿八世之

仲叔圉三句主衛靈公能用人言不主三子之才言三子固非賢人靈公亦非賢主特其用人有此聰明計較能使三子樂為之用遂足以保國可見用人是國家最緊要事奚其喪與上奚而不喪相應

其言全旨
此章專為大言不慙者發重不怍二字下句即其不怍之心而斷之與謹言敏行意不同不是教人緘口正要人踐言意當以言之不出恥躬之不逮反看

陳成章旨
此章見夫子欲正君臣之大義首句提起下以告君告臣分兩項看孔子請討此天下治亂大機若云借以振魯則反小矣

陳成節旨
此句是記者之辭與崔子弒齊君文同

孔子節旨
沐浴而朝不敢輕其事也曰陳恆舉大賊也曰弒君彰大惡也曰請討正大義也

公曰節旨
哀公孱弱昏庸一言如見

以吾節旨
此是背後說見吾為大夫且不敢不告而況君乎重傷公不能自命三子上

三人皆衛臣雖未必賢而其才可用靈公用之又各當其才○吳氏曰衛靈公之無道宜喪也而能用此三人猶足以保其國而況有道之君能用天下之賢才者乎詩云無競維人四方其訓之【講】孔子告之曰靈公雖無道然能知人而善任使彼仲叔圉長於應對也則用之以治賓客而主送往迎來之事祝鮀長於祀典也則用之以治宗廟而修禴祠烝嘗之禮王孫賈長於師旅也則用之以治軍旅而司簡閱訓練之方夫三子之才可用而靈公用之又各當其才如是則交隣有道國賴之以弭祀神有禮國祚賴之以延禦變有略國威賴之以振奚其至於喪也夫以無道之靈公而能用人猶足以保其國況不為靈公者乎信乎人才之有益於人國家也

○**子曰其言之不怍**是口頭誇張全不思量去作意**則為之也難**為是行難是不能實踐其言【註】大言不慚則無必為之志而不自度其能否矣欲踐其言豈不難哉【講】夫子戒易言者曰心於必為者必顧其精神力量如何事勢如何言自有不能放若或輕肆大言高自稱許略無慙怍之心則是全無必為之志徒妄言以欺人耳其為之也不亦難也然則人何可以易其言也

○**陳成子弒簡公**【註】成子齊大夫名恆簡公齊君名壬事在春秋哀公十四年【講】昔齊大夫陳成子弒其君簡公【附考】陳敬仲奔齊始食采地由是改姓田氏仲之五世孫田乞事齊景公施德於民得齊眾心田乞卒子恆代立是為陳成子初簡公之在魯也闞止有寵及即位使為政陳成子憚之殺闞止簡公出奔成子恐簡公復位而誅己遂執簡公於舒州而弒之事在春秋獲麟後

○**孔子沐浴而朝**沐浴是潔身齊戒意**告於哀公曰陳恆弒其君請討之**【註】是時孔子致仕居魯沐浴齊戒以告君重其事而不敢忽也臣弒其君人倫之大變天理所不容人人得而誅之況鄰國乎故夫子雖已告老而猶請哀公討之【講】是時孔子已致仕乃齋戒沐浴而朝告於哀公曰陳恆弒其君乃王法所不赦也請君興兵討之以伸大義於天下焉

○**公曰告夫三子**是使夫子去告【註】三子三家也時政在三家哀公不得自專故使孔子告之【講】魯政時在三家哀公不得自由乃答曰汝告夫孟孫叔孫季孫之三子是哀公之不振可知而夫子請討之心窮矣

○**孔子曰以吾從大夫之後**吾是孔子自謂從後字是言嘗為大夫自謙之辭也**不敢不告也**是當告意**君曰告夫三子者**是出而述君之言【註】孔子出而自言如此意謂弒君之賊法所必討大夫謀國義所當告君乃不能自命三子而使我告之邪【講】故夫子出而自言曰弒君之賊法所必討以吾嘗從大夫之後不敢不告也君乃不能自命三子而曰告夫三子者何耶夫子此言所以傷其君者至矣

○**之三子告**之是往告是并告以陳恆弒君魯君命討之言**不可**是三子不從其請**孔**

天寶書局精校藏板

後莫之與京傳至恆已六世矣

簡公 齊簡公景公之孫悼公陽生子也立四年見弒田常立其弟驁是為平公

犯 禮檀弓曰事親有隱而無犯左右就養無方事君有犯而無隱左右就養有方

之三節旨 夫子明知事不行特將君命而冀其萬一不可者以齊強魯弱勢不相敵且他國事的於我無與也此從大夫後二句是當面說見吾為告老之大夫且不敢不告而況在位之大夫乎重在警三子上按兩不敢字俱要發得激切見不敢養奸不敢縱亂意

子路全旨 此見純臣之道以勿欺作主犯只勿欺之一節勿欺極細出於忠君愛國之心而又本窮理慎獨來若有一毫近名徇利之私即是欺勿欺非專為犯地犯要跟勿欺轉出方合而字

君子全旨 此章明君子小人志趣之異不上即下不君子即小人並無中立之地達字兼知行說俱從一念上分別起初不過毫釐之差後來遂有天淵之隔註日進日究是解兩達字

古之全旨 此章辨古今學者之心勉人懲今而追古也兩為字即註兩欲字是學之主意為己而學則日收斂樸實為人而學則日輕浮淺露古人為己即參贊位育無非求全此己今人為人即

子曰以吾從大夫之後不敢不告也此二句亦同上說但此是面激三子以重儆之 註 以君命往告而三子魯之強臣素有無君之心實與陳氏聲勢相倚故沮其謀而夫子復以此應之其所以警之者深矣○程氏曰左氏記孔子之言曰陳恆弒其君民之不予者半以魯之眾加齊之半可克也此非孔子之言誠若此言是以力不以義也若孔子之志必將明正其罪上告天子下告方伯而率與國以討之至於所以勝齊者孔子之餘事也豈計魯人之眾寡哉當是時天下之亂極矣因是足以正之周室其復興乎魯之君臣終不從之可勝惜哉胡氏曰春秋之法弒君之賊人人得而討之仲尼此舉先發後聞可也 講 由是孔子奉君命以往告三子而三子亦魯之陳恆也皆以為不可而夫子請討之心益窮矣因復應之曰弒君乃齊之大變討賊實魯之大義吾之所以來告者以吾嘗從大夫之後不敢不以討賊之事為吾子告也況為大夫當國政者乃以為不可何耶夫子此言所以儆其臣者深矣 補 朱子曰夫子初告時亦是決然討陳恆及後不從因見夫子之言亦可以警三子若竟說託討陳恆以警三子聖人不若是迂曲

○**子路問事君**是欲盡臣之道**子曰勿欺也**勿者禁止之辭欺是此心欺昧處**而犯之**勿欺就平時盡誠兼所言所行說犯則專指諫諍言 註 犯謂犯顏諫諍○范氏曰犯非子路之所難也而以不欺為難故夫子教以先勿欺而後犯也 講 子路問事君之道夫子告之曰臣之事君也上下之情睽則易於欺尊卑之分嚴則難於犯若事君者於平日進言宣力必內以盡其心外以盡其分勿以欺為也而君或未向道志仁必犯顏敢諫雖觸君之怒不恤也事君之道盡於此矣 補 徐伯聚曰二句一直下有勿欺而犯之本立有犯而勿欺之實見

○**子曰君子上達**是漸達於天理之極處**小人下達**是漸達於人欲之極處 註 君子循天理故日進乎高明小人徇人欲故日究乎汙下 講 夫子別君子小人所造之異曰天理本高明也君子循天理故其知行日進乎高明不其上達乎人欲本汙下也小人徇人欲故其知行日究乎汙下不其下達乎是其所造不同其始惟在於理欲之分耳學者可不審哉 補 雲峰胡氏曰夫子嘗曰下學而上達其所謂上下者天理人事之貫此所謂上達下達者天理人分之分也

○**子曰古之學者為己今之學者為人**為己為人總在心術上別 註 程子曰為己欲得之於己也為人欲見知於人也○程子曰古之學者為己其終至於成物今之學者為人其終至於喪己愚按聖賢論學者用心得失之際其說多矣然未有如此言之切而要者於此明辨而日省之則庶乎其不昧於所從矣 講 夫子別古今學者用心之異曰古今所學之事雖同而其用心則異古之學者致知力行其心惟恐一理之未明一行之未備必欲得之於己而後已焉是其為己有如此者今之學者亦致知力行其心惟恐一善之不見稱一德之

蘧伯玉

韓詩外傳云外寬而內直自娛於隱括之中直己而不直人汲汲於仁以善自終蓋蘧伯玉之行也○吳季札適衛悅蘧瑗諸人曰衛多君子未有患也○趙簡子將伐衛使史墨往視之還曰蘧伯玉為政未可以加兵也遂寢兵不動○史記孔了之所嚴事於蘧伯玉是也

飭躬勵行畢竟求知於人

蘧伯章旨

此章見聖賢相孚以心通以心字作主聖賢心交也使者能道其心故夫子亦心慕而歎美之

蘧伯節旨

使非僕隸之屬想亦於臣屬中擇其賢者使之也觀其對寡過一言可見

孔子節旨

何為是問近日所為若平素孔子已知道了欲寡句一氣讀要省從旁摹擬口氣蓋身過易遣心過難除欲寡自常見其未能未能自愈覺其欲寡方是治心真工夫使乎句兼知心善辭二義然重知心邊

曾子全旨

此章曾子示人善思之則要體艮止之義身之所處止其所則心之所思亦止其所但必有居敬之功然後心專一而不出必有窮理之功然後心精明而不出非君子不能

君子全旨

此章見君子矯輕警惰之心恥有愧作意過有勇猛意都在心上說比別處更警切照註兩平但玩而字亦須於分中互說

不見揚必欲見知於人而後已焉是其為人有如此者此古今之所以不相及也學者可不辨哉【補】饒雙峰曰當看二者字言同此一個學但學之者用心不同古今二字有不勝升降之感

○**蘧伯玉使人於孔子**重思慕聖人上【註】蘧伯玉衛大夫名瑗孔子居衛嘗主於其家既而反魯故伯玉使人來也【講】蘧伯玉衛之賢大夫也孔子在衛與之交好既而反魯伯玉思之乃使人問候孔子○**孔子與之坐而問焉曰夫子何為**為字主學問修為說**對曰夫子欲寡其過**過兼念慮言行欲寡則不自是**而未能也**未能則不自足**使者出**是退而出**子曰使乎使乎**言其真能盡使之道【註】與之坐敬其主以及其使也夫子指伯玉也言其但欲寡過而猶未能則其省身克己常若不及之意可見矣使者之言愈自卑約而其主之賢益彰亦可謂深知君子之心而善於辭令者矣故夫子再言使乎以重美之按莊周稱伯玉行年五十而知四十九年之非又曰伯玉行年六十而六十化蓋其進德之功老而不倦是以踐履篤實光輝宣著不惟使者知之而夫子亦信之【講】孔子敬其使乃與使者坐而問焉曰爾夫子近日果何所修為使者對曰我夫子無他為也但其心欲自寡其過而猶未能以遂寡也夫曰寡過可見伯玉省察克治之心曰未能又可見伯玉檢身不及之心伯玉有心何意使者能道之哉於是使者出夫子遂美之曰使者可謂知心而善於辭令者矣其真可謂使乎其真可謂使乎非伯玉之賢不能如此存心非使者之賢不能知伯玉之存心也【補】仇滄柱曰通章既要見契濶相思意又要見注望殷勤意既要得歸重寡過意又要得歸結贊使意有一處看不到便非本章記叙神情

○**曾子曰君子思不出其位**思是心之所慕位是身之所居【註】此艮卦之象辭也曾子蓋嘗稱之○范氏曰物各止其所而天下之理得矣故君子所思不出其位而君臣上下大小皆得其職也【講】曾子述艮卦之象辭以示人曰人心莫不有思而思貴範於位之中是故君子觀艮止之象而夙夜圖維只在位之中不在位之外位之所不居思之所不在也夫君子之思止於其所如此然則世之越位以思者蓋亦不占而已矣【補】張南軒曰位非獨職位大而君臣父子細而一事一物當其時與其地皆位也所思止而不越皆不出其位也

○**子曰君子恥其言而過其行**【註】恥者不敢盡之意過者欲有餘之辭【講】夫子勉人致慎於言行曰言易至於有餘也君子則恥其言若有所羞赧而不敢盡行每患其不足也君子則過其行必倍加鼓勵而使有餘此言行所以相顧而為君子也【補】言非可恥自行之難則常以為恥行豈可過自言不足則若見其過但是過其行不可講似過其言

道者章旨
此章聖賢稱證所得之言夫子惟親於體道故實見其無能子貢惟深於知聖故確信其自道

道者節旨
仁者知者勇者總是個君子不憂不惑不懼總是個君子之道仁知勇屬君子說故曰成德以仁為先

自道節旨
自道自說也蓋人自說則常引退故自謙意即在其中註猶云二字有分曉

方人全旨
此章見學當先自治賢是褒之乎哉是疑其辭我則不暇是自貶自貶正所以深抑也二句虛看得虛活方合抑而教之之意大抵暇字是學者大病觀夫子一生發憤好學老至不知真是不暇非謙語也

不患全旨
此章示人為己之學二句一直說不己知暗含下能字其字照上己字來不能二字要看萬分中有一分不盡不可謂能患不能正是求其無不能故為為己實功

不逆全旨
此章為人以察察為明者發總是責

○子曰君子道者三君子即下仁知勇之人道即成德之道且虛說我無能焉是於三者之中無一能也仁者不憂仁知勇皆以成德言不憂是理足勝私自然順適無累知者不惑不惑是明足見理自然物來無疑勇者不懼不懼是氣足配道義自然任大投艱無驚恐此三句俱要補我無能意【註】自責以勉人也【講】夫子自責以勉人曰君子所以為道者有三反之於我無一能焉仁者處順逆而無憂我未免於憂也則於君子仁之道無能也知者遇事物而不惑我未免於惑也則於君子知之道無能也勇者任重大而不懼我未免於懼也則於君子勇之道無能也敢不勉哉

○子貢曰夫子自道也【註】道言也自道猶云謙辭○尹氏曰成德以仁為先進學以知為先故夫子之言其序有不同者以此【講】子貢曰此特吾夫子之自道如此也以賜觀之夫子固仁之至智之盡不賴勇而裕如者蓋綽綽乎其有餘矣又何君子之道有不能焉者哉

○子貢方人是比量人物優劣子曰賜也賢乎哉賢以自治有餘言夫我則不暇不暇是自治不足不暇及方人也【註】方比也乎哉疑辭比方人物而較其短長雖亦窮理之事然專務為此則心馳於外而所以自治者疎矣故褒之而疑其辭復自貶以深抑之○謝氏曰聖人責人辭不迫切而意已獨至如此【講】子貢嘗比方人物而較其短長非自治之切務也夫子婉言以儆之曰賜也務於方人必其修於己者既至而自治有餘力也其賢乎哉若我則躬行未得方汲汲於自治之不暇而猶暇於方人乎夫子此言所以儆子貢者至矣【補】馮氏曰夫子要將自治換他方人卻說得甚婉

○子曰不患人之不己知憂是憂患不己知是不知己之有餘患其不能也患其不能全是求其所以能處兼知行說【註】凡章指同而文不異者一言而重出也文小異者屢言而各出也此章凡四見而文皆有異則聖人於此一事蓋屢言之其丁寧之意亦可見矣【講】夫子丁寧學者曰大凡世之知譽與己無涉故不患人之不己知惟其學焉而不能明其理行焉而不能踐其實反之我心而未慊者此深足患也今乃不以此為患而患人之不己知抑獨何哉君子亦求在我而可也【補】求為可知猶是借知以證能此則全以不能自患其直證本體并掃卻求為可知念頭

○子曰不逆詐不億不信是不先時伺察其奸抑亦先覺者是不臨事墮入其計是賢乎

微生畝

微生畝魯武城人或曰微生高之族

驥

品列天閑名標上駟驥之謂也○荀卿子曰驊騮騏驥纖離騄耳古之良馬也

自然之明意逆億是以意見推之先覺是以義理照之抑字是挑轉語歸重先覺上先覺如明鏡照物妍媸畢露覺常在先也是賢乎自是贊先覺之人賢字從上者生來

微生全旨

此章見聖人憂世之心微生畝沈於無道則隱之說不知聖人以道易天下之心故譏之栖栖周流不舍之意佞如上說人主下諛公卿依阿求合皆是曰無乃為非直指其佞蓋求其栖栖之故而不得也與字乎字是詰辭夫子答他兩也字正解所以栖栖之故曰非敢為佞則夫子固非佞矣曰疾固則畝自為固矣

驥不全旨

此章為驥辨非為稱驥者辨如詩之比體明君子才德輕重以致勉人之意在言外驥字便是稱處驥之德即在力處見之善用其力便是德調者習熟而易控馭良者馴服而不蹄齧

或曰章旨

此章見報施貴得其宜通主報怨立論或人矯為厚而反失其平聖人酌其平而不失為厚

或曰節旨

或人蓋有激於世之修怨而矯之故

見非格物致知者不能【註】逆未至而迎之也億未見而意之也詐謂人欺己不信謂人疑己抑反語辭言雖不逆不億而於人之情偽自然先覺乃為賢也○楊氏曰君子一於誠而已然未有誠而不明者故雖不逆詐不信不信而常先覺也若夫不逆不億而卒為小人所罔焉斯亦不足觀也矣【講】夫子思先覺者意曰天下之人防範過密者多逆億之私其不逆億者又墮小人之計有人於此初不逆料人之我欺不億測人之我疑而於人之我欺我疑抑亦自然先覺者此是心地光明物無遁照豈不為賢乎然則世之以察為明者亦當知所取法矣【補】林次崖曰有天資高識見明人欺不得的有學問到義理明人欺不得的賢要兼此二者

○**微生畝謂孔子曰丘何為是栖栖者與**栖栖如鳥之栖木而不去指聖人行跡說**無乃為佞乎**無乃與何為字相應為佞要切干時意【註】微生姓畝名也畝名呼夫子而辭甚倨蓋有齒德而隱者栖栖依依也為佞言其務為口給以悅人也【講】微生畝以退隱為高見孔子轍環列國謂之曰丘於列國何為是栖栖然依戀不舍與無乃為佞以求用於世乎

○**孔子曰非敢為佞也**非敢應上無乃字**疾固也**固是果於忘世意【註】疾惡也固執一而不通也聖人之於達尊禮恭而言直如此其警之亦深矣【講】孔子因答曰丘嘗惡佞所以栖栖者非敢為佞以徇世也誠以世道汙濁挽回在人不如是則絕人逃世執一不通甚矣是則我之所疾也子其知我乎【補】蔡虛齋曰聖人自惡執一不通之事非惡執一不通之人得聖人渾厚氣象然畝之固亦可照見故曰警之深但固有望望然去之意與栖栖相反疾固而不為故不得不為栖栖耳語意正相對

○**子曰驥不稱其力**此喻君子之才**稱其德也**此喻君子之德【註】驥善馬之名德謂調良也○尹氏曰驥雖有力其稱在德人有才而無德則亦奚足尚哉【講】夫子借驥以論君子曰驥非不足於力也然名之曰驥者不徒稱其有任重致遠之力惟稱其有調良之德閑習而易控御馴服而不奔逸也觀此則人之所以為君子者不以才而以德可知矣【補】饒雙峰曰驥者良馬之稱馬中之驥如人中之君子驥非無力然其所以得驥之名者以德不以力君子非無才然其所以得君子之名者以德不以才

○**或曰以德報怨何如**何如雖問其當否還在自以為厚一邊【註】或人所稱今見老子書德謂恩惠也【講】或人以人情讎怨相尋乃為之問曰人惟恩怨之心太明故忠厚之風日薄若人之有怨於我者我惟以德報之何如

○**子曰何以報德**此不重為報德者地正為報怨者辨【註】言於其所怨既以德報之矣則人之有德於我者又將何以報之乎【講】夫子告之曰怨者德之反既報怨而以德則人之有德於我者又將何以報之乎是怨德之報皆不得其平矣

○**以直報怨**此專就小

為此言

何以節旨

此乃反詰之辭折倒或人

以直節旨

此只重以直報怨句而以報德足之以直報怨不必以德報之以德報德何可以之報怨上句緊答或人之問下句并明以德之宜見不得妄用也

莫我章旨

此章夫子發為己之學以示子貢知是心相默契之謂與患莫知知字大別首尾總一莫知末句與首句相應天知正是莫知處

莫我節旨

莫我知須照下節發意非明王不作世莫宗予之謂乃慮學之晦耳子貢平日求聖多在高奇炫赫處而平淡中之精微尚不知也故自歎以發其問

何為節旨

從不怨尤說起蓋怨尤之念打不過必不能於闇修處著力下學是即事即物探討尋驗即下學處有融會貫通之妙是為上達而字內由粗而精由勉而安中間尚有許多節次註中進字即達字天所主者理理與天合故曰天知其字乎字中便含有人莫知意

公伯章旨

此章見人當安命意聖人不言命凡

公伯寮

史記公伯寮即申繚字子周或曰魯人非弟子

怨邊說只照注講 **以德報德** 此句帶說 〔註〕 於其所怨者愛憎取舍一以至公而無私所謂直也於其所德者則必以德報之不可忘也○或人之言可謂厚矣然以聖人之言觀之則見其出於有意之私而怨德之報皆不得其平也必如夫子之言然後二者之報各得其所然怨有不讎而德無不報則又未嘗不厚也此章之言明白簡約而其指意曲折反復如造化之簡易易知而微妙無窮學者所宜詳玩也 〔講〕 必也人之有怨於我者我不計其怨而惟以直報之使其人可愛可取不以懷私怨而昧與善之公心使其人當憎當舍不以避私嫌而廢除惡之公典是則雖曰報怨而豈害其為公平忠厚哉至於德有大小皆所當報則以德報之可矣若必以德報怨是亦私意所為非天理之正也

○ **子曰莫我知也夫** 莫我知須照下節說也夫二字有慨嘆意 〔註〕 夫子自嘆以發子貢之問也 〔講〕 夫子自嘆曰當今之世莫有人知我也夫蓋將發子貢之問而進之以達天之學也

○ **子貢曰何為其莫知子也** 何為猶言何在 **子曰不怨天** 天以窮通言 **不尤人** 人以用舍言 **下學而上達** 下學是平實工夫上達是高明境界 **知我者其天乎** 天與人對天知人自莫知 〔註〕 不得於天而不怨天不合於人而不尤人但知下學而自然上達此但自言其反己自修循序漸進耳無以甚異於人而致其知也然深味其語意則見其中自有人不及知而天獨知之之妙蓋在孔門惟子貢之智幾足以及此故特語以發之惜乎其猶有所未達也○程子曰不怨天不尤人在理當如此又曰下學上達意在言表又曰學者須守下學上達之語乃學之要蓋凡下學人事便是上達天理然習而不察則亦不能以上達矣 〔講〕 子貢怪而問之曰夫子之道宜為人所知何為其莫知子也夫子告之曰夫人立異以為高者始足致人之知也我之所為異於是矣彼窮通出於天也我也遭時之窮不得於天亦惟反己有慊何敢以怨天用舍係於人也我亦值時之舍不合於人亦惟反己有慊何敢以尤人但知黽勉於日用之間致力於人事之近理有未知也必求知其所當知事有未能也必求行其所當行由是知焉日精行焉日進此下學而上達要皆無以甚異於人而致其知然則知我者其惟彼蒼之天乎蓋吾惟奉天之理則天理之周旋意者其為天心之降鑒耳是人莫我知者正在此也 〔補〕 朱子曰不怨不尤則不責之人而責之己下學人事則不求之遠而求之近此固無異於人而不駭乎俗矣人亦何從而知之耶及其上達而與天為一焉則又非人之所及知者而獨於天理相關耳此所以人莫之知而天獨知之也

○ **公伯寮愬子路於季孫** 愬是謗毀 **子服景伯以告** 是告於孔子 **曰** 景伯之言 **夫子固有惑志於公伯寮吾力猶能肆諸市朝** 力是權力大夫以上有罪陳尸於朝士以下有

也
子服景伯
子服何孟氏之支庶也懋惠伯昭伯以至景伯
○遇桓僖之災則命宰出禮書以待命來百宰之徵則知吳棄周禮而將亡謀伐邾而廢背大國之信召吳師而恥有城下之盟止吳以魯君見晉侯而被囚弗恤說藷以上辛享上帝而會祭獲歸景伯其亦公忠者也

石門
石門齊地春秋

言命者皆為常人言也到無可奈何處始言命朱子曰此墮三都出藏甲之時也道之興廢故於是乎在焉

公伯節旨

伯寮愬子路是邪曲害正也景伯欲誅寮是公論難掩也

道之節旨

將行四句泛言不句方歸伯寮上其如命何見不足與較也孔子兩言其如予何是天之命在我一言其如命何是我之命在天

賢者全旨

此章即出處去就而見隨時之義賢者二字貫通章三其次指辟之次第非賢之次第也辟與隱不同隱純是不用的心辟則純是用的心有許多深慮處世與地分地勢廣狹色與言分人事淺深註云適治邦亦彼善於此之意君子以道自重辟者歷歷有然其寄慨世衰可知

作者全旨

此章聖人憂世之言作與辟不同辟者避彼就此即辟世猶是有待意作則見幾而作去不反顧矣概言七人有傷心而不忍直指其人意

子路全旨

此見聖人視天下無不可為之時其

罪陳尸於市曰肆諸市朝統言之也〔註〕公伯寮魯人子服氏景謚伯字魯大夫子服何也夫子指季孫言其有疑於寮之言也肆陳尸也言欲誅寮〔講〕昔子路為季氏宰魯人有公伯寮者乃譖愬子路之行於季氏蓋欲沮其道之行也魯大夫子服景伯以其事告於孔子曰吾夫子季孫固有惑志於公伯寮之言而信任子路將不終矣但吾以大夫之力猶能誅寮陳其尸於市朝以正其誣賢之罪焉○子曰道之將行也與自人有用我之機焉命也命以氣數言此是命之通道之將廢也與自人有不用我之機言命也此是命之窮公伯寮其如命何言伯寮不能違天也〔註〕謝氏曰雖寮之愬行亦命也其實寮無如之何愚謂言此以曉景伯安子路而警伯寮耳聖人於利害之際則不待決於命而後泰然也〔講〕夫子曉之曰子不必誅寮也蓋道之興廢有命存焉使時苟用我而道之將行也與是命之通也使時苟不我用而道之將廢也與是命之窮也夫道之興廢由於命如此故今日之命誠通則寮雖愬亦不能使由之道終廢今日之命誠窮則寮雖不愬亦不能使由之道必行矣公伯寮其如命何知此則寮可無愬子路可無憂而景伯亦不必誅寮矣〔補〕齊氏曰愬子路固將假以沮孔子也故孔子不為子路禍福計而為吾道興廢計

○子曰賢者辟世賢者是有道德之人辟世是藏身待清之意〔註〕天下無道而隱若伯夷太公是也〔講〕夫子傷時之衰曰賢者之出處去就惟其時而已有見天下無道則隱而不出以辟世者焉○其次辟地其次只是又有一等之意對辟世看〔註〕去亂國適治邦〔講〕其有次於辟世者去亂國適治邦以辟地者焉○其次辟色此其次對辟地看色是人君之色不恭〔註〕禮貌衰而去〔講〕其有次於辟地者因禮貌衰而去之以辟色者焉○其次辟言此其次對辟色看言是人君之言不合〔註〕有違言而後去也○程子曰四者雖以大小次第言之然非有優劣也所遇不同耳〔講〕其有次於辟色者或因言語不合而去之以辟言者焉是其所遭或異故其所辟不同歸潔其身而已矣世道之衰不亦深可慨哉〔補〕程子謂四者大小次第蓋地小於世言小於色耳非謂人品之大小也夫子不為辟世餘三者亦嘗不得已而為之以翼世之用故其寓言如此

○子曰作者七人矣作是見幾而作七人言其多一矣字具無限感傷〔註〕李氏曰作起也言起而隱去者今七人矣不可知其誰何必求其人以實之則鑿矣〔講〕夫子憂世意曰賢者之出處可以驗世道之盛衰今知道不行起而隱去者已七人矣夫賢者隱遯之多如此則世道之衰豈不深可慨哉

○子路宿於石門宿是歇宿晨門曰奚自自字指地言而人在其中子路曰自孔氏

隱公三年齊侯鄭伯盟於石門○頌曰石門門者閽閽是司仲路宵投乃詢其師仲尼人耳強仕致譏閎光韜彩百世所希

磬

古者毋句氏作磬磬立秋之樂也○八音一曰石為大磬編磬歌磬大磬配鎛鐘者也孔子所擊謂編磬○周禮春官磬師掌教擊磬冬官磬人為磬○樂記曰石聲磬磬以立辨辨以致死君子聽磬聲則思死封疆之臣

荷蕢

高士傳荷蕢者衛人也避亂不仕自匿姓名故荷草器以自食其力也

厲揭

道無所不可也賢人視天下有不可為之時則才力有限也宿石門亦偶耳晨門莫看之問子路孔氏之答俱屬無心末句方是諷辭雖似覷破聖人心事都未免知而不知

子擊章旨

此章見聖人欲為其難意以有心二字作主荷蕢知聖人有心而顧譏之夫子因自表其不能無心也註中數忘字正與有心反

子擊節旨

夫子有心斯世非必託磬以傳只適當擊磬便爾流露荷蕢過門一語道破此是猜著夫子不是贊美夫子然亦未有譏意

既而節旨

既之諷與始之歎絕不復相蒙鄙哉硜硜且虛說下四句正言其鄙而硜硜處引詩只作自家語要得若規若諷意

果哉節旨

果哉緊貼荷蕢說末之難矣又是表自己心事疏註且言二字當於果哉下作一頓折不是譏貶荷蕢全是打動他用世之心聖人惟不忍忘天下故寧為其難耳正與有心識相應

言從孔氏而來 **曰是知其不可而為之者與** 是指孔子者作人字看 〔註〕石門地名晨門掌晨啟門蓋賢人隱於抱關者也自從也問其何所從來也胡氏曰晨門知世之不可而不為故以是譏孔子然不知聖人之視天下無不可為之時也 〔講〕子路從夫子周流四方偶宿於石門之地時有掌晨啟門者門曰子何所從而來乎子路曰吾自孔氏而來也晨門遂譏之曰子所謂孔氏者是知其世之不可為猶欲栖栖不舍而為之者與子之從之亦勞甚矣 〔補〕勉齋黃氏曰晨門見己而不見聖人故云然然無孔子之聖則寧自處於抱關耳其言聖人則非而自處其身則是

○**子擊磬於衛** 擊磬亦自偶然但磬以止樂夫子欲止亂角以為民磬屬角夫子欲為民不覺憂世之心寓在磬 **有荷蕢而過孔氏之門者** 是經過孔子之所寓處 **曰** 是荷蕢者嘆說 **有心哉擊磬乎** 此只作一句讀 〔註〕磬樂器荷擔也蕢草器也此荷蕢者亦隱士也聖人之心未嘗忘天下此人聞其磬聲而知之則亦非常人矣 〔講〕夫子一日在衛偶然擊磬其憂世之心已寓於磬聲中矣乃有隱士適荷草器而過孔氏之門者聞其聲而嘆之曰有心於天下哉斯人之擊磬乎

○**既而曰** 是歎有心之後而又言 **鄙哉硜硜乎** 鄙哉是譏其識之不遠硜硜是就磬聲中想見其心之專確 **莫己知也** 是人不我用意 **斯已而已矣** 上已字解作止字而已矣乃語辭也 **深則厲淺則揭** 謂涉水者尚知淺深之宜用世者不自度量也勿以淺深分配治亂說 〔註〕硜硜石聲亦專確之意以衣涉水曰厲攝衣涉水曰揭此兩句衛風匏有苦葉之詩也譏孔子人不知己而不止不能適淺深之宜 〔講〕既而譏之曰鄙哉斯人何其擊磬之聲硜硜然專確而不知變通若是乎夫君子之所以出而用世者以世能用我耳今上下無交莫己知也斯與時俱已而已矣不觀之涉水乎水之深者則以衣涉之而為厲水之淺者則攝衣涉之而為揭是淺深之用各有其宜也今人莫己知而不已何其不適淺深之宜乎誠哉其硜硜已

○**子曰果哉** 此嘆荷蕢 **末之難矣** 言果於忘世無難便有不忍為此意 〔註〕果哉嘆其果於忘世也末無也聖人心同天地視天下猶一家中國猶一人不能一日忘也故聞荷蕢之言而嘆其果於忘世且言人之出處若但如此則亦無所難矣 〔講〕夫子聞其言而嘆曰斯人也其殆浩然長往果於忘世者哉且人之出處所以難者以其當可止之時而猶不能一日忘天下也若但以人莫己知而遂已此少知潔身之義者能之則亦末之難矣然則我之有心正我之不果也而我之硜硜實我之所難也荷蕢亦知之否 〔補〕李岱雲曰果哉二字一斷是嘆荷蕢末之難矣是聖人自言如此亦不為難言外便有不肯如此之意

爾雅云由帶以上為厲由膝以下為揭

高宗

高宗殷之賢王殷衰而復興禮廢而復起○書說命篇王宅憂亮陰三祀既免喪其惟弗言羣臣諫曰王言惟作命不言臣下罔攸稟令王作書以誥曰台恐德弗類茲故弗言恭默思道夢帝賚予良弼其代予言良弼即傅說也

高宗章旨

此章見古人處喪禮之權子張疑人君不容於三年不言夫子引古制明得以三年不言之故也

高宗節旨

諒作梁陰作闇謂倚廬也反當陽向明之義天子居喪於此即以為名何謂之問恐以子道妨君道也

何必節旨

總己以聽如錢穀兵刑之類各檢束前政聽冢宰處分之後仍命百官分理而冢宰考其成如此嗣君雖不言亦無失政矣

上好全旨

此章欲人君以身作則之意禮主名分邊說精神全在一好字須知上之好禮非單為要使民而然民之易使乃好禮中自然效驗一則字下得輕快

子路全旨

此章見敬為聖學始終之要只是一修己以敬便盡君子之道而安人安百姓俱括在內下不過因子路不足而發明之耳上如斯是欲於己外求其分量下如斯是欲於人外求其全量安人則修己之餘而敬之至也安百姓則修己之極而安人之盡也是雖若有大小遠近之差然皆不離於修己以敬之一言而非有待於擴之而後大推之而後遠也註自然及物

○子張曰書云書是商書高宗諒陰三年不言不言是不發號令何謂也是問所以得不言之故

【註】高宗商王武丁也諒陰天子居喪之名未詳其義

【講】子張問曰商書有云商王高宗宅憂諒陰三年不言夫人君天下之主也三年不言則臣下罔攸稟令不知書之所言果何謂也

○子曰何必何必猶云不獨高宗古之人皆然古之人兼天子諸侯言君薨諸侯死謂之薨百官總己總攝也不敢放縱意以聽於冢宰三年言凡大小之事一聽於冢宰處分三年也

【註】言君薨則諸侯亦然總己謂總攝己職冢宰太宰也百官聽於冢宰故君得以三年不言也○胡氏曰位有貴賤而生於父母無以異者故三年之喪自天子達於庶人子張非疑此也殆以為人君三年不言則臣下無所稟令禍亂或由以起也孔子告以聽於冢宰則禍亂非所憂矣

【講】夫子告之曰居喪三年不言何必高宗為然哉古之人為君者皆然然所以得三年不言者何也蓋君薨而嗣君宅憂百官總攝己職以聽於冢宰處分三年則凡嗣君所當言者冢宰皆代言之矣故君得以三年不言也然則高宗亦猶行古之道耳子又何疑哉

【補】嗣王委君道以伸子道百官盡臣道以成相道原是當然之理

○子曰上好禮上指為政者說好禮是修之身行於政者皆以禮為之節文則民易使也使是役使易使就禮達而分定上來

【註】謝氏曰禮達而分定故民易使

【講】夫子示崇禮之治曰禮所以辨上下而定民志者也誠使為上者心誠好之修之於身而視聽言動必以禮敷之於政而型方訓俗必以禮則禮達而分定民皆知事使之當然而處常則趨事赴功處變則從征犯難不待刑驅勢迫而爭先恐後矣有不易使者乎

【補】註禮達分定四字足盡一章之意但禮達在上好禮之後分定在民易使之前好禮該本末言自身之動靜以至事為之設施皆是

○子路問君子是問君子之道何如子曰修己以敬敬兼內外動靜說修己以敬謂君子修己一主於敬不是把敬來修己以字有工夫曰如斯而已乎斯指修己以敬言已止也乎字有不足意曰修己以安人修字內包敬字以字無工夫作即以看安人是敬之至自及於人曰如斯而已乎斯指修己以安人言曰修己以安百姓以字亦無工夫安百姓是敬之至自周於百姓修己以安百姓堯舜其猶病諸堯舜即修己以安百姓之人猶病是其心尚以此為歉意

【註】修己以敬夫子之言至矣盡矣而子路少之故再以其充積之盛自然及物者告之無他道也人者對己而言百姓則盡乎人矣堯舜猶病言不可以有加於此以抑子路使反求諸近也蓋聖人之心無窮世雖極治然豈能必知四海之內果無一物不得其所哉故堯舜猶以安百姓

夷俟

武王觀政於商而首言夷居著減亡之所自也故詩曰人而無儀不死何為

闕黨

孔子居於闕黨闕黨之子弟畋漁分魚之時有親者得多蓋夫子孝弟之道有以化之也

位行

禮童子隅坐無位成人乃有位又云父之齒隨行兄之齒雁行

非端拱無為凡綱紀法度知明處當俱包在修己內故說個修己而安人安百姓都全末二句不重堯舜重不可復加意堯舜猶病正見修己之量難滿

原壤全旨

此章見孔子待故人之厚以禮字作主總是惡其無禮夷俟之意猶云禮豈為我輩設也故夫子以立身之道警動之幼長二句追溯其由來而責之老不死指今日要照入夷俟意是為賊總承幼長老說叩以杖即目前不容他蹲踞也蓋夫子於原壤登木而歌則舍大故以全交夷俟則儆小節以全教其盛德中禮見於周旋亦可見矣

闕黨章旨

此章見聖人教小子之道亦以禮字作主童子不循禮故夫子欲使之習禮有抑其虛憍長其德性意

闕黨節旨

此益者以成功言下求益以用功言註寵異之猶云重用他

吾見節旨

先生是年長者不指師謙能受益童子不謙而儆故曰非求益此句正與益者與相應成字乃成人之成對童子看非學問有成也末須補抑而教之意

為病若曰吾治已足則非所以為聖人矣○程子曰君子修己以安百姓篤恭而天下平唯上下一於恭敬則天地自位萬物自育氣無不和而四靈畢至矣此體信達順之道聰明睿知皆由是出以此事天饗帝【講】子路問何如而後為君子夫子告之曰人之成德不外自心若能修其在己惟一以敬戒慎恐懼無敢惰放則天理以存人欲以過是之為君子也蓋敬該動靜合內外徹上下所以齊家治國平天下之本舉積諸此子路不喻而少之也曰君子之道如斯修己而已乎夫子告之曰敬極其至則心平氣和靜虛動直而施為自然各當其理是以治之所及人得其安修己以敬而可以安人也子路又不喻而少之也曰君子之道如斯安人而已乎夫子又告之曰施為當理將羣黎百姓莫不各得其安修己以敬而可以安百姓也夫修己以安百姓此其功效之大雖堯舜之心猶以為病此決非君子不足以當之矣而子何以是為不足盡君子也【補】徐為儀謂修己者其體安人安百姓者其用子初告由以體己包用在內及再問遂以用告之復問又以用之至大告之人與百姓非修己無以安之此用之本於體也修己必至於安人安百姓此體之達於用也

○**原壤夷俟**此非故意慢孔子明有放達習與性成意**子曰幼而不孫弟**言其少時任情傲物**長而無述焉**言其壯時蹉跎歲月**老而不死是為賊**此句本不孫無述來以上責其已往**以杖叩其脛**此夫子杖鄉時也叩脛是警其將來

【註】原壤孔子之故人母死而歌蓋老氏之流自放於禮法之外者夷蹲踞也俟待也言見孔子來而蹲踞以待之也述猶稱也賊者害人之名以其自幼至老無一善狀而久生於世徒足以敗常亂俗則是賊而已矣脛足骨也孔子既責之而因以所曳之杖微擊其脛若使勿蹲踞然【講】原壤者孔子之故人也見孔子來而蹲踞以待之孔子責之曰人之生於世方其幼也有長者在上則當孫順以盡弟道長而成人則當有以自立使人得有所稱述汝幼小不孫順於長上及長而無德行可稱述今老則不如早死免得久留身於世為風俗之蠹而又不死不循禮教敗常亂俗是為賊害己耳既數責之復以杖叩其脛使勿復蹲踞然也【附考】原壤周文王第十六子伯原之後原壤之母死孔子助之沐椁壤登木曰久矣予之不託於音也歌曰貍首之斑然執女手之卷然夫子為弗聞也者而過之從者曰子未可以已矣夫子曰丘聞之親者毋失其為親也故者毋失其為故也

○**闕黨童子將命**將命是使他習禮且虛說**或問之曰益者與**益是學有進益與是疑辭【註】闕黨黨名童子未冠者之稱將命謂傳賓主之言或人疑此童子學有進益故孔子使之傳命以寵異之也【講】闕黨有童子來學於夫子夫子使之傳賓主之命或人疑而問之曰傳命非易事也此童子必學有進益故為此以寵異之與

○**子曰吾見其居於位也**其字指童子居於位是居於長者之位**見其與先生並行也**先生是年長之稱並行是並肩而行**非求益者也**言其不能盡少長之禮便是無求益之心**欲速成者也**謂欲速就於成人之列【註】

禮童子當隅坐隨行孔子言吾見此童子不循此禮非能求益但欲速成耳故使之給使令之役觀長少之序習揖遜之容蓋所以抑而教之非寵而異之也 講 夫子告之曰禮童子當隅坐而此童子吾見其居於位也不循隅坐之禮矣禮童子當隨行而此童子吾見其與先生並行也不循隨行之禮矣是非能謙虛下人以求學之益也乃不守童子之分而欲速進於成人之列者也故使之將命亦欲其觀長少之序習揖遜之容以潛消其亢志焉耳是乃抑而教之豈寵而異之哉

新訂四書補註備旨下論卷四

粵東鄧　林退庵先生手著
裔孫　煜耀生編次
寶安祁文友珊洲先生重校
江甯後學杜定基起元增訂

衛靈公第十五 凡四十一章

陳　黃帝制井田之法遂有陳○左拒右拒鄭伯魚麗之陳也左角右角魏舒毀車之陣也○司馬法以萬二千五百人而均之入陣之中多為曲折以盡其變鉤連蟠屈各有條理

俎豆　禮記三牲之俎八簋之實美物備矣○薦用五豆

絕糧　楚昭王使人聘孔子陳蔡忌其用楚遂發兵圍

衛靈章旨　此章見聖道之窮而不窮對其君則以禮教塞戰爭之口使當時知有吾道而去國之決對其徒則以君子化小人之心使吾徒見有吾道而處困之安總是遇雖窮而道有不窮者在

衛靈節旨　夫子卻萊兵隳三都且嘗曰我戰則克豈真未嫻軍旅者但當日衛之所急非兵也靈逐瞶立輒失昭穆之序異日俎豆間大有可商夫子不對問陳而指示俎豆意深哉按史記問陳明日又有仰視蜚雁一事故孔子去衛然以此章為主可不必入

在陳節旨　此是伏下節一窮字

子路節旨　君子亦有窮以常理言君子固窮以天命言小人句不重總註當行而行四語分貼上下要惟決於去國故安於處困是一套事

賜也章旨

○衛靈公問陳於孔子孔子對曰俎豆之事（事字包得廣凡一切禮文皆是）則嘗聞之矣（此啟其所當問）軍旅之事（萬二千五百人為軍五百人為旅事是行伍擊刺之事）未之學也（此抑其所不當問）明日遂行（遂行內兼闕陳又不能復問俎豆意）

【註】陳謂軍師行伍之列俎豆禮器尹氏曰衛靈公無道之君也復有志於戰伐之事故答以未學而去之

【講】孔子至衛衛方與齊伐晉故衛靈公一見孔子而問兵陳之事孔子對曰臣自幼習禮如宗廟中有俎豆其陳設進退之事則嘗聞其說矣至於軍旅行伍之事則未嘗學也豈敢以未學者妄對乎靈公聞非所問其不足有為可知矣故孔子明日遂行所謂可以速而速也

○在陳絕糧（絕糧是所遇之窮處）從者病（從者是相從弟子病是飢病）莫能興

【註】孔子去衛適陳興起也

【講】既而去衛適陳絕糧七日當時之從夫子者皆飢病莫能興起

○子路慍見曰（慍見是慍怒見於色）君子亦有窮乎（君子暗指孔子窮是道之厄而不通）子曰君子固窮（作固有窮時看對上亦有二字）小人窮斯濫矣（濫如水之濫溢於外也）

【註】何氏曰濫溢也言君子固有窮時不若小人窮則放溢為非程子曰固窮者固守其窮亦通○愚謂聖人當行而行無所顧慮處困而亨無所怨悔於此可見學者宜深味之

【講】子路當此窮困之時不勝忿怒之意見於顏色曰君子抱道在躬宜乎為天所祐為人所助不當得窮也乃亦有時而窮困若此乎夫子告之曰窮通得喪繫乎所遇有不在我者君子固有窮時但不如小人窮斯放溢而為非耳然則今日之窮亦相與安之而已

【補】林次崖謂祭祀尚有許多文物不止俎豆曰俎豆者舉一二以該其餘也然亦不止舉俎豆以該祭祀之禮舉一祭祀而凡宗廟朝廷交鄰里巷之禮亦在其中

○子曰賜也女以予為多學而識之者與（多學以知言即多聞多見也識是將所聞所見一一識之）

孔子絕糧七日致有匪兕匪虎率彼曠野之歎顏回曰夫子道大天下莫能容子貢至楚昭王興師迎之乃免

此章示子貢以有本之學首節是因子貢之務博而問以發之下是因子貢之將悟而明以示之多字一字相對多在事物一在心

賜也節旨

多學而識串講汝以予為四字正就賜素求聖人處提醒與學是問以啟其悟

對曰節旨

然字衝口而出是子貢種根深非字接口即來是子貢轉頭快惟然字上夙有工夫故非字上忽有見地也註亦字從曾子說來

非也節旨

也字對上與字急與他印證此一以貫之乃一理洞然萬象畢照也學者須從前有學識工夫方得

由知全旨

此章見學貴實得知德者鮮以其踐履之未至故不能真知其味知字重看乃涵養後之透悟體驗中之見解夫子正要子路勉進於德也

無為全旨

此章贊帝舜無為之治德盛民化聖人所同紹堯得人舜之所獨然畢竟以德為主朱子云朝覲巡狩封山濬川舉元凱誅四凶所以為治之迹皆在攝政二十八載之間及其踐天子位不過命九官十二牧而已其後無他事也恭己句惟敬德之容為可見

不忘【註】子貢之學多而能識矣夫子欲其知所本也故問以發之【講】夫子示子貢以探本窮源之學曰賜也為學有年矣女以予於天下事物之理無不周知為是專以多為學而又都記識於心而不忘者與

○對曰然是據平日所見而信之也非與是因今日提撕而疑之也【註】方信而忽疑蓋其積學功至而亦將有得也【講】子貢對曰天下之理散於事物必多學而識始能周知夫子其殆然矣然理無終窮而聞見有限夫子之學抑或非與此其疑信之間有將達之機矣

○曰非也與他證明非字予一以貫之一指心之理言貫通也之指學識萬事萬物之理言【註】說見第四篇然彼以行言而此以知言也○識氏曰聖人之道大矣人不能編觀而盡識宜其以為多學而識之也然聖人豈務博者哉如天之於眾形匪物物刻而雕之也故曰予一以貫之德輶如毛毛猶有倫上天之載無聲無臭至矣尹氏曰孔子之於曾子不待其問而直告之以此曾子復深喻之曰唯若子貢則先發其疑而後告之而子貢終亦不能如曾子之唯也二子所學之淺深於此可見愚按夫子之於子貢屢有以發之而他人不與焉則顏曾以下諸子所學之淺深又可見矣【講】夫子直決之曰吾誠非多學而識之者也蓋萬物原於一本予惟本一心之理以貫乎天下萬事萬物之理而已豈必多學而識哉賜亦求端於一貫焉可矣【補】朱子曰孔子實是多學無一事不理會過只是於多學中有一以貫之耳

○子曰由知德者鮮矣德是眾理統會之德鮮矣二字有提醒勉勵意【註】由呼子路之名而告之也德謂義理之得於己者非己有之不能知其意味之實也自第一章至此疑皆一時之言此章蓋為慍見發也【講】夫子呼子路而告之曰由義理得於心謂之德若能實有是德真知其意味之所在則內重而見外之輕一切窮通得喪自不足以動其心我求其人蓋亦鮮矣由其勉進於知德哉【補】饒雙峰曰知德與知道不同知道者知在行先猶未為親切知德者知在行後此道已實為我有而知之深也

○子曰無為而治者無為是無事之意治是天下化成指四方風動言其舜也與舜之無為兼紹堯得人二意夫何為哉是承上句喚起下文恭己正南面而已矣正端拱也此句正極形無為之象非推原無為之本也【註】無為而治者聖人德盛而民化不待其有所作為也獨稱舜者紹堯之後而又得人以任眾職故尤不見其有為之迹也恭己者聖人敬德之容既無所為則人之所見如此而已【講】夫子上嘉舜治之盛曰自古帝王為治多矣若不待其有所作為而天下自臻於平治者其虞舜也與蓋以舜之盛德而民化又紹堯之後得人以任眾職所以享無為之治也夫舜果何為哉惟見其垂衣端拱恭己之容儼然正位於南面之尊人之所見惟此而已矣恭己之外曷見其有為之迹哉信乎舜之無為而治也【補】蔡虛齋曰夫何為哉二句正見其實無所為也語意與堯之德不可名所可見者成功文章而已相似又曰恭己以敬之形於外者言蓋其為治之道精微難窺而惟敬德之容子人可見也

紳

白虎通曰所以必有紳帶示敬謹自約整續繪為結於前下垂三分身半紳居一焉

史魚

仲尼曰史鰌有君子之道三不仕而敬上不祝而敬鬼直能曲於人又曰古之諫者死則已矣

益以見其無為也

子張章旨

此章見利行之道在誠首二節論所以行之理三節推所由行之功末節則識而不忘也通章重一誠字

子張節旨

行非行事之行謂行得去無阻滯也

言忠節旨

忠信篤敬只論可行之道在於誠不講工夫下節方教著工夫也蠻貊是舉遠該近州里是舉近該遠上段重下段輕

立則節旨

此是存誠之功立是心之靜機在輿是心之動機舉此二者作例見得無時無處離這箇誠兩見字是心見非目見也夫然後行謂工夫到此然後可行不然尚不可行也正鞭緊子張用功處不是說效驗

書諸節旨

書紳見佩服之切意子張到晚年儘切實可見

直哉章旨

此章夫子表衛二大夫之賢一是不徇時而易其節一是能相時而行其志兩哉字皆極贊歎之辭只兩開說不必互相較量

直哉節旨

首句且虛講下二句正見其直也須重邦無道邊有道無道切衛邦言只八

○子張問行是欲行無不利意【註】猶問達之意也【講】子張問於夫子曰人之處世必何如而後行無不利乎○子曰言忠信口與心符是忠事與口應是信行篤敬詳審不輕是篤戒懼恐失是敬雖蠻貊之邦行矣是決行得去必言蠻貊者見無處不可行也言不忠信行不篤敬照上反看雖州里行乎哉是決行不去必言州里者見無處可行也【註】子張意在得行於外故夫子反於身而言之猶答干祿問達之意也篤厚也蠻南蠻貊北狄二千五百家為州【講】夫子告之曰所謂行者求諸己而已使言忠誠而信實行篤厚而敬謹則誠能動物言出而人孚之行出而人孚之雖遠而蠻貊之邦亦可行矣若言焉虛誕而不忠信行焉縱肆而不篤敬則不誠未有能動者言出而人違之行出而人違之雖近而州里其能行乎哉可見行之利與不利惟視其心之誠與不誠而已○立則見其參於前也在輿則見其倚於衡也二則字俱作即字看二見字俱作心中所見言夫然後行是難之之辭見必如此而後行不如此則不行【註】其者指忠信篤敬而言參讀如毋往參焉之參言與我相參也衡軛也言其於忠信篤敬念念不忘隨其所在常若有見雖欲頃刻離之而不可得然後一言一行自然不離於忠信篤敬而蠻貊可行也【講】然忠信篤敬非可以驟取而強為也必其於未言未行之先念念不忘時乎立也則若見忠信篤敬之理參於吾之前也時乎在輿也則若見忠信篤敬之理倚於吾之衡也夫然後一言一行自不離忠信篤敬而州里蠻貊無不可行矣○子張書諸紳書是寫書紳欲觸目警心也【註】紳大帶之垂者書之欲其不忘也○程子曰學要鞭辟近理著己而已博學而篤志切問而近思言忠信行篤敬立則見其參於前在輿則見其倚於衡即此是學質美者明得盡查滓便渾化却與天地同體其次惟莊敬以持養之及其至則一也【講】子張聞夫子之言而知其切於身也遂書紳以識不忘焉庶忠信篤敬之教一寓目而存而參前倚衡之見亦因象而顯矣張亦善體聖教也哉

○子曰直哉史魚直主節槩上看邦有道如矢有道指言路通如夫尸形容其直就諫諍上說邦無道如矢無道指言路塞如矢亦就諫諍上說【註】史官名魚衛大夫名鰌如矢言直也史魚自以不能進賢退不肖既死猶以尸諫故夫子稱其直事見家語【講】夫子稱衛之有賢臣曰自謟諛風行直道之不見於天下也久矣直矣哉其衛大夫史魚乎當夫邦之有道也則正言讜論不以世治而有所諱其直固如矢也及乎邦之無道也亦正言讜論不以世亂而有所屈其直亦如矢也是時有變遷而守無屈撓可不謂直乎

【附考】按衛靈公時伯玉賢而不用彌子瑕不肖而任事魚病將死命其子曰吾在朝不能進賢退不肖今死不當成禮置尸北堂可矣公往弔而問之子戚然白父之言公曰是寡人之過也於是命之殯於客位乃進

未有如史魚尸諫忠感其君者也可不謂直乎○吳季札適衞說蘧瑗史鰌葦曰衞多君子未有患也

伯玉

左傳襄公十四年孫林父欲逐衞獻公告伯玉伯玉曰君制其國臣敢奸之雖奸之庸知愈乎遂行從近關出公出奔齊衞入立公孫剽孫林父甯殖相之二十年甯殖卒二十六年衞獻公求復謂甯喜曰苟反政由甯氏祭則寡人甯喜告伯玉伯玉曰瑗不得聞君之出敢聞其入遂行又從近關出甯喜攻孫氏克之殺子叔衞侯復歸

作有事變無事變意直蓋禀之性成者

君子節旨

首句亦虛講下二句正見其君子也亦重邦無道邊伯玉周旋四朝未嘗卷懷可之云者見非能進不能退也卷而懷之之字以道言此君子得之養後者

可與全旨

此章見語默中節為難歸重知人之明上謝氏單主施教言朱子謂其太拘而於事理有所未盡則知此章所該者廣凡有所共謀共為者皆是失人失言只病在不智故特提智者兩不字對上平說即本文亦字因不失言內含得知人意非謂不失言即在不失人處併作一項也

志士全旨

此章夫子重全仁意志士仁人其存心總以仁為主求生如何便害仁殺身如何便成仁只當下爭個安不安而必曰志士仁人者有志之士慷慨就死成德之人從容就死也是兩種人不分優劣

子貢全旨

此章論為仁之資不是教他專去資

伯玉而退彌子瑕孔子聞之故稱其直

○**君子哉蘧伯玉**君子是德器深厚者**邦有道則仕**有道指綱紀治仕是出而行其所學**邦無道則可卷而懷之**無道指綱紀亂可字作能字看卷懷是收斂退藏意

【註】伯玉出處合於聖人之道故曰君子卷收也懷藏也如於孫林父甯殖放弒之謀不對而出亦其事也○楊氏曰史魚之直未盡君子之道若蘧伯玉然後可免於亂世若史魚之如矢則雖欲卷而懷之有不可得也

【講】自功名日盛而君子之難見於天下也久矣君子哉其衞大夫蘧伯玉乎當夫邦之有道也則相時而仕以行其道及乎邦之無道也則知幾而退可以卷而懷之是出處之際有合於因時之宜非君子孰能之

【補】胡氏曰直者德之一端君子者成德之名此是解直與君子字不是軒輕二子

兩有道俱淺言無道如矢舉已然者實之也無道卷懷舉未然者決之也

○**子曰可與言而不與之言**可與言是虛而能受聞而能悟之人**失人**是以可言之人棄之不足言之列**不可與言而與之言**不可與有不虛不悟二意**失言**是以有用之言施於無用之地**知者**是能明理之人**不失人**指可言即言說**亦不失言**指不可言即不言說

【講】夫子示人語默之宜曰人之語默中節為難彼其人之可與言也則當與之言矣而乃不與之言是不知其人之可與言也如是則失人若其人不可與言也則當勿與之言矣而反與之言是不知其人之不可與言也如是則失言所以然者由其智不足耳惟知者識見精明權度素定知其人之可與言也則與之言而不至失人又知其人之不可與言也則不與之言亦不至於失言語默各中其節此其所以為知也

【補】蔡虛齋曰觀此章者其用功不在於語默而在於知人欲知人則在居敬窮理

○**子曰志士仁人**志士是利仁者仁人是安仁者**無求生以害仁有殺身以成仁**

仁為心德二句一正一反以決其必然有無二字相應

【註】志士有志之士仁人則成德之人也理當死而求生則於其心有不安矣是害其心之德也當死而死則心安而德全矣○程子曰實理得之於心自別實理者實見得是實見得非也古人有捐軀隕命者若不實見得惡能如此須是實見得生不重於義生不安於死也故有殺身以成仁者只是成就一個是而已

【講】夫子勉人全仁曰好生惡死人之恒情惟有志之士與夫成德之仁人其於綱常倫理之際當死而死於理為是於心始安決無苟且求生以害仁寧可殺身授命以成仁而已志士仁人之有係於世道也豈淺鮮哉

○**子貢問為仁**是求用力於仁之方**子曰工欲善其事**工是匠人善其事是求精其藝能之事**必先利**

夏時

尚書大傳曰夏以十三月為正平旦為朔殷以十二月為正鷄鳴為朔周以十一月為正夜半為朔○周書曰萬物春生夏長秋收冬藏天地之正四時之極不易之道夏數得天百王皆同○建寅為春時之正也乘時作事令之善也

殷輅

禮記明堂位鸞車有虞氏之路也鉤車夏后氏

入只是要他隨在取益求到純粹地位必先二字固重欲字尤重器字對大夫士利字對賢仁利當作活字看大夫中之賢者士中之仁者皆足以助吾仁賢仁固重而事之友之之心尤重子貢結駟連騎所少非大夫士只未必事賢友仁耳看註悅不若己者便見

顏淵全旨

此章夫子斟酌損益而立萬世無弊之道上四句是為邦之大法下四句是為邦之大戒行夏時王道以正朔為先務也釐工熙績統之於時矣乘殷輅器尚其質也推之而服食器用可知矣服周冕祭尚其文也推之而文章物采可知矣樂則韶舞移風易俗莫大於樂也法韶之樂則必法韶之治可知矣放鄭聲遠佞人推之而聲色貨利可知矣蓋治平之道顏子平日已自講究有素故本章只言法戒當與喟然歎及問仁二章合看此為王道彼是天德有天德然後可語王道朱子曰陽氣始於黃鍾而其月為建子然猶潛地中未見生物之功歷丑轉寅盛德在木而春氣應焉商周更正朔以新天下耳目四時五行皆不得其正故宜從夏時又曰輅者身之所乘足之所履其為用也賤矣運行

其器利其器是鋒銳其斧鑿之類**居是邦也**不可拘定一邦是隨所在而居之**事其大夫之賢者**事有尊崇意賢是德之見於事業者重嚴憚上**友其士之仁者**友是親就意仁是德之見於一身者重切磋上【註】賢以事言仁以德言夫子嘗謂子貢悅不若己者故以是告之欲其有所嚴憚切磋以成其德也○程子曰子貢問為仁非問仁也故孔子告之以為仁之資而已【講】子貢問為仁於夫子蓋欲求所以用力之方也夫子告之曰子不見百工乎若欲善其能為之事必先利其所用之器蓋資其利也況為仁而可無先資乎君子居是邦也上有大夫必要事其賢者下有士必要友其仁者事賢則有所觀法而起嚴憚之心友仁則有所切磋而生勉勵之意而其所以為仁者力矣不然進修無助是欲善其事而不先利其器也烏乎可

【補】黃勉齋曰大夫言賢已見於行事者也士言仁方見於修身者也說得分曉然亦須補自己致力意

○**顏淵問為邦**【註】顏子王佐之才故問治天下之道曰為邦者謙辭【講】顏淵天德既修因志在用世而切究王道故問為邦於夫子○**子曰**

行夏之時行是遵依意時乃帝王敬天勤民第一事夏時兼註時正令善說【註】夏時謂以斗柄初昏建寅之月為歲首也天開於子地闢於丑人生於寅故斗柄建此三辰之月皆可以為歲首而三代迭用之夏以寅為人正商以丑為地正周以子為天正也然時以作事則歲月自當以人為紀故孔子嘗曰吾得夏時焉而說者以為謂夏小正之屬蓋取其時之正與其令之善而於此又以告顏子也【講】夫子告之曰為邦之道一法戒焉盡之矣敬天勤民莫大於時為邦而欲奉天道以授民時汝必行夏時正令善建寅之時焉○**乘殷之輅**乘駕也殷輅照註質得其中說【註】商輅木輅也輅者大車之名古者以木為車而已至商而有輅之名蓋始異其制也周人飾以金玉則過侈而易敗不若商輅之樸素渾堅而等威已辨為質而得其中也【講】辨德辨分莫大於輅為邦而欲備車制汝必乘殷樸素渾堅之輅焉

○**服周之冕**冕是首服周冕照註文得其中說【註】周冕有五祭服之冠也冠上有覆前後有旒黃帝以來蓋已有之而制度儀等至周始備然其為物小而加於眾體之上故雖華而不為靡雖費而不及奢夫子取之蓋亦以為文而得其中也【講】肅儀貞度莫大於冕為邦而欲重元服汝必服我周文而得中之冕焉○**樂則韶舞**樂是聖王所制以昭德象功者韶舜樂以聲言舞以容言【註】取其盡美盡善【講】至於象功昭德莫先於樂為邦而欲作樂以象功德汝必取之盡善盡美之韶舞焉○**放鄭聲**勿使接於耳**遠佞人**勿使接於目**鄭聲淫**是淫蕩人心志正見當放**佞人殆**是危殆人邦家正見當遠【註】放謂禁絕之鄭聲鄭國之音佞人卑諂辯給之人殆危也○程子曰問政多矣惟顏淵告之以此蓋三代之制皆因時損益及其久也不能無弊周衰聖人不作故孔子斟酌先王之禮立萬世常行之道發此以為之兆耳由是求之則餘皆可考也張子曰禮樂治之法也放鄭聲遠佞人法外意也一

之路也大路殷路也乘路周路也註云路與輅同大路殷之木路也乘路周之玉路也○周禮春官巾車掌王之五輅玉輅金輅象輅革輅木輅註云金玉象以飾諸末革輅鞔之以革而漆之木輅漆之而已

周冕

世本云黃帝作冕其制蓋以木為幹以布衣之上玄下朱取天地之色周禮夏官弁師掌王五冕繅采備飾○三禮圖云冕長尺六寸廣八寸天子以下皆同前員後方前垂四寸後垂三寸鄭云天子之袞冕十二旒鷩冕九旒毳冕七旒

震動任重致遠其為物也勞矣且一器而工聚焉其為費也廣矣賤用而貴飾之則不稱物勞而華飾之則易壞費廣而又增費之則傷財惟商輅最得

人無全旨

此章夫子示人弭憂之道而遠慮由窮理以致知得來蓋非取遠者而慮之以其經畫盡善可以使萬里之外百年之久保安無事也近憂即在無遠慮看出

巳矣全旨

此章夫子以好德望人意比上論加巳矣乎三字者始猶冀見之而今則絕望之也儆人之意更切

臧文全旨

此章夫子以竊位誅文仲蔽賢之心首句虛下正見其竊位其字與字極說得活若曰豈其位果竊得之乎何為而妬賢若此只是深識其妬賢非力證其竊位也文仲為大夫薦賢乃其本分今知賢而不與立運他位也是不當居的故曰竊位

日不謹則法壞矣虞夏君臣更相戒飭意蓋如此又曰法立而能守則德可久業可大鄭聲佞人能使人喪其所守故放遠之尹氏曰此所謂百王不易之大法孔子之作春秋蓋此意也孔顏雖不得行之於時然其為治之法可得而見矣 【講】夫大法固所當立而大弊亦所當戒汝當放絕乎害治之鄭聲遠去乎害治之佞人所以然者鄭聲能亂雅樂而淫蕩人之心志佞人能變亂是非而危殆人之邦家也有所戒以保其法為邦之道盡矣

【補】行夏時有體好生以昭欽若意乘殷輅有惜物力以端風尚意服周冕有崇名分以首庶物意樂則韶舞有志喜起以繼風動意放鄭聲四句見聲樂非耳目之娛雅則昭德邪則蕩心用人為立政之本忠則弼諧佞則亂德性情宜養以和平左右宜輔以正人意句句須切為邦上講方見顏子之問關繫法戒

○**子曰人無遠慮** 人字該上下就主持世道者說無遠慮有兩項或畏葸而不及遠慮者是柔之失或鹵莽而不暇遠慮者是剛之失 **必有近憂** 必是有決然意近憂言旦夕間即有禍患也 【註】蘇氏曰人之所履者容足之外皆為無用之地而不可廢也故慮不在千里之外則患在几席之下矣 【講】夫子示人思患預防之意曰天下之事變無常而人之思慮貴審故智者能去患於未萌止禍於無形者惟其有遠慮也人若狃於目前之安而無久遠之慮也則慮事之疏必貽旦夕之禍而有近憂矣然則人可忘遠慮乎哉 【補】遠慮統就道理上說近憂方就事說註千里几席是發明遠近意不是以地言

○**子曰巳矣乎吾未見好德如好色者也** 好德兼人己之善說好色是心誠慕之意 【註】巳矣乎歎其終不得而見之也 【講】夫子傷好德者之難意曰好德如好色吾嘗歎之而冀其得見也今其巳矣乎吾終未見好德之誠如好色者也寧不為世道人心慨哉 【補】既說巳矣乎又說未見蓋有終不欲絕望意

○**子曰臧文仲其竊位者與** 不當得而有曰竊但就蔽賢一事說非蓋其生平也 **知柳下惠之賢** 知字重竊字正從知字上斷賢就直道事人說 **而不與立也** 不與立是怕他形出己短來 【註】竊位言不稱其位而有愧於心如盜得而陰據之也柳下惠魯大夫展獲字禽食邑柳下諡曰惠與立謂與之並立於朝范氏曰臧文仲為政於魯若不知賢是不明也知而不舉是蔽賢也不明之罪小蔽賢之罪大故孔子以為不仁又以為竊位 【講】夫子罪文仲蔽賢意曰人臣居乎其位當求其無愧於心若不稱其位而私據之是竊位也若臧文仲其殆竊位者與何以言之蓋人臣必薦賢為國而後稱其位也文仲既明知柳下惠之賢卻抑之下僚而不薦之與己並立於朝是殆私據其位以為己有而不復為國家待賢之公器矣非竊位而何 【補】饒雙峰曰竊人物者恐人見得便蹬他出來臧文仲自居上位亦自有所長若與柳下惠並立便被他形出己短所以蔽而不進之

絺冕五旒玄冕三旒旒各十二玉公之衮冕九旒九玉侯伯七旒七玉子男五旒五玉孤三旒三玉大夫二旒二玉士以弁庶人以冠韶舞舞者樂之容也有俯仰張翕行綴長短之制。揮絃者帝舜也擊石者后夔也賡歌而颺拜者五臣雍容而在位者虞賓也來格者祖考允諧者庶尹也鳳凰兮來儀百獸兮率舞也迄於今蒼梧之帝子不作抱器之敬仲出亡而行直視端猶能感童子於道路如天如地尚足動公子於來觀則樂之盡善盡美含韶

躬自全旨　此章論檢身與人之道當從上二句推出遠怨之理來朱子謂此責字乃求責之責非咎責之責若以橫逆言之則直無責人之理不應猶以薄責為言矣

不曰全旨　此章儆人當詳於處事曰字是心口商量語兩如之何連看方見熟思審處其不然者一是昏愚不知如之何一是躁妄不肯如之何世有此兩種人吾末如之何絕之正深警之

羣居全旨　此章言燕朋之害義者天理之公小慧則繆巧之私而已言不及義無學識之村人多如此好行小慧則邪惡傾險之輩也註滋字熟字承羣字終字說來無以入德是就當下說將有患害是推及後來說

君子全旨　此章是君子制事之道首尾兩君子相應以義為主下三句皆根義說禮是中孫是和信是誠皆義中所自有之用亦是一時並至無甚先後次第非相濟之說也制事如此豈不謂之君子君子兼學之既至養之既全言義禮孫信一事而並用又須知此地位不是臨事勉強的全本平日主敬精義工夫來

○子曰躬自厚（即檢身若不及意串下責字講）而薄責於人（即與人不求備意）則遠怨矣（遠怨就從厚薄二字看出）

註　責己厚故身益修責人薄故人易從所以人不得而怨之

講　夫子示人寡怨之道曰人情責己常恕責人常刻此怨所由生也若躬自責以厚略無恕己之心而薄責於人初無求備之意夫豈借是以弭怨哉然責己厚則身益修而無可怨責人薄則人易從而不招怨人之怨自然遠矣

補　陳新安曰此修己侍人當然之理非謂求遠怨而為之遠怨乃自然之效耳有無可怨不招怨二意

○子曰不曰如之何如之何者（不曰二字直貫兩如之何起初不思量此事如何做再又不思量此事如何做者字指人）吾末如之何也已矣（言我無奈他何見善言難入而不能為之謀意）

註　如之何如之何者熟思而審處之辭也不如是而妄行雖聖人亦無如之何矣

講　夫子示人詳於處事曰凡人之處事必有熟思審處之心然後人言可入為謀必臧苟不量度於心口之間而曰此事也將如之何以處將如之何以處之者是率意妄行其事必敗雖救無益吾亦末如之何以為之謀也已矣人豈不可詳於處事哉

補　饒雙峰曰上言如之何是思而處之下言如之何是思之熟而處之審也但兩如之何自是熟思審處然却要在義理上衡其是非可否不然如季文子之三思則是慎而無禮了

○子曰羣居終日（羣居見非一人終日見非一時）言不及義（是妄談講）好行小慧（是喜機變）難矣哉（難照註兼二意矣哉是傷歎辭）

註　小慧私智也言不及義則放辟邪侈之心滋好行小慧則行險僥倖之機熟難矣哉者言其無以入德而將有患害也

講　夫子儆學者曰君子所重夫類聚者為其相與以成德也若羣居且終日之久其所言者惟謔浪游談不及乎義理之正其所行者又同惡相濟好行乎小慧之私斯則放僻邪侈之心滋行險僥倖之機熟非惟無以入德而將有患害也不亦難乎其為人矣哉人當知所以自警矣

補　蒙引言不及義就言上說好行小惠就行上說

○子曰君子義以為質（君子指人言義在剛決上說事之是非全把他稱度質如牆有基址一般）禮以行之（禮有規矩可循故曰行）孫以出之（孫只氣度所發故曰出）信以成之（信是一片真心自始至終皆貫故成此事）君子哉（君子指道言哉是贊美辭）

註　義者制事之本故以為質幹而行之必有節文出之必以退遜成之必在誠實乃君子之道也○程子曰義以為質如質幹然禮行此孫出此信成此此四句只是一事以義為本又曰敬以直內則義以方外義以為質則禮以行之孫以出之信以成之

講　夫子明處事之道曰人之處事難於盡善惟君子必以義為制事之本義之所可則可義之所不可則不可是應事合宜而其質以立矣然義主於斷使行之不以禮則徑情而直遂矣故行之必

天寶書局精校藏板

舞其誰與歸

鄭聲

淫者聲之過也聲之靡曼由於辭之淫媟鄭衛多淫奔之詩而鄭為甚故鄭聲之淫亦甚於衛

柳下惠

柳下惠魯公族展氏無駭之後盜跖之兄家語云孝恭慈仁允德圖義約貨去怨輕財不遺蓋柳下惠之行也○齊求岑鼎而柳下執棄信免國之難則且愛五鼎而賢著遠邇魯躋僖公而展禽致犯順不祥之戒則亦黜逆祀而賢達幽明孝公來伐於北鄙臧孫之亟請辭以行賂也則雖膏沐犒師而齊侯以還爰居使祭於東門

病無全旨

此章發明君子為己之心與泛常提醒人不同前說患此說病病字較患字尤緊病乃切身之痛且不能字狹無能字較大無能在反躬上說全重上句下句正鞭緊語

疾沒全旨

此章夫子勉人及時進修意疾是自疾亦是預疾重無實上非疾其無名正疾其無實也饒氏謂生前或可干名沒後公論乃定

求諸全旨

此章辨君子小人用心之不同所以覺人之反求而儆人之馳騖也求己求人兼學問事業實說玩註無不字可見究之求諸己者其德自足以感人求諸人者其弊適足以喪己此亦要知

矜而全旨

此章見君子善處人己之道上句矜為主不爭正是矜得好下句羣為主不黨正是羣得好上句持己而不失人下句處人而不失己蓋爭黨中必無矜羣而矜羣容有至於爭黨者故

有節文無太過不及之弊焉然禮亦近於嚴使出之不以孫則自高而傲物矣故出之必以退遜有從容和順之美焉然禮行矣孫出矣使成之不以信則亦卒歸於僞耳故成之必以誠實自始至終皆實心實理之流通焉若然則制事之間盡善盡美而無一之或苟乃君子之道也其真可謂君子哉 **補** 看註曰以為曰必有曰必以曰必在皆指示用力之辭故曰君子之道言必如此然後為君子非徒頌美已也

○**子曰君子病無能焉** 君子即務學之人病無能則必刻刻求能矣 **不病人之不己知也** 非謂我有能而人即知不必病也乃病無能之心未嘗少雖正求在我處 **講** 夫子表君子為己之心曰君子學以為己其所病者全在德不加進業不加修一無所能而已若夫德業有諸己而人不己知焉則於己本無所損君子又何病哉 **補** 林次崖曰無能者不能知不能行也

○**子曰君子疾沒世** 疾是惡沒世終身也 **而名不稱焉** 名是聲名不稱是無傳述 **註** 范氏曰君子學以為己不求人知然沒世而名不稱焉則無為善之實可知矣 **講** 夫子勉人當有為善之實曰君子學以為己固無意於求名然名所以表其實也若夫自幼至老沒世而名不稱於人焉則無為善之實可知矣豈非君子之疾哉修己者當汲汲焉以求盡其實可也 **補** 陳卧子曰一日之名不必有萬世之名不可無

○**子曰君子求諸己** 求是竭盡心力必欲得之意己即己分內事 **小人求諸人** 此句反上句說 **註** 謝氏曰君子無不反求諸己小人反是此君子小人所以分也○楊氏曰君子雖不病人之不己知然亦疾沒世而名不稱也雖疾沒世而名不稱然所以求者亦反諸己而已小人求諸人故違道干譽無所不至三者文不相蒙而義實相足亦記言者之意 **講** 夫子辨君子小人之心曰君子小人之品不同而其所求亦異君子以為己為心故無適而非求諸己小人以為人為心故無適而非求諸人夫求諸己則德日進求諸人則欲日肆君子小人之分蓋如此 **補** 張南軒謂此與古之學者為己章不同彼是說學問念頭之差此是說居心行事之異

○**子曰君子** 是有德之人 **矜而不爭** 矜是以理自持爭是以氣陵人 **羣而不黨** 羣是以道相與黨是以情相徇 **註** 莊以持己曰矜然無乖戾之心故不爭和以處眾曰羣然無附比之意故不黨 **講** 夫子論君子持己處眾之道曰君子莊以持己固見其矜矣然亦正其在我者而已何嘗至於忿世戾俗以為爭乎和以處眾固見其羣矣然亦善其待物者而已何嘗至於徇情阿比而為黨乎此君子所以內不失己外不失人也 **補** 慶源輔氏曰莊以持己和以處眾皆理也然用意或過則乖戾之心易生阿比之意易起也夫子言君子如此所以使學者於持己

季子之識無故加祀典也則果海災有驗而命書三策

著兩而字頓宕轉下不是矜聲自無爭黨也

不以全旨
此章言君子用人聽言之道兩言字皆好一邊兩人字皆不好一邊舉人不以言則所舉必當廢人不廢言則嘉言能採兩不以字正君子至公至明妙用

子貢全旨
此章見行己之有要一言之問子貢有反約之機故夫子直就終身內指出恕之一言以告之其字乎字語氣實落指點下二句不但解恕字之義正解恕字所以終身可行也不欲勿施只就一邊說其實己之所欲必施於人意已寓內矣

吾之章旨
此章夫子以直道維世意首節明己公是非之心於天下次節明天下原有是非之公心總是直道在人行毀譽而不得以直字作骨下節蓋推原上節也

吾之節旨
曰吾之於人便見有相關切處誰字與無字不同說無則其權在我說誰則其柄在人只首二句已盡如有二句就誰毀誰譽中抽出言之見譽且不輕況於毀乎仍是無毀譽意

斯民節旨
民字即上人字但人對己而言民對

史
黃帝之世始立史官蒼頡沮誦居其職矣至夏商乃分置左右故曰左史記言右史記事言經尚書事經春秋

慮衆之際戒謹恐懼務盡其理而防私意之或萌也

○**子曰君子**指在位者言**不以言舉人**是言善而人未必善也**不以人廢言**是人不必善而言未始非善也

講 夫子表君子用人聽言之公曰君子之心大公而至正者也故其用人不以言之善而遽用其人以人之行多不及言故也其聽言亦不以人之不善而并廢其言以言之善有不可沒故也君子用人聽言之公如此此小人不得以倖進而善言皆得以自效也歟

補 陳伯玉曰言與人原不相蒙於言則論言於人則論人

○**子貢問曰有一言**一言一字也**而可以終身行之者乎**終身是一生行之是行此一言指做工夫說不是和行之行

子曰其恕乎恕乃去私心而擴公理也此一字正答其問**己所不欲**不欲指非禮之事言**勿施於人**是此心禁止不以此不欲加於他人

註 推己及物其施不窮故可以終身行之○尹氏曰學貴於知要子貢之問可謂知要矣孔子告以求仁之方也推而極之雖聖人之無我不出乎此終身行之不亦宜乎

講 子貢有志於反約故問於夫子曰有一言之約而可以終身體行之者乎夫子告之曰道雖不盡於一言而實不外乎一心欲求終身可行之理其惟恕之一言乎凡己心所不欲即知人不異己勿以此施之於人所謂恕者如此以此行之雖終身焉可矣

補 中庸不欲勿施當貼違道不遠講雍問仁不欲勿施當貼為仁講此不欲勿施當貼行恕一言講雖八字仍講如一字方妙

○**子曰吾之於人也**人指當時之人兼善惡說**誰毀誰譽**兩誰字不止作無字看有一一尋求無可指名之意**如有所譽者**如字作或字看**其有所試矣**試是試驗其人後來必副其所稱

註 毀者稱人之惡而損其真譽者揚人之善而過其實夫子無是也然或有所譽者則必嘗有以試之而知其將然矣聖人善善之速而無所苟如此若其惡惡則已緩矣是以雖有以前知其惡而終無所毀也

講 夫子見當時之人以愛憎為毀譽而是非之直道不明故言曰天下本有是非而人多徇其好惡吾之於人也有惡未嘗不稱於誰稱之損其真而有毀有善未嘗不揚於誰揚之過其實而有譽即如有所譽者其必或於其天資或於其志向有所試焉而知其將來之能然矣譽且不敢輕有而況於毀乎信乎吾之無毀譽也

○**斯民也三代之所以直道而行也**三代以直道行賞罰夫子以直道行是非正作春秋意

註 斯民者今此之民也三代夏商周也直道無私曲也言吾之所以無所毀譽者蓋以此民即三代之時所以善其善惡其惡而無所私曲之民故我今亦不得而枉其是非之實也○尹氏曰孔子之於人也豈有意於毀譽之哉其所以譽

天寶書局精校藏板

者也○周禮春官有大史小史內史外史御史凡五官○曲禮曰史載筆大事書之於策小事簡牘而已○周之列國各有史官書事記言以裁訓典不虛美不隱惡善以勸世惡以示後所以暴露成敗昭彰是非者也

闕文

公羊高曰文則闕其疑信史也○按春秋盟密夏五紀事未全甲戌己丑承訛不改皆以疑傳疑也

君而言夫子只是法三代三代只是因民心所以二字意味正指民心本直耳註中時字連三代君卿大夫士都在內

吾猶全旨

此章傷人心不古意吾猶及貫二句今字正與吾猶及緊應要見傷時悼俗儆人以崇忠厚之意朝有信史則是非明野有淳風則禮教著只此二事今復無之語氣多少感慨

巧言全旨

此章為聽言謀事者發分兩平看能知言則不至亂德能養氣則不至亂謀註婦人之仁不能忍決匹夫之勇不能忍耐

衆惡全旨

此章見好惡不可徇衆衆與公不同公以心言衆以迹言察非察衆言察其本人可好可惡之實也得其實則從衆非徇即違衆亦非矯然要必我無私心乃能察故註歸之仁者

人能全旨

此章專以道責成於人也人兼聖凡言弘兼安勉言弘字中地步不同人作得一步道弘了一步體於身而有

之者蓋試而知其美故也斯民也三代所以直道而行豈得容私於其間哉【講】然吾之所以無毀譽者何哉蓋以今斯之民也善則從而好之無有作好惡則從而惡之無有作惡即三代之時所以善其善惡其惡直道而行之民也是世變雖殊而直道猶在吾亦安得枉其是非之實而妄有所毀譽於其間哉【補】朱子曰此緊要在所以字上民是指今日之民即三代之民三代蓋以是直道行之於民今亦當以直道行之於民三代之於民善善惡惡而無所私曲三代之無毀譽也吾之於人誰毀誰譽吾之善善惡惡而無所私曲直道而行也映帶當如此

○**子曰吾猶及史之闕文也**（猶及是尚及見史是作史策的官闕文是有疑則空闕其文以俟從之知者）**有馬者借人乘之**（借人乘是與人共乘此皆人心近古處）**今亡矣夫**（亡作無是無上二事矣夫二字寓傷歎意）【註】楊氏曰史闕文馬借人此二事孔子猶及見之今亡矣夫悼時之益偷也愚謂此必有為而言蓋雖細故而時變之大者可知矣○胡氏曰此章義疑不可強解【講】夫子傷時之意曰欲觀世道之盛衰則觀其習俗之澆澆而可知已吾生之初人心雖已不古然猶及見夫史之闕文也而不挾己見以自是有馬者借人乘之而不挾所有以自私是猶有忠厚之遺意焉而今則亡矣夫時之益偷為何如哉

○**子曰巧言亂德**（巧言屬人亂是炫亂）**小不忍則亂大謀**（小不忍屬己亂是敗亂）【註】巧言變亂是非聽之使人喪其所守小不忍如婦人之仁匹夫之勇皆是【講】夫子儆人曰是非本有定理彼巧言者以非為是以是為非使聽者失其所守是亂德也有忍乃克有濟若小不忍者或以姑息為仁或以矜氣為勇則大事去矣是亂大謀也世之聽言謀事者可不知所遠與知所戒哉

○**子曰衆惡之**（之字指人言）**必察焉**（是察其可惡之實）**衆好之必察焉**（是察其可好之實）【註】楊氏曰惟仁者能好惡人衆好惡之而不察則或蔽於私矣【講】夫子示人好惡當察意曰好惡出於衆似乎公矣然所惡中寧無特立獨行而不合流俗者乎是衆惡未必當也君子必加察焉所好中寧無同流合汙而取悅流俗者乎是衆好未必當也君子必加察焉若是則惡與好皆當而無失矣【補】胡氏曰察者詳審之謂非謂衆人之好惡皆非也特恐其或蔽於私故加詳審焉

○**子曰人能弘道**（人指人之心言弘只是滿道之分量意重能字）**非道弘人**（是反言以足上句意）【註】弘廓而大之也人外無道道外無人然人心有覺而道體無為故人能大其道道不能大其人也○張子曰心能盡性人能弘道也性不能檢其心非道弘人也【講】夫子責人體道曰人之與道本不相離也然人能加致知力行之功推之至於神化之極以弘

光輝發越之盛推於人而有盛大流行之妙充之以至天地位萬物育皆是人能處皆是弘道處下反足一句重加鞭策

過而全旨

此章深責不能改過者之辭註補能改復於無過一層不重只重不改是過深責人之改之也註復下不及改句何等緊切

吾嘗全旨

此章教人思不可廢學非教人廢思也首二句須從別人身上說來吾嘗二字方醒蓋思只懸空想像終無實獲學則致知力行勉勉循循優游涵泳而自得之此學字已兼思言矣

謀道全旨

此章見君子純心之學君子之學只是謀道更不謀食而祿却在其中然祿在其中者理固如此而君子之心則是憂道而學非是為憂貧而欲為學以得祿也須如此作三折看陳氏謂憂道自必去謀道不憂貧又安得謀食纔首句方緊

知及章旨

此章言修德之全功也知及而能仁守是德之大本莊涖以及動禮是德之小節分一頭兩脚看又須逐節進

大其道非道能致人之知異人之行使充之及於神化而弘大其人也觀此則弘道之功可不專其責於己而徒諉於道哉【補】王觀濤曰弘是滿其本然之量非道本小待人弘大之也如知知得盡行得到便是弘了大其人者如為聖為賢之類若論成功之後道豈不能大其人此以用功言也

○**子曰過而不改**過是無心失理處不改是畏難苟安而憚於改**是謂過矣**此過字就有心遂非以成其過言【註】過而能改則復於無過唯不改則其過遂成而將不及改矣【講】夫子勉人改過意曰人有過須急改若過而不能改則無心之差反為有心之失是謂過矣然則改過不吝豈非人之所貴哉【補】王觀濤曰是謂口氣甚急正要人急改非謂能改遂不妨於過也

○**子曰吾嘗終日不食終夜不寢**終日終夜是久不食不寢是專**以思**是心中探想此理**無益**是無所得於心**不如學也**不如字不是廢思即以其思者學也【註】此為思而不學者言之蓋勞心以必求不如遜志而自得也李氏曰夫子非思而不學者特垂訓以教人爾【講】夫子因人有思而不學者故言此以勉人曰吾以天下之理不思則不得固嘗終日不暇食終夜不暇寢以盡夫思索之功宜乎其有益矣然懸空思索不免危殆無益於己不如以所思者驗之於學循習事功以求合乎理之為有實得也學其可以已哉徒思者可以返矣

○**子曰君子謀道不謀食**謀以事言謀是憂的工夫食字與下祿字相關**耕也餒在其中矣**耕是謀食餒在其中本歲不熟來此句輕只形起下句**學也祿在其中矣**學即謀道祿在其中有不求而自得意然此亦論其理**君子憂道不憂貧**憂以心言憂是謀的主意【註】耕所以謀食而未必得食學所以謀道而祿在其中然其學也憂不得乎道而已非為憂貧之故而欲為是以得祿也○尹氏曰君子治其本而不恤其末豈以在外者為憂樂哉【講】夫子示學者專於求道意曰道以養心食以養身均之不可闕也乃君子則汲汲然謀道乎道而已初不謀得乎食也然食之得不得亦不係乎謀不謀如耕本以謀食也而歲有豐歉餒或在其耕之中矣學本以謀道也而學至君求祿即在其學之中矣夫學固可以得祿若君子之用心惟憂不得乎道豈為憂貧之故而欲為學以得祿哉惟其憂道此謀道之功所以先也惟不憂貧此謀食之計所以後也君子之純心於學如此

一步說欲人由己至而求其未至蓋德愈全而責愈備也須會朱子以仁為主之意

知及節旨

此節重仁守知是學之起手處仁守關頭甚難故本文加一能字仁不能守之猶云不能仁以守之也

不莊節旨

此節重莊涖學合內外交修者也不莊涖則無威儀亦是心體放逸處

莊以節旨

此節重動禮學合人己兼盡者也動禮乃三代化民成俗中事蓋到莊涖則君身已全在規矩準繩之中故此禮字專屬民身上動民不以禮是猶於王道之極至處有欠缺也

君子全旨

此章君子小人只在器量材具大小上論不在人品心術邪正上論大受小知俱以事功言不可小知註下未必二字以君子或有不遺夫小者但能之不足為長不能不足為短惟大受方見君子可大受最重此小人乃小有才之人可小知亦有器使之意通章語雖兩平宜重君子邊

○子曰知及之知及是智識之所及此節之字俱指理言仁不能守之仁以無私欲言不曰行而曰守者守比行為深也行是踐其所知守是行之有得者守是持之不失雖得之是知及之所得者必失之是仁不能守則所得者不為我有也

註 知足以知此理而私欲間之則無以有之於身矣

講 夫子以全德望天下而詳致其責備之意曰為學貴有全功必內外本末兼修然後為至如修己治人之理其知既足以及之而見於行矣然為私欲所間而仁不能守之則雖有得之於心亦終不為己有而必失之矣此知及者必貴守之以仁也

○知及之仁能守之此二句輕只綴上語以起下意不莊以涖之莊是容貌端嚴此之字指民言則民不敬不敬是慢易玩忽之意

註 涖臨也謂臨民也知此理而無私欲以間之則所知者在我而不失矣然猶有不莊者蓋氣習之偏或有厚於內而不嚴於外者是以民不見其可畏而慢易之下句放此

講 若知足以及之仁又能守之則理得於心而大本立矣然於臨民之際不能端莊以涖之則衣冠不正瞻視不尊民將慢易而不敬矣此知及仁守者又當涖民以莊也

○知及之仁能守之莊以涖之此三句輕亦綴上語以起下意動之不以禮動是教民的意之字亦指民言禮字歸在民身上說未善也未善是天德未純非學問之全功

註 動之動民也猶曰鼓舞而作興之云爾禮謂義理之節文○愚謂學至於仁則善有諸己而大本立矣涖之不莊動之不以禮乃其氣稟學問之小疵然亦非盡善之道也故夫子歷言之使知德愈全則責愈備不可以為小節而忽之也

講 若知及之仁能守之又莊以涖之則身心之間舉無愧矣然見諸行事動作斯民者不以義理節文之禮則禮讓未臻能使民敬不能使民化其道猶未至於盡善也此知及仁守莊涖者又貴動民以禮也是可見君子之學德愈全而責愈備遂所至而益求其全則幾矣

補 朱子曰動字不是感動之動是使民的意思謂如使民去作這件事亦有禮是使之以禮下梢禮字歸在民身上

○子曰君子不可小知小如兵形錢穀之事知字當觀字看而可大受也受是承受大如經邦定國之猷小人不可大受而可小知也反對君子看

註 此言觀人之法知我知之也受彼所受也蓋君子於細事未必可觀而材德足以任重小人雖器量淺狹而未必無一長可取

講 夫子論觀人之法曰君子小人人品不同而材器自異君子之志願高遠不屑於細務不可以小事知其為人然其材德宏深足任天下之重而可以大者為彼所承受也若小人之器量淺狹雖語於宏圖不可以大者為彼所承受然其偏端末節未必一無所長而可以小者知其為人也觀人者大用乎君子而不輕棄乎小人則得矣

補 此非以材德分大小大兼材德言小者特技藝之末耳君子言材德小人言器量者言材德方接得任重字言器量方接得淺狹字

民之全旨

此章勉人為仁意上二句以緩急較之見其當勉下二句以利害較之益見其當勉專為喚醒愚民故就生死上說註甚於水火有二意外物孰如在己失心重於害身未見蹈仁而死亦據常理言若殺身成仁雖死猶生又當別論

○子曰民之於仁也民作人字看仁以心德之理言甚於水火言仁比水火為尤切有在己重於在外失心重於害身意水火吾見蹈而死者矣蹈以身履之也蹈水火而死如水溺火焚是也未見蹈仁而死者也仁則無往不利隨遇皆安故未見蹈仁而死

註 民之於水火所賴以生不可一日無其於仁也亦然但水火外物而仁在己無水火不過害人之身而不仁則失其心是仁有甚於水火而尤不可以一日無者也況水火或有時而殺人仁則未嘗殺人亦何憚而不為哉李氏曰此夫子勉人為仁之語下章放此

講 夫子勉人為仁曰人之不用力於仁者豈以仁為不甚切於人哉試觀之水火焉民賴水火以生亦賴仁以生皆不可一日無者然水火屬外物而仁屬性理無水火不過害身無仁則害心是民之於仁也尤甚於水火矣況水火雖能生人亦能殺人吾見蹈水火而死者矣若仁則立命之理隨遇而安未見有蹈仁而死者也人亦何憚而不為仁哉

補 此章為凡民不知仁而憚於為者發下章為學者粗知仁而不勇於為者發

當仁全旨

此章因為仁不勇者發重一當字既當仁自不可讓不讓於師是責成語不曰讓父兄而曰讓師蓋師乃己所推服而素讓者也顏之請事曾之仁為己任便是當仁不讓胡氏曰當字大有力量不弘者當不起不毅者當不去

○子曰當仁不讓於師當是擔當不讓於師只極形其當仁之勇

註 當仁以仁為己任也雖師亦無所遜言當勇往而必為也蓋仁者人所自有而自為之非有爭也何遜之有○程子曰為仁在己無所與遜若善名在外則不可不遜

講 夫子勉人勇於為仁意曰人皆有仁而為之不勇者豈為仁猶有可讓之功耶吾以為語天下之當讓者必曰師矣若夫以仁為己任則本吾所自有之理而盡吾所自致之功非爭於彼而先之也雖師亦何以讓哉至於師亦無所讓則天下復有可讓者乎彼夫莫之讓而不為者其亦不思而已矣

補 朱子曰此仁字是指大處難做處說須著力擔當不可說自做不得讓之他人也

君子全旨

此章示人以應事之則度義既精不期固而自固者貞也不擇邪正惟知必信而不易者諒也只重貞字不諒即在貞處見貞由格物致知來

○子曰君子貞而不諒貞與諒皆是固守分別全在正不正上貞從精察來

註 貞正而固也諒則不擇是非而必於信

講 夫子以信理表君子意曰人之守一也有見於理之正而守之者為貞無見於理之正而執一者為諒貞與諒相似而實則大異矣惟君子於事之所在實見其是非之正而固守之不變如是其貞焉已耳何嘗不擇是非有所偏主而諒哉人亦當以君子為法也

補 蔣畏庵曰貞諒都是固只爭個信理信心此與辨和同驕泰相似言君子是貞不是諒

事君全旨

此章示人以純心事君之道重在敬事上但看敬字何等專一食自不期後而後矣後乃全不計較正純其心

○子曰事君敬其事敬是兢業小心事即官守言責之事而後其食後是委質在後不計較他

註 後與後獲之後同食祿也君子之仕也有官守者修其職有言責者盡其忠皆以敬吾之事而已不可先有求祿之心也

講 夫子表純臣之心曰臣之事君修職盡忠惟以敬吾所當為之事而已至於食以養廉雖分之所當得亦付之無心而後其食

師冕

師冕魯樂師瞽者也古者樂師皆用瞽以其廢視而聽專且令天下無廢人也

相師

周禮春官有大師小師瞽矇三百八眡瞭三百人眡瞭掌太師之懸凡樂事相瞽註瞽矇作樂眡瞭扶之眡視

於敬事處

有教全旨

此章見君子大道為公隨材造就之意有無二字相應人之有類為無教也有教則無類矣教思不分類在先教力能化類在後

道不全旨

此章為不慎所謀者發謀有相濟相成之意註雖兼善惡邪正重善不與惡謀正不與邪謀邊當擇人而謀在言外

辭達全旨

此章為求工於辭章者發辭兼明德經世之辭惟達理者辭能達意達意之外而過求之非以繁多為富則以華美為麗正理反為所蔽本意反以不達矣達之一字命辭之法也

師冕章旨

此章見聖人於不成人之自然處自然處即道也遇師即有相師之道推之老安少懷莫不皆然

師冕節旨

師冕亦有相但夫子於不成人不覺隨處指點子告之曰十字作一句讀是攝記之辭不可又託口氣

冕出節旨

與師言之一句道與又一句是意其必出於道也

曰然節旨

然者已言是道矣何又有下句蓋夫

馬不然豈所以語於純臣之道哉

○子曰有教無類類謂氣有清濁習有邪正無類自教者立心言註人性皆善而其類有善惡之殊者氣習之染也故君子有教則人皆可以復於善而不當復論其類之惡矣講夫子明立教之公心曰人性染於氣習因有善惡之類然君子有教惟欲使人皆復於善而後已賢智者抑而教之愚不肖者引而教之何嘗分類於其間哉蓋大公之心如此

○子曰道不同道猶路也指趨向說註善惡以君子小人言邪正以吾道異端言不相為謀謀是商度協贊意註不同如善惡邪正之類講夫子示人當慎所與謀意曰人惟同道而後能同謀也苟人品有善惡之異學術有邪正之殊而道不同則趨向異致而議論乖方彼此自不能相為謀以成共濟之功矣欲謀事者當擇夫道之同而後可也

○子曰辭達而已矣辭是文辭凡訓詁者述皆是達主達意說已止也見不必更求富麗意註辭取達意而止不以富麗為工講夫子示人以修辭之法曰今之修辭者類皆以富麗為工矣自我言之辭何為也為意之不可見而託諸辭以達之也故修辭者意之未達固言乎其所不得不言意之既達則當止乎其所不得不止蓋因意而為辭者則亦意達而辭盡矣何必以富麗為工哉修辭者當知所法矣

○師冕見是來見於夫子及階及至也階是階級子曰階也使知所升也及席度是所坐之度子曰席也使知所坐也皆坐兼師冕與衆人言子告之曰某在斯某在斯使知所敬而與言也註師樂師瞽者冕名再言某在斯歷舉在坐之人以詔之講昔夫子正樂之功行於魯時有樂師名冕者亦慕夫子而請見焉夫子迎之方其行而及階夫子則曰此階也欲其知所升也迨其及席夫子則曰此席也欲其知所就也及衆人皆就席而坐夫子則歷舉在坐之人以告之曰某也在斯某也在斯欲其知所與言而無失人也夫子與師言者如此

○師冕出出是既見成禮而出子張問曰與師言之道與言即上文詔告之言道乃當然之理與是問辭註聖門學者於夫子之一言一動無不存心省察如此講及師冕既出子張因而問曰夫子之於師冕隨其地隨其人而必言之詳者是乃道之所在與

○子曰然然是然其道之所在固相師之道也此固古人相師之道吾特因其道行之耳註相助也古者瞽必有相其道如此蓋聖人於此非作意而為之但盡其道而已○尹氏曰聖人處己為人其心一致無不盡其誠故也有志於學者求聖人之心於斯亦可見矣范氏曰聖人不侮鰥寡不虐無告可見於此推之天下

同

顓臾　春秋傳曰顓臾風姓也實司太皥與有濟之祀註云伏羲之後在泰山南武陽縣之東北

東蒙　地理志蒙山在泰山郡蒙陰縣西南有祠顓臾國在蒙山下今沂州費縣也

周任　周任商太史蓋立言人也一云周大夫○左傳引周任之言矣隱公六年周任有言曰為國家者見惡如農夫之務去草焉芟夷薀崇之絕其

子嫌以無住非道自處故又曰固相師之道也玩一固字見道本當如此我但盡其道耳

季氏章旨　此章以大義阻權臣伐國之謀首句是案下分三段看前又重昔者一節正言伐顓臾之非已斷盡了中三節因冉有歸過季氏而責其過之無可辭後六節因冉有以憂文季氏之過而責其憂之非所急

季氏節旨　此句是書法以大夫擅伐附庸無魯幷無周也一將字尚屬未然

冉有節旨　季氏雖已無君而由求尚知有師故來見子路長而記在後明是側重求上曰有事者掩護之辭

孔子節旨　求與謀較多故專責之

夫顓節旨　提出先王二字把天下大名分壓倒他邦域二句俱根先王來論先王之封建是理不可伐且在域中勢又不必伐況為公臣又非季氏之分所當伐且字是字相承轉下不平對

夫子節旨　此處二欲字且虛只言要伐顓臾不要伐顓臾耳曰吾二臣幷牽扯子路

無一物不得其所矣【講】夫子答之曰然道之所在也古者瞽必有相我之與師言者固相師之道不足異也子又何疑哉即此而推可見道無往而不存而聖人動靜語默亦無往而非道矣【補】非道在而夫子有心盡之只是至誠惻怛動於自然而不自知耳

季氏第十六

洪氏曰此篇或以為齊論凡十四章

○季氏將伐顓臾　將是謀已成而事猶未發伐者征有罪之名【註】顓臾國名魯附庸也【講】季氏將伐顓臾以自益事雖未行而謀則已定矣

○冉有季路見於孔子曰　見於孔子是心亦有所不安也　季氏將有事於顓臾　有事言以伐顓臾為事【註】按左傳史記二子事季氏不同時此云爾者疑子路嘗從孔子自衛反魯再事季氏不久而復之衛也【講】時冉有季路仕於季氏之家相與見於孔子曰季氏將興兵以有事於顓臾蓋欲微探其可否也

○孔子曰求　一呼求而責之　無乃爾是過與　爾指冉有過是與謀之過【註】冉求為季氏聚斂尤用事故夫子獨責之【講】孔子以由求雖同仕季氏而求尤用事故獨責之曰求顓臾之伐無乃爾之將順是謀以成其過與

○夫顓臾　三字是提起語　昔者先王　先王指成王說　以為東蒙主　是封他主此山之祭　且在邦域之中矣　言顓臾為魯屬國在魯邦封疆界域中　是社稷之臣也　言顓臾為魯公家之臣見不是季氏私屬　何以伐為　總承上三句不可伐不必伐不當伐說【註】東蒙山名先王封顓臾於此山之下使主其祭在魯地七百里之中社稷猶云公家是時四分魯國季氏取其二孟孫叔孫各有其一獨附庸之國尚為公臣季氏又欲取以自益故孔子言顓臾乃先王封國則不可伐在邦域之中則不必伐是社稷之臣則非季氏所當伐也此事理之至當不易之定體而一言盡其曲折如此非聖人不能也【講】且爾亦知夫顓臾乎夫顓臾之為國也昔者周先王封之於東蒙山之下使主此山之祭則其立國有自來而非私封者比矣且近在魯七百里之內而處於邦域之中則非敵國外患者比矣又附庸於魯是社稷之臣則非季氏所得而予奪者比矣夫先王封國則不可伐在邦域中則不必伐社稷之臣尤非季氏所當伐季氏將以何名伐之哉此吾不暇為季氏責而深為爾責也

○冉有曰夫子欲之　欲是心中要如此　吾二臣者　二臣指己與由　皆不欲也　不欲是不欲伐顓臾【註】夫子指季孫冉有實與謀以夫子非之故歸咎於季氏【講】冉有乃歸咎於季氏曰顓臾之伐乃夫子所心欲之吾與由二臣者雖仕其家皆不欲其有此舉也但力不能救之耳

○孔子曰求　再呼

天寶書局精校藏板

本根勿使能殖則善者伸矣昭公五年周任有言曰為政者不賞私勞不罰私怨

兕 兕一角毛青重千觔兕有水兕有山兕善抵觸故先王以角為罰爵示戒也山經圖贊云兕惟壯獸似牛青黑力無不傾自焚以華皮充武備角助文德

龜 甲蟲三百六十而神龜為之長龜所以卜天子龜尺二寸諸侯八寸大夫六寸士民四寸

周任節旨 通節俱周任言上二句就臣說是正意下三句借相瞽反言持危扶顛即陳力之義引意在盡職上

且爾節旨 此用且字跌進一層見不得不任其責意首句過字是斥其言與前後兩過字不同虎兕出柙喻季氏踰越人臣之法紀龜玉毀櫝喻季氏顛覆王府之典章誰之過正與前爾是過相應

今夫節旨 此又冉有為季氏解乃所以自解也今字正對昔者一段固而又近有堅壘既足我老之師逼勢又易乘我之隙意下一取字飾上伐字一憂字并沒上欲字

君子節旨 本節一句直下語氣甚狠欲之指季氏舍曰為辭則指求也此欲字較實辭字即上節語註利字謂土地人民

丘也節旨 聞字重本先王之制來不必硬作成語看即如蓋聞嘗聞之例也有國有家已自不貧不寡貧寡特因患而見耳故曰不患下三句著一蓋字只是申明上意比上添出和傾二字者論

求而責之 **周任有言曰陳力就列** 陳力是布其匡救之力就列是就居人臣之位 **不能者止** 不能陳力則止而不就列 **危而不持** 危是未至顛仆故持而安置之 **顛而不扶** 顛是已顛仆矣須扶而振起之皆就相瞽者說 **則將焉用彼相矣** 焉用言相失其職也 【註】周任古之良史陳布也列位也相瞽者之相也言二子不欲則當諫諫而不聽則當去也 【講】夫子因其諉過於季氏又責之曰求爾為季氏之臣安得辭其責哉古之周任嘗有言曰為人臣者能布其匡救之力然後立人本朝而就人臣之列若不能陳力則止而不容復就其列譬如瞽之有相本為持危扶顛計也若夫危焉而不持顛焉而不扶則將焉用彼相矣然則為臣而不能盡力則亦何用彼之就列為哉周任之言如如今爾既不欲則當諫諫不聽則當去不然亦將焉用爾為哉 ○ **且爾言過矣** 爾言指二臣不欲之言過失也 **虎兕出於柙** 出是走出柙是所以監收虎兕者 **龜玉毀於櫝中** 毀是壞櫝是所以藏龜玉者出柙毀櫝照季氏伐顓臾看 **是誰之過與** 是字指上虎兕二句說誰之過是反詰其過之不能辭也照由求失職亦不能辭其責意 【註】兕野牛也柙檻也櫝匱也言在柙而逸在櫝而毀典守者不得辭其過明二子居其位而不去則季氏之惡已不得不任其責也 【講】且爾謂二臣皆不欲此言過矣虎兕不在山而逸而出於柙龜玉不在外而毀而毀於櫝中是非典守者之過而誰之過與今爾居其位而不去則季氏之典守者也季氏有過爾安能辭其責哉 ○ **冉有曰今夫顓臾** 今字對上昔字言今之顓臾非昔之顓臾 **固而近於費** 固是勁敵近又切禍 **今不取** 今指季氏兵力盛時 **後世必為子孫憂** 以此不得不取此為季氏飾辭 【註】固謂城郭完固費季氏之私邑此則冉求之飾辭然亦可見其實與季氏之謀矣 【講】冉有至此知其責之不容逃也乃為季氏飾辭曰顓臾之伐非得已也今夫顓臾城郭完固而且近於費邑固則在彼有可恃之勢近則在我有侵淩之虞若今不乘時以取之以至於後世則必有受其害者寧不為季氏子孫憂乎故不得已而伐之也觀於此言求之與謀彰矣 ○ **孔子曰求** 三呼求而責之 **君子疾夫舍曰欲之而必為之辭** 作一句讀疾是深惡泛說君子所疾如此責求在言外 【註】欲之謂貪其利 【講】孔子又責之曰求季氏伐顓臾本貪其利而子曰乃為子孫憂是特以諱季氏之過耳不知君子深疾夫舍其貪利不言而必為之飾辭以文其過也今求之所云其能免君子之疾哉 ○ **丘也聞有國有家者** 聞是聞於古有國以諸侯言暗指魯君有家以大夫言暗指季氏 **不患寡而患不均不患貧而患不安** 四患字俱從憂字說來 **蓋均無貧和無寡安無**

國家之福由和而生究國家之禍以傾為極故併言之要歸重在均字惟均則和惟均和則安自一串事無貧無寡無傾文法錯綜應上融洽為妙

大旨雖君臣並講然尤責在臣方是對針季氏語

夫如節旨

滙參云內治在上節為均和安在本節即文德非均安之外別有所謂文德也但在氣象事業上說則是載均安之德有以文之者耳故遠人以上無遠人必服一層玩夫字故字則字緊承上文一直趕下可見

今由節旨

此下方就伐顓臾說今字對聞字皆反上二節而言顓臾在魯邦域中以不屬季氏故亦曰遠人分崩以土地之割據離析言以情分之不屬言不能來不能守雖是平說卻側重不能守以起下蕭牆之憂正一步緊一步又兩不能與不能者止句相應

而謀節旨

此節因其為子孫憂之言而及之乃論其理如此是通章結穴處

分崩離析

昭公五年季氏舍中軍四分公室季氏擇二三子各一皆盡征之而貢於公定公五年陽虎囚季桓子八年陽虎欲去三桓冬十月將享季氏於蒲圃而殺之不克脫甲如公宮取寶玉大弓以出入於讙陽關以叛

干戈

干以自衛戈以敵人周書曰稱爾戈比爾干

蕭牆

蕭牆在門內鄭云蕭肅也牆謂屛也君臣相見之禮至屛而加

傾蓋字承上推原之辭重均字串下與不患二句參差相應【註】寡謂民少貧謂財乏均謂各得其分安謂上下相安季氏之欲取顓臾患寡與貧耳然是時季氏據國而魯公無民則不均矣君弱臣強互生嫌隙則不安矣均則不患於寡而和和則不患於寡而安安則不相疑忌而無傾覆之患【講】且季氏之欲取顓臾非為子孫憂也不過患寡與貧耳丘也嘗聞諸侯有國大夫有家者不患人民之寡而患上下之分不均不患財用之貧而患上下之情不安何也蓋人民財用自有定分惟均則即其分地而君臣各有所入自無貧也既均而和則即其分民而君臣各有所統自無寡也既和而安則君臣相合而疑忌不生君可長保其國臣可永保其家自無傾覆之患矣此有國家者所以不患寡而患不均不患貧而患不安也

○**夫如是**指上均無貧三句說**故遠人不服**遠人泛說不服如聘問之使不通事大之禮不盡皆是**則修文德以來之**文德指禮樂教化說對武備看此來字是招來**既來之**此來字即來賓服意非來居此地也**則安之**安是處置有道所謂不強其難不易其俗也【註】內治修然後遠人服有不服則修德以來之亦不當勤兵於遠【講】夫均無貧和無寡安無傾如是則知遠人服在內治修矣故遠人或有不服則修其文德以招來之不勤兵也及其既來之則撫恤以安之不利其土地人民也所關於有國有家者其道如此

○**今由與求也**至此方並由責之**相夫子**是輔相季氏**遠人不服而不能來也**是不能相以修文德**邦分崩離析而不能守也**是不能相以求均安【註】子路雖不與謀而素不能輔之以義亦不得為無罪故並責之遠人謂顓臾分崩離析謂四分公室家臣屢叛【講】此正季氏之所當為子孫計亦由求之所當為季氏計者也今由之與求也共相季氏夫子外而遠人不服而不能修文德以懷來之也內而邦分崩離析而不能修內治以使之均和安也誠異乎吾所聞矣

○**而謀動干戈於邦內**興兵以伐顓臾是動干戈也邦內指魯國之中言**吾恐季孫之憂**憂字承子孫之憂來**不在顓臾**言憂不在遠也**而在蕭牆之內也**此言憂在至近也正指不均不和內變將作言【註】干楯也戈戟也蕭牆屛也言不均不和內變將作其後哀公果欲以越伐魯而去季氏 ○ 謝氏曰當是時三家強公室弱冉求又欲伐顓臾以附益之夫子所以深罪之為其瘠魯以肥三家也洪氏曰二子仕於季氏凡季氏所欲為必以告於夫子則因夫子之言而救止者宜亦多矣伐顓臾之事不見於經傳其以夫子之言而止也與【講】顧乃興無名之師而謀動干盾戈戟於邦內之顓臾焉爾言為子孫憂吾恐其不均不和內變將作季孫之憂不在於顓臾之遠而在蕭牆至近之內也舍近而求遠貪外而遺內在季孫固非善為謀而由與求亦焉能辭其責哉【附考】哀公二十七年公患三桓之侈欲以諸侯去之三桓亦患公之妄故君臣多閒公欲以越伐魯而去三桓秋八月公如公孫有陘氏因孫於邾乃遂如越

天寶書局精校藏板

肅敬也是以謂之蕭牆

禮樂征伐 王制云變禮易樂者爲不從不從者君流又曰諸侯賜弓矢然後征賜鈇鉞然後殺

周書曰四征弗庭謂四方征討不庭之國也○周禮大司馬以九伐之法正邦國馮弱犯寡則眚之賊賢害民則伐之暴內陵外則壇之野荒民散則削之負固不服則侵之賊殺其親則正之放弑其君則殘之犯令陵政則杜之外內亂鳥獸行則滅之

陪臣 吳氏曰陪重也大夫於天子家臣於諸侯皆稱

天下章旨 此章戒人主之失權從有道而及無道又因無道而思有道全是欲挽今而返古意

天下節旨 天下之勢因乎道有道是天子以道建極而臻修齊治平之極致者禮樂征伐自天子出蓋天子得其道則權綱在己而下莫敢干之也講首三句下須補勢可長久意轉出無道亦天子不能以道建極權乃下移耳三段疊說下去僭始於諸侯而大夫陪臣相因而起雖皆僭者之罪而天子正不得辭失馭之責

有道節旨 由無道而思有道有畢然高望意獨言政不在大夫者因當時列邦政自大夫出也齊則政由田氏魯則政由三家

庶人節旨 此亦因天下之政皆不免庶人之議而言也蓋庶人不能以權相制到庶人自無私議方是有道盡頭上

祿之全旨 此因前章自大夫出一段而言欲竊權者知所戒也曰祿去又曰政逮互言之也祿去公室政便在大夫但襄仲殺嫡立庶廢置由我大權雖失於上然猶強臣悍族更相竊弄故君之

○孔子曰天下有道 天下以一統言有道自君臣紀綱不紊亂上說 則禮樂征伐自天子出 禮樂是五禮六樂文教也征伐是四征九伐武功也自天子出是由天子一人專制意 天下無道 君弱臣強之時 則禮樂征伐自諸侯出 是禮樂征伐不由天子之制命意 自諸侯出 此句是過脈語 蓋十世希不失矣 蓋字大約之辭希少也失是喪其禮樂征伐之權於大夫 自大夫出 是效尤於諸侯而僭之 五世希不失矣 失是喪其禮樂征伐之權於陪臣 陪臣執國命 執是強據之義國命亦是禮樂征伐之權但是諸侯出則不復為天子之器只為侯國之事故曰國命 三世希不失矣 以逆理愈甚上決之 註 先王之制諸侯不得變禮樂專征伐陪臣家臣也逆理愈甚則其失之愈速大約世數不過如此 講 孔子戒失權者曰天下者勢而已勢在上則治勢在下則亂當天下有道之時則五禮六樂掌之宗伯四征九伐掌之司馬其權皆是天子出雖在諸侯不敢干也況下而大夫又下而陪臣乎若天下無道之時則禮樂征伐天子不能操其權而自諸侯出也自諸侯出則諸侯可以僭天子而大夫亦可以僭諸侯蓋十世希不失矣勢必為大夫所奪也自大夫出則大夫可以僭諸侯而陪臣亦可以僭大夫五世希不失矣勢必為陪臣所奪也至於陪臣得以執禮樂征伐之國命則逆理愈甚三世希不失矣然此亦在無道之世則然耳○天下有道則政不在大夫 政指禮樂征伐獨言大夫者上該諸侯下該陪臣也 註 言不得專征 講 如使天下有道則禮樂征伐之政既不在諸侯自不在大夫矣大夫且然而陪臣可知矣○天下有道則庶人不議 議是議禮樂征伐之失當 註 上無失政則下無私議非箝其口使不敢言也○此章通論天下之勢 講 天下有道則禮樂征伐之權皆出自天子上無失政而庶人不敢有私議矣庶人且然則庶人而上又可知矣此皆有道之世則然也而今安可得乎哉 補 陳止齋曰此章備春秋之始終禮樂征伐自天子出是春秋以前時節自諸侯出隱桓莊閔僖文之春秋也自大夫出宣成襄昭之春秋也陪臣執國命定哀之春秋也孔子作春秋正欲反其在大夫者以歸之天子自附於庶人之議云耳

○孔子曰祿之去公室 祿指賦稅言去離也公室指公家 五世矣 五世自君言之 政逮於大夫 政賞罰號令之類 四世矣 四世自臣言之 故夫三桓之子孫微矣 故夫二字承上說來微是衰微 註 魯自文公薨公子遂殺子赤立宣公而君失其政歷成襄昭定凡五公逮及也自季武子始專國政歷悼平桓子凡四世而為家臣陽虎所執三桓三家皆桓公之後此以前章之說推之而知其當然也○此章專論魯事疑與前章皆定公時語蘇氏

陪臣此家臣也

立宣公

左傳文公十八年文公二妃敬嬴生宣公敬嬴嬖而私事襄仲宣公長而屬諸襄仲襄仲欲立之叔仲不可仲見於齊侯而請之齊侯新立而欲親魯許之冬十月仲殺惡及視而立宣公夫人姜氏歸於齊大歸也將行哭而過市曰天乎仲為不道殺適立庶市人皆哭魯人謂之哀姜襄仲即公子遂惡即亦文公太子也

禮樂

樂記曰樂者為同禮者為異同則相親異則相敬樂勝則流禮勝則離合情飾貌者禮樂之事

失政雖自宣公而三桓之專政實自武子五世四世據其實也運下三矣字聲情嗚咽定公五年桓子為陽虎所執微自是實事微字雖未至於失而幾幾乎將失歎之也警之也

益者全旨

此章言取友之當慎乃損益之著於外者直者面折人過無所回護諒者制行篤實無少變易多聞者有所參定不膠偏見便辟者衣冠都雅日事標炫善柔者一味順從無所執守便佞者不諳道理口舌動人三益為常情所敬憚三損為常情所狎悅全在自己慎其所擇益矣有熏陶濡染日進而不自知意損矣有浸淫漸漬日退而不自知意

三樂全旨

此章言所樂之當慎乃損益之發於中者樂是情之所鍾最易移人損益關頭究只理欲二字聖人臚列出來正是要人自擇節禮樂則內有以養其莊敬和樂之實外有以善其威儀節奏之文道人善則悅慕勉從之意新多賢友則切磨箴規之義著賢友重在多字禮樂人善賢友一層節道多一層三樂字一層驕樂則不敬不和佚遊則忌人之善宴樂則憚親勝己故損益相反

曰禮樂征伐自諸侯出宜諸侯之強也而魯以失政政逮於大夫宜大夫之強也而三桓以微何也強生於安安生於上下之分定今諸侯大夫皆陵其上則無以令其下矣故皆不久而失之也 **講** 孔子論魯事曰我魯自文公薨殺子赤以立宣公國之貢賦不為公室所有祿之去也於今已五世矣宣公以後閱一世而季武子始專國政政逮於大夫於今已四世矣夫政出大夫而五世希不失故夫三桓之子孫當已微弱矣然則上下之分其可僭乎哉

○**孔子曰益者三友**益是有益於己者三友下各友字俱作交字看是我去友人**損者三友**損是有損於己者**友直**直在言上是直言不諱**友諒**諒在心上是誠一不二**友多聞**多聞在學上是博古通今**益矣**項上三項說**友便辟**便則辟之熟**友善柔**善則柔之工**友便佞**便則佞之巧**損矣**亦項上三項說 **註** 友直則聞其過友諒則進於誠友多聞則進於明便習熟也便辟謂習於威儀而不直善柔謂工於媚說而不諒便佞謂習於口語而無聞見之實三者損益正相反也○尹氏曰自天子以至於庶人未有不須友以成者而其損益有如是者可不謹哉 **講** 孔子示人取友之當擇曰君子取友凡以求益而去損也然友之於人未必皆有益而無損吾觀益者有三友也損者亦有三友焉何以見之如友乎直而忠告者友乎諒而信實者友乎多聞而該洽古今者將見有過必聞誠心日進知識日廣其為益大矣非三友之益乎若友乎便辟之習於威儀者友乎善柔之工於媚悅者友乎便佞之習於口語者則是過不得聞誠日以喪明無所資其為損大矣非三友之損乎然則去其損以就其益取友者安可以不慎哉 **補** 吳氏曰益者增其所未能損者壞其所本

有友道損益豈止於三夫子蓋略言之三樂亦然

○**孔子曰益者三樂損者三樂**樂是好樂以情言此二句且虛下正詳之**樂節禮樂**節節之也制度聲容本有節而我去節之兼內外說**樂道人之善**道是心慕口頌善字包得廣**樂多賢友**多是廣多賢友即直諒多聞之人**益矣**項上三項說**樂驕樂**以驕為樂指言動放縱於規矩之外**樂佚遊**以遊為安佚是不作事業只恁閒蕩**樂宴樂**以宴為樂如飲食聲色之類**損矣**亦項上三項說 **註** 節謂辨其制度聲容之節驕樂則侈肆而不知節佚遊則惰慢而惡聞善宴樂則淫溺而狎小人三者損益亦相反也○尹氏曰君子之於好惡可不謹哉 **講** 夫子示人好樂之當慎曰人情孰無好樂然情之所向而身心之損益係焉彼情出於天理之公而益者有三樂情出於人欲之私而損者有三樂何謂益樂節乎禮樂而辨其制度聲容樂道人之善而稱揚之不置樂多賢友而博取之無遺如是則禮樂之所陶淑善善之所感發多賢之所夾輔皆有以為身心之助其為益也大矣何謂損樂乎驕樂而侈肆放縱樂乎佚遊而情慢怠荒樂乎宴樂而淫溺玩狎如是則德壞於長傲善喪於志荒而且化於不善之與居皆有以為身心之

天寶書局精校藏板

也又曰大樂必易大禮必簡樂至則無怨禮至則不爭大樂與天地同和大禮與天地同節樂由天作禮以地制過制則亂過作則暴明於天地然後能興禮樂也又曰樂也者動於內者也禮也者動於外者也故禮主其減樂主其盈禮減而進以進為文樂盈而反以反為文禮減而不進則銷樂盈而不反則放

侍於全旨

此章戒侍君子者審慎言語之節侍君子是以卑承尊則語默皆聽命於君子而不得自由當以註時字作主躁者先時隱者後時瞽則不能相時上兩言字合君子與侍者概說下三言字屬侍者又隱字不可太看深三愆只無心失理之過惟其平日無治心修身之功而臨事又無審時識幾之智所以如此

三戒全旨

此章見君子定性之學全在以理御氣上三者皆常情所易犯君子正在常情易犯處著隄防也三戒自徹終身特隨時就其血氣易流而最甚者加意為戒不是空戒有豫禁之嚴制之而不敢犯意蓋惟少易動於慾戒色則以好德勝之惟壯好逞其强戒鬬則以好禮勝之惟老便身家念重戒得則以好義勝之

三畏章旨

此章見君子小人敬肆之別上節舉

害其為損也多矣是則出乎益則入於損可不慎所好樂哉

○孔子曰侍於君子有三愆侍是立於其側三愆是様三愆過言未及之而言是君子問意不在我語次不在我而我先言謂之躁躁是輕率可厭言及之而不言是君子問及於我語次亦在我而我不言謂之隱隱是韜晦可疑未見顏色而言是君子顏色未顧於我而我遽言謂之瞽瞽是借字謂其有口無目

【註】君子有德位之通稱愆過也瞽無目不能察言觀色○尹氏曰時然後言則無三者之過矣

【講】孔子論事上之禮曰人侍於有德位之君子既度吾之可言又度君子可以聽吾之言然後為無愆也或不之謹則有三者之愆如言未及於我時未可言也而遽言之是失於急迫而不遜謂之躁焉言既及於我時當言也而顧不言是失於藏匿而不宣謂之隱焉或時雖可言而君子之顏色不在於我則亦非可言之時也乃未見顏色而言是無察言觀色之明謂之瞽焉此三愆者皆人之所易犯也侍於君子者當知戒矣

【補】朱子曰聖人此言只是戒人言語以時不可妄發未說到養之之有素地位也

○孔子曰君子有三戒君子是以理制欲之人戒是禁止預防意少之時少指弱冠前後血氣未定未定是方動之時戒之在色色指女色及其壯也壯是三十歲時血氣方剛方剛正剛强也戒之在鬬鬬是爭鬬及其老也老是晚年血氣既衰既衰已衰微也戒之在得

【註】血氣形之所待以生者血陰而氣陽也得貪得也隨時知戒以理勝之則不為血氣所使也○范氏曰聖人同於人者血氣也異於人者志氣也血氣有時而衰志氣則無時而衰也少未定壯而剛老而衰者血氣也戒於色戒於鬬戒於得者志氣也君子養其志氣故不為血氣所動是以年彌高而德彌卲也

【講】孔子舉君子隨時制欲之功以示則曰血氣之盛衰皆足以役人而非主乎義理者不能以制之也乃君子則隨時知戒而防之未發者有三焉蓋方其少之時也血氣未定而欲動易流不知所戒則淫溺無不至矣君子則戒之在色使情欲不留焉及其壯也血氣方剛故勇銳好鬬不知所戒則犯難不知止矣君子則戒之在鬬而小忿必懲焉及其老也血氣既衰故志歉貪財不知所戒則營求無厭矣君子則戒之在得而見得思義焉君子隨時有此三戒者如此此所以不為血氣所使而終其身由於義理之正也

○孔子曰君子有三畏君子是循理之人畏天命天命即仁義禮智之天理指賦予之初言故曰命畏天命者惟恐失墜也存心養性

君子有三畏以為法下帶言小人無所畏以為戒重君子上以畏為主以天命貫

三畏節旨

首句且虛講下正言所畏之實三句辭平而意貫重畏天命上畏非空畏是兢兢戒懼實體之而不違也天命是大人聖言主腦故註用串解知字是畏字根苗故註照下節不知字補出

小人節旨

作三不畏看重不畏天命上不畏由於不知而狎與侮亦總跟不知天命來奉承大人而不循其法即是狎誦讀聖言而不佩其教即是侮

生而全旨

此章大意為困而不學者發須合外內註看重一學字夫子品第人之氣質有此四等不同生知者自不可以律人學知困學俱是次於上等非言其相遠乃言其相近也斯為字極有味不學斯為下能學則猶可進於上有警惕之意有企望之意

九思全旨

此章見君子思誠之學前六件是存心治身之要後三件是明理克己之功平日固當存養此心使常惺惺及至身心有感尤當臨時每事致思反求而得其理也君子終身恐不盡於九思此九者乃日用常行之要耳九

貌言

洪範五事一曰貌二曰言三曰視四曰聽五曰思貌曰恭言曰從視曰明聽曰聰思曰睿恭作肅從作乂明作哲聰作謀睿作聖

正畏天實事**畏大人**大人兼德位言是體天命之理以立極者畏之是師其德業**畏聖人之言**聖言如典謨訓誥之類是闡天命以垂訓者畏是佩其與言【註】畏者嚴憚之意也天命者天所賦之正理也知其可畏則其戒謹恐懼自有不能已者而付畀之重可以不失矣大人聖言皆天命所當畏知畏天命則不得不畏之矣【講】孔子示人知所畏意曰人心以有所畏而存以無所畏而弛乃若君子則有三畏焉天命者民彝物則之理君子知天命當畏也而畏之惟恐棄天褻天也大人是天命所存而行可法者君子知畏天命則必畏大人為之致敬盡禮也聖言是天命所發而言可則者君子知畏天命則必畏聖人之言為之篤信力行也此三畏者惟君子則然耳

○**小人不知天命**小人是背理之人不知二字係通章眼目**而不畏也**與君子反**狎大人侮聖人之言**狎侮總是不畏【註】侮戲玩也不知天命故不識義理而無所忌憚如此○尹氏曰三畏者修己之誠當然也小人不務修身誠己則何畏之有【講】若小人則不知天命賦畀之重故窮欲滅理而不畏也夫天命既不知畏故於大人亦以為不足憚且從而狎之矣於聖人之言亦以為不足法且從而侮之矣安能如君子之有三畏哉然則君子小人之異在一念敬肆之間而已矣【補】王觀濤曰上章三戒是遏欲此章三畏是存理

○**孔子曰生而知之者**生知是不待學問自然知此理三之字俱指理言二者字俱作人看**上也**上是上等氣質**學而知之者**學知是由學而知其理**次也**是氣質亞於上**困而學之**困學是激而學之以求通必百倍其功方知此理**又其次也**是氣質又亞於上**困而不學**此是甘於自暴自棄**民斯為下矣**下是下愚不移之人亦自氣質上說【註】困謂有所不通言人之氣質不同大約有此四等○楊氏曰生知學知以至困學雖其質不同然及其知之一也故君子惟學之為貴困而不學然後為下【講】孔子勉人務學以變化其氣質曰人之氣質亦有不同彼生而神靈不待於學而自能知此理者上也或生不能知必待於學而後知此理者次也或始也不知學必困心衡慮而後學此理者又其次也若夫困而不學冥然無覺悍然不顧如此之民斯為下矣學其可不知乎哉

○**孔子曰君子有九思**君子成德之人所思大要有九**視思明**即非禮勿視工夫**聽思聰**即非禮勿聽工夫**色思溫**溫是暴戾之色不形也**貌思恭**恭即惰慢之氣不設於身體也**言思忠**忠是心口如一之謂**事思敬**敬是主一無適之謂**疑思問**問是求解其惑**忿思難**忿是不甘於心思到難則自消釋矣**見得思義**見得是臨財之時思義是欲當於理【註】視無所蔽則明無不

千駟
諸侯六閑彼衛文公之騋牝三千齊景公之馬千駟三千則近於天子十二閑之數而千駟又過之是皆僭侈

思次序以視聽二句為綱九者不是雜然而思當這一件上思這一件思亦不是空思想作為就在其中又九前人止知補戒懼尤先有格致之功在

見善章旨
此章見人品不以潔身為高而以經世為大故夫子因已見而思未見重下節上節亦不輕

見善節旨
見善二句是述古語善不善事也不指人註真知不是解兩見字乃推原好惡之誠處先見而後聞疊而矣字神情已注下節

隱居節旨
隱居二句亦述古語道者用世之具志者志於此也二以字不虛猶云隱居非高尚正於此求志行義非功名正於此達道先聞而後見未字下換一也字有不勝慨慕願見意

景公章旨
此章聖人勉人修德意借景公夷齊作箇樣子有德者雖貧賤必彰無德者雖富貴不傳重醒世上不必呆斷優劣

景公節旨
死之日到於今正相對一則隨死而泯一則千載如生誰榮誰辱當下令人猛省餓於首陽與有馬千駟對只極言其貧耳到今稱之內互有上句

見聽無所壅則聽無不聞色見於面者貌舉身而言思問則疑不蓄思難則忿必懲思義則得不苟○程子曰九思各專其一謝氏曰未至於從容中道無時而不自省察也雖有不存焉者寡矣此之謂思誠

講 孔子示人以慎思之學曰人不可以不思亦不可以泛用其思乃若君子則有九者之思焉彼視之理尚其明而不明者物蔽之耳必思所以去其蔽而求明焉聽之理尚其聰而不聰者物壅之耳必思所以決其壅而求聰焉色之見於面者貴於溫也則思以去其忿戾之氣使溫焉而藹然其顏之輯也貌之形於身者貴乎恭也則思以遠其暴慢之習使恭焉而儼然其儀之正也言不可以不忠一出言必思其忠言如是心亦如是矣事不可以不敬一執事必思其敬事在是心亦在是矣最難釋者疑也於疑則思問焉不以未決之見而蓄天下之疑也至難平者忿也於忿則思難焉不以一朝之忿而貽莫大之悔也至於利之所得而裁之則有義也見得則思義之所在而無苟得焉此九者皆君子之所思也而作聖不患無基矣

○**孔子曰見善如不及** 是好善極其誠意 **見不善如探湯** 是惡惡極其誠意 **吾見其人矣** 其人指上好惡有誠之人 **吾聞其語矣** 其語指上好惡有誠之語

註 真知善惡而誠好惡之顏曾閔冉之徒蓋能之矣語蓋古語也

講 孔子有感於所見之殊故致慨曰見一事之善也而好之切有如不及惟恐不得乎善見一事之不善也而惡之嚴有如探湯惟恐或陷於惡其好惡之誠如此求之於今吾見其有此人矣考之於古吾聞其有此語矣所見符於所聞吾於是而知古今之未始不相及也豈不真可幸哉

○**隱居以求其志** 隱居是窮處而未仕求其志謂志在致君澤民則求其道守之於己 **行義以達其道** 行義是出仕而行君臣之義達其道謂以所志致君澤民之道達之天下 **吾聞其語矣** 其語指上出處得宜之語 **未見其人也** 其人指上出處得宜之人

註 求其志守其所達之道也達其道行其所求之志也蓋惟伊尹太公之流可以當之當時若顏子亦庶乎此然隱而未見又不幸而蚤死故夫子云然

講 時乎隱居則以求其所達之志而守吾道於一身時乎行義則以達其所求之道而行吾志於天下其體用之全如此稽之於古吾聞其有此此語矣質之於今未見其有此人也所聞不符於所見吾於是而歎古今人之不相及也豈不深可惜哉

補 學術不周於世用便非求志功名不本於性天便非達道

○**齊景公有馬千駟** 千駟是極言其富意 **死之日** 正人心思慕之時 **民無德而稱焉** 德以善行言稱是稱述 **伯夷叔齊** 孤竹君之二子 **餓於首陽之下** 餓是不食周粟飢餓而死 **民到于今稱之** 今指

而違禮者也
首陽
雷首山一名獨頭山夷齊所隱也山南有古冢陵栢蔚然攢茂俗謂之夷齊墓

德字在
誠不節旨
照前無德而稱則異字當以德言稱夷齊高節正以讓大利而不取也求仁得仁之異與詩辭相合
陳亢章旨
此章見聖人大公之心亢始終不能知之也夫子之教門人與教子各因所至而語之固非有心私其子亦非有心遠其子
陳亢節旨
私子人之常情疑聖人亦不免故用亦字
對曰節旨
未也句虛下二段皆發未有異聞之意兩獨立重看詩本人情該物理學之者事理通達則無昏塞之患其為敎溫柔敦厚學之者心氣和平則無急躁之失所以能言
他日節旨
首句要描寫又字禮有節文度數之詳學之者品節詳明則義精而莫之惑其為敎恭儉莊敬學之者德性堅定則守固而莫之搖所以能立
聞斯節旨
此總上二段言已所聞止此正與首未也相應
退而節旨
詩禮尚是因鯉言而有感遠子却是因無異聞而心悟亢喜自重遠子一

孔子時言稱之是稱其為義士賢人【註】駟四馬也首陽山名【講】昔齊景公有馬千駟之多其富如此宜乎有可稱矣而況身死之日正人心哀慕之時乎夫何君道有虧隨死而泯即死之日民無德而稱焉富之不足恃也如此伯夷叔齊恥食周粟餓於首陽之下其窮如此宜乎無可稱矣而況到今之時又歷世久遠之後乎然而芳聲益著雖死猶生民到於今稱之窮之不可忽也又如此

○**誠不以富亦祇以異**異是過人之行此二句是詩小雅我行其野之辭**其斯之謂與**斯即指景公夷齊說景公富而民不稱便見稱之者不在富夷齊貧而民稱之便見稱之者祇在異

【註】胡氏曰程子以為第十二篇錯簡誠不以富亦祇以異當在此章之首今詳文勢似當在此句之上言人之所稱不在於富而在於異也愚謂此說近是而章首當有孔子曰字蓋闕文耳大抵此書後十篇多闕誤

【講】夫以千駟之國君較首陽之餓夫蓋不侔矣而稱之者乃在此而不在彼焉然則詩所云人之所稱誠不以其富亦祇以其異其即斯所稱者不在於景公之富在於夷齊之異之謂與殉財殉名孰得孰失必有能辨之者

○**陳亢問於伯魚曰子亦有異聞乎**子指伯魚異聞是眾人所不聞者乎疑辭【註】亢以私意窺聖人疑必陰厚其子【講】陳亢一日問於伯魚曰子於夫子情則父子之親而非師弟之比亦有異於眾人而獨聞於夫子者乎

○**對曰未也**言未有異聞**嘗獨立**獨立指孔子說**鯉趨而過庭**庭是家庭過庭必趨者禮也**曰**述孔子言**學詩乎**詩是詩經**對曰**對是伯魚對**未也**是未學乎詩**不學詩無以言**言就應對上說**鯉退而學詩**退是自庭而退而私居此句是鯉自言【註】事理通達而心氣和平故能言

【講】伯魚對曰吾未有異聞也夫子嘗獨立鯉趨而過庭此非弟子類聚時也可以有異聞者必將得之於此矣然夫子但問曰汝曾學詩乎及鯉對曰未學也子則曰人貴於能言而恒自學詩得之不學詩則事理無由通達心氣無由和平其何以能言鯉於是退而學詩而凡誦習乎溫柔敦厚之教以為能言之助者皆遵所聞於夫子也

○**他日又獨立**又字對前嘗字看**鯉趨而過庭**此二句見未有異聞於昔者當有異聞於今矣**曰學禮乎**禮是禮記**對曰未也**是未學乎禮**不學禮無以立**立就執守上說**鯉退而學禮**此句亦是鯉自言【註】品節詳明而德性堅定故能立【講】他日夫子又獨立鯉趨而過庭此又非一時偶值也可以有異聞者不得於彼宜必得於此矣然夫子但問曰汝曾學禮乎及鯉對曰未學也子則曰人貴於能立而恒自學禮得之不學禮則品節無由詳明德性無由堅定其何以能立鯉於是退而學禮而凡服習乎恭儉莊敬之教以為能

邦君之妻

天子之配曰后后後也言在後不敢以副也諸侯之配曰夫人夫扶也言扶助其君也卿之配曰內子言在閨門之內以治家大夫之配曰命婦言受命於朝以治家也士庶曰妻妻齊也言齊等也

陽貨

昭公出季平子攝政定公五年

邊特加一又字可見

邦君全旨

此章為當時諸侯以妾為妻者發邦君之妻四字是通節綱領君稱之一句又下二段綱領兩君夫人俱因君所尊而尊之正名定分全在君稱之三字上君稱之二句是稱於宮中邦人句是稱於本國末二句是稱於他國三夫人重看兩謙辭俱輕然惟夫人得用此謙辭亦是見其重意君夫人君字即小君內主之意不是說君之夫人

陽貨章旨

此章見聖人待權臣不惡而嚴上節因陽貨欲見而據禮以待之下節因陽貨屢諷而據理以應之上節叙其事下節述其言

陽貨節旨

陽貨不直求見聖人而託歸豚以籠致之則奸宄為甚惟報施之禮常欲

立之資者亦遵所聞於夫子也

○**聞斯二者**二者指詩禮說正見無異聞意【註】當獨立之時所聞不過如此其無異聞可知【講】夫獨立者宜皆異聞時也而鯉之所聞者始焉不能有外於詩既焉不能有加於禮惟聞斯二者而已此固夫子之雅言以敎人者其何異聞之有

○**陳亢退而喜曰**含有所得意**問一得三**一指異聞三指下三件**聞詩**是聞學詩之可以言**聞禮**是聞學禮之可以立**又聞君子之遠其子也**君子指孔子遠子是不陰厚其子意【註】尹氏曰孔子之敎其子無異於門人故陳亢以為遠其子【講】陳亢於是退而喜曰問期於有得而已吾之所問者一而所得者實有三聞學詩之可言聞學禮之可立又聞君子之遠其子略無陰厚之意也所得多於所問亢何幸哉要之聖人未嘗私其子亦未嘗遠其子亢之言亦淺之乎窺聖人者矣

○**邦君之妻**邦君指諸侯言妻者蓋言齊也**君稱之曰夫人**夫者扶也君稱之為夫人者取其扶助乎己也**夫人自稱曰小童**自稱是對君自稱小童是謙言己無知識若小童也**邦人稱之曰君夫人**邦人就本國臣民說君主也言主內治之夫人**稱諸異邦曰寡小君**稱諸異邦是受命出使者稱君夫人於異邦稱君曰寡君故稱君夫人曰寡小君蓋從君之謙也**異邦人稱之亦曰君夫人**亦字是對本國之人說【註】寡寡德謙辭○吳氏曰凡語中所載如此類者不知何謂或古有之或夫子嘗言之不可考也【講】夫子寓正名之義曰夫婦人倫之始閨門萬化之原況邦君之妻又非常人比者其於稱謂之際豈可苟焉而已哉故君稱之曰夫人言其與己敵體也夫人自稱曰小童謙言不敢與君敵體也邦人稱之曰君夫人言其相君以主內治者也稱諸異邦曰寡小君言其寡德而忝為小君以治內者也異邦人稱之亦曰君夫人亦以其能相君以治內者也夫以邦君之妻一稱謂之間昭然不紊如此名實之際可不謹哉

陽貨第十七 凡二十六章

○**陽貨欲見孔子**是奸邪欲附聖賢**孔子不見**是聖賢以義自守**歸孔子豚**貨餽豚蓋以大夫自處

孔子時其亡也時其亡侯貨之出而在外**而往拜之**往拜是謝其禮**遇諸塗**不期而會曰遇塗是路塗【註】陽貨季氏家臣名虎嘗囚季桓子而專國政欲令孔子來見己而孔子不往貨以禮大夫有賜於士不得受於其家則往拜其門故瞰孔子之亡而歸之豚欲令孔子來拜而見之也【講】昔陽貨以季氏之家臣而專國政欲召見孔子

六月平子卒桓子立九月陽虎囚季桓子執國命國人憚之十月盟桓子於稷門之外大詛六年夏陽虎強使孟懿子往報晉夫人之幣八月又盟公及三桓於周社詛於五父之衢七年齊人歸鄆陽關陽虎居之以為政八年九月陽虎欲去三桓以季寤更季氏以叔孫輒更叔孫氏已更孟氏十月將享季氏於蒲圃而殺之陽虎前驅林楚御桓子桓子陸求救於林楚林楚怒馬及衢而騁適孟氏闔門陽虎劫公與武叔以伐孟氏公斂處父帥成人與戰陽氏敗虎脫甲

其稱故彼以瞰亡來此亦不妨以瞰亡往也不期往拜而返有塗之遇則均之塗人焉而已

謂孔節旨

道德者治世之實時者有為之資也貨仁智兩問都著在夫子身上便含有當速仕意夫子兩不可只據理答去都不認在自己身上及言日月逝矣二句諷使速仕意方說出日月是捐數之語歲是總計之辭逝矣是當前挽留難得不我與是後來合算無幾夫子答以將仕即我待價之意貨不能復置一辭矣將之一字其辭活其意婉不輕絕之亦未嘗輕許之也

性相全旨

此章夫子為答性者嚴其辨欲人慎習之意性兼氣質言氣有清濁質有厚薄清而厚者固可以為善濁而惡者亦未必便惡故曰相近若言乎習氣質雖美習於惡則亦惡氣質雖惡習於善則亦善其相遠甚矣註美惡就性言之善惡就習言之

蓋挾己之勢而使助己為亂耳孔子固守義之正者自不肯往見貨乃為之計謂大夫有賜於士不得受於其家則禮當往拜其門故瞰孔子之亡而歸孔子蒸豚蓋欲假賜士之名而行致見之術也孔子以禮當往拜故亦時貨之亡也而往拜之不意乃遇諸塗在貨固幸其得見矣在孔子亦豈容於終避哉

○**謂孔子曰來**是招孔子進前**予與爾言**言是下三段之言**曰**是貨言**懷其寶而迷其邦可謂仁乎**仁指救人之澤言**曰**是孔子答**不可**是不可謂仁**好從事而亟失時可謂知乎**知指相時之哲言**曰**是孔子答**不可**是不可謂知**日月逝矣**積時為日積日為月逝是往**歲不我與**十二月為歲不我與不我留也**孔子曰諾**諾是隨聲而應之辭謂日月果逝歲果不我與也**吾將仕矣**將字活甚仕是出而行道

註 懷寶迷邦謂懷藏道德不救國之迷亂亟數也失時謂不及事幾之會將者且然而未必之辭貨語皆譏孔子而諷使速仕孔子固未嘗如此而亦非不欲仕也但不仕於貨耳故直據理答之不復與辯若不喻其意者○陽貨之欲見孔子雖其善意然不過欲使助己為亂耳故孔子不見者義也其往拜者禮也必時其亡而往者欲其稱也遇諸塗而不避者不終絕也隨問而對者理之直也對而不辯者言之孫而亦無所詘也楊氏曰揚雄謂孔子於陽貨也敬所不敬為詘身以信道非知孔子者蓋道外無身身外無道身詘矣而可以信道吾未之信也

講 貨遂迎而謂孔子曰爾來前予與爾言曰懷藏其道德之寶而不救邦之迷亂可謂仁乎孔子但答之曰仁者切於救人若懷寶而迷邦誠不可謂仁也貨又曰好從事有為而屢失事機之會可謂知乎孔子但答之曰智者明於相時若好從事而亟失時誠不可謂智也貨又曰日月逝矣年歲日增曾不為我少留及今不仕更待何時乎孔子答應之曰諾吾將出而仕矣貨語皆譏孔子而孔子答之其辭則孫而無所激其理則直而無所徇此非聖人而能若是乎

補 蔡虛齋曰南蒯奔齊曰吾欲張公室即此一言觀之當時作亂專政蓋自以為救國之迷亂也自古奸人所為未有不假名義者

○**子曰性相近也**近多主好一邊說**習相遠也**遠多主不好一邊說

註 此所謂性兼氣質而言者也氣質之性固有善惡之不同矣然以其初而言則皆不甚相遠也但習於善則善習於惡則惡於是始相遠耳○程子曰此言氣質之性非言性之本也若言其本則性即是理理無不善孟子之言性善是也何相近之有哉

講 夫子欲人慎所習曰天下之人其善惡相去之矣孰不謂其出於性而不係於習哉不知氣質之性雖有美惡之不同而以其初而言則皆不甚相遠而相近也但習於善則君子習於惡則小人於是始相遠耳是其相遠者皆習使之然也豈其性本然哉然則人當慎習以復性矣

補 陳氏云孟子言性善指其不雜乎氣質者言孔子言性相近指其不離乎氣質者言

如公宮取寶玉大弓以出孟孫弗追虎入於讙陽關以叛九年夏陽虎歸寶玉大弓魯人伐陽關虎焚萊門而出奔齊後又奔晉適趙氏仲尼曰趙氏其世有亂乎

絃歌

城以武名乃巖險用武之地子游能以道化民變甲冑為絃歌故夫子喜之

牛刀

庖丁為文惠君解牛手之所觸砉然嚮然奏刀騞然莫不中肯曰臣之解牛官知止而神欲行依乎天理批大郤導大窾因其固然技經肯綮之未嘗而況大軱乎今臣之刀十九年所解數

唯上全旨

此章特指出不移之氣質正為習之能移人也唯字內大有警策在上章性相近通衆人言包知愚在內此上智下愚是就中摘出懸絕者說見得除此兩等人蓋莫非習之所能移矣人可不慎所習乎朱子云孔子說不移便定是不移了程子責重人不肯移自是推一步說

子之章旨

此章夫子欲廣道化之行意適章以學道二字作主前二節因其能以學道化民而喜之後二節因其能以學道相信而嘉之

子之節旨

禮樂者道之大端絃歌者禮樂之一驗故章內註三以禮樂言之

莞爾節旨

莞爾而笑喜其能大用也牛刀是為學道身分寫照喜其用而反言焉用特戲其小用耳非惜之也

子游節旨

引君子二句要見得無人不當學道無處不當以學道治之以對牛刀之說朱子云君子學道是曉得那已欲立而立人已欲達而達人與乾稱父坤稱母底道理方能愛人小人學道不過曉得孝悌忠信而已故易便使也

二三節旨

道學二句本子言今偃為以道治武

○**子曰唯上知與下愚不移** 唯是獨上知是氣質極清純之人下愚是氣質極昏駁之人不移是不移於習也 註 此承上章而言人之氣質相近之中又有美惡一定而非習之所能移者○程子曰人性本善有不可移者何也語其性則皆善也語其才則有下愚之不移所謂下愚有二焉自暴自棄也人苟以善自治則無不可移雖昏愚之至皆可漸磨而進也惟自暴者拒之以不信自棄者絕之以不為雖聖人與居不能化而入也仲尼之所謂下愚也然其質非必昏且愚也往往強戾而有才力過人者商辛是也聖人以其自絕於善謂之下愚然考其歸則誠愚也或曰此與上章當合為一子曰二字蓋衍文耳 講 夫子發明上章未盡之意曰性相近而習相遠固矣然相近之中又有氣極其清質極其純而為上知者有氣極其濁質極其駁而為下愚者唯此上智與下愚之人則善惡一定上知者非習所能移為不善也下愚者亦非習所能移為善也夫唯上知不移則凡未到上知者可危唯下愚不移則凡不甘下愚者可勉人其慎所習哉

○**子之武城** 之往也武城魯下邑 **聞絃歌之聲** 絃是絃聲歌是人聲絃聲與人聲相合故謂之絃歌 註 絃琴瑟也時子游為武城宰以禮樂為教故邑人皆絃歌也 講 昔子游為魯武城宰能以禮樂教民夫子之武城而觀風焉適聞絃歌之聲是道行於上而俗美於下之徵也

○**夫子莞爾而笑曰** 是笑而有言 **割雞焉用牛刀** 割雞喻宰武城小邑牛刀喻絃歌大化 註 莞爾小笑貌蓋喜之也因言其治小邑何必用此大道也 講 夫子喜見於色遂莞爾笑焉因曰割雞之小焉用此牛刀之大為哉蓋謂其以大道而治小邑焉

○**子游對曰昔者偃也** 昔者即昔日是從游講學之時偃子游名 **聞諸夫子曰君子學道則愛人** 君子泛指在上之人道指禮樂說愛人是仁心待下 **小人學道則易使也** 小人泛指在下之人易使是安分從上 註 君子小人以位言之子游所稱蓋夫子之常言言君子小人皆不可以不學故武城雖小亦必教以禮樂 講 子游乃述所聞以正對曰昔者偃也嘗聞諸夫子曰君子以愛人為職誠學乎道則存之為中和之德發之為愷悌之仁自能惠愛乎人矣小人以易使為分誠學乎道則存之為和敬之心發之為效順之義自易於役使矣今武城雖小將為君子焉將為小人焉偃所以必教以禮樂也

○**子曰二三子** 指門人言 **偃之言是也** 言指學道二句是字謂合治理 **前言戲之耳** 前言指割雞句戲之見其言非實意 註 嘉子游之篤信又以解門人之惑也○治有大小而其治之必用禮樂則其為道一也但眾人多不能用而子游獨行之故夫子驟聞而深喜之因反其言以戲之而子游以正對故復是其言而自實其戲也 講 夫子於是呼門人而告之曰二三子偃之所謂君子小人皆不可不學道者其言誠是也吾前割雞焉用牛刀之言特戲之耳豈真謂小邑不可以大道治哉夫子言此蓋欲二三子以道共

千牛矣而刀刃若新發於硎彼節者有間而刀刃者無厚以無厚入有間恢恢乎其於游刃必有餘地矣雖然每至於族吾見其難為怵然為戒動刀甚微謋然已解如土委地提刀而立為之四顧為之躊躇滿志善刀而藏之

公山弗擾

公山氏弗擾名一云不狃字子洩費邑宰也因不得志於季氏而附陽虎虎囚季桓子事在定公五年至八年陽虎欲去三桓將享季氏於蒲圃而殺之弗擾與其謀陽虎弗克而出奔弗擾以費畔定公十二年墮三都弗

城擧逝故曰假之言是字有异欲門人篤信意戲之句是解其惑

公山章旨

此章見聖人志在為東周意首節是欲赴公山之召下因子路之止而明其意

公山節旨

弗擾叛臣召孔子惑是反惡為善之心故欲往

子路節旨

只重畔臣不能行道上

夫召節旨

以我既非徒然則聖人之往又豈徒然為東周正是不徒然處滙參云為東周本夫子素志似可推開說然却是因公山之召忽然觸起豈徒哉下如有用我者上自有一叚深情竟全脫開不得註興周道於東方須看一道字非興周於東方也

能行全旨

此章示子張以為仁之實功只重能行一句恭寬句是列五者之目不侮五句擧能行之效言使之自考也五者是實心天下是實境能行五者於天下是實功能字有力能行二字直趕到於天下作一句註行是五者已包全句故以心存理得貼為仁又上截解於天下只要醒出無適不然意耳上恭寬五字但言其目下恭寬五字貼定能行並包於天下三字在內

易天下也【補】顧麟士曰學道不必專指禮樂禮樂亦不必專指絃歌然實相關會

○**公山弗擾以費畔召**此是聘召有禮在也**子欲往**是將應召意但未決於行耳【註】弗擾季氏宰與陽貨共執桓子據邑以畔【講】公山名弗擾者為季氏宰與陽貨共執桓子虎敗出奔弗擾據費邑以畔以聘幣召夫子夫子欲往應之其意蓋有在矣○**子路不悅曰末之也已**之訓往也已二字虛活已字勿作止字看**何必公山氏之之也**上之字虛下之字訓往【註】末無也言道既不行無所往矣何必公山氏之往乎【講】子路不悅夫子之往從而請曰道既不行無所往也已何必往應公山氏之召乎○**子曰夫召我者而豈徒哉**豈徒哉是決公山**如有用我者**用我緊承召我來玩如有二字推開亦不得**吾其為東周乎**為東周決我也見文武為西周吾為東周意【註】豈徒哉言必用我也為東周言興周道於東方○程子曰聖人以天下無不可有為之人亦無不可改過之人故欲往然而終不往者知其必不能改故也【講】夫子曉之曰夫公山不召他人而召我者豈徒為虛文哉必將有以用我也當此時如有委我以國授我以政而用我者則吾其必明制度振紀綱復興文武之道而為東周已乎奈何末之而遂已也【補】李岱雲曰豈徒哉已貼用我說末二句不必更推開故朱子云今其改過臣順季氏是常法聖人須必有措置

○**子張問仁於孔子**是欲得其所以為仁之實**孔子曰能行五者於天下**能行五者是能體此五者於身心於天下只是行之無間**為仁矣**為仁就心存理得說**請問之**是問五者之目**曰恭**是心不慢**寬**是心不隘**信**是心不偽**敏**是心不怠**惠**是心不刻**恭則不侮**是人敬之而不敢侮慢**寬則得衆**是人歸之而得乎衆心**信則人任焉**是人皆倚仗乎我而樂有所依**敏則有功**是事皆底績有可紀之功**惠則足以使人**是人忘其勞而樂為我役使【註】行是五者則心存而理得矣於天下言無適而不然猶所謂雖之夷狄不可棄者五者之目蓋因子張所不足而言耳任倚仗也又言其效如此○張敬夫曰能行此五者於天下則其心公平而周徧可知矣然恭其本與李氏曰此章與六言六蔽五美四惡之類皆與前後文體大不相似【講】子張問仁之道於孔子孔子告之曰仁者心之理是心一有間斷之時則亡矣是理一有虧缺之處則失矣誠能行五者於天下而無適不然則心存理得而仁之體用備可以為仁矣子張請問

援又畔論語載佛擾召孔子是孔子未為中都宰以前事至墮費則孔子方用於魯矣弗擾既敗奔齊自齊奔吳

佛肸

趙簡子與范氏中行氏相攻佛肸以中牟畔置鼎於庭曰與我者受邑不與我者烹士大夫皆從惟邑人田卑曰無義而生不如烹遂褰衣就鼎佛肸脫屨而生之趙簡子攻取中牟求田卑賞之卑曰賞一人以慚萬夫義者不取也遂南之楚○此夫子失魯司寇以後事與公山之召不同時夫子未嘗至晉佛肸召後將西見趙簡

以不侮等自考則守甚緊下半截原縮在上半截內

佛肸章旨

此章見聖人體道之權未可以守身之說律之也前往召重世能用已此往召重已當為世用

佛肸節旨

欲往亦因他有向善意

昔者節旨

不善不入以其能浼人也往也如之何恐其被浼也

然有節旨

由之引述亦不誣不曰一轉見常法外又有一種通權達變之法不必說壞乎日之言堅白磨涅都是影借語未堅白者須畏磨涅既堅白者宜試磨涅

吾豈節旨

上文答欲往意已明匏瓜之喻是示已當為世用意可藏亦可行外不能繫吾之跡無可無不可內不能繫吾之志此見聖人之異於匏瓜處

五者之目夫子告之曰所謂五者非他心之恭而不慢寬而不隘信而不偽敏而不怠惠而不刻是也特患不能行耳苟能行恭則有可畏之威而人自不敢侮乎矣能行寬則有容人之量而有以得乎眾心矣能行信則人皆倚賴乎我而不我疑矣能行敏則無因循苟且之病而事無不濟矣能行惠則人之蒙其惠者皆有感戴之心而樂為我用矣蓋功有兼盡則效以類應所以行於天下者於此可考也子信能行此五者於天下則仁又豈外是哉【補】仇滄柱曰此在儒者日用應酬上返觀本體與堯曰章王道感化不同觀信則任人句可見

○**佛肸召**召是以禮聘夫子**子欲往**欲是未然之辭【註】佛肸晉大夫趙氏之中牟宰也【講】昔晉趙鞅之家臣佛肸者據中牟以叛使人以禮聘召夫子夫子欲往應其召蓋亦猶應公山弗擾之召也○**子路曰昔者由也**昔者指講學時言**聞諸夫子曰親於其身為不善者君子不入也**二句是述所聞**佛肸以中牟畔**以據也中牟邑名以中牟畔正親身為不善之人**子之往也**是入其黨**如之何**恐他浼夫子意【註】子路恐佛肸之浼夫子故問此以止夫子之行親猶自也不入不入其黨也【講】子路止夫子之行曰昔者由也嘗聞諸夫子有曰人有親於其身為不善之事者君子不入其黨以其能浼己也今佛肸以中牟之邑畔是親於其身為不善也苟子之往也則入其黨矣如之何將不為其所浼乎○**子曰然**然是然其有此理**有是言也**謂昔日曾有此言**不曰堅乎**兩曰字從上言字轉落乃極論之辭堅以質言**磨而不磷**是不怕磨**不曰白乎**白以色言**涅而不緇**是不怕涅【註】磷薄也涅染皁物言人之不善不能浼己楊氏曰磨不磷涅不緇而後無可無不可堅白不足而欲自試於磨涅其不磷緇也者幾希【講】夫子曉之曰不善不入乃守身之常法其道誠然我昔固有是言也然此特為堅白之未至者言之耳獨不曰堅之至者乎雖磨之而不能使其磷獨不曰白之至者乎雖涅之而不能使其緇然則堅白在我即自試於磨涅焉可也何患浼己而不往哉○**吾豈匏瓜也哉焉能繫而不食**不食謂不求食非謂不可食也【註】匏瓠也匏瓜繫於一處而不能飲食人則不如是也○張敬夫曰子路昔者之所聞君子守身之常法夫子今日之所言聖人體道之大權也然夫子於公山佛肸之召皆欲往者以天下無不可變之人無不可為之事也其卒不往者知其人之終不可變而事之終不可為耳一則生物之仁一則知人之智也【講】夫可往而不往是匏瓜之繫而不食也吾固人也豈匏瓜也哉焉能如彼懸繫一處而不能飲食為世間無用之物乎此吾之所以欲往也【補】黃氏曰匏瓜蠢然一物繫則不能動不食則無所知吾乃人類在天地間能動作有思慮自當見之於用而有益於人豈微物之比哉

子至河而反

中牟 中牟三國之股肱邯鄲之肩體

匏瓜 按匏瓜之解不一一曰匏長匏短匏甘匏苦繫而不食以苦故也一曰匏經霜蒂落取繫之腰以渡水而不可食一曰天文圖有瓠瓜星徒繫於天而不可食今依朱註解作繫於一處而不能飲食只自不求食非人不可食也如俗言無口匏亦此意

六言章旨

此章夫子教子路當以好學成其德也不好學則純是氣質意見用事故有蔽上六好字是浮慕名色下六好字是究竟義理

由也節旨

六言是六字六言皆美德然不曰六美而曰六言有蔽尚未為美也

居吾節旨

固由起對故以居語之且欲其沈靜以為受教地也

好仁節旨

六言或根於氣稟或隨人意見任氣則性偏好學所以變化氣質而不失之固遂見則心昧好學所以充拓聞見而不拘於墟學凡考之師友求之典冊皆是其蔽也愚愚猶言失之愚也愚就是蔽蕩賊絞亂狂亦然勇亦有兼內外言者此以剛勇對說則勇為奮發有為屬用剛為堅強不屈屬體敢為不顧故至於亂自家堅強故只躁率而已

小子全旨

此章備言學詩之益以見不可不學首節喚醒小子學詩一學字講誦體行俱該興觀是有益於身心羣怨是有益於情性邇之二句益在大倫克盡多識一句益在小物亦察句句要

○子曰由也女聞六言六蔽矣乎(六言六蔽謂六言之中有六蔽也)對曰未也(未是未聞六言)

六蔽【註】蔽遮掩也【講】夫子呼子路之名而告之曰人之美德有六言而六言之中有六蔽君子之學於六言固當會其全而於六蔽尤當去其累由也女聞六言之中有六蔽矣乎子路起而對曰由未之聞也

○居(居是使之還坐欲其安意承教)吾語女(語告也)【註】禮君子問更端則起而對故孔子諭子路使還坐而告之【註】夫子因其起對乃命之曰居吾語女以六言六蔽之實焉

○好仁不好學(仁以愛人言不好學是欠了致知格物工夫)其蔽也愚(愚是過於厚而不知輕重也)好知不好學(知以觀物言)其蔽也蕩(蕩是用知不在正道如老莊之流是也)好信不好學(信是踐言不爽)其蔽也賊(賊兼害人己言如執小信不顧利害便是)好直不好學(直是盡言無隱)其蔽也絞(絞是急切如證父攘羊之類而不能容)好勇不好學(勇就作為果敢說)其蔽也亂(亂如犯上淩人)好剛不好學(剛是本質堅勁說)其蔽也狂(狂如要言就言要行就行不沈靜也)【註】六言皆美德然徒好之而不學以明其理則各有所蔽愚若可陷可罔之類蕩謂窮高極廣而無所止賊謂傷害於物勇者剛之發剛者勇之體狂躁率也○范氏曰子路勇於為善其失之者未能好學以明之也故告之以此曰勇曰剛曰信曰直又皆所以救其偏也【講】彼仁美德也苟徒好仁而不好學以明其理則其蔽也必可陷可罔而愚矣知美德也苟徒好知而不好學以明其理則其蔽也必窮高極遠而蕩矣信亦德之美也苟徒好信而不好學以明其理則其蔽也將執小信而妨大計必至傷害於物非賊乎直亦德之美也苟徒好直而不好學以明其理則其蔽也將過於直而忘所諱必至徑情直遂非絞乎至於勇亦美德所不可少也苟徒好勇而不好學以明其理勢必逞其血氣之強而干分犯上則其蔽也不謂之亂乎至於剛亦美德所不能無也苟徒好剛而不好學以明其理勢必任其用剛之私而率意妄行則其蔽也不謂之狂乎所謂六言六蔽者如此然則好學以去其蔽者其容已哉【補】信直勇剛都就子路所好者言仁智則統言天下大道之名目故先之也

○子曰小子何莫學夫詩(學字有玩索體驗工夫不專靠誦讀)【註】小子弟子也【講】夫子示門人以學詩之益曰學者籍極博猶考信於六藝況詩教之尤切於人者乎爾小子何為不學夫詩○詩(詩字直貫到末)可以興【註】感發志意【講】夫詩何以當學也詩之所載有善有惡而勸戒備焉學之者可以感發吾之志意而興也○可以觀【註】考見得失【講】詩之所言有美有刺而得失分焉學之者可以考見己之得失而觀也○可以羣

跟學來興觀等隨舉一詩皆可如是非限定某詩屬某也興就心上感發說觀就身上考見說興觀羣怨皆屬已事四可以字是詩之理邇遠二字倫類無所不包事父事君是舉其大者言詩載鳥獸草木各有取義多識亦格物之學此上三句皆承可以字來

周南召南 文王之世周公為政於國中召公宣布於諸侯至成王時乃采其風詩被之管絃其得之國中者雜以南國之詩而謂之周南其得之南國者則直謂之召南小序曰關雎麟趾之化王者之風故繫之周公南言化自北而南也鵲巢騶虞之德諸侯之風也先王之所以教故繫之召公

女為全旨 此章聖人教子以學詩之要重修齊以端化原意首句須重發下句反言以見其當為也女為矣乎是謂辭不是問辭為者不止誦習要有會於心體於身意二南似未及修身然化自內及外則修身固在其中故註曰修齊之事正牆面句註謂無所見不可行是知與行相須之義

禮云全旨 此章欲世之云禮樂者返其本禮之本在敬樂之本在和玉帛鐘鼓則禮樂之末也玉帛鐘鼓如何不是禮樂如何便是禮樂全要畧取兩乎哉神理註敬和字說出亦可滙參云疊下六云字只相承說下見人所云云之不過云爾也語尾乃以乎哉反詰之微諷之不得連上云字讀

玉帛

【註】和而不流【講】詩有處眾而和者然不失莊敬之意學之可用以處眾也○**可以怨**【註】怨而不怒【講】詩有處變而怨者然寓有忠厚之思學之可用以處怨也○**邇之事父** 邇指在家言事父是能盡孝意 **遠之事君** 遠指在國言事君是能盡忠意【註】人倫之道詩無不備二者舉重而言【講】子臣之道詩無不備學之者邇而在家可資以事父遠而在國可資以事君也○**多識於鳥獸草木之名** 鳥獸以動物言草木以植物言名是各様名色【註】其緒餘又足以資多識○學詩之法此章盡之讀是經者所宜盡心也【講】動植之物詩無不載學之者其緒餘可以博物洽聞而多識於鳥獸草木之名也詩之有益於人如此爾小子可不學哉【補】事父事君不過舉人倫之大道言之兩之字甚活須補夫婦兄弟朋友意

○**子謂伯魚曰女為周南召南矣乎** 周南首關雎而終麟趾召南首鵲巢而終騶虞矣乎二字是直示其當學意 **人而不為周南召南** 人字泛言 **其猶正牆面而立也與** 正牆面而立倒用文法猶云正而對牆而立也【註】為猶學也周南召南詩首篇名所言皆修身齊家之事正牆面而立言即其至近之地而一物無所見一步不可行【講】夫子謂其子伯魚曰詩三百篇皆所當學而其中猶有其要焉者則周南召南是也女當誦習其時潛玩其義而為周南召南矣乎夫二南所言皆修身齊家之事也人而不為周南召南則身無由修家無由齊雖門內之至近而一物無所見一步不可行其猶正牆面而立也與人而不安於面牆也二南其可不為哉【補】艾千子曰周南召南之詩是修身齊家的準則人能修身齊家學問方推行得去故不至面牆

○**子曰禮云禮云** 云是稱說之謂 **玉帛云乎哉** 玉五玉帛三帛禮文之重者 **樂云樂云鐘鼓云乎哉** 鐘金屬鼓革屬樂器之大者【註】敬而將之以玉帛則為禮和而發之以鐘鼓則為樂遺其本而專事其末則豈禮樂之謂哉○程子曰禮只是一個序樂只是一個和只此兩字含蓄多少義理天下無一物無禮樂且如置此兩椅一不正便是無序無序便乖乖便不和又如盜賊至為不道然亦有禮樂蓋必有總屬必相聽順乃能為盜不然則叛亂無統不能一日相聚而為盜也禮樂無處無之學者要須識得【講】夫子欲人探禮樂之本曰人皆執玉帛以云禮也而不知禮必有為之本者特假玉帛以將之耳禮云禮云徒玉帛云乎哉人皆執鐘鼓以云樂也而不知樂必有為之本者特假鐘鼓以發之耳樂云樂云徒鐘鼓云乎哉然則有存於玉帛鐘鼓之先宰於玉帛鐘鼓之內者在矣人奈何不一思也

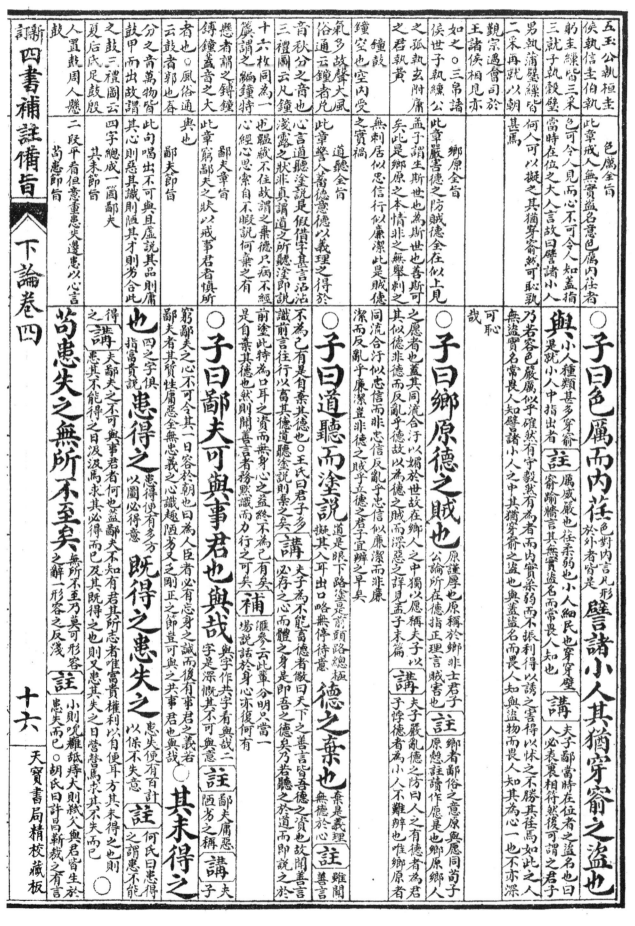

五玉公執桓圭侯執信圭伯執躬圭繅皆三采三就子執穀璧男執蒲璧繅皆二采再就以朝覲宗遇會同於王諸侯相見亦如之○三帛諸侯世子執纁公之孤執玄附庸之君執黃

鐘鼓　鐘空也空內受氣多故聲大風俗通云鐘者凡音秋分之音也三禮圖云凡鐘十六枚同為一簴謂之編鐘特懸者謂之鎛鐘鎛鐘蓋音之大者也○風俗通云鼓者郭也春分之音萬物皆鼓甲而出故謂之鼓三禮圖云夏后氏足鼓殷人置鼓周人懸鼓

色厲全旨　此章戒人無實盜名意色厲內荏者色可令人見而心不可令人知蓋指當時在位之大人言故曰譬諸小人何人可以擬之其猶穿窬然可恥孰甚焉

鄉原全旨　此章嚴害德之防賊德全在似上見孟子謂生斯世也為斯世也善斯可矣此是鄉原之本情非之無舉刺之無刺居似忠信行似廉潔此是賊德之實禍

道聽全旨　此章警人蓄德意德以義理之得於心言道聽塗說是假借字甚言沾沾淺露之狀非真謂道之所聽塗即說也蘊藏不住故謂之棄德只病不經心經心思索自不暇說何棄之有

鄙夫章旨　此章窮鄙夫之狀以戒事君者慎所與也

鄙夫節旨　此句喝出不可與且虛說其品則庸其心則惡其識則陋其才則劣合此四字總成一箇鄙夫

其未節旨　二段平看但意重患失邊患以心言

苟患節旨

○子曰色厲而內荏（色對內言凡形於外者皆是）譬諸小人其猶穿窬之盜也與（小人種類甚多穿窬是就小人中指出者）

註　厲威嚴也荏柔弱也小人細民也穿穿壁窬踰牆言其無實盜名而常畏人知也

講　夫子鄙當時在位者之盜名也曰人必表裏相符然後可謂之君子乃若容色嚴厲似乎確然有守毅然有為者而內實柔弱而不振利得以誘之害得以怵之不勝其荏焉如此之人無盜實名常畏人知譬諸小人之中其猶穿窬之盜也與蓋盜名而畏人知與盜物而畏人知其為心一也不亦深可恥哉

○子曰鄉原德之賊也（原謹厚也原稱於鄉非士君子公論所在德指正理言賊害也）

註　鄉者鄙俗之意原與愿同荀子原慤註讀作愿是也鄉原鄉人之愿者也蓋其同流合汙以媚於世故在鄉人之中獨以愿稱夫子以其似德非德而反亂乎德故以為德之賊而深惡之詳見孟子末篇

講　夫子嚴亂德之防曰人之有德者為君子悖德者為小人不難辨也唯鄉原者同流合汙似忠信而非忠信反亂乎忠信似廉潔而非廉潔而反亂乎廉潔豈非德之賊乎立德之君子宜辨之早矣

○子曰道聽而塗說（道是眼下路塗是前頭路總擬其入耳出口略無停待意）德之棄也（棄是義理無德於心）

註　雖聞善言不為己有是自棄其德也○王氏曰君子多識前言往行以畜其德道聽塗說則棄之矣

講　夫子為不能畜德者儆曰天下之善言皆吾德之資也故聞善言必存之心而體之身是即吾之德矣乃若聽之於道而即說之於前塗此特為口耳之資而無身心之益終不為己有矣是自棄其德也然則聞善言者務默識而力行之可矣

補　滙參云此章分明只當一場說話於身心亦復何有

○子曰鄙夫可與事君也與哉（與字作共字看與哉二字是深慨其不可與意）

註　鄙夫庸惡陋劣之稱

講　夫子窮鄙夫之心不可令其一日容於朝也曰為人臣者必有忘身之誠而後有事君之義若鄙夫者其質性庸惡全無忠義之心識趣陋劣又乏剛正之節豈可與之共事君也與哉

○其未得之也（四之字俱指富貴說）患得之（患得便有多方以圖必得意）既得之患失之（患失便有百計以保不失意）

註　何氏曰患得之謂患不能得之

講　夫鄙夫之不可與事君者何也蓋鄙夫不知有君其所志者唯富貴權利以自便耳方其未得之也則患其不能得之日汲汲焉求其必得而已及其既得之也則又患其失之日營營焉求其不失而已

○苟患失之無所不至矣（無所不至乃莫可形容之辭一形容之反淺）

註　小則吮癰舐痔大則弒父與君皆生於患失而已○胡氏曰許昌靳裁之有言

朱
朱南方之正色
合赤黑而成紫
北方之間色

此推患失之流弊苟字是要其極論
之患失與患得不同前此尚無憑藉
今則大權在手要做便做自無所不
至者尚忠言之哉與事君者將如之
何

古者章旨
此章即習染以驗風俗之衰言今人
不但美德不如古即疾亦不如古有
無限感慨意

古者節旨
疾是氣質之偏亡是習俗之染疾失
其真如人有本病又變生他症也

古之節旨
狂矜愚三疾之名肆廉直三疾之實
蕩忿戾詐則三疾之流弊指習俗言
狂矜愚不必多講肆廉直正其實也
至蕩忿戾詐雖就今人名為狂矜愚
卻不是狂矜愚故曰或是之亡而已
矣字總頂上三件以致慨惜之意

惡紫全旨
此章聖人惡邪之能勝正欲人嚴其
防也不主似是而非說三語尤重惡
利口上上二句平列朱色尚自本朝
豈容奪以紫雅樂重於當代安可亂
以鄭利口亂信正配奪朱亂雅覆邦
家又落一層說者字指其人文法亦
非與上相對也註利口訓捷給捷則
顛倒是非於片言之頃令人不暇致
詳視佞尤甚故覆亦甚於殆

曰士之品大概有三志於道德者功名不足以累其心志於功名者富貴不足以累其心志於富貴而已者則亦無所不至矣志於富貴即孔子所謂鄙夫也【講】夫事君而苟至於患失之則凡可以保其得而免其失者亦何所不至哉小而汙辱之行大而篡弑之謀皆將悍然不顧而為之矣此其流弊所必至者而可與之事君也哉【補】此章不是責鄙夫是責與鄙夫者即下二節專就鄙夫痛罵正使與之事君者心驚膽落

○**子曰古者民有三疾**民即作人字看泛言**今也或是之亡也**或者未必盡意然是字指三疾言亡無同

【註】氣失其平則為疾故氣稟之偏者亦謂之疾昔所謂疾今亦亡之傷俗之益衰也【講】夫子致慨曰古今人之不相及也豈特中和之質哉即如古者之民其氣稟之偏駁者謂之疾疾蓋有三焉夫曰疾固已偏矣然觀之於今所趨愈下或併是而亦亡之也

○**古也狂也肆**肆謂細行不謹**今之狂也蕩**蕩是踰越規矩**古之矜也廉**廉是露圭角立崖岸示人難犯意**今之矜也忿戾**忿戾就要去凌人了**古之愚也直**直謂全無委曲**今之愚也詐而已矣**詐是強作機械

【註】狂者志願太高肆謂不拘小節蕩則踰大閑矣矜者持守太嚴廉謂稜角陗厲忿戾則至於爭矣愚者暗昧不明直謂徑行自遂詐則挾私妄作矣○范氏曰末世滋偽豈惟賢者不如古哉民性之蔽亦與古人異矣【講】何以見之古之人有志願太高者此是狂之疾然其狂也不過不拘小節肆焉而已若今之狂也則不顧禮義踰於大閑之外而流於蕩焉是無古者狂之疾矣古之人有持守太嚴者此是矜之疾然其矜也不過稜角陗厲廉焉而已若今之矜也則逞其剛很與人乖忤不和而流於忿戾焉是無古者矜之疾矣古之人有暗昧不明者此是愚之疾然其愚也不過徑行自遂直焉而已若今之愚也則反用機關不免挾私妄作而流於詐焉是無古者愚之疾矣習俗之益衰可慨也夫【補】說統云肆之為蕩廉之為忿戾是已甚意直之為詐是相反意

○**子曰惡紫之奪朱也**朱色淡紫色豔紫與朱並列決然是壓過朱故曰奪朱**惡鄭聲之亂雅樂也**雅音淡鄭聲淫鄭與雅並奏決然是壓過雅故曰亂雅樂**惡利口之覆邦家者**利口顛倒是非混淆賢不肖最為國家行政用人之患

【註】朱正色紫間色雅正也利口捷給覆傾敗也○范氏曰天下之理正而勝者常少不正而勝者常多聖人所以惡之也利口之人以是為非以非為是以賢為不肖以不肖為賢人君苟悅而信之則國家之覆也不難也【講】夫子嚴邪正之防曰天下之理有邪有正而邪每易以勝正如色以朱為正自紫色一出其豔冶足以炫目而朱反為所奪故惡紫之能奪朱也樂以雅為正自鄭聲一出其淫哇足以悅耳而雅樂反為所亂故惡鄭聲之能亂雅樂也至若事理之是非人品之賢不肖本有定論乃有利口之人巧辯惑亂能使人主乖張而邦家以之覆矣故尤惡利口之能覆邦家者要之辨服色審音律紫與鄭聲固可惡矣圖治安之邦家傾自利口其可惡更當何

孺悲 禮雜記曰恤由之喪哀公使孺悲之孔子學士喪禮士喪禮於是乎書

子欲章旨 此章要學者從躬行處體認道理不必專求之言語間天何言哉節不是分疏自家正指點妙理與他看

予欲節旨 聖人言處也盡做處也盡欲無言只是不消說得

子如節旨 何述之問意似欲求不言之述在何處卻仍不忘乎有言之述也

天何節旨 此節只說道不待言而顯說天即是說道兩天何言先虛從實行是流行不已之妙生是生生不息之機兩焉字極自然行生非即是天理而所以行生全是一團太極發見流行洩於穆之精而昭示人者也註聖人三語勿入口氣中

孺悲全旨 此章見聖人於不屑教誨中曲行其教誨意化工在一使字是記者想像夫子之意如此一邊辭疾一邊鼓瑟夫子不欲終絕孺悲其深情厚意都付於一彈再鼓中矣輔氏得辭疾者義不當見也使聞者仁不容絕也

如人君可不痛絕之哉 補 滙參云三句平列意言固有輕重然上二項亦復所關不小不得輕遞如詩之興體

○**子曰予欲無言** 是不欲以言為教意 註 學者多以言語觀聖人而不察其天理流行之實有不待言而著者是以徒得其言而不得其所以言故夫子發此以警之 講 學者多觀聖人於言語之間至其天理流行之實有不待言而著者曾不之察故夫子提醒之曰道雖以言顯而顯道者不必盡以言予今而後殆欲無言矣蓋欲學者求於言之外也

○**子貢曰子如不言則小子何述焉** 小子泛指眾弟子說述是傳述 註 子貢正以言語觀聖人者故疑而問之 講 乃子貢疑而問之曰小子得以述夫子之教者正以其有言在也子如不言則小子將何所傳述焉

○**子曰天何言哉** 天指垂象之天何言只是說天無言不是不待言也 **四時行焉** 四時指春夏秋冬行是運行不息 **百物生焉** 百物指飛潛動植生是發生不已 **天何言哉** 此何言緊頂上二句實說 註 四時行百物生莫非天理發見流行之實不待言而可見聖人一動一靜莫非妙道精義之發亦天而已豈待言而顯哉此亦開示子貢之切惜乎其終不喻也 ○程子曰孔子之道譬如日星之明猶患門人未能盡曉故曰予欲無言若顏子則便默識其他則未免疑問故曰小子何述又曰天何言哉四時行焉百物生焉則可謂至明白矣愚按此前篇無隱之意相發學者詳之 講 夫子因其疑而解之曰予之欲無言者亦以道之無待於言耳今夫天惟渾惟穆而已夫何言之有哉乃四時之受氣於天者時催一時而吾見其行焉百物之賦形之天者物各付物而吾見其生焉是行者行矣而不言所以行生者生矣而不言所以生天果何言之有哉然則予之無言亦何病於傳述之難也蓋天理觸處而流故四時百物皆天也即不言而道已顯矣夫子與道為體故一動一靜皆教也即不言而意已傳矣彼子貢以言求聖人是將以言求天也而可乎 補 此即無行不與意但彼是說行處無非至理別無深晦底道理此是說行處都是實理不必於言語上求略有不同

○**孺悲欲見孔子** 欲見是候之宮牆之外 **孔子辭以疾** 託疾以辭者絕之也 **將命者出戶** 將命是孔子之傳命者非孺悲使來出戶是述辭疾之言 **取瑟而歌** 瑟是樂器歌是和瑟聲而歌 **使之聞之** 使孺悲聞者悟之也 註 孺悲魯人嘗學士喪禮於孔子當是時必有以得罪者故辭以疾而又使知其非疾以警教之也程子曰此孟子所謂不屑之教誨所以深教之也 講 魯人孺悲欲見孔子孔子想當時必有得罪處孔子不欲與之見而託疾以辭之蓋拒之也又恐孺悲以為真疾而不悟拒之之意故乘將命者方出戶即取瑟而發以聲歌使孺悲聞之而知其非疾焉庶幾因其辭而思其故必能自悟其得罪之由矣此予於絕之之中而寓警之之意也

鑽燧

尸子曰燧人上觀星辰下察五木以為火○古者鑽燧改火所以革故而取新也榆柳木之火也棗杏火之火也桑柘土之火也柞楢金之火也槐檀水之火也

稻

稻水田所種穀也曲禮曰祭宗廟之禮稻曰嘉疏○豳風曰十月穫稻謂糯稻為酒者也

宰我章旨

此章夫子啟宰我以仁親之心也一仁字最重短喪不仁也章內數安字正與仁字相反

宰我節旨

上句述古制下句言己欲短喪之意

君子節旨

此以人事言之與三年之喪句應見三年有妨於禮樂也不知禮樂自事親從凡而出不能三年之喪則禮樂之本先戕矣何有於儀文聲容之末哉

舊穀節旨

此以天時言之與期已久矣句應見期年之可已也舊穀二句對鑽燧句平看皆是驗天運之一周凡木皆有火燧者鑽木出火之名改火非止改一火是五火已改一周兼四時言

食夫節旨

食稻衣錦指期年外說上三句是夫子發其不忍之心宰我不察故應曰安

女安節旨

首句直就他安字反激之下又舉君子不忍之心以警惕之也居喪哀痛迫切固無食旨聞樂居處之時設言之以形其不安耳兩女字對君子看再言女安則為之非真是聽他去為全是激發他使之不自安也三為字指期年之喪不指食稻衣錦

○宰我問三年之喪 三年是父母之喪 期已久矣 見不必三年意 註 期周年也 講 宰我問於夫子曰人子於父母固皆服三年之喪也以予觀之短而為期亦已久矣何必三年 ○君子三年不為禮禮必壞三年不為樂樂必崩 崩壞只是生疎了 註 恐居喪不習而崩壞也 講 夫親喪不必三年者何也蓋禮樂不可斯須去身君子居喪三年不習為威儀揖遜之禮則禮必壞三年不習為聲容節奏之樂則樂必崩以三年之喪而至於妨禮樂如之何其可也 ○舊穀既沒新穀既升 此二句見食物一變 鑽燧改火 此句見用物一變 期可已矣 總承說 註 沒盡也升登也燧取火之木也改火春取榆柳之火夏取棗杏之火夏季取桑柘之火秋取柞楢之火冬取槐檀之火亦一年而周也已止也言期年則天運一周時物皆變喪至此可止也尹氏曰短喪之說下愚且恥言之宰我親學聖人之門而以是為問者有所疑於心而不敢強焉耳 講 且以期年言之穀之舊者既沒穀之新者既升而食物變矣鑽燧以取火又改乎四時之木而用物變矣是期年天運為之一周人子之喪亦可已矣夫宰我知禮樂之崩壞而不知居喪尤禮樂之本知時物之皆變而不知人子有因時之感此短喪之說誠非君子之存心仁人之所不為也

附考

四時取火法乎五行春行為木榆柳色青象木也夏行為火棗杏色赤象火也季夏行為土桑柘色黃象土也秋行為金柞楢色白象金也冬行為水槐檀色黑象水也周禮司爟掌火四時變國火以救時疾不是人家常用之火

○子曰食夫稻 稻穀之美者 衣夫錦 錦衣之美者 於女安乎 安是心中安然無歉意 曰安 是不察於心而妄對 註 禮父母之喪既殯食粥麤衰既葬疏食水飲受以成布期而小祥始食菜菓練冠縓緣要絰不除無食稻衣錦之理夫子欲宰我反求諸心自得其所以不忍者故問之以此而宰我不察也 講 夫子特醒之曰三年之喪食必疏食衣必衰麻禮也今子以期年而止使期年之外遂食夫稻衣夫錦於汝之心其果以為安否乎宰我不察而應之曰安蓋深信夫期之已久而食稻衣錦為無傷也 ○女安則為之 安是安於食稻衣錦為之指為期喪 夫君子之居喪 君子指仁人孝子居喪指三年之喪 食旨不甘 旨是甘美之味不甘心不安食 聞樂不樂 樂即鐘鼓管籥不樂心不樂聞 居處不安 居處謂使不寢苫枕塊而居處於內則心必不即安 故不為也 故字緊承上三句不為是不為期喪 今女安則為之 此深斥其忍處 註 此夫子之言也旨亦甘也初言女安則為之絕之之辭又發其不忍之端以警其不察而再言女安則為之以深責之 講 夫子復儆之曰喪之所以不止於期者正以心之有不安故耳今汝既安於食稻衣錦而無不忍之心矣又孰禁女而不為期乎夫君子居親三年之喪設使食旨而心不甘設使聞樂而心不樂設使居處而心不安

子之節旨

以不仁斥之是探其欲短喪之本此句最重予生以下是原情以感之三年中已含懷字在下句只重然後免三字三年之愛就父母愛子言昊天罔極豈有年之可計只為宰予吝惜此三年故即以三年立說耳從此打動他直使宰我無容身之地

飽食全旨

此章總見學者心不可不用所用心如學術事業之類要在道義上說飽食二字亦可玩心者氣之精飽食則每為形體所滯惟有所用斯以開其混沌心者動之微飽食則易為淫欲所引惟有所用斯以立其防閑乃竟心一無所用故歎其難下二句借博奕相形又作加一倍棒喝耳

博奕

鮑宏博經云博局之戲各投六箸行六棊故云六博用十二棊六棊白六棊黑所擲頭謂之瓊瓊有五采蓋博以五木為子有梟盧雉犢為勝負之采梟幺也六博得幺則勝便則食其子不便則止即樗蒲

君子全旨

此章進子路以尚義之大勇蓋義即勇之為體也君子以理制氣義以為上則氣之所發無非理矣故不言勇而勇在其中尚崇尚也上是最上一等上與尚義雖別而實相通有勇二

故不為期而喪必三年也今女既安於食稻衣錦而異於君子之用心矣又何憚而不為期乎○宰我出(出是退於講論之地)子曰予之不仁也(子宰我名不仁緊跟上安字來)予生三年(自孩提至稍長)然後免於父母之懷(重然後免三字此即所謂三年之愛)夫三年之喪天下之通喪也(通喪是貴賤通行之制便非人可得而短者)予也有三年之愛於其父母乎(愛指懷抱說此句正感動他處)【註】宰我既出夫子懼其真以為可安而遂行之故深探其本而斥之言由其不仁故愛親之薄如此也懷抱也又言君子所以不忍於親而喪必三年之故使之聞之或能反求而終得其本心也○范氏曰喪雖止於三年然賢者之情則無窮也特以聖人為之中制而不敢過故必俯而就之非以三年之喪為足以報其親也所謂三年然後免於父母之懷特以責宰我之無恩欲其有以跂而及之爾【講】及宰我既出夫子又深探其本而斥之曰甚矣予之不仁也蓋以子生三年然後免於父母之懷故喪必三年僅以報其懷抱之勞耳夫三年之喪凡為人子者皆然乃天下之通喪也予亦人子也曾有三年之愛於其父母乎既有三年之愛而顧不為三年之喪以報之亦獨何心哉甚矣予之不仁也

○子曰飽食終日(飽食有徒食意終日言其久)無所用心(是於學上心無所用)難矣哉(難字兼德不入可憂惡日長可畏二意哉有深致歎意)不有博奕者乎(博奕還自用心上言)為之猶賢乎已(之字指博奕已是已而不用心)【註】博局戲也奕圍棊也已止也李氏曰聖人非教人博奕也所以甚言無所用心之不可爾【講】夫子儆人用心曰人生德業由勤心進修而後有成若飽食終日優游自安於凡當為之事無所用其心將神昏志惰日流匪僻難矣哉其人乎不有博奕者乎博奕之事雖不可為然為之則必用其心猶賢於已而一無所用其心者甚矣心之不可無所用也【補】條辨云此與羣居章難矣哉略不同蓋只說無所用心似較先一層故語類只說悠悠蕩蕩未有不入於邪僻便住不更推到入德患害上去

○子路曰君子尚勇乎(君子以德言勇是血氣之強)子曰君子義以為上(君子亦以德言義是天理之宜)君子有勇而無義為亂(此君子以有位言亂是悖亂)小人有勇而無義為盜(小人以無位言盜是竟盜)【註】尚上之也君子為亂小人為盜皆以位而言者也尹氏曰義以為尚則其勇也大矣子路好勇故夫子以此救其失也胡氏曰疑此子路初見孔子時問答也【講】子路

也古烏曹作○奕局三百六十一著博物志云堯造棊以教子丹朱或云舜以子商均愚故作棋以教之

句正言無義之害以見勇不當尚意

子貢章旨

此章見聖賢以惡維世意夫子所惡是顯悖於理者子貢所惡是假託於理者兩節七者字皆指人說

子貢節旨

君子暗指孔子君子惟其愛人故薄者惡之惟其順德故逆者惡之惟其循禮故凌犯者惡之惟其達義故冥行者惡之果敢即前章之剛果敢者有學以開明之則不窒

賜也節旨

三項俱似是而非故用以為字抉他心術子貢所惡徼與訐者因夫子言稱人惡與訕上者推之也所惡不孫者因無禮與窒者推之也夫子之惡正大子貢之惡精嚴夫子所惡戒人子貢之惡自警

惟女全旨

此章見臣妾之難畜是為畜之者發不重在女子小人上難養句虛說下二句要連看正見其難註莊莊以持己言慈畜以逮下言莊莅固禮足以消其不孫之心然亦不是遠慈畜固

好勇故問於夫子曰天下之事惟勇足以任之君子亦尚勇乎夫子告之曰君子之人於義所當行則奮然而必行於義所當止則毅然而必止惟義為上而已矣若勇則非所尚也何則有位之君子徒有其勇而無義以制之則必因其勇逆理犯分而為亂無位之小人徒有其勇而無義以制之則必因其勇肆欲妄行而為盜徒勇之弊一至於此此君子之所尚者在義而不在勇與

○**子貢曰君子亦有惡乎**亦字對愛說**子曰有惡**惡有公惡言**惡稱人之惡者**稱人惡是好揚人過惡**惡居下流而訕上者**下流即下位之人訕上是毀謗居上位者**惡勇而無禮者**勇屬強力無禮是無巽順意**惡果敢而窒者**果敢是果決敢為窒是自心窒塞不指行說然行亦必見窒矣

【註】訕謗毀也窒不通也稱人惡則無仁厚之意下訕上則無忠敬之心勇無禮則為亂果而窒則妄作故夫子惡之

【講】子貢問於夫子曰君子於人無所不愛不知亦有惡於人乎夫子曰好善惡惡人心之公君子雖以恕心容天下亦不能不以公心待天下惡誠有之也彼隱惡不揚仁厚之道也君子故於稱人之惡者惡之為尊者諱忠敬之道也君子故於居下流而訕上者惡之勇而有禮勇斯大矣君子故於勇而無禮以節文之者惡之果而能通果斯善矣君子故於果敢而窒於理者惡之君子之所惡如此

○**曰賜也亦有惡乎**亦是對君子說**惡徼以為知者**以為知是竊知之名**惡不孫以為勇者**以為勇是竊勇之名**惡訐以為直者**以為直是竊直之名

【註】惡徼以下子貢之言也徼伺察也訐謂攻發人之陰私○楊氏曰仁者無不愛則君子疑若無惡矣子貢之有是心也故問焉以質其是非侯氏曰聖賢之所惡如此所謂惟仁者能惡人也

【講】夫子因問子貢曰君子固有惡矣不知賜也亦有惡乎子貢對曰賜亦有之彼明覺自然者智也賜則惡其徼焉而窺人動靜自以為知者見義必為者勇也賜則惡其不孫而犯上凌長自以為勇者順理無私者直也賜則惡其訐焉而攻私發伏自以為直者賜之所惡如此由夫子之惡凡入世徑行執己不循道理之事皆所必絕也由子貢之惡凡人世逞機用察不由本心之事亦皆所必絕也聖賢之所惡者皆至公無私與

【補】國法有賞即有罰人心有愛必有惡聖賢之惡惡以成愛惡雖各異心實相同

○**子曰唯女子與小人**唯是獨女子指婢妾**為難養也**難養是難待意**近之則不孫**近是親狎意不孫謂玩侮**遠之則怨**遠是疎絕意怨謂忿恨

【註】此小人亦謂僕隸下人也君子之於臣妾莊以莅之慈以畜之則無二者之患矣

【講】夫子示人以御臣妾之道曰天下之人凡其近之而可以恩勝遠之而可以威勝者無不易養也惟女子之與小人雖曰使令自我駕馭自我而實為難養也何則吾而親昵以近之也則彼玩心生而不孫於我矣吾而嚴厲以遠之也則彼懼心生而致怨於

仁足以弭其易怨之意然亦不是近是為善養之道

年四全旨

此意勉人及時進修意人之血氣三十而壯四十而定故四十為成德之時見惡謂有可惡之實而見惡於善人君子也是又在四十無聞者下矣末句有時乎時乎不再來之意

微箕比干

微子名啟食采於微故曰微子箕子名胥餘食采於箕故曰箕子微子痛殷將亡謀於箕子比干箕子答云商其淪喪我罔為臣僕詔王子出迪於是遂去○醒言云號周粟之輕千載有二義繫商鼎之重萬古有三仁

微子章旨

此章表殷三臣之同歸於仁大意似專為微箕而發蓋比干之死其仁易見微箕之去與奴其仁難窺也上節是叙下節是斷

微子節旨

去奴死先後之序當以此節書為定微子雖紂庶兄而實殷王元子去之非便歸周只遯於荒野抱器歸周在克商後箕子比干同是諫紂但箕子當紂怒未甚比干適逢紂怒甚耳叙三人事要能覷下仁字

殷有節旨

殷有三仁見三人皆心乎殷不獨死者為殷有即生者周亦不得而有也不曰三忠三義而曰三仁即一仁字可想見其纏綿悱惻繫念宗國處

士師

周禮秋官有士

柳下全旨

此章見柳下惠之和而介只重兢兢

我矣夫近之不可遠之又不可此其所以難養也然則養之道奈何亦曰莊以蒞之慈以畜之則可矣

○**子曰年四十而見惡焉**見惡是見惡於君子**其終也已**終是不復有進意【註】四十成德之時見惡於人則止於此而已勉人及時遷善改過也蘇氏曰此亦有為而言不知其為誰也【講】夫子勉人及時以有為曰成德以四十為期若年止於四十猶然有善不遷有過不改而見惡於人焉則漸向於衰而善之未遷者終不及遷過之未改者終不及改亦終於此而已矣蓋既不能勵於四十之前又安有望於四十之後此君子所以貴及時以有為也【補】末句危其辭以醒人須重看註及時二字不然伯玉五十知非衛武九十知儆晚年進德亦何可量

微子第十八

此篇多記聖賢之出處凡十一章

○**微子去之**去之是去其位以遯於荒野**箕子為之奴**為奴是解衣披髮佯狂而受囚奴之辱**比干諫而死**死是紂怒而剖視其心以死【註】微箕二國名子爵也微子紂庶兄箕子比干紂諸父微子見紂無道去之以存宗祀箕子比干皆諫紂殺比干囚箕子以為奴箕子因佯狂而受辱【講】昔殷紂無道微子諫之不聽則引其身而去之箕子諫之不聽因佯狂受辱而為之奴比干盡力極諫觸其怒剖心而死是三人者或去或奴或死其行之不同如此

○**孔子曰殷有三仁焉**三仁指上微子箕子比干【註】三人之行不同而同出於至誠惻怛之意故不咈乎愛之理而有以全其心之德也楊氏曰此三人者各得其本心故同謂之仁【講】孔子原其心而斷之曰殷有微子箕子比干之三臣者吾以為三仁焉蓋其去非忘君也以身存先世之統為殷去也其奴非懼禍也以身俟吾主之悔為殷奴也其死非沽名也以身挽社稷之墟為殷死也迹雖不同而其愛君憂國之心同出於至誠惻怛之意一而已矣謂之三仁夫何愧哉吁夫子之言一出而三子之心始白天下之論始定矣【附考】微子帝乙之長子紂之庶兄也為紂卿士紂既立淫亂於政微子數諫不聽乃曰父有過子三諫不聽則號泣而隨之人臣三諫不聽則可以去矣遂亡及周武王伐紂克殷微子乃抱祭器歸周告武王復其位後武庚誅成王乃求微子以代殷後奉其先祀國於宋箕子官太師紂諸父也紂淫佚益肆作炮烙之刑箕子諫之不聽因之乃佯狂為奴遂隱而鼓瑟以自悲至今傳箕子操後武王克殷訪於箕子箕子陳洪範武王封之朝鮮而不臣比干官少師亦紂諸父也比干見箕子諫不聽乃陳先世艱難天命不易請王洗心易行伏於象魏之門三日不去紂大怒曰比干自以為聖人矣吾聞聖人之心有七竅信有諸乎遂殺之而剖視其心後武王克殷封比干墓

○**柳下惠為士師**刑官曰士其長曰師**三黜**是屢含意**人曰子未可以去乎**去是去此國而

天寶書局精校藏板

師之職獄官之長其下有鄉士遂士方士訝士皆掌獄辭者

三黜

惠三黜於魯而不去其妻謂之曰子無乃瀆乎吾聞之君子有二恥國無道而貴恥也國有道而賤恥也今當亂世三黜而不去亦近恥矣惠曰彼為彼我為我彼雖裸裎安能汙我

女樂

呂溫賦云昔齊

守道不重戀戀依君三黜是屢黜直枉二段正解未可以去須上下抑揚看其確乎不能枉道意自見蓋直道難容雖他國皆然則去固無益枉道易合雖吾國亦可則又不必去直道事人即進不隱賢必以其道寬說不專指諫諍刑罰惠言何必去著父母之邦四字更自有惓惓宗國一番道理在

齊景全旨

此章見聖道不行於齊當日富強莫如齊聖人所願仕者也兩曰字俱是景公與其臣擬議之辭若季氏二句猶齊宣王之欲中國而授孟子室也便見不能用意蓋齊景公之待孔子故朱子謂待亦是虛禮非舉國以聽又說吾老不能用自因有晏嬰莫殫莫究一段話說在此夫子所以去齊而反於魯也

齊人全旨

此章記聖道不行於魯季桓之用孔

適他國 **曰直道而事人** 直道是不枉己徇人意人字與下人字俱指君言 **焉往而不三黜** 見無可去意 **枉道而事人** 枉道是枉己徇人意 **何必去父母之邦** 見不必去意

註 士師獄官黜退也柳下惠三黜不去而其辭氣雍容如此可謂和矣然其不能枉道之意則有確乎其不可拔者是則所謂必以其道而不自失焉者也○胡氏曰此必有孔子斷之之言而亡之矣

講 柳下惠為魯典獄之士師道不合至三黜而猶不去或人諷之曰君子之士也合則留不合則去今子三黜不用尚未可去之他邦乎惠曰吾之所以三黜者為吾事人以直道而不枉道耳惟以直道而事人則勢必難容焉往而不三黜雖去之他邦亦猶之吾魯也若以枉道而事人則勢必易合即父母之邦可以仕矣何必舍此而去耶夫直道終不可貶枉道終不可為此我所以三黜不去也又何疑哉

附考 符子云鄭人謂展禽曰魯用夫子三黜無憂色何也曰春風鼓百草鋪蔚吾不知其茂秋霜降百草零落吾不知其枯枯茂非四時之悲歡榮辱豈吾心之憂喜

○**齊景公待孔子曰** 待是以虛禮待之非舉國以聽孔子 **若季氏則吾不能** 若字作似字看季氏魯君待之最厚 **以季孟之間待之** 孟氏魯君待之稍薄季孟之間是不厚不薄意 **曰吾老矣** 老是志氣衰倦意 **不能用也** 以道大難見效言 **孔子行** 承上不能待不能用二意卻重不能用上

註 魯三卿季氏最貴孟氏為下卿孔子去之事見世家然此言必非面語孔子蓋自以告其臣而孔子聞之爾○程子曰季氏強臣君待之之禮極隆然非所以待孔子也以季孟之間待之則禮亦至矣然復曰吾老矣不能用也故孔子去之蓋不繫待之輕重特以不用而去爾

講 昔孔子在齊齊景公與其臣私議待孔子之禮曰孔子魯人也彼固習見魯君所以待季孟之禮矣吾待孔子以上卿之禮若魯季氏則為最隆而吾力不能若以待孟氏者待之則又太簡就中斟酌吾欲以季孟二者之間待之庶禮得其中而孔子可以留矣既而又曰孔子之道當年莫究累世莫殫吾今年已老矣不能以有限之年用之而行其道也夫既無待之之誠又無用之之意其不足與有為可知矣孔子豈肯虛拘哉於是接淅而行蓋可以速而速也

附考 景公將欲以尼谿之田封孔子晏嬰進曰夫儒者滑稽而不可軌法倨傲自順不可以為下崇喪遂哀破產厚葬不可以為俗游說乞貸不可以為國自大賢之息周室既衰禮樂缺有間今孔子盛容飾繁登降之禮趨蹌之節累世不能殫其學當年不能究其禮君欲用之以移齊俗非所以先細民也後景公復見孔子不問其禮

○**齊人歸女樂** 齊人指齊君臣言歸饋也饋女樂所以沮用孔子也 **季桓子受之** 之指女樂魯受而書曰季桓子罪桓子也 **三日**

人饋魯傾城八十人瑰豔絕代綺羅嬌春蓋以仲尼定魯禮樂制齊君臣斬倡優於夾谷之會復土田於汶水之濆故遏雲與廻雪實內圖而外親將敗魯之政弱齊之鄰魯君臣果不端操迷不先覺聞進淫哇之聲皆忘聖人之學城南於是考雷鼓黔雲幄結齊魯之歡受鄭衛之樂夫子則不可救其失復其迷望龜山以命操觀鳳凰而銜悽由是齊日以長魯日以微見鄰國之侵地聞志士之沾衣

季桓子

桓子平子子意如子也哀公五年三月司鐸火桓

子亦知其非附己者然不無任德之心不料甫得政而墮三都出藏甲處無不強魯而弱季者桓子已心忌之矣齊人窺見此意故以女樂沮之其不曰饋而曰歸者饋有不受歸無不受此記者書法也桓子受之則外借隙於鄰國內分謗於主君而陰以洩其強國弱家之恨三日不朝固是魯君荒淫亦是桓子絕孔子諫路處記者特書季桓見與魯君無與也只受女樂而不朝自當去孔子之行為見幾而作不必添入致膰事

楚狂章旨

此章見聖人接引楚狂之意楚狂二字通章定案肯接接輿欲聖人之隱末節不欲聞聖人之言

楚狂節旨

通節只說鳳而諷聖人意自見鳳兮二句譏其不隱往者四句諷其速隱接輿之所趨在於絕人逃世以遠害全身而已與聖人不同也鳳世治則生亂則不生則有道則見無道則隱之意接接輿必是不知姓名因其迎車而歌強名之以紀其人如荷蕢之類

孔子節旨

不朝兼君不視朝臣不往朝說**孔子行**見其不足有為郝託膰肉不至而去

註 季桓子魯大夫名斯按史記定公十四年孔子為魯司寇攝行相事齊人懼歸女樂以沮之尹氏曰受女樂而怠於政事如此其簡賢棄禮不足與有為可知矣夫子所以行也所謂見幾而作不俟終日者與○范氏曰此篇記仁賢之出處而折衷以聖人之行所以明中庸之道也

講 當定公時季桓子當國孔子為魯司寇攝行相事三月而魯國大治齊人懼其將霸用犂鉏之計以女樂歸馬蓋以沮用賢之志也使執國政者察其謀而亟反之則齊人雖智安能間無欲之主哉夫何季桓子先微服往觀而語魯君受之由是君臣之間溺於聲色而怠於政事君不臨朝臣不往朝蓋三日焉夫方用賢之日而受女樂是簡賢也三日不朝是棄禮也其不足與有為可知矣故孔子遂行蓋可以去則去也

附考 定公十四年孔子由大司寇攝行相事誅魯大夫亂政者少正卯與聞國政三月粥羔豚者弗飾價男女行者別於途道不拾遺四方之客至於邑者不求有司皆予之以歸齊人聞而懼曰孔子為政魯必霸霸則吾地近我為之先併矣犂鉏請先沮之於是選國中女子好者八十人皆衣文衣舞康樂文馬三十駟遺魯君陳於魯城南高門外季桓子微服往觀再三將受乃語魯君為周道遊往觀終日怠於政事子路曰夫子可以行矣孔子曰魯今且郊如致膰於大夫則吾猶可以止桓子卒受齊女樂三日不聽政郊又不致膰俎於大夫孔子乃作猗蘭之操曰習習谷風以陰以雨之子于歸遠送于野何彼蒼天不得其所逍遙九州無有定處世人闇蔽不知賢者年紀逝邁一身將老遂行宿乎屯而師己送之孔子歌曰彼婦之口可以出走彼婦之謁可以死敗優哉游哉聊以卒歲師己返桓子曰孔子亦何言師己以實告桓子喟然歎曰夫子罪我以羣婢故也孔子遂適衛

○**楚狂接輿歌而過孔子曰**以下六句俱是歌辭**鳳兮鳳兮**鳳即指孔子不可說鳳又說孔子**何德之衰**何是怪歎辭德衰在無道不隱上說**往者不可諫**往指先不隱言諫是諫而止之**來者猶可追**來指後來言猶可追是尚可復隱**已而已而**重言以勸其速隱**今之從政者殆而**從政指仕者殆就禍患說

註 接輿楚人佯狂避世夫子時將適楚故接輿歌而過其車前也鳳有道則見無道則隱接輿以比孔子而譏其不能隱為德衰也來者可追言及今尚可隱去已止也而語助辭殆危也接輿蓋知尊孔子而趣不同者也

講 昔孔子將適楚楚狂接輿者歌而過孔子之車前曰鳳兮鳳兮有道則見無道則隱其為德也盛矣今時何時而猶不隱是何其德之衰耶夫往者之不隱固不可諫而來者之當隱則猶可追也已而止之已而止之可以速隱矣今之天下無道其仕而從政者皆不免於危殆尚何棲棲而不隱乎夫尊之以鳳而又譏其德之衰諷之以去而又懼其禍之及是隱士與聖人之趣不同也

○**孔子下欲與之言**言是言其不可已之意**趨而避之**趨是接輿疾行避之是避孔子**不得與之言**著此一句令人情致索然黯焉神傷

註 孔子下車蓋欲告之以出處之意接輿自以為是故不欲聞而避之

子御公立於象魏之外命救火者傷人則止財可為也命藏象魏曰舊章不可忘也

接輿

接輿姓陸名通楚人也好養性躬耕以為食楚昭王時通見楚政無常乃佯狂不仕時人謂之楚狂○楚昭王聞陸通賢遣使奉金百鎰往聘請治河南通笑而不應使者去其妻曰夫子少為義豈老違之哉不如去之乃夫負釜甑妻載紝器變易姓字莫知所之

長沮桀溺

葉縣有黃城山即沮溺耕處下有東流子路問津處也高士傳頌曰悠悠沮溺

上二句是孔子有心於接輿極重下二句是接輿自絕於孔子而以狂終也

長沮章旨

此章見聖人欲以道易天下之心重一易字誰以易不與易兩相呼應沮溺避世為天下無道孔子轍環亦為天下無道沮專譏夫子其言略溺兼譏子路其言詳末節反溺之言亦以反沮也

長沮節旨

接輿書楚故長沮桀溺不復書蓋皆楚人記者因下面許多問答已得其為人故就水而借意名之曰長沮桀溺耳問津亦行路常事并無接引意

夫執節旨

不問子路而問執輿者先及其主也既知孔丘而復問魯孔丘者周流之名聞之已久也知津言老於道路自熟知之此長沮絕妙機鋒看他用個是字換卻魯之孔丘便是耳中極熟心中極厭的人了

問於節旨

滔滔以下一譏夫子救世之難一譏子路所從之非要之譏子路正以譏夫子也誰以易言天下皆亂誰人任用誰人服從把與你變易以字即把與之意且而二句不是教子路從己避世只見他不該從夫子避人也人字狹世字廣

【講】孔子聞其歌而知其為隱者不以其所趨之異而棄之遂下車欲與之言蓋將共濟夫天下也乃接輿趨而避之若不欲聞其說者夫子遂不得與之言由此觀之豈非避世之士與濟世之士其趨不同而不相為謀也哉

○**長沮桀溺**（二人姓名不傳皆記事者加之以名耳沮者止而不出溺者沈而不返）**耦而耕**（耦耕便見偕隱意）**孔子過之**（是經過其所耕之處）**使子路問津焉**（迷津是常事問津亦是無心）

【註】二人隱者耦並耕也時孔子自楚反乎蔡津濟渡處

【講】昔楚蔡間有隱士長沮桀溺二人者相與為耦而耕孔子過其所耕之地將以濟渡而未知其處因使子路問津焉

○**長沮曰夫執輿者為誰**（聖人容貌必有不類尋常故先問其人為字俱作是字看）**子路曰為孔丘曰是魯孔丘與**（魯字宜玩彼素聞魯有孔丘者恐此或姓名相同故又審一審）**曰是也曰是知津矣**（是字指孔丘知津見不待問津）

【註】執輿執轡在車也蓋本子路御而執轡今下問津故夫子代之也知津言數周流自知津處

【講】長沮不以津告乃指孔子問曰夫執轡而在車輿者其人為誰子路曰為孔丘其人也長沮曰爾所謂孔丘者是魯國之孔丘與子路曰是也長沮遂譏之曰在他人容有不知津者既為魯國孔丘則為東西南北之人也無不至之國亦無不至之津是知津矣長沮此言蓋託辭以拒子路實譏夫子之不隱也

○**問於桀溺**（復問津處於桀溺）**桀溺曰子為誰**（既知執轡為孔丘故問子路）**曰為仲由曰是魯孔丘之徒與**（究其所從正伏下責其從之之非）**對曰然曰滔滔者天下皆是也**（滔滔是當境指點蓋因水在面前也有愈趨愈下意）**而誰以易之**（誰字兼君民看誰以易之言誰與爾以治易亂二句譏孔子）**且而與其從辟人之士也**（辟人之士是因人君不用去此適彼）**豈若從辟世之士哉**（辟世之士是因天下無道終隱不出二句譏子路）**耰而不輟**（不輟不止也有自得其樂意）

【註】滔滔流而不返之意以猶與也言天下皆亂將誰與變易之而汝也辟人謂孔子辟世桀溺自謂耰覆種也亦不告以津處

【講】子路既不得於長沮又問津於桀溺桀溺亦不以津告乃問曰子為誰子路曰我為仲由也桀溺曰既為仲由是魯孔丘之徒與子路對曰然桀溺乃責之曰孔丘周流其意豈謂天下猶有可易耶今滔滔日趨於亂者天下皆是也雖欲變亂為治而上無可與之君下無可與之民固亦末之何矣將誰與變易之夫既無以變易則周流亦何為也且而與其從辟人之士於此不可則去之彼而徒勞無益也豈若從辟世之士付理亂於不知而優游自樂哉於是耰而不輟若不喻其問津之意焉

○**子路行以告**（告是舉沮溺之言告夫子）**夫子憮然曰**（憮然有身

并耜荒墟敲詢渡濟暫駐浮車飄然無答齊口致譏物情不足隱德有餘

津 渡水處曰津亦曰濟又水會處謂之津

耰 耰摩田器也布種後以耰摩田使土之開處復合曰覆種

荷蓧丈人 荷蓧丈人業人也丈人嚴莊之稱故親而老者皆稱焉高士傳頌曰丈人絕軌倨接洙賢天涯日暮雞黍是延載陳夫子尋返容輳先幾掃跡虛室依然

五穀 周禮職方氏辨九穀之數揚州荊州其穀宜稻豫州并州其穀

子路節旨
鳥獸二句反避人二句見避世之不可為天下二句反滔滔二句見易亂之不可已天下有道聖人正大有為但無須變易耳要打轉無道故欲易之意

子路章旨
此章見聖人出仕之義重不仕無義及行其義也兩句前三節是丈人接子路之禮倨於先而恭於後後二節是子路承夫子之命因其明而通其蔽

子路節旨
從而後是一段怯景仗荷蓧是一段閒情卒然問夫子以夫子威儀動止不類尋常耳須摹他不暇擇人而問急廹底意思四體二句責其不務農業孰為一句責其從師遠遊植杖而芸亦見自勤自分意

拱立節旨
子路見丈人年高而語異故敬之註隱者字勿露

止宿節旨
此丈人感於子路之敬而加以禮遇也止宿雞黍見子是三項事蓋示以畎畝可樂躬耕可食父子可親之意

世無窮之感意 鳥獸不可與同羣(以異類故不可羣)吾非斯人之徒與而誰與(斯人指君與民言徒猶類也與謂相與也)天下有道(有道是平治與滔滔相反)丘不與易也(不與二字作無用)【註】憮然猶悵然惜其不喻己意也言所當與同羣者斯人而已豈可絕人逃世以為潔哉天下若已平治則我無用變易之正為天下無道故欲以道易之耳○程子曰聖人不敢有忘天下之心故其言如此也張子曰聖人之仁不以無道之天下而棄之也【講】子路於是遂行以沮溺之言告夫子夫子聞之惜其不喻己意憮然興歎曰彼謂與其從辟人不若從辟世是謂斯世之人皆不可與同羣也不知鳥獸異類既不可與同羣則所當與同羣者斯人而已吾非斯人之徒與而誰與哉彼謂天下無道誰與易之不知若天下有道則丘不用變易之矣丘之棲棲不息欲以道易之者正為天下無道故也滔滔之說彼何其不諒吾之心也耶

○子路從而後(從夫子周流相失在後)遇丈人(丈人老人之稱)以杖荷蓧(荷擔也蓧是芸草器掛蓧於杖荷之而行)子路問曰子見夫子乎(子指丈人夫子指孔子)丈人曰四體不勤(四體是兩手兩足不勤是不事田畝)五穀不分(五穀是稻黍稷麥菽不分是不辨其類)孰為夫子(孰是誰)植其杖而芸(植杖是立其杖於地芸是取蓧去田草)【註】丈人亦隱者蓧竹器分辨也五穀不分猶言不辨菽麥爾責其不事農業而從師遠遊也植立之也芸去草也【講】昔夫子自楚反蔡子路從之而偶相失在後適遇高年之丈人以杖荷其蓧而來子路迎而問曰子曾見吾夫子乎丈人知子路為從孔子遊者乃正言責之曰今之時固稼穡食力時也汝於四體則不勤於耕於五穀亦不分其類而徒然從師遠遊顧問夫子於我我安知行路之人孰為爾之夫子乎於是植其杖而芸更不答他

○子路拱而立(是拱手竦立)【註】知其隱者敬之也【講】乃子路聞丈人之言遂拱而立以敬之蓋不敢以待己之倨而亦以倨待之也

○止子路宿(止留也宿是宿歇)殺雞為黍而食之(為黍而必殺雞見其誠設意)見其二子焉(是丈人令二子出見此其明長幼之節處)【講】丈人於是止子路宿於其家殺雞為黍而食之野人之供具可謂優厚矣復見其二子焉敬長之儀文可謂有禮矣夫丈人前倨而後恭若此固有感於子路之敬亦以示避世之為可樂也

○明日子路行以告(明日止宿之明日以告兼所責所待二意)子曰隱者也(見其非尋常農家者流)使子路反見之(反見是復見丈人此必授以與言之意如下文所云)至則行矣(至是子路復至行是丈人先行)【註】孔子使子路反見之蓋欲告之以君臣之義而

宜五種黍稷菽麥稻青州其穀宜稻麥兗州其穀宜四種黍稷稻麥雍州冀州其穀宜黍稷幽州其穀宜三種黍稷稻

逸民

說統云逸民二字乃記者所標逸非主隱逸之逸言其胸懷瀟灑不可以常格拘蓋高民也是故有以隱而逸

然亦於禮遇中看出若過作譏刺便非

明日節旨

隱者句分明是取他意思見其可與濟世故有反見之使至則行矣丈人之邈然長往子路之悵然若失情景都在此一則字中

不仕節旨

此節即夫子使反見時所授之意也不仕一句提起下皆申明此意長幼五句是責丈人忘世之非君子四句是明自己用世之意欲潔句緊帶上如之何一氣說下潔即不仕亂即廢義行義與行道不同行道在君必待遇而後行行義在我遇不遇皆當行的君子之仕就皇皇求仕之心說只此眷懷世道轍環列國便是行義

逸民章旨

此章見聖人不忍自處於逸正惓惓難忘用世處首節先紀其名中三節述其行末節乃自表其異也

逸民節旨

逸對勞言身不任天下國家之勞曰逸不曰隱者而曰逸民見其各出手眼自成一持世分量其逸皆有關於

丈人意子路必將復來故先去之以滅其跡亦接輿之意也 講 及止宿之明日子路行及夫子以丈人所責之辭所接之禮而備告於夫子夫子聞而歎之曰此賢而隱者也惜不明出處之大道耳因使子路反見之蓋欲挽之以共濟天下也而丈人逆知子路之復來故先去之及子路至則已行矣

○**子路曰不仕無義** 不仕指隱言無義是廢君臣之義 **長幼之節不可廢也** 此指上見其二子說 **君臣之義如之何其廢之** 此緊承上二句言其明於彼獨暗於此也 **欲潔其身** 潔身即獨善意 **而亂大倫** 亂大倫即廢君臣之義此上六句俱指丈人說 **君子之仕也** 君子泛說仕有汲汲行道意 **行其義也** 行是使不廢意義即君臣之義 **道之不行** 指天下無用賢之君言 **已知之矣** 言已先知道不行只因義不可廢所以汲汲於仕耳 註 子路述夫子之意如此蓋丈人之接子路甚倨而子路益恭丈人因見其二子焉則於長幼之節固知其不可廢矣故因其所明以曉之倫序也人之大倫有五父子有親君臣有義夫婦有別長幼有序朋友有信是也仕所以行君臣之義故雖知道之不行而不可廢然謂之義則事之可否身之去就亦自有不可苟者是以雖不潔身以亂倫亦非忘義以徇祿也福州有國初時寫本路下有反子二字以此為子路反而夫子言之也未知是否 ○范氏曰隱者為高故往而不返仕者為通故溺而不止不與鳥獸同羣則決性命之情以饕富貴此二者皆惑也是以依乎中庸者為難惟聖人不廢君臣之義而必以其正所以或出或處而終不離於道也 講 子路因述夫子之意而言於其家曰君臣之義無所逃於天地之間故仕則義行而不仕則無義矣夫長幼之節君臣之義均不容以偏廢者向者見我以二子則長幼之節既知其不可廢也至於君臣之義如之何其獨廢之是欲潔其一身之小節而不知亂乎君臣之大倫也亦未觀之君子耳彼君子之惓惓於仕也豈貪位慕祿乎哉正以君臣之義不可廢故出而行其以臣事君之義也若夫道之不行固已知之早矣豈可諉於道之不行而遂絕人逃世以廢此義哉子路述夫子之意如此而惜乎趨之不同也

○**逸民** 逸訓遺逸皆商周之季不得志於時者之所為 **伯夷叔齊虞仲夷逸** 商季之逸 **朱張柳下惠少連** 周季之逸 註 逸遺逸民者無位之稱虞仲即仲雍與泰伯同竄荊蠻者夷逸朱張不見經傳少連東夷人 講 記者因夫子品第夷齊以下七人之行故先紀其人曰古之人有以逸民稱者七人曰伯夷曰叔齊曰虞仲曰夷逸曰朱張曰柳下惠曰少連之七人者立心制行雖異而以賢見逸於世則同故皆謂之逸民也 補 逸則皆隱柳下惠無必隱之心如何槩以逸稱蓋以其終不遇而顯行其道也

○**子曰不降其志** 不降者高尚不屈志以立心言 **不辱其身** 不辱者清潔不污身以制行言 **伯夷叔**

者有以任而逸者其心一而已

虞仲 仲雍泰伯之弟太王之次子也仲雍與泰伯同適荊蠻荊蠻人歸之立泰伯為吳君泰伯卒無子仲雍嗣立斷髮文身裸以為飾君子曰泰伯端委以治周禮而仲雍若此豈禮也哉有由然也言其權時制宜以避災害也

夷逸 夷氏逸民隱居不仕輕世肆志或勸之逸曰吾譬則牛也寧服軛以耕於野豈忍被繡入廟而為犧乎

朱張 朱張字子弓荀卿曰大儒通則一天下窮則獨立貴名桀跖之

世風非接輿沮溺輩可比也敘次七人姓氏朱張不見稱於孔子而記者列之必當時亦曾論及而偶遺耳

不降節旨

不降不辱統夷齊一生志行言先下評語唱歎出兩人來是想慕無窮意

謂柳節旨

惠連只有降其志不求為伸只有辱其身不求為榮比之夷齊為降辱耳中倫中慮就在降辱中討出斯字總

承上文

謂虞節旨

隱對顯逮放對戒謹道雖以致用為貴然時不可出亦有獨善其身特立於污濁之世合道之清道雖以正言為常然經不可守亦有辭若詭正不失乎用晦之宜合道之權清權只在他逸處摹寫便是

我則節旨

異於是只說我之行另是一樣非揚己抑人也無可無不可以五字成文當渾含以會其意不當分析以求其義

太師全旨

此章以伶官之去見魯之衰是正意以伶官之去見夫子正樂之功是餘意太師句提起下分兩扇適是避地入是避世其去亂之心則一也摯固嘗與夫子正樂者不安於三桓之僭

齊與（此逸民之清者）講 夫子嘗稱贊而論列之曰逸民中有立志之高不肯少屈於人有持身之潔不肯少污於世者其惟伯夷叔齊與此特立獨行之士蓋清而逸者乎

○謂柳下惠少連（此與下節皆有一謂字俱是記者述夫子之言）降志辱身矣（此句輕只是和光混俗意）言中倫行中慮（異乎他人之降辱者）其斯而已矣（其指惠連斯指中倫中慮）註 柳下惠事見上倫義理之次第也慮思慮也中慮言有意義合人心少連事不可考然記稱其善居喪三日不怠三月不懈期悲哀三年憂則行之中慮亦可見矣 講 謂柳下惠少連不擇君而仕降其志矣不相時而出辱其身矣但其所言者則中乎義理之倫次其所行者則中乎人心之思慮蓋雖降志而不枉己雖辱身而不求合則惠連之所可取者在斯中倫中慮而已矣茲非和而逸者乎 附考 少連少昊氏之後其兄曰大連兩人善居喪孔子曰東夷之子達於禮者也

○謂虞仲夷逸隱居放言（隱居是遯世不出放言是肆言無忌）身中清（身謂獨善其身承隱居說清是不污）廢中權（廢謂甘於自廢承放言說權是達變）註 仲雍居吳斷髮文身裸以為飾隱居獨善合乎道之清放言自廢合乎道之權 講 謂虞仲夷逸隱居以遯世行未必中慮矣放言而無忌言未必中倫矣然其隱居而身不污也有合於道之清放言以示自廢也有合於道之權蓋雖潔身而未嘗亂倫雖高蹈而未嘗害義矣茲非放而逸者乎

○我則異於是（是字指上逸民之行）無可無不可（是無心以此為可無心以此為不可）註 孟子曰孔子可以仕則仕可以止則止可以久則久可以速則速所謂無可無不可也○謝氏曰七人隱遯不污則同其立心制行則異伯夷叔齊天子不得臣諸侯不得友蓋已遯世離羣矣下聖人一等此其最高與柳下惠少連雖降志而不枉己雖辱身而不求合其心有不屑也故言能中倫行能中慮虞仲夷逸隱居放言則言不合先王之法者多矣然清而不污也權而適宜也與方外之士害義傷教而亂大倫者殊科是以均謂之逸民尹氏曰七人各守其一節而孔子則無可無不可此所以常適其可而異於逸民之徒也揚雄曰觀乎聖人則見賢人是以孟子語夷惠亦必以孔子斷之 講 夫七人之行如是是其所不為者皆其心之有所不可也其所為者皆其心之有所可也若我則異於是也當可則可當不可則不可可與不可蓋不存乎心也我其為逸民否耶 補 蒙引七人皆有可不可不必分別孰為可孰為不可方妙

○大師摯適齊（適齊是去齊以避亂）註 大師魯樂官之長摯其名也 講 魯自夫子正樂之後一時諸伶官皆識樂之正及魯事日非三桓僭越彼樂官之長太師名摯者則去魯而適齊矣及太師既去而相率以行者不一其人矣

○亞飯干適楚（亞飯是第二次飯楚南方之國）三飯繚適蔡（蔡是小國）四飯缺適秦（秦西戎之國）註 亞飯以下以樂侑食之官干繚缺皆名也 講 由是以樂而侑亞飯之食者名干因太師之去而亦適楚焉以樂而侑三飯之食者名繚

天寶書局精校藏板

世不能污子弓是也

亞飯以下

無初飯者或初飯之官不去故不記也白虎通曰王者平旦食晝食晡食暮食凡四飯諸侯三飯大夫再飯○天子諸侯皆以樂侑食每食樂章各異各有樂師侑勸也

鼓擊磬

周禮鼓人掌教六鼓四金之音聲以節音樂以和軍旅以正田役○帝嚳使倕作鼓禮書曰鼓之播也有瞽朦者有眡瞭者書曰下管鼗鼓記曰天子賜伯子男樂則以鼗將之按周禮有鼓人無磬人有磬師無鼓師則播鼗尤司樂中之

故以適齊先之亞飲三人專司一飯之樂有每食不忘君意鼓鼗磬專司一樂之器有技窮無所試意少師佐樂則太師之貳也此三桓驅之去乎抑孔子尊之去乎非其官之罪故書職非其人之罪故書名非其心之忘魯故書地當時掌樂者或不止此八人只記其去魯者賢之也

周公全旨

此章述周公訓子以忠厚開國之道有不勝追慕意君子二字提起下以親親任賢敦故使能四平看不施兼內不弛真意外不弛儀文不外尊位重祿同好惡上大臣國所倚重其怨原非為一己恩寵起見故必推心而信用之故舊以異姓言自包得廣重在不棄以存厚道故特剔出大故說耳無求備與器使略別彼言無人不可用此言用人當盡其長而舍其短也

周有全旨

此章追思周初人才之盛重周有二字言非特一門之慶而實邦家之光也本周家氣運之隆培植之厚來乳謂產也四產皆孿生甚奇伯仲叔季之稱天然成耦況又八子皆賢周有

因太師之去而亦適蔡焉以樂而侑四飯之食者名缺因太師之去而亦適秦焉雖其所適之國不同而其潔身之志一太師之志也

○**鼓方叔入於河** 入有一往不返意較情更深 **註** 鼓擊鼓者方叔名河河內 **講** 樂必有鼓司擊鼓之官而名方叔者亦因太師之去而入於河焉

○**播鼗武入於漢** **註** 播搖也鼗小鼓兩旁有耳持其柄而搖之則旁耳還自擊武名也漢漢中 **講** 樂必有鼗司播鼗之官而名武者亦因太師之去而入於漢焉

○**少師陽** 少師佐太師者 **擊磬襄** 磬是樂器 **入於海** **註** 少師樂官之佐陽襄二人名襄即孔子所從學琴者海海島也⊙此記賢人之隱遯以附前章然未必夫子之言也末章放此張子曰周衰樂廢夫子自衛反魯一嘗治之其後伶人賤工識樂之正及魯益衰三桓僭妄自太師以下皆知散之四方逾河蹈海以去亂聖人俄頃之助功化如此如有用我期月而可豈虛語哉 **講** 至於樂官之佐為少師而名陽與夫擊磬之官而名襄者亦因太師之去而入於海焉雖其所入之地不同而其避亂之心一太師之心也噫樂官去而樂存固夫子正樂之功然而魯其衰矣

○**周公謂魯公曰** 謂是教訓伯禽受封魯國故稱魯公 **君子不施其親** 施作弛親指九族言 **不使大臣怨乎不以** 大臣在上位者怨是怨恨 **故舊無大故則不棄也** 故舊就世臣說不棄是不遺棄 **無求備於一人** 無求備是因材授任而無責備之心就待羣臣說 **註** 魯公周公子伯禽也施遺棄也以用也大臣非其人則去之在其位則不可不用大故謂惡逆李氏曰四者皆君子之事忠厚之至也○胡氏曰此伯禽受封之國周公訓戒之辭魯人傳誦久而不忘也其或夫子嘗與門弟子言之與 **講** 昔魯公受封之始周公訓戒之曰立國以忠厚為本今汝享有國矣亦知君子之道乎君子於一本九族之親則篤其親愛而不至於廢弛焉大臣不信用則怨必信任之不使怨乎不以也故舊之家先世有功德於民者有大故或在所棄無大故則賢世官不賢世祿不棄之也人不能皆全才各有所長過求之則一得者皆在所棄矣無求全責備於一人此數者皆立國之本君子之事不可以不勉也汝往欽哉

○**周有八士** 周指周初盛時言士者有才德之稱八士切一母四乳說 **伯達** 伯長也古者以伯仲叔季為少長之次達是明於義理 **伯适** 适是度量包括 **仲突** 突有傑難之才 **仲忽** 忽有綜理之才 **叔夜** 柔順不廹者得夜之道 **叔夏** 剛明不屈者得夏之義 **季隨** 隨是才能順應 **季騧** 騧是德超凡眾 **註** 或曰成王時人或曰宣王時人蓋一母四乳而生八子也然不可考矣○張子曰記善人之多也○愚按此篇孔子於三仁逸民師摯八士既皆稱贊而品列之於接輿沮溺丈人又每有惓

微者○周禮磬師掌教擊磬擊編鐘教縵樂燕樂之鐘磬

魯公

武王克商封周公於曲阜曰魯公不就封留周公爲太傅武王崩成王幼命公爲相因使元子伯禽就封於魯伯禽之魯三年而後報政周公曰何遲也伯禽曰變其俗革其禮故遲

八士

八士南宮氏周文王時皆爲虞官故晉胥臣曰文王之即位也詢於八虞及武王伐商命南宮伯達遷九鼎於洛邑命南宮适散鹿臺之財仲突以下其行事不少概見云○三仁去而殷墟

實創有也可知周之人才不止八士此特擧其萃於一門生於一母者言之以見其尤盛耳

士見全旨

此章見士當先立大節士字提起看致字有果決意思字有詳審意義敬哀皆言思致命獨不言思者死生之際惟義是徇不待思而決也四者主力行說其致知工夫則在平日其可已矣猶云必如此乃成其爲士耳責備之辭

執得全旨

此章重弘篤之學道德只是一理藏於心謂德見於行謂道不可分知行弘者不以一善自安不弘心自足也篤者貞之萬念不變不篤心自疑也凡託身道德之林者必以主張一世自任然非大受之器眞修之品故曰焉能爲有亡合上章皆子張學造切實處

問交全旨

此章見二賢論交之異門人問交亦是彼此相質正之意非不足於師也

惓接引之意皆衰世之志也其所感者深矣在陳之歎蓋亦如此三仁則無間然矣其餘數君子者亦皆一世之高士若使得聞聖人之道以裁其所過而勉其所不及則其所立豈止於此而已哉【講】昔我周盛時以歷世培植人才之澤發之爲英賢畢出之祥即一家之中有八士焉初乳所生則伯達伯适其人也再乳所生則仲突仲忽其人也雖以伯仲爲次第均之爲宅俊之才矣三乳所生則叔夜叔夏其人也四乳所生則季隨季騧其人也雖以叔季爲先後均之爲邦家之光矣夫四乳而生八子已足異矣而八子皆賢豈不爲尤異乎非我周氣運之盛何以得此惜乎今不可復覩矣【補】上章以魯初之事敘於魯衰之後此章以盛周之事敘於衰周之時皆傷今思古意

子張第十九

此篇皆記弟子之言而子夏爲多子貢次之蓋孔子自顏子以下穎悟莫若子貢自曾子以下篤實無若子夏故特記之詳焉凡二十五章

○子張曰士見危致命(士是起於凡民者見危是臨難致命即殺身成仁也)見得思義(見得是臨財思義是度其理之當得與否)祭思敬(祭是追遠敬即誠也)喪思哀(喪以送終言哀是盡自致之情)其可已矣(可字正深許之巳字只語助辭不作止字)【註】致命謂委致其命猶言授命也四者立身之大節一有不至則餘無足觀故言士能如此則庶乎其可矣【講】子張論士曰所貴乎士者貴有立身之大節耳如果見君父之危則委致其命而臨難無苟免見所得之利則思義之當取與否而臨財無苟得祭祀則思敬而致如在之誠居喪則思哀而極悲痛之切士能如此則大節無虧其可已矣

○子張曰執德不弘(執德以量言弘者器量大也不弘則小)信道不篤(信道以志言篤者志操堅也不篤則浮)焉能爲有焉能爲亡(照註以人言正鞭策其向前也)【註】有所得而守之太狹則德孤有所聞而信之不篤則道廢焉能爲有亡猶言不足爲輕重【講】子張示人以弘篤之學曰所貴乎人者道德有諸己而已苟執守其所得之德安於小成而不能含弘以大其量則德孤矣信從其所聞之道惑於疑似而不能篤實以定其見則道廢矣如此之人有之不足以爲重焉能爲有無之不足以爲輕焉能爲亡然則君子之於道德也可不擴其量而專其志也哉【補】朱子曰弘而不篤則容受太廣後隨人走作反不能守正理篤而不弘則是確信一說而或至於不通二者又須互說

○子夏之門人問交於子張(特問子張者以張夏平日意見各別其議論必有相濟處)子張曰子夏云何(是先稽其師說)對曰子夏曰可者與之(可者是益友與交也)其不可者拒之(不可者是損友)

天寶書局精校藏板

八士生而周熾

子張欲伸以己說故先詰其師說如何可者二句自是愼交正理但謂之拒便與夫子毋友氣象不同子張只駁不可者拒之句君子二句槩述所聞重容衆矜不能上我之大賢以下方就己意斷之大賢二句見不必拒人不賢二句是不能拒人如之何有三義受拒不暇無暇拒人一也人自遠我無勞我拒二也即令拒人人亦不服三也朱子云初學當如子夏之說然不可者但疎之而已拒之則已甚成德當如子張之說然有大故亦不可不絕

小道全旨

此章見君子務其遠大意小者對大而言正心修身以治人道之大者也專一家之業而治於人道之小者也惟道也故雖小必可觀惟小也故不可通之遠恐字不作或然說乃君子不爲之意是以專盡心於大道也子夏見小欲速觀此言則已進於高明矣

日知全旨

此章示人純心於學之功知字對無忘字聖賢之所謂知實在身心上體

(拒絕也)子張曰異乎吾所聞(所聞指下二句)君子尊賢而容衆(賢是成德之稱尊敬禮也衆對賢看容包涵也)嘉善而矜不能(善指一長可取者嘉稱揚也不能對善看矜憐恤也)我之大賢與(大賢即上賢與善者)於人何所不容(見不必拒人)我之不賢與(不賢即上衆與不能者)人將拒我(人指賢善之人)如之何其拒人也(見不能拒人)

【註】子夏之言迫狹子張譏之是也但其所言亦有過高之弊蓋大賢雖無所不容然大故亦所當絕不賢固不可以拒人然損友亦所當遠學者不可不察

【講】昔者子夏子張皆學於夫子之門一則篤信謹守而交主於嚴一則才高意廣而交主於寬其見不同而持以敎人亦異故子夏之門人問交於子張蓋必有疑於其師之說而欲得子張之說以折衷之也子張不遽以己意告之而先詰之曰爾師子夏必有論交者所云何如對曰子夏曰人有賢否而可不可別焉於可者則與之友其不可者拒之而勿友子夏所云者若此子張曰子夏之所云異乎吾所聞也君子之交於賢而有德者則崇奉敬事而尊之而其衆之未必賢者亦在所容而無棄絕之意焉於有善可取者則褒美樂道而嘉之而其無善而不能者亦在所矜而加憫恤之意焉夫尊賢嘉善是可者固與之也容衆矜不能其不可者亦不拒也吾所聞於君子之交固如此信如子夏之論而拒之也其將居己於大賢而拒人乎抑將居己於不賢而拒人乎不知我而誠大賢與則可者常在我以我之可自能化人之不可於人何所不容我而誠不賢與則不可者常在我以我之不可方將拒於人之可即欲拒人如之何其拒人也論交者何必以拒爲哉要之子夏之論失於隘子張之論失於濫惟以主善之心辨賢否以含弘之度待天下自無隘濫之弊而交道得矣

○子夏曰雖小道(小道亦聖人所作非異端可比但道理細小耳)必有可觀者焉(可觀兼至理所寓日用所資言)致遠恐泥(致推極也遠即大也謂修己治人遠大之業對小字看泥是達不去)是以君子不爲也(不爲內須發盡心於大道意不重排斥小道也)

【註】小道如農圃醫卜之屬泥不通也○楊氏曰百家衆技猶耳目口鼻皆有所明而不能相通非無可觀也致遠則泥矣故君子不爲也

【講】子夏示人以務本之意曰君子以遠大爲務豈徒以可觀者自限哉苟徒取其可觀雖一技一藝之小道於理亦無不該於用亦各有濟必有可觀者也然一節之能僅足以周一節之用推而致之修齊治平遠大之事恐泥焉而不通是以君子務其遠者大者而於此有所不爲也此其所以能致之遠而無不通歟

○子夏曰日知其所亡(日是每日知是會悟者亡是未知未行者)月無忘其所能(月是每月無忘是檢點記憶能是己知己行者即得自日知來)可謂好學也已矣(好學在自進不間於日月上)

【註】亡無也謂己之所未有○尹氏曰好學者日新而不失

【講】

居肆

管子曰士農工商四民者勿使雜處雜處其言龐其事亂昔聖王處士使就閒燕處工就官坿處商就市井處農就田野少而習焉其心安焉不見異物而遷

勘非如後人專為聞見之知也故所亡所能俱兼知行說日知是學能日新月無忘是學能不失好學全在日月字上見

博學全旨

此章示人致知求仁之方只重心不外馳上博學是事事都要理會篤志就學上說謂至誠懇切以求必得也切問如就自己力量能到及目前可行的來問近思以類而推只傍易曉的挨將去為仁工夫知行合一未及力行則尚少一半非四者絕無與於仁也朱子謂此方尋討個求仁門路在其中謂有此理耳

百工全旨

此章欲人篤志於學以造道上句引起下句學字須見專務意方與居肆應致字須見造極意方與成字應然唯專務故能造極只是一意註前說重居肆與為學主用功言後說重成事與致道主立志言前說着眼兩以字是正意後說亦不可少

小人全旨

此章深為文過者警意向差了卻多方回護求以掩其差舉動錯了卻巧計彌縫求以掩其錯其為小人心術之病尤在一必字

三變全旨

子夏勉人好學曰人之為學未得則有急求之心既得則有遺忘之失皆不可謂之好學也若有人於此於每日之間將理之所未知未行者汲汲以求之然又恐其久而遺忘也又必於每月之間將理之所已知已行者孜孜以習之夫知所亡既有日新之益無忘所能又有不失之功則學無間而心益純洵可謂之好學也已矣然則君子之學可不與時而俱進哉

○**子夏曰博學而篤志**博學是遠稽近考以求其理篤志是意念專一而不他求**切問而近思**切問是所問皆切己近思是所思皆身心之要**仁在其中矣**仁是心德之理其中即博學篤志切問近思之中

【註】四者皆學問思辨之事耳未及乎力行而為仁也然從事於此則心不外馳而所存自熟故曰仁在其中矣○程子曰博學而篤志切問而近思何以言仁其中矣學者要思得之了此便是徹上徹下之道又曰學不博則不能守約志不篤則不能力行切問近思在己者則仁在其中矣又曰近思者以類而推蘇氏曰博學而志不篤則大而無成泛問遠思則勞而無功

【講】子夏示人以求仁之方曰人惟無所用其心則其心放逸而不存矣誠能博以約之以廣其聞見而又篤其志焉以求必得切以問之以致其精詳而又近以思焉以求在己此皆致知之事非所以力行而為仁也然從事於此則此心有所所歛天理即此存人欲無由肆不期仁而仁自在其中矣有志於仁者勉之

○**子夏曰百工居肆**百工是百樣工匠居肆是使之不遷於異物意**以成其事**是成其造作之功**君子學以致其道**君子指學道之人學兼知行即求道之肆也致道是致乎踐修之域

【註】肆謂官府造作之處致極也工不居肆則遷於異物而業不精君子不學則奪於外誘而志不篤尹氏曰學所以致其道也百工居肆必務成其事君子之於學可不知所務哉愚按二說相須其義始備

【講】子夏勉人專務於學曰天下有其事不相類而其功則無不同者如百工皆以成事為要然百工必居於肆一心專業乃以成其事之精工百工且然而況於君子乎君子皆以致道為期然必勤於學求知其理而行其事乃以造乎道之極致然則有志於道者可不以學為專務哉

【補】致有二義道有不能自致用勇往精進之學道有不容強致用涵泳從容之學

○**子夏曰小人之過也必文**小人是為不善之人過出無心文出有意必字重看

【註】文飾之也小人憚於改過而不憚於自欺故必文以重其過

【講】子夏警文過者曰過貴於改若小人之人其有過也必曲為文飾以重其過焉此所以不能遷善而終為小人也

【補】此比過而不改更甚蓋彼只自不改此卻又自文也故註云重其過

○**子夏曰君子有三變**此君子指聖人三變自人看出**望之儼然**望是遠看儼然舉一身言**即之也**

天寶書局精校藏板

諫　孔子曰忠臣之諫君有五義焉一曰譎諫二曰戇諫三曰降諫四曰直諫五曰諷諫惟度主而行之吾從其諷諫焉

洒掃　曲禮曰凡為長

此章形容君子中和之極三變一時皆有君子自得其常但人覺其變耳儼然者手恭而足重望之便見溫者心和而氣平近之方知厲者義精而辭確聽之始識此是聖人剛柔不偏陰陽合德自然如此所謂變者神妙莫測不是儼變為溫溫變為厲也

信而全旨

此章勉人平素當積誠以動君民意兩段各重上句己雖有信必君民信之方可謂之信本文信字指人信我說註誠意惻怛是人所以信之之由信字當讀斷君民間總少信不得即勞民諫君大不得已者在信後無不可耳兩未信句反言以決信之必不可緩也只論道理必如此方盡善若當諫當勞者不得以未信借口觀比干之事君子產之使民可見

大德全旨

此章為務小節而忽大體者發上大德句重閑乃借用字出則踰矣入字帶說下句因上句來若無上句則下句便著不得一可字子夏豈忽小德者特故抑之以要歸重大德意

子游章旨

此章重教人有序上以子夏之言為

溫（即是就身邊溫指見於面者）**聽其言也厲**（厲謂是非不易）【註】儼然者貌之莊溫者色之和厲者辭之確○程子曰他人儼然則不溫溫則不厲惟孔子全之謝氏曰此非有意於變蓋並行而不相悖也如良玉溫潤而栗然【講】子夏形容中和之氣象曰君子盛德積中而光輝發外其容貌辭氣之間自人見之則若有三變焉方其遠而望之也則矜莊之貌儼然不可犯是一變也及其近而即之也則和厚之色溫然其可親若與儼然不同矣是又一變也及其有言而聽之也則嚴正之辭厲然而可憚又若與溫不同矣是又一變也夫此一君子也即之已不同於望聽之已不同於即不可謂其非三變也然變生於人之觀聽而非出於君子之有心此有道之氣象所以自別與

○**子夏曰君子**（指士大夫上有君下有民者言）**信而後勞其民**（信是平日愛民之心出於至誠而民信於我者兩而後字見方可意勞民如力役之征伕道之使是也）**未信則以為厲己也**（己指民言此句只反言以見其當信意）**信而後諫**（信是平日忠君之心出於至誠而君信於我者諫如匡君之過正君之德是也）**未信則以為謗己也**（己指君言此句亦只反言以見其當信意）【註】信謂誠意惻怛而人信之也厲猶病也事上使下皆必誠意交孚而後可以有為【講】子夏勗居官者曰君子以一身處上下之間未有忠愛不孚而遽可以有為者其使民也必其愛民之誠意已積於平日俾民心允孚乎我而信之矣而後興當為之役以勞其民斯民祇見其愛而忘其勞焉苟未信而遽勞之則民不諒其上之愛我惟見其事之不堪將以為虐下而厲乎己也其事君也必其忠君之誠意已裕於平時俾君心素諒夫我而信之矣而後進讜直之言以諫其君斯君惟嘉其忠而行其諫焉苟未信而遽諫之則君不諒其臣之納忠惟見其言之逆耳將以為訕上而謗乎己也然則有事上使下之責者當知所先矣【補】呂云信非徒為諫勞地而諫勞必先信而後可也

○**子夏曰大德不踰閑**（大德指綱常倫理言不踰是不過閑是規矩法度）**小德出入可也**（小德指威儀文辭食息起居之類出入承閑字來或出自閑外或入在閑內可也是無害意）【註】大德小德猶言大節小節閑闌也所以止物之出入言人能先立乎其大者則小節雖或未盡合理亦無害也○吳氏曰此章之言不能無弊學者詳之【講】子夏欲人崇大節曰人於綱常倫理之間凡大節所繫而為大德者能不踰其矩度之閑則立身之大本已不虧矣至於日用細微之小德雖或少有出入未盡合理亦無害也苟不務先立其大而徒拘拘小廉曲謹之為奚足貴哉

○**子游曰子夏之門人小子**（小子指眾弟子）**當洒掃應對進退**（洒掃先以水洒地而

者糞之禮必加帚於箕上以袂拘而退其塵不及長者以箕自鄉而扱之
應對進退
曲禮曰謀於長者必操几杖以從之長者問不辭讓而對非禮也見父之執不謂之進不敢進不謂之退不敢退不問不敢對長者與之提攜則兩手奉長者之手負劍辟咡詔之則掩口而對侍坐於先生先生問焉終則對侍坐於君子君子問更端則起而對從於先生不越路而與人言遭先生於道趨而進正立拱手先生與之言則對不與之言則趨而退從長者而上丘陵

主子游譏子夏之教見本末不可偏廢子夏論教當以序進見始終不可或紊本末先後字是眼目

子游節旨
子游之譏門人小子正是譏子夏之教當即當其事之當以洒掃等為末其所謂本雖未說出然指正心誠意之事可知註解大學不說到齊治平就學者分上說也

聞之節旨
君子之道九句極曲折上三句只是體用一致教不可缺意序不可紊是下六句意然上三句下二孰字是緊對子游抑末也二句作轉語非正言不可缺也乃是揭過不可缺起下不可紊其大指歸於教人有序不是兩截分開大註宜玩草木中有大小大者條幹已成生意已足從根灌溉可也小者生意未成尚須培植擁護事非一端猶教小子以小學正以收其放心養其德性而大學之道將由此而漸進也不然則誣之矣子夏語氣至焉可誣也已盡末二句用聖人反照學者見先後一貫之難

仕而全旨
此章見仕與學當各先其所重而後

後以帚掃之應對以辭令言進退以威儀言則可矣可是僅可之意抑末也抑字是轉語末是小學末務本之則無本照註作大學正心誠意看無是無所能如之何是不可意

【註】子游譏子夏弟子於威儀容節之間則可矣然此小學之末耳推其本如大學正心誠意之事則無有

【講】昔子夏以篤實為學故教人先從下學用功子游不知而譏之曰道有本有末今子夏之門人小子當其洒掃及應對進退之間儀節詳習則有可觀矣抑此不過小學之末務也若大學正心誠意之事為本之所在則全未能有如之何其可也

○子夏聞之聞之是聞子游之言曰噫噫是怪歎聲言游過矣言是子游姓過是失言君子之道君子是施教者道是教人之道孰先傳焉孰後倦焉孰字活看言本末俱缺不得的是孰子夏譏其有傳有倦之意駁之譬諸草木區以別矣言草木有大小小者不與大者同培養比學者有淺深淺者不與深者同教化君子之道道亦是教人之道焉可誣也焉可誣正自明必有序意有始有卒者始即末卒即本言有使便有卒是合下一齊都有不假漸次意其惟聖人乎不重贊聖人只重惟字見小子不能

【註】倦如誨人不倦之倦區猶類也言君子之道非以其末為先而傳之非以其本為後而倦教但學者所至自有淺深如草木之有大小其類固有別矣若不量其淺深不問其生熟而概以高且遠者強而語之則是誣之而已君子之道豈可如此若夫始終本末一以貫之則惟聖人為然豈可責之門人小子乎○程子曰君子教人有序先傳以小者近者而後教以大者遠者非先傳以近小而後不教以遠大也又曰洒掃應對便是形而上者理無大小故也故君子只在謹獨又曰聖人之道更無精粗從洒掃應對與精義入神貫通只一理雖洒掃應對只看所以然如何又曰凡物有本末不可分本末為兩段事洒掃應對是其然必有所以然又曰自洒掃應對上便可到聖人事愚按程子第一條說此章文意最為詳盡其後四條皆以明精粗本末其分雖殊而理則一學者當循序而漸進不可厭末而求本蓋與第一條之意實相表裏非謂末即是本但學其末而本便在此也

【講】子夏聞之而歎曰噫言游謂我教門人以末而不教以本斯言過矣據游之言得無見我之先傳而遂疑我之後倦乎亦未觀之君子耳君子教人之道有先以末者亦其教之不得不先而非有心於先之也孰先傳焉有後以本者亦其教之不得不後而非有心於後之也孰後倦焉但學者所至有可告以本者有未可告以本者譬諸草木之有大小其區類固有別矣若不量其造詣之淺深工夫之生熟概以本之高且遠者強而語之是誣之而已君子教人之道正欲成就後學而焉可誣也彼洒掃應對小學之始事也正心誠意大學之卒事也若夫有始而即有卒舉始終本末一以貫之者其惟生安之聖人然後能之乎以聖人之所能者而遽責之門人小子誣耶非耶噫游之言誠過矣

○子夏曰仕而優則學仕是行其理於世優是公餘之暇學即究其所仕之理學而優則仕學是學其理於

則必鄉長者所視毋踐屨毋踖席摳衣趨隅必慎唯諾

堂堂

孔子曰自吾得師前有光後有耀是可想見堂堂處

及其餘也上句爲已仕者言則仕重而學爲餘功故必先盡仕之事下句爲方學者言則學重而仕爲餘功故必先盡學之事重讀兩優字見註前解之妙急讀兩則字見註後解之妙

喪致全旨

此章見臨喪以哀爲本子游平素考究喪禮至此獨言哀者是探本之論即夫子寧戚之意

吾友全旨

此子游以未仁規子張朱子云所謂難能者蓋美之之辭而有譏之之意故又曰然而未仁則非直以是爲未仁矣註誠實是心之德惻怛是愛之理

堂堂全旨

此亦曾子私規子張之失上章見仁貴求之至近此章見仁貴修其在內威儀爲定命之符學者容貌豈不要彬雅今但曰堂堂則是務外自高便難與爲仁語氣直下與前有然而一轉者不同

吾聞全旨

此章指親喪以感發人之至情欲人自識其本心也居喪是人道之大變所謂眞情乃愛親之人心天理所發現者內註主自然說外註主當然說看本文是內註自然意而一乎字咏

已優是學成之候仕即行其所學之理〔註〕優有餘力也仕與學理同而事異故當其事者必先有以盡其事而後可及其餘然仕而學則所以資其仕者益深學而仕則所以驗其學者益廣〔講〕子夏論仕與學者當各知所重也曰當仕之時則仕爲重必致君澤民待職業閒暇而優乎其有餘力焉則用其功於學以稽乎典籍之間是其學也非以妨乎仕而適以資乎仕矣當學之時以學爲重必修德明道待涵養純熟而優乎其有餘力焉則推其學於仕以見諸行事之實是其仕也非以妨吾學而適以驗吾學矣有仕與學之責者其可不知所重哉

○**子游曰喪致乎哀而止**〔註〕致極其哀不尚文飾也楊氏曰喪與其易也寧戚不若禮不足而哀有餘之意愚按而止二字亦微有過於高遠而簡略細微之弊學者詳之〔講〕子游崇本意曰世人多趨於末以吾觀之於居喪者但於其哀痛之心推之以致其極而止何以文飾爲哉不然哀有未至吾恐其餘不足觀矣爲人子者其知所重乎

○**子游曰吾友張也**張是子張**爲難能也**爲難能是爲人所難爲之事**然而未仁**然而字是轉語未者難定之辭莫直說不仁〔註〕子張行過高而少誠實惻怛之意〔講〕子游箴子張之失曰吾友若張也有過高之才其所爲皆人所不能爲是難能也然而少誠實惻怛之意未免心馳於外其於仁則未也曷若返諸切近乎〔補〕李岱雲曰說未仁却該得大了既少誠實惻怛雖不爲難能也未仁

○**曾子曰堂堂乎張也**前難能以才言此堂堂以貌言**難與並爲仁矣**並猶共也兼人己說〔註〕堂堂容貌之盛言其務外自高不可輔而爲仁亦不能有以輔人之仁也○范氏曰子張外有餘而內不足故門人皆不與其爲仁子曰剛毅木訥近仁寧外不足而內有餘庶可以爲仁矣〔講〕曾子規子張之務外曰朋友所以輔仁若堂堂乎威於容貌之張也其務外自高之氣象如此則於己無體認密察之功人固不可輔之爲仁於人無切偲觀感之助己亦不能輔人爲仁蓋難與之並爲仁矣夫以張之賢而難與並爲仁惟誠之不足耳張可不急反其所習哉〔補〕王觀濤謂略重人難輔彼爲仁一邊此主規子張之失說然朱子或問云曾子之學主於誠身其言必反諸己則又重在己難資其輔一邊故照註兼兩邊說爲是

○**曾子曰吾聞諸夫子**是聞夫子平日之言**人未有自致者也**人是常人自字作自己說而自然意在其中**必也親喪乎**必是決然意親喪就哀痛迫切眞情上說是事之自致者〔註〕致盡其極也蓋人之眞情所不能自已者○尹氏曰親喪固所自盡也於此不用其誠惡乎用其誠〔講〕曾子欲人自識其眞心曰吾聞諸夫子云人之用情未有不待人勉而自盡其極者也若自盡其極而不容已者必也親喪乎蓋他事尚待人勉只有親喪出於人之眞情不待人勉也〔補〕饒雙峰曰乎字有感

嘆不盡則外註勉人當盡之意已在其中

孟莊子

孟莊子速獻子之子也左傳襄公十六年秋齊侯圍成孟孺子速徼之齊侯曰是好勇去之以為之名速遂塞海陘而還

不改臣政

獻子歷相三君五十年魯人謂社稷臣莊子年少嗣立且與季武子宿同朝宿父文子忠於公室宿不能守而改之莊子獨不然不改臣如董父仍為車右豐點仍為御驕是也不改政如平甘之歧一聘宋良法伐邾之舉一脈鄭遺風是也

陽膚

陽膚武城人曾

孟莊全旨

此章舉孟莊子繼述之孝以示訓夫子嘉莊子全在以孝作忠世濟其美上朱子謂人固有用父之臣者然稍拂他私意自容不得亦有行父之政者於私意稍有不便處自行不得所以不改為難註獻子有賢德句須看使不賢又以改為孝矣

孟氏全旨

此章曾子動陽膚以恤刑之心重哀矜上上失二句原其犯罪之由如得二句示以治獄之仁蓋士師無變俗之權所司者刑故移下一層說註使字內兼養意迫於不得已應使之無道陷於不自知應教之無素情是犯罪之情所謂罪狀也得情而喜則太刻之情或溢於法外得情而矜則不忍之意常行於法中

紂之全旨

此章子貢借紂以警人不是代紂分疏只見下流之決不可居耳不善即荒淫縱欲之類不如是之甚中便有如是之甚而亦不容辭之意在故下以是以直接之下流是借來字義惡居工夫全在慎始謹微上

動人意事親莫大於死生之際人之所當自盡者也人當如是而猶有不能者聖人所以寓微意而感動之

○**曾子曰吾聞諸夫子孟莊子之孝也**孝字要照不改二句然只虛說**其他可能也**此句非貶他只形起下難能來重不湮先德上非僅不忍忘親**其不改父之臣與父之政**臣是父所任用者政是父所設施者**是難能也**

註　孟莊子魯大夫名速其父獻子名蔑獻子有賢德而莊子能用其臣守其政故其他孝行雖有可稱而皆不若此事之為難

講　曾子述孟莊子繼述之孝曰吾聞諸夫子云孟莊子之孝也其他事生喪死雖足為孝然猶可能也惟於父沒之後不改父所用之臣與父所行之政是真難能也蓋人情多惡老成而喜新進作聰明而亂舊章而況於得以自專之日乎獻子有賢德為魯社稷臣則其臣必賢其政必善而莊子嗣立不以己私而悖父德其孝不誠難能也哉吾所聞於夫子者如此是則莊子之孝得夫子而益彰矣

○**孟氏使陽膚為士師**士師獄官之長**問於曾子**問是問治獄之道**曾子曰上失其道**上是居上治民者失其道是失使民教民之道**民散久矣**民散只不親遜意非散四方也**如得其情**情是犯法之實情**則哀矜而勿喜**哀矜全是不忍心腸喜字與哀矜反

註　陽膚曾子弟子民散謂情義乖離不相維繫謝氏曰民之散也以使之無道教之無素故其犯法也非迫於不得已則陷於不知也故得其情則哀矜而勿喜

講　魯大夫孟氏使陽膚為典獄之士師陽膚以士師之道問於曾子曾子告之曰汝為士師亦知民犯法之由乎蓋今之為民上者失其所以使民教民之道故其尊卑上下之際情義乖離各相爭訟其來久矣是其犯法也非迫於饑寒而不得已則陷於罪戾而不自知汝於折獄之時如得其犯法之情實則當念其不得已之故與其不自知之由而哀憐矜恤之慎勿喜己之明察為能發奸摘伏也如此則用法平恕而士師之任無忝矣

○**子貢曰紂之不善**紂是商之君不善是所為無道**不如是之甚也**甚是指惡名所歸說**是以君子惡居下流**惡非惡人乃自警戒之意**天下之惡皆歸焉**天下之惡即上文所謂甚也

註　下流地形卑下之處眾流之所歸喻人身有污賤之實亦惡名之所聚也子貢言此欲人常自警省不可一置其身於不善之地非謂紂本無罪而虛被惡名也

講　子貢儆人之為不善曰古今之言不善者必曰商紂甚矣自我言之紂之不善不至人言如是之甚也特以紂自置身於不善之地而居天下之下流耳蓋地之下者眾流所歸人之下者亦眾惡所聚是以君子不敢為惡而惡居下流正以一居下流則天下之惡皆歸焉亦如人之所以歸紂惡名者矣人可不惕然自省哉

子弟子七人陽膚其一也

日月之食　史伯璠論曰晦朔日月之合東西同度南北同道則月掩日而日為之食望而日月之對同度同道則月亢日而月為之食

公孫朝　路史云衛支庶之姓有公孫氏

叔孫武叔　武叔成子之子

左傳哀公十一年春齊國書帥師伐魯及清武叔以政在季氏

君子全旨　此章見君子不諱過而能改過正與文過小人相反如日月之食見一過必改如日月一食必復其明也要得君子小心敬畏意過也更也明貼君子而皆見皆仰略帶日月意

衛公全旨　此章見仲尼之學無常師朝只在聞見上索解焉學之問甚淺子貢所答即中庸所謂憲章文武也朝意夫子師在人子貢謂夫子師在道未墜在人一反一正相足之辭賢者讀書學道之人識其大從講究來如老聃郯子之屬不賢者行不著習不察之人識其小從聞見來如太廟祝史之屬賢者二句分說莫不有句合說焉學疑其有常師焉不學即無常師末句正答其問非贊語也

叔孫章旨　此章見聖道之深數仞及肩以造位高卑言室家美富以蘊藉淺深言俱是借言形容

叔孫節旨　語於朝欲阻其用也按子貢晚見用

○子貢曰君子之過也過是無心失理如日月之食焉日月之食是暫時而晦喻君子暫時有過意過也人皆見之皆其也見之謂見君子之過本無所掩護來更也人皆仰之更改也仰是欽仰此二句正見其如日月之食意【講】子貢論君子之善處過曰人孰能無過若君子之過也一如日月之食焉方其有過也不自隱諱人皆得而見之及其更也則復於無過人又皆仰之夫過而人皆見一日月之暫晦也更而人皆仰一日月之旋復也不猶日月之食而無傷於明乎人不當以過棄君子矣

○衛公孫朝問於子貢曰仲尼焉學學以師言焉學是從何師而學【註】公孫朝衛大夫【講】昔衛公孫朝慕聖人而不知故問於子貢曰吾觀仲尼禮樂文物古今事變無所不通必有所從學也不知果焉學乎蓋意夫子有常師也

○子貢曰文武之道未墜於地是未喪失意在人人即下賢不賢之人賢者識其大者賢者是識見宏通大者是道之大綱要領不賢者識其小者不賢者只識見淺近非庸愚也小者是道之小節細目莫不有文武之道焉承賢不賢來兼起下二句之義夫子焉不學猶言何者不學而亦何常師之有是無一定師之意【註】文武之道謂文王武王之謨訓功烈與凡周之禮樂文章皆是也在人言人有能記之者識記也【講】子貢曰子疑夫子之焉學亦未知其得統於文武耳文王武王之道盡於謨訓功烈散於禮樂文章至今尚未墜於地在人猶得而傳之如才智敏達而賢者則識其綱領之大者即才智稍劣而不賢者亦識其條目之小者蓋莫不有文武之道存焉識大識小皆有道夫子或從賢者而學之或從不賢者而學之焉往而不學即焉往而非師而亦何常師之有然則能無不學無不師者是乃夫子之所以為夫子耳【補】蔡虛齋曰謨訓見於言語者功烈見於事為者禮樂文章見於政治者如此解文武之道便見不是論道之全體

○叔孫武叔語大夫於朝曰語是告朝是朝廷之上子貢賢於仲尼賢猶勝也【註】武叔魯大夫名州仇【講】叔孫武叔語眾大夫於朝曰人皆以仲尼為聖人自我觀之子貢之聰明才辨殆賢於仲尼斯言也不惟不知仲尼抑亦不知賜矣

○子服景伯以告子貢子服景伯亦魯大夫告是心中不足武叔之言子貢曰譬之宮牆宮牆謂宮外之牆賜之牆也及肩

不欲出戰季孫使冉求從於朝武叔呼而問戰焉冉求曰君子有遠慮小人何知武叔曰是謂我不成丈夫也退而蒐乘○家語叔孫武叔見於顏回武叔多稱人之過而已評論之回曰吾子之來辱也宜有得於回焉吾聞諸孔子曰言人之惡非所以美已言人之枉非所以正已故君子攻其惡無攻人之惡

於魯懼吳之强曉太宰嚭而舍衛侯說吳伐齊詰陳成子而反其侵地魯人賢之故武叔云爾

子服節旨

宮牆句虛含夫子子貢在內及肩下須補室淺意室家之好如穎悟之才通達之器皆是

夫子節旨

數仞下須補宮廣意門以內禮樂輝煌於俎豆宗廟之美也冠裳師濟於班行百官之富也

得其節旨

上不得其門只帶言之尚未屬人此得其門句方實指人不說其言之悞反說所云之宜最妙

毀仲全旨

此章見聖道之高無以為二句虛他人四句正言仲尼之不可毀只就仲尼說人雖欲以下正言無以為也方就武叔說賢字指道德日月喻高不喻明可踰無得踰自帶丘陵日月說不然如何下個踰字何傷於日月亦是借喻語蓋本文原自正喻夾帶指點也

陳子章旨

此章見聖人之神化不可及重在第

及肩喻造詣之卑窺見室家之好宮牆外望曰窺室家之好喻威儀文辭之盛【註】牆卑室淺【講】子服景伯述其言以告子貢蓋不足武叔之言也子貢曰凡人之造詣其高下淺深各有不同譬之內宮外牆之間可見焉賜之道阻於上達猶夫牆之卑也止於及肩而已牆卑則室淺而中之所有可一覽而盡也故人皆得窺見其室家之好固不必入門而後知矣【補】析說云室家宗廟百官都在宮裏分別不關牆事惟宮有不同故牆有高卑牆之高卑只以喻難見易見非以牆之高卑較聖賢分量也

○夫子之牆數仞數仞喻造詣之高不得其門而入門是宮門不得便在牆外不見宗廟之美美比道德之光輝百官之富富比德德之充實【註】七尺曰仞不入其門則不見其中之所有言牆高而宮廣也【講】若夫子之牆也道隆於峻極而莫踰蓋有數仞之高也牆高則宮廣是必入其門而後見其所有而苟不得不得其門而入則不得見其壯麗中藏輝乎宗廟之美與其森列內蘊廓乎百官之富焉

○得其門者或寡矣者指人言或未定之辭此句泛說夫子之云云指子貢賢於仲尼之言不亦宜乎宜是當有是言【註】此夫子指武叔【講】今之人皆宮牆外望者也求其得入夫子之門而觀其美且富者蓋或寡矣若夫子正不得其門而入者也求之既無其端望之莫得其際其云賜賢於仲尼而以室家之好加美富之上也不亦宜乎藉令得門而入於數仞之中而縱觀乎美富當爽然自失矣敢云賜賢乎哉

○叔孫武叔毀仲尼毀是毀謗子貢曰無以為也此說武叔無用毀為仲尼不可毀也此方就仲尼身上言之他人之賢者他人泛指羣聖人說丘陵也是喻其高有限猶可踰也踰過也就他人之賢說仲尼日月也照註貼至高說無得而踰焉就仲尼說人雖欲自絕人是造謗之人暗指武叔自絕就毀謗說其何傷於日月乎此日月就借指仲尼多見其不知量也正深斥武叔【註】無以為猶言無用為此土高曰丘大阜曰陵日月喻其至高自絕謂以謗毀自絕於孔子多與祇同適也不知量謂不自知其分量【講】叔孫武叔前言仲尼不及子貢至是又毀謗之子貢曉之曰無用此毀為也仲尼固不可得而毀也如他人之賢者所造雖高不過丘陵也猶可得而踰越也仲尼之為聖直是日月也懸象於天高視古今併無得而踰越焉人雖欲毀謗以自絕於聖人之教其何傷損於日月之高乎祇見其不知己之分量也而何以毀為哉

○陳子禽謂子貢曰謂是私相議子為恭也子指子貢為恭只照上兩章看仲尼豈賢

天寶書局精校藏板

三節聖德無可形容故擬之於天猶恐子禽未曉故末節又抽出功業之感言之然功業自道德中來非有兩層

陳子節旨
為恭兼兩義一是師自當推遜見不為過一是師不得不故為推遜見非其實

君子節旨
三句俱從說末補責子禽意一言二字重知不知就品題人物上見側重不知句言不可不慎是責其不謹言非教以謹言也

夫子節旨
不可及意全在猶天上說出階字最要體貼如善信美大皆有階級可循至大而化之便懸絕了故不可階而升此就夫子全體說蓋合下便是生安從容是以無迹可尋無途可至而為生民來所未有

得邦節旨
此就事功上明聖化同天意所謂六句原就帝王已然之治說俱現成語四斯字極重見神速意聖人立道綏動感之之妙天下立行來和應之之神蓋天之德不可形容即生物而見造化之妙聖人之德不可形容即感人而見神化之速如之如其可及與上文不可及緊相呼應

於子乎只是尊子貢勿貶仲尼〔註〕為恭謂為恭敬推遜其師也〔講〕陳子禽謂子貢曰子之於仲尼也譬之以宮牆喻之以日月乃務為恭敬以推遜夫師也若以實論之仲尼豈誠賢於子乎

○子貢曰君子一言以為知君子指學者說此一言以當理言知是有知人之明一言以為不知此一言以失理言不知是無知人之明言不可不慎也慎正跟一字來〔註〕責子禽不謹言〔講〕子貢責之曰君子之評論人也一言之得人即以為知一言之失人即以為不知知與不知係於一言如此故言不可以不慎也子何為此不知之言耶

○夫子之不可及也不可及以神化言猶天之不可階而升也升登也此句正形容其不可及意〔註〕階梯也大可為也化不可為也故曰不可階而升也〔講〕豈以夫子為可及耶不知夫子之聖神無方而化無體其德之高於天下人不可幾及之也猶天之以形高天下人不可階梯而升也及之且不可而況賢之乎

○夫子之得邦家者是設言為王者之佐所謂所謂字貫至哀字止立之斯立立是養說斯立即民得其養道之斯行道就教說斯行即民從其教綏之斯來綏是立之固來是民心愛戴意項上養說動之斯和動是道之深和是民風丕變意項上教說其生也榮榮是尊親之其死也哀哀是思慕不忘如之何其可及也此句正應上不可及意〔註〕立之謂植其生也道引也謂教之也行從也綏安也來歸附也動謂鼓舞之也和所謂於變時雍言其感應之妙神速如此榮謂莫不尊親哀則如喪考妣程子曰此聖人之神化上下與天地同流者也○謝氏曰觀子貢稱聖人語乃知晚年進德蓋極於高遠也夫子之得邦家者其鼓舞羣動捷於桴鼓影響人雖見其變化而莫窺其所以變化也蓋不離乎聖而有不可知者存焉聖而進於不可知之神矣此殆難以思勉及也〔講〕惜夫子未得邦家其不可及者無以自見耳如使夫子得邦家而治之則其神化當何如哉正所謂制田里之政而立之以植其生則民斯立而無不植其生明理義之教而道之以復其性則民斯行而無不復其性綏之於既立之後而益廣其安養之澤則民斯來而愛戴歸附自不可禦動之於既道之後而益善其鼓舞之術則民斯和而於變時雍自不容已其德化感人之速如此將見其生也蒙立道綏動之化者莫不尊親而人皆榮之其死也懷立道綏動之化者如喪考妣而人皆哀之其德化入人之深又如此此皆盛德之所致有莫知其所以然而然者甚矣夫子之治一天之治也如之何其可及也此所謂不可階而升也而子乃謂我曰仲尼豈賢於子誠不自知其不知之失也哉〔補〕新安陳氏曰前言夫子之不可及以其德之化不可為者言也終言如之何其可及以其神化之不可測者言也看來化不可測正即其化不可為處

堯曰章旨

此章歷敘堯舜禹湯武之事見孔門之授受不越乎二帝三王之道也前八節詳述帝王之事末節統論帝王之道執中一句乃千古相傳要法通體骨子

堯曰節旨

咨字一讀劈頭下個咨字便把兢兢業業擔子交付允執句是叮嚀之辭中字在政事上說受命之始即以永終言之為戒深切

舜亦節旨

要玩亦字雖加以危微精一之訓不過發明允執其中一句無他旨也

予小節旨

此節總是既放桀而告諸侯之辭予小子六句乃是追述語見伐桀之舉出於天而脫然無利天下之心朕躬四句則就當下說見天下之責在於己而惕然有天下之懼此即湯之中矣告諸侯亦欲其共體此心以治天下也簡在句雙承上二句一說單指帝臣更爽

周有節旨

此下五節記者零碎收拾湊成武王一段事實或舉其辭或述其事句句要見反商之政是即武王之中矣玩註大賚即指富善人而言非上句指賚百姓下句指善人也

雖有節旨

玄牡

檀弓曰夏后氏尚黑大事斂用昏戎事乘驪牲用玄殷人尚白大事斂用日中戎事乘翰牲用白周人尚赤大事斂用日出戎事乘騵牲用騂

堯曰第二十 凡三章

○**堯曰咨爾舜**（爾指舜言）**天之歷數在爾躬**（此句以德當天心下之爾躬指舜身上言）**允執其中**（允執是真個執得其字指道中是恰好的道理）**四海困窮天祿永終**（二句反執中說）

註　此堯命舜而禪以帝位之辭咨嗟嘆聲歷數帝王相繼之次第猶歲時節氣之先後也允信也中者無過不及之名四海之人困窮則君祿亦永絕矣戒之也

講　昔帝堯禪位於舜而命之曰咨嗟哉爾舜也自古帝王之興皆受天之歷數吾以爾德之升聞者而上觀天道下驗人心天之歷數當在爾躬矣然豈易承也哉亦視其執中何如耳天下萬事萬物莫不有中爾於事事物物惟擇其中允執而用之而無過不及之差則四海蒙福而天降其永享矣苟不能執而致四海之困窮則上天所與之祿自此而永絕矣歷數安能為汝有哉其戒命之辭如此

○**舜亦以命禹**（亦字重見中外無道也）

註　舜後遜位於禹亦以此辭命之今見於虞書大禹謨比此加詳

講　後舜禪位於禹亦以此辭命之雖加以精一之訓視昔為詳要亦不過執守此中焉耳此舜之授禹而禹之所以得統於舜者也

補　舜告禹添得人心惟危道心惟微惟精惟一是允執以前事乃教禹做工夫處人心謂私欲道心謂天理危者危殆而不安微者微妙而難著精則察乎人心道心之間一則常守道心而不失如此方能允執其中

○**曰予小子履**（曰是湯說予小子是卑辭）**敢用玄牡敢昭告于皇皇后帝**（昭告是明說皇皇后帝是尊稱上帝之辭）**有罪不敢赦**（有罪指桀）**帝臣不蔽**（帝臣指天下賢人）**簡在帝心**（簡是鑒閱意兼命討言帝心即天心）**朕躬有罪**（朕是人君謙稱有罪指過舉說）**無以萬方**（萬方指天下之民說）**萬方有罪**（指未能遷善去惡言）**罪在朕躬**（以統馭失道言）

註　此引商書湯誥之辭蓋湯既放桀而告諸侯也與書文大同小異曰上當有湯字履蓋湯名用玄牡夏尚黑未變其禮也簡閱也言桀有罪已不敢赦而天下賢人皆上帝之臣已不敢蔽簡在帝心惟帝所命此述其初請命而伐桀之辭也又言君有罪非民所致民有罪實君所為見其厚於責己薄於責人之意此其告諸侯之辭也

講　禹之後應歷數而有天下者商湯也湯之放桀而告諸侯曰予向之伐桀也請於帝曰予小子履敢用玄色之牡敢昭告於皇皇后帝桀之有罪我不敢赦而弗誅天下賢人皆上帝之臣我不敢蔽而不用蓋其有罪也有德也皆已簡閱自上帝之心我惟聽上帝之命而已敢違之而不誅不用哉吾之請命以伐桀者如此而今既為天子其責任尤有甚重者朕躬若有過舉乃自己致之無與於爾萬方也若萬方有過舉實我一人撫馭失道而致之其罪在朕躬此則命討之公自責之厚而湯之得統於禹者其誥戒如此也

○**周有大賚**（周指武王言大賚是

天寶書局精校藏板

權量

漢律歷志云權者銖兩斤鈞石也所以稱物輕重也量者龠合升斗斛也所以量物多少也日知錄云古帝王之於權量其於天下則五歲巡狩而一正之虞書同律度量衡是也其於國中則每歲而再正之月令仲春日夜分則同度量鈞衡石角斗甬正權概仲秋日夜分則同度量平權衡正鈞石角斗甬是也

興滅繼絕

上二句據人事而見奉天伐商有必克之理下二句即己咎而決救民伐商有難辭之勢皆誓師一時之言一說百姓有過二句與萬方有罪二句同意不必依蔡傳

謹權節旨

權量合在官在民言謹之令畫一也法度包得廣審是斟酌參伍歸於義理之中廢官是應有之官修是重新修復使官各理其事也三者政之大綱惟三者舉而後四方之政可行

興滅節旨

三項俱是理當如此而民心自歸之也上節紀綱嚴肅森然一統規模此節恩澤浩大藹然太和氣象

所重節旨

三件最切民生日用故重之所以敦化之本也

寬則節旨

四者典謨誓誥所不載記者見得上數節內已有此意故揭此以結之見帝王之道有所合也得衆有功民任說作現成看重寬信敏公上通章雖言治法實即心法帝王之道不能外一中字泛言之則曰寬曰信曰敏曰公約言之則只曰中而已

遍天下而錫予之也故曰大**善人是富**善人是有德行之人富是加厚意【註】此以下述武王事賚予也武王克商大賚於四海見周書武成篇此言其所富者皆善人也詩序云賚所以錫予善人蓋本於此【講】湯之後應歷數而有天下者武王也當代商之後發財發粟大賞賚於天下然非人人而富之惟善人是厚而已其賞善之公如此○**雖有周親**周親指商家之子孫言**不如仁人**仁是有德之稱仁人指周家之臣言**百姓有過在予一人**過咎也言百姓皆咎我不伐紂予一人武王自謂【註】此周書泰誓之辭孔氏曰周至也言紂至親雖多不如周家之多仁人【講】當伐商之初誓師之辭有曰紂雖有至親之多皆離心離德不如周家之多仁人我今既獲仁人之助若不往征商罪則百姓皆有過責在予一人矣伐商其容已乎其伐暴之果如此○**謹權量**權是使稱量適均意**審法度**審是使因革適宜意**修廢官**修是使賢能適用意廢官即紂所擯斥者**四方之政行焉**四方指各侯國言政即上三事行是無阻滯意【註】權稱錘也量斗斛也法度禮樂制度皆是也【講】及天下已定之後於權量則謹之使輕重多寡各適其中也於法度則審之使因革損益各得其當也於廢官則修之使惟賢惟能各舉其職也是舉商之玩弊而廢墜者一旦整飭而維新之四方靡不改觀易聽而奉行新天子之典章矣政其有不行耶○**興滅國**興是復起意滅國指有人無國者說**繼絕世**繼是求旁支以續其嗣絕是指有國無人者說**舉逸民**舉是舉用逸民是紂所擯棄者**天下之民歸心焉**歸心是悅服意總承上三句說【註】興滅繼絕謂封黃帝堯舜夏商之後舉逸民謂釋箕子之囚復商容之位三者皆人心之所欲也【講】不特此也至於前代帝王之後於無其國而久滅者則興之錫之土以復其舊也於有其國而世已絕者則繼之立之人以延其祀也於賢人之遺逸者則舉之釋其囚而復其位也是舉紂之所翦滅而播棄者一旦建立而顯揚之天下靡不慰望順欲而思蒙聖天子之德澤矣民心有不歸焉者耶○**所重民食喪祭**重是急先務意【註】武成曰重民五教惟食喪祭【講】至其所尤重者民之食喪祭焉蓋食以養生喪以送死祭以報本而人道之終始備矣重之者所以立人紀而厚風俗也此皆反商政之虐由舊政之仁而武王之得統於湯者又如此○**寬則得衆**寬是包含徧覆得衆是天下歸附**信則民任焉**信是號令不欺民任是天下依庇**敏則有功**敏自勤政不怠言有功是庶事畢舉**公則說**公自賞罰無私言說是民心悅服【註】此於武王之事無所見恐或泛言帝王之道也○楊氏曰論語之書皆聖人微言而其徒傳守之以明斯道者也故於終篇具載堯舜咨命之言湯武誓師之意與夫施諸政事者以明聖學之所傳者一於是而已所以發明二十篇之大旨孟子於終篇亦歷敘堯舜湯文孔子相承之次皆此意也【講】夫二帝三王之為治如此要不出於寬信敏公四者之道焉寬以御衆則天下知吾量之能容而衆於我乎愛戴矣信以

樂記曰武王克殷反商未及下車而封黃帝之後於薊封帝堯之後於祝封帝舜之後於陳下車而封夏后氏之後於杞投殷之後於宋封王子比干之墓釋箕子之囚式商容閭而復其位庶民弛政庶士倍祿

因利

民居五土所利不同山者利其禽獸渚者利其魚鹽中原利五穀人君因其所利使各居其所安

從政章旨

此章記孔子論政以繼帝王之治五美以道心運用四惡從人心縱肆一尊一屏法戒昭然

從政節旨

純然無疵之謂美有妨於治之謂惡尊有敬以持之之意屏有嚴以絕之之意君子二字貫下惠勞欲泰威俱就政事上說惠勞是施於人者欲泰威是存於己者美全在不費不怨不貪不驕不猛上五可字不可忽過朱子謂五句只虛籠令子張自不容不問

何謂節旨

因民利一段重因字因時於天因宜於地因力於人其中有多少區畫在擇可勞一段重擇字三農有隙此時之可勞者也一勞永逸此理之可勞者也擇其事擇其人擇其輕重擇其緩急皆是仁凡一切教養愛人之政皆本心之無私來故欲仁得仁只我心固有之理而已無衆寡三句一氣讀統上兩無字歸併下一無字可知敬心純一則自無愧怍泰固從小心中來也衣冠瞻視不徒在形色上求裏面有誠字在故非猛五段中須看

出令則天下知吾誠之足恃而民於我乎倚仗矣敏以圖治則無怠無荒百度振舉而有功矣公以裁物則無偏無黨百姓誠服而欣悅矣夫析言之有是四者之道約言之則曰中而已吾夫子生於堯舜禹湯武之後而得其聖學之傳者又豈有外於此哉

○子張問於孔子曰何如斯可以從政矣 從政只泛說行政不作為天子 子曰尊五美 尊見衆美之必集意 屏四惡 屏見纖惡之必除意 斯可以從政矣子張曰何謂五美 是究五美之實 子曰君子惠而不費 惠是恩澤不費是不損財 勞而不怨 勞是役使不怨是不憤恨 欲而不貪 欲是心有所慕不貪是人不以我為過取 泰而不驕 泰是舒泰不驕是無矜高意 威而不猛 威是莊嚴不猛是不過於嚴厲

講 昔者子張以為政之道問於夫子曰必何如圖治斯可以從政矣夫子告之曰政之利於治者有五美焉則必尊而奉行之政之害於治者有四惡焉則必屏而絕去之斯可以從政而無難矣子張又問曰何謂五美夫子告之曰從政之君子惠以及人而不費己之財此惠之美也勞民之力而不致民之怨勞何美也心有所欲而不病於貪欲何美也體常舒泰而不見其驕非泰之美乎有威可畏而不見其猛非威之美乎所謂五美者如此子欲為政惟於五者尊之可矣

○子張曰何謂惠而不費 施惠於人必費於己其疑處重在不費上 子曰因民之所利而利之 因依也民所利乃天地間自然之利利之如制田里教樹畜之類 斯不亦惠而不費乎 斯字承上句說 擇可勞而勞之 擇字見不妄勞意可勞是不得已之事如築城鑿池之類 又誰怨 又字亦承上句說 欲仁而得仁 仁指仁心仁政 又焉貪君子無衆寡 衆寡以人言 無小大 小大以事言 無敢慢 是馭人臨事無不敬意 斯不亦泰而不驕乎 在無敢慢上見 君子正其衣冠 衣冠是文乎身者 尊其瞻視 瞻視是出乎身者 儼然人望而畏之 儼然是威重之貌屬君子身上說畏是畏敬 斯不亦威而不猛乎 在臨之以莊上見

講 子張欲聞五美之實而先問之曰惠於人者必費於己果何以謂惠而不費夫子乃備舉其實而告之曰因民有天地自然之所利而為之經制教導以利之其利之出於民者初未嘗損於己也斯不亦惠而不費乎擇其可勞之事

三不亦字二又字皆是指點美處

四惡節旨

上三者是急迫之惡屬不仁下一件是悠緩之惡屬不智虐以立教言暴以作事言賊以出令言有司以用財言不戒亦與慢令相似但不戒無心故曰暴慢令出於有心故曰賊出納者出於我而納於彼正言與也有司之吝是本職若為政者而出此則全是猜嫌疑慮之心亦最害事豈不為惡

知命章旨

此章示人以當知之要是聖學之始事三節照註平看三知字一層進一層三以字即有把柄意

知命節旨

此命字粗就定數說與五十知天命不同知命後尚有修身以俟工夫首篇不亦君子是已到君子地位此無

為國計民生所賴者而勞之則佚道以使民民自忘其勞也又誰怨於我乎欲求仁心仁政之施而即得以盡其仁則自有而自得非有取於人也又焉至於貪乎君子無論人之衆寡無論事之大小皆主於敬無敢以慢心處之則動無不敬而自然安舒非矜肆以長傲矣斯不亦泰而不驕乎君子正其衣冠之服尊其瞻視之容儼然在上人咸望而畏之則臨之以莊而自然嚴重非暴厲以虐人矣斯不亦威而不猛乎此五美之實為政者之所當尊也

○子張曰何謂四惡是究四惡之實子曰不教而殺殺亦有時當用者惡在不教上謂之虐虐言其忍也不戒視成視成是不可少者惡在不戒上謂之暴暴言其躁也慢令致期致期亦所宜然者惡在慢令上謂之賊賊是有意害之猶之與人也見前後要與的出納之吝慎與未為不善但吝所當與便是惡謂之有司有司是司倉庫財帛之人**註**虐謂殘酷不仁暴謂卒遽無漸致期刻期也賊者切害之意緩於前而急於後以誤其民而必刑之是賊害之也猶之猶言均之也均之以物與人而於其出納之際乃或吝而不果則是有司之事而非為政之體所與雖多人亦不懷其惠矣項羽使人有功當封刻印刓忍弗能予卒以取敗亦其驗也○尹氏曰告問政者多矣未有如此之備者也故記之以繼帝王之治則夫子之為政可知也**講**子張又問曰五美之實固如此矣敢問何謂四惡夫子又告之曰為政者欲民不為惡則當素教之若平時不教民為善而遽殺其不善是殘酷不仁而謂之虐凡有所興作則當先戒之若不戒之於先而遽考視其成是急遽無漸而謂之暴凡有號令則當致嚴之若故緩其令於前而刻期責之於後是有意害民而謂之賊至於有功當賞即斷然與之而人始蒙其惠若或先或後不免於與是均之以物與人也而於出此納彼之際乃或吝而不果是為人守財不得自專者所為則謂之有司之事而非為政之體矣此四惡之實為政者之所宜屏也誠能於所當尊者而尊之於所宜屏者而屏之則從政亦何難哉**補**夫子告顏淵為邦示以法戒告子張為政示以美惡蓋惟戒而後法盡善惟屏而後尊無疵也

○子曰不知命此知字便有信而安之意命以氣數言即吉凶禍福之命無以為君子也君子與僥幸小人對看**註**程子曰知命者知有命而信之也人不知命則見害必避見利必趨何以為君子**講**夫子示人以當知之要曰人之所當知者有三一曰知命一曰知禮一曰知言蓋命稟於有生之初者也人必知命則臨利害之際惟命是安處無愧於君子矣苟不知命則見害必避見利必趨是亦僥倖苟免之人而已其何以為君子乎故命不可以不知也

○不知禮此知字便有守之之意禮以一身威儀揖遜之節言無以立也立是有持循意**註**不知禮則耳目無所加手足無所措**講**禮所以檢身者也人必知禮則以之持循而在我有據可與立矣苟不知禮則耳目手足無所範圍而事物得以搖奪之

以為君子是方做根腳
知禮節旨
據註禮字就外面說蓋為初學言耳
但照立於禮看是從外說入內
知言節旨
言有是非有淺深有真偽註得失二
字皆該得知人兼古今賢不肖說更
完密

矣其何以能立乎故
禮不可以不知也○**不知言**此知字要有窮理工夫言是人之言**無以知人也**知人是辨其立心之邪正【註】言之得失可以
知人之邪正○尹氏曰知斯三者則君子之事備矣弟子記此以終篇得無意乎學
者少而讀之老而不知一言為可用不幾於侮聖言者乎夫子之罪人也可不念哉【講】言者人心之聲也人必知言則在人無遁情而
邪正從可知矣苟聽其言而不能知其是非得失之所以然則人之邪正無自而辨遂失其取舍之則
矣其何以知人乎故言不可以不知也知斯三者而上以達天內以成己外以盡人而自修之要得矣【補】慶源輔氏
曰知命則在我者有定見知禮則在我者有定守知言則在人者無
遁情知斯三者則內足成己之德外足盡人之情是故君子之事備

新訂
四書補註備旨

孟子

新訂
四書補註備旨

孟子集註序說

史記列傳曰孟軻趙氏曰孟子魯公族孟孫之後漢書註云字子車一說字子輿趙氏名岐字邠卿東漢京兆人騶人也騶亦作鄒本邾國也受業子思之門人子思孔子之孫名伋音急索隱云王劭以人為衍字而趙氏註及孔叢子等書亦皆云孟子親受業於子思未知是否慶源輔氏曰子思之門人無顯名於後者而孟子真得子思之傳則擬親受業於子思者爲是而集註兩存其說蓋自古聖賢固有闕而知之者不必待傳面命而後得也又以中庸一書觀之所以傳授心法開示蘊奧如此其至則當時門弟子豈無見而知之者孟子從而受之愈益光明亦宜有之也○西山真氏曰七篇之書其出乎中庸者非一其曰四端云者則未發之中中節之和也蓋仁義禮知性也所謂大本也惻隱羞惡辭讓是非情也所謂達道也其日禹稷顏回同道孔子仕止久速者則君子而時中也其曰鄉原亂德者則小人而無忌憚也其曰子莫執中者時中之反也其曰曾子北宮黝之勇者南北方之強也其曰仁之實事親義之實從兄禮之實節文斯二者則仁者人也親親為大義者宜也尊賢為大親親之殺尊賢之等禮所生也其曰堯舜性之湯武反之則自誠明之謂性自明誠之謂教也其曰天下國家之本在身則為天下國家有九經也至於誠者天之道思誠者人之道一章之義悉本於中庸尤足以見淵源之所自道既通趙氏曰孟子通五經尤長於詩書程子曰孟子曰可以仕則仕可以止則止可以久則久可以速則速孔子聖之時者也故知易者莫如孟子又曰王者之迹熄而詩亡詩亡然後春秋作又曰春秋無義戰又曰春秋天子之事故知春秋者莫如孟子尹氏曰以此而言則趙氏謂孟子長於詩書而已豈知孟子者哉游事齊宣王宣王不能用適梁梁惠王不果所言則見以為迂遠而闊於事情按史記梁惠王之三十五年乙酉孟子始至梁其後二十三年當齊湣王之十年丁未齊人伐燕而孟子在齊故古史謂孟子先事齊宣王後乃見梁惠王襄王齊湣王獨孟子以伐燕為宣王時事與史記荀子等書皆不合而通鑑以伐燕之歲為宣王十九年則是孟子先游梁而後至齊見宣王矣然考異亦無他據又未知孰是也新安陳氏曰謹按通鑑綱目周顯王三十三年乙酉孟軻至魏慎靚王二年壬寅魏君薨卒孟軻去魏適齊五年乙巳燕君噲以國讓其相子之赧王元年丁未齊伐燕取之分註但云齊王其下即書孟軻去齊赧王二年戊申即齊閔王地元年閔即湣字伐燕一事史記以為齊湣王十年丁未蓋以顯王四十六年戊戌為齊閔王元年通鑑以為宣王十九年丁未蓋以顯王三十七年己丑為宣王元年史記通鑑之不同蓋如此證以通鑑綱目丁未宣王卒閔王立戊申方改元則丁未乃宣王末年閔王繼位之年蓋未能的知伐燕

之爲先君事與嗣君事也以諱齒事證之闕王爲是孟子謂爲宣王恐傳寫之訛耳無所
折衷姑以綱目爲據云
當是之時秦用商鞅倚兩反楚魏用吳起齊用孫子田忌天下方務於合從連衡
從子容反衡與橫同○新安陳氏曰蘇秦主合從之說欲合六國爲一以抗秦張儀主連衡之說則離六國之交以事秦六國謂楚燕齊韓趙魏也
以攻伐爲賢而孟軻乃述唐虞三代之德是以所如者不合退而與萬章之徒序詩書述仲尼之意作孟子七篇
趙氏曰凡二百六十一章三萬四千六百八十五字韓子曰孟軻之書非軻自著軻既沒其徒萬章公孫丑相與記軻所言焉耳愚按二說不同史記近是

大 孟子集註序說

韓子名愈字退之諡文公
唐鄧州人○問序說謂史記近是而集註於滕文公篇首章云門人不能盡記其辭又第四章云記者之誤如何朱子曰前說是後兩處失之熟讀七篇觀其筆勢如鎔鑄而成非綴緝可就也論語便是記錄綴緝所爲非一筆文字矣○新安陳氏曰愚聞或疑易繫辭有子曰字以爲非孔子作朱子曰安知非後人所加如周子自著通書五峯列之每章加周子曰字今讀孟子亦當會此意

韓子曰堯以是傳之舜舜以是傳之禹禹以是傳之湯湯以是傳之文武周公文武周公傳之孔子孔子傳之孟軻軻之死不得其傳焉荀與揚也擇焉而不精語焉而不詳

程子曰韓子此語非是蹈襲前人又非鑿空撰得出必有所見若無所見不知言所傳者何事

荀子名況戰國時趙人揚子名雄漢蜀郡人○朱子曰此非深知所傳者何事則未易言也堯舜之所以爲堯舜以其盡此心之體而已禹湯文武周公孔子傳之以至於孟子其間相望有或數百年者非得口傳耳授密相付屬也特此心之體隱乎百姓日用之間賢者識其大不賢者識其小而體其全且盡者則爲得其傳耳

○又曰孟氏醇乎醇者也荀與揚大醇而小疵

程子曰韓子論孟子甚善非見得孟子意亦道不到其論荀揚則非也荀子極偏駁只一句性惡大本已失揚子雖少過然亦不識性更說甚道

荀子

大 孟子集註序說

性惡篇人之性惡其善者僞也今人之性生而有好利焉有疾惡去聲焉有耳目之欲好聲色焉然則從人之性順人之情必出於爭奪合於犯分亂理而歸於暴故必將有師法之化禮義之道音導然後出於辭讓合於文理而歸於治然則人之性惡明矣其善者僞也○揚子修身篇人之性也善惡混修其善則爲善人修其惡則爲惡人氣也者所適善惡之馬也歟○朱子曰韓子謂荀揚大醇小疵非是由田駢愼到申不害韓非之徒觀之則荀揚爲大醇耳○程子說荀揚等語是就分金稱上說下來

○又曰孔子之道大而能博門弟子不能徧觀而盡識也故學焉而皆得其性之所近其後離散分處上聲諸侯之國又各以其所能授弟子源遠而末益分惟孟軻師子思而子思之學出於曾

子自孔子沒獨孟軻氏之傳得其宗故求觀聖人之道者必自孟子始程子曰孔子言參也魯然顏子沒後終得聖人之道者曾子也觀其啓手足時之言可以見矣所傳者子思孟子皆其學也問大是就渾論處說傳是就該貫處說否朱子曰韓子亦未必有此意但如此看亦自好問學焉而皆得其性之所近日政事者就政事上學得文學者就文學上學得德行言語者就德行言語上學得○慶源輔氏曰韓子但言孔門諸子惟曾子之學獨傳而有子思孟軻然不言其所以獨傳之故故程子又從而發明之以為曾子只緣資質魯鈍故用功於內者深篤確實觀其啓手足之言所謂一息尚存此志不容少懈者此聖道之所以終傳而有子思孟子之學也○又曰揚子雲

曰古者楊墨塞先則反路孟子辭而闢之廓苦郭反如也夫音扶楊墨行正道廢孟子雖賢聖不得位空言無施雖切何補然賴其言而今之學者尚知宗孔氏崇仁義貴王賤霸而已其大經大法皆亡滅而不救壞爛而不收所謂存十一於千百安在其能廓如也然向無孟氏則皆服左衽而言侏音朱離矣張存中曰後漢南蠻傳云衣裳斑闌語言侏離侏離蠻夷語言不分朗之聲也故愈嘗推尊孟氏以為功不在禹下者為去聲此也新安陳氏曰自夫楊墨行至安在其能廓如也皆是雜辭揚中之抑只著向無孟氏二句斡轉而斷之以孟氏功不

在禹下盡之矣孟子闢揚墨功不在禹治洪水下者洪水溺人之身異端陷溺人心心溺之禍甚於身溺故也

或問於程子曰孟子還可謂聖人否程子曰未敢便道他是聖人然學已到至處愚按至字恐當作聖字朱子曰若以孟子比孔子時說得高然孟子道性善言必稱堯舜又見孟子說得實○慶源輔氏曰未敢便道他是聖人以其行處言學已到聖處以其知處言也孟子論大而化之之謂聖聖而不可知之之謂神與夫聖智巧力之譬精密切當非想像臆度之所能及是其學已到聖處也然其英氣未化有露圭角處故未敢便道他是聖人此其權度審矣○程子又曰孟子有功於聖門不可勝平聲言仲尼只說一箇仁字孟子開口

便說仁義仲尼只說一箇志孟子便說許多養氣出來只此二字其功甚多○又曰孟子有大功於世以其言性善也○又曰孟子性善養氣之論皆前聖所未發慶源輔氏曰言性善使資質美者開之必求復其本然而充其善資質不美者聞之亦知所自警而不流於惡言養氣使氣質剛柔不齊者勇猛奮發於道義而無巽懦怯弱之弊皆發夫子所未發其功多蓋在此此所以有大功於世也○又曰學者全要識時若不識時不足以言學顏子陋巷自樂音洛以有孔子在焉若孟子之時世既無人安可不以道自任○又曰孟子有些英氣才有英氣便有圭

角英氣甚害事新安陳氏曰英氣甚害事蓋責賢者備之辭如顏子便渾厚不同顏子去聖人只毫髮間孟子大賢亞聖之次也或曰英氣見形甸反於甚處曰但以孔子之言比之便可見如字且如冰與水精非不光比之玉自是有溫潤含蓄氣象無許多光耀也覺軒蔡氏曰聞之程子又曰仲尼元氣也顏子春生也孟子并秋殺盡見仲尼無所不包顏子示不違如愚之學於後世有自然之和氣不言而化者也孟子則露其材蓋亦時然而已仲尼天地也顏子和風慶雲孟子泰山巖巖之氣象也觀其言皆可見之矣仲尼無迹顏子微有迹孟子其迹著孔子儘是明快人顏子儘豈弟孟子儘雄辯○慶源輔氏曰英氣是剛明秀發之氣此自是好底氣質若消化未盡猶

有圭角則有時而發學要變化氣質須渾然純是義理如張子所謂德勝於氣性命於德方始是成就處又曰言心聲也德之符也有德者必有言若就言上看得分明則其德無餘蘊矣王有溫潤含蓄氣象所以為寶人有溫潤含蓄氣象所以為聖也其理一也

楊氏曰孟子一書只是要正人心教人存心養性收其放心至論仁義禮智則以惻隱羞惡辭讓是非之心為之端論邪說之害則曰生於其心害於其政論事君則曰格君心之非一正君而國定千變萬化只說從心上來人能正心則事無足為者矣大學之脩身齊家治國平天下其本只是正心誠意而已心得其正然後知性之善故孟子遇人便道性善朱子曰心得其正然後知性之善語若有病蓋知性之善然後能正其心心得其正然後有以真知性之為善而不疑耳○慶源輔氏曰人能正心則事無足為者其語亦失之太快觀大學正心之後於脩身齊家治國平天下更有工夫在歐陽永叔名脩廬陵人却言聖人之教人性非所先可謂誤矣人性上不可添一物堯舜所以為萬世法亦是率性而已所謂率性循天理是也外邊用計用數假饒立得功業只是人欲之私與聖賢作處天地懸隔慶源輔氏曰此段句判斷二帝三王及漢唐以後為治之道所以不同明白詳盡

孟子集註序說

新訂四書補註備旨上孟卷之一

粵東鄧　林退庵先生手著
裔孫　煜耀生編次
寶安祁文友珊洲先生重校
江甯後學杜定基起元增訂

孟子
孟軻一字子車魯公族孟孫後也父激公宣母仉氏母夢神人乘雲跨龍鳳自泰山來將止於嶧凝視久之忽見片雲墜而寤時閭巷皆見五色雲覆孟氏居而孟子生焉孟子三歲喪父母有賢德篤於教子幼而嬉戲三徙之勞莫憚稍長就學斷機之訓維嚴孟子娶田氏生子名仲子年八十四○孟子曰人皆知有其田而莫知糞其心糞心博學多聞之謂又

孟子章旨
此章孟子以仁義格君之利心斥利言仁義是孟子一生學問首節見王本為行仁義之道次節王專問利則非來梁之心矣王何必節一章綱領四節深言求利之害五節決言仁義之利末節是足上之辭須還他結體方與前不同

孟子節旨
見梁王在欲行道上不徒答其禮

不遠節旨
古人尚年以叟為相尊之辭此亦字從儀秦輩生來梁王之非不止在利又在利吾國三字只曉得有吾便不知有大夫士庶人了

對曰節旨
言利而曰何必有斷然不必言意言仁義而曰已矣有舍此無可言意這兩句且就理欲上看到下文乃陳出利害來此亦字隱然接堯舜湯文周孔之緒

孟子 此書孟子述唐虞三代之道辨義利之微崇王賤霸明性善闢邪說發明孔聖之遺教分為上下七篇

梁惠王章句上 凡七章

○孟子 姓孟名軻字子輿鄒人受業子思之門人 見梁惠王 見梁惠王者答其禮也 〔註〕梁惠王魏侯罃也都大梁僭稱王謚曰惠史記惠王三十五年卑禮厚幣以招賢者而孟軻至梁 〔講〕昔孟子當時以道自重不見諸侯因惠王卑禮厚幣之招故自鄒至梁而見之蓋將冀其道之行而展其仁義之學也

○王曰叟 叟是尊之之辭 不遠千里而來 指自鄒至梁言 亦將有以利吾國乎 〔註〕叟長老之稱王所謂利蓋富國强兵之類 〔講〕惠王溺於功利之習乃問孟子曰齒德惟叟寡人素所仰慕也今自鄒至梁不憚千里之遠而來亦將有富國强兵之策而可以利益吾國乎

○孟子對曰 以臣答君故曰對 王何必曰利 何必是斷然不可意利是人欲之私 亦有仁義而已矣 仁義是天理之公而已矣者見此外別無可言意 〔註〕仁者心之德愛之理義者心之制事之宜也此二句乃一章之大旨下文乃詳言之後多倣此 〔講〕孟子對曰王欲圖國事何必以利為言哉亦有仁義之可言而已矣外此別無可言者也

○王曰何以利吾國 王曰是體王口氣說何以是多方圖謀意 大夫曰何以利吾家 大夫是有家者 士庶人曰何以利吾身 士庶人是有身者 上下交征利 上是王下是大夫士庶人 而國危矣 此句收上起下 萬乘之國弒其君者必千乘之家 此是為萬乘者危 千乘之國弒其君者必百乘之家 此是為千乘者危 萬取千焉千取百焉 二取字作得字看此十分取一之制 不為不多矣 是分所當安意 苟為後

天寶書局精校藏板

曰人皆知以食愈飢莫知以學愈愚○惠王三十五年孟子始至梁明年惠卒襄立即去梁遊齊

梁惠王

惠王魏武侯擊之子其先周文王庶子畢公高封於畢後絕封爲庶人至畢萬事晉獻公伐霍有功封於魏爲大夫數傳至桓子與趙襄子韓康子共滅智伯分其地桓子之孫文侯斯遂與韓氏趙氏列爲諸侯營即文侯孫也因徙都大梁故亦名梁

鴻鴈

鴈陽鳥狀似鵝

何以節旨

此節反覆言利之害以首句爲主王者大夫士庶人之倡也三曰字皆心口計較之辭自王曰至國危矣是從利上推到有害處萬乘四句申說國危看兩必字畢竟上人受虧萬取千焉三句又咏歎一番以起下義字單言義者以義主斷制對利言尤切後義二句就下之人說其端却開自上

未有節旨

此節的確指仁義之利上說弑奪則無君親極矣若夫仁義絕無此禍未有二字是反上文而決言之本文仁義主在下言註補人君躬行一層是根二者也字正照大夫士庶說仁屬親義屬君就字面分貼其實王爲一國之君親也

王亦節旨

此總結上前緊接惠王言利來故開口先一語截斷而後進之以仁義此接不遺不後來故先說仁義以致丁寧而再言利以爲深戒孟子直望王行仁義而不求利不只說不說便罷

王立章旨

此章見人君當公其樂於民關鍵在

義而先利後義是以義爲緩先利是以利爲急**不奪不饜**奪是弑上而奪其利不饜是心不足【註】此言求利之害以明上文何必曰利之意也征取也上取乎下下取乎上故曰交征國危謂將有弑奪之禍乘車數也萬乘之國者天子畿内地方千里出車萬乘千乘之家者天子之公卿采地方百里出車千乘也千乘之國諸侯之國百乘之家諸侯之大夫也弑下殺上也饜足也言臣之於君每十分而取其一分亦已多矣若又以義爲後而以利爲先則不弑其君而盡奪之其心未肯以爲足也【講】夫我所謂王不當言利者正以求利必有害也今王爲一國之主如一旦曰何以利吾國但見利風一倡人皆效尤則大夫有家者亦將曰何以利吾家士庶人有身者亦將曰何以利吾身上欲利其國則取於下下欲利其身家則取於上上與下交相征利其禍終歸於上而國危矣國危何如天子若萬乘之國而或弑其君者必千乘公卿之家諸侯君千乘之國而或弑其君者必百乘大夫之家地位相近則凌奪易生必然之勢也夫先王制地定法天子萬乘其公卿得十之一而取千乘焉諸侯千乘其大夫得十之一而取百乘焉十分取一不爲不多矣揆之於義亦可相安苟爲下者以義爲後而惟利是先其勢不至盡奪其君之利不足以饜其心也求利之害如此

○**未有仁而遺其親者也**未有是決言其必然意仁指愛上說親指父母**未有義而後其君者也**義主敬上說【註】此言仁義未嘗不利以明上文亦有仁義而已之意也遺猶棄也後不急也言仁者必愛其親義者必急其君故人君躬行仁義而無求利之心則其下化之自親戴於己也【講】若舍利而言仁義則何如仁主於愛而愛莫先於愛親不仁而遺其親者有之矣未有人君躬行夫仁其下胥化夫仁而反遺其親者也義主於敬而敬莫先於敬君不義而後其君者有之矣未有人君躬行夫義其下胥化夫義而反後其君者也仁義之利又如此

○**王亦曰仁義而已矣何必曰利**此節明指利害與前面虛說不同【註】重言之以結上文兩節之意○此章言仁義根於人心之固有天理之公也利心生於物我之相形人欲之私也循天理則不求利而自無不利徇人欲則求利未得而害已隨之所謂毫釐之差千里之謬此孟子之書所以造端託始之深意學者所宜精察而明辨也○太史公曰余讀孟子書至梁惠王問何以利吾國未嘗不廢書而歎也曰嗟乎利誠亂之始也夫子罕言利常防其源也故曰放於利而行多怨自天子以至於庶人好利之弊何以異哉程子曰君子未嘗不欲利但專以利爲心則有害惟仁義則不求利而未嘗不利也當是之時天下之人惟利是求而不復知有仁義故孟子言仁義而不言利所以拔本塞源而救其弊此聖賢之心也【講】夫利與仁義以理欲而論已有當言不當言之辨而況其利害相去之遠耶王亦曰仁義以收尊親之效而已矣何必曰利以啟危亡之禍哉【補】說統云戰國之君中利已深口空空以仁義挽回必不見信故必反覆相形指陳利害而後可曲引之於仁義也

○**孟子見梁惠王**此寓梁時復進見也**王立於沼上**曲池曰沼**顧鴻鴈麋鹿**顧視也**曰**

而小夜泊洲渚飛有先後行列秋南而春北鴻其鴈之大者也○月令孟春鴻鴈來言自南而來北也仲秋鴻鴈來言自北而來南也季秋鴻鴈來賓言仲秋先至者為主季秋後至者為賓也

麋鹿

鹿好聲而相比陽類也故夏至感陰氣而角解麋多慾而善迷陰類也故冬至感陽氣而角解鹿性喜林麋性喜澤按此釋麋鹿與集註異

靈臺

說苑日積憂為愛積愛為仁積仁為靈靈臺所以為靈者積仁也

湯誓

夏王率遏衆力

偕樂獨樂上引文王夏桀證賢不賢一法一戒重法文王邊章內民字最宜著眼

王立節旨

王立沼上疑是接見後同遊於囿若謂沼上非見賢之所則豈見王之所乎王問是疑辭不是斷辭

賢者節旨

此孟子迎其機而導以樂此之歸賢者也玩而後字正是難辭以賢者句為主不賢句只反足上意耳賢不賢內要隱伏民字此且虛說下正詳之

經始節旨

此正申賢者而後樂此之意在一偕字上見引詩不在寫物景在寫民情詩所言皆民樂君之辭靈臺之有所囿囿中有沼併以遊觀耳經始勿亟以候日景占星象望雲物也其下有又追言之正要呌起子來以見民樂之意是詩人極形容處於字亦是民之歎美兩王在重看禽魚各得其所咸遂其性在物如此於人可知文王以民力下只衍詩意古之人二句方是斷辭釋詩重民歡樂句加以美名樂其所有總跟歡樂來與民偕樂謂也能樂自民樂其樂見得通節精神只結聚在一故字

時日節旨

此正申不賢者雖有此不樂之意在

賢者亦樂此乎賢者指君之賢者此字指所立所顧說 註 沼池也鴻鴈之大者麋鹿之大者 講 孟子他日復見梁惠王蓋欲因時啟沃以決其仁義之行也王親近尊禮孟子與之立於沼上顧視鴻鴈麋鹿而問曰不知賢者之君亦樂此乎蓋猶自疑之也

○孟子對曰賢者而後樂此賢者二字重顛樂此含能享意不賢者雖有此不樂也含不能享意 註 此一章之大指 講 孟子不縱其欲亦不拂其欲惟因其所樂而引之以當道故對曰王毋謂賢者不樂此也惟賢者之君而後乃樂此若不賢者之君雖有此亦將不樂也

○詩云經始靈臺經始是量度之初經之營之經度基址營謀方位庶民攻之之字俱指靈臺不日成之不日是甚言其速意經始勿亟勿亟亦是視民如子意庶民子來子民是詠所以不日成之之故王在靈囿因臺及囿麀鹿攸伏麀鹿濯濯此麀鹿得所處白鳥鶴鶴此鳥得所處王在靈沼因囿及沼於牣魚躍此魚得所處文王以民力為臺為沼與上庶民攻之句應而民歡樂之歡樂正應子來句謂其臺曰靈臺靈字自不日成之上見得謂其沼曰靈沼兩曰字都是述民樂之說話樂其有麋鹿魚鼈樂是幸君之有其樂古之人即指文王與民偕樂偕樂猶言同樂故能樂也能樂是能享其樂 註 此引詩而釋之以明賢者而後樂此之意詩大雅靈臺之篇經量度也靈臺文王臺名也營謀為也攻治也不日不終日也亟速也言文王戒以勿亟也子來如子來趨父事也靈囿靈沼臺下有囿囿中有沼也麀牝鹿也伏安其所不驚動也濯濯肥澤貌鶴鶴潔白貌於歎美辭牣滿也孟子言文王雖用民力而民反歡樂之既加以美名而又樂其所有蓋由文王能愛其民故民樂其樂而文王亦得以享其樂也 講 何以見賢者而後樂此也大雅靈臺之詩有云文王經始於靈臺方其經之以度其地營之以正其位庶民相與攻治之而不終日以成之雖經始之時正恐煩民戒令勿亟而庶民如子趨父事不召自來也臺下有囿王在靈囿則見麀鹿馴伏而不動麀鹿濯濯而肥澤白鳥鶴鶴而潔白囿中有沼王在靈沼則見於哉充滿之魚躍詩言如此夫文王以民力為臺之高為沼之深宜其取民之怨矣而民顧子來趨事而反歡樂之且加以美名謂其臺曰靈臺謂其沼曰靈沼以其成於不日若神靈之所為也又樂其囿中有麋鹿沼中有魚鼈觀於民情而文王之能樂可知矣此何故哉蓋由古之人平日能施行仁政惠鮮懷保與民偕樂故民樂其樂而文王亦因以能樂也臣故曰賢者而後樂此也

○湯誓曰時日害喪喪亡也予及女偕亡予是民自稱女即指日說民欲與之偕

率割夏邑有衆率怠弗協曰時日曷喪予及汝皆亡夏德若茲今朕必往

河內河東　魏都大梁在大河東南故曰河東而以故安邑之地為河內今河東府是

鼓　樂記曰鼓鼙之聲讙讙以立動動以進衆左傳云戰勇氣也一鼓作氣

甲兵　釋名云甲象物有甲以自禦亦曰介曰函曰鎧皆堅重之名○蚩尤以金作兵兵有五一弓二殳三矛四戈五戟又刀劍曰短兵

一獨字上見上引書指桀民欲以下即貼桀說亦可豈能獨樂哉正見覆亡之不暇豈能獨享其樂作實事說

寡人章旨　此章見人君當盡心於王道盡心二字是主首節惠王欲以小惠得民次節孟子言小惠不足以得民不違節是王道盡心之先務五畝節是王道盡心之成功末節斥其時政之失罪歲二字正破梁王病源章內雖教養一邊民未知教猶屬養道未全蓋因論救荒而發也

寡人節旨　此梁王以小惠為盡心而期於得民也首二句虛河內四句正自言盡心之實察鄰國以下是責望民之來歸但一頭移民移粟一頭覘察鄰國便是為名非實盡心處何也口氣見人力無可如何隱含罪歲意

王好節旨　此因其明以通其蔽言小惠不足以得民也喻是喻治道填滿也謂鼓聲充滿於行間也棄甲曳兵不能行王道之喻或百步猶鄰國不恤其民或五十步猶惠王能行小惠察鄰國無

亡　就書辭而申其意　**雖有臺池鳥獸豈能獨樂哉**　言必不能享其樂意　〔註〕此引書而釋之以明不賢者雖有此不樂之意也湯誓商書篇名時是也日指夏桀害何也桀嘗自言吾有天下如天之有日日亡吾乃亡耳民怨其虐故因其自言而目之曰此日何時亡乎若亡則我寧俱與之亡蓋欲其亡之甚也孟子引此以明君獨樂而不恤其民則民怨之而不能保其樂也　〔講〕何以見不賢者雖有此不樂也湯誓之言有曰桀嘗自比於日民怨其虐因指日而言曰是日何時亡乎予寧及汝偕亡由書言觀之為人君者獨樂而不恤其民至於民怨之而欲與之偕亡則人心離散亡無日矣雖有臺池鳥獸豈能獨享其樂哉臣故曰不賢者雖有此不樂也然則王能以文王為法以夏桀為戒民惟恐王之不樂也即沼上之立鴻鴈麋鹿之顧庸何傷

○**梁惠王曰寡人之於國也盡心焉耳矣**　盡心照救荒說焉耳矣是極至之辭　**河內凶則移其民於河東**　移徙也　**移其粟於河內**　移粟是移民間之粟　**河東凶亦然**　亦然是亦移民移粟　**察鄰國之政**　政即救荒之政　**無如寡人之用心者**　用心即是盡心　**鄰國之民不加少**　不加少謂不見分外少　**寡人之民不加多**　不加多謂不見分外多　**何也**　何也有歸罪歲凶意　〔註〕寡人諸侯自稱言寡德之人也河內河東皆魏地凶歲不熟也移民以就食移粟以給其老稚之不能移者　〔講〕梁惠王自負其恤民之政誇示孟子曰寡人之於國也所以計安斯民者可謂盡心焉耳矣何以見之河內凶荒猶幸有河東熟也則移其河內之民於河東以就食又移其河東之粟於河內以給老稚之不能移者至於河東凶荒而移民移粟處之亦猶河內焉吾之用心如此察鄰國救荒之政誠無有如寡人之用心者以鄰國之不用心宜民之少而不加少以寡人之用心宜民之多而不加多其故何也意者歲凶為災人力無如之何與

○**孟子對曰王好戰**　好戰則必明於戰　**請以戰喻**　**填然鼓之**　之字指戰士謂擊鼓以進戰士也　喻比也以戰比治道　**兵刃既接**　兵械器刃刀也接即交戰　**棄甲曳兵而走**　甲重難走故棄兵可禦追故曳　**或百步而後止**　喻鄰國不恤其民　**或五十步而後止**　喻惠王能行小惠　**以五十步笑百步**　喻惠王望民多於鄰國意　**則何如**　問以近笑遠者之可不可　**曰不可**　是王明於戰了　**直不百步耳是亦走也**　是字指五十步亦字對百步言　**曰王如知此**　此字指五十步不可笑百步言　**則無望民之多**

穀
穀之種不一有言三穀為粱稻菽有言五穀為麻黍稷麥豆者有言六穀為稻黍稷粱麥苽者有言九穀為稷秫黍稻麻大小豆大小麥者有言百穀包舉三穀各二十種為六十蔬果之實助穀各二十者

數罟不入
魯語云宣公夏濫於泗淵里革斷其罟而棄之曰今魚方別孕不教魚長又行網罟貪無藝也又云魚禁鯤鮞

斧斤時入
地官山虞掌山林之政令物為之厲而為之守禁仲冬斬陽木仲夏斬陰木凡服耜斬季材以時入之令萬民

如寡人猶以五十步笑百步蓋戰以勝敵為主走之遠近勿計猶治以王道為上小惠之能行與否亦勿計故下二節遂言行王道

不違節旨
此是就兩間現成自然之利先為之撙節裁制以收拾人心也恆產未制先之以不違畜產未立先之以不入樹藝未興先之以時入首段不違是主蓋移粟由於食匱故足食為先下二段皆可以佐穀者因並言之農時與農隙不同是治田之時洿是地勢自然池是人力所鑿二字平看註中厲字是遮列守之澤梁無禁者不禁民之取有厲禁者禁民之不以時取也不可勝食與用只說生殖繁多未到人食用上至養生句方是食用喪是活字言喪其死也無憾二字重王道本乎人情使人情不至渙散然後可立法制以圖經久始字是王道教養根腳不是起頭

五畝節旨
此是告以王道之成乃盡心極處五畝之宅在一夫授田百畝外照註分在田在邑但邑不必是城邑如今之村落便是無失其時一是因其時而畜之使無失其所生一是因其時而遂之使無失其所長上不違農時猶未有百畝之制至此則恆產已立三可以字俱從王者經畫看出謹字有

於鄰國也無望民多就小惠難得民說 註 填鼓音也兵以鼓進以金退直猶但也言此以譬鄰國不恤其民惠王能行小惠然皆不能行王道以養其民不可以此而笑彼也楊氏曰移民移粟荒政之所不廢也然不能行先王之道而徒以是為盡心焉則末矣 講 孟子對曰王嘗好戰請以戰為喻彼兵以鼓進也方戰之時填然鼓之兩兵俱進兵刃既接勝負以分敗者棄甲曳兵而走或走至百步而後止或走至五十步而後止以五十步之近而笑彼百步之遠為怯則王以為何如惠王曰不可夫戰以勝負為勇怯不以走之遠近為強弱彼五十步者直偶未至於百步耳要之五十步亦走也安可以此笑彼耶孟子曰王如知五十步之不可笑百步則無望民之加多於鄰國也蓋治以王道為盡心猶戰以勝敵為能勇今王之行小惠是五十步之走也鄰國之不恤民是百步之走也其不能行王道一也又何厚望於民耶 ○ **不違農時**是不妨民耕耘收穫之時**穀不可勝食也**言穀之多**數罟不入洿池**不入是上禁之使不入**魚鼈不可勝食也**言魚鼈之多**斧斤以時入山林**斧是斧頭斤是鐵刀時指草木零落之時土高曰山平地有草木曰林**材木不可勝用也**言材木之多**穀與魚鼈不可勝食材木不可勝用**此二句總上遞下語**是使民養生喪死無憾也**是字承二句來憾是恨**養生喪死無憾王道之始也**始即先備意 註 農時謂春耕夏耘秋收之時凡有興作不違此時至冬乃役之也不可勝食言多也數密也罟網也洿下之地水所聚也古者網罟必用四寸之目魚不滿尺市不得鬻人不得食山林川澤與民共之而有厲禁草木零落然後斧斤入焉此皆為治之初法制未備且因天地自然之利而撙節愛養之事也然飲食宮室所以養生祭祀棺槨所以送死皆民所急而不可無者今皆有以資之則人無所恨矣王道以得民心為本故以此為王道之始 講 王欲得民亦惟盡心於王道而已試為王陳王道當法制未備之初則貴因天地自然之利而以撙節愛養為先如農時乃穀所自出也苟凡有興作不違三農之時則民得盡力於農畝而五穀不可勝食矣洿池所以畜魚鼈也苟數罟不入洿池則洿池之所產者無窮而魚鼈不可勝食矣山林所以畜材木也苟斧斤以時入山林則山林之所生者無盡而材木不可勝用矣夫至穀與魚鼈不可勝食材木不可勝用則飲食宮室之有資祭祀棺槨之有備是使民養生者得以遂其願喪死者得以盡其情而皆無憾也養生喪死無憾則民心得而邦本固紀綱法度可從此次第施行矣此王者治道之始事也 ○ **五畝之宅樹之以桑**樹是植桑所以養蠶者**五十者可以衣帛矣**衣服之也帛綢也**雞豚狗彘之畜**豚是雄豕彘是牝豕**無失其時七十者可以食肉矣百畝之田勿**

時斬材有期日五畝百畝周制一夫受私田百畝公田十畝八家是為八百八十畝餘公田二十畝八家分之各得二畝半以為廬舍城邑之居亦各得二畝半春令民畢出在野冬則畢入於邑在野曰廬在邑曰里

宅桑 釋名曰宅擇也言擇吉處而營之也○典術曰桑者箕星之精神木蠶食葉為文章人食椹老翁為少顏月令季春命野虞毋伐桑柘鳴鳩拂其羽戴勝降於桑具曲植籧筐后妃齋戒親東鄉躬桑禁婦女毋觀省婦使以勸蠶事

屏邪說黜異丈岐競於天命人心之正意庠序之教孝悌為重故特申以提醒之須照下頒白句淺淺講七十者二句合老幼申言之正見心無不盡養內便該教意如是則天下皆望風仰德而莫不尊親矣故王可決也是對針梁王暢然意滿語註品節即在法制中法制品節即所以裁成輔相亦即所以左右民也補出王道之成緊與上節始字相應

狗彘節旨

此方對定首節痛陳時弊以動王不忍之心為行仁政地不知檢指平日不知發指臨時兩不知正指他不盡心處其罪全在我了反自謂盡心而以歲為解此與殺人而委罪於兵者何以異夫兵不能代操兵者之罪歲能代失政者之罪乎無罪歲二句通章結穴與首節何也二字應註能自反是先革弊政發倉廩以紓目前之急益修其政指行王道之始以及王道之成也

奪其時（順體其所欲曰不違逆體其所惡曰勿奪）數口之家（數口就上父母下妻子說）可以無飢矣謹庠序之教（謹是嚴謹庠序皆鄉學也教說得廣兼人倫詩書禮樂在內）申之以孝悌之義（孝悌是教中所尤重者）頒白者不負戴於道路矣（以上養備教興）七十者衣帛食肉黎民不飢不寒（二句是過脈語）然而不王者未之有也（家給人足風移俗易王道莫備於此故決其可以王）

註 五畝之宅一夫所受二畝半在田二畝半在邑田中不得有木恐妨五穀故於牆下植桑以供蠶事五十始衰非帛不煖未五十者不得衣也畜養也時謂孕字之時如孟春犧牲毋用牝之類也七十非肉不飽未七十者不得食也百畝之田亦一夫所受至此則經界正井地均無不受田之家矣庠序皆學名也申重也丁寧反覆之意善事父母為孝善事兄長為悌頒與班同老人頭半白黑者也負任在背戴任在首夫民衣食不足則不暇治禮義而飽煖無教則又近於禽獸故既富而教以孝悌則人知愛親敬長而代其勞不使之負戴於道路矣衣帛食肉但言七十舉重以見輕也黎黑也黎民黑髮之人猶秦言黔首也少壯之人雖不得衣帛食肉然亦不至於飢寒也此言盡法制品節之詳極裁成輔相之道以左右民是王道之成也

講 由是因既固之民心定裁成之法制一夫授以五畝之宅而牆下樹以飼蠶之桑則帛有所出而五十非帛不煖者可以衣帛矣雞豚狗彘之畜無失其孕字之時則肉有所出而七十非肉不飽者可以食肉矣一夫授以百畝之田勿奪其耕耘收穫之時則粒食有所出而數口之家仰事俯畜者可以無飢矣衣食既足禮樂可興於是納子弟於庠序之中而詩書禮義之教必致謹焉又以孝悌為百行之原而丁寧反覆獨申重焉則人皆知愛親敬長而代其勞頒白之老者不至負戴於道路矣夫七十之老者衣帛食肉而享夫飽煖之休黎民之壯者不飢不寒亦足乎衣食之用生養既遂教化大行舉天下之大皆將戴之為君師而就吾之教養矣然而不興王於天下者未之有也此王者治道之成也非王所宜盡心者哉

○狗彘食人食而不知檢（是既有以致民之死）塗有餓莩而不知發（是又無以救民之死）人死（即餓莩之人）則曰非我也歲也（以歲凶為解）是何異於刺人而殺之（刺人而死之死便是殺）曰非我也兵也（以兵利為解）王無罪歲（是無歸罪歲凶）斯天下之民至焉（對他不加多句看）

註 檢制也莩餓死人也發發倉廩以賑貸也歲謂歲之豐凶也惠王不能制民之產又使狗彘得以食人之食則與先王制度品節之意異矣至於民飢而死猶不知發則其所移特民間之粟而已乃以民不加多歸罪於歲凶是知刃之殺人而不知操刃者之殺人也不罪歲則必能自反而益修其政天下之民至焉則不但多於鄰國而已○程子曰孟子之論王道不過如此可謂實矣又

狗

狗有三守狗獵狗拳狗此指拳狗

道路

釋名云道蹈也路露也言人所蹈而露見也

俑

以木人從葬設機關而能跳踊故名曰俑

承教章旨

此章教梁王亟革虐政意俱借容形主法重為民父母四字蓋王道始終已詳上章故此因其受教之言只緊承狗彘節再三警惕之總見虐政不除則王道不可得而行也

承教節旨

一安字見他虛心處然究於上章所指陳未了徹也

以梃節旨

此合下節是承上歲兵之意而敷衍之梃刃不重只要引起政字

以刃節旨

跟上節一滾說欲王知虐政之殺人慘於梃刃也

庖有節旨

此正指虐政殺人之實是承上狗彘食人食塗有餓莩之意而究言之

獸相節旨

獸相食二句又是退一步作跌醒語不曰君而曰父母正見一體相關處所以動其惻隱之心也為民父母恩

曰孔子之時周室雖微天下猶知尊周之為義故春秋以尊周為本至孟子時七國爭雄天下不復知有周而生民之塗炭已極當是時諸侯能行王道則可以王矣此孟子所以勸齊梁之君也蓋王者天下之義主也聖賢亦何心哉視天命之改與未改耳【講】今王平日不行王道養民無法反使狗彘之畜得以食人之食而不知檢制至於塗有餓莩又不知發倉廩以賑貸之雖移民移粟而民且飢以死矣乃見人之死而不加多則曰非我不用心之罪也歲凶害之也是何異於操刃刺人而殺之曰非我殺之也兵刃殺之也王誠無歸罪於歲而自反於己舉王道之始終而一一盡心焉斯天下之民至而可以王矣豈特加多於鄰國而已哉【補】纂疏云古以百步為畝今以二百四十步為一畝古之百畝當今之四十二畝少八十步也

○**梁惠王曰寡人願安承教** 安對勉强看見其出於誠意【註】承上章言願安意以受教【講】梁惠王聞孟子之言有感曰夫子之擧王道以教寡人者至矣然而國政多端善言必再寡人願安意以承受夫子之教幸盡言而無隱可也

○**孟子對曰殺人以梃與刃** 梃木器刃鐵器 **有以異乎** 異分別也 **曰無以異也** 就同歸於死上說【註】梃杖也【講】孟子以為虐政除然後仁政擧對曰臣試問王殺人者以梃杖與兵刃有以異乎王曰梃之與刃器雖不同而致人於死則一無以異也

○**以刃與政** 政謂虐政 **有以異乎曰無以異也**【註】孟子又問而王答也【講】孟子又問殺人者以兵刃與虐政有以異乎王曰刃之與政事雖不同而致人於死則一無以異也

○**曰庖有肥肉** 庖是熟食之所 **廐有肥馬** 廐是養馬之閑肥肉肥馬皆厚斂於民以養者 **民有飢色** 飢色是未死者 **野有餓莩** 餓莩是已死者 **此率獸而食人也**【註】厚斂於民以養禽獸而使民飢以死則無以異於驅獸以食人矣【講】孟子因其明直指其虐政曰王既知虐政無異於梃刃則今日之政當在所革也充王之庖有肥肉焉充王之廐有肥馬焉以此厲民故民有飢餒之色野有餓死之人夫養禽獸而致民之死此無異驅率其獸而食人也梃刃之殺人不過是矣

○**獸相食** 是獸類自相殘害 **且人惡之** 惡是惡其殘酷之指獸言 **為民父母行政** 行政且勿入虐政意 **不免於率獸而食人** 此正是行虐政 **惡在其為民父母也**【註】君者民之父母也惡在猶言何在也【講】夫率獸食人乃虐政之大者不可不急改也如獸本異類其自相吞噬人之見者且以其同類相殘而惡之況君者民之父母為民父母行政不免於率獸而食人則是以子民之責而反為殘民之事惡在其為民之父母也哉

○**仲尼曰始作俑者**

有所屬行政責有所歸不免惡在四字極冷

仲尼節旨

上節慘其辭以動之此節危其辭以惕之只象人而用便是不仁不必說到殺人殉葬之漸註中實使實字正對象字

敗於齊

魏世家惠王三十年魏伐趙趙告急於齊齊宣王用孫臏計救趙伐魏魏遂大興師使龐涓將而令太子申為上將軍與齊人戰敗於馬陵齊虜魏太子申殺將軍涓軍遂大破

喪地於秦

惠王十七年魏與秦戰元里秦取魏少梁三十一年秦孝公使

晉國章旨

此章教梁王以報怨之長策救民正所以報怨也王字是主全重施仁政上蓋惠王急於報怨不暇顧民之疲孟子教他不可性急姑且就省刑薄斂休養生息俟其力全而後用之以我整暇攻彼疲敝有不戰戰必無敵矣無敵於天下則王矣

晉國節旨

晉國二句敘先世之盛東敗四句歎今日之衰強指號三晉時言死者謂先人言以寡人之恥至羞及先人不可不一為昭雪也如之何有恐喪敗之餘難以復振意

地方節旨

此一句是引起下文語可以王則瑣瑣報怨皆不足言矣註行仁政勿露

王如節旨

其無後乎（此二句是引言）為其象人而用之也（此句是推仲尼言無後之意）如之何其使斯民飢而死也（使字指虐政說）【註】俑從葬木偶人也古之葬者束草為人以為從衛謂之芻靈略似人形而已中古易之以俑則有面目機發而太似人矣故孔子惡其不仁而言其必無後也孟子言此作俑者但用象人以葬孔子猶惡之況實使民飢而死乎○李氏曰為人君者固未嘗有率獸食人之心然徇一己之欲而不恤其民則其流必至於此故以為民父母告之夫父母之於子為之就利避害未嘗傾刻而忘於懷何至視之不如犬馬乎【講】獨不聞仲尼之惡不仁者乎仲尼曰始作俑以從葬者最為不仁此人殆無後乎仲尼何以惡之若此為其作俑象人而用之以殉葬也夫象人以殉葬孔子猶惡之況以剝民養物實使斯民飢而死也此豈不尤見惡於仲尼耶如之何其可哉吾王有受教之誠必先除虐政而可也【補】人主欲興利必先除害相形以梃刃而知虐政之慘更不止於兵相形以率獸而知虐政之毒更不止於獸相形以作俑而知虐政之報更不止無後上章因盡心之言欲導其行仁故其辭婉此則因承教之願欲使悟其失故其言直

○梁惠王曰晉國天下莫強焉（晉國即指文侯武侯時非謂從前晉國也）叟之所知也（知是聞知）及寡人之身（寡人惠王自稱）東敗於齊長子死焉西喪地於秦七百里南辱於楚（自東敗至此皆是敘今日之弱）寡人恥之（之字指先人說）願比死者（死者指先人）一洒之（洒是雪其恥）如之何則可（言用何等計策乃可報齊秦楚之怨）【註】魏本晉大夫魏斯與韓氏趙氏共分晉地號曰晉國惠王三十年齊擊魏破其軍虜太子申十七年秦取魏少梁後魏又數獻地於秦又與楚將昭陽戰敗亡其七邑比猶為也言欲為死者雪其恥也【講】梁惠王厚幣招賢原為報怨起見一心只要富強其國即孟子仁義之談終不能開其迷惑故言曰吾晉國在先人時甲兵稱雄於列國東勝齊西勝秦南勝楚天下莫強於晉焉此叟之所知也及至寡人之身以東則馬陵覆師而戰敗於齊長子申為其所虜而死焉是晉弱於齊矣以西則取我少梁繼割夫河西喪地於秦者凡七百里是晉弱於秦矣以南則與楚將昭陽戰敗亡其七邑而見辱於楚是晉弱於楚矣此皆寡人貽恥於先人者也今將報齊國之怨摧秦楚之鋒願為死者一洒其恥使晉復強於天下不知當用何計策而後可

○孟子對曰地方百里而可以王（地字略頓方百里三字連說）【註】百里小國也然能行仁政則天下之民歸之矣【講】孟子對曰王無患喪敗之難以自振也雖地方百里之小亦可興王業於天下況魏堂堂千里乎

○王如施仁政於民（仁政二字串看政之所施皆仁之所寓）省刑罰

衛鞅將兵伐魏魏使公子卬將而擊之兵既相距鞅詐遺卬書曰吾始與公子驩今俱為兩國將不忍相攻可與公子面相見盟樂飲而罷兵以安秦魏卬以為然會盟已飲而鞅伏甲士襲虜卬因攻其軍盡破之以歸秦惠王恐割河西之地獻於秦以和魏遂安去邑徙都大梁

辱於楚

楚世家楚懷王六年楚使柱國昭陽將兵攻魏破之於襄陵得邑八此與註七邑不合

梁襄王

襄王立惠王葬有日矣天大雨雪至於牛目壞

此藏教於養寓兵於農正是洒恥要領仁政廣說省薄是仁政中最大最急者下耕耨修事皆由省薄得來刑斂自不可廢省只是刑當其罪薄只是惟正之供厚斂必重刑二者亦相因耕而深則不苟且鹵莽耨而易則能整飭詳察皆盡力之意暇日獨言壯者為下制梃以撻言也孝悌百行之本忠信是一誠貫乎百行修孝悌忠信而入與出皆必以之則是事其長上無異於父兄矣可使二句只形容壯者可以戰下往征方說到戰上

彼奪節旨

此與上施仁節句句相反

彼陷節旨

陷溺其民即指上節說以仁伐暴無與為敵故制梃可撻也

故曰節旨

兩仁亦敵兩暴亦敵以仁制暴則無敵無敵則可以王矣更何計國之大小哉勿疑二字直與他打破後壁註迂濶正照仁政言

梁襄章旨

此章見人君欲一天下在於仁不嗜

薄稅斂是重民命深耕易耨是厚民生耕是用耒耜以起土耨去草也壯者以暇日暇日雖是耕耨之暇亦即刑賦所寬之日修其孝悌忠信修是講明兼有行意雖屬民自修就中亦有教化在入以事其父兄出以事其長上入以出以總頂孝悌忠信二句正力行其所修可使制梃以撻秦楚之堅甲利兵矣撻是驅逐意[註]省刑罰薄此二者仁政之大目也易治也耨耘也盡己之謂忠以實之謂信君行仁政則民得盡力於農畝而又有暇日以修禮義是以尊君親上而樂於效死矣[講]所謂百里可王者惟行仁政而已王如果施仁政於民刑罰則省之不戕民命稅斂則薄之以養民生使民得以安業力農春深於耕夏易於耨衣食既足禮義可興而民之壯者又以其閒暇之日修明其孝悌忠信之義入以此事其家之父兄出以此事其國之長上如此則民志孚而忠義奮可使吾孝悌忠信之民斬木為梃以撻秦楚之堅甲利兵矣無畏於秦楚何齊之足言哉○彼奪其民時彼指秦楚奪民時是不能省刑薄斂意使不得耕耨不得耕耨是不得盡力於農畝意以養其父母父母凍餓凍餓是不煖不飽兄弟妻子離散離散是奔走四方[註]彼謂敵國也[講]秦楚之堅甲利兵最稱雄於天下而吾謂制梃可撻者何哉正以彼秦楚之君不行仁政而煩刑厚斂以奪民耕耨之時使民不得深耕易耨以奉養其父母致其父母凍餓而衣食無所仰給兄弟妻子離散而室家不能相保此救死不贍之民奚暇修其孝悌忠信哉○彼陷溺其民陷溺皆借刑暴虐意王往而征之征是正其虐民之罪夫誰與王敵此句重看正申制梃可撻原由[註]陷陷於阱溺溺於水暴虐之意征正也以彼暴虐其民而率吾尊君親上之民往正其罪彼民方怨其上而樂歸於我則誰與我為敵哉[講]彼為政不仁以陷其民於阱溺其民於水如此民怨之深矣王率吾尊君親上之民往而征其虐民之罪彼民方怨其上而樂歸於我夫誰與王敵哉此所以制梃可撻也○故曰仁者無敵仁者指仁君王請勿疑勿疑指上施仁政三節言[註]仁者無敵蓋古語也百里可王以此而已恐王疑其迂濶故勉使勿疑也○孔氏曰惠王之志在於報怨孟子之論在於救民所謂惟天吏則可以伐之蓋孟子之本意[講]故古語有曰仁者之君天下無敵知仁者之無敵則知百里可王亦惟驗諸仁政之施耳王請勿以臣言為疑而斷然以施仁政為務雖以梁而王可矣尚何先人之恥不可雪也哉[補]匯參云仁政之施當直貫出入二句兼教養而言

○孟子見梁襄王[註]襄王惠王子名赫[講]昔孟子在梁適襄王嗣惠王而即位孟子見之蓋欲覵其動靜以卜其仁政之不能行於其父者或得行於其子也

城郭且為棧道而葬民甚病之羣臣請弛期更日不可惠公駕見太子說以法文王之義乃更擇日○襄王元年與諸侯會徐州相王也追尊父惠王為王先是各王於其國徐州之會則王之號及於天下矣

旱　旱之為言悍也陽氣驕蹇所致也

雲雨　雲山川氣也公羊傳曰觸石而起膚寸而合不崇朝而雨者泰山雲乎○雨水從雲下也雨者輔也言輔時生養也王弼曰陰陽二氣生於黃泉氤氳交結出地為雲二氣力

殺人四字極重告新君而先動其不忍人之心所以正其本也天下莫不與節正申不嗜殺人者能一之故

梁襄節旨

見新君亦望其道之得行也按一見後即去魏適齊

出語節旨

出語人三字貫通章以與王問答者大有關係不可不傳定以勢言兵革寧息也一以權言政歸一統也

孰一節旨

孰能一指君言此與下一問俱不用曰字以已統於卒然問曰句也

不嗜節旨

好生不嗜殺天地生物之心也必得天地此心然後可為天之子為民之父母

孰與節旨

孰能與指民言當時列國既各畫疆而守之民欲舍彼趨此必有所禁制

天下節旨

下文沛然誰禦正答此意

此以久旱易為雨民勞易為仁作主天下莫不與句且虛講下正明莫不與意寫苗一段須暗射下人牧一段寫人牧一段須回照上苗一段嗜殺之天下民皆既槁之苗矣望以心言歸以身言望之歸之即苟不嗜殺人之雲雨而浡然起興者也此可想見天下莫不與之象

○**出語人曰**出語之人想是同志隨行者非泛泛外人也**望之不似人君**望是遠而瞻望不似人君是無可象之儀**就之而不見所畏焉**就是近而親就不見所畏是無可畏之威**卒然問曰**卒然二字是形容辭氣不當處**天下惡乎定**定是安定**吾對曰定於一**一是一統【註】語告也不似人君不見所畏言其無威儀也卒然急遽之貌蓋容貌辭氣乃德之符其外如此則其中之所存者可知王問列國分爭天下當何所定孟子對以必合於一然後定也【講】及見襄王容貌辭氣之陋遂知其不足與有為乃出而語人曰方吾之見王遠而望之不似人君之度近而就之不見所可畏之威焉且卒然急遽而問曰今列國分爭天下當惡乎而後定吾對之曰今天下勢分無統此所以不定必合於一而後定也【補】出語人非是揚君之過亦非閒評論總因當時未有不嗜殺人者故特為天下人牧告耳

○**孰能一之**【註】王問也【講】王又問曰今列國之君勢均力敵孰能合而一之

○**對曰不嗜殺人者能一之**嗜殺如好濫形重斂皆是【註】嗜甘也【講】吾對曰必也以不忍為心以好生為德而不嗜殺人者為能統一之

○**孰能與之**【註】王復問也與猶歸也【講】王復問曰今天下之民各事其主雖有不嗜殺之君孰能舍彼趨此歸而與之

○**對曰天下莫不與也**莫不與言盡天下皆與之**王知夫苗乎**苗比民**七八月之間旱**旱比當時虐政**則苗槁矣**苗槁比民憔悴於虐政**天油然作雲**天比仁君作雲比仁政將行**沛然下雨**下雨比仁政既行**則苗浡然興之矣**非復槁時也比勞民易為仁意**其如是**其指苗如是指浡然興**孰能禦之**之指苗**今夫天下之人牧**人牧是養民之君**未有不嗜殺人者也**是皆暴虐其民**如有不嗜殺人者**如有是假設辭**則天下之民皆引領而望之矣**引是伸**誠如是也**如是指引領望**民歸之**歸是來歸**由水之就下沛然誰能禦之**沛然指水說是形民歸之勢【註】周七八月夏五六月也油然雲盛貌沛然雨盛貌浡然興起貌禦禁止也人牧謂牧民之君也領頸也蓋好生惡死人心所同故人君不嗜殺人則天下悅而歸之○蘇氏曰孟子之言非苟為大而已然不深原其意而詳究其實未有不以為迂者矣予觀孟子以來自漢高祖及光武及唐太宗及我宋太祖皇帝能一天下者四君皆以不嗜殺人致之其餘殺人愈多而天下愈亂秦晉及隋力能合之而好殺不已故或合而

均則能為雨

齊宣王

陳公子完奔齊世俗為齊大夫初以陳為氏後改田氏至田和始簒齊而有之宣王和之曾孫威王子也諡法善問周達曰宣

○蘇秦為趙合從說宣王曰齊南有泰山東有瑯玡西有清河北有渤海此四塞之國也臨淄之中七萬戶甚富而實其民無不鬪雞走狗弈博蹋踘臨淄之塗車轂擊人肩摩連衽成帷舉袂成幕揮汗成雨天下不能當也而乃西面事秦竊為大王羞之王曰寡人不敏請奉社稷以從

○宣王八年孟子自梁遊於

齊宣章旨

此章總要齊王黜霸功而行王道大旨在保民而保民之源頭在不忍不忍之作用在善推以及人之老幼不忍之實事在制產分五段看首五節是許王不忍之心可以保民而王誠有三節是啟王以察識王悅四節是啟王以擴充權然後六節是揣王不能擴充之由於大欲吾惛六節是實推保民之仁政

齊宣節旨

齊王病根在大欲故開口便問桓文事是經營霸業之事若桓文盟召陵戰城濮則誰不知

仲尼節旨

必云仲尼之徒蓋私淑一脈不敢舍所學以從君也道傳聞三層相承說註王天下之道道字重看對上桓文之事說

曰德節旨

問德何如則可以王意古來惟有德者能之究不知何者為德也保民略斷而王七字連看此句是一章綱領保有保養意含下衣食有保全意含下老幼有保恤意含下凶年死亡有保護意含下與民構怨保民而王見得甚易甚平

若寡節旨

齊王意中不知王道何等艱難孟子直以保民盡之故欣然有問曰可是

復分或遂以亡國孟子 **講** 吾對曰苟有不嗜殺人之君出則天下莫不歸而與我也王亦知夫苗之性乎當七八月之間旱則苗之生意槁矣及天油然作雲沛然下雨則苗之槁者浡然興起矣其苗之興如是孰能禦之使止耶今夫天下之君職為人牧者肆為暴虐未有不嗜殺人者也如有一不嗜殺人者則天下之民中心悅服皆引領而望之矣夫誠望之如是也則民之歸之猶水之就下沛然一往其勢誰能禦之使止耶故曰天下莫不與也吾之與王問答如此然而非能有為者奈之何哉

○齊宣王問曰齊桓晉文之事 事是經營霸業之事 可得聞乎 欲孟子指其事言之 **註** 齊宣王姓田氏名辟疆諸侯僭稱王也齊桓公晉文公皆霸諸侯者 **講** 齊宣王問曰五霸迭興桓文為盛其當時取威定霸之事亦可使寡人得聞之乎

○孟子對曰仲尼之徒 徒是學孔子者 無道桓文之事者 無道是羞稱意 是以後世無傳焉 後世指孟子當日言惟無道故無傳 臣未之聞也 惟無傳故未聞 無以則王乎 無已必欲言之而不止也王謂王天下之道 **註** 道言也董子曰仲尼之門五尺童子羞稱五霸為其先詐力而後仁義也亦此意也以已通用 **講** 孟子對曰學臣本之仲尼仲尼之徒尊王賤霸無有稱道桓文之事者是以後世無傳述焉臣未之有聞也王必欲臣言之不已其惟王天下之道乎

○曰德何如則可以王矣 德即道也存諸心為德發諸事為道 曰保民而王莫之能禦也 莫禦見智失其謀勇失其力意 **註** 保愛護也 **講** 宣王曰人君之德當何如則可以王天下矣孟子曰王道甚大其要只在保民誠能愛恤保護斯民勿使失所則可以得民心之歸而王天下莫之能禦也

○曰若寡人者可以保民乎哉 若字乎哉字有恐己不足當意 曰可 是可以保民意 曰何由知吾可也 問有何事可憑 曰臣聞之胡齕曰 引言作據 王坐於堂上 堂是人君聽治之所 有牽牛而過堂下者 牽牛是為釁鐘而來 王見之 之指牛說 曰牛何之 何之有何往何用兩意 對曰將以釁鐘 釁鐘是因鐘之釁而釁之謂塡釁也作沽字看 ○王曰舍之 舍是勿殺之指牛言 吾不忍其觳觫若無罪而就死地 無罪指牛說 對曰然則廢釁鐘與 然字承上舍之句來 曰何可廢也 言釁

齊

釁鐘

血者陰幽之物釁用血以塗郤所以厭禳怪禦妖釁也○考工記鳧氏為鐘

引而進之胡齕一段正證可字之意全重不忍其觳觫句不忍二字一章骨子無罪就死地又自解其不忍意若字形容之辭以羊易之亦齊王語釁鐘非牛不可只是一時良心觸動不可遏抑姑以羊替之初不計慮到此

有之節旨

是心句緊承有之以證明何由知吾可之間足王者謂有這不忍念頭便含了保民端倪隱隱勃發有火然泉達光景註察識擴充字且勿露百姓以王為愛一語是緊關若不設此句無以發其難而啟其端卻隨以臣知王之不忍救解之機動靈機正在此二句

誠有節旨

此見王只求解脫個愛字全無察識處然字單承知不認說誠有百姓單承皆以為愛來齊國雖褊小二句跟誠有百姓句而辨之即不忍其觳觫以下又跟然字之意而認之也即字正指孟子知王不忍句非又述自己前言

無異節旨

上已云固知王之不忍今又設牛羊何擇之難似孟子亦以王為愛者註中故字是故意之故齊王語塞全在

鐘之禮不可廢**以羊易之**是以羊代牛**不識有諸**【註】胡齕齊臣也釁鐘新鑄鐘成而殺牲取血以塗其釁郤也觳觫恐懼貌孟子述所聞胡齕之語而問王不知果有此事否【講】宣王因問曰保民乃人君之大德若寡人者可以保民乎哉孟子曰若王者可以保民也宣王曰何由而知吾可也孟子曰臣嘗聞之胡齕曰王一日坐於堂上適有牽牛而過堂下者王見之因問牽牛者曰此牛將何之牽牛者對曰將殺之以為釁鐘之用也王乃止之曰舍此牛而勿殺之吾不忍其觳觫恐懼似乎無罪而就死地也牽牛者對曰牛既舍則將廢釁鐘之事與王曰釁鐘大事何可廢也其以羊易之則鐘得以釁而牛得以全矣臣所聞於胡齕者如此不識王果有此事否也○**曰有之**是有此以羊易牛事**曰是心足以王矣**是心指不忍殺牛之心足字中含察識擴充意**百姓皆以王為愛也**愛是吝財指易之以羊說**臣固知王之不忍也**不忍是心痛牛之死【註】王見牛之觳觫而不忍殺即所謂惻隱之心仁之端也擴而充之則可以保四海矣故孟子指而言之欲王察識於此而擴充之也愛猶吝也【講】王乃承認曰易牛之事吾誠有之孟子曰王道不外乎保民而保民不外乎不忍是王易牛之心足以保民而王矣然百姓無識皆以王之以羊易牛為愛惜其財也臣由王不忍其觳觫之言思之固知王之痛其死而不忍也○**王曰然**然字只然孟子不忍之說**誠有百姓者**此承以王為愛句**齊國雖褊小**褊小是窄狹見財出有限意**吾何愛一牛**一牛言所費之小**即不忍其觳觫**即字作但字看**若無罪而就死地**無罪亦指牛說**故以羊易之也**故是所以易牛之故【註】言以羊易牛其迹似吝實有如百姓所譏者然我之心不如是也【講】王曰夫子之言誠然也蓋以羊易牛其迹似吝實有如百姓所譏者但我之心豈如是哉齊國壤地雖云褊小而一牛之利不足為國之輕重亦明矣吾何愛吝於一牛特不忍其觳觫若無罪而就死地心中不忍故以羊易之耳此心惟夫子知之而百姓不知也○**曰王無異於百姓之以王為愛也以小易大**小指羊大指牛**彼惡知之**彼指百姓之字指心不忍**王若隱其無罪而就死地**隱即不忍**則牛羊何擇焉王笑曰是誠何心哉**是指以羊易牛何心是不知其所以不忍處**我非愛其財而易之以羊也**之指牛而字轉下正不自解其心處**宜乎百姓之謂我愛也**宜字作當字看【註】異怪也隱痛也擇猶分也言牛羊皆無罪而死何所分別而以羊易牛乎孟子故設此難欲王反求而得其本心王不能然故卒無以自解於百姓之言

庖廚
大昊取犧牲以供庖廚○玉藻云君無故不殺牛大夫無故不殺羊士無故不殺犬豕是以君子遠庖廚凡有血氣之類弗身踐也

易之以羊置辦不得須將我非愛其財五字為句一頓撥轉而字則兩也字一氣相銜宜乎字自然關會如此看而易之以羊也不過一讀耳

無傷節旨
此正解牛羊何擇之難只無傷也三字先了卻愛字一重仁術是仁自生術非以術行仁之謂牛羊無別只見與未見有別未字可味若見亦不忍矣見其生一段重不忍字然又恐以未見者為可殺故說個遠庖廚於禽獸三字亦可味於禽獸只好如此所謂愛物也若仁民豈論其見未見哉胡氏云一本心也已發主於擴充未發在於豫養

王說節旨
此節乃前後過峽王於本心略能察識下皆孟子教王以擴充也前難以牛羊何擇覺真無可解卻說出見牛未見羊把齊王悶塞胸懷登時解釋故悅戚戚句最重是當下能認取本心了此心合於王句亦問得緊與是心足王句相應

有復節旨
孟子既要王擴充何不就以老老幼幼說明與他只緣王不解合於王看保民甚難故先分疏難易使之了然而後告以用恩處百鈞四句正仁民愛物之喻今恩三句難得最緊切乃一章警策處註民切物緩就心上說

也【講】孟子難之曰王無怪乎百姓之以王為愛也以羊之小而易牛之大迹有可疑彼百姓惡知王之心為不忍也王若果不忍其無罪就死地則牛無罪羊亦無罪何所擇而以羊易牛乎王不能自察識也但順其所難之意而笑曰吾以羊易牛不知當時是誠何心哉我實非愛其財而何故以羊之小易牛之大也是吾之心且不能自解矣宜乎百姓不識吾心而謂我愛也

○曰無傷也是乃仁術也是指以羊易牛仁就發用上說於難處之際而有善處之方謂之術見牛未見羊也重見牛邊君子之於禽獸也君子是有仁心之人見其生不忍見其死不忍是存心之仁聞其聲不忍食其肉四其字指禽獸是以君子遠庖廚也是以承上不忍見聞說庖是宰處廚是烹處【註】無傷言雖有百姓之言不為害也術謂法之巧者蓋殺牛既所不忍釁鐘又不可廢於此無以處之則此心雖發而終不得施矣然見牛則此心已發而不可遏未見羊則其理未形而無所妨故以羊易牛則二者得以兩全而無害此所以為仁之術也聲謂將死而哀鳴也蓋人之於禽獸同生而異類故用之以禮而不忍之心施於見聞之所及其所以必遠庖廚者亦以預養是心而廣為仁之術也【講】孟子因為之解曰雖百姓皆以王為愛然亦無傷也王之處此是全好生之德於難處之中乃為仁之巧術也何者見牛之觳觫則此心已發而不可遏未見羊之觳觫則其理未形而無所妨故以未見之羊易已見之牛使釁鐘不廢而牛得全以遂不忍之心也非仁術乎大凡君子之於禽獸也見其平日之生不忍見其今日之死聞其哀死之聲不忍食其既死之肉是以君子雖以禮用之有不得已必遠庖廚而不忍於見死聞聲以預養此心而廣為仁之術也王之所為正合於君子臣所以知王為不忍也雖有百姓之言庸何傷

○王說曰說是有得於心而說詩云他人有心予忖度之此二句是詩辭夫子之謂也夫子指孟子夫我乃行之行之指以羊易牛反而求之是求牛羊何擇之故不得吾心是不得所以不忍處夫子言之是見牛未見羊之意於我心有戚戚焉戚戚即前日不忍觳觫之心復動意此心之所以合於王者何也此心指不忍牛死之心何也是問所以合於王之故正未知擴充意【註】詩小雅巧言之篇戚戚心動貌王因孟子之言而前日之心復萌乃知此心不從外得然猶未知所以反其本而推之也【講】王因孟子解其所難而有得於心乃說曰巧言之詩有云他人有心予能忖度而知之正寡人有心夫子忖度之謂也夫以羊易牛之事我乃行之自以為不忍矣及聞夫子牛羊何擇之難反而求之則又不得其所以不忍者夫子以見牛未見羊言之於我前日不忍之心復戚戚然而又動焉此非夫子能忖度之則我亦何自而得其本心哉然此不忍之心特加於一牛耳夫子乃曰是心足王吾不知其所以合於王者何也

○曰有復

仁民易愛物難就術上說重難易句人皆有力有明有恩但不用耳用字最好為不用恩正獨何與之故用恩是統同說推恩則有次第矣

不為節旨

此節只完得不為也非不能也二句之意齊王在形狀上問本來故孟子只與淺譬之末四句兩相形處雖是冷語全要得鼓舞他意使知保民只在用恩故下遂告以推恩之事

老吾節旨

此正教王以擴充而明是心足王之實也吾老幼人老幼理一分殊老之幼之自各有實事在天下雖大推而及之其運用甚易故曰可運於掌運與視不同視諸掌屬易知運於掌屬易行兩及字分明是舉斯加彼引詩只作一證先寡妻次兄弟次家邦皆彼也揭出一心字指全體之心言舉加見其甚提正明所以易處故推恩二句是結上意推恩者不是推全牛之恩以及民蓋因全牛一事認出良心本體卻從本體上推出先親親後仁民也古之人三句又是引古人以證之善推字重看以上答合於王意已盡末復以今恩三句重難之又最警策但前獨何與是詰其難易矣宜之故以起下不為此獨何與是詰其先後倒置之故以起下請度

權然節旨

於王者曰（設人言告王之辭）吾力足以舉百鈞而不足以舉一羽明足以察秋毫之末而不見輿薪（此是易其所難而難其所易的榜樣）則王許之乎曰否（不許）今恩足以及禽獸（指愛牛）而功不至於百姓者（功指恩澤）獨何與（何是何故）然則一羽之不舉為不用力焉（然則字承上來不用力有力而不用）輿薪之不見為不用明焉（不用明有明而不用）百姓之不見保為不用恩焉（不用恩有恩而不用）故王之不王（是不保民而王）不為也（是能為而不肯為）非不能也（非無恩可用而不能為）

註 復白也鈞三十斤百鈞至重難舉也羽鳥羽一羽至輕易舉也秋毫之末毛至秋而末銳小而難見也輿薪以車載薪大而易見也許猶可也今恩以下又孟子之言也蓋天地之性人為貴故人之與人又為同類而相親是以惻隱之發則於民切而於物緩推廣仁術則仁民易而愛物難今王此心能及物矣則其保民而王非不能也但自不肯為耳

講 孟子又設喻以啟之曰有人復白於王者曰吾之力足以舉百鈞之重而不足以舉一羽之輕吾之明足以察秋毫之末之小而不足以見輿薪之大則王許之為誠然乎王曰否人未有舉重而不能舉輕見小而不能見大者也孟子曰王既知此則知保民而王無難事矣蓋民物之待吾仁者有緩急而吾之施仁於民物者有難易今王不忍一牛之死恩足以及禽獸是能舉百鈞察秋毫也而乃坐視斯民之危功不至於百姓是一羽之不舉輿薪之不見也恩能及於所難而獨不能及於所易其故獨何與然則一羽之不舉非無力也為不用力焉輿薪之不見非無明也為不用明焉百姓之不見保非無恩也為不用恩焉既不用恩因以不王故王可以王而不王者能之而不為也乃非欲為之而不能也

○曰不為者與不能者之形何以異（形是模樣異是分別）曰挾太山以超北海（用一以字便是兩難集於一身了）語人曰我不能（諉之為不能）是誠不能也（見非推諉意）為長者折枝（不重長者之命重折枝之易）語人曰我不能（亦諉之為不能）是不為也非不能也（見真推諉意）故王之不王（不王指不用恩）非挾太山以超北海之類也（類指不能之類）王之不王是折枝之類也（類指不為之類）

註 形狀也挾以腋持物也超躍而過也為長

度 釋文云度者分寸尺丈引也所以度長短也

此節是要王認出病根來權度二字註雖實講然要含稱之量之意物無權度所差只是一物若心無權度則自老老幼幼以至寡妻兄弟家邦仁民愛物無不顛倒錯亂豈特一物之差而已哉故曰為甚王請度之欲王自稱量其心而施恩有序也註本然權度謂當然之理亦只是此心

抑王節旨

此雖是代王度之其實又深一層蓋言其仁民之心所以輕且短耳興甲兵以危士臣而與諸侯構怨三句串說重危士臣句正見其不保民而功不至百姓處快字與上不忍對照

曰否節旨

王既云何快而又曰將以求吾所大欲求大欲正他病根所在其不能推恩百姓者以此註尚明於他指不忍一牛言

王之節旨

笑而不言者王亦自知其為妄難語諸人也孟子亦知王之大欲不在肥甘五者姑先借此以形出他好大喜功之心人情所欲聲色為甚故加一抑字轉進一步王之諸臣二句含冷誚意皆字指肥甘五者不指諸臣闢土地四項相承說必辟得土地乃朝得秦楚然後中國皆我莅而四夷可撫也此直是王天下事若但以興兵構怨求之萬無可得之理所以有緣

者折枝以長者之命折草木之枝言不難也是心固有不待外求擴而充之在我而已何難之有 講 王問曰夫子謂我之不王是不為非是不能敢問不為者與不能者之形何以異孟子曰如挾太山之重以超北海之廣此事之至難者語人曰我不能是誠不能而非誣也至於承者長之命而為之折枝此本無難事語人曰我不能是怠惰而不肯為也非力有不足而不能也然則推吾固有之恩而加同類之人亦何難之有故王之不保民而王非挾太山以超北海之類也王之不保民而王是折枝之類也相異之形如此 ○

老吾老以及人之老幼吾幼以及人之幼以及內便見有序在天下可運於掌運掌是言推恩之至易意詩云刑于寡妻至于兄弟以御于家邦家邦指國言舉斯心加諸彼而已言是釋詩舉是用斯心指仁心加是施及意彼指寡妻兄弟家邦故推恩足以保四海故字承舉斯心句來推恩是推老老幼幼之恩保四海就是王不推恩無以保妻子妻子是舉至近以該遠也古之人泛指古帝王說所以大過人者大過人指功業說無他焉言無別道善推其所為而已矣善推是推恩有序以心見於行事曰所為今恩足以及禽獸而功不至於百姓者獨何與獨字對古人言何是詰其何故倒行逆施

註 老以老事之也吾老謂我之父兄人之老謂人之父兄幼以幼畜之也吾幼謂我之子弟人之幼謂人之子弟運於掌言易也詩大雅思齊之篇刑法也寡妻寡德之妻謙辭也御治也不能推恩則眾叛親離故無以保妻子蓋骨肉之親本同一氣又非但若人之同類而已故古人必由親親推之然後及於仁民又推其餘然後及於愛物皆由近以及遠自易以及難今王反之則必有故矣故復推本而再問之

講 夫王之不王由於不用恩今之欲王惟在於推恩而已必也先盡孝弟以老吾之老而後推之以及人之老使人亦得以老其老焉先施慈惠以幼吾之幼而後推之以及人之幼使人亦得以幼其幼焉如是則舉天下之老與幼無一不被吾老老幼幼之恩其恩之及於天下也特運諸掌耳詩云刑法於寡德之妻至于我之兄弟推之以御于家邦蓋言文王能舉仁心施之於家而家齊施之於國而國治總不外斯心之運用而已然則老老幼幼獨非此心之所推乎故人君能推老老幼幼之恩則包含徧覆足以保四海之大而無難所謂是心足王者此也不能推老老幼幼之恩則眾叛親離且無以保其妻子況四海乎古之聖帝明王其功業隆盛所以大過人者豈有他道哉惟親親而仁民仁民而愛物善推其所為之序而已矣今王恩足以及禽獸而功乃不至於百姓倒行逆施不能善推者獨何故與 ○

權然後知輕重輕重指物度然後知長短長短亦指物物皆然言凡物皆有權度心為

木求魚之喻

若是節旨

若是其甚句有怪而疑之之意孟子卻又說殆有甚焉把後災警動之令他向來一點雄心不怕不消滅下來鄒與楚戰下個與字便見啟釁在鄒不自量小弱意然則三句因鄒楚而概論之三固字言固然之理何以異於鄒敵楚正應後災句王誠求大欲不得不另尋一條路以圖王業故以反本進之反本不外下節發政施仁徒盡心力於興兵搆怨之為抑末矣

今王節旨

此承上反本來發政施仁謂以不忍之心發之為政而施其善推之仁也此句重凡士農商旅皆有一仁政及他了使天下三字貫下五句使字是鼓舞感動之意欲字是心悅誠服之意欲疾其君總上四項說極言其欲歸也五欲字正與大欲相應要見得合天下之欲為欲方是大欲此但就士農商旅心上說末句方是身之來歸正保民而王莫之能禦意

吾惛節旨

上說發政施仁尚無下手處故欲求教而力行也惛者不明故須明教孟子言制民之產亦以明君言之

恒產節旨

此只疊疊推無恒產之弊見恒產所繫之大也言士正以起民只重民上

甚心就應物之時言為甚是比物更甚王請度之度指仁民愛物之緩急言【註】權稱錘也度丈尺也度之謂稱量之也言物之輕重長短人以難齊必以權度度之而後可見若心之應物則其輕重長短之難齊而不可不度以本然之權度又有甚於物者今王恩及禽獸而功不至於百姓是其愛物之心重且長而仁民之心輕且短失其當然之序而不自知也故上文既發其端而於此請王度之也【講】王特不裁度之耳彼物有輕重必權以稱之然後知其孰輕孰重物有長短必度以量之然後知其孰長孰短凡物皆有然者況心為萬化之原其輕重長短之難齊苟不以本然之理為之權度則所行錯亂又豈但一物之失已哉是心之不可無權度更有甚於物焉今王不忍一牛而忍於百姓是愛物之心反重且長仁民之心反輕且短失其當然之序者亦不度故也王請以本然之權度度之則知己之處民物者有大不得其平者矣

○抑王興甲兵甲兵是堅甲利兵危士臣危是喪敗士是戰卒臣是將帥構怨於諸侯構怨是結仇怨意然後快於心與快即快樂【註】抑發語辭士戰士也構結也孟子以王愛民之心所以輕且短者必其以是三者為快也然三事實非人心之所快有甚於殺觳觫之牛者故指以問王欲其以此而度之也【講】夫愛民之心宜重且長而王反輕且短者豈無故耶抑王必欲興甲兵以示威危士臣以取勝構怨於鄰國之諸侯以稱雄天下然後快足於心與苟以是為快則殘萬民之命有甚於殺觳觫之牛者曷不於此而度之

○王曰否吾何快於是是指上三事將以求吾所大欲也大欲即下辟土地等事此處宜含蓄【註】不快於此者心之正也而必為此者欲誘之也欲之所誘者獨在於是是以其心尚明於他而獨暗於此此其愛民之心所以輕短而功不至於百姓也【講】王曰夫子謂我快乎此三者否也吾何快於是而為之然所以必為此者將以求吾所大欲故不得已而為之也

○曰王之所大欲可得聞與欲得其大欲之實王笑而不言以所欲之妄難以語人也曰為肥甘不足於口與肥甘是肥而且甘食之美者輕煖不足於體與輕煖是輕而且煖衣之美者抑為采色不足視於目與抑字是轉文法采色是華彩之色聲音不足聽於耳與聲音凡樂音歌音皆是便嬖不足使令於前與便嬖是左右侍御者王之諸臣諸眾也皆足以供之皆字指上五者而王豈為是哉是亦指上五者曰否吾不為是也言不為此五者曰然則王之所大欲可知已然則承上不為是來可知內含下意欲辟土地欲字貫下

蓋士既不可多得而民又易至於犯刑此恒產所以不可不制也罔民二字又打動他不忍之心恒產即下五畝之宅等恒心即下善與禮義而善又禮義之總名

明君節旨

是故字承上恒產所繫之大來明字與吾惛句對以其行仁有術無隱不察曰明君此制字重看玩必使字有經畫周詳意仰足二句是制產周於老幼樂歲二句是制產裕於豐凶終身飽有三年九年之蓄故以樂歲概其終身驅即教字有安擾馴使意從之也輕對下奚暇說

今也節旨

此泛指當時之君言句句與上節相反今亦云制產者蓋非百畝之制因其所制之產而立厚斂之法名為制產民且為產所累矣所以豐凶皆受其苦禮義要對放辟邪侈說

王欲節旨

此反本指制產言是起下文不是結上文

五畝節旨

此承上反本而詳陳制產之法要得推恩意所謂發政施仁以及人之老幼俱從不忍一念擴充出來五畝三段是民有恒產五畝百畝蠶桑雞彘為一定者之制其區畫之妙全在樹畜以時無失勿奪上可以衣帛食肉

三句

朝秦楚莅中國而撫四夷也（撫是安輯意）以若所為求若所欲猶緣木而求魚也【註】便嬖近習嬖幸之人也已語助辭辟開廣也朝致其來朝也秦楚皆大國莅臨也若如此也所為指興兵結怨之事緣木求魚言必不可得【講】孟子曰王之所大欲可得而聞與王以所欲之大有難以語人者但付之一笑而不言孟子固知大欲之所在姑先詰之曰王之所大欲果為肥甘之美味不足充於王之口與輕煖之衣服不足被於王之體與抑為華采之麗色不足視於王之目與靡麗之聲音不足聽於王之耳與便習嬖幸之人不足使令於王之前與凡此數者之欲王之諸臣皆足以供之固無待於求矣而王豈為是哉王曰否此非吾之所大欲吾原不為是而興兵搆怨也孟子曰王既不為是然則王之大欲可知已意者欲辟土地使封疆日廣朝秦楚使大國稱藩莅中國而宅中以圖大撫四夷而荒服皆賓貢也是所欲既大則所以求之者亦大矣若夫以興兵搆怨之所為求若一統無外之所欲猶攀援樹木而求魚豈有可得之理哉

○王曰若是其甚與（甚指緣木求魚）曰殆有甚焉（謂大欲難得比緣木求魚更甚）緣木求魚雖不得魚無後災（災以禍言）以若所為求若所欲盡心力而為之（盡心力者言其求之切意）後必有災（必字重有避之不能意）曰可得聞與（是欲得聞後災之實）曰鄒人與楚人戰（見鄒有不自量意不可倒轉說）則王以為孰勝曰楚人勝（以強大之勢言）曰然則小固不可以敵大（小大以輿圖言）寡固不可以敵眾（寡眾以人民言）弱固不可以敵強（弱強以勢力言）海內之地方千里者九（指齊楚燕秦韓趙魏宋中山也）齊集有其一以一服八（一指齊八指天下）何以異於鄒敵楚哉（言所無分別）蓋亦反其本矣（本是大欲之本）【註】殆蓋皆發語辭鄒小國楚大國齊集有其一言集合齊地其方千里是有天下九分之一也以一服八必不能勝所謂後災也反本說見下文【講】王曰大欲之求果若是緣木求魚之甚與孟子曰殆有甚於緣木求魚者也何則緣木求魚雖不得魚然止不得魚耳無有後日之災以若興兵搆怨之所為求若一統無外之所欲盡心力而為之不惟大欲不可得而災且及其後矣此所以為有甚也王曰所謂後災者可得而聞與孟子曰欲知後災之說當審天下之勢設使鄒人與楚人戰則王以為孰勝王曰鄒非楚敵也明矣吾以為楚人勝孟子曰鄒既不可敵楚然則國之小者固不可以敵國之大民之寡者固不可以敵民之眾力之弱者固不可以敵力之強今海內之地方千

商賈
商其遠近度其有無通四方之物謂之商因其有用之物以待民來以求其利謂之賈○周禮太宰以九職任萬民六曰商賈阜通貨賄

正與仰足以事父母應可以無飢正與俯足以畜妻子應恒產制民可以有恒心故有謹庠序一段正與驅而之善二句應專重制産邊教只帶言以應上恒心耳老者二句束上起下衣帛食肉要帶不負戴說不飢不寒要帶知孝悌說是無不保之老幼也然而不王二句見大欲不求而至又正與保民而王應以完無已則王之旨

里者大縣有九而齊集合其地僅有其一以齊千里之一服海內千里之八其大小衆寡强弱之不敵何以異於鄒敵楚哉吾知其必敗矣所謂後災者此也王欲求大欲蓋亦反其所以求大欲之本矣何必以興兵搆怨為哉

○今王發政施仁 發政所以施仁串說 使天下仕者皆欲立於王之朝 使字重見 有仁政感動意直貫赴愬句仕者兼已仕未仕在內五欲字有歸心意 耕者皆欲耕於王之野 耕者指農人說 商賈皆欲藏於王之市 商賈阜通貨財 行旅皆欲出於王之塗 行旅是出外為客人 天下之欲疾其君者 疾惡也君是暴虐之君 皆欲赴愬於王 赴愬是愬告其虐 其如是 如是跟上五個欲字來 孰能禦之 禦是遏止之意 註 行貨曰商居貨曰賈發政施仁所以王天下之本也近者悅遠者來則大小强弱非所論矣蓋力求所欲則所欲者反不可得能反其本則所欲者不求而至與首章意同 講 然所謂反本者何也今王誠能發愛民之善政而一皆施愛民之仁心則澤被於一邦聲聞於四海每見仁恩所感使天下之仕者皆欲立於王之朝以行其道耕者皆欲耕於王之野以安其業商賈知王之市廛無征皆欲藏於其市行旅知王之關津不暴皆欲出於其塗天下之欲疾其君之虐者望王之弔民伐罪皆欲來而赴愬於王民之歸仁不約而同如此其如是孰能禦之而使勿歸哉至此則大小衆寡强弱非所論矣臣所謂保民而王莫之能禦者夫豈誣哉

○王曰吾惛不能進於是矣 惛是資質愚昧是指發政施仁 願夫子輔吾志 輔是開導引翼意 明以教我 教即教如何發政如何施仁 我雖不敏 不敏即上惛字 請嘗試之 試是見之於行 註 惛與昏同 講 王有感於仁政之言曰王天下誠不外於仁政是仁政大道也惟敏者為能行之吾賦質惛昧不能有為而進於是矣願夫子開吾之惛以輔吾欲為之志政如何而發仁如何而施一一明以教我我雖惛而不敏請以夫子所教者嘗試而行之

○曰無恒產而有恒心者惟士為能 惟是獨見士之外則不能也 若民則無恒產因無恒心 因字見相關意 苟無恒心放辟邪侈無不為已 放是縱軼辟則偏陂邪是枉曲侈則淫蕩一字深一字 及陷於罪 陷罪是犯法 然後從而刑之 刑殺也 是罔民也 罔民正與不忍相反 焉有仁人在位 仁人即發政施仁之君 罔民而可為也 註 恒常也產生業也恒產可常生之業也恒心人所常有之善心

也士嘗學問知義理故雖無常產而有常心民則不能然矣罔猶羅網敗其不見而取之也 〔講〕孟子曰仁政必先於制產彼無常生之產而有常存之心者惟士嘗學問知義理者能之若凡民則無常生之產因無常存之心苟無常存之心則無以檢其身而放辟邪侈之事無不為已及陷於罪然後從而刑之以懲其罪猶敗其不見而取之是罔民也焉在保民之仁人在上位罔民之事而可為也夫民無恒產其弊一至於此則恒產之所繫不洵大乎

○是故明君制民之產 是故承上節來明君即仁人所謂能保民者制有區畫量度意民產即恒產 必使仰足以事父母 必使二字貫下四句事父母是及人之老 俯足以畜妻子 畜妻子是及人之幼 樂歲終身飽 樂歲是豐年 凶年免於死亡 凶年是五穀不熟之時 然後驅而之善 驅即教意善即恒心 故民之從之也輕 輕是民有所賴藉而為善 〔註〕輕猶易也此言民有常產而有常心也 〔講〕是故明君知恒產所繫之重如此其制民之產也必度地居民計口授田使仰焉足以奉事其父母俯焉足以畜養其妻子豐樂之歲則終身飽煖即凶荒之年亦可免於死亡蓋民之遂其生如此然後設教驅而之善故民有所資而無所累其從善也自輕易而無難矣此所謂民有恒產因有恒心者也

○今也制民之產 今字與上明君相反非不制產也但緣古之名失古之意 仰不足以事父母俯不足以畜妻子 與上俯仰有資相反 樂歲終身苦凶年不免於死亡 是老幼無豐凶之備 此惟救死而恐不贍奚暇治禮義哉 奚暇見雖驅而之善民亦不從 〔註〕贍足也此所謂無常產而無常心者也 〔講〕今也制民之產不遵古法使民不得盡力於農畝而徒困於徵求仰不足以事奉父母俯不足以畜養妻子雖當樂歲亦終身困苦一遇凶年便不免於死亡當此之時民惟有救死而恐不贍奚暇治禮義以為善哉此所謂民無恒產因無恒心者也

○王欲行之 行指發施之指仁政 則盍反其本矣 本指制產 〔註〕盍何不也使民有常產者又發政施仁之本也說見下文 〔講〕由此觀之發政施仁是所以王天下之本也王若欲發政施仁而行保民之道則盍反其本而制民之產哉

○五畝之宅樹之以桑五十者可以衣帛矣 此是制產以裕老者之衣 雞豚狗彘之畜無失其時七十者可以食肉矣 此是制產以裕老者之食 百畝之田勿奪其時八口之家可以無飢矣 此是制產以裕壯者之食

好樂

齊王悅南郭之吹竽廩食以數百人喜鄒忌之鼓琴卒授之國政是可見其好樂處○黃帝之咸池堯之大章舜之韶禹之夏商周之護武此先王之樂也鄭音好濫淫志宋音燕女溺志衛音促數煩志齊音

莊暴章旨

此章見好樂當通民情也以與民同樂為主前三節歸重在甚字要含同樂意點醒機關卻全在可得聞與節臣請三節分出甚不甚樣字末節是勉辭

莊暴節旨

齊音溫良而能斷亦教辟而驕志好樂何如一問正恐王從欲處多好樂甚二句通篇之意已具甚即含與民同樂意庶幾即含可王意不是僅能治其國

他日節旨

見於王重欲發明甚與庶幾之意引

謹庠序之教申之以孝悌之義頒白者不負戴於道路矣 此是民有恒心要跟有恒產來 老者衣帛食肉 是恒產利於老 黎民不飢不寒 是恒產利於幼 然而不王者未之有也 王字正與保民而王相應 【註】此言制民之產之法也趙氏曰八口之家次上農夫也此王政之本常生之道故孟子為齊梁之君各陳之也楊氏曰為天下者舉斯心加諸彼而已然雖有仁心仁聞而民不被其澤者不行先王之道故也故以制民之產告之○此章言人君當黜霸功行王道而王道之要不過推其不忍之心以行不忍之政而已齊王非無此心而奪於功利之私不能擴充以行仁政雖以孟子反覆曉告精切如此而蔽固已深終不能悟是可歎也 【講】制產之法何如必也一夫授以田百畝外有五畝之宅而牆下樹之以桑以供蠶事則帛有所出五十非帛不煖者可以衣帛矣雞豚狗彘之畜無失其孕字之時則肉有所出七十者非肉不飽者可以食肉矣至於百畝之田勿奪其耕耘收穫之時則粒食有所出而八口之家可以無飢餒矣恒產既制恒心以生於是謹為庠序之教又於其中申之以孝悌之義則民皆知愛親敬長而代其勞頒白之老者不負戴於道路矣夫老者得以衣帛食肉自無負戴之勞黎民得以不飢不寒而皆知孝悌之義如此則教養兼舉治化大行由是而土地可闢秦楚可朝莅中國而撫四夷不難矣然而不王於天下者未之有也臣所謂保民而王者以此區區霸功何足道哉 【講】集解云此節與前對梁王者不異但彼對小惠言見王者之大道此對霸功言見王者之正道彼對上盡心說此根上保民說

梁惠王章句下 凡十六章

○莊暴見孟子曰暴見於王 見以朝見言 王語暴以好樂暴未有以對也 未有對是卒然之間一時酌量未定 曰好樂何如 何如重有妨於治邊 孟子曰王之好樂甚 甚極也猶言好到至極處 則齊國其庶幾乎 【註】莊暴齊臣也庶幾近辭也言近於治 【講】莊暴見孟子曰暴嘗入見於王王語暴以己之好樂當時可否未決暴未有以對之也敢問好樂何如果有妨於治乎孟子曰好樂無妨特患王之好未甚耳使王好樂甚而充之以盡其量焉則齊國其庶幾於治乎

○他日見於王曰 見是有因而見 王嘗語莊子以好樂有諸 是問有此事否 王變乎色曰寡人非能好先王之樂也 先王之樂咸英韶濩是也 直好世俗之樂耳 直但也世俗之樂如新聲俚曲是也 【註】變色者慚其好之不正也

倣辟驕志此世俗之樂也

王以公樂於民王變色是愧前與暴論者不可使聞於孟子也

王之節旨

前好樂甚二句只論其理此方是激切告君以歆動之樂以情言不在聲容上說今樂猶古樂全從甚字看出能好樂甚則無古今之異非樂真無古今也

可得節旨

此節泛就常情言未說到人君身上獨樂二段不徒是問他全要啟發他公心以為言樂張本兩不若字正先王與世俗所同處人與眾即後百姓影子

臣請節旨

是請言好樂甚不甚之情開下兩節

管籥之音

管職掌於小師長尺圍寸並兩吹以成聲義取鳳凰之鳴矣古以玉今以竹管亦有古今與籥職掌於笙師長寸圍分止一管而為用氣極老陽之數矣古以葦今以竹籥亦有古今與

今王節旨

此合下節俱虛設情景非齊國實事一不與民同樂便是好樂未甚民便疾首蹙頞則雖好先王之樂何裨於治疾首蹙頞對下欣欣有喜色看亦是臨時然也蓋其心原有憂樂之異故聞王之鼓樂而憂樂之容亦隨之好樂是主併田獵言之者以王亦好田獵故也兩使字是不堪之辭至此極連下讀父子二句正是極處鐘鼓單出故曰聲管籥雜比故曰音車有和在軾馬有鸞在鑣故亦謂之音

田獵

欣欣節旨

一與民同樂便是好樂甚民便喜色

講 孟子因暴不能復問以悉其意故他日見於王曰王嘗語莊子以好樂有是事否乎王慚其好之不正而變乎色曰寡人之所好非能進於古而好先王之樂也直囿於今而好世俗之樂耳安可使聞於賢者哉

○曰王之好樂甚則齊其庶幾乎 此甚字即含與民同之意 今之樂由古之樂也 由猶也

註 今樂世俗之樂古樂先王之樂

講 孟子曰王無以好世俗之樂為慚也顧王之所好何如耳王之於樂非徒嗜其音而好之甚焉則齊其庶幾於治乎而何論夫樂之今古也古樂好之甚固足以治今樂好之甚亦足以治今之樂猶古之樂也而何異哉

○曰可得聞與 聞指好樂甚二句 曰獨樂樂與人樂樂 樂樂指鼓樂以為樂 孰樂 言樂孰為甚 曰不若與人 此就公私言則與人為甚 曰與少樂樂與眾樂樂孰樂 少眾俱以人言 曰不若與眾 此就廣隘言則與眾為甚

註 獨樂不若與人與少樂不若與眾亦人之常情也

講 王曰所謂好樂甚而齊其庶幾者可得聞其說與孟子先即常情以引之曰獨自鼓樂以為樂與人鼓樂以為樂二者孰為樂之甚王曰獨樂則情隔而不孚不若與人之為甚也孟子曰與少鼓樂以為樂與眾鼓樂以為樂二者孰為樂之甚王曰與少則情孚而未廣不若與眾之為甚也

○臣請為王言樂 此承與人與眾說來

註 此以下皆孟子之言也

講 孟子曰王如知此臣請為王言樂

○今王鼓樂於此 鼓字當作字看 百姓聞王鐘鼓之聲管籥之音舉疾首蹙頞而相告曰 疾首蹙頞總是憂愁貌 吾王之好鼓樂夫何使我至於此極也 此極即下父子二句 父子不相見兄弟妻子離散今王田獵於此 田獵是遊畋狩獵以取禽獸 百姓聞王車馬之音 音是和鸞節奏之音 見羽旄之美 美是足為表章 舉疾首蹙頞而相告曰吾王之好田獵夫何使我至於此極也父子不相見兄弟妻子離散 此數句照上看 此無他 此指民怨其上言 不與民同樂也 不與民同樂指平日獨樂言

註 鐘鼓管籥皆樂器也舉皆也疾首頭痛也蹙聚也頞額也人憂戚則蹙其額極窮也羽旄旌屬不與民同樂謂獨樂其身而不恤其民使之窮困也

講 試以好樂未甚者言之今王肆好樂

王制曰天子諸侯無事則歲三田一為乾豆二為賓客三為充君之庖無事而不田曰不敬田不以禮曰暴天物爾雅云春獵為蒐夏獵為苗秋獵為獮冬獵為狩宵田為燎火田為狩

羽旄 杜預云析羽為旄為王者斿車之所建也

相告則雖好世俗之樂何妨於治兩節相形要見民猶是民也而哀苦忽變為驩欣可知好樂宜甚正得引進王意庶幾何以皆欣幸之辭庶幾猶云殆也何以以字活蓋民愛其君如言吾王邇來庶幾幸無疾病與何其能鼓樂為樂也

同樂節旨

此節纔實落勉齊王正收好樂甚二句與百姓同樂即是推與人與眾一段公心以行仁政所謂好樂甚也則王矣便是齊其庶幾末須補今樂猶古樂意

文王章旨

此章見人君當公利以恤民重與民同之上蓋齊王但在制度上較囿之大小孟子則就民心上原囿之大小

文王節旨

一引之一警之也

意當時民大齊囿左右必有假文王事以為言者文王豈崇囿若此蓋亦蒐田所及民以為王之囿耳孟子只要發下面公私且不辨其有無但曰於傳有之語最斟酌

若是節旨

若是其大句是驚異之辭民以為小蓋視君囿若己囿併其大亦忘之也

之情鼓樂於此百姓聞王鐘鼓所擊之聲管籥所吹之音舉皆疾痛其首蹙聚其頞而相告曰吾王之好鼓樂於已之情適矣夫何使我百姓之於此窮苦之甚也以父子則不相見以兄弟妻子則至於離散若是其不樂也不特鼓樂為然也今王肆馳驅之情田獵於此百姓聞王車馬所馳之音見羽旄所建之美舉皆疾痛其首蹙聚其頞而相告曰吾王之好田獵於已之情適矣夫何使我百姓至於此窮苦之極也以父子則不相見以兄弟妻子則至於離散若是其不樂也夫民之疾怨其上有如此者無他蓋由平日獨樂其身不能推好樂之心以行仁政而與民同樂故也此非好樂之甚之所致而不能庶幾於治者乎

○**今王鼓樂於此百姓聞王鐘鼓之聲管籥之音**同上看**舉欣欣然有喜色而相告曰**喜色與疾首蹙頞者異矣**吾王庶幾無疾病與**庶幾是欣喜辭**何以能鼓樂也**反言以見欣喜之情**今王田獵於此百姓聞王車馬之音見羽旄之美**亦同上看**舉欣欣然有喜色而相告曰吾王庶幾無疾病與何以能田獵也此無他**此指民樂其上言**與民同樂也**與民同樂指平日公樂言

註 與民同樂者推好樂之心以行仁政使民各得其所也

講 試以好樂之甚者言之今王鼓樂於此其鐘鼓管籥無異也然百姓聞王所擊鐘鼓之聲所吹管籥之音舉欣欣然有喜色而相告曰吾王邇來庶幾幸無疾病與何以能鼓樂而使吾民得聞至治之聲也不特鼓樂為然也今王田獵於此其車馬羽旄亦無以異也然百姓聞王所馳車馬之音見所建羽旄之美舉欣欣然有喜色而相告曰吾王邇來庶幾幸無疾病與何以能田獵而使吾民得睹太平之象也夫民之欣喜其上如此者無他蓋由平日切於愛民能推好樂之心以行仁政而與民同樂故也此非好樂甚者之所感而能庶幾於治者乎

○**今王與百姓同樂則王矣**同樂指平日所欲與聚所惡勿施行仁政愛民上說王是天下之民歸心意

註 好樂而能與百姓同之則天下之民歸之矣所謂齊其庶幾者如此○范氏曰戰國之時民窮財盡人君獨以南面之樂自奉其身孟子切於救民故因齊王之好樂開導其善心深勸其與民同樂而謂今樂由古樂其實今樂古樂何可同也但與民同樂之義則無古今之異耳若必欲以禮樂治天下當如孔子之言必用韶舞必放鄭聲蓋孔子之言為邦之正道孟子之言救時之急務所以不同楊氏曰樂以和為主使人聞鐘鼓管絃之音而疾首蹙頞則雖奏以咸英韶濩無補於治也故孟子告齊王以此姑正其本而已

講 夫觀民之憂喜係於好樂之公私如此今王誠能推好樂之心以行仁政與百姓同樂則天下之民歸之而可以王矣所謂好樂甚而齊其庶幾者如此今樂古樂又何擇焉

兔　兔者明月之精視月而孕吐而生子故謂之兔曲禮云祭宗廟之禮兔曰明視

問禁　曲禮云入境而問禁入國而問俗入門而問諱註問禁處得罪於君也問俗處得罪於衆也問諱處得罪於主人也

郊關　五十里為近郊百里為遠郊四境皆有關者蓋四郊門也

昆夷　昆夷乃西戎也綿詩云肆不殄厥溫亦不隕厥問是太王遷岐又事昆夷矣此時猶為小事大也又云昆夷駾

芻蕘雉兔字活看猶云取芻取蕘取雉取兔者

臣始節旨
國之大禁首在囿中則囿之不便於民可知蓋齊囿之麋鹿亦即周囿之雉兔乃周囿之雉兔可殺齊囿之麋鹿不可殺故不曰囿而直曰阱以四十里為囿未足為大以四十里為阱阱焉容如是之大

交鄰章旨
此章論交鄰之道前三節因問交鄰而勉其為仁智之君後五節因言好勇而示以大勇安天下之民要之交鄰通常變言則勇適以善成其仁智也

交鄰節旨
仁者見理而忘勢大事小事以心言智者明理而識勢小事大事以禮言湯事葛四句是引證言古之人有行之者而今當取法也仇滄柱云沼吳秘計出自種蠡諸臣在句踐全以能忍為智

以大節旨
此節不過言交鄰之善以見道之當盡耳不分優劣樂天畏天上文事大事小內已具此處只點出天字以顯仁智之妙是歎美之辭保天下保其國俱從交鄰看出雖論道理實帶說

畏天節旨
效驗以歆動齊王

○齊宣王問曰文王之囿囿者有事則講武無事則遊觀方七十里有諸是疑其未必有也孟子對曰於傳有之據古書以答其有當活看【註】囿者蕃育鳥獸之所古者四時之田皆於農隙以講武事然不欲馳騖於稼穡場圃之中故度閒曠之地以為囿然文王七十里之囿其亦三分天下有其二之後也與傳謂古書【講】齊宣王問曰吾聞文王之囿其地方七十里之廣不知果有諸乎孟子對曰於傳所載有之○曰若是其大乎大指七十里說曰民猶以為小也民指文王之民曰寡人之囿方四十里民猶以為大何也何也字有咎民意曰文王之囿方七十里芻蕘者往焉芻蕘者是採樵之人雉兔者往焉雉兔者是射獵之人與民同之聽民自往取便是同民意民以為小不亦宜乎宜是事理人情當如此【註】芻草也蕘薪也【講】宣王曰文王之囿果若是其七十里之大乎孟子曰當日之民猶以七十里為小也宣王曰寡人之囿其地方四十里特半於文王耳民猶以為大其故何也孟子曰文王之囿雖方七十里之大然文王不自私也民之芻以牧養與蕘以採薪者皆往其中以取焉民之雉以逐禽兔以逐獸者皆往其中以取焉以一國之民共此七十里之囿物之所產有限民之取用無窮其以為小不亦宜乎○臣始至於境境是齊之境界問國之大禁大禁是禁令之大者然後敢入臣聞郊關之內有囿方四十里殺其麋鹿者如殺人之罪殺其二句正是大禁則是方四十里為阱於國中民以為大大就貽害上見其大不亦宜乎此句與上不同民以為小未必有是事也是懸斷其宜民以為大民已有此語也是直決其宜【註】禮入國而問禁國外百里為郊郊外有關阱坎地以陷獸者言陷民於死也【講】若王之囿則異是矣臣始至於王之境必問國之大禁然後敢入臣因問禁而聞郊關之內有囿方四十里之廣但百姓有殺其囿中之麋鹿者即加以重刑如殺人之罪則是方四十里為陷阱於國中以一國之中而有四十里之阱民以為大不亦宜乎是則囿一也公之於民雖大亦小私之於己雖小亦大王惟公其樂於民可耳何必以四十里與夫七十里者較大小哉【補】林次崖曰為阱於國中一句最重正與與民同之句對照

○齊宣王問曰交鄰國有道乎此問自是息爭求寧之意孟子對曰有是有道惟

矣維其喙矣註以為此文王之時也蓋周德日盛昆夷自服想文王初年亦須字之則為大事小耳

獯鬻

史記云唐虞以上有山戎獫狁獯鬻居於北蠻隨畜牧而轉移其俗有名不諱而無姓字夏道衰而公劉失其稷官竄於西戎邑於邠其後三百有餘歲戎狄攻大王亶父亶父往走岐下邠人悉從亶父而邑焉

句踐

越王句踐其先禹之苗裔夏后少康之庶子也封於會稽以奉禹祀後二十餘世至於允常與吳王闔廬戰而

詩蓋言保天下也謂斷章取義作畏天者保其國一證固可然看來不妨照詩旨解之如云樂天之仁者何嘗不為畏天之智者而由畏天以保其國何嘗不由畏天以保天下此說較圓饒氏曰天理當然違之則有禍此便是天威了

大哉節旨

勇即小忿也好勇猶言不能忍氣之意

王請節旨

此孟子就好勇邊引導王也問口說王請無好小勇直是頂門一針夫撫劍二句畫出一小勇模樣斷以敵一人所謂技止此耳王請大之一句最重直喚起下三節精神勇曰大勇便是包仁智說

王赫節旨

此是引詩而言文王之大勇怒者勇之發也因王赫斯怒一怒字發出一怒安民之說蓋因其可怒而怒之未嘗有所畔援歆羨也詩辭三以字疊說趣重對於天下句密畏則天下之大者無不畏阮懷則天下之小者無不懷此文王之勇只就救阮一事言未可露大字下句方見其大

天降節旨

此是引書而言武王之大勇天降五句推上天立君師之意作之君便是以天德寵之作之師便是以天德寵

仁者為能以大事小 仁者是仁者之君大小以國言事只是撫字周恤意 是故湯事葛 事葛指遺之牛羊往為之耕 文王事昆夷 事昆夷指兵刃不加令其自服二句引以證大事小 惟智者為能以小事大 智者是智者之君事就聽從服役說 故太王事獯鬻 即後章事狄人以皮幣犬馬珠玉 句踐事吳 即事吳王夫差以子女金玉二句引以證小事大

【註】仁人之心寬洪惻怛而無較計大小強弱之私故小國雖或不恭而吾所以字之之心自不能已智者明義理識時務故大國雖見侵陵而吾所以事之之禮尤不敢廢湯事見後篇文王事見詩大雅太王事見後章所謂狄人即獯鬻也句踐越王名事見國語史記

【講】齊宣王問曰當今列國分爭無有寧日不知交鄰國以講信修睦亦有道乎孟子對曰有道惟仁者之君知有理不知有勢即小國雖或不恭而吾之量足以容之為能以己之大國而事鄰之小國是故葛小國也而湯事焉昆夷小國也而文王事焉此用仁以交鄰之小國者其一道矣惟智者之君知理之當然又知勢之不得不然即大國時或侵陵而吾且畏而奉之為能以己之小國而事鄰之大國故獯鬻大國也而太王事焉吳大國也而句踐事焉此用智以交鄰之大國者又一道矣

○以大事小者樂天者也 樂是無所勉強意 以小事大者畏天者也 畏是有所戒懼意 樂天者保天下 保是容保 畏天者保其國 保是保守

【註】天者理而已矣大之字小小之事大皆理之當然也自然合理故曰樂天不敢違理故曰畏天包含偏覆無不周偏保天下之氣象也制節謹度不敢縱逸保一國之規模也

【講】夫大之事小小之事大皆理也即天也以大事小者是忘其勢之在己誠心愛人自然合理樂天者也以小事大者是順其勢之在人安分自守不敢違理畏天者也樂天者天地為懷萬物一體非保天下之氣象乎畏天者循理而行順時而動非保一國之規模乎

【補】本文只言大事小而集註則曰大字小蓋仁者忘己之大實只字之若事之耳

○詩云畏天之威 畏是不敢違天威是天命赫然之威 于時保之 保之是不失天命

【註】詩周頌我將之篇時是也

【講】然樂天之仁者究何嘗不畏天周頌我將之詩蓋言保天下也有云人君敬畏上天之威於是保守天命而不失然則能畏天者以此保國不即以此保天下哉仁智交鄰之效如此

○王曰大哉言矣 大是贊美辭言即仁智交鄰之說 寡人有疾 疾是氣質之偏 寡人好勇 好勇即是疾

【註】言以好勇故不能事大而卹小也

【講】王曰大哉夫子之言誠交鄰之善道矣但寡人有偏好之疾而疾在於好勇是以事大卹小皆不能也

○對曰王請無好小勇夫撫劍疾視曰 此好小勇之形狀撫劍是按劍 彼惡敢當我哉 彼謂彼人也當我是當我之劍 此

相怨允常卒子句踐立吳伐越越因擊吳師敗於檇李射傷闔廬且死告其子夫差曰必毋忘越三年吳擊越敗之夫椒越王以餘兵五千棲於會稽使大夫種行成於吳請為臣妾子胥諫勿許夫差許之句踐反國乃苦身焦思臥薪嘗膽身自耕作夫人自織食不加肉衣不重采折節下賢與百姓同勞苦居數年伐吳敗之吳請行成范蠡曰昔天以越賜吳吳不受今天以吳賜越越其可逆天乎遂滅吳

之有罪二句言己必當盡君師之道亦重天下二字一人二句是孟子釋書意恥之重看正是怒處就誅紂上見

今王節旨
所謂王請大之者以此須補出至此則將臣天下之諸侯而交鄰不足言矣蓋仁雖以事小然非以養亂為仁智雖以事大然不以謹守為智勇正仁智之作用處

雪宮章旨
此章孟子以公樂畜君也樂民之樂句是一篇要領第三節推言與民同樂之效以廣其志旨意已盡後七節引景晏往事無非欲王納諫以與民同樂也其關係實事在補助其打動齊王處在君臣相悅

雪宮節旨
此與梁惠王問不同賢者亦樂此指賢君其辭遜賢者亦有此樂指賢人其辭驕雪宮之樂在賢者分上原無甚道理可說故孟子用一有字答了便罷只引向與民同樂上說

不得節旨
用上句以引起下句不平合兩非字便見君民一體之義民固不可以生

匹夫之勇敵一人者也此二句頂上二句說王請大之【註】疾視怒目而視也小勇血氣所為大勇義理所發【講】孟子對曰好勇無傷也王請無好血氣之小勇耳夫小勇者於人少有所拂遂撫劍疾視而言曰彼惡敢當我而與之敵哉此特匹夫之勇僅足以敵一人者也何足為好王請於帝王之大勇好之則仁智皆所優為矣奚至以好勇為疾乎○詩云王赫斯怒王指文王爰整其旅整是整頓以遏徂莒文王為方伯專征伐故遏止之以篤周祜以對于天下重此句起安天下之民意此文王之勇也此指王赫五句文王一怒而安天下之民安天下之民正見大勇處【註】詩大雅皇矣篇赫赫然怒貌爰於也旅眾也遏詩作按止也徂往也莒詩作旅徂莒謂密人侵阮徂共之眾也篤厚也祜福也對答也以答天下仰望之心也此文王之大勇也【講】吾聞大勇於文王矣大雅皇矣之詩云密人不恭侵阮徂共文王於是赫然斯怒遂爰整其師旅以遏止密人徂共之眾以抑強扶弱篤厚周家之福以對答於天下仰望之心此文王之勇於詩可稽也夫文王赫然一怒遂除密人一方之亂由是四方諸侯強不敢凌弱眾不敢暴寡而天下之民皆賴之以為安勇何大也○書曰天降下民降是生作之君作是立君以養民言作之師師以教民言惟曰其助上帝助是贊助上帝是天寵之四方寵是異有罪無罪惟我在除暴安民皆己之責天下曷敢有越厥志曷何也越志即是作亂一人衡行於天下一人指紂衡行是不循理而行武王恥之恥是恥已君師未盡不能除暴安民此武王之勇也此字正跟上恥之說而武王亦一怒而安天下之民亦字對上節文王看【註】書周書泰誓之篇也然所引與今書文小異今且依此解之寵四之方寵異之於四方也有罪者我得而誅之無罪者我得而安之我既在此則天下何敢有過越其心志而作亂者乎衡行謂作亂也孟子釋書意如此而言武王亦大勇也【講】吾又聞大勇於武王矣周書泰誓之言曰天降生此下民作之君以治之作之師以教之惟曰其能助上帝以安民故以君師之位而寵異之於四方也今我既受天之命作民君師則凡有罪者我得而誅之無罪者我得而安之惟我在此天下曷敢有過越厥志而作亂者乎書言如此當時商紂一人橫行作亂於天下武王以為已恥而舉兵誅之此武王之勇於書可考也武王亦惟一奮其怒除商紂之暴遂能綏定四方而天下之民皆賴之以為安勇何大也○今王亦一怒而安天下之民亦字對文武看民惟恐王之不好勇也有望救之急意【註】

雪宮

謝惠連曰雪宮建於東國雪山峙於西域○今青州府城內城隍廟西有雪宮還址

轉附朝儛

轉附乃太王之墓即武陵是也朝儛乃桓公之墓即穆陵是也兩山儔西北近

非上之心君又何可專樂於已而不恤其民

樂民節旨

此跟上引王與民同樂而及其效樂民樂憂民憂便有仁政在樂其樂憂其憂是王化之應憂樂相反而實相因故兼言之樂以天下二句言憂樂大同是從上四句內見得人君憂樂能不以一已而以天下也兩以字著力即此便有天下一家中國一人氣象故下接然而不王二句

昔者節旨

景公晏子乃霸習耳孟子引之重在法先王上遊觀之樂亦類雪宮欲比先王觀便有及民之意修字莫放過下巡述補助正是修

晏子節旨

此節語意趣重省耕省斂上巡狩述職是先王遊觀之大者故統言之省耕省斂在巡狩述職之外夏諺只帶省耕省斂說曰巡狩曰述職重其名也又解以巡所守述所職見得所事之重如此無非事句雖結上亦貫下蓋事亦所以為民也省耕省斂是恐其失時補助乃省中一節故用而字轉下天子行於畿內諸侯行於國中夏諺獨言吾王畿內之諺也自巡省而行曰遊自暇豫而出曰豫自下被惠曰休自上所與曰助兩一字甚活

今也節旨

王若能如文武之為則天下之民望其一怒以除暴亂而拯已於水火之中惟恐王之不好勇耳○此章言人君能懲小忿則能恤小事大以交鄰國能養大勇則能除暴救民以安天下張敬夫曰小勇者血氣之怒也大勇者理義之怒也血氣之怒不可有理義之怒不可無知此則可以見情性之正而識天理人欲之分矣【講】夫觀文武之大勇惟在於除暴安民如此今天下之為暴者多矣斯民之被困也甚矣王亦效文武之一怒興弔伐之師而安天下之民則民皆望王除暴亂以拯已於水火之中惟恐王之不好勇也何以好勇為疾哉

○**齊宣王見孟子於雪宮**雪宮乃宮室外別宮也**王曰賢者亦有此樂乎**賢者指孟子此樂指雪宮之樂**孟子對曰有**有是宜有此樂**人不得**人指民不得是不得安居之樂非指雪宮**則非其上矣**非毀謗也上是君上【講】雪宮離宮名言人君能與民同樂則人皆有此樂不然則下之不得此樂者必有非其君上之心明人君當與民同樂不可使人有不得者非但當與賢者共之而已也【講】昔宣王館孟子於雪宮而就見之因誇其禮遇之隆曰雪宮之地寡人時遊以為樂也今以之處夫子則賢者亦有此樂乎孟子對曰王既以此待賢則賢者得有此樂也然不特當與賢者共之亦當與民共之若使人不得遂其安居之樂則必有起而非其君上之心者矣

○**不得而非其上者非也**非也以不安分言**為民上**此便見有愛民之責**而不與民同樂者亦非也**亦非也以不卹民言此句重【註】下不安分上不卹民皆非理也【講】夫人不得其樂而遂非其君上者是不安其分固非理也苟為民上獨樂於已而不與民同樂者則不恤其民亦非理也然則為君者安可無恤民之道而使有非上之民哉

樂民之樂者上樂字是君去樂之下樂字指民心所欲**民亦樂其樂**上樂字是民慶幸下樂字指君安享**憂民之憂者**上憂字是君去憂之下憂字指民心所惡**民亦憂其憂**上憂字是民保防下憂字指君禍患**樂以天下憂以天下**天下字見不為一已皆天下之公樂公憂也**然而不王者未之有也**是反言決其必王意【註】樂民之樂而民樂其樂則樂以天下矣憂民之憂而民憂其憂則憂以天下矣【講】夫不與民同樂則有非之之心能與民同樂豈無感之之效誠使為君者能所欲與聚而樂民之樂則民見君有可樂之事亦樂君之樂能所惡勿施而憂民之憂則民見君有可憂之事亦憂君之憂夫樂民之樂民亦樂其樂是樂不以一已而以天下矣憂民之憂民亦憂其憂是憂不以一已而以天下矣憂樂相通上下無閒如此則天下之民皆歸附於我矣然而不興王者決未之有也

○**昔者齊景公問於晏子曰吾欲觀於轉附**

齊國都海在其南故云遵海而南　瑯琊

瑯邪邑名越王句踐之故國也句踐并吳欲霸中國徙都瑯邪地理志云齊地東有瑯邪

巡狩述職

巡所狩者自上察下也述所職者自下達上也○周禮夏官職方氏王將巡狩則戒於四方曰各修平乃守考乃職事無敢不敬戒秋官大行人十有二歲王巡狩殷國凡諸侯之王事辨其位正其等協其禮賓而見之○孫疏云述職謂述己之所守職也如春朝以圖天下之事夏宗以陳天下之謨

此正與上節反看師行則夫役之擾皆民應糧食則供億之費皆民支睊睊是形於色胥讒是形於言凡物圓則行方則止方命猶言廢格詔令也若流與下節流字不同流連荒亡言其慢遊非一事也

從流節旨

此固解上文字義亦是痛恨其弊而歷指之上二句指行舟之狀以釋流連下二句指從獸樂酒之事以釋荒亡重兩忘反兩無厭字逆水而上亦謂從此從字乃訓逐也

先王節旨

打轉先王坐實無今時之弊下句乃偏拶得緊

惟君節志

惟君所行言他人著力不得只看君所行何如是直逼上正路非謂但憑君倣也

公說節旨

悅字最重大戒三句總跟悅字來重在興發上正與憂樂同民相照始者景公創舉也時當春耕故但云補不足召太師作樂有欲以一時美事傳之無窮意君臣相悅總為民事故樂不取宮商而取徵角其名招者取繼美都俞之意也述樂章中畜君一語可知晏子告君全副精神所在畜君以言好君以心畜君者好君也只推結晏子便住一片欲王納諫如流奮

朝儛觀是遊觀遵海而南海是東海放於琅邪吾何修修是作為而可以比於先王觀也比是效法意【註】晏子齊臣名嬰轉附朝儛皆山名也遵循也放至也琅邪齊東南境上邑名觀遊也【講】昔者齊景公問於其臣晏子曰省方觀民先王所重吾意欲觀於轉附朝儛之山因遵循海濱而南以至於瑯邪之邑庶幾吾國山川之勝都邑之雄與夫民風吏治一歷覽而可得其槩焉吾不知何所修為而後可以比隆於先王之遊觀也

○晏子對曰善哉問也善是善吾何修之言天子適諸侯曰巡狩適往也巡狩者巡所守也巡其治民之政諸侯朝於天子曰述職述職者述所職也述其治民之職無非事者此句承巡狩述職來春省耕而補不足補者發倉廩以賑之不足是食歉於一時秋省斂而助不給助者預處以周之或免租亦是不給是食歉於一年夏諺曰是夏識內語吾王不遊吾何以休休是得補助而安樂吾王不豫吾何以助助亦兼補助意一遊一豫為諸侯度度是諸侯皆以為法【註】述陳也省視也斂收穫也給亦足也夏諺夏時之俗語也豫樂也巡所守巡行諸侯所守之土也述所職陳其所受之職也皆無有無事而空行者而又春秋巡行郊野察民之所不足而補助之故夏諺以為王者一遊一豫皆有恩惠以及民而諸侯皆取法焉不敢無事慢遊以病其民也【講】晏子對曰遊觀而以先王為法善哉君之問也試以先王之法言之天子十二年而適於諸侯曰巡狩巡狩者巡行諸侯所守之土而察其政事之治否也諸侯六年而朝於天子曰述職述職者自述其所受之職而試其功績於王朝也是一往一來皆無有非事而空行者不特此也蓋天子諸侯又每年春行郊野以省民耕焉耕有不足則為之補之秋行郊野以省民斂焉斂有不給則為之助之故夏時之諺曰吾王若不遊則補助之政不行吾何以蒙其休吾王若不豫則不足不給王無由知吾何以獲其助是王之一遊一豫皆有恩惠以及民而為四方諸侯之法度焉此先王之法也

○今也不然不然是不為事不為民師行而糧食師行是眾軍護君而行糧食是糗糒行糧之屬飢者弗食承糧食來勞者弗息承師行來睊睊胥讒謂睊睊然而讒謗也民乃作慝項上胥讒因有讒言而見有怨心也方命虐民飲食若流言其侈也流連荒亡只是遊行不絕餽餉亦不絕意為諸侯憂【註】今謂晏子時也師眾也二千五百人為師春秋傳曰君行師從

天寶書局精校藏板

秋覲以比邦國之功冬遇以協諸侯之慮是也

徵招角招
招作韶本舜樂因敬仲奔齊而韶樂在齊故其聲皆韶樂有五音宮為君商為臣角為民徵為事羽為物當時景公全為民事故止取徵角二音○舜作歌以敕天命其要在康庶事制琴以歌南風其要在阜民財

發有為情思含蓄言下

明堂章旨
此章總見王政當行之意明堂周制周先王積功累仁之所致也故孟子引文王公劉太公來說明堂之當毀不當毀與齊王之可毀不可毀俱不論而但言行王政則不必毀總是誘進之辭治岐一段是正說公劉太王二段是權說

明堂節旨
齊王欣慕明堂其意在勿毀也

夫明節旨
孟子從其欣羨處引之故以立明堂本意告他講王者之堂句不重制度只重出政令上王者以位言是責難語非張大語行王政就平時行政說不指巡狩居明堂所出之政

王政節旨
言王政而以文王治岐之政言者文王治岐一國之政便有王天下之規模故舉做個榜樣也耕者五句王政之大綱是行其所當務老而無妻以下又就中抽出言之是重其所先務天下二字猶云以天下之人較之此其更苦者耳先只汲汲加厚意非謂

糧謂糗糒之屬睊睊側目貌胥相也讒謗也慝怨惡也言民不勝其勞而起謗怨也方逆也命王命也若流如水之流無窮極也流連荒亡解見下文諸侯謂附庸之國縣邑之長【講】今也諸侯之遊觀則不然但見君行則師旅從之師行則糧食從之使民疲於供給而飢者弗得食擾於夫征而勞者弗得息由是睊睊然側目胥為讒謗之言民乃作慝深懷怨惡之心是上逆天子安民之命下虐國家無辜之民其飲食侈靡若水之流無窮極焉而或流或連或荒或亡不勝其勞費之煩徒為其所屬諸侯之憂而已○**從流下而忘反謂之流**意反謂任意所往流是流蕩而無節意**從流上而忘反謂之連**連是連續而不絕意**從獸無厭謂之荒**無厭謂無厭足荒是荒廢時日**樂酒無厭謂之亡**亡是亡失政事【註】此釋上文之義也從流下謂放舟隨水而下從流上謂挽舟逆水而上從獸田獵也荒廢也樂酒以飲酒為樂也亡猶失也言廢時失事也【講】流連荒亡之義何如自其放舟隨水而流下縱其情之所如而不知反則謂之流自其挽舟逆水而遡上任其意之所適而不知反則謂之連從獸田獵而無厭足則必至於廢時故謂之荒宴樂飲酒而無厭足則必至於失事故謂之亡流連荒亡之義如此安得不病民而為諸侯之憂乎此今時之弊也○**先王無流連之樂荒亡之行**樂以心言行以事言互文也【講】若先王之遊觀非巡狩則述職非省耕則省斂何嘗有流連之樂荒亡之行乎**惟君所行也**惟字兩邊說是過法不是活法【註】言先王之法今時之弊二者惟在君所行耳【講】夫遊觀一也在先王如彼在今時如此二者惟在君所行何如耳若能戒今時之弊則何先王之不可法哉晏子之言如此○**景公說**說是喜晏子之言**大戒於國**是徧示曉諭之意**出舍於郊**是不敢晏處深宮也**於是始興發補不足**以景公從前未有之事故曰始**召太師曰**太師樂官之長**為我作君臣相說之樂蓋徵招角招是也**想當孟子時此樂猶在故指以實之名以韶者因韶樂在齊取之以美其名也**其詩曰畜君何尤**畜止也**畜君者好君也**好是愛此句孟子釋詩辭【註】戒告命也出舍自責以省民也興發發倉廩也太師樂官也君臣己與晏子也樂有五聲三曰角為民四曰徵為事招舜樂也其詩徵招角招之詩也尤過也言晏子能畜止其君之欲宜為君之所尤然其心則何故哉孟子釋之以為臣能畜止其君之欲乃是愛其君者也○尹氏曰君之與民貴賤雖不同然其心未始有異也孟子之言可謂深切矣齊王不能推而用之惜哉【講】景公有感於晏子之言而說轉附朝儛之觀不復行遂大戒於國以示更新出舍於郊示不自安且便省民時正當春於是始興發倉廩補民之不足者景公說晏子之言而見於實事如此則晏子之說景公也可知矣景公乃召太師曰爾為我作君臣相說之樂以達我君臣相說之情焉其當時所作之

明堂　明堂本天子畿內朝諸侯布政之宮黃帝曰合宮堯曰衢室舜曰總章夏曰世室殷曰重屋制度各異周曰明堂大戴禮云明堂凡九室一室有四戶八牖三十六戶七十二牖以茅蓋屋上圓下方天子巡狩朝諸侯於方岳之下倣明堂之制為堂故泰山有明堂

澤梁　蒙引云澤水所都處梁水所通處正可絕流而漁故以為魚梁也

鰥　趙氏惠曰鰥愁悒不能寐目常鰥鰥然其字從魚魚目恒不閉也

先恤窮民而後行九一等之法也發政施仁該得廣虛說不專指上耕者五句詩言亂至於此富人猶或可勝煢獨甚矣其可哀哉引來重下句通節俱要切定治岐發論正坐明堂朝諸侯之本

善哉節旨

上告王正意已盡此因王以好貨為疾而借公劉以誘進之也公劉非好貨者只在詩中乃積乃倉句取意積無屋而露積也倉屋以貯之也橐小而易負囊大而難舉橐囊既無底何以裹糧蓋兩頭皆可入糧並束而載之於身也干以自衛戈以攻人戚以禦近揚以敵遠引詩因好貨同民意未顯故又著居者行者三句以申之重兩有字即所欲與聚念頭好貨與百姓同之在制恒產薄賦斂上註推己之心以及民便已該耕者九一等政矣下節亦然

樂有取於徵為事角為民即今所傳徵招角招是也其詩之被於樂章者則曰畜君何尤蓋言晏子能畜止其君之欲不至於招尤而取罪也臣竊以此詩而思之夫臣能畜止其君之欲乃是愛其君者也既出於愛君又何尤哉王誠聽臣之言一如景公晏子之相與有成則與民同樂而民豈復有非其上者哉

○齊宣王問曰人皆謂我毀明堂（毀是併遺址而去之）毀諸已乎（已止也）【註】趙氏曰明堂太山明堂周天子東巡狩朝諸侯之處漢時遺址尚在人欲毀之者蓋以天子不復巡狩諸侯又不當居之也王問當毀之乎且止乎【講】齊宣王問曰明堂之建由來久矣人之議者皆以天子不復巡狩諸侯又不當居謂我毀明堂今從人議而毀諸乎抑已而勿毀乎

○孟子對曰夫明堂者王者之堂也（王者指古帝王）王欲行王政（王政且虛說）則勿毀之矣（勿毀上須補可王意）【註】明堂王者所居以出政令之所也能行王政則亦可以王矣何必毀哉【講】孟子對曰夫明堂者乃王者時巡方岳所居以出政令之堂也今巡狩之禮雖廢而先王之政尚存王欲行王政則亦可以王而居此堂矣何必毀哉

○王曰王政可得聞與（此問有欣慕王政意）對曰昔者文王之治岐也耕者九一（九一是周徹法）仕者世祿（仕者指其先世言世祿善善長也）關市譏而不征（關以行旅言市以商賈言）澤梁無禁（澤以畜魚者梁以防魚者無禁是不禁民之取）罪人不孥（惡惡短也）老而無妻曰鰥（鰥是無匹配相偶不能寐之狀）老而無夫曰寡（寡是寡弱無依）老而無子曰獨（獨是孑然一身）幼而無父曰孤（孤是無所瞻依）此四者（四者指鰥寡孤獨）天下之窮民而無告者（無告是無父母妻子可告者）文王發政施仁必先斯四者（必先是獨加厚意）詩云哿矣富人哀此煢獨（引詩只證四者宜先與文王無與）【註】岐周之舊國也九一者井田之制也方一里為一井其田九百畝中畫井字界為九區一區之中為田百畝中百畝為公田外八百畝為私田八家各受私田百畝而同養公田是九分而稅其一也世祿者先王之世仕者之子孫皆教之教之而成材則官之如不足用亦使之不失其祿蓋其先世嘗有功德於民故報之如此忠厚之至也關謂道路之關市謂都邑之市譏察也征稅也關市之吏察異服異言之人而不征商賈之稅也澤謂瀦水梁謂魚梁與民同利不設禁也孥妻子也惡惡止其身不及妻子也先王養民之政導其妻子使之養其

公劉

周本紀后稷之興在陶唐虞之際皆有令德傳至不窋夏后氏政衰去稷不務不窋以失其官而奔戎狄之閒不窋卒再傳公劉立雖在戎狄閒復修后稷之業務耕種行地宜自漆沮渡渭取材用行者有資居者有畜積民賴其慶乃遷邑於豳百姓多從而歸焉周道之興自此始故詩人思其德而歌之賦篤公劉一章首云篤公劉匪居匪康迺埸迺疆言厚

好色節旨

此又因王以好色為疾而借太王以誘進之也太王非好色者只在詩中爰及姜女句取意來朝來日之朝水滸漆水之滸沮水之滸也聿語辭當是時三句亦正申好色同民意當流離播遷時如此則平日可知重兩無字即所惡勿施念頭好色與百姓同之在保全其室家各遂其婚姻上上述公劉遷豳在平定安集之後故以完積倉為先此述太王遷岐在流離播散之餘故以完室家為務一以還

老而鰥其幼不幸而有鰥寡孤獨之人無父母妻子之養則尤鄰卹故必以為先也詩小雅正月之篇哿可也煢困悴貌【講】王曰夫子所謂王政其實可得聞與孟子對曰王政莫善於文王昔者文王之治岐也耕者有九一之法但使之助耕公田而不復稅其私田取乎農者薄也仕者有世祿之法官其子孫之成材者固食祿矣而不賢亦不使之失祿報夫仕者厚也道路之關都邑之市但譏察異言異服之人而不征其商賈之稅懋禁暴而不為暴也瀦水之澤通魚之梁不設厲禁同利而不專利也人之有罪者但罰及其身而不及其妻孥用法而不苛法也至於老而無妻者謂之鰥老而無夫者謂之寡老而無子者謂之獨幼而無父者謂之孤此四者無父母妻子之養乃天下之窮民而無處告愬者文王發政施仁固無所不周必先加意於斯四者小雅正月之詩有云哿矣富人猶之可矣惟此煢獨之人甚可哀也夫惟其煢獨之可哀此文王所以必先之也所謂王政者蓋如此 ○

王曰善哉言乎(言指治岐之政)曰王如善之(此善字緊接上來)則何為不行(是詰其不行之故)

王曰寡人有疾(疾是氣質之偏)寡人好貨(貨是貨財)對曰昔者公劉好貨詩云乃積乃倉(田有露積家有倉廩)乃裹餱糧(裹是包藏)于橐于囊(橐囊皆伐袋也)思戢用光(思和民而顯其業乃遷豳)弓矢斯張(張是張弓矢)干戈戚揚(四者皆兵器見其備也)爰方啟行(便有不遽啟行意)故居者有積倉(居是平時之居)行者有裹糧也(行是遷都之際此二句言民富)然後可以爰方啟行(是孟子申詩之意)王如好貨與百姓同之(與百姓同不是以此貨與百姓只是推己及人使人皆富足意)於王何有(應上王者見明堂不必毀意)【註】王自以為好貨故取民無制而不能行此王政公劉后稷之曾孫也詩大雅公劉之篇積露積也餱乾糧也無底曰橐有底曰囊皆所以盛餱糧也戢安集也言思安集其人民以光大其國家也戚斧也揚鉞也爰於也啟行言往遷於豳也何有言不難也孟子言公劉之民富足如是是公劉好貨而能推己之心以及民也今王好貨亦能如此則其於王天下也何難之有【講】王曰善哉夫子王政之言乎孟子曰聞言貴於能行王如以此言為善則何為而不試之行乎王曰寡人非不欲行之也寡人稟性之偏而有疾寡人之疾在於好貨故取民無制不能行王政也孟子對曰好貨無妨於王政也昔者文王之先有公劉者亦嘗好貨矣大雅公劉之詩有云公劉乃積乃倉以厚其民乃裹盛餱糧於無底之橐有底之囊既有行糧之具於是思安戢其人民用光大其國家遂張大弓矢與夫干戈戚揚之器於是始啟行而往遷於豳焉由此詩觀之可見公劉好貨又能推好貨之心以同於民故居民者有積倉之儲行者有裹糧之備也然後可以爰方啟行而開王業王如好貨亦能如公劉與百姓同之使皆富足則天下之民歸之矣於王何難之有 ○王曰

哉公劉之於民也其在西戎不敢寧居而治田畝既富强矣思和民而顯其業乃遷豳

戚揚 二者斧越之別名斧小越大

妃 夏殷以前后妃之制其文略大率皆稱妃故黃帝帝嚳俱有四妃至周則天子立后正嫡稱后其次稱妃

士師 士師為獄官之長士是所屬的如鄉士掌六鄉之獄遂士掌六遂之獄縣士掌

豳而開王業一以遷岐而基王迹此意須點在兩王如上方與於王句照應

王之章旨

此章專為四境不治發末節是主先設兩問一原情一議法即此是四境不治斷案要摹寫出有心之間無心之答一段光景

王之節旨

此設言負托之友凍餒其妻子非反時方凍餒乃反時方知之也以凍餒言暗影賦斂之重

士師節旨

此設言曠職之臣較上緊一步鄉士等所掌之獄皆由其不決於士師以不能治士言暗影形罰之失

四境節旨

四境不治亦只大槩冷諷並不著辭王身上顧左右言他總是無辭以對若不解其問一般註云憚於自責則無克已之勇恥於下問則無好善之誠

故國章旨

此章見人君當慎於用舍言故國賴有世臣則今日即當預養親臣為世臣地所謂慎處精神在如不得已四字末節出為民父母申明所以進賢如不得已之故蓋用賢正以為民享國久遠全以得人心為主

故國節旨

寡人有疾寡人好色（色是女色）對曰昔者太王好色愛厥妃（妃即姜女）詩云古公亶父來朝走馬率西水滸至于岐下爰及姜女聿來胥宇（聿來如言同來）當是時也（是時播遷之時）內無怨女（怨女是無夫者）外無曠夫（曠夫是無妻者）王如好色與百姓同之（亦如太王令民無怨曠）於王何有【註】王又言此者好色則心志蠱惑用度奢侈而不能行王政也太王公劉九世孫詩大雅緜之篇也古公太王之本號後乃追尊為太王也亶父太王名也來朝走馬避狄人之難也率循也滸水涯也岐下岐山之下也姜女太王之妃也胥相也宇居也曠空也無怨曠者是太王好色而推能已之心以及民也○楊氏曰孟子與人君言皆所以擴充其善心而格其非心不止就事論事若使為人臣者論事每如此豈不能堯舜其君乎愚謂此篇自首章至此大意皆同蓋鐘鼓苑囿遊觀之樂與夫好勇好貨好色之心皆天理之所有而人情之所不能無者然天理人欲同行異情循理而公乎天下者聖人之所以盡其性也縱欲而私於一已者衆人之所以滅其天也二者之間不能以髮而其是非得失之歸相去遠矣故孟子因時君之問而剖析於幾微之際皆所以遏人欲而存天理其法似疏而實密其事似易而實難學者以身體之則有以識其非曲學阿世之言而知所以克已復禮之端矣【講】王曰寡人非特好貨也寡人稟性之偏而有疾寡人之疾又在於好色故用度奢侈不能行王政也孟子對曰好色亦無妨於王政也昔者文王之祖有太王者亦嘗好色而愛厥妃矣大雅緜之篇有云古公亶父來朝走馬以避狄人之難率循西水之滸至於岐山之下爰及姜女聿來相與擇宇而居焉由此詩觀之可見太王好色又能推好色之心以及其民故當此播遷時也內無無家之怨女外無無室之曠夫而基王業王如好色亦能如太王與百姓同之使無怨曠則天下之民歸之矣於王又何難之有如是則可以坐明堂而朝諸侯又何必毀之哉

○孟子謂齊宣王曰王之臣有託其妻子於其友（託只是照管其衣食之資）而之楚遊者（之是往）比其反也（反是歸）則凍餒其妻子（凍是衣不足餒是食不足）則如之何（言何以處其友）王曰棄之（是絕交意）【註】託寄也比及也棄絕也【講】昔齊宣王怠於治國孟子欲納誨以啟其改過也故先設事而謂之曰王之臣有託其妻子之衣食於其友而之楚遊者夫以妻子而託於友固欲免乎凍餒也以友而受人妻子之託當使其不至於凍餒比其自楚反也則知彼之凍餒其妻子焉斯友也不知王之臣將何以處之王曰受人之託而負之薄道也奚取於若友

一縣之獄不能治士謂不能率屬以正刑也

進賢

禮王制篇命鄉論秀士升之司徒曰選士司徒論選士之秀者而升之學曰俊士升於司徒者不征於鄉升於學者不征於司徒曰造士大樂正論造士之秀者以告於王而升諸司馬曰進士司馬辨論官材論進士之賢者以告於王而

世主不知有民莫不知有國故從故國說入喬木只引起不重世臣蓋其先世有大勳於國而又代有聞人世其祿位者有字宜著力全從培養得來親臣不是倖臣乃腹心之臣昔進今亡總描寫輕忽意

吾何節旨

此不但自解不知其亡之失亦有欲得真才而用之以免向日之弊意

國君節旨

賢不易識也慎便是識之之道進賢非真不得已特如之耳只是个慎字將使二句是說所以如不得已處有兩層意就當下言今之卑且疏者一進之則使踰乎尊戚矣就日後言今所進者若又不賢則後又將有踰尊踰戚之事玩註然或二字自以將使為預探日後立言而前當下一層亦當補作襯意也

左右節旨

通節俱以方進之人言人才不進便是舍又說不可一段者恐有真賢而舍之正欲得真賢而用之也左右訓近臣非謂閹宦任政之大夫即薦賢亦屬分內但用賢原以為民歸重國人者以左右諸大夫之為民不如民之自為也正伏下為民父母意然後字統承左右諸大夫說察字有詢考事言精心妙用在

可殺節旨

為也以義裁之則棄之而勿與友耳

○曰士師不能治士 治是管理意士是士師所屬之官 則如之何 言何以處士師 王曰已之 之指士師

註 士師獄官也其屬有鄉士遂士之官士師皆當治之已罷去也

講 孟子又曰士師為獄官之長其屬有鄉士遂士之官皆士師所當治也苟不能統御所屬之士使刑罰失中不知王將何以處之王曰有官守而不盡其職曠官也奚取於若臣為也以法論之則已之而勿用焉耳

○曰四境之內不治 四境指全齊之地不治暗照民多凍餒刑獄失平說 則如之何 如之何者指王只作泛言 王顧左右而言他 顧左右是釋其慚言他事是亂其辭

註 孟子將問此而先設上二事以發之及此而王不能答也其憚於自責恥於下問如此不足與有為可知矣○趙氏曰言君臣上下各勤其任無墮其職乃安其身

講 孟子因王明於處人直指其失而問之曰人君居萬民之上使四境之內人民疲困政事廢弛而不治如此則王當如之何以處之王乃顧左右以釋其慚言他事以亂其辭則其憚於自責恥於下問可知矣尚足與有為哉

補 沈無回曰人悔則不暇顧慚則不能言王顧左右言他則不悔不慚而游移中之矣

○孟子見齊宣王曰所謂故國者 故國是舊國 非謂有喬木之謂也 喬木是高聳之木 有世臣之謂也王無親臣矣昔者所進今日不知其亡也 昔進今亡只形容其遽意

註 世臣累世勳舊之臣與國同休戚者也親臣君所親信之臣與君同休戚者也此言喬木世臣皆故國所宜有然所以為故國者則在此而不在彼也昨日所進用之人今日有亡去而不知者則無親臣矣況世臣乎

講 孟子因宣王輕於進退賢才故見而諷之曰喬木世臣故國宜有然所以謂之故國者非謂有喬木足以壯一國偉觀之謂也以其有累世勳舊之臣足以為故國倚賴之謂也然世臣之始則為親臣今王無親臣矣昔者所進將倚之為腹心者今日有亡去而不知也是親臣且無況世臣乎亦安在其為故國也

○王曰吾何以識其不才而舍之 識是真知不才是不足有為舍棄也

註 王意以為此亡去者皆不才之人我初不知而誤用之故今不以其去為意耳因問何以先識其不才而舍之耶

講 王曰此亡去者皆不才之人我初不知而誤用之故今不以其去為意耳自今以始吾何以預識其不才遂舍之不用使所用者皆真才而可進之為親臣也

○曰國君進賢如不得已 始進賢人遲疑反覆恰似欲已而不可得 將使卑踰尊疏踰戚 尊卑以職位言疏戚以情誼言踰即越也 可不慎與 就上二句見其當慎

註 如不得已言謹之至也蓋尊尊親親禮之常也然或尊者親者未必賢則必親疏遠之賢而用之是使卑者踰尊疏者踰戚非禮之常故不可不謹也

講 孟子曰用人而悔於後者

定其論論定然後官之任官然後爵之位定然後祿之文王世子篇凡語於郊者必取賢斂才焉或以德進或以事舉或以言揚

此用刑尸帶說即天討有罪之宜公而天命有德之不可不愼愈見

如此節旨

如此雖承上兩節然宜側在進賢上為民父母不作頌辭味然後字蓋難之也立國本以為民惟能為民父母方可固結人心培植國脈正與章首故國相應

湯放章旨

此章深為殘賊之君警不重白湯武無弑君之事

湯放節旨

此問便有下文可乎二字意在不然於桀伐紂不待問而知其有也

臣弑節旨

可乎之疑緊貼湯武身上說古來臣弑君者必加以大惡之名湯武行之反以為聖人是世之所大不可者至湯武而獨可也故問

賊仁節旨

賊仁將本心全壞了賊義在事上說殘乃殘破之殘以誅字換弑字以一夫換君字議論關係不小

巨室章旨

此章見人君當任賢以治國意上節譏齊王不任賢下節因不任賢上見得不愛國也兩節喻雖各別意寔相承兩必使字何等珍重兩姑舍從我何等輕忽提醒精神全在則何如何以異二句上

皆因不能謹之於始耳是以國君之進賢也遲疑於遴選之際審之又審又如吾之初心本不欲用而勢之所迫有不得已而用底一般所以如此其謹者何哉蓋自用之而加以不次之位也則謂之尊苟尊非其人則其勢必易以賢之卑者是使卑者踰尊矣自用之而寄以心膂之託也則謂之戚苟戚非其人則其勢必易以賢之疏者是使疏者踰戚矣夫使卑者踰尊疏者愈戚而失尊尊親親之常禮則國君進賢之始可不知所愼與此所以進之如不得已也

○左右皆曰賢未可也 恐有賄賂 諸大夫皆曰賢未可也 恐有朋黨 國人皆曰賢然後察之 察之是因其名以核其實 見賢焉然後用之 用之置在尊親之列 左右皆曰不可 不可是不賢之人 勿聽 恐其排擠 諸大夫皆曰不可勿聽 恐為私毀 國人皆曰不可然後察之 察之是因其迹以考其心 見不可焉然後去之 去之斥在疏遠之列

註 左右近臣其言固未可信諸大夫之言宜可信矣然猶恐其蔽於私也至於國人則其論公矣然猶必察之者蓋人有同俗而為衆所悅者亦有特立而為俗所憎者故必自察之而親見其賢否之實然後從而用之舍則於賢者知之深任之重而不才者不得以倖進矣所謂進賢如不得已者如此

講 所謂如不得已者何如有人於此左右近臣皆稱之曰賢恐其求容於近習未可信其賢也在朝大夫皆稱之曰賢恐其蔽於私昵亦未可信其賢也至於通國之人皆稱之曰賢其論公矣然猶懼其同流而合污也又從而察之果親見其賢焉然後用之即置之尊親而不為私也有人於此左右近臣皆曰不可恐其無先容也勿聽之在朝大夫皆曰不可恐其為私毀也勿聽之至於通國之人皆曰不可其論公矣然猶恐其高世而獨立也必從而察之果親見其不可焉然後去之即屛之疏遠而不為刻也所謂進賢如不得已者如此

○左右皆曰可殺勿聽 恐有私忿 諸大夫皆曰可殺勿聽 恐其私怒 國人皆曰可殺然後察之 察之是因其罪以原其情 見可殺焉然後殺之故曰國人殺之也 國人殺見非出於一已與衆棄之意

註 此言非獨以此進退人才至於用刑亦以此道皆所謂天命天討皆非人君之所得私也

講 然不獨用人當愼至於用刑亦以此道有人於此左右近臣皆曰可殺恐其私怨也勿聽之在朝諸大夫皆曰可殺恐其私惡也勿聽之至於國人皆曰可殺則其論公矣然後從而察之必實見有可殺之罪焉然後殺之是其殺也非出於一已之私情而出於國人之公論故曰國人殺之也

○如此 兼承用人用刑 然後可以為民父母 父母就好惡不拂民心說

註 傳曰民之所好好之民之所惡惡之此之謂民之父母

講 夫人君之命討如此是能好人之所好惡人之所惡即父母愛

巨室節旨

為巨室即為國影子大木喻賢人勝不勝指大木說不指工師說夫人孟子自謂兩之字指仁義幼學言其學之有素正夫人本領處壯行是欲行其所學以仁育天下義正天下也欲字有不肯自小意姑舍云云不任賢也則何如只作詰問商量語氣了而不了

今有節旨

雖萬鎰俱作少之之辭然作多之之辭自佳蓋物重則不敢輕付人也上任賢不如任木便是愛國不如愛玉言不愛國正舉其所必愛者以激發其任賢之思教字即是使字何以猶云何故只作怪歎語氣又教字作教誨解謂教誨玉人以治玉也

伐燕章旨

此章見取國當順民心宣王意在取故先言勿取而後言取之孟子意在勿取故先言取之而後言勿取宣王託之天意幽而難知孟子決之人心顯而可據文武二段是應他兩個或

謂末節是答他取之何如

齊人節旨

此句是春秋書法曰齊人見齊非伐燕之君曰伐見燕有可伐之罪曰勝

子之心不是過矣必如此然後可以為民之父母由此而定尊親之選則世臣自可有而齊不誠為故國乎【補】集解云引傳好惡同民故可為民父母原只渾說而以本章大旨合之則進賢為主

○齊宣王問曰湯放桀武王伐紂有諸孟子對曰於傳有之（傳指湯誓武成）【註】放置也書云成湯放桀於南巢【講】齊宣王有併東周之意乃問孟子曰吾聞成湯放桀於南巢武王伐紂於牧野果有此事乎孟子曰南巢之師載在湯誓牧野之師紀於武成考之於傳誠有之也

○曰臣弒其君可乎（臣指湯武君指桀紂可乎指名分言）【註】桀紂天子湯武諸侯【講】王曰桀紂君也湯武臣也以臣而弒其君可乎

○曰賊仁者謂之賊（仁是不忍之心賊仁者其心忍故曰賊）賊義者謂之殘（義是事之宜賊義者其事乖故曰殘）殘賊之人謂之一夫聞誅一夫紂矣未聞弒君也（此句指武王未曾弒君）【註】賊害也殘傷也害仁者凶暴淫虐滅絕天理故謂之賊害義者顛倒錯亂傷敗彝倫故謂之殘一夫言眾叛親離不復以為君也書曰獨夫紂蓋四海歸之則為天子天下叛之則為獨夫所以深警齊王垂戒後世也○王勉曰斯言也惟在下者有湯武之仁在上者有桀紂之暴則可不然是未免於篡弒之罪也【講】孟子曰君者民之主以其能盡仁義之道也賊仁者其存心凶暴滅絕天理則謂之賊賊義者其行事錯亂傷敗彝倫則謂之殘殘賊之人天命已去人心已離謂之一夫吾聞武王牧野誓師所誅一夫紂矣未聞弒君也君而可弒綱常安在觀武而湯可知矣【補】說統云君必如桀紂方是一夫臣必如湯武方可誅一夫即此便有扶植綱常意

○孟子見齊宣王曰為巨室（為是起造巨室比國家）則必使工師求大木（大木是棟梁之材比賢人）工師得大木則王喜以為能勝其任也（勝任是大木勝巨室之任）匠人斲而小之（斲削也）則王怒以為不勝其任矣（不勝其任言無以為巨室之資）夫人幼而學之（夫人指賢人幼學幼時便學要發所學之久意）壯而欲行之（壯是強仕之時行是行其所學）王曰姑舍女所學而從我（姑是且女指賢人所學即仁義之道從我是從其功利之謀）則何如（何如猶言何故）【註】巨室大宮也工師匠人之長匠人眾工人也姑且也言賢人所學者大而王欲小之也【講】孟子以齊宣王不能任賢圖治因見而諷之曰為國之資於賢猶作室之資於木王如為巨室則必使工師求大木工師得大木則王必喜以為能勝巨室之任也使匠人誤斲而小之則王必怒以為不能勝巨室之任矣

燕

燕姬姓伯爵周同姓功臣曰君奭佐文武定天下為周太保食邑於召謂之召康公相成王王自陜以西諸侯封其子為燕伯其地幽州薊縣是也○按戰國策蘇秦仕燕與其相子之婚而蘇代與子之交秦死齊宣王復用代代為齊使燕燕王問齊王何如對曰必不霸不信其臣以激燕王而學子之也於是燕王以國讓子之三年大亂儲子謂齊宣王因而伐之王令章子伐燕士卒不戰城門不閉燕王噲死齊大勝子之亡

壺漿

之見齊非能勝燕燕自潰耳

或謂節旨

兩或謂皆託辭以勿取陪起取之以人力轉出天意正見其當取也殊不思乘亂倖勝且不可謂之人況曰天乎

取之節旨

悅與不悅非在既取之後是在先度定之意也引文武只做箇證驗不必深為別白

以萬節旨

齊王有何仁政風聲先及燕國而簞食壺漿以迎王師哉觀史記將軍市被與太子平謀攻子之齊因而赴之以破燕則簞食壺漿亦燕人自為內應耳豈有他哉暗見得不是天意其日益深益熱蓋已窺見其將有殺父兄係子弟一段意矣亦運而已矣此打穿後壁以教齊王勿取也

救燕章旨

此章見弭兵當以仁意歸重置君一句齊王與孟子謀寢兵尚欲得燕孟子為齊王謀寢兵只是棄燕是動天下以上咎齊王所以招兵之由王速出令以下代齊王畫止兵之策

救燕節旨

取之是不用孟子之言將謀救燕謀已定而兵尚未加也諸侯亦非真激於恤鄰之義特借以為名耳待之是問止兵之策不說諸侯多謀救燕而

任木則欲其大如此乃夫人之賢者幼而學夫仁義之道及壯而欲以其所學者見之於行非自小以徇人者王則曰姑舍女所學之仁義而從我所謀之功利是任賢反欲其小如此則視王任木之喜大怒小何如耶

○今有璞玉於此璞玉是借喻未治之國雖萬鎰雖字有不足重意必使玉人彫琢之玉人對賢者說彫琢對治國說之指玉言至於治國家國家對玉字看則曰姑舍女所學而從我則何以異於教玉人彫琢玉哉何以異是何故不同教即上使字【註】璞玉之在石中者鎰二十兩也玉人玉工也不敢自治而付之能者愛之甚也治國家則徇私欲而不任賢是愛國家不如愛玉也○范氏曰古之賢者常患人君不能行其所學而世之庸君亦常患賢者不能從其所好是以君臣相遇自古以為難孔孟終身而不遇蓋以此耳【講】王不任賢是王不愛國家矣今有未彫未琢之璞玉於此其價雖萬鎰之多然物重則不肯輕予人也王必使玉人彫琢之知己不能而玉人能之也王之愛玉亦甚矣至於治國家宜不啻治一璞玉矣使賢者以治國家宜不啻使玉人治玉矣而王則曰姑舍女所學之仁義而從我所謀之功利則何王之治國家乃異於教玉人彫琢玉哉是愛萬乘之國不如愛萬鎰之玉也王能反愛玉者愛國自不容不以任木者而任賢矣臣願王其熟計之【補】姑舍女所學而從我必齊王嘗有此言故兩節提出作骨此孟子見王本指也一說是孟子揣王意而言

○齊人伐燕勝之之指燕言【註】按史記燕王噲讓國於其相子之而國大亂齊因伐之燕士卒不戰城門不閉遂大勝燕【講】昔燕王噲讓國於其相子之國內大亂齊人乘釁而伐之遂大勝燕

○宣王問曰或謂寡人勿取勿取是安其境土撫其人民或謂寡人取之取之是收其版籍虜其人民以萬乘之國指齊言伐萬乘之國指燕言五旬而舉之五旬是五十日言不待久舉即勝之也人力不至於此力指智勇之力此指五旬言不取必有天殃此句正見燕之當取取之何如何如全是要取之意【註】以伐燕為宣王事與史記諸書不同已見序說【講】宣王意欲取燕乃託之天意而問曰勝燕之功成矣或謂利不可貪勸寡人勿取固一策也或謂機不可失勸寡人取之又一策也人言不同若此寡人試以意度之以齊萬乘之國伐燕萬乘之國勢均力敵未易勝也今特五旬而舉之吾恐人力不遽至於此或者其天意乎天與不取是逆天也必有天殃今欲取之以順天心夫子以為何如

○孟子對曰取之而燕民悅則取之此意輕古之人有行之者

天寶書局精校藏板

何休云壺禮器腹方口圓曰壺漿水也飲也或曰酒也

霓　雨氣成虹朝陽射之則在西夕陽射之則在東李巡云虹見則雨止蓋天地之淫氣而爾雅謂雲出天之正氣霓出地之正氣恐亦難據

曰多謀伐寡人只見諸侯生心欲與寡人為難耳仍是戀惜燕國不舍臣聞二句是綱領且虛說下二節詳言之

湯一節旨
此節誅君弔民是為政於天下的根子雲霓以上先引書而後自說見湯師未至而民望之切歸市以下先自說而後引書見湯師既至而民慰之深天下信之本平日發政施仁來東西三句正狀其信處若望雲者仰其來也若望霓者疑其不來也誅其君乃所以弔其民不平通節重在已征而慰民望一過正與下殺其父兄四句反照

今燕節旨
此節殺係等事是畏人的根子上半截孟子亦姑將許之非真個如湯之天下信之也下半截則全與湯所行相反矣若字是指數之辭不作設辭看畏強已有乘我之心倍地則益起人之忌不行仁政又令人得執之為辭兵端自我開矣故曰是動天下之兵

王速節旨
此為齊王畫策正合何以待之之問速出令者先將此意布告燕人以安其心而使風聞於諸侯也出令包下三事重置君而去上立君以主名公之祀是燕無君而有君矣猶可及三

武王是也（指伐紂言）取之而燕民不悅則勿取（此意重）古之人有行之者文王是也（指以服事殷言）【註】商紂之世文王三分天下有其二以服事殷至武王十三年乃伐紂而有天下張子曰此事間不容髮一日之間天命未絕則是君臣當日命絕則為獨夫然命之絕否何以知之人情而已諸侯不期而會者八百武王安得而止之哉【講】孟子對曰天意不可知亦決之民心而已使王取之而燕民皆悅是天與齊也則順民心以取之古之人有行之者武王因八百之人心以伐商是也使王取之而燕民有不悅是天不與齊也則順民心而勿取古之人有行之者文王因有二之人心以事殷是也是則燕之可取不可取決之民心足矣紛紛眾論何足據乎

○以萬乘之國伐萬乘之國簞食壺漿（簞食是飯壺漿是湯）以迎王師（王師指齊王之師）豈有他哉避水火也（水火比燕之暴虐）如水益深如火益熱（如是假如之如益是更甚意）亦運而已矣（見不可強取意）【註】簞竹器食飯也運轉也言齊若更為暴虐則民將轉而望救於他人矣○趙氏曰征伐之道當順民心民心悅則天意得矣【講】夫欲知天命固當觀人心而欲得人心又當施仁政今以齊萬乘之國伐燕萬乘之國為燕民者豈遂不可抗齊哉而乃簞食壺漿以迎王師者豈有他哉特以避燕水火之虐而望救於齊耳王宜以仁易暴拯民於水火之中可也若不順其心更為暴虐是以水濟水而水益深也以火濟火而火益熱也則燕民始而望齊之救者亦將轉而望救於他人矣烏得有其國而君之哉王欲取燕亦求所以得民心者而已【補】此處只是教他反燕政以慰民望意

○齊人伐燕取之（之字指土地人民）諸侯將謀救燕（諸侯列國之君將是謀定而未舉救燕是欲復燕之土地人民）宣王曰諸侯多謀伐寡人者（多謀是計策之多）何以待之（待是有備無患意）孟子對曰臣聞七十里為政於天下者湯是也（七十里指亳地言為政天下指征伐言）未聞以千里畏人者也【註】千里畏人指齊王也【講】齊人伐燕既勝之後不聽孟子順民心之言而竟取之列國諸侯將謀合兵伐齊以救燕宣王乃恐而問曰諸侯以寡人取燕為過多謀來伐寡人者事勢至此將何以設備而預待之乎孟子對曰臣聞以七十里之小國而伐暴救民為政於天下而無與敵者成湯是也未聞以千里之大國若齊顧惴惴焉謀所以待敵若是其畏人者也

○書曰湯一征自葛始（先征葛始）天下信之（之指湯言）東面而征西夷怨南面而

字對上迷字看見得幾則無及矣

征北狄怨西夷北狄舉道以包近怨是怨望曰奚為後我奚何也以上皆引書辭民望之之字指湯若大旱之望雲霓也望雲是期其雨望霓是恐其不雨歸市者不止歸市是以交易為業耕者不變耕者是以農事為業誅其君君以暴民者言而弔其民弔撫綏也若時雨降降下也民大悅悅是悅其弔伐書曰徯我后后來其蘇此二句又引書證民悅

註兩引書皆商書仲虺之誥文也與今書文亦小異一征初征也天下信之信其志在救民不為暴也奚為後我言湯何為不先來征我之國也霓虹也雲合則雨虹見則止變動也徯待也后君也蘇復生也他國之民皆以湯為我君而待其來使己得蘇息也此言湯之所以七十里而為政於天下也

講所謂湯以七十里為政於天下者觀於書之所言可見矣書曰葛伯無道湯一征實自葛始天下皆信其志在救民非為暴焉由是東面而征西夷怨南面而征北狄怨怨之者皆曰東南西北均一水火中也何為不先來征我之國乎由書言觀之可見湯師之未至也民之望之冀其來又恐其不來若大旱之時望其雲又恐其霓也及湯師之既至也師行不擾而民晏然安之商安於市而歸市者不止農安於野而耕者不變湯於是誅其虐民之君而弔其被虐之民若時雨降於大旱之後民樂更生而大悅焉故書又有曰徯我后后來其蘇則其望之切而悅之至也何如哉湯之所以七十里而為政於天下者此也

○今燕虐其民見與葛無異王往而征之之字指燕見與征葛無異民以為將拯己於水火之中也民指燕民水火借言暴虐之甚簞食壺漿以迎王師若殺其父兄老者受殃係累其子弟幼者受殃毀其宗廟毀是毀折遷其重器遷是徙移重器是先代所藏之寶器如之何其可也此緊頂上四句天下固畏齊之彊也彊是強大以平日言今又倍地倍地是齊國本大今得燕地又增一倍矣而不行王政指殺其父兄等事是動天下之兵也動是惹動天下指列國諸侯

註拯救也係累繫縛也重器寶器也畏忌也倍地并燕而增一倍之地也齊之取燕若能如湯之征葛則燕人悅之而齊可為政於天下矣今乃不行仁政而肆為殘虐則無以慰燕民之望而服諸侯之心是以不免乎以千里而畏人也

講若齊以千里而畏人者果何故哉要亦不能如湯之師耳今燕暴虐其民與葛無異王往而征之亦與征葛無異燕之民以為將拯己於水火之中也而簞食壺漿以迎王師又何殊於雲霓之望乎使王之取燕能如湯之征葛有以慰其望則燕民悅而齊亦可以為政於天下矣乃若此殘殺其父兄係縛其子弟拆毀其宗廟遷徙其重器則是取燕以自利而非成湯時雨

之師矣如之何其可爲也夫天下諸侯固畏忌齊之强大也第無釁可乘耳今又併燕加一倍之地而不行仁政以慰燕民之望故諸侯之忌愈深伐齊之謀遂合是天下之兵王實有以動之也能不以千里而畏人乎

○王速出令速字重看令是罪已安燕之令反其旄倪此下三事即所出之令也止其重器謀於燕衆謀議也衆指燕父兄臣庶言置君而後去之置君是更立賢君去之是去燕歸齊則猶可及止也

註 反還也旄老人也倪小兒也謂所虜略之老小也猶尚也及止及其未發而止之也○范氏曰孟子事齊梁之君論道德則必稱堯舜論征伐則必稱湯武蓋治民不法堯舜則是爲暴行師不法湯武則是爲亂豈可謂吾君不能而舍所學以徇之哉

講 然此皆已往之事無足論矣爲今之計王速出令以曉告國人反其旄倪之係累者止其重器之未遷者謀於燕國臣民之衆擇其賢而當立者置爲燕君而後引兵去之如是則燕亂已定諸侯不得以救燕爲名齊不爲暴諸侯不得以伐暴爲說猶可及其兵之方動而使之中止也臣所以告王待之之策如此苟是令不出即出而不速則諸侯之謀遂成而救燕之兵且至臣不知所以待之矣王亟圖之

○鄒與魯鬨與者鄒先之也穆公問曰吾有司死者有司指將帥死是赴鬭而死也三十三人言臣爲吾死忠者多而民莫之死也之字指有司誅之則不可勝誅之指民勝盡也不誅則疾視其長上之死而不救長上即有司如之何則可也是欲治其不死之罪

註 鬨鬭聲也穆公鄒君也不可勝誅言人衆不可盡誅也長上謂有司也民怨其上故疾視其死而不救也

講 鄒與魯爲鄰不相睦而有相鬭之鬨聲穆公問曰我師敗績於魯吾有司死於戰者三十三人而民莫肯爲之死以赴有司之難也今將欲誅之則人衆不可勝誅難乎其爲刑不誅則疾視其長上之死而不救無以謝有司不知如之何而可以處此民也穆公此問蓋徒知咎民而不知咎己知愛有司而不知愛民矣

○孟子對曰凶年饑歲凶年是災殃之年饑歲是饑荒之歲君之民老弱轉乎溝壑溝長而小壑深而大壯者散而之四方者幾千人矣幾千人言多也對三十三人看而君之倉廩實倉廩是貯粟者實是有餘粟府庫充府庫是藏財者充是有餘財有司莫以告莫以告是不以轉溝壑散四方之情告於君使發倉庫以救意是上慢而殘下也上慢是不以民爲念殘下是坐視民之死曾子曰戒之戒之重言以深警之出乎爾者反乎爾

鄒穆公 穆公姓曹子爵出自顓帝玄孫陸終十五子安之後武王克商封安之苗裔曹挾於邾爲附庸後從齊桓公尊周進爵爲子邾與魯世爲仇敵及穆公改邾曰鄒

倉廩 倉所以儲粟廩所以藏米周禮地官倉人掌粟入之藏辨九穀之物以待邦用

魯鬨章旨 此章見人君當行仁政以恤民鄒民所以不死長者由素無親上之心而所以不親上者由素有殘下之事穆公不尤己而尤民孟子却由有司推到君身上是探本之論章內出爾反爾句亦前後關要

魯鬨節旨 魯大鄒小衆寡不敵故不成戰但其鬭之聲鬨然而已不曰魯與鄒而曰鄒與魯先之者鄒也民莫之死非必無一人死於戰但不爲救有司而死耳穆公之問蓋歸罪於民也註民怨其上意在下節

凶年節旨 君之民三字甚冷穆公但知有司是君的不知民亦是君的幾千人緊對三十三人有司莫以告句最重是說

廩人掌九穀之數以待國之匪頒賙賜稍食

滕文公

滕姬姓侯爵文王第十四子叔繡後也為周卜正武王封於滕傳至文王厥後二十一年為周所滅其地今山東滕縣

民莫之死之故上慢殘下雖兼君說却側重有司邊蓋君與民隔所藉以達其情者有司耳曾子之言是泛論出爾反爾本兼德怨引來只重怨說今而後是惜之得反是慶之通節只是責有司而君之不恤其民亦自可見

君行節旨

結出君來是主行仁政以倡有司即出爾之仁也民之親上在平日死長則以臨難言即反爾之義也

滕文章旨

此章見人君當自强以立國文公求是强之策惟依勢之在人孟子告自强之策全憑理之在己重則得民心與之固守上

滕文節旨

惟國小故事大宜然惟間大又兼事無力兩乎字有猜疑莫定意

是謀節旨

是謀句言此乃僥倖之策不足尚耳非必以小事大之禮為可廢也城池在滕未便可恃卻輕看精神全注與民固守上兼常變言鑿池築城與民死守有許多綢繆固結在正次章所

者也（出是怨德之施反是怨德之報）夫民今而後得反之也（今指戰鬪時之指有司）君無尤焉

註 轉飢饑輾轉而死也充滿也上謂君及有司也尤過也

講 孟子對曰民之疾視其長上之死者有由然矣當凶年饑歲君之民老弱者皆飢餓輾轉而死於溝壑之中其壯者則散而之四方以就食者幾千人之多矣民之失所如此豈非為有司者之所宜加恤哉而君倉廩之穀自實府庫之財自充有司竟無一人陳救荒之策於君而賑恤之是君與有司皆暴慢不仁而殘虐下民也民豈不思所以反之乎曾子嘗有言曰戒之哉戒之哉凡德怨之出於爾者如此則人之反乎爾者亦如此也彼有司莫告民之怨已非一日特未有隙得反耳夫民至於今戰鬪之日而後得疾視有司之死而不救而反之也此爾出爾反之常耳君無專歸過於民焉

○君行仁政（平日薄斂凶歲救荒以倡有司）斯民親其上（親以心言上仍謂君及有司）死其長矣（死以身言長專指有司）

註 君不仁而求富是以有司知重斂而不知卹民故君行仁政則有司皆愛其民而民亦愛之矣○范氏曰書曰民惟邦本本固邦寧有倉廩府庫所以為民也豐年則斂之凶年則散之卹其飢寒救其疾苦是以民親愛其上有危難則赴救之如子弟之衛父兄手足之捍頭目也穆公不能反己猶欲歸罪於民豈不誤哉

講 由此觀之民不救有司由有司之不卹民而有司之不卹民皆由於君之不行仁政故也君若平日自反而舉行仁政卹其飢寒救其疾苦則有司皆體君心而各愛其民矣有司既恤其民自然情義相關親其上愛戴而不忘死其長捐軀而不悔矣何至有疾視其長上之死而不救者哉此君之所以當反己而不可過責於民也

○滕文公問曰（滕姬姓文公是定公之子）滕小國也（小國是五十里）間於齊楚（間是介在二國之中）事齊乎事楚乎（此二句欲擇所事乎疑辭）

註 滕國名

講 滕文公問曰小國勢孤力弱必託依大國乃能自安今滕地方五十里乃至小之國也間於齊楚而居乎二大國之間非有所事不能自保也將事齊乎抑事楚乎夫子為我決之

○孟子對曰是謀非吾所能及也（是謀指事齊事楚之謀）無已（已止也）則有一焉（是有自强之一策）鑿斯池也（鑿是開之深）築斯城也（築是增之高）與民守之（指平日無事言）效死而民弗去（是說臨變故時效死指君言弗去指民言）則是可為也（是字指鑿築死守言為字正教他此處著力）

註 無已見前篇一謂一說也效猶致也國君死社稷故致死以守國至於民亦為之死守而不去則非有以深得其心者不能也○此章言有國者當守義而愛民不可僥倖而苟免

講 孟子對曰是事齊事楚之謀非吾智慮之所能及也君必欲言之無已則有一道焉鑿斯池也而浚之使深築斯城也而增之使高為之君者平日愛養其民與民共守此城池及遇變時君必效死以盡其義而民心固結亦為之死守而不去則是理之可為者不過如此如

築薛

薛任姓侯爵黃帝之苗裔奚仲仲虺之後今徐州滕城薛城仲虺城皆相近仲虺城即薛舊城也是時已為齊地封靖郭君田嬰矣○薛滅已久非至是齊始取其地而城之也按策國策載靖郭君將城薛客之諫乃輟至是齊復欲城

謂強為善者

築薛章旨

此章見人君當為善以自強滕無地可遷只把大王遷岐立業以起下為善見得太王雖因岐興王實由平日為善所致不在擇選惟有強為善一策此與上章只一意

築薛節旨

此築薛之恐其意似欲遠避故下節以遷國告之

昔者節旨

引太王事乃寬慰滕文之辭非擇而取句須照遷岐開王業說不得已三字便見遷非有國者之常法

苟為節旨

上節叙事此正勉以為善重看苟為善二句承上太王避狄言君子二句泛言末二句方貼滕文言事有次第謂之業為之自我謂之創垂之於後謂之統繼在後人而使可繼者在我也創業垂統應為善說成功則天應也國小鄰強為善有許多難處故下一強字而已矣者見此外別無自立之策

竭力章旨

此章見人君當審經權之宜雖合遷守並說然孟子敘太王遷國有許多委曲不忍棄之意述或人效死之說

欲依齊楚以為安特僥倖苟免之計耳豈吾所能及哉 補 蒙引云此章因問而告以死守是正策下章繼問而告以遷國是權策第三章又問則合遷國守死而請其自擇也

○**滕文公問曰齊人將築薛** 將是事未舉而謀己定築是築城 **吾甚恐** 恐其禍之及己 **如之何則可** 如何可免併吞 註 薛國名近滕齊取其地而城之故文公以其偪己而恐也 講 滕文公問於孟子曰滕之與薛本相依之國也今齊人將築薛地而城之其勢必逼於滕吾甚懼其禍之將及不知如之何則可以免併吞之患也

○**孟子對曰昔者太王居邠狄人侵之** 狄人即獯鬻侵之是侵犯其地 **去之岐山之下居焉** 去是去邠居是作邑以居 **非擇而取之** 言非擇岐山可以興王 **不得已也** 見其逼於狄人 註 邠地名言太王非以岐下為善擇取而居之也詳見下篇 講 孟子對曰敵國外患自古有之昔者太王居邠猶君之滕也狄人侵之不啻築薛之齊也乃去之岐山之下居焉是非以岐為興王之地有所擇而取之乃迫於狄人之侵不得已而然也

○**苟為善** 為善指平日修德行仁 **後世子孫必有王者矣** 必是決辭王指興王天下 **君子創業垂統** 君子泛指人君創業即是創為善之業以此業垂於後則為統 **為可繼也** 可繼是令後世可繼續 **若夫成功則天也** 成功即興王言天有不可必意 **君如彼何哉彊為善而已矣** 彊是勉強為善應上看已矣言此外無策 註 創造統緒也言能為善則如太王雖失其地而其後世遂有天下乃天理也然君子造基業於前而垂統緒於後但能不失其正令後世可繼續而行耳若夫成功則豈可必乎彼齊也君之力既無如之何則但強於為善使其可繼而俟命於天耳○此章見人君但當竭力於其所當為不可徼幸於其所難必 講 苟君能修德行仁以為善則如太王雖失其地後世子孫必有王天下者矣然此乃天道福善之常理而君子為善之初心豈如是哉彼君子創基業於前而垂統緒於後惟為所當為以不失其正令後世子孫可繼續而行之耳若夫成功而致王則天也人豈可必乎且以君今日之勢如彼齊之強何哉則但勉強於為善使其可繼以俟命於天而已矣何必為無益之恐哉 補 胡雲峰曰前章是守義愛民當盡其在我而不可僥倖其在人此章是勉強為善當盡其在人而不可僥倖其在天

○**滕文公問曰滕小國也竭力以事大國** 竭力是盡力大國指齊楚 **則不得免焉** 難免侵陵 **如之何則可** 如何可免侵陵 **孟子對曰昔者太王居邠狄人**

珠

珠生於大海中乃蚌蛤胎也埤雅云龍珠在頷鮫珠在皮蛇珠在目鼈珠在足蚌珠在腹○管子曰玉起於禺山珠起於赤野先王以珠玉為上幣

梁山

程氏云邠在岐西北二百五十里自北而南二百三十里為奉天縣有梁山太王當日必踰此山然後可以遠狄患岐水在梁山之南循水西上可以達岐所謂率西水滸至于岐下也

直恁斬絶可見專重在守邊

竭力節旨

此特引太王遷國得民一說以開廣滕文耳皮幣六句雖是事大之禮然正預定遷國之計借此以緩敵意何患無君絶非委之狄人接云我將去之便是有君但太王之言忠厚不迫全是寬慰邠民不得已而避難圖存未嘗直率其從遷也仁人句重仁政感人有素上臨時仁言帶說呂氏云去邠前如何籌畫踰梁時如何約束邑岐時如何經營事出萬全方是太王之遷

或曰節旨

此仍前章告以效死一說乃其正也諸侯以保社稷為孝有何可遷註先人所受而世守之受是受於天子效死勿去宜補入前章愛民意

君請節旨

孟子首言則有一焉蓋守是一定之策對遷言則有二二者之中卻以死守為正須抑揚說又呂氏云或遷或守必有一番經濟實學在只要自問何如

魯平章旨

此章見君子出處在天不在人前二節是孟子將有所遇而阻於人後一節因有所告而歸諸天以天字作主壓倒嬖人當與公伯寮章參看

魯平節旨

侵之（侵字內便含有欲得其土地意）事之以皮幣不得免焉（是侵陵如故）事之以犬馬不得免焉（犬馬重於皮幣）事之以珠玉不得免焉（珠玉重於犬馬）乃屬其耆老而告之曰（耆老邠民之老者）狄人之所欲者吾土地也（土地指邠國）吾聞之也君子不以其所以養人者害人（養人指土地害人指爭土地）二三子何患乎無君（二三子指邠民）我將去之（是避亂以圖存）去邠踰梁山（踰過也梁山山名）邑于岐山之下居焉（邑是作都邑）邠人曰仁人也（仁人指平日有仁政說）不可失也（言不可舍去）從之者如歸市（從是從太王遷岐如歸市形其踴躍之象）

【註】皮謂虎豹麋鹿之皮也幣帛也屬會集也土地本生物以養人今爭地而殺人是以其所以養人者害人也邑作邑也歸市人眾而爭先也

【講】滕文公問曰滕小國也竭力以事齊楚之大國則不得免其侵伐焉不知如之何而可免也孟子對曰大國非事之所能免也惟有自盡之道焉耳昔者太王居邠狄人侵之始事之以皮幣意其欲我財帛也而不得免焉繼事之以犬馬意其欲我走獸也而不得免焉終事之以珠玉意其欲我貨寶也而不得免焉乃屬其國中耆老而告之曰狄人之所欲者非皮幣犬馬珠玉而在吾土地也夫土地本生物以養人我若以土地之故而爭之則不免於殺人矣吾聞之也君子以愛人為心不忍以其所以養人者害人而吾能忍之乎汝二三子何患乎無君我將去之而不死於難則汝等皆有君矣於是去邠國而踰梁山之險作邑於岐山之下居焉邠人自相謂曰吾君恩德素深蓋仁人也有君如此奚忍負之相率以遷不可失也但見邠人之眾爭先而從之者如歸市焉此遷國圖存之策已試於太王者如此

○或曰世守也（世守如言世代相傳）非身之所能為也（為字作專字看）效死勿去（是致死守之意）

【註】又言或謂土地乃先人所受而世守之者非己所能專但當致死守之不可舍去此國君死社稷之常法傳所謂國滅君死之正也正謂此也

【講】或人又曰土地乃先人所受而世守之者非吾身之所能專為也但當效死守之國存與存國亡與亡不可舍之而他往也此則守正俟死之義有得於人言者如此

○君請擇於斯二者（斯二者指遷國守死言）

【註】能如太王則避之不能則謹守常法蓋遷國以圖存者權也守正而俟死者義也審己量力擇而處之可也○楊氏曰孟子之於文公始告之以效死而已禮之正也至其甚恐則以太王之事告之非得已也然無太王之德而去則民或不從而遂至於亡則又不若效死之為愈故又請擇於斯二者又曰孟子所論自世俗觀之則可謂無謀矣然理之可為者不過如此舍

天寶書局精校藏板

魯平公

魯平公名叔平公與齊宣王會於鳧繹山下樂正克備道孟子於平公曰孟子私淑仲尼其德足以輔世長民其道可以發政施仁君何為不見乎

乘輿

陶唐氏始乘彤車白馬則車駕之始也○人君乘車駟馬動則鸞鳴以應行節○天子駕六馬夏書云若朽索之馭六馬

樂正子

樂正姓也子通稱也名克按樂正是樂官之長或者先世曾作樂官子孫遂以為姓如司馬亦是因官為姓也○陶淵明云樂正氏傳春秋為

君已將出有司豈得未知所之倉特佯為不知者而請以沮其出耳將見孟子四字中有多少勉強周旋意思在臧氏讒口方敢乘間而入何哉是驚怪之辭二字直貫到後喪踰前喪句住輕身匹夫本是闇主所愧倉即從此刺入所為以為緊相呼應儼然命以君無見焉非其嬖之甚何至無忌憚乃爾一諾字應聲如響有愛昵意有信服意有畏懼意

入見節旨

直稱孟軻君前臣名也公不曰倉告而曰或告諱其姓名所以為嬖也前以士四句不是問辭乃是折倒平公語三鼎五鼎正填實上面士與大夫之禮蓋凡初喪未葬前皆有祭故舉以為言因貧富為厚薄言外正見得是因時順理之禮隨事制宜之義

克告節旨

小人一言即挽其見賢之轍君子再辯不能釋先入之疑倉方謂權可尼人矣何樂正子又歸咎焉故孟子揭出天字以曉之行止以道言使尼以人言兩或字有莫之為而為意便含得天在二句重止一邊孟子之遇不遇治亂興衰之所以係天實為之非人所能也夫何怨尤之有

當路章旨

此章見孟子有王天下之略而不屑霸顯也王以德為主時勢輔之管晏

此則必為儀秦之為矣凡事求可功求成取必於智謀之末而不循天理之正者非聖賢之道也【講】由太王之遷國圖存者觀之則民為重社稷為輕一時之權也由人言之守正俟死者觀之則社稷為重君為輕萬世之義也君請審己之力觀勢之便擇於斯二者而取其一焉可也外此則僥倖苟且之策豈吾所能及哉

○魯平公將出 平公景公子將出是欲出而見孟子 嬖人臧倉者請曰 嬖人是倖臣臧姓倉名 他日君出 他日是往日 則必命有司所之 命是告有司掌車駕者之往也 今乘輿已駕矣有司未知所之敢請 是究其何所往 公曰將見孟子 此直告以所之之處 曰何哉君所為輕身以先於匹夫者 何哉有怪問意先是先加禮也匹夫指孟子 以為賢乎 賢以德言 禮義由賢者出 倉所認禮義就品節人事裁度人情使豐儉厚薄一致說非中正之禮義也 而孟子之後喪踰前喪君無見焉 言無輕身往見 公曰諾【註】乘輿君車也駕駕馬也孟子前喪父後喪母踰過也言其厚母薄父也諾應辭也【講】魯平公聞樂正子稱孟子之賢將出而就見孟子有嬖人臧倉者佯為不知而請曰人君一出一入甚不輕也他日君出則必命有司所之誠重之也今乘輿已駕矣有司尚未知所之又何其輕也敢請所之公曰吾將往見孟子臧倉曰何哉君所為輕身以先加禮於匹夫者無乃以孟子為賢乎夫賢者舉動必循乎禮作事必合乎義是禮義必由賢者出也而孟子之後喪踰前喪厚其母而薄其父吾不知其於禮義何居也焉有違禮義之人而得為賢者乎公無輕身見焉公信之曰諾遂止而不見孟子

○樂正子入見曰 入見是見平公 君奚為不見孟軻也 是詰其不往見之由 曰或告寡人曰 或暗指臧倉 孟子之後喪踰前喪是以不往見也 此明答以不往見之由 曰何哉君所謂踰者 何哉是詢其何者為厚母薄父之說 前以士後以大夫前以三鼎而後以五鼎與 三鼎是魚豕腊五鼎是羊豕魚腊膚 曰否謂棺椁衣衾之美也 此句指葬母說 曰非所謂踰也 此句緊接棺椁衣衾之美來言此不足以為踰 貧富不同也 貧指喪父時富指喪母時此正解棺椁衣衾所以得美之故以見其不為踰也【註】樂正子孟子弟子也

道為儒辭比事之儒

鼎

說文云鼎三足兩耳和五味之寶器也銅鐵等物為之

衾

衾即被也喪大記云小斂君錦衾大夫縞衾士緇衾

公孫丑

陶淵明云公孫氏傳易為道為潔淨精微之儒

有時勢而無德文王有德而無時勢以齊王則以德而乘時勢故曰猶反手前六節卑霸顯以崇王道下俱明王齊之所以易也

當路節旨

齊宣慕桓文而曰可得聞丑慕管晏而曰可復許皆震望不敢必之辭

子誠節旨

丑原齊人既在門牆宜知識高大不囿於齊俗也誠齊人重在箇誠字有鄙夷他意亦有憐憫他意

或問節旨

引曾西見管仲事功為聖門弟子所羞稱也敬只是畏敬非必畏之為不敢及或人初擬曾西於子路因其不敢當始及管仲玩然則二字亦知管仲不及子路也其識高丑一層但未知曾西耳得君三句將專與久兩路相形正見無解於功烈之卑重功烈卑句重言曾比予者恥見與比之甚也註不知王道而行霸術是預透下意宜渾

不為節旨

要見得孟子與曾西同一淵源為我願猶云替我願上可復許從孟子說故許為自期此為我願從丑說故願為相望獨言管仲對或人之問以該晏子也

以其節旨

說霸顯以解功烈不卑意能左右之

仕於魯三鼎士祭禮五鼎大夫祭禮〔講〕樂正子因平公不見孟子故入見而問曰向也乘輿已駕君奚為中止而不見孟軻也公曰始吾欲見之者為其賢也乃或告寡人曰孟子之後喪踰前喪則既失禮義之中正而不得為賢是以不往見之也樂正子曰何哉君之所謂後喪踰前喪者豈謂其前以士之禮祭父後以大夫之禮祭母前以士祭則三鼎為薄後以大夫五鼎之禮祭母為厚故謂之踰與公曰否此有定制不得謂之踰謂棺槨衣衾之美過於其父是以謂之踰也樂正子曰若此者非所謂踰也良以貧富之不同耳蓋其喪父之時貧貧則無財不可以為悅喪母之時富富則不可以天下儉其親是皆出於禮義之當然非賢者不能得其宜也君獨奈何不肯往見之哉

○樂正子見孟子曰克告於君君為來見也來見指乘輿已駕嬖人有臧倉者沮君君是以不果來也是以字有尤人意不果是猶豫不決曰行或使之行是得君而仕使是薦舉意止或尼之止是不得君而用尼是阻抑意行止非人所能也言非人所能使與尼吾之不遇魯侯遇指君臣道合諫行言聽說非以一見為遇也天也天以氣數言臧氏之子此句以人言焉能使予不遇哉見由於天而不由臧倉意〔註〕克樂正子名沮尼皆止之之意也言人之行必有人使之者其止必有人尼之者然其所以行所以止則固有天命而非此人所能使亦非此人所能尼也然則我之不遇豈臧倉之所能為哉○此章言聖賢之出處關時運之盛衰乃天命之所為非人力之可及〔講〕樂正子見孟子曰克前以夫子之賢告於君君以克之言欲求見夫子也孰意嬖人有臧倉者以後喪踰前喪之言沮君君惑其言是以不果來也孟子援天以曉之曰凡人道之行也或有人先容而使之其止也或有人沮抑而尼之然其所以行所以止則固有天在而非人之所能使亦非人之所能尼也今吾之不遇魯侯不得以行吾道者乃氣數之否天未欲平治天下也彼臧氏之子特人耳焉能尼之而使予不遇哉

公孫丑章句上 凡九章

○公孫丑問曰夫子當路於齊當路是操政柄管仲晏子之功功即下霸顯且虛講可復許乎〔註〕公孫丑孟子弟子齊人也當路居要地也管仲齊大夫名夷吾相桓公霸諸侯許猶期也孟子未嘗得政丑蓋設辭以問也〔講〕公孫丑問曰吾夫子固有志用世矣設使今日得居要路而秉齊國之政如當日管仲晏子之功業可復自期許乎蓋戰國之時崇尚霸功多尊管晏故公孫丑之言如此○孟子曰子誠齊人也誠是

曾西

曾申字子西子夏以詩傳申左丘明作傳以授曾申曾西之學於此可見

曰以兩以字重看前可復許是疑其不能此猶不足為是訝其不屑

以齊節旨

以齊霸而天下尊齊以齊顯而天下知齊以齊王而天下統一於齊說出王字把霸顯形得一些不值猶反手含有時勢在內

若是節旨

丑惑不在王在猶反手且以二字重舉之辭一氣貫至大行句猶字然後字緊相呼應與反手對照極言其難以起下易字大行就文德洽天下說文王不足法非疑文王正疑孟子之過於自許也

文王節旨

通節備言文王興起之難以發明文王何可當一句由湯至難變也見人心戴商之舊武丁至猶有存者見商家遺澤之遠又有至輔相之見衆賢維持之力故久句總承上三層言時之難尺地至方百里起言勢之難是以難句統上時勢結住但時勢至下節方點出此宜虛含武丁一段獨詳者蓋武丁是六七作未底一人正商家興亡分界處故特鋪張中興之盛以引起紂來不重武丁上在上為風在下為俗曰故曰遺曰流曰善則皆本商先王身上來匯參云時勢雖似微分然亦層遞相承說下當以時為主統觀後數節自見

真言其固於功利也**知管仲晏子而已矣**而已矣見此外絕大功業皆所不知 註 齊人但知其國有二子而已不復知有聖賢之事 講 孟子因鄙之曰齊人之所知者管仲晏子也子誠齊人也亦惟知有管仲晏子而已矣外此而聖賢之學術事功高出於管晏之上者皆所不知也非誠齊人而何 ○ **或問乎曾西曰吾子與子路孰賢**吾子指曾西兩孰賢就人品高下說 **曾西蹵然曰吾先子之所畏也**所畏 **曰然則吾子與管仲孰賢**指學問造詣言 然字承上不敢比子路來 **曾西艴然不悅曰爾何曾比予於管仲**曾乃也 **管仲得君如彼其專也**彼字作此字看專以獨任為相上說專則有可為之勢 **行乎國政如彼其久也**久以攝政四十餘年上說久則有可為之時 **功烈如彼其卑也**烈是功之著見者卑只是霸術 **爾何曾比予於是**是指管仲 註 孟子引曾西與或人問答如此曾西曾子之孫蹵然不安貌先子曾子也艴怒色也曾之言則也烈猶光也桓公獨任管仲四十餘年是專且久也管仲不知王道而行霸術故言功烈之卑也楊氏曰孔子言子路之才曰千乘之國可使治其賦也見其見於事為如是而已其於九合諸侯一匡天下固有所不逮也然則曾西推尊子路如此而羞比管仲者何哉譬之御者子路則範我馳驅而不獲者也管仲之功詭遇而獲禽耳曾西仲尼之徒也故不道管仲之事 講 獨不聞曾西與或人問答之言乎昔者或人問於曾西曰吾子自視與子路孰賢曾西以其擬己太高蹵然不安曰子路之才之學乃吾先子曾子之所敬畏者也豈予之所敢比乎或人又問曰子既不敢比子路然則吾子自視於管仲孰賢曾西以其擬己太卑艴然怒而不悅曰吾雖不敢比子路爾何曾比於予管仲管仲為桓公所獨任尊為仲父其得君如彼其專也且執齊國之權四十餘年其行乎國政如彼其久也既專且久宜其所成就者大矣顧乃會盟征伐不過假仁假義其功烈如彼其卑而無足觀也爾何曾比予於是哉 ○ **曰管仲曾西之所不為也**不為就艴然數語上見 **而子為我願之乎**之字指管仲 註 曰孟子言也顧望也 講 由曾西與或人問答之言觀之則管仲之功烈乃曾西之所不屑為者也曾西與我同道曾西不為則亦我之所不為也而子乃以復許為我願望之乎不為管仲即不為晏子可知矣 ○ **曰管仲以其君霸**以字作致字看君指桓公霸是九合諸侯 **晏子以其君顯**君是景公顯自德政之愛民著聞上說 **管仲晏子猶不足為與**猶尚也此字正申可復許意 註 顯顯名也 講 丑乃感稱管晏曰管仲之在齊也相桓公主盟中國以其君稱霸於當時晏子之在齊也相景

六七作

湯之孫太甲放桐復亳增修祖德諸侯咸歸號為太甲太甲五世至大戊時伊陟為相有祥桑生於朝七日大拱伊陟曰妖不勝德君之政有闕與太戊於是修先王之政三日而祥桑枯死并有巫咸臣扈等輔之商道復興號為中宗大戊三世至祖乙以巫咸之子賢為相因河決去亳遷耿諸侯賓服天下太和祖乙六世至盤庚耿都河決自耿遷殷作書三篇教諭臣民行湯之政商道復興盤庚三世至武丁得良弼戒雉雊伐鬼方商道中興號為高宗

齊人節旨

此節承上起下借齊人點出時勢二字可見齊人亦有知時勢而為言者乘勢待時為有知慧有鎡基者言之德即所謂智慧鎡基也勢易以齊力量言時易以天下機會言

夏后節旨

此重在勢上以地大為主有其地因以有其民也盛字重看言三代盛時尚然居民稠密又其最可幸處蓋有地則有財有民則有兵地廣則財富民眾則兵強所以舉事最易兩不改讀住謂不改而已辟已聚矣行仁政亦本勢說蓋乘強之勢利用恩也此二句與下文飢者二句相對

且王節旨

此與上節分時勢看一且字折下宜重時邊謂有這般時又遇這樣時所以不待深仁厚澤而即可致王飢者二句是喻正形容憔悴光景易為二為字屬與飲食者身上說仁政須補在飢者渴者上致王須補在易為食飲下

孔子節旨

此引證德行本速也上兩節雖言時勢之易然一日行仁政而王一曰易為飲食便見歸重德上孔子專言德行之速末須找轉時勢以通前後血脈

公能行古法以其君顯名於天下管仲晏子之功其大如此夫子猶以為不足為與【補】以君顯如陳踊貴屨賤之說而使君尚德緩刑述省耕省斂之言而致君興發補助皆是 ○曰以齊王由反手也王是興王由猶通【註】反手言易也【講】孟子曰在我當要路於齊則以齊致王由反手之易也豈獨以霸以顯已哉【補】反手與運掌不同運掌是順治反手是轉亂為治 ○曰若是則弟子之惑滋甚若是承以齊王猶反手來惑是疑惑滋甚是愈甚且以文王之德德指惠鮮懷保言百年而後崩百年是壽之長王者死曰崩此正見施德之久猶未洽於天下未洽指教化說武王周公繼之繼之繼文王之德也然後大行然後含有難意大行指教化大行今言王若易然易然指猶反手說則文王不足法與法則也有疑孟子過於自許意【註】滋益也文王九十七而崩言百年舉成數也文王三分天下才有其二武王克商乃有天下周公相成王制禮作樂然後教化大行【講】丑因孟子言齊王反手疑其自許太過曰夫子以為管晏為不足為弟子既已惑矣今又言以齊王猶反手若是則弟子之惑滋甚且以文王之德其及於人者盛矣享壽百歲而後崩其德之施也久矣宜乎致王之易然猶三分有二其德只怙冒於西土而已未盡洽於天下及武王周公繼之一則纘緒克商一則制禮作樂然後教化始大行於天下而王業成焉是文王尚不能及身而王如此今言反手王齊若是之易然則非惟管晏不足為即文文王之德亦不足法與此丑不能無惑也 ○曰文王何可當也何可當指德言此正駁他不足法句由湯至於武丁湯是商家創業者武丁是商家中興者至於字中間包有數君賢聖之君六七作曰賢聖曰六七作見德澤固結處天下歸殷久矣久承世德盛來久則難變也難變是難舍商而事別人武丁朝諸侯有天下只就中興振起上說猶運之掌也運掌是言其易紂之去武丁未久也見民心未叛商其故家遺俗故家以勳舊言遺俗以沿習言流風善政流風以修齊教化言善政以紀綱法度言猶有存者有存承上二句說又有微子微仲微仲微子次子名衍王子比干箕子言王子親之也以上俱同姓膠鬲膠鬲乃文王所進用之臣乃異姓者皆賢人也賢以德言相與輔相之之指紂言故久而後失之也之指天下言尺地莫非其有也言土地一統一民

微仲　仲名衍微子之次子也長子早亡生子名腯當紂時微子出迪仲從父爵禮云微子舍其孫腯而立衍是也厥後襲封宋公終身止稱微仲忠孝之義也謂仲為微子弟者誤

膠鬲　膠鬲殷賢人也遭殷末之亂鬻販魚鹽文王舉之於殷及武王伐紂至鮪水紂使膠鬲候周師問曰何日至武王約甲子至殷郊後值天雨疾行不輟軍士皆諫武王曰吾已約膠鬲矣甲子不至其主必殺之吾疾行以救其死矣克殷武王問膠鬲之所以亡對曰王欲

當今節旨

此總上三節而申結通章也當今之時應王者不作節萬乘之國應夏后節倒懸須是仁政解行仁三句應德行速節此所以事半功倍反手王齊而非文王可比也惟此時為然有千載一時意豈屑區區管晏哉

莫非其臣也言人民一統兩其字皆指紂說**然而文王猶方百里起**猶由通百里指岐周**是以難也**是以字雖與然而字呼應亦是兼承上文【註】當猶敵也商自成湯至於武丁中間太甲太戊祖乙盤庚皆賢聖之君作起也自武丁至紂凡七世故家舊臣之家也【講】孟子曰文王之德至盛何可當也但其所以難王者夫亦所遇之難耳商業始於成湯由湯而太甲太戊祖乙盤庚以至於武丁賢聖之君凡六七作其累世德澤深入人心天下歸殷久矣久則思慕之情深其心難變而之他也故當武丁之時國運雖衰王業未改一加振作赫然中興遂能朝諸侯有天下猶運之掌也紂之去武丁之世尚未久也其在下則舊臣之故家前民之遺俗其在上則昭代之流風本朝之善政猶有存而未廢者且貴戚之卿又有微子焉微仲焉王子比干焉箕子焉異姓之卿則有膠鬲焉此五人者皆有德之賢人也相與同心匡救以輔相之故紂雖無道國不遽亡必待日久而後失之也是文王所遇之難如此況當紂之時依然一統之天下尺地莫非商之有也一民莫非商之臣也然而文王僅守侯邦猶方百里起焉是文王所處之難又如此是以終不能成一統之大業而致王若斯之難也孰謂文王為不足法乎○**齊人有言曰雖有智慧**慧是智之明察處**不如乘勢**勢是事機利便所在**雖有鎡基**鎡基耒耜之屬**不如待時**時照註作耕種時**今時則易然也**今時作今日對文王看易兼時勢言【註】鎡基田器也時謂耕種之時【講】夫觀文王之事則致王誠係乎時勢也齊人嘗有言曰人之作事也雖有智慧之巧不如乘其可為之勢不得其勢則智慧將安施乎人之治田也雖有鎡基之備不如待其可耕之時不得其時則鎡基將安用乎吾謂以齊王猶反手者亦以今時之時勢則易然也豈若文王所遭時勢之難哉○**夏后殷周之盛**夏而曰后者以夏揖遜而有天下也盛字重看是禹湯文王興王之盛時**地未有過千里者也**地以王畿言**而齊有其地矣**指千里之廣言**雞鳴狗吠相聞而達乎四境**達廣達也此舉其殷蓄之象言之也**而齊有其民矣**即千里內之民**地不改辟矣**改是更圖辟是開闢**民不改聚矣**聚是集聚**行仁政而王**仁政是愛民之政**莫之能禦也**是不能止其興王意【註】此言其勢之易也三代盛時王畿不過千里今齊已有之異於文王之百里又雞犬之聲相聞自國都以至於四境言民居稠密也【講】何以見勢之易於王也彼夏后殷周之盛王畿之地未有過千里者也而齊則已有千里之地矣豈但文王百里之地已哉雞鳴狗吠之聲彼此相聞自國都而達乎郊外之四境而齊則已有既庶之民矣豈如文王百里之民已哉有其地則地已辟而不待改辟矣有其民則已已聚而不待改聚矣乘此勢以行仁政而王天下自莫之能禦也夫何難於王哉○**且王者之不**

知之請以日中為期後弗至武王怪之周公曰吾已知之矣此君子也以其王惡告焉不忍為也

置郵

楊慎曰置有安置意猶今制云日行一程郵有遞而不留意猶今制云倍道兼行言速馳也

孟賁

孟賁齊人水行不避蛟龍陸行不避虎狼發怒吐氣聲響動天力能生拔牛角秦武王好多力士賁往歸之尸子云人謂孟賁曰生乎勇乎曰勇貴乎勇乎曰勇二者人之所大難而皆不足以易勇此其所以能懾三軍服猛獸也

加齊章旨

此章以不動心為主所以不動心由於知言養氣而知言養氣卻從願學孔子來分四段看首節至守約也大槩言不動心之有道敢問節至反動其心專言告子不動心之失惡乎長節至從吾言矣言已不動心其得力在知言養氣宰我節至末言願學孔子乃不動心所宗主也孟子之學以窮理集義為始窮理故能知言集義故能養氣此所以當大任有不動心之效

加齊節旨

丑疑孟子不在事功而在心學孟子示以不動心之有素見其心定於用世之先也四十不動心即孔子四十不惑淵源於此可見註恐懼疑惑即是動心處

若是節旨

孟賁以力孟子以心故註下一借字因孟賁引出一告子乃與孟子異者為後文辨駁張本一先字便見不難

作且字連上意來作起也未有疏於此時者也疏是間闊之久此時指齊王之時民之憔悴於虐政憔悴是困苦之甚虐政是暴虐之政未有甚於此時者也甚是極飢者易為食渴者易為飲易為飲食喻不待深仁厚澤如文王意

註 此言其時之易也自文武至此七百餘年異於商之賢聖繼作民苦虐政之甚異於紂之猶有善政易為飲食言飢渴之甚不待甘美也

講 何以見時之易於王也且以文武至今七百餘年王者之君不作未有疏於此戰國之時者也豈若商之賢聖繼作乎自列國分爭無時休息民之憔悴於暴虐之政未有甚於此戰國之時者也豈若商之猶有善政乎乘此之時而行仁政則民心易悅猶飢者不待其食之甘而易為食也猶渴者不待其飲之美而易為飲也又何難於王哉

○孔子曰德之流行德即仁政速於置郵而傳命速以及人言馬遞曰置步遞曰郵傳命傳王者之命

註 置驛也郵馹也所以傳命也孟子引孔子之言如此

講 夫時勢固易於行仁而仁政之行本自速者孔子有言曰德化之流行也心相感通其機不疾而速不行而至殆速於置郵而傳命焉德行之速如此而況有時勢之可乘乎

○當今之時此言時易萬乘之國此言勢易行仁政此言德之流行民之悅之悅之悅仁政猶解倒懸也此在歸心上說故事半古之人事是行仁之事古人指文王半謂不必百年繼世功必倍之功必倍指可反手王齊之亦指文王惟此時為然此時指今日然字指上五句

註 倒懸喻困苦也所施之事半於古人而功倍於古人由時勢易而德行速也

講 若以當今易為飲食之時而兼齊千里萬乘之國則既有其時又有其勢於此而行仁政之德則民之悅之猶解倒懸之苦也故所施之事雖半於古人不必百年而繼世而致王之功必倍於古人不止三分而有二惟在此時為能然由其時勢既易德行自速是以用力少而成功多也齊王反手豈虛語哉而子乃以管晏為我願乎

補 何屺瞻曰他處故字不過承上語此語脈引下緊與惟字相呼應

○公孫丑問曰夫子加齊之卿相卿相見任大責重意得行道焉道是幼學壯行之道雖由此霸王不異矣由此指得位行道說霸是霸業王是王業不異言其優為而不足怪如此則動心否乎動心指心中擔當不起有所疑懼孟子曰否謂不動心我四十不動心見生平涵養已到非臨事把持

註 此承上章又設問孟子若得位而行道則雖由此而

天寶書局精校藏板

北宮黝 氏族略云北宮氏姬姓衛之公族也

褐 大寒者利短褐豳風云無衣無褐何以卒歲

但在告子則強制耳不必因以為罪案也觀顏子可想

有道節旨
有道乎兼孟子告之大槩問註有主二字包得闊下文黝舍曾子皆是有主但有精粗之分

北宮節旨
通節要摹以必勝為主意一步進一步不撓不逃是極形他勇處思字管到不受萬乘之君住一毫挫至小撻市朝至大褐寬博至賤萬乘至尊主必勝者豈有分哉視刺三句又轉一步說見其加威於人視尊若卑也惡聲則微矣至亦必反兼褐夫萬乘說

孟施節旨
通節要摹以無懼為主意孟施舍加一所字言黝之養勇固若是矣若舍之所養勇則何如視不勝猶勝是舍自言其勇如此量敵三句乃譏他人與已相反末二句又是自解其視不勝猶勝意按引黝舍俱不重只漸引到曾子上去

似曾節旨
此節只作過文不重較二子優劣但起下曾子之大勇耳似曾子似子夏只在人已二字彷彿氣象守約不是守這約言所守者得其要也

昔者節旨
此重大勇上逗出孔子便已伏顧學之根兩自反處正見養勇工夫自反

成霸王之業亦不足怪任大責重如此亦有所恐懼疑惑而動其心乎四十強仕君子道明德立之時孔子四十而不惑亦不動心之謂 講 公孫丑問曰設若夫子一旦加以齊國之卿相而得以行其所學之道焉雖由此卿相之位而致主於霸王之業固夫子之能事亦不足怪異矣但任大責重如此亦有所恐懼疑惑而動其心否乎孟子曰謂我當大任而動心者否也我當四十之時此心已無所疑懼而不動矣而況於今日乎 ○曰若是則夫子過孟賁遠矣 若是指不動心於大任說孟賁勇力之士遠是相去之遠 曰是不難 是字指不動心 告子先我不動心 先我指未四十言 註 孟賁勇士告子名不害孟賁血氣之勇丑蓋借之以贊孟子不動心之難孟子言告子未為知道乃能先我不動心則此亦未足為難也 講 公孫丑贊之曰夫子當大任而不動心若是則夫子能荷一世之責而過於孟賁舉一物之重者殆遠矣孟子曰不問心之所以不動而但曰不動是亦不難如告子雖未知道乃能先我不動心不待四十而已然矣何足為難哉 ○曰不動心有道乎 道是方法丑亦大槩問非專問孟子 曰有 註 程子曰心有主則能不動矣 講 公孫丑又問曰夫子以不動心為不難不知欲心之不動果有道以主之乎孟子曰人以一心而應天下事惟其有主乃能不動是不動心固有道也 補 有字包下黝舍曾子在內亦只空說為妥 ○北宮黝之養勇也 養是養成此勇 不膚撓不目逃 二句正畫出無人敢當光景勿作被刺而不撓不屈只是斷不受刺之意 思以一毫挫於人 思是心思一毫挫是些小挫辱 若撻之於市朝 撻是鞭撻市朝人眾之地 不受於褐寬博 不受是不受挫言必報也 亦不受於萬乘之君 萬乘之君指諸侯 視刺萬乘之君若刺褐夫 褐夫即褐寬博 無嚴諸侯 申上二句意 惡聲至 惡聲是逆辭至及也 必反之 反復也 註 北宮姓黝名膚撓肌膚被刺而撓屈也目逃目被刺而轉睛逃避也挫猶辱也褐毛布寬博寬大之衣賤者之服也不受者不受其挫也刺殺也嚴畏憚也言無可畏憚之諸侯也黝蓋刺客之流以必勝為主而不動心者也 講 所謂不動心有道者觀於勇士亦可見矣古有北宮黝之養勇也挺身而鬬其膚不至被刺而屈撓怒目而視其目不至被刺而逃避思以一毫挫辱於人即若撻之於市朝之大挫辱而在所必報即其不肯受辱之心不惟不受挫於褐寬博之賤亦不肯受挫於萬乘之君之貴是凡在彼皆不可加於我也而我之視刺萬乘之君之貴一若刺褐夫之賤而不見有可畏之諸侯也且小有惡聲至己己必以惡聲報之是在我必可加於彼也此以必勝為主而能不動心者 ○孟施舍之所養勇也曰 是舍自言 視不勝猶勝也 只是逆計的話此時尚未戰 量敵而後進 量是料度

指臨時但本於平日所為耳縮不縮以理言惴與往指氣言自反不縮設言以起下段惴非怕褐夫怕我之不縮也自反而縮下文直養之說本此吾往凡以一是矯衆非一正抗衆耶皆是

守氣節旨

上句字字微往舍之所守非真能約也氣而已矣前守約是己與人之辨此守約是理與氣之辨此約字不對上句氣字對前守約看此氣字亦與浩然之氣不同然聖賢究同此氣所別者惟循理之養耳知黝舍則告子亦可推矣知曾子則孟子亦同道矣

敢問節旨

丑不知以黝舍例告子以曾子例孟子故有此問孟子只述告子之不動心者而論斷之亦就見得己之所以不動心也告子四語即他不動心之法只在一心把定言與氣皆不理會也言是己之言不得者如言性不曉性之理此其病由心中義理不明不得於心亦由氣之應接處失其道故皆不可以不求可是姑可即急於本非真能持志之急也夫志以下正破勿求於氣之說須側重氣邊若不得於言二句則有不可二字斷然此後不復致辨帥與充言其用也至與次定其分也惟帥故為至惟充故為次惟至故當持惟次亦當無暴意自一

進是進兵**慮勝而後會**慮勝是思慮已可勝意**是畏三軍者也**三軍指敵人說**舍豈能為必勝哉能無懼而已矣**無懼者惟盡力向前正視不勝猶勝之意

【註】孟姓施發語聲舍名也會合戰也舍自言其戰雖不勝亦無所懼若量敵慮勝而後進戰則是無勇而畏三軍矣舍蓋力戰之士以無懼為主而不動心者也

【講】古又有孟施舍之所養勇也其自言曰人貴敢戰我之視夫所不勝猶夫能勝勇往直前也設使度量敵人之强弱而進後兵計慮自己之能勝而後合戰則是無勇而畏三軍者也夫勝敗兵家之常舍豈能決其可進可會而為必勝哉惟是進之會之能無懼而已矣此以無懼為主而能不動心者

○**孟施舍似曾子北宮黝似子夏**兩似字自氣象上說**夫二子之勇未知其孰賢**二子指黝舍未知二字有味因非吾徒故不知**然而孟施舍守約也**守約不可著實說只發求人不若求己意

【註】黝務敵人舍專守己子夏篤信聖人曾子反求諸己故二子之與曾子子夏雖非等倫然論其氣象則各有所似賢猶勝也約要也言論二子之勇則未知誰勝論其所守則舍比於黝為得其要也

【講】即二子之氣象而擬之夫豈無所似乎孟施舍以無懼為主則專於守己氣象有似於曾子之反求諸己北宮黝以必勝為主則務於敵人氣象有似於子夏之篤信聖人夫黝舍二子皆血氣之勇固未知其孰賢然而論其所守則孟施舍之無懼比於黝之必勝其所守為得其要約也

【補】似字最妙似者似是而非也只為告子似孟子故耳

○**昔者曾子謂子襄曰子好勇乎吾嘗聞大勇於夫子矣**大勇是義理之勇**自反而不縮雖褐寬博吾不惴焉**吾不惴如云我豈得不惴**自反而縮雖千萬人吾往矣**千萬人見勢難敵

【註】此言曾子之勇也子襄曾子弟子也夫子孔子也縮直也檀弓曰古者冠縮縫今也衡縫又曰棺束縮二衡三惴恐懼之也往往而敵之也

【講】然要之皆未得為大勇也昔者曾子謂其門人子襄曰子亦好勇乎吾嘗聞義理之大勇於夫子矣夫子以天下惟理為足恃而力不與也苟自反諸己而不縮理屈則氣不伸雖褐寬博之賤吾安得而不惴焉自反諸己而縮理直則氣自壯所敵者雖千萬人之衆吾亦往而敵之矣由曾子所聞之大勇觀之是以理為主而不動心者也

○**孟施舍之守氣**守氣就一身言**又不如曾子之守約也**守約主理說

【註】言孟施舍雖似曾子然其所守乃一身之氣又不如曾子之反身循理所守尤得其要也孟子之不動心其原蓋出於此下文詳之

【講】觀此則孟施舍之氣象雖似曾子然其所守乃一身之氣固未嘗反之於心以自顧其直與不直也其約也但約於黝耳又不如曾子之反身循理以縮不縮為勇怯所守尤得其要約也蓋氣有時而或屈理則

事變心言志者志是心之動而有所向於帥字切其體之充者謂氣乃體之所以充周揚詡要見能輔志意若卒徒單弱則主帥無衛矣至次不分先後只貼緩急說持志對不得於心無暴對勿求於氣見內外本末當交相培養也

既曰節旨

上言次者即次之謂丑認次字為後字故問兩壹字兩動字均為不好字眼志壹動氣言志向偏任則亂使氣也此句輕帶下句為主一也字拖下蹶者之氣與趨者之氣不同蹶無心趨有意氣壹動志該得廣不止於蹶趨只借此粗且顯者只個樣子耳

惡乎節旨

丑既知告子之失而未知孟子之所以得故問焉孟子告以知言養氣只以成德言不是說做工夫兩我字正與告子對格物則能知言誠意則能養氣知言以開其先養氣以培其後二者不動心之大目也養氣工夫雖在下然因知言而心無所疑因養氣而心無所懼卻是本文正位註是非以義理言得失以利害言盛大言其體流行言其用

難言節旨

丑置善養不問而問浩然之氣是問其體段光景難言覺十分微妙大費形容下至大二節正說所謂浩然之

無往而不伸此曾子以理為主而不動心者非尤得其道者哉○

曰敢問夫子之不動心與告子之不動心可得聞與是究其所以不動處**告子曰不得於言**此下四句孟子述告子之言不得是不明所言之理**勿求於心**勿是禁制意惟恐心為言動不反求理於心**不得於心**不得是應事與心不相安**勿求於氣**惟恐心為氣動不更求助於氣**不得於心勿求於氣可**以下孟子因告子言而斷以己意可是僅可自急本緩末說**不得於言勿求於心不可**不可是絕無可意自失內遺外說**夫志氣之帥也**帥指為一身之主言**氣體之充也**充是充滿於一身以為運用者**夫志至焉**至以其分之常尊言猶云第一件**氣次焉**氣以其機之共濟言猶云第二件**故曰持其志**持即敬以直內意**無暴其氣**無暴即義以方外意

【註】此一節公孫丑之問孟子誦告子之言又斷以己意而告之也告子謂於言有所不達則當舍置其言而不必反求其理於心於心有所不安則當力制其心而不必更求其助於氣此所以固守其心而不動之速也孟子既誦其言而斷之曰彼謂不得於心而勿求諸氣者急於本而緩其末猶之可也謂不得於言而不求諸心則既失於外而遂遺其內其不可也必矣然凡曰可者亦僅可而有所未盡之辭耳若論其極則志固心之所之而為氣之將帥然氣亦人之所以充滿於身而為志之卒徒者也故志固為至極而氣即次之人固當敬守其志然亦不可不致養其氣蓋其內外本末交相培養此則孟子之心所以未嘗必其不動而自然不動之大略也

【講】丑又問曰黝之不動心其道在必勝舍之不動心其道在無懼曾子之不動心其道在反身循理各有其道矣敢問夫子之四十不動心與告子之先夫子不動心其道可得聞與孟子曰欲觀告子之不動心當觀其言告子嘗曰吾有所言而於理有不達則當舍置其言而勿求其理於心若求於心則心反為之擾矣吾有所為而於心有不安則當力制其心而勿求其助於氣若求於氣則心反為之役矣此告子所以固守其心而不動之速也今自其言斷之心本也氣末也既有本末之分則有緩急之序彼謂不得於心勿求於氣者急於本而緩其末猶之可也若言外也心內也彼謂不得於言勿求於心者則既失於外而遂遺其內其不可也必矣然要其極而論之則不可者固不可而可者亦未可矣何則夫志運於一心主乎氣而為氣之將帥也若夫氣則為百體之所充滿而聽役於志者也夫志既為氣之帥則以志使氣為極至者焉氣既其體之充則以氣擬志即次於志焉吾故曰人當敬持其志使足以為氣之帥又當無暴其氣使充其體可也彼告子謂不得於心勿求於氣者夫豈可哉

【補】呂氏到不得而後求已是補救末著況勿求乎知言養氣是不得前一步工夫○

既曰志至焉氣次焉既字與下又字相照應**又曰持其志無暴其氣者何**

氣集義二節方說所以善養

至大節旨

此是言氣之體段如此至大橫說便是盛大至剛竪說便是流行兩至字見難言處體段猶云形像模樣非體用之體直養又要無害是兩層剛大人所同具未便見得塞天地必借直養無害者身上指出塞於天地何業不立何功不建有創革惟我意自與首節得行道焉相應

配義節旨

此是說這氣可將如此用配義與道乃上節剛大塞天地之實落處義就一事言道舉統體言義字精道字大配訓合而有助合是一滚出來意助即襯貼起來意下文集義是平時工夫此配道義是卒然臨事配字倒互不得無是餒也反說

是集節旨

此方以養氣之始言之孟子許多論氣處只在集義所生一句上言集義不及道者道體也義用也言用則體在其中體上無做工夫處故只說集義氣之生由積漸致然義襲而取者只是些客氣不久則消也行有不慊句跟集義說為是註中一有不合乃對集義而言若襲則何從語此哉集義必先精義告子不知義外義只是將義屏除去并非義襲而取者也

必有節旨

也何也正是疑志當持而氣不必養意曰志壹則動氣志在用事便叫做壹動字作役使字看氣壹則動志也氣在用事亦叫做壹動字作擾亂字看今夫蹶者趨者是氣也而反動其心此正申氣壹動志之驗

註 公孫丑見孟子言志至而氣次故問如此則專持其志可矣又言無暴其氣何也壹專一也蹶顛躓也趨走也孟子言志之所向專一則氣固從之然氣之所在專一則志亦反為之動如人顛躓趨走則氣專在是而反動其心焉所以既持其志而又必無暴其氣也程子曰志動氣者什九氣動志者什一

講 丑未達志至氣次之說又問曰夫子既曰志至焉氣次焉則志重氣輕專持其志可矣乃必兼言曰持其志無暴其志者何也丑蓋不知孟子所謂次者乃即次之之謂非後而輕之之謂也故告之曰志氣本是相須持養不可偏廢如志之所向專一則足以動氣而使之從然氣之所在專一則亦足以動志而使之馳也今夫人之顛蹶者趨走者是氣之壹也而反能震動其心而使之不寧焉此氣壹動志之一驗也故志必當持而氣又當無暴也

補 此節正說無暴其氣緣故亦重氣一邊朱子曰志動氣是源頭濁者故下流亦濁氣動志是下流壅而不洩反濁了上面也

○敢問夫子惡乎長惡何也長是高於告子意曰我知言知是審其理言指他人之言我善養吾浩然之氣善養是其本非善養而後浩然也

註 公孫丑復問孟子之不動心所以異於告子如此者有何所長而能然而孟子又詳告之以其故也知言者盡心知性於凡天下之言無不有以究極其理而識其是非得失之所以然也浩然盛大流行之貌氣即所謂體之充者本自浩然失養故餒惟孟子為善養之以復其初也蓋惟知言則有以明夫道義而於天下之事無所疑養氣則有以配夫道義而於天下之事無所懼此其所以當大任而不動心也告子之學與此正相反其不動心殆亦冥然無覺悍然不顧而已耳

講 丑又問曰告子之不動心出於強制如此敢問夫子之不動心所以異於告子者有何所長而能然乎孟子曰告子謂不得於言勿求於心是不能知言也我則知天下之言而究其是非得失之故告子謂不得於心勿求於氣是不能養氣也我則善養吾浩然之氣而復其盛大流行之體蓋惟知言則無所疑養氣則無所懼此我之所以不動心而異於告子也

補 以志對氣則持志與無暴其氣為二事相交養以知言對養氣則養氣內自有敬以持志者在

○敢問何謂浩然之氣是究其氣之實驗處曰難言也難言者非終不可言只是難為舉似意

註 孟子先言知者而丑先問氣者承上文方論志氣而言也難言者蓋其心所獨得而無形聲之驗有未易以言語形容者故程子曰觀此一言則孟子之實有是氣可知矣

講 丑又曰敢問何謂浩然之氣孟子曰浩然之氣乃吾心所獨得而無形聲者固有難以言語形容也

補 李貞庵曰此節問答俱就孟子身上說

○其為氣也此言氣之模樣至大至剛至大是極宇內事皆可作至剛是自強不息以直養而無害直養即自反而縮與下集義對無害便是不襲取與下正助對則

天寶書局精校藏板

此正言善養工夫只在義上著力不在氣上著力有事而勿正養氣之始事勿忘勿助長養氣之終事玩註其或未充四字可見惟其集義所生故當有事勿忘惟其非義襲而取故當勿正勿助上截有事是主勿正是輔味必字而字可見下截勿忘是張勿助長是翁味註但當不可字可見總申直養無害一句勿忘承有事勿助長承勿正就上二意說進一步耳引宋人一段甚言助長之為害蓋助之心生於正而助之害甚於忘也天下之不助以下俱自養氣者說卻帶定喻意發明其害甚於忘處痛切言之以為養氣者戒說約云養氣知言兩處結尾俱要回顧不動心之旨

塞天地　太初氣之始也清濁未分太始形之始也清者為精濁者為形太素質之始也已有素樸而未散也二氣相接剖判分離輕清者為天重濁者為地

塞于天地之間塞充滿也塞天地只是吾身正氣相為流通意【註】至大初無限量至剛不可屈撓蓋天地之正氣而人得以生者其體段本如是也惟其自反而縮則得其所養而又無所作為以害之則其本體不虧而充塞無間矣程子曰天人一也更不分別浩然之氣乃吾氣也養而無害則塞乎天地一為私意所蔽則欿然而餒知其小也謝氏曰浩然之氣須於心得其正時識取又曰浩然是無虧欠時【講】始以其體段言之彼天地有正氣而人得之以生其為氣也至大而不可限量至剛而不可屈撓誠能自反常直以養是氣而無所作為以害之則剛大之本體不虧而充塞乎天地之間矣何者非吾氣之運用耶【補】劉士玉曰以剛大塞天地明浩然是本意但非直養無害如何見得中間雖扼重此句仍是虛舉下集義有事方著實言之要知直字即曾子縮字但縮字在臨事自反說此在始終一直上說即下所行合義無不慊於心意

○**其為氣也**此言養成之氣**配義與道**配即夾持意此只在作事上看**無是餒也**是指浩然之氣餒是體不充有無以配道義意【註】配者合而有助之意義者人心之裁制道者天理之自然餒飢乏而氣不充體也言人能養成此氣則其氣合乎道義而為之助使其行之勇決無所疑憚若無此氣則其一時所為雖未必不出於道義然其體有所不充則亦不免於疑懼而不足以有為矣【講】誠能養成此氣則其功用果何如哉吾知其為氣也養成之後自然發奮勇往配合乎道義而為之助義所當為者氣即輔之以為道所當行者氣即輔之以行也若無此氣則體有不充雖道義之所在亦將餒焉而疑懼不決者矣【補】上其為氣頂浩然來此其為氣頂直養來

○**是集義所生者**是與非對集是漸積成多意生是從內生出來**非義襲而取之也**襲是粧襲取是外面取來之字指氣言**行有不慊於心**行是行事不慊根襲義來**則餒矣**餒亦是氣不充體但跟無道義來**我故曰告子未嘗知義以其外之也**外義是告子病根正與孟子反【註】集義猶言積善蓋欲事事皆合於義也襲掩取也如齊侯襲莒之襲言氣雖可以配乎道義而其養之之始乃由事皆合義自反常直是以無所愧怍而此氣自然發生於中非由只行一事偶合於義便可掩襲於外而得之也慊快也足也言所行一有不合於義而自反不直則不足於心而其體有所不充矣然則義豈在外哉告子不知其理乃曰仁內義外而不復以義為事則必不能集義以生浩然之氣矣上文不得於言勿求於心即外義之意詳見告子上篇【講】然氣固足以配乎道義而其養之之始當何如以為功哉是必由一事之合義積而至於事事皆合義則自反常直此氣自然發生非由一事偶合於義便可掩襲於外而取之也若所行一有不合於義則自反不歉於心氣即因之以餒矣夫集義則心慊而氣生不集義則心不慊而氣餒義之非在外也明矣我故曰告子未嘗知義以其不求義於心而以義為外也安能集義以生浩然之氣哉【補】朱子曰是字與非字應襲字與集字對生是裏面生出取是外面取來告子之病蓋不知心之慊處即是義之所安其不慊處即是不合於義故外義而不求

○**必有事焉而勿正**有事是此外無

知言節旨

此節上四句因言以知其心下四句因心以知其害然因心知害就在因言知心時知之故總謂知言淫邪遁皆起於詖陷離窮皆由於蔽四者各相因一步深一步言形於外故以病言心存於中故以失言要看四所字詖有許多樣詖蔽亦有許多樣蔽如楊之辭偏於為我知所蔽在見義而不見仁墨之辭偏於兼愛知所蔽在見仁而不見義淫邪遁亦然心之失一路發於言一路發於政事此章先政後事是自大綱而至節目後章先事後政是自微而至著須知政事之害亦詖淫邪遁之言害之聖人二句只縮生心四句孟子知言之學正所以排羣言而獨接聖宗處提出聖人二字深意自見

宰我節旨

此以後因丑提出一聖字為問故下只發明願學孔子意善為說辭大概只是善辨疊疊中理也善言德行則所言皆其自己分上事也善言字輕德行字重二段要見不能彼此相兼引孔子辭命不能句正見得兼之之難不得認真孔子不能也夫子既聖此丑推尊之辭

曰惡節旨

通節專注夫聖孔子不居句以明已之不敢當意我學句須粘聖字說言

他事勿正則心專於集義心勿忘頂必有事說勿助長也頂勿正說蓋期效不得自必矯揉以助之其病尤大也下詳言之無若宋人然無若是戒辭宋人有閔其苗之不長而揠之者芒芒然歸謂其人曰今日病矣予助苗長矣助即指揠說其子趨而往視之往視是疑其未必然苗則槁矣槁是枯死天下之不助苗長者寡矣此句自養氣者說以為無益而舍之者舍之是不養乎氣也不耘苗者也不耘苗是喻辭見無害於氣之甚意助之長者之字指氣說揠苗者也揠苗亦是喻辭猶言斲喪其氣非徒無益無益者只是氣不能生不敢向前做事尚可養起來而又害之害之者是自以強勇遽然向前做事一遇挫折便餒不能培養起來且連浩然之體皆斲喪了

註必有事焉有所事也正預期也此言養氣者必以集義為事而勿預期其效其或未充則但當勿忘其所有事而不可作為以助其長乃集義養氣之節度也閔憂也揠拔也芒芒無知之貌其人家人也病疲倦也舍之而不耘者忘其所有事揠而助之長者正之不得而妄有作為者也然不耘則失養而已揠則反以害之無是二者則氣得其養而無所害矣如告子不能集義而欲強制其心則必不能免於正助之病其於所謂浩然者蓋不惟不善養而又反害之矣

講夫氣由集義而生其用功當何如必孜孜焉以集義為事而勿預期其氣之效久之當自充也其或未充則是集義之功未至但當勿忘所事其心只管集義切不可作為以助氣之長也此則氣得所養而又無所害謂非集義養氣之節度乎然正助之害視忘其有事者為尤甚養氣者慎無若宋人然宋人有閔其苗之不長而揠拔之使長者乃芒芒然昏昧無知而歸謂其家人曰予今日過勞而病矣予用力以助苗長矣其子心有所疑趨而往視之其所揠之苗則已槁矣是宋人助長之弊如此今天下之養氣者不為宋人之助苗長者寡矣彼以氣為無益而舍之不養者猶不耘苗者也未甚害也至於助之長者正如揠苗者也非徒無益於氣而反害乎氣矣知助長之害則知當集義而不當義襲矣吾之所謂善養浩然之氣而異於告子者以此

○何謂知言是究知言之實曰詖辭知其所蔽詖是於正理說著一半蔽是心中遮却那半也淫辭知其所陷淫是其說泛濫而無涯陷是心墮深處不出也邪辭知其所離邪是連半邊理都違失離是心中叛去正道也遁辭知其所窮遁是別換話頭以支飾窮是心屈於理莫伸也生於其心生心指蔽陷離窮害於其政政是事之大綱發於其政發是見之行意害於其事事是政之節目聖人

學聖之道不厭以聖之道教人不倦也智仁是全體不厭不倦是一事以其不厭知其智以其不倦知其仁兩也字當如此體認仁智兼全豈不既聖孟子不敢當聖而又引孔子之言便隱然有願學意了朱子曰中庸成己仁也是體成物智也是用此學不厭智也是體教不倦仁也是用

竊聞節旨

此丑歷舉羣賢所造以探孟子之所安一體是聖人之分派源流最親已非小可具體是聖人全體備具又不止一體矣丑俱作贊辭微字只帶說如顏子猶役思勉冉閔尚多滯形迹是也

姑舍節旨

舍字對安字看姑字甚婉是不欲以此自限意勿貶諸賢願學孔子已在言下潘氏云纔遜第一等事與別人做便是自棄古人立志大率如此

伯夷節旨

不同道就志行上說列舉夷尹之道連及孔子正為願學起案伯夷無治則進事實此句併說治亦進二句重亂邊如五就湯五就桀可見仕止以出處言久速以去就言四可以字即天道之本然四則字乃時中之妙用合看併讀乃得皆古聖人二句以孔子為主言孔子固聖人而夷尹亦聖人孔子吾固未能行夷尹吾亦未能

復起必從吾言矣吾言只指生心害政四句 註 此公孫丑復問而孟子答之也詖偏陂也淫放蕩也邪邪僻也遁逃避也四者相因言之病也蔽遮隔也陷沈溺也離叛去也窮困屈也四者亦相因則心之失也人之有言皆出於心其心明乎正理而無蔽然後其言平正通達而無病苟為不然則必有是四者之病矣即其言之病而知其心之失又知其害於政事之決然而不可易者如此非心通於道而無疑於天下之理其孰能之彼告子者不得於言而不肯求之於心至為義外之說則自不免於四者之病其何以知天下之言而無所疑哉程子曰心通乎道然後能辨是非如持權衡以較輕重孟子所謂知言是也又曰孟子知言正如人在堂上方能辨堂下人曲直若猶未免雜於堂下眾人之中則不能辨決矣 講 丑又問曰養氣之說既聞命矣敢問何謂知言孟子曰人之有言皆本於心如其辭之所發倚於一偏是為詖辭吾則知其心有所蔽故其辭詖也詖之不已至於放蕩是為淫辭吾則知其心有所陷故其辭淫也淫之不已至無正說是為邪辭吾則知其心有所離故其辭邪也邪之不已必變其說是為遁辭吾則知其心有所窮故其辭遁也抑不特即其言之病而知其心之失已也又知蔽陷離窮之失既生於其心必且害於其政而大綱因之以壞矣既發於其政必且害於其事而節目亦因之俱壞矣然是害也乃必然之理雖後世有聖人復起亦必從吾生心害政發政害事之言矣吾所謂知言者如此彼告子不得於言勿求於心則已之言且不能知其何以知人之言也哉

○**宰我子貢善為說辭**善說辭是言合於理而足以達意屬知言邊 **冉牛閔子顏淵善言德行**善言德行重德行不重善言屬養氣邊 **孔子兼之**之字指說辭德行 **曰我於辭命則不能也**辭文辭命命令總是言語不能謙辭 **然則夫子既聖矣乎**然則總承知言養氣來聖字是推尊孟子 註 此一節林氏以為皆公孫丑之問是也說辭言語也德行得於心而見於行事者也三子善言德行者身有之故言之親切而有味也公孫丑言數子各有所長而孔子兼之然猶自謂不能於辭命今孟子乃自謂我能知言又善養氣則是兼言語德行而有之然則豈不既聖矣乎此夫子指孟子也○程子曰孔子自謂不能於辭命者欲使學者務本而已 講 丑聞孟子知言養氣之說遂以聖擬之曰昔孔門弟子若宰我子貢則善為說辭然不能於說辭之外有所兼也若冉牛閔子顏淵則善言德行然不能於德行之外有所兼也惟孔子言足為經行足為法既兼乎數子之長而猶自謂曰我於辭命則不能也今夫子既自謂我能知言我善養氣則是兼言語德行而有之豈不既聖矣乎

○**曰惡是何言也**是字指既聖之言 **昔者子貢問於孔子曰夫子聖矣乎**聖以道全德備言 **孔子曰聖則吾不能**是不敢當意 **我學不厭而教不倦也**此句將自己與聖離開說言作循勉工夫非能聖也 **子貢曰學不厭智也**是不厭從智中流出 **教不倦**

行也乃字則字是於三聖平列中擡出孔子來見一生所願者惟此以明夷尹之不同道也此處不必抑二子礙下問地

班乎節旨

此以下發明因何願學孔子意若是班乎承皆古聖人來否字言孔子非夷尹所能班自有生民二句又推開說為後文宰我三節起案

有同節旨

此問亦從皆古聖人來上半段論力量德之盛根本之大也下半段論心術心之正節目之大也兩皆字當提孔子作主言不但綏來動和之化即頑廉懦立之風堯舜君民之志亦不限於方隅故曰皆能又不但浮雲富貴之心即避國遠逃之節一介不取之操亦不急於功名故曰皆不為是則同便見得其餘不盡同處

所異節旨

所以異一問自願學孔子及生民未有來智足知聖句正說下句不過設辭以決其言之可信耳此下三節只實證一異字無非言其異於羣聖而表己願學意

宰我節旨

此引宰我之言可信見孔子之異於帝也以予觀者對他人言唐虞無堯舜不過一時為春秋春秋無孔子將使萬世無唐虞故曰賢之遠

仁也是不倦從仁中流出仁且智且字見兼盡意夫子既聖矣既聖謂為聖有餘此三句是子貢說夫聖孔子不居不居即不敢當是何言也此申言丑擬己之過意【註】惡烏歎辭也昔者以下孟子不敢當丑之言而引孔子子貢問答之辭以告之也此夫子指孔子也學不厭者智之所以自明教不倦者仁之所以及物再言是何言也以深拒之【講】孟子不敢以聖以居乃驚歎曰惡以我為聖是何言也昔者子貢問於孔子曰夫子其道全德備之聖矣乎孔子曰聖則吾不能我但以聖人之道學諸己而不厭而又以聖人之道教諸人而不倦也子貢就其辭而贊之曰學不厭者乃深見道體之無窮智之所以自明也教不倦者乃渾然物我之無間仁之所以及物也有是仁而且有是智夫子既為仁智合一之聖矣子貢孔子相問答如此夫聖之名孔子尚不敢自居而子乃謂我為聖是何言也

○昔者竊聞之昔者對今日言竊聞是私竊得聞子夏子游子張皆有聖人之一體有一體謂子夏子游得其文學子張得其威儀冉牛閔子顏淵則具體而微具體是有聖人全體微字只輕帶說敢問所安【註】此一節林氏亦以為皆公孫丑之問是也一體猶一肢也具體而微謂有其全體但未廣大耳安處也公孫丑復問孟子既不敢比孔子則於此數子欲何所處也【講】丑見孟子不敢以聖自居又問曰昔者竊聞之聖人之道大而能博全體渾然者也當時及門之徒如子夏子游子張學焉各得其性之所近皆有聖人之一體是偏而未全者也若冉牛閔子顏淵則氣質不偏義理皆備已具聖人之全體特其形迹尚存而微焉耳夫子既不敢當孔子敢問於此數子果何所安而處之乎

○曰姑舍是是字指上數子【註】孟子言且置是者不欲以數子所至者自處也【講】孟子曰立志欲大取法欲高數子雖賢吾姑舍置之也

○曰伯夷伊尹何如何如是問肯以字自處否曰不同道道即照下三段行事上說既不同道便見非所安了非其君不事非其君言非明君非其民不使非其民言非良民治則進此句伴說亂則退是遇紂無道而居北海之濱伯夷也伯夷以去為道何事非君言何者非我可事之君何使非民言何者非我可使之民治亦進指湯時亂亦進指桀時伊尹也伊尹以就為道可以仕則仕仕以出言可以止則止止以處言可以久則久久以就言可以速則速速以去言四則字見因時變化意孔子也孔子以時中為道皆古聖人也聖人兼行各造於極而無事勉強說吾未能有行焉一句須提孔子作主方見推尊意乃

百里之地 周禮職方氏封公以方五百里侯方四百里伯方三百里子方二百里男方百里與王制異

所願 願是心所願 則學孔子也 學是身所學照上仕止久速要與不動心相關 註 伯夷孤竹君之長子兄弟遜國避紂隱居聞文王之德而歸之及武王伐紂去而餓死伊尹有莘之處士湯聘而用之使之就桀桀不能用復歸於湯如是者五乃相湯而伐桀也三聖人事詳見此篇之末及萬章下章 講 丑又問曰夫子既不以數子自處若伯夷伊尹何如其肯處之否乎孟子曰伯夷伊尹與我不同道彼非其可事之君則不事非其可使之民則不使世治則進而仕世亂則退而不仕此伯夷以清為其道者也何事非君不必皆明君也何使非民不必皆良民也世治亦進而仕世亂亦進而仕此伊尹以任為其道者也若夫可以仕則仕而無心於必仕可以止則止而無心於必止可以久則久而無心於必久可以速則速而無心於必速此孔子以時為其道者也是夷為聖之清尹為聖之任孔子為聖之時皆古聖人也反之吾身不特孔子之聖未之能行即夷之清尹之任亦未能有行焉乃吾心之所願者則惟學孔子也我既願學孔子則我之道即孔子之道而與夷尹不同矣豈肯自處之乎

○伯夷伊尹於孔子 於字作與字看 若是班乎 曰否自有生民以來未有孔子也 民以開闢來作聖者說非凡民也此句包道德事功說 註 班齊等之貌公孫丑問而孟子答之以不同也 講 丑又問曰伯夷伊尹於孔子既皆為古之聖人不知其人品亦果若是班乎孟子曰謂其果若是班者否也自有生民以來其間聖人相繼而作吾不知其凡幾矣皆未有如孔子道德事功之隆者也豈止於夷尹乎

○曰然則有同與 然字承上不可班來同指一二之同說 曰有得百里之地而君之 百里是極小之國君是君長 皆能以朝諸侯有天下 皆字指夷尹孔子朝諸侯是使其來朝有天下是王天下此德之盛處 行一不義 不義以事言 殺一不辜 不辜以人言兩一字見所失小 而得天下 天下字見所得大 皆不為也 不為是不屑為的得此心之正處 是則同 是字指得百里以下說同就根本節目上見 註 有言有同也以百里而王天下德之盛也行一不義殺一不辜而得天下有所不為心之正也聖人之所以為聖人其根本節目之大者惟在於此於此不同則亦不足以為聖人矣 講 丑又問曰孔子既非夷尹可班然則亦有一二之同與孟子曰有同以言其德之盛則得百里小國之地而君之皆能以朝諸侯而奄有天下初不假於土地甲兵之力以言其心之正則行一不義之事殺一不辜之人而可以得天下之大彼皆有所不屑為也是則根本節目之大者三聖之所同也於此不同烏在其為聖人哉

○曰敢問其所以異 異是同中之異承生民句來 曰宰我子貢有若智足以知聖人 智是識見高明聖人指孔子此句重 汙 汙正與智字對假設之辭 不至阿其所好 阿是阿私好是空譽此二句輕 註 汙下也三子智足以

子貢節旨

此引子貢之言可信見孔子之異於王也首五句泛論個稽古之法引起末二句見禮二句正子貢差等百王訣子四其字指百王未有只就夫子德政說如綏來動和之政温良恭儉之德真莫絕千古若禮樂說夫子身上不得當云夫子定禮以肅政正樂以彰德可以垂法萬世不但如百王之德政僅行一時也

麒麟

牝曰麒牡曰麟毛蟲三百六十麟為之長麟麕身牛尾狼頭馬蹄一角角端有肉其性合仁懷義音中黃鐘步中規矩不踐生草不履生蟲王者至仁則出黃帝時遊於苑囿周成康時在郊藪韓子云麟之為靈昭昭也

有若節旨

此引有若之言可信見孔子異於古來在上在下一切之聖人也首句喚起凡物同類意語氣至亦類也住出類二句自同說到異生民二句自異說到尤異出類以並生言拔萃以並處言出類者同是性而獨能盡性同是形而獨能踐形也惟出類故拔萃如在一鄉則高乎一鄉在一國則高乎一國在天下則高乎天下也未有盛於孔子蓋自己踐形盡性又推以垂教萬世使人人各踐其形各盡其性非特如羣聖之出類拔萃只了得一身一時之事已也

知夫子之道假使汚下必不阿私所好而空譽之明其言之可信也【講】丑又問曰夷尹之與孔子其根本節目之同則既聞之矣敢問孔子之所以異於夷尹者何如孟子曰孔子異於羣聖非我一人之私言昔賢已有言之者矣蓋聖人原不易知彼宰我子貢有若智識高明足以知聖人之道假使其智識汙下必不阿私其所好而空譽之況智而非阿者乎其言良可信也

○宰我曰以予觀於夫子夫子指孔子賢於堯舜遠矣賢是勝就事功說遠是賢之甚【註】程子曰語聖則不異事功則有異夫子賢於堯舜語事功也蓋堯舜治天下夫子又推其道以垂教萬世堯舜之道非得孔子則後世亦何所據哉【講】宰我之言曰自古聖人首稱堯舜以予觀之堯舜以道治唐虞之天下夫子又推堯舜之道以垂教萬世之天下其功之大賢於堯舜蓋甚遠矣此宰我智足知聖而言之可信者也夫夫子且賢於堯舜而異於夷尹不待言矣

○子貢曰見其禮而知其政禮是制度文為所以文飾治道者政是紀綱法度所以為治者聞其樂而知其德樂是聲音節奏有美善之殊德是躬行心得有性反之異由百世之後由從也等百世之王等是品題優劣意莫之能違也違字作遁字看自生民以來未有夫子也自道德之盛上說【註】言大凡見人之禮則可以知其政聞人之樂則可以知其德是以我從百世之後差等百世之王無有能遁其情者而見其皆莫若夫子之盛也【講】子貢之言曰先王之政雖息苟見其所遺之禮有文質而知其所施之政有煩簡先王之德雖泯苟聞其所遺之樂有美善而知其所存之德有性反我由百世之後以禮樂差等百世之王其德政之汙隆皆莫之能違而遁其情也但見自生民以來未有我夫子一身而備帝王之政一心而兼神聖之德者也豈非萬世莫及者哉此子貢智足知聖而言之可信者也夫百世皆不能及而異於夷尹又不待言矣

○有若曰豈惟民哉豈惟猶云不但麒麟之於走獸麒麟是獸之最靈者於走獸猶言同為獸之類下三者倣此鳳凰之於飛鳥鳳凰是鳥之最靈者泰山之於丘垤泰山是山之至高者河海之於行潦河海是水之至深者類也均一飛走流峙之類聖人之於民聖人是人之至者民是人之凡者亦類也就形性均賦言出於其類類以稟賦言拔乎其萃萃以會聚言自生民以來未有盛於孔子也就出類拔萃為獨盛上說【註】麒麟毛蟲之長鳳凰羽蟲之長垤蟻封也行潦道上無源之水也出高出也拔特起也萃聚也言自古聖人固皆異於衆人然未有如孔子之尤盛者也○程子曰孟子此章擴前聖所未發學者所宜潛心而玩索也【講】有若之言曰天地間豈惟民不能為異哉即麒麟之祥而

七十子

顏繇曾點顏回曾參閔損冉耕冉雍宰予端木賜冉求仲由言偃卜商顓孫師有若澹臺滅明宓不齊高柴樊須公西赤原憲公晳哀商瞿公良懷秦商南宮适公肩定梁鱣公冶長司馬耕巫馬施冉儒顏辛公孫龍漆雕開伯虔曹卹陳亢叔仲噲施之常琴牢秦祖奚蔵公孫茲廉潔公西輿罕父黑公西蔵壤駟赤冉季薛邦石處

假仁章旨

此章嚴王霸之辨欲有國者知所決擇意上節言王霸之心誠偽不同下節言人之應之其誠偽亦不同兩節文勢俱詳王者須歸重王者一邊說

假仁節旨

無其心而襲其事謂之假假字着力本諸心而達諸事謂之行行字自然王霸二字是定其人的非論霸天下王天下也德是行道有得於心者指平素蘊蓄言仁就政事上說所該者廣養教弔伐俱是王不待大大亦何害不待正與上必有必字對照

服人節旨

上以力假仁二句中已各含服人意故此直承之人字指列國諸侯言力不贍是上非心服句如七十子之服孔子足上中心悅句引詩重思服上詩文上有鎬京辟雍四字武王正行仁之王者言其徙居鎬京講學行禮天下自服也此之謂只繳上心悅誠服

仁則章旨

此章勉時君以強仁也榮辱分頭在仁不仁而仁不仁之轉關在及是時首節是綱如惡二節申仁則榮今國家節申不仁則辱禍福節結出自求字末節引詩書以證之

仁則節旨

上二句是論其理下是致其戒仁不

此之走戰即鳳凰之靈而比之飛鳥即泰山之高而比之丘垤即河海之深而比之行潦均一飛走流峙類也聖人之於民其形同其性同本均一人亦類也但聖人能踐形盡性雖在乎羣類之中實高出於羣類之上雖處乎羣萃之內實特超乎羣萃之表自古聖人皆異於衆人如此然聖人固異於衆人而孔子尤異於羣聖自生民以來之聖人未有盛於孔子者也蓋聖人固民中之麟鳳山海而孔子尤聖人中之麟鳳山海也聖人固拔出於民之類萃而孔子尤拔出於聖人之類萃也孰有如其尤盛者乎此有若智足知聖而言之可信者也夫羣聖皆不能同而異於夷尹又不待言矣孔子異於夷尹此吾之所以願學而知言養氣其來固有自矣此以而當大任又何足以動其心哉

○**孟子曰以力假仁者霸**以用也霸是諸侯之長**霸必有大國**有大國可為假仁之資**以德行仁者王**德是實心仁是實政王者往也為天下所歸往**王不待大**言不待於大國恃德不恃力也**湯以七十里**七十里指亳都**文王以百里**百里指岐周

註 力謂土地甲兵之力假仁者本無是心而借其事以為功者也霸若齊桓晉文是也以德行仁則自吾之得於心者推之無適而非仁也

講 孟子辨王霸之所以異曰王霸之辨辨諸心而已彼心無是仁而以土地甲兵之力假借行仁之名以為功者此之謂霸霸者必有資於大國然後其仁可得而假也若夫以吾心之德而推之以行利物之仁者此之謂王王者不待於大國而德自足以有為也不觀之湯文乎湯以德行仁於商特以七十里而九圍是式不待大也文王以德行仁於周特以百里而三分有二不待大也知王者之不待大則霸者之必有大國益明矣

○**以力服人者**謂以力得人之服**非心服也**是應之偽**力不贍也**不贍是屈於力**以德服人者**謂以德得人之服**中心悅而誠服也**是應之誠**如七十子之服孔子也**此句是擬其服之誠**詩云自西自東自南自北**四自字皆就鎬京說**無思不服**無一人之心思不服**此之謂也**此字指中心悅誠服句

註 贍足也詩大雅文王有聲之篇王霸之心誠偽不同故人所以應之者其不同亦如此 ○鄒氏曰以力服人者有意於服人而人不敢不服以德服人者無意於服人而人不能不服從古以來論王霸者多矣未有如此章之深切而著明者也

講 夫霸者以力假仁是以力服乎人者然已以偽感則人亦以偽應其服之者非心悅而誠服也特屈於力之不贍不得已而服之也王者以德行仁是以德服乎人者然已以誠感則人亦以誠應其服之者中心悅其德之廣被而誠服之也如七十子之服孔子非有勢力以驅而流離困厄相從不二者然也觀於大雅之詩有云自西自東自南自北無思不服夫服盡於東西南北則德之所化者廣服出於思則誠

縣亶左郢狄黑、商澤任不齊榮旂顏噲原亢顏高秦非漆雕徒燕級公夏首勾井彊步叔乘石作觸邦巽樂欣顏之僕孔弗漆雕哆縣成顏相牧皮秦冉申棖顏何共七十九人

仁在行事上看榮辱就國勢上看榮即人畏辱即人侮兩則字便各含自求意今惡辱二句側重不仁邊以起次節

如惡節旨

如惡之三字極有力正借他這點羞惡之心去竦動他莫如字直貫至政刑住貴德以下皆強仁之目德兼賢能尊士便是貴德賢能是士在位在職便是尊及字可玩有及今不為後將無及意任治人明治法是行仁之實大國必畏應上榮字

迨天節旨

此引詩及聖言證上節之意迨字應及字重看未陰雨影國家閒暇徹桑土二句影明政刑今此二句影大國必畏味一或字正思患預防隱隱與迨字精神相激射知道知所以治國之道但在下二句方見能治者制治於未亂保邦於未危也此二句亦是孔子語

今國節旨

此及時自娛正與及時圖治相反呂氏云上是明盛之閒暇其閒暇可幸此是叢脞之閒暇其閒暇可危字樣雖同景象自別

禍福節旨

總結上三節轉榮辱為禍福正危言之自字只作由字看已乃自求禍之自也

之所爭者深此正王者以德服人而心悅誠服之謂也彼霸者何能如此〔補〕以力假仁只有力原無仁所以此節只說力更不說仁以德行仁仁從德中行出所以此節亦只說德更不說仁

○孟子曰仁則榮不仁則辱（仁不仁就行事上說）今惡辱而居不仁（今指當時諸侯說居有安之之意）是猶惡溼而居下也（溼比辱居下比不仁）〔註〕好榮惡辱人之常情然徒惡之而不去其得之之道不能免也〔講〕孟子勉當時諸侯為仁曰人情莫不好榮而惡辱亦知榮辱之所由至乎苟人君能修德行善而仁則身尊國顯不期榮而自榮矣若驕奢淫佚而不仁則身危國亂不期辱而自辱矣今國君徒知惡辱而反居不仁則辱必不能免是猶惡溼而反居於下則溼必不能免也

○如惡之（之指辱言）莫如貴德而尊士（言貴重夫德而凡有德之士則尊顯之也下二句正見之）賢者在位（賢即士中得德之大端全體者位是高位）能者在職（能即士中得德之偏長緒徐者職是眾職）國家閒暇（閒暇是無外患內憂）及是時（及字正惕厲精神未雨綢繆之計全在於此）明其政刑（明是講明整齊政指紀綱刑指法度宜切戰國時說）雖大國必畏之矣（畏是畏威懷德大國必畏應上榮字意）〔註〕此因其惡辱之情而進之以彊仁之事也貴德猶尚德也士則指其人而言之賢有德者使之在位則足以正君而善俗能有才者使之在職則足以修政而立事國家閒暇可以有為之時也詳味及字則惟日不足之意可見矣〔講〕夫辱而不惡則亦已矣如惡之莫如去不仁而為仁於是所貴在德而尊禮有德之士士之賢者任之在輔弼之位士之能者用之在有司之職是有治人可與圖治道一旦外患少息而國家閒暇則遂及是時而與賢能修明其政凡大綱小紀秩然不亂修明其刑凡五刑五罰咸得其平如是則吾能仁矣仁則邦本已固國勢已強雖大國亦必畏服之矣何榮如之吾所謂仁則榮者如此

○詩云迨天之未陰雨（迨字重看）徹彼桑土（桑土桑根之皮帶土者）綢繆牖戶（牖是巢之通氣處戶是巢之出入處）今此下民（巢在民居之上故曰下民）或敢侮予（侮指彈射者或字有惴惴莫必意）孔子曰為此詩者其知道乎（為作也道治國之道）能治其國家（治字有思患預防意）誰敢侮之（誰指列國之君侮是侵伐）〔註〕詩豳風鴟鴞之篇周公之所作也迨及也徹取也桑土桑根之皮也綢繆纏綿補葺也牖戶巢之通氣出入處也予鳥自謂也言我之備患詳密如此今此在下之人或敢有侮予者乎周公以鳥之為巢如此比君之為國亦當思患而預防之孔子讀而贊之以為知道也〔講〕豳風鴟鴞之詩有云迨天之未陰雨則徹彼桑間之土以綢繆補葺夫巢之牖戶其備患之密如此今此在下之民或敢有侮予者乎此周公愛國故託鳥言以喻治也孔子讀此詩而贊之曰為此詩者其

俊傑　智過萬人者謂之英過千人者謂之俊過百人者謂之豪過十人謂之傑

廛　此廛字是市中列肆故曰市宅也官為之者。廛本死字此卻作活字用蓋取其稅也下節廛字是死字

永言節旨　引詩書要味兩自字正極提醒世主語詩是周公進戒成王者以言訓念有念念在此不禁形之於口意書是太甲自言於伊尹者乃改過之後痛懲既往也此之謂雙頂詩書

尊賢章旨　此章見王政以得人心為本最重信能行一句前五節只概言王政可以感人五天下字便包下鄰國在內五願字從五悅字生來末節方是勉諸侯實行王政以王天下也

尊賢節旨　此言王政待士之重士為四民之首故先及之賢曰尊能曰使亦有分寸尊賢使能便是俊傑在位串說則字有不待招徠意

市廛節旨　此言王政待商之寬商惡其盛盛則人皆去本又惡其衰衰則貨財不通故有抑有勸法是常行底廛是因時底征是決無所底

關譏節旨　此言王政待旅之厚行旅之人為類不一此單指服賈者言

耕者節旨　此言王政待農之厚治地莫善於助言助而徹可該

廛無節旨　此又王政寬廛居之民也就市中交

知治國家之道乎人君誠能思患預防以治其國家則內治既固無隙可乘誰敢玩德抗威而侮之詩人之意如此信乎其知道也由詩及孔子之言觀之所謂強仁而大國必畏者益可信矣【補】仇滄柱曰鴟鴞一詩乃周公避位居東所作以貽成王者此時尚未東征也及王悔悟迎公然後命之東征以討管叔武庚耳居東二年在前奉命討叛東征又三年在後

○**今國家閒暇**今指當時諸侯**及是時**是及閒暇之時**般樂怠敖**此即不仁處**是自求禍也**禍即是辱指國勢削弱言【註】言其縱欲偷安亦惟日不足也【講】夫何今之為君者當國家閒暇乃及是時不知用賢修政惟知般樂以縱欲怠敖以偷安政荒而不知問刑虐而不知恤其不仁如此則國非其國而侮之者至矣是自求禍也何辱如之吾謂不仁則辱者如此

○**禍福無不自己求之者**禍自己求指般樂一節福自己求指貴德一節故曰結上文【註】結上文之意【講】由此觀之仁榮福也以己之防於未陰雨者致之不仁之辱禍也以己之怠於閒暇者取之可見禍福無有不自己求之者豈可諉於偶然之數哉

○**詩云永言配命**命指理言配命即合理也**自求多福**多福盛大之福**太甲曰天作孽**如水火盜賊之災**猶可違**違是逃而禳意**自作孽**如放辟邪侈之罪**不可活**活是逃而而生意**此之謂也**此字指禍福意【註】詩大雅文王之篇永長也言猶念也配合也命天命也此言福之自己求者太甲商書篇名孽禍也違避也活生也書作逭逭猶緩也此言禍之自己求者【講】文王之詩不云乎人能長言合於天理則多福自我而致之太甲之書不云乎己無罪而天降之災或猶可得而違自為不善而陷於惡則不可得而活詩之言即福自己求之謂也書之言即禍自己求之謂也然則好榮惡辱者可不自反而仁乎

○**孟子曰尊賢使能**尊是敬禮賢是有德者使是任使能是有才者**俊傑在位**俊傑即指賢能在位頂尊使說**則天下之士皆悅**士指俊傑**而願立於其朝矣**願是身未歸而心先歸意【註】俊傑才德之異於眾者【講】孟子勉當時人君行王政以收人心曰王政在得人心誠使為人君者能尊禮乎有德之賢任使乎有才之能而賢能之俊傑者皆在於庶位則風聲所感不特吾國之士悅之也舉天下之士皆悅吾待士之厚而願立於其朝矣

○**市**是都邑之街市**廛而不征**廛是市宅之稅只作賦字看**法而不廛**法是市官之法平物價治其爭訟**則天下之商皆悅**商是做買賣人**而願藏於其市矣**藏聚也【註】廛市宅也張子曰或賦其市地之廛而不征其貨或治之以市官之法而不賦其廛蓋逐末者多則廛以抑之

夫里之布
周禮地官載師以廛里任國中之地凡宅不毛者有里布凡田不耕者出屋粟凡民無職事者出夫家之征以時征其賦○朱子謂一里二十五家之布亦不可考

易言曰商就市中居處言曰民當時待商有此兩層廛與貨之征已不是又舉先王罰游民惰農者併取之益不是故並及之無夫無里之布本文只一項註引周禮兼一家力役之征亦不必添出氓字從亡蓋去本土而占籍他國者也

信能節旨
上只條陳王道而言其理如此此信能行此者句方是責成世主之辭信能二字重看謂以實心行實政不徒虛文粉飾也仰之若父母從上五願字來無敵句只舉成效言之逼出末句致王意對民言曰父母對天言曰吏民之父母天之吏也天吏專主征伐說註兼廢興存亡重廢亡邊

人皆章旨
此章為當時殘忍之君而發首二節是綱中三節申說人皆有不忍人之心末二節言人當如先王有以推不忍人之心通重擴充二字而知字尤為喫緊

人皆節旨
渾淪說箇不忍之心自該性情言曰人則無古今爾我曰皆則無彼此異同曰有則非本無加益不徒曰不忍

少則不必廛也講其於市也或逐末者多則賦其市地之廛而不更征其貨或逐末者少但治以市官之法而并不賦其廛則天下之商皆悅吾厚商之實而願藏於其市矣○關是道路之關譏而不征譏是察異言異服之人不征是不征其出入之稅則天下之旅皆悅旅是遠行之人而願出於其路矣出遊也註辭見前篇講其於關也但使關吏譏察異言異服之人以防奸宄而不征其往來之貨稅則天下之旅皆悅吾柔遠之有道而願出於其路矣○耕者指農言助而不稅稅即井田什一之制稅如履畝之類則天下之農皆悅而願耕於其野矣註但使出力以助耕公田而不稅其私田也講其於農之耕者但使之出力以助耕公田而不復稅其私田則天下之農皆悅吾待農之有道而願耕於其野矣○廛此廛字與上文同為市廛不兼左右三區說無夫里之布夫稅是罰遊民無常業者里布是罰惰民宅不種桑麻者則天下之民皆悅而願為之氓矣氓亦是民但自彼國來此國所以謂之氓註周禮宅不毛者有里布民無職事者出夫家之征鄭氏謂宅不種桑麻者罰之使出一里二十五家之布民無常業者罰之使出一夫百畝之稅一家力役之征也今戰國時一切取之市宅之民已賦其廛又令出此夫里之布非先王之法也氓民也講其於市宅之民已賦其市地之廛則無令出一夫百畝之稅以其與無常業者異也無令出一里二十五家之布以其與不種桑麻者異也則天下之民皆悅吾待民之有恩而願為之氓矣補夫是粟米之征布是布縷之征二罰專為遊惰而設今日市宅之民或貿易或營作既非無常業者比故不令出夫征且堆積貨財之所原非可種桑麻故不令出里布○信能行此五者信是實行五者指上五節則鄰國之民鄰國對本國言民是士農商旅仰之若父母矣仰是愛慕即上願字之字指君說若父母是願歸意率其子弟率是引導子弟指鄰國之民言攻其父母攻是攻伐自生民以來未有能濟者也濟是成其攻之之事如此指率其四句言則無敵於天下言人自無與我敵無敵於天下者天吏也天吏是奉行天命以征四方言然而不王者王字見可為天下父母意未之有也是反言其必王註呂氏曰奉行天命謂之天吏廢興存亡惟天所命不敢不從若湯武是也○此章言能行王政則寇戎為父子不行王政則赤子為仇讐講夫王政可以得民如此特慮今之君莫之行耳信能行此五者則鄰國之民若士若農若商若旅皆仰之如父母之親矣吾為彼之父母則彼皆吾之子弟也苟鄰國之君率其子弟以攻其所仰之父母吾見人心在我而不在彼自上古生民

之心而必加一人字同體尤相親也

先王節旨

此只舉先王做個極頭樣子以為擴充之的上二句重政字下二句仍歸重心字斯字最緊聖人有此心便有此政不待充廣而後能也以行二句即是斯有中事此承上急疊起下語非層次語也運掌上不作效說只言天下雖大一心運之而有餘

所以節旨

此節是不忍人之證驗緊要只乍見二字卒然而感正是當下真心若下內交三件便是轉念了怵惕緣乍見而驚動惻隱由傷切而痛深非所以三句就一時不及轉念者言陶石簣曰怵惕惻隱只乍見時真心如此未說到救處然怵惕惻隱則隨救之矣

由是節旨

由是觀之是字指乍見真心語氣接上甚緊無字與有字反照非人也不是然辭只反言之見其必有朱子云羞惡三者皆是惻隱中發出若無惻隱則本心斲喪三者皆無從出矣故惻隱比三者較大

惻隱節旨

此原情為性之所自出以見情之必有非如性善章因情以著性之本體而重性也仁義禮智是未發底道理惻隱羞惡辭讓是非是已發底端倪八個之字分際分明四個也字指點

以來未有能濟其事者也既不能濟如此則征伐一舉而所行無敵於天下矣無敵於天下者乃奉行天命之天吏也既為天吏則凡逆天害民之國皆得奉天命而征伐之而王業可必其成矣然而不王於天下者未之有也觀此則王政信乎其可行矣今之君亦何憚而不行哉【補】饒雙峰曰吏君所命凡有罪者得而刑殺之天吏天所命凡暴亂之國皆得而征伐之

○孟子曰人皆有不忍人之心（人兼智愚賢不肖說不忍人是不忍害人意）【註】天地以生物為心而所生之物因各得乎天地生物之心以為心所以人皆有不忍人之心也【講】孟子勉時君擴充其仁心也曰人之生也自聖人以至常人其品不齊矣而皆有不忍害人之心不以聖人而後有不以常人而或無也

○先王有不忍人之心（先王指聖人說）斯有不忍人之政矣（斯有是即有不待著力）以不忍人之心行不忍人之政（以字輕此句是過脈）治天下可運之掌上（運掌言治天下之易）【註】言眾人雖有不忍人之心然物欲害之存焉者寡故不能察識而推之政事之間惟聖人全體此心隨感而應故其所行無非不忍人之政矣【講】然眾人有是心而物欲蔽之故不能察識而推之政事之間惟先王私欲淨盡天理自然流行有是不忍人之心即有是不忍人之政矣夫以不忍人之心行不忍人之政則心以運政而其澤易流政出於心而其澤易遍以養天下以教天下取足於吾心而有餘矣不猶運之掌上而無難者乎【補】此即是上一句注腳下五節總冒文勢連上作一節看如人皆有之賢者能勿喪耳相似故下節即接所以謂人皆有句

○所以謂人皆有不忍人之心者（此句承上起下語）今人乍見孺子（今人見不必先王乍忽然之頃孺子是無知小子）將入於井（入井是事勢危急之時）皆有怵惕惻隱之心（怵惕惻隱四字皆以名狀不忍人之心也）非所以內交於孺子之父母也（非內交見不市恩）非所以要譽於鄉黨朋友也（非要譽見不沽名）非惡其聲而然也（非惡聲見不避謗然字指怵惕惻隱言）【註】怵惕驚動貌惻傷之切也隱痛之深也此即所謂不忍人之心也內結要求聲名也言乍見之時便有此心隨見而發非由此三者而然也程子曰滿腔子是惻隱之心謝氏曰人須是識其真心方乍見孺子入井之時其心怵惕乃真心也非思而得非勉而中天理之自然也內交要譽惡其聲而然即人欲之私也【講】然吾所以謂人皆有不忍人之心者何以驗之今人乍見無知之孺子將陷入於井無問其智愚賢不肖皆有怵惕驚動惻隱之心是心也感於自然而天機自動非所以結內交情於孺子之父母也非所以要求聲譽於鄉黨朋友也蓋乍見之時未暇

融洽端字對下充字說見端可充而又含不可不充意程子曰以其惻隱知其有仁此說得最分明

人之節旨

此節承上皆有起下擴充之意四體不容一毫虧欠四端亦不容一毫虧欠自謂不能指君重看謂其君不能指臣帶說不能即下充意且渾厚

凡有節旨

此正前註察識而推之政事之間實事凡有四句是著知善端擴充之機苟能二句究其能充之量苗不二句決其不可不充也上重知擴字是用功之始下重能充字是用功之終知字與始然始達相應中間矣字文勢不斷能字比知字較實能充便有不忍人之政了以四端達為許多經綸措置故遂云保四海是然達之究竟處與治天下可運之掌上相應註即此字指四端言由此字指然達言

為要譽計也非惡其不仁之聲以求免於毀而然也蓋乍見之時未暇為惡其聲計也此足以驗人皆有不忍人之心矣○由是觀之是字指乍見二句言無惻隱之心非人也非人是決言其必有意無羞惡之心非人也無辭讓之心非人也無是非之心非人也

註 羞恥己之不善也惡憎人之不善也辭解使去己也讓推以與人也是知其善而以為是也非知其惡而以為非也人之所以為心不外乎是四者故因論惻隱而悉數之言人君無此則不得謂之人所以明其必有也

講 由是乍見孺子一事觀之可見無惻隱之心必其非人之類也人則必有惻隱之心矣既有惻隱之心則羞惡辭讓是非之心皆由此出若無羞惡之心必其非人之類也安有謂之人而無羞惡之心乎無辭讓之心必其非人之類也安有謂之人而無辭讓之心乎無是非之心必其非人之類也安有謂之人而無是非之心乎

補 上只言惻隱而此兼三者言蓋仁統四端有則俱有羞惡辭讓是非亦俱離惻隱之心不得

○惻隱之心仁之端也惻隱是仁之發端是端倪物之緒也譬之繭絲外有一條緒便知內有一團絲羞惡之心義之端也羞惡是義之發辭讓之心禮之端也辭讓是禮之發是非之心智之端也是非是智之發

註 惻隱羞惡辭讓是非情也仁義禮智性也心統性情者也端緒也因其情之發而性之本然可得而見猶有物在中而緒見於外也

講 然是心也非自外至也即此惻隱之心乃仁蘊於中而著其端緒於外者也然有是仁則必有是義禮智其羞惡之心乃義蘊於中而著其端緒於外者也辭讓之心乃禮蘊於中而著其端緒於外者也是非之心乃智蘊於中而著其端緒於外者也使無仁義禮智之性又安有是惻隱羞惡辭讓是非之情乎

補 惻隱羞惡多因逆其理而見惟有所可傷這裏惻隱之心便動惟有所可惡這裏羞惡之心便動若事親從兄又是自然順處見之

○人之有是四端也四端是仁義禮智之端猶其有四體也四體是手足有是四端而自謂不能者自賊者也自指君說賊害也謂其君不能者賊其君者也賊是引其君於不善就是害君

註 四體四肢人之所必有者也自謂不能者物欲蔽之耳

講 夫人心必有是仁義禮智之四端也猶人身必有是手足之四體也故有是四端而自謂不能全者是不以先王待其身自賊其身者也謂其君不能全者是不以先王待其君而賊其君者也然則臣固不可以賊君君亦安可以自賊哉不安於自賊則當知所以自反而擴充之矣

○凡有四端於我者凡字對先王言知皆擴而充之矣知字重看正擴充下手工夫皆字兼四端說若火之始然始然之火不可撲滅

矢人 黃帝臣牟夷作 矢周禮夏官司弓矢掌八矢之法枉矢絜矢利火射用諸守城車戰殺矢鍭矢用諸近射田獵矰矢茀矢用諸弋射恒矢庳矢用諸散射○考工記矢人爲矢鍭矢參分一在前二在後兵矢茀矢五分二在前三在後殺矢七分三在前四在後參分其長而殺其一五分其長而羽

矢人章旨
此章敎時君因耻辱而勉於仁與仁則榮章同意首節言人當愼術次節引聖言以見擇術當在仁三節深爲不仁者警末二節激之爲仁反在乎己

矢人節旨
此借矢函巫匠引入本文兩惟恐字註兩利字皆以心言心以術異也術字承矢函巫匠而推廣之不可不愼言當就其全吾仁者去其害吾仁者故字中正寓提醒擇術意須重看

里仁節旨
此言不仁之由於不智以見擇術不愼之故論語處仁指仁里此指仁道天惟一爵無並於仁而仁尊天不一爵有統於仁而仁益尊宅之始基無擾吾仁而仁安宅之永固有震吾仁而仁益安尊爵安宅隱與下人役對照兩也字是趕下語氣

不仁節旨
此甚言擇術不愼之可耻以用功之

泉之始達(始達之泉不可壅滯二始字宜玩)苟能充之足以保四海(保四海亦卽與運掌之治相應)苟不充之不足以事父母(此是反言以見其當充意)【註】擴推廣之意充滿也四端在我隨處發見知皆卽此推廣而充滿其本然之量則其日新又新將有不能自已者矣能由此而遂充之則四海雖遠亦吾度內無難保者不能充之則雖事之至近而不能矣○此章所論人之性情心之體用本然全具而各有條理如此學者於此反求默識而擴充之則天之所以與我者可以無不盡矣程子曰人皆有是心惟君子爲能擴而充之不能然者皆自棄也然其充與不充亦在我而已矣又曰四端不言信者旣有誠心爲四端則信在其中矣愚按四端之信猶五行之土無定位無成名無專氣而水火金木無不待是以生者故土於國行無不在於四時則寄王焉其理亦猶是也【講】誠使凡有四端於我者不敢諉於不能隨其所發之端而察識其爲何心知皆卽此推廣之以充其本然之量矣則其發見之端日新不已若火之始然而不可滅也若泉之始達而不可遏也然其功可自已乎苟能因此火然泉達之機而遂充之以極其量則仁無所不愛義無所不宜禮無所不敬智無所不明四海之大自足以保之而無難苟不充之則雖父母之在家庭而且不足以事之矣充之其容已乎人皆有是心者其亦以先王爲法焉可矣【補】推擴而後能充能充則不必言擴擴如注水下去充卽注得器滿了

○孟子曰矢人豈不仁於函人哉(矢人是造箭之人不仁就心之殘忍言函人是造甲之人)矢人惟恐不傷人(恐字作心上說不傷人恐矢不利)函人惟恐傷人(傷人恐甲不堅)巫匠亦然(亦然對矢人函人之心看)故術不可不愼也(術指凡百藝愼是當擇意)【註】函甲也惻隱之心人皆有之是矢人之心本非不如函人之仁也巫者爲人祈祝利人之生匠者作爲棺槨利人之死【講】孟子勉當時諸侯之爲仁也曰人皆有不忍人之心而言之矢人則惟恐其矢之不利而不能傷人函人則惟恐其甲之不堅而至於傷人是矢人之心果不仁於函人矣然不特矢人函人爲然也巫者爲人祈祝利人之生亦猶函人匠者作爲棺槨利人之死亦猶矢人然是匠人之心果不仁於巫人矣然非其初本心之異也其術使之然耳故人之擇術者不可不愼之於始也【補】治術不愼則其心不顧害天下學術不愼則其心不顧害後世

○孔子曰里仁爲美(此仁字在風俗上)擇不處仁(此仁字在心德上)焉得智(智是擇之明)夫仁天之尊爵也(天自賦予言尊爵是至尊之爵)人之安宅也(人自稟受言安宅是安逸之宅)莫之禦而不仁(禦止也)是不智也(是字承上來不智者無擇術之明)【註】里有仁厚之俗者猶以爲美人擇所以自處而

其一以其笴厚為之羽深水之以辨其陰陽夾其陰陽以設其比夾其比以設其羽參分其羽以設其刃則雖有疾風亦弗之能憚矣○關東曰矢關西曰箭

函人

考工記函人為甲犀甲七屬兕甲六屬合甲五屬犀甲壽百年兕甲壽二百年合甲壽三百年凡甲鍛不摯則不堅已敝則橈凡察革之道眡其鑽空欲其惌也眡其裏欲其易也眡其朕欲其直也櫜之欲其約也舉而眡之欲其豐也衣衣欲其無齘也惌音宛小孔貌易治其檝惡也朕縫處也齘音

序言前並智後仁以自然之理言則先仁後智雖並推出無禮義然只重不仁上人役卑之之辭弓矢之人不能大有為祇供小藝之役故以為喻

如恥節旨

此節正為人擇術處乃一章大要領莫如字要玩

仁者節旨

此貫指為仁處借射以發明之仁者只作為仁之人如射二字虛冒射者以下皆就射上說而為仁由己意在言外正己影照自修其德發字影照行仁中字影照仁政化成勝己影照聽令強大反求影照增修德政而已

字正與人役人字相對

子路章旨

此章見聖賢樂善之誠愈進愈無窮也蓋由子路進之禹已是大了舜則更有一種難及處乃孟子恢弘善量引人請極之意歸重君子莫大句

子路節旨

此重在喜上喫緊尤在則字纔聞便喜見出於中心之誠是子路見得己未善而善在人也

禹聞節旨

此重在拜上惟其心誠好之故拜是禹見得善在人而已未善也看註不待有過句便是進於子路

大舜節旨

此言舜之大是自然氣象善乃人我

不於仁安得為智乎此孔子之言也仁義禮智皆天所與之良貴而仁者天地生物之心得之最先而兼統四者所謂元者善之長也故曰尊爵在人則為本心全體之德有天理自然之安無人欲陷溺之危人當常在其中而不可須臾離者也故曰安宅此又孟子釋孔子之意以為仁道之大如此而自不為之豈非不智之甚乎【講】所擇為何亦曰仁而已孔子嘗有言曰里有仁厚之俗猶以為美若人之擇術而不處於仁焉得為智乎孔子之言如此果何謂哉謂夫仁也者自其天所與而言則天地生物之心為最先所以統四德兼萬善而為良貴之首天之尊爵也自其在人而言則有天理自然之安無人欲陷溺之危為日用常處不可離者人之安宅也仁道之美若此自有而自為之誰得而禦之今莫之禦而自為不仁是棄其所至尊舍其所至安而昧於擇術也豈非失其是非之本心而為不智者乎孔子以為焉得智者固宜也

○不仁不智 此句承上節來 無禮無義 此句又承不智說來 人役也 人役是為人所役使 人役而恥為役由弓人而恥為弓矢人而恥為矢也 猶字相似之意 【註】由與猶同○以不仁故不智不智故不知禮義之所在 【講】夫始以不智而不仁及其既不仁而益不智故不知禮義之所在而無禮無義矣是自失其良貴而置身於卑賤之地不免為人役也既為人役而猶恥其役役可得而免哉猶弓人而恥為弓之事矢人而恥為矢之事亦徒恥耳雖欲不為不可得已

○如恥之 之字指人役言 莫如為仁 為仁就根於心而發於治道說 【註】此亦因人愧恥之心而引之使志於仁也不言智禮義者仁該全體能為仁則三者在其中矣 【講】夫為人役固可恥矣而所以致此恥者亦由不仁耳如恥之莫如反其所為而為仁修其天爵而不敢棄居其安宅而不敢曠其擇術之審而凡若智若禮若義之足貴者皆在我矣尚何人役之不可免耶

○仁者如射 且虛說 射者正己而後發 正己是內志正外體直發是發矢 發而不中 不中其的 不怨勝己者 不怨勝我之人 反求諸己而已矣 反求諸己是求其內志正外體直 【註】為仁由己而由人乎哉 【講】夫仁者之於仁有如射然射者之於射必內正己之志外直己之體極其審固而後發矢發矢而不能中則不怨人之能中而勝己者惟反求諸己以為吾志容有未正吾體容有未直而已矣為仁由己而不由人何以異此人能擇術以處仁則仁道渾全而智禮義悉備天下皆為吾役矣此擇術者所以必處於仁也 【補】陳新安曰上言不智欲人以是非之心擇為仁之術下言恥之欲人以羞惡之心決為仁之機

○孟子曰子路人告之以有過則喜 過是無心之失兼言行說喜是心中樂受 【註】喜其得聞而改之其勇於自修如此周子曰仲由喜聞過令名無窮焉今人有過不喜人規如諱疾而忌醫寧滅其身而無悟也噫程子曰子路人告之以有過則喜亦可謂百世之世矣 【講】孟子敘聖賢樂善之誠若曰善在天下公之人己之間可取亦

械無斷者身無斷齧之病也

弓人
黃帝第五子青陽生揮為弓正觀弧星始制弓矢○夏官司弓矢掌六弓之法王弓弧弓以授射甲革椹質者夾弓庾弓以授射豻侯鳥獸者唐弓大弓以授學射者使者勞者考工記弓人為工取六材必以其時六材既聚巧者和之幹也者以為遠也角也者以為疾也筋也者以為深也膠也者以為和也絲也者以為固也漆也者以為受霜露也○天子彫弓諸侯彤弓大夫黑弓

耕稼陶漁
史記云舜耕歷

公共之理與人同與字卻屬舜藏有已字在舍已二句串說舍已者謂不先立已見而虛心以聽乎人舍已就是從人從人就是取人下特加一樂字極表其取善之誠也

自耕節旨
此包括舉一生而言以盡無非二字之量是足上節意

取諸節旨
此是孟子推出善與人同大順大化處玩一是字與善即在取善內無兩層與字中兼有善者以見取為榮而益勵於善未善者以不見取為恥而皆勉於善意莫大乎與人為善是完得此萬善一體之量

伯夷章旨
此章見君子不為一偏之學上二節分敘夷惠之行著意形容兩兩對照都是一層深一層末節是斷其弊不由其隘與不恭即是不由其清和也言外有願學孔子意

伯夷節旨
此節詳敘伯夷一步緊一步以不屑就為歸宿總逼出個隘來非其君非其友兩其字是以自身律別人也事君交友是常立朝與言是暫自擬於朝衣朝冠在身視天下皆塗炭也推是孟子推思是伯夷思鄉人冠不正未為甚惡而必去諸侯善辭命無少失禮而不受不受也者二句就諸侯

可與也吾嘗論古人而見樂善之誠焉古之人有子路者勇於自修或有人告之以有過則欣然而喜以其過可得而聞即可得而改也其樂善何誠也

○**禹聞善言則拜**善言是有益於身心國家拜更著是心樂下人【註】書曰禹拜昌言蓋不待有過而能屈己以受天下之善也【講】古之人有禹者一聞善言則屈已而拜受之以其有裨於已者也其樂善又何誠也【補】子路之喜亦在舍己一路禹之受善亦在取人一路人告之字內亦有取人意拜字內亦有舍己意特分量大小不同有心無心稍異

○**大舜有大焉**大就氣象規模上說**善與人同**此以天下之公善而言不可認作舜之善此句正是大之實**舍己從人**此不知善之在已重舍字**樂取於人以為善**此不知善之在人重樂字二句正申善與人同意【註】言舜之所為又有大於禹與子路者善與人同公天下之善而不為私也已未善則無所係吝而舍以從人人有善則不待勉強而取之於已此善與人同之目也【講】聞過則喜猶知過之在已聞善則拜猶知善之在人若大舜之所為又有大於禹與子路者焉以天下之公善亦與天下之人同之內不見其有已外不見其有人也若已未善則舍已以從人之善人有善則樂取於人之善以為已之善是其舍之也以已而同於人其取之也以人而同於已所謂善與人同者蓋如此此舜之所以為大也

○**自耕稼陶漁**皆以處窮時言**以至為帝**帝指受堯禪時**無非取於人者**無非是無一時不取善於人【註】舜之側微耕於歷山陶於河濱漁於雷澤【講】然舜之取於人不特一時為然也自耕稼陶漁之時以至受禪而為帝無非樂取於人以為善者其樂善之懷初未嘗以窮達而有間也

○**取諸人以為善**此句接上起下**是與人為善者也**與字無限鼓舞**故君子莫大乎與人為善**君子就舜推開說【註】與猶許也助也取彼之善而為之於我則彼益勸於為善矣是我助其為善也能使天下之人皆勸於為善君子之善孰大於是○此章言聖賢樂善之誠初無彼此之閒故其在人者有以裕於已在已者有以及於人【講】夫取諸人之善以為吾善則人因我之取而益勸於為善是由我取善之誠有以與助乎天下之人以為善者也夫能使天下之人皆勸於為善則天下之善皆吾善矣故君子莫大乎與人為善蓋舍已取人固足以見舜之大而至於與人為善尤足以見舜之大也信乎論樂善之極者必以大舜為歸矣【補】故君子三子即舜而推開之以示感歎勉勵之意莫大乎句在舉一世而甄陶之上見其大上節大字就取人為善言此節大字就成人為善言蒙引云總註彼此字非以由禹與舜分彼此是以人已分彼此故其在人二句通指三人說蓋第概言其理以示人也

○**孟子曰伯夷非其君不事**非其君指污君說**非其友不友**非其友指濁友言**不立**

山歷山之人皆讓畔漁雷澤雷澤之人皆讓居陶河濱河濱之器皆不苦窳一年所居成聚二年成邑三年成都

說而衆人可知夷之清到此地位分明有一隘字在

柳下節旨

此節詳叙柳下惠一步寬一步以不屑去為歸宿總逼出個不恭來不羞不卑是把進不當事了必以道即是不隱賢怨是怨人憫是自憂不怨不憫是把退亦不當事了既述其行復引其言袒裼裸裎不能浼是把世人都不當事了故由由以下又概舉其行而想其心與之偕浼指爾為爾者不自失只帶說止之止字屬人止惠而止止字是惠自止援止不詳其人是人人皆可以留惠也惠之和到此地位分明有一不恭字在

不由節旨

此斷清和之弊隘者視天下無一人足容不恭者視天下無一人足較朱子謂伯夷既清必有隘處柳下惠既和必有不恭處孟子直說他隘與不恭不曾說流弊如此君子不由夷惠一偏之清和自必由中庸之道矣此孟子所以願學孔子也

於惡人之朝(立朝如贄見國君或聘問鄰國皆是)不與惡人言立於惡人之朝與惡人言如以朝衣朝冠(朝衣朝冠是至潔之物)坐於塗炭(塗炭是至汚之物)推惡惡之心(推即推上文等而推之)思與鄉人立(思是伯夷之心思)其冠不正(是失禮之小者)望望然去之若將浼焉是故諸侯雖有善其辭命而至者(是故承上文來善辭命則無失禮之非意)不受也(不受指聘召之禮言)不受也者(此句接上來)是亦不屑就已(不屑就是推其不受本心而以汚待諸侯也)

註 塗泥也鄉人鄉里之常人也望望去而不顧之貌浼汚也屑趙氏曰潔也說文曰動作切切也不屑就言不以就之為潔而切切於是也已語助辭

講 此孟子就夷惠所行而斷之以見已願學之別有在也曰古之人有伯夷者擇君而事非可事之君則不事擇友而友非可友之友則不友不但非君不事也亦不一立於惡人之朝焉不但非友不友也亦不一與惡人言焉若其立於惡人之朝與惡人言則以為辱如以朝衣朝冠坐於塗炭不忍須臾少安也然不但惡惡之嚴如此也推極其惡惡之心思與鄉人立其冠不正亦少失禮耳非若甚不可與之人亦非有甚可絕之行乃望望然去之而不顧若將浼已焉其心如是是故當時諸侯雖有善其辭命而至者其人雖不可知而其外似無失禮宜若不必却者而彼則以為辭命雖善而人未必善亦不受也所以不受者何為也哉蓋凡受之者必其潔於就之也彼其視今之諸侯皆非其君皆惡人之朝是亦不必就之為潔而切切於就也伯夷之嚴於惡惡而不輕與人羣如此

○柳下惠不羞汙君(不羞不以為恥)不卑小官(不卑不以為屈)進不隱賢(賢是道存於心)必以其道(道是賢達於用)遺佚而不怨(遺佚自人棄我言)阨窮而不憫(阨窮自我處困言因遺佚以致阨窮不平)故曰爾為爾我為我(爾指人言我指己言)雖袒裼裸裎於我側(側是身旁)爾焉能浼我哉故由由然與之偕而不自失焉(此之字指爾為爾言者)援而止之而止(援止是人攀留意止是不去)援而止之而止者(此句亦接上來)是亦不屑去已(不屑去言已無往不潔不必在去上明潔也)

註 柳下惠魯大夫展禽居柳下而諡惠也不隱賢不枉道也遺佚放棄也阨困也憫憂也爾為爾至焉能浼我哉惠之言也袒裼露臂也裸裎露身也由由自得之貌偕並處也不自失不失其正也援而止之而止者言欲去而可留也

講古之人又有柳下惠者不以污君為羞而不事不以小官為卑而不為其進而事君為官也不隱其在己之賢以阿世取容而必守其正直之道以得行其志惟必以道則與世不相入而遺佚阨窮所不免矣彼則雖一時失位而遺佚亦不怨焉雖終身不用而阨窮亦不憫焉蓋所遭拂戾而其泰然者如此則雖不絕乎惡人而實未嘗染於惡人故其自言有曰爾為爾無與於我也我為我無與於爾也蓋善自善而惡自惡初不相浼爾雖袒裼裸裎於我側亦爾之失自禮耳安能浼辱我哉其言如此故常由由然自得與人偕處而終不自失其正焉即其欲去之際或有援而止之者彼則從而止矣夫援而止之而遂止者何為也哉蓋吾身雖止而其不能浼者猶在是其心亦不以去之為潔而切切於去也柳下惠之和以處眾而不輕於人絕如此

○孟子曰伯夷隘隘是絕物而無所容柳下惠不恭不恭是有輕世肆志意隘與不恭君子不由也君子時中君子不由是不由夷惠之清和

註隘陜窄也不恭簡慢也夷惠之行固皆造乎至極之地然既有所偏則不能無弊故不可由也

講孟子斷之曰伯夷清矣然孤介絕物視天下之人無一可與者其失也隘柳下惠和也然玩世輕物視天下之人無一足較者其失也不恭隘與不恭則道非大中而行非可法是以君子不由也夫孟子敘夷惠之行而斷之如此則其所願學者信有在於時中者矣

補王元少曰他處欲人師夷惠是為頑懦薄鄙者說此處勸人不由夷惠是為願學時中者說其不由護夷惠正見夷惠真處

新訂四書補註備旨上孟卷之二

粵東鄧　林退菴先生手著
裔孫　煜耀生編次
寶安祁文友珊洲先生重校
江甯後學杜定基起元增訂

天時
時日有支干而支干有孤虛王相王即旺字時四時日日辰子丑寅卯辰巳午未申酉戌亥為支甲乙丙丁戊己庚辛壬癸為干支丁所以配時日而用之也兵家只就孤虛旺相上論吉凶四字以旺為主次乎旺者為相得其助也敵乎旺者為孤以相克也生乎旺者為虛了實則母虛也皆在五行生尅上論如甲乙木實則壬癸水虛如甲乙生丙丁火便是木

天時章旨
此章見人君當以固結人心為本首節推用兵之要歸重人和上二三節詳天時地利之不如人和四五節言得人和之可以無敵

天時節旨
天時地利末也人和本也疊下兩不如俱在用兵時較量二句且虛說所以不如之故全在下文註孤虛或就干支上看或就五行上看可兼用

三里節旨
此申天時不如地利就攻者言在環攻不勝上見

城非節旨
此申地利不如人和就守者言在委而去之上見

故曰節旨
此極言人和之當得故曰二字接上之辭域民三句非申地利只引起人和之為重耳不以不全以此也策士所講人和不過招徠籠絡之術故孟子特下得道二字得道不外仁義須平日體恤民心如所欲與聚所惡勿施方切多助是人和得道乃其本多

公孫丑章句下

凡十四章自第二章以下記孟子出處行實為詳

○孟子曰天時不如地利地利不如人和 註 天時謂時日支干孤虛王相之屬也地利險阻城池之固也人和得民心之和也 講 孟子論治歸本於人和曰天時地利人和三者皆兵家之所尚然要而論之得天時之善者雖可以取勝然特或然之數不如地利之固其形勝之據為可恃也得地利之固者雖可取勝然特有形之險不如人心之和其無形之險尤可恃也

○三里之城七里之郭環而攻之而不勝 不勝見城郭雖小亦占得地利意 夫環而攻之必有得天時者矣然而不勝者是天時不如地利也 此句應上 註 三里七里城郭之小者郭外城環圍也言四面攻圍曠日持久必有值天時之善者 講 何以見天時不如地利試以兵家用攻者觀之彼三里之小城七里之小郭若易於攻矣乃環其城郭而攻之而不能勝焉夫曰環而攻之則曠日持久必有得天時之善者矣然而不能勝者是天時之善終不如地勢之利也

○城非不高也池非不深也 重此二句 兵革非不堅利也米粟非不多也 因空城難守兼言兵革米粟總成個地利 委而去之 人心不和不為之守 是地利不如人和也 此句應上 註 革甲也粟穀也委棄也言不得民心民不為守也 講 何以見地利不如人和試以兵家用守者觀之當敵人來攻城非不巍然高也池非不淵然深也兵革所用以衛此城池者非不堅利而可以應敵也米粟所養以保此城池者非不多而可以持久也其為地利固矣然而人心不和卒委棄而去之焉是地勢之利又不如人心之和也

○故曰域民不以封疆之界 封是提封疆是境土 固國不以山谿之險 固是固守水注川曰谿 威天下不以兵革之利 威天下是服列國意 得

旺火相又六甲孤虛法如甲子旬無戌亥為空亡是孤辰巳與戌亥對辰巳為虛戰陣之法背孤入虛因旺乘相則吉○朱子云孤虛以方位言如俗言向某方利某方不利之類旺相指吉時

地利　孫子曰地者遠近險易廣狹死生也

米粟　金仁山曰有穀曰粟無穀曰米米切用而易腐穀氣全而可久古人兼積之

封疆　古者有國封土為疆

東郭氏　氏族略云東郭氏姜姓齊公族桓公之後也

助只說本國翼戴至字又深一層天下順正下戰必勝之根

以天節旨　此只就人和上決戰勝以終首節不如之意上二句緊項上來有不戰三字虛戰必勝要見彼雖有天時地利皆不足憑意

將朝章旨　此章明賓師之不可召蓋朝自孟子則可召自齊王則不可故不能違辭疾之意於王而明不可召之義於齊臣也人臣敬君須把仁義輔君做個堯舜方為敬之極然必先以道德自重方能以仁義輔君

將朝節旨　不直召而託疾亦見齊王不自安處孟子之對非欲其相稱只是示不可召而起王尊德樂道之誠耳

明日節旨　出弔在明日則疾之非真可知弔於大夫之家欲因臣以警君也丑亦不知孟子賓師自處之禮故問

王使節旨　問疾醫來都是好意若朕然下如何以大有為望他使仲子知孟子之心則告之曰昔者疾今日愈而出弔矣豈不正大而何必為是紛紛哉要於路是迎而告之非强而迫之也

不得節旨　不得已非是為要所迫全為仲子設

道者多助（道指仁義說多助是衆心賴附）**失道者寡助**（反上句言）**寡助之至親戚畔之**（至是究其極處）**多助之至天下順之**（順是悅而歸意）註 域界限也 講 觀此則知人和獨重而有國者當務人和矣故曰域民者不以封疆之界以封疆可以限民之形而不足以收民之心也[illegible]其國者不以山谿之險以山谿可以壯國之勢而不足以立國之本也威服乎天下者不以兵革之利以兵革可[illegible]權武於天下而不足以無敵於天下也惟能以德行仁而得道者則得人心而多助矣苟不能以德行仁而失道者[illegible]人心而寡助矣語寡助之至豈特國人畔之即親戚之近亦離心離德而畔之語多助之至豈特國人順之即天下之廣亦同心同德而順之

○**以天下之所順**（所順指得道之君）**攻親戚之所畔**（所畔指失道之君）**故君子有不戰**（君子即上得道之君）**戰必勝矣**（必戰是無與為敵意）註 言不戰則已戰[illegible]則必勝○尹氏曰言得天下者凡[illegible]得民心而已 講 由是以吾得人心之和而為天下之所順者取彼失人心之和而為親戚之所畔者則自我之攻彼而言是以至仁伐不仁而無與敵也[illegible]彼之敵我而言是率子弟以攻父母而未有能濟也故得道之君子有不戰戰必勝矣亦何假於乘[illegible]時憑地利哉世之用兵者當知所以重人和矣

○**孟子將朝王**（將字作本將說）**王使人來曰寡人如就見者也**（如作欲字）**有寒疾不可以風朝將視朝**（朝明朝視朝是[illegible]朝）**不識可使寡人得見乎**（是欲孟子來朝而見之）**對曰不幸而有疾不能造朝**（造至也）註 王齊王也孟子本將朝王王不知而託疾以召孟子故孟子亦以疾辭也 講 孟子在齊居賓師之位一日本將朝王王不知而使人來[illegible]辭曰寡人將欲就見者也但適有寒疾不可以冒風而出故不能就見焉但朝將視朝不識夫子肯一來而可[illegible]寡人得見乎孟子亦託辭以對曰凡王固所願也但不幸而亦有疾不能造朝蓋託辭以明己之不可召耳

○**明日出弔於東郭氏**（明日是疾之明日）**公孫丑曰昔者辭以病今日弔或者不可乎**（是疑其不可弔）**曰昔者疾今日愈**（愈要作全無疾）**如之何不弔**（此尚未明言徵王意）註 東郭氏齊大夫家也昔者昨日也或[illegible]疑辭辭疾而出弔與孔子不見孺悲取瑟而歌同[illegible] 講 孟子明日即出弔於東郭氏使王知其非真疾以警悟之公孫丑乃疑而問曰昔者於王之召則辭以病今日遂出而往弔則[illegible]明為託疾矣或者於理不可乎孟子曰昔者疾適與召會今日愈適與弔遇如之何不弔蓋亦未告以本[illegible]也

○**王**

父名君名玉藻云父命呼唯而不諾手執業則投之食在口則吐之走而不趨○凡君召以三節二節以走一節以趨在官不俟屨在外不俟車註節以玉為之君召臣有二節時有一節時故合云三節也

齒
祭義曰有虞氏

辭使託疾之意愈晦而借一宿以發明之內則二句重君臣邊主恩二句重臣敬君邊王之敬子主平日禮遇言未見敬王本旨不赴召但景丑未說明故孟子亦第為驚歎而槩解說之齊人以下總破未見所以敬王之意堯舜之道仁義是也故止曰仁義不曰堯舜之道陳者陳其道以堯舜望其君所以為敬君也不敢以心言一邊陳堯舜之道所以責難一邊即不陳非堯舜之道所以閉邪兩路並到故齊人句直是傀殺無數齊臣

景子節旨

此發明上節不敬王意引禮玉藻篇亦是以父子例君臣只重不俟駕上聲速而恭曰唯聲慢而緩曰諾在官謂朝內孟子居賓師之位景子以臣禮律之孟子未暇與之深論此下但詳明不可召之意却亦重賓師論也

豈謂節旨

自引曾子以下皆明王不當召已之意彼以其富四句抑富爵而伸仁義不僅相當而已是或一道非疑辭實作自重之道看達尊一段雖解曾子之意然却發出自己話輔世不但佐君兼扶翼世道長民不但育民兼表正民風下不可召之臣即此人也分明是賓師底事德字貫上仁義說惡得有二句不是將齒德抵他底爵正謂爵在王亦須佐之以德纔得為堯

使人問疾醫來(此亦見愛賢之心)孟仲子對曰昔者有王命(王命指朝將視朝二句)有采薪之憂不能造朝(指不幸二句)今病小愈趨造於朝(趨造有急趨君命意)我不識能至否乎使數人要於路曰(要是攔截)請必無歸而造於朝(此欲孟子實已言也)

註 孟仲子趙氏以為孟子之從昆弟學於孟子者也采薪之憂言病不能采薪謙辭也仲子權辭以對又使人要孟子令勿歸而造朝以實已言

講 王果不知孟子之非疾而使人問疾且又使醫來治其疾此正可以悟王也孟仲子亦不知所以出吊之意乃權辭以對曰昔者有王命來召適夫子有采薪之憂故不能造朝今病小愈已出而趨造於朝但以小愈之身我不知其能至朝否乎既又恐其言之不實乃使數人要孟子於路曰請夫子必無歸而造於朝以見王蓋欲以實已之言也而孟子出吊之心於此益晦矣

○不得已而之景丑氏宿焉(不得已是勢不能止意之往也此重示以非疾以儆王意)景子曰內則父子外則君臣人之大倫也(父子陪說君臣是主)父子主恩(恩以仁言)君臣主敬(敬以義言)丑見王之敬子也(子指孟子)未見所以敬王也(含不應君召意)曰惡是何言也(是字指不敬王)齊人無以仁義與王言者(齊人指齊臣)豈以仁義為不美也(亦以仁義為美)其心曰(是度齊臣之心)是何足與言仁義也云爾(是指齊王何足與有鄙王不足與言意)則不敬莫大乎是(是指何足與言仁義)我非堯舜之道(堯舜之道即仁義也)不敢以陳王前(不敢見所陳皆堯舜之道意)故齊人莫如我敬王也(全在責難之心上說)

註 景丑氏齊大夫家也景子景丑也惡歎辭也景丑所言敬之小者也孟子所言敬之大者也

講 孟子既不能顯言其意又不可趨造於朝故不得已而之景丑氏宿焉蓋欲示意於景丑而使轉聞於齊王耳假宿之心非猶夫出吊之心乎夫何景丑之見益陋於公孫丑孟仲子之見也乃從而譏之曰人倫有五吾不暇詳舉也以內而家庭言之則有父子以外而朝廷言之則有君臣二者乃人之大倫也父子以天合故以情相親而所主在恩君臣以人合故以分相臨而所主在敬今丑第見王之致敬於子也未見子之所以敬王也如大倫何孟子驚歎曰惡子謂我不敬王是果何言也夫敬莫大於陳仁義彼齊人但奔走承順無以仁義與王言者豈以仁義為

貴德而尚齒夏后氏貴爵而尚齒殷人貴富而尚齒周人貴親而尚齒虞夏殷周天下之盛王也未有遺年者年之貴乎天下久矣次乎事親也

舜重德上齒只帶言慢字先破他王之敬子句後說尊樂有為是痛切發明敬王之意註今齊王三字仍渾之為妙朱子曰三者不相值則各伸其尊而無所屈一或相值則通視其重之所在而致隆焉

故將節旨
此正明所以不召之故玩一將字見大有為待臣而有也不召之臣四字一連是臣之道德身分本不可召所字就君心言有非其人莫與屬者不可輕看謀即大有為之謀有謀則就帶上文說尊德樂道不如是謂不如是其尊德樂道也尊有崇奉遵依意樂有愛慕殷勤意不足與與字是賢人之心度其君如此可見士必欲君就見者正是成就其君處

故湯節旨
此證上節學焉後臣尊德樂道也不勞而王霸足與大有為也臣非卑之之辭只是尊禮而且委任之註先後字善看

今天節旨
此與上節一正一反惟其無不召之臣所以不能成其大有為耳所受教教字正從上學字生來

湯之節旨
此申上引湯桓結明齊王之不當召已也並列伊尹管仲恐落了自已地

德之不美而不言也其心蓋曰是君也何足與之言仁義也云爾則是不以聖哲望其君而以庸愚待其君其不敬王莫大乎是若我則非堯舜仁義之道不敢以陳說王前是我尊君為堯舜乃敬君之至故齊人莫如我敬王也子顧謂我為不敬王吾不知其謂何也

○景子曰否是不然其以仁義為敬王非此之謂也此字指不以仁義言禮曰父召無諾君命召不俟駕引禮重君命召上固將朝也固將本意如此聞王命而遂不果不果是不果決於朝宜與夫禮若不相似然禮指君命召不俟駕說不相似是不相合

註 禮曰父母呼唯而不諾又曰君命召在官不俟屨在外不俟車言孟子本欲朝王而聞命中止似與此禮之意不同也

講 景子曰否我謂子之不敬王者非此不以仁義與王言之謂也但律之於禮而有所未盡耳禮曰父召唯而無諾君命召不俟駕而行是急趨君命之禮自有君臣以來則然矣今子固將朝也聞王命來召而遂不果宜與夫不俟駕之禮若不相似然故我謂子不敬王也蓋景子徒知以禮律大賢而不知賓師不與臣同也

○曰豈謂是與是指不應召為不敬王說曾子曰晉楚之富富兼爵言不可及也不可及言富甲天下彼以其富彼指晉楚富是財帛充足我以吾仁仁兼統萬善天下之至富彼以其爵爵是勢位之榮我以吾義義常伸物表天下之至貴吾何慊乎哉慊是不足意夫豈不義此義字以當然之理說而曾子言之之指彼以其富四句說是或一道也是字亦指彼以四句一道是別有一道理天下有達尊三達尊三便見不止爵為尊也爵一爵是有位齒一齒是有年德一德是有道德者朝廷莫如爵朝廷是貴貴之地鄉黨莫如齒鄉黨是老老之地輔世長民莫如德輔世是維持世教長民是長育人民惡得有其一以慢其二哉惡何也其一指爵其二指齒德

註 慊恨也少也或作嗛字書以為口銜物也然則慊亦但為心有所銜之義其為快為足為恨為少則因其事而所銜有不同耳孟子言我之意非如景子之所言者因引曾子之言而云夫此豈是不義而曾子肯以為言是或別有一種道理也達通也蓋通天下之所尊有此三者曾子之說蓋以德言之也今齊王但有爵耳安得以此慢於齒德乎

講 孟子明示之曰我之不應召豈謂是不合於禮之說與正以我不可召而王不當召我耳蓋嘗曾子有言曰晉楚大國之富誠不可及也然彼以其富我以吾至足之仁仁統萬善不嘗富也彼以其爵我以吾至貴之義義超萬物不嘗爵也吾何不足而慊然於彼乎哉曾子之言如此世但知富與爵耳曾子獨伸仁義於其上

步故借管仲且猶句跌出不為句來不為管仲見王佐之與霸佐不同又以終非堯舜之道不敢陳之意不敢名是就人君尊樂說不可名是就賢者道德說

夫豈不合於義而曾子肯言之是或別有一道而非世俗之見所可同也其道何在彼天下之達尊者有三人皆有貴貴之心則爵居其一人皆有尚年之心則齒居其一人皆有重德之心則德居其一蓋朝廷為序爵之地貴賤不容以相踰則所尚莫如爵鄉黨為序齒之地長幼不容以或紊則所尚莫如齒若輔翼世道而措之治長育斯民而貽之安所尚則莫如仁義之德彼曾子謂仁義無慊於富爵者蓋有見於德之尊也然則在朝廷不過達尊之一耳惡得有其爵之一以慢其齒德之二哉我之不應召者正謂此也

○故將大有為之君（故字承上惡得二句來大有為 / 之君是行仁義而王天下者）必有所不召之臣（必有是決言其有 / 不召是尊禮意）欲有謀焉則就之（就是屈己就 / 見之字指臣）其尊德樂道（德以所蘊言 / 道以所施言）不如是（如是指有 / 謀則就言）不足與有為也（有為指 / 事業說）

【註】大有為之君大有作為非常之君也程子曰古之人所以必待人君致敬盡禮而後往者非欲自為尊大也為是故耳

【講】夫惟君不可以爵而慢齒德也故從來將大有所作為之君必有所敬禮不召之臣如於民社之事欲有謀焉則就見而諮之夫為臣者必欲其君之致敬盡禮如是者豈自為尊大哉蓋君必如是其尊德樂道乃可有為若其尊德樂道不如是則不足與之有為也此士之所以不可召而大有為之君必不召乎士也

○故湯之於伊尹學焉而後臣之（學如一德之師 / 臣如阿衡之任）故不勞而王（不勞言 / 其易）桓公之於管仲學焉而後臣之（學如治道之訪 / 臣如相國之尊）故不勞而霸

【註】先從受學師之也後以為臣任之也

【講】故湯之於伊尹將大有為而不敢以召之也師以一德先從受學焉而後任之阿衡以臣之故伐夏救民尹皆身任其功湯不勞而王業成焉桓公之於管仲將大有為而亦不敢以召之也訪以治道先從受學焉而後任之內政以臣之故取威定霸仲皆身圖其績桓不勞而霸業成焉古人之尊德樂道以成大有為者類此

○今天下（指當時 / 列國言）地醜德齊莫能相尚（此德字以所執功業言言無 / 一人能闢土地能建功業也）無他（言無別 / 樣緣故）好臣其所教（此臣字作 / 使令看）而不好臣其所受教（此臣字作 / 任字看）

【註】醜類也尚過也所教謂聽從於己可役使者也所受教謂己之所從學者也

【講】乃今天下之君以地則醜類以德則齊等莫能闢地建功以相尚者無他故也以其皆好臣其趨走承順而為己所教之人而不好臣其抱道自重為己所受教之人此則無不召之臣矣亦安能相尚而大有為也耶

○湯之於伊尹桓公之於管仲（此承上 / 總言之）則不敢召（不敢召指上 / 先學後臣說）管仲且猶不可召（且猶二字有 / 卑之之意）而

百鎰

一鎰二十兩一百鎰二千兩也

陳臻章旨

此章見君子之辭受一裁以義問答俱重齊邊孟子之答皆是句是綱下三節詳言之

陳臻節旨

陳臻之問重在不受齊餽上蓋以其不與宋薛同受也若把辭受兩平看便非本旨必居一只須非字說

皆是節旨

陳臻止就事迹較量孟子則以義理斷制皆是只作無非看亦重辭齊邊註義字自在是字中

在宋節旨

此明受宋餽之是行者必以贐古有其禮也有遠行有戒心俱是有處之餽

在薛節旨

此明受薛餽之是只說聞戒餽金意

況不為管仲者乎此句孟子暗指自己有志於伊尹意 註 不為管仲孟子自謂也范氏曰孟子之於齊處賓師之位非當仕有官職者故其言如此○此章見賓師不以趨走承順為恭而以責難陳善為敬人君不以崇高富貴為重而以貴德尊士為賢則上下交而德業成矣 講 夫湯之於伊尹學焉而後臣之桓公之於管仲亦學焉而後臣之則皆不敢召矣然尹之於湯咸有一德其不可召宜也若管仲者以器量則小以功烈則卑其去伊尹遠矣且猶不可召況志伊尹之志而卑管仲之不足為者顧可召而見之乎不可召而召之王之不能尊德樂道也我之閽命中止亦欲以不可召自待耳安得為不敬王哉景子可以自悟矣 補 滙參云不敢召自君心言不可召以臣品言

○陳臻問曰前日於齊於齊猶言在齊王餽兼金一百而不受餽送也於宋餽七十鎰而受宋是宋國鎰二十兩於薛餽五十鎰而受薛是薛國前日之不受是前日指在齊是作宜不受言則今日之受非也今日指在薛宋非作不宜受言今日之受是則前日之不受非也夫子必居一於此矣一指非邊此指受不受言 註 陳臻孟子弟子兼金好金也其價倍兼於常者一百百鎰也 講 陳臻見孟子周流列國辭受不同遂疑而問曰夫子前日之於齊也齊王餽夫子以兼金一百鎰乃辭而不受及其於宋也宋君餽夫子以七十鎰顧不辭而受其於薛也薛君餽夫子以五十鎰亦不辭而受夫同一餽也而受不受異焉吾恐前日之不受於齊者為是則今日之受於宋薛者非也若今日之受於宋薛者為是則前日之不受於齊者非也天下無兩是之理夫子必居一非於此矣然則陳臻拘其迹而不揆諸義也 補 今日之受非謂其似近於傷廉前日之不受非謂其似失於過矯

○孟子曰皆是也皆指受不受言是只作無非看 註 皆適於義也 講 孟子曉之曰辭受何常惟義之歸吾之不受與受皆是而無非也

○當在宋也予將有遠行對下正是有處之餽行者必以贐此句泛說送行之禮辭曰餽贐此句方貼宋說予何為不受此句正言其受之是 註 贐送行者之禮也 講 何以言之當在宋之時也予將去宋而有遠行之事凡遠行則必以物為餽贐之禮故宋君之致辭曰餽贐有餽贐之辭則予於宋為宜受何為拒之而不受此吾之所以受於宋者是也

○當在薛也予有戒心對下看亦有處之餽辭曰聞戒此作薛君語故為兵餽之此孟子敘事之辭與上行者句對予何為

未出故又自補一句以對上行者必以贐乃倒裝文法蓋已出薛界非薛令所能行只得以金為兵餽也

若於節旨

此明不受齊餽之是處即處物為義之處有處無處全主自家說不重他人有辭上貨字活下貨字死取是羅致羈縻之意焉有可以字最說得斬截

平陸 廣輿記平陽府有平陸縣

大夫 春秋時列國相滅多以其地為縣則縣大而郡小故傳云上大夫受縣下大夫受郡

戟 雙枝曰戟單枝曰戈戟長一丈六尺

平陸章旨

此章見君臣皆當以恤民為職前三節諷距心以知罪使臣不得諉其罪於君後一節諷齊王以知罪使君不得諉其罪於臣但責距心總以責齊王救平陸即以救全齊通章精神在為王誦之一句

平陸節旨

意重三失字一日二字亦妙伍不可一日失官不可一日曠此孟子隱寓諷意

然則節旨

上節只引起此節然則句接落甚緊大夫職在牧民如戰士之行伍一般凶年以下正指其失職處非距心所得為便有歸過於王意註王之失政句宜渾

今有節旨

不受（此句亦正言受之是）【註】時人有欲害孟子者孟子設兵以戒備之薛君以金餽為孟子兵備辭曰聞子之有戒心也【講】當在薛之時也予適有戒備之心不得不設兵以防之而薛君之致餽其辭曰聞子有戒心也故為兵備而餽之則予於薛亦宜受也何為拒之而不受此吾之所以受於薛者是也○若於齊則未有處也（若於二句從上二節轉出語意自重此節）無處而餽之是貨之也（貨是以利誘我之說）焉有君子（君子孟子暗指自己）而可以貨取乎（取猶言籠絡意）【註】無遠行戒心之事是未有所處也取猶致也。尹氏曰言君子之辭受取予唯當於理而已○【講】若前日於齊之時則無有遠行戒心之事而未有所處也無所處而餽之以金既非為贐又非為兵是誘我以利而貨之也焉有守義之君子而可以貨取而致之者乎此吾之所以不受於齊者亦是也子烏得以宋薛之受而律我之不受於齊哉【補】說統云此章問答全為齊發而借宋薛形之

○孟子之平陸（之往也）謂其大夫曰子之持戟之士（軍法五人為伍而以下士一人為之長持戟之士即伍長之士）一日而三失伍（失伍不在伍也就行師言）則去之否乎（重在去上）曰不待三（言即當誅）【註】平陸齊下邑也大夫邑宰也戟有枝兵也士戰士也伍行列也去之殺之也【講】當時齊國失政民不堪命一日孟子之平陸之邑乃設諷而謂其大夫孔距心曰事無大小各有職守子之持戟之士設於行師之時一日而三失其行伍之列則殺而去之否乎距心答曰失伍離次法所必誅一之為甚何待三也○然則子之失伍也亦多矣（然則字承不待三來失伍以比失職亦多矣應三失伍句）凶年饑歲（凶年是水旱疾疫之類饑歲只是五穀不熟）子之民老羸轉於溝壑（羸弱也病也溝是田間水道壑是深谷有水處）壯者散而之四方者（散之四方以就食也）幾千人矣曰此非距心之所得為也（此指上死散言非得為如興發倉廩不得自專）【註】子之失伍言其失職猶士之失伍也距心大夫名對言此乃王之失政使然非我所得專為也【講】孟子因責之曰官之不可失職猶士之不可失伍也然則子之失伍亦多矣子之職在養民今凶年饑歲子之民老羸者則飢餓展轉於溝壑之中壯者則離散而之四方以就食者幾千人矣民之失所如此子之失伍也不亦多乎大夫猶未悟其失也曰民之死散距心非不憫之但賑恤民窮柄不由下此非距心之所得專為也【補】幾千人當總承轉溝壑散四方說○曰今有受人之

受人牛羊一段意已含在失伍內此特因其誘過而申明之求字須味見權雖不在我不敢不求也求牧令就地食草芻則又刈而儲之以補其不足日飼於牧夜飼以芻故作兩項此字正承立視其死言不重責其必去

他日節旨

距心雖引罪不遑然不聞轉為民請命故孟子他日見王以代之請也舉五人之失職特其所知者耳全齊之民皆乎陸也為王誦之句是通章喫緊處尤重在為王二字蓋臣者王之臣民者王之民故不曰為臣為民而直曰為王誦也其如王止知認罪而不能措之實政何哉

謂蚳章旨

此章見守官守道各有不同蚳鼃可以去則去孟子可以久則久也

謂蚳節旨

辭靈丘含官守意請士師含言責意似也乃略迹而諒其心也下句正解之數月二句是激之使言不曾諷之使去

諫於節旨

上句見其盡事君之忠下句見其得

牛羊[受是領受]而為之牧之者則必為之求牧與芻矣[而為之一樣猶云替他]求牧與芻而不得[喻不得自專]則反諸其人乎[反是還其人喻致臣而去]抑亦立而視其死與[立是坐視不救喻坐視民之死]曰此則距心之罪也

註 牧之養之也牧牧地也芻草也孟子言若不得自專何不致其事而去

講 孟子又責之曰子亦安得以不得自專之故而辭其失職之罪哉蓋為君牧民猶為人牧牛羊也今有受人之牛羊而為之牧之者則必為之求牧地與芻草以養之矣使求牧與芻而不得是不得專其牧牛羊之任也則將反牛羊於其人乎抑亦立而視牛羊之死與子試思之子之為王牧民何以異此距心乃悟曰牧民而不知預求所以養之而又不能辭其事而去此則距心之罪誠有不容辭者也

○他日見於王曰王之為都者臣知五人焉[知是相識]知其罪者惟孔距心[罪是失職之罪]為王誦之[此句記者之言誦之非但稱距心全是替百姓訴說一番]王曰此則寡人之罪也[此字兼使民失所與民牧不得盡職言]

註 為都治邑也邑有先君之廟曰都孔大夫姓也為王誦其語欲以諷曉王也○陳氏曰孟子一言而齊之君臣舉知其罪固足以興邦矣然而齊卒不得為善國者豈非說而不繹從而不改故邪

講 然是罪也孟子固欲使距心知之尤欲使齊王聞之故他日見於王曰王之為都而治民者臣所知識有五人焉能自知其失職之罪者唯孔距心一人而已於是以己責距心之言與距心所以自責之言一一為王誦之欲以諷曉王而使之惕然省也王亦自悟曰奉命者雖在臣而制命者則在君民之展轉離散此則寡人失政之罪也孟子一言而齊之君臣各任罪如此惜乎其無改悔之實也

○孟子謂蚳鼃曰[謂是諷意]子之辭靈丘而請士師[士師是理刑之官]似也[二字宜虛說]為其可以言也[此正辭靈丘而請士師本心]今既數月矣[數月是言其久見有可諫處]未可以言與[從數月中說來正是激之使言]

註 蚳鼃齊大夫也靈丘齊下邑似也言所為近似有理可以言謂士師近王得以諫刑罰之不中者

講 孟子謂齊之大夫蚳鼃曰子之辭靈丘之邑而請為士師之官其所為近似有理也為士師刑官而近王王有刑罰之不中者可以言而諫之也夫既為可以言而請宜朝入官而夕進諫也今既數月矣近君之久聞刑罰之得失不為不詳矣而猶未可以言與何其宜言而久不言也

○蚳鼃諫於王而不用[不用是不聽其言]致為臣而去[致是還其官於君]

註 致猶還也

講 蚳鼃有感於孟

守己之義

齊人節旨

為蚳鼃善者謂一諫而事君之義著一去而守身之節彰也自為吾不知重孟子不能去邊

公都節旨

以告是告以齊人所譏之言也毋亦

齊人見乎

吾聞節旨

此正明不去之故上四句引起下三句官守言責其去就決於一事之得失一言之從違兩則去見一毫寬展不得正與綽綽有餘裕相反進退就指去與不去孟子明己之無官守言責可以不即去只是退綽綽有餘裕耳不退則進故以進字帶說

為卿章旨

此章見待小人之道不惡而嚴與之同使不惡也不與之言嚴也陽以存忠厚之意陰以維道義之防全是孔子待陽貨家法

為卿節旨

孟子出弔於滕不書王使尊賓師也王驩輔行特書王使重孟子之副也朝暮見亦無不交一言之理只是不言使事以示不與小人共事之意耳

蓋 地理志云漢泰山郡蓋縣故城在沂水縣西

子之言於是以刑罰之不中者諫王而王不能用遂致為臣而去夫當諫則諫當去則去雖蚳鼃明於進退之義而實孟子一激之力也

○齊人曰所以為蚳鼃則善矣善是為蚳鼃之善處所以自為則吾不知也吾不知只是微刺之意【註】譏孟子道不行而不能去也【講】齊人因此而譏孟子曰蚳鼃之一諫一去有盡言之忠無苟祿之恥此皆孟子教之也所以為蚳鼃謀者則善矣乃其道不行於齊而不能勇於一去所以自為謀者則吾不知也齊人蓋以去就之常道律孟子於蚳鼃耳而不知孟子之所處與鼃異也

○公都子以告【註】公都子孟子弟子也【講】公都子聞齊人非議之言遂述以告孟子

○曰吾聞之也有官守者不得其職則去去是行己之志有言責者不得其言則去去亦是行己之志我無官守我無言責也此自處賓師之位說則吾進退進字照上諫於王退字照上致臣而去豈不綽綽然有餘裕哉綽綽餘裕俱是寬緩無拘束意【註】官守以官為守者言責以言為責者綽綽寬貌裕寬意也孟子居賓師之位未嘗受祿故其進退之際寬裕如此尹氏曰進退久速當於理而已【講】孟子曰彼齊人惡知我哉吾聞之也有以官為守者當盡其職苟君制之而不得專其職則有去而已有以言為責者當盡其言苟君違之而不得行其言則有去而已彼其進退皆不容苟者人臣之義當如是也今我在齊既無官守之寄亦無言責之任也則吾進退之際固非常法所得拘者豈不綽綽然有餘裕哉是可見其為蚳鼃者臣道也其自為者師道也殆非齊人所能知者矣【補】雙峯饒氏曰賓師從容規諷以漸而入如朋友相似孟子於齊畢竟是去但寬得些子不比有官守言責者逼迫纔不得當下便休

○孟子為卿於齊卿是客卿未受祿者出弔於滕王使蓋大夫王驩為輔行王驩朝暮見見是欲親洽孟子意反齊滕之路反兼往字在內未嘗與之言行事也【註】蓋齊下邑也王驩王嬖臣也輔行副使也反往而還也行事使事也【講】昔孟子在齊雖不受祿實為客卿遇滕國有喪為王出弔於滕蓋假孟子以為重也王使蓋邑大夫王驩攝卿以輔行王驩朝暮見孟子由往而反乎齊滕之路孟子竟未嘗少假顏色與之言出使所行之事也蓋以王驩非可與言之人故孟子不與言耳【補】看王使字分明齊王擡舉王驩與大賢周旋行事

○公孫丑曰齊卿之位不為小矣不為小見有可言之職齊滕之路不為

嬴 今泰山嬴縣是也

使事謂弔祭之禮邦交之儀凡禮文制數皆是

齊卿節旨

齊卿四句見驩可以與言夫既或治之亦是實話註有司當非一人不指驩說有司微故或之予何言哉見不須更與驩言也

自齊章旨

此章見慎終之道然後盡於人心句最重曰悅曰恔能盡其心也不以天下儉其親乃所以盡其心也總是解木若以美然之疑

自齊節旨

當時墨教盛行世風趨薄充虞疑孟子葬親之厚亦必有道故發此問嚴是喪事匆匆也以美就木之堅厚說

古者節旨

此節說先王之制以解木美之疑無度只是過於厚盡者無虧欠遺憾之謂使稍有不到處便是不盡此正推明棺七寸椁稱之故也見聖人原情定制有如是者

不得節旨

此節說已所以美其木之意上二句輕不過設言以起下文則不得自是從說葬禮下得之方指定棺椁七寸更加以有財如何可獨不用之重有財上以為悅猶俗言如意

近矣 不為近見有可言之時 反之 是自滕而反 而未嘗與言行事何也 是究遠驩之由 曰夫既或治之 或指有司治之指行事 予何言哉 見不待與驩言

〔註〕王驩蓋攝卿以行故曰齊卿夫既或治之言有司已治之矣孟子之待小人不惡而嚴如此

〔講〕公孫丑疑而問曰凡人或勢分相隔或周旋不久則言有不能盡者王驩大夫攝卿位以佐夫子其位不為小矣自齊至滕歷二國之境其路不為近矣乃自往至反而未嘗與之言所行之使事其故何也孟子難以明言姑託辭以曉之曰我與彼奉命而出若事有不治與之共議可也今出使儀文禮節彼有司既已治之而得其宜矣予又何言之有哉

〔補〕輔氏曰若事有不治則亦須與驩言此亦孔子與陽貨言之意

○孟子自齊葬於魯 葬魯是母死而歸葬 反於齊 反轉也 止於嬴 止宿也 充虞請曰前日不知虞之不肖 前日是治喪之日不肖是言無治事之才 使虞敦匠事 敦是董治 嚴 是喪事嚴急時 虞不敢請 有疑不敢問 今願竊有請也 問以釋疑 木若以美然 然是疑辭疑其過厚意

〔註〕孟子仕於齊喪母歸葬於魯嬴齊南邑充虞孟子弟子嘗董治作棺之事者也嚴急也木棺木也以已通以美太美也

〔講〕昔孟子為卿於齊有母之喪乃自齊而歸葬其母於魯及喪畢而反於齊未至國都而止於齊之嬴邑充虞請而問曰前日夫子不知虞無治事之才使虞敦治匠事當時喪事嚴急虞雖有疑於心而不敢請今喪事畢矣虞願竊有請也彼向者所用之木似若太美者然蓋隱然有惜物儉親之意而不知孝子欲盡之心者矣

〔附考〕會意解云孟子奉母仕於齊母卒王以卿禮含襚賵賻得歸魯三月厚葬後反齊拜君賜禮也其止於嬴何也禮衰絰不入公門大夫去國踰境為壇位嚮國而哭此喪禮也故自魯越國至齊境上為壇位成禮於嬴畢將遂反魯以終喪故有平公之見臧倉之沮

○曰古者棺椁無度 古指上古未制禮時說此句只引起中古通行之制 中古棺七寸椁稱之 曰七寸曰椁稱亦中古制禮之厚 自天子達於庶人 達是通達包有卿大夫士在內 非直為觀美也 直但也 然後盡於人心 盡人心是滿足人子報本之心

〔註〕度厚薄尺寸也中古周公制禮時也椁稱之與棺相稱也欲其堅厚久遠非特為人觀視之美而已

〔講〕孟子曉之曰吾用木之美者亦有見於古制且上古之時棺椁無尺寸之度至於中古而周公制禮棺止用七寸而外棺之椁稱之斯制也上自天子下達於庶人皆得用之蓋欲其堅厚久遠非直為人觀視之美而已也必如是而後足以盡人子報本之心耳然則前日之木稽之古制而合反之吾心而安又何嫌於過美哉

○不得不可以為悅 不得是限於法制而不得為

子噲

韓非子云子噲燕易王之子姬姓召公奭之後也地方數千里持戟數十萬不安子女之樂不聽鐘石之聲內不理溝池臺榭外不事釣弋田獵又親操耒耜以修畎畝子噲之苦身以憂民如此甚也雖古

且比節旨

上節只就人子說此節更就化者說直欲無使化者土親膚愈見子心之不可不自盡也

吾聞節旨

此只反言以結上文意述所聞君子不薄其親正以見已當厚於親也不儉所已者廣不專指棺椁言以猶為也

沈同章旨

此章見天討之不可私上節就燕論燕見燕有可伐之罪只發明可字下節就齊論齊見齊非伐燕之人只發明末也二字通章私字是斷天字是柰

沈同節旨

當著眼私問上若以王命來問則孟子必就齊立論矣兩不得是立燕君臣罪案正見其可伐也註雖兼言天子先君然照下不告於王與亦無王命看重受之天子邊則可乎非疑辭言祿爵私與受者之不可也何以異於是據燕論燕未嘗一字及齊

無財不可以為悅 無財是限於財力而不能為 得之為有財 得之是分所得為有財是力所可為 古之人皆用之 古之人指周公制禮以後之人用謂用棺椁之美以盡其心 吾何為獨不然 獨字與上皆字對看 【註】不得謂法制所不當得得之為有財言得之而又為有財也或曰為當作而 【講】使禮法不得為則限於分固不可以盡其心而為悅也若得之禮制而又為有財此正人子可以為悅之時古之人皆用之而從厚吾何為獨不然哉棺椁之美亦猶行古之道也 ○ 且比化者無使土親膚 生變而死曰化親近也膚是父母肌膚 於人心獨無恔乎 恔是快足無恨意 【註】比猶為也化者死者也恔快也言為死者不使土親近其肌膚於人子之心豈不快然無所恨乎 【講】且夫事死如生親子一體木之堅厚久遂實為化而死者無使土親近其肌膚則死者以安而生者以慰於人子之心獨無恔然而無遺恨乎此其所以為悅此其所以盡於人心也 ○ 吾聞之也君子不以天下儉其親 君子指仁人孝子言儉是薄意 【註】送終之禮所當得為而不自盡是為天下愛惜此物而薄於吾親也 【講】向使得盡其心而不自盡則是為天下愛惜此物而薄於吾親矣吾聞之也君子不以天下儉其親蓋親為重則物為輕也然則吾之治喪亦求不儉於親耳豈失之太美哉 【補】此節仍含得之有財二義

○ 沈同以其私問曰燕可伐與 私問只是泛問 孟子曰可 據理以答其可亦是泛答 子噲不得與人燕 子噲是燕王不得與是不得私與 子之不得受燕於子噲 子之是燕相不得受是不得私受 有仕於此而子悅之 子指沈同之指求仕之人 不告於王而私與之吾子之祿爵 王指齊王吾子祿爵指沈同爵祿言 夫士也 士即求仕之人 亦無王命 亦字對私與者言 而私受之於子 受之指爵祿言 則可乎 是斷辭 何以異於是 是字指以爵祿私授受說 【註】沈同齊臣以私問非王命也子噲子之事見前篇諸侯土地人民受之天子傳之先君私以與人則與者受者皆有罪也仕為官也士即從仕之人也 【講】昔燕君臣以國相授受而國內大亂齊人來伐燕之始沈同不由王命以其私意而問於孟子曰以燕國論之有可伐之道與孟子據理答曰燕國可伐也何以言之彼諸侯土地人民受之天子傳之先君在子噲為君者不得慕遜位之風而私與人以燕在子之為臣者不得效受禪之迹而私受燕於子噲如有求仕者於此而子悅之以吾子之祿爵為子所私

天寶書局精校藏板

之所謂聖王明君者其勤身而憂世不甚於此矣然而子噲身死國亡奪於子之而天下笑之此其故何也無他不明乎所以任臣也

燕畔 齊王令章子將五都兵以伐燕燕君噲死齊大勝燕子之亡二年後立太子平是為燕昭王

管叔

勸齊節旨

彼然而伐以上言已未嘗有勸齊伐燕之語彼如曰以下正言所以不勸齊伐燕之意其前以私爵人為喻此以私殺人為喻各從其類也不是坐定齊非伐燕之人假令齊能如湯武使是天吏孟子以伐燕為可即孔子討陳恒之意但不是這樣伐耳以燕伐燕猶以暴易暴也說統云此章當以天字為主燕之私授受是不奉天命齊之擅征伐是不奉天討非堯舜而揖遜故名齊之師非湯武而征誅故致燕之畔

燕人章旨

此章發古今處過之異以警文過之非上二節言齊為齊王解慙下二節因其輕議聖人之過而責其不知處過之道也

燕人節旨

燕人自當反正書曰畔者由齊人而言也王之慙亦羞惡之本心有不容

有也乃不告於王而私以與之夫士也亦以子之祿爵為子所得專也亦無王命而私受爵祿於子則可乎吾知其不可也必矣彼以土地私相授受者亦何以異於以祿爵私相授受者哉此燕之所以可伐也

○**齊人伐燕** 人兼君臣言 **或問曰勸齊伐燕有諸** 勸是言語相勸 **曰未也** 未是未勸 **沈同問燕可伐與吾應之曰可** 此是述前之問答以原或人致疑之由 **彼然而伐之也** 彼指齊君臣然是信可伐之言 **彼如曰孰可以伐之** 孰是誰之指燕 **則將應之曰為天吏則可以伐之** 天吏是奉行天命之君 **今有殺人者或問之曰人可殺與則將應之曰可** 人可教與人字指殺人之人 **彼如曰孰可以殺之則將應之曰為士師則可以殺之** 士師是奉行君命之人 **今以燕伐燕** 以燕指齊之暴虐言 伐燕指燕之暴虐言 **何為勸之哉** 勸字繳轉正面

【註】天吏解見上篇言齊無道與燕無異如以燕伐燕也史記亦謂孟子勸齊伐燕傳聞此說之誤○楊氏曰燕固可伐矣故孟子曰可使齊王能誅其君弔其民何不可之有乃殺其父兄虜其子弟而後燕人畔之乃以是歸咎孟子之言則誤矣

【講】齊人得孟子可伐之言而遂伐燕或人因而問曰夫子勸齊伐燕有諸孟子答之曰我未嘗勸之也彼謂我勸之者亦有由矣昔沈同嘗私問於予曰燕可伐與固未必其為齊謀也吾應之曰可伐亦未嘗為齊謀也豈意彼之君臣遂然吾言而伐之也惜乎彼之不能復問吾亦未嘗盡其說耳彼如復問曰孰可以伐之則將應之曰必奉行天命為天吏者則可以正其罪而伐之如今有無故而殺人者或問之曰此殺人之人其罪可殺與則將應之曰殺人者死其罪有可殺也彼如復問曰孰可以殺之則將應之曰必奉行國法為士師者則可以審其罪而殺之夫燕固無道而齊亦未為有道今以齊伐燕是以燕伐燕也吾何為勸之哉

○**燕人畔** 畔是背齊 **王曰吾甚慙於孟子** 慙是愧其未用孟子勿取之言

【註】齊破燕後二年燕人共立太子平為王

【講】齊取燕後燕人共立太子平為王而畔於齊焉王始悟曰吾不用孟子之言以至於此吾甚慙於孟子此正羞惡之善心也

○**陳賈曰王無患焉** 患是憂無以解慙意 **王自以為與周公孰仁且智** 仁以愛人言 智以知人言 **王曰惡是何言也** 惡驚嘆辭 是指王自以為句何言是嘆其言之太高 **曰周公使管叔監殷** 監守也殷指紂子武庚說 **管叔以殷畔**

武王克殷以殷餘民封紂子武庚使弟管叔鮮蔡叔度霍叔處監其國武王崩成王立周公攝政管叔及其羣弟流言于國曰公將不利于孺子周公避位居東二年作鴟鴞詩以貽王秋大熟未穫天大雷電以風禾盡偃王為卜天變乃得周公金縢之書王執書泣親迎公歸三叔懼遂與武庚畔成王命周公東征以討之大誥天下三年克之誅武庚致辟管叔於商囚蔡叔於郭鄰以車七乘降霍叔於庶人三年不齒

自已者是猶足用為善處

陳賈節旨

賈明知王不敢與周公較乃反令自揣孰仁且智玩一且字便側在智一邊引周公事歸重使字正其坐罪處知而使之二句故意反說以形起不知而使二句蓋賈意殷畔燕畔同也當齊取燕時何得即思量到此似與周公不知而使一般故借以為說請解謂見孟子辯得周公有不智之過則王之慙自可解矣

見孟節旨

賈泛問周公事孟子亦只據問答他知其將畔一詰暗埋智之難料意然則句正賈發問之意承接甚緊有過單指不智周公之異於齊事者全在兄弟二字蓋兄弟一體公乃心王室而忍料其兄之畔耶天理人情之謂何為兄受過故曰宜只可說這過是該有的不可說當理若當理則非過矣因勉錄云下處只以使管叔說不必牽入誅管叔說

且古節旨

孟子見賈特地矯誣周公其來意必

輔武庚據殷以畔 **知而使之** 使之指周公使管叔說 **是不仁也** 不仁是忍於殺兄 **不知而使之是不智也** 不智是昧於陷兄 **仁智周公未之盡也** 未之盡言不能兼盡重不智邊 **而況於王乎** 是見不必憂意 **賈請見而解之** 見是見孟子解是解其慙

〔註〕陳賈齊大夫也管叔名鮮武王弟周公兄也武王勝商殺紂立紂子武庚而使管叔與弟蔡叔霍叔監其國武王崩成王幼周公攝政管叔與武庚畔周公討而誅之

〔講〕何陳賈不能將順其美乃為之辭曰王無以慙於孟子為患焉王自諒以為與周公果孰仁且智王以其擬已太高乃驚歎曰惡是何言也陳賈乃舉周公之事以慰之曰周公使其兄管叔監守紂子武庚於殷而管叔流言卒與武庚以殷畔使周公知管叔將畔而故使之是陷其兄於死不仁之甚也使不知管叔將畔而誤使之是無先見之明不智之甚也非不仁即不智仁智即周公未之能盡也而況於王之不及周公者乎賈請見孟子為王解其慙可也王何患哉

○**見孟子問曰周公何人也** 以人品言 **曰古聖人也** 聖人有仁智兼盡意 **曰使管叔監殷管叔以殷畔也有諸** 賈只故意問 **曰然** 據實而答 **曰周公知其將畔而使之與曰不知也然則聖人且有過與** 有過指不智且字見周公且然況下於公者乎 **曰周公弟也** 見公當盡弟恭之意 **管叔兄也** 見公當盡愛兄之誠 **周公之過** 過以天理人情上說 **不亦宜乎** 宜乎承兄弟二句來

〔註〕言周公乃管叔之弟管叔乃周公之兄然則周公不知管叔之將畔而使之其過有所不免矣或曰周公之處管叔不如舜之處象何也游氏曰象之惡已著而其志不過富貴而已故舜得以是而全之若管叔之惡則未著而其志其才皆非象比也周公詎忍逆探其兄之惡而棄之耶周公愛兄宜無不盡者管叔之事聖人之不幸也舜誠信而喜象周公誠信而任管叔此天理人倫之至其用心一也

〔講〕陳賈遂見孟子而問曰古有周公果何如人也孟子曰古之聖人也陳賈又曰周公使管叔監殷管叔以殷畔也果有諸否乎孟子誠有此事也陳賈又曰周公果知其將畔而故使之監殷與孟子曰周公不知其將畔也賈遂詰之曰然則聖人為聰明之盡者且有不智之過與孟子曰周公管叔之弟也管叔周公之兄也弟之愛兄宜無不至自不忍逆探其惡而誠信以任之然則周公之過乃天理人情所不能免者其過也不亦宜乎殆與常人之不宜有過而過者異矣

〔補〕不知管叔畔與不知燕人畔其不智亦相類所爭只在兄弟耳孟子不說公無過但說公因兄弟不忍逆料自宜有此過在他人安可以此例論

且古之君子 泛指聖人以下言 **過則改之** 改是心事不自掩 **今之君子** 亦是泛指 **過則**

為齊王文過而設故此節承上過字泛論古今君子處過不同趨重為之辭句以暗折之後二叚即跟前二叚推究言之借古之君子以形今之君子民見民仰重古君子使民見使民仰皆見固不肯為之辭也豈徒句帶過為之辭是自文已過賈代君為辭又在言外

致臣章旨
此章見君子不以利為去就上二節婉答齊王見行道之心下五節深拒時子見守道之義註中二提道不行乃所以不受之故而孟子未嘗顯言者也言外要得此意

致臣節旨
孟子雖未嘗受祿畢竟亦是臣位故云為臣

王就節旨
王不議今此之留而想繼此之見是送別語非留行語也請與願俱承繼見來不敢請嫌於干進固所願不忘愛君

他日節旨
齊王謬為此說以博好賢之虛名其

萬鐘
四升為豆四豆

順之 順是遂其非不改 古之君子其過也如日月之食 是形容其不掩 民皆見之 是共見而諫其心 及其更也民皆仰之 仰是服其更新 今之君子豈徒順之又從為之辭 是曲為辭說以文飾其過 〔註〕順猶遂也更改也辭辯也更之則無損於民故民仰之順而為之辭則其過愈深矣責賈不能勉其君以遷善改過而教之以遂非文過也○林氏曰齊王慙於孟子蓋羞惡之心有不能自已者使其臣有能因是心而將順之則義不可勝用矣而陳賈鄙夫方且為之曲為辯說而沮其遷善改過之心長其飾非拒諫之惡故孟子深責之然此書記事而無先後之次故其說為參考而後通若以第一篇十章十一章置之前章之後此章之前則孟子之意不待論說而自明矣〔講〕且人之處過亦有古今之不同焉古之君子雖未嘗無過過則知而改之今之君子亦未嘗無過過則順而從之古之君子其過也為天下所共知如日月之食無所掩覆民皆得而見之及其更而改也如日月之復無損於明民皆得而仰之今之君子豈徒順其過而不知改哉又從曲為之辭說以文其過則其過愈深矣自愛者固當以古人自處而愛人者亦不當以今人處人矣陳賈之言本欲借周公之過以解齊王之慙是乃為君文過而不知其陷君於有過也故孟子正言以斥之

○孟子致為臣而歸 致送致也致為臣送還其臣位於君也 〔註〕孟子久於齊而道不行故去也〔講〕昔孟子在齊為行道計也乃久於齊而道不行故還為客卿之臣位而歸

○王就見孟子曰 就見是就孟子之館覲見孟子 前日願見而不可得 前日指未至齊時願見有仰慕意 得侍同朝甚喜 得侍是謙言得侍孟子之旁同朝指同朝之臣 今又棄寡人而歸 棄是舍而去之 不識可以繼此而得見乎 繼此是繼今日之見後 對曰不敢請耳 不敢請便見不肯枉道意 固所願也 願就本心愛君說便見有欲行道意 〔講〕王就館而見孟子曰前日夫子未至齊寡人思欲一見而不可得幸而夫子至齊寡人因得侍於夫子不惟寡人喜之而同朝諸臣皆甚喜也今又以寡人不足有為棄之而歸雖天子高尚之志已不可回而寡人願見之心自不容已不識夫子肯不終絕可以繼此之後而使寡人得見否乎孟子對曰繼見之期臣不敢請耳然見王固臣之所願也豈忍於一去而遂忘哉

○他日王謂時子曰我欲中國而授孟子室 授是與有安置意室是設教之室 養弟子以萬鐘 養弟子便是養孟子 使諸大夫國人皆有所矜式子盍

為區區斗六升四區為釜釜六斗四升十釜為鍾鍾六斛四斗

時子　齊有賢人時子著書見孟子新論

龍斷　孫奭云龍斷者岡壟斷而崛起之小山也四顧無礙見商旅負販之來者以羅取一市之利也

所留者又只處之中國而不置之朝廷使大夫國人矜式都遺了君用一邊分明見孟子迂濶難用姑使之坐鎮雅俗耳照下欲富宜重萬鍾上矜式二字串乃敬而法之也

時子節旨

時子齊王邊人因字甚謠陳子孟子邊人以字甚愚

夫時節旨

惡知二字極有含蓄不可留在道不行意已隱躍矣此句最重下面因他以萬鍾為辭姑欲就富上較量意謂欲留予者必諒予之所欲既非欲富則所欲殆有在矣

季孫節旨

此下只行說欲富情形之為可賤以申上節不受意也此節借他人語表自己懷異字虛下正明其異上使字是國君使之非假使之使下又使則子叔疑使之此使字有許多經營意使子弟又與上養弟子句映射獨字與孰不字相應私字又從獨字生來孟子辭此而受彼叔疑失此而求彼龍斷得此而兼彼其為利之心則一也故引之龍斷解在下此宜渾講

古之節旨

為我言之 言之是告以授室及養萬鍾事 【註】時子齊臣也中國當國之中也萬鍾穀祿之數也鍾量名受六斛四斗矜敬也式法也盍何不也 【講】至他日齊王以孟子欲去而未決於去乃謂時子曰我欲當齊國之中而授孟子以居室之隆養其從遊之弟子以萬鍾之祿使上而諸大夫下而國人皆仰其有道之範而有所矜式孟子縱不為寡人留獨不為諸大夫國人留乎子盍為我言於孟子而使勿去也

○時子因陳子而以告孟子 因是依託意告是告以齊王之言 陳子以時子之言告孟子 時子之言就是齊王之言 【註】陳子即陳臻也 【講】時子奉王命而未敢以自達於是因陳子而以齊王之言告孟子蓋託以師弟之情也陳子但知傳君之命而不知其不可留遂以時子之言告孟子以達其願留之意焉

○孟子曰然 然是信時子述王之言 夫時子惡知其不可也 不可只在道不行上但難顯說 如使予欲富 如使是設使欲富是貪利 辭十萬而受萬 十萬指卿祿萬指萬鍾說 是為欲富乎 斷其非欲富 【註】孟子既以道不行而去則其義不可以復留而時子不知則又有難顯言者故但言設使我欲富則我前日為卿嘗辭十萬之祿今乃受此萬鍾之饋是我雖欲富亦不為此也 【講】孟子答之曰時子以王命留我斯言誠然矣夫時子惡知其當去而不可以復留也苟於是而復留焉則是予欲富矣如使予欲富則我前日為卿嘗辭十萬之祿而今乃受此萬鍾之饋是為欲富者竟如是乎況我本非欲富者也 【補】齊王留孟子之辭與處孟子之法全無好賢真心徒以利來誘孟子而時子陳子俱以王命為可留君臣師弟之間有市心矣故引季孫之言釋龍斷之說只詳利之一字以曉之而道之行不行勿論

○季孫曰異哉子叔疑 異哉是嘆其所行之異 使己為政不用 政是當國之權不用是罷政 則亦已矣 已止也 又使其子弟為卿 又使是復謀意為卿指圖富貴說 人亦孰不欲富貴 就常情言 而獨於富貴之中 獨指叔疑 有私龍斷焉 私是竊據意龍斷是地之絕頂高處影專富貴說 【註】此孟子引季孫之語也季孫子叔疑不知何時人龍斷岡壟之斷而高也義見下文蓋子叔疑者嘗不用而使其子弟為卿季孫譏其既不得於此而又欲得求於彼如下文賤丈夫登龍斷者之所為也孟子引此以明道之不行復受其祿則無以異此矣 【講】昔季孫嘗譏子叔疑曰怪異哉子叔疑之為人也使己得位為政至不見用則亦已矣然又惟恐其富貴之失也又多方營求使其子弟繼己而為卿夫人情亦孰不欲富貴而子叔疑獨於富貴之中不得於此而求得於彼有私據之龍斷焉不亦甚可異哉

○古之為市者 古指神農以下市是做買賣之市 以其所有易其

晝
晝齊大夫之封邑見風俗通廣輿記云青州府臨淄縣有晝邑城

几
曲禮曰謀於長者必操几杖以從之

繆公
繆公名顯元公之子悼公孫也

此節重一賤字總見不可復留之意以有易無古無專利之計有司治之古無征商之法有賤丈夫三句是正釋龍斷而私龍斷者在言外罔有一網括盡之意賤者正賤其專利也征之是征此賤丈夫征商則征及一切也

去齊章旨
此章見君子不可輕留重無王命上首節去國而有所望次節因人之留行而示以絕之之意三四節因人之不悅而明其絕之之由兩引事一是君使人留賢一是人勉君留賢皆非無王命而私留者

去齊節旨
孟子留宿於晝且至三宿自是望王留行心事

有欲節旨
為王留行是記者書法客欲留行當先言於王得其悔悟圖奉王命來留方可今王不留而客代留是速之行

所無者（易是交易有無皆指貨物）有司者治之耳（有司是市官治是平其物價息其爭訟）有賤丈夫焉（賤是可鄙意丈夫是男子之稱）必求龍斷而登之（求是擇其地登升也）以左右望而罔市利（左右望是左顧右盼罔是取利無一些漏落意）人皆以為賤故從而征之（征指取當時商賈之稅）征商自此賤丈夫始矣【註】孟子釋龍斷之說如此治之謂治其爭訟左右望者欲得此而又取彼也罔謂罔羅取之也從而征之謂人惡其專利故就征其稅後世緣此遂征商人也○程子曰齊王所以處孟子者未為不可孟子亦非不肯為國人矜式者但齊王實非欲尊孟子乃欲以利誘之故孟子拒而不受【講】吾嘗由季孫之譏求龍斷之說而乃知若人之可賤也何也古之為市者不過以其所有之物貿易其所無之物未始罔其利也故為有司者之官惟平其物價以治其市之爭訟耳未始征其貨也有賤丈夫者出焉必求罔壟之斷而登之於上以左右顧望而欲得於此又取於彼盡罔羅市中之利胥致之於己焉人皆惡其專利鄙之以為賤故從而征之其貨以抑之後世遂緣此法以征商是征商之法自此賤丈夫為之始矣龍斷之說如此季孫所以譏叔疑也今我既辭十萬之祿復受萬鍾之養是亦子叔疑所為安知天下不龍斷我耶此予之所以不可留也時子其知之否【補】雙峯饒氏曰左右望是欲全得之萬一不得於此亦可得於彼不得於此是喻辭十萬得於彼是喻受萬

○孟子去齊宿於晝（宿是歇）【註】晝齊西南近邑也【講】孟子以道不行而去齊然不忍遽去故遲留而宿於齊之晝邑其屬望之意至矣

○有欲為王留行者（有欲字見出於己意非由於王）坐而言（見其不恭意）不應（是不答其言）隱几而臥（几席几）【註】隱憑也客坐而言孟子不應而臥也【講】時有自欲為王留孟子之行者坐而言其所以留之之意夫不奉王命而為之留行是名為愛賢而適所以輕賢也故孟子不應隱几而臥示不欲聞其言而亦不欲接其人也

○客不悅曰（客即留行之人不悅是怒孟子絕他意）弟子齊宿而後敢言（弟子是留行者自稱齊宿是極其誠意）夫子臥而不聽（夫子指孟子）請勿復敢見矣（復是再）曰坐（坐是慰之之辭）我明語子（明語是直告意）昔者魯繆公無人乎子思之側（繆公魯君）則不能安子思（安留也）泄柳申詳無人乎繆公之側則不能安其身（其字指二子說）【註】

繆公問子思曰吾國可與乎子思曰可與公與大夫慕周公伯禽之治行其政化開公家之惠杜私門之利結恩百姓修睦鄰國其興也勃矣

泄柳

泄柳字子柳魯叔仲皮之子子碩兄也檀弓云子柳之母死子碩請晏子柳曰何以哉子碩曰請鬻庶弟之母子柳曰如之何其鬻人之母以葬其母也不可既葬子碩欲以賻布之餘具祭器子柳曰不可吾聞之也君子不家於喪請班諸兄弟之貧者

申詳

申詳魯人衛公叔戍奔魯與申詳交子思戒之

也不應示不欲聞其言隱几而卧示不欲見其人

客不節旨

明語子語以古人留賢之道也兩無人字俱反言以見其有人上人字是繆公使之下人字非二子所使乃自有人使繆公不失禮於賢稼書云繆公自能尊禮子思不待維持調護也齊王不能如繆公則必維持調護而後可為客計者當以安泄柳申詳之法而責齊王以尊禮子思之事故兩段重子思必帶泄柳申詳也

子為節旨

慮字重此日留行一邊兩乎字詰問要他自悟其非王無繆公使人之意則客非繆公左右之人旁觀作此周旋真沒要緊

尹士章旨

此章見君子去國不得已之心尹士致譏重濡滯二字上二條帶說故孟子亦只辨濡滯二字孟子一腔心事全在王由足用為善數句所以流連顧盼有許多舍不得處

尹士節旨

譏孟子雖有三層只重濡滯上不明干澤意輕兩則是字猶云便是這樣了至濡滯而曰是何分明有不能代為之解者故曰茲不悅口中已把上二事撇開

高子節旨

齊宿齊戒越宿也繆公尊禮子思常使人候伺道達誠意於其側乃能安而留之也泄柳魯人申詳子張之子也繆公尊之不如子思然二子義不苟容非有賢者在其君之左右維持調護之則亦不能安其身矣

講 留行之客乃不悅而言曰弟子以夫子不可苟留也必齊戒越宿而後敢言其誠敬如此冀夫子之聽之也今夫子乃卧而不聽自此以後請勿復敢來見矣孟子曰坐我明言以語子昔者魯繆公尊禮子思若無人伺候於子思之側而道達其誠意則子思必去不能安而留之矣泄柳申詳二子義不苟容若無人在乎繆公之側維持調護則公之禮意或衰二子必去不能安其身而留之也

○**子為長者慮**子指留行之客長者對他弟子看慮是計較謀度**而不及子思**是不及繆公留子思之事**子絕長者乎**絕即拒意指不以子思待長者**長者絕子乎**絕子指卧而不聽說

註 長者孟子自稱也言齊王不使子來而子自欲為王留我是所以為我謀者不及繆公留子思之事而先絕我也我之卧而不應豈為先絕子乎

講 夫留三子之禮雖不同而其意皆出於繆公也今齊王不使子來而子自欲為王留我是子之所以為長者慮而不及繆公留子思之事夫不以子思待我則子留我者適以拒我也豈非先絕長者乎則我之卧而不應者宜也豈為長者先絕子乎子亦可以自反而不必有所不悅矣

講 看上節繆公事則為長者慮兼平日與當日說方可若平日既無道達之誠不能留賢於其國而此日又非承王命而來分明輕視長者為可去可留之人也如何及子思

○**孟子去齊**是出晝之後**尹士語人曰不識王之不可以為湯武**王指齊王**則是不明也**不明是無擇君之智**識其不可**不可指不可為湯武**然且至**然字承上句來至是至齊**則是干澤也**干澤是求些小恩澤以自潤**千里而見王**千里是指鄒來齊**不遇故去**不遇指道不行故去因道不行之故而去**三宿而後出晝是何濡滯也**濡滯是遲留不決意**士則茲不悅**士是尹士自稱茲指濡滯不悅不足於心

註 尹士齊人也干求也澤恩澤也濡滯遲留也

講 孟子既去齊而遲遲其行有齊人尹士者述其去就之迹語於人曰去就乃士之大節甚不可苟也使孟子始焉不識齊王之不可以為湯武則是無擇君之智而失之不明也若識其不可以為湯武然且至於齊則是有希寵之私而藉此以干求恩澤也向之不遠千里而見王則固果於來矣今不遇於王而故去亦宜速於去矣乃待三越宿而後出晝是何其依違於進退之間而濡滯也士則因茲濡滯一節而有所不悅於心焉

○**高子以告**

註 高子亦齊人孟子弟子也

講 高子述尹士所譏之言以告孟子

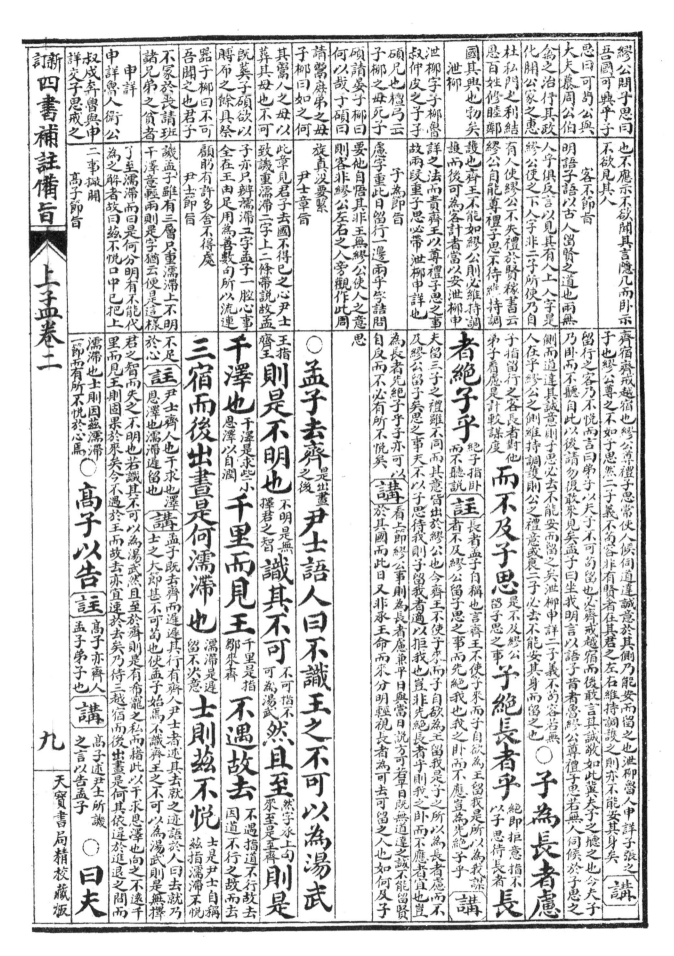

○**曰夫**

申詳曰吾乃今知公叔子同而不和小人之驕者也遂謝之

高子
高子嘗指小弁為小人之詩妄議禹文之樂其後去而學他術

當亦為濡滯之說所惑

夫尹節旨
此下只為濡滯辨上二譏俱不管然雖專辨濡滯之疑而其非不明干澤者亦無不昭然也惡知予哉空講尹士說千里而見王則以是予所欲破解之尹士說不遇故去則以豈予所欲不得已破解之重不得已句為下辨濡滯張本

予三節旨
此是求出晝及方出晝時心事尹士說三宿而後出晝此省去後字以速字破他濡滯字猶以為緊與是何字對下三句正解猶以為速意改字深看是用孟子安齊安天下機軸處

夫出節旨
此是已出晝後心事又進一層然後句輕雖然以下重講不曰足為善而曰足用為善則足者在王用之者仍在孟子王如用予三句正見王足用為善處天下之民舉安聖賢平生志業在此庶幾二句仍是望其反予意

予豈節旨
通節一氣讀下首句一然字倒喚下三句正與孟子出晝相反此小丈夫不要低看了亦是要君好的但王意只為一身耳

尹士惡知予哉言尹士不知予心意千里而見王此句重行道意是予所欲也是字承千里句所欲指行道濟時言不遇故去豈予所欲哉予不得已也不得已就道不行上見【註】見王欲以行道也今道不行故不得已而去非本欲如此也【講】孟子曰夫尹士惡知予之心哉予之千里而見王非敢逆料王之不足為湯武而徒為干澤計也意者得行其道而佐王為湯武之業是予所欲也今以道之不行而不遇故去豈予本心之所欲哉特以義所當去予固有大不得已者存也此予所以三宿而出晝耳【補】不得已者心不欲去義不容以不去展轉圖維不能自已也下二節意俱跟此句說去○予三宿而出晝於予心猶以為速猶且也速對濡滯言王庶幾改之庶幾是期望意改是改其功利之習王如改諸則必反予反是追而還意【註】所改必指一事而言然今不可考矣【講】予三宿而出晝在尹士固以為濡滯矣於予心視之則猶以為速蓋人孰無過過則必改我之於王亦庶幾望其能改過也王如能知其失而改諸則必追之於晝而反予也吾道豈終不行乎故予猶以為速也○夫出晝而王不予追也承上不反予來予然後浩然有歸志浩然是歸志勇決意予雖然豈舍王哉此從歸志既決後轉出惓惓不忘來益見三宿出晝非濡滯也王由足用為善由與猶同足用猶云足以也為善即發政施仁事王如用予如是假如用指為輔佐說則豈徒齊民安豈徒猶言豈但安是民得其所天下之民舉安舉皆也天下舉安是能成湯武之業王庶幾改之予日望之望其改正是望其用意【註】浩然如水之流不可止也楊氏曰齊王天資樸實如好勇好貨好色好世俗之樂皆以直告而不隱於孟子故足以為善若乃其心不然而謬為大言以欺人是人終不可與入堯舜之道矣何善之能為【講】夫既出晝而王猶不予追也則知王之果不反予矣予然後浩然長往而有歸志焉但予之歸志雖然已決而其心豈忍舍王哉蓋王之天資樸實由足用之以濟世安民而為善也使王如有志於為善而用予以輔之則豈徒齊民賴以安即天下之民亦舉安而與湯武之業不殊矣此所以歸志雖決猶謂王庶幾能改已往之失而予猶日望王之能反予也是予身出晝之後而其心卽千里見王之心也其不得已如此又何嫌於濡滯耶○予豈若是小丈夫然哉小丈夫指局量淺狹言然指下三句諫於其君而不受不受是不納受其諫則怒悻悻然見於其面去則窮日之力而

聞之節旨
此尹氏感悟而自責也要總括上文說小人即小丈夫但上以量言此以識言

充虞章旨
此章見君子用世之志憂世樂天雖分兩項總因名世生來憂者憂名世之不見用樂者樂名世之不終窮然意重憂世一邊

充虞節旨
充虞引不怨尤亦只作寬解語不是譏辭須知孟子之不豫是悲天憫人非怨天尤人也

彼一節旨
彼一時為君子修身者言之惟當反求之已此一時則悲天命憫人窮當此雖欲不悲且憫不可得也重此一時句下總發明之

五百節旨
此為下節數與時張本五百年三字最重見王者興有常期孟子不豫根源在此其間正指將興未興時說是以名世卜王者非以王者卜名世兩必有乃決然之辭

由周節旨
數過頂上句來時可又轉入一層重

後宿哉窮一日之力言去之速而無回顧意【註】悻悻怒意也窮盡也【講】夫子之民生在念而故主情深豈若是小丈夫然哉諫於其君而君或不受則心懷忿怒悻悻然見於顏面而且怒然一去必窮盡一日馳驅之力而後止宿全無愛君憂民之念者哉然則濡滯之名我寧受之而已尹士惡知之乎○尹士聞之曰聞之指通聞上數節之言士誠小人也誠實也小人以識見淺小言【註】此章見聖賢行道濟時汲汲之本心愛君澤民惓惓之餘意李氏曰此章見君子憂則違之之情而荷蕢者所以為果也【講】尹士聞之自悟其失曰士果小人也但知去就之際不可不明焉知君子惓惓不釋用心一至此哉【補】輔氏曰總註本心謂其初本欲如此也餘意則後來不得已之意耳

○孟子去齊充虞路問曰夫子若有不豫色然然是疑辭前日虞聞諸夫子曰前日是受學之時君子不怨天怨天本不得於天言不尤人尤人本不合於人言【註】路問於路中問也豫悅也尤過也此二句實孔子之言蓋孟子嘗稱之以教人耳【講】孟子去齊蓋不能無憂違之情者充虞路中問曰夫子出晝以來若有不豫悅之色者然豈以吾道之窮而慨於中耶前日虞嘗聞諸夫子曰君子不得於天而不怨天不合於人而不尤人即前日之言觀之夫子宜俯仰自適即有不得不合而無不豫也今夫子何為而有不豫之色哉

○曰彼一時彼指講學時言此一時也此指不遇於齊言【註】彼前日此今日【講】孟子答之曰彼前日不怨尤之言固一修身講學時也此今日所遭之會又一斯道將廢時也天雖不敢怨而安得不悲乎天命人雖不敢尤而安得不憫乎人窮此予之未免有不豫也子安得執前日之言以律吾今日所處耶

○五百年必有王者興五百年是貞元會合之期王者是聖人受天命者興是起而在天子之位其間必有名世者間謂五百年之間【註】自堯舜至湯自湯至文武皆五百餘年而聖人出名世謂其人德業聞望可名於一世者為之輔佐若皋陶稷契伊尹萊朱太公望散宜生之屬【講】且子亦知此一時之不能無不豫乎古聖王之作遲速久遠不能一致大約五百年則氣運復還貞元會合必有王者受命而興然王者不能獨治其間必有德業聞望可名於一世者以為王者之佐蓋明良相遇率有常期自古然矣

○由周而來來指文武至孟子時七百有餘歲矣有餘是不止七百年以其數則過矣數過是多二百年以其時考之則可矣考驗也【註】周謂文武之間數謂五百年之期時謂亂極思治可以有為之日於是而不得一有所為此孟子所以不能無不豫也【講】而何今之不然也由周文武而來王者不作七百有餘歲矣以其五百年之數計之則已過其數矣以其當今之時

休
休在潁川或曰介休介在膠西
崇
崇古崇國昔文王伐崇命無殺人民無壞宮室崇人歸之如父母
過宋
金仁山云自滕

時可上見名世王者正當兩相湊拍而今竟不過王者得一有所為安能無不豫

夫天節旨
天字以氣數言首句跟上時可求明今日所以不豫之意作一截如欲四句只一氣讀舍我其誰重遇合不重抱負方不涉自誇語

居休章旨
此章總明不受齊祿意首節丑疑不受祿於齊而問次節孟子言所以不受祿之故末節又言所以不速去之故

居休節旨
丑亦明知古無此道特未解不受祿之故耳

非也節旨
不欲變連為卿時說在內一見之後便已有去志聖賢何等先覺雖有去志而猶仕之聖賢何等寬厚

繼而節旨
師命只渾渾說不必指本國伐人亦不必指他國來伐志字與上志字相應

滕文章旨
此章見人當盡性以法堯舜意首二

考之則亂極思治正可以有為之日矣於此而不得有為以立名世之業此吾所以不能無不豫也 ○夫天未欲平治天下也（本不遇於齊來） 如欲平治天下（如欲是轉語獻天意言包有王者興意） 當今之世舍我其誰也（言名世在我） 吾何為不豫哉（此句承自任邊以自慰意） 【註】言當此之時而使我不遇於齊是天未欲平治天下也然天意未可知而其具又在我我何為不豫哉然則孟子雖若有不豫然者而實未嘗不豫也蓋聖賢憂世之志樂天之誠有並行而不悖者於此見矣 【講】夫當此數過時可之時而使我不遇於齊是天之未欲平治天下也如天意一轉而欲平治天下則當今之世懷名世之具者舍我其誰屬也夫天意未可知則治平固有日而其具又在我則大行必有時吾惟聽命於天而安意以待之耳吾雖外若不豫而實則何不豫之有哉

○孟子去齊居休（休是齊境內地名） 公孫丑問曰仕而不受祿（指定孟子非泛問） 古之道乎（疑孟子法古而然） 【註】休地名 【講】孟子雖為齊卿未嘗受祿以明其志在行道不為利祿計也及孟子去齊居休公孫丑從而問曰居人之位則當食人之祿今夫子既仕於齊而又不受其祿豈古之道固有然乎 ○曰非也（言不是古道） 於崇吾得見王退而有去志（退是始見王而就館時去志是去齊之心） 不欲變故不受也（不受指祿說） 【註】崇亦地名孟子始見齊王必有所不合故有去志變謂變其去志 【講】孟子以其志告之曰先王制祿所以養士之廉仕不受祿非古之道也吾之所以不受祿者蓋有故焉思昔於崇之地吾始得見王已知其不能用我也退而即有去志矣惟不欲變其去志故不受其祿也不然去志已決而復受其祿不將苟祿乎 ○繼而有師命（繼指始見之後） 不可以請（請告去也） 久於齊非我志也（志以初心言） 【註】師命師旅之命也國既被兵難請去也○孔氏曰仕而受祿禮也不受齊祿義也義之所在禮有時而變公孫丑欲以一端裁之不亦誤乎 【講】然不速於去者何也蓋吾見王之後齊繼而有師旅之命夫國既被兵上下戒嚴於情於理俱不可以請去是久於齊者迫於不得已非我之初志然也夫見王之初而去志已決在齊之久而去志不變我之不受齊祿者此耳豈可以古道例之哉

滕文公章句上（凡五章）

○滕文公為世子將之楚（將之是欲往而未往） 過宋而見孟子（過宋是未往楚先至宋國） 【註】

而西南過宋三百五十餘里按是時楚地廣至泗上滕南與楚鄰河必迂而西南行三百五十餘里過宋都乎過宋都過者以孟子在焉

成覸 成覸齊人記又云齊景公之武臣

公明儀 公明儀曾南武城人也為子張門人甚尊其師檀弓云子張之喪公明儀為志

節因世子求見啟其性善而實其人後三節因世子復見詳明性善而勵其志

滕文節旨 特書過宋其非便道可知不以事大為急而以見賢為心秉彝之好發於誠然此便可見性善處

道性節旨 此是撮敘語不必盡悉當時言何等也道性善是主孟子要他先識得箇本原然後為善必力去惡必勇稱堯舜見聖如堯舜不過充性善之量義但因其性而充之便可到堯舜地位俱要關切世子講

自楚節旨 世子疑性未必皆善未必皆可為堯舜故孟子不俟他發問即一語喝破而已矣三字決定道之必無有二中庸率性之謂道道正指性言道一即是言性一

成覸節旨 此是一面證道一又一面策勵世子三段中我字予字正見自性中有聖賢意覸之言為景公發何畏彼即無畏堯舜也舜何等人而不可企及予又何等人而不能及舜有為亦若是舜可為即堯亦可為也我師謂我可師而至之周公豈欺我謂周公能師文王吾人亦能師文王也能師文王又即能師堯舜矣條辨云空空不畏

世子太子也 〔講〕昔滕文公未即位而為世子之時承君父之命將往之楚聞孟子在宋先過宋而見孟子其急於見賢如此可徵其天性之善而入聖有基矣 ○**孟子道性善** 此是虛論其理 **言必稱堯舜** 此是指盡性之人以實其說稱是導揚意二句一串說下 〔註〕道言也性者人所稟於天以生之理也渾然至善未嘗有惡人與堯舜初無少異但眾人汨於私欲而失之堯舜則無私欲之蔽而能充其性爾故孟子與世子言每道性善而必稱堯舜以實之欲其知仁義不假外求聖人可學而至而不懈於用力也門人不能悉記其辭而撮其大旨如此程子曰性即理也天下之理原其所自未有不善喜怒哀樂未發何嘗不善發而中節即無往而不善發不中節然後為不善故凡言善惡皆先善而後惡言吉凶皆先吉而後凶言是非皆先是而後非 〔講〕孟子與世子言每道人之性本善又恐其無徵而言必稱堯舜以實之所以互相發明也 ○**世子自楚反** 反是從楚回滕 **復見孟子孟子曰世子疑吾言乎** 疑是惑於時論吾言即性善堯舜之言 **夫道一而已矣** 道即率性之謂說箇道一便是今可法古凡可希聖 〔註〕時人不知性之本善而以聖賢為不可企及故世子於孟子之言不能無疑而復來求見蓋恐別有卑近易行之說也孟子知之故但告之如此以明古今聖愚本同一性前言已盡無復有他說也 〔講〕然世子於孟子之言不能無疑乃自楚反復見孟子蓋恐別有卑近易行之說也孟子知之故但告之曰世子疑吾性善堯舜之言乎吾言本無可疑也蓋吾所言之性即道也夫道一而已矣不以古今而或殊不以聖愚而或異道既一則說亦無容有二世子復何疑乎 ○**成覸謂齊景公曰彼丈夫也我丈夫也** 兩丈夫字見形同宜性同 **吾何畏彼哉** 何畏是策勵我非蔑視彼 **顏淵曰舜何人也予何人也** 兩何人謂豈是兩樣人全在想像摹擬上見得 **有為者亦若是** 有為是奮勵以盡性是字指舜 **公明儀曰文王我師也** 師是可學而至意 **周公豈欺我哉** 豈欺我是說其言之可信 〔註〕成覸人姓名彼謂聖賢也有為者亦若是言人能有為則皆如舜也公明姓儀名魯賢人也文王我師也蓋周公之言公明儀亦以文王為必可師故誦周公之言而歎其不我欺也孟子既告世子以道無二致而復引此三言以明之欲世子篤信力行以師聖賢不當復求他說也 〔講〕然所為道一者非吾一人之私言也昔成覸謂齊景公曰彼聖賢固丈夫也我亦丈夫也彼與我同一性吾何歉而畏彼哉是成覸有見於道之一也顏淵曰舜何如人也予何如人也舜與我同一性能奮發有為者則亦若舜矣是顏淵有見於道之一也公明儀曰文王我師也周公嘗有是言矣自我觀之文王與我同一性是文王信我師也周公豈欺我哉是公明儀有見於道之一也觀三子之言而又何疑於吾言哉 ○**今滕絕長補短將**

焉○祭義云公明儀問於曾子曰夫子可以為孝乎曾子曰是何言與是何言與君子之所謂孝者先意承志諭父母於道參直養者也安能為孝乎註云儀曾子弟子

齊疏

禮閒傳云斬衰三升既虞卒哭受以成布六升冠七升為母疏齊四升受以成布七升冠八升去麻服葛葛帶二重期而小祥

如何可至聖人地位故須是有為有為弃不可偏任自是故須要有師引言層次如此

今滕節旨

此恐世子以弱小自諉故既歆動之又引書激發之可以為三字當味乃勵精圖治之意善國者以我性之善推之於國使人人皆善為也故為字重看若藥二句承猶可為善國來見善國可為亦顧其為之何如耳只重勉其奮發意

滕定章旨

此章以親喪固所自盡句為主不可他求是在世子堅其所自盡也是誠在我言其所自盡也弔者大悅又自盡者所感動正見人性本善而皆可為堯舜意

滕定節旨

於心終不忘便隱然有盡性希聖之志其使然友問孟子便有不問父兄不問百官意

然友節旨

自盡二字最重曰盡見不可一毫不慊於心曰自盡見不可一毫外求於人此句未著世子說照註世子在言外我盡心在盡禮引曾子四句以起下喪禮當盡意但此講三以禮與論語微異彼對僭禮言主勿過禮上此對不行禮言主勿不及禮上未之學者儀文節目分之殊也嘗聞以下大

五十里也將是蔽截之辭猶可以為善國善國指興道致治說書曰若藥不瞑眩厥疾不瘳瘳是痊愈

〔註〕絕猶截也書商書說命篇瞑眩憒亂言滕國雖小猶足為治但恐安於卑近不能自克則不足以去惡而為善也○愚按孟子之言性善始見於此而詳具於告子之篇然默識而旁通之則七篇之中無非此理其所以擴前聖之未發而有功於聖人之門程子之言信矣

〔講〕然欲師聖賢惟患志之不奮而勢之強弱非所論也今全滕之地截長補短將有五十里也國雖云小若推吾性之善以行堯舜之善政猶可以為善國但須猛勇振奮克去因循之弊而後可故商書說命之言曰若藥不瞑眩則厥疾不瘳知疾瞑眩之藥而去則知治以自克之勇而成矣世子其勉乎哉

〔補〕朱子曰此章緊要節目其初在道性善其中在夫道一而已矣其終在若藥不瞑眩厥疾不瘳

○滕定公薨君死曰薨世子謂然友曰昔者孟子嘗與我言於宋言指性善堯舜之言於心終不忘是識之於心今也不幸至於大故吾欲使子問於孟子然後行事

〔註〕定公文公父也然友世子之傅也大故大喪也事謂喪禮

〔講〕昔滕文公之父定公薨其世子文公欲行喪禮謂其傅然友曰昔者孟子嘗與我言性善堯舜於宋吾猶識之於心終不能忘今也不幸至於當先人大故則喪禮之行在孟子必有定論吾欲使子問於孟子以人子居喪當何如乃為順人性而不違聖道也必得其言而後行喪禮之事焉○

然友之鄒問於孟子之往也問是問喪禮孟子曰不亦善乎善是嘉其問親喪固所自盡也自盡是自然致其哀痛曾子曰生事之以禮事就服勞奉養說死葬之以禮葬就衣衾棺槨說祭之以禮祭就禴祠烝嘗說可謂孝矣承上三句諸侯之禮吾未之學也未學指節目言雖然吾嘗聞之矣嘗聞指大綱言三年之喪齊疏之服飦粥之食此三句告世子自天子達於庶人三代共之三代是夏商周

〔註〕當時諸侯莫能行古喪禮而文公獨能以此為問故孟子善之又言父母之喪固人子之心所自盡者蓋悲哀之情痛疾之意非自外至宜乎文公於此有所不能自已也但所引曾子之言本孔子告樊遲者豈曾子嘗誦之以告其門人歟三年之喪者子生三年然後免於父母之懷故父母之喪必以三年也齊衣

練冠縓緣要絰不除文公於父當斬衰不齊而云齊疏者亦大概語耳

飦粥

禮喪大記云君之喪子大夫公子衆士皆三日不食子大夫公子食粥士疏食水飲夫人世婦諸妻皆疏食水飲大夫之喪主人室老子姓皆食粥衆士疏食水飲妻妾疏食水飲士亦如之旣葬主人疏食飲水不食菜果婦人亦如之君大夫士一也練而食菜果祥而食肉○楊雄方言粥謂者曰饘稀曰飦

本大經理之一也重三年之喪句齊疏二句皆三年內事自天子達於庶人無貴賤之別三代共之無古今之異

反命節旨

反命此命屬世子定為三年之喪則齊疏飦粥皆在其中矣世子欲行三年喪則父兄百官亦當同行故皆不欲魯先君滕先君非周公滕叔之始乃後世不行三年之喪者志言先祖立法之祖也今妄引則以壞法者為祖耳吾有所受之是父兄百官解志之意即假先祖口氣

謂然節旨

謂然友數句乃反躬自責語此問孟子是問何以自盡其心使父兄百官無異辭也不可他求正與固所自盡句相應前引曾子之言重一禮字此引孔子之言重一哀字哀正制禮之原也君薨以下總言真情在人自不可解君子三句不斷其機之必然必偃以上皆孔子語是在世子乃綰合不可他求只是鞭辟自盡語

下縫也不緝曰斬衰緝之曰齊衰疏麤也麤布也飦糜也喪禮三日始食粥旣葬乃疏食此古今貴賤通行之禮也

【講】於是然友之鄒問孟子孟子曰當喪禮旣壞之後而獨能以此為問是以先王為必可師古禮為必可復不亦善乎然父母之喪固人子之心所自盡而無待於勉强者宜乎世子於此有所不能自已也然盡其心者在盡其禮曾子嘗有言曰人子於父母之生也事之以禮其死也葬之以禮祭之以禮始終一於禮而不苟可謂孝矣此曾子泛論人子當盡之禮如此若夫世子則諸侯也諸侯之喪禮典章殘缺其詳悉吾未之學也雖然禮之大經一定不易者吾嘗聞之矣彼人子為父母必三年之喪以報其懷抱之恩其所服者齊疏之服所食者飦粥之食斯禮也上自天子下達庶人皆通行之無貴賤一也殷因於夏周因於殷三代共之無古今一也吾所聞大略如此世子欲盡其心亦惟遵行此禮而已

○**然友反命**反命是得孟子之言復命**世子定為三年之喪**定是議定**父兄百官皆不欲曰**不欲是不喜行喪禮**吾宗國魯先君莫之行吾先君亦莫之行也**魯先君吾先君指魯滕中葉壞禮之君言**至於子之身而反之**子指世子**不可**言不可反古而行三年之喪**且志曰**志是志書**喪祭從先祖**此句是志書所言**曰**解志書言**吾有所受之也**吾指先祖受是傳受

【註】父兄同姓老臣也滕與魯俱文王之後而魯祖周公為長兄弟宗之故滕謂魯為宗國也然謂二國不行三年之喪者乃其後世之失非周公之法本然也志記也引志之言而釋其意以為所以如此者蓋為上世以來有所傳受雖或不同不可改也然志所言本謂先王之世舊俗所傳禮文小異而可以通行者耳不謂後世失禮之甚者也

【講】然友反命於世子世子以孟子之言為必可行遂定為三年之喪是時古禮久廢其同姓之父兄異姓之百官皆不欲行此禮而沮之曰三年之喪不行久矣吾宗國魯先君素稱秉禮之國且莫之行吾滕之先君亦莫之行也至於子之身顧欲行三年之喪而反前人所為斷乎不可且志有言曰喪祭之禮當從先祖志蓋推先祖之意曰吾所行之禮有所傳受不是一人創造不能改也而子獨可反之乎

○**謂然友曰吾他日未嘗學問**學問要切性善堯舜**好馳馬試劍**是好世俗尚勇之習**今也父兄百官不我足也恐其不能盡於大事**大事即指喪事**子為我問孟子**是問何以處此父兄百官**然友復之鄒問孟子**是再往鄒**孟子曰然不可他求者也**他指父兄百官**孔子曰君薨**君統天子諸侯言**聽於冢宰歠粥面深墨即位而哭**位是

居廬　喪大記云父母之喪居倚廬不塗寢苫枕塊非喪事不言疏曰倚廬者於中門外東牆下倚木為廬也

是誠節旨　誠在我當重看即是不他求只自盡意五月四句是未葬時能自盡而感近人及至葬五句是言葬時能自盡而感遠人可謂曰知向之所謂不可者今皆曰可而謂之知禮矣蓋始以為不可行者踏常習故之陋見終以為知禮者秉彝好德之良心也觀與弔不同觀是來觀禮者弔是同盟來弔者大悅是悅其能盡禮即可見人性之本善處

喪位　百官有司莫敢不哀先之也（先之是嗣君先有以倡之）上有好者（上指君）下必有甚焉者矣（下指臣甚字只是形容其應之速非有甚於上之所好也）君子之德風也（君子是上）小人之德草也（小人是下）草上之風必偃（所謂有好必甚之意）是在世子（是指今日行喪禮在世子見不可他求意）

【註】不我足謂不以我滿足其意也然者然其不我足之言不可他求者言當責之於己冢宰六卿之長也歠飲也深墨甚墨色也即就也尚加也論語作上古字通也偃伏也孟子言但在世子自盡其哀而已

【講】世子見父兄百官不從乃追悔謂然友曰吾他日未嘗勤學好問只好馳馬為樂試劍為勇素行不足取信於人故今也欲行喪禮父兄百官皆不我滿足其意也恐其不能盡此喪禮之大事子為我復問孟子何以自盡其心使父兄百官無異辭也然友承命復之鄒問孟子孟子曰喪禮不行久矣今一旦欲行之而父兄百官有所不足者誠然也然世子當責之於己以自盡其心而不可他求於人者也孔子嘗言曰君薨為嗣君者以百官之事一聽於冢宰而命令不聞歠粥而不食旨面深墨而有戚容即喪次私位而哭於是百官有司莫敢不哀所以然者由嗣君之哀先之而有以動其良心也然則上有所好以感之則下應之速有甚於上之所好者矣君子之德主於感人譬則風也小人之德主於應人譬則草也草而加之以風則必從風而偃小人而加之以君子之德則必隨感而應上好而下有不甚焉者乎即孔子此言觀之則世子固在上之君子也誠能自盡其哀則父兄百官莫敢不哀矣今日大事是在世子而已豈可以他求哉

○然友反命世子曰然（然是然其不可他求之言）是誠在我（是指行喪禮言）五月居廬未有命戒（此二句正合君薨聽於冢宰之禮）百官族人（百官是羣臣族人是父兄）可謂曰知（猶言可謂達禮）及至葬四方來觀之（四方指滕之四方觀是觀其行三年喪禮）顏色之戚哭泣之哀（此二句正合歠粥面墨即位而哭之禮）弔者大悅（弔者是外國諸侯來弔喪之人悅是服世子行喪禮）

【註】諸侯五月而葬未葬居倚廬於中門之外居喪不言故未有命令教戒也可謂曰知疑有闕誤或曰皆謂世子之知禮也○林氏曰孟子之時喪禮既壞然三年之喪惻隱之心痛疾之意出於人心之所固有者初未嘗亡也惟其溺於流俗之弊是以喪其良心而不自知耳文公見孟子而聞性善堯舜之說則固有以啓發良心之矣是以至此而哀痛之誠心發焉及其父兄百官皆不欲行則亦反躬自責悼其前行之不足以取信而不敢有非其父兄百官之心雖其資質有過人者而學問之力亦不可誣也及其斷然行之而遠近見聞無不悅服則以人心之所同然者自我發之而彼之心悅誠服亦有所不期然而然者人性之善豈不信哉

【講】然友復反命於世子世子曰孟子之言誠然也是誠在我之自盡耳於是斷然行之方其未葬也行諒陰之禮而五月居廬焉行不言之

于茅不見夫英英焉如白雲之露者乎山阿水湄之內擷其秀而取其英茅之爲物薄而用可重也　索綯不見夫歷歷焉如治絲之棼者乎牆陰廬畔之間比其綸而合其緒綯之取類多而用則宏也

爲國章旨

此章見爲國當以民事爲本告滕文與畢戰分兩段看上詳民事而望其力行重在制產故行助法而後倫可明也下詳法制而勉其潤澤重在正經界故分田制祿而後百姓可親睦也下段跟上段來總包在民事不可緩句內

爲國節旨

文公一嗣位便問爲國亦見其銳於爲治之意

民事節旨

民事句一章之旨照註作農事講下庠序學校一節只是因養及教而兼言治國之全道耳其餘都就恒產助法井田上詳悉意可見矣緩非全不經心但不能預爲之計即是緩須體貼不可字引詩見民自不緩其事重在播穀上不重治屋詩蓋成王初即位周公欲其知稼穡艱難而作可見盛世君臣未有不急農事者滕君泣治伊始正當以之爲法于茅兼巘原流泉之間索綯兼燈光月影之下

民之節旨

此正說民事所以不可緩處恒產即是民事通節只是明恒產所關之重

禮而未有命戒爲由是外而百官內而族人皆翕然謂世子之知禮而近者感矣及其葬也四方之人來觀之但見世子顏色之戚一深墨之容也哭泣之哀一即位之哭也弔者皆以其能盡禮而大悅而遠者感矣夫然禮一行而遠近咸悅益信上好下甚誠不可他求者也所謂人性之善亦於此足徵矣 〔補〕 左傳天子七月而葬同軌畢至諸侯五月同盟至大夫三月同位至士踰月外姻至此言赴弔之容以遠近爲差因爲葬節

○滕文公問爲國（爲國是治國）〔註〕 文公以禮聘孟子故孟子至滕而文公問之 〔講〕 滕文公嗣位之初以禮聘孟子至滕因問爲國之道蓋有感於滕可以爲善國之言而急於圖治也

○孟子曰民事不可緩也（不可緩要見當務之急意）詩云晝爾于茅（茅是茅草）宵爾索綯（宵夜也索綯是絞索）亟其乘屋其始播百穀（始指來春言）〔註〕 民事謂農事詩豳風七月之篇于往取也綯絞也亟急也乘升也播布也言農事至重人君不可以爲緩而忽之故引詩言治屋之急如此者蓋以來春將復始播百穀而不暇爲此也 〔講〕 孟子曰立國以足民爲本足民以農事爲先故爲國者當知農事之至重汲汲焉爲之經畫區處而不可緩以圖之也觀豳風之詩有云晝爾取茅宵爾索綯亟升其屋而治之來春將始播百穀而不暇及此矣民之不自緩其事猶如此人君其可以爲緩而忽之哉

○民之爲道也（道字輕猶言民之爲民）有恒產者有恒心無恒產者無恒心（見恒產所係之重）苟無恒心放辟邪侈無不爲已（放是始違於道辟則沒溺矣邪則成其惡侈則益肆矣）及陷乎罪（陷罪是君不制產所致）然後從而刑之（刑是加之法之指民）是罔民也（罔是羅網）焉有仁人在位罔民而可爲也（仁人是以民生爲念以民食爲重者）〔註〕 音義並見前篇 〔講〕 然民事所以不可緩者何也蓋民之爲道也有恒產者則有所賴藉爲善而恒心以興無恒產者則有以陷溺爲不善而恒心以泯夫民之以禮義自固者以其有恒心也苟無恒心則無以檢其身而放辟邪侈無不爲已其能免於罪乎及陷乎罪然後從而刑之是不制恒產以致民於刑猶掩襲其民而取之也非罔民而何焉有仁人之君在位罔民之事而可爲也知罔民不可爲則知民事之不可緩矣

○是故賢君必恭儉（賢君即上仁人恭是敬讓儉是節制）禮下（是以禮延接臣下承恭字來）取於民有制（是不過取民意承儉字來）〔註〕 恭則能以禮接下儉則能取民以制 〔講〕 是故賢者之君正位者也必恭以持己而不敢慢儉以自奉而不敢侈惟其恭也則恭德所施能以禮而接下矣惟其儉也則儉德所施能取於民有制矣此正所謂愛民之君而爲仁也否則爲罔民之君而不仁矣

○陽虎曰爲

天寶書局精校藏板

以見制民恒產之宜並也

賢君節旨

此節能制產之本是故二字承仁人不可罔民來恭儉以德言禮下取民有制是德之施禮下即下制祿取民即下分田本重取民有制而兼禮下

陽虎節旨

說者設官正以為民也

此總結上兩節以起下文陽虎非知仁者其言亦可鑒不制產而罔民為富不仁也取於民有制為仁不富也意重戒為富邊

夏后節旨

此以三代制民常產與其取之之制言之欲不緩民事者知所法也首三句並列只渾淪說註細解俱不可用田數以漸而加者夏時洪水方平可耕之地尚少而民用亦約後來開墾漸廣民用益煩不得不加也其實皆什一句重看正是取民有制釋徹助而不及貢者隱見徹助之意亦相通而貢則有下文一段陳慧生云周變助為徹者想亦為後來助耕公田人多推諉故不若通力合作計畝均分耳乃孟子不用徹而用助蓋以人心不古又多自占便宜終不若自作自收各自盡其力之為愈也

龍子節旨

上節既備舉取民有制之法此則酌其所宜行者通節俱龍子語專言貢

龍子 列子云龍子名穆一稱龍叔嘗謂文摯曰子之術微矣吾有疾子能已乎文摯曰請言子之疾龍子曰吾鄉譽不以為榮國毀不以為辱得而

富不仁矣 為富是聚財於上不仁是害天理 為仁不富矣 為仁是推恩及民不富是損上 【註】陽虎陽貨魯季氏家臣也天理人欲不容並立虎之言此恐為仁之害於富也孟子引之恐為富之害於仁也君子小人每相反而已矣 【講】故罔民則不得為賢君賢君則不致罔民二者之相反固如是矣聞之陽虎曰人而為富惟利是求則必以私滅公而不仁矣人而為仁惟理是循則必以公滅私而不富矣為君者可不急於民事以制產定賦而敢為富不仁乎

○夏后氏五十而貢殷人七十而助周人百畝而徹 五十七十百畝是制常產貢助徹是取民之制釋徹助義在下勿優 其實皆什一也 實字正與貢助徹立名對皆什一亦槩言之耳 徹者徹也助者藉也 此二句不徒解其義要見徹何等公溥助何等簡便 【註】此以下乃言制民常產與其取之之制也夏時一夫受田五十畝而每夫計其五畝之入以為貢商人始為井田之制以六百三十畝之地畫為九區區七十畝中為公田其外八家各授一區但借其力以助耕公田而不復稅其私田周時一夫授田百畝鄉遂用貢法十夫有溝都鄙用助法八家同井耕則通力而作收則計畝而分故謂之徹其實皆什一者貢法固以十分之一為常數惟助法乃是九一而商制不可考周制則公田百畝中以二十畝為廬舍一夫所耕公田實計十畝通私田百畝為十一分而取其一蓋又輕於什一矣竊料商制亦當似此而以十四畝為廬舍一夫實耕公田七畝是亦不過什一也徹通也均也藉借也 【講】然制產定賦而不緩民事者孰有過於三代乎夏后氏之制民恒產也一夫授田五十畝而其取之則計其五畝之入而行貢法殷人之制民恒產也一夫授田七十畝而其取之則使助耕公田七畝而行助法周人之制民恒產也一夫授田百畝而其取之則鄉遂用貢都鄙用助而行徹法夫名雖有貢助徹之不同然以其取民之實而言皆十分中而取其一也且其名亦有取義焉所謂貢者以下貢上其義易知而謂之徹者何哉蓋耕則通力合作收則計畝均分有通徹之義也謂之助者何哉蓋藉其力以助耕公田而不復稅其私田有假藉之義也三代之制民常產與其取之之制如此

○龍子曰治地莫善於助 治地是分田 莫不善於貢 不善亦後世行貢之弊 貢者校數歲之中以為常 校是比較取齊意數歲之中見有豐凶不一意常是一定之數 樂歲粒米狼戾 樂歲是豐歲粒米是粟 多取之而不為虐則寡取之 寡取是照常數而取 凶年糞其田而不足 不足是無以償糞田之費 則必取盈焉 盈是滿其常數 為民父母使民盻盻然將終歲勤動不得以養其父母又稱貸而益之使老

不喜失而不憂視生如死視富如貧處吾之家如逆旅之舍凡此衆疾爵賞不能勸刑罰不能威盛衰利害不能易哀樂不能移固不可事國君交親友御妻子制僕隸此奚疾哉奚方能已之乎

公田

大田三章云有渰萋萋興雨祁祁雨我公田遂及我私

庠序學校

周制家有塾黨有庠州有序國有學陳氏曰古者國學惟天子之都以及諸侯之國都有之自元子衆子至卿

之不善正以形助之善校數歲句是就數歲較量個不豐不歉中道為取民定額多取句是設辭樂歲非寡取拘於常數也凶年非加賦必欲滿其常數也為民父母至末俱跟凶年取盈來林氏曰禹貢九州之賦有錯出於他等者不以為歲之常數又因遊豫則視其豐凶而補助之周制鄉遂用貢法亦有司稼之官巡視年之上下以出斂法則貢有何不善龍子之言乃後人用貢法之弊耳

夫世節旨

此只重世祿之既行以見助法之當行也前言禮下即為世祿張本但助法不行則世祿非公田所出何能取民有制所以行世祿便當行助法全要得言外意國字矣字語氣未歇

雨我節旨

此申言助法之善周不能改乎商為滕文所當遵也引詩重公田二字貢無公田助有公田惟字對貢說據詩則周之徹果有公田矣雖字亦字要味凡法久則必變雖以我周經制大備而助法亦相沿不改其盡善可知而當行明甚

設為節旨

此見行助之後便可教民設為句總說蓋教文公兼設也庠者至共之申庠序學校四字皆所以句申教之意末二句推其所當明也養也三句釋

稚轉乎溝壑 自盻盻然至此總見取盈之害正甚言用貢之弊也 **惡在其為民父母也** 與上為民父母相應

【註】龍子古賢人狼戾猶狼藉言多也寡擁也盈滿也盻恨視也勤動勞苦也稱舉也貸借也取物於人而出息以償之也益之以足取盈之數也稚幼子也

【講】然貢助徹求其可行於今者惟助為良焉龍子嘗有言曰治地以分田莫善於助法莫不善於貢法何以不善也蓋貢者較數歲豐歉之中以為取民一定之常制當其樂歲粒米狼戾足以供君上而有餘雖多取之而不為虐也則拘於常數而寡取之及其凶年計其所入以供糞田之費而不足宜減其數而取之可也則必拘於常數而取盈焉是樂歲之寡取未足以為恩而凶歲之多取民則不堪命矣夫君者民之父母也為民父母以取盈之法困乎民使民盻盻然恨視其上將終歲勤動之所入不得以養其父母又出息稱貸於人而益之以足其數使民之老者稚者皆飢餓而展轉於溝壑之中是以子乎民者虐乎民惡在其為民之父母也觀龍子之言可見貢法之不善惟助法實當行耳

○**夫世祿滕固行之矣** 世祿是先人有功於國後世子孫得食祿於朝

【註】孟子嘗言文王治岐耕者九一仕者世祿二者王政之本也今世祿滕已行之惟助法未行故取於民者無制耳蓋世祿者授之土田使之食其公田之入實與助法相為表裏所以使君子野人各有定業而上下相安者也故下文遂言助法

【講】且助法有關於世祿不可不行也夫世祿出於公田實與助法相為表裏今世祿滕固行之以待士矣何為而不行助法哉

○**詩云雨我公田** 公田是井田中一區 **遂及我私** 私謂八家所耕之私田 **惟助為有公田** 助是助法 **由此觀之** 此指雨我句說 **雖周亦助也**

【註】詩小雅大田之篇雨降雨也言願天雨於公田而遂及私田先公而後私也當時助法盡廢典籍不存惟有此詩可見周亦用助故引之也

【講】況助法尤我周所已行者小雅大田之詩有云雨我公田遂及我私此周人之詩也夫貢法無公田惟助為有公田由此詩觀之則助不獨行於殷雖我周之盛時所以體國經野者亦用助也滕其可以不行助哉

【補】楊子常曰此是明助之得助得則徹之得亦不待言矣

○**設為庠序學校以教之** 設是立庠序學校俱是學名設有久湮而特起意 **庠者養也** 養取尚齒 **校者教也** 教取興行 **序者射也** 射取觀德 **夏曰校殷曰序周曰庠學則三代共之** 三代指夏商周共之有一道同風意 **皆所以明人倫也** 皆所以句是推原總承鄉學國學來 **人倫明於上小民親於下** 親是情義聯屬之謂

【註】庠以養老為義校以教民為義序以習射為義皆鄉學也學國學也共之無異名也倫序也父子有親君臣有義夫婦有別長幼有序朋友有信此人之大倫也庠序學校皆以明此而已

【講】夫能行助

大夫士之適子國之俊選皆造焉鄉學則隨所在而酌立鄉里子弟之秀者則以次升之至於國學而待用其不然者則又歸之農而士農乃分矣

井地
周曰井田始自黃帝中更洪水耗矣夏后抑而未行至殷周而特詳

其取義夏曰三句考其命名夏承揖遜欲興天下之禮讓故曰校殷當革命欲消天下之干戈故曰序周道尊親欲教天下之養老尚齒故曰庠鄉學教天下之愚蒙由農而入士國學聚天下之賢智由士而入官學則三代共之不外重首善為立教之原而已明人倫有起化原於上者有率循責於下者二意要兼看

有王節旨
此節以勢論之只說為王者師最見斟酌

周雖節旨
此節以理推之是承上文進一步語力行重看有奮發自振不阻於卑弱意新國正與問為國相應

使畢節旨
此節是緊論下方指滕言之重夫仁政句以正經界為主經界不正以下一反一正無非發明上意不均跟不正不平跟不均語意相承正則田因界而有定分何難於分田賦因田而有定法何難於制祿制祿承分田來暴君汙吏即註云貪暴也豪强指在下貪暴指在上溝塗封植之界經緯錯綜直者為經橫者為緯只舉經字有緯在其中溝水界也洫澮川說塗陸界也徑畛道路說封土堠五里一堠植植木也

法則有恒產者自有恒心而教可興矣由是設為庠序學校而舉生養之民以教之然謂之庠者以養民為義也謂之校者以教民為義也謂之序者以習射為義也此三者皆鄉學也在夏曰校在殷曰序在周曰庠時異而名亦異也至於國學則夏商周三代共之世異而名不異也夫鄉學國學之設其名義雖殊而要其立教之意皆所以明人之大倫也惟人君明倫之教倡於上斯小民親睦之風洽於下矣教化之功如此而庠序學校可不設乎哉

○**有王者起**王者是有德而受天命者起是興起**必來取法**是來取教養之制以為法**是為王者師也**師是模範

註 滕國褊小雖行仁政未必能興王業然為王者師則雖不有天下而其澤亦足以及天下矣聖賢至公無我之心於此可見

講 夫助法行而學校庠序兼設此王道之可以世承而不可易者以滕國褊小雖未必能興王業苟有王者受命而起必來取法吾教養之政是為王者師也

○**詩云周雖舊邦**舊邦自后稷始封時說**其命維新**命指受天命**文王之謂也**謂即行仁政受新命意**子力行之**力行是强為意之字指教養言**亦以新子之國**亦字對文王說新是煥然改觀意

註 詩大雅文王之篇言周雖后稷以來舊為諸侯其受天命而有天下則自文王始也子指文公諸侯未踰年之稱也

講 然為王者師特就滕之勢言之耳以理推之則亦可以基王業焉大雅文王之詩云周雖舊為諸侯之邦其受天命則自今日始正文王行仁政受天命之謂也子能力行教養之仁政亦足以受天命而新子之滕國矣是雖不能致王於當時不亦可基王於後世耶

○**使畢戰問井地**問是究其詳**孟子曰子之君**子指畢戰君指文公**將行仁政**將是且然未然仁政即井田之法**選擇而使子**使是委任之重不指使之來問**子必勉之**勉是盡心力而輔佐之**夫仁政必自經界始**自從也正經界使彼此公私之界大明正恒產所以制處始字作先字看**經界不正井地不均穀祿不平**穀祿是公田中撥其穀以為祿也不均不平都頂不正說**是故暴君汙吏必慢其經界**慢是惡其妨己不樂修舉意**經界既正分田制祿**分田屬養小人制祿屬養君子**可坐而定也**定是定其法制

註 畢戰滕臣文公因孟子之言而使畢戰主為井地之事故又使之來問其詳也井地即井田也經界謂治地分田經畫其溝塗封植之界也此法不修則田無定分而豪强得以兼并故井地有不均賦無定法而貪暴得以多取故穀祿有不平此欲行仁政者之所以必從此始而暴君汙吏則必欲慢而廢之也有以正之則分田制祿可不勞而定矣

講 滕文公因孟子言遂使畢戰主井地之事又使之來問其詳孟子曰先王仁天下之政莫大於井田今子之君將行仁政特選擇於羣臣中而使子委任責成

可謂尊矣子必勉力為之無負君所託也夫仁政之事多端必自經畫其溝塗封植之界始使經界有不正則公私之田無一定之分而豪強得以兼并於是井地有不均矣賦出於田田無定分則賦無定法而貪暴得以多取於是穀祿有不平矣是故暴君汙吏必慢其經界而廢之苟經界既正則豪強貪暴弊無可容分田制祿可坐而定而不勞餘力矣此仁政所以必自經界始也 ○ 夫滕壤地褊小 壤地是土界褊小是窄狹 將為君子焉 君子是仕而在位者 將為野人焉 野人是耕而在野者 無君子莫治野人 治是出政令以治之 無野人莫養君子 養是出賦稅以養之二句重不可相無意 【註】 言滕地雖小然其間亦必有為君子而仕者亦必有為野人而耕者是以分田制祿之法不可偏廢也 【講】 今夫滕之為國壤地雖云褊小然將必有為君子而仕者焉將必有為野人而耕者焉使無君子則莫以出政令而治野人故祿不可不制也使無野人則莫以供賦稅而養君子故田不可不分也 ○ 請野九一而助 請字貫下句九字是分田一字是制祿九一以田之區數言九區之中把一區養君子而野人收其八區也 國中什一使自賦 什是分田一是制祿什一以田之畝數言十分之中把一分賦君子而野人得其九分也 【註】 此分田制祿之常法所以治野人使養君子也野郊外都鄙之地也九一而助為公田而行助法也國中郊門之內鄉遂之地也田不井授但為溝洫使什而自賦其一蓋用貢法也周所謂徹法者蓋如此以此推之當時非惟助法不行其貢亦不止什一矣 【講】 然分田制祿之法必因地而制其宜請於郡鄙之野田可井授則畫為九一而行助法於鄉遂之國中田難井授則但十分取一使自賦於上亦所以濟助之不及也此周徹法正如此而君子養野人治矣 ○ 卿以下 卿大夫士在內 必有圭田 圭田云者謂取先人德行潔白之義 圭田五十畝 五十畝酌其可供祭祀之用 【註】 此世祿常制之外又有圭田所以厚君子也圭潔也所以奉祭祀也不言世祿者滕已行之但此未備耳 【講】 不但此也又有出於常制之外者蓋因田制祿固以厚君子然卿以下其祿漸薄不有以便之將祭享不備而不足以養廉矣於是有圭潔之田五十畝使供祭祀焉覺君子以及君子之先又所以濟世祿之不及也 ○ 餘夫二十五畝 餘夫是未成丁者 【註】 程子曰一夫上父母下妻子以五口八口為率受田百畝如有弟是餘夫也年十六別受田二十五畝俟其壯而有室然後更受百畝之田愚按此百畝常制之外又有餘夫之田以厚野人也 【講】 計丁授田固以厚野人然一夫之外有未成丁之餘夫尚不授田不有以給之則恒產有限而不足以相贍矣於是有餘夫之田二十五畝焉受野人以及野人之弟亦所以濟分田之不及也 ○ 死徙無出鄉 無出鄉無離故鄉之外 鄉田同井 同井指八家說 出入相友 是處常而作息同 守望相助 是處變而防禦同 疾

野國中

周禮地官遂人凡治野夫間有遂遂上有徑十夫有溝溝上有畛百夫有洫洫上有涂千夫有澮澮上有道萬夫有川川上有路此鄉遂用貢之法也冬官考工記匠人為溝洫九夫為井井間廣四尺深四尺謂之溝方十里為成成間廣八尺深八尺謂之洫方百里為同同間廣二尋深二仞謂之澮此都鄙用井田之法也

夫滕節旨

此推原分田制祿之由將始也言始必有也非將然之將無君子二句申上必有此兩樣人見相須意此分田制祿不可偏廢經界所以當正也制祿亦是為民側重野人邊

請野節旨

此節正答井田之問重九一而助句國中參用貢法以濟助法之窮鄉遂地少都鄙地多也九一句宜渾講留下方里節地行助則取公田所入以為君子之祿用貢則使什自賦一以充國家所用呂氏云是周徹法卻不全是周徹法故下一請字周徹亦井九田一但公田耕法斂法不同故下而助字徹兼貢法後來加重故下什一字助當復貢之名可不必復故下使自賦字

卿以節旨

此是祿外之祿所以厚君子制祿有定分圭田則卿以下皆同此先王孝治天下之心

餘夫節旨

此是田外之田所以厚小人蓋餘夫不授之田恐其游惰使之自給又不過多以滋僞此先王仁治天下之心

五十畝從公田百畝中而中分之二十五畝從私田百畝中而四分之

天寶書局精校藏板

守望

相助以守而此不可以威武奪相助以望而彼不可以投隙來

神農

炎帝姜姓有蟜氏之女安登為少典妃感神龍而生帝承包犧之木以火德王

死徙節旨

此鄉守非鄉遂之鄉猶言一方耳鄉田同井申明上無出鄉意是一節之樞紐一同字生下三相字友助扶持便是親睦光景況又有以救之乎守是防禦望是窺探二字可分

方里節旨

註云此周之助法謂以周之田數行商之助法也方里二句是言形體大綱中公外私以定其區先公後私以明其分是言形體細目所以別野人又連公事二句說不必添出君子字

大畧節旨

大畧對詳細言不對潤澤言潤澤是善行其法有和軟意潤柔而不硬也澤滑而不澁也在君與子屬望之辭正打轉子力行之子必勉之二句

神農章旨

此章孟子闢異端以衛正道首三節叙行相欲陰壞井田之法許子必種八節先折倒並耕之謬治其渠魁也吾闢用夏五節責相倍師之失治其脅從也末二節因遁辭而消其餘氣

病相扶持是處患難而顧問周濟同則百姓親睦親睦是和順意

【註】死謂葬也徙謂徙其居也同井者八家也友猶伴也守望防寇盜也

【講】然井田之法不但厚民生且以善民俗凡死葬生徙無出此鄉蓋以此鄉之田八家同井故也惟其同井是以出入則合同井之人而相友守望則合同井之人而相助疾病則合同井之人而相扶持如是則百姓皆歸於淳厚而親遜和睦矣助法之善有如此

方里而井方里是方一里之地井九百畝九百畝是井有九區每區中計田百畝者其中為公田是中間一區百畝為公田八家皆私百畝是八夫之家各以百畝為私田同養公田養字作耕字看即助耕也公事畢是耕耘收穫之事已完畢然後敢治私事私事是八家自為耕耘收穫所以別野人也別事分別

【註】此詳言井田形體之制乃周之助法也公田以為君子之祿而私田野人之所受先公後私所以別君子野人之分也不言君子據野人而言省文耳上言野及國中二法此獨詳於治野者國中貢法當時已行但取之過於什一爾

【講】然井田形體之制何如地方一里而畫為一井井界九區而一區各百畝其中百畝為公田以為君子之祿其外八百畝為私田以為八家之受當耕耘收穫之時八家之民先出力以同養公田必公田之事已畢然後敢治其私田之事所以別野人使不得擬君子之勞心以食於人者其分宜爾也井田形體之制如此

○此其大畧也此字通承經界以下言大畧猶言大槩若夫潤澤之潤澤猶言變通不滯意則在君與子矣在君與子言當各任其責

【註】井地之法諸侯皆去其籍此特其大畧而已潤澤謂因時制宜使合於人情宜於土俗而不失乎先王之意也○愚按喪禮經界兩章見孟子之學識其大者是以雖當禮法壞廢之後制度節文不可復考而能因畧以致詳推舊而為新不屑屑於既往之迹而合乎先王之意眞可謂命世亞聖之才矣

【講】然井田之法久廢矣凡我所言正經界而常制餘制之並行畫井地而中公外私之不紊此特其大畧也若夫因時制宜使合人情宜土俗不滯先王之法而亦不失先王之意潤而澤之則在滕君主持於上吾子協贊於下同心共濟各盡其責而已豈吾言所能悉哉

○有為神農之言者許行為是假託意許行楚人自楚之滕之是往踵門而告文公曰遠方之人遠方指楚言聞君行仁政仁政指井田說願受一廛而為氓廛當指左右各三區而言文公與之處處是居處即指廛言其徒數十人徒是從許行之徒數十人見許行邪說惑衆皆

故曰炎帝帝以茹毛飮血非生民可久之利乃斲木爲耜揉木爲耒耒耨之利以敎天下故號神農氏又敎人日中爲市致天下之民聚天下之貨交易而退各得其所

屨
釋名云屨拘也所以拘於足也又草曰扉麻曰屨皮曰履

席
釋名云席釋也可捲可釋稿秸曰薦莞蒲曰席又重曰筵單曰席

饔飧
周禮註小禮曰飧大禮曰饔又曰飧客始至之禮蓋客至必夕夕食亦盛也饔即將幣之禮蓋享宴必早爲敬

也並耕二字爲主關處在獨可耕且爲句而扼要在勞心者治人五字後以倍師責之正責其從並耕末以齊價斥之亦斥其窮於並耕而遁耳

神農節旨
著一爲字便見其言本非神農之言矣爲神農之言有淩駕堯舜周孔意見己之學又在孟子之上欲以聳動人心耳其徒數十人一倡羣和易惑人也衣褐見不尊貴章服意稼書云彼既耕而食矣何又捆屨織席想是羈旅之際未曾受田故暫此以爲業

陳良節旨
叙陳相與其弟辛必書陳良之徒正爲後倍師伏案負耒耜亦出疆不舍意然不負詩書而但負耒耜便與捆織爲食之人已默有相入之機矣自民之受益處言則曰仁政自君之立法處言則曰聖人之政

陳相節旨
悅而曰大棄其學而曰盡見惑之易溺之深也則誠賢君略作一揚正爲折倒地並耕二句串說即指神農之道今也二句正說他未聞道與並耕之治相反此其識在滕君而所以識者在孟子也

衣褐(便有無分別意)捆屨織席以爲食(便見各食其力意)

【註】神農炎帝神農氏始爲耒耜敎民稼穡者也爲其言者史遷所謂農家者流也許姓行名也踵門足至門也仁政上章所言井地之法也廛民所居也氓野人之稱褐毛布賤者之服也捆扣椓之欲其堅也以爲食賣以供食也程子曰許行所謂神農之言乃後世稱述上古之事失其義理者耳猶陰陽醫方稱黃帝之說也

【講】昔文公因孟子之言欲行三代井田之法時有異端之徒託爲農神之言者許行乃自楚之滕踵門而告文公曰吾荊楚遠方之人聞君行井田之仁政斯民之幸也願受一廛而爲君之氓庶得以被至治之澤焉文公感其意之勤乃與以所居之處但見其從學之徒有數十人皆衣毛布之褐捆屨織席賣以供食隱然有非力不食之意矣

【補】全解云神農始爲耒耜以敎民耕未嘗身爲之耕許行便託爲並耕之說始爲市井以敎民日中爲市未嘗齊其市價許行便託爲齊價之說

○陳良之徒陳相(陳相宋人)與其弟辛負耒耜(負是背以挑物)而自宋之滕曰聞君行聖人之政(政即井田之政)是亦聖人也(聖人指禹湯文武說)願爲聖人氓(願是心之所欲)

【註】陳良楚之儒者耜所以起土耒其柄也

【講】時歸滕者又不止一許行也有陳良之徒陳相與其弟名辛者亦負耒耜而自宋之滕言於文公曰井田之法古聖人所以治天下之政也聞君行之是亦今之聖人也願受田而耕爲聖人之氓以沾仁政之澤焉此其歸附之意出於誠然者也

○陳相見許行而大悅(悅是悅其並耕齊價之說)盡棄其學而學焉(其學是陳良之正學學是學許行之邪說)陳相見孟子道許行之言曰(道是稱述言即下未聞道五句)滕君則誠賢君也(賢君只在有志復古上虛說)雖然未聞道也(道即暗指神農之道言)賢者與民並耕而食饔飧而治(賢者即賢君並耕二字是主饔飧帶上食字說口作中間過接而治二字作一尾)今也滕有倉廩府庫(倉廩是貯粟者府庫是貯財者)則是厲民而以自養也(厲民自養正從不與民並耕來)惡得賢(此句應賢君說)

【註】饔飧熟食也朝曰饔夕曰飧言當自炊爨以爲食而兼治民事也厲病也許行此言蓋欲陰壞孟子分別君子野人之法

【講】夫何邪說易以惑人陳相一見許行聞其所爲之言而大悅盡棄其學於陳良者而學許行焉於是陳相見孟子稱道許行之言曰滕君有志復古以行仁政則誠賢君也雖然猶未聞古聖人之道也彼賢者之君不欲勞民自養與民並耕以供己之食自爲饔飧以治人之事此古聖人之道而賢者所爲也今也滕有倉廩之實府庫之充皆取諸民者則是厲病其民而取之以自養也其與並耕饔飧之道異矣

而享宴必盛也今之通訓則曰朝饔夕飧

冠 鄭特牲云委貌周道也章甫殷道也毋追夏后氏之道也周弁殷下夏收

釜甑 釜用之以煮者也冶人為之甑用之以蒸者也陶人為之○黄帝始用釜甑火食之道就矣

鐵耕 管子曰一農之事必有一耜一銚一鎌一鎒一椎一銍然後成為農

陶冶 陶作瓦器之匠冶鑄鐵之匠周書則以陶冶皆神農所作

許子節旨

此歷詰其耕之不可兼者以為闢之之地許子倡並耕之說其種粟亦何待問特要坐實他耕字起下問辯耳衣冠在種粟而食外釜甑爨鐵耕在種粟而食內一步緊一步問織布而後衣重織字衣褐之對只逃得布字即褐亦有待於織也至對以冠素則併布字亦逃不得詰以自織曰以粟易已露其不能兼之端又曰害於耕則盡露不能兼之情矣下段釜甑鐵自為之詰復曰以粟易之此處尚是未了語湯子方曰本節當在害於耕處作一段落自以釜甑起直至下節末二句作一段落

以粟節旨

此緊承以粟易之句貼釜甑鐵還說首四句是闢辭兩不為厲要見農工相濟意已隱折倒厲民自養之說了且許子四句方是詰他與上節何為不自織相對百工之事二句與上節害於耕相對

矣惡得為賢者哉蓋欲隳壞孟子之法也○孟子曰許子必種粟而後食乎種粟而食本許子事特借以起下意曰然然是應辭許子必織布而後衣乎織布是自織之布曰否許子衣褐衣褐見其不必織布而衣許子冠乎曰冠曰奚冠奚何也究其制曰冠素素是無文飾曰自織之與曰否以粟易之之指冠曰許子奚為不自織詰其不自織之故曰害於耕此句便見不能兼織意曰許子以釜甑爨以鐵耕乎曰然自為之與曰否以粟易之兩之字指釜甑鐵說

【註】釜所以煑甑所以炊爨然火也鐵耜屬也此語八反皆孟子問而陳相對也

【講】孟子闢許子並耕之非先即其身所難兼者詰之曰許子不能無食必待種粟而後食乎相應之曰然蓋徒知其所能為而不知其所不能為也故復問之曰有食必有衣許子必待織布而後衣乎相應之曰否許子衣褐不待織布也又問之曰有衣必有冠許子冠乎相則曰冠問其奚冠則曰冠素問其自織之與相則曰以粟易之及問其奚為不自織則曰害於耕所以不自織也孟子猶欲多得其說而辯之故復問曰許子之爨也亦必資於釜甑其耕也亦必資於鐵與相曰然又問曰自為之與相曰否以粟易之是則許子之所能為者獨一種粟耳自種粟外雖一衣冠一器械皆不能兼而為之也蓋至此而相之言已窮孟子可以伸其辯矣

○以粟易械器者械器指上釜甑與鐵不為厲陶冶合下句厲字皆從厲民厲字來陶冶亦以其械器易粟者豈為厲農夫哉亦字對農以粟易言且許子何不為陶冶舍皆取諸其宮中而用之宮中是室家之內何為紛紛然與百工交易紛紛是多事意何許子之不憚煩不憚煩猶畏其勞苦意曰百工之事事作器物之事固不可耕且為也且為是又為百工之事

【註】此孟子言而陳相對也械器釜甑之屬也陶為甑者冶為鐵釜者舍止也或讀屬上句舍謂作陶冶之處也

【講】孟子遂闢之曰農夫以粟易械器者乃以濟陶冶所無固不為厲陶冶而陶冶亦以其械器易粟者乃以濟農夫所無亦豈為厲農夫哉且許子既欲人君並耕何不一身自為陶冶舉凡百工之器止皆取其宮中而用之何為既易乎陶又易乎冶紛紛然與百工之人相交易煩亦甚矣何許子之不憚煩哉相曰耕者農夫之事陶冶者百工之事許子既事於耕則於百工之事固

然則節旨

然則二字緊接上文打入最有力此句已折盡了下文但足其意大人二句重有字截然兩樣人自有截然兩樣事此尚未說到不可相兼意且一人四句方就不可耕且為之辨暢言之見小人尚不能兼小人況大人能兼小人乎引古語六句正發明有大人之事有小人之事二句意末句是孟子斷語義者宜也以治易食以食易治上下相宜故曰通義

益

伯益大業之子佐禹治水有功一名伯翳賜姓嬴氏秦之始也舜典帝曰疇若予上下草木鳥獸僉曰益哉帝曰俞咨益汝作朕虞

當堯節旨

孔子刪書斷自唐虞前此蓋難言之節旨特提出當堯之時便已暗關神農之說矣此合下節見聖人之憂專用於治人以證明勞心之意洪水是主草木五句皆根洪水來堯獨憂之二句作頭益禹對稷契作兩腹聖人之憂民二句作結尾堯只舉舜而益禹稷契皆舜所使而實承堯之命也益烈二句只起禹得施治水之功意

不可以耕而兼為之也此其言蓋不覺自戾其並耕之說矣

○然則治天下獨可耕且為與（然則字承上百工二句來為是為治）有大人之事（大人治天下者）有小人之事（小人指耕者）且一人之身（一人泛指小人說）而百工之所為備（備是件件不可缺意）如必自為而後用之（自為指百工之事用指一身言）是率天下而路也（率使也）故曰（是古語）或勞心（勞心盡心仁政）或勞力（勞力盡力田畝）勞心者治人勞力者治於人（二句側重君子治小人上）治於人者食人治人者食於人（二句側重小人養君子上）天下之通義也（天下兼古今說通義是通行當然之道理）

【註】此以下皆孟子言也路謂奔走道路無時休息也治於人者見治於人也食人者出賦稅以給公上也食於人者見食於人也此四句皆古語而孟子引之也君子無小人則飢小人無君子則亂以此相易正猶農夫陶冶以粟與械器相易乃所以相濟而非所以相病也治天下者豈必耕且為哉

【講】孟子因折之曰百工之事固不可耕且為矣然則人君之治天下視農事之煩簡何如而獨可耕且兼為之與彼治天下者大人責也大人自有大人之事耕者小人責也小人自有小人之事是此二者固不得可而兼也大人安得為小人之事乎如必欲兼而為之豈獨大人之不能兼哉且小人亦自有難兼者一小人之身其取足於百工之所為者固無不備如必皆自為而後用之則既業於此又騖於彼是率天下之人奔走道路無時休息也可見凡有所事皆不敢一有所兼而大人治天下不可使為小人有斷然也故古語曰或為君子而勞心焉或為小人而勞力焉勞心者須政教以治人勞力者惟聽其命令而見治於人治於人者輸貢賦以食人治人者收其貢賦惟見食於人而已是故君子以治而易養小人以養而易治此乃天下通行之義蓋自古及今未之有改也並耕之說何其不達於義乎

○當堯之時天下猶未平（猶是尚且）洪水橫流氾濫於天下（節內洪水是主）草木暢茂（惟洪水故暢茂）禽獸繁殖（惟暢茂故繁殖）五穀不登（此句總承草木禽獸來）禽獸偪人（偪人人畏而不敢近）獸蹄鳥跡之道交於中國（交是交雜）堯獨憂之（憂是憂洪水為患）舉舜而敷治焉（敷治是分布除害之治道）舜使益掌火（掌火是主火政）益烈山澤而焚之（烈火熾貌之指草木）禽獸逃匿（逃是遁匿是藏）禹

九河濟漯　禹貢曰導河積石至於龍門南至于華陰東至于底柱又東至于孟津東過洛汭至于大伾北過降水至于大陸又北播為九河同為逆河入于海又曰九河既導常引云河為四瀆長禹治在兗州分為九道以殺其溢其間相去三百餘里徒駭最北鬲津最南蓋徒駭是河之本道東出分為八支也○濟水發源王屋山禹貢曰導沇水東流為濟入于河溢為滎東出于陶丘北又東至于菏又東北會于汶又北東入于海○禹貢曰浮于濟漯達于河註漯

九河濟漯屬北條水汝漢淮泗屬南條水疏瀹決排四字見禹之艱辛勞苦處雖欲耕得乎提掇耕字以應前獨可耕且為與句金仁山云依集註水道當是疏九河瀹濟漯排淮江而注之海決汝泗而注之淮決漢而注之江又孟子時江淮已通想記者即就當時水道誌之但與禹貢不合耳

后稷節旨

命稷一段接上中國可得而食句來倒重使契上以稷起契猶上節以益起禹也樹藝五穀正教民稼穡之實凡因天因地俱在其中有憂之有字可玩到人民育時聖人猶有憂在父子有親五句正教以人倫之實舜之使契只承宣堯命其制誥實自堯出故又引勳放以證之輔翼即在勞來匡直上見得自得句始教時之勞心振德句既教後之勞心聖人之憂民如此總收攝兩節而暇耕乎再提掇耕字以應獨可耕且為與句此上二節叙事下乃斷之

疏九河瀹濟漯而注諸海注聚也海是眾水所會處決汝漢排淮泗而注之江江是眾水所歸處然後中國可得而食也可得食言有田可耕尚待稷教稼穡當是時也是指治水禹八年於外言時之久三過其門而不入言其勤除民害雖欲耕得乎見勢不能兼也

註 天下猶未平者洪荒之世生民之害多矣聖人迭興漸次除治至此尚未盡平也洪大也橫流不由其道而散溢妄行也氾濫橫流之貌暢茂長盛也繁殖眾多也五穀稻黍稷麥菽也登成熟也道路也獸蹄鳥跡交於中國言禽獸多也敷布也益舜臣名烈熾也禽獸逃匿然後禹得施治水之功疏通也分也九河曰徒駭曰太史曰馬頰曰覆釜曰胡蘇曰簡曰潔曰鉤盤曰鬲津瀹亦疏通之意濟漯二水名決排皆去其壅塞也汝漢淮泗亦皆水名也據禹貢及今水路惟漢水入江耳汝泗則入淮而淮自入海此謂四水皆入於江記者之誤也

講 使並耕可為堯舜當先為之矣當堯之時洪荒初闢天下猶未盡平洪水橫流不由其道遂至氾濫於天下由是草木得洪水而暢茂禽獸得草木而繁殖民無耕稼之地而五穀不登矣禽獸偪近於人而獸蹄鳥跡之道交於中國矣洪水之害一至於此堯以天下為己責獨勞心而憂之然堯又不能以一身治之也於是舉舜而敷治焉舜既承命遂擇官以分其任將使禹治洪水也乃先使益掌火益則烈山澤而焚之於是禽獸失所依皆逃匿而遠遁則治水之功可施矣禹任治水之責以西北之水莫大於九河濟漯於是疏通乎九河以分其勢瀹瀹乎濟漯以殺其流而皆注諸海焉東南之水莫大於汝漢淮泗於是決汝漢以去其壅排淮泗以通其塞而皆注之江焉洪水既平則耕稼有地然後中國之民皆將可得而粒食也然當是治水之時也禹八年之久勞身於外三過其家門而不暇入禹之急於治水如此雖欲從事於耕得乎

○后稷教民稼穡后稷司農之官稼是種穡是斂樹藝五穀樹藝即教民事五穀熟而民人育育是遂其生人之有道也此有字正伏下五個有字飽食煖衣逸居而無教逸居安逸而居則近於禽獸近言相去不遠聖人有憂之聖人兼堯舜說使契為司徒司徒掌教之官教以人倫人倫即下父子五倫父子有親親是父慈子孝君臣有義義是君令臣共夫婦有別別是內外倡隨之別長幼有序序是兄友弟恭朋友有信信是情意相孚放勳曰勞之來之勞是慰勉來是引進匡之直之匡是閑其邪直是矯其枉輔之翼之輔是輔其委靡不能立者翼是翼其退縮不得行者數之字俱指人倫使自得之

者河之支流也纂語云濟由王屋而發其同流而肆毒者伏見之屢見久為患於徐豫之區漯自大伾而來其助河以張威者揚溢之多端且直放乎豫兗之境漯自大伾本水經注

汝漢淮泗

汝出河南天息山至蔡州入淮○禹貢曰嶓冢導漾東流為漢又東為滄浪之水過三澨至于大別南入于江東匯澤為彭蠡東為北江入于海○淮出胎簪山禹貢曰導淮自桐柏東會于泗沂東入于海又曰淮沂其乂浮於淮泗達于河○泗出泰山陪尾有泗源南

堯以節旨

上文言堯舜之憂民急於為治而不暇耕此乃言堯舜之憂民所憂者大而不必耕堯之憂不得舜舜之憂不得禹皐陶君相之道也兩憂字從上舉字使字討出禹皐陶乃總括之辭益稷契即在其中農夫之憂則憂之小耳

分人節旨

此解堯舜之所以憂處見得為已憂正為天下憂以著其所憂之大意分財教善但謂惠忠者從人字上見小耳若是為天下得人則且盡天下而惠之忠之故曰仁蓋仁者以天下為一體者也與人主禪讓說既得人而以天下與之非難未得人而為天下

自得是得其本來所自有之性 **又從而振德之** 振是提撕警覺德是加惠於民 **聖人之憂民如此** 聖人指堯舜如此總承上節堯獨憂之以下來 **而暇耕乎** 見不能並耕意 【註】言水土平然後得以教稼穡衣食足然後得以施教化后稷官名棄為之然言教民則亦非並耕矣樹亦種也藝殖也契亦舜臣名也司徒官名也人之有道言其皆有秉彝之性也然無教則亦放逸怠惰而失之故聖人設官而教以人倫亦因其固有者道之耳書曰天敘有典敕我五典五惇哉此之謂也放勳本史臣贊堯之辭孟子因以為堯號也德猶惠也堯言勞者勞之來者來之邪者正之枉者直之輔以立之翼以行之使自得其性矣又從而提撕警覺以加惠焉不使其放逸怠惰而或失之蓋命契之辭也 【講】然水土雖平民利未興聖人之心未已也舜又命后稷教民稼穡之事以樹藝乎五穀由是五穀成熟而民人不至艱食皆得受生育之賜矣然民莫不有秉彝之道也若使徒飽食煖衣逸居而無教則不知由其道而近於禽獸故堯舜聖人有憂之使契為司徒之官教以人倫之道父子則教以慈孝之親君臣則教以令共之義夫婦則教以內外之別長幼則教以友恭之序朋友則教以相孚之信此五者人之大倫也既命契以教之而放勳又告戒之曰民之用力於倫者則獎勸以勞之民之歸向於倫者則誘掖以來之民之立心背於倫者則匡而正之民之所行戾乎倫者則矯而直之凡此勞來匡直正所以輔而立之翼以行之使之自得其性也既自得其性矣且又從而提撕警覺以加曲成之惠焉堯之命契如此夫水土方平即思所以養之衣食既足又思所以教之堯舜二聖人之勞心以憂民如此而暇為耕之事乎哉

○**堯以不得舜為己憂舜以不得禹皐陶為己憂** 此二句在上文抽出言之重所憂之大意 **夫以百畝之不易為己憂者農夫也** 此二句帶言許行並耕之說 【註】易治也堯舜之憂民非事事而憂之也急先務而已所以憂民者其大如此則不惟不暇耕而亦不必耕矣 【講】堯舜之憂民固不暇於耕矣然豈事事而憂之哉堯之心惟以不得舜為己憂一得舜而堯之憂付之矣舜之心惟以不得禹皐陶為己憂一得禹皐陶而舜之憂付之矣堯舜之憂其大如此若夫以百畝之田不易為己憂農夫小人勞力者之所為也豈聖人之所憂哉

○**分人以財謂之惠** 分人之財是分己之財以與人惠是小可恩惠 **教人以善謂之忠** 善即上節倫理之道忠只是盡心 **為天下得人者謂之仁** 得人是得賢者仁是天下被其澤 **是故以天下與人易** 易就人情輕富貴說 **為天下得人難** 難就得人上見 【註】分人以財小惠而已教人以善雖有愛民之實然其所及亦有限而難久惟若堯之得舜舜之得禹皐陶乃所謂為天下得人者而其恩惠廣大教化無窮矣此其所以為仁也 【講】堯舜之憂惟在於得人誠以得人之所係為甚大也彼憂人失養而分人以財即其及人之澤謂之惠可也憂人無知而教人以善即其愛民之實

至下邳入淮
江
禹貢曰岷山導江東別為沱又東至于澧過九江至于東陵東迤北會為滙東為中江入于海
契
契帝嚳之子母簡狄有娀氏之女帝嚳次妃見玄鳥墮其卵吞之因孕生契為舜司徒湯其後也舜典帝曰契百姓不親五品不遜汝作司徒敬敷五教在寬
司徒
司徒掌教之官徒謂萬民也教養萬民之衆故謂之司徒
三年
檀弓云事師無

求之則難惟難故憂也

大哉節旨
許行不知為君大體故有並耕之說此引孔子言以證堯舜立君道之極也註則訓法便有效法意與論語訓準字不同不與訓不以位為樂自有憂勤意在豈無所用心就指為已憂二句講前不得耕不暇耕以勢言此不用於耕則以理言耕字至此三提掇總收結獨可耕且為一句

用夏節旨
許行之謬上文已闢盡此下責陳相倍師而學許行乃其餘意也吾聞用夏一句起直至為不善變矣方是煞落照應處本節只責其倍師註陳相變於夷句宜渾陳良六句不是揄揚陳良之為人正見相兄弟不可倍意周公有相道仲尼有師道俱本得統於堯舜來

昔者節旨
此引孔門之不倍師以曉諭警動之

謂之忠可也惟為天下得人若堯之得舜舜之得禹皐陶則其為惠也大其為忠也溥斯謂之仁焉夫仁覆天下而惟係於得人則得人豈易言哉是故以天下與人但有公心者類能之猶易也若夫為天下得人非有知人之哲者不能也不亦難哉此堯舜所以切切然而以不得人為已憂也 ○孔子曰大哉堯之為君惟天為大惟堯則之之字指天蕩蕩乎民無能名焉無能名言民不能形容其大君哉舜也巍巍乎有天下而不與焉堯舜之治天下豈無所用其心哉用心兼教養除害說亦不用於耕耳此句正見治天下不必耕意

【註】則法也蕩蕩廣大之貌君哉言盡君道也巍巍高大之貌不與猶言不相關言其不以位為樂也

【講】夫堯舜用心之大觀孔子所稱可見矣昔孔子嘗贊堯有曰大哉堯之為君也惟天為大惟堯則之蕩蕩乎德之廣大民無能名焉其贊舜有曰君哉舜也巍巍乎以匹夫有天下而若不與焉由孔子之言觀之則知堯舜之治天下所以致此蕩蕩巍巍者豈無所用其心哉亦以所憂者在於為天下得人以盡大人之事而不用於耕耳使堯舜用心於耕則是以小人之事為事矣何以成此蕩蕩巍巍之功哉甚矣許行之謬也

○吾聞用夏變夷者未聞變於夷者也二句先立個斷案陳良楚產也楚是南蠻之國悅周公仲尼之道悅以心言道即堯舜所傳之道北學於中國學以事言楚在中國之南故曰北學於中國北方之學者未能或之先也未能先只是齊等意彼所謂豪傑之士也彼指陳良子之兄弟兄指陳相弟指陳辛事之數十年之指陳良數十年言其久師死而遂倍之遂字見其速

【註】此以下責陳相倍師而學許行也夏諸夏禮義之教也變夷變化蠻夷之人也變於夷反見變化於蠻夷之人也產生也陳良生於楚在中國之南故北遊而學於中國也先過也豪傑才德出衆之稱言其能自拔於流俗也倍與背同言陳良用夏變夷陳相變於夷也

【講】子乃稱述許行亦異乎吾所聞矣吾聞用諸夏禮義之教變蠻夷之俗者未聞中國禮義之教反受變於蠻夷者也子之師陳良南楚所產之人也然生於楚而不囿於楚悅周公仲尼之道得統於堯舜遂北遊而學於中國雖北方之人學於周孔者亦不過與良相頡頏未能或之先也彼誠拔出流俗所謂豪傑之士也其用夏變夷如此夫固師之終身可也乃子之兄弟事之數十年矣周孔之道聞之不為不久矣迨師死未幾而遂棄其學以從異端之許行若子者非所謂變於夷者耶

○昔者孔子沒三年之外門人治任將

犯無隱左右就養無方服勤至死心喪三年。孔子之喪門人疑所服子貢曰昔者夫子之喪顏淵若喪子而無服喪子路亦然請喪夫子若喪父而無服

鴂 鴂鵙同豳風云七月鳴鵙又月令仲夏鵙始鳴言應陰而後動者也

不倍師有四層看來却是兩段上段相嚮而哭悲失所宗也此是門人不倍師獨居三年感戀無既也子貢之不倍師較甚於門人矣下段欲以事夫子者事有若見思慕之深此是三子不倍師皜皜乎不可尚見宗仰之篤曾子之不倍師較深於三子矣三子在氣象上擬聖之似不如曾子在心體上窺聖之真江漢濯秋陽暴俱假借形容濯以江漢則非常尋洗濯之力暴以秋陽則非尋常表暴之功總是聖心一疵不存萬理明淨故曰皜皜不可尚皜皜即承上二句言不可尚則又誰得而似之

今也節旨

此方責他學許行之非非先王之道非字不訓詆毀言相反也曾子不事似聖之有若陳相乃師非聖之許行故獨曰異於曾子

出於節旨

此合下節見他所疑之不善而深責之本節專就鳥言陳相由高趨下正意當補在言外

歸治是整飭**入揖於子貢**以子貢主喪事故皆揖而辭之**相嚮而哭**嚮是對**皆失聲然後歸**失聲是哀之甚**子貢反築室於場**反作復字看室是廬舍**獨居三年然後歸**獨居是自己守墓三年**他日子夏子張子游**他日是喪畢既歸後**以有若似聖人**似聖人指言行氣象**欲以所事孔子事之**此亦見三子不倍師處**彊曾子**以曾子有不從而彊之也**曾子曰不可**此曾子真能不倍師也**江漢以濯之秋陽以暴之**兩之字指道德言**皜皜乎不可尚已**皜皜即明著光輝也

〔註〕三年古者為師心喪三年若喪父而無服也任擔也場冢上之壇場也有若似聖人蓋其言行氣象有似之者如檀弓所記子游謂有若之言似夫子之類是也所事孔子所以事夫子之禮也江漢水多言濯之潔也秋日燥烈言暴之乾也皜皜潔白貌尚加也言夫子道德明著光輝潔白非有若所能彷彿也或曰此三語者孟子贊美曾子之辭也

〔講〕獨未聞聖門之尊其師者乎昔者孔子沒至於三年之外門人心喪已畢各治其任將歸時以子貢主喪事入揖辭之彼此相嚮而哭皆至失聲然後歸門人追慕其師如此子貢獨不忍遽去反而築室於壇場之上獨居三年然後歸子貢之追慕其師又如此他日子夏子游子張以有若言行氣象有似聖人欲以所事孔子之禮事之以慰其思慕之意而彊曾子與之同事曾子曰不可師原論道德不論形似吾夫子之道德極其純粹而無雜其諸江漢以濯之者矣又極其明著而無累其諸秋陽以暴之者矣皜皜乎舉天下之言潔白無以加乎其上已豈有若所能彷彿哉是曾子篤信其師而不忍倍者又如此

○**今也南蠻鴃舌之人**今也與上昔者緊照**非先王之道**道指禮義之教言**子倍子之師而學之**師指陳良學之指學許行**亦異於曾子矣**

〔註〕鴃博勞也惡聲之鳥南蠻之聲似之指許行也

〔講〕夫有若雖不及聖德而猶有似於聖人曾子尚不忍以輕事之今許行乃南蠻鴃舌之人所學異端本非先王之道與子之師正相反者也子乃倍子之師而學之亦大異於曾子之尊師者矣 ○

吾聞出於幽谷幽谷是幽暗之谷異端幽暗**遷于喬木者**喬木是高聳之木比聖賢高明**未聞下喬木而入於幽谷者**下喬木入幽谷暗指陳相學許行意

〔註〕小雅伐木之詩云伐木丁丁鳥鳴嚶嚶出自幽谷遷于喬木

〔講〕且人之擇所從猶鳥之擇所止吾聞出於幽谷之卑遷於喬木之高者未聞反下喬木而入於幽谷者今陳良誦法先王如喬木之高許行溺於異端如幽谷之卑子乃倍陳良而學許行是下喬木而入於幽谷也誠鳥之不如矣豈吾所聞哉 ○

荆舒　穀梁傳云荆者楚也何為謂之荆狄之也左傳云楚大饑羣舒判之

五尺　人生二十則七尺十五則六尺五尺之童自成童以下也

布帛　禮運云治其麻絲以為布帛

麻縷絲絮　麻枲也陳風云東門之池可以漚麻又云不績其麻市也婆娑郭璞麻蕡曰草皮之良莫貴為麻用無不給服無不嘉○麻是本然者縷則因麻以成○周禮典絲掌絲入而辨其物禹貢兗州厥貢漆絲厥篚織文青州岱畎絲枲○陶淵

魯頌節旨
引魯頌見許行之學之邪為聖人所必誅也戎狄是夷故曰膺荆舒是變於夷者故曰懲但變於夷即是夷故又總曰膺不善變正應變於夷句以定其罪

從許節旨
開口說從許子之道不獨為許子置辯并倍師之失亦辯之也市賈不貳句為主無偽不欺俱跟不貳來下四句正言不貳之實賈相若謂長與長同價短與短同價也輕重多寡大小亦然註不論精麤美惡是透下意萱滓未經辟績為麻已經條析為縷絲繭所吐也細絲為棉絮敝棉也

夫物節旨
此孟子闢許行齊價之非物之情言氣化有參差人工有巧拙乃自然之實理倍蓰什伯千萬正是精麤美惡不齊處而價因之借巨屨小屨為喻從許子捆屨來蓋就其明者通之也治國家內重通章所關皆是治國家事徐徹弦曰許子始託神農並耕之說欲齊人也而不知人有大小之等不可以相兼繼託神農市價之說欲齊物也而不知物有精麤之殊不能以同價

魯頌曰戎狄是膺荆舒是懲二句是詩辭**周公方且膺之**此句釋詩見其不容於聖人處**子是之學**是指許行**亦為不善變矣**不善變應前變於夷句

【註】魯頌閟宮之篇也膺擊也荆楚本號也舒國名近楚者也懲艾也按今此詩為僖公之頌而孟子以周公言之亦斷章取義也

【講】且魯頌閟宮之詩曰於戎狄則膺而遏之於荆舒則懲而伐之夫戎狄荆舒周公方且膺之今子從是人而學之所謂變於夷者亦為不善變矣然則子不唯曾子之罪人亦周公之罪人也

○**從許子之道**道指治市之道**則市賈不貳**不貳是無貳樣**國中無偽**無偽無欺詐意**雖使五尺之童適市**二歲半為一尺適往也**莫之或欺**欺是隱瞞意**布帛長短**長短以丈尺言**則賈相若**相若即一般意**麻縷絲絮輕重同則賈相若**輕重以權衡言**五穀多寡同則賈相若**多寡以斗斛言**屨大小同則賈相若**大小以形體言

【註】陳相又言許子之道如此蓋神農始為市井故許行又託於神農而有是說也五尺之童言幼小無知也許行欲使市井所鬻之物皆不論精麤美惡但以長短輕重多寡大小為價也

【講】陳相又變其辭曰許行並耕之說雖不可從然從許子治市之道則物得其平而市賈不貳交易得宜而國中無偽雖使五尺之童適市以貿易人亦莫之或欺如布與帛但以丈尺長短同則價即相若如麻與縷絲與絮但以斤兩輕重同則賈即相若如五穀但以斗石多寡同則賈即相若如屨則以尺寸大小同則賈即相若市價之不貳如此此許子之道之善而有可從者也

○**曰夫物之不齊**物包上布帛等項不齊就精麤美惡言**物之情也**情是自然之理**或相倍蓰或相什伯或相千萬**此三句申說不齊之極致**子比而同之**同是合倍蓰什伯千萬之相去者同一賈也**是亂天下也**就物價失平說**巨屨小屨同賈**巨屨喻精美小屨喻麤惡同賈與上不同此言巨屨之賈同於小屨之賈**人豈為之哉**喻人不肯為精美**從許子之道相率而為偽者也**此正破他國中無偽句**惡能治國家也**惡何

【註】倍一倍也蓰五倍也什伯千萬皆倍數也比次也孟子言物之不齊乃其自然之理其有精麤猶其有大小也若大屨小屨同價則人豈肯為其大者哉今不論精麤使之同價是使天下之人皆不肯為其精者而競為濫惡之物以相欺耳

【講】孟子又辯之曰氣化有參差人事有

明云敗檗自擁何慭兒子

墨者

墨者之葬也冬日冬服夏日夏服桐棺三寸居喪三月世主以為儉而禮之

墨者章旨

此章孟子闢兼愛以明正道重一本二字人以本生愛以本立本一則愛正不得不差等此人心自然不容已處夷子雖漸於墨教而厚葬其親正良心之動於一本而不自知者孟子從此處痛言仁人孝子之道以挑醒之宜夷子聞言而悟也

墨者節旨

夷之而冠以墨者別其初也求見吾儒便是反正之機吾固願見以下辭甚婉曲有使其欣然愛慕意

他日節旨

孟子所以告夷子者俱是因明通蔽學墨氏者夷子之蔽而厚葬親者本心之明如以厚為是則與其道之薄者反矣如以薄為是則其厚葬者非矣此欲夷子反其本心也所賤事親句非直折語乃故意激他厚葬念頭認出天理來條辦云既曰吾今則可以見卻於未見前而直之者正朱子所謂不輕接其人交口競辯以屈吾道之尊也然至本心悔悟則於命之矣之後亦必見之未有默然而去者

巧拙夫物之美惡精麤不齊者乃其自然之情也就其不齊者而較之或自一而相去一倍五倍焉或自一而相去什倍百倍焉或自一而相去千倍萬倍焉物之不齊如此子欲比其不齊之物而同之使無異賈則物情不得其平人心日趨於詐是亂天下之道也試即子之所謂屨者言之物之有精麤美惡猶屨之有大小也設使巨屨與小屨同賈則人豈肯為其巨者哉然則精者與麤者同賈則人豈肯為其精者哉若從許子齊賈之道是使天下之人相率而爭為濫惡之物以相欺偽也本欲去偽適以長偽惡能治國家哉是不惟並耕之說不可從而治市之道亦不可從矣子從而學之何哉

○墨者夷之因徐辟而求見孟子因託也求見是心中不安於墨孟子曰吾固願見願見是託為本心欲見今吾尚病是託病病愈我且往見夷子不來不來莫作記者言乃孟子謂夷子不必再來

【註】墨者治墨翟之道者夷姓之名徐辟孟子弟子孟子稱疾疑亦託辭以觀其意之誠否

【講】時有治墨翟之道名夷之者因徐辟而求見孟子蓋歸儒之一機也孟子未知其意之誠否姑託病以辭之曰夷子之來吾固願見今吾尚病未能見也病愈吾且往見夷子不必來也此非孟子真欲往教而卻其來正待其能再來以為施教之地耳

○他日又求見孟他日是託疾之後日子孟子曰吾今則可以見矣見其來意之誠不直則道不見道是吾儒之道我且直之且字對未邊見言吾聞夷子墨者治墨翟之道者墨之治喪也喪是親喪以薄為其道也薄指註中生不歌三句言夷子思以易天下豈以為非是而不貴也猶言決不以薄道為不是不以薄道為不貴然而夷子葬其親厚葬其親厚是心不安從其薄意則是以所賤事親也賤事親指厚葬說

【註】又求見則其意已誠矣故因徐辟以質之如此直盡言以相正也莊子曰墨子生不歌死無服桐棺三寸而無椁是墨之治喪以薄為道也易天下謂移易天下之風俗也夷子學於墨氏而不從其教其心必有所不安者故孟子因以詰之

【講】他日夷子又因徐辟以求見孟子則其意已誠矣孟子語徐辟曰吾今病愈可以見夷子矣但墨道與吾道不同使我不盡言以正其非則吾儒之道不見其為是也我且未見而先直之吾聞夷子乃學於墨氏之道者墨氏之治喪也凡棺槨之類槩以薄為其道也夷子思以其道移易天下之風俗豈以墨氏之道為非是而不貴尚之哉既以薄為貴則必以厚為賤矣然而夷子所以葬其親者卻從厚則是以墨氏所賤之道事其親也是何心哉

○徐子以告夷子告指所貴者薄而所賤者厚說夷

徐子節旨

夷子曉得孟子兩路窘他故亦兩救之引書錯認儒者非不兼愛此言何謂也是詰問儒者之辭見儒家亦有辭不采處墨氏本病在愛無差等施由親始一句乃夷子臨時撰出竊附儒者立愛惟親意是自己解釋之辭但既曰愛無差等則施由親始亦只施此無差等之愛耳如何便該從厚信乎其遁而窮矣夫夷子五句先解吾儒非愛無差等之說見不得援儒入墨且天之三句正破墨子愛無差等之誤見亦不得推墨附儒也彼指書辭赤子匍匐二句當以小民相形說一本猶云一脈人只有一個父母若愛無差等則待其親如路人待路人如其親非二本而何

匍匐　釋名云匍匐小兒時也匍猶捕也藉索可執取之言也匐伏也伏地而行也

蓋上節旨

此又畧其遁辭專以良心之發於不容已者動之歸到末二句以厚為道上言外見得夷子之厚葬有不失為仁孝者兩蓋字俱想當如此之辭他日過之非偶然經過分明既委後不

狐狸　狐善疑狸善擬不可以有為故古者以為燕居之裘詩曰取彼狐狸為公子裘

子曰儒者之道（道指孟子所學者言）古之人若保赤子（古之人指先聖說）此言何謂也（此言指若保赤子何謂何說也）之則以為愛無差等（之夷子名無差等謂愛無厚薄等級此句解若保意）施由親始（施是施愛由自也親是父母始是起頭此句解厚葬）徐子以告孟子孟子曰夫夷子信以為人之親其兄之子（兄之子情親而當厚此比赤子看）為若親其鄰之赤子乎（鄰之子情疏而當薄此比民看）非赤子彼有取爾也（取爾如言有所取義）赤子匍匐將入井（匍匐手足並行也此喻小民無知犯法）非赤子之罪也（此喻非小民之罪中上若保赤子意）且天之生物也（物字作人字看）使之一本（一本指皆本於父母說）而夷子二本故也（二本指父母與路人說）

〔註〕若保赤子周書康誥篇文此儒者之言也夷子引之蓋欲援儒而入於墨以拒孟子之非己又曰愛無差等施由親始則推墨而附於儒以釋己所以厚葬其親之意皆所謂遁辭也孟子言人之愛其兄子與鄰之子本有差等書之取譬本為小民無知而犯法如赤子無知而入井耳且人物之生必各本於父母而無二乃自然之理若天使之然也故其愛由此立而推以及人自有差等今如夷子之言則是視其父母本無異於路人但其施之之序姑自此始耳非二本而何哉然其於先後之閒猶知所擇則又其本心之明有終不得而息者此其所以卒能受命而自覺其非也

〔講〕徐子以孟子之言告夷子夷子自辯其是曰孟子謂我兼愛為非彼儒者之道未始不是兼愛如康誥所言古人保民若保赤子此言果何謂也不猶吾之兼愛者乎在之訓以為赤子至親也以赤子視天下亦親也故愛本無差等之異但所施之序則由親始耳此吾所以厚葬其親也豈以所賤事親乎徐子以夷子之言告孟子孟子又解書之意以闢之曰夫夷子據如保赤子之言信以為人之親其兄之子為若親其鄰之赤子而果無差等乎彼書之言固有所取爾也書之言本為小民無知而犯法非小民之罪如赤子無知而匍匐將入井非赤子之罪也故保民若保赤子耳非謂愛其兄之子一若愛其鄰之赤子也謂儒者之道亦兼愛不亦謬乎且天之生物也受氣於父成形於母其本原一而無二若天使之然者惟其本出於一故愛亦主於一今夷子謂愛無差等則親固其親而路人亦其親矣是人皆一本而夷子二本故也雖施由親始豈同於儒者之立愛惟親哉

○蓋上世嘗有不葬其親者（不葬是禮制未起人尚未知埋葬其親）其親死則舉而委之於壑他日過之（他日是委親之後過之是經過委親之所）狐狸食之（狐狸似犬而稍小之指親屍）蠅蚋姑嘬之

說文云狐妖獸也有三德其色中和小前大後死則首丘陶隱居曰狸似狐斑亦有似貓斑者其名不一有香狸有風狸又有玉面牛尾狸尾文九節狸

蠅蚋　埤雅云青蠅善亂色蒼蠅善亂聲詩曰營營青蠅止于棘○秦晉謂之蚋楚謂之蚊埤雅云蚊有昏市蓋蠅成市於朝蚊成市於暮又云蚋喜亂飛似蚊而小望之如霧因雨而生與蚊實異蠱之神

忍忘復往過低徊即此便見天性之切其顙句至而掩之都見出於自然之不容已掩之誠是三句見惟其出於自然之不容已是以有所當然而不可易掩之誠是就上世看則孝子仁人推開就後世言玩亦必有三字正見厚葬之道是而薄之為非愛無差等之謬更不攻自破矣

憮然節旨
憮然如人在迷途忽經點破倉皇悵望盡失所據之意亦是其本心有戚萌動處也為閒方言有昏暈初醒稍定始能言之態命之矣言不待面見即此已指示我多矣一矣有感傷不

陳代章旨
此章見君子守己之義首節陳代欲孟子枉己以有為下是孟子詳言己不可枉而枉己不可以有為也齊景節告以不可往見之意下三節申言枉尺直尋之非內作三轉一步深一

(蠅是青蠅)其顙有泚睨而不視(此正一本真情動處)夫泚也非為人泚(言非為他人有所掩飾也)中心達於面目(中心字最重一本可驗者莫切於此)蓋歸反虆梩而掩之(蓋歸字有急急意虆梩是運土之器掩之是覆親屍)掩之誠是也(誠字作若字看)則孝子仁人之掩其親(孝子仁人重看掩指葬親說)亦必有道矣(道是厚葬之道)【註】因夷子厚葬其親而言此以深明一本之意上世謂太古也委棄也壑山水所趨也蚋蚊屬姑語助聲或曰螻蛄也嘬攢共食之也顙額也泚泚然汗出之貌睨邪視也視正視也不能不視而又不忍正視哀痛迫切不能為心之甚也非為人泚言非為他人見之而然也所謂一本者於此見之尤為親切蓋惟至親故如此在他人則雖有不忍之心而其哀痛迫切不至若此之甚矣反覆也虆土籠也梩土轝也於是歸而掩覆其親之尸此葬埋之禮所由起也此掩其親者若所當然者孝子仁人所以掩其親者必有其道而不以薄為貴矣【講】以一本之理言之蓋上古之世法制未備嘗有不葬其親者其親死則舉而委之於山水所趨之壑至於他日過之則見夫狐狸羣而食之蠅蚋姑聚而嘬之於是其顙泚然汗出但邪視而不忍正視夫泚也非為他人見之而有此泚也乃其哀痛迫切之情由中心而達於面目無所為而然者也於是歸取虆梩反土而掩之後世葬埋之禮從茲起矣夫此掩其親者若所當然則孝子仁人之所以掩其親者亦必有道而不以薄為貴矣蓋惟其本之一故其葬之厚彼夷子之厚葬正於仁孝之心一本之道有合焉顧乃蔽於愛無差等之學謂之何哉

○徐子以告夷子(告是告以信以為以下至亦必有道之言)夷子憮然為閒曰命之矣(之夷子名)【註】憮然茫然自失之貌為閒者有頃之閒也命猶教也言孟子已教我矣蓋因其本心之明以攻其所學之蔽是以吾之言易入而彼之惑易解也【講】徐子以孟子之言告夷子夷子即自覺墨道之非悟儒道之正憮然自失為閒曰始吾學於墨氏而不知其非也今聞夫子之言乃知天性果無二本葬親果當從厚夫子固已教我矣

滕文公章句下（凡十章）

○陳代曰不見諸侯(不見是不先往見)宜若小然(小是只能守己)今一見之(見是屈己往見之指諸侯)大則以王(大是大用以王是成王業)小則以霸(小是小用以霸是成霸業)且志曰枉尺而直尋(枉尺是屈少意直尋是伸多意)宜若可為也(可為指見諸侯說是陳代解志之意)【註】陳代孟子弟子也小謂小節也枉屈也直伸也八尺曰尋枉尺直尋猶屈己一見諸侯而

虞人
左傳云齊侯田於沛招虞人以旌不進公使執之辭曰臣不見皮冠故不敢進乃舍之仲尼曰守道不如守官君子韙之

趙簡子
簡子名鞅一名志父趙文子孫景子子也周舍事簡子能直諫舍卒三年簡子泣曰百羊之皮不如一狐之腋

步且夫節言利必不可為以勢言昔者至末節何也言即有利亦羞為以守言且子二句言枉道者必不得利以理言

陳代節旨
小然以僅僅自守言今一見內使有不待招意一見而可以王可以霸就是枉尺直尋之說又引志者明從來有此言宜若可為是代解志意以諷孟子也

昔齊節旨
此引虞人非其招不往以破他今一見之句志士二句寬說而贊美虞人在其中兩不忘活看是言所守之堅非必定要死溝壑而喪其元聖人所取在志節不重輕生如不待句發君子守道意最重不待其招全無幣聘之加比非其招而往之失更甚

且夫節旨
此節提出一利字正是勘破世情語如以利以下是反詰口氣君子論義不論利若既不論直枉亦將不論尋尺難道便枉尋直尺亦可為不成

趙簡節旨
前引虞人明不可往見之意見其能守義此引王良明不可枉尺直尋之意見其不徇利敘述王良重我不貫二句為下羞與之比立案正意亦在下節見之請復非要辭賤工之名只欲自見其長以明守法嘗誚之意謂

可以致王霸所屈者小所伸者大也 講 陳代以孟子守不見諸侯之義故諷之曰君子之不見諸侯意以此為大節也以代言之宜若小然今但一往而見之大則輔其君以王小則輔其君以霸所屈者小而所伸者大如此且志曰枉尺而直尋夫屈已一見所謂枉尺也以王以霸所謂直尋也以志之言而審事之理宜若可為也夫子何拘拘於小節哉 ○**孟子曰昔齊景公田招虞人以旌**招是以物招之使來旌是析羽注於旃干之首**不至將殺之**之指虞人**志士不忘在溝壑**志士是有守之人**勇士不忘喪其元**勇士是輕生之人**孔子奚取焉**奚取虞人只等稱贊他**取非其招不往也**非其招指旌不往是守虞人之分**如不待其招而往何哉**此句就君子說往是往見諸侯何哉猶言如何其可 註 田獵也虞人守苑囿之吏也招大夫以旌招虞人以皮冠元首也志士固窮常念死無棺槨棄溝壑而不恨勇士輕生常念戰鬬而死喪其首而不顧也此二句乃孔子歎美虞人之言夫虞人招之不以其物尚守死而不往況君子豈可不待其招而自往見之邪此以上告之以不可往見之意 講 孟子曰君子之不見諸侯者以義之不可枉耳昔者齊景公田獵因招守苑囿之虞人以大夫之旌虞人守分不至景公將殺之孔子美之曰志士固窮不忘在溝壑勇士輕生不忘喪其元虞人可謂志士勇士矣夫孔子奚取於虞人哉取非其所招之皮冠而守死不往也夫招之不以其物在虞人小吏尚且不往況不待諸侯之招而往見其如屈已何哉君子義不出虞人下矣 ○**且夫枉尺而直尋者以利言也**利指圖王霸說**如以利則枉尋直尺**枉尋是屈多意直尺是伸少意**而利亦可為與**亦可為與宜若可為相應 註 此以下正其所稱枉尺直尋之非夫所謂枉小而所伸者大則為之者計其利耳一有計利之心則雖枉多伸少而有利亦將為之邪甚言其不可也 講 夫君子之不見諸侯者以義言也而利非所計矣且夫所謂枉尺而直尋者不顧道義而急於功効不過以利言也如以計利為心則惟利是徇不但枉尺直尋而後為之即枉尋直尺盡喪其所守之節而可以小得富貴之利亦將為之與吾知其必不可矣 ○**昔者趙簡子使王良與嬖奚乘終日而不獲一禽**終日是自朝至暮不獲是不得**嬖奚反命曰**反命覆命於簡子**天下之賤工也**賤工是拙工**或以告王良良曰請復之彊而後可一朝而獲十禽**此句與終日不獲一反看**嬖奚反命曰天下之良**

衆人之唯唯不如周舍之諤諤舍亡我未嘗聞吾過也○簡子獵於晉山之陽撫膺而歎曰吾有食穀之馬數千多力之士數百欲以獵獸也吾恐鄭養賢以獵吾也

王良

一作郵良字無恤趙簡子之御也簡子御鄭師既戰簡子自矜其功良亦矜曰我兩靷將絕吾能止之我御者之上也

衍儀

衍魏陰晉人通

王良想是使人謂之觀下文自非面語吾為之四句正見不可意禽獸之來不皆當頭在射者左右顧盼迎而射之奚但當頭者能射左右皆不能射故舍正法驅車左右以迎之乃獲也引詩要見射御相成嬖奚不能意辭掌乘之命正以守馳驅之範

御者節旨

御者四句緊連上節說羞字重看且字對照君子若丘陵暗影枉尺直尋弗為也三字直掃他宜若可為辭氣凜然如枉道句決君子不以貽羞致誚何也應前何哉總是說如何其可也且子二句又進一層枉已即是枉道未有能直人則徒枉而已直尋直字以伸言直人直字以正言

景春章旨

此章見大丈夫在道德而不在權勢

工也[良工是稱其御之善]簡子曰我使掌與女乘[汝指嬖奚]謂王良良不可[不可是不肯意]曰吾為之範我馳驅終日不獲一[言其難得]為之詭遇一朝而獲十[言其易得]詩云不失其馳[馳是馳驅之法指御者言]舍矢如破[舍矢是發矢如破是中的指射者言]我不貫與小人乘[小人在不善射上見]請辭[辭其掌乘之命]【註】趙簡子晉大夫趙鞅也王良善御者也嬖奚簡子倖臣與之乘為之御也復之再乘也彊而後可嬖奚不肯彊之而後肯也一朝自晨至食時也掌專主也範法度也詭遇不正而與禽遇也言奚不善射以法馳驅則不獲廢法詭遇而後中也詩小雅車攻之篇言御者不失其馳驅之法而射者發矢皆中而力今嬖奚不能也貫習也【講】且利之不可計即藝士亦知之矣昔者趙簡子使御者王良與嬖奚乘本以從禽也乃終日之久而不獲一禽嬖奚反命於簡子曰王良天下之賤工也或以嬖奚之言告王良良自知其非御之罪乃曰請復為之嬖奚不肯乃彊之而後可遂以一朝之暫而獲十禽之多嬖奚反命於簡子曰王良天下之良工也簡子曰王良既為良工我使良專與汝乘因而請王良良辭之以不可曰始吾於奚也為之範我法度以馳驅則終日不獲一是非我之不善御乃彼之不善射也繼吾於奚也為之廢法而詭遇則一朝而獲十是非彼之善射乃吾之御枉法以成之也小雅車攻之詩云御者不失其馳驅之法而射者有舍矢如破之能此君子之技也今嬖奚不能必為之詭遇而後中乃小人也我不貫與小人乘請辭掌乘之命焉

○御者且羞與射者比[御者指王良射者指嬖奚]比而得禽獸雖若丘陵[只就一朝獲十推論]弗為也[弗為是不為詭遇之御]如枉道而從彼何也[枉道指今一見之說彼指諸侯]且子過矣[過指枉尺直尋之言]枉已者未有能直人者也[枉已就求見諸侯說直人是正人指君與民言]【註】比阿黨也若丘陵言多也○或曰居今之世出處去就不必一一中節欲其一一中節則道不得行矣楊氏曰何其不自重也枉已其能直人乎古之人寧道之不行而不輕其去就是以孔孟雖在春秋戰國之時而進必以正以至終不得行而死也使不恤其去就而可以行道孔孟當先為之矣孔孟豈不欲道之行哉【講】夫王良特一御者耳雖比於人奚不可者且羞與射者詭遇以阿比推其羞比之心使比而得禽獸雖若丘陵之多弗為也况君子以道自高如枉道而從彼諸侯何也不亦御者之不如乎且子枉尺直尋之言過矣蓋直已而能直人理之常也若枉已者先失其濟時之具未有能直人而成其王霸之業者也此吾守不往見之義奈何以小節視之哉

○景春曰公孫衍張儀[衍與儀俱魏國遊說之士]豈不誠大丈夫哉[大丈夫自氣燄上說]一

鑑所謂犀首者即衍也犀首魏官名衍嘗為此官史記犀首嘗佩五國之相印為從長又與張儀不善儀卒犀首入相秦○儀嘗事鬼谷子以其學術游說及得相秦散六國之衡挾強秦以令天下○黃氏曰衍或從或橫故其怒莫測衍一怒而秦攻魏矣行一怒而義渠襲秦矣諸侯誰不惴懼儀散從連橫故其怒莫當儀一怒而秦攻魏矣儀一怒而秦齊共攻楚矣諸侯誰不惴懼衍儀不相善故其怒相尋無已儀一怒行而魏攻南陽秦攻三川矣行一怒儀而魏攻韓

首節景春以大丈夫過許衍儀二節孟子斥衍儀不得為大丈夫末節詳言所謂大丈夫以曉之總衍儀之所恃在權勢術仰從人孟子所恃在道德所恃自我

景春節旨

此景春但在氣燄上說玩豈不誠三字有不勝欣慕意一怒則兵連安居則難解下句就上句看出熄如火之熄滅以兵猶火故也

是焉節旨

開口是焉得為大丈夫乎一語喝破下節末句方與此應引禮重女子之嫁邉丈夫之冠二句帶說故言父命而不及命之之辭以順二句是孟子解禮從母命敬戒無違上勘出妾婦以順為正道則行儀之順非正道可知順字最重

居天節旨

此正寫出大丈夫嚴嚴氣象居廣居三句是主得志二句是說一生受用此三者處富貴三句又言受用此三者底雄壯處一氣滚下末句緊頂上說正與恃他人之權勢者相反天下字不閑廣居正位大道皆是第一等底居之立之行之直到至極處三句亦有次第廣居是體正位大道是用獨行其道道字兼上仁義禮威是勢武是力

怒而諸侯懼一怒便是遊說諸侯以鄰國言懼是懼其攻伐**安居而天下熄**安居便不遊說熄是兵革熄滅【註】景春人姓名公孫衍張儀皆魏人怒則說諸侯使相攻伐故諸侯懼也【講】景春謂孟子曰我觀當世之士所稱赫赫然名高天下威震諸侯者若公孫衍張儀豈不誠大丈夫哉其一怒也則遊說諸侯使相攻伐而諸侯皆懼其安居也則遊說不行兵甲不用而天下以熄一已之喜怒而天下之安危係之非大丈夫而何哉○**孟子曰是焉得為大丈夫乎**是指儀衍包一怒二句意在內**子未之學乎**此句且虛**丈夫之冠也父命之**命指戒爾幼志勉爾成德等語**女子之嫁也母命之**命即下敬戒無違等語**往送之門**門是母家之門**戒之曰往之女家必敬必戒**敬是敬順於人戒是謹戒於己**無違夫子**此三句是母命**以順為正者妾婦之道也**道是順從之道【註】加冠於首曰冠女家夫家也婦人內夫家以嫁為歸也夫子夫也女子從人以順為正道也蓋言二子阿諛苟容竊取權勢乃妾婦順從之道耳非丈夫之事也【講】孟子曰是儀衍之為焉得為大丈夫乎夫大丈夫之道與妾婦不同子豈未學禮乎禮有云丈夫之冠也則父命之蓋責以成人之道女子嫁之也則母命之蓋示以婦順之意當其往送之門而戒之曰往之女家當恪守內則而必敬必戒無違爾夫子之命禮言如此可見以順從為正者乃妾婦當然之道也今二子雖假權力以炫耀一時其實皆揣摩諸侯之欲惡而順從之真妾婦者流耳且不可為丈夫況大丈夫乎○**居天下之廣居**居以存心言**立天下之正位**立以持身言**行天下之大道**行以處事言**得志與民由之**得志是遇時與民由指上廣居三項**不得志獨行其道**不得志是未遇獨行亦指上三項**富貴不能淫**此在順境上**貧賤不能移**此在逆境上**威武不能屈**此在勢權上**此之謂大丈夫**此字通承本節指全所性貞所遇說【註】廣居仁也正位禮也大道義也與民由之推其所得於人也獨行其道守其所得於己也淫蕩其心也移變其節也屈挫其志也○何叔景曰戰國之時聖賢道否天下不復見其德業之盛但見姦巧之徒得志橫行氣燄可畏遂以丈夫不知由君子觀之是乃妾婦之道耳何足道哉【講】夫所謂大丈夫者何如蓋仁統天下之善乃廣居也彼則存心以仁而居天下之廣居禮嘉天下之會乃正位也彼則持身以禮而立天下之正位義公天下之利乃大道也彼則制事以義而行天下之大道時乎得志則推其仁義禮之所得於人而與民由之時乎不得志則守其仁義禮之所得於已而獨行其道遇富貴則以仁義禮之道養其心不能為之淫也遇貧賤則以仁義禮之道安

圖秦矣諸侯又誰不惴懼迨夫名遂其謀各洩其情而行安居矣儀安居矣儀衍安居而天下自此熄矣

冠嫁

男子二十而冠始冠緇布冠也次加皮弁三加爵弁也郊特牲云適子冠於阼以著代也醮於客位加有成也三加彌尊喻其志也冠而字之敬其名也○女子十有五而笄二十而嫁昏義云古者婦人先嫁三月祖廟未毀教於公宮祖廟既毀教於宗室教以婦德婦言婦容婦功

妾婦

妾之為言接也言得接見於君子不得伉儷也

周霄章旨

此章見君子不枉道而仕前五節詳言君子急仕之情末節推明君子難仕之故問答本意俱在末節霄諷孟子重君子難仕句孟子不仕意重又惡不由其道句當以道字作骨

周霄節旨

霄之問有諷孟子難仕意孟子曰仕是霄下引傳及公明儀以證之無君俱指已仕而失位者言則未仕者可知出疆是失位之初非三月後事在已則皇皇在人則來弔弔即慰問之意作自已憂戚者非

三月節旨

問弔之太急一急字便隱為後文難字作勢

士之節旨

此將諸侯形士以明三月無君則弔之故在失祭上見仕國不單為祭也一猶字以諸侯例士下兩引禮兩解之諸侯自是客士自是主末二句承士邊言一年有四時之祭失位三月便廢一祭故為可弔不敢祭是傷於分不敢宴是傷於情註副褘皆祭服副編髮為之所以覆首為飾褘與翬同刻繒為之形而采畫之綴於衣也祭則凡物俱備薦則質簡易為祭有常日薦無常時祭有尸薦無尸有田

於命不能為之移也至於威武之臨亦以仁義禮之道貞其節不能為之屈也此其內重外輕超乎常人之上不謂之大丈夫而何哉彼儀衍者吾不知其何所學而何所守也予奈何輕言大丈夫乎

○周霄問曰古之君子仕乎（古指戰國之前言）孟子曰仕（仕指出仕）傳曰孔子三月無君則皇皇如也出疆必載質（通指孔子說）公明儀曰古之人三月無君則弔（弔是人弔之）【註】周霄魏人無君謂不得仕而事君也皇皇如有求而弗得之意出疆謂失位而去國也質所執以見人者如士則執雉也出疆載之者將以見所適國之君而事之也【講】周霄以孟子不見諸侯為難仕而欲諷之故先問曰古之君子仕乎孟子曰仕以行道古之君子仕也傳有曰孔子三月之間苟不得仕而無君則其心有皇皇然如有求而弗得也故失位出疆必載質而往以為見君之禮焉公明儀亦嘗言曰古之人三月之間不仕而無君則人皆來弔而安慰之觀傳與公明儀之言而知古君子之必仕矣

○三月無君則弔不以急乎【註】周霄問也以已通太也後章放此【講】周霄曰三月未為時之久也三月無君未為道之終窮也遂至相弔其於仕也不太急乎

○曰士之失位也（失位言先有位而今失之）猶諸侯之失國家也禮曰諸侯耕助以供粢盛夫人蠶繅以為衣服（諸侯四句及下惟士二句是括取祭義王制之禮文餘皆孟子辭禮夫人是諸侯妻衣服謂祭服）犧牲不成（純色曰犧牛羊曰牲）粢盛不潔衣服不備（三句本失國言）不敢以祭（恐瀆神也）惟士無田則亦不祭（田圭田也無田本失位言則亦字承諸侯來）牲殺器皿（器是俎豆之類）衣服不備不敢以祭則不敢以宴（不敢宴有抱恨不敢自安意）亦不足弔乎（弔重不得孝其親上）【註】禮曰諸侯為藉百畝冕而青紘躬秉耒以耕而庶人助以終畝收而藏之御廩以供宗廟之粢盛使世婦蠶於公桑蠶室奉繭以示於君遂獻於夫人夫人副褘受之繅三盆手遂布於三宮世婦使繅以為黼黻文章而服以祀先王先公又曰士有田則祭無田則薦黍稷曰粢在器曰盛牲殺牲必特殺也皿所以覆器者【講】孟子曰三月無君則弔者豈獨急於君哉蓋亦急於親耳士之有位而失位也猶諸侯之有國家而失國家也彼禮有曰諸侯耕助以供祭祀之粢盛夫人蠶繅以為祭祀之衣服此可見諸侯必有國家而後能供祭祀也使失其國則犧牲不能告成粢盛不能精潔衣服不能處備而不敢以祭知諸侯則知士矣禮又曰惟士失位而無田則亦薦而不祭此可見士必有田而後可祭也若失位而無

周霄
霄謂宮他曰子為霄謂齊王曰霄願為外臣令齊資我於魏宮他曰不可是示齊輕也夫齊不以無魏者以害有魏者故公不如示有魏公曰王之所求於魏者臣請以魏聽齊必資公矣是公有齊以齊有魏也

載質
質與贄同質之為言至也所執以自致也士執雉者取守介而不失其節之意

耕繅
天子帥三公九卿諸侯大夫躬耕帝藉天子三推三公五推卿諸侯九推○繅者繹繭為絲也繅三盆手謂置繭於盆中而以

者既祭又薦無田者但薦不祭薦如庶人春薦韭夏薦麥秋薦黍冬薦稻之類

出疆節旨
此問似益疑其急正越無辭於仕之難也

猶農節旨
此又以農夫例士將出疆之農夫不舍耒耜說明士補在後蓋質乃士所以見君者當出疆時即載此以俟其君之來聘而見之也

晉國節旨
難仕句是霄發問本旨下則孟子示以難仕之故也借丈夫一段引起室家四句影仕原所當急不待五句影仕原所當難願為之有室家指父母言父母之心心字即兩願字人皆有之便含國人在內媒妁之言亦跟父母之命來媒之言謀妁之言酌也謂謀合斟酌二姓之好也古之人正應前古之君子未嘗不欲仕欲字從願字生來收盡急仕意又惡不由其道惡字從賤字生來熟足難仕意難仕急仕並行不悖總以道為主耳惡不由道雖曰不敢以祭則不敢以宴而有所不恤矣

田則牲殺器皿衣服三者不備而不敢以祭也既不敢以祭則不得遂其孝享之心而不敢以自宴矣夫無君若不足弔因無君之故至不得孝其親亦不足弔乎此三月無君所以則弔也

○**出疆必載質何也**【註】周霄問也【講】周霄又曰三月無君不得盡奉先之孝是誠可弔矣若出疆則初失位耳必載質而行者果何謂也

○**曰士之仕也**仕以行道言**猶農夫之耕也**耕指謀食言**農夫豈為出疆舍其耒耜哉**耒耜是農夫耕器【講】孟子曰仕以行道為事耕以謀食為事是士之仕也猶農夫之耕也士見君不可以無質猶農夫之耕不可以無耒耜農夫豈為出疆可以廢耕而遂舍其耒耜哉然則士豈為去國可以廢仕而遂舍其質哉此出疆所以必載質也喻質

○**曰晉國亦仕國也**周霄晉人故據仕於晉者為問**未嘗聞仕如此其急**如此指三月無君則弔與出疆必載質言**仕如此其急也君子之難仕何也**君子暗指孟子難仕就不見諸侯說**曰丈夫生而願為之有室**室是妻室**女子生而願為之有家**家是夫家**父母之心人皆有之**凡為父母者皆然**不待父母之命**命是婚媾之命**媒妁之言**女為媒曰妁言是通二姓之言**鑽穴隙相窺**鑽是穿鑿穴隙是牆壁之孔相窺是男女相竊視**踰牆相從**踰越也從就也**則父母國人皆賤之**賤是鄙棄**古之人未嘗不欲仕也**古人孟子自寓欲仕者指盡孝親之仁行君臣之義說**又惡不由其道**不由其道指屈已見諸侯說**不由其道而往者**往是往見諸侯**與鑽穴隙之類也**枉道者與苟合者同一類

【註】晉國解見首篇仕國謂君子遊宦之國霄意以孟子不見諸侯為難仕故先問古之君子仕否然後言此以風切之也男以女為室女以男為家妁亦媒也言為父母者非不願其男女之有室家而亦惡其不由道蓋君子雖不潔身以亂倫而亦不徇利而忘義也

【講】周霄既得孟子欲仕之心遂諷之曰晉國亦君子遊宦之國也未嘗聞三月無君則弔出疆必載質仕如此其急也則君子當易於仕矣乃又不見諸侯而難於仕何也孟子曰君子之難仕者以道不可枉耳彼丈夫之生也而願為之有女以為室女子之生也而願為之有男以為家此父母之心不但一人為然人皆有之然必由之以禮斯可貴耳若不待父母婚媾之命與媒妁通好之言竟鑽穴隙以相窺踰越垣牆以相從則內而父母外而國人皆從而輕賤之故古之人知君臣之義不苟一日廢未嘗不欲出而仕也亦猶為父母者之願男女有室家也然出處之分明又惡夫自卑自小枉已徇人而不

手三次淹之每淹則以手抓出其緒也

媒妁 娶嫁須媒妁何遠恥防淫泆也

詩云娶妻如之何匪媒不得周禮地官媒氏掌萬民之判凡男女自成名以上皆書年月日名焉令男三十而娶女二十而嫁

農女 男耕女織是事其有功於衣食是功

梓匠輪輿 梓人成器械以利用匠人營宮室以安居輪人

彭更章旨
此章見士有功而當食意重入孝出弟守先待後上後特因其道辭而反覆折之然當時諸侯無有以孟子之傳食為泰者此意自更創出來故孟子連下許多子字

彭更節旨
後車三句暗指孟子不以泰乎便照無功說非其道二段側重下段如其道亦便暗照有功說子以為泰仍就舜言正意補在外

士無節旨
無事即無功是更發問本旨功字尚在下宜渾

子不節旨
子不通功七句一反一正只引起於此有人焉一段於此指戰國邪說橫議之時人即繼往開來之人是孟子自寓入孝四句指出士之有功處士自盡其孝悌即有興斯是共明孝悌之理意先王之道孝悌其大端也連井田學校喪禮封建一切在內守先與待後無兩層玩以字可見守字著力在閑邪衛正上說此正當時不足處故士以有餘補之乃通易之最大者子何尊二句怪而詰之仁義二字

由其道義之正焉彼不由其道義之正而自往見乎君者與鑽穴隙之類無異也其可賤何如哉此君子所以雖急於仕而又難於仕也 補 說統云通節只重又惡不由其道一句道字正與穴牆相照所以發士人羞惡之心

○彭更問曰後車數十乘從者數百人(從者謂弟子後車即從者之車)以傳食於諸侯(傳食是相為供應以食)不以泰乎(泰是侈泰過分)孟子曰非其道則一簞食(道指當然之理)不可受於人(簞食甚言其小)如其道則舜受堯之天下(天下甚言其小)不以為泰(是安受意)子以為泰乎(子指彭更泰指舜受天下為侈泰言) 註 彭更孟子弟子也泰侈也 講 彭更見孟子道不行而傳食諸侯疑其過分故問曰今有一介之士後車則數千乘從者則數百人以傳食於諸侯之國不以過分而侈泰乎孟子曰君子之辭受取舍一視道之可否何如耳苟非其道則不惟大者不可受也即一簞之食不可受於人簞食而上可知已如其道則不惟小者可受也即舜受堯之天下不以為泰天下而下又可知已子以士傳食為泰亦將以舜受天下之大為泰乎

○曰否(言舜受天下不為泰)士無事而食不可也(事字貼定諸侯說言士傳食而無一事有功於諸侯也不可即上泰字意) 註 言不以舜為泰但謂今之士無功而食人之食則不可也 講 更曰否非以舜為泰也但以士於人國無所事事而宴然食人之食為不可也吾所以疑其為泰也

○曰子不通功易事(易處正是通處四字串看)以羨補不足則農有餘粟女有餘布(二句指不通功之弊)子如通之則梓匠輪輿皆得食於子(此正是通功處)於此有人焉(此指異端橫議之時有人是孟子自負)入則孝出則悌(孝悌即仁義之實)守先王之道(守是護衛意道是仁義之道)以待後之學者(學是學仁義者)而不得食於子(從以為泰上見之)子何尊梓匠輪輿而輕為仁義者哉(尊即得食意輕即不得食意) 註 通功易事謂通人之功而交易其事羨餘也有餘言無所貿易而積於無用也梓人匠人木工也輪人輿人車工也 講 孟子曰子謂士無事而不可食不知其人有功也試以農工之事觀之使子不通人之功而交

作車輪以運行與人作車輿以利載考工記梓人有三一為筍簴一為飲器一為侯匠人有三一建國一營學一為溝洫輪人有二一為輪一為蓋輿人為車

瓦
古史云夏昆吾氏作瓦烏曹氏作磚

宋王偃
史記宋世家偃立為宋君十一年自立為王東

二字總括上孝悌守待重看

梓匠節旨
子何以其志三句指定君子說且子二句又就平日泛論以詰他蒙引云更初謂士無事而食不可是主於食功矣見孟子說一疑士有功處彼郤逃之於食志此所以終見破於孟子之言也

毀瓦節旨
毀瓦畫墁非謂以此去求食言毀瓦畫墁者之志則在於求食則將何以處之蓋甚其辭以見志之不可徇也然則句頂否字來正折他上面食志句末纔傳食非泰意

萬章章旨
此章極言行王政之無敵首節萬章疑宋行王政而受制於人中五節孟子言湯武行王政只在弔民取殘而

易其事以已之羨餘補彼之不足如是則農夫有餘粟女子亦有餘布而皆積於無用矣勢其可乎子如通之則木工之梓匠車工之輪輿皆得以其事而食於子於此異端競起之時而有人焉知先王之道莫大於仁義而仁義之道不越於孝悌也故入則孝於親以盡仁出則悌於長以盡義守先王仁義之道以待後世之學者此其繼往開來之功非梓匠輪輿者比矣乃反以為無功而不得食於子子何尊梓匠輪輿之人而輕為仁義之士者哉夫以待士者同於待工猶失其輕重之宜況輕於此而尊於彼吾不知子何所見而云然也

○曰梓匠輪輿其志將以求食也（志以初心言）君子之為道也（為道指入則孝四句）其志亦將以求食與（亦字對梓匠輪輿看與字疑其不當如此）曰子何以其志為哉（其指君子）其有功於子（有功是繼往開來之功）可食而食之矣且子食志乎食功乎（此就平日言帶有功說）曰食志（是遁辭）

註 孟子言自我而言固不求食自彼而言凡有功者則當食之

講 彭更於此無辭以對乃舍功而論志曰梓匠輪輿執藝以事人其志將以求食也食之可也若君子之為道也方務其遠者大者其志亦將以求食與孟子曰子何以君子之志為哉其有仁義之功於子則在彼固有可食而子亦當食之矣且子平日之食人也以其志之所在而食之乎抑以其功之所在而食之乎更強為之說曰食志功非所論也

○曰有人於此（人指工人）毀瓦畫墁（毀與畫乃工之拙所致也）其志將以求食也則子食之乎曰否（否是不食無功之志）曰然則子非食志也食功也（總是斷其所食在功意）

註 墁牆壁之飾也毀瓦畫墁言無功而有害也既曰食功則以士為無事而食者真尊梓匠輪輿而輕為仁義者哉

講 彭更之言與前所謂無事而食者已相悖馳矣孟子又從而詰之曰子既食志矣設若有人於此毀子之瓦畫子之墁無功而有害如此但原其志亦將以求食也則子亦因其志而食之乎更對之曰否此無功之志吾不食之也孟子曰毀瓦畫墁子既不食之然則子之所食者非食人之志也實食人之功也既曰食功則有功於吾道者在所當食矣乃以士為無事而食豈非尊梓匠輪輿而輕為仁義者哉

補 此章大旨只是士有大功而不可不食之以報其功也

○萬章問曰宋小國也今將行王政（就用兵淺淺說）齊楚惡而伐之（齊楚二大國）則如之何（是求為宋計）

註 萬章孟子弟子宋王偃嘗滅滕伐薛敗齊楚魏之兵欲霸天下疑即此時也

講 萬章問於孟子曰宋小國也今將伐暴安民以行王

敗齊取五城南敗楚取地三百里西敗魏軍乃與齊魏為敵國盛血以韋囊懸而射之命曰射天淫於酒婦人羣臣諫者輒射之於是諸侯皆曰桀宋宋其復為紂所為不可不誅告齊伐宋王偃四十七年齊湣王與魏楚伐宋殺王偃遂滅宋而三分其地

毫葛

宋州有二毫北毫在大蒙城為景毫湯所盟地因景山為名南毫在穀熟縣即湯所都也○葛伯嬴姓國也有云葛天氏之後

皆與敵於天下末節言宋不能行王政王意末節點破

萬章節旨

宋王偃欲削平禍亂混一區宇似亦是王政中事萬章疑焉而舉以為問

湯居節旨

引湯大意重誅君弔民見湯之能行王政處此節只輕敘過為下文行師張本自湯居毫至往為之耕言湯之於葛委曲寬容教誨也自老弱饋食至仇餉言葛之於湯極力拒命肆虐也葛之無道豈止不祀一端而不祀乃其大者得罪於湯亦豈止殺童子一端而殺童子乃其甚者

為其節旨

此節且就葛伯一事說四海之內皆曰非富天下者同一諒其心之無他也

湯始節旨

此與多謀章辭同而意少異彼重為政於天下此重望以為君各有所指也不言天下信之者以上文皆曰二句民心已盡孟子了自湯始征至後我皆書辭民之望之二句釋書意言湯

故不楚惡而伐之則如之何恐其小不可以敵大也

○孟子曰湯居毫 毫是邑名 與葛為鄰葛伯放而不祀湯使人問之曰 之指葛伯 何為不祀曰無以供犧牲也 此是託辭 湯使遺之牛羊 遺是饋意 葛伯食之又不以祀 又字對前不祀看 湯又使人問之曰何為不祀曰無以供粢盛也 此亦是託辭 湯使毫衆往為之耕老弱饋食 饋食所以給耕者 葛伯率其民要其有酒食黍稻者奪之 要是攔截 黍稻是預為飯者 不授者殺之有童子以黍肉餉殺而奪之書曰葛伯仇餉此之謂也 此指殺童子奪黍肉餉說

註 葛國名伯爵也放而不祀放縱無道不祀先祖也毫衆湯之民其民葛民也授與也餉亦饋也書商書仲虺之誥也仇餉言與餉者為仇也

講 孟子曰古有行王政而王於天下者湯武是也以湯之事言之湯宋之先祖也湯居毫與葛國為鄰葛伯放縱無道而不祀其先祖湯使人問之曰祀大典也何為不祀葛伯託言曰祭必備物無以供犧牲也湯欲其祭乃使人遺之牛羊以供其犧牲之用葛伯食之又不以祀湯又使人問之曰犧牲備矣又何為不祀葛伯託言曰祭必黍稷無以供粢盛也湯使毫衆往葛而為之耕以為粢盛之需又使毫之老弱者饋食以食耕者是湯之於葛曲盡其睦鄰之道矣夫何葛伯率其民要其所饋之有酒食黍稻者奪之其不授者殺之時毫有童子以黍肉餉其耕者葛伯殺而奪之書曰葛伯仇餉耕者正此殺童子而奪其黍肉之謂也

○為其殺是童子而征之 征是正其罪之指葛伯 四海之內皆曰非富天下也為匹夫匹婦復讐也 復讐指童子父母說下節方及天下

註 非富天下言湯之心非以天下為富而欲得之也

講 夫葛伯無道至殺童子極矣湯為其殺是童子而舉兵征之四海之內皆曰湯之征葛非以天下為富而征之也為匹夫匹婦復其無罪被殺之讐也天下莫不諒湯之心矣

○湯始征自葛載十一征而無敵於天下 十一征如韋顧昆吾之屬葛亦在內 東面而征西夷怨南面而征北狄怨 西夷北狄舉遠見近意 曰奚為後我 書辭止此 民之望之 之指湯 若大旱之

無罰
太甲篇云先王子惠困窮民服厥命罔有不悅並其有邦厥鄰乃曰徯我后后來無罰

東征
武成篇云恭天成命肆予東征綏厥士女惟其士女篚厥玄黃紹我周王天休震動用附我大邑周

篚
三禮圖云篚以竹為之長三尺廣一尺深六寸足高三寸上有蓋也必八玄黃於篚者蓋天謂之玄地謂之黃武王能革殷之否而泰之是能如天地之覆載以養民者也○孔安國傳云以

師未至而民望之切歸市六句是湯師既至而民悅之深又引書證民之大悅

有攸節旨
引武王大意重救民取殘見武王之能行王政處有攸二句溯東征之由匪厥句狀民情之悅紹我句是士女之言惟臣附則其實事也以上皆書辭不為臣如奄與五十國之類紹何以為事蓋向日事商則繼事周矣大邑大邦也其君子以下倒釋書意君子二句應匪厥二句救民二句應東征二句取殘是推言武王所以得民之故而已矣言取殘外無他事也

太誓節旨
引書只重則取於殘句以證上文取殘之說于湯有光是說較湯更為光顯乃史臣稱贊之辭也

望雨也 喻望湯之切 歸市者弗止 言商安於市 芸者不變 言農安於田 誅其君弔其民 弔是撫恤 如時雨降民大悅書曰徯我后 徯是待后君也 后來其無罰 無罰是免暴君之刑罰 〔註〕 載亦始也十一征所征十一國也餘已見前篇 〔講〕 觀商書仲虺之誥又云成湯始興兵以征伐無道之國乃自葛始從此討罪伐暴凡十一征而皆無敵於天下東面而征則西夷怨之南面而征則北狄怨之怨之者皆曰奚為後我觀書所言可見湯師未至民之望之惟恐其弗至若大旱之望雨也及其既至則商安於市而歸市者弗止農安於野而芸者不變誅其虐民之君弔其受虐之民如時雨降於大旱之後而民心不勝其大悅焉故商書太甲篇曰徯我后我后來其庶幾無虐政之罰乎蓋其大悅有如此此湯之行王政未有惡而伐之者也

○有攸不為臣 攸字解作所字 東征綏厥士女 東征武王在西紂在東綏安也厥其也士是男子女是婦人 匪厥玄黃紹我周王見休 我周王是親之之辭 惟臣附于大邑周 大邑周是尊之之辭 其君子實玄黃于匪以迎其君子 上君子指商臣下君子指周將帥 其小人簞食壺漿以迎其小人 上小人指商民下小人指周士卒 救民於水火之中 水火喻虐政害民 取其殘而已矣 取是誅殘是害民者 〔註〕 按周書武成篇載武王之言孟子約其文如此然其辭特與今書文不類今姑依此文解之有所不為臣謂助紂為惡而不為周臣者匪與篚同玄黃幣也紹繼也猶言事也言其士女以匪盛玄黃之幣迎武王而事之也商人而曰我周王猶商書所謂我后也休美也言武王能順天休命而事之者皆見休也臣附歸服也孟子又釋其意言商人聞周師之來各以其類相迎者以武王能救民於水火之中取其殘民者誅之而不為暴虐耳君子謂在位之人小人謂細民也 〔講〕 以武王之事言之武成之書曰當紂之時有所助紂為虐不為周臣者武王以其為士女之害於是東征以綏厥士女但見士女皆以篚盛厥玄黃之幣以迎武王之師且以吾昔事商今繼事我周王庶得蒙其休澤而見美也於是相率惟臣服歸附於大邑周焉觀書所言是武王東征一舉商之君子則實玄黃於匪以迎周之君子商之小人則簞食壺漿以迎周之小人夫民之悅武王如此果何為哉蓋以紂之暴虐斯民陷民於水火久矣而武王能救民於水火之中取其殘民者誅之而已矣

○太誓曰我武惟揚 武威武也揚奮揚也 侵于之疆 疆是紂之境界 則取于殘殺伐用張 張是張大 于湯有光 有光玩註比字又字當更進一層看 〔註〕 太誓周書也今書文亦小異言武王威武奮揚侵彼紂之疆界取其殘賊而殺伐之功因以張大比

筐篚盛其緑帛也

戴不勝 不勝宋戴公之後以謚為氏時宋王偃淫暴戴不勝謂薛居州曰陳善閑邪惟善士為能之子善士也獨不能善王哉居州曰子不聞乎君猶素也臣猶染也染於青則青染於黃則黃今白沙在泥將染而黑矣子其奈何哉

不行節旨 此節歸結通章不行句是直斥之辭苟行王政承不行王政作轉語亦即指宋說非就湯武事而泛論也下有齊楚雖大句可見大字正抹殺他小字

謂戴章旨 此章見人臣正君當廣進善類意上節設喩以起下文下節乃正言之須相形照應

謂戴節旨 首句虛提起正體貼他薛居州意思說來說箇欲王之善便見王未必即善說箇子欲王之善便見王所諸臣未必欲王之善下將學語借喩齊語平正喩善楚語侏離喩不善要意全在一字衆字上莊嶽是齊語之區照衆字說即所謂長幼卑尊無非善士也數年見善類多而涵育久久意在多內若只一薛居州且不能多矣遑問其久求齊不得含下誰與為善求楚不得含下誰與為不善

薛居節旨 子謂薛居州三句應上節欲王之善

於湯之伐桀又有光焉引此以證上文取其殘之義 講 然所謂取其殘者何以徵之周書泰誓之辭曰我之威武惟揚侵於紂之疆界則取其殘賊而誅之罪其一人而威加四海殺伐之功用以張大比於湯之伐桀又有光焉武王之取殘如此此武王之行王政又未有惡而伐之者也

○不行王政云爾 王政指弔民取殘云爾指齊楚惡而伐之說 苟行王政四海之內皆舉首而望之 舉首是望之切 欲以為君 便見有本可為湯武意 齊楚雖大何畏焉 何畏言不足畏 註 宋實不能行王政後果為齊所滅王偃走死○尹氏曰為國者能自治而得民心則天下皆將歸往之恨其征伐之不早也尚何彊國之足畏哉苟不自治而以彊弱之勢言之是可畏而已矣 講 由湯武事觀之可見宋惟不行王政故受制於齊楚云爾苟能如湯武行弔民伐罪之仁政則四海之內皆舉首而望之欲以宋為君而有我后之仰玄黃之迎矣齊楚雖大必不能率戴我之民以攻我也又何惡而伐之之足畏哉

○孟子謂戴不勝曰子欲子之王之善與 王是宋王偃 我明告子 告是告以善王之道 有楚大夫於此 楚大夫喩不勝 欲其子之齊語也 其子喩宋王 則使齊人傅諸使楚人傅諸 二諸字皆詰辭 曰使齊人傅之曰一齊人傅之 一齊人喩君子獨 衆楚人咻之 衆楚人喩小人衆咻是喧嘩雜亂意 雖日撻而求其齊也不可得矣 撻是鞭撻強之不能使善 引而置之莊嶽之間數年 數年言其久 雖日撻而求其楚亦不可得矣 此喩變惡為善 註 戴不勝宋臣也齊語齊人語也傅教也咻讙也齊齊語也莊嶽齊街里名也楚楚語也此先設譬以曉之也 講 孟子謂宋臣戴不勝曰吾觀子之事而知子之心無乃欲之王之善與我明告子以善王之道蓋臣欲善其君猶父欲善善其子有楚大夫於此欲其子變楚語而為齊語也則使齊人傅諸乎抑使楚人傅諸乎戴不勝曰既欲學齊語則當使齊人傅之孟子曰傅之以齊人誠是也設使以一齊人傅而教之又有衆楚人咻而嘩之則傅之者寡不勝其咻之者多雖日撻其子而求其能為齊語也勢必不可得矣誠使引其子而置之於齊地莊嶽之間且至於數年之久則所見皆齊人所聞皆齊語雖日撻其子而求復其為楚語也勢亦不可得矣是教子者且然而況於正君乎

○子謂薛居州善士也使之

天寶書局精校藏板

蓋上言其意此言其事也在王所二段是泛論其理末二句方著戴不勝身上一字獨字與上一齊衆楚相應如宋王何見孤忠可危欲王之善為徒然也有慨惜之意有激勵之意

不見章旨

此章明不見諸侯之義古者不為臣不見一句是主下三節歷引古者之事之言以證之總註雖分段泄是過孔子是中曾子子路所譏是不及然上下文勢實一氣相承耳

不見節旨

丑見戰國之士趨庭叩謁心亦鄙之故問不見諸侯之義孟子之答最嚴見得古人之輕富貴古之人尚廉隅固如此也古者正對今人言

段干節旨

此引段泄未為臣而守義之嚴也已甚句勿太泛二子言必遇如是之君則不見方為已甚若不迫斷不見也斯可以見輕帶

段干木

段干木學於卜子夏子夏居西河之上魏文侯師之因知段干木之賢過其廬必式且曰干木

陽貨節旨

此引孔子之不為已甚而見貨以答

於王所王所指王之左右言在於王所者長幼卑尊長幼以年言卑尊以位言皆薛居州也言小人多王誰與為不善在王所者長幼卑尊皆非薛居州也言善人多王誰與為善一薛居州獨如宋王何一字獨字見孤忠難以自教正與上一傅衆咻相應註居州亦宋臣言小人衆而君子獨無以成正君之功講今子謂薛居州善士也是必能以善引其君者也乃使之居於王所亦可謂有心於王而得以事君之義矣然宋之善士不特一居州已也其居王所者亦不可止一居州已也誠使在於王所者無論年之長幼爵之卑尊其善皆如薛居州也則朝夕承弼無非正人王雖欲為不善皆將相率而匡救之矣其誰與之為不善哉如在於王所者無論年之長幼爵之卑尊其善皆非如薛居州也則左右前後無一端士王雖欲為善皆將相率而蠱惑之矣其誰與之為善哉然則今日子所使者特一薛居州也正所謂一齊人傅之衆楚人咻之也居州雖善士獨如宋王何哉子欲王為善而求賢之路誠不可以不廣矣

○公孫丑問曰不見諸侯何義不見不肯往見孟子曰古者不為臣不見註不為臣謂未仕於其國者也此不見諸侯之義也講公孫丑問於孟子曰君子之進退莫不有義存焉若不見諸侯果何義也孟子曰古者之士必為臣而後見君若夫不委質於臣則不屈已以往見焉此自重之義也○段干木踰垣而辟之踰垣是越牆之指文侯泄柳閉門而不內閉門不內令繆公不得進見是皆已甚只言所守未免過峻迫斯可以見矣註段干木魏文侯時人泄柳魯繆公時人文侯繆公欲見此二人而二人不肯見之蓋未為臣也已甚過甚也迫謂求見之切也講吾觀古之人有段干木者未為臣於魏也文侯往見彼則踰垣而辟之泄柳者未為臣於魯也繆公往見彼則閉門而不內是皆守不見之節而未免已甚也蓋士雖無往見之禮苟君求見於我者既迫斯亦可以出而見之矣若不迫則不見也可以見而猶不見二子之高亦二子之過也○陽貨欲見孔子而惡無禮無禮就見賢不以道說大夫有賜於士上予下曰賜不得受於其家其家是士之家則往拜其門往拜是謝大夫之賜其門大夫之門陽貨瞰孔子之亡也亡是外出而饋孔子蒸豚蒸豚熟豚孔子亦瞰其亡也而往拜之拜之是答其禮當是時是時指貨致饋孔子往拜之時陽貨先豈

光乎德寡人光乎地千木富乎義寡人富乎財於是請相之致祿百萬千木不肯受嘗造門干木踰牆而避○秦欲攻魏司馬唐且諫曰段干木賢者也而魏禮之天下莫不聞不可加兵遂按兵不攻

泄栁閉門

說苑云魯繆公聞子栁賢往見之子栁閉門不納或曰子以匹夫而枉國君之駕何若是哉曰吾聞君子道行則樂其志不行則樂其身天下誠有欲治之君能行其道則雖徒步以朝固猶為之不然是徒邀國君之榮也

其禮也大夫有賜三句是禮言貨據之以招致孔子者瞯亡往拜實未嘗見乃曰豈得不見者雖不見其名則是見之也緊關在一先字若不先斷不見也貨本陪臣而以大夫自處孔子即以大夫待之亦不為已甚意

曾子節旨

此引曾路所譏發士人羞惡之心也脅肩諂笑欲得權貴之心費多少精神打點故曰病于夏畦赧赧是良心難昧處明知可恥而又自蹈有不可解者故曰非由所知末二句因二子律人之嚴知其自處之正不曰守而曰養守或有意養則卓然見得明持得定全從平日學問涵養來

戴盈章旨

此章見革弊當決意以義字為斷而知字速字俱重蓋因其明而激之以勇也

戴盈節旨

什一去關市之征此必盈之所嘗聞於孟子者故以今茲未能來遮飾不然盈之幷無此一番周旋矣

今有節旨

弊政取非其有類於攘雞攘不即已

得不見(玩先字豈得不字便見不先亦必不見了)〔註〕此又引孔子之事以明可見之節也欲見孔子欲召孔子來見已也惡無禮畏人以已為無禮也受於其家對使人拜受於家也其門大夫之門也瞯窺也陽貨於魯為大夫孔子為士故以此物及其不在而饋之欲其來拜而見之也先謂先來加禮也〔講〕然求其不為已甚者其惟孔子乎昔陽貨欲召孔子來見已而惡人以已為無禮乃考諸禮云大夫有物以賜於士為士者在外不得受於其家則當往拜其門時陽貨以大夫自居於是瞯孔子之亡也而饋孔子以蒸豚蓋欲其來拜而見之也孔子以報施欲其稱亦瞯貨之亡也而往拜以答之夫陽貨雖瞯亡而饋然其饋也亦禮之先加者也孔子雖瞯亡而拜然其拜也亦禮之往見者也蓋當是時陽貨先來加禮孔子豈得不往見之若不先則不見也此孔子所以為禮義之中正哉

○曾子曰脅肩諂笑病于夏畦(是深憐之辭)子路曰未同而言觀其色赧赧然(赧赧正見良心難昧處)非由之所知也(是甚惡之辭)由是觀之(是指上二子之言)則君子之所養可知已矣(君子依註指二子所養就平日言)〔註〕脅肩竦體諂笑強笑皆小人側媚之態也病勞也夏畦夏月治畦之人也言為此者其勞過於夏畦之人也未同而言與人未合而強與之言也赧赧慙而面赤之貌由子路名言非已所知甚惡之之辭也孟子言由此二言觀之則二子之所養可知必不肯不俟其禮之至而輒往見之也○此章言聖人禮義之中正過之者傷於迫切而不洪不及者淪於汙賤而可恥〔講〕然已甚雖不可為而汙賤則尤可恥曾子有曰吾甚憐彼脅肩諂笑以求媚悅於人者其勞過於夏月治畦之人乎子路有曰吾竊惡夫未同而強與之言者觀其色則赧赧然而慙是人也非由之所知也由二子之言觀之惡側媚者必能以禮自閑惡強合者必能以義自守則君子平日之所養可知已矣豈肯不待其禮之至而輒往見之哉合而觀之而不見諸侯之義可識矣

○戴盈之曰什一(此是革履畝之稅)去關市之征(此是革為暴之害)今茲未能(未能是未能盡革)請輕之(輕是略減意)以待來年然後已(已是盡革)何如(有自以為善意)〔註〕盈之亦宋大夫也什一井田之法也關市之征商賈之稅也已止也〔講〕宋大夫戴盈之曰自什一之法廢而天下之農困矣自關市之征行而天下之商困矣吾欲止厚斂而復什一之法寬商賈而去關市之征顧更化貴於有漸今尚未能遽行姑請輕之以待來年然後舉厚斂重征之法而盡已之夫子以為何如

○孟子曰今有人日攘其鄰之雞者(日指每日)或告之曰是非君子之道(君子以廉不苟取言)曰請損之月攘一雞(月攘比請輕之)以

巢營窟 禮運昔者先王未有宮室冬則居營窟夏則居檜巢

洚水 大禹謨帝曰來禹洚水警余成

與弊不速改同歸不義也故先借以為喻

如知節旨 此節只就正意說不兼上攘雞註解乃在言外知字重看孟子下如知二字謂盈之原不曾知也義與非義既辨得分明不必說到來年未必已即來果已其如目前非義何

好辯章旨 此章為闢楊墨而發重不得已上當堯八節是叙事體昔者四節是議論體叙事處隱隱含不得已至議論處始發明之稼書云不必說一代難一代但孔孟窮而在下其勢倍難耳

好辯節旨 不得已而辯則非好也不得已在維持世道上說

天下節旨 此節喫緊尤在一生字聖賢撥亂反治無非欲天下之生也一治一亂通章綱領下文節節照應

當堯節旨 此節洪水是主逆行六句總形容洪水之害為巢為營窟正民無所定處舜言洚水警余在遜位於禹之時乃追述之辭使禹治水在前不由此言引書只作洪水一證可也後面孔孟之懼直承警余一脈來

待來年然後已 已是止而不攘 【註】攘物自來而取之也損減也 【講】孟子設喻以曉之曰天下之弊患乎不知知之又患乎去之不果今有人日攘其鄰之雞者或告之曰是攘雞者乃小人所為非君子之道也其人答之曰自今請損之而月攘其一雞以待來年然後已而不攘夫知日攘之非義而不知月攘之亦非義知來年之可已而不知今日之即可已然則革弊而有待者何以異於是

○**如知其非義** 知字要重看非義是厚斂重征之弊 **斯速已矣** 速已是就革去 **何待來年** 何待言不必等待 【註】知義理之不可而不能速改與月攘一雞何以異哉 【講】子如不知厚斂重征之不可猶曰出於不知也其不速已無怪也如知其非義斯當不崇朝而速已矣何必因循苟且以待來年而自類於攘雞者流哉顧子大夫勿以攘雞貽笑可也 【補】匯參云本文以速字破他待字是頂門針

○**公都子曰外人皆稱夫子好辯** 夫子指孟子好辯是好與人爭辯照闢楊墨說 **敢問何也** 問其何故好辯 **孟子曰予豈好辯哉予不得已也** 不得已見迫於理勢 【講】公都子問於孟子曰外人皆稱夫子好辯敢問何為而好辯也豈外人之所稱者亦有見耶抑夫子之好辯者固自有說也孟子曰辯則予有之豈好為此辯論哉予之辯蓋實出於不得已而然也

○**天下之生久矣** 久自堯舜至今言 **一治一亂** 兩一字見循環意 【註】生謂生民也一治一亂氣化盛衰人事得失反覆相尋理之常也 【講】所以不得已為何蓋自天下之生民以來亦已久矣其間氣化盛人事得而治氣化衰人事失則亂一治一亂反覆相尋其勢然也夫由治而之亂雖聖賢不能止其來然撥亂而反治在聖賢豈得辭其責故雖至艱至大之事亦有不得已而為者而況於言乎

○**當堯之時水逆行氾濫於中國** 惟逆行故氾濫 **蛇龍居之** 居之得水故也 **民無所定** 民居因水無無所定 **下者為巢** 為巢是架木結巢 **上者為營窟** 為營窟是掘地開穴而處 **書曰洚水警余** 引此句作洪水一證余是舜自稱 **洚水者洪水也** 洪大也 【註】水逆行下流壅塞故水倒流而旁溢也下下地上高地也營窟穴處也書虞書大禹謨也洚水洚洞無涯之水也警戒也此一亂也 【講】自生民以來治亂不一試以其大者言之當堯之時洪水壅塞而逆行氾濫橫流於中國水盛則蛇龍得水而居之故天下之民無所定處地之下者則為巢以居無所定於下也地之上者則為營窟以居無所定於上也故虞書有曰洚水警余彼舜所云洚水者正指堯此時之洪水也是洪水之害徵諸書而益信矣此氣化未開人事未施而天下一亂也

○**使禹治**

允成功惟汝賢此舜美禹之辭洪水之災雖自堯時而既舉受後舜即引為己責也

使禹節旨

此言禹之不得已於有為也掘地二句是用功處下五句以成功言治水是主驅放云者水既注海蛇龍自無所居非有意驅放也由地句緊言水無不治江淮句特舉其大而難治者以著安瀾之慶是也二字分明有睹河洛而思禹功意險阻二句足上意以起下人得平土而居玩然後字見當日費許多精力方能至此

沛澤　風俗通曰沛者草木之所蔽茂禽獸之所蔽匿也水草交錯名之為澤澤者言其潤澤萬物以阜民用也

既沒節旨

此節遞說下歸重末二句為下節張本暴君代作五句為一截已緊頁商言之邪說暴行至末為一截邪暴通上下言必有邪說糊塗了義理然後暴行始興蓋屬紂時說矣園囿汙池即上截所云加一多字又加禽獸至是此前更甚惟其又作所以又亂也

奄　鄭玄曰奄國在淮夷之北

飛廉　飛廉顓頊之苗裔世有功以佐殷其玄孫曰仲潏生飛廉廉生

周公節旨

此言周公於不得已於有為也以相武誅紂領起伐奄三句除人害驅虎豹句除物害天下所以大悅引書又明制作之功然亦只足上誅戡亂之功之意耳穆王命臣君牙為司徒此誥命之辭我後人即穆王自謂佑是佑其行啟是啟其知咸正者事出於

之〔舜承堯命使禹之字指水〕禹掘地而注之海〔掘字包疏瀹決排說注是聚〕驅蛇龍而放之菹〔驅放乃治水中事〕水由地中行〔重由地中不重行字〕江淮河漢是也〔江淮河漢四水名〕險阻既遠〔項掘地注海說〕鳥獸之害人者消〔項驅而放之說〕然後人得平土而居之〔非復為巢為窟〕

註　掘地掘去壅塞也菹澤生草者也地中兩涯之間也險阻謂水之氾濫也遠去也消除也此一治也

講　於是帝堯憂之舉舜而敷治舜乃使禹治之禹以海者水之所歸也乃掘地之壅塞而注之海菹者蛇龍之所聚也乃驅蛇龍之異類而放之菹由是水得所趨而由地中行即今之江淮河漢是也夫水循其道則險阻之為患者既遠蛇龍已驅而鳥獸之害人者又消然後天下之人向無所定者不必為巢為窟皆得平土而居之矣此禹以人事挽回氣化而天下一治也

○堯舜既沒〔堯舜包禹湯在內沒是死〕聖人之道衰〔道仁義之道〕暴君代作〔言暴君相繼而起〕壞宮室以為汙池〔壞是拆毀汙池遊觀之地〕民無所安息〔從宮室毀壞來〕棄田以為園囿〔棄是廢園是種植花木之地囿是畜育鳥獸之所〕使民不得衣食〔從民田廢棄來〕邪說暴行又作〔邪說淫邪之說暴行暴亂之行〕園囿汙池沛澤多〔沛屬園囿澤屬汙池〕而禽獸至〔禽獸得所依故至〕及紂之身〔及字見中間治亂不一〕天下又大亂〔大亂兼人害物害〕

註　暴君謂夏太康孔甲履癸商武乙之類也宮室民居也沛草木之所生也澤水所鍾也自堯舜沒至此治亂非一及紂而又一大亂也

講　然又不能以常治也及堯舜既沒聖人之正道衰歷夏商之間暴君代作壞民之宮室以為汙池使民無所安息棄民之田以為園囿使民不得衣食至於傷害民之邪說暴行又作園囿汙池沛澤愈以多而禽獸且交至焉及紂之身天下又大亂是固人事之失而亦氣化之衰為天下一大亂也

○周公相武王〔相是輔相〕誅紂〔此是主下皆助紂者〕伐奄三年討其君〔三年是俟其改悟君是奄君〕驅飛廉於海隅而戮之〔海隅是海邊〕滅國者五十驅虎豹犀象而遠之〔虎豹犀象皆紂所畜以為玩者〕天下大悅〔悅其無人物之害〕書曰丕顯哉文王謨〔謨是創業之謀〕丕承哉武王烈〔烈是功業之成〕佑啟我後人

惡來惡來有力飛廉善走父子俱以材力事紂武王伐紂并戮之飛廉復有子季勝五世孫造父為周穆王御封於趙趙衰其後也惡來死有子女防其五世後生非子後賜嬴姓封秦

犀象　犀狀如牛頭似豕二角一在額上一在鼻上○象長鼻牙南越之大獸

春秋　存疑云春秋如何見得是天子之事如天王下勞晉侯則削而不書晉侯以臣名君則書天王狩於河陽皆所以存君臣之分也可見其惇典也名宰咺歸賵以譏亂法書殺

正無缺者事極其密當重承字文謨之顯武烈能承之而佑啟後人者皆周公相武之力也

世衰節旨　邪說如造一種君父有罪的話及以弒逆為行權者皆是弒逆乃邪暴之尤者兩有字見前此未有也此又字應上節一治來

孔子節旨　此孔子之不得已於有言者也懼字是作春秋緣起註謂仲尼作春秋以寓王法寓字甚好不過春秋自明是非之公而王法自寓焉耳蓋東周之天子雖僅成守府而春秋中之天子固赫然照臨是孔子以春秋存其事故曰天子之事知我者以其心罪我者以其迹知之者君子也罪之者小人也註謂無其位而託南面之權乃就罪我者言非孔子本如此也

聖王節旨　分兩截看是禽獸也以上斥楊墨五教之非公明儀至末著楊墨貽害之大以處士橫議句為綱聖王二句遡下原橫議之由楊墨在處士之列正橫議之尤者盈天下言橫議之廣不

後人是周家之後人**咸以正無缺**咸皆也正是正大無缺是詳密【註】奄東方之國助紂為虐者也飛廉紂幸臣也五十國皆紂黨虐民者也書周書君牙之篇丕大也顯明也謨謀也承繼也烈光也佑助也啟開也缺壞也此一治也【講】然不終於亂也周公因紂之亂而輔相武王以誅紂且伐奄國之助紂為虐者三年乃得奄國之君而誅之又驅紂之幸臣飛廉於海隅而戮之滅其紂黨虐民之國五十而人害消矣驅虎豹犀象之害人而遠去之而物害消矣由是天下之人皆得遂樂生之願而大悅焉凡此皆周公之相業之偉揚武烈以顯文謨者也周書君牙之篇有曰丕顯哉文王謨丕承哉武王大定之烈所以佑啟我後人者咸以中正而不偏精密而無缺觀此則文謨武烈得公而顯揚故頌文武之德而稱周公之功不衰此周公以人事挽回氣化而天下又一治也

○**世衰道微**世是周室東遷之後衰是治不振道是聖人經世之道微是理不明**邪說暴行有作**有字作又字**臣弒其君者有之子弒其父者有之**弒下殺上也【註】此周室東遷之後又一亂也【講】夫周至平王東遷之後世衰而治不振道微而理不明邪說暴行又乘之而作至於臣弒其君者有之子弒其父者有之蓋大倫已斁天性已殘其為害也又甚於前矣此氣化衰人事失又一亂也

○**孔子懼**懼字承上亂賊來**作春秋**春秋魯史名**春秋天子之事也**照註惇典庸禮命德討罪**是故孔子曰知我者其惟春秋乎**知我諒其憂世之心**罪我者其惟春秋乎**罪我責其僭假之迹【註】胡氏曰仲尼作春秋以寓王法惇典庸禮命德討罪其大要皆天子之事也知孔子者謂此書之作遏人欲於橫流存天理於既滅為後世慮至深遠也罪孔子者以謂無其位而託二百四十二年南面之權使亂臣賊子禁其欲而不得肆則戚矣愚謂孔子作春秋以討亂賊則致治之法垂於萬世是亦一治也【講】孔子生當其時既不得君相之位操賞罰之權以施其撥亂反治之術深為世道人心憂懼乃因魯史之舊文加筆削之新法而作春秋是春秋也有德者必褒有罪者必討其大要皆天子之事也惟春秋為天子之事則理雖公而迹似僭矣是故孔子曰知我者謂我此書之作為後世存王者之法其惟春秋乎罪我者謂我此書之作以匹夫託天子之權其惟春秋乎夫孔子作春秋以警人心垂萬世如此此以人事挽回氣化而天下亦一治也

○**聖王不作**聖王指堯舜文武**諸侯放恣**放恣是放逸縱肆毫無忌憚**處士橫議**處士是不見用之士橫議是倡為異說**楊朱墨翟之言盈天下**言是為我兼愛之言盈滿也**天下之言不歸楊則歸墨**言橫議惑人之廣**楊氏為我是無君也墨氏兼愛是無父也無父無**

繻逆女以志變常所以定衆妾之分嚴大昏之禮可見其庸禮也召陵之師書次書來盟以序其績城邢之役再敘三國之師以美其善此是其命德也討罪意尤明白凡春秋所貶者皆是

楊子

楊子名朱老子弟子朱有鄰亡羊追之朱曰何衆也鄰曰多歧路既反不獲羊曰奚亡之曰歧路之中又有歧焉吾不知所之所以反也楊子蹙然變容不言者移時不笑者竟日門人怪之問而不答後心都子曰大道以多歧亡羊學者以多方喪生學非本不同非本

歸二句言率從之多無父無君是斷案據目前言引公明之言緊喚率獸食人起下不息不著是彼此勝負關不容髮處充塞仁義見得民心是仁義的住居盡被楊墨占了末率獸二句是結局乃其流弊率獸食人言楊墨率禽獸之教以害人心人將相食再推一步說

吾為節旨

此乃孟子所以不得已而有言也懼字線索從孔子懼來先聖指孔子閑字閑中事距謂望而攻之與拒字不同閑距放三字相因邪說即二氏之總名不得作以成功言是孟子自任語作於其心四句甚言邪說之不可不闢二作字一溺於為我兼愛之言而動念一偏於為我兼愛之行而妄為朱子曰不動心章先政而後事是自大綱而至節目此處先事而後政是自微而至著

昔者節旨

此總結當堯之時六節是容位昔者二字緊對我亦二字再將三聖咏嘆一番為下承三聖張本三段各重上半截方見不得已意抑者水遏抑不得氾濫夷狄舉遠以見近成者一成而不易

詩云節旨

此以下總結聖王不作二節是主位

君是禽獸也就人道滅絶倫公明儀曰庖有肥肉廐有肥馬民有饑色野有餓莩此率獸而食人也引公明儀之言重率獸食人句楊墨之道不息道指為我兼愛不息是無止息孔子之道不著道指仁義之道不著是不昌明是邪說誣民誣是欺罔意充塞仁義也充是充滿塞是阻塞仁義充塞則率獸食人率獸食人是借意指楊墨率異端之教以壞人心人將相食相食是相殘賊

註 楊朱但知愛身而不復知有致身之義故無君墨子愛無差等而視其至親無異衆人故無父無父無君則人道滅絶是亦禽獸而已公明儀之言義見首篇充塞仁義謂邪說偏滿妨於仁義也孟子引儀之言以明楊墨道行則人皆無父無君以陷於禽獸而大亂將起是亦率獸食人而人又相食也此又一亂也

講 由孔子而來至於今聖王不作於上則主持世道者無其人故諸侯無所忌憚而放恣處士遂倡横議以惑人楊朱墨翟乃横議之尤者其言盈滿於天下天下之言不歸於楊則歸於墨是横議之惑人如此楊氏為我則但知有身不復知致身之義是無君也墨氏兼愛則愛無差等視至親無異路人是無父也夫人之所以為人者以其有君臣父子之倫今而無父無君則人道滅絶是亦禽獸也夫楊墨禽獸之教如此其為害可勝言哉昔公明儀嘗曰庖有肥肉廐有肥馬以致民有饑色野有餓莩此率獸而食人也今楊墨為我兼愛之道不息則孔子仁以事親義以事君之道不著是邪僻之說有以誣民而充塞乎仁義之道也仁義充塞則人皆無父無君以陷於禽獸而大亂將起是亦率獸食人而人又將相食也此氣化衰人事而失天下一亂也

○吾為此懼此指楊墨之禍閑先聖之道先聖指堯舜以至孔子道即仁義距楊墨距絶放淫辭淫是放蕩即邪說邪說者不得作不得作即理屈辭窮意作於其心此作字就人心惑於邪說言害於其事事是政之節目作於其事害於其政政是事之大綱聖人復起不易吾言矣吾言指作於其心四句

註 閑衛也放驅而遠之也作起也事所行政大體也孟子雖不得志於時然楊墨之害自是滅息而君臣父子之道賴以不墜是亦一治也程子曰楊墨之害甚於申韓佛氏之害甚於楊墨蓋楊氏為我疑於義墨氏兼愛疑於仁申韓則淺陋易見故孟子止闢楊墨為其惑世之甚也佛氏之言近理又非楊墨之比所以為害尤甚

講 楊墨流禍如此之深吾為此楊墨之禍而懼於是大嚴其防以閑衛乎先聖仁義之道楊墨之害乎聖道者也則距而絶之楊墨淫蕩之辭悖乎聖道者也則放而遠之使天下之人曉然知其非而邪說者不得作以誣民蓋邪說之作雖倡為横議實本於心術既作於其心則見之一身凡舉

不一而末異若是惟歸同反一為無得喪子遊其門而不達其說也哀哉

墨翟

墨子名翟宋人嘗見染素絲者而歎曰染於蒼則蒼染於黃則黃所以入者變其色亦變五入而已為五色矣故染不可不慎也以是邑好朝歌墨子不入所著有墨子十六卷凡六十一篇

引詩只申言楊墨之當膺而已之辯不容已耳舉周公則凡聖人可知

我亦節旨

正意前已發明此只重在借三聖以解好辯意我亦欲三字緊承昔者來直貫到以承三聖者一氣勿斷正人心最重是闢楊墨源頭正人心謂使人心復歸於仁義也邪說是為我兼愛大指行此說則為詖行氾濫於此說則為淫辭詖淫俱自邪說來距之放之皆息邪說以正人心之事朱子謂正人心為息距放之本而息距放為正人心之用蓋體用不偏首尾相應如此末二句覆繳不得已一片苦心和盤托出矣

能言節旨

此是公其責於人意重能字天下皆歸楊歸墨而獨能以言距之揭出言字正與好辯相照聖人之徒在心術出邪入正上說方與上正人心應

止應接必不得其當而害於其事既作於其事則措之天下凡綱紀法度必不得其理而害於其政端甚微而禍甚大此理之必然雖聖人復起亦不易吾作心害事作事害政之言矣然則吾所以距之放之以使邪說之息者正所以除其必然之害以閑聖道也此亦將以人事挽回氣化而或者冀以一治也歟

○**昔者禹抑洪水而天下平**平是平治**周公兼夷狄**滅國五十內亦豈無夷狄**驅猛獸**猛獸即虎豹犀象之類**而百姓寧**寧是安居**孔子成春秋**成則名分定矣**而亂臣賊子懼**懼是恐為惡而為聖人之所貶

【註】抑止也兼幷之也總結上文也

【講】合而觀之生民以來未有常治而不亂者而維持救正則存乎其人昔者禹抑洪水而天下平則天下非禹不能平也周公兼夷狄驅猛獸而百姓寧則百姓非周公不能安也孔子成春秋而亂臣賊子懼則亂賊非孔子不能止也此天下之治賴三聖人之功而三聖人所以不得已如此也

○**詩云戎狄是膺**膺擊也**荊舒是懲**懲艾也**則莫我敢承**此句亦詩辭**無父無君**指楊墨言**是周公所膺也**為周公所擊則生其後者安得不膺

【註】說見上篇承當也

【講】魯頌閟宮之詩有云戎狄是膺荊舒是懲則莫我敢承而當我者此言周公於戎狄荊舒之國膺擊懲創使之畏威從化莫敢抗違聖人所以正夷狄之防其嚴如此今楊墨無父無君與戎狄無異正是周公所膺者也我生斯世豈可不以撥亂為己責而膺之也乎

○**我亦欲正人心**亦字對三聖說**息邪說**邪說指楊墨**距詖行放淫辭**詖辭俱自邪說上來距放指息邪說以正人心事**以承三聖者**及人心於正以承三聖維世之功**豈好辯哉予不得已也**此處須實填楊墨在內

【註】詖淫解見前篇辭者說之詳也承繼也三聖禹周公孔子也蓋邪說橫流壞人心術甚於洪水猛獸之災慘於夷狄簒弒之禍故孟子深懼而力救之再言豈好辯哉予不得已也所以深致意焉然非知道之君子孰能深知其所以不得已之故哉

【講】故我在今日亦欲講明仁義之道以正陷溺之人心而息楊墨之邪說使不得逞其兼愛為我之言於邪說之見於行而為詖行者則嚴以距之距其害人心者也於邪說之見於言而為淫辭者則驅而放之放其亂人心者也凡以上承三聖之功於不墜耳是予之汲汲乎起而闢之者豈好辯哉乃其憂之也深故其言之也切其慮之也遠故其說之也詳誠有大不得已者在也不然則三聖之功將無所繼生民之亂不知所終而何以成一治之效哉

○**能言距楊墨者**此孟子以衛道之責望人**聖人之徒也**聖人即禹周公孔子

【註】言苟有能為此距楊墨之說者則其所趨正矣雖未必知道是亦聖人之徒也孟子既答公都子之問而意有未盡故復言此蓋邪說害正人人得而攻之不必聖賢如春秋之法亂臣賊子人人得而誅之不必士師

匡章　秦攻齊齊威王使章子將而應之與秦交和而舍候者數言章叛王曰此不叛寡人明矣頃聞言齊兵大勝秦兵大敗左右曰何以知之曰章子之母啟得罪其父其父殺之而埋馬棧之下吾使章子將也勉之曰夫子之強全兵而還必更葬將軍之母對曰臣非不能更葬先妾也臣之母啟得罪臣之父臣之父不教而死夫不得父之教而更葬母是欺死父也故不敢夫為人子而不欺死父豈為人臣而欺生君哉○齊王因燕亂令章子將五萬之兵伐

匡章章旨

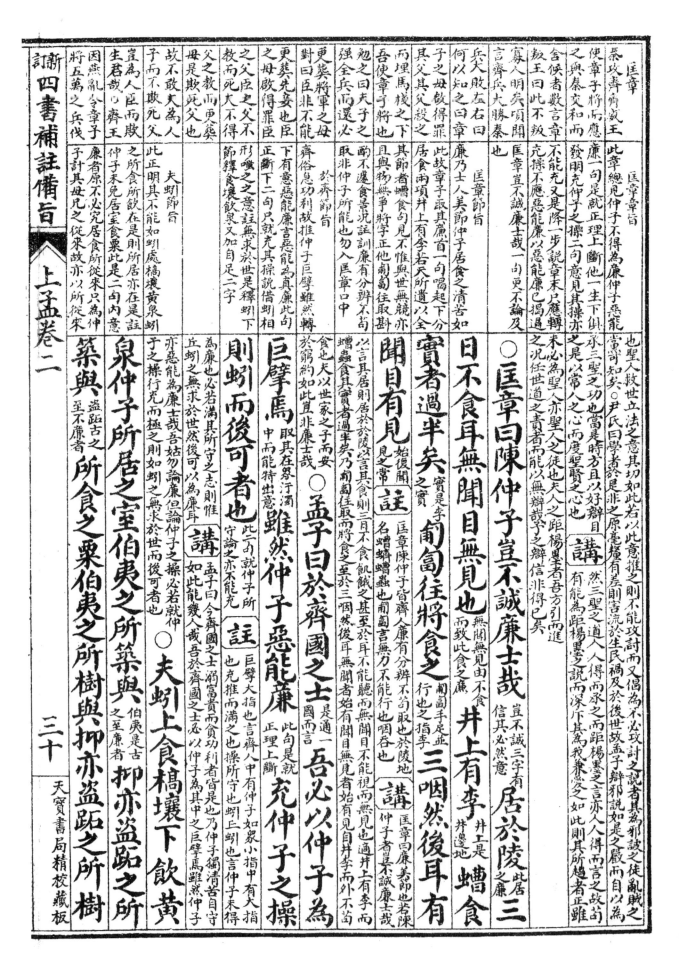

此章總見仲子不得為廉仲子惡能廉一句是就正理上斷他一生下俱發明充仲子之操二句意見其操亦不能充又是降一步說章末尸應轉充操不應惡能廉以惡能廉已揭過匡章豈不誠廉士哉一句更不論及也

匡章節旨

廉乃士人美節仲子居食之清苦如此故章子亟其廉首一句喝起下分居食兩項井上有李若天所遺以全其節者螬食句見不惟與世無競亦且與物無爭將字正他匍匐往取斟酌不遽食景況註訓廉有分辨不苟取非仲子所能也勿入匡章口中

於齊節旨

齊俗急功利故推仲子巨擘雖然轉下有意惡能廉言惡能為真廉此句正斷下二句只就充其操說借蚓相形嘆之之意註無求於世是釋蚓下節釋食壤飲泉又加自足二字

夫蚓節旨

此正明其不能如蚓處槁壤黃泉蚓之所食所飲在是則所居亦在是註仲子未免居室食粟此是二句內意廉者原不必究居食所從來只為仲子計其母兄之從來故亦以所從來

也聖人救世立法之意其切如此若以此意推之則不能攻討而又倡為不必攻討之說者其為邪詖之徒亂賊之黨可知矣○尹氏曰學者於是非之原毫釐有差則害流於生民禍及於後世故孟子辯邪說如是之嚴而自以為承三聖之功也當是時方且以好辯目之是以常人之心而度聖賢之心也 講 然三聖之道人人得而承之而距楊墨之言亦人人得而言之故苟有能為距楊墨之說而深斥其為我兼愛之如此則其所趨者正雖未必為聖人亦聖人之徒也夫人之距楊墨者吾方引而進之況任世道之責者而能以無辯哉予之辯信非得已矣

○匡章曰陳仲子豈不誠廉士哉（豈不誠三字有信其必然意）居於陵（此居之廉）三日不食耳無聞目無見也（無聞無見由不食而致此食之廉）井上有李（井上是井邊地）螬食實者過半矣（實是李之實）匍匐往將食之（匍匐手足並行也之指李）三咽然後耳有聞目有見（始復聞見之常）

註 匡章陳仲子皆齊人廉有分辨不苟取也於陵地名螬蠐螬蟲也匍匐言無力不能行也咽吞也

講 匡章曰廉美節也若陳仲子者豈不誠廉士哉以言其居則居於於陵以言其食則三日不食飢餓之甚至於耳不能聽而無聞目不能視而無見也適井上有李而螬蟲食其實者過半矣乃匍匐往取而將食之至於三咽然後耳無聞者始有聞目無見者始有見自井李而外不苟食也夫以世家之子而安於窮約如此豈非廉士哉

○孟子曰於齊國之士（是通一國而言）吾必以仲子為巨擘焉（取其在眾汙濁中而能特出意）雖然仲子惡能廉（此句是就正理上斷）充仲子之操則蚓而後可者也（此二句就仲子所守論之亦不能充）

註 巨擘大指也言齊人中有仲子如眾小指中有大指也充推而滿之也操所守也蚓丘蚓也言仲子未得為廉也必若滿其所守之志則惟丘蚓之無求於世然後可以為廉耳

講 孟子曰今齊國之士溺富貴而貪功利者皆是也乃仲子獨清苦自守如此能幾人哉吾於齊國之士必以仲子為其中之巨擘焉雖然仲子亦惡能為廉士哉吾姑勿論廉但論仲子之操必若就仲子之操行充而極之則如蚓之無求於世而後可者也

○夫蚓上食槁壤下飲黃泉仲子所居之室伯夷之所築與（伯夷是古之至廉者）抑亦盜跖之所築與（盜跖古之至不廉者）所食之粟伯夷之所樹與抑亦盜跖之所樹

天寶書局精校藏板

燕而勝之

陳仲子

陳仲子字子終楚王遣使持金百鎰聘以為相仲子入與妻計之乃相逃去為人灌園

蚓

歐陽公雜記曰蚓食土而飲泉其為生也簡而易足然仰其穴而鳴若號若嘯若歌其亦有所求耶抑其求易足而自鳴其樂抑其生之陋而自悲其不幸耶豈其時至氣作不自知其所以然而不能自止耶

盜跖

盜跖柳下惠之弟也從卒九千人橫行天下侵暴諸侯所過之邑萬民苦之

者反詰之是未可知重在跖一邊

是何節旨

章言織屨辟纑所易見其當下無不廉不必問及所築所樹意按或賃或買皆易也則易可兼室與粟

世家節旨

此節句句是敘未下斷語敘世家數語所以明兄之祿可食室可居而非不義也卻乃以義為不義而不食不居此所謂仲子之操先說辟兄後說離母因兄及母也敘事中著此一句正不曾放鬆了他他日之歸是仲子孝思之發則有饋兄生鵝者是湊巧之事殺鵝與食是婦人愛憐少子其兄之譏亦是冷語感悟他見汝可以食即我可以受也敘及出哇為下節以母則不食起案

以母節旨

此總括上文而斷之見其操不能充也不重責仲子廢兄母之倫只重在不能充其操上類字指母食兄室說

與樹種也 **是未可知也** 未可知是難必意 註 槁壤乾土也黃泉濁水也抑發語辭也言蚓無求於人而自足而仲子未免居室食粟若所從來或有非義則是未能如蚓之廉也 講 何也以蚓之無求而自足也夫蚓之為物上則食乎乾槁之壤下則飲乎黃濁之泉皆無求於人而自足今仲子則人也未免居室而食粟其所居之室果出於義而為伯夷之所築與抑亦出於不義而為盜跖之所築與所食之粟果出於義而為伯夷之所樹與抑亦出於不義而為盜跖之所樹與是其所從來為夷為跖皆未可知也若不能皆夷而無跖則是未能如蚓之廉也

○**曰是何傷哉** 是指居食言何傷言無害於廉 **彼身織屨妻辟纑以易之也** 易換也 註 辟績也纑練麻也 講 章曰仲子居食雖未究其從來是亦何傷於廉哉蓋人只能安貧守約不取諸人此便是廉今彼所居之室所食之粟則身自織屨其妻辟纑以易之也此雖未必出於伯夷然亦非出於盜跖又何傷於廉也

○**曰仲子齊之世家也** 世家世代為卿之家 **兄戴蓋祿萬鍾以兄之祿為不義之祿而不食也以兄之室為不義之室而不居也辟兄離母處於於陵他日歸** 或念母情動處 **則有饋其兄生鵝者** 此亦交際之常 **己頻顣曰** 頻與顰同促也顣與蹙同鼻頭促也 **惡用是鶃鶃者為哉** 惡用是何用 **他日其母殺是鵝也與之食之** 與之指母食之指仲子 **其兄自外至** 自從也 **曰是鶃鶃之肉也** 此是嘲譏仲子 **出而哇之** 未免過矯矣 註 世家世卿之家兄名戴食采於蓋其入萬鍾也歸自於陵歸也已仲子也鶃鶃鵝聲也頻顣而言以其兄受饋為不義也哇吐之也 講 孟子曰子謂仲子自食其力遂以為廉乎未知處仲子之地亦有不必然者蓋仲子齊國世臣之家也則其兄名戴食采於蓋邑所入之祿有萬鍾則非不義之食明矣顧乃以兄所得之祿為不義之祿而不食也以兄所居之室為不義之室而不居也不惟辟兄且離其母處於於陵之地彼固以為得所居之義矣及他日歸時則有饋其兄生鵝者已頻顣而言曰是鶃鶃者乃不義之物也惡用是鶃鶃者為哉他日其母殺是鶃鶃之鵝也與之食而仲子食之適其兄自外至因譏之曰爾今所食者是前日所謂鶃鶃之肉也仲子乃出而哇其食之肉焉彼固以為得所食之義矣

○**以母則不食** 不食就出哇上見 **以妻則食之** 食之就辟纑上見 **以兄之室則弗居** 弗居就辟兄上見 **以於陵**

充其操必並妻食於陵之類不食不居如蚓然後可然已斷斷不能矣

則居之居之就處於於陵上見**是尚為能充其類也乎**是字指上四句說類指不食不居**若仲子者蚓而後充其操者也**此句決其不能滿所守之操意

【註】言仲子以母之食兄之室為不義而不食不居其操守如此至於妻所易之粟於陵所居之室既未必伯夷之所為則亦不義之類耳今仲子於此則不食不居於彼則食之居之豈為能充滿其操守之類者乎必其無求自足如丘蚓然乃為能滿其志而得為廉耳然豈人之所可為哉○范氏曰天之所生地之所養惟人惟大人之所以為大者以其有人倫也仲子辟兄離母無親戚君臣上下是無人倫也豈有無人倫而可以為廉哉

【講】夫以母則不食即無有可食者以妻則又食之以兄之室則弗居即無有可居者矣以於陵則又居之是尚為能充滿其不食不居之類也乎不能充其類則必不能充其操矣若仲子者必如蚓之無求自足而後能充滿其不食不居之操者也然人而如蚓豈人理也哉是則即仲子之操以律仲子在仲子尚不能自遂其廉而況以廉士之廉律之乎仲子惡能廉哉

【補】東陽許氏曰此章經註廉字當辨廉有分辨不苟取此廉之正義豈不誠廉士哉此廉字仲子不中禮之廉也仲子惡能廉及註仲子未得為廉豈有無人倫而可以為廉哉此三廉字是廉之正然後可以為廉耳未能如蚓之廉滿其志而得為廉耳此三廉字是仲子之廉

天寶書局精校藏板

新訂四書補註備旨下孟卷之三　離婁章句上（凡二十八章）

粵東鄧　林退菴先生手蓋　裔孫　煒耀生編次
寶安祁文友　珊洲先生重校
江甯後學杜定基起元增訂

離婁
離婁一名朱黃帝時人明察秋毫幽室之中能辨五色橫斜曲直一見不失毫髮也莊子云黃帝亡其玄珠使離朱索之

公輸子
公輸子一名般嘗為母作木人為御機關一發其車遂行又為木鳶今之自飛又為楚設雲梯攻宋又怨吳人殺其父作木仙指吳大旱三年吳人備物謝之乃斷木仙一手吳地大雨

師曠
師曠字子野嘗

離婁章旨
此章論為治者在實行先王之仁政離婁三節言治不可無法不徑三節言法不可不遵惟仁者三節言君不可不遵法方蹶四節言臣不可不輔君遵法他處論政重心此獨重法以當時諸侯蔑視井田學校故也章內先王之道先王之法作四提掇宜著眼

離婁節旨
首二段借制器審音引起堯舜如興詩體然即堯舜亦是借來說雖堯舜不能外仁政為治極言法之不可廢也通章道字指仁政此道字指其蘊蓄運用於一心者對仁政言十二律黃帝所作陽六為律陰六為呂呂言六律者陽統陰也

今有節旨
此重不行先王之道句即今時不能為治由其不行仁政以證上節不以仁政二句意

徒善節旨
此總上二節而斷其含法無以成治意二語平列而重上句見徒善之弊

○孟子曰離婁之明（明以目言）公輸子之巧（巧以心言）不以規矩不能成方員（以用也）師曠之聰（聰是智慧善於審音）不以六律不能正五音（正是使清濁高下各得其平意）堯舜之道（此道字虛當在仁心上看）不以仁政（仁政是教養之法度）不能平治天下【註】離婁古之明目者公輸子名班魯之巧人也規所以為員之器也矩所以為方之器也師曠晉之樂師知音者也六律截竹為筩陰陽各六以節五音之上下黃鐘太簇姑洗蕤賓夷則無射為陽大呂夾鐘仲呂林鐘南呂應鐘為陰也五音宮商角徵羽也范氏曰此言治天下不可無法度仁政者治天下之法度也【講】孟子論為治當行先王之政而因責望於君臣也曰治天下有心法尤有治法法之不可廢於天下也尚矣試以曲藝言之規矩者成方員之法度也雖以離婁之至明公輸子之至巧使不以為方員之規矩則明巧無所施不能成方員之器六律者正五音之法度也雖以師曠之至聰使不以陰陽之六律則聰無所施不能正樂之五音曲藝且然況治天下者乎仁政者治天下之法度也雖堯舜有愛天下之至道使不以教養之仁政則心無所施不能遂生復性而平治乎唐虞之天下然則為治之不可無法即器之不可無規矩樂之不可無六律也世之求治者奈何欲廢法乎

○今有仁心仁聞（仁心溢為仁聞重仁心上）而民不被其澤（澤是仁及當時）不可法於後世者（法是仁及後世）不行先王之道也（以後道字都指仁政）【註】聞去聲○仁心愛人之心也仁聞者有愛人之聲聞於人也先王之道仁政是也范氏曰齊宣王不忍一牛之死以羊易之可謂有仁心梁武帝終日一食蔬素宗廟以麪為犧牲斷死刑必為之涕泣天下知其慈仁可謂有仁聞然而宣王之時齊國不治武帝之末江南大亂其故何哉有仁心仁聞而不行先王之道故也【講】夫堯舜之治固不能外法度而今之為君者亦有仁民之心存於中有仁民之聲聞於人而民不實被其教養之澤不可取法於後世者何哉蓋由不能行先王仁政之道故也此可見心與法之當兼舉矣

○故曰徒善不足以為政（善是仁心政作治字）徒法不能以自行（法是仁政行是推行）【註】徒猶空也有其心無其政是謂徒善有其政無其心是謂徒法

歌南風而知楚師之無功聽鐘聲而知天地之盈虛韓非子云平公欲聞清徵之音師曠曰君德義薄恐不可以聽之曰寡人所好者音也曠不得已援琴而鼓之一奏之有玄鶴二八集乎郎門再奏之延頸而鳴舒翼而舞平公大喜又欲聞清角之音曠曰昔者黃帝以大合鬼神今君德義薄不足以聽之聽之將敗曰寡人老矣所好者音也曠又不得已援琴而鼓之一奏之有白雲從西北起再奏之大風至而雨隨之裂帷幙飛廊瓦左右皆奔走平公恐懼伏於廊屋

與徒法等故曰只是孟子隨敘隨斷不必定作古語

不愆節旨

上只說平治天下不能廢法未說出當遵來此引詩以見遵先王之法即無愆忘之過以起下先王之法原盡善而當遵也是上下文關軸愆就太過邊說忘就不及邊說

聖人節旨

聖人即先王貫一節乃上古創制立法之聖人與婁輸師曠用法者不同亦上兩段引起末段百工之事皆聖人所作故規矩律音與不忍人之政作一統說耳目言力心言思者耳目之視聽以力而心之官則思也禮云目巧之室則知聖人不用規矩準繩亦能制器但不能遍天下及後世耳故制為法度以繼續之繼字重看不可勝用與仁覆天下即就聖人立法上說不在後人用法上說

為高節旨

此結上二節見立法之善不可不遵者只因之而已借為高下兩因字與起末句兩必字有力智只在勞逸上見已上兼責君臣

是以節旨

是以字承上起下以來脈言則上句為重宜字內隱見得有仁覆天下在以去脈言則上句只引起下句故下節緊承不仁者一面說

程子嘗言為政須要有綱紀文章謹權審量讀法平價皆不可闕而又曰必有關雎麟趾之意然後可以行周官之法度正謂此也【講】故曰徒有善心而無仁政則澤不及民不足以為政徒有善法而無仁心則政為虛文不能以自行是仁政固當本諸仁心而仁心尤當推諸仁政世之為治者可徒有仁心仁聞而不行先王之仁政哉

○**詩云不愆不忘**愆是用意過當忘是照顧不及**率由舊章**舊章是先王之法【註】詩大雅假樂之篇愆過也率循也章典法也所行不過差不遺忘者以其循用舊典故也【講】夫徒善既不足以為政則先王之法信不可不遵矣大雅假樂之詩有云所行不愆忒不忘失者以其循用舊章故也即詩之言觀之可見為治者苟能遵行先王仁政之法而猶有愆忘之過不能平治天下者未之有是理也人亦何為而不遵哉

遵先王之法而過者過即愆忘指不能平治意**未之有也**

○**聖人既竭目力焉**聖人是創制立法者竭是盡**繼之以規矩準繩以為方員平直不可勝用也**此句承上規矩句來下倣此**既竭耳力焉繼之以六律正五音不可勝用也既竭心思焉繼之以不忍人之政**不忍人之政即仁政兼教養言**而仁覆天下矣**仁指恩澤覆是覆冒天下包後世在內【註】準所以為平繩所以為直覆被也此言古之聖人既竭耳目心思之力然猶以為未足以徧天下及後世故制為法度以繼續之則其用不窮而仁之所被者廣矣【講】夫先王之法遵之無過而知古聖人立法以及天下其利為無窮也聖人既竭夫目力焉凡所以為方員平直者已得之矣然又制為規矩準繩之法度以繼續之以為方員平直使人皆取法焉則徧天下與後世而不可勝用也聖人既竭夫耳力焉凡所以為五音者已得之矣然又制為六律之法度以繼續之以正五音使人皆取法焉則徧天下與後世而不可勝用也聖人既竭夫心思焉凡所以仁天下者已得之矣然又制為不忍人之政如教養之法度以繼續之使人皆取法焉則徧當世之天下與後世之天下而仁皆覆庇之無不被其澤者矣先王立法之善如此今之為政者奚可不知遵而因之乎

○**故曰為高必因丘陵**因是依小山曰丘大山曰陵**為下必因川澤**流水曰川瀦水曰澤**為政不因先王之道可謂智乎**為政兼立政輔政說不因是徒恃其聰明意【註】丘陵本高川澤本下為高下者因之則用力少而成功多矣鄒氏曰自章首至此論以仁心仁聞行先王之道【講】故曰為高者必因乎本高之丘陵此為高之智也為下者必因乎本下之川澤此為下之智也為政者不因先王仁政之道則是昧於用力之地猶可謂之智而明於為政者乎甚矣仁政之不可不遵也

○**是以惟仁者宜**

之閒 六律五音

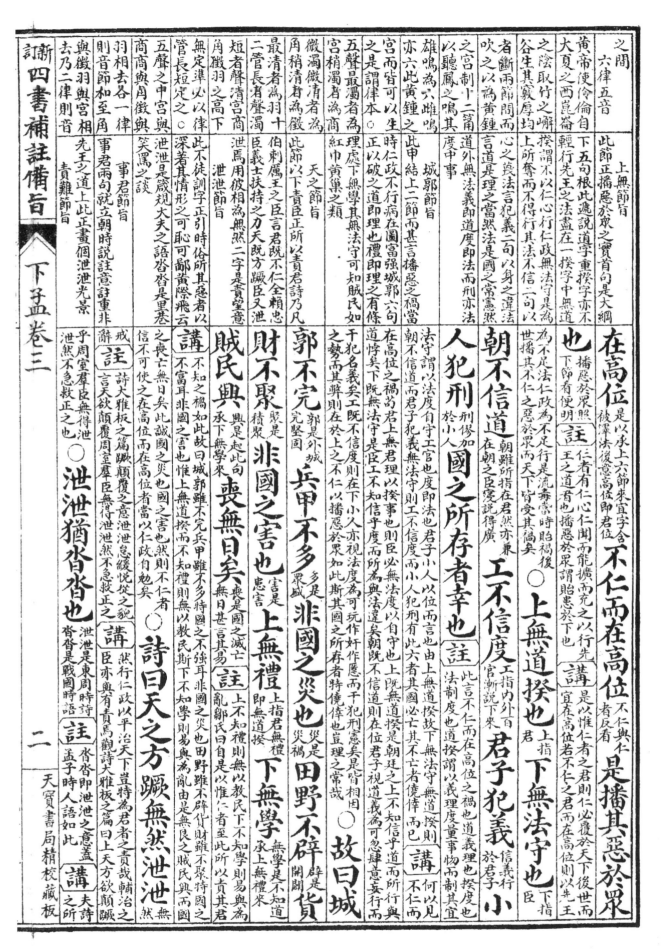

黃帝使伶倫自大夏之西崑崙之陰取竹之嶰谷生其竅厚均者斷兩節閒而吹之以為黃鍾之宮制十二筩以聽鳳之鳴其雄鳴為六雌鳴亦六此黃鍾之宮而皆可以生之是謂律本○五聲最濁者為宮稍濁者為商微濁微清者為角稍清者為徵最清者為羽十二管長者聲濁短者聲清宮商角徵羽之高下無定準必以律管長短定之○五聲之中宮與商商與角徵與羽相去各一律則音節和至角與徵羽與宮相去乃二律則音

上無節旨

此節正播惡於衆之實首句是大綱下五句根此遞說道字重揆字亦不輕行先王之法盡在一揆字中無道揆謂不以仁心行仁政無法守是為上所奪而不得行其法不信二句以心之蔑法言犯義二句以身之違法言道是理之當然法是國之常憲然道外無法義即道度即法而刑亦法度中事

城郭節旨

此申結上二節而甚言播惡之禍當時仁政不行病在圖富强城郭六句正以破之道即理也禮即理之有條理處下無學其無法守可知賊民如紅巾黃巢之類

天之節旨

此節以下責臣正所以責君詩乃凡伯刺厲王之臣言君既不仁全賴忠臣義士扶持之力天既方蹶臣又泄泄焉用彼相為無然二字是責望意

泄泄節旨

此不徒訓字正引時俗所其惡者以深著其情形之可恥可鄙黃際飛云泄泄是箴規大夫之語沓沓是里巷笑罵之談

事君節旨

事君兩句就立朝時說註意討重非先王之道上此正畫個泄泄光景

責難節旨

在高位（是以承上六節來宜字含被澤法後意高位即君位）不仁而在高位（不仁與仁者反看）是播其惡於衆也（播惡於衆照下節看便明）【註】仁者有仁心仁聞而能擴而充之以行先王之道者也播惡於衆謂貽患於下也【講】是以惟仁者宜在高位若不仁之君而在高位則以先王為不足法仁政為不足行是流毒當時貽禍後世播其不仁之惡於衆而天下皆受其禍矣○上無道揆也（上指君）下無法守也（下指臣）朝不信道（朝雖所指在君然亦兼在朝之臣寬說得廣）工不信度（工指內外百官漸說下來）君子犯義（信義行於君子）小人犯刑（刑僇加於小人）國之所存者幸也【註】此言不仁而在高位之禍也道義理也揆度也法制度也道揆謂以義理度量事物而制其宜法守謂以法度自守工官也度即法也君子小人以位而言也由上無道揆故下無法守無道揆則朝不信道而君子犯義無法守則工不信度而小人犯刑有此六者其國必亡其不亡者僥倖而已【講】何以見在高位之禍苟君上無君理以揆事也則臣必無法度以自守也上既無道揆是朝廷之上不知信乎道而所行與道悖矣下既無法守是臣工不知信乎度而所為與法違矣朝既不信道則在位君子視道義為可忽肆意妄行而干犯名義矣工既不信度則在下小人亦視法度為可玩作奸作慝而干犯刑憲矣是皆相因之勢而其弊則在於上之不仁以播惡於衆如此斯其國之所存者特僥倖也豈理之常哉○故曰城郭不完（郭是外城完堅固）兵甲不多（多是衆盛）非國之災也（災是災禍）田野不辟（辟是開闢）貨財不聚（聚是積聚）非國之害也（害是患害）上無禮（上指君無禮即無道揆）下無學（無學是不知道承上無禮來）賊民興（興是起此句承下無學來）喪無日矣（喪是國之滅亡無日甚言其易）【註】上不知禮則無以教民下不知學則易與為亂鄒氏曰自是以惟仁者至此所以責其君【講】不知之禍如此故曰城郭雖不完兵甲雖不多特國之不強耳非國之災也田野雖不辟貨財雖不聚特國之不富耳非國之害也惟上無道揆而不知禮則無以教民斯下不知學則易與為亂由是無良之賊民與而國之喪亡無日矣此誠國之災也國之害也然則不仁者信不可使之在高位而在高位者當以仁政自勉矣○詩曰天之方蹶無然泄泄（無然戒辭）【註】詩大雅板之篇蹶顚覆之意泄泄怠緩悅從之貌言天欲顚覆周室羣臣無得泄泄然不急救正之【講】然行仁政以平治天下豈特為君者之責哉輔治之臣亦與有責焉觀詩大雅板之篇曰上天方欲顚蹶乎周室羣臣無得泄泄然不急救正之也○泄泄猶沓沓也（泄泄是東周時詩沓沓是戰國時語）【註】沓沓即泄泄之意蓋孟子時人語如此【講】夫詩之所

節遠故角徵之間近徵收一聲比徵少下謂之變徵羽宮之間近宮收一聲少高於宮謂之變宮○律音損益相生黃鍾為宮數八十一三分損一得五十四下生林鍾為徵徵三分益一得七十二上生太簇為商商三分損一得四十八下生南呂為羽羽三分益一得六十四上生姑洗為角以六十四兩分三零一則數奇零不生矣於是去其一而三分損一得四十二為變宮變宮三分益一得五十六為變徵謂隔八者如子為黃鍾之宮歷丑寅卯辰巳午至未為林鍾

此又承上三節結之上二句固重意尤注在末句見不可以泄泄者賊其君也恭意思較濶大敬意思較細密故分言之責難是先立個大志以帝王之道為必可信必可行陳善閉邪便是做責難底工夫條件仇滄柱云責難陳善照定本章仁政說

規矩章旨

此章以仁民為主首二節欲人法堯舜之仁末二節欲人鑒幽厲之不仁中引孔子語分擔兩頭幽厲之鑒正以堅其法堯舜之心也前兼君臣後單言君意原重君一邊

規矩節旨

此以法之至形起倫之至至字勿作高遠看惟盡故至見不可移易增減

欲為節旨

謂泄泄猶時語之所謂沓沓也明於沓沓之義則明於泄泄之義矣○**事君無義**義主匡救說**進退無禮**此進退只是尋常出入禮主節制說**言**言是告君之言道即仁政**則非先王之道者猶沓沓也**猶沓沓上須補泄泄意方用得猶字【註】非詆毀也【講】然所猶泄泄猶沓沓之實何如事君之際但以逢迎為事而無匡救之義進退之間但以承順為恭而無持身之禮告君之言則非毀先王之道而以仁政為不足行蓋其動靜語默無非怠緩悅從而視王室若無與於己此正泄泄之意猶沓沓之謂也為臣者當知所戒矣【補】顧麟士曰上言泄泄猶沓沓已想見此事君無義三句此三句又畫出一個怠緩悅從之貌來故結之曰猶沓沓也○**故曰責難於君**責是責備難是事之難者如欲君為堯舜意恭指尊奉言**謂之恭陳善閉邪**陳是陳明善即仁政閉是禁遏邪即不仁敬指愛君誠切言**謂之敬吾君不能謂之賊**不能是謂君不能行善道賊是害【註】范氏曰人臣以難事責於君使其君為堯舜之君者尊君之大也開陳善道以禁閉君之邪心惟恐其君或陷於有過之地者敬君之至也謂其君不能行善道而不以告者賊害其君之甚也鄒氏曰自詩云天之方蹶至此所以責其臣○鄒氏曰此章言為治者當有仁心仁聞以行先王之政而君臣又當各任其責也【講】泄泄沓沓如此國家何賴有是臣乎故曰人臣以難事責於君必欲使其君以仁心行仁政而得為堯舜之君也是以高遠望其君而不以庸常待其君則謂之恭開陳善道言如何為仁心如何為仁政使其君曉然知正理之所在而邪僻之心閉塞不萌無或自陷於有過之地也是以誠實事其君而不以容悅事其君則謂之敬若謂吾君不能為堯舜而不以難事責之善道陳之直害其君者矣不謂之賊乎此為治者固當以仁心仁聞行先王之仁政而非君臣交任其責亦不能有成也尚其勉之哉【補】朱子謂惟陳善方可閉邪須串說蓋君有邪心我為開陳善道以曉之則所謂邪者不難於閉之矣

○**孟子曰規矩方員之至也**至是莫可增損之意**聖人人倫之至也**人倫是五品之倫序【註】至極也人倫說見前篇規矩盡所以為方員之理猶聖人盡所以為人之道【講】孟子勉當時法堯舜以盡仁曰凡天下事物皆有中正不可易之則如制器者員取諸規方取諸矩規矩乃方員之至不可以加損者也若夫五品人倫皆推聖人聖人乃人倫之至不可以加損者也蓋人倫之貴賤親疏等殺常變惟聖人之生知最精安行盡善皆合乎天理人情之極天下其孰能外之然則有盡倫之思者不可不知所法矣○**欲為君盡君道**君道主治民言**欲為臣盡臣道**臣道主事君言**二者皆法堯舜而已矣**二者指君臣盡道堯舜是盡倫之聖人而已矣見無他法**不以舜之所以事堯事君不敬其君**

之徵是三分損益正所以隔八相生非兩項事旋相為宮者每律皆可以起宮也

規矩準繩

前漢書云權與物均而生衡衡生規規員生矩矩方生繩繩正生準準正則平衡而均權矣是為五則規者所以規員器械令得其類也矩者所以矩方器械令不失其形也規矩相須陰陽位序員方乃成準者所以揆平取正也繩者上下端直經緯四通也準繩運體權衡合德百工由焉以定法式

幽厲

幽王名宮涅厲王之孫宣王子也娶申后生太

人倫兼五品而專言君臣者本為當時之君發即臣亦是伴說觀末二節可見兩欲字各連著盡字作句法堯舜是照仁說下反四語是照不仁說

道二節旨

道二猶云兩條路耳仁與不仁在孔子大概說天理人欲孟子引來則以法堯舜不法堯舜說

暴其節旨

此承上賊其民來甚不甚總由於不法堯舜謚法動靜亂常曰幽殺戮無辜曰厲此泛說謚下註幽厲指周之二王言不及桀紂者謚法周公始立耳

殷鑒節旨

詩人本欲厲王鑒紂而設為文王歎紂之辭見殷鑒在夏以明周鑒在殷原有兩層孟子引之見人當以幽厲為鑒此之謂也內又添一層

三代章旨

此章深為不仁者警雖從天下起說到庶人都以國為主點醒世主全在惡死亡三字

者也不敬是慢不以堯之所以治民治民賊其民者也賊是害【註】法堯舜以盡君臣之道猶用規矩以盡方員之極此孟子所以道性善而稱堯舜也【講】繇人倫莫大於君臣聖人莫盛於堯舜欲為君而盡乎君之道以無愧於君之倫欲為臣則盡乎臣之道以無愧於臣之倫二者將安所法哉惟皆法堯舜而已矣蓋堯舜之為君為臣者道之至也苟為臣者不以舜之所以事堯者事君是不以聖哲待君不敬其君者也臣之道不盡也為君者不以堯之所以治民者治民是又以殘忍待民賊害其民者也君之道不盡也奈何不法堯舜哉

○孔子曰道二道字虛說二即下面仁不仁仁與不仁而已矣仁不仁孔子口中泛說註法與不法須補在外【註】法堯舜則盡君臣之道而仁矣不法堯舜則慢君賊民而不仁矣二端之外更無他道出乎此則入乎彼矣可不謹哉【講】嘗聞孔子有言曰天下之道只有二端仁與不仁而已矣由孔子之言觀之法堯舜則仁不法堯舜則不仁出此入彼其機不亦危哉

○暴其民甚則身弒國亡暴即不仁不甚則身危國削此四句是生前之禍名之曰幽厲雖孝子慈孫百世不能改也百世以極遠言不能改是不能改祖父惡謚此三句是死後之禍【註】幽暗厲虐皆惡謚也苟得其實則雖有孝子慈孫愛其祖考之甚者亦不得廢公義而改之言不仁之禍必至於此可懼之甚也【講】如使為君者不法堯舜而入於不仁其禍有不可勝言者矣不仁而暴其民甚則身被弒而國以亡不仁而暴其民不甚則身亦危而國亦削禍之見於身前者如此不特此也及既沒之後據其暴行加以惡謚而名之曰幽以表其暗名之曰厲以表其虐公義所在雖有孝子慈孫愛其祖考之甚者歷百世之遠亦不得廢公義而改之也禍之見於身後者如此不亦可懼之甚哉

○詩云殷鑒不遠殷指紂鑒是戒在夏后之世夏后指桀此之謂也此之謂指幽厲言【註】詩大雅蕩之篇言商紂之所當鑒者近在夏桀之世而孟子引之又欲後人以幽厲為鑒也【講】生於其後者觀此亦可鑒矣大雅蕩之詩有云殷紂之所當鑒者不在於遠近在夏桀之時此正今人當以幽厲為鑒之謂也然則為君者可不法堯舜而甘以幽厲自居為臣者可不堯舜其君而忍陷其君於幽厲也哉【補】陳新安曰此章欲人法堯舜而仁戒人勿如幽厲之不仁遏人欲擴天理也

○孟子曰三代之得天下也以仁仁就愛民上說其失天下也以不仁其字指三代不仁自暴虐上說【註】三代謂商夏周也禹湯文武以仁得之桀紂幽厲以不仁失之【講】孟子儆天下不仁者曰吾嘗歷觀三代其始之得天下非無自也以禹湯文武之仁得之其後之失天下非無自也

子宜臼復褒人有罪請人女子贖之是爲褒姒嬖之生伯服廢申后及宜臼申侯怒與犬戎攻幽王殺王於驪山下於是諸侯共立宜臼是爲平王東遷洛邑而西周遂亡○厲王名胡夷王子也王好利近榮夷公芮良夫諫曰夫則百物之所生也天地之所載也而欲專之其害多矣王人者將導利而布之上下者也今榮公好專利而不知大難以是教王王其能久乎復國人畔襲厲王王奔彘

三代節旨
孟子蓋欲爲當世諸侯下針故特援三代以起案

國之節旨
上節是已然者此以必然者專此言節廢未至亡興不止存所以字含仁不仁

天子節旨
此言不仁之禍無一人可免尚是大概說

今惡節旨
此深明不仁之難免死亡爲危言以戒當時也

愛人章旨
此章爲時君治效未臻而徒責望於人者發特以反字提醒之首節虛論其理次節方實以反求工夫工夫既盡則自有身正之化末節引詩重永言上

愛人節旨
仁智敬是體愛人治人禮人是用仁反字不徒空空自反便有愈加愛治禮意三人字指臣民說

行有節旨
行有不得雖是推開其實含此三者更無自反處不過即此三者無刻無處不反求耳故下一皆字其身正是責難語當重讀天下歸是我足語當急讀身正即在反己內天下歸即在

以桀紂幽厲之不仁失之蓋得失之係於仁不仁如此

○國之所以廢興存亡者亦然 亦字對上看然字指得失以仁不仁言 註 國謂諸侯之國 講 不特天下爲然也至於國之所以或衰而廢或盛而興或治而存或亂而亡者亦以仁不仁如三代然者可見國之得失不異於天下則下此而有家有身者又可知也

○天子不仁不保四海 四海以天下言 諸侯不仁不保社稷 社稷是諸侯所主者 卿大夫不仁不保宗廟 宗廟卿大夫所祀者 士庶人不仁不保四體 四體即四肢以身言 註 言必死亡 講 夫不仁亦何在而可也如天子而暴虐不仁不能保四海於無疆矣諸侯而暴虐不仁不能保社稷於靈長矣卿大夫而荒淫不仁不能有家而保宗廟矣至於士庶人而荒淫不仁不能有身而保四體矣不仁之得禍如此

○今惡死亡而樂不仁 今指當時諸侯樂有安意以爲之意 是猶惡醉而強酒 是字指上句曰惡醉強酒正喻其死亡不免 註 此承上章之意而推言之也 講 凡此不能保者皆死亡之禍也夫死亡固可惡而所以死亡則由於不仁今惡死亡而猶安意於不仁之行欲無死亡其可得乎是猶惡醉而強酒欲無醉其可得乎欲保國家者信不可不反求於仁矣

○孟子曰愛人不親反其仁 愛主恩惠言不親是不見愛戴言 治人不治反其智 治以政教號令言不治是不就吾約束意 禮人不答反其敬 禮是謙卑遜讓不答是不以禮待我 註 我愛人而人不親我則反求諸己恐我之仁未至也智敬做此 講 孟子因上言仁而因及智禮以勉人之正己也曰御人之道在於盡己爲治者體仁以愛人宜乎人之我親矣而顧有不親焉則必反其仁恐我之愛人有未至也用智以治人宜乎人之我治矣而顧有不治焉則必反其智恐我之治人有未至也施敬以禮人宜乎人之我答矣而顧有不答焉則必反其敬恐我之禮人有未至也

○行有不得者 行指凡所應接者言 皆反求諸己 下一皆字見自治當詳也 其身正 是反身盡道 而天下歸之 歸指心言 註 不得謂不得其所欲如不親不治不答是也反求諸己謂反其仁反其智反其敬也如此則其自治益詳而身無不正矣天下歸之極言其效也 講 不但已也凡吾身之所行處事接人應物之間有不得遂其所願者皆反求諸己以盡其道如此則自治益詳而其身正矣身正則仰德者傾心雖天下之人皆歸於我矣豈特一家一國之人我親我治我答而已哉

○詩云永言配命 永言是長念配是合命以天理言 自求多福 引詩雖與多福盛大之福 註 解見前篇○亦承上章而言 講 大雅文王之詩有云人能長言合於天理則盛大之福自我致之可見身正而天下歸非倖致者然則有御人之責不可無自反之功矣 補

其身正內層層倒縮上去

永言節旨

此重永言不重自求蓋反求之心無期效之心也

恆言全旨

此章示人君當知所本重本在身三字本字皆主教化說恆言是人所常言不是恆人之言上二本字是末中之本特以引起下一本字上二本是恆言中所有而為推原之下一本是恆言所未備而為補足之蓋身為家之本即為國與天下之本也

為政全旨

此章見身化之易重不得罪於巨室句正身意即在不得罪三字內不必另講為政即照德教沛然世臣非一代之臣大家是貴臣之家分兩項說巨室與國同休戚實有責備君身意不得罪非巨室不罪我乃我身無可罪之隙慕者怨之反也巨室所慕四句一氣滾下見不難意巨室慕而一國天下即慕者非徒向巨室討消息人心不約而同此可想德教沛然光景溢字從沛然生四海極言其所至之遠

天下章旨

此章激發諸侯自強行仁以回無道

仁則榮章無二義但彼證仁則榮福自己求之意重下自求句此乃證皆反求諸己其身正天下歸之意重上永言句略有分別

○孟子曰人有恆言(恆言只是人所常言)皆曰天下國家(就所遞舉處便可繹)天下之本在國(國即畿內)國之本在家(家指宮闈)家之本在身(此句是恆言所未及者)【註】恆常也雖常言之而未必知其言之有序也故推言之而又以家本乎身也此亦承上章而推言之大學所謂自天子至於庶人壹是皆以修身為本為是故也【講】孟子承上章身正之意而推言之也曰天下之言有平易淺近而至理存焉者不可不察也人有恆言皆曰天下國家然人雖言之而未嘗繹之也吾因其言而推之其言天下而即繼以國遠由於近天下之本在國也其言國而即繼以家外由於內國之本在家也至於家獨無所本乎吾以為家之本在身必身修而後可以教家此又恆言之所未及也人其可不修身以立天下國家之本乎【補】本文雖遞說下其實天下國家之本俱在身

○孟子曰為政不難(為政自君言不難是易)不得罪於巨室(不得罪謂合正理而不致怨非曲法以奉之也)巨室之所慕(一國慕兼臣民言)一國慕之一國之所慕天下慕之(天下慕亦兼臣民言)故沛然德教(德教即政之所施也)溢乎四海【註】巨室世臣大家也得罪謂身不正而取怨怒也麥丘邑人祝齊桓公曰願主君無得罪於羣臣百姓意蓋如此慕向也心悅誠服之謂也沛然盛大流行之貌溢充滿也蓋巨室之心難以力服而國人素所取信今既悅服則國人皆服而吾德教之所施可以無遠而不至矣此亦承上章而言蓋君子不患人心之不服而患吾身之不修吾身既修則人心之難服者先服而無一人之不服矣○林氏曰戰國之世諸侯失德巨室擅權為患甚矣然或者不修其本而遽欲勝之則未必能勝而適以取禍故孟子推本而言惟務修德以服其心彼既悅服則吾之德教無所留礙可以及乎天下矣裴度所謂韓弘輿疾討賊承宗斂手削地非朝廷之力能制其死命特以處置得宜能服其心故爾正此類也【講】孟子承上章本身之意而言曰人君欲為政於天下而使德教遠被孰不以為難哉自我言之則有所不難惟在正身以得巨室之心而不取其怨怒耳蓋巨室者人情所瞻仰也吾既不得罪於巨室而為巨室之所慕則一國之人必以巨室之心為心而慕乎我矣國人既知所慕則天下之人必以國人之心為心而慕乎我矣至於慕以天下則四海之心皆於我乎欣附由是德教所孚自沛然洋溢乎四海而不可遏矣信乎為政不難矣

○孟子曰天下有道(有道是尚德尚賢之世)小德役大德小賢役大賢(大德大賢

齊女吳
越絕書闔廬伐齊大克取齊君女為質子為造齊門齊女思其國死葬於西山化為白龍而逝○所嫁乃闔廬長子名終纍俱早亡

之矣意前三節引起重復三節以師文王為主蓋不能自強則但如景公之順天惟修德行仁乃能為文王之回天也總註極明

天下節旨
此節泛論理勢如此以有道陪起無道上兩役字是心服下兩役字是力服主順天說是本節分位下面回天意勿遽插入

齊景節旨
舉齊景公雖以證能順無道之天然非真以為處無道之正法也只看挑動一個恥字隱隱為回天引線

今也節旨
此承上景公來孟子不是真個怪他恥受命只言徒恥無益以引到師文王上先師即先輩之先勿泥

如恥節旨
齊景節順天事也今也節逆天事也逆天既可不順天又不可兩路逼出師文王來獨言文王者文王以弱小而强大是能回天的樣子師文王虛含下好仁當時大國如秦楚小國如燕韓至為政於天下則化無道為有道矣

指天子小德小賢指諸侯但德以蘊言賢以人言 **天下無道** 無道是尚強尚大之世 **小役大弱役強** 小大以土地言弱強以甲兵言 **斯二者天也** 二者指上二段天兼理勢言 **順天者存** 順天如有道則聽役於大德大賢無道則聽役於大國強國 **逆天者亡** 反上句看

註 有道之世人皆修德而位必稱其德之大小天下無道人不修德則但以力相役而已天者理勢之當然也

講 孟子勉當時修德以自強也曰天下之大分有二非出令以使人則聽命以役使於人此相臨之定分也然有尚德尚力之不同若天下有道人皆修德而位必與德稱諸侯德之小者見役於天子之大德諸侯賢之小者見役於天子之大賢若天下無道人不修德但以力相尚諸侯國之小者見役於諸侯國之大者諸侯力之弱者見役於諸侯力之強者夫有道德不及人而為人所役無道力不及人而為人所役斯二者皆理勢之當然天之所在也順其理勢者則國以存逆其理勢者則國以亡觀於存亡之幾而有國者當審所尚矣

○**齊景公曰** 景公齊國之君 **既不能令又不受命是絕物也** 絕物猶言與人睽絕 **涕出而女於吳** 涕出句是粧點個恥字正景公受命處這便是順天

註 引此以言小役大弱役強之事也令出令以使人也受命聽命於人也物猶人也女以女與人也吳蠻夷之國也景公羞與為昏而畏其強故涕泣而以女與之

講 我觀古人有不得已而順無道之天矣昔齊本強大之國也至景公則力已小弱矣雖蠻夷反以其強大而畏之故景公自言曰凡有國者之與物相與也非令人則受命於人今既不能出令以使人又不屈己以受命於人是與物相睽絕也物可得而絕乎於是涕出而以女嫁於吳焉蓋情雖所不忍而勢出於無奈齊景公之能順天以保國如此

○**今也小國師大國** 師尤效意 **而恥受命焉** 恥受命是不為大國所役 **是猶弟子而恥受命於先師也** 弟子比小國先師比大國喻言其不能免恥

註 言小國不修德以自強其般樂怠敖皆若效大國之所為者而獨恥受其教命不可得也

講 夫以齊之大國不能自強遂見役於吳如此況小國乎今也小國處無道之世不能修德乃師效大國般樂怠敖之所為而又恥受大國之命令焉是猶弟子而恥受教命於先師也身為弟子豈得不受教於師國既小弱豈得不聽命於大國是在勉力自強求其所以免恥者而已矣

○**如恥之** 恥是恥受命於大國 **莫若師文王** 是師其修德行仁 **師文王** 承上過下 **大國五年小國七年** 五年七年皆言其速 **必為政於天下矣** 為政是成治意

註 此因其愧恥之心而勉以修德也文王之政布在方策舉而行之所謂師文王也五年七年以其所乘之勢不同為差蓋天下雖無道然修德之至則道自我行而大國反為吾役矣程子曰五年七年聖人度其時則可矣然凡此類學者皆當思其作為如何乃有益耳

講 如果恥受乎大國之命則莫若反其師大

裸　倪氏曰周禮有秬鬯有鬱鬯以秬黍為酒其名曰秬鬯將祭則築鬱金香草煮之以和鬯酒名鬱鬯裸乃用之取其芬香旁達以降神鬯者以其條鬯也

商之節旨　此明文王為政於天下之事以見其可師也克商是武王事詩歸美文王者以武王功之所成實文王德之所致故周公追述以戒成王商之孫子六句言商孫子皆為周諸侯殷士膚敏二句言商孫子之臣亦皆奔走周廟之祭商孫子及殷士兩層重在孫子邊天命靡常尤其肯要也仁不可為一句是孔子釋詩衆字承其麗不億說國君二句因文王而之論其理俱孔子之言

欲無節旨　此反言以決之也引詩只重誰能二字見欲無敵於天下者不可不以仁滙參云不以仁如何能無敵不以濯如何能執熱只一比照間而詩意已到下乃點明

不仁章旨　此章言人君敗亡之禍皆其自取重

國者而師文王以修其德誠師文王以修其德則德至可以回天將見國大者所乘之勢稍易大約不過五年國小者所乘之勢稍難亦大約不過七年必然人心奮國勢振而小可大弱可強大國反為吾役以為政於天下矣而何有於受命之恥哉

○詩云商之孫子其麗不億（不億甚言其多）上帝既命（上帝即天也命以天下命於周）侯于周服（周服是商孫子臣服於周）侯服于周（推服周之故）天命靡常（靡常是無定意）殷士膚敏（膚容貌之膚大敏才能之敏達）祼將于京（京周之京師）孔子曰仁不可為衆也（衆遇仁而失其衆）夫國君好仁（國君泛說好仁指仁心行仁政）天下無敵（敵是抵當）

【註】詩大雅文王之篇孟子引此詩及孔子之言以言文王之事麗數也十萬曰億侯維也商士商孫子之臣也膚大也敏達也祼宗廟之祭以鬱鬯之酒灌地而降神也將助也言商之孫子衆多其數不但十萬而已上帝既命周以天下則凡此商之孫子皆臣服於周矣所以然者以天命不常歸於有德故也是以商士之膚大而敏達者皆執祼獻之禮助王祭祀於周之京師也孔子因讀此詩而言有仁者則雖有十萬之衆不能當之故國君好仁則必無敵於天下也不可為衆猶所謂難為兄難為弟云爾

【講】可見文王固所當師矣試以其事言之詩云商之孫子其數不止於億上帝既命周以天下則凡此孫子皆臣服於周矣所以臣服於周者以天命靡常歸於有德也然不但孫子服之凡殷士之容貌膚大才能敏達者皆執祼獻之禮助祭於周之京師焉孔子因讀此詩而歎曰我周至仁商孫至衆以衆遇仁則衆失其衆而不可為衆也夫國君誠好修德以行仁將天下尊親之誰與之敵由大雅之詩與孔子之言觀之則文王我師仁者無敵為益信矣

○今也欲無敵於天下而不以仁（今指小弱國也）是猶執熱而不以濯也（濯在執熱之先非執熱而後濯）詩云誰能執熱逝不以濯

【註】恥受命於大國是欲無敵於天下也乃師大國而不師文王是不以仁也詩大雅桑柔之篇逝語辭也言誰能執持熱物而不以水自濯其手乎○此章言不能自強則聽天所命修德行仁則天命在我

【講】然則欲無敵於天下者必行仁政而後可乃今也恥為大國所役欲無敵於天下而不師文王以好仁是猶執持熱物而不以水自濯其手也詩云誰能執熱逝不以濯然則誰能無敵於天下而不以仁乎夫亦盡人以俟天勉為賢德而可矣

【補】章旨不徒教人聽天所命教人從聽天命中修德以自強可知順天之說只是陪起回天之意中間如恥之二句是順天回天兩頭轉捩要語正通章最喫緊處

○孟子曰不仁者可與言哉（不仁者指當時君說言是忠言）安其危（安是視為無患意危如國家衰弱外變將作之）

滄浪

倪氏曰漢水更為滄浪之水見禹貢酈道元云武當縣北四十里有洲曰滄浪洲水曰滄浪水是也

自取字正意說在首節已含自取孺子二節借聖言點醒之夫人二節借著眼數自字上句句是不可與言却句句悚他聽言總註心存不存是推本言之

不仁節旨

本欲與之言却從不可與言說起屬望更殷中二句正不可與言處末二句反言喚醒

有孺節旨

孺子之歌全是無心玩兩可以字蓋水之可非孺子可之也要虛虛摹寫無心之趣

孔子節旨

孔子只將歌辭紬繹一番便已指點殆盡斯字從上可以字生來自取又從斯字生來然一矣字側重濁邊情辭乃極危悚自取句就水說而意自廣

夫人節旨

此從孔子自取之言而推廣之也曰自侮自毀自伐見不得歸其咎於人

太甲節旨

此引書證自取之意曰自作見不得委其咎於天

類**而利其菑**利是有便意菑如天災人禍之類**樂其所以亡者**樂是喜為意所以亡是致亡之由**不仁而可與言則何亡國敗家之有**此二句反言見其必敗也【註】安其危利其菑者不知其為危菑而反以為安利也所以亡者謂荒淫暴虐所以致亡之道也不仁之人私欲固蔽失其本心故其顛倒錯亂至於如此所以不可告以忠言而卒至於敗亡也【講】孟子儆當時不仁者曰人君有其國家而欲長保治安莫過於聽言若夫不仁之君豈可與之言哉蓋其私欲固蔽失其本心危之所在本非安也彼則以為安菑之所在本非利也彼則以為利致亡之道本不可樂也彼不知其亡而反樂其所以亡者其顛倒錯亂至於如此所以不可與言也使不仁而可與言則必因人言而悔悟去危而圖安去菑而圖利去亡而圖存尚何亡國敗家之有

○**有孺子歌曰滄浪之水清兮可以濯我纓滄浪之水濁兮可以濯我足**【註】滄浪水名纓冠系也【講】然其至於敗亡者非諉命於天則歸罪於人而不知皆由於自取也不觀孺子之歌與孔子之言乎昔有孺子睹滄浪而歌曰滄浪之水時而清兮清可以之濯我纓也滄浪之水時而濁兮濁可以之濯我足也夫不問其清與濁而皆可適於用此其歌固出於無心者矣

○**孔子曰小子聽之**小子是門弟子之指歌言**清斯濯纓濁斯濯足矣**二斯字有味含自取意**自取之也**自取是水之清濯自致【註】言水之清濁有以自取之也聖人聲入心通無非至理此類可見【講】孔子聞之而謂其弟子曰孺子之歌有至理存焉小子其聽之夫水之清斯以之而濯纓夫水之濁斯以之而濯足矣貴賤異用非人所為皆水之清濁自取之也觀物理之自取而人事可知矣

○**夫人必自侮然後人侮之**侮是玩狎自侮是身不修**家必自毀而後人毀之**毀是破壞自毀是家不齊**國必自伐而後人伐之**伐是侵凌自伐是國不治【註】所謂自取之者【講】由孔子之言觀之天下之事其孰不由於自取乎夫人必自有取侮之道然後人得而侮之家必自有取毀之道而後人得而毀之國必自有取伐之道而後人得而伐之可見變不虛生惟人所召使我無可乘之隙彼胡為而來哉信乎亡國敗家皆不仁之自取也

○**太甲曰天作孽猶可違**孽是禍違是避**自作孽不可活**自作是自取活是生**此之謂也**此字指不仁自取意【註】此章言心存則有以審夫得失之幾不存則無以辨於存亡之著禍福之來皆其自取【講】觀商書太甲有言曰天作之孽雖似難逃然人修德回天猶可以避若自作之孽災殃立至不可以逃而活此即自侮自毀自伐之謂也有國家者如繹思自取之義而深戒自作之孽則必能聽信忠言而無亡

獺

獺一名水狗食魚居水中毛著水不濡亦能休於犬木上謂之水獺亦謂之海獺獺取鯉於水裔四方陳之進而弗食世謂之祭魚月令孟春獺祭魚又王制曰獺祭魚然後虞人入澤梁○獺穴知水之高

桀紂章旨

此章勉時君志仁以圖王意以今天下節為主前三節泛論民心歸仁而以必王動之後二節申明好仁當速而以死亡惕之仁民之要只在與聚勿施二句

桀紂節旨

以失天下引起得天下歸重與聚勿上民之欲施衣食安逸民之惡飢寒勞苦此易知也但此以如此為欲惡彼以如彼為欲惡非虛衷察之誠切體之未易周知既知矣又有許多煩難或便民而不便君或便久而不便暫必果斷行之委曲處之方能盡善玩爾也二字有惟其如此但要如此必須如此之意

民之節旨

首節是上感下此節是下應上民之歸仁領起水就下其性便之獸走壙其情樂之總以狀歸仁之勢

故為節旨

此又言不仁之毆民以足上歸仁意上二句借喻下一句正說獺原不為淵計鸇原不為叢計桀紂原不為湯武計然本無此意而知有此理有此勢也

今天節旨

今天下三字有味正民欲避之時見世主不可失此機會好仁即與聚勿施毆是得民王是得天下

國敗家之禍矣

○孟子曰桀紂之失天下也失其民也將桀紂開講便是今諸侯樣子失民是失天下之由失其民者失其心也失心是失民之由得天下有道得其民斯得天下矣得民就是得天下之道得其民有道得其心斯得民矣得民心就是得民之道得其心有道所欲與之聚之與聚是興利意所惡勿施爾也勿施是除害意爾是語辭【註】民之所欲皆為致之如聚斂然民之所惡則勿施於民鼂錯所謂人情莫不欲壽三王生之而不傷人情莫不欲富三王厚之而不困人情莫不欲安三王扶之而不危人情莫不欲逸三王節其力而不盡此類之謂也【講】孟子勉當時仁民曰天下之得失多故當審其政之之由吾觀夏桀商紂之失天下何也由失其民也桀紂之失其民者何也由失其民之心也知所以失則知所以得矣故得天下有道惟得其民則有人有土斯得天下矣得其民有道惟得其心則近悅遠來斯得其民矣得其心有道凡民心有所欲皆與之聚之心有所惡皆勿以施之爾也如此則得其心而民歸之矣

○民之歸仁也仁指上所欲二句歸仁是民之欲猶水之就下就下是水之欲獸之走壙也走壙是獸之欲【註】壙廣野也言民之所以歸乎此以其所欲之在乎此也【講】夫所欲與聚所惡勿施即所謂仁也仁則民歸之矣故民之歸於吾仁也亦猶水性之就下沛然而往獸性之走壙羣然而奔也然則仁亦民之下也壙也孰能禦其歸哉

○故為淵毆魚者獺也故字承上來毆是追遂意為叢毆爵者鸇也此二句即物情以決民心意為湯武毆民者桀與紂也湯武比淵叢所以生民者桀紂比鸇獺所以害民者【註】淵深水也獺食魚者也叢茂林也鸇食雀者也言民之所以去此以其所欲在彼而所畏在此也【講】民歸仁之切如此而況乎有不仁者之迫其後乎故魚畏獺而歸淵是為淵毆魚者獺也爵畏鸇而歸叢是為叢毆爵者鸇也民畏桀紂之暴而歸湯武之仁是為湯武毆民者桀與紂也夫民本欲歸湯武之仁又有桀紂不仁者為之毆甚矣仁之勝不仁也

○今天下之君有好仁者君指戰國諸侯好仁即上聚欲去惡則諸侯皆為之毆矣毆以暴征橫斂言雖欲無王不可得已王即是得天下【講】夫湯武好仁而桀紂為之毆可見仁為君之所尚耳若今天下之君有能與聚勿施實心好仁者即當時之湯武斯民之淵叢也彼

下蓋預度水所不至而穴也

爵　雀小鳥也其種類不一

鸇　鸇鷙鳥一名晨風鸇似鷂黃色燕頷向風搖翅飛疾擊鳩鴿燕雀食之左傳云見無禮於君者誅之若鷹鸇之逐鳥雀也

艾　埤雅曰艾一名炙草可以療疾字說云艾能乂疾久而彌善

今之節旨
此恐世主不自激發又危言以動之七年病久困之喻也三年艾深仁之喻也此二句無急求意急求在下數句內轉出志非空志有奮然圖功意在

其何節旨
引詩以警世主急自振勵也其何能淑指不志於仁者言載胥及溺即憂辱死亡意

自暴章旨
此章為暴棄仁義者警重兩自字總註道本固有而人自絕之是也

自暴節旨
上四句虛下四句正詳暴棄之實而見其不可與有言有為也仁是體義是用禮以義起義字即可以該禮故下只申言仁義

列國諸侯之不仁者皆為之敺民而歸之矣是以得其民斯得天下雖欲無如湯武之王不可得而辭已

○**今之欲王者**（指諸侯說）**猶七年之病**（七年病喻暴政之極）**求三年之艾也**（三年艾喻仁澤之厚）**苟為不畜**（畜是畜聚）**終身不得**（不得指艾言則病不可愈）**苟不志於仁**（志是心所向仁亦是欲惡同意）**終身憂辱以陷於死亡**（二句見當志仁）

【註】艾草名所以灸者乾久益善夫病已深而欲求乾久之艾固難卒辦然自今畜之則猶或可及不然則病日益深死日益迫而艾終不可得矣

【講】然致王固在於仁而行仁又不可緩也今之欲王者平日大失民心以至於國勢憂辱死亡將至矣在乎急行仁政以救之猶七年之病病相深矣在乎急求三年乾久之艾以治之也三年之艾既不畜於平時然自今畜之則猶或可及苟為不畜則終身不得而病終不免於死亡矣然則今之諸侯平日既無積久之功今日不可無必為之志苟及今不志於仁將見國事日非人心日去因循至於終身惟有憂辱相尋以陷於死亡而已

○**詩云其何能淑載胥及溺**（溺是陷溺）**此之謂也**（此字指苟不志仁二句說）

【註】詩大雅桑柔之篇淑善也載則也胥相也言今之所為其何能善則相引以陷於亂亡而已

【講】觀於大雅桑柔之詩云今之所為其何能以自善乎載相與及於陷溺而已此即終身憂辱以陷於死亡之謂也然則欲免桀紂之死亡而王天下者奈何不志湯武之仁耶

【補】前引執熱之詩喻如火益熱非仁無以沃之而解其熱此引胥溺之詩喻如水益深非仁無以拯之而救其溺

○**孟子曰自暴者**（暴是剛惡邊者字指人）**不可與有言也**（是喚不轉的）**自棄者**（棄是柔惡邊）**不可與有為也**（是激不起的）**言非禮義謂之自暴也**（正見不可與有言意）**吾身不能居仁由義**（居由皆作為字）**謂之自棄也**（正見不可與有為意）

【註】暴猶害也非猶毀也自害其身者不知禮義之為美而非毀之雖與之言必不見信也自棄其身者猶知仁義之為美但溺於怠惰自謂必不能行與之有為必不能勉也程子曰人苟以善自治則無不可移者雖昏愚之至皆可漸磨而進也惟自暴者拒之以不信自棄者絕之以不為雖聖人與居不能化而入也此所謂下愚之不移也

【講】孟子戒暴棄者之自絕乎道也曰仁義之道人人有之孰不欲其與有言也與有為也惟自暴害其身者以不才而自安不可與之以有謂也惟自廢棄其身者以無志而自諉不可與之以有為也何謂自暴彼不知禮義之為美而言非毀乎禮義者此所以謂之自暴也以斯人而與之言禮義必不見信尚可與有言乎何謂自棄彼猶知仁義之為美而溺於怠惰自謂吾身必不能居仁由義者此所以謂之自棄

天寶書局精校藏板

仁人節旨

此言仁義之為美正人皆自有之意二句平重兩人字從兩自字生安宅正路非借喻之辭乃就人身上實落指點見仁義在人本至美而無可非亦自有而必可能原暴棄不得底

曠安節旨

兼暴棄言曠安宅則必放僻邪侈而居所不可居舍正路則必行險僥倖而由所不可由豈不可哀

道在全旨

此章為賢智之徒思以道術易天下者發上二句是喚醒他歧塗末句是指示他實地人外無道故曰邇道外無事故曰易此明對當時功利邪說諸家舍却根本言道言事故指出個現成道理與他看人人已盡於天下親其親長其長即是天下平不分兩層方見最邇最易而字是直指語非轉關語

居下章旨

此章示人當思誠也首節言凡事皆必本於誠身次節推身之當誠末節決能誠之應以終首節之意踏實工夫全在思誠上

居下節旨

此節以誠身為主誠身屬在悅親是步步遞下的文法其實各件都本於此誠身能實踐其所明之善而有諸己之謂明善即誠身內工夫故下節

也以斯人而與之為乎仁義必不能勉尚可與有為乎

○仁人之安宅也(安是無危害意)義人之正路也(正字無邪曲意)

【註】仁宅已見前篇義者宜也乃天理之當行無人欲之邪曲故曰正路【講】夫暴棄者之自絕乎仁義如此亦未知仁義為人所固有耳仁則天理之公無一毫人欲之傾危不但為人之安宅也義則天理之宜無一毫人欲之邪枉不但為人之路而為人之正路也

○曠安宅而弗居(居是住)舍正路而不由(由是行)

哀哉(惻其自絕於道)

【註】曠空也由行也○此章言道本固有而人自絕之是可哀也此聖賢之深戒學者所當猛省也【講】夫仁為人之安宅則人當終身居之可也義為人之正路則人當終身由之可也何自暴自棄者曠吾身之安宅而弗居舍吾身之正路而不由不亦深可哀哉知暴棄者之可哀則所以體乎仁義者不容諉矣

○孟子曰道在爾而求諸遠(道指當然之理言爾同邇遠指道之外言)事在易而求諸難(事指體此道言難指事之外言)人人親其親長其長(上親長字虛指孝敬下親長字實指父兄)而天下平(天下盡父兄子弟言平是孝弟同風意)

【註】親長在人為甚邇親之長之在人為甚易而道初不外是也舍此而他求則遠且難而反失之但人人各親其親各長其長則天下自平矣【講】孟子示人以求道於近易也曰道之不明不行於天下者豈徒不求者之罪哉亦過求者之失也彼率性之謂道道本在爾也而乃求諸遠行道之謂事事本在易也而乃求諸難孰知親之當親長之當長道之在人為甚爾親吾之親長吾之長事之在人為甚易誠使人人各親其親以盡乎人子之事各長其長以盡乎人弟之事則家皆孝悌俗皆仁義道德可壹風俗可同蕩平之化已臻而天下自平矣人何必求之遠且難哉【補】饒雙峰曰此道字是天理之自然此事字是人為之當然

○孟子曰居下位(下指臣)而不獲於上(上指君)民不可得而治也(自不獲於上來)獲於上有道不信於友弗獲於上矣(自不信於友來)信於友有道事親弗悅弗信於友矣(自事親弗悅來)悅親有道反身不誠不悅於親矣(自反身不誠來此與中庸同總見思誠為修身之本意)誠身有道不明乎善不誠其身矣(自不明乎善來此亦與中庸同總見明善又為思誠之本意)

【註】獲於上得其上之信任也誠實也反身不誠反求諸身而其所以為善之心有不實也不明乎善不能即事以窮理無以真知善之所在也游氏曰欲誠其意先致其知

太公

呂尚姜姓東海人四岳之後嘗屠牛於朝歌賣販於孟津其窮困年老矣聞西伯養老乃西歸於周釣渭上西伯將出獵卜之曰所獲非龍非

只須誠字說朱子曰獲上信友等皆以有道言蓋有不由其道以求之者矣若諛悅苟容以求獲乎上便佞詭隨以求信於友阿意曲從以求悅於親冥行助長以求誠其身是也

誠者節旨

此正指當誠之故兩句一直說下歸重思誠邊此天道即人所具天命之性非指聖人言擇善固執皆少不得思思誠內兼明善誠身包得中庸博學之五句

至誠節旨

此決言能誠之效見思誠之功不可不至也工夫造到極處盡人合天便是至誠至誠更有何不動下一句反勘總註思誠為修身之本是修身以知行為先明善又為思誠之本是知行中又當以知為先

伯夷章旨

此章勉諸侯法文王以行仁政意前二節言文王有養老之政以來人望以得民心是個現成樣子引起末節可知戰國時有大老焉則孟子是已

伯夷節旨

此只重歸仁意避亂意輕善養老該養民在內養老特仁政中一事伯夷商家義士心在萬世太公周室元老心在當世二人後來行事不同但當

不明乎善不誠乎身矣學至於誠身則安往而不致其極哉以內則誠乎親以外則信乎友以上則可以得君以下則可以得民矣

【講】孟子勉人思誠以誠身也曰人之一身所處有親友君民而所以聯屬其間者惟一誠也如居臣下之位而欲治其民其道在於獲上若不獲信任於上則無以安其位而行其志民不可得而治也然獲於上有道其道在乎信友苟不取信於友則志行不孚名譽不著弗獲於上矣然信於友有道其道在乎悅親苟事親弗得其悅則所厚者薄無所不薄弗信於友矣然悅親有道其道在於誠身苟反諸身而為善之心有不誠則外有事親之文內無愛親之實不悅於親矣誠身有道其道在於明善苟不能即事窮理以真知善之所在則善惡不免於混淆好惡多失於自欺不誠其身矣君子能明善以誠身則事親為實孝交友為實信事君為實忠治民為實政一誠立而萬善從之矣

○**是故誠者天之道也**（是故承上節來誠是實理者字勿泥作人）**思誠者人之道也**（思誠如於君民親友間未有實處使思去實也）

【註】誠者理之在我者皆實而無偽天道之本然也思誠者欲此理之在我者皆實而無偽人道之當然也

【講】夫明善以誠身切要如此是故誠者非身外之物也乃天道之本然而不容離也人心有不實而思以誠之者亦非分外之事也乃人道之當然而無容諉也

【補】子思以誠之者言人之道而孟子易之以思誠以思出於心於學者用功尤為有力也

○**至誠而不動者未之有也**（至誠是由思誠而造於極誠地位動是感動意）**不誠未有能動者也**（此反言以足上句意）

【註】至極也楊氏曰動便是驗處若獲乎上信乎友悅於親之類是也○此章述中庸孔子之言見思誠為修身之本而明善又為思誠之本乃子思所聞於曾子而孟子所受乎子思者亦與大學相表裏學者當潛心焉

【講】果自思誠而造於至誠誠至自能動物以之事親而親悅以之取友而友信以之事君而君用以之治民而民從而猶有不動者未之有此理也若不造於至誠則未有能動物者也人可不盡思誠之功哉

○**孟子曰伯夷辟紂**（辟紂是避紂之禍亂）**居北海之濱**（海濱海邊極遠之處）**聞文王作**（作是起在西伯之位）**興曰**（興奮然感發意）**盍歸乎來**（歸是歸於文王）**吾聞西伯善養老者**（善養老就發政施仁說）**太公辟紂居東海之濱聞文王作興曰盍歸乎來吾聞西伯善養老者**

【註】作興皆起也盍何不也西伯即文王也紂命為西方諸侯之長得專征伐故稱西伯太公姜姓呂氏名尚文王發政必先鰥寡孤獨庶人之老皆無凍餒故伯夷太公來就其養非求仕也

【講】孟子勉諸侯法文王以行仁政也曰人君皆欲為政於天下而卒未得人歸者則以仁政不行故也試以文王觀之昔商紂毒痛四海播棄黎老伯夷辟紂之亂居北海之濱蓋非君不事矣

羆非虎非羆而王者之輔也遂出獵渭濱至於磻磎見老父釣問曰叟樂此耶對曰君子樂行其志小人樂供其事吾非樂於漁也西伯因載以歸與論政事大悅之曰自吾先君太公曰當有聖人適周周以興子真是耶吾太公望子久矣故號之曰太公望以望為師望左右文王德孚政平後佐武王伐紂封於齊都營丘

時歸西伯則一耳

二老節旨

此言文王所以為政於天下處大老重德不重齒有仁天下之心有治天下之學有超越天下之才識有歷練天下之精神方承得天下之大老五字父子二字總形容人心不約而同意焉往只是心歸

諸侯節旨

行文王之政必得大老如伯夷太公者先歸而天下無不歸矣豈不是為政於天下

求也章旨

此章惡當時之強戰者而發上二節即富國之罪以甚強兵之罪下一節即連諸侯辟草萊之刑以甚善戰之刑

求也節旨

引求附益為下君不行仁政而富之緣起意在從富國引入強兵

由此節旨

強戰甚於富國者全在殺人盈野盈城上一個人如何抵得罪故曰不容於死率土地率字與率獸之率同尹氏曰湯武之征以仁伐暴救民於塗炭戰國之戰以亂益亂視民如草菅

及聞文王作為西伯於是奮然興曰吾盍歸乎來哉吾聞西伯發政施仁善養老者我可歸之以就其養矣太公亦辟紂之亂居東海之濱蓋非時不出矣及聞文王作為西伯於是奮然興曰吾盍歸乎來哉吾聞西伯發政施仁善養老者我可歸之以就其養矣

○**二老者天下之大老也**大老齒德俱尊意**而歸之是天下之父歸之也**父字亦就齒德上說**天下之父歸之其子焉往**焉往猶言何往〔註〕二老伯夷太公也大老言非常人之老者天下之父言齒德皆尊如眾父然既得其心則天下之心不能外矣蕭何所謂養民致賢以圖天下者暗與此合但其意則有公私之辨學者又不可以不察也〔講〕此伯夷太公之歸文王也豈無以係天下之心哉蓋二老者齒與德俱尊非如常人之老乃天下之大老也既曰大老則為天下之父而天下之民皆其子也而歸之是天下之父歸之也天下之父歸之則父者子之所望而從者也其子又焉往而不歸哉此文王之能行王政而為政於天下者也

諸侯有行文王之政者政是發政施仁包養老在內**七年之內必為政於天下矣**為政就得人歸上說〔註〕七年以小國而言也大國五年在其中矣〔講〕今之諸侯特患其不能行文王之政耳有行文王之政以善養老聞者則雖以小國所乘之勢吾度其時不過七年之內亦必人望先歸因以得天下之歸而為政於天下矣有圖治之志者亦何憚而不師文王耶

○**孟子曰求也為季氏宰無能改於其德**改指救正意德是惡德指攘剝說**而賦粟倍他日**倍是加倍他日是平日**孔子曰求非吾徒也小子鳴鼓而攻之可也**〔註〕求孔子弟子冉求季氏魯卿宰家臣賦猶取也取民之粟倍於他日也小子弟子也鳴鼓而攻之聲其罪而責之也〔講〕孟子為當時強戰者罪也曰今之事君者類以強兵為尚矣豈知律以聖人之教正以王者之法而罪則甚大者乎昔者求也嘗為季氏宰無能盡力匡救改其攘奪之惡德而賦民之粟且加倍於他日是惟知聚斂而不知恤民有負於聖人之教多矣孔子聞而責之曰為吾徒者固當上致其君下澤其民今求之黨惡害民如此殆非吾徒也爾小子於求有朋友之義當鳴鼓以聲其罪而攻責之使其知改可也此求之聚斂以益季氏其見棄於孔子也如此○**由此觀之**此字指責求語**君不行仁政而富之**仁政愛民之政富泛指聚斂說**皆棄於孔子者也**棄是絕**況於為之強戰**強戰謂恃兵力之強而戰**爭地以戰殺人盈野爭城以戰殺人盈城**

眸子 陸實府曰天地通竅於日月故陰陽薄蝕則日月代著其昏明人心通竅於兩眸故邪正未形兩眸預呈其瞭眊

故善節旨
故字承罪不容死來上刑之服允當連諸侯而使之戰辟草萊任土地而蓄積以助之戰兩項總是强戰一路人但猶非身親殺人者故兩曰次之非末減也

存乎章旨
此章爲徒以言觀人者發蓋聽言固觀人常法孟子更添觀眸子乃獨辦隻眼處上論孔子觀人是詳審法此是直截法

存乎節旨
存乎人者凡五官百體皆是良在自然而然上見莫良句且虛說眸子不能掩句正見其莫良胸中正四句正見其不能掩丈平意串重不正一邊

聽其節旨
此忽突出聽其言也句是暗從上節莫字生來一也字拖下乃以觀眸子爲主非以聽言觀眸子平列也

地與城分內外看 此所謂率土地而食人肉 此字指强戰說率是驅率土地即城池 罪不容於死 猶言死有餘辜

註 林氏曰富其君者奪民之財耳而夫子猶惡之况爲土地之故而殺人使其肝腦塗地則是率土地而食人之肉其罪之大雖至於死猶不足以容之也

講 由孔子責求之言觀之則凡當時之君不能行仁政以裕民而爲之臣者反聚歛於民以富之是皆冉求之類見棄於孔子者也夫富其君者特奪民之財耳未至於殺人也尚見棄於孔子如此况於爲其君之强戰者乎强戰者爭地以戰則欲求得乎地其勢必至於殺人盈野矣爭城以戰則欲求得乎城其勢必至於殺人盈城矣夫以土地之故而殺人此所謂率土地而食人肉其罪之大雖至於死猶不足以容之其爲孔子之所棄又當何如耶

○故善戰者服上刑 善戰即上强戰之人服加也上刑是極刑 連諸侯者次之 連是連結諸侯使相攻伐之字指善戰之刑說 辟草萊任土地者次之 辟任只欲富國不是爲民皆爲君聚歛之徒之字照上說

註 善戰如孫臏吳起之徒連結諸侯如蘇秦張儀之類辟開墾也任土地謂分土授民使任耕稼之責如李悝盡地力商鞅開阡陌之類也

講 夫强戰之罪大如此因罪定刑而可以知所不赦矣故善戰者當服最上極刑以正其賊君殘民之罪至於縱橫遊說連結諸侯興兵搆怨以禍民者即次之變亂井田開闢草萊以其土地分授於民使任耕稼爲聚歛計以害民者又即次之有王者起按法以誅所必然者乃今之諸侯不以爲罪而反以爲功何哉毋惑乎禍亂之相尋而不已也

○孟子曰存乎人者 人指身言 莫良於眸子 眸子乃人心符契天機之自露者也 眸子不能掩其惡 掩是遮飾 胸中正 正是無私曲 則眸子瞭焉 瞭是清明瑩徹 胸中不正則眸子眊焉 眊是恍惚蒙昧

註 良善也眸子目瞳子也瞭明也眊者蒙蒙目不明之貌蓋人與物接之時其神在目故胸中正則神精而明不正則神散而昏

講 孟子論觀人之法曰今之觀人者類以其言而已以予觀之存乎人者莫良於司視之眸子何也人之善惡生於心心之精神見於目意念一起即形於瞻視之間故眸子不能爲人掩其心之惡也如胸中正則神精而明眸子瞭焉如胸中不正則神散而昏眸子眊焉眸子之不能掩其惡如此然則存乎人者果孰有良於眸子哉

○聽其言也觀其眸子 觀眸子兼瞭眊說 人焉廋哉

註 廋匿也言亦心之所發故并此以觀則人之邪正不可匿矣然言猶可以僞爲眸子則有不容僞者

講 誠使觀人者既聽其言以審其心之邪正也又觀其眸子以驗其目之明昧則其人胸中之正而爲言之善者吾得於眸子之瞭知之矣其人胸中之不正而飾爲言之善者吾又得於眸子之眊知之矣蓋能僞於言而不能僞於眸子能掩於聽而不能掩於觀人焉得而廋哉然則觀人者固當求於聽言之外而修己者亦當反觀於胸中矣

補

天寶書局精校藏板

恭者全旨

此章為時君飾為恭儉之丈而發首二句正言中三句反言末句足上惡得為恭儉意恭者儉者是因名責實意不侮不奪在心上說方與下聲音笑貌對照惟恐不順欲侮奪人之甚也侮奪兼本國鄰國言惡得與豈可正相應

淳于髡

髡者齊之贅壻也長不滿七尺滑稽多辯數使諸侯未嘗屈辱齊威王時喜隱好為淫樂長夜之飲沈湎不治百官荒亂諸侯并侵危在旦暮左右莫敢諫髡說之以隱曰國中有大鳥止王之庭三年不飛又不鳴王知此鳥何也王曰此鳥不飛則已一飛沖天不鳴則

淳于章旨

此章見濟世不可枉道重道字首節借事引起下二節是正意權者量輕重以取中援嫂時避嫌為輕拯溺為重出處時守道為重濟溺為輕孟子之不輕援正其知權處

淳于節旨

權以濟禮之變則權乃所以為禮髡意不在問禮只要討出個權字為下諷言張本

今天節旨

此正髡諷孟子本意溺字援字俱承上借言夫子之不援訝其不從權也

以道節旨

天下以無道而溺故援之必以道枉道求合則道已先失矣援嫂溺以手亦是道所在至援天下溺獨沒了道徒有手在欲徒手以援之豈所謂道

度字重不善邊與上不能掩其惡相應

○**孟子曰恭者不侮人**（恭者是謙恭之主不侮人是無敢慢之心）**儉者不奪人**（儉者是儉節之主不奪人是無橫征之心）**侮奪人之君惟恐不順焉**（恐人不聽其侮奪）**惡得為恭儉**（此為字是名為之為下為字是作為之為）**恭儉豈可以聲音笑貌為哉**（聲音偽為恭儉之言笑貌偽為恭儉之狀）

【註】惟恐不順言恐人之不順己聲音笑貌偽為於外也

【講】孟子為時君竊恭儉之名者發也曰恭儉之德不容偽為故君之恭者則用上敬下而不侮人君之儉者則取民有制而不奪人若侮奪人之君惟恐人不順其侮奪焉雖名為恭儉惡得為恭儉然則所謂恭儉者特聲音笑貌偽為於外耳夫恭儉美德豈可以聲音笑貌為哉

○**淳于髡曰男女授受不親禮與**（不親是不以手相親接也）**孟子曰禮也**（禮指遠嫌疑說）**曰嫂溺則援之以手乎**（溺是溺於水）**曰嫂溺不援是豺狼也**（豺狼二獸名是言其忍心）**男女授受不親禮也**（禮是經常之道）**嫂溺援之以手者權也**（權是通變之道）

【註】淳于姓髡名齊之辯士授與也受取也古禮男女不親授受以遠別也援救之也權稱錘也稱物輕重而往來以取中者也權而得中是乃禮也

【講】淳于髡因孟子不見諸侯乃設言而問曰男女授受不親果古之禮與孟子答曰此別嫌明微之禮也髡又問曰設或遇嫂之溺於水則將救援之以手乎抑守授受不親之禮而不救援之乎孟子答曰嫂溺不以手援是忍心害理豺狼所為也男女授受不親者一定之禮也嫂溺援之以手者一時之權也禮行於時之常固不得而越權通於時之變則又有不可得而拘之也

○**曰今天下溺矣**（溺指民之困苦言）**夫子之不援何也**（何也是怪其不從權意）

【註】言今天下大亂民遭陷溺亦當從權以援之不可守先王之正道也

【講】髡又問曰今天下生民之困如溺於水矣夫子之抱道自重而不肯從權以救援之何權可行於援嫂者而不可行於天下也

○**曰天下溺援之以道**（道即仁義之道）**嫂溺援之以手**（以手見援嫂之易）**子欲手援天下乎**（手援作枉道看見枉己不能正人意）

【註】言天下溺惟道可以救之非若嫂溺可手援也今子欲援天下乃欲使我枉道求合則先失其所以援之之具矣是

已一鳴驚人於是乃朝諸縣令長七十二人賞一人誅一人奮兵而出諸侯震驚皆還齊侵地

授受不親　內則曰男不言內女不言外非祭非喪不相授器其相授則女受以篚其無篚則皆坐奠之而後取之曲禮曰男女不親授嫂叔不通問

豺狼　豺從才狼從良皆獸之有才智者其性貪暴左傳楚子將以商臣為太子子上曰是人也蠭目而豺聲忍人也又子文弟子良生子越椒子文曰是子也熊虎之狀而豺狼之聲諺曰狼子野心是乃狼也其

中之權乎

公孫章旨

此章見君子善成其子之術重勢不行也句教者以下正見勢不行易子而教正通其勢之不行處末節申明所以易教之故蓋為天下之中人言也

公孫節旨

君子不親教自是一定常情觀下古者二字可見不必指孟子說

勢不節旨

提勢不行一句作主下皆發明之惡字猶云非天倫之美事

古者節旨

只重以己子而教之於人相易意不必過泥

父子節旨

此正言不教之故父子之間不責善是成語兼言父子引來重父責子邊下二句乃申解此句

事孰章旨

此章勉人守身以事親意首四句平說不失其身二段側重守身乃能事親是通章關鍵中節又推出本字以

欲使我以手援天下乎○此章言直己守道所以濟時枉道徇人徒為失己〔講〕孟子答之曰援嫂與援天下其具不同也天下溺必要援之以道嫂溺援之以手耳今子欲我枉道以求合已失其援之之具其將使我徒手以援天下乎子不知守道亦何可言行權哉〔補〕林次崖曰孟子所謂權在道之內覺所認權在道之外

○公孫丑曰君子之不教子何也〔註〕不親教也〔講〕公孫丑問曰父之愛子天性也教之宜無所不至乃君子之不親教其子何也○孟子曰勢不行也勢就教上說教者必以正正如正言正行以正不行不行是不遵父教意繼之以怒怒是笞撻非但形之辭色繼之以怒則反夷矣夫子教我以正夫子未出於正也夫子指父此二句是子之心責其父則是父子相夷也相夷是父子相傷相夷則惡矣惡是賊恩之大者〔註〕夷傷也教子者本為愛其子也繼之以怒則反傷其子矣父既傷其子子之心又責其父曰夫子教我以正道而夫子之身未必自行正道則是子又傷其父也〔講〕孟子告之曰非理不當教也乃勢不得行也蓋教子者必教之以正道而使弗納於邪也如以正道而其子不行則必繼之以怒夫教子者本為愛其子也至繼之以怒則反夷傷其子矣父既傷其子子之心又責其父曰夫子教我以正道而夫子之身未必盡出於夷道也則是子又傷其父而父子之間交相夷也父子相夷則害天性之恩而惡矣此之謂勢不行也○古者易子而教之易是遣子出就外傅〔註〕易子而教所以全父子之恩而亦不失其為教〔講〕夫親教有所不行不教有所不可古者之人有見於此乃轉易其子而教之庶乎正道可行而賊恩之禍可免也

○父子之間不責善責善是以善責之使行責善則離離即相夷離則不祥莫大焉不祥即是惡〔註〕責善朋友之道也○王氏曰父有爭子何也所謂爭者非責善也當不義則爭之而已矣父之於子也如何曰當不義則亦戒之而已矣〔講〕然所以易子而教者何也蓋以父子之間所主者恩而不相責以善苟相責以善則必至於相夷而情意乖離以至親而至於相離則人之不祥莫大於此焉此古人易子而教所以善處父子之間而遠不祥之禍與

○孟子曰事孰為大事是敬承不違事親為大是凡事無大於事親守孰為大守是保持不失守身為大是凡守無大於守身不失其身而能事其親者吾聞之矣如言有此道理失

天寶書局精校藏板

可畜乎

曾子 荀子云曾子寢疾曾元持足曾子曰元志之吾語汝未魚鼈黿鼉猶以淵為淺而穴其中鷹鳶猶以山為卑而巢其上及其得也必以餌故君子苟能無以利害義則恥辱亦無由至矣

明其大後二節引曾子作證曾子正是能守身者故舉養志之事以為法

事孰節旨

事親守身包括得許多事守在內為大只以道理言下本字方以功用言不失身要切體親心上蓋身親之身也戰戰兢兢惟恐有失息息與親志流通便含下養志意能事親還有許多順親於道的事但緊要處在守身耳

孰不節旨

此只完首四句見所以為大之意大生大字只講包括尚虛本對末言則是一件最重本是諸件皆自此一件推究其實也

曾子節旨

此舉曾子養志正所謂守身而能事其親者方完首節不失其身以下四句意養志不獨酒肉一節即一飲食間必請所與以迎親志於未形又必應曰有以體親志於既形真無時無念不在於親者也曾元一段只帶言以形容曾子盡道不重貶曾元

事親節旨

此為事親者說法非贊曾子也者字指養志不指人可也須體會註中當字見事親必如曾子這樣才是可

其身而能事其親者吾未之聞也如言無此道理 〔註〕守身持守其身使不陷於不義也一失其身則虧體辱親雖日用三牲之養亦不足以為孝矣 〔講〕孟子示人守身以事親也曰凡人分有所屬而祇承之者之謂事事孰為大事親為大聚百順以奉二人非細故也責有所屬而謹持之者之謂守守孰為大守身為大萃萬善而歸一己此宏圖也然欲事親必本於守身焉蓋不失其身則無忝所生而能事其親者吾嘗聞之矣失其身則虧體辱親而能事其親者吾未之聞也信乎守身尤為大也欲事親者當自守身始矣

○**孰不為事**孰字包事君事長說 **事親事之本也**言事親為百行之本原 **孰不為守**孰字包國家天下說 **守身守之本也**言守身為萬化之本原 〔註〕事親孝則忠可移於君順可移於長身正則家齊國治而天下平 〔講〕夫事親何以為大也凡事君事長孰不為事而敦孝為百行之原惟事親則推之事君事長皆取之於此實為事之本也守身何以為大也凡守國守官孰不為守而躬修為萬化之原惟守身則推之守國守官皆原之於此實為守之本也惟其為本所以見其為大也

○**曾子養曾晳**養奉 **必有酒肉**必有是不忘設 **將徹**是食畢將收去 **必請所與**請餘物以與人 **問有餘**是問食物有餘剩 **必曰有曾晳死曾元養曾子必有酒肉將徹不請所與**是與父必請 **問有餘曰亡矣**是與父必曰有異 **將以復進也**此句總承不請曰亡之意 **此所謂養口體者也**養口體只是徒養以物兼上二段意 **若曾子則可謂養志也**養志是承順不違意凡繼志述事皆是舉飲食以示例耳 〔註〕此承上文事親言之曾晳名點曾子父也曾元曾子子也曾子養其父每食必有酒肉食畢將徹去必請於父曰此餘者與誰或父問此物尚有餘否必曰有恐親意更欲與人也曾元不請所與雖有言無其意將以復進於親不欲其與人也此但能養父母之口體而已曾子則能承順父母之志而不忍傷之也 〔講〕事親為事之大如此事親之道何如觀之曾子可見矣曾子養其父曾晳每食必有酒肉及將徹之時曾子必請於親曰此餘者與誰及親問有餘曾子必對曰有恐親意更欲與人也曾晳死曾子之子曾元養曾子每食亦必有酒肉及將徹之時不請所與及問有餘曾元應之曰亡矣其意將以復進於親不欲以與人也此所謂甘旨為供徒以養口體者也若曾子迎親意於未形之前而又稱親意於已形之後則可謂養親之志而不忍傷之也

○**事親若曾子者可也**可言事親如曾子方可盡孝 〔註〕言當如曾子之養志不可如曾元但養口體程子曰子之身所能為者皆所當為無過分之事也故事親若曾子可謂至矣而孟子止曰可也豈以曾子之孝為有餘哉 〔講〕夫養志則精神意念常與親志流通真至微也而惟曾子能之然則

事親若曾子之養志者方可謂孝也人子可不知所法乎 補 林次崖曰大旨只重在事親上其言守身特為事親之本耳故既以事親與守身平說復歸本於守身又舉曾子以為事親之則是皆為事親而發也

○孟子曰人不足與適也人以用人之非言政不足閒也政以行政之失言惟大人為能格君心之非格心固是精神意氣自為感格然亦有扶持開導處君仁莫不仁君仁是君心無私累莫不仁是用人行政皆仁之所發君義莫不義君義是君心無邪僻莫不義是用人行政皆義之所在君正莫不正君正是君心皆仁義莫不正皆仁義之著見一正君而國定矣國定就是賢才輔而國政理 註 趙氏曰適過也閒非也格正也徐氏曰格者物之所取正也書曰格其非心愚謂閒字上亦當有與字言人君用人之非不足過適行政之失不足非閒惟有大人之德則能格其君心之不正以歸於正而國無不治矣大人者大德之人正己而物正者也程子曰天下之治亂繫乎人君之仁與不仁耳心之非即害於政不待乎發之於外也昔者孟子三見齊王而不言事門人疑之孟子曰我先攻其邪心心既正而後天下之事可從而理也夫政事之失用人之非智者能更之直者能諫之然非心存焉則事事而更之後復有其事將不勝其更矣人人而去之後復用其人將不勝其去矣是以輔相之者必在乎格君心之非然後無所不正而欲格君心之非者非有大人之德則亦莫之能也 講 孟子示人臣正君之要也曰今之論治者率以用人行政為急忠智之士見人君於此二者一有過失即從而適之閒之適之亦是也而抑知人不足與適也閒之亦是也而抑知政不足閒也蓋用人行政之失由於君心之非惟盛德大人以道事君為能格君心之非以歸於仁義之正君心仁則用人行政皆無私而莫不仁君心義則用人行政皆得宜而莫不義君心正則用人行政皆無邪枉偏僻而莫不正大人一以仁義正其君而國自定而就理矣何勞屑屑然事事而更之人人而去之哉 補 輯語云格字有本有用德盛而自化本也知微而潛移用也人多說得一邊耳

○孟子曰有不虞之譽有是間或有下做此不虞猶言出於意料之外譽是稱揚太過有求全之毀求全欲為善以求完意毀謗毀 註 虞度也呂氏曰行不足以致譽而偶得譽是謂不虞之譽求免於毀而反致毀是謂求全之毀言毀譽之言未必皆實修己者不可以是遽為憂喜觀人者不可以是輕為進退 講 孟子為毀譽失真者發也曰人貴聞其在己世莫輕於徇人而況乎毀譽之間也如行修而致譽者理之常也有行不足以致譽而偶得譽是謂不虞之譽行虧而致毀者亦理之常也有素行無咎本以求免於毀而反致毀是謂求全之毀然則修己者當自盡觀人者當責實矣 補 註求免於毀須善看蓋求自修之全非逢世也

格心全旨

此章見大臣事君貴正其本人不足三句一氣講下歸重惟大人句蓋用人行政之失皆從君心之非來而惟有大德之人方能格之君仁以下四句亦一氣說去總是大人格心之能事用人行政有關治亂興亡大臣豈能默默然本原不在爭之無益玩兩不足字其精神全注君心上格君心伊川所謂至誠以感動之盡力以扶持之明義理以致其知杜蔽惑以誠其意是也仁體義用正字包仁義言三莫不指用人行政正君即是格君勿作君正國定則其效也一字言不必適閒紛紛見格心之功約而鉅

有不全旨

此章慨毀譽之不宜而有有虞字求字俱屬自己說不虞云者才德未備無因至前也求全云者行求自全自反無缺也毀譽已是失真誰知人情意料之外更有如此不可知者人須自有主張註修己觀人從言外補出

舍館 開元文字云館者賓客之舍也有積以待朝聘之官也容舍逆旅名候館也公館者公所為也私館者自卿大夫以下之家所為也

易言全旨
此章為常人易言者發蓋見責於君子固可為鑒戒之益即見責於小人亦可為反惕之資味耳矣字語氣似與推原實同棒喝

人師全旨
此章見學莫病於知足師非不可為也患字全從好字看出誨人不倦是愛人之心好為人師是上人之心

樂正章旨
此章見學者當慎所從也孟子責樂正子全在失身於匪人既從子敖而來就是一來即見亦無解於罪孟子特就不早見長者責他使他自悟

樂正節旨
本章止責其來見之晚郤未曾說出從子敖而意自有在故章首先與揭明

見孟節旨
玩亦來見我口氣言外若舍別有所為而來意從小人為失身一罪也不早見長者又一罪也孟子且以後一罪責之

克有節旨
其勇於受責固可取然猶未悟從子

○孟子曰人之易其言也人常人易輕易無責耳矣責是面斥意【註】人之所以輕易其言者以其未遭失言之責故耳蓋常人之情無所懲於前則無所警於後非以為君子之學必俟有責而後不敢易其言也然此豈亦有為而言之與【講】孟子戒人當謹言也曰常人之所以輕易其言也以其無遭失言之責而懲創未深耳使有所責豈敢輕易其言哉此在常情則然若君子謹言之學則不待有所責而自無易其言也

○孟子曰人之患在好為人師患是害好是汲汲求為意【註】王勉曰學問有餘人資於己不得已而應之可也若好為人師則自足而不復有進矣此人之大患也【講】孟子戒人自滿意曰古之學者必有師師豈不可為哉然必學問充足始無負其為人師也若稍有所得侈然自尊便好為人師必不能虛以受益矣豈非人之大患哉學者當自審所至而益求其進也

○樂正子從於子敖之齊從是隨之是往【註】子敖王驩字【講】齊有子敖者孟子之所不與言者也樂正子從於子敖之齊此其失身之罪大矣

○樂正子見孟子以孟子在齊故來見孟子曰子亦來見我乎亦字對子敖看曰先生何為出此言也此言指亦來見我說曰子來幾日矣此已知其昔日來故問之曰昔者此昔者見其來未久曰昔者則我出此言也不亦宜乎宜字見責之當處曰舍館未定舍館指旅次之館言曰子聞之也舍館定然後求見長者乎長者孟子自謂【註】昔者前日也館客舍也王驩孟子所不與言者則其人可知矣樂正子乃從之行其失身之罪大矣又不早見長者則其罪又有甚者焉故孟子姑以此責之【講】時孟子在齊樂正子來見孟子孟子責之曰子亦來見我乎蓋示其不滿之意也正子不知其罪乃曰弟子見師禮所當然先生何為出此言以相拒也孟子姑以遲慢之罪責之曰子之來齊有幾日矣正子曰昔者意其來齊之非久也孟子正言以責之曰既來自昔者而見我於今日則我出此言也不亦宜乎正子又飾辭對曰因舍館未定故來遲耳孟子又責之曰子聞之也為弟子者必舍館既定先為安身之謀然後可以求見長者乎是見長者不若舍館之為切也【補】子亦來見句要得冷語怪歎令他自思意

○曰克有罪罪亦自見遲上說【註】陳氏曰樂正子固不能無罪矣然其勇於受責如此非好善而篤信之其能若是乎世有強辯飾非聞諫愈甚者又樂正子之罪人

教之非也所以有待於下章之言

鋪啜全旨

此章明責所從之非然亦不顯言子敖之不可從而以徒鋪啜鄙之徒字可玩猶云求其故而不得除非為此學古之道極重見識見宜高明志趣宜遠大我不意三字大有驚駭意

不孝章旨

此章專為舜而發上節引起下節不告之得為孝全在無後上看出

不孝節旨

此只起下舜行權意世俗之不孝五君子之不孝三

舜不節旨

舜以不告而通其孝之權既變通以成己之孝又委曲以成親之總體親心即是承親命故曰猶告然舜心何敢謂猶告也自君子論之如此耳按舜升聞之日父母已烝又底豫豈猶不告而娶孟子亦只據時人語斷之以見大孝不妨行權事之有無不必論

仁之章旨

此章勉人孝弟而發言仁義之實只在事親從兄正見孝弟之為重智禮樂亦只在孝弟上做工夫仁義是經智禮樂是緯玩總註自見

也【講】於是樂正子自知其罪乃曰克不早見夫子誠有不敬之罪矣獨惜其猶未知所從之失耳

○**孟子謂樂正子曰子之從於子敖來徒餔啜也**徒字乃激之愧悔言何所資益但為此耳**我不意子學古之道**道指仁義之道**而以餔啜也**【註】徒但也餔食也啜飲也言其不擇所從來求食耳此乃正其罪而切責之【講】孟子因樂正子未悟所從之非乃明責之曰子之從於子敖而來齊也不過徒為餔啜計耳我不意子學古人之道以聖賢自期而反以餔啜為也然則吾子之罪豈止於不早見而已哉【補】饒雙峰曰樂正子初意只欲來齊見孟子依王驩來視為無要緊事而不知便是因失其親

○**孟子曰不孝有三**三是三件**無後為大**後是繼嗣大猶言第一重事【註】趙氏曰於禮有不孝者三事謂阿意曲從陷親不義一也家貧親老不為祿仕二也不娶無子絕先祖祀三也三者之中無後為大【講】孟子表舜行權以全孝也曰禮所稱不孝者有三事一是柔順事親而陷親不義一是廉潔守身而不為祿仕一是不得乎親及家之貧而不娶無子三者之中惟無後為不孝之大蓋彼二者止於不能成親養親而此則關宗祀之大計也【補】饒雙峰曰此三者不是尋常不孝底事奉順孝也但阿意曲從陷親於不義則不可非其道不仕孝也但家貧親老而不為祿仕則不可告而後娶孝也但告則不得娶以至無子絕祀則不可

○**舜不告而娶**不告不稟命父母娶是娶堯之娥皇女英**為無後也**是不告而娶之緣故**君子以為猶告也**君子通權達變之人【註】舜告焉則不得娶而終於無後矣告者禮也不告者權也猶告言與告同也蓋權而得中則不離於正矣

○范氏曰天下之道有正有權正者萬世之常權者一時之用常道人皆可守權非體道者不能用也蓋權出於不得已者也若父非瞽瞍子非大舜而欲不告而去則天下之罪人也【講】昔舜不告於父母而娶堯之二女者正為告則不得娶而終於無後也夫告而娶孝也不告而娶以絕其先祀祀亦同歸於孝也君子以為舜之不告猶夫告也舜真善盡事親之道者哉

○**孟子曰仁之實**實字乃與華字對不與虛字名字對**事親是也**事親從天性至愛而發是字應實字下名是字倣此**義之實從兄是也**從兄從天性至敬而發【註】仁主於愛而愛莫切於事親義主於敬而敬莫先於從兄故仁義之道其用至廣而其實不越於事親從兄之間蓋良心之發最為切近而精實者有子以孝弟為為仁之本其意亦猶此也【講】孟子示人務孝弟意曰世之言道者求其枝葉而不反之切實之地是以愈難而愈遠豈知道莫大於仁義而其實亦不外於孝弟之間乎夫仁主乎愛凡濟人利物皆愛之

所施然非其實也乃其實則在於事親能事親則所以盡天下之愛者自此而推之矣是事親為仁之實也義主於敬凡事君尊賢皆敬之所施然非其實也乃其實則在於從兄能從兄則所以盡天下之敬者自此而推之矣是從兄為義之實也

○**智之實知斯二者弗去是也**知是見明弗去是守固而守固正知明處總屬知上**禮之實節文斯二者是也**節是截然不紊文是爛然可觀**樂之實樂斯二者**樂只是天性中心安意肯此句總包下文**樂則生矣**生是孝弟萌生**生則惡可已也**惡是何已是止**惡可已則不知足之蹈之手之舞之**蹈是行動意舞是舉動意之字俱指孝弟

【註】斯二者指事親從兄而言知而弗去則見之明而守之固矣節文謂品節文章樂則生矣謂和順從容無所勉強事親從兄之意油然自生如草木之有生意也既有生意則其暢茂條達自有不可遏者所謂惡可已也其又盛則至於手舞足蹈而不自知矣○此章言事親從兄良心真切天下之道皆原於此然必知之明而守之固然後節之密而樂之深也

【講】然良心真切之地乃百行從出之原不但仁義之實在於事親從兄二者推之即智禮樂莫不皆然夫智之實亦非他也惟其知斯二者守之而不去以不失其良知是也禮之實亦非他也惟其節斯二者勿過文斯二者勿不及使品式儀度適於隆殺之宜以克謹其良能是也樂之實亦非他也在樂斯孝弟二者有從容安適之意無勉強矯拂之為而樂以行之是即樂之實也既至於樂則事親從兄之意不待擴之而油然自生矣生則日新月盛而事親從兄之意雖欲遏之而惡可以自已也惡可已則心與道安身與道忘不知足之蹈之手之舞之一皆孝弟之發越也非樂之實而何哉可見孝弟為五常之首百行之原吾性中之仁義莫切於此而知此之謂智履此之謂禮和此之謂樂天下之道無一不統於斯二者人亦於其實而勉盡其道哉

【補】章內五實字極重上節兩實字以良心真切言下節三實字以用力於良心真切處言

○**孟子曰天下大悅而將歸己**大悅是盡天下之人樂歸於我**視天下悅而歸己猶草芥也**草芥甚言其輕**惟舜為然**為然指能輕天下說**不得乎親不可以為人不順乎親不可以為子**此四句俱體舜心上說非實有此語也

【註】言舜視天下之歸己如草芥而惟欲得其親而順之也得者曲為承順以得其心之悅而已順則有以諭之於道心與之一而未始有違尤人所難也為人蓋泛言之為子則愈密矣

【講】孟子贊舜孝之大曰凡人以勢分役情聖人從性分立極如舉天下之人心皆大悅而將歸己此富貴之極也乃視天下悅而歸己如草芥之輕略不動心者惟古帝舜為然蓋舜之心以為人之所以為人者在能得親苟不能得親心之悅則人道有虧不可以為人子之所以為子者在能順親苟不能諭親於道則子道未盡不可以為子此舜之心惟期得親順親耳

仁之節旨
仁義發用處如仁民愛物貴貴尊賢自有許多華采而總就事親從兄上推廣出去是彼皆其華而此為其實實如果之核實一般玩是也二句乃是就事親從兄指出無限妙道示人不是為仁義置辨

智之節旨
知得如何樣事親從兄確然有定不使搖奪知與弗去連說只就孝弟行去有個矩度便是節有個條理便是文凡和處皆是樂故樂之實只在心上說不在聲容上說樂斯二者領起以下遞形樂中妙處生是萌動惡可已見充長舞蹈不知是渾化上四項各以是也字指明此却無是也字須知有樂則生矣以下歎想不盡之神句句有是也字浮出紙上朱子曰要緊在知上知得二者是自家合有不可暫失到節文是檢點細密方始樂生

大悅章旨
此章表舜孝以立子道之準上節言舜輕天下而重事親下節言其善事親而因以化天下總重舜盡事親之道一句

大悅節旨
首句憑空而贊講家以作泛說殊遇之隆不知此正舜實事視猶草芥所性不存也惟舜為然是倒裝文法不

瞽瞍 瞽瞍有目不能分別善惡故時人謂之瞽○堯典曰瞽子父頑母嚚象傲克諧以孝烝烝乂不格姦言舜能和以孝使之進進以善自治不至為姦惡也大禹謨曰祇載見瞽瞍夔夔齋慄瞽亦允若言舜敬共子職之事瞍亦信而順之也

諸馮負夏鳴條 諸馮在冀州之分負夏舂秋時衛地舜為父母所逐負販就時於負夏鳴條在安邑西即湯與桀戰處

岐周畢郢 周自古公遷於岐山之下周原故號岐周畢在鎬東非楚郢之

得四句俱體舜心裡說從曲承上悅親心為得從道理上合親心為順惟順方為真得側重順一邊人對天地所生子對父母所生

舜盡節旨
盡道以順親為主包得親在內底訓致言舜有以致其豫也盡道是子孝底豫是父慈疊下瞽瞍底豫句俱承有以致之意側重子邊惟天下之子感於舜而化且定故天下之父亦感於子而化且定化兼子孝父慈定就化上看出化以心言定以分言此之謂從夫子稱舜大孝來

舜生章旨
此章言聖人迹異而道同特舉舜文以為例重在末節即孟子自信道同意亦在內

舜生節旨
上三句輕敘過歸重東夷句為下言地張本

文王節旨
東夷西夷猶云東邊西邊上引舜此引文王雖皆言地而時之先後在其中

地之節旨

又惡知天下歸己之可悅哉 補 惟舜句是稱贊語非推原語 ○舜盡事親之道 兼承得親順親重順親上 而瞽瞍底豫 底豫則得乎親者并順乎親矣 瞽瞍底豫而天下化 天下指凡為父子言化是各盡其性而為慈為孝 瞽瞍底豫而天下之為父子者定 定是各盡其倫而子止於孝父止於慈 此之謂大孝 此字承化字定字說 註 瞽瞍舜父名底致也豫悅樂也瞽瞍至頑嘗欲殺舜至是而底豫焉書所謂不格姦亦允若是也蓋舜至此而有以順乎親矣是以天下之為子者知天下無不可事之親顧吾所以事之者未若舜耳於是莫不勉而為孝至於其親亦底豫焉則天下之為父者亦莫不慈所謂化也子孝父慈各止其所而無不安其位之意所謂定也為法於天下可傳於後世非止一身一家之孝而已此所以為大孝也○李氏曰舜之所以能使瞽瞍底豫者盡事親之道共為子職不見父母之非而已昔羅仲素語此云只為天下無不是底父母了翁聞而善之曰唯如此而後天下之為父子者定彼臣弒其君子弒其父者常始於見其有不是處耳 講 夫舜之心既在於親則凡承顏諭志無所不用其至舜所以能盡事親之道不惟有以得親且有以順親而瞽瞍底豫夫以瞽瞍之頑而底豫於是天下之為子者知無不可事之親莫不勉而為孝天下之為父者因其子之孝亦莫不慈蓋舉天下之大而皆化矣以瞽瞍底豫子化於孝則子止其所而天下之為子者定父化為慈則父止其所而天下之為父者定是舜不以一身一家為孝而直合天下後世以為孝此之謂大孝事親者當以舜之盡道為法矣

離婁章句下 凡三十三章

○孟子曰舜生於諸馮 生是始生 遷於負夏 遷是移居 卒於鳴條 卒是終身 東夷之人也 東夷中國之極東處 註 諸馮負夏鳴條皆地名在東方夷服之地 講 孟子明聖道之同曰世統於道道統於聖嘗考古帝舜有虞之聖人而其生也在諸馮其遷也在負夏其卒也在鳴條夫曰諸馮曰負夏曰鳴條皆東夷之地也而舜生於斯遷於斯卒於斯焉是舜為東夷之人也 ○文王生於岐周卒於畢郢 西夷之人也 西夷中國之極西處 註 岐周岐山下周舊邑近畎夷畢郢近豐鎬今有文王墓 講 又嘗考文王有周之聖人而其生也在岐周其卒也在畢郢夫曰岐周曰畢郢皆西夷之地也而文王生於斯卒於斯焉是文王為西夷之人也 ○地之相去也 地相去指東夷西夷 千有餘里 千餘里以地之廣言 世之相後也 世相後指有虞有周 千有餘歲 千餘歲以時之久言 得志行乎中國 聖人志在行道得行其道便是

郢

符節　符者孚也徵召防偽事資中孚節之為用或以玉或以角或以金或以竹或用以守或用以使或用以民

子產濟人　說苑子游問曰夫子之極言子產之惠也可得聞乎子曰惠在愛民而已矣子游曰愛民謂之德教何翅施惠哉子曰夫子產者謂衆人之母也能食之弗能教也子游曰可得言與子曰子產以所乘之輿濟冬涉者是愛無教也

溱洧　詩鄭風褰裳涉溱褰裳涉洧○左傳云鄭國之俗三月上巳之

非舜文行乎中國同而所以行乎中國者無不同不曰道而曰行者指行事之措於天下者言也若合符節是事理同不在事迹上論

先聖節旨
此因舜文概論古今之聖人揆指其心之運量處言是個活字註言度之而道無不同是言聖聖之心所以度之處其道同也其守屬聖人身上揆一固是道一然與道字不同揆非道一即道也

子產章旨
此章見為政當以大德不以小惠惠而不知為政一章大旨中二節言王政當行末節言私惠無益濟人一事子產偶為之孟子恐人襲為美談竊驩虞以為政故借以示訓

子產節旨
敘乘輿濟人必先書聽鄭國之政其貶之意自見

惠而節旨
此句是斷下皆明其意惠便是譏了不到不知為政方是譏註體以理言本也施以事言用也

歲十節旨
徒杠輿梁同時起功但功有煩簡故成有先後民未病涉未字要看若到寒時方做則民已病於涉

君子節旨
上是王政中一事君子平其政則無

得志行乎中國若合符節（凡符契右留君所左以與其人有故則君以其右合其左以為信）【註】得志行乎中國謂舜為天子文王為方伯得行其道於天下也符節以玉為之篆刻文字而中分之彼此各藏其半有故則左右相合以為信也若合符節言其同也【講】夫舜之於文王也一在東夷之地一在西夷之地其相去也千有餘里不為不遠矣且其一生於有虞之世一生於有周之世其相後也千有餘歲不為不久矣宜其所行之道有不同也乃舜為天子文王為方伯得志而行其道於中國其所以本諸心而措諸事者在舜之道即文之道也有若符節之合而地與時不足以拘之矣【補】舜文行事之實安得盡同但損益合宜而隨事各當其理便是同也此舉時地之最不同者以見其同千聖總此例觀

○先聖後聖其揆一也（先聖凡生於前者皆是後聖凡生於後者皆是）（其字屬聖人）【註】揆度也其揆一者言度之而其道無不同也○范氏曰言聖人之生雖有先後遠近之不同然其道則一也【講】然豈特舜文為然乎先舜文而生為先聖後舜文而生為後聖其地相去其世相接或行帝道而帝或行王道而王或以相道行於達或以師道行於窮吾不知其凡幾然其聖聖心極所在其揆度事理者一也孰有不如舜文合符節者哉

○子產聽鄭國之政（聽是舉國政柄皆其掌握）以其乘輿濟人於溱洧（乘輿是子產所乘之車濟是載人渡水）【註】子產鄭大夫公孫僑也溱洧二水名也子產見人有徒涉此水者以其所乘之車載而渡之【講】昔子產相鄭舉鄭國之政而聽之則凡政之可以濟人澤物者皆其所得為矣乃以所乘之車濟人於溱洧之間豈不亦惠人事哉而其去王政則遠矣

○孟子曰惠而不知為政（惠指乘輿濟人說）【註】惠謂私恩小利政則有公平正大之體綱紀法度之施焉【講】故孟子譏之曰子產之是舉也惠則惠矣而不知為政蓋恩出於己私恩而已利不及遠小利而已若夫政則有經世之遠圖久大之施為子產惡乎知哉

○歲十一月徒杠成十二月輿梁成（歲字貫二句言每歲如此也成兼無者造之圮者修之兩意）民未病涉也（未病涉兼徒行輿行說）【註】杠方橋也徒杠可通徒行者梁亦橋也輿梁可通車輿者周十一月夏九月也周十二月夏十月也夏令曰十月成梁蓋農功已畢可用民力又時將寒沍水有橋梁則民不患於徒涉亦王政之一事也【講】且就濟涉之一事言之亦自有王政之可行者如患民之病涉也歲十一月農功甫畢民力可用也則可通徒行之杠成焉至十二月農事已畢民力可盡用也則可通車輿之梁成焉車行徒行各有所濟而民自不病於徒涉矣此王政之行於濟涉者亦自無事於乘輿之惠也

○君子平其政（君子是執政之人平是修舉不偏意政是綱紀法度凡愛養斯民者皆是）行辟人可也（辟人專以出行言可是分所當然）焉得人人而濟之（是說難兼濟意）【註】辟辟除也如周禮閽人為之辟之辟言能

溱洧雨水之上秉蘭草祓除不祥

杠梁 夏令曰九月除道十月成梁營室之中土功其始又古者天根見而水涸則成梁

辟人 周禮天官閽人掌王宮中門之禁凡外內命夫命婦出入則為之辟

所不該平是均平凡當行當止當重當輕斟酌停妥如權衡稱物而無不平也辟人以出行言對針子產出行有乘輿濟人事註中國之水只就溱洧說

故為節旨

每人悅推開說不粘子產濟人一事凡為政之不平病在曲徇人情故孟子點出悅字以破之日亦不足是日日悅之亦難周徧意

視臣章旨

此章規齊王以禮遇臣意首節言君臣報施之異主在國時言下二節言舊臣有為服不為服之異重在去國以後論告齊王是眼目所謂與君言禮也

視臣節旨

視是心相視全重君一邊要得規諷齊王意輔氏曰臣之報君視君之所施常加厚一等

禮為節旨

舊君尚有服不應在國時便視為寇讎問何如以待之亦有欲自厚其臣意

諫行節旨

此亦以舊臣服君之義甚是君之視臣如手足也諫是閉邪言是陳善諫行則弊革言聽則利興故膏澤下於

平其政則出行之際辟除行人使之避已亦不為過況國中之水當涉者衆豈能悉以乘輿濟之哉【講】由此言之君子之為國不患無惠也患其政之不平耳苟能平其政而凡所以與民興利除害者小大畢舉則政之出於己者非私而利之益於人者不少雖於出行之際辟除行人使之避己亦居尊之體所當然而不為過也何必以乘輿濟之哉況溱洧乃國中之水當涉者衆一乘輿之濟有限而人之待濟無窮焉得人人而濟之此不特非為政之體而勢亦有所不得矣

○**故為政者**故字承焉得句來為政者即上節君子**每人而悅之**悅之就悅以私恩說**日亦不足矣**只緣人多故覺日少【註】言每人皆欲致私恩以悅其意則人多日少亦不足於用矣諸葛武侯嘗言治世以大德不以小惠得孟子之意矣【講】人人而濟之是欲人人而悅之也故為政者苟不知大體每人皆欲致私恩而悅之恐人多日少亦不足於用矣私恩之難周如此則王政誠當行而小惠不必施也彼子產但以乘輿濟人洵惠而不知為政也已【補】存疑云徒杠節言不用乘輿濟人平其政二句言不必乘輿濟人焉得句連下節言乘輿亦不能盡濟人

○**孟子告齊宣王曰君之視臣如手足**手足是相恤意**則臣視君如腹心**腹心是深愛意**君之視臣如犬馬**犬馬是徒有祿養而無禮敬**則臣視君如國人**國人是疎遠意**君之視臣如土芥**註踐踏貼土字斬艾貼芥字**則臣視君如寇讎**寇讎不過謹避而去之非有欲傷之意【註】孔氏曰宣王之遇臣下恩禮衰薄至於昔者所進今日不知其亡則其於羣臣可謂邈然無敬矣故孟子告之以此手足腹心相待一體恩義之至也如犬馬則輕賤之猶然有豢養之恩焉國人猶言路人言無怨無德也土芥則踐踏之而已矣斬艾之而已矣其賤惡之又甚矣寇讎之報不亦宜乎【講】孟子因齊宣王不能以禮遇臣下故告之曰世之君往往厚望於其臣而不知臣之所以待其君者亦視其君之待之者何如耳誠使君之於臣也視之如手足而委任保全惟恐其有傷則臣之於君也視之如腹心而愛戴護衛惟恐其不至蓋君以一體待其臣臣亦以一體待其君其報施之道宜爾也如其不然而徒有祿賜之文無敬愛之實是視臣如犬馬矣則臣之視君如國人無所怨亦無所德也如其又甚而加以斥逐之辱有刑威之慘是視臣如土芥矣則臣之視君如寇讎幸其亡且樂其敗也夫君以是施臣以是報則君之厚臣亦以自厚君之薄臣亦以自薄也人君可以慎所施矣【補】通章在情意報復上說亦常人之情則然

○**王曰禮為舊君有服何如斯可為服矣**是舊君致臣為服之由【註】儀禮曰以道去君而未絕者服齊衰三月王疑孟子之言太甚故以此禮為問【講】乃宣王則疑寇讎之言太甚也故問曰禮為舊君有服夫謂之舊君則其恩義絕矣而猶報之厚如

民已是君不負所學矣有故而去則有他故在諫行言聽之外亦是義所當去者如孔子仕魯道非不行因受女樂故去之之類先於所往是舊君自己任過便其賢暴白於天下且三有禮情文篤至乃是舊君自盡之道如此二字總承在國去國兩側重去國邊轉應舊君方切

今也節旨

此言寇讐之義以明舊臣不服君之由句句與上節相反此有故與上不同是無禮之甚者寇讐與上相照應兩節不平對

無罪全旨

此章示人當見幾也全重無罪二字無罪而殺漸不可長士大夫當見幾而早去玩兩可以字有遲之恐不及

此不知如何視之斯可以爲服矣○曰諫行言聽諫是規其失行是從其諫言是陳其善聽是從其言膏澤下於民即恩澤下及也有故而去有故是他事偶有不合去是往他國則君使人導之出疆又先於其所往去三年不反反其歸本國然後收其田里田即野外公田里即國中公廨此之謂三有禮焉三有禮指導之先之望之如此則爲之服矣如此總承在國去國言【註】道導之出疆防剽掠也先於其所往稱道其賢欲其收用之也三年而後收其田祿里居前此猶望其歸也【講】孟子曰禮爲舊君有服者正以舊君待之厚耳當其臣在國時政有害民者諫之而必行政有利民者言之而必聽由是害以革利以興而膏澤自下於民焉此其在未去之時已儼然有一體之視矣及偶有他故不合義所當去而去則君使人導之出疆以盡防衛之道又先於其所往稱道其賢以爲祿仕之地至於去三年不反然後收其田祿里居以示前此屬望之意夫道其出先其往望其反此之謂三有禮焉蓋在國既行其道去國又隆以禮如此則手足之誼久而不衰故臣於舊君不忘腹心之報而爲之服矣此古君臣之禮也○今也爲臣諫則不行言則不聽膏澤不下於民膏澤句承諫不行言不聽求有故而去則君搏執之搏是拘囚意執是攔阻意又極之於其所往去之日遂收其田里遂收是無望其歸意此之謂寇讐寇讐何服之有【註】極窮也窮之於其所往之國如晉錮欒盈也○潘興嗣曰孟子告齊王之言猶孔子對定公之意也而其言有迹不若孔子之渾然也蓋聖賢之别如此楊氏曰君臣以義合者也故孟子爲齊王深言報施之道使知爲君者不可不以禮遇其臣耳若君子之自處則豈處其薄乎孟子曰王庶幾改之予日望之君子之言蓋如此【講】而今也或是之亡矣其爲臣而在國也有諫則君不行有言則君則聽由是惡政横流而膏澤不下於民此其在國已無手足腹心之愛矣及其有故而去則搏擊而拘執之使不得去也窮之於其所往之國使無受而用之也去之日遂收其田里方去而遂絶其歸也則君之視臣不但如犬馬而且土芥之矣則臣之於君亦不但以國人視之而且寇讐之矣謂之寇讐則君臣義絶又何服之有可見臣雖去國而猶報之厚者君先之也豈可專責之臣哉

○孟子曰無罪而殺士則大夫可以去去是去他國以避害無罪而戮民則士可以徙徙亦是去意【註】言君子當見幾而作過已甚則不能去矣【講】孟子示人曰君子之去就惟視國家之治亂國家之治亂惟視刑罰之當否如無罪而殺士此

天寶書局精校藏板

意

君仁全旨
此章重君能倡率意君仁君義主君身言而心在其中與格心章不同莫不內兼百官萬民說勿塡入前章用人行政

非禮全旨
此章為禮義嚴其辨意天下真是真非易見而是中之非難明非察理精者鮮不誤認而誤執之大人對硜硜小人言弗為全在察理精上蓋大人觀察既精體行亦至自然不惑於其似而深得時中之道也

中也全旨
此章責成賢父兄當養子弟意養字重看涵育自然之長養主順其性說薰陶鍛鍊之精純主化其偏說皆俟其自化也南軒謂寬裕以容之義理以漸之忠信以成之閒其明以袪其惑引之以其方而使之自喻夫豈歲月之功哉樂正從養字來棄不是從頭就棄他只為責之太驟而舍之太遽欠養之工夫耳子弟固不肖父兄不養亦不得為賢故相去不遠

淫刑之漸也則大夫此時可以去蓋可不則止義當然也如待其禍及於大夫則欲去而不能矣豈保身之哲哉無罪而戮民此濫殺之端也則士此時可以徙蓋亂邦不居道當然也如待其禍及於士則欲徙而不得矣豈潔身之智哉此君子所以見幾而作不俟終日也【補】張南軒曰士大夫固當見幾而作有國者尤當怵然不可失士大夫之心

○孟子曰君仁莫不仁（君仁兼存心行政之公言）君義莫不義（君義兼存心行政之宜言）【註】張氏曰此章重出然上篇主言人臣當以正君為急此章直戒人君義亦小異耳【講】孟子戒人君意曰人君一身萬化所從出也欲天下有仁義之俗亦視吾所以感之者何如耳使君而仁焉則百官萬民莫不仁君而義焉則百官萬民莫不義然則為人君者可不躬行仁義以為天下先哉【補】此即端本清源之意

○孟子曰非禮之禮（是不協於中者）非義之義（是不合於宜者）大人弗為（弗為指上二句）【註】察理不精故有二者之蔽大人則隨事而順理因時而處宜豈為是哉【講】孟子示人酌禮義之中也曰道以至是為歸學以析非為要如禮未合於中正即非禮也然而又近於禮是為非禮之禮義未得於變化即非義也然而又近於義是為非義之義徇名執迹人皆為之惟大人者平日審察既極其精體行又極其至則隨事順理禮之中正全乎當體矣因時處宜義之變化從乎一心矣豈為是非禮之禮非義之義哉此所以立古今禮義之極也【補】禮義不可泥陳迹如行於昔難行於今行於人難行於己與夫辭為禮有不辭為禮受為義有不受為義皆是

○孟子曰中也養不中（中以德言）才也養不才（才以能言）故人樂有賢父兄也（故字承上二句來人指子弟樂有欣慕意）如中也棄不中才也棄不才（棄是不養意）則賢不肖之相去（賢即中才不肖即不中不才）其閒不能以寸（寸是不甚相遠）【註】無過不及之謂中足以有為之謂才養謂涵育熏陶俟其自化也賢謂中而才者也樂有賢父兄者樂其終能成己也為父兄者若以子弟之不賢遂遽絕之而不能教則吾亦過中而不才矣其相去之閒能幾何哉【講】孟子示人盡育才之道也曰父兄之於子弟豈不願其賢而不能無不肖亦在乎善教之而已蓋以吾之中也養子弟之不中抑不過引其不及從容以俟其自化以吾之才也養子弟之不才開其昏儆其情寬裕以待其有為如是則始之不中者可歸於中始之不才者可進於才故人樂有賢父兄而冀其終能成己也如吾中也見子弟之難教而棄其不中吾才也見子弟之難悟而棄其不才則子弟不能養亦父兄之賢之累矣父兄之賢與其子弟之不肖相去能幾何哉其閒殆不能以寸矣然則為子弟者固當體父兄之

人有全旨
此章勉人知所擇以為行事之本非有守而後有為之解重人有不為句可以有為在不為中決之有不為辨別精明持守堅定而後字只是不如此纔能如此之意非兩時兩境也

言人全旨
此章孟子戒稱人之惡者特借後患以惕之見人當隱惡以遠害者有言責糾奸者又當別論

仲尼全旨
此章舉至聖以示則專為過高者設不為已甚猶云至當恰好是泛就行事上說不為亦非有意正從心不踰矩處

大人全旨
三字提起自有平時精義之功在下三句只一氣疾讀兩不必與惟字緊相貫注中間更略作停頓不得蓋言自當信行自當果小人硜硜只病在兩必字無必心便是惟義所在

不失全旨
此章明大人之體大人赤子只作一人看其字可玩赤子之心兼已發未發言重不失上赤子是無知無能底

教為父兄者又不可輕棄其子弟而不盡所以善教之道也【補】父兄之於子弟當如天地之養物帝王之養民

○孟子曰人有不為也不為是知所擇而不苟為意而後可以有為有為是見之定而必為意【註】程子曰有不為知所擇也惟能有不為是以可以有為無所不為者安能有所為耶【講】孟子示人自擇以為行事之本曰天下之事有當為者有不當為者凡人之不能有所為者以其不知所擇而無所不為也苟人必能審擇焉於不當為者斷然有所不為也然後於當為者可以毅然有為自隨所往而皆出於正矣夫豈苟為者哉【補】張橫渠曰不為不仁則可以為仁不為不義則可以為義

○孟子曰言人之不善言是發人之短攻人之私當如後患何如字當柰字後患是懷恨報復意【註】此亦有為而言【講】孟子為不能隱惡者發也曰隱惡固忠厚之道亦遠害之道也如聞人之不善而喜談樂道攻發陰私則人必怨忿以求傷於我其如後患何哉然則人毋自貽其患可也

○孟子曰仲尼不為已甚者不為已甚只是恰合事理而無或過所謂依乎中庸是也【註】已猶太也楊氏曰言聖人所為本分之外不加毫末非孟子真知孔子不能以是稱之【講】孟子示人希聖之準曰人皆知聖莫過於仲尼今觀其所知所行皆事之當然初未嘗加毫末於本分之外而為已甚之為矣然則人之願學孔子者亦何必求為已甚之事哉【補】此是贊孔子至聖處不是說他為平易之聖人

○孟子曰大人者大人是精義之人言不必信信是誠實行不必果果是勇決惟義所在義是無心順理【註】必猶期也大人言行不先期於信果但義之所在則必從之卒亦未嘗不信果也○尹氏曰主於義則信果在其中矣主於信果則未必合義王勉曰若不合於義而不信不果則妄人爾【講】孟子以大人示言行之準也曰凡人言固貴於信行果貴於果但有意信果未必合義惟大人者理極其精而心無偏主言不先意以期必於信行不先意以期必於果但惟義之所在耳義所當信則信之義所當果則果之隨時隨事而不膠於心盡利盡神而適當於理此大人之言行所以為天下法歟【補】此正無適無莫義比之實玩惟字在字有敬慎工夫在內

○孟子曰大人者大人以知能之全言不失其赤子之心者也赤子以知能之良言【註】大人之心通達萬變赤子之心則純一無偽而已然大人之所以為大人正以其不為物誘而有以全其純一無偽之本然是以擴而充之則無所不知無所不能而極其大也【講】孟子示人當全其心之初也曰人見大人之知能無

天寶書局精校藏板

純一無僞大人是有知有能底純一無僞不失正從學問擴充經綸精細處看出非贊其不學不慮也

養生全旨

此章要人慎終之意非以養生為輕正甚言送死之為大耳者字指養生之事言養生送死以人情言一暇豫一倉皇以事勢言一失猶可補一悔恨難追註常變二字作骨

君子全旨

此章示人心得之學以自得句為主深造以道是自得工夫居安資深逢原皆自得中妙處一齊俱有次第推出九個之字俱指理言深造以道是兩層意又側重以道上如博學審問慎思明辨篤行之次序即是造道方法自者自然也與强探者相反得字承深造來自字從以道來此二句兼知行言一自得下面三層便都有了三則字甚緊資是他資助我資給我資之於平時取之於運用原是理之得於心者自得即得其原矣逢其原頭頭撞著左邊也是右邊也是都湊著那道理原頭處末句應轉自得仍須繳出深造以道

不至也以為大人不可及矣不知大人之所以為大人者由其內不蔽於欲外不奪於物刻刻保守不失其赤子良知良能之心者也蓋能葆其本然是以擴充滿其分量而全知全能胥此出矣欲為大人者亦反求其初心而已

補 存疑云語意是說大人者由不失其赤子之心不是說大人者只是不失其赤子之心

○孟子曰養生者不足以當大事 養是奉養愛敬當字作為字看 惟送死可以當大事 惟是獨送死凡殯而附身葬而附棺皆是

註 事生固當愛敬然亦人道之常耳至於送死則人道之大變孝子之事親舍是無以用其力矣故尤以為大事而必誠必信不使少有後日之悔也

講 孟子示事親者當知所重也曰人子事親養生送死固當無所不用其力然養生者人道之常從容暇豫孝子之職可以自盡即有自盡猶或可追也不足以當大事惟是送死則人道之大變孝子之事親舍是無以用其力矣況時當倉猝易於不及一有不及將為無窮之悔此可以當大事也知其為大事則為子者當知所以自盡矣

○孟子曰君子深造之以道 深造有刻入意有積漸意有不已意以道是依著次序 欲其自得之也 自得謂知以蓄極而自通行以積久而自化 自得之則居之安 居之自居其所得安是一得不復失 居之安則資之深 資之是藉此運用應物深是無窮盡 資之深則取之左右逢其原 資深是未應用時內者足之乎外逢原是應用時外者適值乎內 故君子欲其自得之也 故字承上居安數句說來

註 造詣也深造之者進而不已之意道則其進為之方也資猶藉也左右身之兩旁言至近而非一處也逢猶值也原本也水之來處也言君子務於深造而必以其道者欲其有所持循以俟夫默識心通自然而得之於己也自得於己則所以處之者安固而不搖處之安固則所藉者深遠而無盡所藉者深則日用之間取之至近無所往而不值其所資之本也○程子曰學不言而自得者乃自得也有安排布置者皆非自得也然必潛心積慮優游饜飫於其間然後可以有得若急迫求之則是私己而已終不足以得之也

講 孟子示人以心得之學也曰君子之學知必求精行必求至進之不已而深造之矣猶必循進為之道不敢躐等者蓋欲其有所持循以俟夫真積力久自然而得此理於心也惟自得之則心即理理即心而所以居此理者安矣惟居之既安則道理皆吾心所有雖萬感未交而所以藉之為應物之用者深矣惟資之既深則吾心之理即事物之理將見物感於外理應於內或左或右隨其所取而無不值其所資之本原矣一自得而裕內利外如此此君子所以欲其自得之也然則深造以道之功不容自已矣

補 陳潛室曰自得以下皆為學之效驗

博學全旨

此章示人由博反約重詳說之功上博學詳說即深造以道意反說約即自得意博約是對待盡頭其中用力却在詳說詳說內該審問慎思明辨說之貫通處便是約理本約先博了仍回到約上來故曰反

以善全旨

此章勉世主誠心為善意重以善養人句人指平等諸侯言養字有大度以包涵久道以漸摩二義以善服人二句引起服人是辛人之不善而挾己之善勝人如桓文會首止盟踐土是也養人是憫人之不善而欲人同歸於善如湯之於葛遺之牛羊使人往耕是也能服不能服要點入心字末二句總結決言不得心服無以致王也

言無全旨

此章為蔽賢者警尤為用蔽賢者戒也不祥是召禍起釁上句非實見妄言者只重引起下句耳蔽賢之言其害無窮不祥孰甚焉

徐子章旨

此章孟子發孔子取水之意以箴徐子之失也通章重本字可立而待以上俱就水言故聲聞二句方是警徐子本旨不便於是之取下補入有實行意

○孟子曰博學而詳說之博學是廣求其文詳說是詳論其理將以反說約也反是還說約說字與上同

註 言所以博學於文而詳說其理者非欲以誇多而鬭靡也欲其融會貫通有以反而說到至約之地耳蓋承上章之意而言學非欲其徒博而亦不可以徑約也

講 孟子承上章之意而言曰君子為學不外博約兩端多聞多見博學於詩書六藝之文而又詳說其理之寓於文者此豈誇多鬭靡哉蓋將以融會貫通由支派而尋本原反而說歸於至約之地耳此可見詳說之功不容已也

補 此博學與博學於文同此反說約與約之以禮異蓋約禮以行言反說約以知言也淺說云上章曾子之一貫此章子貢之一貫

○孟子曰以善服人者善指仁義之德服人者假此去壓服人未有能服人者也言人心不可強服以善養人養人者惟恐人不得同歸於善然後能服天下服字見天下歸心天下不心服而王者未之有也正跟服天下來

註 服人者欲以取勝於人養人者欲其同歸於善蓋心之公私小異而人之嚮背頓殊學者於此不可以不審也

講 孟子嚴王霸之辨也曰有國者皆當為善然其善有不同如人君以善而屈服人者此非誠心為善未有能服人者也惟能善不獨善而涵養乎人則人亦以善歸之然後能服天下天下之心借曰天下之人有不心服而王者未之有是理也夫善一也私之則不足以服人公之自可以王天下王霸之分其端正在於此矣人可不審其幾乎

補 陳氏曰前以力以德指善言其不同易見此善服善養指心言其不同難見是分別最微處

○孟子曰言無實不祥言泛指天下之言說無實不祥謂無關天下之大害不祥之實蔽賢者當之者字指言不指人蔽賢就謗毀阻塞上說

註 或曰天下之言無有實不祥者惟蔽賢為不祥之實或曰言而無實者不祥故蔽賢為不祥之實二說不同未知孰是疑或有闕文焉

講 孟子著蔽賢之禍欲人君知所遠也曰凡人之言無有實不祥者求其言有不祥之實者惟蔽賢之言斯貽害於國家生民是以當不祥之實也聽言者可不知所遠哉

徐子曰仲尼亟稱於水曰亟稱即重言以歎之謂水哉水哉二哉字是歎辭何取於水也是問所以取水之故

註 亟數也水哉水哉歎美之辭

講 徐子問於孟子曰昔仲尼亟稱於水曰水哉水哉夫水一物也似無與於道仲尼何取於水而亟稱之也

○孟子曰原泉混混提出原泉便含有本意但勿露不舍晝夜照註不已意盈科而後進照註漸進意放乎

稱水
孔子曰夫水者君子比德也徧予無私似仁其流卑下似禮句倨皆循其理似義淺者流行深者不測似智是以君子觀焉

原泉
水本曰原原曰泉易蒙卦山下出泉

溝澮
爾雅云水注川曰谿注谿曰谷注谷曰溝注溝曰澮注澮曰瀆

徐子節旨
徐子即徐辟也此述聖人稱水之辭而究取水之意

原泉節旨
此節上五句言原泉有可取之實末句指仲尼所以取水之意原泉略趙作頭下分不已漸進至極三項然亦是一串有本者如是總收入上大點睛之句是之取爾即亟稱也要得抑揚唱歎意

苟為節旨
此節推無本之辭上四句言水以無本而易竭下二句戒學者之無本也朱子謂聲聞過情如為善無真實懇惻之意為學而苟且徇人皆是無實恥之全從務本上來咸徐子意在言外

人之章旨
此章敘舜以開道統之傳上節言性之理存於君子雖引起舜實統冒下四章之意下節言舜自然存所性之理斷自舜者以人心道心之統自舜開也

人之節旨
幾希指所性之理人禽只爭這些子危言之非輕言之也重君子存之句君子兼安勉有自然之存有用力之

四海照註至極意有本者如是本指原泉如是指混混至於乎四海是之取爾是之項如是來取爾應上何取句〔註〕原泉有原之水也混混湧出之貌不舍晝夜言常出不竭也盈滿也科坎也言其漸以進也放至也言水有原本不已而漸進以至於海如人有實行則亦不已而漸進以至於極也〔講〕孟子曰予欲知仲尼之取水乎今夫天下有原之泉其勢混混然湧出不舍於晝夜之間若是乎出之不已矣纔則足此通彼盈滿於科坎而後進若是乎進之有漸矣終則沛然莫禦放乎四海以為歸若是乎達之至遠矣蓋原泉為有本之水故能不已漸進以至於海如是是以仲尼亟稱而取之爾

○苟為無本苟為二字承上有本轉說無本即無原意七八月之間雨集周七八月夏五六月雨集與混混不舍反溝澮皆盈皆盈與盈科後進反其涸也可立而待也立涸與放乎四海反故聲聞過情故字承上無本之水來聲聞過情謂名過其情實君子恥之恥有急急務實意〔註〕集聚也澮田間水道也涸乾也如人無實行而暴得虛譽不能長久也聲聞名譽也情實也恥者恥其無實而將不繼也林氏曰徐子之為人必有躐等干譽之病故孟子以是答之○鄒氏曰孔子之稱水其旨微矣孟子獨取此者自徐子之所急者言之也孔子嘗以聞達告子張矣達者有本之謂也聞則無本之謂也然則學者其可以不務本乎〔講〕苟為無本之水而非原泉也如七八月之間雨集而溝澮皆盈何有於晝夜之不舍而盈科後進也則其涸也可立而待亦何有於四海之放也水之無本者如是亦何取於仲尼哉即水而推之則人有實行不已而漸進以至於極者其諸水之有本乎無實而暴得虛譽不能長久者其諸水之無本乎故聲聞過其情實君子深恥之彼躐等干譽者可以惕然深省矣〔補〕仲尼之稱水原不止有本無本之說孟子特因徐子之病而發之

○孟子曰人之所以異於禽獸者幾希人字合庶民君子言幾希是虛字眼其所指乃性中之理庶民去之去失也二之字指所性之理言君子存之君子即下舜禹湯文武周孔存是保全〔註〕幾希少也庶眾也人物之生同得天地之理以為性同得天地之氣以為形其不同者獨人於其間得形氣之正而能有以全其性為少異耳雖曰少異然人物之所以分實在於此眾人不知此而去之則名雖為人而實無以異於禽獸君子知此而存之是以戰兢惕厲而卒能有以全其所受之正也〔講〕孟子敘舜開道統之傳也曰人物同生於天地無有異也而人獨得形氣之正而能全其性是其所以異於禽獸者特幾希耳此正人所當存而不可去者也然庶民拘於氣稟蔽於物欲將幾希之理去之而不能存惟君子反觀內省察識擴充於幾希之理為能存之以盡人之道焉〔補〕仇滄柱曰此全主以心存性只言存心二字章意自括

○舜明於庶物庶物該得廣凡天地間事

旨酒

張子西銘曰惡旨酒崇伯子之顧養○書五子述禹之戒作歌曰訓有之內作色荒外作禽荒甘酒嗜音峻宇彫牆有一於此未或不亡

存存非君子一身自存并庶民亦得不去註知守示人以存之之門戰競惕厲授人以存之之法

舜明節旨

此見君子存之中有生安若此是舉舜做個存底樣子庶物皆幾希之理所散見而人倫其大綱仁義則其大本也明是洞識其理察是詳析其微倫物之肫然者為仁秩然者為義舜心中渾是仁義自隨時流出與勉強行仁義不同

禹惡章旨

此章歷敍禹湯文武周公以繼道統之傳各舉一二事見幾希之所以存非謂事之盡於此也

禹惡節旨

惡旨酒則物欲不行好善言則天理昭著而字有相連意既防其危又保其微正是精一之學

湯執節旨

執中以處事言立賢以用人言二句平對為是一說立賢無方根執中來

文王節旨

視字望字俱在文王心上說如傷者其情迫未見者其衷虛須從保民之極體道之至發出來

武王節旨

遠邇有兼時地言者但言人與事則時地亦在其中不泄是敬心常存不忘是誠心不息註德盛仁至饒氏分

物皆是**察於人倫**人倫即庶物中緊要者指五品之倫言**由仁義行**由是從心而出意**非行仁義也**此句見非勉強意【註】物事物也明則有以識其理也人倫說見前篇察則有以盡其理之詳也物理固非度外而人倫尤切於身故其知之有詳略之異在舜則皆生而知之也由仁義行非行仁義則仁義已根於心而所行皆從此出非以仁義為美而後勉強行之所謂安而行之也此則聖人之事不待存之而無不存矣○尹氏曰存之者君子也存者聖人也君子所存存天理也由仁義行存者能之【講】稽之上古開君子之統者其舜乎舜聖人也不假思維之力而明見於庶物之理不待研究之功而詳察於人倫之道其生知如此至於仁義之理乃貫徹於倫物閒者舜則由吾根心之仁義而行之非以仁義為美而後勉強以行仁義也其安行如此此舜之不待存而自無不存者也【補】此節分知行不分先後聖人無先知後行之理察深於明不曰明庶物察人倫而著兩於字便見是出於生知的由仁義行乃安行也此行字不著力非行仁義行字着力說

○**孟子曰禹惡旨酒**惡絶也旨是美**而好善言**好是慕求意善言兼朝野說【註】戰國策曰儀狄作酒禹飲而甘之曰後世必有以酒亡其國者遂疏儀狄而絶旨酒書曰禹拜昌言【講】孟子承上章言舜歷叙羣聖以繼其統也曰自昔聖帝明王莫不以憂勤惕厲為心自舜開心學之原繼舜之後者禹以禹一事言之於旨酒則惡焉惟恐欲之或熾也於善言則好焉惟恐理之或遺也此禹所以得統於舜也是禹之心一憂勤惕厲之心矣

○**湯執中**執中泛指行事**立賢無方**立是任【註】執謂守而不失中者無過不及之名方猶類也立賢無方惟賢則立之於位不問其類也【講】繼禹之後者湯以湯一事言之事必求其正而中道是執也賢必求其廣而方類不拘也行政用人之當此湯之所以得統於禹也是湯之心一憂勤惕厲之心矣

○**文王視民如傷**如傷非真有傷愛民無窮之心也**望道而未之見**而字作如字未見非真未見求道無窮之心也【註】民已安矣而視之猶若有傷道已至矣而望之猶若未見聖人之愛民深而求道切如此不自滿足終日乾乾之心也【講】繼湯而興者則有文武以文王一事言之其治人則修和有夏民已安矣視之猶若有傷兢兢然惟恐一民之失所也其修己則緝熙敬至道已至矣望之猶若未見業業然惟恐一理之或遺也愛民深而求道切此文王所以得統於湯也是文王之心一憂勤惕厲之心矣

○**武王不泄邇不忘遠**邇遠俱兼人與事言【註】泄狎也邇者人所易狎而不泄遠者人所易忘而不忘德之盛仁之至也【講】以武王一事言之邇者易於泄也而獨不泄接之以禮持之以慎也遠者易於忘也而獨不忘待之必厚慮之必周也德之盛而仁之至此武王所以克承文王而並得統於湯也是武王之心一憂勤惕厲之心矣【補】不泄邇如綴衣虎賁皆知恤刀劍戶牖皆箴銘不忘遠如建侯樹屏所必飭燕翼貽謀所必豫

○**周公思兼三王**思兼欲一心會其全**以施四事**施行也施四事即是

迹熄
周成王時營洛邑為東都至幽王為犬戎所殺太子宜臼立是為平王徙居東都自是政教號令不及於天下矣

檮杌
西方荒中有獸焉其狀如虎而大毛長二尺人面虎足豬口牙尾長一丈八尺攪亂荒中者檮杌又舜四凶中

貼兩句

周公節旨
此是輔成王制禮作樂時事首二句總冒下乃抽出不合處以發明之四事指定上文說上思字是大綱指衆事言下思字是節目指不合之一事言有不合者以下正極摹他思兼之心思其所以合有斟酌變通在內繼日極形其思之勤待旦極形其行之急須得憂勤惕厲大意

王者章旨
此章敘孔子作春秋以繼羣聖之統重末節義字春秋存幾希之理全在尹註定天下之邪正上邪正定而人與禽獸判矣

王者節旨
此但推明作春秋之故春秋作指筆削之春秋其所以存王迹處尚在下文義字上雅詩多是王者朝會燕饗樂章或是大臣規諫獻納之所作東遷以後朝廷既無制作公卿又無獻納故雅詩遂亡獨有民俗歌謠其體制音節與列國之風同故止可謂之王風

晉之節旨
此只敘春秋所由名為前後過遞須以春秋為主乘與檮杌伴說魯史無關王迹意尚在下其事二句內

兼三王故以字直下**其有不合者**不合是四事中有許多處置許多條件不同在**仰而思之**仰是求望意思是求那不合之理**夜以繼日**繼是相續不絕**幸而得之**得之是得那不合之理**坐以待旦**是欲行之速意

【註】三王禹也湯也文武也四事上四條之事也時異勢殊故其事或有所不合思而得之則其理初不異矣坐以待旦急於行也○此承上章言舜因歷敘羣聖以繼之而各舉其一事以見其憂勤惕厲之意蓋天理之所以常存而人心之所以不死也○程子曰孟子所稱各因其一事而言非謂武王不能執中立賢湯卻泄邇忘遠也人謂各舉其盛亦非也聖人亦無不盛

【講】成文武者周公也周公之事何如周公則思兼三代之王以施四聖所行之事其事或有時異勢俗而不合者則仰而思之夜以繼日而求必得幸而得其理之合矣坐以待旦而急見諸行焉夫周公有聖人之德而又有輔佐太平之功其憂勤惕厲至於如此而於禹湯文武之心豈非先後一揆者乎是可見禹湯文武周公之事雖異而其憂勤惕厲之心則同也

【補】因之云聖人作用全在不合處推求其是若依樣做去不見達權通變之妙

○**孟子曰王者之迹熄**天子巡狩諸侯陳詩凡政教號令有迹可見周衰天子不復巡狩賞罰黜陟之事不行故曰王迹熄**而詩亡**是雅詩不復作非前之雅詩云**詩亡然後春秋作**春秋作重正名分上

【註】王者之迹熄謂平王東遷而政教號令不及於天下也詩亡謂黍離降為國風而雅亡也春秋魯史記之名孔子因而筆削之始於魯隱公之元年實平王之四十九年也

【講】孟子承上章歷敘羣聖而以孔子之春秋繼道統之傳也曰羣聖之道傳於孔子而孔子之事莫大於春秋夫春秋何為而作也自平王東遷政教號令不及於天下而王者之迹熄矣由是諸侯無獻納天子無宴享故黍離降為國風而雅詩亡雅詩亡則上淩下替而世道之亂人心之變有不可言者孔子憂之然後春秋一書因而作焉

【補】緊要在王者之迹熄句詩亡是王迹熄證驗迹是實迹對空名看周室東遷王者徒建空名於公侯之上而政教號令不及天下實迹已熄

○**晉之乘**乘是晉史名**楚之檮杌**檮杌是楚史名**魯之春秋**春秋是魯史名**一也**一指同為記事之書

【註】乘義未詳趙氏以為興於田賦乘馬之事或曰取記載當時行事而名之也檮杌惡獸名古者因以為凶人之號取記惡垂戒之義也春秋者記事者必表年以首事年有四時故錯舉以為所記之名也古者列國皆有史官掌記時事此三者皆其所記冊書之名也

【講】然是春秋一書非孔子創之也當時列國皆有史官記事如晉國之乘楚國之檮杌魯國之春秋名雖不同而其為史一也是春秋原魯史也

○**其事則齊桓晉文**其字指春秋下做此事如會盟征伐之類獨舉桓文以其首霸其事獨多**其文則史**文指書會盟征伐之類**孔子曰其義則丘竊取之矣**義是宜襃宜貶之義

一名檮杌即鯀也

其事節旨

此緊頂上魯之春秋說事出於桓文事未必正文出於史官文未必核故必須斷之以義以褒貶其事筆削其文也上兩則字輕遞之辭下一則字歸重之語其義是春秋之義但亦即王者之義耳竊取註訓謙辭重取字不重竊字方得當日自任口吻

取指裁定說 註 春秋之時五霸迭興而桓文為盛史史官也竊取者謙辭也公羊傳作其辭則丘有罪焉爾意亦如此蓋言斷之在己所謂筆則筆削則削游夏不能贊一辭者也尹氏曰言孔子作春秋亦以史之文載當時之事也而其義則定天下之邪正為百王之大法○此又承上章歷叙羣聖因以孔子之事繼之而孔子之事莫大於春秋故特言之 講 其春秋之事則多齊桓晉文之事事猶之晉楚也其春秋之文則史官紀載之文文猶之晉楚也其因事而褒貶因文而筆削豈他人所能與哉故孔子曰其春秋褒貶之義則丘嘗竊取而裁定之矣是春秋因魯史而作者也蓋為魯史之春秋則其事其文無關王迹而斷自聖心則一筆一削爲天下之功罪定一王之賞罰收既喪之權還之天子使王迹雖熄而不熄雅詩雖亡而不亡春秋誠百王之大法也此孔子憂勤惕厲之心也而道統之傳終必賴之矣 補 天下有王者則此義著為王迹而播為詩歌天下無王者則此義奈於霸圖而定為筆削

君子章旨

此章孟子自任得統於孔子以私淑存幾希意

君子節旨

此東上三章以起下節君子謂舜禹以至周公小人指孔子無位言重小人邊孔子之澤萬世不斬言五世者見己於孔子猶幸在五世之內也

予未節旨

欲得為孔子徒是其本心而私淑諸人亦見去孔子不遠無異於為徒意私淑諸人是倒裝文法當云予私竊孔子之道以善其身蓋即得諸其人者也兩予字作意低徊兩也字穆然意遠稼書云所私淑者只是仁義

可以全旨

此章示人精義之學須從可以中辨出可以無來玩註似側注過邊當重下二段然本文大指只是三平南軒云取與死生之義有灼然易判者有

○**孟子曰君子之澤五世而斬** 君子指聖賢有位者澤是德業之傳流於後世者 **小人之澤五世而斬** 小人指聖賢無位者 註 澤猶言流風餘韻也父子相繼為一世三十年亦為一世斬絕也大約君子小人之澤五世而絕也楊氏曰四世而緦服之窮也五世袒免殺同姓也六世親屬竭矣服窮則遺澤寖微故五世而斬 講 孟子承上三章歷叙羣聖而終之以自任之意也曰聖賢之生其建立在一時而遺澤在後世故有位之君子其澤之所遺大約至五世而斬無位之小人其澤之所遺亦大約至五世而斬若五世之內則皆得與其澤者也 補 孔子不得志於時未嘗大行其道其澤當在小人之數

○**予未得為孔子徒也** 徒是弟子 **予私淑諸人也** 註 私猶竊也淑善也李氏以為方言是也人謂子思之徒也自孔子卒至孟子遊梁時方伯四十餘年而孟子已老然則孟子之生去孔子未百年也故孟子言予雖未得親受業於孔子之門然聖人之澤尚存猶有能傳其學者故我得聞孔子之道於人而私竊以善其身蓋推尊孔子而自謙之辭也○此又承上三章歷叙舜禹至於周孔而以是終之其辭雖謙然其所以自任之重亦有不得而辭者矣 講 予生也晚未得親受業而為孔子之徒也然幸遺澤未斬傳道有人故予私竊其道以善淑其身而聞諸人也敢不願學以求進於君子之林哉吁此孟子憂勤惕厲以繼孔子而存之者如此 補 徐敬弦曰王者曰迹自其現行於天下者言君子曰澤自其流溢於後世者言孔子言竊取則不敢當作者之聖孟子言私淑則不敢當述者之明

○**孟子曰可以取可以無取取傷廉** 傷廉警中人之不及 **可以與可以無與與傷惠可以死可以無死死傷勇** 傷惠傷勇儆賢人之過 註 先以可以者略見而自許之辭也後言可

逄蒙　羿有窮之君偃姓年二十習弓矢仰天歎曰我將射四方楚有弧父者生於楚荊山生不見父母為兒時習用弓矢所射無脫羿從之盡得其道後羿以術傳逢蒙逢蒙謀殺羿內行媚外施賂而羿弗察也八年羿將歸自畋逢蒙取桃棓殺之

侵　左傳凡師有鐘鼓曰伐無曰侵疏云侵者加陵之意

庾公尹公二人皆衛人

在可否之間者在可否之間非義精者莫能擇也蓋其幾間不容髮一或有偏則失之矣是以君子貴存養於平時而復研幾於審處也

逄蒙章旨　此章見取友之當慎前後只為羿說首節斷羿罪下節借形重在端人取友上端人取友必端羿不端甚矣端人烏由取哉曰思曰不忍皆從心術上發出

逄蒙節旨　此是正羿之罪非正蒙之罪蒙罪固不言而明也義重取友者不重所取之友是亦羿有罪句為一章之斷案便見羿以不端而召不端之禍但未可露出下引儀言非說他無罪正要辨他有罪宜若二字極斟酌薄乎二句是孟子發宜若意

鄭人節旨　上節罪字空說此借孺子事相形正以定羿不端之罪也上段重端人句下段重不忍句今日我疾三句是以已而料死問僕至吾生矣是以人而料生庾公學射至必端矣是因友以觀友料人之明也夫子何為至末是因師以及師報德之厚也按程子云

以無者深察而有疑之辭也過取固害於廉然過與亦反害其惠過死亦反害其勇蓋過猶不及 講 孟子為失中者儆曰取與死生之間有道存焉固不及不及亦不可過也如不苟取之謂廉方其物之來受也初若見可以取矣及再審之其實可以無取則無取者為是而乃竟取之是為苟取而傷於廉矣以物與人之為惠方其將有所與也初若見可以與矣及再審之其實可以無與則無與者為是而乃竟與之是非惠之正也則反傷於惠以身赴死之為勇方其變故之來也初若見可以死矣及再審之其實可以無死則無死者為是而乃竟死之是非勇之正也則亦反傷於勇若此者兩可之間未能擇理之至是而守其中也人其可不知所戒哉

○**逄蒙學射於羿盡羿之道**道是射中之方法**思天下惟羿為愈己**思字重看是欲殺羿念頭**於是殺羿**殺羿是欲專善射之名**孟子曰是亦羿有罪焉**亦字對逄蒙說**公明儀曰宜若無罪焉**宜若是疑似意**曰薄乎云爾惡得無罪**曰字是孟子推公明儀之意云爾指宜若無罪句

註 羿有窮后羿也逄蒙羿之家衆也羿善射篡夏自立後為家衆所殺愈猶勝也薄言其罪差薄耳

講 此見人當慎於取友也昔逄蒙學射於羿而盡得羿善射之道乃思天下之人惟羿之射為愈己於是殺羿以專善射之名天下皆罪蒙之薄於待師而不知羿之昧於知人也孟子從而斷之曰蒙之殺羿其罪固不待言也以我觀之是亦羿有罪焉昔公明儀有曰殺羿者蒙也羿宜若無罪焉夫公明儀不直曰無罪而曰宜若無罪者其意曰羿之罪特差薄乎蒙云爾惡得謂之無罪哉

○**鄭人使子濯孺子侵衛**子濯孺子鄭國之將侵是潛師掠境**衛使庾公之斯追之**庾公之斯衛國之將追是已去而躡其後**子濯孺子曰今日我疾作不可以執弓吾死矣夫**此二句是自疑之辭**問其僕曰追我者誰也其僕曰庾公之斯也曰吾生矣**生是幸其所遇之得人意**其僕曰庾公之斯衛之善射者也夫子曰吾生何謂也曰庾公之斯學射於尹公之他尹公之他學射於我夫尹公之他端人也**端人泛以立身制行言**其取友**

事載左傳與此不同

庾斯虛發四矢甚無謂也國之安危在此一舉則殺之可也舍之而無害於國權輕重可也何用虛發四矢乎註即本之謂斯亦廢公義然孺子疾作固已退矣何安危之可言且兵法窮寇勿追春秋之義聞疾乃還庾斯故得以伸其師友源源之情也虛發四矢孟子不以為非意可知矣庾斯亦自云君事不敢廢然則註云亦廢公義亦字可玩非真廢公義者比也

西子 西子姓施美婦人也居苧蘿山若耶溪之西故曰西子蒙薪浣紗為世絕色。

西子章旨 此章見人之善惡不待積久而移兩節平列全是比體照尹註一戒一勉

西子節旨 此借西子說法比善人之忽為惡即惟聖罔念作狂意

必端矣（必字是料他決如此）庾公之斯至曰夫子何為不執弓（夫子指孺子）曰今日我疾作不可以執弓曰小人學射於尹公之他尹公之他學射於夫子我不忍以夫子之道反害夫子雖然（雖然指不忍反害意）今日之事（指來追之事言）君事也我不敢廢抽矢扣輪（輪是車尾之輪）去其金（金是矢首之鏃）發乘矢而後反（乘用四馬故四矢為乘）

註 之語助也僕御也尹公他亦衛人也端正也孺子以尹公正人知其取友必正故度庾公必不害己小人庾公自稱也金鏃也扣輪出鏃令不害人乃以射也乘矢四矢也孟子言使羿如子濯孺子得尹公他而教之則必無逢蒙之禍然夷羿簒弒之賊蒙乃逆儔庾斯雖全私恩亦廢公義其事皆無足論者孟子蓋特以取友而言耳

講 何以見羿之有罪也觀之子濯孺子則可見矣春秋之世子濯孺子以射鳴於鄭庾公之斯以射鳴於衛於是鄭人使子濯孺子侵衛衛使庾公之斯追之兩技相遇勝負固未可知也乃子濯孺子則曰今日我疾作不可以執弓吾死矣夫既而問其僕曰追我者誰也其僕曰庾公之斯也孺子曰吾生矣其僕曰庾公之斯衛之善射者也況夫子以疾作當之乃曰吾生何謂也孺子曰吾謂吾生者非必之於斯也必之於我之友也蓋庾公之斯嘗學射於尹公之他而尹公之他又嘗學射於我夫尹公之他其立身制行非忍人也乃端人也則其所取之友必為端人可知矣焉有端人而肯背本以徼利哉此吾所以自諒其必生也及庾公之斯至乃問於孺子曰夫子何為不執弓蓋疑其能而示之以不能也孺子曰今日我疾作不可以執弓蓋示之以情也庾公遂自敘曰小人學射於尹公之他尹公之他學射於夫子是小人之道夫子之道也我不忍以夫子之道反害夫子雖然今日來追之事乃君所命之事也我不敢以私恩廢公義於是抽矢扣於車輪去其金鏃令不傷人連發四矢而後反於衛焉蓋欲其無害於師而且有辭於君也夫以師及師庾斯報德之厚也況親受業於羿者而忍殺之乎以友及友孺子知人之智也況親受業如蒙者而不能察其奸乎以斯而律蒙罪固不容誅矣而羿亦孺子之罪人也故曰是亦羿有罪焉

補 許東陽曰羿不能取友而殺身孺子能擇友而免禍

○孟子曰西子蒙不潔則人皆掩鼻而過之

註 西子美婦人蒙猶冒也不潔汙穢之物也掩鼻惡其臭也

講 孟子戒勉人曰人之善惡亦何常哉彼美色之西子人之所共好者也苟或以其美者自恃而蒙乎不潔之物則人皆掩鼻而過之未有不以其今之汙而棄其前之美者矣夫不潔即西子且難終好於人況非西子者乎善之不可喪也如此吾願人之戒之也

○雖有惡人齊戒沐浴（齊戒是潔心沐浴是潔身）則可以祀

越王以吳王淫而好色大夫種乃使相於國中得苧蘿山鬻薪之女曰西施鄭旦飾以羅縠教以容步習於土城臨於都巷三年學服而獻於吳乃使相國范蠡進之吳為築姑蘇臺後吳亡復歸范蠡因泛五湖

日至

唐新書歷志治歷之本必推上元日月如合璧

雖有節旨

此借惡人說法比惡人之忽為善即惟狂克念作聖意

天下章旨

此章為好用私智者發不主論性說次節是主鑿智者其原在於不識性故首節先教之識性次節正言智不當鑿末節言智不必鑿正以申不當鑿之意通章只一利字盡之

天下節旨

言性非教人論性乃教人知性不重言字性最難名狀只得就發見已然之迹所謂故者言之為已然之迹不皆利故又云以利為本利是順乎性之自然而絕無人為也性當以故言故當以利言雖有兩層實則利在故之中滙參云此節為言智起案

所惡節旨

上節言理本自然此言人當順其自然也所惡於智二句唱明本旨鑿與利正相反禹之行水是古今一大智故舉以為法若禹二句內雖有不鑿意且虛講下四句正申之禹之疏瀹決排何嘗無事但因水性導之雖有事而實無事智者亦因其所無事泛指應事接物言

天之節旨

天言高而星辰言遠惟高故遠其實天之故無可尋全憑星辰上推如某星躔某度為冬是也至首節故字言

上帝上帝是至尊之神【註】惡人醜貌者也○尹氏曰此章戒人之喪善而勉人以自新也【講】雖有醜貌之惡人人之所共惡者也苟或不以醜者自安能齋戒以潔心沐浴以潔身則一念至誠可以享祀乎上帝蓋有鑒其心之敬而若忘其貌之惡者矣夫自潔即惡人且可上格乎天況非惡人者乎惡之可自新也如此吾願人之勉之也【補】兩則字見有倏忽轉移意

○孟子曰天下之言性也言是講論則故而已矣故即性之發而為情者也故者以利為本本猶主也非本末之本此句重【註】性者人物所得以生之理也故者其已然之迹若所謂天下之故者也利猶順也語其自然之勢也言事物之理雖若無形而難知然其發見之已然則必有迹而易見故天下之言性者但言其故而理自明猶所謂善言天者必有驗於人也然其所謂故者又必本其自然之勢如人之善水之下非有所矯揉造作而然者也若人之為惡水之在山則非自然之故矣【講】孟子為用智者而發曰世之挾智以處事者適以擾事其原由於不識性耳天下之言性也其本體不可言也則但言其發見已然之故而性可知矣然所謂故者又必出於天理之自然以順利為本斯得性之真也【補】孟子本欲言智而必先言性者智五性之一也言智而先言性猶言水而先言水之源也

○所惡於智者此智者以小智言下兩智者泛言為其鑿也鑿謂妄生意見正與利相反如智者若禹之行水也不曰治水而曰行水者宜行而行也則無惡於智矣見非鑿之可惡禹之行水也行其所無事也無事是順水道如智者亦行其所無事亦字對禹言無事是循理之自然則智亦大矣亦字亦對禹言【註】天下之理本皆利順小智之人務為穿鑿所以失之禹之行水則因其自然之勢而導之未嘗以私智穿鑿而有所事是以水得其潤下之性而不為害也【講】惟以利為本所以智者處事但順其自然而已所惡於小智者為其不知順利之理好用私意務為穿鑿取天下事而擾之也如使用智者能若禹之行水也則智以成事而非以擾事斯無惡於其智矣蓋禹之行水也知水性有自然之故因其勢而利導之以水治水而實行其所無事也是以水得其性而不為害而古今稱大智者必歸之禹也如用智者知吾性有自然之故而亦行其所無事則不俟穿鑿而事事物物各得其理其智亦如禹之大矣又何惡乎【補】此合下節治水治歷皆天下之大事故主此以例凡處事者不作喻說但治水治歷不作兩平

○天之高也高見其難窮意星辰之遠也遠見其難察意苟求其故求故如天有三百六十五度星辰有躔度次舍是皆已然之迹而可求者千歲之日至千歲自上古以前言日至冬至日也千歲之日至是歲月日時皆為甲子日月五星皆會於子所謂歷元也可坐而致也坐是不待費力意致是推致而得之

五星如連珠夜半朔旦冬至自此七曜散行不復餘分普盡總會如初○陳新安曰夜半即甲子時歲月日時皆甲子為歷元蓋以建寅月為歲首算之則是癸亥歲十一月以建子月為一歲之最初算之則甲子歲之氣候已始於此矣故云歲亦甲子也○程子曰歷家之法大抵主於日日一事正則其他皆可推矣

右師

古者天子之卿尊者謂之太師卑者謂之少師諸侯之卿尊者謂之左師卑者謂之右師

本然之理此節故字言本然之度求故是去推算坐致是已算明千歲日至指已往者說治歷必自今日逆推到初起源頭處然後從源頭推其末來者始不差通節指點之神原是論智非為論歷

公行章旨

此章孟子維朝廷之禮重我欲行禮一句王驩固孟子所鄙而此不與言乃是禮不得言故因其不悅而自明之

公行節旨

進右師與言便是不能以禮處人就右師位言便是不能以禮自處右師方入門而弔禮未行一時趨蹌逢迎淋漓滿堂只冷然有一孟子在旁而已

不與節旨

衆人與言驩不為悅孟子不與言驩便以為簡以孟子時所尊敬欲假其辭色以為榮也

聞之節旨

提出禮字正破他簡字朝廷以君命所在言朝廷二句引禮文孟子賓師一定階在右師之上兼言揖者與言必相揖也

註 天雖高星辰雖遠然求其已然之迹則見運有常雖千歲之久其日至之度可坐而得況於事物之近若因其故而求之豈有不得其理者而何以穿鑿為哉必言日至者造歷者以上古十一月甲子朔夜半冬至為歷元也○程子曰此章專為智而發愚謂事物之理莫非自然順而循之則為大智若用小智而鑿以自私則害於性而反為不智程子之言可謂深得此章之旨矣 講 夫智一也逆之則小順之則大信乎其不可鑿矣況以自然之理推之又有不必鑿者乎彼天之峻極若是其高也星辰之微渺若是其遠也然天雖高而運行有常度星辰雖遠而次舍有定分此非其自然之故乎造歷者苟求其天與星辰之故推而上之雖太古千歲之久其歲月日時皆為甲子日月五星皆運於子謂之日至之度為造歷之元者亦可坐而致也夫天道至難知也求其故之自然而無不可得如此況事物之近因其故而求之豈有不得其理者哉不鑿之智斯為順性之智矣 補 蒙引云上節似言利然利即故之利也此節似言故然故即其利者也

○公行子有子之喪 公行子是主班行之官以官為氏者有子喪是身為孝子之喪 右師往弔入門 入公行子之門 有進而與右師言者 進是揖驩使之近己 有就右師之位而與右師言者 就是以己而就驩位 註 公行子齊大夫右師王驩也 講 昔公行子有人子之喪孟子與齊之卿大夫皆承君命以弔之而右師亦往弔焉當右師入門之初其未就位也有進右師於己之位而與右師言者及其既就位也有就右師之位而與右師言者蓋皆知有權倖而不知有朝廷之禮矣

○孟子不與右師言 兼不進不就說 右師不悅曰諸君子皆與驩言 諸君子指同往弔之人 孟子獨不與驩言是簡驩也 註 簡略也 講 時惟孟子以禮自守既不進之而與言亦不就之而與言右師不悅於心曰諸君子皆不以驩為不肖而與驩言孟子獨不與驩言是以驩為不足敬而簡略於驩也蓋但知有諂媚而亦不知有朝廷之禮矣 補 孟子與右師俱是背地說非對面語觀聞之字可見

○孟子聞之曰禮 禮指周禮言 朝廷不歷位而相與言 位是本身站立位次位只一人 不踰階而相揖也 階是朝廷序列班行階有許多人 我欲行禮 禮指不歷位不踰階之禮 子敖以我為簡不亦異乎 異是怪異 註 是時齊卿大夫以君命弔各有位次若周禮凡有爵者之喪禮則職喪涖其禁令序其事故云朝廷也歷更涉也位他人之位也右師未就位而進與之言則右師歷己之位矣右師已就位而就與之言則已歷右師之位矣孟子右師之位又不同階孟子不敢失此禮故不與右師言也 講

孟子聞之曰右師未聞朝廷之禮乎以禮言之彼朝廷之上站立各有定位不得歷位而相與言班次各有定階不得踰階而相揖也今日以君命以弔則君命所在即朝廷所在也我所以不與右師言者正欲行此不歷位不踰階之禮耳夫以失禮為簡無足異也而子敖以我行禮為簡不亦可怪異乎孟子此言不惟以禮自處且以禮處人而遠小人之道自在其中矣【補】衆人意中但有子敖子敖意中但有孟子孟子意中但有個禮大賢壁立千仞氣象如此

君子章旨

此章見君子存心之不苟首節以仁禮存心是全篇主腦中五節言三自反正存心之實末節申結之

君子節旨

異於人便含下為法可傳以仁存心而不忘如造次顛沛必於是也以禮存心而不忘如視聽言動必以禮也

仁者節旨

便含下終身之憂

仁者有禮者即指君子說愛人敬人正是顯他仁禮存心處註施字對下驗字不對上存字

愛人節旨

人愛人敬正是顯他愛人敬人為存心處兩恆字言其常理只就君子自身體驗下文三自反已攝

有人節旨

橫是橫來逆是倒來皆是不順理此一自反

其自節旨

此再自反忠非有加於仁禮然必至此而仁禮之分量乃盡兩節連下五必字正見君子存心真切處

○**孟子曰君子所以異於人者**（異是高出於人兼天下後世言）**以其存心也**（存心謂其心有所全）**君子以仁存心以禮存心**（仁禮兼內外言）【註】以仁禮存心言以是存於心而不忘也【講】孟子論君子存心之不苟曰均是人也而君子獨超然異於人者以其存心不同也蓋人同此心心同此仁禮君子獨以惻隱之仁存心以辭讓之禮存心此其所以異也【補】以仁存心二句就現成說兼常變順逆言

○**仁者愛人有禮者敬人**（此愛敬就是仁禮發外者）【註】此仁禮之施【講】仁禮之德既有根心之實則自有及物之徵所以仁者博愛之施必然愛人有禮者謙著於外必然敬人蓋因心以為施固如此

○**愛人者人恆愛之敬人者人恆敬之**（恆常也此二句因人省己所謂驗也）【註】此仁禮之驗【講】夫愛敬既盡於己則德意自感於人凡愛人者則人亦恆愛之敬人者則人亦恆敬之其感應之常理有如此【補】恆愛恆敬起下橫逆愛敬其恆也橫逆其變也

○**有人於此**（人即我愛敬之人）**其待我以橫逆**（橫逆只是愛敬之反）**則君子必自反也**（反是自責意也）**我必不仁也必無禮也此物奚宜至哉**（物指橫逆說）【註】橫逆謂強暴不順理也物事也【講】盛德固足以感人而事變容出於意外我愛敬人人亦愛敬我此其常也設若有人於此其待我以侵侮之橫逆則君子必自反於己也我必不仁而不愛人也我必無禮而不敬人也不然此橫逆之事奚宜至於我哉

○**其自反而仁矣自反而有禮矣其橫逆由是也**（由作猶字看）**君子必自反也我必不忠**（忠是仁禮無一毫不盡意）【註】忠者盡己之謂我必不忠恐所以愛敬人者有所不盡其心也【講】及其自反而仁以愛人矣自反而有禮以敬人矣其橫逆之侵侮猶是也則君子又必自反也乃曰我必愛敬之心有未盡而不忠也不然何橫逆由是哉

○**自反而忠矣其橫逆由**

自反節旨

此三自反俱是做工夫處妄人二句自是絶之之辭到又何難句便是一面將橫逆劈開一面仍然以仁禮自反有愧不能終化之非真度外置之也

是故節旨

此申言君子存仁禮之至非進一步語由三自反見有終身之憂忘橫逆見無一朝之患此二句總括下乃分詳之重在終身之憂上舜人也以下句句在君子存心上講如舜處要緊貼仁禮有工夫非仁二句根如舜而已來前曰無爲無行是見於身表裏合一者也君子不患即指又何難說

禹稷章旨

此章是推尊顔子可同禹稷要得孟子自負之意首二節敘事同道節是斷禹思二節正發明同道處末二節設喻以足上文

是也君子曰此亦妄人也已矣妄人狂妄之人如此則與禽獸奚擇哉於禽獸又何難焉難即校也又何難言外有惟盡其仁禮意【註】奚擇何異也又何難焉言不足與之校也【講】夫既自反而忠矣其横逆由是也君子曰此人爲私欲蒙蔽喪失本心亦妄人已矣焉能以愛敬感耶如此則雖人也與禽獸奚分別哉夫以同類之人陷於禽獸則吾方且哀之不暇又何留難於心焉而與之校乎吾止求盡吾之仁禮而已【補】君子曰不是出諸口只是心口自忖語

○是故君子有終身之憂是故字承上五節來終身言其久憂是自內出者無一朝之患也一朝言其暫患是自外至者乃若所憂則有之有之即終身之憂舜人也我亦人也是舜是盡仁禮之人我亦有仁禮之心何分彼此舜爲法於天下爲法是立仁禮之極可傳於後世可傳是垂仁禮之教我由未免爲鄉人也由與猶同是則可憂也承未免爲鄉人來憂之如何如舜而已矣見不如舜則憂不止意若夫君子所患則亡矣亡作無非仁無爲也所爲皆是仁非禮無行也所行皆是禮如有一朝之患患指横逆之事則君子不患矣不患是不以此爲患【註】鄉人鄉里之常人也君子存心不苟故無後憂【講】由三自反觀之是故君子有終身切己之憂而無一朝外來之患也乃若所謂終身之憂則有之其心以爲舜固人也我亦人也其具此仁禮同也顧舜盡仁禮之極近可爲法於天下遠則流傳於後世我則仁禮未盡猶未免爲鄉人也是則可憂也憂之如何惟欲求盡乎仁禮如舜之可法可傳而後已矣故曰君子有終身之憂也若夫君子所爲一朝之患則亡矣以仁存心非仁之事無爲也以禮存心非禮之事無行也如有一朝意外之患則君子度外置之於心無愧亦不之患矣故曰無一朝之患也此君子之存心所以異於人也【補】衆人多矣何獨舉舜以舜能馴象傲又格苗頑爲千古處横逆者立一榜樣耳切不可說到父頑母嚚上父母縱要殺舜豈可言横逆

○禹稷當平世平世是治平有道之世三過其門而不入孔子賢之【註】事見前篇【講】昔禹稷當唐虞治平之世時有可爲也則出而救民禹平水土稷教稼穡雖三過其家門而不暇入孔子以其能憂民之憂而賢之【補】躬稼主稷而兼禹三過主禹而兼稷蓋治水非得播殖則無以奏艱食播種非

纓冠
說文曰紘冠卷也纓冠系也禮書曰二組屬於筓順頤而下結之謂纓纓之垂者謂之緌

禹稷節旨
平世以君明臣良言當猶值也禹三過不入稷是帶說此孔子賢其憂民

顏子節旨
敘顏子以退處言不重安貧意此孔子賢其樂己

同道節旨
此發明孔子皆賢之意遇則憂不遇則樂都是時中之道故曰同但只虛說至下易地皆然方是說所以同處

禹思節旨
要側注顏回邊

禹思四句是推出三過不入之故兩思字是職分之思貼定由己講不貼饑溺講所以顏子不得而同若論救世心腸原無兩樣

易地節旨
此正見孔子賢禹稷又賢顏子處禹稷易地為顏子易信顏子易地為禹稷難信皆字語勢側重顏子上意已

同室節旨
盡此下只引譬明之

此喻禹稷有天下之責任救之一層雖被髮句又深一層以應上如是其急句

鄉鄰節旨
此喻顏子無天下之責任少救之二字且添一往字便有許多懸隔閉戶正是陋巷自樂景象

得平水土則無以為躬稼二者相待為用耳○**顏子當亂世**亂世指春秋衰亂時**居於陋巷一簞食一瓢飲人不堪其憂顏子不改其樂**樂是自得之樂**孔子賢之**【講】顏子當春秋衰亂之世時不可有為也則退而修己居於陋巷之中所食者一簞之食一瓢之飲他人處此有不堪其貧窶之憂顏子則不改其自得之樂孔子以其能樂己之樂而賢之【補】孔子賢禹稷賢顏回不是一時說話乃孟子合引來以為同道發端說○**孟子曰禹稷顏回同道**道是理之當然【註】賢聖之道進則救民退則修己其心一而已矣【講】夫從顏子而視禹稷則禹稷為異從禹稷而視顏子則顏子為異而孔子並賢之者何哉孟子從而斷之曰禹稷顏回一則出而救民一則退而修己二者若不同矣而孔子皆賢之者禹稷顏回同道也【補】道何以同心同故也禹稷身當其任故此心發見於事業顏子不當其任故此心卷懷於胸中○**禹思天下有溺者由己溺之也**由與猶同**稷思天下有饑者由己饑之也**皆自身任其責說**是以如是其急也**是以字承上二意來如是其急指過門不入說【註】禹稷身任其職故以為己責而救之急也【講】何以見道之同也觀禹稷則知顏子矣禹任司空之責思天下有昏墊之溺者乃吾職有未盡由己致而溺之也稷任田正之責思天下有艱食之饑者乃吾職有未盡由己致而饑之也夫以民溺民饑為己咎是以過門不入有如是其急也若顏子則無此責故得以陶然於陋巷之中也○**禹稷顏子易地則皆然**易是更換地指平世亂世然指救民修己【註】聖賢之心無所偏倚隨感而應各盡其道故使禹稷居顏子之地則亦能樂顏子之樂使顏子居禹稷之任亦能憂禹稷之憂也【講】是則禹稷顏子出處不同者地為之也故使禹稷易顏子之地必能樂顏子之樂使顏子易禹稷之地亦能憂禹稷之憂而易地則皆然矣此所謂同道也○**今有同室之人鬪者**同室是同居之人也**救之**救是解其鬪**雖被髮纓冠而救之可也**可是理勢當然意【註】不暇束髮而結纓往救言急也以喻禹稷【講】嘗試取而譬之今有同室之人鬪者其情與我親也自當救之雖不暇束髮被髮纓冠而救之是謂當理而可也然則禹稷之時視天下猶同室也而過門不入亦被髮纓冠之道宜然耳豈所以為徇哉○**鄉鄰有鬪者**鄉鄰是鄉里比鄰**被髮纓冠而往救之則惑也**惑是昧緩急之宜意**雖閉戶可也**閉戶是不解其鬪【註】喻顏子也○此章言聖賢心無不同事則所遭或異然處之各當其理是乃所以為同也尹氏曰當其可之謂時前聖後

通國章旨
此章見論人當察其心章子無世俗不孝之罪但不當責父之善以致不相遇耳然其設心則可矜也故孟子不輕絕之意重設心二字

通國節旨
公都子蔽於衆惡而不知察故問

世俗節旨
此見章子無世俗不孝之實五不孝之序從輕漸說到重三個不顧養正對不得近說私妻子正對出妻屏子說戮字危字正對責善說俱為下文伏案

夫章節旨
此正言其得不孝之名之故夫章子三字提起就他行事上以見章子實有罪不能為章子護也子父責善是言章子責父之善

責善節旨
此言責善不當行之於父子也見章子所施失宜亦不得為無罪

聖其心一也故所遇皆盡善【講】若鄉鄰之人有鬬者其情與我踈也亦被髮纓冠而往救之是昧親踈之分則惑也雖閉戶不救亦可也然則顏子之時視天下猶鄉鄰也而簞瓢自樂亦閉戶之道宜然耳豈所以為矯哉夫惟所處各當於理此禹稷顏子所以為同道而孔子均賢之與【補】劉士玉曰重講顏子能為禹稷一邊蓋禹稷能為顏子人可不疑只疑顏子不能為禹稷孟子所處一顏子地位或即顏子以自況云

○**公都子曰匡章通國皆稱不孝焉**皆稱見公論可信**夫子與之遊**與遊是許其遊於門牆**又從而禮貌之**禮貌便更進於與遊**敢問何也**是究其故【註】匡章齊人通國盡一國之人也禮貌敬之也【講】公都子問曰匡章之為人通國皆稱不孝焉夫不孝則其罪大而稱以通國則其論又公宜乎在所絕矣夫子不惟不絕而且與之遊又從而加禮貌以敬之敢問果何見也豈國人之論未當而夫子別有所取乎

○**孟子曰世俗所謂不孝者五**世俗指當時言應通國說**惰其四肢**如不勤農工不服商賈皆是**不顧父母之養**承上句來**一不孝也博弈好飲酒**博局戲弈圍棋**不顧父母之養**亦承上句來**二不孝也好貨財私妻子**是貪利貪色**不顧父母之養**亦承上句來**三不孝也從耳目之欲**是溺於聲色**以為父母戮**不但失養而已**四不孝也好勇鬬很以危父母**又不止戮而已**五不孝也章子有一於是乎**是指上五不孝【註】戮羞辱也很忿戾也【講】孟子曰子何以通國之言而遽謂章子之不孝哉夫世俗之所謂不孝者有五惰其四肢弗供子職而不顧父母之養是息而忘親一不孝也博弈好飲酒情溺所好而不顧父母之養是私而忘親二不孝也好貨財私妻子情偏所愛而不顧父母之養是縱而忘親三不孝也從耳目聲色之欲虧體辱親以為父母戮者是蕩而辱親四不孝也好勇鬬很忘身及親以危父母者是忿而禍親五不孝也有一於此皆可以不孝稱今章子之所為果有一於是乎奈之何以通國之言為然也

○**夫章子子父責善而不相遇也**責善是子責父行善【註】遇合也相責以善而不相合故為父所逐也【講】夫章子無世俗所謂五不孝而顧蒙不孝之名者亦有由矣蓋章子以子父之間責善而不相遇故為父所逐而人遂以不孝稱之也

○**責善朋友之道也**朋友原以義合**父子責善賊恩之大者**父子責善且泛說章子錯處在此【註】賊害也朋友當相責以善

沈猶行
沈猶行南武城人曾子門人也一曰太山人古附庸之後

豈不節旨
此從不相遇後而推論其深自咎責之心再提夫章子三字以見章子自有心不忍為章子晦也曰豈不欲曰設心總是探其隱情處末句則統承兩夫章子而總結之通管責善自責二意已矣言此外別無世俗不孝自見得所以與遊禮貌之故

曾子章旨
此章見兩賢之處難不同而同歸於道要重在曾子能為子思上蓋孟子以賓師居齊不與臣同故借此發之上二節只敘事其微意却露在先生字君字上末節是斷師臣二義正發明同道之意

曾子節旨
此敘曾子去難之事通節摹他遠害情景一去一反有漠不相關意去之為慮者薪木而已不問所以禦寇者何如也反之加意者牆屋而已不問

父子行之則害天性之恩也【講】然責善豈父子所宜哉蓋責善之義乃朋友相規之道也若父子天性之恩亦相責以善而反相夷而賊害其恩之大者唯章子以友道施於親故得罪而稱不孝也○夫章子豈不欲有夫妻子母之屬哉子指匡章之子母指匡章之妻屬是家屬為得罪於父得罪指責善說不得近近是近於父出妻屛子終身不養焉出妻屛子是自家受逐在外不養是不受妻子之養其設心以為不若是其指章子設心是立心若是指出妻屛子是則罪之大者是指得罪於父又受妻子之養言是則章子已矣是字總承責善自責二意已矣者見此外無不孝之事【註】言章子非不欲身有夫妻之配子有子母之屬但為身不得近於父故不敢受妻子之養以自責罰其心以為不如此則其罪益大也○此章之旨於衆所惡而必察焉可以見聖賢至公至仁之心矣楊氏曰章子之行孟子非取之也特哀其志而不與之絶耳【講】然責善不相遇之後章子未嘗不自知其罪也彼人之身有夫妻其子有子母夫章子亦人情豈不欲己有夫妻子母之屬哉但為得罪於父而為父所逐不得近於父故出妻屛子終身不敢受妻子之養以自責罰焉原其設心以為既得罪於父又不若是之出妻屛子而安受其養是罪之中又有罪焉則為罪之大者是則章子始得罪於父也惟以責善之故其既得罪於父也又能自責之深章子之為人如是而已矣其與世俗之所謂不孝者五不有閒乎此吾所以與之遊又從而禮貌之也子又何疑焉【補】輯語云是則章子句正對通國皆稱不孝說上文已反覆辨其不孝之寃說他做孝子不得此句只還他本等是不斷之斷

○曾子居武城武城大夫延曾子為賓師有越寇時越人為寇或曰寇至盍去諸去是避寇曰無寓人於我室曰是囑守舍之人寓是留寓室是曾子講學處毀傷其薪木毀是壞其薪木是室中花木寇退則曰修我牆屋我將反二句是將歸之言寇退曾子反左右曰待先生如此其忠且敬也忠是內盡其心敬是外盡其禮寇至則先去以為民望民望是使民望而效之寇退則反殆於不可殆是疑辭不可是疑其不當去以上是左右私議之言沈猶行曰是非汝所知也是指曾子去難之心說非汝所知重在非常情所能知意昔沈猶有負芻之禍沈猶氏另是一人非沈猶行也負芻是作亂者從先生者

冦所以退者何如也待先生忠敬句指平日言殆於不可是就常情報復上論沈猶行獨知之不肯明言但引負芻之末有與含蓄無窮禍曰負芻則不至如越寇之多從者七十人則亦可以衛沈猶而無恐矣而終未有與分明見弦誦非時共守非體師道意已在言下先生字是眼目

子思節旨

此敘子思守難之事齊寇猶之越寇而諷以去者依然乃其去則謂守何稱伋稱君凜然效死勿去之義君字是眼目

同道節旨

前言禹稷顏子出處之道同此言曾子子思去守之道同曾子理當遠害子思理當死難師與臣之地為之也父兄頂師字來微頂臣字來易地皆然側注曾子一邊為是

儲子全旨

此章見聖凡一致意戰國謀臣策士皆卑瑣無奇獨孟子毅然以名士自任氣象巉巖瞯有高視孟子意果有

儲子

子之三年燕國大亂百姓恫恐將軍市被太子

七十人（先生指曾子七十人舉其數）未有與焉（言未有一人與其難）【註】武城魯邑名盍何不也左右曾子之門人也忠敬言武城之大夫事曾子忠誠恭敬也為民望言使民望而效之沈猶行弟子姓名也言曾子嘗舍於沈猶氏時有負芻者作亂來攻沈猶氏曾子率其弟子去之不與其難言師賓不與臣同【講】昔曾子設教而居武城適有越人入寇或告曾子曰寇且至矣盍去而避諸曾子聞言遂行戒其守者曰爾無寓他人於我室以毀傷其室中之薪木及聞寇退則示守者曰爾即修我之牆屋我將反而居之及寇既退曾子遂反其左右門人乃私議曰武城之大夫內盡其誠外盡其禮待先生如此其忠且敬也宜先生必有以厚報之矣今寇至則先眾人而去以為民之觀望寇退則反而安居焉殆於報施之道有不可乎時門人有沈猶行者獨喻曾子之心乃曰先生之去反有義存焉是非汝常情之所能知也昔先生嘗舍於沈猶氏之家時有負芻作亂之禍來攻沈猶氏當時弟子之從先生者七十人非不可禦侮也然皆率而去之未有與其難焉知昔日之於沈猶則知今日之於武城矣奚不可之有是曾子之遠害固一道也

○

子思居於衛（居衛是為臣而仕於衛）有齊寇（時齊人入寇）或曰寇至盍去諸子思曰如伋去君誰與守（伋是子思名守是守國）【註】言所以不去之意如此【講】昔子思仕而居於衛適有齊人來寇或告子思曰寇且至矣盍去而避諸子思曰衛國之社稷人民恃有君在也與君效死而共守此社稷人民者恃有伋在也如伋去則人皆相率而去君誰與守哉是子思之守難又一道也

○孟子曰曾子子思同道（同道且虛）曾子師也（師以道言）父兄也（父兄只當一尊字以師視弟子則為尊）子思臣也（臣以分言）微也（以臣視君則為微）曾子子思易地則皆然（地指為師為臣之地位言）【註】微猶賤也尹氏曰或遠害或死難其事不同者所處之地不同也君子之心不繫於利害惟其是而已故易地則皆能為之○孔氏曰古之聖賢言行不同事業亦異而其道未始不同也學者知此則因所遇而應之若權衡之稱物低昂屢變而不害其為同也【講】夫遠害為是則子思非矣死難為是則曾子非矣孟子從而斷之曰曾子子思不同者遠害守難之事而未始不同者隨時之道也何以見道之同彼曾子居武城分則賓師也賓師則尊同父兄矣安有父兄而赴子弟之難乎子思居衛分則臣也臣則卑同微賤矣安有臣不赴君上之難乎曾子子思使易地而處則曾子皆能守義忘身子思皆能重道遠害吾故曰同道也

○儲子曰（儲子齊人）王使人瞯夫子（瞯是私視）果有以異於人乎（異是與常人不同）孟子曰何以異於人哉堯舜與人同耳（同就良知良能上說）【註】儲子齊人也瞯竊視也聖人亦人耳豈有異於

平謀將攻子之儲子謂齊王因而伐之破燕必矣

以句連上讀非儲子問辭何以異要在顯微無間上重講堯舜與人同與人皆可以為堯舜相表裏但其意包涵未盡

齊人章旨

此章孟子借齊人以形容求富貴者之醜態全在東郭墦間三句上由君子觀之句重是於熱鬧場中以道喚喚醒他所以求三字要照上乞餘情狀看不重妻妾能羞泣只重令人致妻妾之羞泣也

齊人節旨

此節引起下節盡富貴內便有驕妻妾意下面施施即此狀前之告其妾者疑夫之所為也後之告其妾者悲夫之所為也卒之東郭三句影求富貴者搖尾乞憐與此無異故鋪敘極詳此其為饜一句是指點將乞人真情秘訣和盤託出道字更下得共冷今若此固是總攝之辭然即作慙恧忿恨說不出口光景亦妙其妾之訕亦何待其妻盡出諸口耶輯語云未敗露之驕滿面都是富貴相既敗露之驕滿面都是乞兒相

人哉

【講】儲子謂孟子曰王使人瞯夫子果動靜之間有以異於人乎孟子曰我何以異於人哉我之所知人皆能知我之所行人皆能行與人原不異也豈但我無以異於人雖堯舜之聖亦與人同此動靜同此語默耳未嘗有異於人也夫堯舜且與人同況吾豈有以異於人乎然則王固無待於疑而瞯矣

【補】瞯只在日用動靜上說若容貌則齊王已見之若心術則非瞯所及也

○齊人有一妻一妾而處室者(齊人便見可鄙處處室見有刑家之責)其良人出則必饜酒肉而後反(良人指齊人)其妻問所與飲食者則盡富貴也(二句是述其問答之言)其妻告其妾曰良人出則必饜酒肉而後反問其與飲食者盡富貴也(妻疑處在必字盡字)而未嘗有顯者來吾將瞯良人之所之也(所之是所往)蚤起(蚤即早字)施從良人之所之徧國中(徧是周徧見非一處)無與立談者(立是並立談是言談)卒之東郭墦間之祭者(卒終也之往也東郭東門郭外也)乞其餘不足(其餘是食之餘剩不足無饜足)又顧而之他(又往他處以求足其欲)此其為饜足之道也(此字指乞墦求)其妻歸告其妾曰良人者所仰望而終身也(仰望終身見付託甚重意)今若此(指乞墦說)與其妾訕其良人而相泣於中庭(泣是啼哭)而良人未之知也(未知已為妻妾所見為妻妾所羞)施施從外來驕其妻妾(要見又是富貴之所與)

【註】章首當有孟子曰字闕文也良人夫也饜飽也顯者富貴人也施邪施而行不使良人知也墦冢也顧望也訕怨詈也施施喜悅自得之貌

【講】齊人有一妻一妾而同處室者則刑于之道不可以或苟也夫何良人每出於外惟徇口腹之欲則必饜酒肉而後反其妻問其所與飲食者彼則以為盡出富貴之人也蓋以此欺其妻妾而謂其莫予察矣豈意其妻疑之而告其妾曰良人每出則必饜酒肉而後反及問其所與飲食者則曰盡富貴也夫有富貴者與之飲食則必有富貴者與之往來今未嘗有顯者來則向之言豈盡然乎吾將瞯良人所往之處以觀其所與飲食者果何人也於是蚤起邪施而行以從良人之所往但見徧國中之人無一與之相立而對談者而況於盡富貴之與乎及其卒也往之東郭墦間之祭者乞其所

由君節旨

此乃慨今之求仕者尤可鄙也君子謂以義自守而明於出處潔於去就者觀之之字雙關兩面乃以觀齊人之觀觀求富貴利達者也此句直貫至末所以二字形容不盡一切卑諂乞哀光景俱包在內方於上今若此有情曰富貴又曰利達利便利達通達也亦有富貴而未必利達者故兼言之其妻妾至幾希矣作一句讀

于田

虞書益贊于禹曰帝初于歷山往于田日號泣于旻天于父母負罪引慝○虞舜思親操云陟彼歷山兮崔嵬有鳥翔兮高飛瞻彼鳩兮徘徊河水洋洋兮清泠深谷鳥鳴兮嚶嚶設罥張罝兮思我父母力

萬章章旨

此章見虞舜之純孝首節怨慕二字乃一章之骨次節辨其怨己而非怨親三四節極言其怨己而慕在其中末節只言其慕而贊爲大孝也

萬章節旨

怨者戚戚然如有所歉慕者皇皇然如有所求怨是怨己慕是慕親但怨己意且勿露恐礙下間看來不得乎親則怨不得而求得則慕故先言怨後言慕又稼書云慕而不得則怨怨而求得則慕二意兼用

父母節旨

喜就子心說勞是受父母箠撻之苦

餘尚以爲未足又顧而之他望其祭者而往焉此其求哀無已向之所謂饜酒肉而後反者正得之以此道也其妻瞷其飲食之所自不勝含愧而歸告其妾曰良人者所仰望其修身立名以爲終身之託者也今觀其所爲乃饜足於墦閒若此則終身之仰望孤矣於是與其妾怨詈其良人又悲所託之非人而相泣於中庭之內在良人猶未知其爲妻妾之所羞也復施施然喜悅自得從外而來若猶出於富貴之與以驕其妻妾焉寧不益重妻妾之羞哉齊人之徇人而喪己如此

○由君子觀之則人之所以求富貴利達者其妻妾不羞也而不相泣者幾希矣 幾希少也

註 孟子言自君子而觀今之求富貴者皆若此人耳使其妻妾見之不羞而泣者少矣言可羞之甚也○趙氏曰言今之求富貴者皆以枉曲之道昏夜乞哀以求之而以驕人於白日與斯人何以異哉

講 奈何天下之爲齊人者衆也由守義之君子觀之則今人之所以求富貴利達者進不以禮得不以道凡卑諂乞哀無所不至其情其態無異於乞墦之所爲也使其妻妾見之有不羞其所爲而不相泣者幾希矣此君子所以不顧人之膏粱文繡而嚴義利之防以養吾剛大之氣也

補 張侗初云墦閒之乞猶畏人見市朝之乞不畏人見酒食之驕驕於家人勢利之驕驕於國人

萬章章句上 凡九章

○萬章問曰舜往于田 是耕歷山以事親也 號泣于旻天 此句言呼天而泣 何爲其號泣也 究其號泣之故 孟子曰怨慕也 怨即慕之迫切處二字不平

註 舜往于田耕歷山時也仁覆閔下謂之旻天號泣于旻天呼天而泣也事見虞書大禹謨篇怨慕怨己之不得其親而思慕也

講 萬章問曰嘗聞舜往于歷山耕田以事其親乃號泣于旻天不知舜處父母之間有何故而號泣也孟子告之曰聖人之心其悲也有感其哭也有懷舜惟不得乎親怨慕之切是以呼天號泣以鳴其不得已之心也

○萬章曰父母愛之喜而不忘父母惡之勞而不怨 二之字指子言重下二句 然則舜怨乎 疑舜爲怨親 曰長息問於公明高曰舜往于田則吾既得聞命矣 聞命就養親說 號泣于旻天于父母則吾不知也 蓋亦疑怨親也 公明高曰是非爾所知也 是字承號泣句 夫公明高以孝子

耕日與月兮往
如馳父母遠兮
吾當安歸
公明高
公明高魯南武
城人
九男二女
路史云堯之子
監明早死不得
立監明之嗣封
於劉朱又不肖
而弗獲嗣其後
丹房傳鑄唐冀
隨郇櫟函皆云
堯後之國二女
娥皇女英○史
記舜居嬀汭內
行彌謹堯二女
不敢以貴驕事
舜親戚甚有婦
道堯九男皆益
篤
百官
百官只是百司

不與喜字對專重不怨上號泣貫下六字為一句萬章長息俱疑其怨親是非爾所知只重聖心深遠難測不重長息不知聖意夫公明高以下正明舜之怨己而非怨親恝與怨相反我竭力四句正說孝子之心不恝處共為子職緊承耕田一事說耕田之外子職之未共者甚多於我何哉有潛思默忖千迴萬轉意正是慕之不容自己處註自責即是怨字

帝使節旨
此承上節推進一步蓋張大其說以起窮人無所歸句事舜於畎畝之中非事舜於歷山耕田處也舜自徵庸已在位為其來自畎畝故云三段事實正與下好色士悅富貴相照四岳薦舜瞍已烝又然此自四岳視之耳舜視頑嚚有一毫未格便不可以為人不可以為子故有如窮人之慕

天下節旨
此只就上節覆說一番以推舜之心實有如此語脈緊頂如窮人句來窮人無歸正是憂之深處此憂困不順父母而生則必因順父母而解以憂字代怨字更醒有天下為天子須會

之心為不若是恝孝子指舜我竭力耕田共為子職而已矣耕田只是為養之事父母之不我愛於我何哉不我愛如浚井完廩等事

註 長息公明高弟子公明高曾子弟子于父母亦書辭言呼父母而泣也恝無愁之貌於我何哉自責不知己有何罪耳非怨父母也楊氏曰非孟子深知舜之心不能為此言蓋舜惟恐不順於父母未嘗自以為孝也若自以為孝則非孝矣

講 萬章不悟怨慕之言謂是怨親又問曰吾聞人子得乎親而父母愛之則喜而不忘蓋喜親之心與己一也如不得乎親而父母惡之則勞而不敢怨蓋起敬之心不容已也今曰怨慕然則舜亦怨其親乎孟子曰吾所謂舜之怨慕者非怨親也昔長息問於其師公明高曰舜往于田為躬耕以養親也則吾既得聞命於夫子矣然號泣于旻天以及於父母則吾不知其何心也是長息亦疑舜之怨親也故公明高答之曰舜之號泣乃聖人孝子之用心有未易測者是非爾之所知也吾推夫公明高之意以孝子之心不得乎親為不若是恝然無愁以為我竭力耕田不過共為子職之常而已矣今父母之不我愛必是子職猶未盡但不知於我子職有何罪以致此哉求其罪而不得此所以號天及父母而泣也公明高所謂非爾所知者意蓋如此然則吾所謂怨慕者正怨己不得於親而思慕之也

○帝使其子九男二女使字貫至畎畝之中九男堯之子二女娥皇女英百官牛羊倉廩備百官指有司是備人牛羊倉廩是備物以事舜於畎畝之中天下之士多就之者多就是人歸意帝將胥天下而遷之焉胥是使之為相遷是使之為君為不順於父母不順指不能諭親於道意如窮人無所歸窮人是窮困之人無所歸是無所倚靠

註 帝堯也史記云二女妻之以觀其內九男事之以觀其外又言一年所居成聚二年成邑三年成都是天下之士就之也胥相視也遷之移以與之也如窮人之無所歸者言其怨慕迫切之甚也

講 然舜之怨慕豈但躬耕歷山之時為然哉當玄德升聞之日帝堯使其子九男事之於外二女事之於內列之百官給之牛羊委之倉廩無一不備以事舜於畎畝之中其供奉之侈何如也且其所居始而成聚繼而成邑成都天下之士慕其德而多就之者其人心之附何如也帝堯知其德之可禪將以舜攝天子之事與胥視乎天下而終遂遷以與之焉其所遇之隆又何如也而舜特以不順於父母之故身不自安心不自遂如窮人無所歸而不勝怨慕之甚也

○天下之士悅之人之所欲也而不足以解憂悅即上就字意解憂是解如窮人之憂好色人之所欲妻帝之二女而不足以解憂好色即少艾女色富人之所欲富有天下而不

如後世典籤涓人之類上將胥天下將字

少艾 楚辭九歌大司命篇竦長劒兮擁幼艾蓀獨宜分為民正○戰國策趙孝成王策公子魏牟過趙趙王迎之顧反至坐前有尺帛且令工人以為冠工見客來也因避趙王曰願聞所以為天下魏牟曰王能重王之國若此尺帛則國大治矣趙王不悅曰寡人豈敢輕國若此魏牟曰為冠而敗之奚虧於王之國而王必待工而後乃

人少節旨 上二節內已見得終身慕父母了此不過借常情以贊其為大孝也人少則慕父母提起說是人之良心慕少艾慕妻子慕君各自有變相總是不慕父母耳通節重大孝終身一句曰終身見有多少閱歷多少鍛鍊多少引誘而慕父母愈殷且泛論下二句方以舜實之言五十以該終身也

詩云章旨 此章總是遭人倫之變而不失天理之常首二節以父母為主見能用權以全倫後二節以傲弟為主見能用誠以全恩權與經合誠與明合所以為聖人

足以解憂富指祖稅貴人之所欲貴為天子而不足以解憂貴指爵位人悅之好色富貴無足以解憂者二句承上起下惟順於父母可以解憂【註】孟子推舜之心如此以解上文之意極天下之欲不足以解憂而惟順於父母可以解憂孟子真知舜之心哉【講】如窮人無所歸舜心之憂甚矣其如何以解之哉天下之士悅之人情之所欲也舜則得士之多就而不足以解其憂好色人情之所欲也舜則妻帝堯之二女而不足以解其憂富者人情之所欲也舜則富有天下之養而不足以解其憂貴者人情之所欲也舜則貴為天子之尊而不足以解其憂夫人之有憂每以得所欲而解也今也人悅之好色富貴舉無足以解憂者然必如何而後憂可解哉則亦惟順於父母諭親於道而得其歡心而後可以解其窮人之憂耳其怨慕之心為何如哉

○人少則慕父母少是孩提時慕父母是赤子之良心知好色則慕少艾少艾是年少而美好之色有妻子則慕妻子仕則慕君慕君亦是役志功名富貴非移孝為忠也不得於君則熱中熱中是如焚景象大孝終身慕父母言自少至老少艾等俱不得而移意五十而慕者予於大舜見之矣五十便可槩終身者此後更無足移之也【註】言常人之情因物有遷惟聖人為能不失其本心也艾美好也楚辭戰國策所謂幼艾義與此同不得失意也熱中躁急心熱也言五十者舜攝政時年五十也五十而慕則其終身慕可知矣○【講】此章言舜不以得眾人之所欲為己樂而以不順乎親之心為己憂非聖人之盡性其孰能之舜之怨慕如此豈常情所可及哉彼人少之時外慕未生則所慕者惟父母而已及知好色則移慕父母之心以慕少艾有妻子則移慕父母之心以慕妻子至於出仕則移慕父母之心以慕君也不得於君則躁急心熱於中矣常情大都如此此所以鮮能盡孝也惟大孝之人終身不失赤子之心愛慕父母不為物欲所奪其誰能之乎彼年至五十諸境備歷而猶慕父母者予於大舜見之矣蓋五十而慕則終身慕矣此舜之所以為大孝也焉有大孝而怨其親者耶【補】存疑云方未得乎親之時怨慕俱有及既得乎親之時只有一慕

○萬章問曰詩云娶妻如之何必告父母必告見不敢自專意信斯言也斯言指娶妻必告之言宜莫如舜見舜當盡告娶之禮舜之不告而娶何也孟子曰告則不得娶指父頑母嚚說男女居室人之大倫也大倫指上承宗祧下啟後嗣說如告則廢人

使之今為天下之工或非也社稷為虛器先王不血食而王不以予工乃與幼艾

象　瞽瞍盲而舜母死瞽瞍更娶妻而生象瞽瞍愛後妻子嘗欲殺舜

琴張　伏羲作琴以修身理性反其天真也通鑑云舜恭己南面無為而治彈五弦之琴歌南風之詩云南風之薰兮可以解吾民之慍兮南風之時

詩云節旨　此萬章疑舜之娶違於經而孟子示以娶之達於權也告則不得娶正答不告而娶之問下數句詳不娶之為廢倫見不告正所以為孝也以懟父母看以字是告又以生一番憎怪意

舜之節旨　妻舜而不告正堯委曲為舜地以全其孝帝亦知告十字作一句讀不得妻者見瞍雖不敢抗堯未始不可禁舜舜之孝必從乎父而不從乎君也舜不告是主帝不使告是賓

使舜節旨　此節在殺己與句分上敘舜遭傲弟之變下表舜篤兄弟之情完廩浚井兩使字皆象之謀臣庶汝治亦是見其來而喜之因使為看視耳非以治理之實寄之也憂喜二句重喜一邊泛就平日休戚相關意言後我出今日象舜相喜鬱陶句是象之喜舜臣庶句是舜之喜象玩兩亦字見舜之憂喜只寄在象身上譬如手足慘怛心便不寧手足康寧心便自得在舜亦不自知其所以然也或疑堯在上二女嬪虞象無敢殺之舜理不知孟子但論舜之心使其有是處之不過如此豈必真有是哉

之大倫 不得娶則廢大倫 以懟父母 為父母所讎怨 是以不告也 是以字項上來不告正通權達變意 註 詩齊國風南山之篇也信誠也誠如此詩之言也懟讎怨也舜父頑母嚚常欲害舜告則不聽其娶是廢人之大倫以讎怨於父母也 講 萬章問曰齊風南山之詩有云娶妻當如之何必告於父母夫經所以載道聖人所以體道信如詩之所言也則能盡此道者宜莫如舜矣乃舜之不告而娶此何說也孟子曰告而後娶者禮之常也而舜之所處則人倫之變蓋舜父頑母嚚告則必為父母所阻而不得娶矣夫娶禮行而後男女有居室男女有居室而後因此有繼嗣乃人之大倫不可廢也如告而不得娶則廢人之大倫徒取讎怨於父母而已是以通之以權寧不告以全大倫而亦不至懟其親也此舜之所以不告而娶也

○萬章曰舜之不告而娶則吾既得聞命矣 聞命就行權上說 帝之妻舜而不告何也 妻舜不告言不使舜告 曰帝亦知告焉則不得妻也 知告告字就堯說 註 以女為人妻曰妻程子曰堯妻舜而不告者以君治之而已如今之官府治民之私者亦多 講 萬章又問曰舜之不告而娶以告則不得娶也則吾既得聞命矣當時帝堯以女妻舜據人情之常亦當告於舜之父母而使知之乃亦不告此又何說也孟子曰帝亦知告焉則不得妻也蓋告之而父母有違言則舜必不肯違親之命而帝亦難於強舜矣故帝但以君治之可妻則妻而不問舜之告與不告親之知與不知也

○萬章曰父母使舜完廩 父母即瞽瞍廩是倉廩 捐階瞽瞍焚廩 焚是放火燒廩 使浚井 浚是鑿 出從而揜之 揜是覆土以蓋之 象曰謨蓋都君咸我績 看此句則上兩使字皆象謀 牛羊父母倉廩父母 牛羊倉廩皆堯備以事舜者 干戈朕 朕我也古人通自稱朕 琴朕弤朕二嫂使治朕棲 牀以棲身故曰棲 象往入舜宮 舜宮是舜私宮 舜在牀琴 是遇變而不失其常 象曰鬱陶思君爾 此句見象之喜舜 忸怩舜曰惟茲臣庶汝其于予治 治只照管意此句見舜之喜象 不識舜不知象之將殺己與 殺指焚廩蓋井 曰奚而不知也 以象殺兄之迹甚明 象憂亦憂象喜亦喜 憂只伴喜說重喜邊 註 完治也捐去也階梯也揜蓋也按史記曰使舜上塗廩瞽瞍從下縱火焚廩舜乃以兩笠自捍而下去得不死後又使舜穿井舜穿井為匿空旁出

兮可以阜吾民之財兮○弤彤弓也天子曰彤弓堯禪舜天下故賜之彤弓也琱與彤同

然則節旨 僞喜者與一與字是疑聖人亦行僞非疑聖人不行僞孟子以子產例舜明其喜出於誠也只重可欺以其方難罔句帶說圉圉三句宛然摸出生魚光景魚有入水漸甦之理弟有思兄鬱陶之理故子產與舜皆信之舜之愛弟自天性況又以愛兄之道感之乎誠字正與僞字對不要將信字帶誠字信字與喜字相連謂真實信之喜之也

舜既入深井瞽瞍與象共下土實井舜從匿空中出去即其事也象舜異母弟也謨謀也蓋蓋井也舜所居三年成都故謂之都君咸皆也績功也舜既入井象不知舜已出欲以殺舜為己功也干盾也戈戟也琴舜所彈五弦琴也弤琱弓也象欲以舜之牛羊倉廩與父母而自取此物也二嫂堯二女也棲牀也象欲使為己妻也象往舜宮欲分取所有見舜生在牀彈琴蓋既出即潛歸其宮也鬱陶思之甚而氣不得伸也象言己思君之甚故來見爾忸怩慙色也臣庶謂其百官也象素憎舜不至其宮故舜見其來而喜使之治其臣庶也孟子言舜非不知其將殺己但見其憂則憂見其喜則喜兄弟之情自有所不能已耳萬章所言其有無不可知然舜之心則孟子有以知之矣他亦不足辨也程子曰象憂亦憂象喜亦喜人情天理於是為至

【講】萬章又曰舜處父母之變固子道之所難而其處兄弟之變亦有非常情可惻者聞舜之父母偏愛少子聽象之言使舜完廩及舜登廩捐去其階梯瞽瞍遂縱火焚廩此雖父母之命實象之謀也後又使舜浚井欲陷之於井也而不知舜從匿空旁出瞽瞍與象從而下土以揜之此雖父母之使亦象之謀也象乃自誇其功曰謨謀以蓋都君咸我之功績凡都君之所有父母當與我共之如牛羊則歸父母倉廩則歸父母如干戈則歸朕琴亦歸朕弤亦歸朕二嫂則使治朕棲於是象往入舜所居之宮以分取所有而舜已歸在牀彈琴象見舜遂飾辭以自文曰我因思君鬱陶之甚是以來見爾然能僞於其言而不能僞於其色終不免於忸怩焉舜見其來而喜曰惟茲臣庶爾其于予治之觀斯言也不識舜不知舜之將殺己而如是其喜與孟子曰象之欲殺舜也其迹甚明以舜之濬哲奚為而不知也但聖人愛弟之心異於常情故見象之憂也則亦感之而俱憂見象之喜也則亦感之而俱喜彼其臣庶于治之言亦因其鬱陶思君之喜而喜之耳所謂兄弟至情自有所不能已也

○曰然則舜僞喜者與（然字承上來僞是不出於誠意）曰否昔者有饋生魚於鄭子產（饋送也生是活）子產使校人畜之池（畜養也）校人烹之（烹是煮）反命曰（反復也）始舍之（始舍是初放）圉圉焉少則洋洋焉（少是少頃）攸然而逝（此句即接洋洋下說）子產曰得其所哉得其所哉（二句重言魚得水以為所）校人出曰孰謂子產智（智以料事之明言）予既烹而食之（予是校人自稱）曰得其所哉得其所哉（此述子產之言以譏其不智）故君子可欺以其方（君子泛言此句重）難罔以非其道（此句陪說）彼以愛兄之道來（彼指象道即指上思君之語）故誠信而喜之（誠實也惟信故喜之使治臣庶）奚僞焉（應上僞喜看）

【註】校人主池沼小吏也圉圉困而未舒之貌洋洋則稍縱矣攸然而逝者自得而遠去也方亦道也罔蒙蔽

共工驩兜 堯典帝曰疇咨若予采驩兜曰都共工方鳩僝功帝曰吁靜言庸違象恭滔天○左傳少皞氏有不才子毀信廢忠崇飾惡言靖譖庸回服讒蒐慝以誣盛德天下之民謂之窮奇窮奇即共工也帝鴻氏有不才子掩義隱賊好行凶德醜類惡物頑嚚不友是與比周天下之民謂之渾敦渾敦即驩兜

象曰章旨

此章見舜待弟之仁重親愛之而已矣句親愛即仁也封之固是親愛使吏代治亦以曲全其親愛總註仁之至義之盡不平惟其仁至是以義盡

象日節旨

封與放大不同封之是榮以國放之是治其罪封之二句一章大綱重封之句或曰放焉另說

舜流節旨

罪活字猶云四誅也天下服服其用刑之當罪誅不仁要見除民害意方與下有庳奚罪相對仁人固如是乎帶下二句讀如是二字正指下二句此雖重在流毒有庳然語氣是說他用法不公仁人之於弟六句且泛說封之有庳下方就舜說怒怨是親愛之反滙參謂可怒可怨自屬象舜自不藏不宿耳全不怒怨止有親愛三句緊相照應欲其富貴二欲字正仁

也歟以其方謂誑之以理之所有罔以非其道謂昧之以理之所無象以愛兄之道來所謂欺之以其方也舜本不知其僞故實喜之何僞之有○此章又言舜遭人倫之變而不失天理之常也

講 萬章又問曰舜既知象之將殺己然則舜其僞為喜而然與孟子曰聖人本無僞而况處兄弟之間乎謂舜僞喜者否也彼其所以喜象者亦信其理耳昔者有饋生魚於鄭子產子產使校人畜之池校人不用其命烹而食之乃飾辭反命曰始吾之舍是魚也見其圉圉焉方困而未舒也少頃則洋洋焉而稍縱矣由是攸然而逝句得而遠去也子產喜而發嘆曰魚以得水為所今攸然而逝誠得其所哉誠得其所哉校人出而語人曰人皆謂子智智矣以今觀之孰謂子產智哉彼使我所畜之魚予既烹而食之矣乃信吾言而喜曰得其所哉得其所哉其不善料事如此焉得為智乎由子產此事觀之故凡君子雖有作哲之明可欺以其方為理之所有雖無逆詐之意難罔以非其道為理之所無彼象以愛兄之道來是欺以其方者也故誠信而喜之以臣庶之治與之也奚有僞焉乎哉

○萬章問曰象日以殺舜為事(指焚廩浚井言)立為天子(謂操生殺之權)則放之何也(章疑放之罪輕)孟子曰封之也(封以爵土言)或曰放焉(或人觀迹誤以為放)

註 放猶置也置之於此使不得去也萬章疑舜何不誅之孟子言舜實封之而或者誤以為放也

講 萬章問曰象之謀舜也焚廩未遂浚井繼之蓋日以殺舜為事及舜既立為天子親操生殺之權即誅之亦不為過而乃止於放之何也孟子曰舜實以爵土封之也而或者誤以為放焉是放且不忍而况於誅之矣

○萬章曰舜流共工於幽州(幽州北裔之地)放驩兜於崇山(崇山南裔之地)殺三苗於三危(三危西裔之地)殛鯀於羽山(羽山東裔之地)四罪而天下咸服(咸皆也皆服是罰當其罪)誅不仁也(四凶皆不仁誅之要見除民害意)象至不仁封之有庳有庳之人奚罪焉(罪指百姓遭象之虐)仁人固如是乎(如是指封弟放四凶言)在他人則誅之在弟則封之(誅以去民害封以貽民害此二句正難置解處)曰仁人之於弟也(仁人泛說)不藏怒焉(言無怒可藏)不宿怨焉(言無怨可宿)親愛之而已矣(見只知有親愛此外有可怒可怨都不知了)親之欲其貴也(親以恩言)愛之欲其富也(愛以情言)封之有庳富貴

也

三苗鯀
殺三苗書作竄蔡傳竄則驅逐禁錮之殛則拘囚困苦之雖皆非殺實置之死地也○左傳縉雲氏有不才子貪於飲食冒於貨賄侵欲崇侈不可盈厭聚斂積實不知紀極不分孤寡不恤窮匱天下之民謂之饕餮饕餮即三苗也顓頊氏有不才子不可教訓不知話言告之則頑舍之則嚚傲很明德以亂天常天下之民謂之檮杌檮杌即鯀也又云昔堯殛鯀於羽山其神化為黃熊以入於羽淵實為夏郊三代祀之

有庳

入親愛之心篤摯處必藉富貴以行其親愛者從身為天子看來末三句反言以決其當封也

敢問節旨
此推論所以致或曰放之由自象不得有為五句為一段是處之善而親愛之不失自雖然以下至末又為一段是見之常而親愛之無已兩段俱跟使吏句說使吏代治正是斟酌討較出曲全之法又因上有庳之人奚罪句未經解釋故隨手答他豈得暴彼民哉以足不得有為之意下仍轉入親愛深處說見象無國事之覊得以源源而來不及諸侯朝貢之期無時而不見也不以政事接見有庳之君無事而亦見也不及九字作一句讀貢以政當串看

之也（富貴指有國言王遂其親愛之心）身為天子（富貴之極）弟為匹夫（貧賤之極）可謂親愛之乎

此三句反言見當封象意

【註】流徙也共工官名驩兜人名二人比周相與為黨三苗國名負固不服殺殺其君也殛誅也鯀禹父名方命圯族治水無功皆不仁之人也幽州崇山三危羽山有庳皆地名也或曰今道州鼻亭即有庳之地也未知是否萬章疑舜不當封象使彼有庳之民無罪而遭象之虐非仁人之心也藏怒謂藏匿其怒宿怨謂留蓄其怨

【講】萬章又問曰舜之為天子也嘗流共工之靜言庸違者於幽州放驩兜之比周為黨者於崇山殺三苗之負固不服者於三危殛鯀之方命圯族者於羽山誅此四罪而天下咸服其公以其所誅者不仁也彼象至不仁其罪豈在四凶之下哉顧不以誅四凶者誅之而反封之有庳有庳之人果奚罪而獨遭象之虐焉仁人之用心固如是乎在他人之不仁則誅之以除害在弟之不仁則封之以貽害乎孟子曰弟與他人原不同仁人之於弟也弟雖可怒忘之而不藏其怒焉弟雖可怨忘之而不宿其怨焉亦惟親愛之而已矣親之而不忍其賤則欲其貴也愛之而不忍其貧則欲其富也昔舜封象於有庳正富之貴之也苟身為天子既富而且貴矣而弟為匹夫乃貧而且賤焉可謂親愛之乎此舜之封象所以為仁人也又安得與四凶例論哉 ○

敢問或曰放者何謂也曰象不得有為於其國（此句正迹似於放處）天子使吏治其國（天子即舜吏是代治之官治國是理民事）而納其貢稅焉（貢稅即其國所賦之稅）故謂之放豈得暴彼民哉（彼民指有庳之民）雖然（此以下又從豈得暴彼民挽到親愛無已上）欲常常而見之（欲是舜之本心）故源源而來（故字頂吏治其國來）不及貢以政接于有庳（不字貫兩層猶云不及貢期而見不以政事而見也）此之謂也（指欲常常而見之二句說）

【註】孟子言象雖封為有庳之君然不得治其國天子使吏代之治而納其所收之貢稅於象有似於放故或者以為放也蓋象至不仁處之如此則既不失吾親愛之心而彼亦不得虐有庳之民也源源若水之相繼也來謂來朝覲也不及貢以政接于有庳謂不待及諸侯朝貢之期而以政事接見有庳之君蓋古書之辭而孟子引以證源源而來之意見其親愛之無已如此也○吳氏曰言聖人不以公義廢私恩亦不以私恩害公義舜之於象仁之至義之盡也

【講】萬章又問曰封與放本異也舜之於象既實封之矣而或者顧以為放何謂也孟子曰以封為放亦以迹之似耳蓋象雖封為有庳之君而不得專有為於其國天子使吏代治其國而國人但納其貢稅於象焉此實封之也其迹似放故或人誤謂之放也如此則政權不操無以為作威之地而象豈得暴彼有庳之民哉子謂有庳之人奚罪者亦可以無慮矣雖然舜之心猶有在也蓋其愛弟之心無已欲常常而屢見之乃使吏治其國故象得以源源而來也古書有云不待諸侯朝貢之期以政事接見有庳之君此正欲常常而見之故源源而來之謂也是舜之封象固所以為仁而使吏代之治亦孰非

今永州零陵縣即有庳地○王守仁象祠記云靈博之山有象祠焉其下諸苗夷之居者咸神而祀之
咸丘蒙　氏族略云齊有隱士咸丘蒙

咸丘章旨
此章見孟子維君父之倫意首節辯臣堯之誣重堯老而舜攝句中二節辯臣瞍之誣重尊養之至句曰攝則堯還為天子舜只代他行事安得謂之臣君曰尊養則瞽瞍之分尤隆於舜安得謂之臣父末節是就父不得而子放活看是餘波

咸丘節旨
盛德之士至岌岌乎皆蒙所聞之語先引盛德之士以起之又假孔子之言以證之一似說來鑿鑿有據鄙俗極矣此非君子二句兼臣君臣父言齊東野人乃舉極鄙倍者目之非真出其口也只堯老舜攝一句已斷盡舜之不臣堯引堯典及聖言俱是證堯一個天子耳舜既為天子乃依他假設說是二天子反言以決其無此理體註解君不得而臣二句誤

所以成其仁哉彼謂之放者亦不諒聖心者矣

○咸丘蒙問曰語云盛德之士君不得而臣父不得而子（文法與天子不得而臣諸侯不得而友相同）舜南面而立（南面人君聽治之位）堯帥諸侯北面而朝之（北面是臣位堯朝舜是臣其君）瞽瞍亦北面而朝之（瞍朝舜是臣其父）舜見瞽瞍其容有蹙（見天性終不可解縱不慙於君不能不歉於父）孔子曰於斯時也天下殆哉（殆危也）岌岌乎（岌岌是足上殆字）不識此語誠然乎哉（此語指盛德以下說誠然此問果有此事否）孟子曰否此非君子之言（君子出言可則之人）齊東野人之語也堯老而舜攝也（攝兼也此句見堯無北面而朝之理）堯典曰二十有八載（載是年）放勳（史贊堯者因以為號）乃徂落百姓如喪考妣三年（百姓是畿內之民父為考母為妣三年是行父母之喪）四海遏密八音（四海是畿外之民）孔子曰天無二日民無二王（即天無二日以決民無二王）舜既為天子矣（指堯在時）又帥天下諸侯以為堯三年喪（指堯崩後帥舜帥之也）是二天子矣（謂民無二王何）

註 咸丘蒙孟子弟子語者古語也蹙顰蹙不自安也岌岌不安貌也言人倫乖亂天下將危也齊東齊國之東鄙也孟子言堯但老不治事而舜攝天子之事耳堯在時舜未嘗即天子位堯何由北面而朝乎又引書及孔子之言以明之堯典虞書篇名今此文乃見於舜典蓋古書二篇或合為一耳言舜攝位二十八年而堯死也徂升也落降也人死則魂升而魄降故古者為死為徂落遏止也密靜也八音金石絲竹匏土革木器樂之音也

講 咸丘蒙問曰古語有云盛德之士德過於君君不得而臣之德過於父父不得而子之昔舜以盛德即天子位南面而立堯本君也不得以舜為臣帥諸侯北面而朝之瞽瞍本父也不得以舜為子亦北面而朝之舜望見瞽瞍來朝天性至親亦自有不安者故其容有蹙孔子有感而歎曰於斯時也君臣父子之倫乖亂天下殆哉岌岌乎不可支矣蒙之所聞者如此不識此語誠然乎哉孟子曰語之所云者否也此非君子明理之言乃齊東野人無知者之語也何以辨之蓋當時堯老不治事而舜代攝天子之事也初未嘗即天子位堯何由北面而朝乎觀之堯典曰舜攝位二十有

雲漢詩

宣王憂旱仍叔作詩以美之其三章曰旱既大甚則不可推兢兢業業如霆如雷周餘黎民靡有孑遺昊天上帝則不我遺胡不相畏先祖于摧

舜之節旨

此節引詩以伸臣父之辯孟子言辭不可泥以明舜無臣父之理也言王臣必先言王土見居王土者即王臣耳是詩二句言其引詩之非勞於王事四句原其作詩之志故說詩五句示以說詩之法如以辭六句折其泥詩之病賢勞賢字以能任事言說詩與引詩不同引詩者斷章取義以我之意為主而以詩理通之說詩者考事論世以詩人之志為主而以我意迎之志是古人一定者意則多方曲折以探討尋味之故在詩人言志在後人必言意得之之字以說詩之法言以辭以字當泥字看如以至末一氣趕下見辭之不可泥如此普天四句辭也賢勞失養志也周餘二句辭也憂旱志也不逆憂旱之志遂謂周民無遺種不逆養親之志便謂天子可臣父此如何說詩

八載之久於是放勳乃徂落畿內百姓如喪考妣三年至於四海雖無服亦皆遏密八音不作樂焉不惟書之所言如此孔子亦有言曰天無二日民無二王據孔子之言以斷堯典所載之事可見堯崩之後舜始即天子位也若舜既為天子矣乃堯崩又帥天下諸侯以為堯服三年喪是舜一天子堯又一天子而為二天子矣民豈有二王之理乎臣堯之說可不辯而見其誣矣

○咸丘蒙曰舜之不臣堯則吾既得聞命矣(聞命即聞堯崩舜方為天子)詩云普天之下莫非王土率土之濱莫非王臣(四句詩辭)而舜既為天子矣(此指堯崩後說與上不同)敢問瞽瞍之非臣如何(蓋疑瞽瞍亦居王土而非王臣)曰是詩也非是之謂也(非是是字指子臣其父說)勞於王事而不得養父母也(勞是勤勞)曰(是推詩人之說)此莫非王事我獨賢勞也(此二句乃作詩本旨)故說詩者不以文害辭(文是一字辭是一句)不以辭害志(志是文辭中之志)以意逆志(意是讀詩者之意志是作詩者之志)是為得之(得是得詩中之志)如以辭而已矣(是泥了詩辭)雲漢之詩曰(是周宣王憂旱之詩)周餘黎民(文武所遺之民)靡有孑遺(靡是無孑遺是獨立遺存之意)信斯言也(承靡有孑遺來)是周無遺民也(此正見詩辭不可泥)

註 不臣堯不以堯為臣使北面而朝也詩小雅北山之篇也普徧也率循也此詩今毛氏序云役使不均已勞於王事而不得養其父母焉其詩下文亦云大夫不均我從事獨賢乃作詩者自言天下皆王臣何為獨使我以賢才而勞苦乎非謂天子可臣其父也文字也辭語也逆迎也雲漢大雅篇名也孑獨立之貌遺脫也言說詩之法不可以一字而害一句之義不可以一句而害設辭之志當以己意迎取作者之志乃可得之若但以其辭而已則如雲漢所言是周之民真無遺種矣惟以意逆之則知作詩者之志在於憂旱而非真無遺民也

講 咸丘蒙又問曰舜之不臣堯則吾既得聞命矣至於臣父之事則尚有可疑也北山之詩有云普天之下莫非王之土率土之濱一民莫非王之臣由此詩推之舜既禪為天子矣則瞽瞍亦居王土而為王臣也敢問瞽瞍之非臣如何孟子曰是詩也非是天子可臣其父之謂也乃行役之大夫勞於王事不得以養其父母而作也詩之意若曰今此之事莫非王事凡為王臣皆當服其勞何為使我獨以賢才而勞苦使不得養父母也詩人之志如此故凡說詩者不可以一字之文而害一句之辭不可以一句之辭而害作詩之志惟是虛心平氣以我之意迎取作者之志優游玩味徐觀聖賢之言本旨所向何如然後隨其遠近淺深輕重緩急而為之說是為得詩人

下武詩言武王能纘太王王季文王之緒而有天下也其詩曰下武維周世有哲王三后在天王配于京世德作求永言配命成王之孚成王之孚下土之式永言孝思孝思維則

孝子節旨
此言舜為天子正是尊親養親之至而為至孝非為天子而反臣其父也首四句虛論道理為天子父四句方貼舜說尊以名言養以事言然尊與養相須養之至乃所以尊之至也詩美武王纘緒以有天下而追王其親是天子之孝刑于四海者故特引以贊舜重一則字與上兩至字相照言者念也尊親俱是一段精誠雖已極其至此心終難自慊也故曰孝思曰永言則字重思字亦不輕

祗載節旨
上節即大舜尊養之隆以見其無臣父之事意已盡矣此又解父不得而子之說為父見化於其子而不能以不善及其子自是餘意是字指書辭言滙參云章內歷言詩書正所以痛闢齊東野人之語

堯以章旨
此章見堯之禪舜出於至公總發明天子不能以天下與人意而詳其所以與則歸之天究其所以為天則驗

之志矣如徒以其辭而已矣豈惟普天王土之詩有所未達卽大雅雲漢之詩曰周家所餘之黎民靡有孑然獨立而遺存者信斯言也是周家當旱魃之極果無遺種之民也惟以意逆之則知作詩者在於憂旱而豈真無遺民哉奈何泥莫非王臣之辭而謂天子可臣其父也○**孝子之至莫大乎尊親** 尊以名稱言 **尊親之至莫大乎以天下養** 養以祿養言 **為天子父尊之至也** 為天子父則諸侯大夫不得而及 **以天下養養之至也** 以天下養則有國有家不得而擬 **詩曰永言孝思** 永言是長念不忘 **孝思維則** 則法 **此之謂也** 此字指尊養之至而可為天下法 【註】言瞽瞍既為天子之父則當享天下之養此舜之所以為尊親養親之至也豈有使之北面而朝之理乎詩大雅下武之篇言人能長言孝思而不忘則可以為天下法則也 【講】且子疑舜之臣父也亦未知舜之為至孝耳夫孝子之於親也心雖無窮而分則有限故有至焉有未至焉彼身處貧賤之地雖能竭力以事親亦可謂孝子未可謂孝之至也孝子之至莫大乎尊崇其親焉彼身為諸侯大夫顯其親為諸侯大夫之親而養之以一國一家之祿亦可謂尊親未可謂尊親之至也尊親之至莫大乎以天下養焉觀夫舜受堯禪貴為天子尊其父為天子之父尊之至也養其父以天下之祿養之至也此舜之所以為至孝而可為法於天下也大雅下武之詩曰人能永言孝思而不忘則孝思可為天下法則此即舜尊親愛親之至之謂也豈能尊養之至者尚有臣父之理乎○**書曰祗載** 祗載指平時言 **見瞽瞍夔夔齊栗** 此以見瞽瞍時言 **瞽瞍亦允若** 允若通管上二句 **是為父不得而子也** 此句即在亦允若看出 【註】書大禹謨篇也祗敬也載事也夔夔齊栗敬謹恐懼之貌允信也若順也言舜敬事瞽瞍往而見之敬謹如此瞽瞍亦信而順之也孟子引此而言瞽瞍不能以不善及其子而反見化於其子則是所謂父不得而子者而非如咸丘蒙之說也 【講】然所謂父不得而子者亦有說也觀之大禹謨之書有曰舜敬事瞽瞍往而見之夔夔齊栗而敬謹之至瞽瞍亦信而順從之卽書所言可見瞽瞍不能以不善及其子而反見化於其子是所謂父不得而子也豈如子所說之意哉知父不得而子之說則君不得而臣之語亦可以類推矣 【補】醒言云章內言民無二王使人分義凜然言永言孝思使人良心惻然足破臣君臣父之誣

○**萬章曰堯以天下與舜有諸** 凡曰有諸者皆是述人言來問 **孟子曰否** 否無此事 **天子不能以天下與人** 此句泛論補堯不能與意 【註】天下者天下之天下非一人之私有故也 【講】萬章問於孟子曰人皆謂堯以天下與舜不識有諸

之民故以泰誓終之

堯以節旨

萬章看與字作有心之與便是自堯作主的了天子不能句括盡一章大旨不能與內有不得自專意即含下天與人與說

然則節旨

孰與之問從上不能生來孟子答為天與則益見天子不能以天下與人矣天字是一章大綱

諄諄節旨

天非諄諄然命章豈不知此乃究天與為何據也

天不節旨

孟子把示字換他命字見命是顯然有言而示則默然意授出身曰行加民曰事

以行節旨

天子薦人主禪位說二句是主諸侯大夫是陪總引起昔者堯薦舜來本言天而并言民者天人一理也暴者使為相攝政顯示斯民將使君臨之意兩受之謂受堯之薦暴有天順民歸意但天受民受之實在下文亦宜渾

敢問節旨

此發明天受民受為天與舜之意人臣惟有助祭趨事而使之主祭主事儼然謂其可為人神之主而昭告於

孟子曰謂堯以天下與舜者否也蓋天下者乃公器也非天子所私有也天子不能以天下與人則堯安得而與舜哉 ○ **然則舜有天下也孰與之**然字承上天子句來孰與是誰與 **曰天與之**之字指舜下皆發明此句 〔註〕萬章問而孟子答也 〔講〕萬章曰天子既不能以天下與人然則舜之有天下也果孰與之孟子曰是天與之而堯特順乎天耳 ○ **天與之者諄諄然命之乎** 〔註〕萬章問也諄諄詳語之貌 〔講〕萬章曰所謂天與之者天果能諄諄然詳語以命之乎不然何所據而見其為天與也 ○ **曰否天不言以行與事示之而已矣** 〔註〕行之於身謂之行措諸天下謂之事言但因舜之行事而示以與之之意耳 〔講〕孟子曰謂諄諄命之者否也蓋天不言但因其行之出乎身與事之措諸天下者示以與之之意於不言之表耳 ○ **曰以行與事示之者如之何**是究示舜可見之迹 **曰天子能薦人於天**薦是舉之以自代 **不能使天與之天下**見天意非人力所能必 **諸侯能薦人於天子不能使天子與之諸侯**見天子之意不可必 **大夫能薦人於諸侯不能使諸侯與之大夫**見諸侯之意不可必 **昔者堯薦舜於天而天受之**天受就行事合天心上見 **暴之於民而民受之**暴是顯舜之德於民民受亦就行事合民心上見 **故曰天不言以行與事示之而已矣**此二句乃是申言之辭 〔註〕暴顯也言下能薦人於上不能令上必用之舜為天人所受是因舜之行與事而示之以與之之意也 〔講〕萬章復問曰所謂天以行與事示之者必有可見之迹其實如之何孟子曰凡人事可以力為而天意難以取必欲知天之命舜但觀舜之得天可見矣蓋人之才德有可託以天下者天子能薦之於天而言其可理天下然不能使天必與之天下猶之諸侯能薦人於天子而言其可為諸侯然不能使天子必與之諸侯即諸侯而天子可推也猶之大夫能薦人於諸侯而言其可為大夫然不能使諸侯必與之大夫即大夫而天子益可推也蓋其所能者人也其所不能者天也昔者堯薦舜於天固不敢必天之受之也然舜之行事合乎天心而天受之暴舜之德於民亦不敢必民之受之也然舜之行事合乎民心而民受之即此天人所受之處而天與之之意寓焉故曰天不言以行與事示之而已矣 ○ **曰敢問薦之於天而天受之暴之於民而民受之如何**是究天人與舜之實

天寶書局精校藏板

朝覲　曲禮曰天子當依而立諸侯北面而見天子曰覲天子當宁而立諸公東面諸侯西面曰朝

謳歌　說文云詠詩曰歌獨歌謂之謳　謳齊歌也

天顯示於民正是薦暴處天受民受俱兼行與事說如主祭誠敬之心屬行而品物度數屬事主事根本之地屬行而紀綱政教屬事享字在祥應上看如陰陽和風雨時之類安字作服字看如五典克從百揆時敘之類

舜相節旨

上文發明天與之意盡矣此又推堯在時歷相之久至堯崩後人心之歸統始終本末言之見其無往非天所與也二十八載重在施澤久下朝覲訟獄謳歌正根於此舜方避之民愈歸之由天使之固結於二十八載之前是以響應於二十八載之後兩天也相應下截即包在上截內居堯四句反言以助其意

泰誓節旨

引書雖證朝覲三段然實總結通章

曰使之主祭而百神享之（主祭是薦之於天百神是天地山川之神享是格其祭）是天受之（天受指主祭神享言）使之主事而事治百姓安之（主事是暴之於民事治是事無不理百姓安本事治來）是民受之也（民受指事治民安言）天與之（承天受說）人與之（承民受說）故曰天子不能以天下與人（是申明首節意）

【講】萬章曰敢問堯薦舜於天而天受之堯暴舜於民而民受之其實又如何孟子曰天之功用在於鬼神堯使舜主祭以祀神是薦之於天矣但見誠無不格而百神皆享舜之祭焉是為天受之也朝廷之事皆以為民堯使舜主事以治民是暴之於民矣而凡自五典以及百揆之事無不治百姓皆安舜之事焉是為民受之也天受之者是天與之固天也民受之者是人與之亦天也吾故曰天子不能以天下與人而歸之於天也○

舜相堯二十有八載（相是輔相）非人之所能為也天也（天字以氣數言）堯崩三年之喪畢舜避堯之子（堯之子即丹朱）於南河之南天下諸侯朝覲者不之堯之子而之舜（朝覲是人臣見君之稱堯之舜之之字俱作往字看）訟獄者不之堯之子而之舜謳歌者不謳歌堯之子而謳歌舜（短聲曰謳長聲曰歌）故曰天也（此天字就人心上見應首節天與句）夫然後之中國踐天子位焉（之中國自南河往中國踐自履）而居堯之宮逼堯之子（逼是相迫意）是篡也非天與也（篡是臣篡君位）

【註】南河在冀州之南其南即豫州也訟獄謂獄不決而訟之也

【講】然不獨神享民安為足以見天之所與也觀夫堯在之時舜之相堯乃二十有八載其歷年之久如是此非人之所能為也實天之氣數為之也及堯崩之後三年之喪畢舜以堯有胤子在焉於是避堯之子於南河之南若不敢當堯之禪而退居以聽天下或天下思堯德而歸其子也乃天下諸侯朝覲者不之堯之子而之舜謂堯崩之後而可以統治者惟舜也訟獄受斷者不之堯之子而之舜謂堯崩之後而可以決獄者惟舜也謳歌誦德者不謳歌堯之子而謳歌舜謂堯崩之後而可以愛戴者惟舜也人心所在即天意所在吾故曰天與之也夫然後不得已自南河之中國踐天子位焉向使堯崩之後不為南河之避而遂晏然居堯之宮逼堯之子是以臣而篡君位也豈得為天與哉

泰誓曰天視自我民視天聽自我民聽此之謂

禪天下歸之天論天與歸之民古今之名論也

德衰章旨

此章論禹益之事見禹之傳子出於天天與賢四句是一章大旨啟賢能敬句是一章骨子首節昔者以下只敘而未斷丹朱節承上斷其為天意而正意已盡匹夫四節俱是餘意須步步以益為主末節結出義字正與天與賢四句相應

德衰節旨

否是論其理不然是言其事天與賢四句重子一邊二則字見聖人承天意然亦不着力觀下啟之定位乃在禹崩之後可見昔者舜薦禹至從舜也是明天與賢之事舜薦益至君之子也是明天與子之事總是舜禹皆欲與賢但民有從有不從以見禹未嘗與子也然只言民心一歸於賢一歸於子且勿露出天字

啟

路史云禹娶於塗山氏生啟塗山氏能明訓教而致其化以故啟知王事達君臣之義持禹之功禹崩啟繼世以有天下○啟以商均為賓奏九辯九歌舞九招中聲猶在而人皆仰夏之功在位九年崩年九十一

丹朱

虞書帝曰疇咨若時登庸放齊

丹朱節旨

此推論民從舜禹不從益之故而歸

也 指朝覲三段言 註 自從也天無形其視聽皆從於民之視聽民之歸舜如此則天與之可知矣 講 夫人心歸舜而吾以為天與之者非無所徵也周書太誓曰天無視也其視皆從民之視天無聽也其聽皆從民之聽可見民心之外不復有天意矣此正吾所言人心歸舜即天與舜之謂也然則舜有天下實天與之非堯所能與故曰天子不能以天下與人也

○萬章問曰人有言 當時戰國之言 至於禹而德衰 至於二字跟堯舜說來 不傳於賢而傳於子 此句正見德衰 有諸 是問其果出於私心否 孟子曰否 人言非是 不然也 言禹之所為不如是 天與賢則與賢 與賢不必指實舜禹 天與子則與子 與子不必指實啟 昔者舜薦禹於天十有七年舜崩三年之喪畢禹避舜之子於陽城 陽城地名 天下之民從之若堯崩之後不從堯之子而從舜也 此二句見民歸之誠 禹薦益於天七年 薦益亦使益為相 禹崩三年之喪畢益避禹之子於箕山之陰 箕山之陰即箕山深處 朝覲訟獄者不之益而之啟 啟禹子名 曰吾君之子也 二吾君字有意味幸子賢肖象吾君 謳歌者不謳歌益而謳歌啟曰吾君之子也 自禹薦至此言民心歸啟意 註 陽城箕山之陰皆嵩山下深谷中可藏處啟禹之子也○楊氏曰此語孟子必有所受然不可考矣但云天與賢則與賢天與子則與子可以見堯舜禹之心皆無一毫私意也 講 萬章問曰人有言堯舜傳賢以天下為公盛德之至也至於禹而德衰不傳於賢而傳於子者否也禹之所為不如是也亦視天意何如耳天意在於賢則奉天而與賢故堯舜傳賢而非過天意在於子則奉天而與子故禹之傳子而非私何以見天與賢也昔者舜薦禹於天任之為相十有七年及舜崩三年之喪畢禹避舜之子商均於陽城欲以天下讓之舜子也乃天下之民舍舜子而從禹亦若堯崩之後不從堯之子而從舜也民心之歸禹如此何以見天與子也昔禹薦益於天任之為相七年及禹崩三年之喪畢益避禹之子啟於箕山之陰是即禹避舜子之心也然天下朝覲訟獄者不之益而之啟曰吾君雖往而可以為朝覲訟獄之主者有吾君之子在也謳歌者不謳歌益而謳歌啟曰吾君雖往而可以詠歌其德於不忘者有吾君之子在也民心之歸啟如此

○丹朱之不肖

曰肯子朱啟明帝曰吁嚚訟可乎乃授舜後朱封於丹故謂之丹朱又禹曰無若丹朱傲惟慢遊是好傲虐是作罔晝夜頟頟罔水行舟朋淫于家用殄厥世

舜之子
路史云舜二妃娥皇無子女英生義均及季釐季釐封緡為猍所兗義均封於商是為商均喜歌舞

之於天丹朱六句與啟賢四句相對各有兩層宜重子一邊相只帶說不肖是不似父之神聖啟賢賢字與上不肖對能敬承七字正是賢處承繼禹之道全在一敬敬字重看舜禹益二句總括作過文逼出天字非人之所能為足上句意末四句又推開泛說天如君命如命令以天為主命字正見天之著落在人處

匹夫節旨
此下歷舉羣聖之不有天下皆出於天以明禹益之事有德無薦不有天下有德有薦亦不有天下語似兩平然上節不過引起下節蓋因益而及伊周都是同類仲尼則又推出一層矣匹夫對天子說舜禹為相時亦匹夫也

堯子名丹朱肖是似**舜之子亦不肖**舜子名商均亦字對堯之子言**舜之相堯禹之相舜也歷年多**指舜二十八載禹十有七年**施澤於民久**澤德澤久字承歷年多來**啟賢能敬承繼禹之道**敬承繼重看以敬而承繼也禹之道自精一勤儉上言**益之相禹也歷年少**指七年**施澤於民未久**此句承歷年少來**舜禹益相去久遠**相去久遠謂歷年久遠之相去**其子之賢不肖**賢指啟不肖指商均**皆天也非人之所能為也**皆字總承上說**莫之為而為者天也**上為字是作為下為字是排定天以主宰言**莫之致而至者命也**致是招致至是來命指賦受言【註】堯舜之子皆不肖而舜禹之為相久此堯舜之子所以不有天下而舜禹有天下也禹之子賢而益相不久此啟所以有天下而益不有天下也然此皆非人力所為而自為非人力所致而自至者蓋以理言之謂之天自人言之謂之命其實則一而已【講】夫堯舜禹之薦一也而民心之或從賢或從子者何哉要皆天之所為耳蓋堯之子丹朱不肖舜之子商均亦不肖民心已向於賢矣況舜之相乎堯禹之相乎舜也或二十八年或十有七年歷年既多故其施德澤於民者亦久則民心愈向於賢矣舜禹之所以有天下也乃若禹之子啟有賢德而能祗敬承繼禹祗台勤儉之道民心已向於子矣況益之相禹也僅有七年焉歷年既少故其施德澤於民者亦為未久則民心愈向於子矣啟之所以有天下也合而觀之舜禹益皆賢也而益之相不久與禹舜之相去久遠朱均啟皆子也其子啟之賢與朱均之不肖凡此者皆天之氣數使然也要非人力所能強為然也夫皆天而非人之所能為則皆命而非人之所能致也可知矣蓋凡由於人力所能為者不可以言天惟夫人力莫之作為而自然而為者乃上天宰於冥漠之中非我所能必也凡由於人力所能致者不可以言命惟夫人力莫之招致而自然而至者乃賦命稟於有生之初非人所能移也然則相之久與近子之賢與不肖固天也而亦命也堯舜禹特奉天命以從事耳又奚容心於其間哉

○**匹夫而有天下者**匹夫是微賤之稱**德必若舜禹**舜有濬哲之德禹有祗台之德**而又有天子薦之者**天子薦若堯薦舜舜薦禹之類**故仲尼不有天下**此句就有德無薦上說【註】孟子因禹益之事歷舉此下兩條以推明之言仲尼之德雖無愧於舜禹而無天子薦之者故不有天下【講】益之不有天下固由於天而自古聖人不有天下者非獨益為然也凡匹夫而有天下者其德必若舜禹而又有天子若堯舜之薦之者然後可也故仲尼之德雖若舜禹而無堯舜之薦亦終老於道塗而不有天下

○**繼世以有天下**父子相傳曰繼世**天之所**

繼世節旨

此條承上條說來天不廢繼世意最重正對天與子說蓋繼世一賢則為相者不論久暫決無得天下之理此所以言益而連及伊周也仇滄柱云與賢之局終於舜故雖仲尼仍為匹夫與子之局定於禹故必桀紂方失天下

伊尹節旨

相湯致王言其德可有天下嗣君顛覆言其勢可有天下而天不廢繼世意屬太甲則丙壬之二年四年天若促之其三年聽訓天若啟之句句要見天與太甲意處仁以存心言遷義以處事言

周公節旨

上註用事字有實事也此用意字舉大意也雖未明說成王卻亦重繼世之賢上周公在通章為賓在本節為主借益尹例說尹則賓中賓而益則賓中主也

廢必若桀紂者也(廢是棄)故益伊尹周公不有天下(益是正言伊周凡例言不有天下就嗣君賢說)

註 繼世而有天下者其先世皆有大功德於民故必有大惡如桀紂則天乃廢之如啟及太甲成王雖不及益伊尹周公之賢聖但能嗣守先業則天亦不廢之故益伊尹周公雖有舜禹之德而亦不有天下

講 若夫有德有薦而亦不有天下者則以繼世之賢耳蓋繼世以有天下者其先世皆有大功德於民天不忍廢之天之所廢必其子孫有大惡若桀紂者而後廢之也彼夏商周繼世之君若啟與太甲成王之皆賢故益與伊尹周公雖有舜禹之德天子之薦亦終於相位而不有天下

○伊尹相湯以王於天下(相湯是輔湯以伐夏救民)湯崩(湯踐位二十三年百歲而崩)太丁未立外丙二年仲壬四年(二年四年俱以年數論)太甲顛覆湯之典刑伊尹放之於桐三年(放是安置三年是終諒陰之制)太甲悔過(悔是悟過即顛覆典刑事)自怨自艾(怨是怨其前失艾是治其方來)於桐處仁遷義(處是居遷是徙)三年以聽伊尹之訓己也(訓即仁義之訓)復歸于亳(復歸伊尹奉冕服以迎之)

註 此承上文言伊尹不有天下之事趙氏曰太丁湯之太子未立而死外丙立二年仲壬立四年皆太丁弟也太甲太丁子也程子曰古人謂歲為年湯崩時外丙方二歲仲壬方四歲惟太甲差長故立之也二說未知孰是顛覆壞亂也典刑常法也桐湯墓所在艾治也說文云艾草也蓋斬絕自新之意亳商所都也

講 以伊尹之事言之伊尹相成湯以致王於天下則有德有薦宜可以有天下矣及湯崩之後太子太丁未立而死外丙立二年仲壬立四年於是立太丁之子太甲太甲既立乃縱欲敗度顛覆湯之典刑始雖若不肖矣及伊尹因諒陰之制而放之桐三年欲其顧乃祖之墓而興思也太甲卒能悔過自怨以懲其已往自艾以治其將來朝夕於桐處仁遷義三年之間惟以聽伊尹之訓己也是太甲之賢固天意之所不廢矣伊尹見其克終厥德乃以冕服奉太甲復歸于亳焉此伊尹所以不有天下也知尹則知益矣

補 按外丙仲壬還是各立年數當主趙註太甲桐宮桐宮居憂是居仲任之憂書傳謂繼仲壬之後服仲壬之喪是也伊尹放之於桐蓋借天子諒陰百官聽於冢宰之義非顯然放之也

○周公之不有天下(遇成王繼世之賢)猶益之於夏(此句重)伊尹之於殷也(非獨一益又猶尹之於殷也)

註 此復言周公所以不有天下之意

講 以周公不有天下言之周公以元聖之德而有輔相之大功則有德有薦宜亦可以有天下矣而不有天下者由其遇成王之賢猶益之相於夏而有敬承繼禹之啟伊尹之相於殷而有處仁遷義之太甲也此周公所以不有天下也知公則愈知益矣

○孔子曰唐虞禪(禪指與賢)

伊尹割烹

伊尹名摯力牧之後力牧黃帝相也伊尹生於空桑後居伊水故氏曰伊世紀云湯思賢夢有人負鼎抱俎對已而笑寤而占曰鼎為和味俎者割截天下豈有人為我宰者哉時伊摯耕於莘野湯以幣聘有莘之君留而不進湯求婚有莘嫁女於湯以摯為媵臣乃負鼎抱俎見湯○呂氏春秋湯得伊尹祓之於廟爝以爟火釁以犧猳明日設朝而見之說湯以

孔子節旨

孔子本禪繼並說引來重繼合於禪湯堯舜於禹總是一般心與賢與子總是一般事故以一義字斷之

割烹章旨

此章辨伊尹出處之正樂堯舜之道一句是本領況辱己以正天下乎一句是歸結蓋本其所樂之道以伐夏救民而正天下則決無割烹要湯之事可知此已斷盡伊尹了聖人之行以下乃是餘波末復引伊訓為證

割烹節旨

戰國人不知義理汲汲於富貴利達雖枉己辱身有所不惜故設此議論以上誣聖賢下便己私耳

耕於節旨

此言尹窮居之所守堯舜之道微而精一執中顯而六府三事皆是樂有心契神交意非其二段即樂道內事然亦是想見其行誼當如此非有事迹也道是體義是用四其字即指堯舜分天下千駟一介言者人或務大而忽小或拘小而遺大必兼舉方見其德之全註詩如康衢之謠舜朞之歌書即二典三謨

湯使節旨

此言其不輕應聘說個聘字便與要字相反囂囂數語依然弗顧弗視之

意**夏后殷周繼**繼指與子意**其義一也**義者宜也 〔註〕禪授也或禪或繼皆天命也聖人豈有私意於其間哉○尹氏曰孔子曰唐虞禪夏后殷周繼其義一也孟子曰天與賢則與賢天與子則與子知前聖之心者無如孔子繼孔子者孟子而已矣 〔講〕歷觀帝王之統與賢與子皆出於天則堯舜禹之德信無分於盛衰矣然此非我一人之私言也嘗聞孔子有曰唐虞禪位與賢夏后殷周繼位與子迹雖不同其義一也皆以奉天命而已矣觀於此言又何疑於傳子而謂之德衰哉 〔補〕只論夏事耳而並及殷周正見唐虞後之天皆是與子不獨禹一人然也

○萬章問曰人有言伊尹以割烹要湯有諸割烹是宰割烹調之事 〔註〕要求也按史記伊尹欲行道以致君而無由乃為有莘氏之媵臣負鼎俎以滋味說湯致於王道蓋戰國時有為此說者 〔講〕萬章問曰人有言伊尹急於行道欲得君而無由乃身為庖人因論宰割烹調之事喻及王道以要求湯果有諸乎

○孟子曰否不然伊尹耕於有莘之野而樂堯舜之道焉樂是神交道是精一危微**非其義也非其道也**義乃道之時宜非其義即非堯舜之道**祿之以天下弗顧也**祿之猶云官之爵之**繫馬千駟弗視也**馬必用繫故用繫馬**非其義也非其道也一介不以與人**言至小不苟與**一介不以取諸人**言至小不苟取 〔註〕莘國名樂堯舜之道者誦其詩讀其書而欣慕愛樂之也駟四匹也介與草芥之芥同言其辭受取與無大無小一以道義而不苟也 〔講〕孟子曰謂之割烹要湯者否也伊尹之所為不然方尹未遇之時耕於有莘之野誦詩讀書而樂堯舜之道焉惟所樂在堯舜故凡辭受取與必以堯舜之道義為準苟非其義之所宜也非其道之當然也不但不為小利所動雖祿之以天下之大弗顧也繫馬千駟之多弗視也苟非其義之所宜也非其道之當然也不但大處不肯苟且雖一介不以與人傷惠一介不以取諸人傷廉是其所守之正當躬耕之時而已然矣

○湯使人以幣聘之以是用幣是帛聘是聘請**囂囂然曰我何以湯之聘幣為哉**此句是重道意**我豈若處畎畝之中**豈若是不如意**由是以樂堯舜之道哉**是字指畎畝說 〔註〕囂囂無欲自得之貌 〔講〕既而湯慕其樂堯舜之道也使人以幣帛往聘之斯時也尹知有堯舜而不知有湯乃囂囂自得而言曰我何必以湯之聘幣為哉一受其聘則當憂其憂矣我豈若處於畎畝之中以自適由是以樂堯舜之道之為安哉是非欲終於隱也不敢輕進以褻堯舜之道也**○湯三**

至味。楚辭天問緣鵠飾玉后帝是享后帝謂湯言伊尹始仕因緣烹鵠鳥之羹修玉鼎以事湯湯賢之遂以為相獨孟子以為不然也

有莘

伊尹莘人古莘國即號地左傳所云有神降於莘是也

胸次尹之樂道乃道可行於天下而後行之者故聘之始自重如此

湯三節旨

此言其應聘之不苟幡然改不是徒感其誠蓋度湯必可為堯舜而已之道必可行於湯也三豈若字甚緊下一句又總承上二句親見二字有味樂道尚是神交行道則屬躬逢矣前節豈若內重外輕之別此節豈若空言實事之別

天之節旨

此與上節俱一時語明己所以決於應聘之意首五句是推原天心如此知覺人所同具故不曰未知未覺而曰後知後覺知淺而覺深覺可以該知故下獨言覺中兩覺字俱係喚醒主施政教說予天民二句是說己承天意末句反掉將字非指後日正就今應聘言上言君民此單言覺民者蓋輔君以覺之也

思天節旨

思天下五句是因其言而推其心故就湯二句是因其心而實其事總為下況辱己以正天下句張本思字直管到溝中句全從覺民念頭來自任句是孟子就其思而想見之伐夏救民亦是樂道中事

使往聘之(三聘見其誠意)既而幡然改曰(改是改樂道之心為行道之計)與我處畎畝之中由是以樂堯舜之道(與我字與下吾豈若字相應)吾豈若使是君為堯舜之君哉(是君指湯)吾豈若使是民為堯舜之民哉(是民指商民)吾豈若於吾身親見之哉(親見是親見堯舜君民之道)

註 幡然變動之貌於吾身親見之言於我之身親見其道之行不徒誦說嚮慕之而已也

講 及湯三使人以厚幣往聘之則必欲行其道矣尹亦知堯舜之道可行也既而幡然改其前言曰堯舜之道可樂亦可行也與我終處畎畝之中由是以樂堯舜之道祇獨善之心耳吾豈若以其道致君使是君為堯舜之君哉吾豈若以其道澤民使是民為堯舜之民哉吾豈若堯舜其君民使誦讀之所得者於吾身親見其道之行於上下也哉

○天之生此民也(此民乃槩言)使先知覺後知(覺字是啟發意後知是後之未知者)使先覺覺後覺也(後覺是後之未覺者)予天民之先覺者也(天民全得天理之民)予將以斯道覺斯民也(斯道即堯舜之道斯民指後知後覺言)非予覺之而誰也(此句見其責不容諉)

註 此亦伊尹之言也知謂識其事之所當然覺謂悟其理之所以然覺後知後覺如呼寐者而使之寤也言天使者天理當然若使之也程子曰予天民之先覺謂我乃天生此民中盡得民道而先覺者也既為先覺之民豈可不覺其未覺者及彼之覺亦非分我所以有予之也皆彼自有此理我但能覺之而已

講 然此非我意也乃天意也蓋天之生此民也性善雖無不同知覺則有先後於是使先知此事之所當然者以覺後之未知者使先覺此理之所以然者以覺後之未覺者是先知先覺之生天為後知後覺計也予於天所生民之中幸而為先覺者也豈容負天之意予將以斯道之所同有者覺後知後覺之民也向使非予有以覺之則舉世將終於無覺而誰能任其責哉此予之所以應湯聘而出也

○思天下之民(思是想其心)匹夫匹婦有不被堯舜之澤者(被澤不專指教兼有養即上覺字亦包有養在蓋正德必由於厚生也)若己推而內之溝中(是引之為己責)其自任以天下之重如此(如此二字乃鄭重之辭)故就湯而說之以伐夏救民(就是仕說是以言語說人使從己夏指桀救民正使民被堯舜之澤意)

註 書曰昔先正保衡作我先王曰予弗克俾厥后為堯舜其心愧恥若撻于市一夫不獲則曰時予之

吾未節旨

此節纔露無要湯意自幡然至伐夏救民皆是正天下事既能正天下決不肯辱己首二句是通章斷案聖人推開說潔正與辱對遠與去者以重道其潔身易知近與不去者以行道其潔身難知重近與不去邊方切伊尹意

吾聞節旨

前路節節可證無要湯事卻無一句明說出此借人言反掉收拾承認要字正是辨白要字

伊訓節旨

述伊訓重末句見伐夏救民全是君一人作的此何等功業乃疑其有辱己之事乎

或謂章旨

此章斷孔子不苟所主全重義命二字前二節因苟主之問而以進禮退義折之三節是進一步言處變尚不見其不一而足真是無處不干進也

癰疽瘠環

癰疽說苑作雍雎又名渠靈公與夫人同車宦

辜孟子之言蓋取諸此是時夏桀無道暴虐其民故欲使湯伐夏以救之徐氏曰伊尹樂堯舜之道堯舜揖遜而伊尹說湯以伐夏者時之不同義則一也 講 即尹之言而推其心誠思天下之民不必皆失所方歸罪於己苟匹夫匹婦之微有不被堯舜之澤者則引之以為己罪若己推而內之溝中其情不能安義不容諉以一人之身而自任天下之重有如此故就湯而說之以伐無道之夏而救無罪之民使天下匹夫匹婦皆被澤者正以行其覺民之志也

○吾未聞枉己而正人者也 枉己猶言屈己若往見諸侯之類 況辱己以正天下者乎 辱是羞辱辱己應割烹要湯言正天下應伐夏救民言 聖人之行不同也 聖人泛言伊尹亦在內 或遠或近 就未仕者出處言 或去或不去 就已仕者去就言 歸潔其身而已矣 歸是要歸潔身即是不辱 註 辱己甚於枉己正天下難於正人若伊尹以割烹要湯辱己甚矣何以正天下乎遠謂隱遁也近謂仕近君也言聖人之行雖不必同然其要歸在潔其身而已伊尹豈肯以割烹要湯哉 講 凡此皆欲正天下也夫正己而能正人者吾聞之矣吾未聞枉己而能正人者也要割烹要湯之辱己又甚於枉己而能正天下又不止於正人者乎大凡聖人之行有不同也或遠而隱遁或近而事君或仕不合而去或仕合而不去其行不同如此然要之遠者去者固高尚以自潔而近者不去者亦非徇利以自污斷在於潔其身而已矣然則尹固聖人也豈有辱己之事哉

○吾聞其以堯舜之道要湯 要字借要君字說來 未聞以割烹也 此句是決其無辱己之事 註 林氏曰以堯舜之道要湯者非實以是要之也道在此而湯之聘自來耳猶子貢言夫子之求之異乎人之求之也愚謂此語亦猶前章所論父不得而子之意 講 即如人言所謂要者而論之亦曰堯舜之道在尹而湯之聘自來是以堯舜之道要湯未聞其以割烹如人言所云也

○伊訓曰天誅造攻自牧宮 天誅是奉天命以誅攻伐也牧宮桀之宮 朕載自亳 朕我也亳是湯之都 註 伊訓商書篇名孟子引以證伐夏救民之事也今書牧宮作鳴條造載皆始也伊尹言始攻桀無道由我始其事於亳也 講 夫伊尹固無割烹要湯之事矣然果何以見伐夏救民之事乎商書伊訓有曰湯奉天誅始攻桀於牧宮由我相湯始其事於亳都也觀伊尹之言理明義正如此曾為辱己要君者而能為此乎割烹之說何其敢於誣聖人也

○萬章問曰或謂孔子於衛主癰疽於齊主侍人瘠環 於衛於齊 有諸乎孟子曰否不然也好事者為之也 為之指於衛二句 註

者雍渠參乘出使孔子爲次乘招搖市過之孔子醜之去衛至戰國時遂以孔子爲主雍雎云此與註異○瘠環齊之寺人也爲景公所近狎

顔讐由

孔叢子云讐由善事親子路義之後以非罪執子路請以金贖焉既而二三子納金於子路以入衛或謂孔子曰受人之金以贖其私昵義乎孔子曰義而贖之貧取於友非義而何

彌子

瑕有美色寵於靈公衛國法竊駕君車者罪刖彌子母病夜聞之矯駕君車而出君賢之曰孝哉爲母而犯刖

苟況無事時乎勿以常變平對末節又舉觀人之法見必無苟主之理

或謂節旨

戰國策士每因匪人干進誣聖賢以藉口雖孔子大聖猶有此議故孟子辯之

於衛節旨

上九句是在衛不苟所主下五句則推其素行而斷之也聖人本不待斷以命曰有命對彌子言也孟子亟補出禮義方見聖人所謂命正與禮義相依聖人亦非擇禮義而爲進退聖人之進退無非禮義禮義之所在即命之所在此義命合一之學三句略有輕重如云進固以禮而退必以義得固有命而不得亦有命末句專項退邊只消用義字非以義該禮也

不悅節旨

此孔子處變不苟所主也當阨句重見得死生之際尚不苟所主則齊衛無事時可知微服正聖人達權處主司城十字作一句讀曰臣明其非癰疽侍人之流專稱其諡見其爲賢人也按左傳宋以武公廢司空武公名司空故改爲司城陳侯周陳懷公子也爲楚所滅故無諡

主謂舍於其家以之爲主人也癰疽瘍醫也侍人奄人也瘠姓環名皆時君所近狎之人也好事謂喜造言生事之生也 **講** 萬章問於孟子曰或人謂孔子於衛則主衛君所親狎之人治癰疽者之家於齊則主齊君所近侍之人瘠環者之家其所主之苟如此果有諸乎孟子曰謂之主癰疽侍人者否也孔子之所爲不然也此乃好事者造爲誣聖之言以便己私也

○**於衛主顔讐由** 此句提起看要見聖人不苟所主 **彌子之妻** 引彌子正與癰疽相形 **與子路之妻兄弟也** 妻兄弟即姊妹見相通之便 **彌子謂子路曰孔子主我衛卿可得也** 衛卿臣之至貴者 **子路以告** 亦欲夫子急於行道意 **孔子曰有命** 命以通塞之氣數言 **孔子進以禮** 就平日不輕進上見 **退以義** 就平日無難退上見 **得之不得曰有命** 命亦以通塞言此泛就爵位之得不得上論 **而主癰疽與侍人瘠環是無義無命也** 無義以當退不退說無命以不當得而得說 **註** 顔讐由衛之賢大夫也史記作顔濁鄒彌子衛靈公幸臣彌子瑕也徐氏曰禮主於辭遜故進以禮義主於斷制故退以義難進而易退者也在我者有禮義而已得之不得則有命存焉 **講** 欲觀孔子不苟於所主觀於主衛之事可見矣吾聞孔子於衛主賢大夫顔讐由之家彼時衛君近狎莫如彌子瑕者其妻於子路之妻兄弟也彌子乃謂子路曰孔子若舍顔讐由而主我則我爲之先容於君雖衛卿之位可立致也子路以其言告孔子孔子曰衛卿之得有命存焉不可以倖而致也而何必主之即此可見孔子平日進不易進必以從容遜順之言退不難退必以果斷剛制之義至於爵位之得不得則曰有命孔子之所以爲孔子者如此則不特主衛得其人而主齊之得其人亦可知矣若主癰疽與侍人瘠環則義之當退而不能以義自斷命之不得而不能以命自安是無義無命也而謂孔子爲之乎

○**孔子不悅於魯衛** 因魯受女樂而不悅居於魯因衛問陳而不悅居於衛 **遭宋桓司馬將要而殺之** 遭遇也宋國名桓是姓司馬是宋官名要是攔截意 **微服而過宋** 微服是更換小衣恐人認得 **是時孔子當阨** 阨難也指桓魋欲殺言 **主司城貞子爲陳侯周臣** 貞子若先爲宋臣後爲陳臣則不應冠以宋爵而稱宋諡況陳侯非有道之君竟至失國或者貞子仕陳在先陳侯不能用故後爲宋司城而諡貞子耳 **註** 不悅不樂居其國也桓司馬宋大夫向魋也司城貞子亦宋大夫之賢者也陳侯名周按史記孔子爲魯司寇齊人饋女樂以間之孔子遂行適衛月餘去衛適宋司馬魋欲殺孔子孔子去至陳主於司城貞子孟子言孔子雖當阨難然猶擇所主況在齊衛無事之時豈有主癰疽侍人之事乎 **講** 且孔子不特處常之時安於義命而不苟主也即處變之時亦有然者孔子嘗不悅於魯

罪與君遊果園食桃而甘不盡而奉君君曰愛我哉忘其口而念我

百里奚
奚少時家甚貧遊諸國不返其妻無以自給乃西入秦爲澣婦遂與奚相失後奚歸虞虞爲大夫及晉滅虞虜虞公及奚以歸晉將以奚爲秦媵臣奚恥之亡秦走宛楚鄙人執之穆公聞奚賢請以五羖羊皮贖之因用爲相妻在秦知之而未敢言一日奚堂上作樂所賃

觀近節旨
上二句泛論觀臣之法註類字最妙以觀近臣之法推之則知癰疽侍人必不爲孔子所主以觀遠臣之法推之則知孔子必不主癰疽侍人兩邊相形說方透但本文爲孔子引證須側注觀遠臣一邊故末二句只用單結

百里章旨
此章辯百里奚無干主之事首節斥其誣中節是敘事末節斷語其斷案只在百里奚不諫一句內看出智字來又從智字上推出賢字來賢智二字是通章眼目

百里節旨
販牛是百里奚實事好事者之汙衊病在一要字按左氏之言則媵秦穆姬者乃井伯非百里奚也顧麟士曰五羖大夫即詩羔羊之皮素絲五紽之義言其節儉也史記與自鬻之言盡妄

虞人節旨
此敘奚去虞入秦之由以爲下文論斷地假道一段總見虞公黷貨愎諫百里奚不諫是主特以宮之奇諫陪起耳註知不可諫及去之秦是串下

又不悅於衛而適宋遭宋大夫桓司馬將要而殺之孔子爲道愛身遂更微賤之服而過宋至陳是時孔子正當阨而避難猶不苟所主而主於後爲宋司城之官沒後諡貞子者此時適爲陳侯名周者之臣之家蓋貞子乃亦大夫之賢者也是孔子處患難之時猶擇所主如此況在齊衛無事之時豈有主癰疽侍人之理乎 ○**吾聞觀近臣以其所爲主**看他爲何等人之主**觀遠臣以其所主**看他主何等人之家**若孔子主癰疽與侍人瘠環**孔子是遠臣癰疽瘠環是近臣**何以爲孔子**反言見孔子必不主意

註 近臣在朝之臣遠臣遠方來仕者君子小人各從其類故觀其所爲主與其所主者而其人可知

講 且又以所聞觀人之法論之觀近臣之賢否惟觀其爲何人之主而近臣之品可知矣觀遠臣之賢否惟觀其所主之何人而遠臣之品可知矣彼孔子聖人也所主必其類也若主癰疽與侍人瘠環則以君子而比匪人何以爲孔子既爲孔子則必不主癰疽與侍人瘠環矣何好事者之敢於誣聖哉

○**萬章問曰或曰百里奚自鬻於秦養牲者**鬻賣也秦國名養牲者畜牛羊之家**五羊之皮**五羊皮即賣身所得者**食牛**爲養牲者牧牛**以要秦穆公信乎**使穆公知其賢而用之**孟子曰否不然好事者爲之也**

註 百里奚虞之賢臣人言其自賣於秦養牲者之家得五羊之皮而爲之食牛因以干秦穆公也

講 萬章問曰或人有言百里奚欲致君而無由乃自鬻賣於秦養牲者之家得五羊之皮而爲之食牛因以干秦穆公使知而用之信有是事乎孟子曰謂之食牛干主者否也百里奚之所爲不然乃好造言生事者爲妄言誣古人以便己私也

○**百里奚虞人也**就生於虞仕於虞說**晉人以垂棘之璧**垂棘地名璧是寶玉出於垂棘者**與屈產之乘**屈地名產是生**假道於虞以伐虢**虞虢二國名**宮之奇諫**此句是引起下句**百里奚不諫**不諫是知其諫無益

註 虞虢皆國名垂棘之璧垂棘之地所出之璧也屈產之乘屈地所生之良馬也乘四匹也晉欲伐虢道經於虞故以此物借道其實欲并取虞宮之奇亦虞之賢臣諫虞公令勿許虞公不用遂爲晉所滅百里奚知其不可諫故不諫而去之秦

講 欲知百里奚無要君之辱蓋即百里奚之事觀之乎彼百里奚雖爲秦相其始本虞人也嘗仕於虞及晉人欲伐虢道經於虞乃用荀息之謀以垂棘所出之璧與屈地所產之馬假道於虞以伐虢其實欲并取虞也宮之奇以輔車脣齒之喻諫於君而不聽百里奚知諫之無益遂不諫而去之秦此其去虞入秦之由如此 ○**知虞**

浣婦自言知音因援琴撫絃而歌者三其一曰百里奚五羊皮憶別時烹伏雌炊扊扅今日富貴忘我爲其二曰百里奚初娶我時五羊皮臨當相別時烹乳雞今適富貴忘我爲其三曰百里奚百里奚母已死葬南谿墳已瓦覆以柴舂黃藜搤伏雞西入秦五羖皮今日富貴捐我爲歌畢寥愕然問之乃其故妻也遂還爲夫婦奚爲相三置晉君一救荊禍穆公之霸大都皆奚之力也

宮之奇

左傳僖公二年晉荀息請以屈產之乘與垂棘之璧假道於虞

語勿露張南軒曰奚於虞在不必諫之地又知其不可諫諫必不聽故引而去之所以爲智

知虞節旨

此就去虞入秦及相秦有功之智且賢以斷其無食牛干主自鬻成君之事也智字四段以首段爲主不可諫一段申首段不可諫先去一段申首段知虞公舉秦一段申首段去之秦然究之三段總由不諫二字推出他智來賢字二段上段是說奚相秦事實立下段之案故下即承賢字明斷之智以識見言賢以抱負言前段四以第一段爲提綱後二段以末一段爲歸宿據理剖斷反覆詳明好事者之誣更何處置喙

伯夷章旨

此章表孔子之聖異於羣聖前五節

公之不可諫而去之秦年已七十矣（年七十言其諳練之熟）曾不知以食牛干秦穆公之爲汙也可謂智乎（此句反言以見其智）不可諫而不諫可謂不智乎（此段是知默之智）知虞公之將亡而先去之（先去是去虞入秦）不可謂不智也（此段是知廢之智）時舉於秦知穆公之可與有行也而相之（有行是能行其道）可謂不智乎（此段是知興之智）相秦而顯其君於天下（顯以功著於天下言）可傳於後世（傳以芳聲令聞言）不賢而能之乎（賢字承顯君傳後說）自鬻以成其君（自鬻是賣身干主成其君是輔相以成就君之功業）鄉黨自好者不爲（鄉黨是常人）而謂賢者爲之乎（爲指自鬻成君說）

註 自好自愛其身之人也孟子言百里奚之智如此必知食牛以干主之爲汙其賢又知此必不肯自鬻以成其君也然此事當孟子時已無所據孟子直以事理反覆推之而知其必不然耳○范氏曰古之聖賢未遇之時鄙賤之事不恥爲之如百里奚爲人養牛無足怪也惟是人君不致敬盡禮則不可得而見豈有先自汙辱以要其君哉莊周曰百里奚爵祿不入於心故飯牛而牛肥使穆公忘其賤而授之政亦可謂知百里奚矣伊尹百里奚之事皆聖賢出處之大節故孟子不得不辯尹氏曰當時好事者之論大率類此蓋以其不正之心度聖賢也

講 夫百里奚之不諫非不能諫也蓋知虞公之不可諫而去之秦當是時年已七十矣是其閱歷已久曾不知以食牛干秦穆公之爲汙也尚可謂之智乎吾嘗反覆思之奚殆非不智者也天下惟智者爲能知默奚知虞公之不可諫而不諫是知默也可謂不智乎天下亦惟智者爲能知廢奚知虞公之將亡而先去之是知廢也不可謂不智也天下亦惟智者爲能知興奚也時舉於秦知穆公之可與有行也而相之是知興也可謂不智乎且奚非獨智焉而已其相秦也三置晉君一救荊禍取威定霸而顯其君於天下芳聲令聞可傳於後世此實有尊主庇民之才者也夫豈不賢而能之乎既有賢者之事功則必有賢者之志節若夫自鬻以成其君之業即鄉黨之常人少知自愛者猶不爲之而謂賢知奚者爲之乎夫奚而智也必知食牛干主之汙奚而賢也必不爲自鬻成君之事子合奚之賢智而觀之或言之誣可知矣

補 自鬻是起首處成君是成就處食牛干主是中間作用處

萬章章句下 凡九章

天寶書局精校藏板

以伐虢公曰是吾寳也對曰若得道於虞猶外府也公曰宮之奇存焉對曰宮之奇之爲人懦而不能强諫且少長於君君暱之雖諫將不聽乃使荀息假道於虞虞公許之且請先伐虢宮之奇諫不聽遂起師夏晉里克荀息帥師會虞師伐虢滅下陽先書虞賄故也五年晉侯復假道於虞以伐虢宮之奇諫曰虢虞之表也虢亡虞必從之晉不可啓寇不可翫一之謂甚其可再乎諺所謂輔車相依脣亡齒寒者其虞虢之謂也公曰晉吾宗也豈害我哉對曰太伯虞仲

歷叙前聖而斷其異歸重聖之時上後二節明孔子之所以異借樂與射形容又歸重智字上蓋聖非時中不可語大成非智不能造時中也正孟子願學意

伯夷節旨

通節暗伏個清字目不視二句是耳目所接不苟非其君四句身是之出處不苟橫政三句是居常不苟思與三句是處暫不苟當紂三句則徵其實於當時即總括上文說聞風三句則表其風於後世頑廉以知言懦立以守言此節一段密一段都是形容他清字好處與伯夷隘章不同

伊尹節旨

通節暗伏個任字語意相承一串治亦進二句重亂亦進邊惟其事使皆君民故進無分於治亂天生斯民以下正發明治亂皆進意末句方結出自任字陳新安曰凡言風者皆道不行於當時而流風餘韻足以聳動於後世也伊尹有功業可見不待言風若孔子則如太極元氣之運風不足以言之矣

○孟子曰伯夷目不視惡色耳不聽惡聲惡不止邪色淫聲凡非禮不當視聽者皆是非其君不事非其民不使非可事之君不事非可使之民不使治則進亂則退治則進伯夷無實事以亂則退推之橫政之所出出以朝廷之所頒言橫民之所止止以野之所居言不忍居也不忍如言不屑意思與鄉人處思是夷思處與居有別居時久處時暫如以朝衣朝冠坐於塗炭也朝衣朝冠至貴之物塗炭在污濁所在當紂之時居北海之濱以待天下之清也待清避紂之濁故也故聞伯夷之風者風流風垂於後世者頑夫廉頑夫無知覺必貪昧嗜利故與廉反懦夫有立志懦是無守立志則有操矣

【註】橫謂不循法度頑者無知覺廉者有分辨懦柔弱也餘並見前篇

【講】孟子推尊孔子而言曰學不宗至聖則其統不一然不取羣聖而折衷之其識猶未廣也古有伯夷者目不視非禮之惡色耳不聽非禮之惡聲審於耳目之接如此事必擇君非其君不事使必擇民非其民不使擇於上下之交如此世治則進以出世亂則退以處審於出處之際如此在朝皆橫政之所出在野皆橫民之所止則不惟不事不使而且不忍與之居也其心思與鄉人處如以朝衣朝冠之貴坐於塗炭之污也其所處不苟如此當紂之時正聲色皆惡君民皆非事使無一可者所謂污濁之世也於是避居北海之濱以待天下之清焉是夷之行廉而立志如此故後世聞伯夷之風者雖頑貪之夫皆化而爲廉介之操懦弱之夫皆化而有特立之志是無所雜於己而有以化乎人者伯夷之行然也

○伊尹曰何事非君何使非民何事二句是述其言治亦進亂亦進治亦二句是推其行曰天之生斯民也使先知覺後知使先覺覺後覺予天民之先覺者也予將以此道覺此民也天之四句又是述其言思天下之民匹夫匹婦有不與被堯舜之澤者若己推而內之溝中其自任以天下之重也思天下五句又是推其心

【註】何事非君言所事即君何使非民言所使即民無不可事之君無不可使之民也餘見前篇

【講】古有伊尹者其自言有曰凡君皆可事也何事非君哉凡民皆可使也何使非民哉其言如此故其在當世治亦進而仕

太王之昭也太伯不從是以不嗣虢仲虢叔王季之穆也為文王卿士勳在王室藏於盟府將虢是滅何愛於虞弗聽許晉使宮之奇以其族行曰虞不臘矣十二月晉滅虢師還館於虞遂襲虞滅之執虞公

垂棘屈産

晉之垂棘魯之璵璠宋之結綠楚之和璞價越萬金貴重都城○晉石樓有屈産泉相傳有白馬毋歐此泉生得龍駒

柳下節旨

通節暗伏個和字不羞六句是事上之和與鄉二句是處衆之和爾為爾四句述其言正見所以不忍去之意末三句則又表其風於後世也鄙寬以量言薄敦以情言

孔子節旨

自孔子去齊至去父母國之道也是舉孔子去國實事說可以速四句又是該其生平見無不各當其可也四可以是時四而字是因時與上孟連用四則字義理亦無甚別但於隨時處中之義則四而字語氣覺更分明時字不宜遽露末獨以孔子也三字斂之便含三聖不可語此意註舉此一端兼去齊去魯而言

馬亂亦進而仕焉嘗自明其仕進之意曰天之生斯民也原欲使先知其事者覺後知之人使先覺其理者覺後覺之人予今幸而為天民中之先覺者也予將以此道覺此後知後覺之人不敢負天之託也由其言以推其心思天下之民但有匹夫匹婦未知未覺不與被堯舜遂生復性之澤者即若己推而內之溝中以一世民物為己責其自任以天下之重所以不擇事使而治亂皆進也是無所擇於世而有所責於己者伊尹之行然也 ○ 柳下惠不羞汙君不辭小官（不羞不恥事之 不辭不辭其小）進不隱賢必以其道（賢就是道）遺佚而不怨阨窮而不憫（遺佚是不用阨窮是不用而窮困）與鄉人處由由然不忍去也（處是暫處）爾為爾我為我（爾我不相假借）雖袒裼裸裎於我側爾焉能浼我哉（袒裼露臂 裸裎露身）故聞柳下惠之風者鄙夫寬（鄙是鄙細 寬是有容）薄夫敦（薄是刻薄 敦是敦厚）

【註】鄙狹陋也敦厚也餘見前篇

【講】古有柳下惠者不以汙君為羞而事之不以小官為卑而辭之其進而事汙君為小官也不隱其在己之賢能而必以其直道雖人遺佚之而不怨雖身處阨窮而不憫不特此也至於與鄉人並處亦由由然自得而不忍去也故其言曰爾自為爾我自為我雖袒裼裸裎於我之側亦爾之無禮爾焉能浼於我哉是惠之行寬而且敦如此故後世聞柳下惠之風者雖鄙隘之夫皆化而有寬大之量雖刻薄之夫皆化而有敦厚之性是無所異於己而有以化於人者柳下惠之行然也

○ 孔子之去齊（為晏嬰阻）接淅而行（此見去之）去魯（因受女樂）曰遲遲吾行也（非在路時言乃欲其微罪行耳）去父母國之道也（孔子生於魯所以為父母之國）可以速而速（速是急去）可以久而久（久是久留）可以處而處（處是隱處）可以仕而仕（仕是出仕）孔子也（此句承上仕止久速各當其可說）

【註】接猶承也淅漬米水也漬米將炊而欲去之速故以手承水取米而行不及炊也舉此一端以見其久速仕止各當其可也或曰孔子去魯不稅冕而行豈得為遲楊氏曰孔子欲去之意久矣不欲苟取故遲遲其行也膰肉不至則得以微罪行矣故不稅冕而行非速也

【講】若孔子則又不同當其在齊為晏嬰所阻而去齊也接淅而行有不容頃刻留者當女樂之受而去魯也猶待郊祭之舉雖子路速之行亦曰遲遲吾行也夫去齊如彼其急而去魯如此其緩者何蓋魯乃孔子父母之國見幾固當明決用意尤宜忠厚去父母國之道與去他國不同也即此觀之凡其或速也非失之急迫可以速而速或久也非失之濡滯可以久而久或處也非以隱為高可以處而處或仕也非以位為榮可以仕而仕此則內無成心而意必盡泯行無轍迹而用舍咸宜孔子之行然也 ○

聖之節旨

前四節是案此節方是斷故再用孟子曰起此聖字兼知行與下節聖字單以行言不同清任和時四字當着力讀是從聖字內分別出來勿倒說夷尹惠之聖只是清任和到極處孔子則是大而化之之聖其行之時中則清任和亦無不到極處時之義正在變化不同處見註兼三子之所以聖者而時出之已該下二節立說

大成節旨

此合下節俱發明時字之妙非時之外又有個智也朱子謂孔子無所不該無所不備非特兼三子之所長而已但與三子比並說亦皆兼其所長集大成集字包衆小成在內首句從正入喻全提集大成也者六句是以喻意解集大成始條理四句方以正意拍上孔子之謂聲字始終字俱是死字作活字用條理云者有倫序而不紊之謂始條理者析衆理於毫釐終條理者備衆理於一貫註智者知之所及謂知之所到處也聖者德之所就謂行之結果處也知行是用功名目智聖是已成名目智字要見全覺意聖字要見全體意方與三子一偏之智聖相照此節智聖平說下節方說聖由於智

金聲玉振

朱子曰古人作樂擊一聲鐘衆音遂作又擊一聲鐘衆音又齊作金所以發衆音末則以玉振之所以收合衆音在裏面○樂有特鐘特磬有編鐘編磬編鐘編磬是中間奏者特鐘特磬是首尾用者鎛鐘大鐘也磬是石然其石甚細且有異音亦玉類也故謂之玉

孟子曰伯夷聖之清者也聖兼行造其極而無所勉意清是不汙**伊尹聖之任者也**任是負荷**柳下惠聖之和者也**和是同於人**孔子聖之時者也**時是兼清任和

【註】張子曰無所雜者清之極無所異者和之極勉而清非聖人之清勉而和非聖人之和所謂聖者不勉不思而至焉者也孔氏曰任者以天下為己責也愚謂孔子仕止久速各當其可蓋兼三子之所以聖者而時出之非如三子之可以一德名也或疑伊尹出處合乎孔子而不得為聖之時何也程子曰終是任底意思在

【講】孟子叙列聖之後又從而斷之曰此四人者皆古聖人也而各有所以謂聖者伯夷以節高天下清造其極乃聖人之清者也伊尹以身荷天下任造其極乃聖人之任者也柳下惠以量容天下和造其極乃聖人之和者也然皆倚於一偏惟孔子則仕止久速合清任和而時出之乃聖人之時者也

○**孔子之謂集大成**集大成緊接上時字來即就樂上說**集大成也者**此下六句正指樂之大成**金聲而玉振之也**玩一而字則自金聲而後振前皆包括無遺玩一之字便見玉振由於金聲**金聲也者始條理也**金以聲之凡衆音之條理皆自此引起是始之也**玉振之也者終條理也**玉以振之凡衆音之條理皆自此收拾是終之也始終皆全故謂之集大成**始條理者智之事也**此四句是言孔子猶作樂集大成總詳明首句意智是知極精處**終條理者聖之事也**聖是行到極處

【註】此言孔子集三聖之事而為一大聖之事猶作樂者集衆音之小成而為一大成也成者樂之一終書所謂簫韶九成是也金鐘屬聲宣也如聲罪致討之聲玉磬也振收也如振河海而不洩之振始始之也終終之也條理猶言脈絡指衆音而言也智者知之所及聖者德之所就也蓋樂有八音金石絲竹匏土革木若獨奏一音則其一音自為始終而為一小成猶三子之所知偏於一而其所就亦偏於一也八音之中金石為重故特為衆音之綱紀又金始震而玉終詘然也故並奏八音則於其未作而先擊鎛鐘以宣其聲俟其既闋而後擊特磬以收其韻宣以始之收以終之二者之間脈絡貫通無所不備則合衆小成而為一大成猶孔子之知無不盡而德無不全也金聲玉振始終條理疑古樂經之言故倪寬云惟天子建中和之極兼總條貫金聲而玉振之亦此意也

【講】夫清任和為聖之偏而時則聖之全全者聖德渾淪合羣聖於一身孔子之謂集大成而非小成比也夫樂有八音獨奏一音自為聲自為振是為小成集大成也者當其未作則金以聲之既作之後則玉以振之者也金聲也者非自為聲乃始衆音之條理而啟其端也玉振之也者非自為振乃終衆音之條理而要其止也始條理者即孔子明此清任和於始凡時中之所在知無不至而為智之事也終條理者即孔子行此清任和於終凡時中之所在行無不盡而為聖之事也聖智合一始終相成信猶樂之集大成矣彼三子者不過衆音之小成耳豈能比德於孔子哉

【補】集不是孔子有心集之乃道德渾全三子之行總不

智譬節旨

此借射以發明聖由於智意智譬二句尚平說下三句方側注智邊譬巧取見得不偏譬力取行到盡處須暗照射勿泛由與猶通已譬而又曰由者以上文射字未出也兩爾字指射者說非爾力句隱含巧字在內朱子曰三子未嘗無智只是知處偏故至處亦偏如孔子箭箭中紅心三子則各中一邊耳總註三子之行四句解上兩節所以偏者六句解末節

北宮章旨

此章孟子明先王封建之制所以正當時之兼并僭竊也通以天子為主言爵以天子一位領起言祿以天子之制領起蓋天下之爵祿俱自天子班之也雖只述其略卻要想周盛時尊卑隆殺截然不亂意

北宮節旨

錡亦目擊時弊而有此問一班字有等級分明森然不敢僭意爵祿兼君臣言

其詳節旨

兼併則於班祿之制有妨僭竊則於班爵之制有妨二者勢亦相因軻也二字要看得有關係蓋諸侯敢去其籍欲滅迹以杜天下之口然學古之

天子以下

曲禮曰君天下曰天子朝諸侯分職授政任功曰予一人○明堂位曰昔者周公朝諸侯於明堂之位天子負斧依南向而立三公中階之前

出其範圍也○智譬則巧也巧以省括言聖譬則力也力以及的言由射於百步之外也由作猶字看其至爾力也至是射到的其中非爾力也中是射中的註此復以射之巧力發明聖智二字之義見孔子巧力俱全而聖智兼備三子則力有餘而巧不足是以一節雖至於聖而智不足以及乎時中也○此章言三子之行各極其一偏孔子之道兼全於衆理所以偏者由其蔽於始是以缺於終所以全者由其知之至是以行之盡三子猶春夏秋冬之各一其時孔子則太和元氣之流行於四時也講然其所以聖者由於智也智之事取而譬之則巧也聖之事取而譬之則力也聖人之道力行而至之者聖也至之而能全者非聖也智也猶射於百步之外也其發矢而至於侯者是爾之力也其發矢而中的者非爾之力也巧也知射者之中由於巧則知孔子之聖由於智矣知聖之時者由於智則知聖之偏者由其智有不足也彼三子者所以倚於一偏而難以語時中之聖也歟補蔡虛齋曰此條亦主孔子言蓋此智聖即上文之智聖若以上文智聖亦兼三子則三子亦安得有始終條理特一音自為始終與本文始終自不同也故斷通主孔子說而三子之不得為全者自見於言外

○北宮錡問曰周室班爵祿也班是列其等次如之何是究其爵尊卑祿厚薄之等註北宮姓錡名衛人班列也講北宮錡見當時爵祿之無其制問曰今日國家爵祿之班想非周室之舊矣敢問周室之初其班爵與祿也如之何○孟子曰其詳不可得聞也數個其字俱指周制言詳是詳細諸侯惡其害己也班爵有害於僭竊班祿有害於兼并而皆去其籍去是除籍是載爵祿典籍然而軻也嘗聞其略也略是大槩註當時諸侯兼并僭竊故惡周制妨害己之所為也講孟子曰其周制之詳備於典籍者今不可得而聞也蓋自諸侯放恣僭竊名號兼并土地者惡其班爵祿之制妨害己之所為也而皆去其籍而無存故無以考其詳焉然而軻也稽古之餘嘗聞其大略也○天子一位父天母地而為之子者天子也一位猶言一級公一位爵祿盛大而無私為德者公也侯一位斥堠於外以君人為德者侯也伯一位德足以長人者伯也子男同一位德足以養人者子也德足以安人者男也凡五等也此五等班爵通於天下者君一位出命足以正衆者君也卿一位知進退而道上達者卿也大夫一位智足以帥人者大夫也上士一位才足以事人者士也三命為上士中士一

北面東上諸侯阼階之東西面北上諸伯西階之西東面北上諸子門東諸男門西皆北面東上○春官典瑞掌玉瑞之藏王執鎮圭公執桓圭侯執信圭伯執躬圭子執穀壁男執蒲璧

君卿以下

王制曰天子三公九卿二十七大夫八十一元士大國三卿皆命於天子下大夫五人上士二十七人次國三卿二卿命於天子一卿命於其君下大夫五人上士二十七人小國二卿皆命於其君下大夫五人上士二十七人

附庸

凡諸侯為牧正

儒猶存一綫也略字與詳字對非缺略之略乃約略之略是要領大綱處

下文俱就略說

天子節旨

五等通於天下封建之典也內外相維而體統正六等施於國中命官之制也貴賤相臨而名分明天子一位君一位各提起位字重看見得一定之分截然不可紊意公侯至子男皆有君道而皆臣於天子所以爵位之班自天子始卿以下至士皆有臣道而君皆臣之所以爵位之班自君始

君兼天子國君卿大夫兼王朝侯國之制節旨

天子欲為天下制地先自制其地開創之王制於天守成之王制於祖千字百字七十五十字俱重總見不可增減意

之卿節旨

卿大夫士皆食采於千里內受地猶受田視侯謂視其君田三萬二千畝非受百里封也餘倣此不言中士下士想亦視附庸耳王臣受祿準於列服內外一體至公無私之心

大國節旨

上公侯百里統一國言此方言君卿以下之卿大國公田所收甚多祿不過十之一耳君臣之祿俱重謂只重臣祿耆謬君十卿祿猶今之俸祿蓋君所得自為私用者至於貢賦祭享

位再命為中士下士一位一命為下士凡六等此六等班爵施於國中者註此班爵之制也五等通於天下六等施於國中講以班爵之略言之其通於天下者綱紀四方統馭六合天子一位矣然天下可以一人統而不能以一人治也由是有封建以分理庶邦焉則公一位侯一位伯一位子男同一位總而計之凡五等也是天子總治於內公侯伯子男分治於外爵之通於天下者如此其施於國中者天子君於王畿諸侯君於列國君一位矣然一國可以一人治而亦不能以一人理也由是命百官而共理國事焉則卿一位大夫一位上士一位中士一位下士一位順而數之凡六等也貴賤相臨而尊卑有辨爵之施於國中者如此○天子之制地方千里祿出於田故以地言方猶正也言四面方正皆千里也公侯皆方百里伯七十里子男五十里惟爵自天子而降故祿自天子而差凡四等自千里至五十里凡四等不能五十里不達於天子地小則貢賦有限凡朝覲會同不能親自達於天子附於諸侯曰附庸附是附寄名姓諸侯是大國民功曰庸附庸者以治民之功附達於天子也註此以下班祿之制也不能猶不足也小國之地不足五十里者不能自達於天子因大國以姓名通謂之附庸若春秋郳儀父之類是也講夫班爵固有其等而班祿則又視其爵也以班祿之略言之其班於天下者天子之分獨尊故其祿獨隆制地方千里不如是不足以待天下之用也自天子而下公侯次之皆方百里伯次之七十里子男次之五十里祿之所班凡有四等四等之外又有地不能五十里而分土有限朝覲會同惟附大國諸侯以姓名通者曰附庸是爵之尊者祿從而厚爵之卑者祿從而薄班祿之制通於天下者如此○天子之卿受地視侯視侯是比諸侯得百里大夫受地視伯視伯是比伯得七十里元士受地視子男視子男是比子男得五十里註視比也徐氏曰王畿之內亦制都鄙受地也元士上士也講祿之班於天子國中者天子之地固已十倍於侯封其為天子之卿受地則視在外之諸侯得百里焉大夫受地則視在外之伯得七十里焉元士受地則視在外之子男得五十里焉蓋入則為王朝之卿士出則為列國之諸侯其分本相等而卿大夫士輔弼於內公侯伯子男捍禦於外其功亦相等故其祿應相同也班祿之制施於王畿者如此○大國地方百里大國公侯之國君十卿祿君指公侯言卿祿四大夫大夫倍上士上士倍中士中士倍下士下士與庶人在官者同祿祿足以代其耕也註十十倍之也四四倍之也倍加一倍也徐氏曰大國君田三萬二千畝其入可食二千八百八十人卿田三千二百畝可食二百八十八

師長及有德者乃有附庸○附庸字者方三十里名者方二十里入氏者方十五里氏不若人人不若名名不若字又中國附庸例書字夷狄附庸例書名

百畝之糞

地官草人掌土化之法以物地相其宜而爲之種凡糞種騂剛用牛赤緹用羊墳壤用麋渴澤用鹿鹹潟用貆

朝覲交聘又別有財儲爲公用非所謂祿也卿祿四大夫方正說卿祿大夫倍上士三句亦然同祿句亦正說下士之祿足以代耕見先王體恤至周處代其耕其字屬下士庶人在官解在末節不得預占府如今斗庫史如今吏書胥如今承發徒如今承差下士一位可見是已仕之臣有田者也註士之無田非指下士蓋如國學所養之瞽樂師所教之瞽與夫府史胥徒居肆百工而餼廩者皆爲庶人在官者也

次國節旨

當切七十里說卿祿殺而三大夫則君十卿祿亦從之而殺矣大夫以下之祿與大國同

小國節旨

當切五十里說國遞小國事亦遞少卿之僚役家屬與交際往來之費亦當遞減此所以次國三大夫而小國二大夫也

耕者節旨

此專指庶人在官者言發明代耕之義言農有五等以力之勤惰而食異在官亦有五等以事之煩簡而祿異先王若曰即使其釋役而爲農其所食亦不過如此也若下士之祿有定

人大夫田八百畝可食七十二人上士田四百畝可食三十六人中士田二百畝可食十八人下士與庶人在官者田百畝可食九人至五人庶人在官府史胥徒也愚按君以下所食之祿皆助法之公田藉農夫之力以耕而收其租士之無田與庶人在官者則但受祿於官如田之入而已【講】其班之公侯之大國而受地方百里其地廣其祿亦多故君所入之祿則十倍於卿之祿蓋擅一國之尊宜如是其厚矣卿所入之祿則四倍於大夫亦從其厚焉大夫所入之祿加一倍於上士上士所入之祿加一倍於中士中士所入之祿加一倍於下士下士所入之祿則與庶人之無爵而在官爲府史胥徒者同祿祿僅足以代其耕也此班祿之制施於公侯之國中者也

○次國地方七十里次國伯國君十卿祿君指伯言卿祿三大夫大夫倍上士上士倍中士中士倍下士下士與庶人在官者同祿祿足以代其耕也【註】三謂三倍之也徐氏曰次國君田二萬四千畝可食二千一百六十人卿田二千四百畝可食二百十六人【講】其班之伯之次國而受地方七十里地之所出者漸寡故君所入之祿十倍於卿之祿昭其分之尊也卿所入之祿乃三大夫則由卿以上祿已殺矣自大夫以下仍與大國同大夫所入之祿倍於上士上士所入之祿倍於中士中士所入之祿倍於下士下士所入之祿則與庶人之無爵而在官爲府史胥徒者同祿祿僅足以代其耕也此班祿之制施於伯之國中者也

○小國地方五十里小國子男之國君十卿祿君指子男卿祿二大夫大夫倍上士上士倍中士中士倍下士下士與庶人在官者同祿祿足以代其耕也【註】二即倍也徐氏曰小國君田一萬六千畝可食千四百四十人卿田一千六百畝可食百四十四人【講】其班之子男之小國而受地方五十里地之所出者益寡故君所入之祿十倍於卿之祿亦昭其分之尊也卿所入之祿乃二大夫則由卿以上祿更殺矣自大夫以下亦與大國次國同大夫所入之祿倍於上士上士所入之祿倍於中士中士所入之祿倍於下士下士所入之祿則與庶人之無爵而在官爲府史胥徒者同祿祿僅足以代其耕也此班祿之制施爲子男之國中者也【補】卿以上之祿三國異者祿厚猶可以殺見節用之義大夫以下之祿三國同者祿薄不容再減見養廉之仁

○耕者之所獲獲是田中之所得一夫百畝一夫授田百畝百畝之糞糞是擁田者上農夫食九人上農夫是用力最勤者糞多便是勤故足供九人上次食八人上次是亞於上農中食七人中是亞於上次中次食六人中次是亞於中農下食

勃壤用狐埴壚用豕彊㯺用蕡輕爂用犬註用牛等物皆焚其骨為灰以漬種騂剛土有色騂而性剛者赤緹土有赤縓而色緹者墳壤墳起而柔順無塊也渴澤舊為澤而今則渴矣鹹潟水已去而瀉鹵也勃壤勃而粉解也埴壚粘而疏也㯺音檻堅土也蕡麻也燒麻為灰以漬種也爂音摽輕脆也

數口、如上農之例而已

問友章旨

此章論交友之道重友其德句不挾貴乃所以友德孟獻子四節以古之友德者立個樣子末節正見尊賢之義同於貴貴而人君不可挾貴以驕德也

問友節旨

萬章見孟子友諸侯因疑友是敵體之事上下不得相友故問人惟能不挾者方可與論友故下文三不挾下以一友字煞友重我去友人說友也者二句正推其所以不挾之意三者之中挾貴為甚下單言之

孟獻節旨

此獻子不挾大夫之貴而友德也五人無獻子之家非是貧賤驕人乃是樂道忘勢即此便是德本文四句雖一正一反說五人而實重獻子之樂與友上獻子是五人是賓

五人下是用力最惰者庶人在官者其祿以是為差是字指農夫上中下之五等言差等第也【註】獲得也一夫一婦佃田百畝加之以糞糞多而力勤者為上農其所收可供九人其次用力不齊故有此五等庶人在官者其受祿不同亦有此五等也○愚按此章之說與周禮王制不同蓋不可考闕之可也程子曰孟子之時去先王未遠載籍未經秦火然而班爵祿之制已不聞其詳今之禮書皆掇拾於煨燼之餘而多出於漢儒一時之傅會奈何欲盡信而句為之解乎然則其事固不可一一追復矣【講】然庶人在官之祿亦非盡同於下士而無所差等也祿足代耕吾即以耕者之所獲例之每夫受田百畝百畝之田必加以糞糞其間有糞多力勤而為上農夫者其所收可食九人降而為上次其所收可食八人降而為中農其所收僅可食七人降而為中次其所收僅可食六人又降而為下農其所收僅可食五人蓋力以漸而惰則所入以漸而減而所食因之耕者之所獲大略有此五等庶人在官者事有煩簡力有勞逸故祿之上下亦係之其受祿多者不得過九人之食受祿少者亦不失五人之養一以農夫所入之多寡為差等焉蓋雖不必如下士之有定數而亦足以代其耕矣此可以見先王之班爵祿也其定分也甚嚴其分土也甚公其居內也甚重其制外也甚周吾所聞之大略有如此【補】輯語云耕者二字從上文代耕字生來代耕之義上通君公直至天子亦祇是代耕之極地耳隱然見封建始於井田意

○萬章問曰敢問友問交友之道孟子曰不挾長長以齒言不挾貴貴以位言不挾兄弟而友兄弟以勢言如高門腆閥之類友也者友其德也德是人同得之理友其德以輔吾德不可以有挾也德為重則長貴兄弟皆為輕不可挾也然挾貴尤人所易犯故下單言不挾貴【註】挾者兼有而恃之之稱【講】萬章問於孟子曰人未有不須友以成者敢問交友之道何如孟子曰交友之道貴於誠敬不可挾恃己之年長不可挾己之貴不可挾己有兄弟之富貴而與人友蓋以友也者友其人之德也天下無有加於德者不可以有挾也

○孟獻子百乘之家也有友五人焉樂正裘牧仲樂正姓裘名牧姓仲名其三人則予忘之矣忘是失記獻子之與此五人者友也無獻子之家者也無是視之若無此五人者亦有獻子之家則不與之友矣有是視之若重意【註】孟獻子魯之賢大夫仲孫蔑也張子曰獻子忘其勢五人者忘人之勢不資其勢而利其有然後能忘人之勢若五人者有獻子之家則反為獻子之所賤矣【講】不觀諸古人之交友乎魯有世卿孟獻子者百乘之家也其貴若可挾矣

費惠公 費公姬姓懿公之孫肸父之後也肸父為魯大夫城郎居之因為費邑稱費伯傳至惠公惠公以子思為師以顏般為友用王順長息為臣

顏般三人 顏蓋黃帝後也上世小邾子以父字伯顏始以顏為姓世仕魯為卿士司寇顏恤生求求生邑宰友友生卿士無繇無繇生回般友之曾孫與王順同師子思長息公明高弟子而公明高則曾子弟子其賢蓋有自也

晉平公 平公名彪悼公子也齊晏嬰如晉叔向曰晉季世也公厚賦為

費惠節旨 此惠公不挾小國之貴而友德也師友總是友德不必偏重王順長息不敢躋於師友之列正是尊子思顏般處

晉平節旨 此平公不挾大國之貴而友德也入云三句有未命不敢先既命不敢後意不敢不飽孟子推其意也此上稱平公之不挾貴然終於此下是總一章轉關語於不挾更追進一步與其天位等正友德之極處孟子論友至此不覺淋漓扼腕直起下節尊賢正與友德相照三公尊賢與士不同者用與不用耳國君而為士之尊賢無復望其有為矣曰非王公之尊賢便有下文堯友舜底意在

舜尚節旨 此堯不挾天子之貴以友德見友道

而獻子不挾有友五人焉一曰樂正裘一曰牧仲皆賢人也其餘三人之姓名則予忘之矣要之皆裘仲類也夫獻子忘己之勢而與此五人者友也正以此五人者以道德自重而忘人之勢無獻子之家者也向使此五人者亦知有獻子之家而不能忘其勢焉則反為獻子所賤而不肯與之友焉此可見獻子所友在德而百乘之貴非所挾也

○非惟百乘之家為然也雖小國之君亦有之[為然亦有俱指不挾貴言]費惠公曰[費是邑名惠公姬姓]吾於子思則師之矣[子思是大賢]吾於顏般則友之矣[顏般是次賢]王順長息則事我者也[事我為我所役意]

【註】惠公費邑之君也師所尊也友所敬也事我者所使也

【講】非惟百乘之家為然也等而上之雖小國之君而不挾者亦有之費惠公曰吾於子思之大賢則尊而師之矣吾於顏般之次賢則敬而友之矣若夫王順長息上之不足以為吾師次之不足以為吾友則但可使之以承事乎我者也夫德可師而師德可友而友而奔走之役不敢與之混焉此則惠公之所友在德而小國之貴非所挾也

○非惟小國之君為然也雖大國之君亦有之晉平公之於亥唐也[平公晉君]入云則入[入是進其門]坐云則坐[坐是安其身]食云則食[食是食唐之食]雖疏食菜羹未嘗不飽[疏食菜羹乃亥唐所設以食平公者]蓋不敢不飽也[以上形容平公不挾處]然終於此而已矣[此字指敬命說]弗與共天位也[天位是官賢者的]弗與治天職也[天職是任賢者的]弗與食天祿也[天祿是養賢者的]士之尊賢者也非王公之尊賢也[就弗與共天位三句看出]

【註】亥唐晉賢人也平公造之唐言入公乃入言坐乃坐言食乃食也疏食糲飯也不敢不飽敬賢者之命也○范氏曰位曰天位職曰天職祿曰天祿言天所以待賢人使治天民非人君所得專者也

【講】非惟小國之君為然也等而上之雖大國之君而不挾者亦有之昔晉平公之於亥唐也嘗慕其賢而造其廬矣其入也不遽入也必唐命之入而後入其坐也不遽坐也必唐命之坐而後坐其食也不遽食也必唐命之食而後食雖疏食菜羹未嘗不飽蓋敬賢者之命不敢不飽也是平公固以德為友而大國之貴非所挾也然惜乎終於此而已矣天位所以官賢而公弗與共也天職所以任賢而公弗與治也天祿所以養賢而公弗與食也此乃士無爵土者之尊賢也非王公操用人之權者之尊賢也

○舜尚見帝[帝是堯]帝館甥于貳室[館是客舍]

臺池而不恤政政在私門其可久乎○平公之交亥唐激於舟人盡咎也盡咎曰君不好士耳公曰吾食客門左千人門右千人可謂不好士乎盡咎曰鴻鵠一舉千里所恃在六翮背上之毛腹下之毳益之飛不加高損之飛不為下君之食客千人亦有六翮在其中乎將皆背上之毛腹下之毳乎平公於是造亥唐

亥唐

高士傳亥唐晉人也高恬寡素晉國憚之平公與亥唐坐有間亥唐出叔向入平公伸一足曰吾向時與亥子坐髀痛足痺不

之極也緊頂王公之尊賢說來館貳室是接遇之盛亦饗舜是款洽之殷迭為賓主是略其勢分忘其形迹而懽然賓主之相得友字正在迭字內見天子匹夫真是懸絕友之為何友其德也友匹夫正是尊賢已包有共天位三句在此乃為不挾之至首句不曰尚見堯而曰尚見帝帝即天子所以見其貴也

用下節旨

此總結上四節而斷其同歸於義貴貴伴說重尊賢邊賢即德也尊賢正指友德言論名分下當敬上論道德上當敬下總是揭尊賢之義等於貴貴見位非獨重而德非獨輕意

交際章旨

此章重事道上交際之受無非委曲為行道計交際指諸侯餽士言前五節反覆論交際可受之義後二節因論孔子可仕之義亦所以發明交際可受之義也孟子顧學之意於此可見矣

交際節旨

孟子不仕人國而猶受其交際章何心之問便道未必好心孟子答以恭便道一團好心已各露大意恭字已含慕道而來見其可受註禮儀儀也幣帛物也

卻之節旨

卻之卻之卻之堅也味四字語氣即

甥是女壻 亦饗舜 饗是就舜宮而饗其食 迭為賓主 忘君臣之分而更迭為賓主之歡 是天子而友匹夫也 天子是堯匹夫是舜 【註】尚上也舜上而見於帝堯也館舍也禮妻父曰外舅謂我舅者吾為之甥堯以女妻舜故謂之甥貳室副宮也堯舍舜於副宮而就饗其食 【講】所謂王公之尊賢者其惟堯之於舜乎昔舜以匹夫之賤由側陋而上見於帝堯堯妻之二女而待以甥舅之親矣乃館甥於貳室以盡其禮亦有時而就饗於舜以盡其情始而館舜也則以主道自處而以賓待舜繼而饗舜也則以賓道自處而以主待舜是迭為賓主略君臣之分而洽以賓主之歡是堯以天子而友匹夫也堯之友德而無所挾又如此夫天子之貴尚不可以有挾而況於有國有家者乎貴且不足挾而況於挾長挾兄弟乎○用下敬上 用字作以字看 謂之貴貴 上貴字作尊敬看下貴字作爵位看 用上敬下謂之尊賢 尊是敬禮意賢是有德者 貴貴尊賢其義一也 義字要側友德上看 【註】貴貴尊賢皆事之宜者然當時但知貴貴而不知尊賢故孟子曰其義一也○此言朋友人倫之一所以輔仁故以天子友匹夫而不為詘以匹夫友天子而不為僭此堯舜所以為人倫之至而孟子言必稱之也 【講】然友德而無所挾者非他也亦有見於義之所在不可得而越耳蓋自大夫以至天子皆上也匹夫之有德者皆下也天下有用下以敬夫上者豈無謂哉謂其有貴在則吾因其貴而貴之也天下有用上以敬夫下者豈無謂哉謂其有賢在則吾因其賢而尊之也夫人重勢而輕德類以貴貴為義而以尊賢為非義矣不知分之所在則貴貴以明分者固為事之宜而道之所在則尊賢以重道者亦為事之宜其義則一也惟尊賢之義等於貴貴故貴以百乘而不貴挾貴以小國而不敢挾貴以大國而不敢挾貴以天子而不敢挾凡有見於義所在耳故曰友也者友其德也不可以有挾也 【補】滙參云總註揭出友以輔仁正是友德源頭不挾貴骨子

○萬章問曰敢問交際何心也 交際即暗指諸侯下交說 孟子曰恭也 恭字指餽者之心言 【註】際接也交際謂人以禮儀幣帛相交接也 【講】萬章問曰凡人所為皆本於心敢問人之以禮儀幣帛相交接此何心也孟子曰此乃恭敬之心也特託此禮儀幣帛以將之耳○曰卻之卻之為不恭何哉 之指物不恭就卻餽者之心言 曰尊者賜之 尊者暗指諸侯賜字當餽字看 曰 是代卻者心中之辭 其所取之者義乎不義乎 者字指交接之物言 而後受之 便含有非義則卻之意 以是為不恭故弗卻也 是字指以不義而卻之言故作推原說 【註】卻不受而還之也再言之未詳萬章疑交際之間有所卻者人便以為不恭何哉孟子言尊者之賜

不敢伸叔向不悅公曰子欲富乎吾祿子欲貴乎吾爵子亥先生乃無欲也吾非正坐無以養之子何不悅乎

康誥

凡民自得罪寇攘姦宄殺越人于貨暋不畏死罔弗憝註云舉此以明用罰之當罪

有不恭意而後受之內已含卻意故曰以是為不恭註不然則卻之正補其意尊者賜之以下曰字是受餽者心竊計之之意與下以心卻之曰字一例

請無節旨

章意重在他辭無受上請字一直貫下無以而以相為呼應中間其取諸民之不義也乃隱括上文語其交也三句是一章斷案交接只一般道是大綱禮是節目亦有合道而不合禮者此道與禮之分也究說出孔子見得即大聖人於此亦受之而無已甚之行斯字直截正對心卻者許多曲折

今有節旨

引禦以為例只為下節諸侯猶禦句埋根不可是正答引康誥只是明不可二字之意殷受夏四句謂此誅禦之法三代相受不待費辭鞫問今日猶為嚴憲也辭字應教字周字應康誥字

而心竊計其所以得此物者未知合義與否必其合義然後可受不然則卻之矣所以卻之為不恭也【講】萬章曰交際固所以將敬辭讓亦所以明禮乃或有卻之不受而再卻之又不受人便以為不恭何哉孟子曰如尊者有物賜於我其禮則恭矣而我之心乃竊計之曰彼之所以取此物者果合於義而得乎抑不合於義而得乎必其合於義而後乃受之不合義則卻之矣以其不義而卻之是鄙其人也以是為不恭故弗卻其賜也

○曰請無以辭卻之 辭卻是直辭明白顯然卻他 以心卻之 是心中度其不義而卻之 曰其取諸民之不義也 曰是心中自揣之辭其指尊者說 而以他辭無受 他辭託為別辭 不可乎 此句正言其可見內不失己外不失人也 曰其交也以道 道是在我有所據 其接也以禮 禮之儀之及物 斯孔子受之矣 正其君子當受意【註】萬章以為彼既得之不義則其餽不可受但無以言辭閒而卻之直以心度其不義而託於他辭以卻之如此可否耶交以道如餽贐聞戒周其饑餓之類接以禮謂辭命恭敬之節孔子受之如受陽貨蒸豚之類也【講】萬章曰尊者之賜固不可卻而不義之物終不可受於此而求善處之術當其以物來餽心雖知其不義請無以言辭卻之直以心隱然卻之其心度之曰此物其取諸民之不義也不明言其不義而姑託他辭以無受則在我無不義之汙在彼無不恭之嫌不亦可乎孟子曰其交也以道而非出於無名其接也以禮而不失之苟簡斯孔子受之矣何以卻為哉

○萬章曰今有禦人於國門之外者其交也以道其餽也以禮斯可受禦與 受禦指受禦得之貨 曰不可 言禦得之貨不可受 康誥曰殺越人于貨 言殺其人又顛越其屍因取其貨也 閔不畏死 閔是昏而無知意 凡民罔不譈是不待教而誅者也 是指禦人言總承上三句而斷之 殷受夏周受殷所不辭也 謂誅禦人之法迄夏殷周拏到便殺不消費辭延緩 於今為烈 烈是昭明 如之何其受之 是斷其不可受【註】禦止也止人而殺之且奪其貨也國門之外無人之處也萬章以為苟不問其物之所從來而但觀其交接之禮則設有禦人者用其禦得之貨以禮餽我則可受之乎康誥周書篇名越顛越也今書閔作暋無凡民二字譈怨也言殺人而顛越之因取其貨閔然不知畏死凡民無不怨之孟子言此乃不待教戒而當即誅者也如何而可受之乎殷受至為烈十四字語意不倫李氏以為此必有斷簡或闕文者近之而愚意其直為衍字耳然不可考姑闕之可也【講】萬章又問曰苟不問其物之所從來而但觀其交接之禮設若今有禦人於國門之外殺其人以奪其貨者即用其禦得之貨其交也亦

天寶書局精校藏板

獵較
從趙註則較音角乃角逐也角以方獵之時言從張註則較音教乃比較也較以既獵之後言但較奪禽獸以祭正與下正祭器相應趙註為長張註亦可參用

今之節旨
猶禦數語是章發問之旨上面許多話至此說明子以為有三句是就法上辨其非真盜夫謂非其二句是就理上辨其非真盜此二段相承說應上取民猶禦意孔子之仕以下應上君子受之意獵較是取物之不以禮者猶可從況交道接禮乎受其賜句泛言不指孔子說照下節看獵較中原有機權則受賜中正有妙用按孟子只論當下交道接禮不責其物之所從來原是寬於待諸侯不欲阻其向道之念亦可為遇合機緣正與孔子事道心事相符

然則節旨
非事道與一問分明頂獵較但須渾說為下有奚獵較一語先簿二句見孔子正本清源本領先字重看貫下

以道其餽也亦以禮斯可受其禦得之貨與孟子曰此不可受也周書康誥有曰殺人而顛越之因取其貨閔然不知畏死凡民罔不譈怨由書言觀之如此之人是不待教戒而當即誅者也夫此不待教而誅之法殷受之於夏周受之於殷所不待於辭說者也雖傳至於今其法猶為明烈而顯著者然則禦得之貨如之何其受之乎○曰今之諸侯取之於民也猶禦也猶禦指暴斂言苟善其禮際矣善其禮該得交以道斯君子受之暗指孟子敢問何說也問其何義曰子以為有王者作王者是總典刑政之人作起也將比今之諸侯而誅之乎比是連合其教之不改而後誅之乎不改指取民不義言夫謂非其有而取之者盜也非其有謂非其分之宜有充類至義之盡也充推滿也類不義之類盡謂義之極精微處孔子之仕於魯也魯人獵較獵較是取物不以禮者孔子亦獵較只是不違俗而禁之非親有獵較猶可而況受其賜乎此二句正推賜可受

註 比連也言今諸侯之取於民固多不義然有王者起必不連合而盡誅之必教之不改而後誅之則其與禦人之盜不待教而誅者不同矣夫禦人於國門之外與非其有而取之二者固皆不義之類然必禦人乃為真盜其謂非有而取為盜者乃推其類至於義之至精至密之處而極言之耳非便以為真盜也然則今之諸侯雖曰取非其有而豈可遽以同於禦人之盜也哉又引孔子之事以明世俗所尚猶或可從況受其賜何為不可乎獵較未詳趙氏以為田獵相較奪禽獸以祭孔子不違所以小同於俗也張氏以為獵而較所獲之多少也二說未知孰是

講 萬章曰禦人之貨固不可受矣吾觀今之諸侯取之於民也橫征暴斂其不義猶禦也苟善其禮以交際矣斯君子不問而受之是徒知禦人之非義而不知猶禦之非義敢問何說也孟子曰今諸侯之取於民固多不義然以為猶禦則甚矣試以法論之子以為有王者作明正典刑將比合今之諸侯而盡誅之乎抑待其教之不改而後誅之乎必教之不改而後誅之則與禦人之盜不待教而誅者不同矣且以理論之夫謂非其有而取之者之為盜也乃充滿其不義之類至於義之至精至密之處而極言之耳非便為真盜也然則取非其有之諸侯何遽同禦人之盜哉夫繩之以法於法尚有可容律之以義於義亦未甚害故苟善其禮際斯君子受之矣昔孔子之仕於魯也魯人田獵較奪禽獸以祭孔子亦聽其獵較焉夫獵較敝俗也然以祭而舉孔子猶以為無害於禮義而可從而況諸侯之賜交以道接以禮又何為不可受乎

○曰然則孔子之仕也非事道與然則二事緊頂獵較來曰事道也此句正答事道奚獵較也奚獵較是疑其同俗非以

獵較正欲其多而貴其異器有常數則所用之器物不多實有常品則異物又在所不用矣是不變俗中自有陰為變之者在也為之兆就簿正推開說蓋三月所為以示行道之兆者非一事變至道為東周皆兆端於此玩而後字要見不得已而去其戀戀於事道者未嘗忘也末句不專指去魯說

於季桓子 孔子仕於定公而曰季桓子者桓子尊魯用不用皆由之故桓子受女樂孔子行桓子將死謂康子曰使仲尼去而魯不治者由我故也

有見節旨 此因孔子仕魯而言其所仕不同無非事道之心三仕都是將就做去見行可者謂其道略可行即便仕了不必求全責備至際可公養二仕字即於受賜上見俱是萬一其道之行卻正與其交也以道三句互相發明也上三句重三有字下不過引證之今之諸侯猶夫靈公孝公也則交際之受亦猶夫孔子際可公養之仕之心而已

道易俗也 曰孔子先簿正祭器 簿是簿書所以載祭祀之器物者祭器如簠簋俎豆之類 不以四方之食供簿正 四方指魯之四境 曰奚不去也 去是去魯 曰為之兆也 兆端也 兆足以行矣 兆行謂事端可行 而不行而後去 見去非得已 是以未嘗有所終三年淹也 三年言其久淹是淹留

註 此因孔子事而反覆辨論也事道者以行道為事也事道奚獵較也萬章問也先簿正祭器未詳徐氏曰先以簿書正其祭器使有定數而不以四方難繼之物實之夫器有常數實有常品則其本正矣彼獵較者將久而自廢矣未知是否也兆猶卜之兆蓋事之端也孔子所以不去者亦欲小試行道之端以示於人使知吾道之果可行也若其端既可行而人不能遂行之然後不得已而必去之蓋其去雖不輕而亦未嘗不決是以未嘗終三年留於一國也

講 萬章曰君子之仕將以道易俗也今孔子從魯之俗如此然則其仕於魯也非以行道為事與孟子曰孔子之仕正有事於行道也萬章曰事道則宜以道易天下矣又奚獵較為也孟子曰君子以道易天下固自有漸孔子先以簿書正其祭器使有定數不以四方難繼之物而供簿中所正之器使其實有常品彼獵較雖多而無所用將久而自廢矣此孔子所以暫同於俗而不違也萬章曰孔子之為此亦甚不得已者奚為不決於去也孟子曰孔子所以不去者亦欲小試行道之端以示於人使人知吾道簡便易從而大行之兆於此卜之耳若其兆既可行矣而人不能遂行之然後不得已而決於去是以未嘗有三年之久而淹留於一國也夫其不去也以道其去也亦以道信乎孔子之仕為事道矣

○ 孔子有見行可之仕 見行可庶乎道之行也 有際可之仕 際可適其禮之宜也 有公養之仕 公養受其養之義也 於季桓子見行可之仕也 孔子仕於定公桓子薦之 於衛靈公際可之仕也 當時孔子過衛公聞而郊迎 於衛孝公公養之仕也

註 見行可見其道之可行也際可接遇以禮也公養國君養賢之禮也季桓子魯卿季孫斯也衛靈公衛侯元也孝公春秋史記皆無之疑出公輒也因孔子仕魯而言其仕有此三者故於魯則兆足以行矣而不行然後去而於衛之仕則又受其交際問餽而不卻之一驗也○尹氏曰不聞孟子之義則自好者為於陵仲子而已聖賢辭受進退惟義所在愚按此章文義多不可曉不必強為之說

講 夫孔子之仕非一端而皆未嘗苟者也有見其道之可行而仕者有因接遇以禮為際可而仕者有因養賢之誠為公養而仕者試徵其事於季桓子執政之時因定公用之實桓子薦之兆足以行此其時矣是見行可之仕也於衛靈公有交際之禮亦從而仕之是際可之仕也於衛孝公有餽問之禮亦從而仕之是公養之仕也蓋其委曲事道聖人且然況士於諸侯之餽又何不可受之有哉

抱關擊柝 抱關是環抱而守之意古人爲關以御暴而關之守莫重於夜擊柝只是一事夜行謂守關者行夜也○易曰重門擊柝以待暴客蓋取諸豫又司寤掌夜禁禁晨行與宵行者

委吏乘田 孔子二十歲仕於魯爲委吏料量平二十一歲爲乘田吏畜養蕃息皆母顏氏未喪時事

仕非章旨 此章論爲貧而仕之義重不可苟祿上首節言爲貧而仕二三節言其所宜居四節引孔子以證之末節言所以辭尊富而居卑貧之故

仕非節旨 度天下不能行我之道只得爲貧而仕是指亂世之君子言下二句不過譬上二句註行道宜渾

爲貧節旨 坐實爲貧者便無容有希望意兩辭字只擇仕之初自審當如此辭尊居卑正以辭富居貧二句不平

惡乎節旨 上二句急遞緊帶起惡字宜字句抱關擊柝重在職易稱不至虛縻此祿意

委吏節旨 此引孔子以證卑貧之可居委吏乘田與上抱關擊柝例看總取其職易稱意兩曰字是孟子度其意而云然即與下言高言字相照

位卑節旨 位卑言高則有出位之罪此爲貧者所宜居也居高而道不行則有竊祿之恥此爲貧者所當辭也罪邊帶說重恥邊見爲貧而仕者斷做大官不得

○孟子曰仕非爲貧也[見仕以行道爲主]而有時乎爲貧[曰有時便非仕之常]娶妻非爲養也而有時乎爲養[此二句伴說]

註 仕本爲行道而亦有家貧親老或道與時違而但爲祿仕者如娶妻本爲繼嗣而亦有爲不能親操井臼而欲資其饋養者

講 孟子爲當時有爲貧而苟祿者發曰君子之仕本爲行道非以爲貧也然亦有時乎爲貧者正猶人之娶妻本爲繼嗣非以爲養也然亦有時乎爲養者蓋爲道者出處之經而爲貧者出處之權也

○爲貧者辭尊居卑[尊卑以爵言]辭富居貧[貧富以祿言]

註 貧富謂祿之厚薄蓋仕不爲道已非出處之正故其所居但當如此

講 夫至仕以行權則爲貧而仕者惟辭尊居卑焉求一職之寄而可矣辭富居貧焉求一命之祿而可矣

○辭尊居卑辭富居貧[承上起下]惡乎宜乎[宜是當居之職]抱關擊柝[抱關司啓閉擊柝司晨昏亦不必定爲此官但舉此爲例]

註 柝夜行所擊木也蓋爲貧者雖不主於行道而亦不可以苟祿故惟抱關擊柝之吏位卑祿薄其職易稱爲所宜居也李氏曰道不行矣爲貧而仕者此其律令也若不能然則是貪位慕祿而已矣

講 夫辭尊居卑辭富居貧者其職惡乎宜乎則如抱關擊柝之類其職易稱爲貧而仕者所宜居也

○孔子嘗爲委吏矣曰會計當而已矣[會是總其數計是開其數當是無差失]嘗爲乘田矣曰牛羊茁壯長而已矣[茁壯以形體言長是以生息言]

註 此孔子之爲貧而仕者也委吏主委積之吏也乘田主苑囿芻牧之吏也茁肥貌言孔子以大聖而嘗爲賤官不以爲辱者所謂爲貧而仕官卑祿薄而職易稱也

講 獨不觀諸孔子乎昔孔子爲貧而仕嘗爲委吏矣委吏所司者錢穀之事宜非聖人所屑爲乃孔子則曰委吏雖卑其職易稱也蓋錢穀之數不過出納惟在會計得其當而已矣又何圖焉亦嘗爲乘田矣乘田所司者芻牧之事尤非聖人所屑爲乃孔子則曰乘田雖卑其職易稱也蓋芻牧之事不過牛羊惟在牛羊茁壯長而已矣他又何圖焉爲貧而仕者何不以孔子爲法乎

○位卑而言高[言高是言國家大政]罪也[指越位說]立乎人之本朝而道不行[道不行是不能致君澤民]恥也[指尸位說]

註 以出位爲罪則無行道之責以廢道爲恥則非竊祿之官此爲貧者之所以必辭尊富而寧處貧賤也○尹氏曰言爲貧者不可以居尊居尊者必欲以行道

講 然爲貧所以必辭尊富而居卑貧者何也蓋以位之卑者而盡其卑之職宜也如欲論列朝廷而言位高者之事是侵官也難免出位之罪也若立乎人之本朝而行立朝之道宜也如苟安於位而道不行於上下是曠官也不免尸位之恥也此爲貧而仕者不主於行道而偃然居尊富而不辭者亦可謂不知恥矣

補 此節只是辭尊居卑兩句註腳集註所以字宜著眼

不託章旨

此章前三節言士之所以自待後三節言君之所以待士重君之待士邊蓋悅賢者不可聽其不受賜而無以養之尤不可聽其無常職而無以舉之能養則不必周能舉則又不徒養故引唐虞以示則

不託節旨

孟子傳食諸侯止受餽不受祿故章疑其何不託諸侯孟子言不敢者謂越分也但此句且虛說下諸侯數句正發明不敢之意

君餽節旨

此言餽無常數可以受士固有窮之時也故以氓自待而受君之餽禮以守分言義以處事之宜言總見士無所於苟

周之節旨

此言賜有常數不可受賜與託不同託是我託於彼其意倨曰不敢以名分言不敢上同於失國之君賜是由彼賜我雖不嫌倨亦曰不敢以職分言不敢混同於有位之臣抱關句舉卑以該眞尊也

不識節旨

士之自處固如上文所云此以下因論待士之道也子思不悅作一句於卒也作一讀不悅是為使己拜受之勞曰犬馬畜伋又分明指定然此處且虛含說方留得下節地自是臺無

臺

左傳人有十等王臣公公臣大夫大夫臣士士臣皁皁臣輿輿臣隸隸臣僚僚臣僕僕臣臺

萬章曰士之不託諸侯何也(士指未仕者言)孟子曰不敢也(以名分言)諸侯失國而後託於諸侯禮也(禮即寄公之禮)士之託於諸侯非禮也(非禮以犯分言)

【註】託寄也而不仕而食其祿也古者諸侯出奔他國食其廩餼謂之寄公士無爵土不得比諸侯不仕而食祿則非禮也

【講】萬章問曰士當未仕時雖寄身於諸侯而食其祿似不為過乃不肯託於諸侯何也孟子曰士之不託諸侯非其心之不欲乃分之所不敢也彼諸侯本有爵土者一旦失國出奔而託寓於他國則他國之君以廩餼養之是乃禮之所宜也若士無爵土而亦託食於諸侯非禮也此士之所以不敢也

○萬章曰君餽之粟則受之乎(餽送也)曰受之(以餽非託比故可受)受之何義也(何義猶言何說)曰君之於氓也固周之(氓在野之民士之未仕亦氓也)

【註】周救也視其空乏則周卹之無常數君待民之禮也

【講】萬章曰士之不託於諸侯固禮之所在君若餽之以粟則受之乎孟子曰君之餽當受之也萬章曰託則不可餽則受之是何義也孟子曰士之未仕亦氓也君之於氓也固有周恤其空乏之義此所以為可受也

○曰周之則受賜之則不受何也(賜自上與下言)曰不敢也(以職分言)曰敢問其不敢何也(是問不敢受賜之故)曰抱關擊柝者皆有常職以食於上(職是官職食享上之祿)無常職而賜於上者以為不恭也(不恭即是非禮)

【註】賜謂予之祿有常數君所以待臣之禮也

【講】萬章曰人君待士周之以粟賜之以祿同一賜予也乃士於所周之粟則受於所賜之祿則不受其故何也孟子曰士之職不同於人臣是以不敢受君之賜也萬章曰敢問其不敢受君之賜其故何也孟子曰賜有常數惟有常職者可受故雖抱關擊柝者其官極卑然皆有常職以食祿於上若士無常職而受賜於上者是不以民之分自安而以臣之禮自處其不恭甚矣故不敢受其賜也

○曰君餽之則受之不識可常繼乎(常繼是常常繼續其餽)曰繆公之於子思也亟問(問是問候以通其意)亟餽鼎肉(肉經鼎則熟故註云熟肉)子思不悅於卒也摽使者出諸大門之外(摽是以手麾之)北面稽首再拜而不受(北面如對君也拜首至地曰稽)曰今而後知君

天寶書局精校藏板

餽繆公但知子思之不悅而究不知其所以不悅也卒字亦從臺無餽倒看出若子思不麾餽固未有已耳子思前此還望繆公悔悟卒之一字可見聖賢發之不暴處稽首再拜聖賢終是何等氣象不能養句便含不知繼粟繼肉之道上帶不能舉說亦便有堯之於舜一節在

國君節旨

養即是餽初以君命所以重賢也後不以君命不敢勞賢也子思以為三句一氣說下只推子思不悅之意言繆公數以君命將非養君子之道也映出上文五句乃是養君子之道

堯之節旨

上節不重貶繆公只因繆公以示養賢之則此不重贊堯只因堯以示悅賢之極使其子四句是能養後舉句是能舉悅賢以心言尊賢以禮言也九男二女百官則廩人庖人不足言

之犬馬畜伋犬馬在徒養上伋子思名蓋自是臺無餽也無餽不復令臺致餽悅賢不能舉又不能養也可謂悅賢乎不能舉是不任之在位又不能養兼亟餽無餽兩意【註】亟數也鼎肉熟肉也卒末也摽麾也數以君命來餽當拜受之非養賢之禮故不悅而於其末後復來餽時麾使者出拜而辭之犬馬畜伋言不以人禮待己也臺賤官主使令者蓋繆公愧悟自此不復令臺來致餽也舉用也能養者未必能用况又不能養乎【講】萬章曰君餽之則士固從而受之不識所餽者可常繼乎孟子曰餽可常繼但繼之亦必有道也昔繆公之於子思也慕其賢而悅之亟命使者問其安否亟命使者餽以鼎肉子思有所不悅於心於卒也摽亟問亟餽之使者出於大門之外北面稽首再拜不受曰始以君之餽為敬我也今而後知君之餽乃以犬馬畜伋蓋非敬夫伋直豢乎伋耳自是繆公心愧不復令臺官來致餽焉夫繆公之於子思固有謂其能悅賢矣然所貴乎悅賢者謂其能養能舉也今既不能舉而用之又不能盡道以養之尚可謂悅賢乎是餽可常繼而餽之不以道則不可繼也

○曰敢問國君欲養君子如何斯可謂養矣是究養士之道曰以君命將之將奉也再拜稽首而受以重其君命其後廩人繼粟庖人繼肉不以君命將之廩人庖人皆以官言繼續也繼粟繼肉亦是君意但不以君命將子思以為鼎肉使己僕僕爾亟拜也非養君子之道也此三句是推子思不悅意【註】初以君命來餽則當拜受其後有司各以其職繼續所無不以君命來餽不使賢者有亟拜之勞也僕僕煩猥貌【講】萬章曰亟餽固不可無餽又不可敢問國君欲養君子必如何斯可謂之能養矣孟子曰國君養賢始有所餽而不出於君命者簡也繼有所餽而常出於君命者瀆也故當始餽之時粟不敢委之廩人也肉不敢委之庖人也而必以君命將之蓋敬之也賢者於是再拜稽首而受非拜粟肉也拜君命也此始餽之禮然也自是以後則君命有司供其匱之使廩人繼之以粟庖人繼之以肉不復以君命將之使免於拜賜之勞此繼餽之禮宜然也彼子思之所以不悅者以為一鼎肉之餽亟將以君命使己僕僕爾有亟拜之勞也非國君養君子之道也此所以麾使而不受也然則覩養君子者始以君命將之尊之也繼不以君命將之安之也斯可謂能養矣

○堯之於舜也使其子九男事之男以聽外事二女女焉女以聽內事百官牛羊倉廩備以養舜於畎畝之中養是奉養後舉而加諸上位上位非天子位乃上相之位故曰王公之尊

市井 留青日札云風俗通乃言人至市者當於井上洗濯令潔非也蓋言市中之道四達如井因井路轄集之便以相交易

牛羊倉廩則繼粟繼肉不足言加諸上位則養又不足言

不見章旨 此章發明不見諸侯之義只重士之所以自重處而君之待士帶說首節指出禮次節指出義禮義二字是一章之骨後義路禮門正相應中間詳論諸侯之不可召則士往見之為不義愈明矣末節反照作結

不見節旨 不見兼未召不求見既召不往見兩意市井之臣草莽之臣二臣字輕只是庶人自稱之辭蓋率土皆王臣此則未荷明王之汲未赴旱征之旟也禮字就守分說

庶人節旨 上節不傳質句已答明不見意此一召字又生下許多議論來以分言曰庶人以德言曰士往役為庶人之分往見則失士之節此義不義所由分也上曰禮此又曰不義蓋不守禮而往見便是不義故註仍以士之禮言

且君節旨 下文俱是明往見不義之意此節全在君不可召上見士不可往首二句是反詰他欲見之心事多聞

賢者也（此句兼能養能舉）【註】能養能舉悅賢之至也惟堯舜為能盡之而後世之所當法也【講】然所貴乎國君之養賢者豈徒曰養之已乎賢者亦豈為能養而肯久居其國乎必若堯之於舜也始使其子九男事之且二女女焉凡百官牛羊倉廩皆備以養舜於畎畝之中則廩人繼粟庖人繼肉不足言矣後又舉之加之上位任以百揆四岳之職與之治天職焉食天祿焉此乃能養能舉可謂悅賢之至矣故曰王公之尊賢者也然則欲養賢者可以知所法矣

○萬章曰敢問不見諸侯何義也（此句暗指孟子）孟子曰在國曰市井之臣（市井是自在國而名蓋國都乃市井所在臣指無位之民說下倣此）在野曰草莽之臣（草莽是自在野而名蓋郊野乃草莽所在）皆謂庶人（頂上市井草莽言）庶人不傳質為臣（質與贄同乃所執見君之禮）不敢見於諸侯禮也（禮指守庶人之分言）【註】傳通也質者士執雉庶人執鶩相見以自通者也國內莫非君臣但未仕者與執贄在位之臣不同故不敢見也【講】萬章問曰士以行道為心則當以得君為急乃高尚其志而不肯往見諸侯敢問果何義也孟子曰率土皆臣士有在國都者則列於市井名之曰市井之臣有在郊野者則混於草莽名之曰草莽之臣名雖為臣其實皆是庶人庶人若不傳質為臣不敢私見於諸侯此守庶人之分之禮也無可見之禮則無可見之義矣

○萬章曰庶人召之役則往役君欲見之召之則不往見之何也（役是為君役使見是使其來見）曰往役義也（安庶人之分而合於禮便是義）往見不義也（失為士之守而悖於禮便是不義）【註】往役者庶人之職不往見者士之禮【講】萬章曰士既以庶人自處則當惟君命是從矣然君召之役則往應其役君欲見之召之則不往見之何也孟子曰君召之役而往役是安庶人之分義之當然也若君召之見而往見是失為士之守不合義之當然也

○且君之欲見之也何為也哉（君指諸侯言此反詰君欲見之故）曰為其多聞也（多聞以學言聞見廣博也屬知邊）為其賢也（賢以德言道全德備也屬行邊）曰為其多聞也則天子不召師而況諸侯乎（為多聞下當貼師之意）為其賢也則吾未聞欲見賢而召之也（為其賢下當貼屈己下賢意）【講】吾且問子君之欲見士也果何為也哉萬章曰君之欲見於士

天寶書局精校藏板

與賢章亦隨意舉似就一人疊說孟子遂分作兩層折辯正深見其不可召也

繆公節旨

引子思一段以證不可召之意重而況可召與句繆公自言能友士其辭矯故子思不悅而以事字折之事之云乎是古語豈曰友之句正破繆公處豈不曰以下是孟子推子思之意以位以德重德邊分賓主說千乘以下是就上文斷之放開一步召比友又下一等故用而況字

齊景節旨

此借虞人證上不可往召然亦以暢不可召士之說也勿與子思平對只重取非其招不往句以伏下不賢人之招不可加於賢人

敢問節旨

通節以虞人為主皮冠句正答其問中二句輕遞過大夫句另講如云招虞人必以皮冠若庶人僅以旃士僅

旃旂旌

禮書云游車載旌大夫從游樂之燕者也故招

者為其學之多聞而能知乎道也為其德之賢而能體乎道也孟子曰既為其多聞也則可師矣雖以天子之尊不敢召師而況諸侯乎既為其賢也則當就見矣吾未聞人君欲見賢而反召賢者也觀此則知君不可召士而士之不可往見亦明矣

○繆公亟見於子思曰(亟見是禮意慇懃處)古千乘之國(千乘指諸侯言)以友士何如(友是交也)子思不悅曰古之人有言曰事之云乎(事是師他尊之也)豈曰友之云乎(友是交他敬之也兩之字指士)子思之不悅也豈不曰(是孟子推子思之意)以位則子君也我臣也(臣指庶人之分言)何敢與君友也(何敢指君臣之分言)以德則子事我者也(德以道言即上多聞與賢也事我即師道之尊)奚可以與我友(就德上論)千乘之君求與之友而不可得也而況可召與(此千乘之君泛說多專指繆公)

【註】孟子引子思之言而釋之以明不可召之意

【講】欲知君不可召士觀繆公於子思之事可見矣昔者繆公慕子思之賢而亟見之因問子思曰古有撫千乘之國以下而友士何如公蓋自謂能友子思矣子思不悅曰聞古之人有言曰人君於士當隆以師禮而事之云乎豈但如君之言而友之云乎吾想當日子思之不悅也其意豈不曰如徒以位言則子乃君之尊也我乃臣之卑也尊卑自有定分何敢以臣而與君友也若以德言則子雖為君而德實在我子當致敬盡禮以師事我者也奚可以與我為友哉此子思意也由此觀之夫以千乘之君求與一介之士為友而且不可得也而況可召之使往見歟此則君之當就見而不可召見也明矣

○齊景公田(田是田獵)招虞人以旌(虞人是守苑囿之吏)不至將殺之(不至是守分)志士不忘在溝壑勇士不忘喪其元(此二句是孔子贊美虞人之言)孔子奚取焉取非其招不往也(此二句是推孔子贊美之意當重看)

【註】說見前篇

【講】君不可召士不但徵諸子思之言觀虞人之事又可知矣昔者齊景公田獵招虞人以旌虞人守分不至景公怒將殺之孔子聞而美之曰志士固窮不忘死在溝壑勇士輕生不忘喪其元首孔子奚取於虞人焉而以志士勇士美之耶取非其招而守死不往也士若往見不惟有愧於子思抑且出虞人下矣

○曰敢問招虞人何以(以用也)曰以皮冠(皮冠取職司鳥獸也)庶人以旃(旃取素質之義)士以旂(旂取變化之義)大夫以旌(旌取文明之義)

【註】皮冠

以旌諸侯建旃士君之所禮也故招以旃孤卿建旃庶人孤卿之所治也故招以旃○周禮註云通帛謂大赤從周正色無飾析羽皆五采

大東詩
東國困於役而傷於財譚大夫作此以告病其首章曰有饛簋飧有捄棘棘周道如砥其直如矢君子所履小人所視睠言顧之潛焉出涕

以旃招大夫方以旌旌豈可以招虞人此士字上中下之士與上文士字不同

以大節旨
首二句緊接上文提過以士之招二句又因虞人不往推出一層跌入況乎甚有力招之則來麾之則去者惟不賢人則然耳招之便是以不賢待之故曰不賢人之招註不敢往是過其分不可往是屈其節按以上引子思虞人兩段只歸重而況可召與況乎以不賢人之招招賢人乎二句餘俱輕看

欲見節旨
此正詳明所以不應召之意以道如近則就見之遠則幣聘之皆是夫義四句緊承欲入閉門句來不是力贊君子正是責重諸侯言君子所以不見者正為諸侯不以禮義耳能由能出入自君子平日立身行己泛說而重不往見之義守不敢見之禮尤其大綱也引詩重君子句只發明惟君子三字以周道為君子所履證義路為君子所由君子小人二句串看

君命節旨
玩然則二字章不是疑孔子為非乃終疑不往見之未為是耳當仕有官職則非市井草莽之臣以其官召之

田獵之冠也事見春秋傳然則皮冠者虞人之所有事也故以是招之庶人未仕之臣通帛曰旃士謂已仕者交龍為旂析羽而注於旂干之首曰旌 講 萬章曰虞人非其招不往固矣然招虞人當何以也孟子曰以皮冠蓋皮冠者田獵之冠正虞人之所有事也而旌則非其招矣由招虞人推之若招未仕之庶人則以通帛之旃取其素質象庶人之幽貞也而旌亦非所招矣若招已仕之士則以交龍之旂取其變化象士之乘時也而旌亦非所招矣惟招大夫則以旌取其文明象大夫之大章外見也若旌豈所以招虞人哉

○以大夫之招招虞人大夫之招指旌虞人死不敢往即虞人不往之事以士之招招庶人士之招指旃庶人豈敢往哉又即虞人之不往而推及庶人之不往況乎以不賢人之招招賢人乎不賢人之招指欲見賢而召之說 註 欲見而召之是不賢人之招也以士之招招庶人則不敢往以不賢人之招招賢人則不可往矣 講 是可見皮冠者虞人之招也旌者大夫之招也以大夫之招招虞人虞人尚守死而不敢往以此推之則旃者庶人之招也旂者士之招也以士之招招庶人庶人豈敢往哉夫執贄者之物以招賤者特過其分耳未為屈也猶以為招非其招而不敢往況乎欲見賢而召之是不賢人之招也乃以招多聞且賢之賢人乎其不可往應其召決矣

○欲見賢人而不以其道不以道是召之使見猶欲其入而閉之門也正喻其不可見夫義路也義以制事言即人之通衢一般禮門也禮以檢身言即人之閫域一般惟君子能由是路路當義字看出入是門也門當禮字看詩云周道如底周道二字斷章取義即作義路意解其直如矢君子所履履是躬行言小人所視視自效法言 註 詩小雅大東之篇底與砥同礪石也言其平也矢言其直也視視以為法也引此以證上文能由是路之義 講 若夫國君欲見賢人當必有道也或近而就見或遠而幣聘可也苟不以其道而召見之適以阻其見猶欲其人之入閉之門也彼豈得入哉所以不易見者以士素守乎禮義耳夫事理之宜為義乃人所由之路也天理之節文為禮乃人出入之門也惟多聞而賢之君子則能奉義以周旋由乎是路率禮而不越出入是門也觀小雅大東之詩有云周道之平如底其直如矢君子所履以為行小人所視以為法夫如底如矢可以見義路焉所履所視可以見君子之能由是路焉而出入是門者可類推矣若往見諸侯禮義之謂何而肯為之乎此欲見賢人所以不當召之也

○萬章曰孔子君命召不俟駕而行駕是車駕然則孔子非與非指不合於禮義曰孔子當仕有官職而以其官

又非比以其多聞以其賢召之也此節雖是餘波然亦喫緊不然則禮義乃拘執而無變通之妙矣

友善
天地善之原也上下四方善之散殊也伊尹所謂德無常師主善為師者正所謂善非人所得私耳故同人莫大乎於野有功必得之出門詩云嚶其鳴矣求其友聲蓋鳥之求友者非睍睆於幽谷之中必羣集於喬木之上故知出谷遷喬所謂遷善以擇交也善有大小斯友有廣狹

一鄉章旨
此章孟子廣友善之量不徒盡應求於一世尤當證契合於千古上節現成說下節有工夫在歸重下節未足二字是章內關鍵

一鄉節旨
上善士以本身地位言下善士以一鄉同類言要看得活非謂必善蓋一鄉後方可取友亦言若無蓋一鄉之識見器量則無以盡友其人耳既善蓋一鄉又要友一鄉之善士者蓋相與切磋以求益進其善也一國天下皆然

以友節旨
上節取善盡乎今此節友善進於古宜相連看要味未足二字又尚論一句全領起論世知人亦在誦讀上審究不離詩書又不泥詩書如孟子之必稱堯舜願學孔子是為尚論隻眼是尚友句又即其尚論而信為友道之盡

召之也 有官職則非未仕為臣者以官召正見其非召士意 【註】孔子方仕而任職君以其官名召之故不俟駕而行徐氏曰孔子孟子易地則皆然○此章言不見諸侯之義最為詳悉更合陳代公孫丑所問者而觀之其說乃盡 【講】萬章曰士固不可應召矣乃若孔子禮義之中正也孔子一聞君命之召不俟車駕而行然則孔子非協於禮義與孟子曰孔子在魯當仕而有官職則非不傳質為臣者故魯君以其官召之也以其官召之則亦以其官應之所以趨君之命如此其急也蓋當其仕則謂之臣雖聖人不敢以自高固禮也義也若未仕則謂之士雖匹夫不容以自屈亦禮也義也然則士之不見諸侯惡可與孔子槩論哉 【補】焦漪園曰禮義無定體亦無定用為士時則以不赴召為禮義居官時則又以赴召為禮義此正時中之道

○**孟子謂萬章曰一鄉之善士** 言己之善蓋於一鄉 **斯友一鄉之善士** 言一鄉中凡有善者皆吾所友 **一國之善士** 言己之善蓋於一國 **斯友一國之善士** 言一國中凡有善者皆吾所友 **天下之善士** 言己之善蓋於天下 **斯友天下之善士** 言天下中凡有善者皆吾所友 【註】言己之善蓋於一鄉然後能盡友一鄉之善士推而至於一國天下皆然隨其高下以為廣狹也 【講】孟子謂萬章曰友所以取善而取善又由於己如己之識見器量可以蓋一鄉而為一鄉之善士斯有以盡友一鄉之善士己之識見器量可以蓋一國而為一國之善士斯有以盡友一國之善士己之識見器量可以蓋天下而為天下之善士斯有以盡友天下之善士蓋既有是量則同志相求交修以進寧有窮乎

○**以友天下之善士為未足** 未足是心有歉意 **又尚論古之人** 論有比同意 **頌其詩讀其書** 頌讀是觀其言 **不知其人可乎** 其人指行事之實言 **是以論其世也** 論世是考其行 **是尚友也** 尚友是上與古人為友 【註】尚上同言進而上也頌誦通論其世論其當世行事之迹也言既觀其言而不可以不知其為人之實是以又考其行也夫能友天下之善士其所友眾矣猶以為未足又進而取於古人是能進其取友之道而非止為一世之士矣 【講】若取友而至盡交天下之善士己無愧一世之士矣然其取友之心猶有所未足以善至於古聖人而始為至也又進而尚論古之人焉誦其詩以諷詠乎國風雅頌之旨讀其書以涵濡乎典謨訓誥之文此特其言也苟不知其為人之實可乎是以考論其當世行事之迹也如此則誦讀之傳不但為口耳之資身居千載之下而心孚乎千載之上其所友者不止於今世之士矣是能尚進而取友於古人也蓋其取善無窮而進善亦無窮耳子其勉之哉 【補】輯語云此章不是推廣交友正極言取善之法步步從自己分量識見恢廓上去

問卿章旨
此章論為卿之道君有親疏之分故道有經權之異重反覆諫上提出不聽二字正所以動時君虛己受善之心

問卿節旨
有貴戚之卿二句且虛下正詳之貴戚之卿與國同休戚者也大過諫必反覆所以明忠萬不得已易位所以存祀總為宗社之計

王勃節旨
此是記者之辭世主好諛惡直違於心者自忍呈於色也

勿異節旨
此孟子以正理慰齊王也

色定節旨
王色定三字亦是記者之辭易位與去俱就遭變上說兩個反覆之要看積誠以感動盡心以扶持直至無可如何而後已若無此反覆苦心質鬼神盟幽獨不可便說易位便說去

○齊宣王問卿（是問設卿何為）孟子曰王何卿之問也（是究其問何等卿）王曰卿不同乎曰不同（言其等有不同）有貴戚之卿（貴戚是以親任者）有異姓之卿（異姓是以賢任者）王曰請問貴戚之卿（問意疑貴戚必有順從處）曰君有大過則諫反覆之而不聽則易位（反覆屢諫有冀其感悟意）【註】大過謂足以亡其國者易位易君之位更立親戚之賢者蓋與君有親親之恩無可去之義以宗廟為重不忍坐視其亡故不得已而至於此也【講】齊宣王問為卿之道蓋欲得其設官分職之意也孟子曰王何卿之問也宣王曰卿有不同乎孟子曰不同有與君同姓而以親任之者謂之貴戚之卿有與君異姓而以賢任之者謂之異姓之卿宣王曰請問貴戚之卿當何如盡其道孟子曰貴戚之卿所主在恩惟君小過則已矣如或君德不修而有大過則必盡言以諫之然不可以一諫塞責也又必反覆而諫之以冀其君之悟而君猶不聽則過之成其國必亡矣於是不得已為宗社計易君之位更立親戚之賢者以代之蓋與國同休戚故所以處之者權宜之道當如此

○王勃然變乎色（訝易位之言太甚）【註】勃然變色貌【講】宣王疑孟子易位之言太甚乃勃然變乎色蓋深異孟子之言也

○曰王勿異也（異是怪異）王問臣臣不敢不以正對（正對是無諂諛意）【註】孟子言也【講】孟子慰之曰王勿異乎臣之言也王以貴戚之卿問臣臣不敢不以正對蓋臣所言者乃貴戚之道當然也王何異焉

○王色定（定即變色而復其常）然後請問異姓之卿（問意必以異姓有不同處）曰君有過則諫（有過含不待大過意）反覆之而不聽則去（反覆亦有冀其感悟意去是以道為重位為輕）【註】君臣義合不合則去○此章言大臣之義親疏不同守經行權各有其分貴戚之卿小過非不諫也但必大過而不聽乃可易位異姓之卿大過非不諫也雖小過而不聽已可去矣然三仁貴戚不能行之於紂而霍光異姓乃能行之於昌邑此又委任權力之不同不可以執一論也【講】宣王勃然之色既定然後請問異姓之卿當何如盡其道孟子曰異姓之卿所主在義非必君有大過而後諫也但遇君少違乎道而有小過則必進言以諫之然亦不可以一諫塞責也又必反覆而諫之以冀其君之悟而君猶不聽則其過愈深將數斯辱矣於是見幾而去不容一日以立於朝蓋君臣以義合故所以處之者守經之道當如此要之分在貴戚以宗廟為重分在異姓以正君為急人君誠能體先王設卿之意以思自立於無過則親親賢賢有不各安其職者哉【補】孟子此言與前篇寇讎之意同所以警齊王也

天寶書局精校藏板

新訂四書補註備旨下孟卷之四

粤東鄧　林　退庵先生手著　　裔孫　煜耀生編次
寶安祁文友　珊洲先生重校　　江甯後學杜定基起元增訂

杞柳
杞枸杞也詩云無折我樹杞又云集於苞杞又云言采其杞又云南山有杞又云在彼杞棘又云隰有杞桋○柳小楊也詩云折柳樊圃又云菀彼柳斯又云有菀者柳

桮棬
卮飲酒器也匜盥水洗手器左傳捧匜沃盥

杞柳章旨
此章闢告子性無仁義之說告子即杞柳論性病根在為字孟子即從為字生出戕賊字以折其貽害之大而告子之說窮矣

杞柳節旨
告子必素聞孟子性善之說故欲以己之議論破之此合下三章俱是立論不是問辭性猶二句重下句且虛講下二句方發出人性本無仁義意

子能節旨
註是正解性字勿入告子口中子能二句非兩詰之辭言子豈能如彼將必如此也如將二句方是即其言以難之順字特與為字反照戕賊二字正為字作用戕賊可施於杞柳而不可施於人性明矣率天下二句又因戕賊語而究其貽害之大耳禍仁義便是禍性無兩層朱子曰孟子辯告子處皆是辯倒便休不曾說盡道理

湍水章旨
此章闢告子善惡混之說告子言性無定體善惡皆由於使然孟子言性

告子章句 凡二十章

○**告子曰性猶杞柳也** 杞柳是木之柔者 **義猶桮棬也** 義須帶仁說不言仁者省文也 **以人性為仁義猶以杞柳為桮棬** 為是矯揉造作意 【註】性者人生所稟之天理也杞柳柜柳桮棬屈木所為若卮匜之屬告子言人性本無仁義必待矯揉而後成如荀子性惡之說也 【講】昔告子以性為惡將分性與仁義而二之乃言於孟子曰今之言性者類皆以性為善而言仁義者類皆以仁義為出於性矣自我言之人之生而有性也其知覺運動不過頑然一質猶之杞柳頑然一物也仁義之理非吾性之所本有猶桮棬之器非杞柳之本成也故以人性矯揉之而後成仁義猶以杞柳矯揉之而後成桮棬也是告子外仁義以言性而不知仁義即性矣 【補】註矯揉矯者矯曲而使之直揉者揉直而使之曲

○**孟子曰子能順杞柳之性而以為桮棬乎** 順是依其本然 **將戕賊杞柳而後以為桮棬也** 戕賊是斲削不依本然意 **如將戕賊杞柳而以為桮棬** 如字作若字看 **則亦將戕賊人以為仁義與** 亦字對戕賊杞柳說 **率天下之人而禍仁義者必子之言夫** 禍作棄字看子之言指以人性為仁義說 【註】言如此則天下之人皆以仁義為害性而不肯為是因子之言而為仁義之禍也 【講】孟子折之曰子安得以杞柳為桮棬而例人性之仁義哉蓋杞柳木也桮棬器也今子能順杞柳之性而以為桮棬乎抑將戕賊杞柳之性而後可以為桮棬也如將戕賊杞柳之性而以為桮棬則亦將人之性而戕賊之而後可以為仁義與不知桮棬本杞柳之所無必將戕賊而後成仁義乃人性之自然不待戕賊而後有蓋迥然其不同矣子欲比而同之吾恐此言一倡則人皆以仁義為性所本無殆將棄仁義而不肯為矣是率天下之人而禍仁義者必子之言矣夫子之論性自眛其性可也而乃使天下不為仁義言可不慎乎哉 【補】慶源輔氏曰不言戕賊人之性而言戕賊人者人之所以為人者性也

天寶書局精校藏板

湍水　湍水行疾也水疾便無定勢○波流瀠洄波流之勢瀠洄也瀠是水勢旋轉未有所之也

有定體善其本然而惡其使然

湍水節旨
告子以氣為性湍水即杞柳之見故曰因前說但前以性為惡必矯揉而後可為善而此則以性無善惡特可善可惡耳故曰小變之決東則東決西則西水非自為東西也以此喻性則善惡皆自外來矣

水信節旨
只將上下字換他東西字便折倒人性二句已說明性本善了下二句乃決言其善是一定以足上意叫做人斷無不善叫做水斷無不下正與湍水意對蒙引云人無有不善句是此章要旨

搏而節旨
天下無不善之性容有不善之人故須此節說破搏激二字就他決字而甚言之過顙在山則不特東西矣此正於所為不善處說出性無不善來人之可使為不善如何又說其性蓋言其性為人所逆亦猶水為搏激所使也使者拂其本然之謂三使字重看

生之章旨
此章闢告子以氣為性之非告子認生為性是其病根處孟子不細與分釋只就混人物於無別上折倒他

生之節旨
專論知覺而不論知覺中之良知專

○告子曰性猶湍水也決諸東方則東流決諸西方則西流〔決是決而引之也東西正見湍水無定處〕人性之無分於善不善也猶水之無分於東西也〔分是分別性無分就所習論水無分就所決論〕

【註】湍波流瀠洄之貌也告子因前說而小變之近於楊子善惡混之說

【講】告子以杞柳言性見屈於孟子乃小變其說曰今而後吾知性矣人之性未有所習本無定體猶之湍水未有所知本無定向也我觀湍水決而引諸東方則東流而非一於西也決而引諸西方則西流而非一於東也然則人性之無分於善與不善也顧人所習何如耳猶之湍水之無分於東與西也顧人所決何如耳告子之變為此說蓋混善惡而一之而以性為無善無不善也

【補】性猶句虛決諸二句言湍水人性二句正說猶湍水

○孟子曰水信無分於東西〔信其可東可西〕無分於上下乎〔言必就下不就上〕人性之善也猶水之就下也〔此喻性有一定之善〕人無有不善水無有不下〔人字當性字看此二句決性有一定之善〕

【註】言水誠不分東西矣然豈不分上下乎性即天理未有不善者也

【講】孟子就其言水而折之曰水之流可東而亦可西信無分於東西矣然必趨下而不趨上豈無分於上下乎蓋水之東西無常而就下有常其決而東者必東之下也決而西者必西之下也彼人性之本然善也猶水之本然就下也凡為人決無有不善有不善便非人之性矣即為水決無有不下有不下便非水之性矣知水之必下則知性之必善矣

○今夫水搏而躍之可使過顙〔過顙則非下矣〕激而行之〔激壅也行逆流也〕可使在山〔在山則非下矣〕是豈水之性哉〔是指過顙在山〕其勢則然也〔勢指搏激然指過顙在山〕人之可使為不善〔可使句指性言不善即溺於所習不仁不義說〕其性亦猶是也〔是字指搏過激顙在山言〕

【註】搏擊也躍跳也顙額也水之過額在山皆不就下也然其本性未嘗不就下但為搏激所使而逆其性耳○此章言性本善故順之而無不善本無惡故反之而後為惡非本無定體而可以無所不為也

【講】夫人性本善而或有不善者蓋有故也今夫水性本就下也人以手搏而躍之可使上過乎顙壅激而行之可使上在於山過顙在山是豈水之本性哉搏之不容不躍激之不容不行勢不得不然也然則人性本善亦可使為不善者或為氣稟所拘物欲所蔽亦猶水為人搏激使然也搏激過而使然就下利欲去而依然為善豈可因其勢之所使而遂謂性無定體哉

雪 大戴禮云天地積陰溫則為雨寒則為雪元命苞曰陰陽凝而為雪韓詩外傳云凡草木花多五出雪花獨六出六者陰極之數

犬牛 孫疏云犬之性金畜也故其性守牛之性土畜也故其性順

論運動而不論運動中之良能只見得生一邊耳性未嘗離氣但借生以顯性則可執生以當性則不可知覺屬心運動屬身告子只單就人說

猶白節旨

孟子一聞生之謂性之說已有末節犬羊一段辯意恐其尚有遁辭也先詰以白之謂白而曰然是即生即性矣再詰以白羽白雪白玉之同一白而曰然是凡生皆性矣故直接下文之辯註凡物之白更無差別當貼白羽四句凡有生者同是一性是預透下節

然則節旨

然則二字緊接上然字來三性字雖承告子之言其實反其意而歸於孟子所謂性不指知覺運動言矣不重犬牛無別只重犬牛不可與人無別

食色章旨

此章闢告子義外之說得力在長之者一句則義之非外已明白了後不過因其強辯故以所明者通之大抵告子論長始終以人言孟子論長始終以心言至食色非性處全未論及中間以白辯長從色字生以炙辯長從食字生

食色節旨

知食色之美而甘之悅之知即知覺也甘與悅即運動也甘食悅色是心裏愛他愛便屬仁至食色卻有可愛

○**告子曰生之謂性**生活也知覺運動只是個活的物事【註】生指人物之所以知覺運動者而言告子論性前後四章語雖不同然其大指不外乎此與近世佛氏所謂作用是性者略相似【講】告子言性為孟子所攻而必欲強伸其說乃仍其立論之本旨而言曰性之為性非他也凡於天地間有此知覺有此運動者即謂性也若言性而有出於生之外則非性矣此吾所以有把柳湍水之喻也【補】朱子曰生之謂氣生之理謂性

○**孟子曰生之謂性也猶白之謂白與**白字泛指凡物說**曰然**然是諾辭**白羽之白也猶白雪之白白雪之白猶白玉之白與**四句申明猶白之謂白意**曰然**然字雖頂論白而所以論性意自該得【註】白之謂白猶言凡物之白者同謂之白更無差別也白羽以下孟子再問而告子曰然則是謂凡有生者同是一性矣【講】孟子姑就其說詰之曰子謂生之謂性也猶凡物之白者即謂之白與告子不求諸心而直應之曰然凡有白者即謂之白凡有生者即謂之性無以異也孟子猶恐其言未定復申之曰天下之物稱為白者亦多矣今若比而同之則白羽之白即猶白雪之白白雪之白即猶白玉之白更無差別與告子復應之曰然彼蓋欲申其白之謂白之說而不知生之謂性之非已自此而可闢矣【補】陳氏曰白羽至輕之白白雪不堅之白白玉堅潤之白質本不同也

○**然則犬之性猶牛之性牛之性猶人之性與**犬牛分別不重只重人必別於物【註】孟子又言若果如此則犬牛與人皆有知覺皆能運動其性皆無以異矣於是告子自知其說之非而不能對也○愚按性者人之所得於天之理也生者人之所得於天之氣也性形而上者也氣形而下者也人物之生莫不有是性亦莫不有是氣然以氣言之則知覺運動人與物若不異也以理言之則仁義禮智之禀豈物之所得而全哉此人之性所以無不善而為萬物之靈也告子不知性之為理而以所謂氣者當之是以杞柳湍水之喻食色無善無不善之說縱橫繆戾紛紜舛錯而此章之誤乃其本根所以然者蓋徒知知覺運動之蠢然者人與物同而不知仁義禮智之粹然者人與物異也孟子以是折之其義精矣【講】孟子因折之曰如子之言凡有白者均謂之白是凡有生者皆同一性矣然則人有知覺運動犬與牛亦有知覺運動將謂犬之性無異於牛之性牛之性無異於人之性與不知以生而言物之知覺運動若與人同以生之理而言人有仁義禮智之禀則與物異何可比而同之也子乃謂生之謂性是同人道於犬牛矣何其悖理之甚哉【補】胡氏曰理同而氣異是從人物有生之初言氣同而理異是從人物有生之後言

○**告子曰食色性也**告子以甘食悅色是生而有之不期然而然者故曰性**仁內也非外也**仁以仁愛之心言愛生於內故以仁為內**義外也非內也**義以事物之宜言宜生於外故以義為外口氣雖平重義外邊【註】告子以人之知覺運動者為性故言人之甘食悅色者即其性故仁愛之心生

天寶書局精校藏板

不可愛則事物之宜由於外也告子言性粗言仁義亦粗仁是心之德愛之理今只以心之愛為仁德與理都無了義是心之制事之宜今只以事之宜為義心之制都無了

何以節旨

告子主以仁內決義外故只就義詁他我長謂稱其年齒非知敬長也長與白告子俱指人言至下孟子辨之則兼馬說故謂之外只承彼長二句言

白馬節旨

白馬四句一截先辯其以白喻長之非且謂二句一截方辯其非有長於我之非上白字是稱謂下白字是白色白馬白人俱只稱之為白長馬亦只稱之為長惟長人則必行吾心之敬以敬之即此不同處便是心之制所謂義也長者猶云彼長長之者我也主以我敬長之心如何說非有長於我如何說義外

吾弟節旨

此是告子再申義外之說必帶仁內言者特借以我為悅形出以長為悅之在外耳大意謂不必說甚長人長馬只就人之中而長亦有兩等我一概長之初無分別非若愛人者有愛有不愛我自做得主張

耆秦節旨

孟子亦言不必說甚吾長楚長只就

炙

黃帝始燔肉為

於內而事物之宜由乎外學者但當用力於仁而不必求合於義也【講】告子誤執生之謂性雖屢詘於孟子之辯而猶不求諸心乃復強伸其說曰欲知生之謂性求之仁義則難明驗之食色則易見夫人生而甘食悅色是即性也即食色之甘悅而推之可見凡心之有所愛而謂之仁者皆內也非外也即食色之可甘可悅而推之可見凡物之有所宜而謂之義者皆外也非內也仁既在內則用力於仁可也義既在外亦何必求合於義哉

○**孟子曰何以謂仁內義外也**言仁義一原仁既在內何所據而獨謂義在外**曰彼長而我長之**彼長指人之有年者**非有長於我也**我字就內心言非先有長之之心在我**猶彼白而我白之**彼白以人色之白者言**從其白於外也**從隨也隨其白在外而我白之非先有白之之心在內**故謂之外也**外指義說【註】我長之我以彼為長也我白之我以彼為白也【講】孟子曰仁義本同具於一心子乃謂仁在內義獨在外果何所見乎告子曰我以義為外非無見也以彼有人焉其年長也吾從而長之是因其長在彼而非先有長彼之心於我也猶彼有人焉其色白也吾從而白之是從其白於外而非先有白彼之心於我也即此觀之則長不由於我而由於人事物之宜果在外矣故謂之義外也

○**曰異於白馬之白也**上白字活看乃我白之下白字以馬之色言**無以異於白人之白也**上白字亦活看下白字以人之色言**不識長馬之長也無以異於長人之長與**長馬不過稱其齒之長長人則必有敬之之心**且謂長者義乎**且字一折長者指人言**長之者義乎**長之者指此心之敬其人言二乎字皆是詰辭【註】張氏曰上異於二字疑衍李氏曰或有闕文焉愚按白馬白人所謂彼白而我白之也長馬長人所謂彼長而我長之也白馬白人不異而長馬長人不同是乃所謂義也義不在彼之長而在我長之之心則義之非外明矣【講】孟子辯之曰子以白喻長非其倫也蓋不特有白者馬亦有白者不特人有長者馬亦有長者彼白馬之白也誠無異於白人之白也不識長馬之長也果無以異於長人之長與吾知長馬之長特以彼為長耳至於長人之長則不但以其人為長也必有恭敬之心存焉而與長馬之長不同是即所謂義也子安得以長白之而同論乎且子所謂義者果安在也彼之年齒長於我所謂長者也我之恭敬施於人所謂長之也子果以人之長者為義乎抑以在我長之者為義乎如以長者為義則義可以為在外若以長之者為義則義豈在外哉

○**曰吾弟則愛之**吾弟以情之親言**秦人之弟則不愛也**秦人以情之疎言**是以我為悅者也**以我為悅見強不得我之愛意**故謂之內長楚人之長亦長吾之長**上長字以

炙詩云或燔或炙註燔用肉炙用肝又燔者火燒之名炙者遠火之稱○帝王紀紂宮九市車行酒馬行炙○楚屈建曰祭典庶人有魚炙之薦

孟季子

孟仲子爲季子從昆弟以仲季之序考之季子又當爲仲子之弟也

尸

曲禮孫可以爲王父尸子不可以爲父尸爲君尸者大夫士見之則下之又曰尸必式坊記子

飲食之中亦有兩等物字指炙亦字對長人然字指嗜之同炙在外而嗜之者由心辨其甘則長在外而長之者由心酌其等此只申明長之者義乎一句

孟季章旨

此章發明義內意以行吾敬句作主註中時字最得旨公都子雖知義本於心而不知義妙於時故被季子難倒得孟子庸敬斯須之說遂悟一時

孟季節旨

字生出冬日夏日之喩以折之

季子之問分明主告子義外之說但上章謂敬因人觸發非吾所得主此章謂敬因人轉移非吾所得主微有不同

行吾節旨

義之端顯於敬而敬之行本於吾行吾敬三字已足括義內之指此從長之者義乎體認出來註於吾字下標出心字最得

鄉人節旨

孟季子聞行吾敬之言欲辯駁吾字故設鄉人伯兄之難季子料定必是敬兄一得敬兄之語便以酌則誰先問之可見自家毫無主張安得謂義內此即告子長楚人之長四句意

不能節旨

此孟子即倣伯兄鄉人之例直是要得他在位故也一句而因以折之上

致敬言下長字指人言**是以長爲悅者也**以長爲悅見沒不得人之長意**故謂之外也**【註】言愛主於我故仁在內敬主於長故義在外【講】告子復申其說曰吾所謂仁內者何也蓋吾弟親之也則愛之秦人之弟疎之也則不愛也愛與不愛是以我之心爲悅者也可見仁愛之心生於內故謂之仁在內也吾所謂義外者何也蓋致敬以長乎楚人之長者亦致敬以長乎吾之長者敬主於長是以人之長爲悅者也可見事物之宜由乎外故謂之義在外也告子此言終以長者爲義不知長之者爲義矣【補】仁義一理也親親而仁民則吾弟固愛秦人之弟亦未始不當愛事兄悌故敬可移於長則長楚人之長亦由吾長而推之但有差等耳此等正大道理孟子不暇與之言下文只就其所明而通之

○**曰耆秦人之炙**耆與嗜同炙是燒肉**無以異於耆吾炙**無以異言均可耆**夫物則亦有然者也**物指炙言亦有然是於物有同耆者對上長有同然看**然則耆炙亦有外與**外字承上以長之爲外說來【註】言長之耆之皆出於心也林氏曰告子以食色爲性故因其所明者而通之○自篇首至此四章告子之辯屢屈而屢變其說以求勝卒不聞其能自反而有所疑也此正其所謂不得於言勿求於心者所以卒於鹵莽而不得其正也【講】孟子乃因其明而通之曰長楚人之長亦長吾之長人固有然者彼耆秦人之炙亦無以異於耆吾之炙夫物則亦有同耆而然者也信如子以長爲悅而外乎義然則耆炙之心亦有在乎外與吾知炙雖在外而所以耆之者心也長雖在外而所以長之者心也耆炙非外而敬長爲外乎敬長非外而義豈在外乎

○**孟季子問公都子曰何以謂義內也**此是私論孟子之言【註】孟季子疑孟仲子之弟也蓋聞孟子之言而未達故私論之【講】孟季子聞孟子義內之說未達其旨乃私問公都子曰人皆以義爲外夫子獨以義爲在內此其說果何謂也

○**曰行吾敬**行字當出字看吾字包心字在內**故謂之內也**【註】所敬之人雖在外然知其當敬而行吾心之敬以敬之則不在外也【講】公都子曰義主於敬知敬之所自出則知義之在內矣有人於此在所當敬也行吾心之敬以敬之是敬由心出故謂之內也

○**鄉人長於伯兄一歲**一歲字亦有意**則誰敬**誰字以鄉人與伯兄相較**曰敬兄**疏不踰親況鄉人僅長一歲乎**酌則誰先**誰先是誰先酌**曰先酌鄉人**主不先客況其年又長一歲乎**所敬在此**在此指伯兄**所長在彼**在彼指鄉人**果在外非由內也**果是信告子之說爲當然【註】伯長也酌酌酒也此皆季子問公都子答而季子又言如此則敬長之心果不由中出也【講】孟季子猶未達意以敬雖在內然吾所以用其敬者則在外也乃又辯曰子以行吾敬明義之在內似謂敬即義矣不知敬義固當有別也試以敬長而言假如鄉人長於伯兄一歲則

天寶書局精校藏板

云七日戒三日齊承一人焉以為尸過之者趨走以敎敬也尸飲三衆賓飲一示民有上下也○凡祭天地社稷山川及七祀之屬皆有尸外神不問同姓異姓但卜之吉則可為尸祭勝國之社稷則士師為尸惟祭殤無尸○尸主也謂本之為主也祭成喪者必有尸以其主立也祭而有尸所以出主也尸必以孫孫抱木主而出也孫幼不能抱及無孫使人抱之所以抱其主也夫婦共尸二主之合抱也始死無尸未立主也神具醉止則非尸所食儼如在也皇尸載起

在位句雖指弟亦正見弟不在尸位則叔父之敬不可易下在位句雖指鄉人亦正見鄉人不在賓客之位則伯兄之敬不可易常敬暫敬臨機應變胸中確有權衡非徒因人轉移者也註因時制宜是義皆由中出是義所以為內

聞之節旨

季子正欲駁倒因時制宜意蓋謂皆由中出是看制宜重謂非由中皆是看因時重也長楚長吾之說就同者言外則孟子亦以嗜之同者言內鄉人伯兄之說就異者言外則公都子亦以飲之異者言內飲食活看言飲之食之也

性無章旨

此章闡發性善之旨重因情以驗性上才字對情字不過然盡性工夫全要在才上擴充以善其情之用故孟子以盡其才為盡性也末引詩與聖言證之揭出天字正是性善源頭

性無節旨

此主性之渾淪言重兩無字見善惡皆性所無也

性可節旨

此主性之無定言重兩為字上二句言善惡由於習下即感化之異以明之也二則字正見為之兩可處

有性節旨

此主性之有定言重兩有字見善惡

誰敬公都子曰敬以親疎為殺當敬兄也孟季子曰鄉人與伯兄同飲酌則誰先公都子曰酌以賓主為序當先酌鄉人也孟季子曰所敬者既在此伯兄當酌之時所長者又在彼鄉人則吾不得以自主但因人為轉移義果在外非由內也

○**公都子不能答以告孟子**不能答是屈於辯告孟子欲伸其辯**孟子曰敬叔父乎敬弟乎**叔父與弟分有尊卑**彼將曰敬叔父**是逆料其必答之辭即敬兄之說**曰弟為尸則誰敬**此倣其酌則誰先之問而難之**彼將曰敬弟**此亦逆料之辭即先酌鄉人之說**子曰惡有其敬叔父也**惡在如言何在**彼將曰在位故也子亦曰在位故也庸敬在兄斯須之敬在鄉人**此二句正應所敬在此二句

註 尸祭祀所主以象神雖子弟為之然敬之當如祖考也在位弟在尸位鄉人在賓客之位也庸常也斯須暫時也言因時制宜皆由中出也

講 公都子屈於季子之辯而不能答述其言以告孟子孟子曰子盍就其所難者而反難之則因其辭而折之易矣試問之曰弟與叔父皆至親也敬叔父乎敬弟乎彼將執其禮之常而曰卑不敵尊其敬叔父矣子又問之曰弟或為尸則誰敬彼將執其禮之變而曰尸以象神其敬弟矣子因辯之曰既曰敬弟則叔父不得以伸其尊矣惡在其為敬叔父也彼將曰我所謂敬弟者以弟在尸位故也叔父雖尊勢不得不為祖考屈矣子亦曰吾向所謂先酌鄉人者以鄉人在賓客之位故也伯兄雖親勢不得不為主道屈矣是蓋平日庸常之所敬者在於伯兄之至親亦猶敬叔父之至尊也吾斯須暫時之所敬者在鄉人之為賓猶之敬弟之為尸也或常或暫雖異其施因時制宜皆由中出此可見義之在內矣

○**季子聞之曰敬叔父則敬敬弟則敬**二句當相連看見敬因人轉移**果在外非由內也**無定主意果字仍信前言所辯為是**公都子曰冬日則飲湯夏日則飲水**冬宜湯夏宜水二則字自因時制宜言**然則飲食亦在外也**然字承敬叔父二句來

註 此亦上章耆炙之意○范氏曰二章問答大指略同皆反覆譬喻以曉當世使明仁義之在內則知人之性善而皆可以為堯舜矣

講 季子聞孟子之言而未達又向公都子辯曰信如夫子之言當敬叔父則敬叔父即吾之所敬在此也當敬弟則敬弟即吾之所長在彼也是敬因人以施而不能以自主義果在於外非出於內也公都子遂以所得於孟子之意而即其易見者以曉之曰子謂敬在外而不在內盍觀之飲食之事乎時乎冬日宜飲湯也則從而飲湯時乎夏日宜飲水也則從而飲水子以因人之敬為在外然則因時而飲食者亦在外與吾知湯與水雖在外而所以酌其當飲之宜者則吾心也叔父與弟雖在外而所以酌其當敬之宜者則吾心也信乎義之在內而非外矣吾故曰行吾敬故謂之內

天寶書局精校藏板

還主於廟也舉斝角詔妥尸所以安主也故曰尸神象也以人而象其神以有依也

皆性生而不可易也君父兄子等字俱不虛正見情親則易化分尊則易

今曰節旨

行三而字是不宜有而有之意

公都子素主孟子性善之說者此問不作疑辭看但尋個的確根由以降伏衆論

乃若節旨

此即情以驗性蓋溯其流而知其源也情字專指性之自然流露處言可以為善善字指情乃所謂善善字指性為善為字自當與下為不善為字倒看乃所謂三字見性善之語原有確據非同臆說正與上三說對照

若夫節旨

此緊足上節乃一正一反之辭上節可以為三字就是他才幹處若夫為不善只是他不肯去為善不是他不可以為善條辨云情是性之端倪才是性之精華又以禮義而兼形體說是才專就形體說是材故註加一猶字

惻隱節旨

此申言性情才之皆善所以發明上文兩節之意首八句申情善中八句申性善末八句申才善蓋仁義八句雖是性善中事卻引起下不能盡其才意外鑠與固有相反弗思句上當補陷溺於物欲意思以心言求以力言上思字內帶求字下求字內承思

也子又何惑之深哉

○公都子曰告子曰性無善無不善也兩無字指初生時言無善無不善只是渾然一物意【註】此亦生之謂性食色性也之意近世蘇氏胡氏之說蓋如此【講】公都子聞孟子性善之論而惑於衆說故述以問孟子曰性之在人必有一定之理而人之論性亦宜有一定之見何今之言性者不一也告子曰性無有善無有不善謂不可以善惡名也是善惡皆性所無此一說也

○或曰性可以為善可以為不善為字當習字看謂善惡由於習以轉移言是故文武興則民好善此句見性可以為善幽厲興則民好暴幽厲句見性可以為不善【註】此即湍水之說也【講】或曰性可以使為善可以使為不善本無一定惟所習也是故文武興則民皆化之而為善是性可以為善矣幽厲興則民皆化之而為暴是性可以為不善矣此善惡皆由於習此又一說也

○或曰有性善有性不善善不善以一定言是故以堯為君而有象此句是有性不善之證以瞽瞍為父而有舜不能化子為惡以紂為兄之子兄之子是至親且以為君為君是至尊謂其可化臣下於惡意而有微子啟王子比干微子名啟紂之庶兄比干稱王子猶云公子也此四句是有性善之證【註】韓子性有三品之說蓋如此按此文則微子比干皆紂之叔父而書稱微子為商王元子疑此或有誤字【講】或又曰性稟於有生之初非人力所能移也有性善而不能使之惡者有性不善而不能使之善者是故以堯為君若可化民於善矣而又有象之傲是性有不善也以瞽瞍為父若可化子於不善矣而又有舜之聖以紂為兄之子至親矣且以為君至尊矣若可化親於不善矣而且有微子啟之哲王子比干之仁是性有善也此善惡皆性所有又一說也

○今曰性善指孟子言性善然則彼皆非與彼指上三說【講】夫三說不同或各有見今夫子獨曰性善然則彼三說者果皆非與在夫子折衷衆論必有一定之見幸舉以教我焉

○孟子曰乃若其情乃若二字從性無形而難言說來其字指性說則可以為善矣為字勿着力看乃所謂善也善指性說【註】乃若發語辭情者性之動也人之情本但可以為善而不可以為惡則性之本善可知矣【講】孟子不辨三說之非但以性善告之曰吾所謂性善者豈無所驗哉亦有驗於情耳性蘊於中情發於外乃若其情之發則皆可以為善矣即情以驗性則性之善可知乃所謂性為善也【補】此一節須虛說已包下惻隱之心至我固有之也之

天寶書局精校藏板

蒸民詩
宣王命樊侯仲山甫築城於齊尹吉甫作詩送之其首章云天生蒸民有物有則民之秉彝好是懿德天監有周昭假于下保茲天子生仲山甫

麰麥
說文曰麥金也金旺而生火旺

字舍則失之以下只跟弗思耳矣句以應上為不善非才之罪思求便是用其才處盡者只是思求而擴充以盡其量莫阻遏他任充滿了去如盡惻隱之才則必至於博施濟衆盡羞惡之才則必至於一介不取之類朱子曰性中衆理全具隨感而動孟子析而為四便知渾然全體中而燦然有條若此

天生節旨
此節以孔子之贊作證正所以折三說也詩中開口說個天字見性原於天曰蒸民見大衆如此無聖凡之別有物有則既非離物說則亦非就物當則蓋則也彝也懿德也總是性好即是情能好便是才但詩言隱約孔子方說出情由於性之妙把詩人開說者總歸併一串見有是人必有是性有是性故有是情則因性驗情之說更明

富歲章旨
此章以人心理義之同見人性之皆善首節所以陷溺其心者是陷溺其心之理義也三節聖人與我同類者與我同此理義也至末節方結出理義字理義即性也故龍子五節由體之同以決心之同正申同類意

富歲節旨
借富歲凶歲以形容陷溺意非專就豐凶論性也首二句側重多暴邊兩

意下文乃分疏之耳○**若夫為不善**若夫二字緊帶上來為不善即殘忍無恥傲慢昏昧**非才之罪也**才即性之具而能為者也如惻隱是情能行惻隱之事便是才【註】才猶材質人之能也人有是性則有是才性既善則才亦善人之為不善乃物欲陷溺而然非其才之罪也【講】情善而性善若夫人之為不善又何也或者必歸咎於才殊不知才即性之良能性既善則才亦善人之為不善乃物欲之累有以陷溺而然非其才之罪也【補】此一節亦虛說下節弗思求舍半段方是疏非才之罪饒雙峰曰孟子是指那好底才說如仁之能愛其親義之能敬其兄所謂良能也

○**惻隱之心人皆有之**惻傷之切隱痛之深心字是已發出來當情字看人皆有正見情之善也**羞惡之心人皆有之**羞恥已之不善惡憎人之不善**恭敬之心人皆有之**前言辭讓切事此言恭敬切心舉恭敬可以該辭讓**是非之心人皆有之**是知其善而以為是非知其惡而以為非**惻隱之心仁也**仁是性之德乃惻隱未發者**羞惡之心義也**義是性之德乃羞惡未發者**恭敬之心禮也**禮是性之德乃恭敬未形者**是非之心智也**智是性之德乃是非未形者**仁義禮智非由外鑠我也**外鑠便是有可加損者**我固有之也**固有猶言本有**弗思耳矣**思字兼有求意在內**故曰求則得之**求以用力言然亦須帶思字來**舍則失之**舍是不求意之字俱指仁義禮智說**或相倍蓰而無算者**倍是一倍蓰是五倍無算是無數**不能盡其才者也**是略有些發動後便為私意阻遏了【註】恭者敬之發於外者也敬者恭之主於中者也鑠以火銷金之名自外以至內也算數也言四者之心人所固有但人自不思而求之耳所以善惡相去之遠由不思不求而不能擴充以盡其才也前篇言是四者為仁義禮智之端而此不言端者彼欲其擴而充之此直因用以著其本體故言有不同耳【講】然果何以見其情善而才亦善耶彼惻隱之心情之善者也人皆有之羞惡之心情之善者也人皆有之恭敬之心情之善者也人皆有之是非之心情之善者也人皆有之故曰乃若其情則可以為善矣使人無是惻隱羞惡恭敬是非又安可以言情之善乎即是惻隱之心可以驗其性之有仁也即是羞惡之心可以驗其性之有義也曰仁曰義豈有不善乎即是恭敬之心可以驗其性之有禮也即是是非之心可以驗其性之有智也曰禮曰智又豈有不善乎故曰乃所謂善也使性非仁義禮智又安可以言性之善乎然此仁義禮智四者之善非由外而鑠我也蓋得之於天與生俱生我固有之性也但人陷溺於物欲弗思而求之耳矣故曰思而求則得此仁義禮智之善也苟不思而舍則失此仁義禮智之善也故卒歸於惡而與善相遠至於或相倍蓰而無算者由其不能擴充惻隱羞惡恭敬是非之情以盡其本然之才者也若能

而死詩周頌曰粒我蒸民莫非爾極貽我來牟帝命率育來小麥牟大麥禮月令曰季春之月天子始乘舟薦鮪於寢廟乃為麥祈實孟夏之月農乃登麥天子乃以彘嘗麥先薦寢廟又曰麥秋至秋者百穀成熟之期麥以初夏熟故四月為麥秋

易牙

易牙雍人名巫牙其字也能辨淄澠二水之味有寵於衛共姬因寺人貂以薦羞於公公曰子善調味乎吾蓋盡嘗天下之味矣惟蒸嬰兒之味未嘗易牙遂蒸其首子而獻之自是亦有寵於公公許之立

多字活看言未必盡然子弟二字亦不虛有少成若性之意天之降才明是指性不曰性而曰才者就為善為暴作用上說也陷溺云者決心不陷溺無不同也

麰麥節旨

皆熟矣以上言麰麥之性相似雖有不同以下言其不同正所以發明同字意也其地同只謂均是種麥之地

故凡節旨

同類以形言相似以性言聖人與我同類但就形說而含相似之意註中性善且勿露蓋下方歷舉相似者直至心所同然纔見與聖人相似意

龍子節旨

故字承聖人與我同類來足原不若口耳目之靈故不在同耆同聽同美之列只借來做引起話頭屨之二句是孟子釋龍子之言

口之節旨

首二句是主易牙先得句即為下聖人先得句張本如使四句是反言以見其同宜一氣讀下末三句收轉相似正與首二句應

惟耳節旨

天下期於師曠已見得耳之有同聽引易牙師曠是聖人影子

惟目節旨

上三句正言天下之目相似莫不字重看下二句反煞是孟子文法變換

盡其才則何善不可為哉吾故曰為不善者非才之罪也

○**詩曰天生蒸民有物有則**物以形言則以理言**民之秉夷**秉夷頂則字說**好是懿德**懿德即所秉之夷**孔子曰為此詩者**此詩指天生四句說**其知道乎**道指性情之道**故有物必有則**看必字見無無則之物也**民之秉夷也故好是懿德**故字根性來好是懿德見情之善處

【註】詩大雅蒸民之篇蒸詩作烝眾也物事也則法也夷詩作彝常也懿美也有物必有法如有耳目則有聰明之德有父子則有慈孝之心是民所秉執之常性也故人之情無不好此懿德者以此觀之則人性之善可見而公都子所問之三說皆不辯而自明矣○程子曰性即理也理則堯舜至於塗人一也才禀於氣氣有清濁秉其清者為賢秉其濁者為愚學而知之則氣無清濁皆可至於善而復性之本湯武身之是也孔子所言下愚不移者則自暴自棄之人也又曰論性不論氣不備論氣不論性不明二之則不是張子曰形而後有氣質之性善反之則天地之性存焉故氣質之性君子有弗性者焉愚按程子此說才字與孟子本文小異蓋孟子專指其發於性者言之故以為才無不善程子專指其禀於氣者言之則人之才固有昏明強弱之不同矣張子所謂氣質之性是也二說雖殊各有所當然以事理考之程子為密蓋氣質所禀雖有不善而不害性之本善性雖本善而不可以無省察矯揉之功學者所當深玩也

【講】即情善以驗性善此非我私言也大雅蒸民之詩有曰天生蒸民有是形體之物有是至理之則此民所秉執之常性無不好是懿美之德孔子讀此詩而贊之曰為此詩者其知性情之道乎蓋天之生人氣以成形而理亦賦焉故有此物必有此物之則是乃民所秉執之常性也故人之情無不好是懿德者使非同此秉夷之性何以同此懿德之好乎為此詩者信乎其知道也由孔子說詩之言觀之則知物則秉夷即吾之所謂性善也好是懿德即吾之所謂情善也而才善從可知矣彼三說者豈待辯而後明哉

【補】蔡氏云天命之所賦者謂之則人性之所秉者謂之彝存於心而有所得者謂之懿貫一而已

○**孟子曰富歲子弟多賴凶歲子弟多暴非天之降才爾殊也**才即才能發於性運於情者爾是如此殊是賴與暴不同**其所以陷溺其心者然也**陷溺指物欲言然字指為暴言

【註】富歲豐年也賴藉也豐年衣食饒足故有所賴藉而為善凶年衣食不足故有以陷溺其心而為暴

【講】孟子推人心之同以見性之善也曰人性本有善而無惡常情每因物而易遷彼富歲子弟多有所賴藉而為善凶歲子弟多有至於暴棄而為不善夫子弟一也而凶歲多暴獨異於富歲之多賴者非天之降才厚於彼而薄於此如是其殊異也良由飢寒迫於外利害攻其中禮義不暇顧而非僻之心生以陷溺其心者至於多暴然也夫豈才之罪哉

【補】非天之降才爾殊雖頂上二句然主意卻在多暴一句

○**今夫麰麥播種而耰之**播是布於地耰是以土覆其種**其地**

武孟管仲有疾處公曰仲父之疾革矣將何以教寡人對曰願君逐易牙公曰易牙烹其子以慊寡人尚何疑耶仲曰人之情非不愛其子也其子是忍何有於君公曰諾仲卒逐易牙三年復召用之及桓公疾易牙與寺人貂作亂公歎曰死者有知我何面目見仲父乎

子都

鄭風山有扶蘇隰有荷華不見子都乃見狂且○子都有龍於鄭莊公莊公將伐許子都與潁考叔爭車潁考叔挾輈以走子都拔棘以逐之弗及子都怒及師傅於許潁考叔取鄭伯之旗

故曰節旨

首六句收拾上文借同耆同聽同美以起心之同然句玩至於二字甚婉正要在口耳目上顯出個心來然是然否之然理雖寓於物而實統於心乃吾心同然之體義雖處乎內而實裁於心乃吾心同然之用先得句只重我與聖人同意先字對衆人陷溺之後言芻即當牛羊字豢即當犬豕字芻豢人之所同耆也耆之斯悅之矣理義人之所同然也然之斯悅之矣

牛山章旨

此章專為放其良心者而發以一養字為主前二節即山木以著人心失養之害三節結言得失係於養不養末節引言當操其心以養之饒氏曰章內三存字緊要首言存乎人說此心本來存次言夜氣不足以存說人不能存終言操則存是教人去存所謂養者存存於不已之意也

牛山節旨

此節只引起下文句句喻意都是暗與正意相照山木之美未伐而保之已伐而復之兩層俱重然尤重後一層意郊於大國在大國之郊是倒裝法日夜所息此日與夜一般下節專重夜字息以氣化言潤以天澤言斧斤之餘萌蘖幾何繼以牛羊山其童

同地是麥地樹之時又同樹亦種也浡然而生浡然長盛貌至於日至之時皆熟矣皆熟正見其同雖有不同不同以所穫多寡言則地有肥磽雨露之養養是天澤之施有厚薄人事之不齊也不齊是播種耕耘有勤惰【註】麰大麥也耰覆種也日至之時謂當成熟之期也磽瘠薄也【講】盍倒觀之物性乎今夫麰麥因地之利播種而耰之其麗於地同也因天之時樹藝以植之其得於時又同也及其浡然而生至於日至之時不先不後而皆同歸於熟矣其熟之期又同也麰麥之性何相似也雖其所穫有多寡之不同則以地之力有肥磽雨露之養有厚薄人事之勤惰有不齊也在麰麥豈有不同哉○故凡同類者舉相似也自麰麥而推凡物類也舉皆也相似指性言何獨至於人而疑之獨字對凡字看人是人類疑之是疑其不相似聖人與我同類者言聖與我同一人類而性無不同意已含在內【註】聖人亦人耳其性之善無不同也【講】夫由麰麥之同而推之故凡天下之物惟不同類則已苟同一所生之類者其性舉相似也夫物且然何獨至於人類而疑其性之不相似哉雖聖人亦與我同一人之類者類同而性同可知矣○故龍子曰不知足而為屨屨是草屨我知其不為蕢也以上龍子之言屨之相似相似是一樣意天下之足同也足同故屨相似【註】蕢草器也不知人足之大小而為之屨雖未必適中然必似足形不至成蕢也【講】人性之同不但有徵於物類而已驗之人身莫不皆然故龍子有言曰業屨者不知人足之大小而為屨然我知其不至於去足之遠而為蕢也龍子言此蓋謂屨之相似者以天下之足同故也○口之於味有同耆也同耆同以此為好也易牙先得我口之所耆者也先得是先得其滋味之同如使口之於味也口字指易牙說其性與人殊性是耆好之性若犬馬之與我不同類也不同類是人與物之分則天下何耆皆從易牙之於味也從依也於味於字重看言易牙所調之味至於味天下期於易牙期是期必意是天下之口相似也就所期見之【註】易牙古之知味者言易牙所調之味則天下皆以為美也【講】豈惟足同哉口之於味亦有同耆也雖易牙極善於味不過先得我口之所耆者也如使易牙口之於味也其所耆之性或與人殊若犬馬之與我不同類也則天下之人何其所耆皆

發弧以先登子都自下射之顛

牛山

晏子春秋云景公遊於牛山之上北望齊曰美哉國乎鬱鬱泰山使古而無死者則寡人將去此而何之俯而泣沾襟

平旦

平旦者晝夜分辨之時即昧爽也白樂天云前後際斷處一念不生時

矣故緊接是以二字末二句決言山木必美以應首一句

雖存節旨

雖存乎人者雖字承上山木來不直曰有仁義而曰豈無仁義是就放失後追論未失之前如此故下隨接其所以放其良心者而究言之曰夜所息重夜字由日而夜動者俱向於靜由夜而平旦靜者方向於動故其氣清而未濁明而未昏良心理也言平旦之氣者蓋理氣不相離氣清則理發見此時無好惡之形有好惡之理與人相近言良心猶存於旣喪之後幾希乃危之非幸之也則其旦晝六句言良心為之盡亡矣梏亡重梏字梏之正所以亡之也末二句見不可歸咎於性意木是無情之物故本山之生理而以其材言性心是有靈之物故本人之運用而以其才言情

故苟節旨

此結上兩節以起下引孔子語所以養其心者不外下文之操存而已物字雖兼山木人心卻專重人心上得養則長緣此心不待外求乃與生俱生者二苟字極警醒有一念自為轉移者在

操則節旨

上節說養此節說操操正養之法所謂常惺惺是也上四句懸空說末句方露出心字是危辭不是贊辭操

從易牙之於味也至於味天下皆期於易牙之所謂是同此人則同此耆而天下之口相似也 ○惟耳亦然 亦然是有同意 至於聲天下期於師曠 師曠是晉樂官 是天下之耳相似也 亦就所期見之 【註】師曠能審音者也言師曠所和之音則天下皆以為美也 【講】然豈惟口為然哉惟耳亦然師曠所審之音天下之至和也而天下皆樂聽之矣至於聲天下皆期於師曠之所和是同此人則同此聽而天下之耳相似也 ○惟目亦然 亦然亦有同意 至於子都天下莫不知其姣也 子都鄭大夫公孫閼也 不知子都之姣者無目者也 此反言以決之 【註】子都古之美人也姣好也 【講】然豈惟耳為然哉惟目亦然子都之色天下之至美也天下莫不知其姣矣苟不知子都之姣者必其無目者也是同此人則同此視而天下之目相似也 ○故曰 故曰非古語乃孟子申言 口之於味也有同耆焉耳之於聲也有同聽焉目之於色也有同美焉至於心獨無所同然乎心之所同然者何也謂理也義也 理即心之體義即心之用 聖人先得我心之所同然耳 聖人是窮理精義之人先得見非有異也 故理義之悅我心猶芻豢之悅我口 悅理義兼在己在人者言悅字正與同然然字相應 【註】然猶可也草食曰芻牛羊是也穀食曰豢犬豕是也程子曰在物為理處物為義體用之謂也孟子言人心無不悅理義者但聖人則先知先覺乎此耳非有以異於人也程子又曰理義之悅我心猶芻豢之悅我口此語親切有味須實體察得理義之悅心真猶芻豢之悅口始得 【講】惟其相似如此吾故曰凡口之於味也人有同耆焉凡耳之於聲也人有同聽焉凡目之於色也人有同美焉一身衆體無有不同如此至於心為一身之宰神明之用豈獨無所同然於天下者乎心之所同然者果何在也謂其即物而存之理也謂其處物咸宜之義也蓋理義人心所同具雖踐形盡性之聖人不過先得我心之理義所同然耳故理義之悅懌於我心猶芻豢之物悅於我口也若於同然中而有不然則是陷溺其心如凶歲子弟矣豈天降才之殊哉 【補】滙參云聖人先得我心正與聖人與我同類相應

○孟子曰牛山之木嘗美矣 嘗字要玩就含今有不然意 以其郊於大國也 在大國郊 外見斧斤牛羊所自來 斧斤伐之 郊近則伐之者易國大則伐之者多 可以為美乎 言不保其前日之美 是其日夜之

奕 子華子云奕秋通國之善者也當奕之時有吹笙過者傾耳聽之將屬木屬之際問以奕道則不知也非奕道之深情有暫暗笙滑之也

舍以理欲言心在理上便存心在欲上便亡出入二句只就操舍上見得莫知其鄉亦只就出入無定上見得勿平對朱子云心常湛然定安則無出入然衆人不能皆如此孔子蓋通衆人而論耳

無或章旨

此章見君心之智係於所養首節歎王不智之宜下二節言王之不智固由於寒之者衆亦由已有鴻鵠之馳也見賢之時必正是聽信之不專處通章只吾見亦罕三句是正意餘俱喻說

無或節旨

發口無或乎三字下二節意已在言前無限歎息

雖有節旨

智是性中所有最易發見者天下易生之物即暗影智說以陽明喻君子以陰濁喻小人一暴十寒物且不能生矣何況君智吾見亦罕句是發言之旨最重寒字萌字即承上喻借說

今夫節旨

君智之昏明關係治之得失而此智萌生於罕見之一暴無如何則悴於交至之十寒也三吾字亦宜著眼開發處全在專心致志於君子故有此節學奕之喻心以體言志以心之所用言專心是心之所主專在此致志是極其心之所向直到那裏奕秋

所息（日夜猶言晝夜息以氣化生物言）雨露之所潤（潤即潤其所息意）非無萌蘖之生焉牛羊又從而牧之（又字對斧斤說牧害也之指萌蘖言）是以若彼濯濯也（濯濯是全無草木）人見其濯濯也以為未嘗有材焉此豈山之性也哉（言山以生物為性而濯濯非其性也）

註 牛山齊之東南山也邑外謂之郊言牛山之木前此固嘗美矣今為大國之郊伐之者衆故失其美耳息生長也日夜之所息謂氣化流行未嘗間斷故日夜之間凡物皆有所生長也萌芽也蘖芽之旁出者也濯濯光潔之貌材材木也言山木雖伐猶有萌蘖而牛羊又從而害之是以至於光潔而無草木也

講 孟子就山木倒人心不可失養也曰人心本自有天理之良而善端每戕於物欲之害觀之山木則可知矣牛山之木前此有所生而無所戕固嘗美茂矣但以其近於大國之郊也未免取材者衆時有斧斤以伐之向之美者尚可以為美乎然其美雖失而根本猶存是其氣化日夜之所生息加以雨露之所滋潤非無萌蘖之生焉使於此而養之猶可以復其美也牛羊又從而牧之則生之者無幾而戕之者繼至是以萌蘖俱盡若彼濯濯而光潔也人但見其濯濯也而以為牛山未嘗有材焉不知山以生物為性而材木不生此豈山之性也哉失養害之也

○雖存乎人者（存字對放字看人只泛說）豈無仁義之心哉（仁義之心即仁義之良心）其所以放其良心者（所以放指物欲）亦猶斧斤之於木也（斧斤喻勿欲言）旦旦而伐之（旦旦猶云日日）可以為美乎（言良心失其美）其日夜之所息（日夜是日之夜息指良心生息）平旦之氣（平是夜晝平分之意旦清晨也到平旦時有清明之氣）其好惡與人相近也者幾希（相近是與人相同意人字對下禽獸字）則其旦晝之所為（旦晝是日間）有梏亡之矣（梏言為物所拘束不得動也）梏之反覆（反覆即日梏之意）則其夜氣不足以存（夜氣到夜來欲退心靜其氣清也）夜氣不足以存則其違禽獸不遠矣（違字作去字看好惡拂人之性便違禽獸不遠）人見其禽獸也（曰人見者言已不自見也）而以為未嘗有才焉者（才是能好能惡）是豈人之情也哉（情指好惡之良心言）

註 良心者本然之善心即所謂仁義之心也平旦之氣謂未與物接之時清明之氣也好惡與人相近言得人心之所同然也幾希不多也梏械也反覆展轉也

天寶書局精校藏板

鵠　鵠禽之大者色白又有黄者有丹者善高翔湖海江漢間有之楚辭曰黄鵠一舉兮知山川之紆曲再舉兮識天地之盈虛

熊掌　熊大似豕性輕健能上高樹冬蟄春出掌心有白脂如玉味甚美俗呼為熊白其膽春在首夏在腹秋在左足冬在右足好舉目而引氣謂之熊經冬蟄不食飢則自舐其掌故其美在掌左傳云晉靈公不君宰夫胹熊蹯不熟殺之又云楚世子商臣以宮甲圍成王王請食熊蹯而死

誨奕即孟子自比其為馳心鴻鵠之一人即以比王為是其智二句是斷弄口氣非然也三字語似含蓄然正坐實他不專心致志則上已提明故耳

魚我章旨
此章示人當存其羞惡之本心專為當時受無禮義之萬鍾者而發以義字為主末句本心謂羞惡之心即義之端也從生死關頭勘破富貴關頭總要人自識此本心上四節反覆推勘此心下四節明其為皆有而警其失也

魚我節旨
上段輕只引起下段舍生取義就遇變難處說是人心自然如此非勉人之辭此句所包甚廣不專在君父之難上說觀下簞食節可見論義又從生死推出蓋生死極重且敵義不過則良心固有可知

生亦節旨
此正指出舍生取義之心來上言舍生便是死說所欲便見所惡故兩釋之輒出兩甚字以見決擇取舍意註眾人通賢者在其中下第五節眾人方對賢者說又心字在下宜渾

如使節旨
此與下節不過即次節意而反覆言之一反一正決其必有秉彝之良心也

言人之良心雖已放失然其日夜之間亦必有所生長故平旦未與物接其氣清明之際良心猶必有發見者但其發見至微而旦晝所為之不善又已隨而梏亡之如山木既伐猶有萌蘖而牛羊又牧之也晝之所為既有以害其夜之所息夜之所息又不能勝其晝之所為是以展轉相害至於夜氣之生日以寖薄而不足以存其仁義之良心則平旦之氣亦不能清而所好惡遂與人遠矣【講】然不特山木有是美也雖存乎人者於其有生之初豈無仁義之良心哉其所以放失其良心者物欲害之亦猶斧斤之伐乎木也旦旦而伐之人心尚可以為美乎然良心雖放而本體未泯其日間紛擾之後到得夜時寧靜良心亦必有所生息故平旦之氣清明其好惡與人良心之相近也者特幾希耳是即吾心之萌蘖也使於此而養之而良心復全其美矣夫何旦晝之所為不善又已隨而梏亡之矣亦即萌蘖之牧於牛羊也今日梏之明日又梏之反覆相尋而不已則其夜氣寖薄而不足以存其良心也夜氣不足以存而好惡不與人同則其違禽獸不遠矣人見其如禽獸也而以為未嘗有天降之才焉者不知人有是性則有是情而亦有是才良心不存是豈人之情也哉亦失養害之也【補】朱子曰孟子此段首尾只為良心設耳其存其亡皆以良心言

○**故苟得其養**養是保護培植意兼未失而保之既失而復之**無物不長**物兼山木人心言長即生息意**苟失其養**得養失養俱重牧伐之後言**無物不消**消與長反看【註】山木人心其理一也【講】由此觀之山木人心惟係於所養耳故苟得其養不惟山木日以滋長即吾心仁義之良有不可勝用者何物之不長也苟失其養不惟山木日以濯濯即吾心仁義之幾希將無復有存者何物之不消也知此則人當養其心矣

○**孔子曰操則存**操是守住存是不放**舍則亡**舍是放肆亡是逐物去了**出入無時**出只是亡入只是存無時頃存亡來**莫知其鄉**出便在外入便在內無鄉頃出入來**惟心之謂與**此句總管上四句【註】孔子言心操之則在此舍之則失去其出入無定時亦無定處如此孟子引之以明心之神明不測得失之易而保守之難不可頃刻失其養學者當無時而不用其力使神清氣定常如平旦之時則此心常存無適而非仁義矣程子曰心豈有出入亦以操舍而言耳操之之道敬以直內而已○愚聞之師曰人理義之心未嘗無維持守之即在爾若於旦晝之間不至梏亡則夜氣愈清夜氣清則平旦未與物接之時湛然虛明氣象自可見矣孟子發此夜氣之說於學者極有力宜熟玩而深省之也【講】孔子嘗有言曰天下有物焉操之則在此而存舍之則失去而亡亡則出存則入初無一定之時也出則在外入則在內初莫知其一定之鄉也若是者果何物哉其惟心之謂與由孔子之言觀之則知心貴常操而不舍也人若能操存以養之將良心仁義之美其復全矣哉【補】孟子大意只在操則存舍則亡兩句上心一放時便是斧斤之伐牛羊之牧一收斂在此便是日夜之息雨露之潤全是要人於旦晝時不為事物所累人心能常操存豈特夜半平旦

○**孟子曰無或乎王之不智也**雖出私議實陰諷之欲王自悟其故智字指君德明達道理說【註】或與惑同疑怪也王疑指齊王

由是節旨
上節反說此節正說精神全在如使
由是上
是故節旨
此節結上起下至此方露心字重人皆有之句言是心人所必有者乃人所皆有也賢者能勿喪與聖人先得句一般是見其同處不是見其異處
輔氏曰秉彝之良心是指其全體而言羞惡之心則又全體之用指其所謂義者言是也
一簞節旨
此即義心之激發處以驗人之皆有嘑是以口招呼蹴是用脚踐踏蹴爾尤甚於嘑爾乞人又下於行人以得失之微當死生相關之際雖行人乞人且激於義而不受不屑則不獨行人乞人亦必有然者矣
萬鍾節旨
緊承上節言是心莫保於宴安時也
萬鍾對簞豆輕重不同辨字極重正從不可得兼中辨出個取舍來生死主於決斷故單言義辭受主於遜讓故兼言禮不辨禮義而受非不能辨乃不暇辨不肯辨也世人惟將萬鍾與我分而為二故曰於我何加一為字正從何字轉落言除非是為此三者與字正詰問之辭惠感窮乏似亦好念頭但為此而不辨禮義沾沾豪舉耳

講 孟子為齊王不能純心用賢而發也曰智臨者大君之宜然君德莫貴於智必有所以智者今無或乎齊王之不智也

○雖有天下易生之物也物植物也一日暴之一日言其少暴是陽氣發舒十日寒之十日言其多寒是陰氣閉固未有能生者也生即上生字吾見亦罕矣罕少也應一日字吾退而寒之者至矣至是雜進意應十日字吾如有萌焉何哉如字訓作奈字萌是本心暫明

註 暴溫之也我見王之時少猶一日暴之也我退則諂諛雜進之日多是十日寒之也雖有萌蘖之生我亦安能如之何哉

講 何則君心惟在所養王之不智由於失所養耳譬如雖有天下至易生之物也必得陽氣之舒而後能生也苟一日暴之以陽十日寒之以陰則暴之所生不勝其寒之所剝未有能生者也今吾見齊王之時亦罕矣但一日暴之也吾退而羣邪雜進是以所寒之者至矣不猶十日寒之乎則王之見我雖有善心之萌而梏亡甚易吾其如王之有萌焉何哉雖欲養之以善而使王之成其智不可得矣

補 未退時寒之者未嘗不在但一退全是寒之者世界如有萌句多少痛惜

○今夫奕之為數小數也小數是末技不專心致志則不得也心以所主言志以所向言奕秋通國之善奕者也通國善奕是奕高於一國使奕秋誨二人奕使是設使誨是教誨其一人專心致志惟奕秋之為聽惟字言無他意一人雖聽之雖字便心志不在一心以為有鴻鵠將至鴻大雁鵠鴻屬思援弓繳而射之援是引雖與之俱學弗若之矣弗若是言其技之不如為是其智弗若與智字就學奕聰明說曰非然也曰是孟子自為問答非然正見是不專心致志

註 奕圍棋也數技也致極也奕秋善奕者名秋也繳以繩繫矢而射也○程子為講官言於上曰人主一日之間接賢士大夫之時多親宦官宮妾之時少則可以涵養氣質而薰陶德性時不能用識者恨之范氏曰人君之心惟在所養君子養之以善則智小人養之以惡則愚然賢人易疎小人易親是以寡不能勝眾正不能勝邪自古國家治日常少而亂日常多蓋以此也

講 然吾見之罕非吾之不欲見也亦由王聽信不專故至此耳今夫奕之為數特技藝之末小數也不專一其心以極致其志則不可得其數之精也彼奕秋者通國之稱善奕者也設使奕秋誨二人以學奕其一人則專心致志惟奕秋之言是聽而毫不外馳其一人雖同聽之乃一心以為有鴻鵠將至思為之援弓繳而射之是其聽在奕秋而其心在鴻鵠也維與彼一人俱學乎奕吾知其弗若彼之精矣為是其稟受之智弗若彼一人之為優與曰非然也聰明原逮而鴻鵠日馳心弗

故只與宮室妻妾倒看奉謂奉承我也

若其專志弗若其致也夫王心有鴻鵠也安望其親君子遠小人吾其如有萌焉何哉無或乎王之不智也【補】無或乎王之不智據現在言爲是其智弗若與曰非然言非其本然不智也由不知親君子故耳

○孟子曰魚我所欲也（魚是味之美者我字活看）熊掌亦我所欲也（熊猛獸其味美在掌）二者不可得兼（指勢有所限言）舍魚而取熊掌者也（是取其尤美者）生亦我所欲也（生是人之命）義亦我所欲也（義是人之理有義當生而生者有義當死而死者）二者不可得兼（指勢遭其窮言）舍生而取義者也（是取其尤重者）【註】魚與熊掌皆美味而熊掌尤美也【講】孟子示人存羞惡之心也曰世人往往不能善其生死富貴之道者只未察其本心耳試以嗜味論魚乃味之美者固我所欲也熊掌尤味之美者亦我所欲也然或勢有所限得魚則失熊掌得熊掌則失魚二者不可得兼則寧舍魚而取熊掌者也知此則可以論義矣生而存形亦我之所欲也義而全節亦我之所欲也然或勢遭其窮全生則害義全義則害生二者不可得兼則寧舍生而取義者也

○生亦我所欲所欲有甚於生者（有甚於生指義）故不爲苟得也（苟得苟且得生）死亦我所惡所惡有甚於死者（有甚於死指不義）故患有所不辟也（患指死亡辟逃也）【註】釋所以舍生取義之意得得生也欲生惡死者雖衆人利害之常情而欲惡有甚於生死者乃秉彝義理之良心是以欲生而不爲苟得惡死而有所不辟也【講】其所以舍生而取義者何哉蓋生亦我所欲而義之可欲尤有甚於生者故吾不爲苟且以得生也死亦我所惡而不義之可惡尤有甚於死者故當患難而有所不辟以倖免也蓋好生惡死雖人情趨避之常而舍生取義乃天理民彝之正於此見羞惡之良心人所固有而不可無察識之功矣

○如使人之所欲莫甚於生則凡可以得生者何不用也（何不用言一意去偷生）使人之所惡莫甚於死者則凡可以辟患者何不爲也（何不爲言一意求苟免）【註】設使人無秉彝之良心而但有利害之私情則凡可以偷生免死者皆將不顧禮義而爲之矣【講】如使人之所欲莫有甚於生而不知義之可欲則凡可以得生者將何不用也又豈肯爲義而舍生哉使人之所惡莫有甚於死而不知不義之可惡則凡可以辟患者將何不爲也又豈肯爲義而就死哉

○由是則生而有不用也（是字指好義良心說）由是則可以辟患而有

嘑蹴 檀弓曰齊大饑黔敖為食於路以待餓者而食之有餓者蒙袂輯屨貿貿然來黔敖左奉食右執飲曰嗟來食揚其目而視之曰予唯不食嗟來之食以至於斯也從而謝焉終不食而死此正所惡有甚於死者○曲禮曰以足蹴路馬芻有誅況人之食乎乞人不屑正是能辨禮處

不為也是字指惡不義良心說【註】由其必有秉彝之良心是以其能舍生取義如此【講】惟其必有好義之良心而所欲果有甚於生由是則苟可以得生而有所不用也不然豈樂於輕生耶惟其必有惡不義之良心而所惡果有甚於死由是則可以辟患而有所不為也不然豈樂於就死耶觀此而秉彝之良心為人之所必有也

○**是故所欲有甚於生者所惡有甚於死者**是故承上文來所欲二句總是羞惡之心**非獨賢者有是心也**賢者是精義之人是心即欲惡有甚生死之心**人皆有之**人兼愚不肖言**賢者能勿喪耳**喪失也勿喪意輕乃借言以見人皆有意【註】羞惡之心人皆有之但眾人汩於利欲而忘之惟賢者能存之而不喪耳【講】是故所欲於義有甚於欲生者所惡於不義有甚於惡死者非獨賢者有是羞惡之心也人人皆有之但眾人汩於利欲之私有喪其良心者惟賢者能存養省察是以可生可死而此欲義惡不義之心獨能堅守而勿喪耳夫豈賢者之所獨有哉

○**一簞食一豆羹**簞豆設言其至微**得之則生弗得則死**見所係為甚重宜若可苟受意**嘑爾而與之**嘑大聲招呼也爾爾字語助辭**行道之人弗受蹴爾而與之乞人不屑也**行人乞人設言其至賤【註】豆木器也嘑咄啐之貌行道之人路中凡人也蹴踐踏也乞人丐乞之人也不屑不以為潔也言雖欲食之急而猶惡無禮有寧死而不食者是其羞惡之本心欲惡有甚於生死者人皆有之也【講】所謂人皆有是心者果何以驗之今夫一簞之食一豆之羹其為物固甚微然飢餓之際得食之則生弗得食則死此其勢誠急而其情或亦可苟者宜不顧夫義之可否而受且屑之矣然使嘑爾而與之豈惟賢者弗之受雖行道之人惡其無禮有寧死而弗肯受之者況非行道者乎使蹴爾而與之豈惟賢者不之屑雖乞人之至賤亦惡其無禮有寧死而不屑取之者況非乞人乎是其羞惡之本心不以行乞而泯不以危迫而亡而欲惡有甚於生死人皆有之者於此驗矣【補】不受嘑蹴之心如電光忽過稍落第二念則心擾萬慮未必不受矣此不受嘑蹴與下受萬鍾作一人看

○**萬鍾則不辨禮義而受之**萬鍾是仕者之祿數禮以交際之儀言義以事理之宜言**萬鍾於我何加焉**要見分而為二意**為宮室之美妻妾之奉所識窮乏者得我與**人之喪良心固不止三者舉此他可類推【註】萬鍾於我何加言於我身無所增益也所識窮乏者得我謂所知識之窮乏者感我之惠也上言人皆有羞惡之心此言眾人所以喪之由此三者蓋理義之心雖曰固有而物欲之蔽亦人所易昏也【講】夫簞食豆羹生死所係尚以嘑蹴為可恥而不受而況萬鍾乎孰意萬鍾之祿則不辨禮義而受之夫萬鍾之受非生死所係於我有何加焉無乃為宮室計而欲極其華美為妻妾計而欲極其奉承為所識窮

天寶書局精校藏板

鄉為節旨
此合上二節論斷之鄉為今為就一人說有令人真解之意是亦不可以已乎在無關生死上見失字與前喪字應見非無羞惡之本心特自失之耳此之謂是悲歎口氣蒙引云牛山章是存養之功此章是取舍之分總註要玩

仁人章旨
此章是教人求放心首節言仁義甚切於人中二節歎人自失其心末節示人當盡學問之道以求之

仁人節旨
兩人字是就仁義指實言之上句就心上說下句就事上說總是欲人知仁義切於己也

舍其節旨
兩其字即上兩人字上從仁說到義由體及用也此從路說向心溯流尋源也故後二節專說求放心

人有節旨
借雞犬以提醒人知不知兩邊相形

乏者計而欲其感我之賙濟故受此無禮義之萬鐘與不然胡喪良心如此 ○鄉為身死而不受鄉指不得則死時言不受指簞食豆羹說今為宮室之美為之今對鄉說為之指受萬鐘之祿鄉為身死而不受今為妻妾之奉為之鄉為句照上看鄉為身死而不受今為所識窮乏者得我而為之鄉為句亦照上看是亦不可以已乎是指為三者言已止也言亦當止而不受此之謂失其本心與前賢者勿喪正相反 註 言三者身外之物其得失比生死為甚輕鄉為身死猶不肯受嘑蹴之食今乃為此三者而受無禮義之萬鍾是豈不可以止乎本心謂羞惡之心○此章言羞惡之心人所固有或能決死生於危迫之際而不免計豐約於晏安之時是以君子不可頃刻而不省察於斯焉 講 甚矣人心之蔽也鄉為身死而不受嘑蹴之食今為宮室之美而顧為此萬鍾之受焉鄉為身死而不受嘑蹴之食今為妻妾之奉而顧為此萬鍾之受焉鄉為身死而不受嘑蹴之食今為所識窮乏之不給者得我而顧為此萬鍾之受焉夫簞豆有係於生死是不可已者且已之而不受矣而三者身外之物是亦不可以已而不受乎可已而不已此之謂失其羞惡之本心而反行乞之不若也不亦深可哀哉

○孟子曰仁人心也仁是生生之理即人之所以為心者故曰人心義人路也義即仁之隨時制宜出來的故曰人路路字非譬喻 註 仁者心之德程子所謂心如穀種仁則其生之性是也然但謂之仁則人不知其切於己故反而名之曰人心則可以見其為此身酬酢萬變之主而不可須臾失矣義者行事之宜謂之人路則可以見其為出入往來必由之道而不可須臾舍矣 講 孟子示人以求放心曰仁義之心人皆有之而能存之者少亦未知其甚切於人耳夫心為人身之主宰人知其至切矣而不知仁即人之心也而外心不可以言仁矣路為人身之往來人知其至切矣而不知義即人之路也而外義不可言路矣仁義之切於人何如哉

○舍其路而弗由放其心而不知求兩其字即上文兩人字哀哉是歎人自絕仁義 註 哀哉二字最宜詳味令人惕然有深省處 講 夫仁義之切於人如此則人當操存而不放率由而不舍何世之人乃舍置其當行之路而不由放失其固有之心而不知求是失其所以為人之理則不可謂之人矣不亦可哀之甚哉

○人有雞犬放則知求之雞犬放以至輕而喻至重放走在外有放心而不知求 註 程子曰心至重雞犬至輕雞犬放則知求之心放則不知求豈愛其至輕而忘其至重哉弗思而已矣愚謂上兼言仁義而此下專論求放心者能

無名指

指掌圖云一曰巨指二曰食指三曰將指四曰無名指五曰小指

桐梓

禮記云季春之月桐始華書云嶧陽孤桐詩云其桐其椅其實離離又云梧桐

味一則字一而字見有解不求處朱子曰人心靜時昏動時擾便是放了

求放心即求仁也

學問節旨

學問之事如講習討論玩索涵養持守踐行擴充克治皆是然其道則在求放心而已朱子曰無他而已矣不是學問之道只有求放心一事乃是學問之道皆所以求放心

今有章旨

此章即人惡不若人之意而引之使全其心人心本伸於萬物之上今屈於物欲而不能伸故借指為喻

今有節旨

指謂之無名原不切於用而可以不伸耳疾痛指當身害事說不便作事有能伸之對自家看不遠秦楚之路對方寸之內看

指不節旨

指不若人四句抑揚說重心邊心不若人人字指聖賢不屈於物欲者言類只作等字看

拱把全旨

此章示人以身之當養所以養之者治心而已對桐梓言故只曰身於桐梓知所養自拱把可致合抱於身知所養由士可造賢聖世人但以聲色嗜欲養其身養之反以戕之便是不

求放心則不違於仁而義在其中矣〔講〕所以然者良由於不思耳夫仁為人心其視雞犬之物果孰為重也吾心之放其視雞犬之放果孰為失也若人有雞犬放則知求之有心放而不知求急其至輕而忘其至重弗思故也

○**學問之道無他**（學問二字兼知行道以切要者言）**求其放心而已矣**（求字兼動靜意）〔註〕學問之事固非一端然其道則在於求其放心而已蓋能如是則志氣清明義理昭著而可以上達不然則昏昧放逸雖曰從事於學而終不能有所發明矣故程子曰聖賢千言萬語只是欲人將已放之心約之使反復入身來自能尋向上去下學而上達也此乃孟子開示切要之言程子又發明之曲盡其指學者宜服膺而弗失也〔講〕夫放心而不知求者亦未知學問之道無他術也惟在靜存動察以求其放逸之心而已矣是知道莫切於仁義功莫要於存心能求其放逸之心則心存而仁存仁存而義即在其中矣使放心不收則何者為學問之道哉

孟子曰今有無名之指屈而不信（信與伸同）**非疾痛害事也**（疾痛便害於事）**如有能信之者**（者指人說）**則不遠秦楚之路**（此言切於求伸）**為指之不若人也**（乃原其求伸之心）〔註〕無名指手之第四指也〔講〕孟子借指以論心曰吾人立身所貴於不屈者在一心不在一指也今有無名之指其為體也微矣屈而不伸其為病也小矣則固非甚疾痛之患而為害於事也即不急於求伸亦可也如有善術而能信之者則不遠秦楚之路而求以伸之是何其迫切之若此哉為指之屈而不若人也

○**指不若人則知惡之**（知惡在求伸上見）**心不若人則不知惡**（心不若人指屈於物欲不知惡以不求放心言）**此之謂不知類也**〔註〕不知類言其不知輕重之等也〔講〕夫指不若人則知惡之以求伸至於心屈於物欲不若人則不知惡之以求伸是指本輕而反重之心本重而反輕之此之謂不知輕重之類也吾固不能不為斯人慨矣〔補〕此明人心當加矯正之功借指屈以形心之屈借秦楚之遠以形心之近借人求上人之心以形起羞惡之心

○**孟子曰拱把之桐梓人苟欲生之皆知所以養之者**（此所以養指培植灌溉）**至於身而不知所以養之者**（此所以養是操存省察）**豈愛身不若桐梓哉弗思甚也**（弗思以蔽於物言甚字有感慨意）〔註〕拱兩手所圍也把一手所握也桐梓二木名〔講〕孟子示人當知所以養身也曰吾身之與外物其輕重固自有辨乃人之

生矣于彼朝陽枚乘七發云龍門之桐高百尺而無枝中鬱結而輪囷根扶蘇以分離呂氏春秋云成王翦桐葉為珪謂叔虞曰以此封汝○梓為木王木莫良於梓故書以梓材名篇周禮以梓人名官詩云椅桐梓漆爰伐琴瑟又云維桑與梓必恭敬止宋策云荊有長松文梓

場師 周禮地官場人掌國之場圃而樹之果蓏珍異之物以時斂而藏之凡祭祀賓客共其果蓏享亦如之

梧檟 桐有四種一曰桐一曰白桐一曰岡桐一曰梓桐一曰

知所以養愛吾身不若桐梓也弗思甚是歎辭

人之章旨 此章見養身者當審所重意前二節言養之善否決於已後四節反覆言不善養之失以示戒也

人之節旨 人之於身五句概論人情愛以心言養以事言養以成其愛重養邊所以考其三句包盡前後大旨重看考者考其兩端取者取其一致於已取之言其等級當身而具也

體有節旨 此正申上於已取之意貴賤當從大小看出養其小者定失大故為小人養其大者自兼小故為大人註口腹字照下勿露

場師節旨 此是遠取諸物上喻養小害大

一指節旨 此是近取諸身上喻養小害大俱是興起下節未可露出正意兩則為正

飲食節旨 應為小人為字承養其小者為小人來但上只就義理論未說到人賤惡上此方極言之飲食不定是窮口腹如受萬鍾而失本心皆是

昧焉而弗覺者多矣即如拱把之桐梓特材木之微耳人苟欲生之則必培植灌溉皆知所以養之者至於身為萬物之主而不知所以養之以使其身之歸於善者豈眞愛身不若一桐梓哉心有所蔽而不思甚也使思之則養自有所不容已矣【補】吾之一身三綱五常係焉四端萬善備焉養謂治心以養其內謹容以養其外

○孟子曰人之於身也(身字包口腹心志在內)兼所愛(愛以不忍毀傷言)兼所愛則兼所養也(養以維持調護言)無尺寸之膚不愛焉則無尺寸之膚不養也(尺寸言微小也身外薄皮曰膚)所以考其善不善者(考是稽審意善不善以養之得失言)豈有他哉於己取之而已矣(己即身也取之就審輕重言已矣是不必求他意)【註】人於一身固當兼養然欲考其所養之善否者惟在反之於身以審其輕重而已矣【講】孟子示人當養其大體也曰人固以養身為貴尤以善養為難人之於一身也百體備具皆兼所愛既兼所愛則必兼所養也由此度之無尺寸之膚而不愛焉則無尺寸之膚而不養也然欲於無所不養之中求所以考其何者養得其道而為善何者養失其道而為不善者豈有他術哉亦惟反之於己以審取其所養之輕重而已矣斯為得善養之道也

○體有貴賤有小大(此二句就體上分個輕重)無以小害大無以賤害貴(此二句示以善不善當考之意)養其小者為小人養其大者為大人(此二句正言養之善不善)【註】賤而小者口腹也貴而大者心志也【講】善不善取之己者亦以己之身體有不一也有分獨尊而為貴有令是從而為賤有各分一形而為小有兼統眾形而為大善養者當無以養其小者害其大無以養其賤者害其貴若徒養其小者便是徇人欲而為卑下之小人必須養其大者乃能存天理而為高明之大人此善不善之所以分而不可不自考也

○今有場師舍其梧檟(舍是棄)養其樲棘則為賤場師焉(賤場師就養小上見)【註】場師治場圃者梧桐也檟梓也皆美材也樲棘小棗非美材也【講】試以材木而言如今有場師於此舍其梧檟有用之材而養其樲棘無用之木則是美惡不分以無用害有用也非賤場師而何

○養其一指而失其肩背而不知也(失是遺一指肩背俱是小體非實以肩背為大體也但就小體中亦有大小)則為狼疾人也【註】狼善顧疾則不能故以為失肩背之喻【講】又以一身而言人若養其一指之細而自失其肩背之大而不之知也則是輕重反常如狼之疾走但顧前而不顧後也非狼疾之人而何

天寶書局精校藏板

梧桐蓋梧桐者桐中之一種或以梧與桐為兩物非也○梓與檟或以為一物或以為兩物要之梓檟皆良材其質相近故孟子有時稱桐梓有時稱梧檟○左傳云穆姜使擇美檟以自為櫬與頌琴又云季孫為己樹六檟於蒲圃東門之外又云子胥將死曰樹吾墓檟檟可材也吳其亡乎

樲棘　爾雅云樲酸棗棘荊棘凡有刺者皆曰棘

狼疾　狼之喻最多言其恣食則曰狼餐言其恣取則曰狼貪言其戚顧則曰狼顧言其亂走則曰狼

之人節旨　重提飲食之人蓋章意專為此輩言也此節反掉作結乃假設之辭豈適為尺寸之膚不愛相應

鈞是章旨　此章示人以立心之學綱領在從其大體為大人句而先立乎其大正工夫下手處思字又指出關鍵要人從形氣中認出主宰來見大人品格在心上做出

鈞是節旨　此鈞是人謂宜其成就同也從與養不同養以用功言從以成功言為大人為小人為字作謂字看註心耳目字照下宜渾

或從節旨　此鈞是人謂宜其趨向同也耳目之官四句是解所以為小體心之官三句是解所以為大體此天四句正言從大體所以為大人而小人不言自見矣首七句只就耳目與心說不思不是人不肯思思不是人去用力思乃大小體本來如此蔽就不能辨是非言引方隨之而去勿作引心看思

○飲食之人則人賤之矣（賤是惡）為其養小以失大也（小大包貴賤在內）【註】飲食之人專養口腹者也【講】觀養木與養指之弊可見人當養其貴且大者矣彼飲食之人專養口腹則人皆目之為小人而賤之矣為其所養者小而所失者大不免於賤場師狼疾人之譏也○飲食之人無有失也（無有失謂能不失其大體）則口腹豈適為尺寸之膚哉（適猶僅也祇也）【註】此言若使專養口腹而能不失其大體則口腹之養軀命所關不但為尺寸之膚而已但養小之人無不失其大者故口腹雖所當養而終不可以小害大賤害貴也【講】若使飲食之人而能於大者無所失也則口腹之養乃軀命所關豈但為尺寸之膚而已又何必賤惡之哉但養小之人無有不失其大者此其所以可賤也養體者可不審善養之道哉【補】口腹之論原指求富貴利達者說不止為餔啜人分疏

○公都子問曰鈞是人也（鈞與均同）或為大人或為小人（大人小人以人品言）何也（究其品異之故）孟子曰從其大體為大人（從大體是任其主張）從其小體為小人（從小體是任其馳逐）【註】鈞同也從隨也大體心也小體耳目之類也【講】公都子問曰鈞是人也宜無大小之別矣或為大人而為世所尊或為小人而為世所鄙其故何也孟子曰人之一身體備大小顧其所從何如耳如以小體從其大體而聽命焉則大體無累斯為大人矣如以大體反從其小體而役志焉則小體是徇斯為小人矣○曰鈞是人也或從其大體或從其小體何也（問何以所從有異）曰耳目之官不思（不思言耳目能視聽而不能思也）而蔽於物（蔽是遮蔽物是聲色之物）物交物（上物字指聲色下物字指耳目）則引之而已矣（引之謂引他在聲色上去）心之官則思（心以思為職也）思則得之不思則不得也（得不得俱就事物之理言包視聽在內）此天之所以與我者（此字指耳目與心說）先立乎其大者則其小者不能奪也（大是心小是耳目立是植立以平時言奪是奪去以應感言）此為大人而已矣（此為指先立句說大人是聖賢地位）【註】官之為言司也耳司聽目司視各有所職而不能思是以蔽於外物既不能思而蔽於外物則亦一物而已又以外物交於此物其引之而去不難矣心則能思而以思為職凡事物之來心得其職則得其理而物不能蔽失其職則不得其理而物來蔽之此三者皆天之所以與我者而心

鼠言其跳梁則曰狼扈言其專愎則曰狼狠言其不恤則曰狼戾言其不檢則曰狼藉言其乖謬則曰狼狽

是心之睿於心為用朱子謂心固能思然任他則邪思雜慮卻害事須是去思方好可見二思字虛實不同此字撮上文耳目不思心能思皆天定是如此所以大者當先立也先立者操存提醒卓然豎起此心能思之謂也先立是不蔽於物處不能奪是不受引處此即從之之術

有天章旨
此章為慕人爵而棄天爵者發首節言爵有天人之分下二節歎古今人之不相及也惑之甚終必亡俱點醒之辭總欲其轉人爵之慕為天爵之修意

有天節旨
雖要抑揚重天爵邊然人爵亦御世之大分也此且平說仁義又言忠信忠信只是誠實此二者仁義忠信即善也不倦者樂之至也勿涉工夫講

古之節旨
此借古以愓今意修其天爵非有所為而為之人爵從之言其理則然也

今之節旨
天爵為要人爵而修便已不樂安得不倦此棄字病根也重在則惑之甚句末句帶說陳氏云修天爵亦有人

為大若能有以立之則事無不思而耳目之欲不能奪之矣此所以為大人也○范浚心箴曰茫茫堪輿俯仰無垠人於其間渺然有身是身之微太倉稊米參為三才曰惟心耳往古來今孰無此心心為形役乃獸乃禽惟口耳目手足動靜投閒抵隙為厥心病一心之微衆欲攻之其與存者嗚呼幾希君子存誠克念克敬天君泰然百體從令 講 公都子曰鈞是人也宜其所從皆同矣乃有或從其大體或從其小體者何也孟子曰大體小體之分惟在能思與不能思之間而已彼耳目之官司視聽而已不能思慮而聲色之外物得以蔽之是耳目亦一物而已以彼聲色之物而交於此耳目之物則引耳目而去聽淫聲視邪色不難矣夫耳目以形用此其所以為小體也若心之官則以思為職凡事物之來盡其職而思則得其理而物不能蔽之也失其職而不思則不得其理而蔽於物也夫心以神用此其所以為大體也然此大體小體皆天之所以與我者苟知心之為大而靜存動察於未視未聽之先植立其精明之體則其耳目之所欲弗能奪吾心之聰明也能從其大體如此此謂出羣衆之中伸萬物之上而稱為大人者以此而已矣苟心失其職而求造於大人之域豈可得哉 補 立心工夫不外誠敬一誠足以消萬僞一敬足以敵千邪

○孟子曰有天爵者有人爵者仁義忠信仁是德之愛義是德之宜忠信是仁義之存乎心見於事者而無一不實樂善不倦樂善是樂仁義忠信之善樂之無閒便是不倦此天爵也此字指上仁義二句公卿大夫公是九命之貴卿是六命之貴大夫是三命之貴此人爵也此字指上公卿句 註 天爵者德義可尊自然之貴也 講 孟子為棄天爵者而發也曰人情莫不重爵矣有自然之貴與生俱來而為天爵者有使然之貴因世而設而為人爵者何謂天爵心之德愛曰仁心之裁制曰義仁義發諸心無不盡曰忠仁義見諸事無不實曰信樂此仁義忠信之善自始至終而不倦此皆不假於勢而自尊不待於人而後貴乃天爵也何謂人爵公一位卿一位大夫一位頒自朝廷名分各別此皆假乎勢而後重待乎人而後榮乃人爵也爵有天人之異如此然其輕重則有分矣 補 樂善不倦就自然本體說即秉彝之好理義之悅也下修字纔說用功處

○古之人修其天爵古之人三代盛時之人修是操存省察意而人爵從之從隨也 註 修其天爵以為吾分之所當然者耳人爵從之蓋不待求之而自至也 講 古昔盛時人心渟厚學惟為己盡夫仁義忠信之理造於樂善不倦之地以修其天爵盡吾分之當然初無意於人爵也而人爵從之道德尊而名譽流公卿大夫之位不期得而自得也

○今之人修其天爵以要人爵今之人指戰國時言要是有心求意既得人爵而棄其天爵棄是舍而不修則惑之甚者也惑是心之不明處終亦必亡而已矣亡指人爵終亦必亡是以

爵不至者棄天爵亦有人爵不亡者此只言其常理耳

趙孟 倪氏曰晉趙氏世呼趙孟如智氏世呼智伯晉為盟主趙氏世卿故當時謂趙孟能貴賤人

既醉詩 前篇行葦之詩祭畢而燕父兄耆老也此篇父兄耆老答行葦之旣其首章曰既醉以酒既飽以德君子萬年介爾景福

膏粱 膏脂也易曰雉膏不食○粱者黍稷之總名也

文繡 五色備謂之繡

欲貴章旨 此章就人欲貴之心而喚醒之首節欲人思良貴次節言人貴不足恃末節言良貴之真可貴

欲貴節旨 貴者有所尊崇而得名欲貴貴字須虛虛說貴於己己字對下人字看弗思耳三字是喚醒之辭

人之節旨 天爵是曰良貴人之所貴不過如下文所云膏粱文繡耳趙孟二句重能賤邊正發明非良貴意

既醉節旨 此正明良貴之足貴引詩只取飽字詩德字訓恩惠此作飽己仁義之德是斷章取義聞譽從仁義來不曰稱於人而曰施於身正見其貴於己也不願是無所慕非厭薄不屑之意兩所以字正令人可思處

仁之章旨 此章為有志於仁而未力者言也仁不仁只主一心理欲不作兩人看

仁之節旨

理斷之【註】要求也修天爵以要人爵其心固已惑矣得人爵而棄天爵則其惑又甚焉終必并其所得之人爵而亡之也【講】若今之人則異乎古人矣富貴利欲之心勝知人爵之由天爵而得於是修其天爵以為要求人爵之地既得人爵則所期既滿而遂棄其天爵夫要人爵固惑矣而又棄其天爵則惑之甚者也天爵既棄人爵其可保乎終亦必亡而已矣然則學者可不以古人為法而以今人為戒哉

○孟子曰欲貴者人之同心也此貴字活看人人有貴於己者人人有各足意貴於己便見非人之所貴意弗思耳思有求意【註】貴於己者謂天爵也【講】孟子望人求貴於己曰人皆以貴為榮則欲貴者人之同有是心也但人人自有天爵之尊而貴於己者至可欲也特人蔽於物而弗之思是以舍在己而求在人耳

○人之所貴者非良貴也人字與下節兩人字俱指能操爵人之柄者言趙孟之所貴趙孟能賤之晉六卿趙氏居長故曰趙孟貴指與人爵位言賤指奪人爵位言【註】人之所貴謂人以爵位加己而後貴也良者本然之善也趙孟晉卿也能以爵祿與人而使之貴則亦能奪之而使之賤矣若良貴則人安得而賤之哉【講】不思己貴而乃求人之貴何其慕外而忽內也不知人之所貴者非本然之良貴也彼趙孟能操爵以貴人者然能與之而使之貴亦能奪之而使之賤人貴之不足恃如此若夫吾身之良貴人安得而賤之哉

○詩云既醉以酒既飽以德德以性之理言言飽乎仁義也言是謂仁義即是德所以不願人之膏粱之味也所以字根飽仁義來不願不慕也令聞廣譽施於身稱仁誦義是令聞芳名遠播是廣譽所以不願人之文繡也文繡是文錦繪繡的衣服【註】詩大雅既醉之篇飽充足也願欲也膏肥肉粱美穀令善也聞亦譽也文繡衣之美者也仁義充足而聞譽彰著皆所謂良貴也○尹氏曰言在我者重則外物輕【講】夫良貴之可貴於何見之大雅既醉之詩有云既醉以酒既飽以德夫飽不曰味而曰德者何哉蓋言德莫美乎仁義君子戴仁抱義飽乎仁義也仁義充足於中為飽理義悅心目有無窮之至味所以不願人之膏粱之味也仁義彰著於外為聞譽聞則令矣譽自廣矣交施於身光華莫揜自有不文之至文所以不願人之文繡也夫曰飽乎仁義則知良貴為可貴矣曰不願膏粱文繡則知趙孟之貴不足貴矣乃人顧有舍良貴而外慕者何其弗思之甚哉【補】仁義德之存聞譽德之著總是良貴

○孟子曰仁之勝不仁也仁指天理不仁指人欲勝克也猶水勝火喻其決然之勢今之為仁者為仁內有不力自諉兩意猶以一杯水救一車薪之火也猶字貫下二句杯水喻幾希之仁車薪之火喻昌熾之不

禮記曰仲秋之月乃命司服具飭衣裳文繡有恆

荑稗 荑稗二草名皆似穀而其實亦可食

此就人心理欲爭勝處言仁體澄湛故喻水不仁則焦灼故喻火今之為仁者下補正意猶以至不勝火一氣說本文謂字還是自謂註中人遂以為真不能勝則承我自謂來已是解與於不仁句了助人為不仁豈不是有害於人

亦終節旨

此進一層說見得為仁不力者其終必至於害已

五穀全旨

此章勉人用力於為仁借五穀之當熟引起為仁不熟倒以不如荑稗蓋甚言仁之當熟以成其為美也上熟字就已熟言下熟字加一之字是用力字心如穀種必以存養為栽培以克復為耘耨至天機暢茂德性堅凝方是熟處註他道如百工眾技百家諸子皆是恃其美者忽之以為易甘他道者誘之以為難而已矣內對此兩意發揮

羿之章旨

此章即藝以明道見不能廢成法意教學俱重尸就射匠上說正意起結補之

羿之節旨

此節重志字射者志於彀而真積力久則善中矣

大匠節旨

此節重以字工人守規矩而真積力

仁**不熄則謂之水不勝火**不熄是火不滅水不勝火喻仁勝不得不仁**此又與於不仁之甚者也**【註】與猶助也仁之能勝不仁必然之理也但為之不力則無以勝不仁而人遂以為真不能勝是我之所為有以深助於不仁者也【講】孟子勉人力於為仁曰仁者天理之公足以勝人欲之私是仁之勝夫不仁也猶水勝火此固必然之理何乃今之為仁者天理之存無幾而人欲之私方熾是猶以一杯之水救一車薪熾焰之火也及其不熄則從而謂之水不勝火可乎此言一倡不仁者獲不可勝之名而愈肆不仁是我為仁不力之故有以深助彼不仁之甚者也

○**亦終必亡而已矣**此句緊承上來彼熾此滅非兩層意【註】言此人之心亦且自怠於為仁終必并與其所為而亡之○趙氏曰言為仁不至而不反諸已也【講】然豈但助人之不仁哉就是自己亦信之不專為之不力終必并其所為杯水之仁至於盡亡而已矣為仁不力之害如此志於仁者可以勉矣

○**孟子曰五穀者種之美者也**五穀稻黍稷麥菽也美自養人上見**苟為不熟不如荑稗**熟成熟**夫仁亦在乎熟之而已矣**仁是德之美熟之是由勉而利而安【註】荑稗草之似穀者其實亦可食然不能如五穀之美也但五穀不熟則反不如荑稗之熟猶為仁而不熟則反不如為他道之有成是以為仁必貴乎熟而不可徒恃其種之美又不可以仁之難熟而甘為他道之有成也○尹氏曰日新而不已則熟【講】孟子勉人為仁曰學莫先於為仁而仁必期於有得不觀之五穀乎彼五穀者可以養人誠種之美者也然以成熟而後為美苟為不熟反不如荑稗之有用夫五穀而可使不如荑稗乎此所以必貴乎熟也況仁為本心之良兼統萬善至粹至精不亦五穀之美種耶亦在乎克復日新功純無間使心即仁仁即心熟之而已矣不然是自喪其心德之美而與五穀之不熟者等耳【補】此章言仁之熟由於為之力蓋熟無所容力熟之在乎用力焉

○**孟子曰羿之教人射必志於彀**彀者引滿之謂引弓滿彀凝神不分乃可命中故曰志**學者亦必志於彀**學者指學射者言亦字對羿之教射看【註】羿善射者也志猶期也彀弓滿也滿而後發射之法也學謂學射【講】孟子以曲藝例聖學曰事必有法而後可成故善教者必有所據善學者必有所循不觀之曲藝乎如滿而後發者射之法也羿之教人射必志於彀學射者亦必志於彀蓋射之成法在於彀雖以羿之教人與學於羿者皆不能舍彀相授受也

○**大匠誨人必以規矩**誨人教人以匠事**學者亦必以規矩**學者指學匠者言亦字對大匠之誨人看【註】大匠工師也規矩匠之法也○此章言事必有法然後可成師舍是則無以教弟子舍是則無以學曲藝且然況聖人之道乎【講】規矩以為方員者匠之法也大匠誨人必以規矩學匠者亦必以規矩蓋匠之成法在於規矩雖以大匠誨人與學於大匠者

任
趙氏曰任薛同姓之國在齊楚之間
屋廬子
屋廬氏名連晉賢人學於孟子嘗著書言彭聃之法
禮食
以禮食者如主人親饋則客祭主人不親饋則客不祭故君子苟無禮雖美不食焉此類是也
親迎
郊特牲曰男子親迎男先於女剛柔之義也昏義曰父親醮子而命之迎男先於女也子承命以迎主人筵几於廟而拜迎於門外壻執鴈入

久則能巧矣以用也規矩無一定之限大小方員惟所用之通章四必字極重致知力行吾道之彀與規矩也

任人章旨
此章見禮當論其常不當論其變任人以食色之重者較禮之輕者故不見禮重孟子以禮之重者與食色之重兩重對較則禮為尤重也
任人節旨
問意在食重屋廬子答以禮重只道其常
色與節旨
復問意在色重任人總要引出他禮重來方好施以禮食二段駁難
曰禮節旨
屋廬子亦答以禮重仍道其常任人乃就變上難之不以禮食如嗟可去謝可食之類不親迎如凶荒殺禮之類俱以處變言兩乎字虛虛冷詰要駁倒禮重意滙參云任人亦本告子食色為性之說其蔑禮即所以外仁義也
屋廬節旨
屋廬子雖知禮重特分析未精故屈於對然終不敢以禮為輕所以告孟子也於答句便含末節往應意
不揣節旨
此下三節先開明屋廬子之心此是順任人之意而喻之言有意偏較者

皆不能舍規矩相授受也然則聖人之道知以開其始行以要其終亦射之彀匠之規矩也其可不知所以教所以學哉【補】滙參云教學只兩平說全在四個必字著精神

告子章句下 凡十六章

○任人有問屋廬子曰 任人任國之人 禮與食孰重 此禮字指食中之禮言 曰禮重 無禮則食為貪饕故禮重【註】任國名屋廬子名連孟子弟子也【講】任人有問於屋廬子曰食者人之所急而食之中有禮在焉禮與食孰為重屋廬子曰禮所以節飲食之流者也禮視食為尤重 ○色與禮孰重 此禮字指色中之禮言【註】任人復問也【講】任人又問曰色者人之所欲而色之中有禮在焉禮與色二者果孰為重 ○曰禮重 無禮則色為淫亂故禮重 曰以禮食則飢而死不以禮食則得食 以飢餓之時言 必以禮乎 重在不必拘禮食意 親迎則不得妻不親迎則得妻 以貧乏之時言 必親迎乎 重在不必拘親迎之禮意【講】屋廬子曰禮所以謹男女之交者也禮視色為尤重任人妄為之難曰禮固視食色為重矣設必以餽請之禮食則至於饑餓而死不以餽請之禮食則得食而生當此之時必以禮乎設必備親迎之禮則不得妻而廢倫不拘親迎之禮則得妻而全倫當此之時必親迎乎亦安在食色之輕於禮也 ○屋廬子不能對 屈於任人之辯 明日之鄒以告孟子 是求伸其辯 孟子曰於答是也何有 是字指禮食親迎之問【註】何有不難也【講】屋廬子窮於任人之難而不能答明日之鄒以告孟子孟子曰禮之重於食色者理之常任人之所詰問者事之變於答是以伸其說也何難之有哉 ○不揣其本 揣本是以手摩其根底之平 而齊其末 齊末是就梢木比量其高低 方寸之木可使高於岑樓【註】本謂下末謂上方寸之木至卑喻食色岑樓樓之高銳似山者至高喻禮若不取其下之平而升寸木於岑樓之上則寸木反高岑樓反卑矣【講】夫禮重而食色輕者以大分言之也若任人之論則是不較其大分而禮反輕於食色矣辟如不揣其在下之本而但齊其在上之末則升方寸之卑之木於岑樓之上亦可使反高於岑樓矣吾知寸木雖卑不見其為卑岑樓雖高難乎其為高幾何而不失其高卑之常也【補】存疑云此以高卑言下以輕重言按此但言高不言卑言重不言輕方不犯下輕重字 ○金重於羽者 此論其常理 豈謂一鉤金與一輿羽之謂哉 豈謂二字是故作反跌語以明金之本重

揖讓升堂再拜奠鴈蓋親授之於父母也降出御婦車而壻授綏御輪三周先俟於門外婦至壻揖婦以入共牢而食合巹而酳所以合體同尊卑以親之也

帶鉤

在帶頭今東帶其帶有鉤以金為之其金最不多此金字五金之總名左傳管仲射桓公中鉤蓋帶鉤者腰所服也

曹

曹姬姓伯爵出

高卑可使倒置

金重節旨

此是反任人之意而喻之言輕重之本然原不可以偏較二節宜相承說俱未露正意至下節乃與揭明耳

取食節旨

此即上兩節之意而明言之果如任人所比則食色之禮直是可廢矣但言食色之差重於禮而已然非論之得其平安可以是論禮哉

往應節旨

此方教以往應口氣與前以禮食兩段相接任人只曉得死與不得妻為重不知紾兄臂摟處子之犯禮尤重孟子提出此一頭與之平稱見得禮終是重矣二則將字正對他二必字必字見禮有不足拘則將字見禮尤不可犯也紾是捩轉臂膊用繩拴縛

曹交章旨

此章見堯舜可為而不假外求意重

註 鉤帶鉤也金本重而帶鉤小故輕喻禮有輕於食色者羽本輕而一輿多故重喻食色有重於禮者 講 不知禮之本重於食色者非以其一偏較也辟如金之所以重乎羽者非以其多寡並較而言也豈謂一帶鉤至小之金與一輿羽而較輕重之謂哉吾見金雖重以一鉤而反輕羽雖輕以一輿而反重幾何而不失其輕重之常也

○ **取食之重者與禮之輕者而比之奚翅食重** 禮食本不輕但對饑而死則為輕 **取色之重者與禮之輕者而比之奚翅色重** 親迎禮本不輕但對不得妻則為輕 註 禮食親迎禮之輕者也饑而死以滅其性不得妻而廢人倫食色之重者也奚翅猶言何但言其相去懸絕不但有輕重之差而已 講 若任人之論則偏甚矣饑而食食之重者也以禮食禮之輕者而比之則食為必不可已者矣奚翅食之少重於禮哉不得妻色之重者也親迎禮之輕者也偏而取夫色之重者與禮之輕者而比之則色為必不可少者矣奚翅色之少重於禮哉此正所謂寸木可高於岑樓鉤金反輕於輿羽也豈得其平者哉

○ **往應之曰** 應之答任人也 **紾兄之臂而奪之食則得食** 奪之食是攘奪其食 **不紾則不得食** 不得食即饑死此合上句見禮重而食亦重 **則將紾之乎** 乎字有寧饑死必不可紾兄之臂意 **踰東家牆而摟其處子則得妻** 踰越過也東家鄰家也處子處女也子在室者 **不摟則不得妻** 不得妻即廢倫此合上句見禮重而色亦重 **則將摟之乎** 乎字有寧廢倫必不可摟人之處子意 註 紾戾也摟牽也處子處女也此二者禮與食色皆其重者而以之相較則禮為尤重也 ○ 此章言義理事物其輕重固有大分然於其中又各自有輕重之別聖賢於此錯綜斟酌毫髮不差固不肯枉尺而直尋亦未嘗膠柱而調瑟所以斷之一視於理之當然而已矣 講 若各隨其輕重而彼此並舉之則見禮為尤重矣汝試往應之曰子以饑死為滅性食固重矣然敬兄亦禮之重也設使當饑餓之際紾其兄之臂而奪之食則得食而生不紾則不得食而死則將干犯禮義忍於紾兄而奪之乎吾知寧饑死而兄臂必不可紾也子以不娶為廢倫色固重矣然以正相從尤禮之重也設使當鰥曠之時踰東家牆而牽摟其處子則得妻而全倫不摟則不得妻而廢倫則將滅棄禮法敢於踰牆而摟之乎吾知寧廢倫而處子必不可摟也是禮之重於食色也明矣子以此往應任人彼將無以肆其辨矣於答是也何有 補 蔡虛齋曰往應節是於食色與禮兩邊各舉其重者而權衡之則禮之重於食色也彰彰矣

○ **曹交問曰人皆可以為堯舜** 為字指修為言 **有諸** 是問堯舜可為否 **孟子曰然** 是信

自文王子叔振
鐸武王克商封
之其地濟定陶
縣是也

匹
曲禮曰庶人之
摯匹註云摯與
贅同匹讀為鶩
野鴨曰鳧家鴨
曰鶩不能飛騰
如庶人之終守
耕稼也

烏獲
烏獲秦武王時
人力能扛鼎秦
武王好以力戲
力士烏獲至大
官後秦武王與
烏獲較力舉鼎
折肱而卒

亦為之而已矣句指出孝弟正實落
下手工夫奚有節言堯舜只在於為
徐行節言堯舜不難為子服節則教
之為也末節二求字正從為字來

曹交節旨
人皆可以為堯舜一句中卻有兩面
曹交之問所疑在可孟子之然所信
在為

交聞節旨
九尺四寸以長交言已亦在湯文間
如何則可有不勝為患意

奚有節旨
為之而已一句通章要領下皆申之
無力有力就一人言只形容勇怯無
常意舉烏獲二句又進一步說以上
皆是譬喻破其形體之拘夫人以下
方正言人皆可為堯舜意此弗為是
畏難而不為下不為是忽略而不為
為有力為無力為烏獲三為字輕與
上下為字不同

徐行節旨
徐行後長便是弟言弟則孝可知孝
弟人人可勉堯舜不難為孝弟不難
為也堯之時雍道本於親睦舜之風
動道本於齊變都從孝弟做起然而
已矣三字有味仇滄柱曰非謂人纔
孝弟便是堯舜乃言堯舜之道亦不
過孝弟也須先講堯舜之道極濶大
極精微然後收攝到孝弟中來以見
庸行為入聖之要

堯舜可為【註】趙氏曰曹交曹君之弟也人皆可以為堯舜疑古語或孟子所嘗言也【講】昔曹交問於孟子曰嘗聞堯舜古之聖帝也乃人皆可以為之此言有諸孟子曰然人實皆可以為堯舜也 ○ 交聞文王十尺湯九尺 文王與湯皆能為堯舜者十尺九尺俱指形體言 今交九尺四寸以長 是自言其形體合湯文意 食粟而已如何則可 可指為堯舜說【註】曹交問也食粟而已言無他材能也【講】曹交不知所以為堯舜之道乃以形體論之曰交聞文王體長十尺湯體長九尺皆為堯舜者也今交九尺四寸以長形體類於湯文若可以為堯舜矣然無他材能但食粟而已有其形而無其實交之有愧於湯文遠矣敢問如之何則可為堯舜耶 ○ 曰奚有於是 是字指形體言 亦為之而已矣 為字亦以修為言 有人於此 其形體猶人也 力不能勝一匹雛 匹雛嫩而未長成 則為無力人矣 就上句見他無力 今曰舉百鈞 鈞三十斤百鈞言其重也 則為有力人矣 就上句見他有力 然則舉烏獲之任是亦為烏獲而已矣 見不在於形體 夫人豈以不勝為患哉 不勝是材質不能為堯舜意 弗為耳 弗為以暴棄言【註】匹字本作鴄鴨也從省作匹禮記說匹為鶩是也烏獲古之有力人也能舉移千鈞【講】孟子曰所謂人皆可以為堯舜者奚有於是形體哉亦在為堯舜之所為而已矣如有人於此其始也力不能勝乎一匹雛之輕則人皆以為無力人矣今曰力足舉百鈞之重則人皆以為有力人矣是知人之有力無力顧所任何如耳然則能舉烏獲千鈞之任者是亦為烏獲而已矣奚必形之似烏獲哉使人能為堯舜之為非即堯舜而何夫人豈以材質凡庸不勝堯舜之事為患哉但甘於自棄而弗為之耳 ○ 徐行後長者謂之弟 徐行是緩行長者兄長也弟是遜順之義 疾行先長者謂之不弟 疾是急而無序 夫徐行者豈人所不能哉所不為也 不為正見其非不能 堯舜之道孝弟而已矣 道字虛看孝弟正是道已矣見不必遠求意【註】陳氏曰孝弟者人之良知良能自然之性也堯舜人倫之至亦率是性而已豈能加毫末於是哉楊氏曰堯舜之道大矣而所以為之乃在夫行止疾徐之閒非有甚高遠難行之事也蓋百姓日用而不知耳【講】且堯舜亦不難為也如徐行而後於長者即謂之弟疾行而先於長者即謂之不弟夫徐行者豈是難事而為人所不能哉特人所忽焉而不為也古今聖人言道大者必歸堯舜夫堯舜之道豈有甚高遠難行之事哉亦不外於孝弟而已矣夫豈有所加哉 ○ 子服堯之服 子指曹交

子服節旨

此方在曹交身上叮嚀寧樸無華寧平無奇孝弟之服也寧拙無巧寧訥無多孝弟之言也寧卑無亢寧拘無肆孝弟之行也舉堯復舉桀者嚴聖狂之界欲其慎所為耳

交得節旨

此亦是富貴之習氣孟子鄒人時正居鄒故曹交願留於此

夫道節旨

夫道二字該得廣不專指孝弟求字卻指孝弟孝弟只是道之起腳處若大路然是喻共知不是喻共由故接曰豈難知哉下二句方以行言求之親長之間如遇親便當盡孝遇長便當盡敬一點良心便是師觸處皆師便是有餘此正指示為堯舜切實處

小弁

全詩弁彼鸒斯歸飛提提民莫不穀我獨于罹

小弁章旨

此章見小弁之宜怨重仁孝二字高子在怨上疑其為小人孟子在怨上見其為仁孝故引舜之慕為怨字作

上服字是佩服下服字是衣服服之誦之行之只是循理便是非必襲其故迹誦堯之言誦是誦述言是言辭行堯之行上行字是率循下行字是德行是堯而已矣是堯與堯一般子服桀之服誦桀之言行桀之行桀不孝不弟之人正與上相反是桀而已矣是桀與桀一般

註 言為善為惡皆在我而已詳曹交之問淺陋粗率必其進見之時禮貌衣冠言動之間多不循理故孟子告之如此兩節云

講 夫堯舜既不難為而為之則在子也子欲學為堯舜豈必求之遠且難哉一身衣服言動之微皆道之所在學聖則聖學狂則狂在子之趨向何如耳子若服堯之服而服循乎理誦堯之言而言循乎理行堯之行而行循乎理則衣冠言動皆孝弟之道也皆堯也是堯而已矣不必有湯文之形體而後可以為堯也子或服不以理而服桀之服言不以理而誦桀之言行不以理而行桀之行則衣冠言動皆非孝弟之道也皆桀也是桀而已矣則雖有湯文之形體而何能不入於桀也夫能為堯則可以為舜出乎堯則必入乎桀是皆在乎為之矣奚有於形體哉

○曰交得見於鄒君此句有挾貴意可以假館此句有求安意願留而受業於門受業是學為堯舜孝弟之道門是孟子之學門

註 假館而後受業又可見其求道之不篤

講 交聞言而悅曰夫子之言善矣交於鄒君有鄰好之誼使得見於鄒君可以假借一館願留於此而受業於夫子之門以終為堯舜之教焉

○曰夫道若大路然豈難知哉道即堯舜之道若大路言其明白易知人病不求耳患病也子歸而求之有餘師歸對假館說師對受業於門說

○註 言道不難知若歸而求之事親敬長之間則性分之內萬理皆備隨處發見無不可師不必留此而受業也○曹交事長之禮既不至求道之心又不篤故孟子教之以孝弟而不容其受業蓋孔子餘力學文之意亦不屑之教誨也

講 孟子曉之曰子欲假館而受業者仍以道不易知而欲因我以求道也殊不知夫道具於性分之內著於日用之常譬若大路然明白簡易豈難知哉特人自絕於道病在不知所以求之耳子若歸而求之事親敬長之間而體吾所謂孝弟之道則知性分之內萬理皆備孝弟既盡眾善自生隨吾身之所往皆是道之發見依道而行即此是師無往而非道則亦無往而非師矣不亦有餘師乎何必留此受業為也是可見欲為堯舜者反而求諸孝弟可也

補 陳氏曰有餘師非師於人即學者當以己心為嚴師意

○公孫丑問曰高子曰小弁小人之詩也小人之詩謂非仁孝所發孟子曰何以言之是究高子說詩之意曰怨怨只是怨恨其親是丑述高子之言

註 高子齊人也小弁小雅篇名周幽王娶申后生太子宜臼又得褒姒生伯服而黜申后廢宜臼於是

天寶書局精校藏板

何辜于天我罪伊何心之憂矣云如之何踧踧周道鞫為茂草我心憂傷惄焉如擣假寐永歎維憂用老心之憂矣疢如疾首維桑與梓必恭敬止靡瞻匪父靡依匪母不屬于毛不離于裏天之生我我辰安在菀彼柳斯鳴蜩嘒嘒有漼者淵萑葦淠淠譬彼舟流不知所屆心之憂矣不遑假寐鹿斯之奔維足伎伎雉之朝雊尚求其雌譬彼壞木疾用無枝心之憂矣寍莫之知相彼投兎尚或先之行有死人尚或墐之君子秉心維其忍之心之憂矣涕既隕之君子信讒

證凱風只借來比例小弁是主須知是論詩不是論人蓋平王之孝可議而小弁之詩不可議也

小弁節旨

怨字正解只是怨恨其親註哀痛迫切謂國家之念深故其憂苦人子之情切故其辭哀乃會下節意言之非高子所謂怨也

固哉節旨

越人二段側重兄邊上道之疏之二之字指越人下道之戚之二之字指其兄小弁之事人倫大變宗社顛覆係焉如之何勿怨怨乃見親親之心仁就一點愛親之心言

凱風節旨

丑非疑凱風只引以例小弁意其不當怨耳

親之節旨

過之大小特因其絶天性之愛傷天地之和有甚不甚耳俗以一關宗社事大一止身家事小者謬下兩層推明當怨不當怨之旨注重不孝二字與上親親仁也反對通節凱風是賓小弁是主

孔子節旨

舜五十時親已底豫有慕無怨矣此舉舜之慕來説見小弁之怨亦從慕生也此所以為仁所以為孝亦猶行舜之慕也但舜之怨怨已而慕親小弁之怨怨已亦怨親有不同耳

宜臼之傅為作此詩以叙其哀痛迫切之情也【講】公孫丑問曰吾聞高子之説詩曰小弁之詩乃小人之詩也孟子曰何以言之丑答曰高子謂詩之為教貴乎溫厚和平況小弁又處父子之閒乎今讀其詩但見其哀痛迫切蓋傷於怨也此所以謂之小人之詩也

○曰固哉高叟之為詩也詩自有怨體以怨為小人則不通矣故曰固有人於此越人關弓而射之關與彎同射之之字指所射之人言則己談笑而道之是緩緩解勸意無他疏之也疏自情上言其兄關弓而射之則己垂涕泣而道之是勸解急切意無他戚之也戚亦自情上言小弁之怨親親也親以情言親親仁也仁以愛言固矣夫高叟之為詩也此句申言以斥之【註】固謂執滯不通也為猶治也越蠻夷國名道語也親親之心仁之發也【講】孟子曰凡説詩者當會其意而不可泥其言固矣哉高叟之治詩也夫謂小弁為怨則可謂怨為小人則不可何者小弁乃怨其所當怨者也譬如有人於此越人關弓而欲射之則已於其旁談笑而勸止之無他疏之也故言不甚切也若其兄關弓而欲射之則已於其旁垂涕泣而勸止之無他戚之也故痛切以為言恐其妄殺人而陷於罪也小弁父子之間不啻其兄之關弓射人則小弁涕泣之道乃親親之情也夫親親者仁也仁豈小人之道乎固矣夫高叟之為詩也

○曰凱風何以不怨不怨言詩但念母氏劬勞母氏聖善而已【註】凱風邶風篇名衛有七子之母不能安其室七子作此以自責也【講】丑問曰小弁固所當怨彼詩有凱風之遇其母猶小弁之遇其父也何以不怨

○曰凱風親之過小者也失節事在未然猶可感動小弁親之過大者也廢嫡事屬已行有傷天性親之過大而不怨是愈疏也愈疏情益薄意親之過小而怨是不可磯也磯字是借字石喻母水喻子子不容母猶水不容磯愈疏不孝也不孝以忘親言不可磯亦不孝也不孝以怨親言【註】磯水激石也不可磯言微激之而遽怒也【講】孟子曰凱風與小弁不可以並論也凱風之母特以一時之私心而少有汙於母子之天性過之小者也小弁之父信讒廢嫡則傷天地之太和戾父子之至愛過之大者也親之過大而不怨則親之廢我情既疏矣我又恝然不介於懷父子之間益薄矣不愈疏乎親之過小而怨則親方不幸而有幾微之失我乃遽為不平之鳴猶水之不容一激石也非不可磯乎愈疏則有忘親之心固不孝也不可磯則無順親之心亦不孝也此小弁之怨與凱風之不怨固各有攸當已豈可執不怨者以概論夫怨者乎

○孔子曰舜其

如或鷸之君子不惠不舒究之伐木椅矣析薪扡矣舍彼有罪予之佗矣莫高匪山莫浚匪泉君子無易由言耳屬于垣無逝我梁無發我笱我躬不閱遑恤我後

凱風

凱風自南吹彼棘心棘心夭夭母氏劬勞凱風自南吹彼棘薪母氏聖善我無令人爰有寒泉在浚之下有子七人母氏勞苦睍睆黃鳥載好其音有子七人莫慰母心○南風謂之凱風北風謂之涼風東風謂之谷風西風謂之泰風

宋牼

宋牼一名鈃聞墨子之風而悅

宋牼章旨

此章孟子因牼遊說而嚴示以義利之防仁義是孟子大本領非區區與策士商推也先生之號不可句是綱後二節皆發明之

宋牼節旨

二句是記事之辭遇牼亦有轉移世道之機在

先生節旨

孟子必素知其為遊說之士將何之之問以人國言

吾聞節旨

當時并吞諸侯者秦可以敵秦者楚倘楚用其言則不必之秦矣以楚為主

軻也節旨

指是詳中之大要號即指之趨向也也指猶隱於胸號則顯於世矣志大謂其志在息民與從人志在為楚橫人志在為秦者不同玩矣字語氣只是掩起下句歸重號之不可上不可二字是抹殺他利字下正發明此意

以利節旨

以利說秦楚之王所謂以利為號也

至孝矣五十而慕慕字兼怨字在內 註 言舜猶怨慕小弁之怨不為不孝也○趙氏曰生之膝下一體而分喘息呼吸氣通於親當親而疏怨慕號天是以小弁之怨未足為愆也 講 且吾以孝為怨非私言也昔孔子嘗稱舜曰舜其至孝矣年至五十之時而猶不忘其怨慕之心夫舜之至孝且猶怨慕豈可以小弁之怨為非孝乎知孝則知仁矣高子乃以小人目之何其說詩之固也

補 自古仁人孝子怨多自慕生引舜之慕取與怨邊略似勿以舜事方小弁

○宋牼將之楚宋牼戰國遊說之士孟子遇於石丘不期而會曰遇 註 宋姓牼名石丘地名 講 昔遊說之宋牼將往楚國遊說楚王孟子偶然與之相遇於石丘之地○曰先生將何之 註 趙氏曰學士年長者故謂之先生 講 問曰先生將何之蓋知其往說於人國所以發其端也

○曰吾聞秦楚構兵兩軍相戰曰構兵我將見楚王說而罷之罷是息兵楚王不悅不悅是所說不合我將見秦王說而罷之二王我將有所遇焉聽我之言便是遇 註 時宋牼方欲見楚王恐其不悅則將見秦王也遇合也按莊子書有宋鈃者禁攻寢兵救世之戰上說下教強聒不舍疏云齊宣王時人以事考之疑即此人也 講 牼曰今百姓之苦莫甚於戰爭而列國相爭莫強於秦楚吾聞秦楚二國構兵相伐我將南見楚王說之而罷其兵或楚王不以吾言為悅吾將西見秦王說之而罷其兵不合於楚必合於秦二王我將有所遇焉則吾之說可行而民可息矣 補 構兵只言相侵伐且漫說兵連禍結恐侵下不利意有所遇只是言不遇於楚必遇於秦勿倒轉說

○曰軻也請無問其詳願聞其指二其字指說秦楚之言詳是遊說之全辭指是遊說之大要說之將何如問他主意如何曰我將言其不利也此其字指秦楚言不利指勞民傷財言曰先生之志則大矣志大指罷兵息民說先生之號則不可號是不利之名號 註 徐氏曰能於戰國擾攘之中而以罷兵息民為說其志可謂大矣然以利為名則不可也 講 孟子曰軻也邂逅之際請無問說二國之詳願聞其說二國之指先生所以說之者將何如牼曰我將言其兵連禍結民困財盡不利於國也孟子曰先生之志在於罷兵息民可謂大矣然以利為號則有所不可也

○先生以利說秦楚之王以利說謂罷兵利也構兵不利也秦楚之王悅於利以罷三軍之師師眾也三軍出而在外曰師是三軍之士

之作為華山之冠以自表

秦楚之王悅於利以下正所謂不可也統言曰師指其人士也勿分將帥卒徒臣子弟從上三軍推開懷字跟悅字來最重利說秦楚利字以息兵言懷利利字寬說是一點私心有為而為之意人人懷利則相接處皆是相構處即本國中亦秦楚矣

以仁節旨

上節已發明不可二字此是孟子自出仁義之大旨以教之見仁義之說一倡則必至於王也末復以何必曰利應轉前文上以罷三軍之師以字何等勉強利根未拔故也此而罷三軍之師而字何等自然仁義所自生也懷仁義以事是懷個仁義之心去事君臣父子兄弟各見得分所當為便是懷仁義條辨云仁義性所固有初間喪失猶冀後來保全今各懷利則終去矣利本後來私心只懷仁義自然去利故不曰終去

樂罷而悅於利也（士該將卒言）為人臣者懷利以事其君（懷猶懷抱之懷是懷個利心以事君）為人子者懷利以事其父為人弟者懷利以事其兄是君臣父子兄弟終去仁義懷利以相接（下以此事上則上亦以此接下故曰相接終字有味終去仁義無復有良心惟利是視矣）然而不亡者未之有也（亡是趨利之禍）

講 何以見利之不可也先生以利說秦楚之王秦楚之王皆悅於利之說以罷三軍之師是凡所謂三軍之士者皆樂罷而悅於謀利也利之名一倡而人心惟知利之為美將見為人臣者懷利之心以事其君有所覬望而非盡忠也為人子者懷利之心以事其父為人弟者懷利之心以事其兄有所希冀而非盡孝盡弟也是舉國之君臣父子兄弟終去仁義只懷利以相接吾恐見利則爭失利則怨親愛之意泯弒奪之禍興然而不亡其國者未之有也利之為禍有如此信乎利之不可為號也

○先生以仁義說秦楚之王（仁義天理之公）秦楚之王悅於仁義而罷三軍之師是三軍之士樂罷而悅於仁義也為人臣者懷仁義以事其君為人子者懷仁義以事其父為人弟者懷仁義以事其兄是君臣父子兄弟去利懷仁義以相接也（相接我懷仁義事君君必以仁義信我是君與臣相接以仁義父子兄弟倣此）然而不王者未之有也（王是不利之大利）何必曰利（申言以利為號之不可）

註 此章言休兵息民為事則一然其心有利義之殊而其效有興亡之異學者所當省察而明辨之也

講 利既不可為名則當以何者說之亦有仁義而已矣先生若以仁義說秦楚之王見得殃民非仁伐國非義由是秦楚之王悅於仁義之說而罷息三軍之師是三軍之士皆樂罷而悅於仁義也仁義之名一倡而人皆知仁義之為美為人臣者懷仁義之心以事其君只見得道理當忠初不為一已富貴之計為人子者懷仁義之心以事其父為人弟者懷仁義之心以事其兄只見得道理當孝弟初不為一已覬覦之私是舉國之君臣父子兄弟去利懷仁義以相接也吾見君有純臣父有孝子兄有賢弟四境之內同一君親上下之誠愛親敬長之願人心既振國勢自張然而不王者未之有也仁義之造福如此先生持此以說秦楚可矣何必曰利乎哉

居鄒章旨

此章見孟子報施之宜問答俱重儲子邊首節處守為相四字是伏案中間不成享三字是斷案末節不得之鄒得之平陸是結案

居鄒節旨

曰鄒曰平陸曰處守曰為相是敘事中書法報只報其意非報其物兩不報甚平常此處作一例看

他日節旨

他日二字雖冒下二句其實各是一個他日由鄒之任越國去見由平陸之齊順道不見得問謂已得問隙而問非謂孟子所處有間隙可議也故註云知孟子處此必有義理

問曰節旨

書洛誥

此周公營洛邑告成王以御諸侯之道也曰汝其敬識百辟享亦識其有不享享多儀儀不及物惟曰不享惟不役志于享凡民惟曰不享惟事其爽侮

為相之問亦曉得意不在此特設辭以相探耳

非也節旨

引書重惟不役志于享句儀註訓禮指本言即志也禮有本有文志為本物為文多言禮意真篤不及言禮意與禮文不相稱亦所謂不享也書所享指天子孟子引之則謂享賢者事

為其節旨

此釋書重成字言既不役志於享則所謂享者特其名耳實則不成享也不役志就心裏說不成享就外面說

屋廬節旨

悅字與前喜字相應季子二句見欲

○孟子居鄒居是常處鄒與任與國季任為任處守處守便有專責意以幣交受之而不報以幣交謂不親來但以幣帛來相接不報是未及答報也處於平陸處是暫居平陸齊下邑與齊同壤儲子為相為相止輔理見非攝君位之重以幣交受之而不報同上意【註】趙氏曰季任任君之弟任君朝會於鄰國季任為之居守其國也儲子齊相也不報者來見則當報之但以幣交則不必報也【講】昔孟子之居於鄒也有任君之弟季任為任君居守其國以幣至鄒來交孟子孟子受之而不往見以報其禮其一日又處於齊之平陸也儲子為齊相亦以幣至平陸來交孟子孟子亦受之而不往見以報其禮

○他日由鄒之任見季子之往也見是答其禮由平陸之齊不見儲子不見是不答其禮屋廬子喜曰連得間矣連屋廬子名得間謂有可請問之隙【註】屋廬子知孟子之處此必有義理故喜得其閒隙而問之【講】及至他日孟子由鄒之任見季子而答幣交之禮由平陸之齊乃不見儲子以答幣交之禮屋廬子喜曰交同而答異君子處此必有義理存焉連得其閒隙而問之矣

○問曰夫子之任見季子之齊不見儲子為其為相與其字指儲子言【註】言儲子但為齊相不若季子攝守君位故輕之耶【講】於是問曰夫子之任見季子之齊不見儲子意者為儲子但為齊相與不然何以幣交則同而有報與不報之異也

○曰非也指為相言書曰享多儀多猶厚也儀是禮意儀不及物物是禮文曰不享曰是書自謂惟不役志于享此句是書自解曰不享之意【註】書周書洛誥之篇享奉上也儀禮也物幣也役用也言雖享而禮意不及其幣則是不享矣以其不用志於享故也【講】孟子曰吾之不見儲子者非以其為相之故也獨不觀之周書乎周書洛誥之篇曰享上貴厚乎禮意若物有餘而禮意不足是儀不及物即謂之曰不享謂其但以物為享而不用志於享故也書之言如此

○為其不成享也為其禮意不存則物皆虛文【註】孟子釋書意如此【講】夫以物享人書乃謂之不享者何哉正為其徒事虛文而敬有不足則不成其享也我之不見儲子者亦以其不成享耳豈為其為相哉

○屋廬子悅悅是喜其所處有道或問之問成享不成享屋廬子曰季子不得之鄒兼居守與他國二意儲子得之平陸兼為相與境內二意【註】徐氏曰季子為君居守不得往他國以見孟子則以幣交而禮意已備儲子為齊相可以至齊之境內而不來見則雖以幣交而禮意不及其物也【講】屋廬子聞言而悅以君子交際

來而不得來則幣交為實意得來而不來則幣交為虛文宜抑揚重儲子邊

先名章旨

此章見孟子之仁賢非髡所能識以仁字為主賢字從仁字討出首二節因髡識不仁辨其同歸於仁中二節因髡識無益辨其有益於國末二節因髡識不賢辨其未識乎賢而孟子去齊之故終不明言以顯齊王之失宛然孔子家法章內屢提不用是眼目

先名節旨

髡意出處各成其事方是仁首四句為人為己原平說夫子在三卿以下專主為人一邊仁字應主立功濟世講

居下節旨

髡論仁以迹孟子論仁以心如但以迹則伯夷不屑於就者也柳下惠不屑於去者也伊尹則有去亦有就者也然去者是仁不去者亦是仁安得拘以為人與自為顧其所存所處何如耳君子亦仁而已矣孟子自謂也何必同句最重註無私心以心言合天理以事言

魯繆節旨

公儀子

信有義理而不苟焉或人又疑而問之以為均一幣交耳何以有成享有不成享之異乎屋廬子曰乃解之季子為君守國況至鄒則越國是勢不得至鄒但以幣交其禮意已備故謂之成享也儲子雖為相國事猶有所主況平陸在齊境內是勢得至平陸亦止以幣交其禮意不及故謂之不成享也惟儲子之不成享異於季子故夫子之見季子亦異於儲子矣此君子之處己處人各有攸當也與【補】朱子曰得之平陸在孟子受幣後言初不自來以幣交未為非禮但孟子既受之後便當來見而又不來則其誠之不至可知

○淳于髡曰先名實者為人也（先急也名實二字串有是事功則有是聲譽為人是出而濟世之仁人兼君民說）後名實者自為也（後是緩自為是處而獨善之仁）夫子在三卿之中（見有可為意）名實未加於上下而去之（上指君下指民）仁者固如此乎（仁者直指為仁之人說此字指名實未加）【註】名聲譽也實事功也言以名實為先而為之者是有志於救民者也以名實為後而不為者是欲獨善其身者也名實未加於上下言上未能正其君下未能濟其民也【講】淳于髡因孟子在齊無功而去乃譏之曰凡人有功利之實斯有功利之名先名實者功利在所先則進而治國濟民為人也後名實者功利在所後則退而獨善其身自為也今夫子在三卿之中是志在為人明矣乃名實未加於上下之間而徒然去之又不成為人矣欲濟時而時不之濟仁者固如此乎

○孟子曰居下位不以賢事不肖者伯夷也（賢以德言不肖指汚君）五就湯五就桀者伊尹也（五就湯因湯之聘五就桀因湯之薦）不惡汚君不辭小官者柳下惠也（不惡亦事之不辭亦就之）三子者不同道（道指去就之迹）其趨一也（趨其心之所向）一者何也（此句究一之義）曰仁也君子亦仁而已矣（君子推開說乃孟子自寓）何必同（不必其迹之同）【註】仁者無私心而合天理之謂楊氏曰伊尹之就湯以三聘之勤也其就桀也湯進之也湯豈有伐桀之意哉其進伊尹以事之也欲其悔過遷善而已伊尹既就湯則以湯之心為心矣及其終也人歸之天命之不得已而伐之耳若湯初求伊尹即有伐桀之心而伊尹遂相之以伐桀是以取天下為心也以取天下為心豈聖人之心哉【講】孟子曰予安得以去就之迹而論仁哉亦推其心而已古有迹近於為己寧居士庶之下位不以己之賢事人之不肖者伯夷也亦有迹近於為人始因湯之聘而五就於湯繼因湯之薦而五就於桀者伊尹也更有迹近於為己為人不惡汚君而亦事之不辭小官而亦為之者柳下惠也之三子者或以去為道或以就為道或以就去不拘為道亦有自為為人之不同矣原其心之所趨

公儀休魯博士也以高人為魯相奉法循理無所變更百官自正使食祿者不得與下民爭利受大者不得取小客有遺相魚者相不受客曰聞君嗜魚何故不受相曰以嗜魚故不受也食茹而美拔其園葵而棄之見其家織布好而疾出其家婦燔其機云欲令農夫工女安所售其貨乎

華周杞梁 華周即華還杞梁即杞殖皆齊大夫侍莊公伐衛遂伐晉既還遂襲莒杞殖華還載甲夜入宿於莒郊明日先遇莒子莒子重賂之使無死戰曰請有盟華周

髡始以名實未加而去責之猶見此謂雖不去亦無益語意漸緊賢者無益句推開魯事暗指孟子說正解云公儀休為魯相奉法循理無所變更百官自正始食祿者不得與下民爭利子柳言君子道行則樂其治子思請結恩百姓修禮鄰國非復昔日之魯曰削甚蓋誣之也

虞不節旨

嘆繫在用不用字即是孟子自寫照虞奚不過一霸佐尚有關興亡如此況不為奚者乎不用賢二句推開說以亡形削正見賢者之非無益

王豹節旨

前魯繆節猶以賢字與他至此直說其非賢語意一步緊一步謳聲有曲折也歌長言也舉王豹諸人見工歌婦女各有一長亦足自見以律孟子無名實之加不足為賢也有諸內四句本上豹駒等推開說又以引起無賢者二句內以抱負言外以功業言為其事即須有諸內無其功即反形諸外四句一正一反作兩層看是故二句暗指仕齊無功意

孔子節旨

借孔子道自己本色重不用二字以見齊不能用耳為魯司寇暗影三卿不用至不稅冕而行暗影名實未加而去為肉為無禮之二見均之不知孔子也欲以微罪行微罪者微悔其

則一也所謂一者何也曰仁也蓋仁者無私心而合天理之謂也由三子觀之則凡君子之去就本於心之無私理之當然而已矣然則君子之處世可就則就固非有意於為人而以名實為先可去則去亦非有意於自為而以名實為後要皆合乎此心之仁耳何必拘拘於去就之皆同耶子以名實之先後而議我之未仁殆未識仁者之心矣

○曰魯繆公之時公儀子為政（為政總大綱）子柳子思為臣（為臣分理庶政）魯之削也滋甚（滋甚是益甚）若是乎賢者之無益於國也（若是指削之滋甚言賢者雖就三子說實譏孟子）

【註】公儀子名休為魯相子柳泄柳也削地見侵奪也髡譏孟子雖不去亦未必能有為也

【講】髡又譏之曰君子之去就誠不可以迹拘乃若不去而就於人國亦未必有益也昔者魯繆公之時公儀子為政而秉執國鈞子柳子思為臣而布列庶位眾賢在魯宜乎魯之強也而魯之地侵削於人也滋甚由此觀之若是乎賢者雖在人國亦無益於國也

○曰虞不用百里奚而亡（亡是晉獻公假道滅之）秦穆公用之而霸（霸指三置晉君一救荊禍說）不用賢則亡（亡如虞之亡）削何可得與（削如魯之削）

【註】百里奚事見前篇

【講】孟子曰子勿謂賢者之無益也昔虞公不用百里奚之賢而遂亡其國秦穆公用之而遂霸天下此一百里奚也何不賢於虞而獨賢於秦哉由用與不用為之也夫不用賢則至於亡求如魯之削何可得與然則魯之止於削而不亡者以其有三賢在也安得謂賢者無益於人國哉

○曰昔者王豹處於淇而河西善謳（短聲曰謳）綿駒處於高唐而齊右善歌（長聲曰歌）華周杞梁之妻善哭其夫而變國俗（言齊國人化之皆篤夫婦之倫）有諸內必形諸外（內指抱負言外指功業言）為其事而無其功者（事者已之所為承內說功者事之所成承外說）髡未嘗覩之也（是未嘗見此人）是故無賢者也（此句隱指孟子）有則髡必識之（指有功業可見說）

【註】王豹衛人善謳淇水名綿駒齊人善歌高唐齊西邑華周杞梁二人皆齊臣戰死於莒其妻哭之哀國俗化之皆善哭髡以此譏孟子仕齊無功未足無賢也

【講】髡又譏之曰賢者固有益於國而無功則不足為貴也試以古人所居則化者言之昔者王豹處於淇以善謳名也而環河西之人化之而善謳綿駒處於高唐以善歌名也而環齊右之人化之而善歌華周杞梁之妻善哭其夫而環齊之國俗皆變而善哭夫一歌哭之微尚能感人易俗如此而況賢者之處世乎故髡所覩凡有才猷蘊於內者則必有功業形諸外若有才以為其事而無成功之可見者髡實未嘗覩之也是故當今之世

對曰貧貨棄命亦君所惡也昏而受命曰未中而棄之何以事君莒子親鼓之梁遂鬪殺二十七人而死莊公歸遇梁妻於郊梁戰死妻行迎喪使弔之辭曰殖之有罪何辱命焉若免於罪猶有先人之敝廬在下妾不得與郊弔齊侯弔諸其室杞梁無子其妻內外皆無五屬之親乃枕其夫之屍於城下而哭內誠動人道路過者莫不揮涕十日城為之阤而隅為之崩既葬赴淄水死

燔肉

左傳曰祀有執燔戎有受脤禮之大節也公羊傳云腥曰脤熟

君相之失也然朱子云微罪是孔子自謂蓋以其不致燔而去為得罪於君耳虛齋亦謂以細故去國為微罪使人咎其可以無去而必去也已以微罪行乃正不欲顯其君相之失不欲為苟去在已亦有辭於去非全無可去之故也衆人固不識繁對髡必識之

五霸章旨

此章是孟子維王之意天下不復知有天子之令五霸所以為罪天下猶知有天子之禁五霸所以為功諸侯皆犯之則其惡也今之諸侯何敢肆然為惡若此則有長之者有逢之者

大意重罪大夫

五霸節旨

此節是劈空立案三王提起下將五霸並今諸侯大夫遞言其罪且虛說

無賢者也如有賢者出則名實加於上下自有功可見而髡必識之矣若無可見之功而負賢者之名此髡之所未喻也 補 吳氏曰按左傳禮記皆無華周妻哭之事髡不過帶說耳

○曰孔子為魯司寇司寇官名不用受女樂而不能用從而祭從是隨祭是郊祭燔肉不至是郊祭胙肉不頒於大夫不稅冕而行稅是脫冕祭服之冠不知者以為為肉也為肉指燔肉不至說其知者以為為無禮也無禮是無致燔之禮乃孔子則欲以微罪行微字對顯字看不欲為苟去苟去是無故而去君子之所為衆人固不識也所為指去就言衆人暗指髡

註 按史記孔子為魯司寇攝行相事齊人聞而懼於是以女樂遺魯君季桓子與魯君徃觀之怠於政事子路曰夫子可以行矣孔子曰魯君且郊如致燔於大夫則吾猶可以止桓子卒受齊女樂郊又不致燔俎於大夫孔子遂行孟子言以為為肉者固不足道以為為無禮則亦未為深知孔子者蓋聖人於父母之國不欲顯其君相之失又不欲為無故而苟去故不以女樂去而以燔肉行其見幾明決而用意忠厚固非衆人所能識也然則孟子之所為豈髡之所能識哉○尹氏曰淳于髡未嘗知仁亦未嘗識賢也宜乎其言若是

講 孟子曰子謂事功可以觀人似以賢者為易識矣不知賢者未易識也獨不觀孔子之去魯乎昔者孔子為魯司寇豈願名實不加而去無如魯之君相惑於女樂而不能用當時孔子之心已決於去矣而猶未即去也適有郊祭之事從而祭焉及燔肉不至遂不脫冕而行夫此肉也亦禮也當時不知者以為夫子之去為肉其知者以為夫子之去為無禮要皆非深知孔子者也乃孔子之意則不欲顯其君相之罪而行又不欲為無故而苟去其見幾明決用意忠厚如此此惟孔子自知之耳即此而觀可見凡君子之所為情深識遠超然形迹之外衆人固不識也又何輕量賢者哉

○孟子曰五霸者三王之罪人也五霸宜從趙註今之諸侯五霸之罪人也諸侯指戰國時言今之大夫今之諸侯之罪人也大夫亦指戰國時言

註 趙氏曰五霸齊桓晉文秦穆宋襄楚莊也三王夏禹商湯周文武也丁氏曰夏昆吾商大彭豕韋周齊桓晉文謂之五霸

講 孟子以王道定衰世君臣之罪曰世道之日降也君臣之間皆不道矣如五霸者似謂有功於三王實三王之罪人也今之諸侯似欲追蹤於五霸實五霸之罪人也豈獨其君之罪哉今之大夫似謂有功於諸侯實今之諸侯之罪人也

○天子適諸侯曰巡狩天子徃諸侯之國名曰巡狩諸侯朝於天子曰述職諸侯以時朝覲名曰述職春省耕而補不足不足是食歎於一時

曰燔周禮大宗伯以血祭祭社稷五祀以饋食享先王是社稷主腥故謂之脤宗廟主熟故謂之燔

葵丘

左傳云夏會於葵丘尋盟且修好禮也

歃血

歃血謂取血塗口旁也曲禮云約信曰誓涖牲曰盟盟者先鑿地為方坎殺牲於坎上割牲左耳盛以珠槃又取血盛以玉敦用血為盟書成乃歃血而讀書置牲坎中加書於上而埋之謂之載書

防

防以蓄水亦以障水考工記匠人凡防必因地勢善防者水淫

下三節方歷指其獲罪之責

天子節旨

通節六師移之分上是備舉三王之法下是舉征伐一端以著五霸之罪也巡狩述職是綱省耕省歛帶言入疆二段巡狩之事以慶讓為目言賞罰之權出於天子一不朝三段述職之事以貶削移為目言征討之權出於天子為國之道農桑所先人才為要養老尤王政所重故並言之俊傑以才言尊指布列庶位以修百職者不與尊賢相混貶削移必以漸加一再有侯其改過之意是故天子二句單承征討說五霸違王法不止摟伐一事舉重以該輕也摟諸侯正假仁義處實違其法而猶竊其法雖竊其法而實壞其法故曰三王之罪人

桓公節旨

上節極力鋪張三王之制而以摟伐一句斷五霸罪案此節極力鋪張五霸之禁而以皆犯此五禁一句斷今之諸侯罪案桓公申明五禁要得挾天子以令諸侯意束牲不歃威信服人正見他威處五命原是天子之禁桓特申明之耳句句是奉王命句句重禁上發雖獨舉桓公亦要補其餘霸者載書即命書也初命齊家之事再命貴德之事三命柔遠能邇之事四命天命天討馭臣之事五命睦鄰尊王之事言歸於好言字語助辭謂

秋省斂而助不給(不給是食歉於一歲)入其疆(入是入諸侯疆土)土地辟(辟是地無不田)田野治(治是田無不耕)養老尊賢(養以衣帛食肉言尊以隆禮優貌言)俊傑在位(才出千人曰俊才倍萬人曰傑在位布列庶位)則有慶慶以地(地土地)入其疆土地荒蕪(荒蕪是不辟亦不治)遺老失賢(遺棄其老不養屏斥其賢不尊)掊克在位(掊克是聚斂臣非俊傑也)則有讓(讓是責罰責以辭也)一不朝則貶其爵(如公降而侯之類)再不朝則削其地(如百里削為七十里之類)三不朝則六師移之(移是更立其君非滅其國)是故天子討而不伐諸侯伐而不討五霸者摟諸侯以伐諸侯者也(摟諸侯者假公義以濟其私)故曰五霸者三王之罪人也(此句申其實)

註 慶賞也益其地以賞之也掊克聚歛也讓責也移之者誅其人而變置之也討者出命以討其罪而使方伯連帥帥諸侯以伐之也伐者奉天子之命聲其罪而伐之也摟牽也五霸牽諸侯以伐諸侯不用天子之命也自入其疆至則有讓言巡狩之事自一不朝至六師移之言述職之事

講 何以見五霸為三王之罪人也三王之世紀綱振舉法度修明天子十二年而適諸侯名曰巡狩諸侯六年而朝天子名曰述職而天子諸侯時乎春也則省民之耕察其有不足者從而補之時乎秋也則省民之歛察其有不給者從而助之且其巡狩也而賞罰之典行焉其入諸侯之疆也土地以辟而無不田之地田野以治而無不耕之田尊高年而老者得其養貴有德而賢者在所尊於凡俊傑而有才之士莫不布列庶位焉是其國以治而無負於天子分土分民之寄矣則有慶賞以勸之而所賞以地也其入諸侯之疆也土地荒蕪而不治老者遺棄而不養賢者屏斥而不尊而其在位者皆掊克聚歛之徒而非俊傑焉是其國不治而有負於天子分土分民之寄矣則有責讓以懲之而辭無所貸也是當巡狩之時而王章於是乎肅矣且其述職有常期也而貶削征伐之法行焉一不朝則貶其爵公貶為侯侯貶為伯伯貶為子男所以懲其始也至於再不朝則削其地百里削為七十里七十里削為五十里所以懲其慢也至於三不朝則六師移之誅其人而變置其君所以重怙終之刑也是述職之時而侯度於是乎益明矣此可見三王之世賞罰征討之權皆自天子出諸侯無有自專而不奉命者是故天子但出命以討罪而不親伐以損威重諸侯但承命以伐罪而不興討以侵權大若五霸者則不用天子之命而摟牽與國之諸侯以伐諸侯之叛已者則征討自諸侯出而凡所賞罰可知也是犯三王之法而不容於三王有道之世者也故曰五霸者三王之罪人也

○五霸桓公為盛(盛以勢強言)葵丘之會諸侯(葵丘地名會是盟會)束牲載書而

之凡為防廣與崇方其綱參分去一大防外網○經解云防止水之所自來也以舊防為無所用而壞之者必有水敗

糴

國語魯饑臧文仲言於公曰君盍以名器請糴於齊公曰誰使對曰國有饑饉卿出告糴古之制也公使仲往齊人歸其器予之糴○左傳晉薦饑使乞糴於秦秦輸粟於晉自雍及絳相繼命之曰汎舟之役○秦饑使乞糴於晉晉人弗與慶鄭曰背施無親幸災不仁貪愛不祥怒鄰不義四德皆失何以守國

愼子

既盟之後務遵五禁之命以歸於和好也歸重諸侯犯禁上輯語云若謂桓公為强則抹殺他功若謂桓公為賢則掩卻他罪妙在一盛字則功首罪魁皆在其中

長君節旨

君之惡不過逢五禁之類長君之惡其罪亦不小而曰小者正以甚逢君之罪耳君心萌不善其始必有所未安迎而安之則其發也必果先意導之則其愛也必篤故罪為尤大蒙引云長君之惡者未必皆逢君之惡逢君之惡者未有不長君之惡

不歃血束縛也載是承歃血是殺牲塗血於口以讀盟書初命曰誅不孝誅是殺此正父子之倫無易樹子易是更樹子已立之世子也此守世及之禮無以妾為妻此明嫡庶之分再命曰尊賢育才以彰有德尊以位言育以祿言賢者德之成才者德之用尊之育之正以彰顯有德三命曰敬老慈幼敬是尊禮慈是愛恤無忘賓旅忘是忽忘賓指遊仕者旅是行旅四命曰士無世官士指大夫之後官事無攝無攝是無兼攝取士必得取士是專指未仕者無專殺大夫大夫是請王命而立者故戒專殺五命曰無曲防曲防有二意旱則壅泉以利已潦則激水以病鄰無遏糴遏糴閉阻糴糓無有封而不告封是封國邑為大夫曰凡我同盟之人曰是五命既終復申之意既盟之後言歸于好言是語辭好是和好指睦鄰言今之諸侯皆犯此五禁犯禁是違霸者五命故曰今之諸侯五霸之罪人也就犯五禁說

註 按春秋傳僖公九年葵丘之會陳牲而不殺讀書加於牲上壹明天子之禁樹立也已立世子不得擅易初命三事所以修身正家之要也賓賓客也旅行旅也皆當有以待之不可忽忘也士世祿而不世官恐其未必賢也官事無攝當廣求賢才以充之不可以闕人廢事也取士必得必得其人也無專殺大夫有罪則請命於天子而後殺之也無曲防不得曲為隄防壅泉激水以專小利病鄰國也無遏糴鄰國凶荒不得閉糴也無有封而不告者不得擅封國邑而不告天子也

講 何以見今之諸侯為五霸之罪人也五霸迭興而惟齊之桓公為最盛觀其葵丘之會諸侯也威足以驅之信足以服之但束牲載以讀書而不事歃血以要質鬼神其書命之辭有五初命曰罪莫大於不孝有不孝不可不誅世子者國之本無大故不可輕易已樹之子妻所以配身而承宗廟者無以愛妾為妻以亂其分也再命曰賢者德之成則尊之而隆以位才者德之用則育之而授以職凡所以彰顯有德而不使之遺逸也三命曰吾國之人有老幼焉則勿忽之敬其老以慈其幼也他國之人有賓旅焉則無忘之優待乎賓客行旅也四命曰已仕之士有功德於民者但世與其子孫以祿而無世授之以官恐未必賢也有司之官當廣求賢才以充之而事無以一人兼任之恐闕人廢事也當度德以取士務必得其人防冒進也大夫有罪雖可殺當請命於天子無專殺大夫恐擅刑也五命曰水旱之災彼此同之無得曲為隄防旱則壅泉以專小利潦則激水以病鄰國也鄰國凶荒吾當救之無得閉遏其糴坐視其災使我有餘而彼不足也地皆王土人皆王臣無有專封功臣以國與邑而不告於天子也五命既終而又叮嚀之曰凡我今日同盟之人自此既盟之後務同心同德共遵乎五命之禁而言歸於和好無背盟也桓公首霸之盛如此而五霸從可知矣桓公首霸之禁如此而五霸之禁從可知矣乃

慎子善守禦為節用自言能不戰而屈人之兵適平公因齊濟王之亂欲使伐齊取南陽又好黃老道德因發明序其指意著十二論

魯欲章旨
此章孟子止慎子伐齊之役重殃民上中間違制又是進一層說非與殃民並重也

魯欲節旨
欲者將舉而未行之意

不教節旨
教民註專言禮義者戰國時兵法之教固所有也殃民便伏後面仁字

一戰節旨
一戰勝齊見不至殃民意此特設言以起末句耳不可虛昵下違制講

慎子節旨
此則二字單承上不可來

今之諸侯皆犯此五禁而不遵焉使當五霸之時必不能逃五霸之責矣故曰今之諸侯五霸之罪人也○**長君之惡其罪小**罪小以諂媚言**逢君之惡其罪大**罪大以奸邪言**今之大夫皆逢君之惡**見犯五禁而得罪於五霸者大夫所致也**故曰今之大夫今之諸侯之罪人也**就引諸侯得罪於五霸說【註】君有過不能諫又順之者長君之惡也君之過未萌而先意導之者逢君之惡也○林氏曰邵子有言治春秋者不先治五霸之功罪則事無統理而不得聖人之心春秋之間有功者未有大於五霸有過者亦未有大於五霸故五霸者功之首罪之魁也孟子此章之義其亦若此也與然五霸得罪於三王今之諸侯得罪於五霸皆出異世故得以逃其罪至於今之大夫其得罪於今之諸侯則同時也而諸侯非惟莫之罪也乃反以為良臣而厚禮之不以為罪而反以為功何其謬哉【講】何以見今之大夫為今之諸侯之罪人也蓋諸侯所賴乎大夫者為其能正已之惡也乃於君之過已萌而順之者長君之惡也君之過未萌而導之者逢君之惡也長君之惡固有罪矣然以比逢君之惡為猶小也逢君之惡又有甚於長君之惡其罪之大無以加矣今之大夫皆逢其君之惡凡諸侯所以干三王之法犯五霸之禁者孰非大夫有以導之乎其得罪於諸侯也甚矣故曰今之大夫今之諸侯之罪人也夫五霸得罪於三王已非矣而況夫今之諸侯又得罪於五霸乎今之諸侯得罪於五霸已非矣而況今之大夫又得罪於今之諸侯乎世道之衰誠可傷已【補】長君之惡者無能而巽懦阿諛之人也逢君之惡者有才而傾險陰邪之人也

○**魯欲使慎子為將軍**將軍是統領衆軍之名【註】慎子魯臣【講】魯欲取南陽之地乃使其臣慎子為將軍而殃民違制有所弗顧矣○**孟子曰不教民而用之謂之殃民**殃民是禍害民**殃民者不容於堯舜之世**不容是必誅堯舜是愛民之君【註】教民者教之禮義使知入事父兄出事長上也用之使之戰也【講】孟子止之曰兵凶器戰危事古人不得已而用之者也然必上有以教其民乃可以即戎使之敵愾禦侮平日不教民以禮義而用之戰則民未嘗有勇而知方是陷之死地以殃之也殃民者愛民者之所必誅也堯舜之世豈容之哉○**一戰勝齊遂有南陽**一戰言不待勞師之久南陽齊邑名**然且不可**不可就理言【註】是時魯蓋欲使慎子伐齊取南陽也故孟子言就使慎子善戰有功如此且猶不可【講】今日之役縱使子有善將之才一戰勝齊遂有南陽之地不至殃民而克立大功然且於理有所不可況殃民而可為乎○**慎子勃然不悅曰**勃然變色貌**此則滑釐所不識也**【註】滑釐慎子名【講】慎子聞不可之言乃勃然變色不悅而言曰吾惟患無伐齊之功耳今曰勝齊不可者此則滑釐有所不識之也○

吾明節旨
此以下總明不可意千里百里先王定制俱有深意只是教人足用以為國不勞於兼并吞噬而後足也天子伴講重諸侯邊

周公節旨
獨舉周公太公者以魯伐齊故就二國溯其始封耳儉於百里上著地非不足一折正見先王定制凜然足畏雖元勳貴戚如二公毫不可踰以起下節

今魯節旨
以一人擅五國之封則已有之土地且在所損況未有之南陽央無可益重損邊齊魯之地均非始封之舊孟子方欲責魯故不暇論齊耳

徒取節旨
徒取句又就一戰勝齊進一步說仁者不為在違制上論正應前然且不可意況於殺人以求之打轉殃民繳明責慎子本旨

君子節旨
承上見違制殃民為不合於道而不仁也故以君子之事君進之引其君三字貫至而已作一句讀當道志仁串說不平仇滄柱云就行事上開陳利害是引之當道就發念處辨別是非是引之志仁從事說到心其意甚懇

曰吾明告子 明告明告其不可也 天子之地方千里 方正也不連地字看千里指畿內之地 不千里不足以待諸侯 待諸侯兼朝覲聘問燕享錫予之需說 諸侯之地方百里 百里以外國之地言 不百里不足以守宗廟之典籍 典籍常典之所籍諸宗廟者故云宗廟之典籍乃載祭祀會同所用牲牢玉帛之物 註 待諸侯謂待其朝覲聘問之禮宗廟典籍祭祀會同之常制也 講 孟子曰吾明告子以不可之故昔者先王之建邦設都也天子畿內之地其定制則方千里蓋以不千里則賦無所出不足以待諸侯之朝覲聘問而備其燕享錫予之禮諸侯封國之地其定制則方百里蓋以不百里則賦無所出不足以守宗廟之典籍而備祭祀會同之禮先王封建之制如此 ○ 周公之封於魯 成王念其有夾輔之功封於魯 為方百里也地非不足而儉於百里太公之封於齊也 成王念其有鷹揚之烈封於齊 亦為方百里也 亦對封周公看 地非不足也而儉於百里 註 二公有大勳勞於天下而其封國不過百里儉上而不過之意也 講 獨不觀齊魯始封之時乎如周公之功雖大而其封於魯為方百里也當是時地非不足以封而王制有限故儉止於百里初不以懿親之故而厚之也太公之功雖大而其封於齊也亦為方百里也當是時地亦非不足以封也而王制有限故儉止於百里初不以克商之故而厚之也蓋皆足以守宗廟之典籍而已 ○ 今魯方百里者五 五是五倍 子以為有王者作 王者是明分封之制作是起為天子 則魯在所損乎在所益乎 損減也益增也 註 魯地之大皆并吞小國而得之有王者作則必在所損矣 講 夫先王以百里而定封先君以百里而開國則宜守百里之定制也今魯方百里者已五其違制多矣子以為有王者作則魯之地在所損乎在所益乎其有損而無益也必矣 ○ 徒取諸彼以與此 徒取言不待殃民意彼指南陽此指魯 然且仁者不為 仁者無私心干犯違理損人益已不忍為也 況於殺人以求之乎 殺人即殃民意 註 徒空也言不殺人而取之也 講 由此觀之則雖不待殃民徒取諸彼齊之地以與魯然且仁者以為非理而不為況於忍為不仁殺不教之民以求不可必之功乎吾所謂然且不可者此也子其識之乎 ○ 君子之事君也 君子泛說便見慎子非君子意 務引其君以當道志於仁而已 引字指委曲多方意當道志仁俱要切爭地殃民意 註 當道謂事合於理志仁謂心在於仁 講

白圭 史記曰圭當魏

今之章旨 此章痛斥富强之臣不可用正警戒人君勿認賊為良致自取敗亡之禍也

今之節旨 此言富國者為民賊說我能為君便不顧民便是民賊了鄉道志仁俱就愛民上說不可分道與仁為二事不志於仁乃君不鄉道之實也求字正賊臣千計百較以中人主之欲者

我能節旨 此言强兵者為民賊前民賊是剝下以益上此民賊則是殺人盈野之賊也强戰强字乃强盛之强

由今節旨 由字變字主君言朝廷倡之則為道草野效之則成俗以今從今則為由以古易今則為變雖與二句是反跌語不能一朝居全在賊民上決得

白圭章旨 此章見貉道不可行於中國什一取

夫違制以行非道也殃民以取非仁也此豈盡其君之過哉予亦與有責矣蓋君子之事君也務引其君以所行合道事事循理守法而志之所向當在於仁絕不萌一毫殘忍之念如是而已彼其驅不教之民以圖分外之地道耶仁耶豈君子之所以事其君耶【補】眞西山曰道之與仁非有二也以事之理而言則曰道以心之德而言則曰仁心存乎仁則所行無不合道矣

○孟子曰今之事君者曰今指戰國時言我能為君辟土地充府庫盡地利則有財故辟與充是一串事今之所謂良臣良臣就富國言古之所謂民賊也民賊就竭民財言君不鄉道不志於仁不鄉道以所行言不志仁以所存言而求富之是富桀也【註】辟開墾也【講】孟子深著富强之害曰古之人臣所以善事其君而稱良臣者惟引君鄉道志仁而已乃今之事君者類皆自負曰我能為君辟墾土地以充府庫其有益於君也如此斯人也今之所謂良臣實古之所謂民賊也何則君不鄉道不志於仁與桀無異矣為臣者不能引君以當道志仁乃求為之聚斂以富之是富桀也富桀則君惡日滋而民不聊生矣非民賊而何

○我能為君約與國戰必克合與國可決勝故約與戰亦一串事克勝也今之所謂良臣良臣就强兵言古之所謂民賊也民賊就殃民言君不鄉道不志於仁而求為之强戰是輔桀也强戰指約與國二句【註】約要結也與國和好相與之國也【講】今之事君者又類皆自負曰我能為君約好與國有戰必克其有功於君也如此斯人也今之所謂良臣實古之所謂民賊也何則君不鄉道不志於仁與桀無異矣為臣者不能引之當道志仁乃求為之强戰以輔之是輔桀也輔桀則君惡日滋而民不聊生矣又非民賊而何

○由今之道無變今之俗由循也道以所行言俗以所尚言皆指富强變是翻然改變雖與之天下言得天下易不能一朝居也一朝言其速【註】言必爭奪而至於危亡也【講】然今之君皆以民賊為良臣者豈不以富國强兵遂可以取天下乎殊不知由今富强之道無變今富强之俗則雖與之以天下而人心不歸國本不固危亡之禍可立而待殆不能以一朝居也況欲終有天下乎則向之所謂富國强兵者適所以為亡國之漸而已矣君亦何樂此富强之臣而用之哉

○白圭曰吾欲二十而取一何如何如內有自以為可行意【註】白圭名丹周人也欲更稅法二十分而取其一分林氏曰

文侯時李悝務盡地力而白圭樂觀時變故人棄我取人取我與且能薄飲食忍耆欲節衣服與用事童僕同苦樂趨時若猛獸鷙鳥之發故曰吾治生產猶伊尹呂尚之謀孫吳用兵商鞅行法是也蓋末下言治生祖白圭白圭其有所試矣○滙參云謂白圭戰國人嘗為魏取中山逮孟子至梁時凡七十三年疑另為一人云

貉

夏官職方氏掌天下之圖以辨邦國都鄙四夷八蠻七閩九貉五戎六狄之人民與其財用九穀六畜之數要

黍

民堯舜治中國之道萬世不易也

白圭節旨

白圭是矯枉過中之說

子之節旨

貉道反照堯舜之道看此節是通章以下發明之

萬室節旨

此借事之易辨者以開其智萬室照中國之用一人照二十取一正意隱隱不露為下節作引子

夫貉節旨

此就貉道而申言之以起下節五穀二句見所入少不可多取宜輕看無城郭三句見所費少不必多取宜重看諸侯字總管幣帛饔飧百官其大者有司其小者

今居節旨

此正言貉道不可行於中國中國字重看不與貉同去字無字俱從輕稅來

陶以節旨

此申明如之何其可意前以陶對稅法言此以陶對君子言況無君子句歸重百官有司蓋城郭宮室人倫皆由君子立也

欲輕節旨

此言什一中正之法不可易論輕賦而帶言桀者借重以明輕也滙參云輕賦固為重賦之漸言貉道之不可行只就當下便見得故孟子痛斷其

按史記白圭能薄飲食忍嗜欲與童僕同苦樂樂觀時變人棄我取人取我與以此居積致富其為此論蓋欲以其術施之國家也 講 昔白圭以儉積致富乃言於孟子曰古今稅法皆十而取一吾以為取之民者太重也吾欲輕之二十而取一何如

○**孟子曰子之道貉道也** 註 貉北方夷狄之國名也 講 孟子曰子所云二十取一之道非先王之國所行之道乃北狄貉國所行之道也中國豈可以貉之治治哉

○**萬室之國一人陶則可乎** 萬室之國言人眾陶是為瓦器之人一人陶言制器甚少

曰不可器不足用也 器不足用正見不可意 註 孟子設喻以詰圭而圭亦知其不可也 講 試比類言之設若萬室之國惟取足於一人之治陶以應其用則可以為國乎白圭曰不可蓋陶之家一而用器之家萬不足以供用也

○**曰夫貉五穀不生惟黍生之** 此見所入者少 **無城郭宮室宗廟祭祀之禮** 此是無土木祀神之費 **無諸侯幣帛饔飧** 此是無交際之費 **無百官有司** 此是無祿食之費 **故二十取一而足也** 故字只承費省說 註 北方地寒不生五穀黍早熟故生之饔飧以飲食饋客之禮也 講 孟子曰子知一人之陶不足以應萬室之用則知貉道之不可行中國矣夫貉地甚寒五穀不生惟黍早熟故生之既無可以多取矣且無城郭宮室則無營造之費又無宗廟祭祀之禮則無犧牲粢盛之費無諸侯聘問之幣帛燕享之饔飧則無交際之費無分治之百官有司則無祿食之費又不必於多取矣故二十取一而已足也此貉道之所以但可行於貉也

○**今居中國** 見人倫君子不可無 **去人倫** 指無城郭二句 **無君子** 指無百官有司句 **如之何其可也** 言不可為國 註 無君臣祭祀交際之禮是去人倫無百官有司是無君子 講 今居中國非若五穀不生之地也其居城郭宮室其禮宗廟祭祀其邦交諸侯幣帛饔飧其分職百官有司所以為國者恃有此也如欲行二十取一之法則必去人倫而宗廟祭祀諸侯交際弛矣無君子而百官有司廢矣是胥中國而入於夷狄也如之何其可以為國也

○**陶以寡且不可以為國** 為國如言立國 **況無君子乎** 君子包人倫在內 註 因其辭以折之 講 據子所言夫陶以寡且無以周民用而不可以為國況無君子則國無其人誰與共理而凡人倫之賴君子以修明者悉舉而去之矣尚可以為國乎此二十取一必不足用而什一之法所以必不可廢也

○**欲輕之於堯舜之道者** 輕指所取少於什一 **大貉小貉也** 大小只是一樣意 **欲重之於堯舜之道者** 重指所取多於什一 **大桀小桀也** 桀是多取於民 註 什一而稅堯舜

黍禾屬而黏者也月令仲夏之月農乃登黍天子乃以雛嘗黍羞以含桃先薦寢廟其晚者至孟秋始熟

非

丹之章旨
此章見治水當以禹為法白圭逆水性以貽鄰害其為禹之罪人可知

丹之節旨
丹以愈禹自負在築隄壅水即下以鄰國為壑意

子過節旨
指一道字正是破他築隄壅水之術

是故節旨
二句不平對以四海為壑緊承禹治節故用是故二字以鄰國為壑直起水逆行四句故用一今字

水逆節旨
水逆行即指以鄰國為壑說既謂洚水便是堯時洪水豈不為仁人之所惡亦即指惡丹說

君子全旨
此章示人不可不亮意亮貞固也不特於理上知得真且於理上守得定亮以心言執以事言惡乎執兼頹靡不振遷移不常說

魯欲章旨
此章見相天下不在才而在量重好

之道也多則桀寡則貉今欲輕重之則是小貉小桀而已【講】蓋什一而稅堯舜中正之道也欲輕之於什一之法而損乎堯舜之道者貉固為大貉而我則為小貉也太輕不可行勢必加重矣欲重之於什一之法而益乎堯舜之道者桀固為大桀而我則為小桀也桀固不可為貉亦豈可為哉然則取民之制亦法堯舜可也

○白圭曰丹之治水也愈於禹（丹是白圭名愈勝也）【註】趙氏曰當時諸侯有小水白圭為之築隄壅而注之他國【講】白圭自誇治水之功曰古稱善治水者必曰禹然丹之治水也隄防一築泛濫即除無四乘之勞與八年之久殆愈於禹焉

○孟子曰子過矣（過指失言之過）禹之治水水之道也（道指順水性言）【註】順水之性也【講】孟子曰子自負愈於禹之言過矣蓋禹之治水行其所無事順水之道者也

○是故禹以四海為壑今吾子以鄰國為壑（築隄壅水便是以鄰國為壑）【註】壑受水處也【講】惟其順水之導是故水性就下而最下莫如海乃水之所歸也禹則順其性而道之下以四海為受水之壑故九州攸同萬世永賴焉今吾子築隄壅水注之他國是以鄰國為受水之壑斯則失水之道而貽禍於鄰其視禹之治水為何如也

○水逆行謂之洚水（逆行謂水不就下洚水洚洞無涯之水）洚水者洪水也（洪大也即堯時之洪水）仁人之所惡也（仁人指愛民之仁人）吾子過矣（兩過字相照）【註】水逆行者下流壅塞故水逆流今乃壅水以害人則與洪水之災無異矣【講】夫以四海為壑則水以順而行以鄰國為壑則水以逆而行水而至於逆行則謂之洚水以其下流壅塞而水因之以洚洞無涯也夫是洚水者即堯之時洪水也正愛民之仁人所深惡也以水害人而不免為仁人之所惡乃猶自謂愈於禹也吾子之言過矣

○孟子曰君子不亮（君子學者通稱亮是信其理於心而固守之）惡乎執（惡何也執是執持）【註】亮信也與諒同惡乎執言凡事苟且無所執持也【講】孟子勉人當以亮為應事之本也曰心必能亮而後能有執苟君子存心而不亮則凡事苟且惡乎執持以為據哉甚矣人之不可以不亮也【補】錢肇陽曰不言信而言亮者其體在信其用在明張南軒曰孟子之言諒諒之正也與論語異

○魯欲使樂正子為政（欲使是將然之辭為政是操政之柄）孟子曰吾聞之喜而不

善句下乃申明好善優於天下之實

魯欲節旨

為政指為相而聽一國之政說不寐是喜之深

公孫節旨

強如由之果智慮如賜之達多聞識如求之藝三者為政亦不可少但非其本耳三否字見他別有長處

然則節旨

緣丑意中但知有三者耳味然則口氣疑團已伏於前矣

其為節旨

好善本樂正子之為善人來善與善相投自無有不好者須在其為人處見之為人乃為政之本也善字廣不止強智慮多聞識

足乎節旨

足乎之問乃疑其不足以為魯政也

優於節旨

好善在相度上說見休休有容意以天下之善理天下故優此貼樂正子說下節方略推開

夫苟節旨

此發好善優於天下意精神全在夫苟好善四字千里來告只在好善一念間主聽言說未說到用人上

不好節旨

此反言不好善之弊訑訑便是顏色予既已知之便是聲音然統講亦得距非我去距人人自遠我也

寐〔註〕喜其道之得行〔講〕昔魯君欲使樂正子為政是將舉國之政而授之也孟子曰吾聞之喜而不寐焉蓋喜吾道有可行之機也 ○公孫丑曰樂正子強乎強是於政有擔當曰否有知慮乎知慮是於政多圖謀曰否多聞識乎多聞是於政能通達曰否三否字皆是非所長意〔註〕此三者皆當世之所尚而樂正子之所短故丑疑而歷問之〔講〕公孫丑不知而問曰政貴於能任重樂正子強乎孟子曰否強固非所長也丑又問政貴於能決疑樂正子有知慮乎孟子曰否智慮固非所長也丑又問政貴於習典章以理煩通變樂正子多聞識乎孟子曰否多聞識固非所長也 ○然則奚為喜而不寐然字承上強智識皆否來〔註〕丑問也〔講〕丑問曰今之為政者皆以強與智慮多聞為尚三者既非樂正子所長然則夫子奚為喜而不寐 ○曰其為人也好善好以心之虛量之宏言善有才德泛說〔講〕孟子曰樂正子雖不足合當世之所尚然其為人也好善而凡人之所長者不必出於己而皆其心所好也以善人而為政其道可行矣此吾之所以喜而不寐也 ○好善足乎疑其不足以為政〔註〕丑問也〔講〕丑曰魯大國也執政重任也好善一節便足以治乎 ○曰好善優於天下優與足字對足者僅足優者有餘而況魯國乎而況見魯國為易治〔註〕優有餘裕也言雖治天下尚有餘力也〔講〕孟子曰善之量甚大而好善之用無窮由是以理天下且綽綽然有餘裕矣況區區一魯國乎〔補〕仇滄柱曰好善則羣策羣力皆為我用此強智多聞不必自己出而治天下有餘也 ○夫苟好善苟是誠則四海之內皆將輕千里而來告之以善〔註〕輕言易也不以千里為難也〔講〕何以見好善之優於天下也蓋善之伏於四海者無窮夫苟好人之善則其意氣所孚風聲所感四海之內凡有善者皆將輕千里而來告之以善由是以天下之善理天下之事豈不優哉 ○夫苟不好善泛論他人則人將曰訑訑人指善人予既已知之矣予字指不好善之人說訑訑之聲音顏色距人於千里之外聲音是言顏色是貌距絕也士止於千里之外士即善人止字承上距字來則讒諂面諛之人至矣讒是離間君心者諂是媚悅君心者曰然而心不然曰面諛與讒諂面諛之人居居是相聚於朝廷之上意國欲治可得乎國字照天下看〔註〕訑訑自足其智不嗜善言之貌君子小人迭為消長直諒多聞之士遠則讒諂面諛之人至理勢然也○此章言為政不在於

陳子章旨

此章見君子為道而仕之心重就上去帶説行道固是仕之初心次重道者或萬一有可行之機又次愛道者留此身以別圖可行之計三就三去只所遇不同非有優劣

陳子節旨

此問亦有疑其難仕意仕專在就一邊説孟子增出去一邊正見其不苟於就也必各分三項者聖賢無執一之行只看時義何如下三節要平看

迎之節旨

此是以道為去就兩言字就君子説言行即道行也註舉孔子以見例不必粘定孔子

其次節旨

此是以禮為去就未行非不行就之亦冀其或行也前為道而就則亦為道而去此為禮而就則亦為禮而去

其下節旨

此是以養為去就受其餽即是就之非就之仕也免死句重在不久即去陳子只問仕孟子兼言去就者蓋三節原不是截然三項次節所就即上節所去末節所就又次節所去蟬聯而下自不得不兼去言耳

用一己之長而貴於有以來天下之善【講】夫苟不好人之善則四海之善人皆將曰彼之為人訑訑然自謂天下之事予皆知矣徃告以善必不見好也但見訑訑然之聲音顏色距人於千里之外必無有輕千里而來告之以善者善士既止於千里之外則讒諂面諛之人至矣與讒諂面諛之人居則所聞者既非善言而所行皆非善政也國欲治可得乎此為政所以貴於好善也此吾所以喜正子之得為政也【補】讒諂亦但在言上説與上告之以善相反

○**陳子曰**陳子即陳臻**古之君子何如則仕**仕是出仕為官**孟子曰所就三**就是仕就三見君子無難仕**所去三**去舍此適彼去三見君子不苟仕【註】其目在下【講】陳子問於孟子曰仕以行義古之君子未嘗不欲仕也不知何如則仕孟子曰時之所遇不同君子之自處亦異始仕而就也其所就有三焉不終仕而去也其所去亦有三焉合而觀之則君子之仕可知矣

○**迎之致敬以有禮**迎接待也非出迎之謂致敬以心言有禮以儀節言**言將行其言也**言是君子之議論將行是將施之行事**則就之**重在言行道亦行意**禮貌未衰**禮貌即致敬有禮衰是不如前意**言弗行也**是有拂行道之本心**則去之**重在言不行而道亦不行意【註】所謂見行可之仕若孔子於季桓子是也受女樂而不朝則去之矣【講】何以言去就有三也如君子至其國則君迎之既致敬以有禮且有所言君將行其言也是道有可行之機君子則就之若禮貌未衰而其言已不行矣君子則去之蓋道合則留不合則去君子之去就此其一也

其次雖未行其言也次是次於以道為去就者**迎之致敬以有禮則就之**就是容具禮**禮貌衰**衰是少異於前**則去之**去是為禮而去【註】所謂際可之仕若孔子於衛靈公是也故與公遊於囿公仰視蜚雁而後去之【講】其次君雖未必能行其言也但迎之致敬以有禮而我之就未必屈節辱身也是有際可之仕君子則就之若夫簡賢棄禮而禮貌衰是不可以虛拘已君子則去之蓋因禮意之盛衰決吾身之進退君子之去就又其一也

○**其下朝不食夕不食**其下是又次於以禮為去就者**饑餓不能出門户**此句言欲去不得**君聞之曰**君是本國之君曰是人君悔過之辭**吾大者不能行其道**大者猶云第一件道是經濟之道**又不能從其言也**言是因事納忠之言與上將行其言不同**使饑餓於我土地吾恥之**恥是恥已不能養賢**周之亦可受也**周之指君

傅說

傅巖在北海之州虞虢之界通道所經有澗水壞道常使胥靡刑人築護之說賢而隱居貧不能自給乃代胥靡築之以供食武丁即位夢得聖人其名曰說乃審厥象俾以形旁求於天下得說於傅巖惟肖遂立為相作說命三篇按版牆版也築杵也胥相也靡率也相率而為工作所以罰罪之輕者如漢之城旦舂也

舜發章旨

此章見困窮非不幸意旨二節言聖賢由困而亨三節推之中人四節推之國家末節總結全重生於憂患句欲人於憂患中圖生全而安樂中不忘憂患也

舜發節旨

此先敘聖賢之亨於困舜另提下以王佐霸佐分看膠鬲文王舉之為紂臣舉於市即飯牛事范氏謂古聖賢未遇之時鄙賤之事不恥為之孟子但斥其言自鬻要君之誣耳

故天節旨

上節已有大字在內此推原聖賢成就於困窮之故將字必先字相應所以字總承上五句貫下二句苦其心志如操心危慮患深非尋常貧苦志慮鬱抑不得自伸也行拂亂都在倫理言行上說動心則心活不為欲所役是推廣道心忍性則性定不為氣所動是節制人心增益不能以才言亦是心性發揮動忍得力處雖說天

餽可受即是就意 **免死而已矣** 免死即是去意 【註】所謂公養之仕也君之於民固有周之之義況此又有悔過之言所以可受然未至於饑餓不能出門戶則猶不受也其曰免死而已則其所受亦有節矣 【講】其下朝不得食夕不得食至饑餓不能出門戶君聞之曰吾大者不能行其所欲行之道又不能從其因事納誨之言也使徒饑餓於我土地欲去而不得去是吾之恥也於是有以周之夫君之於民固有周之之義況此又有悔過之言而吾窮困亦已極矣故亦可受也然其所受有節雖受亦不多受不過免死而已矣夫周之可受則有辭之餽不可以終絕是亦一就也然受之於免死則非義之交不可以苟留是亦一去也君子之去就非又其一乎此古君子三就三去之道也今之君子何如哉 【補】淺說云此一節雖不見其為仕但受其所周是亦就也然亦暫受耳終決於去矣

○**孟子曰舜發於畎畝之中** 舜聖人且君也故特曰發 **傅說舉於版築之間膠鬲舉於魚鹽之中管夷吾舉於士孫叔敖舉於海百里奚舉於市** 傅說以下五賢皆臣也故皆曰舉 【註】舜耕歷山三十登庸說築傅巖武丁舉之膠鬲遭亂鬻販魚鹽文王舉之管仲囚於士官桓公舉以相國孫叔敖隱處海濱楚莊王舉之為令尹百里奚事見前篇 【講】孟子勉人當以困窮自勵也曰天生聖賢所以維持世道康濟民生不偶然也然窮達有數屈伸有時往往有自困而亨者如舜為天子實發跡於歷山畎畝之中傅說相高宗實舉之於版築之間膠鬲仕商紂實文王舉之於魚鹽之中至於霸佐如管夷吾則齊桓公舉於士官之囚孫叔敖則楚莊王舉於海濱之際百里奚則秦穆公舉之於市井之地是數聖賢者人品不同事業亦異而要皆在困窮中來也是可以觀天意矣 【補】說統云發者奮起由己舉者甄拔由人此君相之別

○**故天將降大任於是人也** 降大任指為君相言是人指上舜說諸人 **必先苦其心志** 內有所憂 **勞其筋骨** 外有所役 **餓其體膚** 菽水不充 **空乏其身** 財用不足 **行拂亂其所為** 行是行事為是心所謀為拂亂是事不如意 **所以動心忍性** 所以字承必先以下來 **曾益其所不能** 曾與增同益加也 【註】降大任使之任大事也若舜以下是也空窮也乏絕也拂戾也言使之所為不遂多背戾也動心忍性謂竦動其心堅忍其性也然所謂性亦指氣稟食色而言耳程子曰若要熟也須從這裏過 【講】故天將降君相大任於是數人也豈遽降之哉必先苦其心志使內不得舒勞其筋骨使外不得息餓其體膚使飲食不充空乏其身使財用不足凡身之所行與心之所欲為者相拂亂而意願不遂如此者正欲其窮則反本勞則能思有以竦動其仁義禮智之心堅忍其氣稟食色之性而德於是乎益純矣又請詳審人情閱歷世故則見聞日廣智慮日生是又增益其所未能知未能行而才於是乎益周矣是其困之者正所以厚

鹽 曲禮曰鹽曰鹹鹺周禮大官鹽人掌鹽之政令以供百官之鹽

孫叔敖 叔敖一名蔿艾獵為賈之子蔿賈嘗見叔敖於莊王既而隱處海濱令尹虞丘薦於王以自代也王以車迎之使為令尹叔敖相楚期年楚國治莊王以霸叔敖妻不衣帛馬不食粟嘗乘棧車牝馬披羖羊之裘及病誡其子曰我死王必封汝必無受利地楚越間有寢丘者可居數年其子被褐負薪王因優孟言封叔敖子寢曰四百戶以奉其祀後十世不絕

意亦要在聖賢自為磨礪上看

人恆節旨

此要在中人上形容人恆過二句虛下正兩指其實困衡屬柔邊徵發屬愚邊困衡者已知有過故曰作徵發者方知有過故曰喻作與喻即改之機也

入則節旨

法家指世臣拂士指諍臣有親疏貴賤之辨敵國外患亦是兩樣敵國如秦楚相敵之類外患如楚有巫臣在晉子胥在吳之類

然後節旨

此結明立言之旨全要得儆悟人意味然後知三字乃是自上文推出耳憂患安樂指境實指心心有憂患安樂亦生心有安樂憂患亦死也

教亦全旨

此章重人當體教意蓋僅有不屑之教誨而人不感悟修省者故發此論以警之所以註特下其人能感此退自修省二語俗解反謂落下一層者安也不屑正多術中之一術

盡心章旨

此章總是以人合天之學首節是造

之也然則聖賢之能勝大任也豈無所自乎

○人恆過然後能改(人以中人言過是無心失理改是更改)困於心(困是拂鬱意)衡於慮(慮是思慮)而後作(作是奮發有為)徵於色(色是顏色)發於聲(聲是言語)而後喻(喻是警悟通曉)

註 恆常也猶言大率也橫不順也作奮起也徵驗也喻曉也此又言中人之性常必有過然後能改蓋不能謹於平日故必事勢窮蹙以至困於心橫於慮然後能奮發而興起不能燭於幾微故必事理暴著以至驗於人之色發於人之聲然後能警悟而通曉也

講 不特上智之人由處困以成其德而中人之性亦恆有過然後能改而遷於善焉蓋其不能謹於平日以免過故必事勢窮蹙以至困於心不得通衡於慮不得順然後能振作以自新焉不能燭於幾先以免過故必事勢暴著以至驗於人慍怒之色發於人譏訕之聲然後能警省以自悟也所謂恆過能改者如此

○入則無法家拂士出則無敵國外患者(入字出字只作內外看)國恆亡(恆亡是大率必亡意)

註 此言國亦然也法家法度之世臣也拂士輔弼之賢士也

講 不特中人為然即國亦有然者苟入而在內無法家拂士之規戒出而在外無敵國外患之儆危吾見上下溺於晏安君臣習於驕惰而國鮮有不亡者

○然後知生於憂患(生是生全憂患如苦心志之類)而死於安樂也(安樂只是安常處順意)

講 以上文觀之則知人之生全出於憂患而死亡由於安樂矣○尹氏曰言困窮拂鬱能堅人之志而熟人之仁以安樂失之者多矣

講 合而觀之然後知人之生全多出於憂患而死亡多由於安樂也是則處憂患者不忘砥礪而處安樂者亦常懷憂患之心而後可哉

○孟子曰教亦多術矣(術字有經畫區處在內)予不屑之教誨也者(予字乃孟子現身說法)是亦教誨之而已矣(亦字見不教處亦是都教)

註 多術言非一端屑潔也不以其人為潔而拒絕之所謂不屑之教誨也其人若能感此退自修省則是亦我教誨之也○尹氏曰言或抑或揚或與或不與各因其材而篤之無非教也

講 孟子勉人體教意曰學者之質不同君子之教亦多術矣予於人之有過或拒之而不屑之教誨也者雖曰我無所語而彼無所聞也然非我忍而絕之正欲激而進之苟其人而感此退自修省是亦吾教誨之而已矣夫以不屑教之中而亦有教存焉信乎教之多術也

補 張彥陵曰此不止是表明君子有無窮之教乃是欲人曲體君子不教之教方有進益處

盡心章句上(凡四十六章)

○孟子曰盡其心者(盡者充滿其量毫髮無遺非作工夫之謂)知其性也(工夫全在知性上)知其性則

其理之智次節是履其事之仁末節是智仁各造其極所謂窮理盡性以至於命也

盡心節旨

上二句言盡心由於知性下二句言知性即以知天此俱就成功者說不但盡心無工夫即知性積累工夫亦推本之論知天正是知性到澈處既知性則亦知天而能盡其心矣

存其節旨

心有危微不無出入故須操而不舍性純天理別無存亡故只養而無害存養俱兼動靜言心性便是天存養便是事故曰所以事天大全云造其理者用功在知性上故知性先於盡心履其事者用功在存心上故存心先乎養性

殀壽節旨

此則知天事天終身不息方能以人合天而為一也殀壽二句串說身即心性命即天此命字以理言立命者完却心性無忝所生也朱子曰殀壽不貳便是知性知天之力修身以俟便是存心養性之功立命句更明通下章看

莫非章旨

此章示人以義安命之學重順受其正句次節緊接順正命之事後二節分言命有正有不正見人之當知而

知天矣（知天即在知性裏面）【註】心者人之神明所以具衆理而應萬事者也性則心之所具之理而天又理之所從以出者也人有是心莫非全體然不窮理則有所蔽而無以盡乎此心之量故能極其心之全體而無不盡者必其能窮夫理而無不知者也既知其理則其所從出亦不外是矣以大學之序言之知性則物格之謂盡心則知至之謂也【講】孟子示人以人合天之學曰天下之理具於心統於性而原於天者也人惟性有未知則心有不盡而欲以知天也難矣故能盡其心之全體大用者必其於吾心之性即物窮理而無不知者也既知其性則性之仁義禮智即天之元亨利貞有不知天者乎此造理之學也【補】此節通就知上說盡心亦只就知上盡如大學吾心之全體大用無不明便是存疑云吾心之理皆出於天方窮理時必窮到所從來處非知性外又有知天之功也

○**存其心**（存心根上盡心）**養其性**（養性根上知性）**所以事天也**（心性即是天存養即是事）【註】存謂操而不舍養謂順而不害事則奉承而不違也【講】然心雖盡矣猶慮出入之無常必操存其心而常守吾神明之舍性雖知矣猶慮作輟之或間必順養其性而渾全吾繼善之良夫心也性也即天也存之養之正所以事天而不違也此履事之學也【補】輔慶源曰上盡心知性是知工夫此存心養性是行工夫

○**殀壽不貳**（殀壽是人之氣數不貳方見智之盡）**修身以俟之**（修身即上存養以俟方見仁之至之字指殀壽）**所以立命也**（命字從上二天字來立有卓然豎立意）【註】殀壽命之短長也貳疑也不貳者知天之至修身以俟死則事天以終身也立命謂全其天之所付不以人為害之○程子曰心也性也天也一理也自理而言謂之天自稟受而言謂之性自存諸人而言謂之心張子曰由太虛有天之名由氣化有道之名合虛與氣有性之名合性與知覺有心之名愚謂盡心知性而知天所以造其理也存心養性以事天所以履其事也不知其理固不能履其事然徒造其理而不履其事則亦無以有諸己矣知天而不以殀壽貳其心智之盡也事天而能修身以俟死仁之至也智有不盡固不知所以為仁然智而不仁則亦將流蕩不法而不足以為智矣【講】猶未也心有所疑而或動於殀壽之數非知天之至也身有不修而或移於終身之久非事天之至也必其盡心知性之功愈精愈明初不以殀壽之不齊而貳其心一惟修身以俟之而所以存心養性者直至死而後已則知天事天之功已至而天之所以命於我者有以植立之而不墜矣乃所以立命也是則知天者智也事天者仁也立命者仁智各造其極也學至是不有其全功乎哉【補】朱公遷曰知命以知言俟命以行言立命兼知行言殀壽不貳即是知命修身俟之即是俟命合知命俟命則是立命知命俟命則命在天立命則命在我

○**孟子曰莫非命也**（莫非指吉凶禍福命指氣數）**順受其正**（順受則無徼倖苟免意正是正命）【註】人物之生吉凶禍福皆天所命然惟莫之致而至者乃為正命故君子修身以俟之所以順受乎此也【講】孟子承上章立命之說而發也曰凡人之吉凶禍福皆有一定之數莫非天所命也然惟在我莫之致而至者乃為正命君子當盡其在我以

順受之也

莫非節旨

莫非命也凡人所同順受其正君子所獨莫非命不是該正命與非正命乃指吉凶禍福而言小則為吉凶大則為禍福

是故節旨

緊承順受句來立命是已造聖賢之域知命是方入聖賢之階知在立之先

盡其道節旨

盡其道而死是命固當死義亦無愧於死桎梏死是自取罪死故分正命不正命

求則章旨

此章是內重外輕之意喚醒在有益無益四字指點在求在我求在外兩句

求則節旨

首二句不平對不過以舍則失之照出求則得之耳二則字甚緊蓋求便得舍方失見求之有益

求之節旨

道是理之繩我以不當求者命是數之制我以不當得者層遞而下重下句

萬物章旨

此章示人以盡性之學首節言理具於性次節言得之之妙末節言求之之方

聽其在天凡吉凶禍福一順受其正而無計較之私焉

○**是故知命者不立乎巖牆之下**舉巖牆凡一切行險取禍皆是【註】命謂正命巖牆牆之將覆者知正命則不處危地以取覆壓之禍【講】夫當順受其正是故知正命者必不肯行險而立乎巖牆之下以自取禍也

○**盡其道而死者正命也**盡其道即修身以俟意【註】盡其道則所値之吉凶皆莫之致而至者矣【講】然必何如而後為正命哉人能存心養性盡其修身之道而不免於死者此是莫之致而至則其死為正命也

○**桎梏死者非正命也**桎手械梏足械【註】桎梏所以拘罪人者言犯罪而死與立巖牆之下者同皆人所取非天所為也○此章與上章蓋一時之言所以發其末句未盡之意【講】又必何如而後為非正命哉蓋為惡犯罪陷於桎梏之刑而死者乃其所自取非正命也非正命又安可以言命哉夫命之修短雖制於天而死之善惡則係於已故君子貴乎立命之學矣【補】滙參云上章命以理言自該得氣殀壽不貳是也此章命以氣言仍歸於理順受其正是也前後本互相發此章又特揭出知字蓋未有不知命而能立命者此則其未盡之意也

○**孟子曰求則得之**有隨求隨得意**舍則失之**不求便是舍**是求有益於得也**是字承上句來**求在我者也**【註】在我者謂仁義禮智凡性之所有者【講】孟子示人審所求也若曰求一也而有益無益分焉彼求則得之而隨有於我舍則失之而不為我得夫得失係於求不求如此是所求有益於得也蓋以所求者在我所性而有者也惟其在我故求而可得也而人乃不知求之何哉

○**求之有道**道當然之道理**得之有命**命自然之氣數**是求無益於得也**是字指上二句**求在外者也**【註】有道言不可妄求有命則不可必得在外者謂富貴利達凡外物皆是○趙氏曰言為仁由已富貴在天如不可求從吾所好【講】若求之有道不可妄求得之有命不可必得夫得失係於道與命如此是所求無益於得也蓋以所求者求在外之物者也而人乃切切以求之何何哉世之舍有益而求無益者亦惑矣【補】上節求字有體認涵養之功下節求字是智力強取之術

○**孟子曰萬物皆備於我矣**萬物是萬物之理備是完足意我字指性分言【註】此言理之本然也大則君臣父子小則事物細微其當然之理無一不具於性分之內也【講】孟子勉人以盡性之學曰天下之物凡大而綱常倫理小而事物細微其當然之理皆備於我性分之內矣此則誠之原仁之本也

○**反身而誠**反身無工夫猶云內省意盡其皆備於我而真實無妄則為誠**樂莫大焉**樂是天理完足有可樂之趣【註】誠實也言反諸身而所備之理皆如惡惡臭好好色之實然則其行之不待勉強而無不

萬物節旨
不曰萬理而曰萬物者言物而理在其中形性不相離也皆備於我如父子本來有親君臣本來有義之類下三節皆蒙此句為義

反身節旨
此舉已成者言不專主生安反只是檢點過非著力語誠如真實是孝真實是忠不愧不怍其樂可知

強恕節旨
此方是下手工夫恕者入仁之門用力全在強字而強字却在行上見近字亦在求上見

行之全旨
此章為學者不能知道而發暫涉曰行久蹈曰習著字察字重看是行習時能用格致工夫末句總承上二句眾指人言玩兩焉字一也字煞有慨嘆意

人不全旨
此章提醒人存羞惡之良心不可以無恥全從人字上勘出下二句正見其不可無意無恥之恥非出偶然有全副擴充力量在

恥之章旨
此章為不知用恥者發上章所以勸此章所以戒

恥之節旨
恥係於人最大不外註存之失之二意但宜虛說

利矣其為樂孰大於是 講 夫人之盡性何如其或反之於身私意不萌物欲無累於所備之理果能盡其當然而無一之不實則理與心俱融行亦與理俱適初無待於勉強而達之自無不利其為樂孰大於是焉

○強恕而行（強恕是磨礱私欲的工夫）求仁莫近焉（仁即皆備之理不雜乎私者）註 強勉強也恕推己以及人也反身而誠則仁矣其有未誠則是猶有私意之隔而理未純也故當凡事勉強推己及人庶幾心公理得而仁不遠也○此章言萬物之理具於吾身體之而實則道在我而樂有餘行之以恕則私不容而仁可得 講 人能反身而誠則仁矣其未至於此者則是猶有私意間隔而尚遠乎仁也必凡事加強恕之功推己及物以去其有我之私而力行以求乎皆備之理庶幾心漸公而理漸得求仁莫近於此焉夫能由恕而仁則誠身之樂在我所備之理不虧君子之能事畢矣

補 陳新安曰誠與仁一理耳實有此理則曰誠純此理而無私則曰仁

○孟子曰行之而不著焉（行是依成迹而行）習矣而不察焉（習是行之久）終身由之（行即是由習即是終身由）而不知其道者眾也（不知即不著不察意）註 著者知之明察者識之精言方行之而不能明其所當然既習矣而猶不識其所以然所以終身由之而不知其道者多也 講 孟子慨世不明道曰道之不明於天下非道之晦也由不知者晦之也人但行之而不能著其事之所當然焉習矣而不能察其理之所以然焉不著則行為粗不察則習為迹所以終其身行且習於斯道之中而不知其道之所當然與所以然者固眾也於凡民可無責矣學者豈當然哉 補 此章原為學者歎不為百姓言也曰行曰習已是在道中著腳但不能精心體道使著且察耳

○孟子曰人不可以無恥無恥之恥（此上三恥字指心言）無恥矣（此恥字指事言）註 趙氏曰人能恥己之無所恥是能改行從善之人終身無復有恥辱之累矣 講 孟子勉人存羞惡之心曰恥者羞惡之心所由推也恥吾之未能進於善則善可遷恥吾之未能遠於過則過可改故人不可以無所恥也人若能以無所恥為恥則終身無復有恥辱之累矣夫無可恥由於有所恥如此信乎人之不可無恥也

○孟子曰恥之於人大矣 註 恥者吾所固有羞惡之心也存之則進於聖賢失之則入於禽獸故所繫為甚大 講 孟子戒人不可失其羞惡之心曰恥者羞惡之心也人能存之則有所不為而進於聖賢若其失之則無所不為而入於禽獸其係於人品心術誠大矣哉

○為機變之巧者無所用恥焉（機械有制服人意變詐有誑誘人意）註 為機械變詐之巧者所為之事皆人所深恥而彼方且自以為得計故無所用其愧恥之心也 講 何以見恥之於人大矣彼為機械變詐之巧者

為機節旨
此指當時儀秦輩言機變便是巧病在一為字慣用機變的人縱感觸亦不知規諫亦不入雖自己固有恥心亦無處用得著

不恥節旨
此亦申明首節不恥緊根機變來要得激發他意

古之全旨
此章為當時士之枉道者發賢王時士註雖兩平玩何獨不然語氣側注士邊觀下數句可見善即道也自君薦之曰善自士守之曰道好字淺樂字深善字細道字大善在人則好之道在我則樂之致敬盡禮應好善忘勢意不得見且臣應樂道忘人之勢意見且二句雖是王重士正見士自重以致王重士處

宋句章旨
此章欲挽遊士之趨而進於古意本領全在尊德樂義上下舉窮達合一正形容尊樂光景尊德樂義是言其理窮不失義二句則指其實得已不失望是言其理古人節又指其實

宋句節旨
好遊不能無欲正點他病處上遊字指句踐之遊下則即其遊而規之於正也

此其人於人所深恥而自喜為得計是羞惡之心雖其固有而梏然無所用之焉

○**不恥不若人何若人有**此兩人字作聖賢路上人看【註】但無恥一事不如人則事事不如人矣或曰不恥其不如人則何能有如人之事其義亦通○或問人有恥不能之心如何程子曰恥其不能而為之可也恥其不能而掩藏之不可也【講】夫不以機變之巧為恥是無恥一事已不若人矣無恥不若人則良心既喪無所不至將不惟無望於聖賢之域且日入於禽獸不難矣何一事可以若人哉信乎恥之於人大矣【補】蔡虛齋曰不曰無恥而曰無所用恥蓋恥者人所固有彼已不用其恥耳

○**孟子曰古之賢王好善而忘勢**賢王指古先哲王善是賢人道德勢指賢王爵位**古之賢士何獨不然**然指所好所忘言**樂其道而忘人之勢**其道是己之善人勢是王之爵位**故王公不致敬盡禮**致敬是內盡誠盡禮兼禮貌禮物言**則不得亟見之**亟數也**見且猶不得亟**見以接遇言且猶字與下況字相照**而況得而臣之乎**臣以役使言【註】言君當屈己以下賢士不枉道而求利二者勢若相反而實則相成蓋亦各盡其道而已【講】孟子即古賢王賢士之相與以慨今也曰今之君類皆自恃其勢而今之士亦多徇於人之勢若古則不爾也古之賢王好人之善而忘在己之勢此在古之賢王則然至於古之賢士何獨無所好無所忘而不然哉樂其在己之道而忘其在人之勢惟其樂道忘勢故王公待之內焉不致敬外焉不盡禮則王公不可得而亟見之見且猶不可得而亟而況可得以爵祿役使而臣之乎此可見惟賢王方能遂賢士之高惟賢士方能成賢王之大此隆古泰交之盛所以不可及也【補】何獨不然喚起下文亦有所好亦有所忘意兩言古者孟子有感於當時而言

○**孟子謂宋句踐曰子好遊乎吾語子遊**語是告【註】宋姓句踐名遊遊說也【講】孟子以遊說之道謂宋句踐曰今列國策士無不喜為遊說矣子亦好遊說乎吾語子以遊之之道焉

○**人知之亦囂囂**人指當時諸侯言知是用其說**人不知亦囂囂**不知是不用其說【註】趙氏曰囂囂自得無欲之貌【講】夫遊說而冀其言獲售往往以人之知不知為欣戚若子之遊也如其言見信而人知之亦囂囂然自得也不因人之知而遽以為喜如其言見違而人不知之亦囂囂然自得也不因人之不知而遽以為憂夫自足於己而置得失於兩忘無求於人而任窮通於所遇則隨在無非順適之境此遊之道也

○**曰何如斯可以囂囂矣**可以二字重看**曰尊德樂義**德以心言義以行言**則可以囂囂矣**緊承上句來

天寶書局精校藏板

人知節旨
囂囂是我平日自有的原不因人之知不知故下兩個亦字宜側重不知邊註自得即囂囂無欲其根也

何如節旨
尊如尊德性之尊樂如樂天知命之樂尊德是體樂義是用就平日用功處說註自重自安即自得不慕不徇即無欲

故士節旨
故字承尊樂來窮達二字應上人知人不知意但不可就指人不知為窮人知為達蓋此又推開就出處上說觀士字可見

窮不節旨
兩複句跌重之辭兩故字緊跟各上句來得已不失望見窮達之皆善也

古之節旨
引古人見非今士可比澤自道出而注於民故曰加修身本平日言見於世如今聞廣譽施於身下二句特申上二句善即德義

待文全旨
此章是勉人自立意欲其不以凡民自棄而以豪傑自期也上二句輕下二句重凡古聖人皆有教化獨言文王者文王起自西土化行南國如菁莪棫樸之化作人尤盛也豪傑是不

註 德謂所得之善尊之則有以自重而不慕乎人爵之榮義謂所守之正樂之則有以自安而不徇乎外物之誘矣 講 句踐問曰囂囂未易能也不知何如斯可以囂囂矣孟子曰所得之善謂德吾自尊之而不違所守之正謂義吾自樂之而不厭尊德則良貴在我而不羨人爵之榮樂義則真趣在我而不計得喪之迹斯可以囂囂而自得無欲之氣象不可掩矣 補 以上三節遊說之道已盡此下三節本尊樂囂囂之意而究極言之俱以德義貫總以見尊樂之實

○**故士窮不失義** 義字包德 **達不離道** 道字包德義 註 言不以貧賤而移不以富貴而淫此尊德樂義見於行事之實也 講 夫囂囂本於尊德樂義有如此故凡士之處窮也則不失義窮而尊德樂義也其處達也則不離道達而尊德樂義也

○**窮不失義故士得已焉** 已之守者義不失故能得已 **達不離道故民不失望焉** 民之望者道不離故不失望 註 得已言不失已也民不失望言人素望其興道致治而今果如所望也 講 如此則焉往而不善哉吾見窮不失義則士之所以立身行已者今果有以得已焉而窮可以囂囂矣達不離道則民之素望其興道致治者今果不失其望焉而達可以囂囂矣 補 南軒云上節從尊德樂義說到窮達此節從不失義不離道轉歸到尊德樂義蓋得已民不失望隨窮達而見故字內有尊德樂義全身在

○**古之人** 指三代盛世之士 **得志澤加於民** 得志是得遂其行道之志澤加是推德義於人 **不得志修身見於世** 修身是修德義於已見是名譽著聞 **窮則獨善其身** 窮即不得志以此善善其身故曰獨善 **達則兼善天下** 達即得志以此善善天下故曰兼善 註 見謂名實之顯著也此又言士得已民不失望之實○ 講 不知人古人乎古之人乎德樂義人也當其得志則推此德義於人而膏澤加於民不至恩不下究也當其不得志則修此德義於身而名實見於世不至泯沒無聞也夫不得志窮也而修身見於世是窮則以德義自重而獨善其身也所謂得已者信矣得志者達也而澤加於民是達則以德義淑人而兼善天下也所謂不失望者信矣然則人知之亦囂囂人不知亦囂囂徵古人其誰與歸 補 此章大意須顧一遊字引古人獨善兼善重二則字無加無損正應囂囂意

○**孟子曰待文王而後興者** 興訓感動奮發感動以情言奮發以力言 **凡民也若夫豪傑之士雖無文王猶興** 凡民豪傑全在有待無待上分 註 興者感動奮發之意凡民庸常之人也豪傑有過人之才智者也蓋降衷秉彝人所同得惟上智之資無物欲之蔽為能無待於教而自能感發以有為也 講 孟子以豪傑望天下曰善雖由教而入非因教而後有也在人之自勉何如耳古今言作人之盛者莫過於文王然必待文王風化之盛熏陶漸漬而後興起者此特凡

韓　史記韓之先與周同姓姬氏其後苗裔事晉得封於韓原曰韓武子武子後三世有韓厥從封姓為韓氏

凡之謂註有過人之才智據現在言惟上智二句乃原所由來耳

附之全旨

此章見外物不足為重輕附字與自字相照富貴本是外物與身無干故曰附欿然非鄙富貴也只是如常耳言不把富貴來當事而遂志得意滿也過人遠在胸襟超越上說

以佚全旨

此章為達道拂民者發二道字最重道即此心之天理全本為民實心上看出佚道使民註云播穀乘屋之類生道殺民謂彼有罪當死吾求所以生之者而不得然後殺之如除害去惡亦何怨之有

霸者章旨

此章見王道當崇意前以霸者引起末以小補找足總借來形容王道之大朱子曰自王者之民至章末皆說王者功用如此

霸者節旨

民風由於主德特借霸民形起王民正指唐虞三代若說無懷葛天便非皞皞如解在下節此宜虛說註廣大以規模言自得是恬愉光景總一忘

民也而非所以概天下之豪傑也若夫豪傑之士則卓然自立無待於人雖無文王猶自興起也學者可以凡民自安而不以豪傑自期待哉【補】紹聞編云降衷秉彝人所同得雖使前無聖人而為之自我當如是者吾弗能已矣豈待人哉如此方是豪傑天壤間無一等生就了底豪傑亦無斷然不可企望豪傑之凡民也

○**孟子曰附之以韓魏之家**富貴原是外物故謂之附**如其自視欿然**欿然是自檢身心具若無**則過人遠矣**過人遠就識見上說【註】附益也韓魏晉卿富家也欿然不自滿之意尹氏曰言有過人之識則不以富貴為事【講】孟子為溺情於富貴者發也曰凡人識不足者恒以外物為重輕有人於此一旦附益之以韓魏之家則其富其貴皆生平之所未有宜不勝其自滿矣如其自視欿然不驕不溢若不知有韓魏之家者此其識見高明視之常情不但過之且過之遠也然則世之溺情於富貴者其亦可以少愧矣【補】翼註云此富貴亦是道當得者若不當得則辭之又不但自視欿然矣

○**孟子曰以佚道使民**心雖主於佚事不得不出於勞是謂佚道**雖勞不怨**不怨即指被勞人**以生道殺民**心雖主於生事不得不出於殺是謂生道**雖死不怨殺者**不怨即指被殺人【註】程子曰以佚道使民謂本欲佚之也播穀乘屋之類是也以生道殺民謂本欲生之也除害去惡之類是也蓋不得已而為其所當為則雖拂民之欲而民不怨其不然者反是【講】孟子示人君服民之道曰民情好佚而惡勞勞之未有不怨者惟上之心本欲佚之乃有不得已而使之是謂以佚道使民則民皆諒其佚之之心雖勞亦不怨矣民情好生而惡殺殺之未有不怨者惟上之心本欲生之乃有不得已而殺之是謂以生道殺民則民皆諒其生之之心雖死亦不怨殺者矣所謂說以先民民忘其勞說以犯難民忘其死者此也舍是而欲民之無怨得乎

○**孟子曰霸者之民驩虞如也**驩虞是個知感**王者之民皞皞如也**皞皞是無怨咨亦無欣喜【註】驩虞與歡娛同皞皞廣大自得之貌程子曰驩虞有所造為而然豈能久也耕田鑿井帝力何有於我如天之自然乃王者之政楊氏曰所以致人驩虞必有違道干譽之事若王者則如天亦不令人喜亦不令人怒【講】孟子深明王道之異於霸道也曰王霸之治教不同而功效亦異但自其民風觀之可見矣彼霸功淺近而易悅故霸者之民感上之惠跡其小康自喜之氣象殆驩虞如也王道深遠而無迹故王者之民忘上之德跡其廣大自得之氣象殆皞皞如也

○**殺之而不怨**殺是刑不怨是忘其殺**利之而不庸**利是養不庸是忘其利**民**

天寶書局精校藏板

字意

殺之節旨

此正狀其皞皞處重不怨不庸不知俱從民上看而王道之大於此可見

夫君節旨

此只就不怨不庸不知上贊王道之大刑政教所及民沾著些便化是過化而其所過而化者便有個存主在其中要民化而民就化是存神存神不出過化之外如立行來和是化其中斯字即是神化神通指德業蓋德盛正在業上見也上下就君子言流字重看同流言天地化神之所及即皆君子化神之所及凡井田學校封建等項澈底將乾坤重新鼓鑄一番正與霸者小補相反

仁言章旨

此章見為治者當審所尚意治只有政教兩端首節引起次節善政善教正仁聲的實事故末節只申得民不同而入人處不再說

仁言節旨

仁言感於一時仁聲浹於平日久暫異也仁言出上之口仁聲出下之口虛實異也

善政節旨

入人主感化言得民主施為言政教曰善都是得民底所以致仁聲但就

日遷善而不知為之者為是教不知是忘其教【註】此所謂皞皞如也庸功也豐氏曰因民之所惡而去之非有心於殺之也何怨之有因民之所利而利之非有心於利之也何庸之有輔其性之自然使自得之故民日遷善而不知誰之所為也【講】何以見其皞皞也王者以刑糾民非無殺也然因民所惡而去之民且忘其為殺矣不以為怨也王者以政養民非無利也然因民所利而利之民且忘其為利矣不以為庸也王者以教正民非不導民以善也然順民之性而導之民雖日遷於善而自得其性不知誰之所為也所謂皞皞者如此

○**夫君子所過者化**君子即王者過指刑政教所經歷化就民丕變說**所存者神**存是刑政教所萌動神是我之心欲如此民便如此不可測度**上下與天地同流**上下屬君子同流只就運行及物處講**豈曰小補之哉**小補指私恩小惠【註】君子聖人之通稱也所過者化身所經歷之處即人無不化如舜之耕歷山而田者遜畔陶河濱而器不苦窳也所存者神心所存主處便神妙不測如孔子之立斯立道斯行綏斯來動斯和莫知其所以然而然也是其德業之盛乃與天地之化同運並行舉一世而甄陶之非如霸者但小小補塞其罅漏而已此則王道之所以為大而學者所當盡心也【講】即是而可以見王道之大矣君子一身凡其為刑為政為教皆身之所歷而謂之過也過斯化焉盡人而莫不丕變也君子一心凡其欲刑欲養欲教皆心之所主而謂之存也存斯神焉順應而莫知其然也夫是神化也天地之運於上下而覆載萬物者也而君子之化以達神神以運化者其德業之盛至舉一世而甄陶之則是天地以其神化日流行於上下而天下之物無不被王者亦以其神化周流於上下而天下之民無不冒蓋與天地同運而並行矣豈若霸者之功僅小補之而已哉此霸功所以不若王道之大也為治者可以審所尚矣【補】辨志云他章辨王霸以誠偽言此章辨王霸以大小言

○**孟子曰仁言不如仁聲之入人深也**仁言是愛民之言仁聲是小民頌仁之聲也【註】程子曰仁言謂以仁厚之言加於民仁聲謂仁聞謂有仁之實而為眾所稱道者也此尤見仁德之昭著故其感人尤深也【講】孟子示為治者當審所尚也曰凡為君者必以仁如言之仁與聲之仁皆有以入人也但仁言發於已而未必其然且但出於一時仁聲傳於人而已有所試且又著於平素仁言之入人淺不如仁聲之入人深也

○**善政不如善教之得民也**善政善教單頂上仁聲為是得民虛說【註】政謂法度禁令所以制其外也教謂道德齊禮所以格其心也【講】然所謂仁聲者不外政教政之善教之善皆有以得民也但善政以紀綱法令整飭民於事迹善教以仁義禮樂導引民於性分善政得民之效小不如善教得民之效大也

○**善政民畏之**畏是奉法守度**善教民愛之**愛是樂於從教**善政得民財**謂務農重穀自無逋賦也**善教得民心**謂民有恆心忘勞忘死也【註】得民財者百姓足而君無不足也得民心者不遺其親不後其君也【講】

孩提 師古曰嬰兒始孩人所提挈故曰孩提也孩者小兒笑也

中分剖又政不如教耳

民畏節旨 此申政教得民之實畏愛自政教之初言耳得財得心在政教既成之後方是正言得民處上下俱要串說以出不如意

人之章旨 此章見仁義不假外求意首節良知良能且虛說次節言良知良能之實末節揭出仁義正明其所以為良通章用也字煞脚俱是指點語

人之節旨 此點醒自有之良心與人看先說能後說知因能見知也不學不慮甚言其固有之耳若要擴充此知能非學慮不可

孩提節旨 單承知字以愛親敬兄內已有良能也兩良字只在無不二字看出且照下達之天下意

親親節旨 層層趕出仁義字來正發論本旨以達之天下言者親親敬長既達之天下無不同所以為吾性之仁義也豈待外求哉

舜之全旨 此章形容聖心虛而能應之妙關鍵在及其二字居深山四句只在敘然不動時見無甚異人跌出及其二字方有內下三句一氣讀盡言行之善

然何以見善政不如善教之得民也善政則法令齊肅而民不敢抗是民畏之矣善教則德意浹洽而民不忍悖是民愛之矣且善政之於民取之有道用之有節故百姓足而君無不足可以得民之財焉善教之於民率之有方教之有素故民不遺其親不後其君可以得民之心焉夫畏迫於法愛生於心苟至於愛而畏不足言矣民心本也民財末也苟得其心而財在其中矣善政不如善教之得民也此非其驗耶即仁聲之入人且以善政與善教異也而仁言更無論矣【補】條辨云開口說仁言不如仁聲則已將仁言一層撇去下善政善教皆仁聲裏面事其中却又有不如在故善政不如善教不可與仁言不如仁聲平對開說亦不可雙頂仁言仁聲

○**孟子曰人之所不學而能者其良能也**不學是不假修習意能就行看**所不慮而知者其良知也**不慮是不待思索意【註】良者本然之善也程子曰良知良能皆無所由乃出於天不係於人【講】孟子示人當存其良心曰天下之人莫不有知有能然凡學而後能者可以言能而不可以言良能也惟學習未加而自有所能是其能一出於本然之善乃人之良能也凡慮而後知者可以言知而不可以言良知也惟思慮不庸而自有所知是其知一出於本然之善乃人之良知也

○**孩提之童無不知愛其親也**愛只是愛戀思慕意親單指父母說**及其長也**長是稍長五六歲之間**無不知敬其兄也**敬只是前後追隨意【註】孩提二三歲之間知孩笑可提抱者也愛親敬長所謂良知良能者也【講】吾所謂良能良知者何以驗之我觀孩提之童初未嘗學且慮也孰教之以孝哉然無不知親之當愛而自能愛其親也及其稍長也亦未嘗學且慮也孰教之以弟哉然無不知兄之當敬而自能敬其兄也夫以孩提而知愛親敬兄之道此可以驗知能之良矣

○**親親仁也**親親承上孩提之愛親說仁指吾性惻怛之仁**敬長義也**敬長承上稍長之敬兄說義指吾性裁制之義**無他**無別故**達之天下也**達之天下通天下皆同意達字即上無不知三字看出【註】言親親敬長雖一人之私然達之天下無不同者所以為仁義也【講】若此者豈有出於吾性之外哉孩提之親親非自外至即吾性之仁為之也稍長之敬兄非自外至即吾性之義為之也此無他正以達之天下無不同故耳天下同是親也無不知愛之心同也天下同是長也無不知敬之心同也以是驗之仁義之不待外求也豈不昭昭然哉【補】陳潛室曰此章無推此及彼之意所謂達即達道達德之達言人心所同然也

○**孟子曰舜之居深山之中與木石居**居以靜言**與鹿豕遊**遊以動言**其所以異於深山之野人者幾希**幾希是不多意**及其聞一善言見一**

天寶書局精校藏板

都是胸中故物故有感輒應如此木石無情鹿豕忘機重舜與之居遊上決江河謂江河之決也非人決之也沛然莫禦非流行布濩莫禦於外乃泱洽融暢莫禦於中註渾然二句雖上截已含必至下截露出方妙

無為全旨

此章示人充義之學無為就躬行上克治無欲就發念處克治二句都就應事時說兩無字極重正是擴充工夫如此而已矣只完全心體便無餘事意註擴充句貼上二句義不可勝用貼末句仇滄柱謂此義字已該得仁

德慧章旨

此章勉人以困進德意可與舜發章參看

德慧節旨

人字所指甚廣德慧是體術知是用二者不相離恆存乎疢疾是言其由磨礪以成耳

獨孤節旨

疢疾非一端獨孤孽尤易見操心是就全體上說慮患是就一事上說曰危曰深正疢疾中作工夫磨鍊處達是達忠孝之理而得處置之宜

善行聞見以適然之遇言若決江河只是形容其應之速沛然莫之能禦也禦止也帶上決江河句說 註 居深山謂耕歷山時也蓋聖人之心至虛至明渾然之中萬理畢具一有感觸則其應甚速而無所不通非孟子造道之深不能形容至此也 講 孟子表大舜之心曰聖人居處之迹雖與人同而樂善之誠則與人異試以其迹而言舜之側陋未揚居深山之中其所與居者木石而已所與遊者鹿豕而已以是觀之野人此居此遊舜亦此居此遊其所以異於深山之野人者幾希蓋未有所聞未有所見則然耳及其聞人有一善言即釋然悟其所言之理見人有一善行即釋然明其所行之理感而遂通略無凝滯若決江河之水沛然莫之能禦其順流之勢也深山之野人否耶 補 滙參云上下截道理不是兩層語氣却是兩層方得想像形容之妙

○孟子曰無為其所不為無為是禁之不行所不為是理所不當為無欲其所不欲無欲是禁之不思所不欲是理所不當欲如此而已矣如此二字頂上二句已矣字義盡於此 註 李氏曰有所不為不欲人皆有是心也至於私意一萌而不能以禮義制之則為所不為欲所不欲者多矣能反是心則所謂擴充其羞惡之心者而義不可勝用矣故曰如此而已矣 講 孟子示人擴充其羞惡之心曰羞惡之心人皆有之孰無是不為不欲之心哉是則所謂義也但私意一萌而為所不為欲所不欲者多矣誠能反吾不為之本心而守之於為無為其所不為焉反吾不欲之本心而誠之於思無欲其所不欲焉由是而一身之所為皆義也一念之所欲皆義也而義不可勝用如此而已矣自此之外又豈復有所為義哉 補 胡氏云為是一身之動欲是一念之動不惟謹其動而且謹其動之幾也

○孟子曰人之有德慧術知者慧乃德之明處知乃術之巧處恆存乎疢疾疢疾是艱難拂戾意 註 德慧者德之慧術知者術之知疢疾猶災患也言人必有疢疾則能動心忍性增益其所不能也 講 孟子為處困者勉曰人情每快志於安樂而拂意於困窮不知困窮乃成德之地也彼在心之理謂之德以理燭事見於未然是謂德之慧處事之方謂之術因事循理盡其當然是謂術之知人之有此德慧術知者恆不得之於逸豫而存乎疢疾

○獨孤臣孽子獨惟也其操心也危危是恐得罪凜然持戰兢惕厲之心其慮患也深深是恐人陷己多為思患預防之計故達故字承上二句達兼知明處當 註 孤臣遠臣孽子庶子皆不得於君親而常有疢疾者也達謂達於事理即所謂德慧術知也 講 何以驗其然也且如為臣盡忠為子盡孝理之常也獨彼孤遠之臣忠不能自效於君庶孽之子情不得自達於親此正臣子之有疢疾者也其操心也危專一而不敢肆其慮患也深精審而不敢忽專精之極德慧術知生焉故於事能通達而全乎忠孝之道所謂有德慧術知者恆存乎疢疾也然則處憂患者可不思進德而自勉勵乎 補 疢疾不止於孤

有事章旨
此章次第臣品欲人取法乎上意各上句俱不輕人品異而事業即根於此

有事節旨
事是君三字有隨波逐流光景為是專務意為容即長君惡一流為悅即逢君惡一流

有安節旨
此悅字與上悅字不同上是悅君之心此是悅已之心安社稷兼輔君定民有許多謀猷事功在

有天節旨
社稷臣是已仕之臣天民是未仕之臣達可行於天下即堯舜其君民意此主其不輕出而言

有大節旨
天民未出大人已出正已無工夫以現成者言物正亦是人自化之而字中有無心化成神速不測二意

三樂章旨
此章總見性分之樂非勢分之樂所能易首尾俱以王天下相形

三樂節旨
不與存非輕視王天下只借來形容三樂之真可樂耳

父母節旨
此天倫之樂補入孝友方闞到君子

孽特舉孤孽以見例耳疢疾之進德處全在操心危二句達字正應上德慧術知說

○孟子曰有事君人者（不曰臣而曰人有卑其品意）事是君則為容悅者也（容是容我悅是使君悅我）註 阿徇以為容逢迎以為悅此鄙夫之事妾婦之道也 講 孟子別臣品之不同曰人臣事君人品不同事業亦異我嘗辨其等矣有事君人者其事是君也不務責難陳善而但阿徇逢迎為君之容悅者也此乃佞臣也

○有安社稷臣者（是立功之忠臣）以安社稷為悅者也（此悅字乃一片徇國忠誠）註 言大臣之計安社稷如小人之務悅其君眷眷於此而不忘也 講 等而上之有安社稷臣者未安則思圖其安既安則思保其安惟以計安社稷為悅者也所謂安社稷臣者如此

○有天民者（天民乃先知先覺而全盡天理者）達可行於天下而後行之者也（可字重看謂度其君民可以行道而後出有不肯少貶意）註 民者無位之稱以其全盡天理乃天之民故謂之天民必其道可行於天下然後行之不然則寧沒世不見知而不悔不肯小用其道以徇於人也張子曰必功覆斯民然後出如伊呂之徒 講 進而求之有天民者當其未行之先必其達焉可行其道於天下之君民而後行此道以事是君治是民者也所謂天民者如此

○有大人者（大人即聖人居大臣之位者）正己而物正者也（物字兼君民說）註 大人德盛而上下化之所謂見龍在田天下文明者○此章言人品不同略有四等容悅佞臣不足言安社稷則忠矣然猶一國之士也天民則非一國之士矣然猶有意也無意無必惟其所在而物無不化惟聖者能之 講 進而求之有大人者其德既盛其化自神但正其在己而上君下民物自然正者也蓋功安社稷而無計安社稷之勞道濟天下而無道在必行之意此為大人而已矣夫大人不易得也得天民而用之可以安天下矣得安社稷臣而用之則社稷猶有賴矣彼事君人者幾何而不敗乃國家也為臣者固當知所戒而用臣者亦當知所擇哉

○孟子曰君子有三樂（有字重三樂原是固有的）而王天下不與存焉（王天下只是有天下不是王道之成）講 孟子明性分之樂曰人皆知以王天下為可樂不知君子自有三者可樂之事而王天下之樂不與存於其間焉

○父母俱存兄弟無故（俱存是皆在無故是無不幸之事）一樂也（是第一件可樂）註 此人所深願而不可必得者今既得之其樂可知 講 何言乎三樂也人處親長之間每難適遭其幸者今父母幸而俱存兄弟幸而無故則天倫無虧而吾致孝致友之心得以自盡矣此樂之得於天者也一樂也

○仰不愧於天俯不怍於人（不愧全天之理不怍盡人

身上無故亦多端不專指死亡

仰不節旨

此誠身之樂正所謂反身而誠樂莫大焉者註中克己意乃不愧不怍之由

得天節旨

此傳道之樂天下英才以間出言如顏曾之類

君子節旨

此申上三節要得兩下相形意與首節虛含不同

廣土章旨

此章明所性之為重首二節以所欲所樂遞說到所性三節言所性不存之故末節又言不加不損之故

廣土節旨

欲字狹而淺樂字廣而深欲樂皆在施澤上說

中天節旨

中天下猶云宅中圖治定是以當教底定之上章王天下只說天位此言道大行故又以為樂君子是通聖人言所欲所樂皆性分中功業而所性却又不存者以所性之仁義禮智其本而功業其末也

雖大節旨

此言君子所性之分是成於天者加

之道**二樂也**是第二件可樂【註】程子曰人能克己則仰不愧俯不怍心廣體胖其樂可知有息則餒矣【講】人處天人之間每難得其盡今已私既克天理既復仰則全天之理不愧於天俯則盡人之道不怍於人則內省不疚浩然其自得矣此樂之裕於己者也二樂也

○**得天下英才而教育之**英才以資質言既教之又育之俟其成也**三樂也**是第三件可樂【註】盡得一世明睿之才而所以樂乎己者教而養之則斯道之傳得之者眾而天下後世將無不被其澤矣聖人之心所願欲者莫大於此今既得之其樂為何如哉【講】人才難得斯道易孤成物之心多不能自遂者今盡得天下之英才以所樂乎己者教而育之則斯道之傳得之者眾矣此樂之公於人者也三樂也

○**君子有三樂而王天下不與存焉**三樂實指上三樂事【註】林氏曰此三樂者一係於天一係於人其可以自致者惟不愧不怍而已學者可不勉哉【講】是君子之所樂者或以盡倫或以盡性或以盡物皆性分之樂也彼王天下者烏足以語此故曰君子有三樂而王天下不與存焉【補】王天下者天位雖可樂孰與天性之尤真榮身雖可樂孰與誠身之自得富貴一時雖可樂孰與傳道萬世之無窮

回應首節無限唱歎

○**孟子曰廣土眾民**指一國言**君子欲之**欲是志之所願**所樂不存焉**以所施有限道未大行也【註】地闢民聚澤可遠施故君子欲之然未足以為樂也【講】孟子明所性之重曰天下有勢分有性分而內外輕重別乎其間矣如廣土眾民澤可遠施君子欲之然所及猶有限而所樂不存於此焉此其所樂出於所欲之外也

○**中天下而立**以建都立極言見不止廣土**定四海之民**以統馭撫綏言見不止眾民**君子樂之**樂就道大行上說**所性不存焉**性是所得於己者無待於外也【註】其道大行無一夫不被其澤故君子樂之然其所得於天者則不在是也【講】若夫中天下而立作君作師定四海之民以教以養則仁之所施者博君子樂之矣然所性不存於此焉此其所性出於所樂之外也

○**君子所性雖大行不加焉**大行指得所樂不加是此性無所增益**雖窮居不損焉**窮居指并不得所欲不損是此性無所虧減**分定故也**分定是合下便定了非說後來工夫【註】分者所得於天之全體故不以窮達而有異【講】夫君子所性是生來承受者雖所樂得而大行也而不為之加焉雖所欲亦失而窮居也而不為之損焉何則分之得於天者本一定而不可易故不以窮達而有加損焉

○**君子所性**性指縕言**仁義禮智根於心**根字有安固不搖意**其生色也**生色貫下三句**睟**

不到性外放勲重華不過堯舜之緒餘損不到性内陋巷曲肱何歉孔顏之至樂纔說性便見分纔說分便見定纔說分定便見無可加損

仁義節旨

此言君子所性之緼是成於人者分是外面包裹緼是中間實物緼即實字非緼藏之緼根於心重看氣稟清明是合下如此無物欲之累自有工夫其字指根字生色以下亦不是效驗正指示所性充積處註清和不粗厲潤澤不枯槁豐厚寬大厚重盈溢姿態有餘四體只是手足

伯夷章旨

此章以善養老望當時之君專以養老言與二老章略異首節天下有善養老二句是直言大旨後二節詳言文王善養老之政正教之知所法耳

伯夷節旨

前言大老此言仁人仁人以天下得所為念者即大老也仁人以為已歸則天下無不歸可知矣此二句承西伯善養老推言之以歆動世主也

五畝節旨

此槪舉治岐之政都是為養老起案五畝百畝制其田里也牆桑雞彘教之樹畜也蠶之耕之導其妻子也衣帛無失肉使養其老也看下文直接所謂西伯善養老者可見

所謂節旨

然見於面盎於背施於四體四體不言而喻此三層皆根中發出的神采所謂生色也 註 上言所性之分與所欲所樂不同此乃言其緼也仁義禮智性之四德也根本也生發見也睟然清和潤澤之貌盎豐厚盈溢之意施於四體謂見於動作威儀之閒也喻曉也四體不言而喻言四體不待吾言而自能曉吾意也蓋氣稟清明無物欲之累則性之四德根本於心其積之盛則發而著見於外者不待言而無不順也程子曰睟面盎背皆積盛致然四體不言而喻惟有德者能之○此章言君子固欲其道之大行然其所得於天者則不以是而有所加損也 講 且以君子所性之緼言之彼仁義禮智皆人所固有之性也惟君子氣稟清明無物欲之累舉仁義禮智之四德根本於一心之中植立堅固有不可得而搖奪者矣由是積中發外其生色也睟然清和潤澤之見於面皆四德之發皇也盎然豐厚盈溢之形於背皆四德之凝重也施於四體動作威儀之閒而四體皆從心所欲動皆中則不待言而自喻吾意皆四德之默順也君子所性之緼如此豈窮達之所得而加損哉而所欲所樂信乎不足以語此矣 補 朱子曰仁義禮智根於心便見四端著在心上相離不得才有些子私意便剗斷了那根便無生意故生色以下都從那根上發出來

○孟子曰伯夷辟紂居北海之濱濱是海濱聞文王作作起也興曰盍歸乎來吾聞西伯善養老者西伯即文王養老即是仁政太公辟紂居東海之濱聞文王作興曰盍歸乎來吾聞西伯善養老者天下有善養老天下就戰國時言則仁人以為己歸矣仁人是有德之人如伯夷太公是也 註 己歸謂己之所歸餘見前篇 講 孟子望人君行養老之政曰人君為政莫不欲人之歸我也然未有仁政不行而能得人來歸者也以文王之事觀之伯夷辟紂隱居北海之濱聞文王起為西伯乃奮然興曰盍歸乎來吾聞西伯發政施仁善養老者太公辟紂隱居東海之濱聞文王起為西伯乃奮然興曰盍歸乎來吾聞西伯發政施仁善養老者夫伯夷太公固天下之仁人而歸文王如此今天下之君有能善養老如文王則仁人皆翕然以為己歸矣

○五畝之宅樹牆下以桑匹婦蠶之桑為蠶計也蠶為帛計也則老者足以衣帛矣老者即下五十非帛不煖者五母雞二母彘無失其時時孕字之時老者足以無失肉矣老者即下七十非肉不飽者百畝之田匹夫耕之授田而耕為仰以事老計也八口之家可以無飢

首節伯夷太公兩言西伯善養老者本節所謂正遥接前文末復以此之謂也打轉兩謂字相為呼應意只在點醒此字見田里樹畜之為要無事家賜而人益也文王養老之政因民易行如此所以為善今之諸侯何憚而不行耶

易其章旨
此章見治道以足民為要首二節開源節流正是使處末節咏嘆聖人所以仁天下亦不外此全重使字

易其節旨
兩其字指民易薄皆本上人說使字方著力

食之節旨
此與上節相承說食之用之自民言兩以字是上教之如此以時如魚不滿尺人不得食果實未熟不得採取皆是以禮如供老疾宴賓客無故不

矣八口無飢連老者說在內【註】此文王之政也一家養母雞五母彘二也餘見前篇【講】文王所以致仁人之來歸者亦以其善養老耳試以文王治岐之政言之匹婦不蠶無以衣老也於是一夫授以五畝之宅而牆下樹之以桑使匹婦蠶之則帛有所出而老者足以衣帛矣畜養不時無以養老也於是五母雞二母彘焉而無失其孳字之時則肉有所出而老者足以無失肉矣一夫不耕或受之飢無以事老也於是授以私田百畝使匹夫耕之則粒食有所出而八口之家可以無飢矣此文王治岐之政也

○所謂西伯善養老者所謂指伯夷太公言制其田里教之樹畜導其妻子使養其老導謂教誨此四句是因民之所利而利之五十非帛不煖五十血氣始衰故須衣帛七十非肉不飽七十血氣既衰故須食肉不煖不飽謂之凍餒凍屬不煖餒屬不飽文王之民無凍餒之老者文王之民以汝墳江漢言此之謂也此指制田里四句言【註】田謂百畝之田里謂五畝之宅樹謂耕桑畜謂雞彘也趙氏曰善養老者教導之使可以養其老耳非家賜而人益之也【講】由文王治岐之政觀之則當時伯夷太公所謂西伯善養老者豈家賜而人益之哉亦惟制其百畝之田五畝之宅教之樹以蠶桑畜以雞彘導其民之妻子使因所出之肉帛以供老者之衣食而已所以然者蓋以五十血氣始衰非衣帛則不煖七十血氣既衰非食肉則不飽若使之不煖不飽則謂之凍餒而老者始失其養矣文王之民皆遂飽煖之願而無凍餒之老者惟此制田里教樹畜導妻子使養其老之謂也今天下有師文王者焉則仁人以為己歸又奚疑乎

○孟子曰易其田疇易只是不奪農時薄其稅斂薄是輕取即什一而稅意民可使富也富指積蓄言【註】易治也疇耕治之田也【講】孟子論治道當先於足民曰善治天下者孰不欲斯民之仁哉然仁民自足民始也誠能不奪農時使之易治其田疇什一而賦有以薄取其稅斂則地利之所出者無窮征輸之所入者有限而民可使富也所謂開財源者如此

○食之以時時是朝饔夕飧之類用之以禮禮如冠婚喪祭之類財不可勝用也用以財言【註】教民節儉則財用足矣【講】然財源既裕則奢侈易生又不可無以節之也教民食之以時而不至於靡用之以禮而不至於濫則所生者常不盡於所食所入者常不盡於所用而財不可勝用也所謂節財之流者又如此

○民非水火不生活水火是切於民生日用者此句見水火宜為民所甚愛昏暮叩人之門戶求水火昏暮見求之非時叩門戶見求之非禮無弗與者無弗與見視之輕至足矣足指水火足用

菽 菽者衆豆之總名東方多麥稻西方多麻北方多菽中央多禾
○詩豳風七月烹葵及菽
登泰山
登泰山嶺封石以望八荒視天都若蓋江河若帶
觀海
觀海賦云爾其為大量也則南澰朱崖北灑天墟東演析木西薄青徐苞乾之奧括坤之區惟神是宅亦祇是廬何奇不有何怪不儲茫茫積流含形內虛曠哉坎德卑以自居

烹宰皆是財已有可用而使之不勝用所以長保其富也

民非節旨
此只頂上二節咏歎以極言富民之效使字正指易薄時禮以菽粟足帶出仁字不本教化來宜淺看只照求無弗與說方得焉有不三字神情

登東章旨
此章示學者希聖之方首節極狀聖道之大次節教人在本處尋求末節見學者不可躐等而進朱子曰登山觀海流水盈科興也觀瀾容光比也

登東節旨
登東山二句是就聖人所處作意形容之登者聖自登觀者人觀聖相承說故字乃醒觀海句引起遊聖門來聖門不專是言言即在易書詩禮春秋上說難為言亦見道之言但不免有偏耳

觀水節旨
本就大內推出觀字統貫二段水之瀾日月之照寓言泛應曲當聖道之大也水之源日月之明寓言一理渾然聖道之本也二者皆是於其用處知其本

流水節旨
以上二句引起下二句水曰流水是行而不停者必以其漸行也志聖道者致知力行亦是進而不已者能不以其漸至哉成章二字不要看煞在

聖人治天下使有菽粟如水火 菽衆豆總名粟穀實如水火只是形容其至足 **菽粟如水火而民焉有不仁者乎** 仁指禮義恆心 註 水火民之所急宜其愛之而反不愛者多故也尹氏曰言禮義生於富足民無常產則無常心也 講 是道也悃足民之道亦仁民之道也彼民非水火則無以為日食之資不可以生活宜其愛之而不輕以與人矣乃昏暮叩人之門戶求水火無有吝而不與者以其至足故也聖人治天下知民之所急在菽粟凡所以開其源而節其流者無所不用其至使有菽粟如水火焉夫禮義生於富足既有菽粟如水火而民焉有放辟邪侈而不仁者乎夫以仁民之化必自足民先之治天下者何可不加意於足民之政也哉 補 仁字只是相親相睦聯屬一體之意

○**孟子曰孔子登東山而小魯** 孔子字略頓包有道在內小魯魯失其大 **登泰山而小天下** 小天下天下失其大 **故觀於海者難為水** 海衆水之聚難為水是支流餘派不足為水 **遊於聖人之門者難為言** 聖人指孔子說難為言是偏辭緒餘不足為言 註 此言聖人之道大也東山蓋魯城東之高山而泰山則又高矣此言所處益高則其視下益小所見既大則其小者不足觀也難為水難為言猶仁不可為衆之意 講 孟子示人以希聖之學曰人至於聖而止道至於聖人而極大哉孔子在一國則高一國其諸登東山之上而小夫魯焉在天下則高天下其諸登泰山而小天下焉蓋所處高而視下小如此是故凡水皆水也而獲觀於海者目擊乎汪洋浩瀚之勢則衆水皆難乎其為水凡言皆言也而獲遊乎聖人之門者耳聽乎仁義道德之訓則衆言皆難乎其為言蓋所見者大而小者不足觀亦明矣孔子之道其大如此

○**觀水有術必觀其瀾** 術是方法瀾是水之大其源即是本 **日月有明容光必照焉** 容光必照是日月之大其明即是本 註 此言道之有本也瀾水之湍急處也明者光之體光者明之用也觀水之瀾則知其源之有本矣觀日月於容光之隙無不照則知其明之有本矣 講 然豈無其本乎今夫水惟有源故湍急不息欲觀水者有術惟自其瀾觀之則知其原泉混混者為之本矣日月惟有明故無微不照欲觀日月者惟自其容光必照觀之則知其貞明不息者為之本矣然則聖道之大而有本者非即水之源日月之明乎

○**流水之為物也** 物字作水字看 **不盈科不行** 盈是滿科是坎 **君子之志於道也** 道指聖道 **不成章不達** 成章乃隨地位而言不是工夫字 註 言學當以漸乃能至也成章所積者厚而文章外見也達者足於此而通於彼也○此章言聖人之道大而有本學之者必以其漸乃能至也 講 聖人之道固大而有本矣欲學聖人者豈一蹴所能至哉彼流水之為物也必盈科而後進不盈科則不行蓋足此斯可以通彼在水猶有然者而況於志道者乎君子之志於聖道也必篤實光輝而

一處方與盈科後進相對

雞鳴章旨
此章嚴聖狂之分欲人慎所為意重一閒字末節即就上二節看出非推原也

雞鳴節旨
雞鳴二字宜著眼由靜而動善惡初分下文閒字正從此雞鳴時指點出孳孳貴在為字內已含日夕不舍意

為利節旨
此言克念者之可以作聖

欲知節旨
此言罔念者之因以作狂知字最喫緊分兩路分開也閒者兩條路界限處也善利之閒最微而亦最危察之貴精守之貴力

楊子章旨
此章為竊中之名以亂中者發揚墨之害道易見子莫之害道難知重在子莫上前三節是案末節是斷

楊子節旨
楊子認一我字立教以為人各有我人各自治其身而天下治矣為我兼愛俱是孟子名之拔一毛與摩頂二句亦孟子就其所執推之則必至於此耳

墨子節旨

拔一毛
列子楊朱篇禽子問楊朱曰去子體之一毛以濟一世汝為之乎楊子曰世固非一毛之所濟禽子曰假濟為之乎楊子弗應

後道可達也苟功積未久不能造於成章之地必不能上達於聖人之域矣然則有志於聖道者慎無以欲速之心躐等之功求之可也【補】林次崖曰成章與論語斐然成章一般亦隨地位而言耳如由善信而至美大聖神節節都有成章如善便成個善信便成個信美便成個美大便成個大這便是成章方與盈科後進相似道理亦是如此

○**孟子曰雞鳴而起**雞鳴是未與物接時起是作而起**孳孳為善者**善是一念向於公**舜之徒也**舜是為善之聖人【註】孳孳勤勉之意言雖未至於聖人亦是聖人之徒也【講】孟子辨聖狂之幾也曰論人品善惡者不當於其事為之著而當於其意念之萌舜大聖人也天下之言善者必歸焉人若雞鳴而起即孳孳然心向於公而為善者雖未至於舜而此向善之心是即舜之徒也

○**雞鳴而起孳孳為利者**利是一念向於私**蹠之徒也**蹠是為利之惡人【註】蹠盜蹠也【講】蹠大惡人也天下之言利者必歸焉人若雞鳴而起即孳孳然心向於私而為利者雖未至於蹠而此徇利之心是即蹠之徒也

○**欲知舜與蹠之分**分是分別就始分之時說**無他**是無別樣**利與善之閒也**一邊是善一邊是利當其中便是閒【註】程子曰言閒者謂相去不遠所爭毫末耳善與利公私而已矣才出於善便以利言也○楊氏曰舜蹠之相去遠矣而其分乃在利善之閒而已是豈可以不謹然講之不熟見之不明未有不以利為義者又學者所當深察也或問雞鳴而起若未接物如何為善程子曰只主於敬便是為善【講】夫舜蹠之相去遠矣欲知舜之聖所以分於蹠蹠之狂所以分於舜者豈有他道哉惟分於利與善二者之閒而已從其閒而一念向善則分於蹠而為舜者此也從其閒而一念向利則分於舜而為蹠者此也然則人可不慎其幾哉

○**孟子曰楊子取為我**為我只是自私**拔一毛而利天下**喻所費甚少而所濟甚廣也**不為也**是推其為我之心所必至【註】楊子名朱取者僅足之意取為我者僅足於為我而已不及為人也列子稱其言曰伯成子高不以一毫利物是也【講】孟子闢異端之害道意曰今異端之學何其紛紛矣乎世有楊子者僅取足為我而已不及為人也拔一毛之微而可以利天下之大彼亦不為也

○**墨子兼愛**兼愛是人人都愛**摩頂放踵利天下為之**頂首也踵足也【註】墨子名翟兼愛無所不愛也摩頂摩突其頂也放至也【講】有墨子者主於兼愛而已不及為己也則雖摩突其頂而至於踵苟可以利天下彼亦為之也

○**子莫執中**執楊墨二者之中**執中為近之執中無權猶執一也**猶執一是謂與二子

墨子認一愛字立教以為天下之不治者皆起於不愛若使人人交相愛而天下治矣摩頂放踵對拔一毛俱是假借形容說

子莫節旨

此執中與堯舜執中大異近之謂據名迹似近於道不作猶賢於楊墨說下二句只明其所為執一之事

所惡節旨

此總承上斷之惡執一指三子說賊道句虛下正明之吾儒之一一以貫萬異端之一一以廢百楊子舉為我之一而仁皆廢墨子舉兼愛之一而義皆廢子莫舉執中之一而時中皆廢也

飢者章旨

此章為以貧賤失其本心者發就口腹以例人心就飢渴以例貧賤就飲食以例富貴就正味以例正理

飢者節旨

首四句先以飲食引喻起豈惟二句方入正意飲食之正只淺淺說如不以不甘者為甘即正也人心亦皆有害主貧賤說須照甘字寫出垂涎富貴情狀

人能節旨

此飢渴就當貧賤字以貧賤累心是以飢渴之害為心害也能無以三字最有力本以道御情以理制欲來如

無異【註】子莫魯之賢人也知楊墨之失中也故度於二者之間而執其中近近道也權稱錘也所以稱物之輕重而取中也執中而無權則膠於一定之中而不知變是亦執一而已矣程子曰中字最難識須是默識心通且試言一廳則中央為中一家則廳非中而堂為中一國則堂非中而國之中為中準此類可見矣又曰中不可執也識得則事事物物皆有自然之中不待安排安排著則不中矣【講】又有子莫者見二者之各有偏處其為我不至如楊子之固其兼愛不至如墨子之汎而不楊不墨執中以為道執中為近似之矣然中有推移變化之用所謂權乃是中也執中而無權則膠於一定猶如楊墨執一不通之見也

○**所惡執一者**兼楊墨子莫**為其賊道也**道指仁義時中說**舉一而廢百也**百是多之之辭對一字看【註】賊害也為我害仁兼愛害義執中者害於時中皆舉一而廢百者也○此章言道之所貴者中中之所貴者權楊氏曰禹稷三過其門而不入苟不當其可則與墨子無異顏子在陋巷不改其樂苟不當其可則與楊氏無異子莫執為我兼愛之中而無權鄉鄰有鬬而不知閉戶同室有鬬而不知救之是亦猶執一耳故孟子以為賊道禹稷顏回易地則皆然以其有權也不然則是亦楊墨而已矣【講】然則君子所惡楊墨子莫之執一者為其為我害仁兼愛害義執中者害於時中是皆賊害其道也蓋仁義時中之道其端有百徒執其一而不能會其全是舉一而廢百也此執一所以為可惡也【補】林次崖曰楊子一於為我不復為人墨子一於為人不復為我皆偏於一子莫也欲為我也欲為人雖似不偏於一然卻死煞聖人則當為我而為我當為人而為人彼此迭用纔為不偏於一也

○**孟子曰飢者甘食渴者甘飲**二甘字有不暇擇意**是未得飲食之正也**正是正味**飢渴害之也**害是害其口腹**豈惟口腹有飢渴之害人心亦皆有害**人心有害指貧賤言【註】口腹為飢渴所害故於飲食不暇擇而失其正味人心為貧賤所害故於富貴不暇擇而失其正理【講】孟子欲人安貧賤而審富貴意曰飲食於人本有正味也但飢者得食則甘之不暇擇而食渴者得飲則甘之不暇擇而飲是皆不甘而以為甘未得乎飲食之正味也而所以失其正味者則以飢渴害之也然豈惟口腹有飢渴之害人心之有正理猶飲食之有正味也貧者甘於富而於富之正不暇擇賤者甘於貴而於貴之正不暇擇亦皆有以害之也然則富貴固甘心之飲食而貧賤亦害心之飢渴矣

○**人能無以飢渴之害為心害**人字汎言飢渴字影貧賤說**則不及人不為憂矣**人指聖賢【註】人能不以貧賤之故而動其心則過人遠矣【講】人能以義安命無以飢渴之害為心害則識見高明持守堅定雖或學問未充品詣未至有不及於聖賢之人不足以為憂矣人其可不審富貴而安貧賤哉【補】不及人不為憂與則過人遠矣有分別彼人字庸常之人也此人字道義之人也不及人不為憂乃自我

天寶書局精校藏板

三公 周書曰立太師太傅太保茲為三公論道經邦燮理陰陽則三公乃官之至尊者也

此何憂不及人之有

柳下全旨 此章表柳下惠之和而介蓋和者惠之面目而介者惠之骨幹也朱子曰伯夷餓於首陽伊尹天下弗顧皆能不以三公易其介獨稱柳下惠何也以惠之和嫌於不介故也

有為全旨 此章警為學者當要其成意正意只有為者三字內包必要成功意辟若掘井亦包必要及泉意七字亦頓下只承上反說猶字見九軔猶然況未至九軔者乎

堯舜章旨 此章舉帝王之誠以別霸者之偽因五霸之假以亂真不得不嚴其辨觀下專論五霸可見

堯舜節旨 三之字皆指道言道不外仁義性身字俱作活字用雖有安勉之別總是一個誠不必分低昂五霸則全是偽

久假節旨 了故末句與上二句分看

久假便是不歸所謂居之不疑也初假時畢竟自知非有只假得慣了遂全然不覺故孟子深嘆之

許之之辭

○**孟子曰柳下惠不以三公易其介**[三公太師太傅太保易換也介是耿耿自持不徇流俗意] 註 介有分辨之意 柳下惠進不隱賢必以其道遺佚不怨阨窮不憫直道事人至於三黜是其介也○此章言柳下惠和而不流與孔子論夷齊不念舊惡意正相類皆聖賢微顯闡幽之意也 講 孟子表柳下惠之介曰人皆知柳下惠之和而不知其和而介也觀其雖處阨窮而不隱在已之賢雖至三黜而不改其道之直縱與以三公之位而其介不與易也其和而不流有如此者是豈常人之和所可同哉

○**孟子曰有為者辟若掘井**[有為指為學致功言掘鑿也] **掘井九軔**[軔與仞同] **而不及泉**[泉源水也] **猶為棄井也**[棄井喻廢學] 註 八尺曰仞言鑿井雖深然未及泉而止猶為自棄其井也○呂侍講曰仁不如堯孝不如舜學不如孔子終未入於聖人之域終未至於天道未免為半塗而廢自棄前功也 講 孟子勉有為者當要其成也曰道必以為而進功必以為而致為之不可以已也故有為者辟若掘井然使掘井至於九仞之深而不及泉而遂止則井置之無用舉九仞之功而盡廢猶為自棄其井也蓋掘井必求及於泉有為必求底於成何以異哉

○**孟子曰堯舜性之也**[性之是合下稟得自然意] **湯武身之也**[身之是著力在身上用功夫] **五霸假之也**[假是裝點出來的] 註 堯舜天性渾全不假修習湯武修身體道以復其性五霸則假借仁義之名以求濟其貪欲之私耳 講 孟子言帝王與霸者之道誠偽不同也曰帝莫盛於堯舜堯舜之於道生而知安而行乃純乎天而性有此仁義之道也王莫盛於湯武湯武之於道學而知利而行乃盡乎人而身體此仁義之道也是道之安勉不同而其誠則同也若五霸者既失所性之原又昧反身之學惟假借仁義之名以求濟其貪欲之私者也豈容於帝王之世哉

○**久假而不歸**[不歸是不歸於正] **惡知其非有也**[惡知是相忘意非有即假之意] 註 歸還也有實有也言竊其名以終身而不自知其非真有或曰蓋嘆世人莫覺其偽者亦通舊說久假不歸即為真有則誤矣○尹氏曰性之者與道一也身之者履之也及其成功則一也五霸則假之而已是以功烈如彼其卑也 講 使假之而知所亟反焉則猶可以為湯武而入堯舜之道矣夫何利欲蒙蔽迷惑弗悟久假仁義之名而不反之以歸於正卒亦自以為是惡知其非真有也是始則假之以欺人久則因之以自欺此五霸之所以終於霸也哉 補 五霸性分原自有真仁義置真者不用求假者以自文誠可嘆也

不狎不順 書太甲篇伊尹曰茲乃不義習與性成予弗狎于弗順營于桐宮密邇先王其訓無俾世迷王徂桐宮居憂克終允德惟三祀十有二月朔伊尹以冕服奉嗣王歸于亳

不素餐兮 詩人美賢者屬志非其力不食故述其事而歎之其首章曰坎坎伐檀兮寘之河之干兮河水清且漣猗不稼不穡胡取禾三百廛兮不狩不獵胡瞻爾庭有縣貆兮彼君子兮不素餐兮

伊尹章旨 此章借伊尹立論以嚴人臣不軌之防重一志字

伊尹節旨 伊尹言只不狎一句下五句俱敘其事

賢者節旨 此丑之設難以觀聖賢之用心賢者二字亦斟酌

有伊節旨 志字非臨時辦得全在平日弗顧弗視不與不取中打磨出來則可句是緩辭何等斟酌則簒句是急辭何等斬截側重不可邊

不素全旨 此章見君子有功於人國而食所宜食也丑全為孟子不仕傳食而問孟子所答亦是自寓之意主未仕言蓋君子既仕之功顯而易見在經綸事業未仕之功隱而難知在國勢人心安富尊榮孝弟忠信八字正極言君子有功處二則字尤見其收效之甚速也然曰用之從之則亦責在君與子弟上孰大於是是孟子擔當世道語

王子章旨 此章論士所志之大以尚志為主尚志即士之事仁義又志之所以為尚

○**公孫丑曰伊尹曰予不狎于不順放太甲于桐** 放是放置桐是湯墓所在 **民大悅** 悅其能正君非 **太甲賢又反之** 賢是能處仁遷義反是以冕服迎反於亳 **民大悅** 悅其能成君德 【註】子不狎于不順太甲篇文狎習見也不順言太甲所為不順義理也餘見前篇 【講】公孫丑問曰昔伊尹有曰予不欲習見嗣君之所為不順於義理於是託諒陰之制而放太甲於桐使之觀湯墓而興思當是商民大悅悅其能正君非也既而太甲處仁遷義而賢伊尹又以冕服迎而反之於亳當時商民又大悅悅其能成君德也

○**賢者之為人臣也** 賢者泛言 **其君不賢則固可放與** 君亦泛說不賢即不順義理意 【講】由伊尹之事觀之則凡後世賢者之為人臣也設遇其君之不賢則固可放而置之歟

○**孟子曰有伊尹之志則可** 志以素定者言 **無伊尹之志則簒也** 簒是簒奪 【註】伊尹之志公天下以為心而無一毫之私者也 【講】孟子曰君何易言放哉乃有不得已而出此亦觀其志何如耳夫伊尹之志至公無私其放君也為宗社也為天下也使為臣者有伊尹之志而遇太甲之君則可以為伊尹之事而或以得民之悅也若無伊尹之志而欲為伊尹之事則是專權自立簒而已矣惡乎可哉然則為臣者慎無口實伊尹而蹈簒君之罪也則幾矣

○**公孫丑曰詩曰不素餐兮君子之不耕而食何也** 食指傳食於諸侯 **孟子曰君子居是國也** 居是國謂隨其所居之國 **其君用之** 用之是用其言不是用之為臣 **則安富尊榮** 安是國家寍謐富是府庫充裕尊是崇高榮是光顯 **其子弟從之** 子弟指民間之俊秀從之是從其教 **則孝弟忠信** 孝是孝親弟是弟長忠是不欺信是不僞 **不素餐兮孰大於是** 是字指有功於上下言 【註】詩魏國風伐檀之篇素空也無功而食祿謂之素餐此與告陳相彭更之意同 【講】公孫丑問曰魏風伐檀之詩有曰不素餐兮詩之美君子者如此以此詩觀之則君子必仕而有功於國斯可以食人之食也今君子不仕無功乃不耕而食何也孟子曰子以君子為無功而食乎不知其功固不必以仕顯也即居是國也言皆至道動皆至教苟其君用之而其言得行於朝則國以安而用以富位以尊而名以榮其子弟從之而其教得行於下則入以孝而出以弟存以忠而發以信君子之有功於上下如此所謂不素餐兮者孰有大於是哉子安得素君子之不耕而食也 【補】此不是得位行道事只是用其言從其教便見君子有益人國而當食也

天寶書局精校藏板

處志專在仁義其體用已通於大人士誠非無事也

王子節旨

墊意正問孟子非泛指遊說之士隱然以無事為譏

尚志節旨

志即隱居求志之志尚字著力識超流俗念出塵表不肯淪此志於卑汚

何謂節旨

意此即士之事也

何謂尚志問尚字意多仁冒天下之道義伸萬物之上正貼尚字講而已矣三字極鄭重下乃申言之殺一無罪八句一反一正俱就當下言正為士時尚志實事居仁二句見得大人體用已備於居由中便是士有所事與何事相應

仲子全旨

此章斷仲子廢大倫之罪特借小廉形起與前章只辨其非廉不同不受齊國非仲子實事蓋因不食不居之操推其心而設言之讓國亦非小廉對大倫看則小耳仲子避兄離母不食君祿負莫大之罪齊人乃因其矯廉苦節而以為兄母當避君祿當辭正是他賢處是以其小者信其大者也故孟子特為勘破

○王子墊問曰士何事 士指未得志之士何事以何者為事 註 墊齊王之子也上則公卿大夫下則農工商賈皆有所事而士處其間獨無所事故王子問之 講 齊王之子墊非知士者故問曰天下之人上則公卿大夫下而農工商賈皆有所事士生於其間不知果何所事也

○孟子曰尚志 註 尚高尚也志者心之所之也士既未得行公卿大夫之道又不當為農工商賈之業則高尚其志而已 講 孟子曰夫士者不肯為農工商賈之業而欲行公卿大夫之道者也但未得行其道則高尚其志而已

○曰何謂尚志 是究其尚志之實 曰仁義而已矣 仁義以所尚言 殺一無罪非仁也 非好生之仁 非其有而取之非義也 非宜取之義 居惡在仁是也 居以心所存言 路惡在義是也 路以身所由言 居仁由義 亦以所志言此句承上起下語 大人之事備矣 事即仁育義正備是具備 註 非仁非義之事雖小不為而所居所由無不在於仁義此士所以尚其志也大人謂公卿大夫言士雖未得大人之位而其志如此則大人之事體用已全若小人之事則固非所當為也 講 王子墊曰人各有志士以何者存諸心而謂之尚志孟子曰士之尚志非志於富貴也非志於功名也惟志在仁義而已矣如殺一無罪之人非仁也士之志必曰吾必不殺一無罪也非其所當有而取之非義也士之志必曰吾必不取非其有也如是而士之所存以為居者惡在乎仁是也士之所由以為路者惡在乎義是也士之尚志者如此夫居仁者大人之體也由義者大人之用也士既志於居仁由義雖未得位而為大人而大人仁育義正之事已備具矣豈可以未見之行而遂謂無所事哉 補 精言云仁育萬物義正萬民便是大人之事大人參天兩地曲成萬物只此仁義而已士居仁由義達則舉而措之耳故曰大人之事備

○孟子曰仲子不義與之齊國而弗受 不義指不當得說 人皆信之 信是信其賢 是舍簞食豆羹之義也 是指弗受齊國說舍簞食豆羹小廉也 人莫大焉亡親戚君臣上下 焉字作乎字看亡親戚指避兄離母亡君臣上下指不食君祿 以其小者信其大者奚可哉 小者指不受齊國之小廉大者是人倫之大節 註 仲子陳仲子也言仲子設若非義而與之齊國必不肯受齊人皆信其賢然此但小廉耳其辟兄離母不食君祿無人道之大倫罪莫大焉豈可以小廉信其大節而遂以為賢哉 講 孟子因仲子廢人倫而尚廉節齊人稱之故闢其失以示人曰君子觀人當論其大德而略其小節仲子之為人也設若非義而與之以齊國必不肯受人皆信其為賢矣不知此不受之義是舍簞食豆羹之義已耳蓋親戚君臣上

蹝 鄭祀云去妻子如脫蹝耳師古曰蹝小履脫蹝者言其便易無所顧也蹝與屣同

桃應章旨
此章發出聖賢用心之極都未暇及權變處如周官有議尊議親兩條是也

桃應節旨
設難在瞽瞍殺人一句則如之何兼舜皐說或照下側重皐陶邊

執之節旨
執法則必執瞽瞍可知而已矣三字下得斬截

舜不節旨
此應疑聖人以恩廢法也

夫舜節旨
法本於天制於聖法官相傳不易便是有所受不必拘說受之堯

舜如節旨
此時真覺得舜情景倉皇較之皐陶更難措手

舜視節旨
此言舜之有以全親也竊負而逃須在皐陶未執之先竊負固是曲以全親亦是默以存法逃於海濱隱然以身代放流之意失天下得一父何樂如之總註極精以天子之父且不敢宥況其卑者乎以天下之大且不敢顧況其小者乎在天為理在人為倫皐陶與舜似兼不分貼為是

下此人道之大倫正大節所在也人之罪莫大乎亡親戚君臣上下今仲子辟兄離母不食君祿是其虧莫大之節負莫大之罪也若以其固有之小者信其大者而遂以為賢奚可哉

○**桃應問曰舜為天子** 天子是立法之君 **皐陶為士** 士師是執法之臣 **瞽瞍殺人** 殺人是罪 **則如之何** 是問皐陶當無可赦意何以處意 註 桃應孟子弟子也其意以為舜雖愛父而不可以私害公皐陶雖執法而不可以刑天子之父故設此問以觀聖賢用心之所極非以為真有此事也 講 桃應欲觀聖賢用心之極故設言以問曰天下處常易處變難設若舜為天子之尊皐陶為士師之官而遇瞽瞍殺人夫殺人罪所當死也而舜又為天子則皐陶於此將如之何以善處之

○**孟子曰執之而已矣** 執是執法 註 言皐陶之心知有法而已不知有天子之父也 講 孟子曰典刑者天子之公也士師者天下之平也皐陶亦惟執此法而已矣豈有他道以處之乎

○**然則舜不禁與** 禁是止其執意 註 桃應問也 講 桃應又問曰皐陶固以執法為正矣然則舜天子也將不禁止之以全其父與

○**曰夫舜惡得而禁之** 惡得是何得意 **夫有所受之也** 註 言皐陶之法有所傳受非所敢私雖天子之命亦不得而廢之 講 孟子曰夫舜雖欲禁之惡得而禁之夫國法至公原於天討制於聖人皐陶固有所受而守之雖君不得而廢也

○**然則舜如之何** 然則單承不禁來 註 桃應問也 講 桃應又問曰舜既不得而禁矣然則舜固不可廢法以全親亦不可刑親以伸法如之何以處此耶

○**曰舜視棄天下猶棄敝蹝也** 敝壞也 **竊負而逃遵海濱而處** 海濱極言其遠 **終身訢然樂而忘天下** 訢然是心悅而無憂意 註 蹝草履也遵循也言舜之心知有父而已不知有天下也孟子嘗言舜視天下猶草芥而惟順於父母可以解憂與此意互相發○此章言為士者但知有法而不知天子父之為尊為子者但知有父而不知天下之為大蓋其所以為心者莫非天理之極人倫之至學者察此而有得焉則不待較計論量而天下無難處之事矣 講 孟子曰舜之心知有親不知有天下其視棄天下之大猶棄敝蹝之輕也使瞽瞍陷殺人之罪舜必竊負而逃以為避禍之計遵海濱而處以為潛身之密得全瞽瞍之生將終身訢然遂天倫之樂而忘天下之大矣舜之所處不過如此而已是可見為士執法為子盡情天理於是乎極人倫於是乎至是乎至皐陶與舜兩得之矣由此而推天下又何難處之事哉 補 註以觀聖人用心之所極句是一章之大旨桃應之問意在兩難孟子之答意在各盡言皐陶執法處見人臣用心之所極臣道當如此也言舜全親處見人子用心之所極子道當如此也棄天下以事言忘天下以心言

天寶書局精校藏板

自范章旨

此章以居仁望天下大旨只重居廣居句孟子一生以廣居自負因見王子觸發起故反覆感嘆若此

自范節旨

喟然一嘆眼中覷著王子心中想著廣居養本居來故下單言居大哉居乎言所關於氣體不小非贊美也上三句泛說夫非句方切王子言外便有何氣體之獨異意註特以所居三句連下節作解

王子節旨

王子是勢分之居廣居是性分之居能以天地萬物為一體居豈不極廣居天下廣居氣象必是睟面盎背四體不言而喻光景通章重此一句

魯君節旨

引魯君為證證王子也然居廣居意亦自見於言外傳呼之聲所以壯君之威嚴亦即關君之氣體守者之言是訝辭非疑辭

食而章旨

此章論待賢之道敬字一章之骨實字又敬字之骨

食而節旨

愛或只親暱之而已敬則崇重有尊德樂道意重敬字養豕弗愛惜食犬

豕獸

易云見豕負塗又云坎為豕詩云有豕白蹢烝涉波矣又云乃造其曹執豕于

○孟子自范之齊望見齊王之子望見是望見其氣體喟然嘆曰喟然嘆聲居移氣居就位之崇高言氣乃氣象之氣移易也養移體養就祿之豐厚言體乃體態之體大哉居乎大就所係之重言夫非盡人之子與盡字作皆字看與字有許多咏嘆意【註】范齊邑居謂所處之位養奉養也言人之居處所繫甚大王子亦人子耳特以所居不同故所養不同而其氣體有異也【講】昔孟子自范之齊望見齊王之子其容貌氣象有異於人者遂喟然嘆曰人之居處能移人之氣奉養能移人之體要之所養亦由於所居也大矣哉其居之所繫乎夫王子亦人子耳可因其氣體之異而謂非盡人之子與吾固知其不然也

○孟子曰此衍文也王子宮室車馬衣服多與人同宮通一家言室宮中之房衣指衣裳服通指冠冕之類多大概也而王子若彼者彼指其氣象與人言其居使之然也然亦指氣體之異說況居天下之廣居者乎廣居是人心之仁德者字是孟子暗自謂【註】廣居見前篇尹氏曰睟然見於面盎於背居天下之廣居者然也【講】今王子所居之宮室所乘之車馬所衣之衣服雖不盡同於人亦多與人同宜其氣體無不同矣而王子之氣體固若彼其異者果何使之然哉以其所居不同故所養不同有以使之然也夫勢分之居尚足以移人如此況居天下之廣居宅仁者之氣象又當何如乎吾知其德潤身心廣體胖充吾正氣而與常人異也必矣豈但如王子僅以氣體而異乎人哉

○魯君之宋之宋是交鄰修好呼於垤澤之門呼是呵護傳呼守者曰守者守門之人此非吾君也何其聲之似我君也此二句是守門者訝之之辭此無他居相似也此字指二君聲音相似言【註】垤澤宋城門名也孟子又引此事為證【講】夫居之能移人者又嘗驗之於魯君矣昔者魯君之宋呼於宋垤澤之門其守門者曰此呼於門者非吾君也何其所呼之聲似我君也由守者之言觀之二君之聲相似者無他以其所居之位原相似也是可見居能移氣而王子氣體之異無足怪矣然則居廣居之大異也又何疑乎

○孟子曰食而弗愛豕交之也食以養言弗愛是待不以禮豕交是但有豢養之意愛而不敬獸畜之也不敬是無誠心獸畜是非養賢之道【註】交接也畜養也獸謂犬馬之屬【講】孟子為當時待賢不誠者發也曰人君之待賢為其能愛且敬也苟徒知祿養以食之而不知所以愛之則是謂豕交之也苟徒知用情以愛之而不知所以敬之則是謂獸畜之也信乎待賢之不可不敬矣

○恭敬者幣之未將者也此恭敬是敬賢之實心

牢○蒙引云大馬有為人之所愛者如西旅獻獒周穆王之於八駿自非豕比

馬有愛惜故不同

恭敬節旨

恭敬即上節敬字幣之未將非釋恭敬之義只要見幣帛不可為恭敬意

無實節旨

無實則恭敬虛文耳何足以留君子拘是羈縻之意看不可二字壁立千仞

形色全旨

此章勉人盡性以希聖意有是形即有是色色不在形外故下只言形形色天性言形色皆天性所在非指形色為天性也聖人兼性反二項不盡性無以踐形然性或人所不曉形則人所共知故不曰盡性而曰踐形特從易曉處親切指示踐謂充滿具足無一毫虧欠也惟字然後字可以字俱鄭重之辭正要見踐形之難亦見未至於聖者皆有負此形也程子踐形兼五倫說更備

短喪章旨

此章責丑附會短喪之非以註中至情二字為主喫緊在教之以孝弟而已矣一句當與論語宰我問喪章一例看

短喪節旨

此亦丑私問於孟子之言

是猶節旨

是猶二字直貫到底教之孝弟只承紾兄臂說教短喪者在言外

註 將猶奉也詩曰承筐是將程子曰恭敬雖因威儀幣帛而後發見然幣之未將時已有此恭敬之心非因幣帛而後有也 講 夫所謂恭敬者豈徒幣交而已哉方其幣帛未將之時已有此恭敬之心存於中者也此所謂恭敬之實也

○**恭敬而無實** 此恭敬字就幣帛言實字即上恭敬以心言 **君子不可虛拘** 註 此言當時諸侯之待賢者特以幣帛為恭敬而無其實也拘留也 講 奈何今諸侯之待賢者特以幣帛為恭敬而無恭敬之實則禮為虛文亦豕交獸畜耳焉有君子而可以虛文拘留之耶然則君之待賢惟當盡愛敬之實而可矣 補 虛拘不是說君子不當留只是說人君決不能留君子也

○**孟子曰形色天性也** 形如耳目手足之類色是視聽言動之類天性是自然之性 **惟聖人然後可以踐形** 踐形在盡性上見 註 人之有形有色無不各有自然之理所謂天性也踐如踐言之踐蓋眾人有是形而不能盡其理故無以踐其形惟聖人有是形而又能盡其理然後可以踐其形而無歉也○程子曰此言聖人盡得人道而能充其形也蓋人得天地之正氣而生與萬物不同既為人須盡得人理然後稱其名眾人有之而不知賢人踐之而未盡能充其形惟聖人也楊氏曰天生烝民有物有則物者形色也則者性也各盡其則則可以踐形矣 講 孟子示人以盡性之學曰人之有生也凡具於身者同謂之形發於形者同謂之色是形色之生各有自然之理乃天之性也但眾人不能盡其性是以不能踐其形耳惟聖人氣質清明物欲無累能盡其形之性然後可以實踐其形而無歉於所生也彼同有是形者可不以聖人為法哉 補 劉士玉曰惟字然後可以字宜玩若不如聖人即為虛形即不可以為人勉勵儆切非徒為聖人贊也若云聖人也不過是踐形非於人有加此餘論耳

○**齊宣王欲短喪** 欲減三年喪制 **公孫丑曰為朞之喪猶愈於已乎** 愈勝也 註 已猶止也 講 昔齊宣王欲短三年之喪其忍心廢禮甚矣公孫丑乃附會其說曰為朞之喪不猶勝於已而不為服者乎

○**孟子曰是猶或紾其兄之臂** 臂手臂 **子謂之姑徐徐云爾** 謂之是勸諭姑且也徐徐遲緩意 **亦教之孝弟而已矣** 教是教紾兄臂 註 紾戾也教之以孝弟之道則彼當自知兄之不可戾而喪之不可短矣孔子曰子生三年然後免於父母之懷子也有三年之愛於其父母乎所謂教之以孝弟者如此蓋示之以至情之不能已者非強之也 講 孟子責之曰子之事親猶弟之事兄也親喪之不可短猶兄臂之不可紾也今王欲短喪而子謂朞猶愈於已是猶或紾其兄之臂子乃謂之姑徐徐云爾夫徐徐亦紾也豈所以教人

王子節旨
王子二句是記者敘事語數月字與上朞字相照丑問此之是非正疑為朞之喪之未必不可耳

是欲節旨
齊宣王欲短喪得為而不欲為者也王子之請數月不得為而欲為者也欲為則數月可以為厚為其有孝弟之心不欲為則朞年自見為薄為其無孝弟之心

君子章旨
此章表君子教術之廣使世無棄材意只重君子教人不重人能受教

君子節旨
所以字有多少委曲成就意五字見教術之廣

時雨節旨
此當可之教時字最重時雨是借喻如時雨化之甚言當下點化之妙

成德節旨
成則不虧其體充以養也達則不滯於用範以正也此二項各因其長而教之

答問節旨

淑艾
朱子曰艾讀為

者哉以我言之亦惟教之以孝弟而動其固有之良則彼當自知兄之不可紾矣子為朞之說是亦徐徐之類也

○王子有其母死者王子是齊王庶子母是生王子庶母其傅為之請數月之喪傅是王之師傅數月之喪比朞猶少公孫丑曰若此者何如也此字指數月

註 陳氏曰王子所生之母死厭於嫡母而不敢終喪其傅為請於王欲使得行數月之喪也時又適有此事丑問如此者是非何如按儀禮公子為其母練冠麻衣縓緣既葬除之疑當時此禮已廢或既葬而未忍即除故請之也

講 公孫丑短喪之說孟子既斥其非矣此時適有齊王之子其生母死厭於嫡母而不敢終其喪王子之傅為之請於王行數月之喪以申孝親之心公孫丑因問曰為朞之喪既為不可若此數月者其是非果何如也

○曰是欲終之而不可得也欲終是要終三年之喪雖加一日愈於已已止也謂夫莫之禁而弗為者也謂指前所譏者說莫之禁是禮無所制意弗為是不為三年喪

註 言王子欲終喪而不可得其傅為請雖止得加一日猶勝不加我前所譏乃謂夫莫之禁而自不為者耳○此章言三年通喪天經地義不容私意有所短長示之至情則不肖者有以企而及之矣

講 孟子曰此又不可以倒論也彼王子厭於嫡母是欲終三年之喪而不可得也故其傅為之請雖加一日亦足以伸一日之情猶愈於已況數月乎若我譏子之不能教王終喪者正謂夫齊王莫之禁而自不為者也非欲終之而不可得者比矣子安可以是例之耶

○孟子曰君子之所以教者五所以字宜玩

註 下文五者蓋因人品高下或相去遠近先後之不同

講 孟子敍君子曲成之教化也曰君子教人之心一而已矣然學者之人品有高下時地有遠近先後其教自不能一也故其所以教者有五焉

○有如時雨之化者

註 時雨及時之雨也草木之生播種封殖人力已至而未能自化所少者雨露之滋耳及此時而雨之則其化速矣教人之妙亦猶是也若孔子之於顏曾是已

講 五者之教何如彼天下之學者有天資最高學力已到於道有將得之機吾則迎其機而教之如時雨之加於草木不先不後而化之速者此一教也

○有成德者成是成就德指天資純粹而欲自得者有達財者達是通達財指天資明敏而欲有為者

註 財與材同此各因其所長而教之者也成德如孔子之於冉閔達材如孔子之於由賜

講 然天下不皆若人也其次有天資純厚而德之可成則抑其過引其不及以成其德者是成德又一教也有天資明敏而才之可達則矯其偏歸之於正以達其材者是達材又一教也

○有答問者答問是答其所問

註 就所問而答之若孔孟之於樊遲萬章也

講 又其次則有德無可成材無可達但因其問而答之以釋其疑開其惑者是亦言教之所及又一教也

○有私淑艾者淑字進善還多艾字去聲還多

註 私竊也淑善也艾治

又說文云艾草也自艾淑艾皆有斬絕自新之意懲艾創艾亦取諸此

繩墨 禮經解曰繩墨誠陳不可欺以曲直規矩誠設不可欺以方員

此又專借言語為津梁者

私淑節旨

此亦教澤所遺有以成就之也淑艾照註串看

此五節旨

此總括上五教之實而申結之在君子身上合總來看並無棄人在學者身上合總來看當無自棄

道則章旨

此章見君子之教不可貶以教有成法為主其所以有成法者以道有定體也首節丑欲孟子貶教以徇人次節喻言教不可貶末節正言教不可貶也

道則節旨

道即指孟子之道高美二字不平美正贊其高重高一邊下宜若登天然方有來歷末句是欲貶其教

大匠節旨

此引繩墨彀率為喻見成法不容貶

君子節旨

正意在下文兩拙字與後能字相反此緊承上節總破他登天一問引而不發緣上射來只影正意發揮躍如猶言活潑潑地躍如就在引而不發之內中道而立就在不發躍如之內只是論教法卻自本道體之中來能者是做深造以道工夫的從字正闢他使字言外見不能者亦無可奈何

天下章旨

也人或不能及門受業但聞君子之道於人而竊以善治其身是亦君子教誨之所及若孔孟之於陳亢夷之是也孟子亦曰予未得為孔子徒也予私淑諸人也【講】又其次則有地不相近時不相及聞君子之道於人私竊之以淑艾其身者是亦風教之所及又一教也

○**此五者君子之所以教也**是指上五者而申結之【註】聖賢施教各因其材小以成小大以成大無棄人也【講】凡此五者高下大小異其科先後遠近殊其迹皆君子之所以曲成天下以為教也又安有棄人哉【補】趙格庵曰君子之教人如天地之生物各因其材而篤焉天地無棄物聖賢無棄人

○**公孫丑曰道則高矣美矣**高是峻大美是純粹**宜若登天然似不可及也**登天言其難及**何不使彼為可幾及而日孳孳也**彼是學者孳孳是汲汲【講】昔公孫丑不能用力於道而欲孟子貶教以徇人故言曰君子之道則誠高矣而又美矣但就由教入道者觀之則向慕雖勤從入無自宜若登天之難然似不可及也何不少貶焉別為卑近易行之說使彼學者得以幾及而日孳孳由其教以至於道也

○**孟子曰大匠不為拙工**拙工是無能之工**改廢繩墨**改廢不用也繩墨所以直木者**羿不為拙射**拙射是無能之射**變其彀率**彀率乃射之法度變字與上改廢字俱影貶教意【註】彀率彎弓之限也言教人者皆有不可易之法不容自貶以徇學者之不能也【講】孟子曰天下之道有定體而君子之教有成法即如大匠教人不為拙工無能改廢繩墨以徇之羿之教人不為拙射無能變其彀率以徇之良以繩墨彀率法有一定不容易也曲藝且然況君子之道乎

○**君子引而不發躍如也**引字不發字躍如字都影射字來**中道而立**中道即繩墨彀率立即不改變也**能者從之**能就學者有為說之指中道言【註】引引弓也發發矢也躍如如踊躍而出也因上文彀率而言君子教人但授以學之之法而不告以得之之妙如射者之引弓而不發矢然其所不告者已於踊躍而見於前矣中者無過不及之謂中道而立言其非難非易能者從之言學者當自勉也○此章言道有定體教有成法卑不可抗高不可貶語不能顯默不能藏【講】是故君子教人但授以致知力行之法而不告以心領神會之妙正如射者教人但引滿其弓以示之而不發矢然其所不告者已躍如而見於前也是道也非難非易惟中道而立其教者也在能善學者從而得之不然是亦一拙工拙射耳君子亦無如之何也其肯貶教以徇學者哉【補】此節逐句頂說中道句雖兼非難非易重非難邊以破登天意

○**孟子曰天下有道**是世治**以道殉身**是道不離身**天下無道**是世亂**以身**

天寶書局精校藏板

此章見道不可殉人意上節引起下節

天下節旨

一道字兩邊樞紐而與身互為殉者註兩必字要看

未聞節旨

殉乎人則焉有所謂道未聞有嘆息當時意在

滕更章旨

此章見受教之心貴誠有所挾則私意先橫於胸中而教將不能受矣不答亦不屑之教誨也

滕更節旨

若在所禮以其貴且賢也在所禮是加禮意而不答則不但非所禮矣

挾貴節旨

挾此數者來問謂師之教當加人一等也挾長非必長於師只是年之大二字宜合看意則指挾貴挾賢賢字淺看以貴介而知來學便是賢

於不章旨

此章舉人情必至之弊以示戒三項各重上句下句就在上句內見

於不節旨

此兩項不及之弊講無所不已不可說凡可已者皆無所不已只是比那不可已者稍緩耳無所不薄做此

其進節旨

此一項太過之弊進銳只是浮氣使然非能真知而力行之也浮氣最不

殉道是身不離道【註】殉如殉葬之殉以死隨物之名也身出則道在必行道屈則身在必退以死相從而不離也【講】孟子為枉道徇人而發曰君子一身與道為體者也身固不能離道道亦不能離身故當天下有道之時身可出矣身出則道在必行以道殉身而不離焉當天下無道之時道不行矣道屈則身在必退以身殉道而不離焉○未聞以道殉乎人者也殉人是枉道意【註】以道從人妾婦之道【講】非以道殉身即以身殉道此則吾之所聞耳未聞道不殉身身不殉道乃苟且於功名富貴之會以枉道而從乎人者也守道者其知勉夫

○公都子曰滕更之在門也在門在孟子之門若在所禮而不答何也在所禮猶言當以禮貌待之意【註】趙氏曰滕更滕君之弟來學者也【講】公都子問曰滕更之在於夫子之門也以國君之弟而知所以來學若宜在所尊禮而有問則答之矣夫子顧乃不答其問何也

○孟子曰挾貴而問挾貴是恃有爵挾賢而問挾賢是恃有才能挾長而問長是年高挾有勳勞而問勳勞是有功於師挾故而問故是與師有故舊之好皆所不答也皆字指上五句滕更有二焉二宜暗含挾貴挾賢【註】趙氏曰二謂挾貴挾賢也尹氏曰有所挾則受道之心不專所以不答也○此言君子雖誨人不倦又惡夫意之不誠者【講】孟子曰學者之從師也不貴執求教之禮而貴有慕道之誠若知有己之勢而挾貴而問知有己之德而挾賢而問恃其年之有先於人而挾長而問恃其功之嘗加於師而挾有勳勞而問恃其情之有舊好於師而挾故而問凡此五者總之求師之意不誠而受道之心不篤皆所不答也今滕更所挾已有其二焉此吾所以不答其問者正欲矯其矜已驕人之失而發其尊師重道之情也豈為吝教乎哉

○孟子曰於不可已而已者不可已凡有係於綱常倫理之大者皆是無所不已指小者言於所厚者薄所厚指親言薄是以不厚待之無所不薄也指疏者言【註】已止也不可止謂所不得不為者也所厚所當厚者也此言不及者之弊【講】孟子著失中之弊也曰凡人立身行已不可不用其心而亦不可過用其心以處事言之凡事有關於綱常倫紀此不可已者也若於不可已者而亦已之則必逡巡畏縮於一切小事無所不已矣以待人言之凡人有切於情義親愛此所當厚者也若於所當厚者而亦薄之則必殘忍少恩凡天下之人所無不薄矣二者不用其心固宜廢弛此則不及之弊也○其進銳者進銳如妄意躐等急遽無序其退速退速是志不帥氣【註】進銳者用心太過其氣易衰故退速○三者之弊理勢必然雖過不及之不同然卒同歸於廢弛【講】以為學言之功固有所當進亦有所當循苟其進之果銳者則急遽無序而氣

耐久故退速兼學問事功言

君子全旨

此章爲兼愛二本者而發歸重親親上上截逆推以見恩不可過此兩而字作然而二字看下截順推以見施必有序此兩而字作而後二字看上只說於民於物未說於親然以弗仁弗親歸到親上而以親親二字緊接跌下仁民愛物則重親親說自是一章喫緊意思況施恩有等正要從親親等了去謂不重親親者非也

知者章旨

此章專爲人君小智小仁而發重兩務字首節是智仁各有所急而舉堯舜以實之下節是不知務的模樣非不知務之實也

知者節旨

智邊屬處事仁邊屬待人無不知無不愛以智仁全體言急當務急親賢乃教以盡智盡仁之方正善成其爲無不知無不愛也舉堯舜是個大智大仁樣子重兩不徧上朱子云治天下莫過於親賢智却隨時因事爲之故不指言如堯之歷象治水舜之舉相去凶便是先務

不能節旨

此特爲舍大徇小者譬非謂能三年

緦小功　子夏傳曰大功之經齊衰之帶也去五分一以

易衰其退必速矣是過用其心者亦同歸於廢弛此則太過之弊也可見天下事惟適中而已不及太過各有其弊也 補 首項是急心勝次項是忍心勝三項是躁心勝循理而行自然無弊

○孟子曰君子之於物也愛之而弗仁（愛是愛惜不暴殄意仁便有許多恩澤）於民也仁之而弗親（親是情意至切）親親而仁民（上親字是用恩下親字指一字之人言此句言施恩有親疏之別）仁民而愛物（此句言施恩有輕重之等）註 物謂禽獸草木愛謂取之有時用之有節程子曰仁推己及人如老吾老以及人之老於民則可於物則不可統而言之則皆仁分而言之則有序楊氏曰其分不同故所施不能無差等所謂理一而分殊者也尹氏曰何以有是差等一本故也無僞也 講 孟子論君子施恩之有序曰天下之理本一而分則殊君子之於物也取之有時用有節愛矣然但愛之而已而弗加之仁也於民也欲與聚惡勿施仁矣然但仁之而已而弗加之親也然則於誰而親之乎吾有親焉天性之恩一本之誼不在民物之數者也親其親而仁以及民仁其民而愛以及物不以待民者施之物以其有貴賤之分也不以待親者施之民以其有親疏之殺也於無所不愛之中而不失其貴賤親疏之等此君子之仁所以歷萬世而無弊也

○孟子曰知者無不知也（知以知言）當務之爲急（當務是最當知者）仁者無不愛也（仁以行言）急親賢之爲務（親賢是最當急者）堯舜之知而不徧物（堯舜之知指如神則哲言徧是周徧）急先務也（以治歷明時封山濬川言）堯舜之仁不徧愛人（堯舜之仁指如天好生言）急親賢也（以舉舜舉禹皐爲天下得人言）註 知者固無不知然常以所當務者爲急則事無不治而其爲知也大矣仁者固無不愛然常急於親賢則恩無不洽而其爲仁也溥矣 講 孟子論治貴知所務也曰人君之治天下知與仁而已矣知主於知知者於事固無不知也然非事事而急之也惟當先務之事爲急則大綱既舉細目自張而事無不治矣仁主於愛仁者於人固無不愛也然非人人而親之也惟急於親賢之爲務則衆賢在位庶事自理而恩無不洽矣試觀之古堯之聖神舜之濬哲稱極知矣奚嘗偏物以知之哉惟急於授時齋政封山濬川之先務而加之意耳堯之如天舜之好生稱至仁矣奚嘗盡人而愛之哉惟急於求得乎舜求得乎禹皐陶以親夫賢耳此則辨乎輕重大小之等堯舜所以爲知仁之極也

○不能三年之喪而緦小功之察（此二句是輕重之失）放飯流歠而問無齒決（此二句是大小之失）是之謂不知務（不知務是不知輕重大小之務）註 三年之喪服之重者也緦麻三

為帶小功之絰大功之帶也去五分一以為帶緦麻之絰小功之帶也去五分一以為帶禮閒傳曰大功布七升八升九升小功十升十一升十二升緦麻十五升每一升凡八十縷

放流歠齒決　曲禮曰毋放飯毋流歠又曰濡肉齒決乾肉不齒決濡溼也宜齧斷之乾肉堅宜用手

之喪則緦小功不足察無放飯流歠則齒決不必問也末句雖頂本節而務字實承上節兩務字說來見智不急先務仁不急親賢亦猶是意是之謂乃指點之辭

不仁章旨　此章借梁惠王以警當世所以杜天下之殺機也自此以下四章大抵為時君好戰而發

不仁節旨　仁者四句以仁形起不仁重不仁邊正以明首句之意仁不仁俱泛論末補出惠王來註親親仁民愛物宜渾恐礙下丑問

公孫節旨　以不愛屬土地民則其所愛者子弟之愛又非民可比矣由土地而民由民而子弟正是及字意糜爛字驅殉字極下得痛切故曰不仁

月小功五月服之輕者也察致詳也放飯大飯流歠長歠不敬之大者也齒決齧斷乾肉不敬之小者也問講求之意○此章言君子之於道識其全體則心不狹知所先後則事有序豐氏曰智不急於先務雖徧知人之所知徧能人之所能徒敝精神而無益於天下之治矣仁不急於親賢雖有仁民愛物之心小人在位無由下達聰明日蔽於上而惡政日加於下此孟子所謂不知務也【講】夫堯舜且然而今之為知仁者何獨不然乎試比類而觀之服之輕重易知也乃不能行三年之喪而惟緦麻小功則察之而致詳焉不敬之小大亦易知也乃不謹於放飯流歠而惟無齒決則問之而講求焉是其於喪服也忘其重而詳其輕於不敬也忽其大而究其小此之謂不知務者也然則知不急先務而徒徧物以為智仁不急親賢而徒徧愛以為仁者何以異於此哉為治者亦法堯舜而可矣

盡心章句下 凡三十八章

○孟子曰不仁哉梁惠王也不仁是殘忍意**仁者以其所愛及其所不愛**仁者是仁君此及字是推及乃擴充意**不仁者以其所不愛及其所愛**此及字乃波及是連累意【註】親親而仁民仁民而愛物所謂以其所愛及其所不愛也【講】孟子譏梁惠王之不仁以示戒曰君德莫重於仁乃不仁哉梁惠王也何則仁者之人施恩有序以其所親愛者而推及其踈遠之所不愛者則愛者固愛而不愛者亦愛矣若不仁之人倒行逆施以其所不愛者而禍及其至親之所愛者則不愛者固不愛而愛者亦不愛矣今惠王正以所不愛而及其所愛非不仁而何

○公孫丑曰何謂也是究梁王不仁之故**梁惠王以土地之故**土地之故謂爭地也**糜爛其民而戰之大敗將復之恐不能勝故驅其所愛子弟以殉之**驅是迫而使之意殉是以死從之意**是之謂以其所不愛及其所愛也**是字指上為土地傷民又傷其子也【註】梁惠王以下孟子答辭也糜爛其民使之戰鬪糜爛其血肉也復之復戰也子弟謂太子申也以土地之故及其民以民之故及其子皆以其所不愛及其所愛也○此承前篇之末三章之意言仁人之恩自內及外不仁之禍由踈及親【講】公孫丑曰所謂以其所不愛及其所愛者何謂也孟子曰為人君者以土地視民則土地在所不愛而民在所愛以民視子弟則民在所愛而子弟尤在所愛也今梁惠王以爭土地之故驅民於鋒鏑之下糜爛其血肉而戰之至於大敗將復戰之恐民不用命而不能取勝故驅其所愛子弟太子申者以殉之是因土地之故及其民甚至及其子弟此之謂以其所不愛及其所愛也吾故曰不仁哉梁惠王也後之為君者可以鑒矣

彼善於此 按春秋齊桓召陵之師善其尊王晉文城濮之戰善其伐楚然一則書遂以譏其專一則書及以譏其意亦未以為盡合於義而許之

二三策 奉天伐暴如云敢祇承上帝以遏亂畧是也反政施仁如云天下大定乃反商政政由舊是也

流杵 武成曰甲子昧爽受率其旅若林會於牧野罔有敵于我師前徒倒戈攻于後以北血流漂杵一戎衣天下大

春秋章旨 此章明春秋不義諸侯之戰蓋孟子因當時用兵不息而有感於春秋之戰見尚未至戰國之甚已為聖經所斥也

春秋節旨 無義戰是孔子春秋書法彼善於此亦是聖經品第註擅興字勿用恐犯下

征者節旨 此推所以無義戰之故纔說戰便是敵國相征了置天子於何地故不義之

盡信章旨 此章專為血流漂杵一言而發蓋恐好戰者借武成為口實特與辨白一番非泛論讀書之法也

盡信節旨 書泛說却要隱隱注射武成無書不過泯古人之迹盡信必且失古人之心而貽害不小矣

吾於節旨 奉天伐暴屬初伐紂反政施仁屬既伐紂而已矣見其餘不可盡信便帶起下節

仁人節旨 無敵句是斷案何其句是翻案朱子曰此亦拔本塞源之論蓋雖殺傷者非我而亦不忍言也

有人章旨

○孟子曰春秋無義戰（春秋指經言非春秋時也無義戰是無有戰合於義也）彼善於此則有之矣（仍要見皆無義戰意）【註】春秋每書諸侯戰伐之事必加譏貶以著其擅興之罪無有以為合於義而許之者但就中彼善於此者則有之如召陵之師之類是也【講】孟子追論春秋無王之罪以儆戒當時也曰古之戰者皆以義動若春秋一書所記戰伐之事或書名以示貶或書人以示譏無有以為合於義而許之者但就其中亦有假尊王之名以行之聲無王之罪以擧之而為彼善於此者則有之矣要之皆無義戰也

征者上伐下也（上指天子下指諸侯）敵國不相征也（敵國以諸侯勢相等言）【註】征所以正人也諸侯有罪則天子討而正之此春秋所以無義戰也【講】夫春秋所以無義戰者何也蓋征者上伐下之名也諸侯有罪則天子命方伯以討之是征伐自天子出也若均之為諸侯而稱敵國則不可相征也相征則無王矣春秋諸侯皆敵國相征此所以無義戰也【補】孔子作春秋正以明征伐之義不出諸侯收敵國之柄歸諸天子

○孟子曰盡信書（盡信是泥其辭）則不如無書【註】程子曰載事之辭容有重稱而過其實者學者當識其義而已苟執其辭則時或有害於義不如無書之愈也【講】孟子因當時好殺之徒多藉口於書辭以自解故辨之曰載事之書學者當識其義不可執其辭而盡信之也若盡信乎書反以滋後世之惑固不如無書之為愈也

○吾於武成取二三策而已矣（策是簡策二三策指伐暴施仁說）【註】武成周書篇名武王伐紂歸而記事之書也策竹簡也取其二三策之言其餘不可盡信也程子曰取其奉天伐暴之意反政施仁之法而已【講】何以見書之不可盡信也彼武成一書乃記武王伐紂之事者也宜可盡信也然吾於武成但取其二三策如奉天伐暴反政施仁而已矣其餘固不可盡信也

○仁人無敵於天下（仁人泛指行仁之君）以至仁伐至不仁（至仁指武王言至不仁指紂言）而何其血之流杵也（流杵是言殺人之多）【註】杵舂杵也或作鹵楯也武成言武王伐紂紂之前徒倒戈攻於後以北血流漂杵孟子言此則其不可信者然書本意乃謂商人自相殺非謂武王殺之也孟子之設是言懼後世之惑且長不仁之心也【講】即武成所記血流漂杵之辭可慨見焉夫仁人之師無敵於天下以武王之至仁而伐紂之至不仁應不戰而屈其兵矣而何其與商人敵至殺之而血流漂杵也觀於周書則凡書之不可盡信可知矣吾故曰盡信書不如無書也

○孟子曰有人也（人指當時事君者曰是自負之言）我善為陳我善為戰大罪也（大罪

定

革車虎賁

革車載輜重之車以皮縵其輪籠其轂故號為革車○虎賁執射御蓋勇士之近王者如今之親軍禁兵也周禮虎賁氏掌先後王而趨以卒伍軍旅會同亦如之舍則守王閑王在國則守王宮國有大故則守王門

此章提醒人君勿為戰陳之人所惑意首節言強兵之罪大下詳言好仁之無敵以明之也

有人節旨

陳戰二字不平陳亦所以戰也罪在殃民上見大字正從兩善字勘斷

國君節旨

好仁兼平時修德行仁臨時弔民伐罪言天下無敵謂天下不與之敵也非是敵他不過

南面節旨

引湯重奚為句正見無敵意舉夷狄以見其遠也

武王節旨

革車二句只言不尚兵威以矯善為陳戰之意

王曰節旨

無畏三句藹然仁者之言商人頓顙相迎形以崩角極寫無敵之狀與奚為後我同一情事

征之節旨

不重釋征字之意重各欲正己句推明所以天下無敵之故焉用戰一結見善為陳戰之人全無用處

梓匠全旨

此章勉學者自求心悟意就曲藝教人說如詩之比體正意首末補之巧是規矩熟後自得之妙何嘗在規矩外但悟即為巧不悟止是規矩故有能與不能使之別

熏害民上【註】制行伍曰陳交兵曰戰【講】孟子著強兵之罪也曰兵者聖人不得已而用之今有人曰我善為陳而行伍之必明我善為戰而交兵之必勝彼固自以為有大功矣自我言之若而人者蓋徒逞一己之功而不顧殘萬民之命以帝王之世律之大罪也○**國君好仁**好仁指弔伐言**天下無敵焉**無敵是不戰而屈人兵【講】且今之國君所以必用善陳善戰者為其以威武服天下也不知國君誠好仁以寬代虐則天下皆引領而望之矣其誰與敵焉又安用彼善陳善戰為哉○**南面而征北狄怨東面而征西夷怨**言北狄西夷俱是舉遠以該近**曰奚為後我**後我是後來征我國此正是怨之辭【註】此引湯之事以明之解見前篇【講】何以見仁者之無敵也如成湯好仁之君其征諸國也南面而征北狄怨東面而征西夷怨怨之者曰我亦苦於虐政奚為而後來征我之國也夫湯師一出而斯民屬望如此其有敵之者誰乎○**武王之伐殷也革車三百兩**革車以皮革裹車載器械資糧者**虎賁三千人**虎賁言士之勇如虎之賁三百三千言其少也【註】又以武王之事明之也兩車數一車兩輪也千書序作百【講】武王亦好仁之君也其伐殷也載輜重之革車三百兩而已執射御之虎賁三千人而已初不盛兵威也○**王曰無畏寧爾也非敵百姓也**此叮嚀慰諭正見仁心流露處**若崩厥角稽首**崩是首向下意言其叩首如獸角下觸也【註】書泰誓文與此小異孟子之意當云王謂商人曰無畏我也我來伐紂本為安寧汝非敵商之百姓也於是商人稽首至地如角之崩也【講】且其入殷之初謂商人曰爾無畏我也我之伐紂本以安寧爾也非與百姓為敵也於是商人稽首至地如獸角之崩焉夫武王不以力取勝而有商之民輸誠如此其有敵之者誰乎○**征之為言正也**正是正其罪**各欲正己也**各字指天下受虐之民言**焉用戰**焉用何用也【註】民為暴君所虐皆欲仁者來正己之國也【講】由湯武之事觀之則知征之為言是以己之正而正人之不正者也民為暴君所虐皆欲仁者來正己之國如望湯之師而有後我之怨望武之師而有稽首之誠自無與之為敵者也而又焉用戰哉既不用戰則彼善陳善戰者誠無所用之矣

○**孟子曰梓匠輪輿**梓匠木工輪輿車工**能與人規矩**規矩是為方員之法**不能使人巧**巧是心中奇巧處【註】尹氏曰規矩法度可告者也巧則在其人雖大匠亦末如之何也已蓋下學可以言傳上達必由心悟莊周所論斲輪之意蓋如此【講】孟子示人心悟之學也曰道有可傳者有不可傳者嘗觀之曲藝焉彼梓匠輪輿之教人也但能與人以規矩而示以可循之成法至於由是規矩而獨巧焉非不欲使之而不能使之也亦在人之自得已然則聖賢之道下學可以言傳即規矩之謂也上達必由心悟即巧之謂也學者可

袗衣琴　子華子曰舜游於廟廊之上被袗衣而鼓五絃之琴

飯糗全旨　此章形容聖心之不加不損飯糗茹草四字畫出舜窮困的風味被袗衣八字畫出舜榮華的景象若將終身若固有之畫出舜淡漠的精神而若字自孟子想像他如此在舜亦不自知其忘貧賤富貴也及其二字文法雖僧折講法須直下

吾今全旨　此章見人不可不慎所施意主報復說重一間耳三字父讐不同天兄讐不同國孟子此言欲使人君勿動於忿恨寡怨息爭以保其宗廟親戚是仁術也

為關全旨　此章為當時借法以行私者發從禦暴處挑出為暴有無限怪嘆意將以二字原設關之意如此言外見存古法者亦失古意況其變古法者乎二節辭雖平而意有抑揚是即古以歎今之不然不可兩平看

不會心於道哉

○孟子曰舜之飯糗茹草也若將終身焉以後之富貴觀之舜非終身貧賤而乃若將終身及其為天子也指唐堯禪位說被袗衣被服也鼓琴二女果若固有之以前之貧賤觀之舜非固有富貴而乃若固有【註】飯食也糗乾糒也茹亦食也袗畫衣也二女堯二女也果女侍也言聖人之心不以貧賤而有慕於外不以富貴而有動於中隨遇而安無預於己所性分定故也【講】孟子表舜之心曰常人之情未有不隨遇為欣戚者乃舜之在側微也所飯者糗耳所茹者草耳其貧賤何極也而舜之心則安於貧賤雖未嘗終其身而自舜視之若將終身焉及其受舜禪而為天子也所被而服者則袗畫之衣所鼓而適者則五絃之琴所果而侍者則堯之二女其富貴何極也而舜之心亦安於富貴雖非其素有而自舜視之則若固有之蓋所性分定不以窮達為加損如此此舜之所以不可及歟

○孟子曰吾今而後知殺人親之重也親兼父兄言重是所係之大殺人之父人亦殺其父殺人之兄人亦殺其兄二亦字是報我之所施然則非自殺之也一間耳間是假手意【註】言吾今而後知者必有所為而感發也一間者我往彼來間一人耳其實與自害其親無異也范氏曰知此則愛敬人之親人亦愛敬其親矣【講】孟子有為而發曰我前日但知殺人之親為不可而不知其禍之甚重也自今而後乃知殺人父兄之親之重也何也天道好還無施不報殺人之父人亦殺其父以報之殺人之兄人亦殺其兄以報之然則己之父兄本非自殺之也而致其見殺者實由於己是我往彼來特間一人耳其實與手殺父兄者何以異乎人可不慎所施哉

○孟子曰古之為關也將以禦暴以抱關擊柝者守之【註】譏察非常【講】孟子傷今思古意曰關一也而古今之為則有異焉古之為關也將欲譏察非常以之禦暴也○今之為關也將以為暴以有司權貨者治之【註】征稅出入○范氏曰古之耕者什一後世或收大半之稅此以賦斂為暴也文王之囿與民同之齊宣王之囿為阱國中此以園囿為暴也後世為暴不止於關若使孟子用於諸侯必行文王之政凡此之類皆不終日而改也【講】乃今之為關則譏察之法輕而征求之法重將欲征稅出入而以之為暴民其如之何哉夫即一關而古今之仁暴相遠如此深可慨矣【補】陳新安曰關有譏有征古者禁異服察異言以譏為主今以征為主而已

天寶書局精校藏板

身不全旨
此章見人當盡道意上二句以躬行言下二句以出令言兩開為是但道理自有偏全之不同兩言妻子舉至近以該遠也又上句以理言故無能字下句以勢言故加能字

周於全旨
此章勉人蓄德意上段只引起下段周字乃無所不備之意周於德謂識到守到又氣到也邪世與亂世有別治亂以政言邪正以道言不能亂不但衆說爭鳴不得而搖奪之兼有挽回邪世手段

好名全旨
此章為欺世盜名者發其病全在一好字名之所在則讓名之所不在則爭爭讓未必至此特舉其極以形容之主意在註勉忽二字上二句是所勉下二句是所忽歸重下二句千乘簞食俱是借用字

不信章旨
此章言為國之要道三項語雖平列當以仁賢為主
不信節旨

○孟子曰身不行道(道是當然之理)不行於妻子(此不行就百事不可行言)使人不以道(出令不當理)不能行於妻子(此不能行就使人一事言)【註】身不行道者以行言之不行者道不行也使人不以道者以事言之不能行者令不行也【講】孟子示人以端本之化曰道者由己及人之本也如身不行道綱常未立倫紀不修則觀法無自其化不行於妻子如使人不以道工作非時奔走無節則處置失宜其令不能行於妻子夫妻子至近仰吾以為天者尚不可化不可行況他人乎然則正己以率物而慎令以使人君子誠有不容已者矣

○孟子曰周於利者(利指財利言)凶年不能殺(不能殺是免於死亡)周於德者(周于德就仁義充足說)邪世不能亂(邪世是邪說橫流之世不能亂是有定見定守意)【註】周足也言積之厚則用有餘【講】孟子勉人蓄德意曰君子之處世亦何患世道之不正哉患吾德之未周耳我觀周於利者積儲素充而凶荒有備雖凶年不能殺矣況君子之周於德者理明而知德已深守定而執德已固雖經邪世而吾之所以處事應用者皆有以自立而不失其正豈能移其志而為之亂哉人當思厚蓄其德爾【補】條辨云不曰德無不周而曰周于德則周字前煞有工夫在註下一積字正所以能周也

○孟子曰好名之人(好名好輕富貴之名)能讓千乘之國(能字乃是著力勉強)苟非其人(其人謂真能讓國者好名之人便是非其人)簞食豆羹見於色(見字便是自然流露)【註】好名之人矯情干譽是以能讓千乘之國然若本非能輕富貴之人則於得失之小者反不覺其真情之發見矣蓋觀人不於其所勉而於其所忽然後可以見其所安之實也【講】孟子論人之所忽者足以觀人也曰讓美德也能讓美名也天下有好名之人矯情干譽是以能讓千乘之國苟非實能輕富貴之人則雖簞食豆羹得失之小者反不覺其喜怒之見於色矣觀人者信當考其實而不可徒徇其名也【補】仇滄柱曰人有矜大德而不謹細行者却不是好名好名之人方其讓國時原是一團人欲但被他勉強遮蓋過去纔到忽略處便不知不覺流露出來

○孟子曰不信仁賢(信是誠心委任意仁賢有德之總稱)則國空虛(空虛言若無人然)【講】孟子論為國之要曰人君之為國有三要焉仁賢國之楨幹也苟不信任夫仁賢或外親而內疏或始用而終疑則國無倚賴而空虛若無人矣

○無禮義(禮以別尊卑義以防僭竊)則上下亂

獨仁賢言不信者蓋仁賢自有不信則無信字重看

無禮節旨
禮必有義義即禮中裁制之宜主名分上說

無政節旨
政事非專為財用但不修政事則惰窳成風耗蠹百出財用自然不足

不仁全旨
此章見惟仁始可以得天下當時七雄互相吞併思以經營天下故孟子提出不仁喚醒之上句輕意重下二句得國者得之於諸侯之手彼先自處於不仁故可以乘間竊發若天下得之於天下人之心決非威勢所能懾服也

民為章旨
此章為輕視其民者發以民為貴句作主社稷與君皆是借來相形正欲君愛民以保社稷而勿自恃其尊也首節立案下三節分釋總發明民為貴意

民為節旨
三句俱虛說此以理論不以分言君指諸侯

是故節旨
是故二字緊承民為貴來得乎丘民句正極言其貴下二句特襯起耳四井為邑四邑為丘故曰丘民

諸侯節旨

祭祀
周禮封人凡封

亂是名分不正【註】禮義所以辨上下定民志【講】禮義國之典常也苟無禮以節民性無義以正民行則名分不辨而上下於是乎亂矣 ○無政事 政是大綱事是大綱中條目 則財用不足 財用指公家言不足指空乏言【註】生之無道取之無度用之無節故也○尹氏曰三者以仁賢為本無仁賢則禮義政事處之皆不以其道矣【講】政事國之紀綱也苟無政事凡所以之綱之紀者廢墜而不舉焉則源之不開流之不節而財用於是乎不足矣凡此三者皆為國之要而仁賢其本也能信仁賢則禮義由之以出政事由之以立而王道其易易矣【補】按尹氏註仁賢原為禮義政事之本然仁賢國之楨幹禮義國之防維政事國之紀綱在此章且平平三項說而輕重之義亦自見矣

○孟子曰不仁而得國者有之矣 不仁兼心與行言得國就土地言有之是疑辭 不仁而得天下未之有也 得天下就人心言未之有是決辭【註】言不仁之人騁其私智可以盜千乘之國而不可以得丘民之心鄒氏曰自秦以來不仁而得天下者有矣然皆一再傳而失之猶不得也所謂得天下者必如三代而後可【講】孟子儆時君之不仁曰天下之不仁者意謂吾可以竊一國之勢亦可以得天下之心也不知不仁之人上以力脅其主下以術愚其民或能盜得千乘之國者有之矣若其於天下則四海之廣萬民之衆非力可以屈也非計可以欺也故不仁之人而得乎天下者未之有是事也知不仁不可以得天下則欲得天下者必如三代之仁而後可

○孟子曰民為貴 貴是最重意 社稷次之 次之是次於民 君為輕 輕是輕於社稷【註】社土神稷穀神建國則立壇壝以祀之蓋國以民為本社稷亦為民而立而君之尊又係於二者之存亡故其輕重如此【講】孟子為不恤其民者發也曰今世所謂為最貴者惟君也其次則社稷為重至於民則甚輕矣自我言之則惟民為貴社稷猶次之而君則為輕焉 ○是故得乎丘民而為天子 為天子則得天下 得乎天子為諸侯 為諸侯是天子命為諸侯 得乎諸侯為大夫 為大夫是諸侯命為大夫【註】丘民田野之民至微賤也然得其心則天下歸之天子至尊貴也而得其心者不過為諸侯耳是民為重也【講】何以見民之為貴也蓋丘民雖至微賤也一得其心則人之歸即天之與而可以為天子矣若得乎天子之心不過命之為諸侯而已得乎諸侯之心不過命之為大夫而已豈能與得丘民之心者並隆哉然則民誠為貴矣 ○諸侯危社稷 危是將亡 則變置 改立賢君【註】諸侯無道將使社稷為人所滅則當更立賢君是君輕於社稷也【講】何以見君之為輕也蓋諸侯之立為其能主社稷而安之者也苟淫佚無道危及社稷則天子必將更置賢君以為社稷之主矣夫以君位之安否係乎社稷之存亡然則君實輕於社稷也 ○犧牲既

國設其社稷之壝封其四疆令社稷之職凡祭祀飾其牛牲設其楅衡置其絼共其水槀歌舞牲及毛炮之豚絼音朕牽牛之繩也水以滌牲槀以藉牲牽牲入廟時歌舞以言其香肥也

危社稷跟虐民來變置是更立賢君非滅其國也君輕於社稷則輕於民可知

犧牲節旨

旱乾水溢就為民害上說上節變置見諸侯有變而民不變此節變置見社稷有變而民終不可變註八蜡見禮郊特牲篇一先嗇二司嗇三農四郵表畷五貓六虎七坊八水庸

聖人全旨

此章是極力推崇夷惠以鼓舞人興起語氣有揚無抑與他章不同聖人二字重頓緊照夷惠要見清和各造其極方切夷惠一偏之聖故聞六句正解師百世處奮乎三句申贊其風之遠以振起聖人二字與章首神迴氣合親炙句有睪然高望之神有生不同時之感只是為聖人句添毫以極形聞風興起意勿以當時後世平看至其贊美夷惠為百世師言外自合有仲尼為萬世師一層在本文卻不必及之於唱歎神情轉覺有礙

仁也全旨

此章見人當體仁以盡道意大意為

成（純色曰犧全體曰牲）粢盛既潔（黍稷曰粢在器曰盛）祭祀以時（兼春祈秋報言）然而旱乾水溢（旱乾言天旱而地乾燥水溢言雨多而水漲溢）則變置社稷（是改立祀神之地非改立其神也）

【註】祭祀不失禮而土穀之神不能為民禦災捍患則毀其壇壝而更置之亦年不順成八蜡不通之意是社稷雖重於君而輕於民也

【講】何以見社稷之次之也蓋社稷之立為民而立也苟所陳之犧牲既備腯而告成所供之粢盛既馨香而告潔春祈秋報不失祭祀之時則為民以事社稷者已無不至矣然而土穀之神乃不能為民禦災捍患而旱乾水溢有不免焉是地之不靈而神以不顯也則毀其壇壝而更置社稷之神於彼焉夫以社稷之變置係於生民之利害然則社稷雖重於君而實輕於民也民之為貴何如哉世主欲立民命者亦可以省矣

○孟子曰聖人百世之師也（百世是言其久）伯夷柳下惠是也（是指二子為聖人百世師）故聞伯夷之風者（以清風言）頑夫廉（頑夫是至愚廉是有分辨）懦夫有立志（懦夫是至柔立志是卓有定志）聞柳下惠之風者（以和風言）薄夫敦（薄夫是輕薄敦是和厚）鄙夫寬（鄙夫是量窄寬是量洪）奮乎百世之上（奮是奮發以夷惠言）百世之下聞者莫不興起也（聞風興起正是師字實際）非聖人而能若是乎（若是指莫不興起說）而況於親炙之者乎（此句帶說不重）

【註】興起感動奮發也親炙親近而熏炙之也餘見前篇

【講】孟子著夷惠師世之遠以見其為聖人也曰古之人有以聖人稱者其制行也高其流澤也遠蓋不特一世之世實百世之師也求其可以當此者伯夷柳下惠其人也蓋伯夷清者也是廉且立志之人也伯夷往矣而聞其風之清者頑夫變而廉焉不苟取也懦夫變而有立志焉不苟安也未有聞其風而不師其清者也柳下惠和者也是敦且寬之人也柳下惠往矣而聞其風之和者薄夫變而敦焉行歸厚也鄙夫變而寬焉量有容也未有聞其風而不師其和者也夫夷惠以清和而奮起乎百世之上而百世之下聞其風者莫不興起而為廉為立志為敦為寬也是非清和之極而一無所勉之聖人而能若是乎夫聞夷惠之風未親炙夷惠之為人猶莫不興起如是而況生當夷惠之時親見而熏炙之則所以感發人心者又當何如也蓋道之所在即師之所在百世之心即一世之心信乎夷惠之為聖人可稱百世師矣

【補】行造其極之謂聖師字只在聞風興起內見得

○孟子曰仁也者人也（仁者生生之理人指人生之身）合而言之道也（合是合仁於人身道是率性之道）

言道離人言人離仁者發首句是以仁釋人不是以人訓仁合非用力字看言之二字可見合而言之是合仁於人而言之不可倒說合人於仁稼書謂仁即天命之性道即率性之道離乎仁不成其為人亦不成其為道

孔子全旨
此章見聖人之去國各有其道重兩道字遲遲句在未行之時說蓋因子路可去之言而發去魯以遲行為道去齊以速行為道適當其可所以為時中也去父母去他國二句是孟子釋之之辭

君子全旨
此章言孔子處境之戹非道有窮也以下句釋上句戹陳蔡即絕糧時史記有發兵圍之說

貉稽章旨
此章見多口不足慮無傷是主兩引詩只發明此意尹註盡其在我言外找出

貉稽節旨
稽言便有尤人意大字宜著眼下節

註 仁者人之所以為人之理也然人理也人物也以仁之理合於人之身而言之乃所謂道者也程子曰中庸所謂率性之謂道是也○或曰外國本人也之下有義也者宜也禮也者履也智也者知也信也者實也凡二十字今按如此則理極分明然未詳其是否也 講 孟子以仁責人意曰道率於性者也欲知所謂道必先知所謂仁仁也者非他在天為生物之心在人為有生之理即人之所以為人者也然仁理也人物也單說人則物固無所恃以立若單說仁則理亦無所恃以行惟以仁之理合於人之身而言之性以率性便為天然自有之則至當不易之行而天下古今共由之道即此而在矣人可不體仁以盡道乎哉 補 張南軒曰仁謂仁之理人謂人之身仁字本自人身上得名合而言之則人而仁矣是乃人之道也

○孟子曰孔子之去魯曰以受女樂而去遲遲吾行也是言其久去父母國之道也此句正原遲遲意去齊以吾老矣之言而去接淅而行是言其速去他國之道也此句正原接淅意 講 孟子論孔子去國之有道曰孔子之道時而已矣即一去國之際亦可概見焉當魯之受女樂而三日不朝孔子嘗去魯矣乃猶望於郊祭之致膰而未忍遽去曰遲遲吾行也此以魯父母之國義則已決而恩猶未忘其去之之道當如是其久也當齊景公有老不能用之言當去齊矣時漬米將炊乃以手承水取米而行此非急遽也蓋以齊乃他國義旣不合則志當自裁其去之之道當如是其速也夫同一去國也而遲速各當其可非聖人其孰能之 補 此與大成章文異又多去他國之道也句註重出字疑衍

○孟子曰君子之戹於陳蔡之閒戹以絕糧言無上下之交也上下指君臣 註 君子孔子也戹與厄同君臣皆惡無所與交也 講 孟子歎孔子所遭之窮曰君子之處世也知而用之其交在上知而薦之其交在下而所恃以無戹窮者此耳乃孔子之戹於陳蔡之閒者其故何哉蓋以上無禮賢下士之君下無推賢讓能之臣以為之交也是君子戹窮乃有國者之恥耳於君子乎何尤

○貉稽曰稽大不理於口大甚也不理於口言為衆口所訕而無所倚賴意 註 趙氏曰貉姓稽名為衆口所訕理賴也今按漢書無俚方言亦訓賴 講 貉稽問於孟子曰人之處世也常以得衆口之譽而有所賴若稽者為人所訕而大不理於衆口則如之何是稽之意蓋惟憂人之有傷也

○孟子曰無傷也傷害也士憎茲多口憎字當作增益也與上文大字正相應多口衆口也 註 趙氏曰為士者益多為衆口所訕按此則憎當從土今本皆從心蓋傳寫之誤 講 孟子慰之曰衆

柏舟詩
婦人不得於其夫故以柏舟自比其四章曰憂心悄悄慍於羣小覯閔既多受侮不少靜言思之寤辟有摽

緜詩
此詩追述太王始遷岐周以開王業而文王因之以受天命也其八章曰肆不殄厥慍亦不隕厥問柞棫拔矣行道兌矣混夷駾矣混作昆

多字正相應

無傷節旨
無傷就駱稽說是慰之之辭下句說是士則增益此多口略進一層正明無傷意士字且大概說

憂心節旨
文王孔子古今莫大之士引詩重兩慍字慍就心上說慍於心然後發於口此多口所由憎也然曰憂心曰不隕見謗毀不惟不為士累正可為我儆省進修之地集解云憂心悄悄矣猶然慍於羣小則多口何傷乎不殄厥慍矣亦不能隕厥問則多口又何傷乎

賢者全旨
此章見為治貴有本二段抑揚不平思古正以傷今也昭昭昏昏俱兼知行說兩使字不同上使字是引導下使字是驅迫重言昭昭者明而又明不是知識之明是我性全體大用極其明也

山徑全旨
此章言心學不可間斷提醒高子全在用與不用而介然為間四字尤喫緊處上四句俱喻言正意在末句治心工夫不外存養省察一不用而氣習物欲皆塞心之茅也說今見與昔異一也字絃外之音何啻晨鐘暮鼓

口所訕無傷於子也吾觀為士者既異於凡民則責備者必至德修而謗興行高而毀來為憎茲多口所訕耳

○**詩云憂心悄悄慍于羣小** 羣小詩作衆妾今作衆小人 **孔子也** 孔子之事如武叔之毀東門之譏是也 **肆不殄厥慍** 殄絕也 **亦不隕厥問** 問聞通謂聲譽 **文王也** 文王之事如崇侯之譖羑里之囚是也

註 詩邶風栢舟及大雅緜之篇也悄悄憂貌慍怒也本言衞之仁人見怒於羣小孟子以為孔子之事可以當之肆發語辭隕墜也問聲問也本言太王事昆夷雖不能殄絕其慍怒亦不自墜其聲問之美孟子以為文王之事可以當之○尹氏曰言人顧自處如何盡其在我者而已

講 何以見士憎茲多口也孔子以士道師天下文王以士道君天下宜可以無慍而免於多口矣然亦不能免也詩云憂心悄悄慍於羣小是詩也雖非為孔子言也而吾以為孔子之事可以當之彼其畏天憫人不勝悄悄之心而當時之沮且毀者其羣小之慍何多也然而無傷於孔子也詩云肆不殄厥慍亦不隕厥問是詩也雖非為文王言也而吾以為文王之事可以當之彼其文明柔順雖無損於其德而當時之蒙大難者其慍亦何不殄也然而無傷於文王也此可見士患不為孔子文王耳苟有志於孔子文王將為天下士矣不理於口庸何傷

補 引詩有二意一以慰他謂聖人尚不免遭謗一以勵他謂德如文孔而後慍可勿恤

○**孟子曰賢者以其昭昭** 賢者是有德之人其指已身言 **使人昭昭** 使是身使之有躬行率人意 **今以其昏昏** 今指當時為治者 **使人昭昭** 使是刑政驅使之全無躬行意

註 昭昭明也昏昏闇也尹氏曰大學之道在自昭明德而施於天下國家其有不順者寡矣

講 孟子示人重身教者曰人已同明斯為德化之盛然貴以身先之如古賢者之君能省察克治已德既已昭昭然後乃以其昭昭者率先導之使天下之人皆昭昭焉若今之為治者不能省察克治反之於心私欲蔽錮德且不明而昏昏矣而徒以刑驅勢迫使天下之人皆昭昭焉是為無本之治也其能強天下人以作新之化乎毋怪乎治之不古若也

補 條辨云不是要使人昭昭而後自昭其德只藏身既恕人自無不喻耳

○**孟子謂高子曰山徑之蹊間** 蹊間謂僅容一箇步的去處 **介然用之而成路為間不用則茅塞之矣** 介然為間見通塞只在俄頃 **今茅塞子之心矣** 茅塞指氣習物欲

註 徑小路也蹊人行處也介然倏然之頃也用由也路大路也為間少頃也茅塞茅草生而塞之也言理義之心不可少有間斷也

講 孟子以養心之學謂高子曰理義之心人所固有雖易發而亦易窒不觀之山徑乎彼山徑之蹊間本非共由之路也介然之頃用之以行而成路苟為間之頃不用之以行則茅生而塞之矣是人心之通塞有係於操舍者可例知也今吾子學力不加私欲交蔽殆茅塞乎子之心矣可不思所以自用之哉

補

追

周禮考工記鐘縣謂之旋旋蟲謂之幹蓋懸鐘之紐也其形如環環有盤旋之義於旋之上為蟲形以飾之自漢以來鐘旋之上以銅篆作蹲熊及盤龍皆旋蟲之類也

九軌

考工記匠人營國方九里旁三門國中九經九緯經涂九軌凡八尺為軌廣九軌積七十二尺

禹之章旨

此章見器不足以論樂蓋論樂者會其性情本其功德又諒其時勢然後可以見作者之精神而定其優劣豈在一器之末乎高子識極淺陋故孟子不與深言但以易曉者通之

禹之節旨

樂有聲有容獨曰聲者蓋照下鐘紐而言也

何以節旨

以字是實字鐘只樂之一器舉鐘則眾樂器可知

是奚節旨

是奚足哉將他淺陋之見盡行撤過城門之軌貼其轍迹深喻鐘紐之蠡也兩馬之力與貼日久車多所致喻禹在文王前千餘年也日久故車多不平

齊饑章旨

此章見孟子知止之義重一復字發棠雖美事而復言於王不用之時則不可也

齊饑節旨

不能行王政而區區賑貸偶請為之則可安得復請

是為節旨

引馮婦為證以見不可徇人失已之意發棠與搏虎事不同而當止不止

為閭不用頂躡閭說不項成路說

○高子曰禹之聲(聲字作樂字看不專指鐘)尚文王之聲【註】尚加尚也豐氏曰言禹之樂過於文王之樂【講】高子執己見以論聖樂曰夏禹周文皆古之盛王也聞樂知德所不敢言而就樂論樂則禹之聲若過於文王之聲焉 ○孟子曰何以言之(謂何所據而言)曰以追蠡【註】豐氏曰追鐘紐也周禮所謂旋蟲是也蠡者齧木蟲也言禹時鐘在者鐘紐如蟲齧而欲絕蓋用之者多而文王之鐘不然是以知禹之樂過於文王之樂也【講】孟子曰子以禹之樂過於文王之樂果何以言之高子曰樂之高下恆視其用者之多少何如耳今禹之鐘在者其追如蠡齧而欲絕蓋因其用之者多也而文王之鐘不然是以知禹之尚乎文王也 ○曰是奚足哉(是指追蠡言)城門之軌兩馬之力與(見不是一車兩馬所使也)【註】豐氏曰奚足言此何足以知之也軌車轍迹也兩馬一車所駕也城中之塗容九軌車可散行故其轍迹淺城門惟容一車車皆由之故其轍迹深蓋日久車多所致非一車兩馬之力能使之然也言禹在文王前千餘年故鐘久而紐絕文王之鐘則未久而紐全不可以此而議優劣也○此章文義本不可曉舊說相承如此而豐氏差明白故今存之亦未知其是否也【講】孟子曰是追蠡者奚足以知聖樂之優劣哉彼城門轍迹之軌較之城中為獨深豈一車兩馬之力能使之然與蓋由日久車多所致也然則禹在文王前千餘年鐘久而紐絕猶城門之軌積久而後深耳豈其過於文王之樂而人專用之故耶信乎追蠡不足以言樂也子乃據是以言樂何其輕於議聖人哉【補】蔡虛齋曰禹文之樂原是並隆高子執聲以當樂執器以當聲又據用不用言器而以蠡不蠡言用非惟不知樂不知聲不知器並不知追蠡之故矣故孟子姑以易曉者通之

○齊饑(是齊之饑)陳臻曰國人皆以夫子將復為發棠(國人指齊民復是再勸)殆不可復(殆是疑辭)【註】先時齊國嘗饑孟子勸王發棠邑之倉以賑貧窮至此又饑陳臻問言齊人望孟子復勸王發棠而又自言恐其不可也【講】孟子在齊值齊國又饑陳臻問曰國人皆望夫子將復為勸王發棠由臻觀之國人屬意雖殷夫子自處當重殆不可復請也 ○孟子曰是為馮婦也(是字指復勸發棠言)晉人有馮婦者(馮姓婦其名也便見非大丈夫)善搏虎卒為善士(善士二字宜淺看)則之野(之野是往郊外之地)有眾逐虎(逐驅逐也)虎負嵎莫之敢攖望見馮婦趨而迎之(趨迎有求助意)馮婦

則同總之非義也想初次勸王發棠王必有不樂而強從之者孟子難於顯言故託搏虎為喻豈亦謂苛政猛於虎與卒字只作後來看善士只是改去逞技爭力陋習不必深看攘猶舊也

口之章旨

此章辨性命之說要人安命以忍性盡性以立命也天所限制為命我所主張為性前五者我所主張而實天所限制後五者天所限制而實我所主張總註各就其重處言是正解性命合一之學是深一層語

口之節旨

通章於字俱作屬字看此五之於字要見得不相離意性也二字方接得順有命句是轉語以氣言貧賤自限於分以理言富貴不過其則不謂性句最重見嗜欲之不可徇有安分循理二意

仁之節旨

此五之於字要含得不能齊意命也二字方接得順智別其賢之異於不賢不必添否字聖人兼性之反之說以天道配仁義禮智以聖人配父子君臣賓主賢者仁義禮智即天道也

攘臂下車（喻已不知止）衆皆悅之（喻齊人悅已）其為士者笑之（喻已必見譏於士君子）

【註】手執曰搏卒為善士後能改行為善也之適也負依也山曲曰嵎攖觸也笑之笑其不知止也疑此時齊王已不能用孟子而孟子亦將去矣故其言如此

【講】孟子答之曰以我今日之所遇而復勸王發棠是不為士君子之所為而為馮婦之行也昔晉國之人有馮婦者善於搏虎其卒也改行而為善士可謂善變倘能自守必為士人之所與矣一日則之野有衆逐虎虎負山曲之嵎衆人遂失其勇而莫之敢攖望見馮婦趨而迎之蓋以前日之技望之也乃馮婦不覺有善心遂攘臂下車而前日之故態復萌當是時衆皆悅之以為虎可搏也其為士者則以不知止而笑之使我今日復勸王發棠是又一馮婦也雖為齊民所悅其如士君子之笑何吾子之所謂殆不可復者吾固有以自裁矣

【補】仇滄柱曰陳臻之不可聽諸人猶是揣摩世情之見孟子之不可決諸已真是審度義理之幾

○孟子曰口之於味也（見有同嗜）目之於色也（見有同美）耳之於聲也（見有同聽）鼻之於臭也（氣之應鼻者謂臭故香亦謂之臭）四肢之於安佚也（四肢以手足言）性也有命焉（性以心所欲言命以分所限言）君子不謂性也（君子是立命之人不謂性是安命意）

【註】程子曰五者之欲性也然有分不能皆如其願則是命也不可謂我性之所有而求必得之也愚按不能皆如其願不止為貧賤蓋雖富貴之極亦有品節限制則是亦有命也

【講】孟子示人以性命之辨也曰學莫大於性命而人不知其所謂性君子能辨之如口之於滋味有同嗜也目之於采色有同美也耳之於聲音有同聽也鼻之於氣臭有同好也四肢之於安佚有同適也所以然者人以其為知覺運動之性也然有限於貧賤而不得遂有節於富貴而不敢過此蓋有命存焉使任性以自恣則將無所不至矣故君子養心以甘淡泊克已以去惱淫不謂此為性而徇之也

○仁之於父子也（仁主愛故屬父子）義之於君臣也（義主敬故屬君臣）禮之於賓主也（禮主威儀故屬賓主）智之於賢者也（智有分別故屬賢者）聖人之於天道也（天道全體渾然故屬聖人）命也有性焉（命兼所稟所遇言性即天命之性）君子不謂命也（君子是全性之人不謂命是盡性意）

【註】程子曰仁義禮智天道在人則賦於命者所稟有厚薄清濁然而性善可學而盡故不謂之命也張子曰晏嬰智矣而不知仲尼是非命耶愚按所稟者厚而清則其仁之於父子也至義之於君臣也盡禮之於賓主也恭智之於賢否也哲聖人之於天道也無不脗合而純亦不已焉薄而濁則反是是皆所謂命也或曰者當作否人衍字更詳之○愚聞之師曰此二條者皆性之所有而命於天者也然世之人以前五者為性雖有不得而必欲求之以後五者為命

天寶書局精校藏板

上四句兼聖凡言至聖人於天道句方只在聖人分上說如以湯武較堯舜夷惠較孔子尚有純不純在豈不是命有性句是轉語不謂命句最重見學問之當自盡有挽回變化二意

浩生章旨

此章引樂正子以善量之極非弟答浩生已也以善字爲主信是初下手工夫聖神是究竟地位然亦只完得善之體而已

浩生節旨

善人信人二句神氣在兩也字中拖逗便得下中字

何謂節旨

此問善信名義非問樂正子何謂善人信人

可欲節旨

可欲是說遠人可愛也不重人欲我只重我可欲上

有諸節旨

有字著力或存或亡不可謂之有註實字是堅實與下充實不同此是就心上說

充實節旨

此是就行上說橫曰充豎曰實善足於已乃居安資深境界美大聖神俱以人品言都藏有人字

一有不至則不復致力故孟子各就其重處言之以伸此而抑彼也張子所謂養則付命於天道則責成於己其言約而盡矣【講】如仁之於父子有至有不至也義之於君臣有盡有不盡也禮之於賓主有恭有不恭也智之於賢者有知有不知也聖人之於天道有安有勉也所以然者人以其爲所稟所遇之命也然所稟雖不同而天之降衷無殊所遇雖不齊而民之秉彝無異此蓋有性在焉使聽命以自諉則將無所不已矣故君子致曲以會其全盡道以俟其化不謂此爲命而棄之也可見嗜好之性不當與數定之命爭衡而純駁之命不當以維皇之性自限此君子性命之學也【補】上節性字以氣稟言是人心下節性字以性善言是道心上節命字指富貴貧賤之氣數而兼有理下節命字指淸濁厚薄之氣質而兼所性口之於味五句只拖起性字仁之於父子五句只拖起命字句不可混

○浩生不害問曰樂正子何人也何人是問何等人品孟子曰善人也信人也善以資稟言信以學力所造言此處且虛說合善信而名之可以盡樂正子之爲人矣【註】趙氏曰浩生姓不害名齊人也【講】浩生不害問曰樂正子所造果何人也孟子曰即其今日資稟學力而論之可謂之善人也亦可謂之信人也

○何謂善何謂信是究善信之實【註】不害問也【講】不害又問曰何以謂之善何以謂之信

○曰可欲之謂善可欲是他人見其可欲【註】天下之理其善者必可欲其惡者必可惡其爲人也可欲而不可惡則可謂善人矣【講】孟子曰大凡爲人存心處事行已接物一皆可欲而不可惡則其有善無惡可知矣此之謂善人也

○有諸己之謂信有諸已即實有善而無虛僞【註】凡所謂善皆實有之如惡惡臭如好好色是則可謂信人矣○張子曰志仁無惡之謂善誠善於身之謂信【講】然謂之善人者或天資偶合或知及之而勉慕焉未必能不失也必具於是善知之明好之篤實有是善於己而無一虛僞此之謂信人也【補】此二節是正答其問下四節又推類以盡其餘要分別主客

○充實之謂美充實就行上說二字平看連看是性分內無一欠缺美則粹精地位純然是善【註】力行其善至於充滿而積實則美在其中而無待於外矣【講】然人之所以爲人者豈止於此哉由信而進之非徒一善之成名也力行其善而不已使所有之善充滿而積實則性分咸備而純懿中存矣不謂之美乎

○充實而有光輝之謂大光輝即美不容掩藏處大自德業之盛言【註】和順積中而英華發外美在其中而暢於四肢發於事業則德業至盛而不可加矣【講】由美而進之非徒眾善之懋有也必其善之充實於內者蓄極而通光輝發越則誠中形外已至廣大高明之域矣不謂之大乎【補】蔡虛齋曰大字全就光輝上說美指在內者大指在外者美并非無外內有餘而外或猶未足也大亦非無內發於外者本於內即其外可知其內矣

○大而化之之謂聖化是泯其大之迹聖是自然而不待勉強之名【註】大而能化使其大者泯然無復可見之迹則不

光輝節旨
光輝處無可用力其用力仍在充實上故跟充實言之在身則睟面盎背在事則德普化光規模不小樹力甚宏故謂之大

大而節旨
化是消融變化不見形迹此聖字不指定生安為有漸造者在

聖而節旨
化自我而言不可知自人而言神不外於聖但聖不皆神如孔子則聖而不可知之矣

二之節旨
二之中是餘於善不足於信四之下見善信上還有無限地步便含勉勵樂正子意

逃墨章旨
此章論君子待異端之道重歸斯受之句非但欲成就楊墨併欲收楊墨以為用也當與好辯章參看

逃墨節旨
首二句串說到歸儒上蓋逃墨歸楊亦歸儒之漸也末句歸字承歸儒來兼楊墨說歸如遊蕩歸家一般原是我家人如何不受斯字見其速而已矣者見之外無他說也

今之節旨
辯宜在未歸之先不當在既歸之後如字一氣貫下苙字比吾道之閑又從而三字正與上斯字反照

思不勉從容中道而非人力之所能為矣張子曰大可為也化不可為也在熟之而已矣【講】然是大也猶有迹也惟由大而化之則德之化而無矜持之迹業之盛而無作為之勞斯不思不勉從容中道者矣不謂之聖乎

○**聖而不可知之之謂神**（不可知是莫測其所以然神即聖人之妙處）【註】程子曰聖不可知謂聖之至妙人所不能測非聖人之上又有一等神人也【講】大而至於聖猶可知也既至於聖而自不可知矣至德純於不顯天下莫知其所以為德大業渾於無外天下莫知其所以為業斯無方無體變化不測者矣不謂之神乎

○**樂正子二之中**（二指善信）**四之下也**（四指美大聖神）【註】蓋在善信之間觀其從於子敖則其有諸已者或未實也張子曰顏淵樂正子皆知好仁矣樂正子志仁無惡而不致於學所以但為善人信人而已顏子好學不倦合仁與智具體聖人獨未至聖人之止耳○程子曰士之所難者在有諸已而已能有諸已則居之安資之深而美且大可以馴致矣徒知可欲之善而若存若亡而已則能不受變於俗者鮮矣尹氏曰自可欲之善至於聖而不可知之神上下一理擴充而至於神則不可得而名矣【講】夫由善信而至於聖神為人道之至極如此若正子者則優於善而不足於信介在善信二者之中而學力未充猶在美大聖神四者之下也使樂正子不以二者自足而以四者自勉則所造固未可量也【補】雲峰胡氏曰須看尹氏上下一理四字善者人心之天理始而為人之所可欲者此理也終而為人之所不可知者亦此理也善非粗迹神非高虛惟在乎實有此善而力行以充之耳

○**孟子曰逃墨必歸於楊**（逃乃出此入彼之義歸是趨就之意）**逃楊必歸於儒**（儒是大中至正之理）**歸斯受之而已矣**（斯受是憫陷溺取自新二意）【註】墨氏務外而不情楊氏太簡而近實故其反正之漸大略如此歸斯受之者憫其陷溺之久而取其悔悟之新也【講】孟子為待楊墨過嚴者而發曰今之所謂楊墨者皆非吾道之正也但墨氏厭其務外而逃之則必慕近實而歸於楊楊氏惡其太簡而逃之則必慕中正而歸於儒為吾儒者當憫其陷溺之久取其悔悟之新斯受彼而教之已矣固不宜追其既往之失而與之辯也

○**今之與楊墨辯者**（今指當時儒者說辯是辯其為我兼愛之非）**如追放豚**（放豚喻楊墨）**既入其苙**（入苙喻其來歸）**又從而招之**（招喻與之辯）【註】放豚放逸之豕豚也苙闌也招罥也羈其足也言彼既來歸而又追究其既往之失也○此章見聖賢之於異端拒之甚嚴而於其來歸待之甚恕拒之嚴故人知彼說之為邪待之恕故人知此道之可反仁之至義之盡也【講】何今之與楊墨辯者顧不取其今日之來歸而惟追究其既往之失就如追趕放豚既入其苙使不得奔走亦可矣又從而招之何也安知彼之既歸者不將病吾儒之招而思叛去乎又安知彼之欲歸者不將畏吾儒之招而不復來乎然則楊墨之不反正未必皆斯人之罪而吾儒亦與有咎焉有衛道之心者可

布縷 織麻曰布析絲曰縷五畝之宅匹夫所蠶也此所謂布只是麻所為若棉布則彼時中國未有

粟米 帶殼曰粟去殼曰米粟米出於百畝之田匹夫所耕也

力役 豳詩云我稼既同上入執宮功力役出於同井之家丁男所賦也一是軍賦以冬而更番一是工賦以冬而應役

盆成括 說苑云括有小才未聞大道虞君嘗謂之曰今工者久而巧色者老而衰今人不及壯之時益

有布全旨 此章為當時取民無制者發全重用一緩二下兩句反言見其不可不緩二也三征俱國家正額勢不容廢惟君子有不忍盡取之心春為耕作之時故無所取布縷取之夏者因蠶績成也粟米取之秋者因禾稼納也力役取之冬者因農功畢也緩非廢其征但不一時併征耳此征字與徵同

諸侯全旨 此章見人君當知所寶意上寶字言所係之重下寶字乃我去寶之土地人民政事三者平看遞看錯綜看總見得極重所以為諸侯之寶

盆成全旨 此章見人不可恃才意小有才以資稟言未聞道以學問言小才是權謀術數之類大道如仁義忠信是也君子以有才為幸小人以無才為幸括之仕才使之括之死仕速之非齊殺括括自取殺耳

不嚴以盡閑邪之防而怨以開反正之端也哉 補 本文追字是追趕與註追究不同

○孟子曰有布縷之征(布縷是五畝中所出之桑麻征取也)粟米之征(粟米是百畝中所出之賦稅)力役之征(力役是一夫所出之工力)君子用其一緩其二(用即取之之意緩是不一時併征意)用其二而民有殍(殍餓死也)用其三而父子離(離散也) 註 征賦之法歲有常數然布縷取之於夏粟米取之於秋力役取之於冬當各以其時若併取之則民力有所不堪矣今兩稅三限之法亦此意也尹氏曰言民為邦本取之無度則其國危矣 講 孟子為取民無制者發曰人君征賦之法歲有常數若不能自織也於是有布縷之征不能自耕也於是有粟米之征不能自勞也於是有力役之征此三者皆上之所用然豈可以盡用乎故愛民之君於布縷取之夏而粟米力役在所緩焉粟米取之秋而力役布縷在所緩焉力役取之冬而布縷粟米在所緩焉皆用其一緩其二此民之所以相生相養而父子相保也苟一時而並用其二則小民弃命不給而有殍若一時而並用其三則小民家室難保而父子離夫民為邦本至於殍且離焉則無以為國矣取民者奈之何而不以制歟 補 取之無時勿論橫征暴斂即常數亦民力有不堪者

○孟子曰諸侯之寶三(寶是愛惜珍重之意)土地(以立國言)人民(以守國言)政事(以治國言)寶珠玉者殃必及身(殃及身如身危國削身弑國亡皆是) 註 尹氏曰言寶得其寶者安寶失其寶者危 講 孟子示人君以知所寶也曰諸侯之為國其所寶者則有三焉土地所以立國也人民所以守國也政事所以治國也寶此三者則寶得其寶國安而身亦因以安矣若舍此而寶珠玉者則內而喪志外而賈禍政事廢弛人民離散土地且失其有矣殃不及身乎此自古帝王不貴難得之物不畜無用之器有由然也

○盆成括仕於齊孟子曰死矣盆成括(死是度其必死也)盆成括見殺門人問曰夫子何以知其將見殺(是究其必死之故)曰其為人也小有才(小有才言小有才能)未聞君子之大道也(大道謂義理之當然)則足以殺其軀而已矣(軀身也) 註 盆成姓括名也恃才妄作所以取禍徐氏曰君子道其常而已括有死之道焉設使幸而獲免孟子之言猶信也 講 昔盆成括仕於齊孟子察其必敗也乃曰死矣盆成括蓋以理而知其有

積心技之術以備將竟之色色者必盡乎老之前智謀無以異乎幼之時可好之色彬彬乎且盡洋洋乎安託無能之軀哉故有技者不累身而未嘗滅而色不得以常存蓋規之也括不悟仕齊而見殺

上宮

趙岐曰上宮樓也孟子舍止賓客所館之樓上也

之滕章旨

此章見君子設教之公心設科數語分明洙泗唯何甚家法所謂聖賢之心發於庸人之口故特記之

之滕節旨

此記事書法要想兩下懸絶處

或問節旨

或人廋屨之疑卑鄙無識何屑置辨乃亦有以諒君子曲成後學之心不以人廢言也來與來字謂來滕來者來字謂來學不曰設教而曰設科者教人當各因其材故別其科條以教之往者四句只是不為已甚之意

人皆章旨

此章見人當擴充其良心首節言推廣不忍不為之心便是仁義重達字次節指出不忍不為之實正發明首節之意後二節只由明充無穿窬之心總完得首節達字意

人皆節旨

人皆有三字喚醒之辭所不忍所不

必死之道矣乃盆成括果見殺門人疑而問曰死生有命非人所可預知夫子果何所據而知其將見殺孟子曰我於括之死非指以適然之數乃斷以必然之理也夫人不貴有才而貴聞道道苟得聞則必善用其才今括之為人不過小有才耳未聞君子義理之大道也則恃才妄作必致取禍適足以殺其軀而已矣我所以預知其敗者為此故也

○孟子之滕之往也館於上宮有業屨於牖上館人求之弗得館人守館之人求之求業屨也

註 館舍也上宮別宮名業屨織之有次業而未成者蓋館人所作置之牖上而失之也

講 昔孟子欲行道於世而往於滕滕君館之於上宮時有業屨置於戶牖之上館人求之而弗得焉夫以彼自置之彼自失之固無與於君子矣

○或問之曰或人是另一人非失屨之人若是乎從者之廋也從者是門人

曰子以是為竊屨來與是指從者來是來滕曰殆非也殆非為竊屨來夫子之設科也往者不追往者是前日之不善來者不拒來者指今日之向善苟以是心至是心指向道之心言斯受之而已矣是不追往拒來意

註 或問之者問於孟子也廋匿也言子之從者乃匿人之物如此乎孟子答之而或人自悟其失因言此從者固不為竊屨而來但夫子設置科條以待學者苟以向道之心而來則受之耳雖夫子亦不能保其往也門人取其言有合於聖賢之指故記之

講 或不諒其心乃疑而問之曰若是乎從夫子而來者之廋匿人物也孟子曰子之意得毋以我之門人專為竊屨而來與或人遂自悟其失曰殆非竊屨而來也但夫子之設置科條以待學者也其有既往之失者不追究之其有來學之誠者不拒絶之苟以向道之心至斯容受之而已矣在夫子亦何能保其往哉此或人之言雖能諒君子設教之心而終不能釋從者竊屨之惑則信乎孟子之道之窮也

○孟子曰人皆有所不忍不忍是惻隱之心仁之端達之於其所忍達是擴充意所忍是惻隱之喪仁也仁是心德之全人皆有所不為不為是羞惡之心義之端達之於其所為所為是羞惡之喪義也義是裁制之宜

註 惻隱羞惡之心人皆有之故莫不有所不忍不為此仁義之端也然以氣質之偏物欲之蔽則於他事或有不能者但推所能達之於所不能則無非仁義矣

講 孟子示人擴充其良心曰仁義人所固有惟在識其端而推廣之耳夫人遇可哀之事皆有所不忍此仁之端也但氣拘物蔽有不忍於此而或忍於彼者必推其所不忍而達之於其所忍則惻隱之心隨在周流而仁在是矣夫人遇可恥之事皆有所不為此義之端

不下帶
曲禮曰天子視不上於袷不下

為兩所字緊要是指出最淺近平易者令人箇箇承當所忍所為則氣拘物蔽使然也達者由此及彼使所忍者亦不忍所為者亦不為則能復其仁義之全體矣得力全在兩達字

人能節旨
此承上文只是一意但露出害人與穿窬字面以示人知所達耳上仁也義也以體言此不可勝用以用言充字著力惟達故充然不充亦不可謂之達

爾汝節旨
此與下節俱舉以見例乃一節密一節也尊長呼卑幼爾汝則當受此只是以勢加凌者耳註以中心慙忿而不肯受解實字充此則凡內愧之事一一盡去語類又云實對名說恐爾汝之名必反身而去其有可爾汝之實此可參用

士未節旨
此更事之微而理之密者故以士言之言餂謂我倏然彼必倏露不言餂謂我不發彼必先發兩是以字正指出他心曲最隱處

言近章旨
此章為窮遠極博者立言道之準專重近約邊分教統治統兩平說末節只反結守意而補出言來

也但氣拘物蔽有不為於此而或為於彼者必推其所不為而達之於其所為則羞惡之心隨處發見而義在是矣

○人能充無欲害人之心無欲害人即不忍之實而仁不可勝用也是隨所往而皆仁意人能充無穿窬之心無穿窬即不為之實而義不可勝用也是隨所行而皆義意

【註】充滿也穿穿穴窬踰牆皆為盜之事也能推所不忍以達於所忍則能滿其無欲害人之心而無不仁矣能推其所不為以達於所為則能滿其無穿窬之心而無不義矣

【講】達之如何如害人者人所不忍也人能充滿其無欲害人之心凡類此者皆在所不忍焉則念念皆仁而仁不可勝用也穿窬者人所不為也人能充滿其無穿窬之心凡類此者皆在所不為焉則念念皆義而義不可勝用也

○人能充無受爾汝之實實是實心不肯受無所往而不為義也義指辭受取與說

【註】此申說上文充無穿窬之心之意也蓋爾汝人所輕賤之稱人雖或有所貪昧隱忍而甘受之者然其中心必有慚忿而不肯受之之實人能即此而推之使其充滿無所虧缺則無適而非義矣

【講】然充無害人之心顯而易知也充無穿窬之心微而難知也必如何而後為能充無穿窬之心耶如爾汝人所輕賤之稱人或貪昧隱忍而甘受之然非其實也其中心慚愧而不肯受者乃其實也人能充此無受爾汝之實以去其所以得之之道則凡苟且汚辱之事皆其所不由而光明正大將無往而不為義矣

○士未可以言而言士字活看未可以言是時未可以言是以言餂之也可以言而不言可以言是時可以言是以不言餂之也是皆穿窬之類也是皆指上言餂不言餂說

【註】餂探取之也今人以舌取物曰餂即此意也便佞隱默皆有意探取於人是亦穿窬之類然其事隱微人所易忽故特舉以見例明必推無穿窬之心以達於此而悉去之然後為能充其無穿窬之心也

【講】然所謂充無穿窬之心者不特在人之稱謂也至我之語默亦所當嚴焉如士之於人當應酬之際時未可以言也而顧言之蓋欲啟其答以得其情是以言餂取人之意也時可以言也而顧不言蓋欲待其問以窺其秘是以不言餂取人之意也夫以語默探取人之情雖非穿窬其物是亦穿窬之類也人必類推至此而悉去之然後為能充無穿窬之心而義不可勝用也夫充乎義者如此而充乎仁者不亦可知也哉

【補】朱子曰達者推之也便是展開去充者填滿也須填塞教滿

○孟子曰言近而指遠者言近是淺近之言指遠是意旨深遠善言也善言須言近指遠說守約而施博者守約是執守簡約施博是施用廣博善道也善道須守約施博說君子之言也不下帶而道

天寶書局精校藏板

於帶天子視謂視天子也又曰凡視上於面則傲下於帶則憂傾則姦

言近節旨
他處而字倒重下截此處而字歸重上截蓋非謂近約貴乎遠博謂遠博即在近約也指是言中含蘊的指趣施是守中發出的施為君子立言之人不下帶只就目前至近言道存要見高妙意方與指遠相貼

君子節旨
守字有見得到持得定不泛用其精神意修身即本立天下平不作感化說玩上施字只是舉而措之耳

人病節旨
此節似興體文法却要倒頂求人重務施博也承芸人之田說自任輕不守約也承舍其田說

堯舜章旨
此章勉人盡性希聖意首節言聖有性反之殊舉堯舜湯武作個樣子下二節分言性反之事大意歸重君子復其性上

堯舜節旨
自其率性言曰性之自其人言曰性者自其用功言曰身之自其成功言曰反之玩註性反當相承看見湯武能合德於堯舜意

動容節旨
此形容性之之妙不必粘煞堯舜動容句寬說自是一項下二項特舉庸行之易曉者以例其餘分貌與情行

存焉不下帶是形容其至近道存是精微之理即寓於中【註】古人視不下於帶則帶之上乃目前常見至近之處也舉目前之近事而至理存焉所以為言近而指遠也【講】孟子示人以言道之準曰人之垂訓立教必資於言凡有言必有指使高談闊論而不切於事理未足為善言也惟所言者切近而其指則愈探而愈無窮非善言而何經世宰物必資於道凡有守必有施使好大喜功而其中漫無所守未足為善道也惟所守者簡約而施之則愈廣而愈不匱非善道而何是以君子之言也平平立論若不下於衣帶之近而天命人心之至理未嘗不存乎其中焉指何遠也信乎君子之言善也○**君子之守修其身而天下平**修其身是誠意正心以自修其身天下平是天下人人各修其身意【註】此所謂守約而施博也【講】君子之守也反躬勵行惟約而修吾之身耳初無責效於人之意而天下均平之治由是成焉施何博也信乎君子之道善也○**人病舍其田而芸人之田**人病如言常人通患舍其田例不守約芸人田倒徒務博**所求於人者重**求人重是欲專治人**而所以自任者輕**自任輕是略於自治【註】此言不守約而務博施之病【講】夫知守約而可以施博則人宜以修身為重矣何今人通病在舍自己之田不芸而芸他人之田所求於人者甚重馳意治平而所以自任者反輕不知修身為平天下之本也不守約而務施博之病如此則不言近而務指遠者其病可例見矣此善言善道所以必歸於君子也【補】此以芸田譬起下正意猶詩之興體

○**孟子曰堯舜性者也**者字以人言**湯武反之也**之字承上性字言【註】性者德全於天無所汚壞不假修為聖之至也反之者修為以復其性而至於聖人也程子曰性之反之古未有此語蓋自孟子發之呂氏曰無意而安行性者也有意利行而至於無意復性者也堯舜不失其性湯武善反其性及其成功則一也【講】孟子欲人盡性以希聖也曰聖人之得要其終固無優劣之殊而原其始實有安勉之異以堯舜言之知為生知行為安行其初原無虧缺乃所性渾全之聖人也以湯武言之思而後得勉而後中能復還其本體乃反身修道之聖人也

○**動容周旋中禮者**動容以身之容貌言周旋即動容中之細微曲折處**盛德之至也**禮即德德即性自然意在至字上見**哭死而哀非為生者也**非為生自是所性之痛悼處**經德不回**經德如天常人紀一一盡其常**非以干祿也**祿如膺圖受賞**言語必信**必信非期必之必言決定信的**非以正行也**因正行而信初非不好但多了煞管念頭【註】細微曲折無不中禮乃其盛德之至自然而中而非有意於中也經常也回曲也三者亦皆自然而然非有意而為之也皆聖人之事性之之德也【講】性者之德何如如一動容之際周旋曲折無不中禮者非有意於中乃盛德之至自然與

與言作四平看各段上句主所性說方肖生安聖人身分各段下句只申明自然意是贊辭不是推原

君子節旨

法即性中自有之準繩不必專指上四項而四項亦在其中行字著力有修為工夫反之之意正在此處見俟命只純心行法意此亦不必粘煞湯武

說大章旨

此章對吾儒之秉道而氣未足者言非泛對遊說者言也藐處全在我所不為而不為之故在古之制句下節是推原說

說大節旨

此主說大人言即含規以古制意蓋大人固當畏而所謂藐者是藐其堂高數仞之類耳勿視其巍巍然即藐也非禮貌上倨傲待他

堂高節旨

三段正鋪張他巍巍處三弗為謂志別有在而不淫於富貴也制字即上行法法字原包得闊凡可品節宇衛範圍民物者皆是以其為古聖賢相傳故曰古制大端不外仁義

榱題

榱椽也秦謂之椽周謂之榱齊謂之桷題椽頭也以玉飾曰璇題

禮合也一哭人之死則哀痛慘切若不勝情乃哀由衷出非為盡生者之情也經德而不回邪自有得祿之理然率性而行非以干祿故不回也言語而必信實自為正行之符然根心而言非以正行故必信也此信之之事也堯舜所以為性之之聖者亦不過是而已○**君子行法以俟命而已矣**行字有勉强工夫而已矣字承俟字來是全不計較意【註】法者天理之當然者也君子行之而吉凶禍福有所不計蓋雖未至於自然而已非有所為而為矣此反之之事董子所謂正其義不謀其利明其道不計其功正此意也○程子曰動容周旋中禮者盛德之至行法以俟命者朝聞道夕死可矣之意也呂氏曰法由此立命由此出聖人也行法以俟命君子也聖人性之君子所以復其性也【講】反之之事何如君子惟循夫天理當然之法盡其在我至吉凶禍福之數俟其命之自至而已矣初無所趨避於其間也此反之之事也湯武所以為反之之聖者其亦以是而已是則性之者出於自然而非出於有意反之者出於有意而非出於有為此其皆同歸於聖也欲希聖者當知所用力矣

○**孟子曰說大人則藐之**此大人只是爵祿尊貴者**勿視其巍巍然**巍巍即下節所云【註】趙氏曰大人當時尊貴者也藐輕之也巍巍富貴高顯之貌藐焉而不畏之則志意舒展言語得盡也【講】孟子為說大人者示曰今遊士進說大人之前往往理為勢屈而言不盡意也自我言之說大人者只當藐視之勿將他巍巍之象放在眼裏則志意舒展而言語無弗盡矣○**堂高數仞榱題數尺**此言宮室之美**我得志弗為也**要影照居廣居講**食前方丈侍妾數百人**此言食色之盛**我得志弗為也**要影照立正位講**般樂飲酒驅騁田獵後車千乘**此言宴遊之侈**我得志弗為也**要影照行大道講**在彼者皆我所不為也**彼指大人**在我者皆古之制也**制是理之當然若有成法不可踰越**吾何畏彼哉**正與藐字應【註】榱桷也題頭也食前方丈饌食列於前者方一丈也此皆其所謂巍巍然者我雖得志有所不為而所守者皆古聖賢之法則彼之巍巍者何足道哉○楊氏曰孟子此章以己之長方人之短猶有此等氣象在孔子則無此矣【講】所以然者謂何彼大人者堂之高則數仞堂之榱題則數尺是宮室之美巍巍然也我若得志弗為此侈靡之事也食列前者方丈侍妾御者數百人是食色之盛巍巍然也我若得志弗為此奢縱之事也盤旋佚樂以飲酒驅騁車馬以田獵後車隨從以千乘是宴遊之侈巍巍然也我若得志弗為此荒亡之事也夫在彼者皆我所不屑為而在我者居廣居立正位行大道皆千古聖賢之法制也是我重而彼輕我大而彼小而吾何畏彼哉此所以說大人當藐之也然則今之士不能藐視大人者豈誠彼巍巍之勢可畏哉亦在我之所守不足耳

養心全旨

此章見寡欲為養心之要首句提起下申言之寡欲如察識於內欲之萌而謹其所自出檢制於外欲之交而防其所自入皆是養心者養之使存也養對戕賊看存對馳騖欲即口之於味五句寡欲則道心為主有以宰制節約之而仁之於父子五句道理不走作是所謂存焉

曾皙章旨

此章見曾子之孝思蓋追論其往事也全重不忍二字下節發明所以不忍之故從獨嗜上見

曾皙節旨

二句是記事之辭不忍二字極重人子如生如存此念終身不解觸物偶動特借羊棗形出

膾炙節旨

獨字最重惟其同嗜故未足以觸其孝思惟其獨嗜故深足以動其感愴不諱姓喻食膾炙諱名喻不食羊棗不忍悲哀全從獨字發出

在陳章旨

此章以中道為主中道即所謂經也狂獧非中而可進於中故孔子思之鄉原似中而實賊乎中故孔子絕之

羊棗　朱子曰羊棗只是北邊小棗如羊矢大者

諱　曲禮曰卒哭乃諱禮不諱嫌名二名不偏諱逮事父母則諱王父母不逮事父母則不諱王父母君所無私諱大夫之所有公諱詩書不諱臨文不諱廟中不諱夫人之諱雖質君之前臣不諱也婦諱不出門大功小功不諱又曰入門而

○孟子曰養心莫善於寡欲（心是義理之心欲指聲色臭味之欲寡欲非絕去只有節意）其為人也寡欲雖有不存焉者寡矣（指心失其養言）其為人也多欲雖有存焉者寡矣（指心得其養言）【註】欲如口鼻耳目四肢之所欲雖人之所不能無然多而不節未有不失其本心者學者所當深戒也程子曰所欲不必沈溺只有所向便是欲【講】孟子示人以養心之要曰人之一心為此身酬酢萬變之主不可不養也蓋耳目口鼻四肢之欲常足以累心故人欲養其心使清明純一之體常存於中其要莫善於寡欲而節之不使流焉何者天理人欲迭為消長使其為人也能制乎情而寡欲則理為主而欲不能役此心常虛而定雖有不存焉者寡矣使其為人也常逐於物而多欲則欲為主而理反為役此心不勝其擾雖有存焉者寡矣是則欲之多寡而心之存亡係之信乎養心莫善於寡欲焉

○曾皙嗜羊棗（嗜是好）而曾子不忍食羊棗（不忍全是觸目傷心光景）【註】羊棗實小黑而圓又謂之羊矢棗曾子以父嗜之父沒之後食必思親故不忍食也【講】昔曾皙之存素嗜羊棗而曾子於父沒之後不忍食羊棗蓋謂今雖有羊棗而親不能食矣故不忍食之也

○公孫丑問曰膾炙與羊棗孰美孟子曰膾炙哉（以尤美言）公孫丑曰然則曾子何為食膾炙而不食羊棗（然字承上膾炙美來）曰膾炙所同也（所同是人人同嗜）羊棗所獨也（所獨是曾皙獨嗜）諱名不諱姓（諱是不敢顯言名姓皆指親說）姓所同也（故不諱）名所獨也（故當諱）【註】肉聶而切之為膾炙炙肉也【講】公孫丑感於其事而問曰膾炙與羊棗孰美孟子曰膾炙之味其尤美哉公孫丑曰膾炙既美於羊棗則曾皙平日宜嗜膾炙而不專嗜羊棗也曾子既不忍食羊棗亦宜不忍食膾炙矣然則何為食膾炙而不忍食羊棗哉曰膾炙眾人所同嗜也羊棗曾皙所獨嗜也同嗜者食之而無所觸獨嗜者食之而自有所傷此所以一食一不食也猶之諱親之名而不諱親之姓非重於名而輕於姓也蓋姓是一家所同名乃一人所獨故名可諱而姓不可諱也知名之諱不同於姓則羊棗之思豈可並及於膾炙也哉若以味之美不美為論豈知仁人孝子之用心者乎【補】養志是生能盡其養不食羊棗是死能盡其思

○萬章問曰孔子在陳曰盍歸乎來（歸指歸魯）吾黨之士狂簡（狂者必簡）進取不忘其初（只重狂字進取即是志大所謂狂也不忘其初即是略於事所謂簡也）孔子在陳何思魯之狂

問諱

欲絕鄉原只在反經則思狂獧亦欲進之於中以傳經常之道於不泯耳

在陳節旨
是萬章述孔子語只宜含糊彷彿留得後文地步

不得節旨
孔子不得四句引孔子之言下乃推其意中道二字要看無過不及有狂之志又有獧之守而兼化其偏者也孟子只應狂士之問其次專指狂者

敢問節旨
此問專以狂者之人言

如琴節旨
此亦舉其人不重徵其事恐妨下問也

琴張二人
莊子大宗師篇子桑戶孟子反子琴張相與為友子桑戶死未葬孔子聞之使子貢往侍事焉或編曲或鼓琴相和而歌曰嗟來桑戶兮而已反其真而我猶為猗子貢曰臨喪而歌禮乎二人相視而笑曰是惡知禮意○禮檀弓篇季武

何以節旨
此乃是問狂者為人之實

其志節旨
嘐嘐從口旁屬言居多註志大言大者志大形為言大也觀白文提其志二字於嘐嘐上可見古之人便是下堯舜之道行不掩其言則造詣未精不能滿其希古之願耳亦見狂者不自家遮護處

又不節旨
狂者句善看是難得而不可多得意

士何思字有不足意 註 盍何不也狂簡謂志大而略於事進取謂求望高遠不忘其初謂不能改其舊也此語與論語小異 講 萬章問曰昔孔子周流四方在陳國之時而嘆曰盍歸乎來吾黨之士有狂簡者求望高遠知進取矣然不能忘其舊習故吾欲歸而裁之也夫士而曰狂非其志矣孔子在陳而獨思魯之狂士何故乎

○孟子曰孔子不得中道而與之中道是中行與是傳以道必也狂獧乎狂獧以人品言狂者進取進取是向上意獧者有所不為也不為是有守意孔子豈不欲中道哉豈不欲推孔子之意不可必得故思其次也其次單指狂言 註 不得中道至有所不為據論語亦孔子之言然則孔子字下當有曰字論語道作行獧作狷有所不為者知恥自好不為不善之人也孔子豈不欲中道以下孟子言也 講 孟子曰欲知其思狂士之意盍觀其思狂獧之言孔子嘗曰不得中道之士而與之以傳道必也其狂獧之士乎蓋狂者志向高明而期望甚遠獧者持守堅固而有所不為也由此言觀之孔子之意豈不欲得中道之士而教之哉但以世無其人不可必得而斯道亦不可無傳故不得已乃思其次而及於狂也

○敢問何如斯可謂狂矣 註 萬章問 講 萬章曰敢問當時魯國之士必何如人斯可謂之狂矣

○曰如琴張曾皙牧皮者如字有不能盡舉意孔子之所謂狂矣 註 琴張名牢字子張子桑戶死琴張臨其喪而歌事見莊子雖未必盡然要必有近似者曾皙見前篇季武子死曾皙倚其門而歌事見檀弓又言志異乎三子者之撰事見論語牧皮未詳 講 孟子曰士固未可悉數也即如琴張曾皙牧皮之三子者乃孔子之所謂狂士矣在陳之思其在斯人乎

○何以謂之狂也是問狂者為人之實 註 萬章問 講 萬章曰有狂之名必有狂之實敢問必何如而後可以謂之狂也

○曰其志嘐嘐然曰古之人古之人此見他狂處夷考其行而不掩焉者也此見他簡處 註 嘐嘐志大言大也重言古之人見其動輒稱之不一稱而已也夷平也掩覆也言平考其行而不能覆其言也程子曰曾皙言志而夫子與之蓋與聖人之志同便是堯舜氣象也特行有不掩焉耳此所謂狂也 講 孟子曰欲知狂之所以為狂惟於其志願觀之則可見矣狂者之人其志大故其言大嘐嘐然曰古聖賢之人古聖賢之人蓋不屑以今人自居而欲以古人自期也然特其言已耳因其言而夷考其素行則志如是行未必如是而行不能掩其言者也此正所謂進取不忘其初者其狂之謂與孔子之所欲歸而裁之者正以其有此志耳

○狂者又不可得又字對中道之人說欲得不屑不潔之士而與之是獧

天寶書局精校藏板

子寢疾及其喪也曾點倚其門而歌○牧皮力牧之後孔子門人與琴張曾析為友

此遙接必也狂獧乎句脈故補出獧者一層意來不屑就心言謂以不善為不潔而不屑為之也以上思狂獧以下惡鄉原此處分截

過我節旨

過我門不入我室是借說不相親就意萬章既得孔子之所思者遂欲明孔子之所惡者何如一問是究鄉原為人之實註似德非德是預透下宜渾

曰何節旨

何以五句譏狂何為一句譏獧生斯三句又總承狂獧而自言其志可矣二字正與何以何為相應然未必鄉原實有是言是孟子推其意向如此閹然句是孟子判斷語閹訓閉藏是不敢放出一忤人之語不敢做出一戾俗之事是鄉原句只粘上句不承通節

一鄉節旨

為字就鄉原自為說此方問鄉原何

也是又其次也（其字亦對中道說）【註】此因上文所引遂解所以思得獧者之意狂有志者也獧有守者也有志者能進於道有守者不失其身屑潔也【講】夫中行不可得而思及於狂既非聖人之得已矣至狂者又不可得其何以為情哉於是欲得不屑為不潔之士而與之是則獧也正所謂有所不為者也此其志不足而守有餘猶可引之進於中者是又其中行之次而孔子思及之者也夫其思狂也非與其終於狂是即思中行之心也其思獧也非與其終於獧是即思狂之心也聖人之為道計者其心固若是切也在陳之嘆豈徒然哉

○孔子曰過我門而不入我室（見其不親近於我意）我不憾焉者（憾恨也）其惟鄉原乎鄉原德之賊也（德即中道賊害也）曰何如斯可謂之鄉原矣（是究鄉原之實）【註】鄉原非有識者原與愿同荀子原慤字皆讀作愿謂謹愿之人也故鄉里所謂愿人謂之鄉原孔子以其似德而非德故以為德之賊過門不入而不恨之以其不見親就為幸深惡而痛絕之也萬章又引孔子之言而問也【講】萬章復問曰孔子又嘗曰人情不見親近則憾易生若過我門而不入我室我全不憾焉者其惟鄉原之人乎鄉原蓋德之賊也豈以親就為幸哉夫孔子於狂獧之士既欲歸而裁之而於鄉原之人又如此痛絕之不知所以謂之鄉原者其實何如而孔子惡之若此也

曰何以是嘐嘐也（何以如言何用）言不顧行行不顧言（所謂行不掩者）則曰古之人古之人（鄉原述狂士自稱）行何為踽踽涼涼（踽踽是立已嚴峻涼涼是待人疏薄）生斯世也為斯世也善斯可矣（善只稱其長原圓通意）閹然媚於世也者（閹是收斂退縮意）是鄉原也（承上句言）【註】踽踽獨行不進之貌涼涼薄也不見親厚於人也鄉原譏狂者曰何用如此嘐嘐然行不掩其言而徒每事必稱古人耶又譏獧者曰何必如此踽踽涼涼無所親厚哉人既生於此世則但當為此世之人使當世之人皆以為善則可矣此鄉原之志也閹如奄人之奄閉藏之意也媚求悅於人也孟子言此深自閉藏以求親媚於世是鄉原之行也【講】孟子曰欲知鄉原之為人盍自其志行觀之乎鄉原譏狂者曰何用如此嘐嘐然言不顧行行不顧言而徒每事必稱曰古之人古之人耶又譏獧者曰何必如此踽踽然而獨涼涼然而薄槃斯世之人一無所親厚哉人既生於斯世也則但當為斯世之人也使人皆稱為善人斯可矣觀其言則志可知也故言必徇時行必從俗閹然深自閉藏以求媚悅於世也者是鄉原之行也鄉原之與狂獧徃徃相反如此盍不為夫子所惡乎

○萬章曰一鄉皆稱原人焉（見公論所出）無所往而不為原人孔子以為德之賊何哉（賊是害德之義）

莠

稂莠皆害苗之草也詩小雅云不稂不莠韓文云大慝適去稂莠不薅

以賊德下乃詳言之

非之節旨

此節極鄉原之情狀在閹然媚世句看出無舉無刺是其善為彌縫以處己言同流合汙是其巧為迎合以待人言流俗狹汙世廣此四句且虛看居之二句方著實似忠信似廉潔即下文似是而非也宜重洗發眾皆悅是人惑其似自為是乃己信其似堯舜之道就是中道下文所謂經也其不可入道病根只在似字故字總承一節

惡似節旨

上節正發孔子之意此又引其言也似是而非意上已說盡此則承云孔子所以惡者正此似耳首句提起下數句歷指之歸重末句亂者眩惑莫辨之意惡字皆是自推其惡之心佞與利口不同佞有才智所言似有精確道理故亂義利口未必有才智但口舌快便卻似不欺人故亂信

君子節旨

此言絕異端之術正惡中作用全重反經上經即德即中道也以其為萬世常道故曰經君子主張世道者如

與原字正相反【註】原亦謹厚之稱而孔子以為德之賊故萬章疑之【講】萬章又問曰一鄉之人公論所出今一鄉皆稱之為原人焉必其立身行己無所往而不為原人矣夫謹厚似亦無害於德也孔子乃以為德之賊何哉

○曰非之無舉也（非是概舉）刺之無刺也（刺是細數）同乎流俗（同只不與俗異）合乎汙世（合只不與世離）居之似忠信（居是存心）行之似廉潔（行是制行）眾皆悅之（眾指一鄉言）自以為是（猶所謂居之不疑）而不可與入堯舜之道（堯舜之道是真忠信廉潔之道）故曰德之賊也（賊兼害己害人意）【註】呂侍講曰言此等之人欲非之則無可舉欲刺之則無可刺也流俗者風俗頹靡如水之下流眾莫不然也汙濁也非忠信而似忠信非廉潔而似廉潔【講】孟子曰鄉原本當非也今欲正言以非之則閃藏之周而無可舉也鄉原本當刺也今欲婉言以刺之則掩覆之密而無可刺也惟其同乎下流之俗不能以自拔合乎汙濁之世不能以自振居之於心者非忠信而飾之有似乎忠信行之於身者非廉潔而矯之有似乎廉潔眾皆為其所惑而悅之稱之原人彼亦自以為是而終其身不可與入堯舜中正之道是其似德而非德不但自害且以害人故曰德之賊也

○孔子曰惡似而非者（似以迹言非以心言）惡莠恐其亂苗也惡佞恐其亂義也惡利口恐其亂信也惡鄭聲恐其亂樂也惡紫恐其亂朱也（此上五項）惡鄉原恐其亂德也（歸重此句皆是陪說）【註】孟子又引孔子之言以明之莠似苗之草也佞才智之稱其言似義而非義也利口多言而不實者也鄭聲淫樂也樂正樂也紫閒色朱正色也鄉原不狂不獧人皆以為善有似乎中道而實非也故恐其亂德【講】孔子嘗言之矣曰天下有真是者固為盡善有真非者亦不足惑人惟似是而非者最為可惡惡其能亂真耳即如莠似苗而非苗惡莠恐其亂天下之真苗也佞似義而非義惡佞恐其亂天下之真義也利口似信而非信惡利口恐其亂天下之真信也鄭聲似樂而非樂惡鄭聲恐其亂天下之真樂也紫似朱而非朱惡紫恐其亂天下之真朱也至於鄉原不狂不獧似中道而實非中道惡鄉原恐其亂吾中行之德也此皆似是而非之可惡者吾安得不惡乎然則孔子以為德之賊者正以其亂德之故也

○君子反經而已矣（君子有世道之責者）經正則庶民興（經與民源流合一故正與興氣息相關）庶民興斯無邪慝矣【註】反復也經常也萬世不易之常道也興興起於善也邪慝如鄉原之屬是也世衰道微大經不正故人人得為異說以濟其私而邪慝並起不可勝正君子於此亦復其常道而已常道即復則民興於善而是非明白無所回互難有

天寶書局精校藏板

萊朱

萊朱即仲虺奚仲之後也陳新安曰仲虺作誥弘大精微仁義禮智信皆開端言之而德曰新一言又首倡之

散宜生

初文王為西伯時宜生與太顛閎夭鬻熊辛甲大夫之徒往歸之值崇侯虎譖西伯以告紂紂

上而堯舜下而孔子是也孟子自任意亦在內反經兼見之躬行施之教化二意而已矣者言惟此可以勝得經本無不正只反之便是經正經正以下俱不費力玩則字斯字可見邪慝所包者廣在此章指鄉原故云鄉原之屬

由堯章旨

此章孟子歷敘道統而終之以自任明己之得統於孔子也前三節相承說下重在有見知以啟聞知上末節是主無非繼往聖開來學屬望殷勤至意

由堯節旨

此重禹皐陶見知一句洪範九疇禹發之秩敘節旨皐陶發之知字深看道統之傳乃心契神授之妙也

由湯節旨

此重伊尹萊朱見知一句協于克一伊尹發之建中于民萊朱發之論孟未嘗叙堯舜以來相傳意但論語以行言叙政事之實故言武不言文此以知言叙聞見之真故言文不言武

由文節旨

此重太公望散宜生見知一句敬勝怠義勝欲太公發之彝教之迪散宜生有助焉孔子祖述堯舜兼總百王此云得統於文亦相承之序固爾其實即以知之於文王者知之於湯與堯舜也

邪慝不足以惑之矣○尹氏曰君子取夫狂獧者蓋以狂者志大而可與進道獧者有所不為而可與有為也所惡於鄉原而欲痛絕之者為其似是而非惑人之深也絕之之術無他焉亦在反經而已矣 講 然鄉原之亂德由大經不正而人心之真是未明耳君子有世道之責者亦在反經而已矣躬行以率之於上而又修明教化以導之於下則大經既正而風化之行庶民皆興起於善庶民興則人人知反其本而見善明雖有邪慝如鄉原之似是而非者亦不足以惑之且消鑠而至於無矣尚何邪慝之足患哉夫觀孔子之思狂獧可以見傳道之心觀孔子之惡鄉原可以見衛道之志其惓惓一念無非為斯道計焉耳 補 醒言云邪慝所指不一孔子時有鄉原之邪慝孟子時有楊墨之邪慝皆叛經者

○**孟子曰由堯舜至於湯五百有餘歲** 由自也五百有餘歲以常數大概言 **若禹皐陶則見而知之** 知是親領其傳 **若湯則聞而知之** 聞知是傳聞於後而知 註 趙氏曰五百歲而聖人出天道之常然亦有遲速不能正五百年故言有餘也尹氏曰知謂知其道也 講 孟子歷敘道統之傳而自寓任道之意也曰斯道之統必待人而後傳自精一執中發於堯舜而道統之傳始於此矣由堯舜至於湯計其時五百有餘歲堯舜之道湯承之矣湯非能親受於堯舜也當堯舜之時有若禹焉有若皐陶焉親承夫精一執中之訓蓋見而知其道也若湯則聞其道而知之是湯之得統於堯舜者以禹皐陶為之先也

○**由湯至於文王五百有餘歲若伊尹萊朱則見而知之若文王則聞而知之** 文王之聞知則於緝熙敬止之學見之也 註 趙氏曰萊朱湯賢臣或曰即仲虺也為湯左相 講 由湯至於文王計其時亦五百有餘歲湯之道文王承之矣文王非能親受於湯也當湯之時有若伊尹焉有若萊朱焉躬逢夫聖敬日躋之隆蓋見而知其道也若文王則聞其道而知之是文王之得統於湯者以伊尹萊朱為之先也

○**由文王至於孔子五百有餘歲若太公望散宜生則見而知之若孔子則聞而知之** 孔子之聞知則於識大識小之學見之也 註 散氏宜生名文王賢臣也子貢曰文武之道未墜於地在人賢者識其大者不賢者識其小者莫不有文武之道焉夫子焉不學此所謂聞而知之也 講 由文王至於孔子計其時亦五百有餘歲文王之道孔子承之矣孔子非能親受於文王也當文王之時有若太公望焉有若散宜生焉躬逢夫敬止緝熙之盛蓋見而知其道也若孔子則聞其道而知之是孔子之得統於文王者以太公望散宜生為之先也

○**由孔子而來至於今百有餘歲** 今指孟子時 **去聖**

囚之羑里宜生與閎夭之徒求美女文馬奇貨以獻紂乃赦之○書君奭篇惟文王尚克修和我有夏亦惟有若虢叔有若閎夭有若散宜生有若泰顚有若南宮括又曰無能往來茲迪彝教文王蔑德降於國人

由孔節旨

世未遠居甚近分明直以見知自任下二句如何又推開尸是反言以決其必有意乎爾二字只作語辭見知聞知字面即含然而無有則亦無有中吳因之曰本章語氣謂重見知信矣然書旨原爲憂道失其傳而發見前聖之道皆有所傳而後聖之道遂失其傳豈不深可憂乎是立言歸求處又在聞知上大抵見知者各節語次之所重而聞知者則通章脈絡究竟之所重也

人之世若此其未遠也未遠指百有餘歲說近聖人之居若此其甚也居指鄒魯之地說然而無有乎爾然字承上來此句指見知言則亦無有乎爾此句指聞知言

註 林氏曰孟子言孔子至今時未遠鄒魯相去又近然而已無有見而知之者矣則五百餘歲之後又豈復有聞而知之者乎○愚按此言雖若不敢自謂已得其傳而憂後世遂失其傳然乃所以自見其有不得辭者而又以見夫天理民彝不可泯滅百世之下必將有神會而心得之者耳故於篇終歷序羣聖之統而終之以此所以明其傳之有在而又以俟後聖於無窮也其旨深哉○有宋元豐八年河南程顥伯淳卒潞公文彦博題其墓曰明道先生而其弟頤正叔叙之曰周公沒聖人之道不行孟軻死聖人之學不傳道不行百世無善治學不傳千載無眞儒無善治士猶得以明夫善治之道以淑諸人以傳諸後無眞儒則天下貿貿焉莫知所之人欲肆而天理滅矣先生生乎千四百年之後得不傳之學於遺經以興起斯文爲己任辨異端闢邪說使聖人之道煥然復明於世蓋自孟子之後一人而已然學者於道不知所向則孰知斯人之爲功不知所至則孰知斯名之稱情也哉

講 由羣聖相承之統而觀之必有見知者以開其先然後有聞知者以繼其後道統所以相繼而不絕也由孔子以來至於今論其世不過百有餘歲耳去聖人之世若此其未遠也非若時不相及而不得見也論其居不過鄒魯相望耳近聖人之居若此其甚也非若地不相接而不可見也宜其有得於見知者矣然而當今之世於孔子之道已無有見而知之若禹皐之於堯舜伊萊之於湯望散之於文王矣則五百餘歲之後豈復有聞而知之若湯之於堯舜文王之於湯孔子之於文王者哉斯道之傳蓋深有可憂者矣由斯言之見知孔子之道者微孟子其誰與歸

補 朱子曰禹皐之徒本皆名世之士伊尹太公又湯文之師非必見其君而後知之湯文孔子又皆生知之聖亦非必聞前聖之道而後得之也此而曰見而知之聞而知之者蓋以同時言之則斯道之統臣當以君爲主以異世言之則斯道之傳後聖當以前聖爲師學者不以辭害意可也

天寶書局精校藏板

新訂 四書補註備旨

書四書備旨後

近得看清儒鄧退菴林所爲四書備旨。汪長洲份所爲汪訂四書。皆以明德爲理。未知此二人透徹性理與否。而無亦以程朱以下正見說話。有流傳不已者而得如此否。可見中國見識之有勝於今日我東也。且也中國毀裂衣冠三百年。不論士類平民。皆忍痛含憤。不變中華骨子於心中。以此以見的實如此。今我國和夷數十年。無論大小人免爲夷膓獸肚者絕少。至於所謂士類。鮮不以爲尋常。吾以爲有大小國之分也。不知何日以如此好中國。有英雄作而大更張。使聖學華道復明於一天之下否乎。甲辰早秋。嘆息書之於備旨之末。

新訂四書補註備旨

초판인쇄 | 2012년 9월 1일
초판발행 | 2012년 9월 1일

엮 은 이 | 이권재
펴 낸 이 | 채종준
펴 낸 곳 | 한국학술정보㈜
주　　소 | 경기도 파주시 문발동 파주출판문화정보산업단지 513-5
전　　화 | 031) 908-3181(대표)
팩　　스 | 031) 908-3189
홈페이지 | http://ebook.kstudy.com
E-mail | 출판사업부 publish@kstudy.com
등　　록 | 제일산-115호(2000. 6. 19)
정　　가 | 36,000원

ISBN 978-89-268-3780-1 93910

이 책은 (사)대한민국한자교육연구회의 지원으로 집필되었습니다.